北京密云年鉴

BEIJING MIYUN NIANJIAN

2022

北京市密云区地方志编纂委员会　编

中央文献出版社

图书在版编目（CIP）数据

北京密云年鉴．2022 / 北京市密云区地方志编纂委员会编．—北京 ：中央文献出版社，2022.11
ISBN 978－7－5073－4917－7

Ⅰ．①北… Ⅱ．①北… Ⅲ．①密云区—2022—年鉴 Ⅳ．①Z521.3

中国版本图书馆 CIP 数据核字(2022)第 205948 号

审图号：京 S（2018）025 号

责任编辑 王卫芳 宋柏晴
英文翻译 孔令佩
封面设计 北京市密云区地方志办公室
版式设计 北京市雁林吉兆印刷有限公司
责任印制 武绽蕾

北京密云年鉴 2022
BEIJING MIYUN NIANJIAN 2022
北京市密云区地方志编纂委员会 编
*
中央文献出版社 出版发行
（北京西四北大街前毛家湾 1 号）
邮政编码：100017
网址：www.zywxpress.com
新 华 书 店 经 销
北 京 富 生 印 刷 厂 印 刷
*
880 毫米×1230 毫米 16 开本 37.5 印张 1186 千字 32 彩插
2022 年 12 月第 1 版 2022 年 12 月第 1 次印刷
印数：1—2000
ISBN 978－7－5073－4917－7
定价：120.00 元

北京市密云区地方志编纂委员会

《北京密云年鉴》编辑部

编 辑 说 明

一、《北京密云年鉴》是一部系统记述密云区自然、政治、生态、经济、文化和社会年度情况的资料性文献。在中共北京市密云区委和北京市密云区人民政府领导下，由密云区地方志编纂委员会主办，《北京密云年鉴》编辑部负责编纂，全区各单位共同参与。

二、本年鉴坚持以马克思列宁主义、毛泽东思想、邓小平理论、“三个代表”重要思想、科学发展观、习近平新时代中国特色社会主义思想为指导，按照《全国地方志事业发展规划纲要（2021—2025年）》《地方志工作条例》《地方综合年鉴编纂出版规定》的要求，遵循实事求是原则，创新编纂思路，力求体现时代特征、地域特色、专业特点，全面、客观、系统地记录密云区2021年度经济社会发展的新变化、新进展、新特点。

三、本年鉴以出版年号为卷次名称，从2008年开始逐年编纂。年鉴为领导决策提供参考依据，为各行各业提供有价值的资料，为各界人士了解密云、研究密云提供最新信息，为地方志编纂积累资料。

四、本年鉴记述时限为2021年1月1日至2021年12月31日。凡在本书中直书月、日的，均指2021年内的日期；文中“本年”“年内”，一律指2021年。

五、本年鉴采用分类编辑法，由类目、分目、条目组成框架结构的主体部分，部分分目增设次分目。主要采用条目和文章两种体裁，以条目为主，用规范的语体文、记述体直陈其事，文字力求言简意赅。全书类目、分目及次分目标题分别用不同字体加以区别，条目标题用黑体字并外加【】标明。

六、本年鉴正文部分设有区情概览、大事记、特载、专文、中共北京市密云区委员会、北京市密云区人民代表大会常务委员会、北京市密云区人民政府、政协北京市密云区委员会、纪检监察、民主党派、人民团体、法治、军事、生态环境、农业与农村、工业、建筑业 房地产业、信息化、经济管理、商贸服务、金融、旅游、城乡规划、城乡建设、城乡管理、应急管理、交通邮电、科技、教育、文化、卫生、体育、社会生活、街道 乡镇、人物 荣誉、统计资料、附录37个类目。全书除文字部分外，还附有地图、文前图片、随文图片和表格，力求更加形象、生动地反映密云区发展面貌。

七、为行文简便，党政机构除首次出现采用全称外，之后一律使用规范简称。大事记中同一时间有两条以上大事，第一条写明时间，第二条用△表示，以此类推。

八、选入本年鉴的文章和条目由各部门、各单位确定的专人撰写或提供，并经部门、单位主要领导审核，报区委、区政府有关领导审查。本年鉴收录的密云区党、政、军、团体、街道、乡镇和部分企业负责人名录，以2021年内任职为限，其中有任免情况的，分别予以注明，组织机构负责人名单由区委组织部提供。收录的2021年内获得市级以上（含市级）各类先进人物、先进单位名单均以各单位提供材料为准。主要数据和统计资料统一由区统计局提供，部分数据由相关主管部门提供。地图由中国地图出版社制作。图片由编辑部和各供稿单位提供。

九、本年鉴配有较完备的检索系统，书前刊有到条目的目录，配备电子版（光盘）。

编　者

2022年12月

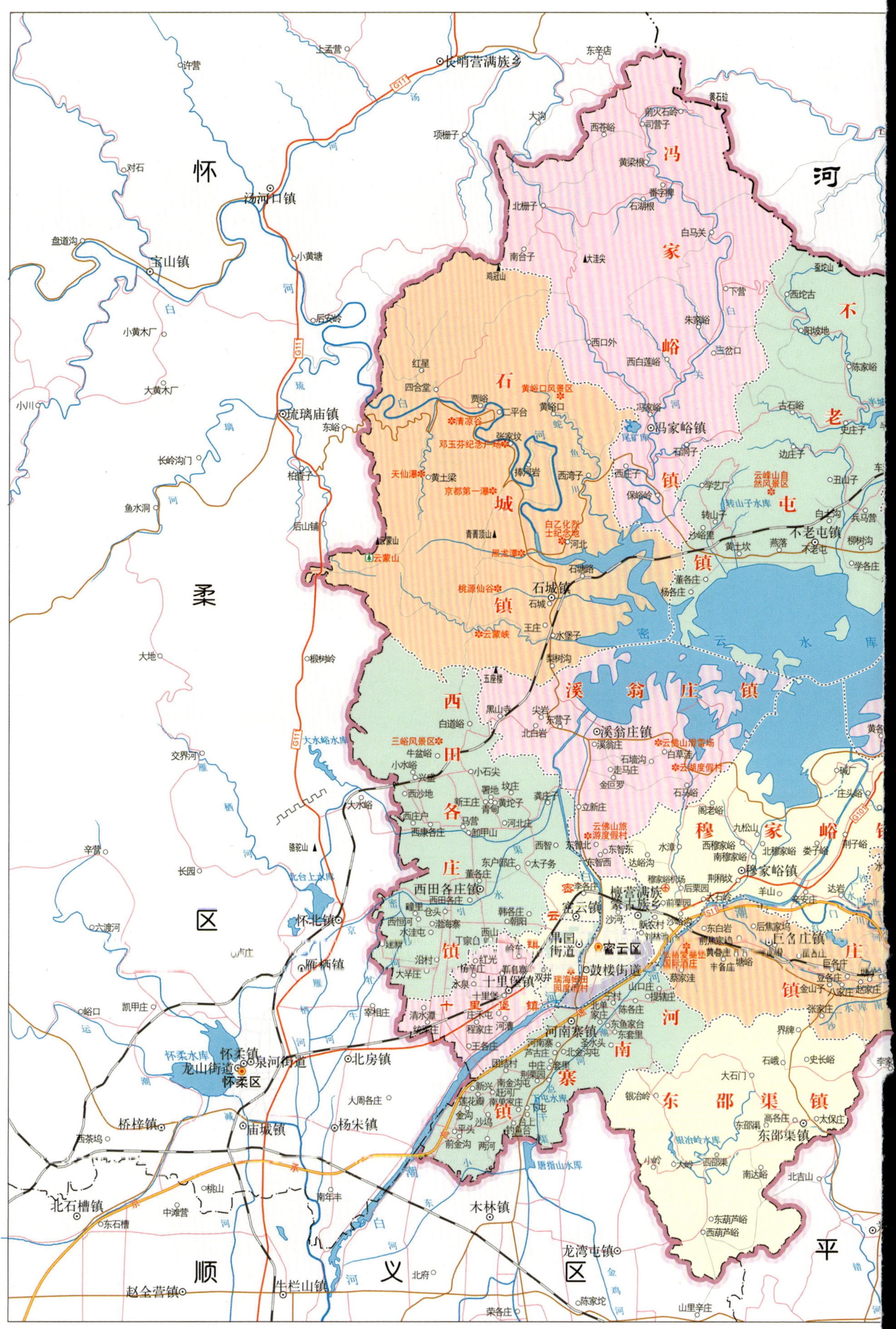

怀
柔
区
河
顺
义
区
平
长哨营满族乡
上孟营
东辛庄
许营
大沟
项栅子
对石
汤河口镇
盘道沟
宝山镇
小黄塘
后安岭
小黄木厂
大黄木厂
小川
琉璃庙镇
东峪
长岭沟门
柏查子
鱼水洞
后山铺
大地
椴树岭
交界河
大水峪
骆驼山
辛营
长园
六渡河
怀北镇
雁栖镇
凯甲庄
峪口
辛相庄
怀柔水库
怀柔镇
泉河街道
龙山街道
怀柔区
北房镇
大周各庄
桥梓镇
庙城镇
杨宋镇
西茶坞
桃山
北石槽镇
东石槽
中滩营
南年丰
木林镇
龙湾屯镇
赵全营镇
牛栏山镇
北府
菜各庄
陈家坨
山里辛庄
黄石岭
前火石岭
司营子
西苍峪
冯
家
峪
镇
黄梁根
番字牌
石湖根
北栅子
白马关
南台子
大洼尖
鸡冠山
下营
朱家峪
西口外
西白莲峪
冯家峪镇
石洞子
西庄子
保峪岭
石
城
镇
红星
四合堂
贾峪
二平台
黄峪口
黄峪口风景区
清凉谷
邓玉芬纪念广场
张家坟
捧河岩
西湾子
天仙瀑
黄土梁
京都第一瀑
白乙化烈士纪念地
河北
青青顶山
黑龙潭
云蒙山
桃源仙谷
石城镇
石城
王庄
水堡子
云蒙峡
梨树沟
五座楼
不
老
屯
镇
西坨古
阳坡地
陈家峪
古石峪
史庄子
边庄子
云峰山自然风景区
学艺厂
转山子水库
转山子
沙峪里
黄土坎
燕落
不老屯镇
不老屯
兵马营
柳树沟
学各庄
密
云
水
库
溪
翁
庄
镇
黑山寺
尖岩
东营子
北白岩
溪翁庄镇
溪翁庄
云佛山滑雪场
白草洼
石墙沟
走马庄
金叵罗
云湖度假村
石马峪
董各庄
杨各庄
西
田
各
庄
镇
白道峪
三峪风景区
牛盆峪
小水峪
兴盛
小石尖
署地
坟庄
西沙地
新王庄
黄坨子
青甸
西庄户
马营
河北庄
西康各庄
卸甲山
龚庄子
立新庄
云佛山旅游度假村
西智
东户部庄
太子务
董各庄
西田各庄镇
西田各庄
韩各庄
朝阳
西山
沿村
大辛庄
水泉
十里堡镇
十里堡
十
里
堡
镇
清水潭
庄禾屯
程家庄
王各庄
河漕
密云镇
檀营满族蒙古族乡
果园街道
密云区
鼓楼街道
瑞海姆田园度假村
沙河
达岭沟
穆家峪机场
后栗园
前栗园
荆稍坟
山口庄
提辖庄
蔡家洼
穆
家
峪
镇
阁老峪
九松山
水漳
西穆家峪
南穆家峪
北穆家峪
娄子峪
刺子峪
穆家峪镇
羊山
达岩
辛安庄
巨
各
庄
镇
东白岩
后焦家坞
前焦家坞
巨各庄镇
丰各庄
塘峪
豆各庄
金山子
八家庄
赵家庄
张家庄
蔡家洼
河
南
寨
镇
北单家庄
陈各庄
东鱼家台
东套里
河南寨镇
河南寨
芦古庄
北金沟屯
中庄
团结村
荆栗园
南金沟屯
新兴
赵河
南单家庄
莲花瓣
金沟
平头
沙坞
下屯
前金沟
两河
钓鱼台
唐指山水库
东
邵
渠
镇
界牌
石峨
史长峪
大石门
银冶岭
高各庄
东邵渠
东邵渠镇
太保庄
银冶岭水库
小岭
大岭
西邵渠
南达峪
北吉山
东葫芦峪
西葫芦峪
大水峪水库
北台上水库
G11
G101

审图号：京S(2018)025号

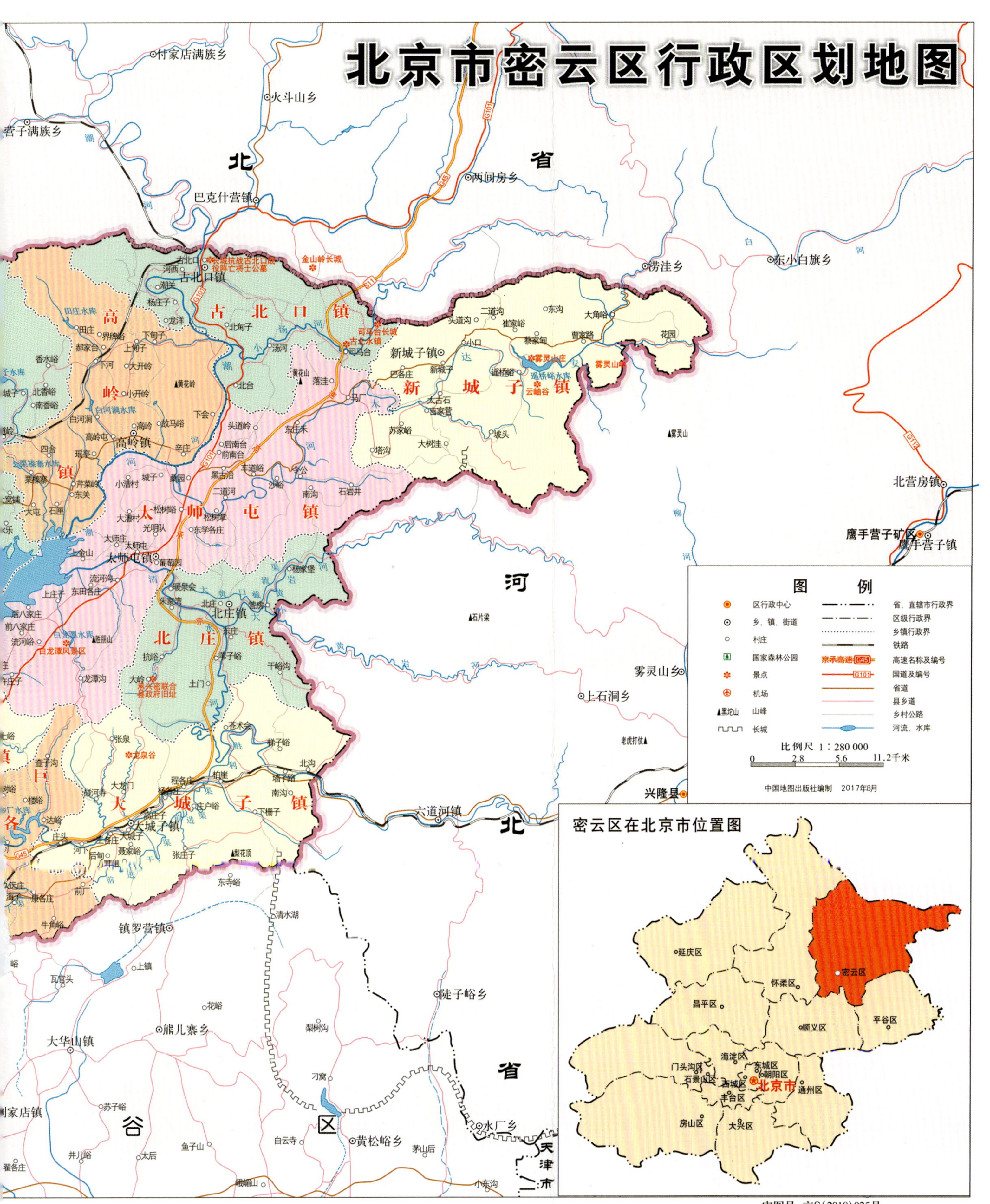

审图号：京S(2018)025号

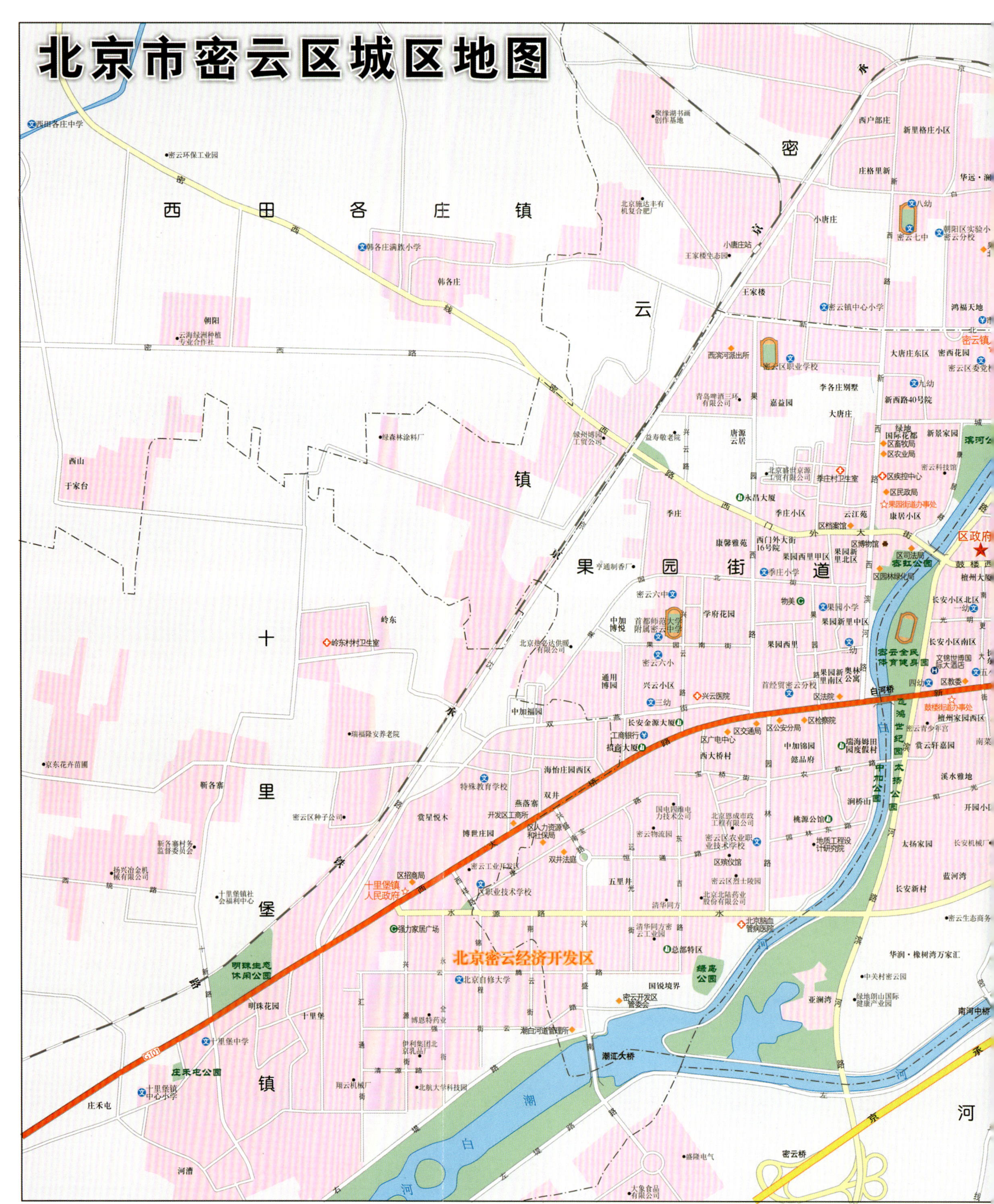
北京市密云区城区地图
西田各庄镇
西田各庄中学
密云环保工业园
密西线
韩各庄满族小学
韩各庄
朝阳
云海绿洲种植专业合作社
密西路
聚缘湖书画创作基地
北京德达丰有机复合肥厂
王家楼生态园
小唐庄站
王家楼
密云镇
西户部庄
新里格庄小区
庄格里新
小唐庄
八幼
密云七中
朝阳区实验小学密云分校
密云镇中心小学
鸿福天地
西滨河派出所
密云区职业学校
大唐庄东区
密西花园
密云区委党校
李各庄别墅
九幼
新西路40号院
青岛啤酒三环有限公司
嘉益园
大唐庄
绿地国际花都
新景家园
区畜牧局
区农业局
滨河公园
密云科技馆
区疾控中心
区民政局
果园街道办事处
绿森林涂料厂
西山
于家台
益寿敬老院
唐源云居
北京盛世京源工贸有限公司
季庄村卫生室
永昌大厦
季庄
季庄小区
云江苑
康居小区
区档案馆
区政府
康馨雅苑
西门外大街16号院
区博物馆
果园西里甲区
果园新里北区
区司法局
密虹公园
鼓楼西
区园林绿化局
檀州大厦
亨通制香厂
果园街道
季庄小学
密云六中
物美
果园小学
果园新里中区
长安小区北区
一幼
中加博悦
首都师范大学附属密云中学
学府花园
果园西里
二幼
长安小区南区
密云全民体育健身园
文锦世博国际大酒店
岭东
岭东村村卫生室
十里堡镇
北京热冷达供暖有限公司
密云六小
通用博园
兴云小区
三幼
兴云医院
首经贸密云分校
果园新里南区
奥林公寓
区法院
白河桥
四幼
区教委
鼓楼街道办事处
中加福园
长安金源大厦
工商银行
招商大厦
区交通局
区公安分局
区检察院
檀州家园西区
区广电中心
西大桥村
中加锦园
懿品府
瑞海姆田园度假村
赏云轩嘉园
瑞福隆安养老院
京东花卉苗圃
靳各寨
特殊教育学校
海怡庄园西区
中加公园
溪水雅地
双井
燕落寨
开发区工商所
洞桥山
槐源公馆
开园小区
密云区种子公司
赏星悦木
博世庄园
区人力资源和社会保障局
国电四维电力技术公司
北京恩成市政工程有限公司
密云区物流园
密云区农业职业技术学校
地质工程设计研究院
太扬家园
长安机械厂
新各寨村务监督委员会
扬兴冶金机械有限公司
双井店
密云工业开发区
区殡仪馆
蓝河湾
区招商局
十里堡镇人民政府
区职业技术学校
五里井
密云区烈士陵园
北京北陆药业股份有限公司
长安新村
十里堡镇社会福利中心
清华同方
水源路
北京脑血管病医院
强力家居广场
清华同方密云工业园
总部特区
密云生态商务区
明珠生态休闲公园
北京密云经济开发区
绿岛公园
华润·橡树湾万家汇
北京自修大学
中关村密云园
国悦境界
亚澜湾
密云开发区管委会
绿地朗山国际健康产业园
明珠花园
十里堡
博恩特药业
十里堡中学
南河中桥
伊利集团北京乳品厂
潮白河道管理所
潮汇大桥
G101
庄禾屯公园
十里堡镇中心小学
翔云机械厂
北航大学科技园
庄禾屯
潮白河
密云桥
盛隆电气
河漕
大象食品有限公司
京承铁路
京承

区域面积2229.45平方千米

常住人口52.7万人

户籍人口44.1万人

地区生产总值360.3亿元

第一产业增加值14.0亿元

第二产业增加值93.4亿元

第三产业增加值252.9亿元

第一、第二、第三产业构成3.9:25.9:70.2

人均地区生产总值68306元

一般公共预算收入41.0亿元

一般公共预算支出154.1亿元

金融机构人民币存款余额732.3亿元

金融机构人民币贷款余额374.8亿元

农林牧渔业总产值33.5亿元

规模以上工业总产值227.9亿元

规模以上工业实现销售产值228.6亿元

房屋施工面积326.9万平方米

房屋竣工面积27.3万平方米

商品房销售面积26.9万平方米

社会消费品零售总额169.4亿元

商品交易市场成交额14.7亿元

进出口总额16.1亿美元

A级及主要景区旅游收入9.6亿元

休闲农业与乡村旅游收入8.7亿元

函件业务交换量328.7万件

固定电话用户8.6万户

移动电话用户60.6万户

互联网宽带接入用户数18.3万户

用电量22.7亿千瓦时

客运线路57条

客运量9.7亿人次

货物周转量9.0亿吨公里

居民人均可支配收入42634元

居民人均消费支出27288元

福利中心37个

社会救助1.5万人

能源消耗量117.7万吨标准煤

降水量1235.2毫米

用水量6950.2万立方米

细颗粒物（$PM_{2.5}$）年均浓度值30微克/立方米

可吸入颗粒物（PM_{10}）年均浓度值49微克/立方米

森林覆盖率 70.13%

日城市道路清扫保洁面积267.8万平方米

生活垃圾无害化处理率为 100%

幼儿园在园幼儿15436人

小学阶段教育在校学生22051人

初级中学（不含九年一贯制学校）在校学生9490人

高中阶段教育在校学生6011人

专利授权量1744件

技术合同成交总额16亿元

图书馆藏书量107.4万册(件)

文化演出1578场次

卫生机构595个

卫生技术人员4498人

每千常住人口医院床位数3.6张

医院和社区卫生服务中心总诊疗479.8万人次

体育场馆30个

举办全民健身活动11次

全国性比赛获得奖牌4枚

市级比赛获得奖牌149枚

4月30日

密云水库启动潮白河试验性生态补水（22年来首次较大规模试验性生态补水）

5月29日

潮白河经密云水库生态补水后，22年来首次实现北京段158公里全线水流贯通

6月

密云潮白两河水质全部达到Ⅰ类标准

7月23日

密云水库蓄水量28.13亿立方米，水位150.56米，创本世纪新高。

8月20日

密云水库蓄水量突破33亿立方米，蓄水量33.13亿立方米，水位153.71米

8月24日

密云水库蓄水量33.71亿立方米，水位154.06米，突破历史最高记录（1994年9月16日蓄水量33.58亿立方米，水位153.98 米），水位线超过刻有“历史最高水位线”石碑底座。

9月9日

密云水库蓄水量35.31亿立方米，水位155.02米，创建库以来历史新高。

10月1日

密云水库蓄水量35.79亿立方米，水位155.3米，创建库以来历史新高。

12月31日

密云水库累计向下游生态补水10.45亿立方米，补水规模为历年之最。

地区生产总值

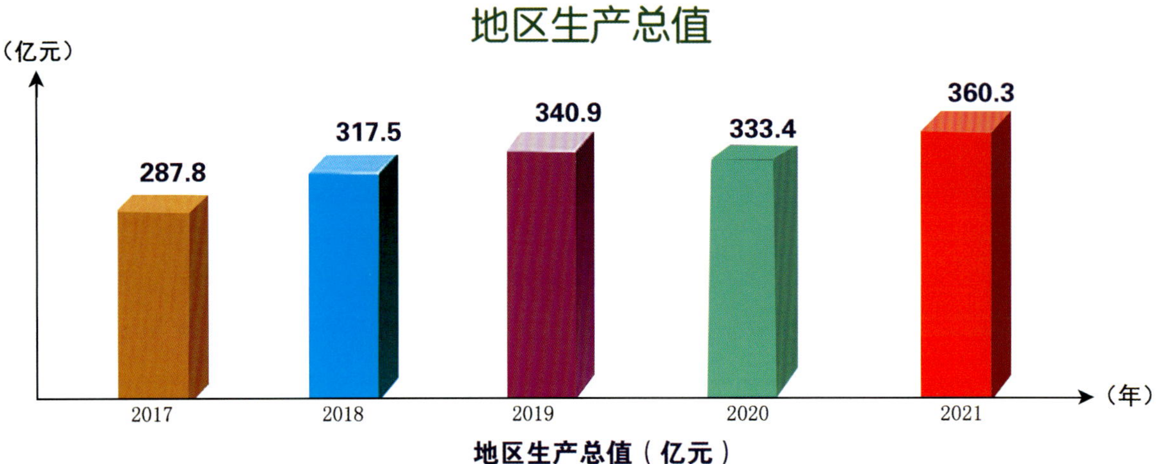

地区生产总值（亿元）

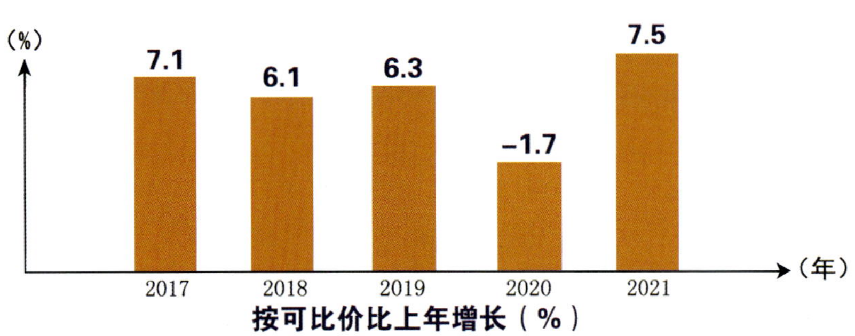

按可比价比上年增长（%）

地区生产总值构成变化

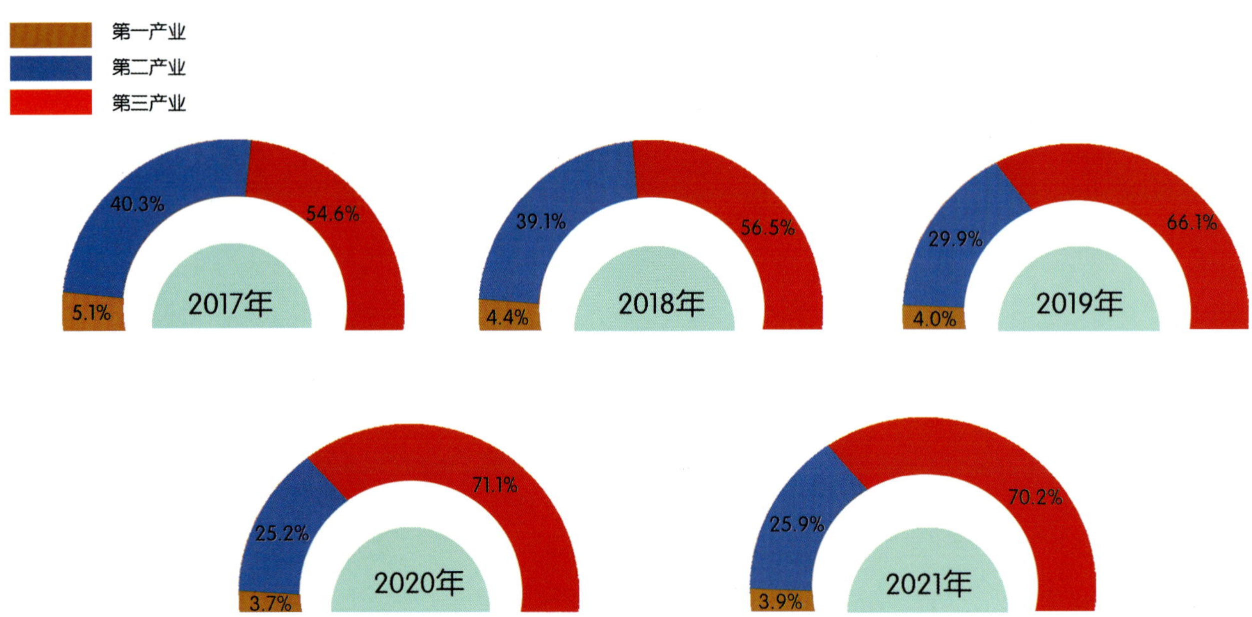

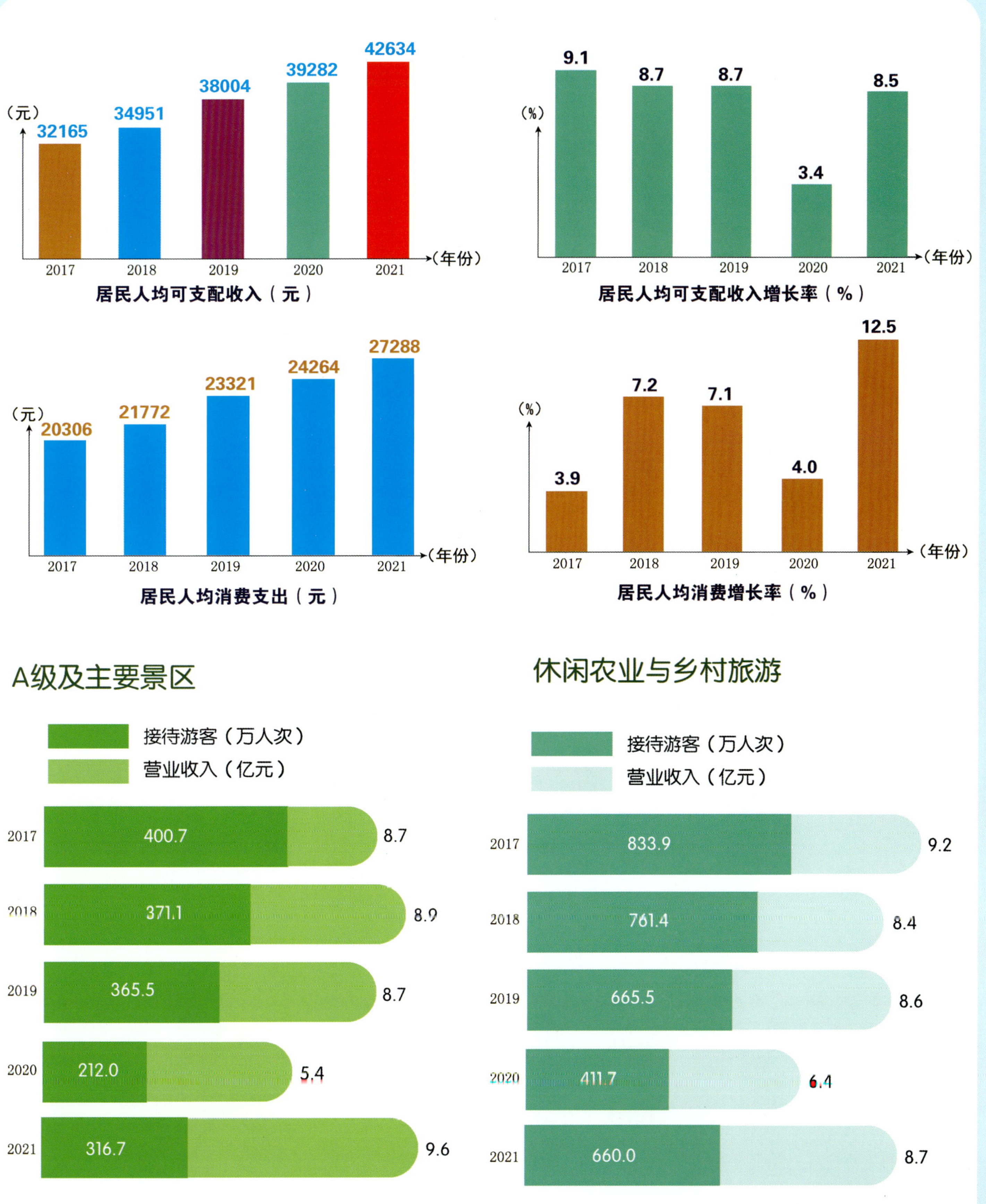
(元)
32165
34951
38004
39282
42634
2017
2018
2019
2020
2021
(年份)
居民人均可支配收入(元)
(%)
9.1
8.7
8.7
3.4
8.5
2017
2018
2019
2020
2021
(年份)
居民人均可支配收入增长率(%)
(元)
20306
21772
23321
24264
27288
2017
2018
2019
2020
2021
(年份)
居民人均消费支出(元)
(%)
3.9
7.2
7.1
4.0
12.5
2017
2018
2019
2020
2021
(年份)
居民人均消费增长率(%)
A级及主要景区
接待游客(万人次)
营业收入(亿元)
2017
400.7
8.7
2018
371.1
8.9
2019
365.5
8.7
2020
212.0
5.4
2021
316.7
9.6
休闲农业与乡村旅游
接待游客(万人次)
营业收入(亿元)
2017
833.9
9.2
2018
761.4
8.4
2019
665.5
8.6
2020
411.7
6.4
2021
660.0
8.7

万元地区生产总值能耗下降率（%）

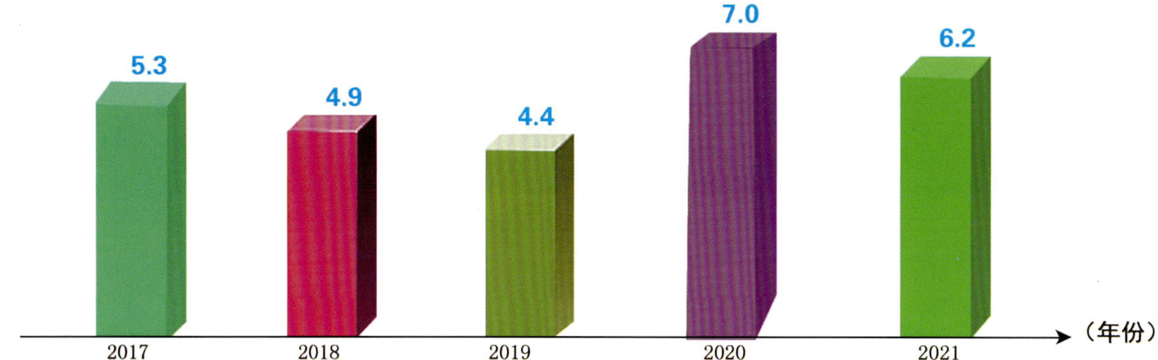

总用水量

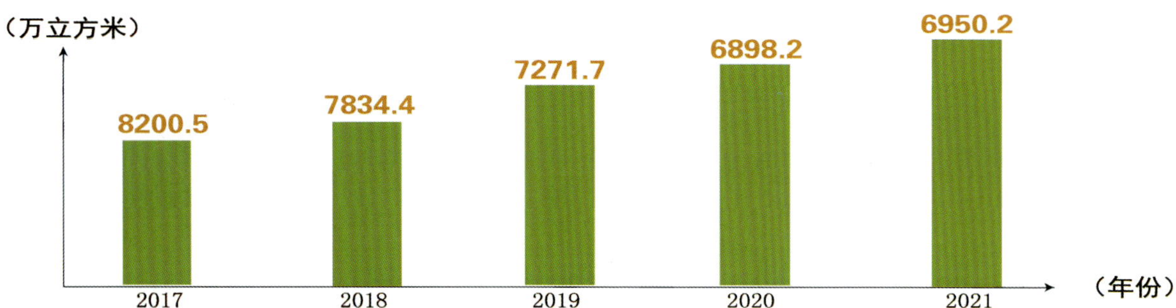

空气质量（微克/立方米）

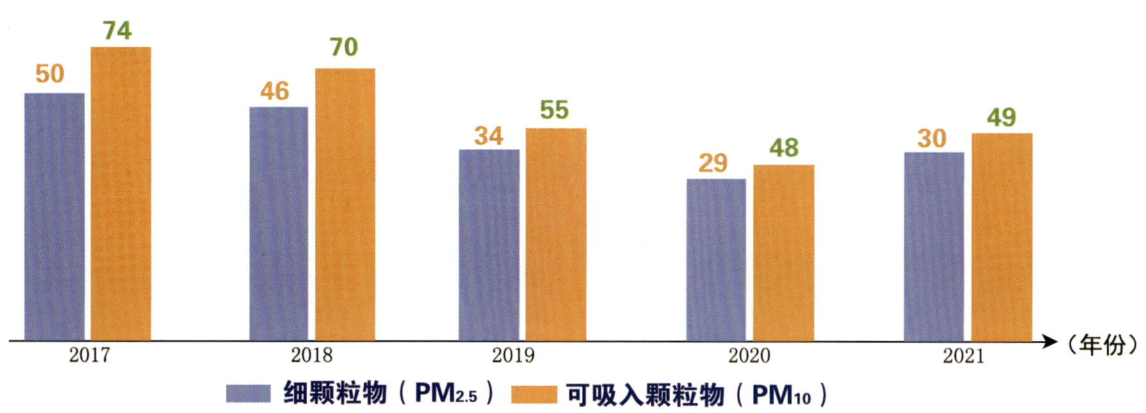

森林覆盖率（%）

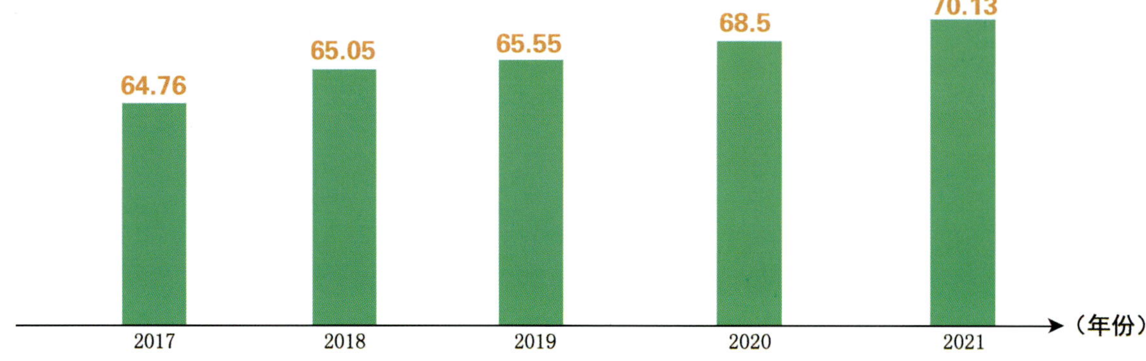

8月24日，密云水库蓄水量达33.71亿立方米，水位154.06米，超历史最高水位线 （陈瑶 摄）

10月1日，密云水库蓄水量达35.79亿立方米，水位155.3米，创建库以来历史新高 （密云水库综合执法大队 供图）

1月15日，密云水库智能视频监控系统投入使用，24小时“上岗”（王海欣 摄）

5月29日，潮白河经密云水库生态补水后，22年来首次实现北京段158千米全线水流贯通

（史明月 摄）

6月23日，密云潮白两河水质全部达到Ⅰ类标准

（舒媛 摄）

7月27日，密云水库安全整治"百日行动"誓师动员大会召开 （密云水库综合执法大队 供图）

8月25日，密云"牢记嘱托 接续奋斗——落实习近平总书记重要回信精神一周年"主题展览开幕 （区文旅局 供图）

8月26日，密云水库渔业产销合作社成立 （密云水库综合执法大队 供图）

9月1日，北京密云水库保护公益基金会成立 （史明月 摄）

9月1日，密云"水库回响"——落实习近平总书记重要回信精神一周年群众主题文化活动举办 （李金宇 摄）

9月1日，密云水库流域“两市三区五县”生态环境联建联防联治工作交流会召开　（区生态环境局　供图）

9月17日，2021年密云水库上游流域突发水环境事件联合应急演练举办　（区生态环境局　供图）

9月17日，首都职工走进一泓碧水实践活动启动　（李雨生　摄）

11月，密云水库综合执法大队携手区检察院开展“行刑衔接”水上执法　（杨笑哲　摄）

12月29日，密云区获“中国天然氧吧”称号　（区水务局　供图）

12月29日，密云区获“2021年度中国高质量发展典范城市”称号　（区生态环境局　供图）

6月23日，中国首个地球系统数值模拟装置在怀柔科学城东区落成启用　（密云融媒　供图）

3月，中关村密云园招商公司成立暨招商引资工作动员大会召开 （中关村密云园　供图）

4月14日，密云绿色循环经济产业园 （苏晓颖　摄）

6月10日，密云区国家高新技术企业认定及相关政策培训会召开 （区科委　供图）

6月16日，密云区"两区"建设专题培训班开班 （王越男　摄）

10月10日，复星北铃公共卫生应急产业与危重症诊疗技术工程中心落户密云 （中关村密云园　供图）

7月14日，中关村密云园与北京商务中心区签订战略合作协议
（中关村密云园　供图）

9月2日，友康生物公司“密云研发和生产基地”落户密云　（中关村密云园　供图）

11月，怀柔科学城东区地球系统数值模拟装置的5个大系统中有4个系统已完成测试　(王朝　摄)

12月30日，朝密双创中心揭牌并投入运营 （中关村密云园 供图）

2021年，密云打造以古北水镇和海湾半山酒店为龙头的国际休闲旅游度假和高端商务会议中心 （孙征 摄）

2021年，密云发挥科学城东区产业集聚作用，推动前沿科技成果就地产业化 （史明月 摄）

2021年，密云发挥张裕爱斐堡国际酒庄等葡萄酒产业优势打造“酒乡之路” （苏晓颖 摄）

2021年，密云做强做优蜂产业，形成集蜜蜂种业、养殖等为一体的产业链 （张远 摄）

1月22日，密云站正式启用，密云迎来高铁时代，步入首都半小时经济圈

（史明月　摄）

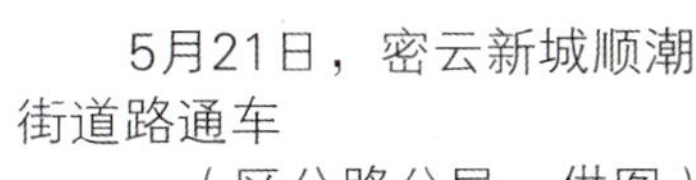
5月21日，密云新城顺潮街道路通车

（区公路分局　供图）

6月17日，塘峪220千伏输变电工程启动送电

（王鹤杨　摄）

6月23日，密云新西路大修工程完工　（王子晨　摄）

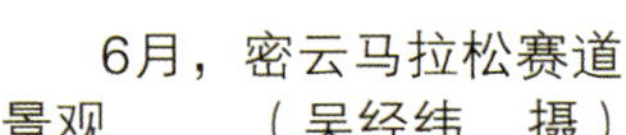

6月，密云马拉松赛道景观　（吴经纬　摄）

6月28日，怀柔科学城空地一体环境感知与智能响应研究平台主体结构封顶　（区生态环境局　供图）

8月，密云西统路（河北路—密关路）道路工程竣工通车 （徐甲平 摄）

9月23日，西大桥棚户区改造项目协商选定评估机构现场（冯欣蕾 摄）

10月，穆家峪新刘棚改回迁楼封顶 （杨笑哲 摄）

11月12日，长安新村及南菜园新村棚户区改造项目竣工（李敬 摄）

12月3日，通怀路三期（密云段）竣工通车（高宏宇 摄）

6月30日，密云区乡村振兴局挂牌成立 （刘丹 摄）

4月25日，密云区“庆祝建党一百周年 助力乡村振兴”朝阳职工游密云活动启动 （郭威 摄）

3月，北庄镇北京山水甜源养蜂专业合作社发展蜂产业（王朝　摄）

3月，密云山区开展光伏建设　（林一轩　摄）

5月20日，华北区“世界蜜蜂日”主题活动暨密云第四届蜂产业发展高峰论坛举行　（区园林绿化局　供图）

4月27日，密云区2021年民俗从业者培训班暨密云鱼文化民俗从业者培训班举办　（席立军　摄）

5月27日，北京博士后乡村振兴服务团密云行启动　（崔笑辰　摄）

7月26日，全国成熟蜂蜜生产现场观摩会和成熟蜂蜜专项技术交流会在穆家峪镇召开 （区园林绿化局 供图）

9月，穆家峪镇极星农业科技园全自动化科技农业 （杨笑哲 摄）

9月3日，密云区山水田园天然氧吧亮相服贸会 （密云融媒 供图）

9月23日，密云区2021年农民丰收节庆祝活动举办 （密云融媒 供图）

10月16日，“第四届割蜜节”在冯家峪镇悬蜂谷举办 （冯家峪镇 供图）

3月17日，密云区创建全国文明城区动员部署会召开 （密云融媒 供图）

9月9日，密云区创建全国文明城区工作推进会召开 （区创城办 供图）

5月28日，密云创建全国文明城区交通秩序百日攻坚整治启动

（赵明浩　摄）

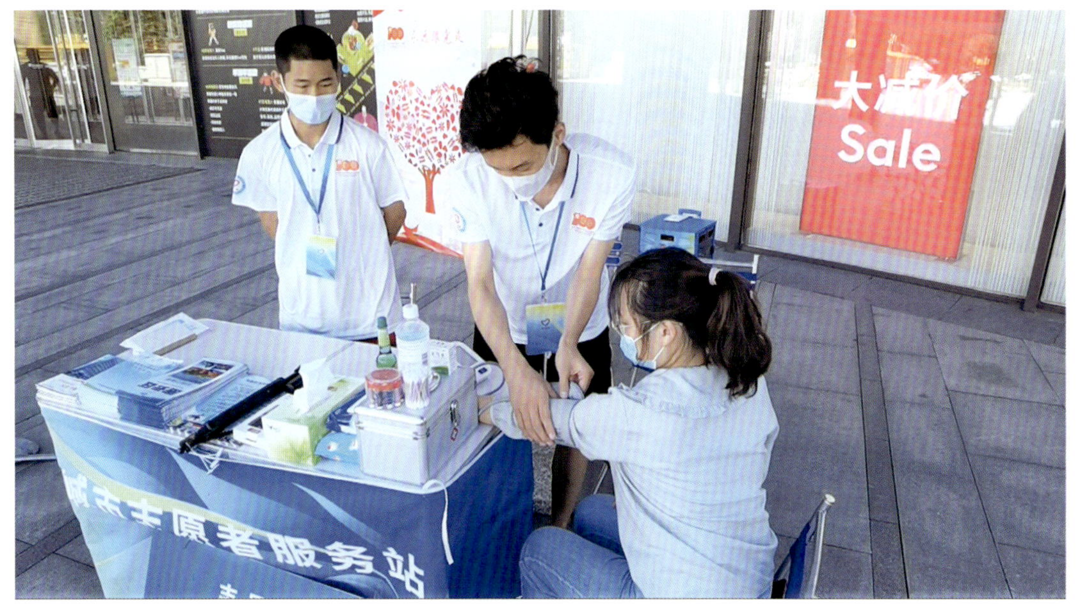

6月12日，密云创城志愿服务站开展测量血压服务

（王鹤杨　摄）

7月，创城大扫除后的果园北街

（果园街道　供图）

6月，密云区创城宣传展示 （区创城办 供图）

9月18日，密云区开展“全民参与、创城有我”周末大扫除活动 （区创城办 供图）

9月，密云区创城景观布置 （区创城办 供图）

10月15日，密云区“警城联动”秩序整治行动启动 （区创城办 供图）

6月22日，“永远跟党走”——密云区庆祝中国共产党成立100周年主题群众文化活动举办 （陈瑶 摄）

7月1日，密云区“永远跟党走”——庆祝中国共产党成立100周年文艺节目展演举办 （区文旅局 供图）

4月22日，密云区文化馆公益培训展演启动 （区文旅局 供图）

5月22-23日，“唱响密云”——庆祝中国共产党成立100周年合唱大赛举办 （区文旅局 供图）

6月12日，古北水镇端午龙舟赛开赛 （古北水镇 供图）

6月22日，密云“颂读百年路，长城纪忠魂”经典诵读活动在古北口卧虎山长城脚下举办　（王赛　摄）

7月11日，原创民族舞剧《情深谊长》在区文化活动中心演出　（王朝　摄）

9月，密云区开展法治文化宣传活动　（区司法局　供图）

9月4日，密云区“文化润童心”——2021年暑期青少年培训 班结业展演　（区文旅局　供图）

9月10日，“永远跟党走 奋进新征程”密云区文化科技卫生“三下乡”集中示范活动举办　（区委宣传部　供图）

9月18日，密云区开展全民国防教育日主题活动
（区武装部　供图）

9月26日，2021年北京·密云鱼王文化节开幕
（区文旅局　供图）

9月29日，“中国好人榜”上榜好人高巍事迹宣讲会举办
（区委宣传部　供图）

10月19日，古北口镇第二十九届传统文化庙会举办
（王硕　摄）

10月15—17日，第九届北京国际旅游商品及旅游装备博览会　（区文旅局　供图）

1月8日，密云区支援顺义区核酸采样医疗队整装出发　（区卫健委　供图）

2月11日，密云区开展第七届冰雪嘉年华活动
（区体育局　供图）

4月9日，密云区紧密型医共体建设启动会召开
（区卫健委　供图）

4月28日，密云区2021年国家卫生区复审工作会议召开
（区卫健委　供图）

5月12日，密云区防灾减灾主题宣传日活动启动
（刘双杰　摄）

5月16日，2021密云生态马拉松开赛
（区体育局 供图）

6月23日，密云区第十三届全民健身体育节举行
（区体育局 供图）

7月8日，密云区政法队伍教育整顿总结大会召开
（杨涵 摄）

8月5日，檀营地区回迁居民领取房产证 （蔡胜男 摄）

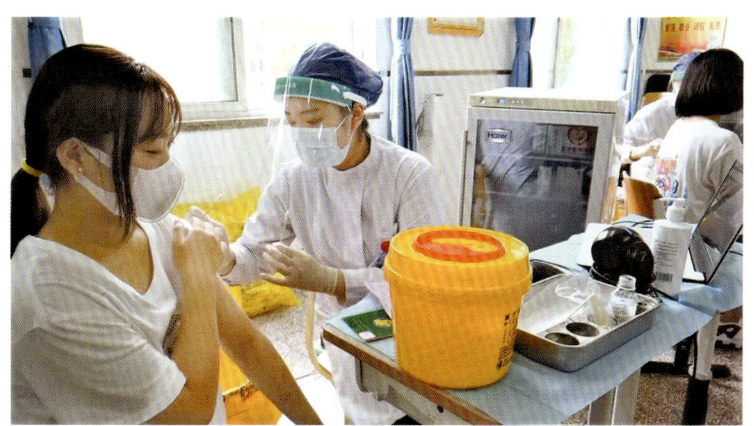

9月9日，密云区12—17周岁人群新冠疫苗接种率完成既定目标100.6% （杨笑哲 摄）

10月16日，密云区第三届社区邻里节举办 （李思杰 摄）

12月10日，密云区第一届中小学生陆地冰壶、旱地冰球比赛举办 （区教委 供图）

12月18日，密云区举办退役士兵迎新仪式暨适应性培训班 （区退役军人局 供图）

3月9日，密云区党史学习教育动员大会召开　（刘通　摄）

2月20日，密云区“牢记嘱托跟党走 接续奋斗新征程”百姓宣讲报告会举行　（区委宣传部　供图）

3月，密云区开展“四史”学习教育主题活动
（区委宣传部 供图）

5月，密云区开展“永远跟党走”百姓宣讲团活动
（区委宣传部 供图）

6月18日，密云区“不忘初心 牢记使命——庆祝中国共产党成立100周年”党史学习教育主题展览开展
（密云融媒 供图）

6月24日，密云区“两优一先”表彰大会召开
（区委组织部 供图）

6月18日，密云区委理论学习中心组成员参观“不忘初心 牢记使命——庆祝中国共产党成立100周年”党史学习教育主题展览
（密云融媒 供图）

6月25日，密云区新党员代表在密云水库展览馆进行入党宣誓仪式
（王鹤杨 摄）

8月4日，密云区"永远跟党走"主题党史知识竞赛决赛举行（区委宣传部　供图）

12月2日，北京市学习贯彻党的十九届六中全会精神宣讲团密云区报告会举行（密云融媒　供图）

12月17日，密云区新一届四套班子在密云水库展览馆开展集体党日活动（陈振海　摄）

2021年，密云区庆祝建党100周年景观布置（区园林服务中心　供图）

总　目

目 录

区情概览

大事记

特载

专文

中共北京市密云区委员会

北京市密云区人民代表大会常务委员会

北京市密云区人民政府

政协北京市密云区委员会

纪检监察

法治

农业与农村

工业

建筑业　房地产业

信息化

金融

旅游

城乡规划

城乡建设

城乡管理

交通 邮电

科技

教育

文化

体育

社会生活

人物　荣誉

统计资料

附录

MIYUN YEARBOOK CONTENTS

MIYUN OVERVIEW

CHRONICLE

SPECIAL ISSUE

FEATURES

BEIJING MIYUN DISTRICT COMMITTEE OF THE COMMUNIST PARTY OF CHINA

BEIJING MIYUN DISTRICT PEOPLE' S CONGRESS

BEIJNG MIYUN DISTRICT PEOPLE' S GOVERNMENT

BEIJING MIYUN DISTRICT COMMITTEE OF CPPCC

DISCIPLINARY INSPECTION AND SUPERVISION

DEMOCRATIC PARTIES

PEOPLE' S ORGANIZATION

RULE OF LAW

MILITARY AFFAIRS

ECOLOGICAL ENVIRONMENT

AGRICULTURE AND RURAL ECONOMY

INDUSTRY

CONSTRUCTION INDUSTRY REAL ESTATE

INFORMATIZATION

ECONOMIC MANAGEMENT

BUSINESS AND TRADE SERVICES

FINANCIAL

TOURISM

URBAN-RURAL PLANNING

URBAN-RURAL CONSTRUCTION

URBAN-RURAL MANAGEMENT

EMERGENCY MANAGEMENT

TRANSPORT POSTS TELECOMMUNICATIONS

SCIENCE AND TECHNOLOGY

EDUCATION

CULTURE

HEALTH AND HYGIENE

SPORTS

SOCIAL LIFE

SUB-DISTRICT AND TOWNSHIPS

CHARACTER HONOR

STATISTICS DATA

APPENDIX

区情概览

MIYUN OVERVIEW

区 情 概 览

MIYUN OVERVIEW

基 本 地 情

Basics City Condition

密云区是北京市郊区之一，是全市面积最大的区，根据《北京城市总体规划（2016 年——2035 年）》，密云区的功能定位是首都最重要的水源保护地及区域生态治理协作区；国家生态文明先行示范区；特色文化旅游休闲及创新发展示范区。

密云县（区）建制始于北魏，皇始二年（397）置密云郡及密云县，属安州，故城在今河北省丰宁县境。密云县名则因北魏时塞外的密云山（位于今承德市丰宁县以南的云雾山）而得名。东魏元象元年（538）农民起义军攻占安州后，密云郡及密云县南迁，侨置今密云地，随着郡、县治所的内移，县地始有密云之名。曾用名：渔阳、檀州等。

建 置 沿 革

约 40 万年前，密云区出现人类活动。约 6000 年前，出现村落。约 3700 年前，成为商代领地。西周初期，密云地区属蓟国。燕国并蓟国后，密云属燕国。秦时，境内设渔阳郡、渔阳县，郡县同址。西汉时期，县境为渔阳、犷平、厗奚三县分治。东魏元象元年（538），密云地区始寄治渔阳县境内，同时寄治的还有安州及所属密云、安乐、广阳 3 郡 7 县，密云之名始于此。隋开皇十八年（598），县域内置檀州（今不老屯镇燕乐村），辖密云、燕乐二县。明洪武元年（1368）檀州入密云县。雍正六年（1728）改密云县直属顺天府北路厅。民国初废顺天府，改称京兆，密云县属京兆。1928 年废京兆，改隶河北省。1937 年日本侵略中国，密云县沦陷，以潮河为界，密云县被分成河西和河东两区。1949 年 8 月 15 日，两地区重新合并，恢复密云县单一建置，属河北省通县专属。1958 年 10 月划入北京市。2015 年 10 月 13 日，国务院同意撤销密云县，设立密云区。

地 理 位 置

密云区位于北京市东北部，属燕山山地与华北平原交接地，是华北通往东北、内蒙古重要门户，故有“京师锁钥”之称；东西长约 69 千米，南北宽约 64 千米。地理坐标为东经 116°39′～117°30′，北纬 40°13′～40°47′之间。东邻河北省承德县和兴隆县，南与平谷区、顺义区相连，西接怀柔区，北与河北省滦平县毗邻。

地 形 气 候

辖区东、北、西三面环山，中部低缓，西南开口呈簸箕形。自然地貌特征为“八山一水一分田”，山区面积占 4/5，水源保护区占全区面积 3/4。主要山峰有 23 座，属军都山有云蒙山、大洼尖、卧虎山、黄花岭等；属雾灵山脉的有南横岭、四干顶、鹰窝楼等，梧桐树沟顶是域内最高峰，海拔 1735 米。密云区属暖温带季风型大陆性半湿润半干旱气候，冬季受西伯利亚、蒙古高压控制，夏季受大陆低压和太平洋高压影响，四季分明，干湿冷暖变化明显。2021 年，年平均气温 11.8℃，接近常年（11.3℃）。年极端最高气温 35.8℃，年极端最低气温－24.1℃。年降水量 1235.2 毫米。最大日降水量 145.7 毫米。年平均风速为 1.3 米/秒。

自 然 资 源

矿产资源 区内已探明储量矿产 25 种。主要矿产有金、银、铁、钨、铅等，其中铁矿探明储量 9.67 亿吨，主要分布在密云水库周边地区，包括太师屯、不老屯、高岭、巨各庄、冯家峪、石城、穆家峪7个镇。非金属矿有白云岩、石灰岩、大理石、透辉石、泥炭、石棉、耐火黏土、花岗岩、石料、砾、砂石，其中砂石储量最大，主要分布在潮白河流域、西田各庄镇、十里堡镇等地。

能源资源 年日照时数为2212.7小时。全社会用电量22.7亿千瓦时，比上年增长4.5%。其中工业用电5.5亿千瓦时，下降12.5%；农业用电0.5亿千瓦时，增长1.1%；农村居民生活用电5.3亿千瓦时，增长6.6%；城镇居民生活用电3.8亿千瓦时，与上年基本持平。全区日最大供电量为1400.2万千瓦时，比上年增长19.4%。能源消费总量117.7万吨标准煤，比上年增长0.9%；不变价单位GDP能耗比上年下降6.2%。

生物资源 野生植物主要有卷柏科、阴地蕨科等105科717种，其中雾灵山地区植被覆盖率较高，物种繁多，被称为野生资源库。国有林场有荆子峪林场、雾灵山林场、锥峰山林场、白龙潭林场、五座楼林场、潮白河林场、云蒙山林场，林场总面积8320公顷。森林覆盖率70.13%。野生动物11纲130科。

水资源 华北第一大水库密云水库位于区境中部，控制潮河、白河流域面积1.6万平方千米，总库容43.75亿立方米，最大水面面积188平方千米。中小型水库23座。密云区90%以上面积被列为水源保护区，全境水源丰富，有潮河、安达木河等15条河流，其中12条河流注入密云水库。全年总用水量6950.2万立方米，与上年基本持平，其中生产用水1457.3万立方米，生活用水3544.9万立方米，生态环境用水1948.1万立方米。中心城区生活污水集中处理率为98.6%；农村安全饮水达标率为100%。

区划设置

2021年，密云区辖2个街道：鼓楼街道、果园街道；17个镇：密云镇、溪翁庄镇、西田各庄镇、十里堡镇、河南寨镇、巨各庄镇、穆家峪镇、太师屯镇、高岭镇、不老屯镇、冯家峪镇、古北口镇、大城子镇、东邵渠镇、北庄镇、新城子镇、石城镇；1个地区：檀营地区（檀营满族蒙古族乡）。有330个行政村、96个居委会。

人口

年末全区常住人口52.7万人，比上年末减少0.1万人。其中城镇人口35.0万人，占常住人口的比重为66.4%；常住外来人口11.1万人，占常住人口的比重为21.1%。年末全区户籍人口44.1万人，与上年末基本持平。按户籍属性分，农业人口24.0万人，非农业人口20.1万人；按性别分，男性人口21.9万人，女性人口22.2万人。

人文历史

密云自古为兵家必争之地，历史悠久，文化底蕴深厚。“共工城”距今4100年，是北京历史上最早的古城。清末，有古戏楼20余座，其中古北口药王庙戏楼建于明崇祯八年（1635）。欧阳修、戚继光等历代名人名家创作出许多吟咏密云的诗文，流传至今。民间文艺主要有元朝时期出现的花会、曲艺和轿子坊。其中曲艺中的大鼓书主要曲种有乐亭大鼓、西河大鼓、五音大鼓、京东大鼓和评书等。公共文化设施服务体系日益完善。形成的文化品牌体系重点有戏曲大赛、歌手大赛、合唱大赛、京津冀百姓歌手大赛等品牌活动，“诵读密云”“曲韵密云”“唱响密云”“舞动密云”“影映密云”“多彩密云”。密云区古迹和人文景观众多，有1个国家历史文化名镇、3个国家历史文化名村（传统村落）、6个市级传统村落。不可移动文物335处，可移动文物1575件（套）。博物馆征集民间民俗文物100余件。明长城共有144段182.1039千米，占北京市长城的1/3。密云的长城是万里长城自然景观最美的地方之一。司马台长城以“险、密、奇、巧、全”闻名于世。现存关口有墙子路、曹家路、石塘路、白马关等。发现和查明古建筑、古墓葬、古遗址以及古脊椎动物化石、碑、石刻等154项，征集到古脊椎动物化石、石器等文物800余件，春秋到清代各种货币280余种1.88万余枚。清康熙十二年（1673）《密云县志》刊载“密云八景”——冶塔仙灯、圣水鸣琴、白檀晴光、青洞晓色、霞峰散彩、水沼呈祥、五峰凌空、冋阳返照。雍正元年（1723）《密云县志》增新八景——雾灵积雪、黍谷先春、鹦鹉遗迹、西岩夕照、潮河信泛、渤海涌珠、石匣拱镇、石湖映月。冶仙塔地宫出土宋代绿釉净水瓶，系国家一级文物。非物质文化遗产项目经普查登记为618项，160项入选《北京市非物质文化遗产普查名录汇编》（密云卷）。区级以上项目29项，其中国家级1项、市级6项，区级非遗传承人21人、市级3人，元宵节·九曲黄河阵灯俗入选国家级非物质文化遗产。

国民经济和社会发展

National Economic and Social Development

保水保生态

水资源战略储备 以习近平总书记重要回信精神为根本遵循，全面落实“保水、护山、守规、兴城”总要求，完善“5+2”保水体系。制定《北京市密云水库流域水生态保护与发展规划（2021 年—2035 年）》，召开密云水库上游流域“两市三区五县”座谈会，开展“两市三区五县”突发水环境事件联合应急演练，设立密云水库保护公益基金会，组建“水库儿女”保水志愿服务队，开展密云水库百日整治行动，无人机、无人船、环库 394 个高清摄像头构建起“水陆空”三位一体全方位、全天候实时监控。完成下游生态补水 7 亿立方米，平原区地下水位回升 10 米，实现涵养生态、藏水于地。密云水库入选全国美丽河湖优秀案例，密云区荣获“中国天然氧吧”称号。10 月 1 日，密云水库蓄水量达到 35.79 亿立方米，水位 155.3 米，创建库以来历史新高。

10 月 1 日，密云水库蓄水量达到 35.79 亿立方米，水位 155.3 米，创建库以来历史新高

（密云水库执法大队 供图）

生态涵养 国家森林城市创建 36 项指标全部达标。新一轮百万亩造林、京津风沙源二期治理、森林健康经营林木和国家级公益林管护任务全面完成，森林资源蓄积量达 389 万立方米，排名全市第一。统筹山水林田湖草一体化保护，实行河长、林长、田长“三长”联动，率先在全市完成新型集体林场建设，生态服务价值占生态涵养区的 42%，占全市的 26%，居全市之首。雾灵山自然保护区被评为“履行联合国森林公约示范单位”，无喙兰、尖帽草等珍稀植物相继在密云区发现，鸟类名录从 141 种增加至 388 种，生物多样性保护迈上新台阶。

8 月，密云区发现华北地区罕见的马钱科野生植物——尖帽草，填补北京空白 （曹 俊 摄）

污染防治攻坚战 持续深化蓝天保卫战，空气质量达标天数创有监测记录以来同期最好水平。率先在生态涵养区实施烟花爆竹全域禁放。完成山区 1.3 万户、城区 700 余户煤改清洁能源任务，城区清洁取暖实现全覆盖。国Ⅲ柴油车全部淘汰，613 辆公交车全部实现纯电动替换。完成 33 家印刷企业整治提升和 36 家汽修企业环保改造，超额完成重型车和非道路移动机械执法检查任务，污染防治攻坚战综合执法排名生态涵养区首位。持续推动碧水攻坚战，潮河总氮浓度稳步下降，白河、潮河入库水质出现Ⅰ类标准，地表水环境质量首次排名全市第一。持续打好净土保卫战，强化建设用地环境风险防控，深化耕地分类管理，严格农用地污染预防，土壤环境质量总体良好。

碳中和示范区建设 在全市率先提出建设碳中和示范区，率先成立碳中和研究发展中心，同步推动碳中和示范小区、示范街区等 6 类试点建设，率先启动碳中和与生态价值实现机制路径研究。打造气象科技高地，推动气候经济发展，探索“农田增汇”密云模式。12 月，密云区获“中国天然氧吧”称号。

绿色高质量发展

经济总量 全年实现地区生产总值 360.3 亿元，按可比价格计算，比上年增长 7.5%。其中，第一产业增加值14.0亿元，增长10.8%；第二产业增加值93.4亿元，增长2.8%；第三产业增加值252.9亿元，增长9.1%。三次产业构成比为3.9∶25.9∶70.2。按常住人口计算，全区人均地区生产总值为68306元。完成一般公共预算收入41.0亿元，比上年增长4.3%；一般公共预算支出154.1亿元，比上年下降10.0%。税收收入99.66亿元，比上年增长12.79%。固定资产投资比上年增长7.9%。

科学城东区建设 地球数值模拟装置项目于6月23日提前一年半建成，成为怀柔科学城首个启用的大科学装置，列入北京市级“两区”重大项目库。4个“十三五”科教基础设施项目主要土建工程完工；空地一体环境感知与智能响应研究平台项目完成二次结构施工。北大怀密医学中心分期建设方案得到北京市政府、教育部同意，北京第二实验学校办学方案上报审批。同步推进基础设施和公共服务配套项目建设，地模外电源工程完工投用，5个平台项目外电源工程获批立项，华远达公寓等项目交付使用。筹建环境领域新型研发机构，建成动态成果项目库，梳理60项可转化成果，中科三清等企业落地东区。启动实施全区首个气候经济项目——基于微气象管理的封闭式碳—氮—水耦合循环农业系统研究示范，探索“农田增汇”密云模式。

中关村密云园建设 完成规模以上工业产值180.96亿元，同比增长6%；完成区级财政收入13.2亿元，同比增长16%；完成税收43.44亿元，同比增长15%；完成固定资产投资9.14亿元，同比增长159%。推进“腾笼换鸟”，疏解盘活企业11家，为怀柔科学城东区科技成果转化留出发展空间。突出绿色高质量发展，引进复星医药、京东物流、海王药业等重点实体项目5个，实现税收1105万元。生态商务区街区控规获市政府批复，生命健康科学小镇一期征拆全部完成。携手朝阳打造朝密“双创中心”，与CBD管委会深化产业合作、成果共享；12月30日，朝密双创中心揭牌运营，积极承接朝阳优质资源向密云聚集。

“两区”建设 制定促进绿色高质量发展政策，推进79条创新举措落地实施。围绕电子商务、科技服务、健康医疗、生物医药、航空服务、国际休闲旅游度假和高端会议六大重点领域，统筹推进80个项目建设，投资总额260.5亿元。华北首个A1类通用机场建设稳步推进，密云航空小镇完成初期规划编制。精品葡萄酒产业初具规模，综合保税库配套设施进一步完善。依托“服贸会”“进博会”平台签约6个项目，促进我区企业优质产品与全球市场接轨，进出口额在生态涵养区排名第一。12月，密云区被评为“2021年度中国高质量发展典范城市”奖项。

优化营商环境 实施“保存量、扩增量、提质量”，制定15条措施和支持企业发展办法，财源建设考核成绩居生态涵养区首位。落实优化营商环境4.0版，出台“1+3+N”政策服务体系，推进高频事项证照联办，推动一网通办、一次办成，实现为企服务“只进一门”。推出深化税收征管改革系列举措，办税缴费效率明显提升。新设市场主体6844户，同比增长64%。建立“马上就办”工作机制，推动市级重点项目全部按期开工。推进国企改革三年行动，34家全民所有制企业提前完成改革任务，修订完善国企改革、绩效薪酬考核、法人治理、国有资产（股权）处置、违规投资经营责任追究等8个方面25个规范性文件，构建国资监管制度体系“四梁八柱”，国资国企财务实现在线实时监测，“智慧国资”建设走在全市前列。密云区被评为“2021年度中国新发展理念十大践行典范”。

农业 全年实现农林牧渔业总产值33.5亿元，比上年增长10.6%。其中农业产值15.6亿元，增长10.9%；林业产值10.5亿元，增长4.3%；牧业产值5.9亿元，增长21.7%；渔业产值0.7亿元，与上年基本持平。粮食总产量5.4万吨，比上年增长5.9%；蔬菜及食用菌产量16万吨，增长7.1%；生猪出栏5.2万头，增长1.5倍。设施农业实现产值4.4亿元，增长0.4%。实际经营的农业观光园113个、乡村旅游单位（农户）2017户，休闲农业与乡村旅游实现收入8.7亿元，比上年增长36.2%。

工业 全年实现规模以上工业总产值227.9亿元，比上年增长0.6%。分行业看，汽车制造业产值55.9亿元，增长4.6%；医药制造业产值35.7亿元，下降1.0%；酒、饮料和精制茶制造业产值32.1亿元，增长11.0%。规模以上工业实现销售产值228.6亿元，比上年增长2.3%，其中出口交货值14.4亿元，下降9.2%。推动产业数字化赋能，超同步数字化车间通过国家级重点工程验收，同方威视入选北京市智能制造标杆企业。组织重点行业企业开展绿色工厂、绿色供应链管理创建，科勒、今麦郎等5家企业通过北京市级评审。30家企业获北京市“专精特新”中小企业认定，其中5家企业获国家级“专精特新”小巨人企业认定。

商业 全年实现社会消费品零售总额169.4亿元，比上年增长5.3%。在限额以上批发和零售业中，汽车类实现零售额10.3亿元，下降8.9%；成品油实现零售额9.7亿元，增长26.9%；计算机、软件及其辅助设备类实现零售额16.8亿元，增长98.2%；家用电器类实现零售额4.4亿元，增长29.1%。商品交易市场实现成交额14.7亿元，比上年增长4%。其中吃类商品成交额8亿元，比上年增长13.2%，用类商品成交额6亿元，比上年下降4.2%。

对外经济 全年实现实际利用外资完成3816万美元，同比增长663.2%；新注册外资企业19家，合同利用外资额为6623.99万美元；外贸进出口总额16.1亿美元，同比增长48.4%，其中出口总额6.6亿美元，同比增长44.5%，进口总额9.5亿美元，同比增长51.3%。在五个生态涵养区中，出口总额绝对值和增幅名列第一。

建筑业 全年具有资质等级的总承包和专业承包建筑业企业完成建筑业总产值230亿元，比上年增长32.2%。从行业类别看，房屋建筑业产值87.4亿元，增长7.7%；土木工程建筑业产值73.9亿元，增长2.3%；建筑安装业产值51.3亿元，增长6.0倍。推广绿色建筑，所建房屋均为一星以上绿色建筑；推进8项装配式建筑标准化，建筑面积155.2万平方米；首开“国樾天晟府”项目打造为北京第一个成规模超低能耗小区，建设规模3.6万平方米。扬尘视频监控系统安装率达到100%，通视率保持95%以上。4个项目被评选为“放心工地”，3个项目获得市长城杯奖。

房地产业 全年完成房地产开发投资78.9亿元，同比增长23.3%。全区房屋施工面积326.9万平方米，比上年下降5.4%；房屋竣工面积27.3万平方米，比上年下降41.3%；商品房销售面积26.9万平方米，比上年增长45.2%。共有在施商品房项目31个，建筑总面积104.6万平方米。销售情况呈商品房和二手房“一增一降”态势：累计销售商品房66.4万平方米，同比增长174%，成交金额100.64亿元，同比增长98%；销售二手房36.3万平方米，同比下降22.1%，成交金额46.3亿元，同比下降15.2%。有7个棚改项目，总计划建设规模388.88万平方米，其中实施项目4个，推进项目3个。

旅游业 全区实现乡村旅游收入8.72亿元，同比增长36.2%；接待游客660万人次，同比增长60.3%；A级及主要景区实现营业收入9.63亿元，同比增长81.7%，接待游客316.72万人次，同比增长50.1%。依托生态优势推动全域旅游示范区建设，完成全域旅游标识导视系统设计，实施1325项旅游集散中心改造提升项目。围绕党史学习教育，打造东、西两线红色旅游线路，接待团队879个，游客约5.6万人次。推进乡村旅游“十百千”工程，9个文旅大项目建设有序推进。印发《密云区促进乡村民宿发展实施细则》，打造金叵罗、日光山谷等多个乡村旅游节点和陌上花开、岫林密境等一批精品民宿，评选精品乡村酒店5个和精品民宿59个品牌、66个院落。密云区荣获“世界乡村旅游RL杯（乡村之光）创新品牌项目”“2021生态自然旅游优选目的地”等称号。

城乡均衡发展

城乡规划编制 开展生态保护红线、永久基本农田、城市开发边界调整划定工作。启动乡镇国土空间规划第二、三批编制工作和生命健康小镇控规编制工作；开展经济开发区街区控规编制和密云0202、0203街区控规编制工作；321个村美丽乡村规划全部完成批复。制定《密云区耕地保护空间任务土地复耕工作方案》等文件，完成复耕26369亩。在全市首推“生态”责任规划师制度，完成密云区总生态责任规划师选聘并签约。

城乡一体化建设 国家卫生城市顺利通过复审，“基本无违建区”成果持续巩固，绿地认建认养整治任务提前完成，“疏整促”年度目标圆满收官，生活垃圾分类、物业管理“两个关键小事”保持全市前列。顺潮街顺利实现通车，新西路、西统路全线贯通，通怀路（密云段）完成建设，49条公交线路实现智能管理查询，完成3000辆共享单车投放，群众出行更顺畅更环保。综合整治老旧住宅小区8个，新建提升便民商业网点50个，升级改造农贸市场5家，新建5G基站265个，城市生活更宜居更便利。7个棚改项目进展顺利，新刘棚改项目8个回迁地块全部实现净地，檀营A3地块商品住宅和商务区C1东地块完成供地任务。

文明城区创建 2021年是密云区全国文明城区首创之年，立足首都站位，突出首善标准，树立“全域、全员、全业、全时”创建思路，印发《密云区创建全国文明城区三年行动计划（2021—2023年）》，全面推进政务环境、法治环境、市场环境、人文环境、生活环境、社会环境、生态环境和未成年人教育环境建设；聚焦密云区委区政府中心工作和市民反映热点难点问题，实施10大建设工程，44项重点工作任务。坚持问题导向，开展“四整治”专项行动；坚持标本兼治，推进“四提升”工程；坚持高标创建，实现良好开局，首都文明办第四季度满意度测评达到97.33%。

乡村振兴密云样板

“密云农业”品牌建设 构建“1+2+30”智慧农业系统，通过国家农业科技园评估，累计培育国家高新技术企业21家、星创天地9家，47个农业新品种获得国家和地方级审定，6万亩蔬果获得有机绿色认证，通过国家现代农业产业园中期验收。支持新型农场建设，培育市级示范镇2个、市级示范家庭农场25个，获评北京市首批家庭农场示范区，古北口镇“净田社”被农业农村部评为全国家庭农场典型。推动“密云农业”品牌建设，荣获“北京优农”品牌证书，形成“特色蜜、水库鱼、环湖粮、山区果、平原菜”的农业发展格局。培育规模以上农业电商17家，成功举办“农民丰收节”系列活动，品牌影响力和市场辨识度有效增强。

美丽乡村建设 开展15个镇域国土空间规划编制工作，321个美丽乡村规划全部获批。第一批76个美丽乡村达到市级考核验收标准，第二批146个美丽乡村建设全面启动实施。开展75个村污水供水治理、66个村街坊路建设、57个村绿化美化工程及55个村照明设施工作。完成1.36万个农村户厕改造工程，农村卫生户厕覆盖率达到98.41%，农村公共卫生厕所564座全部达到三类使用标准。完成33个村1.3万户“煤改电”任务，累计完成264个村改造任务，建成区镇村三级“煤改电”供热设备售后维修服务体系，9.7万户农村居民受益。

提升生态产品附加值 启动林下经济示范区和国家中医药产业文化园规划建设，推动林蜂、林药、林菌、林旅等新型林下经济发展。创建全国首家蜂产业研究院，蜂产业规模达到12.35万群，占全市45.2%，“蜂盛蜜匀”品牌影响力凸显，密云蜂产业脱低致富典型经验在全国推广。做精“渔业净水、生物保水”水库鱼产业，完成密云水库水域范围内有机鱼认证，成立5家渔业合作社，实行组织化、专业化捕捞，标准化、品牌化营销。依托生态优势推动全域旅游示范区建设，精品乡村酒店增至33家，精品民宿院落增至332个，获“2021生态自然旅游优选目的地”“世界乡村旅游优秀区”等称号。成功举办第三届文化旅游季，纪录片“山水田园·画境密云”在北京卫视热播，在《我的桃花源》盛典活动中荣获四项大奖，密云区入选第二批国家文化和旅游消费试点城市名单。在全市率先举办全程密云生态马拉松，“一场马拉松、天下知密云”，带动全民运动和文旅体农产业融合发展。

壮大农村集体经济 330个村集体经济组织产权制度改革基本完成，194个集体经济薄弱村增强自身发展能力，超额完成市级年度“消薄”任务。创新帮扶模式，以政策扶持、资金帮扶、国企对接等方式，引导镇村组建集体所有制企业，城建、首农集团等13家大型国企与我区38个集体经济薄弱村确定结对关系，安排现代种植、光伏发电、精品民宿、消费帮扶等项目，带动增收富民。加强专业合作社建设，助力集体经济发展壮大，打造国家级示范社24家、市级示范社10家、区级示范社84家，农村合作社质量得到整体提升。

保障和改善民生

社会事业 “七有”“五性”考核位居全市第二。教育改革成效明显。在全市率先启动校长及教师轮岗交流，轮岗交流教师168人。教育优质均衡发展、中小学生体质健康水平、教育工作满意度走在全市前列，“双减”工作得到北京市委市政府充分肯定。推进不老屯中学综合改革试点工作和北京第二实验学校建设；滨河学校一期、檀营小学等改扩建项目立项审批；扩增普惠园学位690个，普惠园覆盖率达96.4%；新增小学学位405个。启动“海淀·密云”一体化教研发展项目，成立校长、学科名师工作室13个；启动百名教师拜师项目，10人分获市级现场课、教学设计一等奖。公共文化建设稳步推进。争创北京市公共文化服务体系示范区，举办群众文化活动展演1144场，人均公共文化服务面积位居全市第二。围绕“庆祝建党100周年”“贯彻总书记回信精神一周年”和“助力北京2022冬奥”主题，开展文艺作品征集创作、文艺演出、艺术培训、原创诗歌诵读等系列群众文化活动1100余场次，参与群众70万人次。公共卫生健康水平稳步提升。编制《密云区“十四五”时期卫生健康事业发展规划》；启动《“十四五”时期密云区卫生健康事业高质量发展研究》。全区村级医疗机构实现全覆盖；开展全科医师能力提升项目。深化中医药“家医签约”服务，推进“智慧医疗”和数字化医院建设。密云区医院与北大医院实现融合共建，提前成功创建三级综合医院，结束密云没有三级医院的历史。体育事业稳步发展。制定《密云区体育事业和体育产业专项规划》，完成创建体育特色镇工作方案，健全“地区级”“街区级”“社区级”体育设施配置层级体系，城区15分钟健身运动圈全覆盖。举办第七届冰雪嘉年华、生态马拉松、北京市首届社区杯足球赛、第十四届“和谐杯”乒乓球赛、“美丽乡村”农民羽毛球杯等群众体育赛事活动，密云经常参加体育锻炼人口比达到50.3%，《国民体质测定标准》合格以上人数比例达到90%以上。

劳动就业和社会保障 民生领域支出占一般公共预算支出80%以上。新增城乡劳动力就业1.32万余人，比上年增长32.7%；城镇登记失业率控制在3.5%以内。推进农村妇女创新创业，吸纳本地3100余名农村劳动力从事“绿岗”就业。新建邻里互助点100个，农村居家养老服务模式在全国示范推广。医疗服务保障力度不断加大，22.5万城乡居民实现参保。关心关爱特殊群体，发放各类政策补贴超4亿元，困难群众生活得到有效保障。努力改善城市低收入居民的居住条件，新刘棚改项目8个回迁安置房地块全部开工建设，长安南菜园项目回迁房基本完工，中铁十六局项目一期安置房工程抓紧施工；完成8个老旧小区综合整治任务，涉及楼房55栋总建筑面积17.29万平方米，公共区域改造面积8.4万平方米；燕安保障房项目实现开工建设，李各庄云河上苑基本完工，首创悦欣汇竣工交付使用。退役军人服务站在全市率先实现全覆盖。

社会服务治理 牢记初心使命，聚焦“七有”“五性”，扎实推进“我为群众办实事”实践活动。贯彻落实《北京市接诉即办工作条例》，开展“每月一题”27项重点诉求、30件重要民生实事和60件群众痛点攻坚行动，建立“精准派、快速接、务实办、严格督”机制，推动“未诉先办、马上就办”，受理热线工单179304件，平均响应率96.94%、解决率88.25%、满意率91.95%，综合成绩91.81分，全市排名第7位。落实社区治理20条措施，推进“吹哨报到”改革，制定32项深化改革重点任务清单，用心用情用力解决群众关心的热点难点问题。率先出台历史遗留问题后续解决方案，8178户居民的不动产首次登记问题得到有效解决，完成率居全市第一。“七有”“五性”监测评价位居全市前列。建立企事业单位、党政机关与经济薄弱村结对帮扶机制，完成市级下达105个村“消薄”任务。健全“两新”组织负责人与党组织书记“双向进入、交叉任职”制度，在全区各领域党支部中评选6类20余个优秀党支部工作法，集中推进6个镇级党群服务中心建设，高标准打造万象汇和华远市场党群服务中心。围绕垃圾分类和物业管理两件“关键小事”，聚焦“桶前值守”“争上红榜”两大行动，健全物业管理工作台账，发挥物业行业协会和业主委员联谊会党委作用，党建引领基层治理成效明显。

党史学习教育

在党史学习教育北京市委第一指导组指导下，密云区委认真贯彻党中央和市委部署，区委党史学习教育领导小组牵头抓总、高位推动，10个指导组认真履职、严督实导，全区97家处级单位、2115个基层党组织协同联动、扎实推进，4.6万名党员干部参与党史学习教育。突出政治引领，把开展党史学习教育同建党百年庆祝活动服务保障结合起来；突出精神传承，把开展党史学习教育同全面落实习近平总书记重要回信精神结合起来；突出历史主动，把开展党史学习教育同推动密云各项事业发展结合起来；突出人民至上，把开展党史学习教育同“七有”“五性”结合起来。

以抓牢党史学习教育为契机，制定“永远跟党走”“我心中的密云水库精神”群众性宣传教育方案，开展专家领读学理论、两优一先作榜样、强国有我青年说、水库儿女话党恩、红色故事代代传等“五团走基层”活动1800余场；开展“永远跟党走”歌曲传唱活动1000余场；举办“童心向党”教育实践活动3000余场次，弘扬传承红色基因。密云水库展览馆获评市级爱国主义教育基地；线上线下开展“我们的节日”主题诗歌朗诵、红色祭扫、作品展演等活动，20万余人次参与。深化榜样选树宣传，3人荣登中国好人榜，罗其花入选年度“北京榜样”；制播模范好人公益广告，荣获“我学楷模争做榜样”全国短视频征集大赛二等奖。

（王荣启）

大 事 记

CHRONICLE

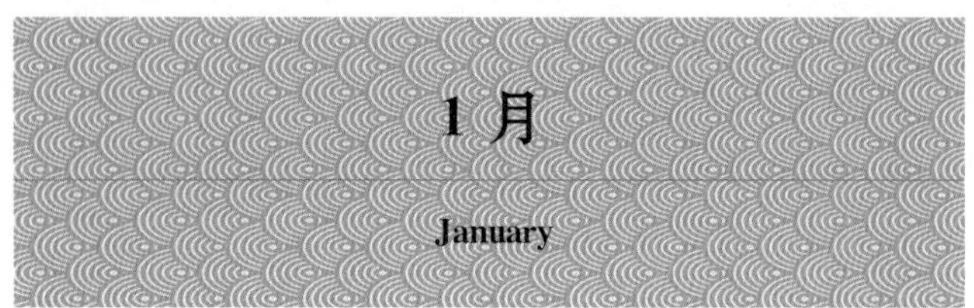

1月

January

5—6日 政协北京市密云区第二届委员会第五次会议举行。会议听取并审议常务委员会工作报告、提案工作报告；列席区第二届人民代表大会第八次会议，听取并协商讨论政府工作报告及其他工作报告；选举杨珊为政协第二届委员会主席。审议通过常务委员会工作报告、第二届委员会第五次会议政治决议。

6—8日 北京市密云区第二届人民代表大会第八次会议举行。听取和审议区人民政府工作报告、区人民政府关于密云区国民经济和社会发展第十四个五年规划和2035年远景目标纲要草案的说明，审查密云区国民经济和社会发展第十四个五年规划和2035年远景目标纲要草案、密云区2020年国民经济和社会发展计划执行情况与2021年国民经济和社会发展计划草案的报告、密云区2020年预算执行情况和2021年预算草案的报告，审议区人民政府2021年拟办重要民生实事。朱柏成当选区第二届人大常务委员会主任，马新明当选区人民政府区长。

8日 密云区抽调30名医务骨干，组建核酸采样医疗队，赴顺义区支援核酸采样工作。

15日 区法院首次适用《民法典》新规定审结房屋租赁合同解除案件。

19日 区委全面深化改革委员会第七次会议召开。学习传达中央、市委深改委会议精神，审议通过区委关于实施“强基工程”，压实村党组织全面从严治党主体责任若干措施。

21日 区反腐倡廉建设领导小组会议召开。会议贯彻落实中央和市委关于推进全面从严治党的部署和要求，分析当前区党风廉政建设和反腐败工作面临形势，提出解决措施，部署相关工作。

22日 京沈高铁密云站启用，京哈高铁全线贯通，密云步入高铁时代，进入首都半小时经济圈。

23日 市人大代表、区委书记潘临珠接受《北京日报》“各区一把手 共绘新蓝图”主题专访。

27日 区政府全体会议召开。学习贯彻中央、市委决策部署，落实区委二届十三次全会和区“两会”精神，就做好2021年区政府各项工作进行动员部署。

△ 密云区获2021—2023年创建周期全国文明城市提名。

2月

February

2日 密云区“山水映画 视觉密云——迎新春原创书法、美术、摄影作品展”免费向公众开放。

3日 区突发事件应急委员会2021年第一季度安全形势分析会暨春节期间安全生产和社会面防控工作部署会召开。会议通报2020年我区安全生产和应急值守工作，分析2021年公共安全形势，对下一阶段工作进行部署。

5日 密云区重点企业座谈会召开。区领导同区重点企业负责人交流座谈，听取意见建议，共谋密云发展。

9日 中国共产党北京市密云区第二届纪律检查委员会第六次全体会议召开。会议传达十九届中央纪委五次全会精神和市纪委十二届六次全会精神，总结2020年纪检监察工作，部署2021年任务。

11日 密云区第七届“助力冬奥·冰雪嘉年华”系列活动举办。活动以“生态密云·助力冬奥——再燃冰雪激情”为主题。

19日 第二届区委常委会第212次（扩大）会议召开，传达中央巡视反馈有关会议和文件精神，研究部署密云区整改落实工作。

20日 密云区广大干部群众通过电视、互联网、手机客户端等多种方式，收听观看党史学习教育动员大会，学习习近平总书记重要讲话精神。

△ 密云区重点时期空气污染防治和烟花爆竹禁放管理工作部署会召开。会议通报春节期间空气质量情况及原因分析，提出下一阶段空气污染防治工作建议；相关区领导就空气污染防治和烟花爆竹禁放管理工作提出要求。

22日 区人大常委会与区政府工作联席会召开。会议通报2021年区政府重点工作、2021年区人大常委会主要工作思路和安排；与会领导就相关工作沟通交流。

23日 密云区完成各类人群接种疫苗17.6万人次。

本月 密云区创建全国文明城区组织机构成立，制定创建全国文明城区三年行动计划，明确责任分工、重点工作和负面清单。

3月

March

1日　区政府、区政协议政会召开。会议通报2021年区政府重点工作、2021年区政协协商计划和2021年区政协提案办理工作。

3日　区新冠疫苗接种工作部署会召开。会议通报区第一阶段疫苗接种情况，安排部署下一阶段重点工作。

△　密云区村和社区"两委"换届工作领导小组第二次（扩大）会议召开。审议通过密云区村和社区"两委"换届工作领导小组成员调整建议，总结村和社区党组织换届工作，对村、居委会换届工作再动员、再部署。

4日　密云区深化"疏解整治促提升"、促进生态文明与城乡环境建设、推动高质量发展动员会召开。

9日　密云区党史学习教育动员大会召开。会议传达中央、市委党史学习教育动员大会精神，对全区开展党史学习教育进行动员部署。

10日　朝阳区党政代表团到密云区对接结对协作工作。密云区领导介绍朝阳、密云结对协作开展情况、2021年工作思路及下一步协作设想；与会领导围绕结对协作工作座谈交流。

15—16日　区委领导开展党史集中学习研讨，观看《建党伟业》，实地参观长城抗战纪念馆、侵华日军投降地遗址，重走长城抗战路。

17日　区精神文明建设委员会会议召开。总结2020年工作，研究部署2021年任务和密云区创建全国文明城区工作。审议通过《2021年密云区精神文明建设工作要点》和《密云区创建全国文明城区三年行动计划》。

18日　区政法队伍教育整顿领导小组第一次会议召开。会议通过《密云区政法队伍教育整顿领导小组工作规则》《密云区政法队伍教育整顿领导小组办公室成员组成及职责分工》《密云区政法队伍教育整顿指导组工作规则》、人员安排建议名单及《密云区政法队伍教育整顿动员大会方案》。

△　区政府2021年财源建设工作部署会召开。会议通报2020年北京市对密云区财源建设工作考核情况和密云区对各镇街（地区）、经济功能区财源建设考核情况，安排部署2021年财源建设工作。

23日　区委书记潘临珠做客北京新闻广播电视台《"两区"建设，对话一把手》访谈节目，介绍密云区"两区"建设具体举措和未来发展规划。

30日　党史学习教育市委宣讲团报告会举办。党史学习教育市委宣讲团成员林建华以"学习党的百年历史这部最生动、最有说服力的教科书，以昂扬姿态跑好强国时代、复兴时代新征程的接力赛"为主题作宣讲报告。

31日　区委党史研究室编写的《中国共产党北京市密云区历史（1933—2020）》出版，印发6000册。

本月　各镇街、各单位按照中央、市委、区委要求，召开党史学习教育动员部署会，掀起党史学习教育热潮，汲取奋进力量。

4月

April

2日　市委常委、政法委书记，市政法队伍教育整顿领导小组副组长兼办公室主任齐静，到密云区检查指导政法队伍教育整顿工作。

7日　区委党的建设工作领导小组全体（扩大）会议召开。审议通过《中共北京市密云区委党的建设工作领导小组2021年工作要点》《密云区2020年度基层党建工作主要问题整改方案》。

8日　区委生态文明建设委员会第三次会议召开。会议学习《北京市生态环境保护督察约谈办法》，审议《中共北京市密云区委生态文明建设委员会2021年工作要点》。

9日　北京市卫生健康委员会批复，正式同意密云区医院核定为三级综合医院。

12日　密云区开展政法系统公众开放日活动。邀请密云区人大代表、政协委员、人民调解员、律师、市民等社会各界人士代表参加活动。

15日　密云区创建文明城区实地考察点位测评培训会召开。邀请创城信息调查专业机构对全国文明城区测评体系实地检查部分指标进行讲解培训。

16日　密云区与北京城建集团签署战略合作协议。重点在乡村振兴、文化旅游、环境整治、投资融资、康养服务等领域开展战略合作。

19日　市委副书记、市长陈吉宁到密云区调研。

强调要坚持生态优先、绿色发展，守护好首都一盆净水，抓好水源保护区群众生产生活保障。

20日　市委常委、政法委书记齐静到密云区调研指导工作。就“田长制”、信访接待、垃圾分类等工作进行调研，对相关工作给予指导。

21日　2021密云生态马拉松新闻发布会暨赛事启动仪式在白河城市森林公园举行。

22日　密云区党政正职领导干部学习贯彻党的十九届五中全会精神专题研讨班开班。区委书记潘临珠以“深入学习贯彻党的十九届五中全会精神，奋力打造践行习近平生态文明思想典范之区”为主题，为参训学员授课。

23日　全国政法队伍教育整顿中央第一督导组北京小组第四下沉组到密云区督导工作。

25日　区委副书记、区长马新明以实施乡村振兴战略为主题，为密云区党政正职领导干部学习贯彻党的十九届五中全会精神专题研讨班学员授课。

28日　密云区政法队伍教育整顿警示教育大会召开。

30日　北京市启动潮白河试验性生态补水。此次补水是自1999年以来，北京市首次较大规模实验性生态补水。

本月　按照《密云区创建全国文明城区任务分工表》，各单位、各部门自查自评，组织第三方专业公司对各项创城指标、点位进行拉网式排查，建立问题台账，督促整改落实。

5月

May

1日　密云区“薪火相传 奔跑筑梦”庆祝建党100周年接力跑活动在密云白河城市森林公园开跑。

6日　区委全面深化改革委员会第八次会议召开。审议通过《区委全面深化改革委员会2021年工作要点》《深化落实河长制工作考核办法》。

△　密云区东西部协作和支援合作工作领导小组会暨扶贫支援工作总结大会召开。

8日　密云区“我为群众办实事”实践活动工作推进会召开。通报2021年密云区“我为群众办实事”进展情况，安排部署下一阶段重点工作。

11—13日　密云区政府代表团到内蒙古自治区通辽市库伦旗开展东西部协作结对帮扶工作。

13日　区委平安密云建设领导小组2021年第一次全体（扩大）会暨密云区政法队伍教育整顿领导小组（扩大）会召开。审议《2021年平安密云建设工作要点》《市域社会治理现代化试点工作实施方案》。

16日　京密引水渠龚庄子渠首开闸，向潮白河支流生态补水，实现潮白河22年来首次北京境内全线通水。

△　华夏银行2021密云生态马拉松赛在万象汇十字路口鸣枪开跑。

18日　华北区“世界蜜蜂日”主题活动暨密云区第四届蜂产业发展高峰论坛举行。活动以“小蜜蜂托起乡村振兴大梦想”为主题。

19日　市委常委、副市长殷勇到密云区调研“两区”建设和产业发展相关工作。

20日　区委党史学习教育领导小组第二次会议召开。审议通过《党史学习教育区委巡回指导组工作方案》《关于在全区开展“我为群众办实事”实践活动的工作方案》《“学党史 强作风 办实事”区领导驻村蹲点调研工作方案》《庆祝中国共产党成立100周年组织开展“永远跟党走”群众性主题宣传教育活动实施方案》。

22—23日　密云区2021年“唱响密云”——庆祝中国共产党成立100周年合唱大赛举行。

25日　密云区2021年乡镇领导班子换届暨严肃换届纪律工作动员部署会召开。会议部署区乡镇领导班子换届工作，对严肃换届纪律、加强换届风气监督工作提出明确要求。

25—26日　全国政法队伍教育整顿中央第一督导组北京小组第三下沉组到密云区开展督导。

28日　密云区“交通秩序百日专项整治行动”启动仪式举行。

31日　密云区党政代表团赴朝阳区，与华熙国际投资集团有限公司董事长赵燕等座谈交流，共商合作事宜。

本月　文明创城督查整改。针对拉网式排查发现的问题，结合首都文明办组织的测评，开展督查整改，强化动态销账式管理。

6月

June

4日　北京市密云区人民法院与河南省淅川县人

民法院签订合作框架协议，共建法治保水司法示范基地。

5日　密云区累计接种疫苗36.9万人，71.5万剂次，接种率突破90%。

8—10日　密云区党政代表团赴青海省玉树市对接对口支援工作。实地考察对口支项目建设、运营情况，看望慰问建档立卡脱贫户和在玉树市工作的北京援青干部，就对口支援工作座谈交流。

12日　密云区城市志愿服务活动正式启动，全区3个城市志愿者服务站亮相街头，200余名城市志愿者上岗开展志愿服务。

16日　密云区安全维稳和服务保障工作部署会召开。会议传达中央、北京市有关会议精神，安排部署安全生产、应急、消防、维稳等相关工作。

18日　“不忘初心、牢记使命”密云党史主题展览开幕式在密云水库展览馆举行。密云区四套班子领导、区法院院长、区检察院检察长和部分区直部门负责同志面向党旗、庄严宣誓，参观密云党史主题展览，重温党领导密云人民进行革命、建设、改革、发展的历史。

20日　北京市区两级重点工程——塘峪220千伏输变电工程投产运行。

21日　党史学习教育北京市委第一指导组进驻密云区开展指导工作。

22日　区推进京津冀协同发展领导小组会议召开。会议总结2020年密云区推进京津冀协同发展工作，听取密云区推进京津冀协同发展2021年工作要点汇报。

23日　国家重大科技基础设施——我国首个地球系统数值模拟装置在科学城东区落成启用。

24日　密云区“两优一先”表彰大会召开。会议宣读区委关于表彰密云区100名优秀共产党员、100名优秀党务工作者和100个先进基层党组织的决定。区领导为受表彰代表颁奖，为老党员代表颁发“光荣在党50年”纪念章。

25日　密云区“接诉即办”工作推进会召开。会议传达北京市委书记蔡奇对“接诉即办”、垃圾分类工作指示精神，宣布密云区“接诉即办”十项规定，分析总结部署有关工作。

30日　北京市密云区乡村振兴局和中国乡村振兴杂志社密云工作站挂牌成立。

本月　密云区发挥各级党组织作用，通过开展党史知识竞赛、诗歌诵读、文艺表演、书画展览等活动，学习百年党史，领悟思想伟力。

7月

July

1日　密云区党员干部群众通过电视、互联网、手机客户端等方式，收听观看庆祝中国共产党成立100周年大会盛况，学习习近平总书记重要讲话精神。

3日　第二届区委常委会第232次（扩大）会议召开。专题学习贯彻习近平总书记在庆祝中国共产党成立100周年大会上重要讲话精神，交流学习体会。

8日　密云区政法队伍教育整顿总结大会召开。会议通报全区政法队伍教育整顿工作开展情况，表彰政法英模和先进典型，部署下一步工作。

9日　市委书记蔡奇到密云区调研。强调把深入学习贯彻习近平总书记“七一”重要讲话精神作为首要政治任务，守住生态涵养区功能定位，打造乡村振兴“密云样板”。

14日　党史学习教育北京市委第一指导组到密云区调研指导党史学习教育开展情况。

△　黄廷方慈善基金“信和号”无人执法船捐赠仪式在密云水库综合执法大队水上分队驻地举行。

20日　密云区“听党话、感党恩、跟党走，我的乡村更美丽”演讲竞赛举办。

21日　全国政法队伍教育整顿中央第一督导组北京小组到密云区督导政法队伍教育整顿“补课”“回头看”工作。

△　区委副书记、区长马新明以《坚决贯彻“两山”理论，奋力打造践行习近平生态文明思想典范之区》为题，为全区政府系统领导干部讲专题党课。

22日　密云区消防救援支队迅速集结30名指战员、4部车辆，赶赴河南新乡开展抗洪抢险救援任务。

23日　在北京卫视《我的桃花源》年度盛典中，密云区荣获桃源产业奖、桃源美景奖、桃源美食奖和桃源美宿奖4个奖项。

26日　密云区12—17岁人群新冠病毒疫苗接种工作启动。

27日　密云水库安全整治“百日行动”誓师动员大会召开，安排部署相关工作任务。

31日　中共北京市密云区委二届十四次全体会

议召开。全会听取并审议区委常委会工作报告，审议通过《关于习近平总书记重要回信一周年重点工作安排》《中国共产党北京市密云区第二届委员会第十四次全体会议关于召开中国共产党北京市密云区第三次代表大会的决议》《中国共产党北京市密云区第二届委员会第十四次全体会议决议》。

本月　密云区各部门、各单位学习贯彻习近平总书记“七一”重要讲话精神，推动密云绿色高质量发展，打造践行习近平生态文明思想典范之区。

8月

August

2日　密云区12—14岁人群新冠疫苗接种工作启动。

3日　密云区2021年双拥工作领导小组全体会议暨开展新一届全国双拥模范城创建活动动员部署会召开。

4日　密云区疫情防控指挥部领导小组会议召开。传达习近平总书记关于疫情防控工作重要批示精神和市委、市政府关于疫情防控工作有关会议精神，部署全区疫情防控工作。

△　密云区“永远跟党走”党史知识竞赛决赛在密云区新时代文明实践中心举行。

6日　市委常委、政法委书记齐静到密云区检查疫情防控工作。听取密云区疫情防控工作情况汇报，研究部署相关工作。

△　市委常委、教育工委书记夏林茂到密云区调研指导工作。研究部署密云水库水质安全、新刘棚改项目、校园疫情防控相关工作。

10日　密云区区、镇人大换届选举工作部署会召开。会议对区、镇人大换届选举及宣传工作进行动员和部署。

△　市委党史学习教育第一指导组到密云区召开区委指导组工作座谈会。

△　密云区创城工作指挥部第三次会议召开。会议传达首都文明委第二次全体会议精神，通报创城工作相关情况。

12日　区政协重点提案办理协商工作会召开。

19日　区委全面深化改革委员会第九次会议召开。审议《北京市密云区促进农业电子商务企业发展实施意见》。听取密云区事业单位改革进展、密云水库保护公益基金会工作进展等情况汇报。

24日　密云水库蓄水量33.71亿立方米，水位154.06米，水位线超过刻有“历史最高水位线”石碑底座。

26日　密云水库渔业产销合作社成立暨“水库儿女”志愿者联合会保水分会挂牌仪式举行。

△　区委第二届第五次议军会召开。会议传达北京市委议军会精神，听取区国防后备力量建设和双拥工作情况汇报，研究部署有关工作。

30日　密云区12—17周岁人群累计接种1.99万人、3.8万剂，全程接种率96.45%。

△　密云承德两地检察机关签订协作办法，助力密云水库保护。

31日　密云区政府与北京市律师协会签署战略合作协议，并为律师专家团代表颁发聘书。

本月　密云区3个中国传统村落志书（古北口村、吉家营村、令公村）通过北京市地方志办公室终审。

△　密云区发现华北地区罕见的马钱科野生植物——尖帽草，填补北京空白。

9月

September

1日　密云区“水库回响”——落实习近平总书记重要回信精神一周年主题群众文化活动举办。活动以“水库回响”为主题，设置《启辞》《思慕》《展望》《祝语》四部分，400余名观众共鉴、共祝密云保水富民发展新篇章。

△　密云水库流域“两市三区”生态环境联建联防联治工作交流会在密云区召开。交流会上，密云区通报北京密云水库保护公益基金会有关情况，联合签发《密云水库流域“两市三区”“十四五”时期生态环境保护和协同发展工作要点》。

△　北京密云水库保护公益基金会成立大会召开。基金会所筹捐款全部用于密云水库流域生态保护和扶贫助困等相关公益活动。

3日　密云区山水田园、天然氧吧亮相服贸会，达成6项成果，签约合同金额37315.41万美元。

△　北京市疫苗接种组织协调工作组下派密云区12至17周岁人群总数1.88万人，密云区实际累计接种2.0万人，全程接种率完成既定目标100.6%。

9日　北京市应急管理局到密云区开展野外化、实战化大练兵，演练市、区、镇三级森防队伍实战与协同处置能力，以及市、区两级专业处置组对接指挥流程。朝阳、海淀、石景山、顺义、平谷、延庆各区应急局设分会场观摩。

16日　市委党史学习教育第一指导组到密云区调研。实地了解“两新组织”开展党史学习教育、基层党建等情况，指导相关工作。

17日　密云区2021年密云水库上游流域突发水环境事件联合应急演练在密云区白河流域拉开帷幕。演练结束后，各参演队伍及相关单位负责人召开座谈会，研究制订《关于完善密云水库上游流域“两市三区”突发水环境事件应急联动机制的实施方案》。

23日　密云区2021年中国农民丰收节系列庆祝活动举办。活动以“庆丰收、感党恩”为主题，展示密云优质农产品、特色民俗文化资源，搭建集密云农业产业发展交流、农产品展销于一体的综合平台。

25日　密云区领导干部大会召开。会议宣布北京市委关于区委、区人大常委会、区政协主要领导职务变动的决定，余卫国任区委书记。

26日　市委书记蔡奇到密云区调研。座谈指出，按照“五保水”要求，落实“库长制”，加强库区规范管理；深化“两市三区”联建联防联治，确保净水入库；加强水库安全监测，做好潮白河生态补水工作。

△　第十八届北京·密云鱼王文化节在卢苑休闲度假酒店开幕。以“水润京华，鱼悦密云”为主题，开展厨王争霸赛、金秋旅游季等系列活动，推出寻鱼味道之旅、丰收金秋之旅、休闲赏景之旅三大主题精品线路。

27日　青海省玉树州玉树市党政代表团到密云区对接对口支援工作。联席会议上，密云区介绍2021年密云区与玉树市对口支援工作思路及落实情况，就相关工作交流研讨。

28日　密云区荣获“2021生态自然旅游优选目的地”荣誉称号，成为北京市唯一上榜的区。

10月

October

1日　密云水库蓄水量35.79亿立方米，水位155.3米，创建库以来历史新高。

8日　密云区委围绕“保水、保生态、保障民生”深入库区调研，研究部署保水保生态工作，特别是解决高水位运行下群众生产生活保障问题。

12日　密云区首次公布陆生野生动物名录鸟类篇。列入国家一级保护野生动物的鸟类足有20种，列入国家二级保护鸟类有65种，列入北京市一级保护鸟类28种，列入北京市二级保护鸟类115种。

△　国家乡村振兴局党组书记、局长王正谱到密云区调研指导工作。实地调研美丽乡村建设、乡村基层治理、人居环境整治、产业帮扶巩固脱低增收等情况，研究部署相关工作。

15日　密云、朝阳两区深化合作落地暨朝密双创中心房产购置签约仪式举行。

16日　冯家峪镇“农民丰收节暨第四届割蜜节”在悬蜂谷中华蜂基地举办。以“中蜂小镇 甜蜜畅想”为主题，设置“崖壁蜂场”割蜜、蜂蜜品鉴、蜜蜂知识宣传等环节，吸引众多游客参与。

19日　古北水镇入选第一批国家级夜间文化和旅游消费集聚区名单。

△　法国葡萄酒精酿技术协会主席尼古拉一行到密云区调研。

21日　密云区新冠病毒疫苗加强免疫接种工作启动。

25日　密云区第一批次党员干部（830名干部分两批次下沉社区）全部下沉到鼓楼街道、果园街道、檀营地区社区，充实一线防疫力量。

26日　密云区区、镇人大换届选举投票阶段工作部署会召开，就投票选举阶段相关重点工作进行培训部署。

29日　密云区18个乡镇党委完成换届选举，选举产生新一届乡镇党委委员166人、纪委委员102人、出席区第三次党代会代表184人。

本月　密云区强化每日调度、每日报告工作机制。按照“快、严、准”要求，及时传达市疫情防控工作指示要求，部署调度疫情防控工作。

11月

November

2日　密云区3—11岁人群新冠疫苗接种工作启动。

3日　区委党史学习教育领导小组第三次会议召开。会议传达学习习近平总书记在陕西榆林考察期间重要讲话精神和北京市委党史学习教育领导小组相关文件精神，总结密云区党史学习教育前一阶段工作开展情况，研究部署下一阶段工作。

5日 密云区在严格疫情防控前提下，区和乡镇人大代表换届选举22个选举分会和各镇选举委员会，分别采取召开选举大会、设立集中投票站、使用流动票箱3种方式进行投票。

11日 密云区新型冠状病毒肺炎防控工作第100次调度会召开。会议传达北京市疫情防控会议精神，通报密云区疫情防控形势，部署相关工作。

13日 区委常委会扩大会议召开，传达学习贯彻党的十九届六中全会精神和11月12日北京市委常委会会议精神。

17日 区委理论学习中心组学习（扩大）会议暨《北京市接诉即办工作条例》巡回宣讲会召开。

18日 密云区通过北京市公共文化服务体系示范区创建模拟验收工作。

22日 中共北京市密云区委二届十五次全会召开。全会学习贯彻党的十九届六中全会精神，审议通过区第三次党代会筹备情况报告，区委工作报告及决议，区纪委工作报告及决议，关于同意刘滨、张明智、张京文同志辞去区委委员职务的决定和2021年区委常委会抓党建工作情况报告。

24日 区委理论学习中心组学习（扩大）会议召开。会议学习贯彻党的十九届六中全会精神，与会同志结合工作，谈认识、讲感悟、谋发展。

28日 密云区累计接种新冠疫苗109.76万剂次，累计接种44.52万人。

30日 密云区“以案为鉴、以案促改”警示教育大会召开。会议分析密云区在全面从严治党中存在的突出问题，剖析领导干部违纪违法现象背后根源，就推动党风廉政建设和反腐败斗争再部署、再动员。

12月

December

1日 区委书记余卫国带队赴怀柔科学城，与怀柔区党政领导一起实地考察了解怀柔科学城整体建设推进情况，就怀柔科学城建设事宜展开座谈交流。

2日 北京市学习贯彻党的十九届六中全会精神宣讲团密云区报告会举行。

7—9日 中国共产党北京市密云区第三次代表大会举行。审议通过余卫国代表第二届区委向大会作题为《深入贯彻习近平生态文明思想，全面落实总书记重要回信精神，坚持保水、护山、守规、兴城，为建设美丽北京、谱写现代化建设密云篇章而努力奋斗》报告；选出中共北京市密云区第三届委员会委员、候补委员和中共北京市密云区第三届纪律检查委员会委员。9日，中共北京市密云区三届一次全会选举产生中共北京市密云区第三届委员会常务委员会委员；余卫国当选为区委书记，马新明、任武军当选为区委副书记。

9日 市委宣传部副部长、首都文明办主任滕盛萍一行调研指导密云区全国文明城区创建工作。

13—15日 政协北京市密云区第三届委员会第一次会议举行。会议听取并审议常务委员会工作报告、提案工作报告。列席区第三届人民代表大会第一次会议开幕式，听取并讨论政府工作报告及其他工作报告。选举产生政协北京市密云区第三届委员会主席、副主席、秘书长和常务委员；选举席成坡为政协第三届委员会主席。

14—16日 北京市密云区第三届人民代表大会第一次会议举行。听取和审议区人民政府工作报告；审查密云区2021年国民经济和社会发展计划执行情况与2022年国民经济和社会发展计划草案的报告、密云区2021年预算执行情况和2022年预算草案的报告；审议区人民政府2022年拟办重要民生实事。选举北京市密云区第三届人民代表大会常务委员会主任、副主任、委员，北京市密云区人民政府区长、副区长；杨珊当选第三届人大常务委员会主任，马新明当选区人民政府区长。

17日 区委书记余卫国带领新一届区“四套班子”领导和法检“两长”，到密云水库展览馆，学习习近平总书记给建设和守护密云水库的乡亲们重要回信精神，回顾密云水库建设和守护光辉历程，重温入党誓词。

20日 密云第八届冰雪嘉年华活动在南山滑雪场开幕。

24日 密云区党的十九届六中全会精神宣讲报告会举办，区委书记余卫国作宣讲报告。

29日 密云区获“中国天然氧吧”称号。

△ 密云区荣获“2021年度中国高质量发展典范城市”奖项。

30日 朝密双创中心揭牌运营。

31日 密云区党政代表团赴朝阳区对接2022年结对协作工作。

（王荣启）

特　载

SPECIAL ISSUE

深入贯彻习近平生态文明思想
全面落实总书记重要回信精神，坚持保水、护山、守规、兴城
为建设美丽北京、谱写现代化建设密云篇章而努力奋斗

——在中国共产党北京市密云区第三次代表大会上的报告

区委书记　余卫国

现在，我代表中国共产党北京市密云区第二届委员会向大会作报告。

中国共产党北京市密云区第三次代表大会，是在“两个一百年”历史交汇的重大时刻，“十四五”开局起步、开启全面建设社会主义现代化国家新征程的关键时期，召开的一次重要会议。大会的主题是：坚持以习近平新时代中国特色社会主义思想为指导，深入贯彻习近平生态文明思想，汲取百年党史智慧、弘扬伟大建党精神，全面落实习近平总书记给建设和守护密云水库的乡亲们的重要回信精神，坚持保水、护山、守规、兴城，打造践行习近平生态文明思想典范之区，为建设美丽北京、谱写现代化建设密云篇章而努力奋斗。

一、过去五年工作回顾

区第二次党代会以来的五年，是密云历史上非常重要的五年。2020 年 8 月 30 日，在密云水库建成 60 周年之际，习近平总书记给建设和守护密云水库的乡亲们回信，饱含了对密云人民的亲切关怀，对密云保水保生态工作的殷切期望。区委始终把学习宣传贯彻落实总书记重要回信精神作为首要政治任务，多次召开全会，深入学习贯彻总书记重要回信精神，制定实施贯彻总书记重要回信精神工作方案，推动总书记重要回信精神落地落实。全区党员干部群众把学习贯彻落实总书记重要回信精神作为头等大事，在继续守护好密云水库，守护好绿水青山，坚持生态优先、绿色发展等全局性战略性问题上，提高了思想认识，形成了高度自觉。总书记的重要回信，始终是我们的根本遵循、精神动力和宝贵财富。

过去的五年，在市委的坚强领导下，二届区委坚持以习近平新时代中国特色社会主义思想为指导，全面贯彻党的十九大和十九届二中、三中、四中、五中、六中全会精神，增强“四个意识”、坚定“四个自信”、做到“两个维护”，深入贯彻总书记重要回信精神，认真落实党中央决策和市委市政府部署，贯彻落实市第十二次党代会和历次市委全会精神，认真落实蔡奇同志对密云工作重要批示调研指示精神，团结带领全区党员干部群众，统筹疫情防控与经济社会发展，推动“十三五”规划圆满收官，全面建成小康社会如期实现，经济平稳较快发展，生态文明建设成效显著，党的建设迈上了新台阶，在大战大考中交出了合格的答卷。

五年来，我们保持战略定力、履行首要政治责任，保水取得重大成效。深入落实上游保水、护林保水、库区保水、依法保水、政策保水“五保水”要求，推进科技保水、全民保水，构建了“5＋2”保水体系，保障密云水库绝对安全。坚持上游保水，健全完善京冀“两市三区”保水共同体，形成了强大保水合力。坚持护林保水，完成库滨带造林 2.81 万亩，确保“清水下山、净水入库”。坚持库区保水，全面退出库区采矿业、养殖业，完成水库 300 公里围网建设，实现水库全封闭管理。坚持依法保水，成立水库综合执法大队，在全国率先实现特定区域综合执法。坚持政策保水，落实生态涵养区生态保护和绿色发展条例，建立全市最严的水环境跨界断面考核补偿机制，统筹利用各项政策保水。坚持科技保水，建设智能监控系统，布设监控点位近 400 个，实现违法行为全天候监控。坚持全民保水，健全完善区、镇、村三级管护体系，成立密云水库保护公益基金会，形成保水新格局。2021 年 10 月 1 日，密云水库蓄水量达到 35.79 亿立方米，创建库以来历史新高，这是密云人

民的巨大荣誉，值得骄傲和自豪。

五年来，我们强化系统治理、优化治理格局，生态优势更加凸显。全区 $PM_{2.5}$ 年均浓度由 2016 年的 61 微克/立方米降至 2020 年的 29 微克/立方米，空气质量始终保持全市前列。在全市率先启动碳中和路径研究工作，构建了具有密云特色的碳中和愿景指标体系。国家森林城市创建指标已全部达标，全区森林覆盖率由 2016 年的 64.31%提升至 2020 年的 68.46%。湿地面积 1.68 万公顷，居全市之首；生态服务价值为全市最高。成功创建“绿水青山就是金山银山”实践创新基地、国家生态文明建设示范区和全国首批水生态文明城市，被评为中国天然氧吧。

五年来，我们践行“两山理论”、坚持绿色发展，综合实力稳步提升。2016—2020 年，全区地区生产总值年均增长 4.9%，一般公共预算收入年均增长 5.9%，社会消费品零售总额年均增长 4.4%，居民人均可支配收入年均增长 7.6%，三次产业结构由 6.4∶34∶59.6 调整优化为 3.7∶25.2∶71.1。怀柔科学城东区“神来之笔”推动地球系统科学、生命科学等在密云布局，一批国家重大科技基础设施基本建成。“两区”建设扎实推进，落地和在推进项目投资额超 200 亿元。中关村密云园加快转型升级，生命健康科学小镇战略规划编制完成。密云农业科技园区通过科技部评估。精品农业加快提档升级，打造了“蜂盛蜜匀”“密云水库鱼”等特色品牌，农业电商影响力全市第一。文旅产业加快发展，先后荣获全国“网民最喜欢的十大乡村旅游目的地”“最美中国·生态旅游目的地城市”等称号。密云马拉松品牌从无到优，带动了全民运动和体旅产业融合发展。

五年来，我们推进设施建设、完善城镇功能，城市品质全面提升。京沈客专投入运营，密云进入高铁时代。市郊铁路通密线、怀密线建成投运，通怀路密云段建成，交通道路更加便捷。101 国道绕城线、西统路北延实现通车，城乡路网持续优化。绿色循环经济产业园、新城地表水厂等一批市政设施相继建成，城市承载能力大幅提升。抓好两个“关键小事”，垃圾分类走在全市前列，物业业委会（物管会）组建率、服务覆盖率、党的组织和工作覆盖率均达到 100%。持续开展农村人居环境整治，获评“全国开展农村人居环境整治成效明显地区”。成功创建国家卫生区，积极创建全国文明城区。

五年来，我们坚持人民至上、加大保障力度，民生福祉显著改善。民生支出占公共预算支出连续五年超过 80%。就业服务体系更加健全，五年新增就业 5.02 万人，城镇居民人均可支配收入达到 48860 元。积极推进“双减”工作，在全市率先实施干部教师轮岗交流，中小学生体质健康水平、教育优质均衡发展、教育工作满意度位居全市前列，荣获“中国可持续发展教育 20 年最具影响力地区”称号，被确定为联合国教科文组织中国可持续发展教育项目国家实验区。区医院与北大医院深度融合共建，实现三级综合医院创建目标；消除农村卫生室“空白村”，实现村级医疗全覆盖。在全市创新建立城乡居民补充医疗保障制度，医疗保障体系更加健全。在全市首创建立邻里互助点 200 家，千人养老床位数达到 14.95 张，位居全市前列。房产证办理、新刘地区棚改等一批历史遗留问题得到有效解决，白河城市森林公园等一批公园相继建成，学校、政府部门等一批公共资源免费向群众开放。“接诉即办”扎实推进，群众诉求响应率、解决率和满意率大幅提升。“七有”要求、“五性”需求监测评价位居全市前列。

五年来，我们敢于担当作为、勇于攻坚克难，重大战役成果丰硕。区委总揽全局、果断决策，以坚定果敢的勇气和坚忍不拔的决心，迅速打响疫情防控的人民战争、总体战、阻击战。坚持“三级书记”抓防疫，建立区级防控工作指挥体系，党员领导干部和社会志愿者 12 万余人次，构建了村（社区）全闭环防控体系。扎实推进常态化疫情防控，坚持“外防输入、内防反弹”，持续做好重点场所、重点人群管控，疫苗接种实现了“应接尽接、能接尽接”。圆满完成中央疫情防控指导组休养任务，胜利完成支援朝阳、昌平等区核酸采样任务，为全市抗击疫情贡献了密云力量。脱低攻坚战取得全面胜利，9462 个低收入户、31 个低收入村全部脱低、摘帽。深入实施“疏整促”专项行动，2018—2020 年连续三年，在全市“疏整促”群众满意度调查中排名第一。率先创建北京市“基本无违建区”，新生违法建设保持动态清零。扎实开展扫黑除恶专项斗争，圆满完成专项斗争三年目标任务，顺利实现全国扫黑除恶专项斗争重点推进区“摘帽”。

五年来，我们坚持总揽全局、协调各方，民主法治建设深入推进。人大及其常委会民主法治保障作用更加突出，人大代表权力行使更加充分，人大常委会履职能力水平不断提升。人民政协工作取得新进展，爱国统一战线不断发展壮大。工会、共青团、妇联等群团组织作用得到更好发挥，国防动员和后备力量建设持续加强。法治密云建设扎实推进，平安密云治理体系更加健全，社会保持和谐稳定。

五年来，我们加强党的领导、从严管党治党，党的建设全面加强。构建全面从严治党责任制度体系，强化政治建设，把增强“四个意识”、坚定“四个自信”、做到“两个维护”落实到具体行动上。精心组织庆祝建党百年系列活动，增强了全区人民坚定不移听党话、矢志不移跟党走的决心和信心。“两学一做”学习教育、“不忘初心、牢记使命”主题教育取得明显成效。党史学习教育深入推进，“我为群众办实事”实践活动持续深化。意识形态领域保持安全稳定。树立重实干重实绩重基层选人用人导向，注重在工作一线考察、识别、锻炼干部。创新实施年轻干部成长行动计划。圆满完成镇、村（社区）换届。深入贯彻落实中央八项规定及其实施细则精神，驰而不息纠治“四风”。扎实做好中央和市委巡视反馈意见整改工作。二届区委巡察实现全覆盖。保持反腐败高压态势，一体推进不敢腐、不能腐、不想腐机制建设和监督机制改革；坚持以案为鉴、以案促改，大力开展警示教育，深刻汲取王广双、王稳东、李光辉等严重违纪违法案件教训，反腐败斗争取得压倒性胜利。

回顾过去的五年，成绩来之不易，这是我们坚持以习近平新时代中国特色社会主义思想为指导的结果，是市委坚强领导的结果，是全市各部门、各兄弟区、驻密部队、在密企业和单位积极支持、大力帮助的结果，是区历届班子和各级各部门各单位各镇街打下良好基础的结果，是全区人民团结奋斗和社会各界共同努力的结果。在此，我代表区委，向全区党员干部群众，向全市各部门各单位、驻密部队、在密企业和单位，向各民主党派、工商联和无党派人士，向所有关心和支持密云工作的各界人士，表示崇高敬意和衷心感谢！

过去的五年，我们有很多共同体会，主要是：必须坚持以习近平新时代中国特色社会主义思想为指导，坚持党的全面领导，旗帜鲜明讲政治，牢记“看北京首先要从政治上看”的要求，增强“四个意识”、坚定“四个自信”、做到“两个维护”，确保党中央和市委政令在密云畅通；必须保持战略定力，深入贯彻习近平生态文明思想，全面落实总书记重要回信精神，高标准履行保水保生态的政治责任，坚持把保水保生态作为头等大事，落实好市委“保水、护山、守规、兴城”总要求；必须完整准确全面贯彻新发展理念，推进密云绿色高质量发展；必须坚持人民至上，用心用情用力解决好群众急难愁盼的事，以干部的辛苦指数换取群众的幸福指数；必须强化责任担当，激励党员干部真抓实干、担当作为，保持永不懈怠的精神状态和一往无前的奋斗姿态，开创密云各项事业新局面；必须履行管党治党政治责任，不断提高党的建设质量，夯实基层基础和组织保障，营造良好的政治生态，为经济社会发展提供坚强的政治保证。这些体会是实践积累的经验，弥足珍贵，我们要倍加珍惜、长期坚持。

回顾过去的五年，发展中还面临许多困难挑战和不足。在保水保生态方面，还需要进一步加大力度，密云水库高水位常态化运行带来的新情况新问题，还需要进一步研究破解；发展不充分不平衡仍是最大实际，新旧动能转换还需下更大功夫；生态产品价值实现机制需要进一步探索，绿水青山转化成金山银山的路径仍需拓宽；民生事业发展与人民对美好生活的新期待还有差距，基础设施和公共服务仍然存在短板弱项；全面从严治党有待进一步加强，党风廉政建设和反腐败斗争形势依然严峻复杂，部分干部的作风和能力素质还不适应新时代的要求。我们必须保持清醒头脑，直面挑战、勇于担当，切实解决好这些问题，努力开创密云各项事业新局面！

二、以总书记重要回信精神为根本遵循，全面开启密云现代化建设新征程

在密云水库建成60周年之际，习近平总书记给建设和守护密云水库的乡亲们回信，肯定了密云人民“为了保护水库，关工厂、关矿山，为首都生态环境改善作出了重要贡献”；明确了密云水库“作为北京重要的地表饮用水源地、水资源战略储备基地”的重要地位，作出了密云水库“已成为无价之宝”的最高评价；提出了“再接再厉、善作善成，继续守护好密云水库，为建设美丽北京作出新的贡献”的殷切期望；部署了“深入贯彻生态文明思想，把生态文明建设作为战略性任务来抓，坚持生态优先、绿色发展，加强生态涵养区建设，健全生态补偿机制，共同守护好祖国的绿水青山”的重要战略，为我们指明了前进方向、提供了根本遵循。我们要从保障首都生态安全和供水安全的高度，充分认识密云水库的重要作用和宝贵价值，以对党、对历史、对人民高度负责的态度，继续守护好这一泓碧水。

我们要深入贯彻习近平生态文明思想，牢记总书记重要回信嘱托，牢牢把握密云面临的阶段性特点和历史使命，全面落实“保水、护山、守规、兴城”总

要求，完整准确全面贯彻新发展理念，坚持把保水护水作为头等大事，守好水源地、打好生态牌、走好绿色发展之路，在现代化建设新征程中取得更大的成绩。

要牢牢把握密云现代化建设面临的重大战略机遇期。习近平总书记给建设和守护密云水库的乡亲们回信，对守护好密云水库、守护好绿水青山作出了重要指示，为我们保护好密云水库、促进生态文明建设、坚持绿色发展带来了重大机遇。密云水库水位在今年创建库以来历史新高，为我们今后统筹利用保护密云水库各项政策，促进“保水、护山、守规、兴城”带来了重要机遇。全市加快“四个中心”建设，落实“四个服务”保障，落好“五子”，尤其是推进国际科技创新中心建设，为我们依托怀柔科学城东区，实施创新驱动发展战略，承接科技成果转化带来诸多机遇。我们要乘势而上，在融入生态文明建设和新发展格局中展现更大作为、成就更好发展。

要深刻认识密云现代化建设面临的深刻转型调整期。经过过去五年的发展，我们在风险考验和发展历练中积累了丰富经验，为“十四五”发展打下了扎实基础。但也要看到，推动密云水库保护、生态涵养区建设、生态产品价值实现、供给侧结构性改革、产业结构调整、乡村振兴和社会治理等方面，还处于由单向发力、局部突破向协同推进、全面突破的重要关口。我们要以总书记重要回信精神为根本遵循，进一步找准战略支撑点和主要突破口，继续守护好密云水库，加强生态文明建设，为建设美丽北京作出新的贡献。

要深刻认识密云现代化建设面临的关键攻坚克难期。当前已经进入深化保水攻坚期、绿色转型关键期、创新驱动引领期、乡村振兴加速期、治理能力提升期，要坚持生态优先，把生态文明建设作为根本性任务来抓，完成“保安全、多蓄水”硬任务。要践行“两山理论”，促进保水富民，推动生态优势转化为发展优势，不让保护生态环境的吃亏。要坚持绿色发展，充分发挥怀柔科学城东区引擎辐射带动作用，推进科技创新和绿色产业体系建设。要坚持特色发展，突出密云特色，发展特色产业，推动经济平稳较快发展、保水富民实现“质”的飞跃。要始终保持清醒头脑，以使命在肩、奋斗有我的精神状态，主动担当作为、勇于直面问题，不断争创一流业绩，努力开创密云各项事业新局面。

今后五年，全区工作总体要求是：高举中国特色社会主义伟大旗帜，以习近平新时代中国特色社会主义思想为指导，深入贯彻习近平生态文明思想，全面落实习近平总书记重要回信精神，认真学习宣传贯彻即将召开的党的二十大和市第十三次党代会精神，不断增强“四个意识”、坚定“四个自信”、做到“两个维护”，弘扬伟大建党精神，坚持把生态文明建设作为战略性任务来抓，全面落实“保水、护山、守规、兴城”总要求，继续守护好密云水库，守护好绿水青山，坚持稳中求进工作总基调，坚持统筹发展和安全，切实做到保水、保生态、保安全、保障民生。把握新发展阶段、贯彻新发展理念、融入新发展格局，推动绿色高质量发展，以怀柔科学城东区为战略发展引擎，以深化供给侧结构性改革为主线，以改革创新为根本动力，以满足人民日益增长的美好生活需要为根本目的，实施好“十四五”规划。继续发扬密云水库建设守护精神，当好密云水库守护人和“两山理论”守护人，坚持生态优先、保水富民、绿色发展、特色一流，打造践行习近平生态文明思想典范之区，建设美丽北京，谱写现代化建设密云篇章。

今后五年的奋斗目标是：

——保水护水实现新提升。“5+2”保水体系更加完备，水源保护制度更加健全，生态清洁水网体系基本形成，水环境质量持续巩固提升，密云水库及主要入库河流水质长期稳定保持国家地表水Ⅱ类标准以上，作为地表饮用水源地和水资源战略储备基地得到充分保护。

——生态环境呈现新进步。统筹山水林田湖草系统治理的格局加快形成，生态文明制度体系更加完善，绿色低碳循环发展扎实推进，生态环境保护全市最严。努力确保空气质量全市最优、生态服务价值全市最高，城乡风貌更加优美，自然生态更加秀美。

——经济发展迈上新台阶。生态优势向发展优势转化的路径更加清晰，发展质量效益明显提升，发展活力进一步增强。怀柔科学城东区加快建设，中关村密云园提质增效，实体经济不断壮大，科技创新引领作用逐步凸显，全社会劳动生产率稳步提高。

——人民生活实现新提高。保水富民成效显著，居民就业更加充分，农民增收渠道不断拓宽，居民人均可支配收入增速高于经济增速。公共服务体系、社会服务保障制度更加完善，优质公共服务资源有效供给持续扩大，群众工作更加便利、生活更加幸福。

——文明和谐展示新风貌。社会主义核心价值观深入人心，全国文明城区创建加快推进，市民文明素质、城市文明程度进一步提高。法治在城市治理中的作用得到充分发挥，社会治理体系不断完善，平安密云建设深入推进，社会保持和谐稳定。

——党的建设得到新加强。全面从严治党向纵深推进，管党治党水平显著提升，党内政治生活更加严格规范，党组织战斗堡垒作用和党员先锋模范作用不断增强，党风政风持续向好，政治生态风清气正。

同志们！习近平总书记给建设和守护密云水库的乡亲们的回信，高度肯定密云为首都生态环境改善作出的重要贡献，殷切嘱托我们“再接再厉、善作善成，继续守护好密云水库，为建设美丽北京作出新的贡献”。这是总书记交给密云的重大任务，也是密云新时代的神圣职责和宝贵的精神财富。六十多年来，密云人民为了保护密云水库，无私奉献，舍小家为大家，关工厂、关矿山，为保护密云水库、改善首都生态环境作出了重要贡献。这是密云人民的骄傲和自豪，也是密云人民宝贵的精神财富。今年水库水位创建库以来历史新高，市委勉励我们“保安全、多蓄水”，切实关心好群众生产生活，做到保水富民。我们要把党中央和市委的关心关怀与部署要求，把建设守护密云水库的宝贵精神，转化为现代化建设新征程上奋勇前进、建功立业的巨大动力；把全面加强“生态文明建设”、全力实现“守护好密云水库”作为践行“两个维护”的政治检验，以更加饱满的激情和更加昂扬的斗志，服务好全市中心工作，实施好“十四五”规划，答好新时代考卷，不负总书记重要嘱托，不负市委信任期待，不负密云这片热土，不负密云父老乡亲！

三、坚定不移履行保水首要政治责任，继续守护好密云水库

坚持把保水护水作为头等大事来抓，保护好密云水库这盆首都的“生命之水”，全面准确把握密云水库高水位常态化运行面临的新情况新问题，落实好“保安全、多蓄水”的要求，落实好《北京市密云水库流域水生态保护与发展规划（2021年—2035年）》，再接再厉、善作善成，继续守护好密云水库“无价之宝”。

健全完善“5+2”保水体系。结合密云水库高水位常态化运行实际，推动保水护水向纵深发展。

深化上游保水。深化“两市三区”保水共同体，强化与市水务局等部门的协同合作，落实水库保护共同行动方案，推进联建联防联治，改善上游水环境质量，有效降低上游水体总氮浓度。

加强护林保水。形成围绕水库的绿色保育环，加强营林护林，推进密云水库流域生物多样性保护，在潮河、白河等河流实施生态修复和湿地保护工程，实现“清水下山、净水入库”。

严格库区保水。强化库区保水网格精细化管理，明确属地、部门和网格员职责。建立科学的放捕机制，发挥“渔业净水、生物保水”效果。

坚持依法保水。健全“专项执法+综合协调+督导检查”的联合执法机制，完善综合执法大队执法平台、行刑衔接工作平台和协作共享平台，不断提高执法司法效能，严厉打击涉水违法行为。

落实政策保水。统筹用好库区农民转移就业、生态环境损害赔偿、城乡建设用地增减挂钩等各类政策。建立保水稳定投入机制，积极争取国家、市级各类支持政策。

强化科技保水。建设智慧水务，搭建水库环境监测综合管理平台，开展流域生态健康、面源污染等监测，完善水生态科技治理体系。建设智能视频分析服务系统，利用无人机、无人船等设备，实现人防、物防、技防有机结合。

推动全民保水。深入学习宣传总书记重要回信精神，大力开展保水宣传教育，发挥好密云水库保护公益基金会作用，凝聚全社会保水力量。健全完善区、镇、村三级管护体系，细化镇村保水责任和任务清单。

加强一级区保水保生态。制定一级区保水保生态实施规划。持续推进一级区农村垃圾和污水处理设施建设，严格水域岸线用途管制，治理农业面源污染，实施一级区周边林木资源保护、林木管护、营林造林等工程，加大保水力度。引导一级区常住人口逐步有序疏解。完善保水就业政策，让保护生态的库区群众得益。统筹用好生态保护补偿资金，加大保水保生态投入力度，全力保障一级区内群众安全和生产生活。

保安全。加强与国家、市级部门沟通协作，建立安全保护联动机制，发挥保水共同体作用。配合市水务局等部门，加强水库大坝安全监测。实施潮河泄洪河道应急综合治理工程，保障泄洪通道畅通。强化政策集成，配合相关部门，进一步建设环水库周边安全设施。建立完善水库安全应急指挥平台，强化“六护”队伍、保水网格员等保水力量，实现水库24小时巡查，确保水库周边安全，当好密云水库守护人。

多蓄水。推动密云水库保持高水位常态化运行，做好相关保障工作。统筹存量和增量，加强与市水务局等部门的协作配合，推进多蓄水、科学蓄水。建立健全跨地区跨部门的联合机制，强化水情监测、天气预报，实施科学化、精细化调度。优化水资源配置，推动藏水于地，有序开展潮白河流域生态补水。

四、坚定不移坚持生态优先，继续守护好绿水青山

深入贯彻习近平生态文明思想，牢固树立和践行绿水青山就是金山银山的理念。全面落实《北京市生态涵养区生态保护和绿色发展条例》。坚持生态立区，保持战略定力，像保护眼睛一样保护生态环境，像对待生命一样对待生态环境；坚持保护优先、自然恢复为主，坚持综合治理、系统治理、源头治理，守护好绿水青山，建设美丽北京的大氧吧和后花园，筑牢首都东北部生态屏障，不断扩大生态服务价值领先优势，切实维护好首都生态安全，为人民群众提供更多更优质的生态产品和生态服务，当好“两山理论”守护人。

优化水生态。拓展国家水生态文明城市创建成果，以密云水库155米高程范围内水域空间为核心、一级保护区陆域环状空间为缓冲屏障，构建“一库一环三区多廊”流域水生态保护格局。落实河长制、湖长制，持续推动全区生态清洁小流域治理和中小水库水生态建设，加强生态修复和水质保护，有序推进湿地建设与保护，打造特色湿地。

守护好青山。深化国家生态文明建设示范区和“绿水青山就是金山银山”实践创新基地创建成果，实施新一轮百万亩造林绿化、国家级公益林管护等工程，落实林长制，构建森林资源保障体系。加快雾灵山、云蒙山、云峰山等自然保护区建设，提高生态涵养水平和生态产品供给能力，建成具有密云特色的自然保护地体系。强化生物多样性保护恢复，促进人与自然和谐共生。

打好污染防治攻坚战。坚持精准治污、科学治污、依法治污，深化实施“一微克”攻坚行动，聚焦移动源污染治理、实施挥发性有机物治理专项行动、推动能源结构优化升级、建设基本无裸露区、实现精细治理扬尘污染，基本消除重污染天气，确保空气质量保持全市前列。持续开展清河行动，健全完善跨界断面考核补偿机制，强化农村污水处理设施建设。强化建设用地风险防控，深化农用地分类管理，有效管控土壤环境风险。抓好环保督察整改落实，推进废弃矿山和尾矿库生态修复、综合利用。

创建碳中和示范区。坚持多措并举、多领域协同，推动建筑、供暖、交通等重点领域低碳化改造，推进绿色办公，推广绿色生活，实现能源清洁低碳安全高效利用。推进碳达峰碳中和科技创新成果示范，加强新能源等领域关键技术和应用技术的研究推广。加大产业绿色转型，推动产业低碳化发展。激活绿色低碳消费需求，充分释放消费领域的降碳力量。坚持全域多层次增绿固碳，提高生态系统碳汇能力。推进碳中和试点建设工作，在全市率先建成碳中和示范区。

推进生态环境治理体系和治理能力现代化。构建党建引领、政府主导、企业主体、社会组织和公众共同参与的环境治理体系。加强山水林田湖草系统治理，深化生态环境联建联防联治机制。探索构建智慧水务、智慧林业等智能监管平台，提升生态环境监测能力。完善生态文明制度体系，建立生态文明绩效考核机制。完善生态补偿机制，统筹用好生态补偿资金。完善生态环境保护约束性指标管理和环境信息公开内容体系，引导全民自觉推进生态环境保护治理。

五、坚定不移贯彻新发展理念，促进绿色高质量发展

把握新发展阶段，贯彻“创新、协调、绿色、开放、共享”新发展理念，融入新发展格局，深入践行“两山理论”，围绕市委落好“五子”决策部署，紧抓北京建设国际科技创新中心的机遇，充分发挥怀柔科学城东区“神来之笔”引擎辐射带动作用，促进中关村密云园提质增效、生命健康科学小镇加快建设，发展特色产业，着力打造包括怀柔科学城东区、生命健康科学小镇、中关村密云园在内的科技创新和生命健康战略发展带，吸引国际国内一流创新要素和产业资源集聚融合，构建全要素创新体系和产业体系，把生态优势转化为发展优势，不断推进密云绿色高质量发展。

用好“神来之笔”，全力建设怀柔科学城东区。制定实施怀柔科学城东区建设三年行动计划，推动怀柔科学城东区加快建设。抓好服务保障，推动“1+5”平台项目按计划建成运行、开放共享。坚持“科学+城”融合发展理念。聚焦地球系统科学、生命健康、气候经济等领域，以国家级重大科技基础设施和平台为核心，以顶级科研机构和科技成果转化机构为带动，以周边空间资源为支撑，着力构建从基础研究、技术研发、应用研究到成果转化的科技创新全链条，努力打造一流的科技创新发展区。落实以人为本、产城融合、宜居宜业、职住平衡的要求，促进创新空间、生态空间和生活空间有机融合，强化怀柔科学城东区周边综合配套服务功能，推进人才公寓等配套服务设施建设，加快建成怀密医学中心、北京第二实验学校，提高怀柔科学城东区综合承载力和吸引力，建设好科学田园，打造生态科学城、绿色科学城。

高标准推动中关村密云园提质增效。充分利用中关村国家自主创新示范区先行先试政策，瞄准科技创新产业方向，加快推动产业链、创新链融合，加快园区“腾笼换鸟”，盘活闲置资源，完善招商引资工作机制，加大“高精尖”实体企业引进力度，吸引一批优质项目落地。加快综合服务设施配套，构建产业生态体系，推动园区从形态开发向功能开发转变。加强与朝阳区合作共建，做强朝密双创中心，吸引优质现代服务业企业入驻。

高起点建设生命健康科学小镇。承接怀柔科学城科技成果转化，聚焦发展全生命周期大健康产业，加快布局一批重大科技创新平台和研发中心，构建全生命周期产业链条，建设集总部、孵化加速、场景应用于一体的“科产城”融合新区。

扎实推进“两区”建设。重点发展生态文旅、生态商务、生态科技、生态农业等“生态＋”优势产业，积极推进重点示范项目落地，争取各项试点政策在密云实施，着力探索“两区”建设新领域。探索航空服务对外开放，推进密云机场通用航空服务保障基地项目，建设航空产业小镇。发挥休闲旅游、高端商务等优势，加大头部企业推介，鼓励有条件的企业，承接国内外高端会展。依托统军庄站及周边地区，对接怀柔科学城科技服务配套功能，建设“交通＋科技商务”轨道微中心；依托京沈客专密云站及周边地区，承接城市核心区服务配套功能，建设“交通＋城市门户”轨道微中心；依托密云北站及周边地区，对接全域旅游休闲集散服务功能，建设“交通＋文旅休闲”轨道微中心。

积极发展数字经济。服务北京全球数字经济标杆城市建设，推进数字产业化和产业数字化。促进数字经济和实体经济深度融合，引导中关村密云园企业数字化转型，加快建成京东密云智能电商产业园等重点项目。培育和引进基于算法、算力需求的数字项目，探索建立计算型数字中心。发展生态特色电子商务，鼓励平台经济拓展新模式新业态。率先在密云水库、中关村密云园、怀柔科学城东区等区域建设一批数字经济示范应用场景。推动购物消费、交通出行等智能化升级，构建数字生活新图景。

以供给侧结构性改革引领和创造新需求。有效激活新消费。把握居民消费升级大趋势，结合密云生态资源优势，加快推进国际消费中心城市建设，研究制定促进新型消费发展的政策措施，努力建设“生态＋区域消费中心”。深入推进重点消费领域供给侧结构性改革，深化文体商旅多业态融合，统筹线上线下消费，加大旅游消费、服务消费、健康消费、体验消费、体育消费、节假日消费等新型消费供给。完善商业设施体系，依托万象汇购物中心等新商圈，打造万象汇—高铁密云站—沿河精品商业街区，建设密云潮流新地标；推进鼓楼步行街、绿地沿河步行街等精品街区建设，优化居民消费环境。培育业态多元、体验丰富的夜间经济，增强城市新动力。推进电子商务进村，推动农村消费升级。做实以科技服务业为特色的现代服务业。以服务科技创新和生命健康战略发展带为重点，发展技术研发、知识产权服务、科技金融、检验检测等科技服务业。制定气候经济发展规划，提升气象服务能力，加强气候科技应用，吸引一批金融服务企业落地，带动一批科技服务企业发展，打造气候经济品牌。加强水文化、水库建设守护历史的宣传展陈展示，做好水文章、发展水经济。积极争取、筹办一批论坛峰会，扩大北京密云·波尔多葡萄酒节、鱼王文化节、割蜜节、5·20世界蜜蜂日等密云特色品牌文化活动知名度和美誉度。促进生活性服务业品牌化发展，织密便民商业网点，着力发展健康、养老、育幼、家政等便民服务业，加快发展“互联网＋”消费新模式新业态。

加强区域协同发展。围绕生态建设、道路连通、大气污染防治等重点领域，加强京津冀区域协同发展。深化与朝阳区在生态、环保、产业、人才、教育、医疗等方面的合作交流。加强与石景山区结对共建，扎实推进集体经济薄弱村“消薄”。加强与怀柔区协作，加大怀密联动，共同建设好怀柔科学城。积极对接中心城区创新、金融、商务、人才资源，加强优质资源项目对接。健全与其他各区交流合作机制。持续做好东西部协作和对口支援。

发展特色文化旅游产业。制定特色文化旅游三年行动计划，按照全域旅游发展规划和“一心四带”的布局要求，打造特色文化旅游休闲及创新发展示范区。将密云城区建设成为全域休闲旅游集散中心；发挥东部古北水镇资源优势，打造历史文化、红色文化、长城文化休闲旅游产业带；发挥西部云蒙山资源

优势，打造山水文化休闲旅游产业带和邓玉芬纪念馆等一批红色教育基地；统筹北部云峰山资源优势，打造农耕文化、“甜蜜事业”、户外营地休闲旅游产业带；发挥南山滑雪场带动作用，抓住冬奥契机，打造时尚体育、冰雪运动、红酒文化、都市田园休闲旅游产业带。深入挖掘长城文化内涵，以长城文化带保护和建设为抓手，打造生态文化、景区和精品旅游线路。适应旅游发展特点和消费需求变化，着力提升景区品质，发展红色旅游、长城旅游、亲子旅游、研学旅游、乡村公路游等特色旅游。制定特色民宿发展三年行动计划，大力发展特色民宿，打造乡村精品酒店、精品民宿、主题民宿品牌。充分利用好京沈客专、京承高速和怀密线、通密线等市郊铁路，完善与旅游景区的公交接驳和服务保障，加强沿线景观和环境整治，做好京郊旅游大文章。推进旅游基础设施建设，提高旅游满意度，建成国家全域旅游示范区。持续办好密云马拉松，促进文体旅融合，提升“生态密马、幸福密马、健康密马”的活动品牌影响力。大力发展具有密云特色的文化创意产业。

六、坚定不移推动新型城镇化建设，促进城乡融合发展

坚持以北京城市总规和密云分区规划为统领，以新型城镇化建设为指引，建立健全城乡融合发展体制机制，推动形成工农互促、城乡互补、协调发展、共同繁荣的新型工农城乡关系，构建城镇体系完善、资源利用集约、基础设施均衡、公共服务均等的城乡融合发展格局。

*严格遵守和执行规划。*贯彻落实北京城市总规和密云分区规划，加快怀柔科学城东区、中关村密云园、生命健康科学小镇等重点功能区及乡镇地区建设。编制全部重点功能区所在街区控制性详规，加快推进镇域国土空间规划编制。统筹城市布局，合理安排建设空间和山水林田湖草非建设空间，规范引导镇自然资源、生态保护和规划建设，促进土地合理利用。深化规自领域问题整治，彻底排查整治违规违建、破坏生态环境问题。加强国土空间规划管制，明确各类国土空间规划分区，集约利用好土地资源。

*构建特色化新型城镇体系。*全面提升新城核心引领和辐射带动作用，稳步推进以人为核心的新型城镇特色化发展，“一镇一策”“一村一品”，构建“新城—镇—新型农村社区”的现代城镇体系。提升城镇综合服务能力，引导建设一批特色化新型城镇。推进新型农村社区建设，完善农村社区服务体系。

*实施“城市更新”行动。*制定实施城市更新三年行动计划，推动城市空间结构优化和品质提升。以街区为单元实施城市更新，打通一批断头路、提升一批背街小巷环境、抓好一批老旧小区综合整治、实施一批城市景观建设和特色提升，强化与生态绿色相适应的城市功能，推动城市与山水相融。推进海绵城市、韧性城市建设，进一步改造老旧管网、新城再生水厂（二期）、燃气、电网等基础设施。加快新能源充电桩、物联网等新型基础设施建设，推进传统基础设施智慧化升级。

*全力创建全国文明城区。*进一步完善创建全国文明城区三年行动计划，将创城为民、创城惠民作为工作的出发点和落脚点，推动创城工作融入城市治理、融入“我为群众办实事”实践活动，满足人民群众对美好生活的新期待。坚决做到思想到位、组织到位、责任到位、措施到位，严格落实测评指标体系，深入推进“五大创建”活动，着力打造“文明密云”。坚持党建引领，掀起全域创建、全员发动、全民参与的热潮。健全志愿服务体系，弘扬志愿服务精神，深化拓展文明实践，引领文明新风尚。

七、坚定不移实施乡村振兴战略，打造乡村振兴“密云样板”

把实施乡村振兴作为重中之重，制定密云“十四五”时期乡村振兴战略实施规划，加快农业农村现代化建设，促进农民农村共同富裕，探索具有密云特色的乡村振兴之路，打造乡村振兴“密云样板”。

*大力发展特色农业。*聚焦“特色蜜、水库鱼、环湖粮、山区果、平原菜”五大特色农业，大力开展特色蜜产业提质增效行动、水库鱼产业高质量发展行动、环湖粮全产业链发展行动、山区果品质革命行动、平原菜“五化”攻坚行动，进一步推广黄土坎贡梨、新城子苹果、御皇李子、石匣甘薯、金叵罗小米、燕山板栗、原味番茄等密云特色农产品，抓好特色农产品地理标志认证。深入实施“密云特色农业”品牌战略，制定蜂产业、鱼产业发展三年行动计划，提升“蜂盛蜜匀”“密云水库鱼”等品牌影响力。推动农业创新驱动发展，推进国家农业现代化示范区、国家现代农业产业园建设，构建数字农业体系，发展休闲农业，加快形成农业全产业链发展格局。深入探索“生态+”发展模式，推动一二三产融合发展。加快设施农业发展，建设首都绿色菜园。

*持续促进富民增收。*严格落实“四个不摘”要求，实现巩固拓展脱低攻坚成果同乡村振兴有效衔

接。开展农产品产销对接活动，促进小农户与大市场有效衔接，提升农民经营性收入。统筹利用生态补偿等政策，推动转移性收入稳步增长。推进农村集体经营性资产流转交易，完善利益联结机制，增加农民财产性收入。加大政府购买服务力度，鼓励企业吸纳就业，促进农民多渠道就业创业，增加农民工资性收入。探索建立职业农民制度，强化农民职业技能培训，提升农民增收致富的能力和意愿。抓好水库一级区农民增收。培育壮大农业专业化社会化服务组织，深化供销社、合作社、信用社“三社”融合，健全服务农业生产生活综合平台。发展壮大新型农村集体经济，对集体经济薄弱村开展分类帮扶，建立健全企事业单位、党政机关与经济薄弱村结对帮扶机制，因地制宜、“一村一策”，完成“消薄”任务。

*大力实施乡村建设行动。*编制实施村庄规划，统筹好生产、生活、生态空间，加快美丽乡村建设，加强对村庄风貌、建筑风格和色彩的管控引导，保护好传统村落和乡村风貌。大力整治农村人居环境，健全农村人居环境长效管护机制，持续推进“清脏、治乱、增绿、控污、改厕”。补全基础设施和公共服务。大力推进农村供水工程建设，特别要妥善解决好库区群众饮水问题，让农民都能喝上干净方便的自来水。实施煤改清洁能源工程，建设“四好农村路”，完善区镇村三级物流体系，推进千兆固网乡村家庭有效覆盖，更好满足农村生产生活和消费升级需求。落实田长制，严格实行土地用途管制，杜绝耕地非粮化、非农化。

*不断提升乡村治理水平。*健全党领导的自治、法治、德治相结合的乡村社会治理体系，建设充满活力、和谐有序的善治乡村。深入推进农村文明创建，开展弘扬时代新风活动，深入挖掘、继承创新传统乡土文化，健全乡村公共文化服务体系。推进农村移风易俗，培育文明乡风、良好家风、淳朴民风。鼓励有条件的村聘请法律顾问，推进法治乡村建设。支持农村基层群众性自治组织规范化、制度化建设，争创一批全国乡村治理示范镇、示范村。

*加强农村基层党组织建设。*推进农村基层党组织标准化、规范化建设，开展新一轮软弱涣散村党支部整顿。选优配强乡镇领导班子、村“两委”成员特别是村党组织书记，坚持和完善向重点乡村选派驻村第一书记制度，加大在优秀农村青年中发展党员力度，大力引进各种人才，建设一支懂农业、爱农村、爱农民的农业农村工作干部队伍，培养一批有文化、懂技术、善经营、会管理的高素质农民和农村实用人才。加强对农村基层干部激励关怀，切实帮助解决实际困难。

八、坚定不移增进民生福祉，进一步保障和改善民生

坚持以人民为中心的发展思想，紧扣“七有”要求、“五性”需求，健全基本公共服务体系，扎实推动共同富裕，用心用情用力解决好人民群众急难愁盼问题，做好库区群众生活保障工作，促进生态富民惠民，让人民群众获得感更加充实、幸福感更可持续、安全感更有保障。

*切实做好接诉即办。*深入贯彻落实《北京市接诉即办工作条例》，深化“街乡吹哨、部门报到”改革，建立健全党委领导、政府负责、民主协商、社会协同、公众参与、法治保障、科技支撑的接诉即办工作体系，形成条块结合、上下协同的工作合力。下功夫做好未诉先办、马上就办各项工作，从源头上减少诉求量。调整优化评价考核机制，建立健全激励机制，进一步调动接诉即办工作积极性。

*持续抓好两个“关键小事”。*落实《北京市物业管理条例》，健全完善党建引领下的社区居民委员会、业委会（物管会）、物业服务企业的协调运行机制。持续推进星级物业企业创建，积极推广创新物业管理模式，破解失管小区物业管理难题。实施物业服务提升三年行动，改进物业服务管理水平。落实《北京市生活垃圾管理条例》，强化垃圾分类意识，规范垃圾分类行为，提升厨余垃圾分出率、源头减量率、桶前值守率。加强垃圾处理设施建设，构建以镇街、村（社区）为基础的再生资源回收网络。健全垃圾管理机制，严格落实垃圾分类管理责任人制度，发挥党政机关、社会团体及企事业单位垃圾分类带头作用。

*围绕“七有”“五性”抓好民生工作。*持续加大财政资金投入力度，进一步改善民生福祉。

实施更加积极的就业政策。全面提升就业服务水平，突出抓好重点群体就业，继续推进政策性岗位开发，鼓励创业带动就业，确保零就业家庭动态清零。

办好人民满意的教育。加大教育投入力度，大力引进培育教育人才，持续推进教育集团、学区、共同体建设，深化对外合作交流，促进优质教育资源供给，加大学校建设力度，优化教育资源空间布局。继续抓好“双减”，办好山区教育，确保教育优质均衡水平持续走在全市前列。

提升卫生健康服务水平。坚持医疗、医保、医药、医养、医改“五医联动”，加快建设健康密云。深入推进与北大医院深度融合共建，完成北大医院密云院区三甲综合性医院创建，积极推进区级公立医院与市级医院共建，提升农村、社区医疗卫生服务水平，发展智慧医疗，让群众看病就医更加便捷。

健全社会保障体系。深入实施全民参保计划，完善养老保险体系，健全社会人员参加社会保险制度，完善城乡居民补充医疗保障制度。健全区、镇、村和互助点四级养老服务体系，扩大邻里互助点覆盖范围。健全分层分类的社会救助体系，提升救助救济服务水平。深化“安居工程”，加快城中村、棚户区改造，构建多层次住房保障体系。

丰富群众文体生活。坚持以文化人、以文惠民、以文兴业，推动公共文化数字化建设，把更多文化资源向基层投放；培育特色文艺品牌，丰富群众文化生活，推进人民精神生活共同富裕。大力推动全民健身运动，提升体育设施的利用率和覆盖率，推动城镇社区一刻钟健身圈全覆盖。

九、坚定不移全面深化改革，加快形成高质量发展新动力

用好全面深化改革“关键一招”，牢牢把握深化供给侧结构性改革这条主线，抓重要问题、重要任务、重要试点，抓关键主体、关键环节、关键节点，把改革新红利转化为发展新动能和民生新福祉。

持续深化保水保生态领域改革。深化保水体制改革，推动综合执法、行刑衔接，推动保水法庭、保水检察官工作室、保水监察专员办公室体制机制改革，形成保水执法司法合力。推动镇级保水赋权下沉增效体制改革，深化“六护”机制，整合保水各种力量，强化镇、村保水成效。探索建立密云生态文明建设标准体系，引导公民践行生态文明建设责任。全面建立区镇村三级生态防护责任体系，构建责任明确、协调有序、监管严格、保障有力的生态管理新机制。建立生态保护红线台账，完善生态环境准入机制，构建生态保护红线监管体系。

全力打造一流营商环境。深入贯彻北京市优化营商环境条例，制定优化营商环境三年行动计划。全面落实市场准入负面清单制度。持续深化简政放权、放管结合、优化服务改革，大力推进“减事项、减证明、减中介、减材料、减时限、减跑动”，推进政务服务全流程提速。打造智慧数字政务服务体系，实现企业和群众随时办、就近办、马上办、一次办，大幅提升企业和群众办事体验。构建亲清政商关系，打造诚信政府，健全“服务包”“服务管家”制度，完善促进企业发展的法律环境和政策体系。打造愿评、敢评、评了管用的“好差评”体系，不断提高政府办事效率。发展政府性产业基金，助推高精尖产业、绿色产业发展。

深化农村改革。深入落实农村宅基地制度改革，加强农村宅基地及房屋建设管理，加快实现户有所居。推进农村集体建设用地综合改革，探索点状供地、土地资源台账机制等方面改革，推行集体林场改革。深化产业用地市场化改革，不断优化供地政策，满足企业多样化用地需求。推动矿山、闲置厂房等工业用地转型。深化农村集体产权制度改革，激发农村“三块地”活力。健全农村金融服务体系，大力发展农业保险。

深化重点领域改革。推进行政体制改革，探索科技创新和生命健康战略发展带发展模式。深化预算管理制度改革、税收征管改革，加强政府债务管理。深化国资国企改革，激发国企活力。健全支持非公有制经济高质量发展制度体系，促进民营实体经济发展。深化投融资体制改革，建立多元化投融资主体格局，引领央企和市属国企进入公共设施建设领域。创新产融结合机制，搭建“政银担企”产融对接平台。探索建立普惠贷款风险补偿机制，增强金融服务实体经济能力。改革优化招商引资、招优引强机制，健全完善实体经济落地政策制度，加强财源建设。

健全生态产品价值实现机制。建立健全生态产品调查监测机制、价值评价机制、经营开发机制、保护补偿机制、价值实现保障机制、价值实现推进机制，争创国家生态产品价值实现机制试点，探索具有密云特色的生态产品价值实现机制方式，构建生态系统生产总值（GEP）核算体系，形成系统有效的生态产品价值实现制度体系。

十、坚定不移统筹发展与安全，建设更高水平的平安密云

贯彻落实总体国家安全观，树牢安全发展理念，更加注重统筹发展与安全，加快完善安全发展体制机制，坚守安全红线，强化安全底线，筑牢安全防线，提升社会治理能力，防范化解影响现代化进程的各种风险挑战，筑牢现代化建设安全屏障。

深化平安密云建设。坚持和发展新时代“枫桥经验”，完善落实重大决策社会风险评估制度和信访制度，打造源头防控、排查梳理、纠纷化解、应急处置的社会矛盾综合治理模式。扎实做好党的二十大、冬奥会冬残奥会等重大活动服务保障工作。坚持共建共治共享，推动资源整合、制度创新、力量下沉，构建城乡基层社会治理新格局，打造“微治理”示范点。加强社会心理服务体系建设，培育健康积极向上的社会心态。健全社会治安防控体系，提升社会治安防控水平。巩固扫黑除恶专项斗争成果，建立政法队伍教育整顿常态化长效化机制。坚决防范和严厉打击各类违法犯罪活动，保持社会和谐稳定。

坚持不懈抓好疫情常态化防控工作。坚持把人民群众生命安全和身体健康放在第一位，健全完善组织领导、联防联控、精准防控和应急处置相结合等工作机制，落实“快严准”筑牢疫情防线等要求，压紧压实“四方责任”，做到“三防”“四早”“九严格”，切实抓好“外防输入、内防反弹”，推进疫苗接种“应接尽接”，加强基层公共卫生应急管理体系建设，坚决守护好人民的生命健康安全。

切实抓好防治洪涝灾害和森林防灭火工作。健全防汛制度体系，强化隐患排查，加强防汛能力建设，提升风险防控和应对处置能力，建立科学有效的响应体系。强化森林防灭火信息化建设，抓好监测预警和隐患排查，提升科技防火和以水灭火能力。强化责任落实，做好各种灾害联防联控和应急值守。完善队伍建设，努力打造一支“冬季防火、夏季防汛、全年应急”的区级常备森林消防综合救援队伍。

提高安全发展水平。加强经济安全保障，防范化解政府性债务和地方金融风险。提高生态环境风险防控、处置水平，保障生态环境安全。压紧压实安全生产责任，加强尾矿库、食品药品安全监管，妥善应对科技、网络、生物等新型领域风险，提升安全生产水平。强化应急管理的综合性、系统性和科学性，不断完善应急指挥体系建设，全面提高防灾减灾救灾能力。

十一、坚定不移加强民主法治建设，建设法治密云

深入贯彻习近平法治思想和习近平总书记在中央人大工作会议上的重要讲话精神，坚持党的领导、人民当家作主、依法治国有机统一，不断发展全过程人民民主，巩固和发展生动活泼、安定团结的政治局面。

发展社会主义民主。支持人大及其常委会依法行使职权、开展工作，指导和督促“一府一委两院”自觉接受人大监督。发挥人大代表作用，支持和保障代表更好依法履职。加强政协自身建设，进一步发挥好人民政协专门协商机构作用。加大市区政协联动力度，鼓励非密云籍专家委员积极为密云招才引智。完善基层民主制度，健全基层群众自治机制，积极开展基层协商，保障人民民主权利。

巩固和发展最广泛的爱国统一战线。进一步完善大统战工作格局，健全区镇村三级联动机制，建立镇街、企事业单位统一战线工作站。持续加强党外人士培训引导，巩固共同思想政治基础。建立健全民主党派开展民主监督的有效形式，支持协助民主党派加强自身建设。坚持党建引领，做好非公有制经济领域统战工作。全面贯彻落实党的民族政策，促进民族团结进步。

扎实推进法治密云建设。建立健全全面依法治区工作体系，完善行政执法监督工作机制，强化对行政权力的制约和监督，确保政府依法全面履行职能。落实政法领域全面深化改革任务，规范执法司法行为，提升执法司法公信力，使人民群众在每一个司法案件中都感受到公平正义。抓好“八五”普法工作。

充分发挥党委总揽全局、协调各方的领导核心作用。认真贯彻地方党委工作条例，加强对各个领域的领导。认真贯彻党组工作条例，进一步加强对区人大常委会党组、政府党组、政协党组、法院党组、检察院党组的领导，完善党组领导体制和运行机制，支持人大、政府、政协、法院、检察院等依法依章程独立负责、协调一致开展工作。加强和改进党对工会、共青团、妇联等群团组织的领导，扎实做好离退休干部工作。严格落实党管武装制度，抓实国防动员和后备力量建设，争创双拥模范城市，做好退役军人保障和优抚安置等工作。

十二、坚定不移推进全面从严治党，增强各级党组织的创造力凝聚力战斗力

全面落实新时代党的建设总要求和新时代党的组织路线，以党的政治建设为统领，坚持党要管党、从严治党，树立大抓基层的鲜明导向，落实党建工作责任制，提升基层党组织政治功能和组织力，为圆满完成“十四五”目标任务提供坚强的政治保证、组织保障。

把政治建设摆在首位。旗帜鲜明讲政治，牢记“看北京首先要从政治上看”的要求，进一步增强“四个意识”、坚定“四个自信”、做到“两个维护”，强化政治责任。着力提高政治判断力，深刻认识到“首都无小事、事事连政治”，善于从政治上观察和处理问题，善于透过现象识别本质，保持清醒明辨是非，有效抵御风险挑战。着力提高政治领悟力，对“国之大者”心中有数，善于结合密云实际创造性开展工作。着力提高政治执行力，完善贯彻习近平总书记重要讲话指示精神，落实党中央和市委决策部署工作机制，主动作为、敢于担当，确保条条落实、件件落地、事事见效。严格执行新形势下党内政治生活的若干准则，坚持民主集中制，严明政治纪律和政治规矩，推进政治监督具体化常态化，确保令行禁止、政令畅通。

切实增强党的意识、党员意识。坚持在党言党、在党忧党、在党为党，把党的意识落实到工作生活各个环节，敢于同违反党内政治生活原则和制度的现象作斗争，始终站稳党的立场。把学习党章、遵守党章、维护党章作为终身必修课，自觉用党章规范自己、以党规约束自己。加强党性修养，遵守党规党纪，发扬党的光荣传统和优良作风，持续开展好党史学习教育。牢记党员的“第一身份”，自觉恪守党员的“第一职责”，充分发挥党员先锋模范作用。

强化思想理论武装。持续深化学习习近平新时代中国特色社会主义思想，用党的创新理论武装头脑、指导实践。用好“学习强国”平台，建好新时代文明实践中心、区融媒体中心，开展好基层理论宣传宣讲。深入落实意识形态责任制，确保意识形态领域安全稳定。强化社会主义核心价值观引领作用，巩固壮大主流思想舆论。加快媒体深度融合，建立全媒体传播体系，提升密云知名度和对外影响力。深入挖掘密云水库建设守护精神，学习邓玉芬革命精神，用足用好密云红色资源，引领广大党员干部坚定理想信念。

建设高素质干部队伍。贯彻新时代党的组织路线，落实好干部标准，树牢正确用人导向，坚持德才兼备、以德为先，坚持政治过硬、信仰坚定，公道正派、清正廉洁，担当作为、实绩突出，坚持人岗相宜、不拘一格，健全完善干部素质培养、选拔任用、从严管理、正向激励体系，建设一支高素质干部队伍。建强配好党政一把手队伍，强化一把手抓班子、带队伍的职责。加大干部教育培训力度，健全同密云发展相适应的干部交流机制，推动干部引进来和走出去，提升干部依法决策、民主决策、科学决策和干事创业的能力水平。优化干部考核评价机制，着力营造担当作为、干事创业的良好氛围。坚持严管与厚爱相结合、激励与约束并重，落实“三个区分开来”要求，建立健全干部担当作为的激励和保护机制，不让干事的人吃亏，不让老实人吃亏。

全方位培养引进使用人才。落实党管人才原则，深化人才发展体制机制改革，完善人才政策支持、服务保障和激励机制，制定实施人才战略三年行动计划，大力引进各类人才。坚持引育并举、以用为本，统筹推进各领域人才队伍建设。加大人才发展投入，提升人才政策竞争优势。探索建立顾问制，组建各个领域顾问团，用好外脑、智库；着力引进科技创新领军人物，用好顾问和人才资源，引领密云发展。

加强基层党组织建设。围绕抓基层、强基础、固基本，健全党组织书记抓基层党建工作责任机制。坚持党建引领，加强各领域党的建设，抓好“两新”组织、新就业群体党的组织和工作有效覆盖，打造非公党建品牌。充分发挥党员先锋模范作用，引导广大党员干部在疫情防控、社区双报到、接诉即办、创建文明城区等重大活动任务中，走在前、作表率，打造“密云先锋”党建品牌。建强基层带头人队伍，加强基层干部队伍选育、培训、管理，畅通村（社区）党组织书记选拔使用渠道。加强党员教育管理服务，保障党员权利。高质量做好发展党员工作。

深化制度建设。把制度建设贯穿于党的建设全过程。完善各级党委（党组）集体议事规则、决策程序等制度，健全干部人事、检查考核、责任追究等制度，严格落实请示报告制度，形成配套完备的党建制度体系。扎紧织密制度笼子，加强对党的制度执行的监督检查，构建对“一把手”和领导班子全覆盖的监督体系，保障制度贯彻执行。

全面加强作风建设。进一步弘扬理论联系实际、密切联系群众、批评与自我批评的优良作风，常态化开展“我为群众办实事”实践活动，完善党员干部联系群众制度，推行基层党建重点考核接诉即办、信访工作制度，走好新时代群众路线。发扬斗争精神、增强斗争本领，做迎难而上、攻坚克难的先锋。主动加强与国家部委、市级部门联系沟通，积极争取各类支持。弘扬“马上就办”的作风，推动广大党员干部真抓实干、担当作为、争分夺秒、争创一流。严格落实中央八项规定及其实施细则精神，持之以恒纠治“四风”，克服形式主义、官僚主义，严守“十不能”要求。全面落实党中央和市委为基层减负各项举措，规范督查检查考核事项，大力推进精文简会。深入开展党员干部家庭家教家风建设，传承党的光荣传统。

不断争创一流业绩。涵养家国情怀、厚植为民情怀、永葆赤子之心，聚焦保水、保生态、保安全、保障民生和绿色高质量发展等全区中心工作、重点任务，自觉定位一流，主动对标一流，把干事担事、善作善成作为职责所在、价值所在，带着情怀谋事、扑下身子干事、保持韧劲成事，坚持一流的标准，锤炼一流的队伍，争创一流的业绩。

*推动全面从严治党向纵深发展。*坚决扛起全面从严治党主体责任，健全管党治党责任体系和工作机制。深入推进党风廉政建设和反腐败斗争，以强有力的政治监督，确保“十四五”时期各项目标任务落到实处。完善政治生态分析研判机制，加强政治生态建设。发挥经济体检作用，加大审计监督力度，实现审计监督全覆盖。发挥巡察利剑作用，实现届内政治巡察全覆盖。推进纪律、监察、派驻、巡察“四个监督”协调衔接，打造全方位、立体化的监督网络。保持反腐败高压态势，坚持受贿行贿一起查，聚焦重点领域、重点人、重点地区严惩腐败，深入整治群众身边的腐败和不正之风。用好监督执纪“四种形态”，把纪律和规矩挺在前面，抓早抓小，一体推进不敢腐、不能腐、不想腐。坚持以身边的事教育身边的人，常态化开展警示教育，以案为鉴、以案促改，筑牢党员干部廉洁自律防线，营造风清气正的政治生态。

同志们！实干铸就伟业，奋斗开创未来。让我们更加紧密地团结在以习近平同志为核心的党中央周围，在市委的坚强领导下，团结带领全区党员干部群众，始终坚持把生态文明建设作为战略性任务来抓，继续守护好密云水库，守护好绿水青山，不忘初心、牢记使命，砥砺前行、奋勇争先，为建设美丽北京、谱写现代化建设密云篇章而努力奋斗！

政府工作报告

在北京市密云区第三届人民代表大会第一次会议上的报告

区长　马新明

各位代表：

现在，我代表北京市密云区人民政府向大会报告工作，请予审议，并请政协委员提出意见。

一、工作回顾

本届政府任期以来，在市委市政府和区委的坚强领导下，在区人大、区政协的支持监督下，坚持以习近平新时代中国特色社会主义思想为指导，深入贯彻习近平总书记关于保护密云水库的重要指示和重要回信精神，全面落实“保水、护山、守规、兴城”总要求，真抓实干、砥砺前行，统筹疫情防控与经济社会发展，推动“十三五”规划圆满收官，各领域工作取得令人瞩目的成绩。

五年来，我们千方百计护水源、保生态、治污染，环境质量持续提升。构建了“5＋2”保水体系，密云水库水质长期保持国家地表水Ⅱ类标准，水资源战略储备能力全市最强，湿地面积全市最大，林木绿化率达75.3%、森林覆盖率达68.7%，$PM_{2.5}$年均浓度在全市率先进入“2”时代，成功创建“绿水青山就是金山银山”实践创新基地、国家生态文明建设示范区、全国首批水生态文明城市等称号，成为名副其实的首都后花园。

五年来，我们持之以恒抓改革、促开放、优环境，绿色发展势头强劲。地区生产总值年均增长4.9%，一般公共预算收入年均增长5.4%，社会消费品零售总额年均增长4.3%，居民人均可支配收入年均增长7.4%。怀柔科学城东区重大项目建设加快推进，先期运行及服务保障及时跟进；中关村密云园生态商务区滚动开发建设，腾笼换鸟释放发展空间，医药健康、智能制造、生态环保等产业加速聚集，密云·波尔多葡萄酒节、世界蜜蜂日、农民丰收节、生态马拉松等活动有效带动特色产业发展。

五年来，我们坚持不懈抓治理、提品质、补短板，城乡面貌持续改善。京沈高铁正式开通，市郊铁路通密线、怀密线建成运营，101国道绕城线全面通车，城市交通正式迈入“快”时代。新城地表水厂、再生水厂、绿色循环经济产业园等重大城市基础设施建成投入使用，塘峪220千伏、云西110千伏等6个变电站新建改建完成。建成白河公园和一批中小型公园，公园绿地面积达753万平方米，人均公园绿地面积达15平方米。成功创建“基本无违建区”，荣获“农村人居环境整治成效明显激励地区”称号。

五年来，我们攻坚克难办实事、解难题、求实效，民生福祉持续保障。新建改扩建中小学、幼儿园16所，新增学位7315个，我区高考成绩稳居生态涵养区前列，被授予“中国可持续发展教育20年最具影响力地区”称号。区、镇、村三级医疗服务体系不断完善，在全市率先建立城乡居民补充医疗保险制度。养老服务水平加速提升，千人养老床位数达到15张，排在全市前列。持续开展精准脱低、精准扶贫，31个低收入村和9462户低收入农户全部“脱低”，结对帮扶的6个国家级贫困旗县全部摘帽。健全就业服务体系，新增就业5.02万人，妥善安置转型企业9000多名员工，实现平稳过渡。

五年来，我们坚定不移抓法治、转作风、强服务，政府自身建设持续加强。紧抓“两学一做”学习教育、“不忘初心、牢记使命”主题教育、党史学习教育契机，树牢以人民为中心的发展思想，把学习成果转化为奋发有为、干事创业的实际成效。持续加强法治政府建设，强化法治思维，提高依法行政能力。自觉接受区人大法律监督、工作监督和区政协民主监督，人大代表建议、政协委员提案办复率均达100%。

五年来，我们取得的成绩来之不易，走过的每一步都极不平凡，每个人都很了不起。最令人振奋的是，在密云水库建成60周年之际，习近平总书记给建设和守护密云水库的乡亲们回信，充分肯定密云人民为保水保生态作出的贡献，称赞密云水库是无价之宝，勉励我们再接再厉、善作善成，继续守护好密云水库，为建设美丽北京作出新贡献，给全区人民巨大的鼓舞和振奋。最令人欣慰的是，全区人民与全国人民一道全面建成小康社会，一大批美丽乡村相继建成，一大批乡村产业蓬勃发展，一大批老旧小区改造提升，一大批公益岗位惠及群众，一大批历史遗留问题得到有效化解，城乡居民生产生活不断改善。最令人感动的是，面对防疫、防汛、防火等严峻考验，面对生态环保、养殖清退、违建整治等硬任务，全区上下勠力同心、攻坚克难，干部群众、一线人员夜以继日、无私奉献，打赢了一场场硬仗，夺取了一个个胜利。最令人自豪的是，密云水库水位和蓄水量屡创历史新高，生态环境质量始终排在全市首位，高端优质资源要素加速向我区集聚，生态优势加快向发展优势转化，密云前景无限、未来可期。

特别是2021年，是“十四五”规划开局起步的关键之年。我们深入学习贯彻习近平总书记“七一”重要讲话和重要回信精神，认真落实市委市政府和区委部署要求，以全国文明城区等“十大创建”为抓手，紧抓乡村振兴战略、“两区”建设等机遇，推动密云绿色高质量发展，实现了开好局、起好步。初步预计，2021年实现地区生产总值364亿元，同比增长7%；一般公共预算收入41亿元，同比增长4.3%；完成固定资产投资117亿元，建安投资67亿元；社会消费品零售总额173.8亿元，增长8%；居民人均可支配收入增长8%，高质量完成了年初确定的各项任务。

（一）保水保生态成果丰硕

水资源战略储备地位不断增强。牢记总书记“继续守护好密云水库”的嘱托，强化政治担当，坚持“保安全、多蓄水”，全力守护首都“生命之水”，密云水库蓄水量喜创35.79亿立方米、水位155.3米历史最高。推动制定《北京市密云水库流域水生态保护与发展规划（2021年—2035年）》，建设国内首个大型水库水环境智能视频分析系统，设立密云水库保护公益基金会，组建“水库儿女”保水志愿服务队，携手首都律师界强化依法保水，健全科技保水、全民保水机制。完善水库上游流域“两市三区五县”协同机制，强化保水共同体。开展密云水库百日整治行动，推进15条小流域治理。针对高水位常态化运行的新形势，及时保障群众生产生活，采取更新管网、应急封堵、抽排转运等方式，确保水库安全。完成下游生态补水7亿立方米，平原区地下水位回升10米，实现涵养生态、藏水于地。

生态涵养功能全面提升。国家森林城市创建36项指标全部达标。新一轮百万亩造林、京津风沙源二期治理、森林健康经营林木和国家级公益林管护任务全面完成，森林资源蓄积量达389万立方米，排名全市第一。统筹山水林田湖草一体化保护，实行河长、林长、田长“三长”联动，率先在全市完成新型集体林场建设，生态服务价值占生态涵养区42%，占全市26%，居全市之首。雾灵山自然保护区被评为“履行联合国森林公约示范单位”，尖帽草、无喙兰等珍稀植物相继在我区发现，鸟类名录从141种增加至388种，生物多样性保护迈上新台阶。

污染防治攻坚战成效显著。持续深化蓝天保卫战，空气质量达标天数创有监测记录以来同期最好水平。率先在生态涵养区实施烟花爆竹全域禁放。完成山区1.3万户、城区700余户煤改清洁能源任务，城区清洁取暖实现全覆盖。国Ⅲ柴油车全部淘汰，613辆公交车全部实现纯电动替换。完成33家印刷企业整治提升和36家汽修企业环保改造，超额完成重型车和非道路移动机械执法检查任务，污染防治攻坚战综合执法排名生态涵养区首位。持续推动碧水攻坚战，潮河总氮浓度稳步下降，白河、潮河入库水质出现Ⅰ类标准，地表水环境质量首次排名全市第一。持续打好净土保卫战，强化建设用地环境风险防控，深化耕地分类管理，严格农用地污染预防，土壤环境质量总体良好。持续推进中央环保督察反馈问题整改，20项整改任务基本完成。

碳中和示范区建设先行先试。在全市率先提出建设碳中和示范区，率先成立碳中和研究发展中心，同步推动碳中和示范小区、示范街区等6类试点建设，率先启动碳中和与生态价值实现机制路径研究，得到市委市政府肯定。打造气象科技高地，积极推动气候经济发展，探索“农田增汇”密云模式。成功创建“中国天然氧吧”，成为2021年北京唯一获此殊荣的行政区。

（二）绿色高质量发展更加强劲

加快怀柔科学城东区建设保障。地球数值模拟装置项目提前一年半建成，成为怀柔科学城首个启用的大科学装置。4个“十三五”科教基础设施项目主要土建工程完工。北大怀密医学中心分期建设方案得到市政府、教育部同意，北京第二实验学校办学方案上报审批。基础设施和公共服务配套保障及时到位，华远达公寓等项目交付使用。积极梳理60项可转化成果，中科三清等企业落地东区，成功举办气候金融圆桌会议。

中关村密云园加速提质升级。积极推进“腾笼换鸟”，疏解盘活企业11家，为怀柔科学城东区科技成果转化留出发展空间。绿色高质量发展主阵地作用有效发挥，京东智能物流园、复星药业、海王药业等重点实体项目开工建设，供地项目全部实现当年开工。生态商务区街区控规获市政府批复，生命健康科学小镇一期征拆全部完成。携手朝阳打造朝密“双创中心”，积极承接朝阳优质资源向密云聚集。

“两区”建设特色凸显。制定促进绿色高质量发展政策，推进79条创新举措落地实施。围绕电子商务、科技服务、健康医疗、生物医药、航空服务、国际休闲旅游度假和高端会议六大重点领域，统筹推进80个项目建设，投资总额260.5亿元。华北首个A1类通用机场建设稳步推进，密云航空小镇完成初期规划编制。精品葡萄酒产业初具规模，综合保税库配套设施进一步完善。依托“服贸会”“进博会”平台签约6个项目，促进我区企业优质产品与全球市场接轨，进出口额在生态涵养区排名第一。

“生态+”区域消费中心城市逐步构建。围绕北京培育建设国际消费中心城市，积极推进生态文旅、生态商务、生态农业等优势产业，促进密云消费提档升级。建设万象汇—高铁密云站—沿河商业街三位一体精品街区，初步形成集购物、商务、公共服务于一体的消费新高地。持续开展“生态密云·健康消费”活动，举办餐饮美食节、灯光秀等夜间主题活动，扩大高品质夜间消费供给，古北水镇入选第一批国家级夜间文化和旅游消费集聚区。引导实体商业设施吸纳优质资源，促进旅游、文化、体育、健康、养老、家政、教育、信息等深度融合，打造特色鲜明的生态消费城市。

营商环境持续优化。深入实施“保存量、扩增量、提质量”，制定15条措施和支持企业发展办法，财源建设考核成绩居生态涵养区首位。全面落实优化营商环境4.0版，出台“1+3+N”政策服务体系，推进高频事项证照联办，推动一网通办、一次办成，实现为企服务“只进一门”。推出深化税收征管改革系列举措，办税缴费效率明显提升。新设市场主体6844户，同比增长64%。建立“马上就办”工作机制，推动市级重点项目全部按期开工。深入推进国企改革三年行动，34家全民所有制企业提前完成改革任务，国资国企财务实现在线实时监测，“智慧国资”建设走在全市前列。我区荣获“2021年度中国新发展理念十大践行典范”。

（三）乡村振兴密云样板初见成效

“密云农业”影响力持续提升。全力完成复耕任务，建成高标准农田7.2万亩，坚决扛起粮食安全、稳产保供政治责任。构建“1+2+30”的智慧农业系统，顺利通过国家农业科技园评估，累计培育国家高新技术企业21家、星创天地9家，47个农业新品种获得国家和地方级审定，6万亩蔬果获得有机绿色认证，顺利通过国家现代农业产业园中期验收。支持新型农场建设，培育市级示范镇2个、市级示范家庭农场25个，获评北京市首批家庭农场示范区，古北口镇“净田社”被农业农村部评为全国家庭农场典型。深入推动“密云农业”品牌建设，荣获“北京优农”品牌证书，形成“特色蜜、水库鱼、环湖粮、山区果、平原菜”的农业发展格局。培育规模以上农业电商17家，成功举办“农民丰收节”系列活动，品牌影响力和市场辨识度有效增强。

生态产品附加值逐步提高。启动林下经济示范区和国家中医药产业文化园规划建设，推动林蜂、林药、林菌、林旅等新型林下经济发展。全区蜂产业规模达到12.35万群，占全市的45.2%，成功创建“中华优秀蜜蜂之乡”，“蜂盛蜜匀”品牌影响力更加凸显，密云蜂产业脱低致富典型经验在全国推广。做精“渔业净水、生物保水”水库鱼产业，完成密云水库水域范围内有机鱼认证，成立5家渔业合作社，实行组织化、专业化捕捞，标准化、品牌化营销。依托生态优势推动全域旅游示范区建设，精品乡村酒店增至33家，精品民宿院落增至332个，荣获“2021生态自然旅游优选目的地”“世界乡村旅游优秀区”等称号。成功举办第三届文化旅游季，“山水田园·画境密云”在北京卫视热播，在《我的桃花源》盛典活动中荣获四项大奖，我区入选第二批国家文化和旅游消费试点城市名单。在全市率先举办全程密云生态马拉松，带动了全民运动和文旅体农产业融合发展，蔡奇书记批示“一场马拉松、天下知密云”。

农村集体经济不断壮大。330个村集体经济组织产权制度改革基本完成，194个集体经济薄弱村增强自身发展能力，超额完成市级年度“消薄”任务。创新帮扶模式，以政策扶持、资金帮扶、国企对接等方式，引导镇村组建集体所有制企业，城建、首农集团等13家大型国企与我区38个集体经济薄弱村确定结对关系，安排现代种植、光伏发电、精品民宿、消费帮扶等项目，带动增收富民。加强专业合作社建设，助力集体经济发展壮大，打造国家级示范社24家、市级示范社10家、区级示范社84家，农村合作社质量得到整体提升。

（四）持续改善民生体现密云温度

“我为群众办实事”扎实推进。落实《北京市接诉即办工作条例》，开展“每月一题”27项重点诉求、30件重要民生实事和60件群众痛点攻坚行动，用心用情用力解决群众关心的热点难点问题。率先出台历史遗留问题后续解决方案，5449户居民的不动产首次登记问题得到有效解决，完成率居全市第一。制定多项工作措施办法，推动“未诉先办、马上就办、接诉即办”，建立“精准派、快速接、务实办、严格督”机制，接诉即办综合成绩跃升全市第7，多次位列前三甲。

统筹推进城乡一体化发展。国家卫生城市顺利通过复审，“基本无违建区”成果持续巩固，绿地认建认养整治任务提前完成，“疏整促”年度目标圆满收官，生活垃圾分类、物业管理“两个关键小事”保持全市前列。顺潮街顺利实现通车，新西路、西统路全线贯通，通怀路（密云段）完成建设，49条公交线路实现智能管理查询，完成3000辆共享单车投放，群众出行更顺畅更环保。综合整治老旧住宅小区8个，新建提升便民商业网点50个，升级改造农贸市场5家，新建5G基站265个，城市生活更宜居更便利。7个棚改项目进展顺利，新刘棚改项目8个回迁地块全部实现净地，檀营A3地块商品住宅和商务区C1东地块完成供地任务。美丽乡村建设加快推进，开展15个镇域国土空间规划编制工作，321个美丽乡村规划全部获批。第一批76个美丽乡村达到市级考核验收标准，第二批146个美丽乡村建设全面启动实施。完成75个村供水污水治理、521座公厕和1.36万个户厕改造，农村基础设施显著提升。

社会保障能力持续增强。民生领域支出占一般公共预算支出80%以上。新增城乡劳动力就业1.1万余人，城镇登记失业率控制在3.5%以内。积极推进农村妇女创新创业，吸纳本地3100余名农村劳动力从事“绿岗”就业。新建邻里互助点100个，农村居家养老服务模式在全国示范推广。医疗服务保障力度不断加大，22.5万城乡居民实现参保。关心关爱特殊群体，发放各类政策补贴超4亿元，困难群众生活得到有效保障。努力改善城市低收入居民的居住条件，燕安保障房项目实现开工建设。退役军人服务站在全市率先实现全覆盖。

社会事业优质均衡发展。“七有”“五性”考核位居全市第二。努力办好人民满意的教育，在全市率先启动校长及教师轮岗交流，教育优质均衡发展、中小学生体质健康水平、教育工作满意度走在全市前列，“双减”工作得到市委市政府充分肯定。“健康密云”取得积极成效，全区村级医疗机构实现全覆盖，区医院与北大医院实现融合共建，提前成功创建三级综合医院，结束密云没有三级医院的历史。争创北京市公共文化服务体系示范区，举办群众文化活动展演1144场，人均公共文化服务面积位居全市第二。满足群众多样化健身需求，城区15分钟健身运动圈全覆盖。群团、司法、史志、武装、双拥、民宗、地震、人防、对外交往等各方面工作也取得了新成绩。

（五）铸牢平安密云安全稳定基石

抓实抓细常态化疫情防控，压紧压实“四方责任”，按照“快、严、准”的要求抓好流调溯源、落地管控、行业监管、社区防控等各项工作，累计开展核酸检测112.8万人次，疫苗接种112.9万剂次，构筑疫情防控安全屏障。严格落实安全生产责任制，及时排查消除安全隐患，积极预防城市火灾风险。全面做好森林防灭火工作，全力应对极端天气，加强食品药品安全监管，有力保障群众生命财产安全和身体健康。加大社会矛盾纠纷排查调处，建立三级领导包案机制解决信访难题，信访化解群众满意率位居全市首位。强化社会综合治理，深化京津冀区域警务合作，全力守好首都东北大门。

（六）树立勤政为民的政府形象

坚定不移推进政治建设，持续深入学习贯彻习近平新时代中国特色社会主义思想，扎实开展党史学习教育，把学习成果切实转化为忠诚干净担当的实际行动。加强政府系统党的建设，持续开展勤政廉政和警示教育，推动全面从严治党向纵深发展。深入开展“四不两直”、驻村蹲点调研，问计于民、问需于民，厚植为民情怀。坚持民主集中制，严格落实“三重一大”制度，做到依法科学民主决策。全面加强审计监督，强化成本管控，节约资金7.48亿元，持续涵养勤俭作风。自觉接受民主监督，认真办理人大代表建议72件，政协委员提案95件，办复率均达100%。秉持“事不过夜、案无积卷”的作风，全区广大干部夙夜在公、创先争优，舍小家、为大家，讲奉献、有作为，以实际行动彰显了人民公仆本色。

这些成绩的取得，是我们坚持以习近平新时代中国特色社会主义思想为指导的结果，是市委市政府和区委坚强领导的结果，是全市各部门、各兄弟区、在密单位关心帮助的结果，是全区人大代表、政协委员有效监督、鼎力支持的结果，是全区人民团结奋斗和社会各界共同努力的结果。在此，我谨代表区政府，向全区广大干部群众，向全市各区各部门，向所有关心和支持密云的各界人士，表示崇高敬意和衷心感谢！

我们在进取中突破，在总结中提高，积累了弥足珍贵的经验和体会，主要是：始终旗帜鲜明讲政治，坚持党的领导，牢记“看北京首先要从政治上看”的要求，不折不扣推动党中央、市委市政府和区委决策部署在密云落地生根；始终保持战略定力，深入贯彻习近平生态文明思想，把守护好绿水青山作为头等大事，坚定走生态优先、绿色发展之路；始终完整准确全面贯彻新发展理念，融入新发展格局，在“五子”联动中找准定位、展现作为，推动绿色高质量发展；始终全心全意为人民服务，坚持发展为了人民、发展依靠人民、发展成果由人民共享，坚定不移走全体人民共同富裕道路；始终顺应时代潮流，勇于推进改革，永不僵化、永不停滞、永不懈怠，用担当务实的作风推动各项工作取得新成绩；始终坚持全面从严治党，营造风清气正的政治生态，为经济社会发展提供坚强有力保障。

在看到成绩的同时，我们也清醒认识到工作中还存在诸多问题短板，主要表现在：密云水库高水位运行新形势下，从长远上根本上统筹解决水质安全与群众生产生活还需深化研究；生态优势转化为发展优势还没有完全破题，生态价值如何实现还需深入探索系统有效的方法路径；经济基础薄弱，收入结构不合理，实体经济发育缓慢，发展后劲不足，解决历史遗留问题与推动高质量发展错综交织，亟需凝心聚力腾出更多精力抓好发展；保水与富民发展不平衡，保水仍有提升空间，富民任务更加艰巨，还需下大力气促进农民增收；守正守规与担当创新双向发力不够，政治生态需要持续优化，干部队伍精气神还需持续提振。对这些问题，我们要主动积极作为，认真加以解决。

二、当前面临的形势

科学认识当前形势和发展趋势，准确把握国内国际两个大局，准确把握首都发展新要求，准确把握新发展阶段新机遇，对做好未来各项工作极其重要。当今世界正经历百年未有之大变局，国际政治、经济、科技、文化、安全等格局都在发生深刻调整。我们要准确识变、科学应变、主动求变，把抓发展作为解决一切问题的总钥匙，赢得优势、赢得主动、赢得未来。

各级领导的关心关爱和指导支持，为密云发展提供了根本遵循和精神动力。习近平总书记对密云知之深、爱之切。在全民族抗战爆发77周年纪念活动上，总书记向世界讲述密云英雄母亲邓玉芬的故事；在主持召开京津冀协同发展座谈会上，强调要保护好密云水库。在密云水库建成60周年之际，习近平总书记的重要回信精神，充分体现对密云水库建设和守护者的亲切关怀，为我们做好今后工作指明了方向，提供了根本遵循，是我们宝贵的精神财富和发展的强大动力。市委市政府高度关注密云发展，蔡奇书记10次来到密云调研，充分肯定密云保水保生态的定力和取得的成效，陈吉宁市长等市领导关心指导密云建设，给我们提出新要求、提供新支持。

全国全市发展环境稳固、政策红利释放，为密云发展提供了难得机遇和政策引领。经过改革开放40多年的发展，中华民族伟大复兴正处于关键历史节点，中国特色社会主义进入新时代，历史性地解决了绝对贫困问题，全面建成了小康社会，实现了第一个百年奋斗目标。党的十九届六中全会全面总结了党的百年奋斗重大成就和历史经验，发出了在新时代新征程上赢得更加伟大胜利和荣光的时代号召，引领我们以史为鉴、开创未来，坚定不移地向着实现第二个百年奋斗目标迈进。北京市大力加强“四个中心”建设、提高“四个服务”水平，“五子”联动一体推进，形成优势叠加效应。国际科技创新中心“三城一区”主平台和中关村国家自主创新示范区主阵地作用不断显现，科技创新驱动日益增强。特别是中办、国办《关于建立健全生态产品价值实现机制的意见》和《北京市生态涵养区生态保护和绿色发展条例》等颁布实施，为密云发展带来了更多的政策红利。

全区上下齐心协力、团结奋斗，为密云发展提供良好环境和依靠保证。密云是首都最重要的水源保护地和生态治理协作区，好山好水好生态是密云最大的资源优势，悠久厚重的历史文化是密云得天独厚的禀赋特质，好资源、好空间、好政策、好服务是密云绿色高质量发展的重要基础，诚实守信、淳朴包容、热情好客、守望相助是密云的地域文化特征。密云人心思上，人心思进，人心思干，人心思齐，各级干部群众饱含着对密云的热爱之情，这些精神财富是我们推动发展的不竭动力，为我们绿色发展创造了环境、积蓄了力量、提供了机遇。我们有中国特色社会主义制度的强大优势，有习近平总书记的领航掌舵，有市委市政府和区委的坚强领导，有全区人民的共同努力，这是新一届区政府履职的最大依靠和底气。只要我们继续保持这些好传统好作风，永葆“闯”的精神、“创”的劲头、“干”的作风，就能高质高效完成各项任务，交出我区经济社会发展的优异答卷。

三、未来五年发展蓝图

未来五年工作思路是：坚持以习近平新时代中国特色社会主义思想为指导，深入贯彻习近平总书记关于保护好密云水库重要指示和重要回信精神，认真学习贯彻即将召开的党的二十大和市第十三次党代会精神，深入落实区第三次党代会精神，不断增强“四个意识”、坚定“四个自信”、做到“两个维护”，传承发扬伟大建党精神，大力弘扬密云水库建设守护精神，坚持稳中求进工作总基调，全面落实“保水、护山、守规、兴城”总要求，坚持把生态文明建设作为战略性任务来抓，当好密云水库守护人和“两山理论”守护人。把握新发展阶段、贯彻新发展理念、融入新发展格局，推动绿色高质量发展，坚持生态优先、保水富民、绿色发展、特色一流，认真落实“十四五”规划，加快构建科技创新和生命健康战略发展带，全面实施乡村振兴战略，全力促进共同富裕，有序推进治理体系和治理能力现代化，实现经济行稳致远、社会安定和谐，切实加强保水、保生态、保安全、保障民生，打造践行习近平生态文明思想典范之区，建设美丽北京、谱写现代化建设密云篇章。

未来五年主要任务是：

——**生态保水取得新成效**。生态文明制度体系更加完善，统筹山水林田湖草系统治理，“两山理论”创新实践基地、“中国天然氧吧”等品牌影响力持续扩大，生态服务价值持续提高。创建碳中和示范区取得积极进展，主要污染物排放总量持续削减，空气质量保持全市最优。“5＋2”保水体系更加完备，密云水库作为北京重要的地表饮用水源地、水资源战略储备基地保障功能日益增强，水质持续向好，生态环境质量稳步提升。群众生产生活更加绿色低碳，能源资源配置更加合理，自然生态更加秀美。

——**绿色高质量发展迈出新步伐**。发展质量效益明显提升，三次产业结构不断优化，全员劳动生产率和地均产出效率持续提高，增长潜力充分挖掘释放，地区生产总值稳步增长，一般公共预算增幅加快，经济发展势头强劲有力。营商环境不断优化，服务企业能力不断提升，投融资体制更加健全，要素市场化配置更加完善，生态优势向发展优势的转化路径更加多元，经济发展活力显著增强。

——**城乡融合发展实现新提升**。覆盖城乡的基础设施和公共服务体系更加完善，居住环境明显改善，功能联动、融合发展的新型城镇体系更加健全，城市品质进一步提升，乡村振兴取得显著成效，美丽乡村展现魅力，城乡差距不断缩小，城乡风貌更加优美。

——**人民生活得到新改善**。保水富民成效显著，民生保障再上新水平，城乡居民就业更加充分，农民增收致富渠道不断拓宽，居民人均可支配收入高于地区生产总值增速。医疗卫生、养老、教育、文化、体育、公共服务体系更加完善，社会服务保障能力显著增强，优质公共资源供给有效扩大，人民群众获得感、幸福感、安全感持续增强。

——**社会治理呈现新进步**。党的建设不断加强，民主法治更加健全，法治政府、法治社会建设取得积极进展，全力争创全国法治建设示范区。基层治理制度体系更加完善，智慧城市初步建成并广泛应用，精治共治法治社会治理格局基本形成。应急管理体制更加健全，风险防控和隐患排查治理能力更加精准。平安密云深入推进，扫黑除恶形成长效机制，防范化解重大风险能力不断提升。

——**文明和谐展现新气象**。全国文明城区创建工作取得明显成效，社会主义核心价值观深入人心，精神文明建设深入推进，城乡居民文明素质不断提升，生活垃圾分类、礼让斑马线、守望相助等文明行为成为新风尚。传统文化得到充分挖掘和展示，城市文化魅力显著提升，群众文化生活需求得到有效满足，信仰坚定、崇德向善、文化厚重、和谐宜居、人民满意的文明城市形象充分展现。

四、2022 年重点工作

2022 年是实施“十四五”规划的关键之年，是党的二十大胜利召开之年。我们要在市委市政府和区委的坚强领导下，建设美丽北京、奋力谱写现代化建设密云篇章。全区经济社会发展的目标是：地区生产总值增长 5％以上；固定资产投资完成市级任务；规模以上工业总产值增长 3％；一般公共预算收入增长 4％；社会消费品零售总额增长 5.5％左右；居民人均可支配收入高于地区生产总值目标增速。围绕上述目标，重点抓好八方面工作。

（一）坚定有力落实首要政治责任，持续发力保水保生态

在保水整体性、系统性、根本性上下功夫。坚持“保安全、多蓄水”，准确把握密云水库高水位常态化运行下面临的新形势，转变工作思路方法，采取更有力有效的措施解决面临的突出问题。深入落实《北京市密云水库流域水生态保护与发展规划（2021年—2035年）》，积极参与制定《密云水库保护与发展条例》，系统推进水资源管理、水环境保护、水生态治理。持续深化水库流域“两市三区”联建联防联治，谋划建设综合协调指挥中心，整体推动密云水库流域环境保护和全域治理，重点管控密云水库上游入境、入库总氮浓度。编制密云区水生态空间管控规划，优化完善密云水库应急安全保护联动机制，建立智慧指挥调度平台，有力有效应对各类突发事件，保障密云水库安全。制定《密云水库安全管护工作方案》，加快修复水库围网和视频监控系统，重新布局网格员巡查线路和看护点位，推进无人机、无人船联网应用，加大库区巡查管护工作力度，实现水库全流域、全天候、无缝隙、全覆盖管护。持续加强全民保水文化建设，引导公众自觉缴纳水资源税、污水处理费和农村水费，探索镇村水厂国企建设管理运行模式。加快完成一级保护区污水处理场站提质改造工程，着力解决雨污合流、中水回用等问题，确保污水全面收集并达标处理。制定启动一级保护区人口有序疏解方案，推进山场、林场流转，鼓励引导群众逐步疏解，从根本上解决保水富民问题。

在保生态的示范性、样板性、长远性上下功夫。扎实推进碳中和试点建设，认真研究密云绿能发展潜力，谋划储备一批绿能项目，优化能源消费结构，努力实现碳排放强度持续下降。启动“无废城市”“国家环保模范城市”创建，积极筹办生态文明主题论坛，探索“两山”转化的密云路径。全力抓好国家森林城市的验收工作，积极争取国家级国土绿化试点建设项目，实施新一轮百万亩造林工程，提升全区生态涵养质量。编制生物多样性保护规划，保持生物防治处于国内领先、国际一流地位。提升生态环保科技水平，逐步完善大气、水、土壤一体化的环境监测网络，投入运行“一微克”精细化治理示范项目、全域水环境质量高密度监测项目，建设基本无裸露区，力争$PM_{2.5}$年均浓度继续下降，水体水质持续向好，确保中央环保督察问题全面整改到位。

（二）坚定有力贯彻新发展理念，全力推动绿色高质量发展

清晰定位产业发展方向。结合生态涵养区、水源保护区定位和发展基础，找准人无我有、人有我优特色优势，围绕大生态、大健康、大科技、大文旅，编制空间与产业发展规划，重点发展生态环保、生命健康、气候经济、智能制造等产业，促进文旅农体深度融合。打造怀柔科学城东区、生命健康科学小镇、中关村密云园科技创新和生命健康战略发展带。统筹推动“两区”建设和国际消费中心城市建设，实现优势互补、双向发力。

推动“生态+”优势产业发展。抢抓“两区”建设新机遇，以健全生态产品价值实现机制为着力点，推进生态产业化和产业生态化，提高生态产品附加值，赋能绿色高质量发展。持续打造长城之路、红色之路、甜蜜之路、酒乡之路、生态之路、乡村之路等特色旅游，开展旅游线路沿线风貌整治，打造景观骑行廊道、景观乡村公路，建设一批开放式旅游场景，实现景区内外协同发展。充分发挥国家文化和旅游消费试点城市带动作用，深化打造溪翁庄鱼街、古北水镇周边等一批消费街区，培育夜间特色餐饮、夜间文化、夜间市集等活动，促进夜经济发展。深入推进乡村旅游“十百千”工程，实施文化主题民宿建设，提升一批传统农家乐，打造一批精品乡村酒店、精品民宿及田园综合体，树立京郊旅游示范标杆。继续办好鱼王文化节、密云·波尔多葡萄酒节、农民丰收节、密云文旅季等系列活动；合作举办中国国际休闲发展论坛、全国长城文旅产业峰会、全国长城文化创意大赛，打造生态休闲旅游品牌。以冬奥会为契机，培育发展体育产业，举办具有影响力的冰雪体育表演、体育竞赛活动，擦亮密云冰雪运动名片。制定实施《密云提升“中国天然氧吧”影响力践行“两山理论”三年行动计划（2022—2024）》，充分用好“中国天然氧吧”品牌。

加快发展数字经济。主动对标北京全球数字经济标杆城市建设，建立数字企业培育长效机制，推动数字经济与实体经济深度融合，培育发展智能制造、新型数字化健康服务等新兴产业集群。深化中央企业、市属国企以及京东、字节跳动等知名企业合作，鼓励平台经济拓展新模式新业态，发展生态特色电子商务，推动旅游、消费、交通、医疗、教育等领域智慧化升级，打造符合绿色发展的数字生态。

不断优化营商环境。落实好营商环境5.0版改革任务，持续开展“密云服务”品牌提升行动，优化审

批服务方式，实现“一表受理、一站服务、一窗办结”。精准推送惠企政策，推行税务证明事项告知承诺制，拓展“首违不罚”清单范围。强化为企服务，丰富管家“服务包”，持续深化“马上就办”工作机制，协调解决重大项目市场准入、用地供应、项目审批、手续办理、人才保障问题，做好全周期服务。努力建设密云区公共信用信息平台，争创全国信用示范区。加强专业化、市场化的招商团队建设，编制实施密云区招商引资服务管理办法和手册，建立实体项目、总部项目全流程联审机制，加大招商引资统筹力度。全力抓好国家高新技术企业培育，引导企业向“专精特新”方向发展。提升金融精准服务水平，建立金融机构服务和考核激励办法，优化金融资源配置，防范化解金融风险。

凝聚人才力量营造创业氛围。深入实施人才强区战略，加大人才引进、培养、服务工作力度，结合“两区”建设和怀柔科学城东区建设，主动加强与科研院所、高校等合作，积极引进高端技术型人才，发展壮大我区人才队伍。出台《密云区高端人才服务管理办法》，在子女教育、医疗保障、进京落户等方面提供服务。在乡村振兴、科技发展、经济建设、生态环保等领域建立人才培养基地，以点带面引领全区人才队伍发挥作用。持续办好“云聚英才”人才宣传栏目，集中对全区各领域领军人才进行宣传报道，营造识才爱才敬才用才的良好氛围。

（三）坚定有力狠抓重点园区建设，做强经济发展主引擎

着力打造怀柔科学城东区。全面保障科学设施项目建设运行，全力支持地球系统数值模拟装置项目通过验收、5 个交叉平台进入设备安装、运行调试。加快推进北大怀密医学中心、北京第二实验学校规划建设。同步完善东区周边基础设施、公共服务配套建设，推进云西二路、密西路、统军庄站微中心规划等建设以及重要节点景观提升工程，营造良好创新创业环境。聚焦“双碳”目标和资源优势，筹建环境领域新型研发机构，做好产业培育与孵化，重点发展生命健康和气候经济，推进创新链、产业链、供应链深度融合。

加快中关村密云园发展。坚持“腾退与引进”并重，调整优化用地功能，用于承接高精尖产业项目，提高土地使用效益。建立规模管控区、指标调节池和更新路径匹配机制，有效保障产业更新和功能布局。吸引高精尖产业项目入驻，推进企业数字化、绿色化、智能化改造，加速产业转型发展。布局医药健康、智能制造、生态环保产业园，引导产业集聚集约发展。加快推进生态商务区南区土地一级开发、北区地块土地入市。深入推进朝密结对协作，加强优势互补、合作共赢，打造一流“双创中心”。

推进改革赋能释放活力。推动国企改革向纵深发展，完善现代企业制度，健全法人治理结构，形成以管资本为主的国资监管体制，提高区属国有企业活力和效益。鼓励中央企业和市属国企参与区属国企混改，在城市开发建设、城市服务保障、矿山转型发展、文旅产业发展、乡村振兴提升、国有资本运营等领域做优做强，增强竞争力、创新力和抗风险能力。扎实推动农业、园林、交通、环保、住建执法队伍改革取得实效。

（四）坚定有力实施乡村振兴战略，大力促进富民强集体

促进农业高质高效。擦亮“密云特色农业”品牌，瞄准首都市民的“米袋子”“菜篮子”“果盘子”，推动土地复耕与集约种植有序衔接，打造优质农产品生产基地，加快推动农业设施化、市场化、绿色化、品牌化、数字化发展，建成综合科技示范、交流展示、农业生产功能的现代化农业示范园，积极申报国家级农业现代化示范区。制定《密云区设施农业“十四五”期间发展规划》，聚焦基础设施提升、现代化生产技术应用、农产品安全保障、品牌塑造、销售渠道拓展等重点工作，推动设施农业产业健康、可持续发展。实施《密云区绿色有机产业区建设三年行动方案》，持续提升有机绿色认证覆盖率，积极创建林下经济示范区和国家中医药产业文化园。发展净水渔业，高标准实施增殖放流，加大“密云水库鱼”品牌推广力度。开展“密云特色农业”授权认证。推进“互联网＋”电商园建设，打造集电商运营、仓储配送等功能于一体的电商创客基地，拓宽农产品销路，扩大“密云特色农业”品牌影响力。

促进乡村宜居宜业。编制《密云区乡村振兴工作指南》，整合资源资产、特色特点、产业基础、政策文件，引导资本、人才要素向农村聚集。加强村庄风貌管控，引导提高农民建房标准，推进市级农村住房质量提升试点建设。统筹地下地上空间，实施街坊路建设、绿化美化、千兆光网提升改造工程，完成 20 个村美丽乡村基础设施建设任务。启动农村供水四年实施方案，完成一级区农村安全饮水应急配套建设，着力改善群众生产生活。继续推进农村污水治理三年

行动，启动53个村的污水处理工程建设。对25个村进行“煤改电”升级改造，建立后期运维长效机制。推进民主法治示范村建设，巩固提升人居环境治理成效，开展农村人居环境“十百千”创建。

促进农民富裕富足。释放发挥农村“三块地”活力，盘活闲置土地及资源，提高增值收益。因地制宜制定一村一策，促进农民增收与集体经济发展，重点引导生态文旅、生态农业等可持续产业发展，支持合作社、供销社、信用社“三社融合”，探索“农户+合作社+企业”有效带动乡村产业发展模式，通过租金、薪金、股金促进农民增收。持续推进194个集体经济薄弱村发展，年经营性收入全部超过10万元，提前三年基本完成“消薄”任务。持续加大农业产业、农村基础设施建设、农民转移就业等方面政策倾斜力度，深化农村山场、林场等资源差异化补偿，把农民组织起来、资源整合起来、产业发展起来，促进绿色农业产业、特色乡村产业发展。深化做实结对帮扶，充分调动国有企业、民营企业和律师事务所开展“一村一企一所”帮扶行动，实现结对帮扶全覆盖，带动农民致富和集体经济发展。坚决防范打击以任何名义拖欠农民工工资的行为，力争我区在建工程项目劳动合同签订率达到95%以上，切实保障农民工合法权益。继续深化支援合作，完善机制、拓宽领域、巩固成果。

（五）坚定有力推进城市更新，全面提升群众生活品质

不断加强基础设施建设。以城市更新为抓手，全力推进道路、电力各领域重点工程建设，促进城市功能逐步完善。重点实施新东路南延、城区积水点治理、新北路东延、云西二路等项目，积极开展密西路、檀新刘河等项目前期手续办理，不断完善城市路网结构，有力防范区域性内涝问题。实现新刘棚改、南菜园棚改回迁安置房项目回迁上楼，全力推进西大桥、溪翁庄、大唐庄小唐庄王家楼棚改项目取得实质性进展。实施西田各庄220千伏、兵马营等5个110千伏电力工程建设，全面推进库北山区电力增容扩规建设，加快巨各庄天然气站建设，确保城区“双线”供气安全，提升民生保障水平。

不断提高城市精细化治理水平。以创建全国文明城区为抓手，坚持创建为民、利民、惠民，积极开展城市主次干道、背街小巷、城乡结合部环境品质提升，对集贸市场进行提质升级。持续推进老旧小区综合整治、房屋漏雨修缮、住宅小区环境改善等工程，在符合条件的老旧小区加装电梯，加快安装电动车充电桩，回应群众关切。着力改善静态交通环境，开展停车秩序治理，探索“社区自治+企业运营”收益共享的管理新模式。调整优化公交运行线路，增加共享单车点位30个，新投放共享单车2000辆，让市民享受更加多样的出行服务。优化城市慢行系统，实施新南路、新东路、密关路等道路慢行系统综合治理，提升群众绿色出行品质。制定出台密云区物业企业考核办法，推行“红黑榜”制度，逐步淘汰服务低效企业，规范提升管理服务水平。

（六）坚定有力筑牢为民情怀，用情用力增进民生福祉

全面提升教育教学质量。加强与西城、海淀、朝阳等区的教育合作，深化一体化办学，与北京十一学校共同推进不老屯中学综合改革试点，提升教育优质均衡发展水平。优化教育资源配置，加快北京四中与黄城根小学承办北京第二实验学校项目建设，积极推进檀营小学、七小、朝阳滨河学校一期、八中等新建改扩建工程，不断改善办学条件。高质量推进“双减”工作，深化校长、教师轮岗交流，强化学校教育主阵地作用，整体提升学校教育教学质量和服务水平，满足学生多样化教育需求。深化校外培训机构治理，规范培训市场秩序，坚决防止侵害群众利益行为。

全面提升健康服务水平。深化公立医院与市级优质资源共建，加快推动区中医医院与西苑医院、区精神卫生防治院与安定医院、区妇幼保健院与北大医院合作。加快推进区中医医院迁址新建。加强智慧健康建设，完善突发公共卫生事件应急能力，提高呼叫满足率。继续深化医改，加强紧密型医共体建设，创新家庭医生签约覆盖模式，发挥北大医院密云院区区域医疗中心作用，全面提升镇、村医疗服务能力。继续开展爱国卫生运动，推进国家卫生城镇创建工作。

全面增强文体服务供给。深化与东方歌舞团等知名文化团体合作，开展1000余场高水平群众主题文化活动，举办特色品牌科普活动，持续培育“诵读密云”“唱响密云”“曲韵密云”等文化品牌，丰富群众精神文化生活。完成北京市公共文化服务体系示范区验收，开工建设区档案馆新馆，推进密云文化中心建设，打造密云文化新地标。高标准举办生态马拉松，冲击国际标牌赛。广泛开展全民健身运动，创新举办体育赛事活动，创建体育特色镇，确保小蜜蜂主题儿童公园、新城子镇古柏公园如期开园，丰富群众休闲

活动场景。

全面增强民生兜底保障能力。全力促进城乡劳动力就业 6000 人，城镇登记失业率控制在 3.5%以内。加快推进养老服务体系建设，区社会福利中心投入使用，不断提升幸福晚年驿站运营率和服务效能。新建基层社会心理服务站 11 个，满足群众专业心理服务需求。加快推进殡葬领域改革，有序推进散坟治理和公益性公墓建设。深入落实孤困儿童权益福利保障待遇，加大流浪乞讨人员社会救助力度，补足无障碍设施短板，让城市更有温度。落实国防动员改革要求，做好常态化优质高效征兵，推进民兵训练基地建设。深入开展双拥模范城创建，营造拥军优属、拥政爱民氛围。

千方百计为群众排忧解难。深入落实《北京市接诉即办工作条例》，坚持源头治理、系统治理、依法治理，实现提水平、压总量、稳成绩，持续提升响应率、解决率和满意率。坚持和发展新时代“枫桥经验”，强化信访问题源头预防和多元化解，持续开展重复信访、信访积案专项治理，切实维护群众合法权益。加快城市部件落图落位，统一运用大数据建设“热线＋网格”一体化平台，做实“密云你说我办”工作。

（七）坚定有力统筹安全与发展，坚决守住安全稳定底线

慎终如始强化疫情防控措施。始终把人民群众生命安全和身体健康放在首位，按照市级防控要求及时调整政策，健全疫情防控体系，进一步提高疫苗接种、集中隔离、核酸检测能力，强化宣传发动，提高群众常态化防控意识。

持续增强应急管理能力。狠抓防汛防火、食品药品安全，不断深化安全生产隐患排查治理，强化日常监管和执法检查，全力抓好道路交通事故预防。运用科技手段加强防灾救灾减灾能力，建设区级突发事件预警信息发布平台，持续加强城市消防站点布局，增强城市应急救援水平。强化森林防火信息化建设，做足救援准备，提高科技防灭火能力。完成全区气象灾害风险评估，编制气象灾害系列综合防治区划图，开展普查成果应用研究。增加气象监测站点密度，为应对灾害性天气提供基础数据。

努力保障社会安全稳定。扎实做好党的二十大、冬奥会冬残奥会等重大活动服务保障工作，健全社会治安防控体系，认真落实各项防控措施，提升防控水平，严厉打击各类违法犯罪活动，保持社会和谐稳定。

（八）坚定有力加强自身建设，营造干事创业的良好氛围

努力打造学习型政府。把讲学习、讲政治贯穿政府工作始终，持之以恒深入学习贯彻习近平新时代中国特色社会主义思想，加强党史学习教育，增强“四个意识”、坚定“四个自信”、做到“两个维护”，牢记“国之大者”。建立政府顾问制度和蹲点调研制度，提升政策落地、社会治理、生态文明、乡村振兴、绿色发展能力，不断提高政府治理体系和治理能力现代化水平。

努力打造法治型政府。落实“八五”普法要求，深化法治政府示范创建活动，坚持会前学法制度，树牢法治理念，完善决策程序与议事规则，严格依法决策、依法办事、依法履职，切实提高依法行政能力。自觉接受区人大法律监督、工作监督和区政协民主监督，高标准办理人大代表建议和政协委员提案。

努力打造服务型政府。把全心全意为人民服务的宗旨内化于心、外化于行，高质量办理好 31 件重要民生实事，真情实意、真抓实干、真功实效解决人民群众的急难愁盼，赢得群众真心拥护。

努力打造担当型政府。坚持实字为要、干字当先，面对急难险重任务，勇于斗争，敢于担当，动真碰硬，坚决抵制“内卷”和“躺平”，以“功成不必在我”的精神境界和“功成必定有我”的责任担当，创造经得起历史和人民检验的业绩。

努力打造节约型政府。树牢“过紧日子”的思想，压减项目和运行成本，强化绩效管理。创建节约型机关，厉行勤俭节约，反对铺张浪费，引导干部职工养成简约适度、绿色低碳的行为模式和良好风尚。

努力打造廉洁型政府。持续深化廉政勤政教育和警示教育，肃清流毒和顽瘴痼疾，刀刃向内推动政府系统自我净化、自我完善、自我革新、自我提高。持续深化党风廉政建设和反腐败斗争，坚守纪律规矩红线底线，建立亲清政商关系，营造风清气正的政治生态，树立为民务实清廉的政府形象。

各位代表，各位委员，同志们，朋友们！功崇惟志，业广惟勤。蓝图绘就，惟有奋进！让我们更加紧密团结在以习近平同志为核心的党中央周围，大力弘扬伟大建党精神，不忘初心、牢记使命，埋头苦干、勇毅前行，在市委市政府和区委的坚强领导下，争分夺秒，争创一流，为加快建设美丽北京、谱写现代化建设密云篇章而努力奋斗！

专　　文

FEATURES

密云区党史学习教育总结报告

一、主要做法

1. 坚持“四高”统领，强化组织领导，确保扎实推进

区委深刻认识党史学习教育的重大意义，坚持高站位统筹、高标准谋划、高效率部署、高质量推进“四高”统领，把党史学习教育摆在重要位置，超前谋划，严格标准，推动学习常态化、成果长效化，为开展好党史学习教育提供了有力保障。

一是高站位统筹。成立了由区委书记和区长任组长，区委副书记和区委常委任副组长的党史学习教育领导小组，统筹推进全区党史学习教育开展。迅速组建领导小组办公室，抽调专人组成工作专班，实行集中办公，加大协调推动力度。压紧压实全区各级党组织的主体责任，区委成立了10个巡回指导组，抽调精干力量，强化对党史学习教育开展情况的督促指导。

二是高标准谋划。区委常委会第一时间研究制定《密云区党史学习教育实施方案》，对标对表中央和市委要求，结合习近平总书记重要回信一周年、政法队伍教育整顿、创建全国文明城区等工作，突出保护密云水库、守护好绿水青山、用好红色资源等特色，明确了13项具体任务，确保规定动作不走样、自选动作有特色。将实施方案细化为57项具体任务，明确具体落实措施、牵头单位、责任单位和时限要求，推动党史学习教育各项任务落细落实。

三是高效率部署。在前期认真筹备的基础上，3月初，区委召开了全区党史学习教育动员大会。全区各级党委（党组）切实担负起主体责任，迅速跟进，一体推进，3月底前97家处级单位全部完成动员大会召开和集中学习研讨。领导小组办公室各工作组、巡回指导组迅速启动、下沉一线开展工作，大力推进党史学习教育迅速升温、全面铺开。

四是高质量推进。区委书记坚决扛起党史学习教育第一责任人的责任，带头学习，带头开展交流研讨，带头讲党课；及时召开有关会议研究工作进展，先后30余次深入部门、镇街（地区）、村（社区）开展相关调研。各位区领导切实抓好分管领域、分管部门的党史学习教育工作。区委各巡回指导组精准指导督促，充分听取市委指导组意见建议，通过巡回指导、随机抽查、调研访谈、巡听旁听等方式，对各处级单位共开展362次指导活动。建立常态化机制，定期调度分析，细化具体安排，明确任务单、时间表、路线图，领导小组和办公室召开15次专题会议，下发文件通知35件，推动党史学习教育扎实有效开展。

2. 坚持“五个一百”牵引，抓紧抓实学习，筑牢思想基础

一是领导干部带头领学，发挥了“头雁效应”。区委理论学习中心组发挥示范引领作用，认真研读规定书目，在潜心自学的基础上，举办“读书班”，开展集中和封闭学习2天。以“百问导读、百场讲座、百场研讨、百题竞答、百篇征文”为抓手，督促处级以上领导干部认真研读指定书目，读原著、学原文、悟原理。召开区委理论中心组学习（扩大）会议分专题开展学习7次，高质量开展专题学习研讨3次，进一步学出了忠诚信仰，学出了责任担当，学出了本领实效。各单位精心设计，党委（党组）中心组深入学、基层党支部集中学、全体党员自主学，通过集中封闭、读书班、学习研讨、实地参观、观看党史题材影片、开展党史宣讲等多种形式广泛开展党史专题学习。各级领导干部在学好指定教材的基础上，及时跟进学习习近平总书记在福建、广西、青海、西藏等地考察时的讲话精神，深刻领会讲话精神实质，在学思践悟中铸牢理想信念，在知行合一中坚定初心使命。

二是学习内容重点突出，学习深入细致。深入学习了总书记“七一”重要讲话精神。印发学习贯彻“七一”重要讲话精神通知，将学习贯彻总书记重要讲话精神作为首要政治任务，列出7项重点内容。全区各单位开展专题学习2200余次，区级专题宣讲团在基层党委（工委）开展宣讲30场次，各基层党支部开展专题宣讲500余场。

深入学习了总书记重要回信精神。将深入学习总书记重要回信精神、学习密云水库建设保护史，作为党史学习教育、各级理论学习中心组学习的重要内容。以上率下学，区四套班子集中学习研讨，召开区

委全会、生态文明发展大会，制定《深入贯彻习近平总书记重要回信精神一周年工作方案》，确定了60项重点工作，就学习贯彻落实习近平总书记重要回信精神进行了全面部署。2021年12月17日，区委书记余卫国带领新一届区“四套班子”领导和法检“两长”，第一时间来到密云水库展览馆，进一步深入学习习近平总书记给建设和守护密云水库的乡亲们重要回信精神，回顾密云水库建设和守护的光辉历程，重温入党誓词。联系实际学，区领导采取“四不两直”、驻村蹲点等形式，就保水、保生态、保安全、保障民生和绿色高质量发展等工作开展相关调研百余次，其中“四不两直”调研比例超过60%。专题培训学，把学习重要回信精神作为干部教育培训重点。用好党校主阵地，举办全区处级、科级和村、社区“两委”干部专题研讨班。编写《中国共产党北京市密云区历史》，设专门章节系统梳理密云水库建设保护史。各党支部通过“三会一课”开展全区大学习、大讨论，推动总书记回信精神入脑入心。

深入学习了党的十九届六中全会精神。把学习宣传贯彻党的十九届六中全会精神作为全区当前和今后一个时期的重大政治任务，结合深入贯彻习近平总书记重要回信精神，结合落实蔡奇书记对密云工作重要批示调研指示精神，结合市委全会精神、党史学习教育、“我为群众办实事”实践活动、疫情常态化防控，结合区第三次党代会和区“两会”精神，结合完成年底各项工作任务、谋划推动2022年年初工作，结合保水保生态保安全保障民生和绿色高质量发展的实际需求，把学习成果转化为贯彻习近平生态文明思想、推进“保水、护山、守规、兴城”，促进密云现代化建设的强大动力。区委常委会、区委全会第一时间传达学习，区委理论中心组开展集中学习研讨，处级领导班子按照“七个一”深化学习（即理论中心组至少组织一次专题学习，主要领导参加一次专题访谈，中心组成员至少聆听一次专题讲座，在分管领域或联系单位作一次主题宣讲，开展一次交流研讨，撰写一篇心得体会，参加一期培训班）。组织1000余名处级以上干部聆听蔡奇书记宣讲报告，组织2500余名干部参加市委宣讲团宣讲报告。区领导带头宣讲，12月24日，区委书记作宣讲报告，全区各级干部5000余人参加。抽调精干力量组建35人的区委宣讲团，精心组织媒体宣传、集中宣讲，利用文艺“轻骑兵”深入基层开展有温度、有亲近感的宣传宣讲，全区开展各类宣讲200余场。通过领导干部示范学、主题党日集中学、丰富载体创新学等多种形式，迅速形成了学习热潮。

三是抓好“三个群体”学习，确保每位党员“不缺课”。整合“两中心一平台”资源渠道，以学习强国为信息基点、融媒矩阵为传播端点、文明实践为服务支点，创新学习形式，助推党史学习教育全覆盖、广传播。

抓好农村党员群体学习。针对农村党员理论水平参差不齐，群众新媒体使用率不高，党史学习资源不丰富的问题，开展“三下乡”活动，把优质党史学习资源送到田间地头、送到百姓家里。“理论下乡”，将农村党群服务中心、新时代文明实践中心、村级党校等打造成集中学习基地，配齐党史学习教育指定书籍和《中国共产党北京市密云区历史》《密云红色故事》等辅助教材。各镇利用“村村响”广播、定期分时段播放党史知识，让党史学习走进千家万户、走进群众心里。“宣讲下乡”，党史学习教育区委宣讲团、水库儿女宣讲团等多支特色宣讲队伍深入农村开展巡回宣讲200余场。“文化下乡”，组织百部红色电影农村千场展映活动。编排话剧《英雄母亲邓玉芬》等红色题材作品到山区展演。结合党史学习开展“乡村大舞台”文艺展演、“星火工程”送戏下乡等群众主题文化活动。

抓好离退休党员群体学习。针对离退休党员干部年龄大、行动不便，难以参加集中学习的实际情况，开展送学上门，利用党日活动为老同志送书到家、送学上门，充分满足老同志政治理论学习的需求。组织文艺活动，开展“说句话儿给党听”和“建党一百周年”文学艺术作品征集活动，激励离退休党员干部感怀党恩继续前行，坚定永远跟党走的信念。开展“五老”宣讲，组织离退休党员干部瞻仰参观密云红色教育基地，开展“党的历程说与你听”主题宣讲和“银发讲解员”专题宣讲活动，彰显老党员老干部党史教育“活教材”的作用。

抓好“两新”组织党员群体学习。针对“两新”党组织党员流动性大、组织活动难的问题，密云区以“五个课堂”为抓手，推动全区两新组织党史学习教育全覆盖。培训课堂集中学，利用三会一课、主题党日组织党员深入学习指定书目和习近平总书记重要讲话精神。云端课堂随时学，利用学习强国、密云先锋App等网络学习平台学习党史。广播课堂陪伴学，鼓励企业将学习阵地建到车间，利用广播系统以“每天学党史”“每天听红歌”等形式向党员宣传党史。宣讲课堂分众学，利用白乙化、邓玉芬等密云英雄事迹开展分众化宣讲，确保党员听得懂坐得住记得牢。服务阵地转化学，针对新业态、新就业群体，建立“三个平台”，一体化打造综合服务阵地。组建行业联盟，将全区17家快递、外卖企业吸纳为行业联盟会员单位；建设“密小哥”加油站，依托20个镇街党群服务中心、32个社区服务站和66个临街商户门店，打造快递员、外卖员实体化服务阵地。打造暖“新”服务大集，每月一次开展线下专场，通过服务大集提供工会服务、家庭教育、法律咨询、心理疏导、医疗健康、红色观影等服务，切实解决新就业群体需求。

3. 坚持“五团走基层”推动，加大宣传阐释，厚植爱党情怀

一是开展系列宣讲活动。开展“专家领读学理论”“密云先锋作榜样”“水库儿女话党恩”“强国有我青年说”“红色故事代代传”“五团走基层”特色宣讲，形成专家讲理论、英模讲事迹、群众讲感受、青年谈理想、学生讲故事的全方位、立体化宣讲格局。“水库儿女”“知行文化”“邮票上的党史”等35个宣讲团广泛开展“身边人讲身边事”宣传活动，各类宣讲团累计开展宣讲2000余场。

二是加强宣传教育阐释。编发密云区党史学习教育信息简报60期，大力宣传好做法、好经验。在《密云报》、“宜居密云”微信公众号开设“长城脚下红旗飘”“红色百宝 奋斗百年”等栏目；在密云电视台推出“奋斗百年路 启航新征程”专题；在密云广播电台推出“车轮上”的党史学习栏目；利用公园广播系统，定时播放党史知识和故事；各类平台共推出融合报道1000余篇。市党史学习教育简报登载我区信息25条，专版刊登2篇。组织开展红色主题文学创作，推出《渔阳文艺》建党百年专刊，组织开展“奋斗百年路 启航新征程”主题微海报征集和“我想对党说”微信接龙等活动，组织开展密云区“永远跟党走”党史知识竞赛。

三是深入开展群众主题文化活动。创作推出反映密云人民在党的领导下团结奋斗历史的朗诵诗剧《奔流不息的潮白河》，在全区开展《没有共产党就没有新中国》《唱支山歌给党听》等红色歌曲传唱活动，举办“水库回响”——落实习近平总书记重要回信精神一周年群众文化活动。采取“1＋20”的形式（1即区级文化活动；20即20个镇街群众文化活动），利用100支群众文化演出队伍，开展线上线下各类群众主题文化活动1000场次，累计参与群众70万人次，展示密云广大群众一颗向党的红心、绿色发展的恒心、打造践行习近平生态文明思想典范之区的信心。

4. “六个一”用好红色资源，增强学习感染力

一是用好红色资源，开展系列主题活动。坚持把密云丰富的红色资源作为生动教材，印发《关于进一步用好红色资源 赓续红色血脉 深入开展“六个一”红色教育的通知》，引导党员干部开展“六个一”红色教育，即重走一次红色路线、瞻仰一次红色遗址遗迹、聆听一次英雄故事、参观一次主题展览、重温一次入党誓词、办好一件为民实事，全区3.5万余名党员、干部参与活动。录制“一封穿越时空的家书”，对话革命先烈；开展“红歌舞起来 深情颂党恩”走进红色革命遗址活动；古北口卧虎山长城脚下，主题诵读直播活动获10万人关注。组织广大青少年利用红色教育基地，开展主题“快闪”录制、入队仪式、红色歌曲传唱、诗朗诵等形式多样的活动，引导广大青少年继承和发扬革命精神，赓续红色血脉。

二是做好展览展示，宣传密云红色文化。深入挖掘密云红色资源，编写《中国共产党北京市密云区历史》《密云红色故事》辅助教材，推出“不忘初心、牢记使命——密云区庆祝中国共产党成立100周年主题展览”和“建党百年——红色密云革命遗址遗迹展”，“水库回响——密云区落实习近平总书记重要回信精神一周年主题展”，“热血筑长城——古北口抗战历史展览”，宣传展示密云红色历史。

三是推出红色线路，开启红色之旅。以“学党史，感党恩，踏寻红色之路”为主题，设计推出10条红色旅游线路，积极推介密云红色遗迹遗址、纪念设施和爱国主义教育基地，开展沉浸式、体验式学习。将白乙化烈士纪念馆、英雄母亲邓玉芬雕塑主题广场、古北口日军投降地、胜利广场等红色教育基地串点成线，打造成为党史学习教育“实境课堂”，区内红色遗址遗迹、纪念设施和爱国主义教育基地成为党员干部的“打卡地”。

5. 坚持“三同四起来”，青少年党史学习教育有声有色

结合教育系统实际，发挥密云红色资源在党史学习教育、爱国主义教育及青少年思想政治工作中的独特作用，积极落实“双减”政策，推动学校小课堂与社会大课堂“同频共振”，推动一二课堂、思政课程与课程思政、教师与学生“同向同行”，引导广大师生听党话、跟党走，坚定不移地与以习近平同志为核

心的党中央“同心同路”。

一是党史知识学起来。组织开展“五分钟思政课”“手拉手思政课”“云端上的思政课”，实现党史学习教育全覆盖。组织学生到革命纪念馆、英雄纪念碑地等爱国主义教育场所开展现场主题党课、主题团课、大思政课。全区师生每周“同上一堂党史课”。广泛开展学生阅读红色书籍，创编红色诗词，撰写学习体会、畅谈新时代梦想等活动。组织广大青少年以绘画、书法、手抄报，以及写给革命先烈的一封信等形式，深入学习党史，感悟思想伟力，弘扬崇高精神。

二是红色歌曲唱起来。组织全区师生开展“唱支歌儿给党听”快闪展播评比，向市教委推荐43个作品，三所学校的作品在“学习强国”平台展播，在活动中深入挖掘歌曲背后的党史故事和时代精神，寓学于唱，寓理于情。

三是红色故事讲起来。组建“红色密云”、“红色故事代代传”宣讲团，到各中小学校开展党史专题宣讲。开展“红领巾云讲堂”“全团带队青年说”和“小学生课前三分钟演讲”等党史宣讲活动。通过主题班会组织青少年学生诵读红色诗歌，诵读红色家书，诵读新时代诗篇。组织青少年学生开展密云红色历史话剧展演活动，引导广大青少年深刻理解密云红色历史，激发知史爱党、知史爱国、知史爱社会主义、知史爱首都、爱密云的情感和精神力量。

四是志愿服务做起来。组织优秀党员，团员和少先队员，承担少年先锋岗，成立保护天鹅小分队，少先队员护河志愿服务队。组织各中小学校开展打扫烈士陵墓、照顾失独老人残疾人、进社区参与垃圾分类桶前指导等志愿服务活动。成立“践行光盘行动志愿服务队”助力校园餐厨垃圾源头分类。组建170支党员志愿服务队，服务群众3.8万余人次，以实际行动映照初心使命，在奉献作为中展现青少年的责任担当。

6. 坚持“四民”工作法指导，扎实办好民生实事

着眼基层群众民生需求，聚焦“一老一小”等重点群体领域，紧盯重点民生项目清单和实事清单，坚持“蹲点调研”察民意、“接诉即办”解民忧、“未诉先办”纾民困、“党旗飘扬”暖民心的“四民”工作法指导，扎实办好民生实事。

1. 精准问需定清单。发挥党员领导干部表率作用，扎实开展区领导驻村蹲点调研、“机关接地气、干部走基层”等工作，广泛听取基层意见、了解民生需求。突出问题导向，发挥“接诉即办”主渠道作用，制定《2021年密云区开展党史学习教育深化群众痛点攻坚行动任务清单》，围绕房产证难办、拖欠工资、网络消费纠纷等60项“急难愁盼”问题集中攻坚。各单位制定重点民生项目清单1049项。开展“接诉即办”“每月一题”问卷调查工作、召开专题调度会、建立完善“接诉即办”要情台账、制定长效管理机制，推动一批群众关注的难点、堵点问题得到妥善解决，群众的获得感幸福感安全感不断提升。

2. 精准施策抓落实。落实区领导牵头抓总责任，逐项分解任务，明确责任单位。建立“主要领导亲自抓、分管领导具体抓”的工作格局，加大推进力度。成立党史学习教育办实事督导组，由区委督查室、区政府督查室、区纪委区监委、区城指中心对各单位工作落实情况进行督导。通过书面督查、实地察访、现场督导等方式，开展不定期联合督查，每周梳理、督导60项任务进展情况，掌握最新动态，压实工作责任，切实解决一批疑难问题。截至目前，区级制定的60项攻坚行动重点任务和各处级单位形成实事清单1049项均已按期高质量完成。

3. 精准服务显担当。深入推行公共资源对外开放。在全市率先向市民免费开放中小学体育场地，服务市民近15万人次。着力解决停车难问题，挖潜停车位2万余个，在全市率先实现城区停车供需平衡。深入推进房产证办理难题解决。区委区政府主动“兜底”，先行承担相关费用，目前已解决19个项目的不动产登记历史遗留问题，累计解决了8178户购房人“办证难”问题。深入实施老旧小区综合整治工程，完成8个小区18.8万平方米住宅楼节能保温改造、公共区域环境提升整治。深入推进老旧小区加装电梯民生工程，有效解决“一老一小”等重点群体上下楼难题。深入推进基础设施建设和公共服务保障，京沈高铁全线开通；市区两级重点项目塘峪220千伏输变电工程建成投入运营；积极推进“双减”工作，在全市率先实施干部教师轮岗交流，中小学生体质健康水平、教育优质均衡发展、教育工作满意度位居全市前列，荣获“中国可持续发展教育20年最具影响力地区”称号，被确定为联合国教科文组织中国可持续发展教育项目国家实验区。区医院与北大医院深度融合共建，实现三级综合医院创建目标；消除农村卫生室“空白村”，实现村级医疗全覆盖。在全市创新建立城乡居民补充医疗保障制度，医疗保障体系更加健全。“七有”要求、“五性”需求监测评价位居全市前列。

4.“密云先锋”树品牌。研究制定《关于在全区广大党员中开展“先锋行动”的实施意见》，坚持问题导向，以志愿服务为主线，结合年度重点中心工作，深入开展“密云先锋”行动。先后开展了“环境整治先锋行动”、“垃圾分类先锋行动”、“疫情防控先锋行动”、“违建拆除先锋行动”、“创建全国文明城区先锋行动”等，教育引导广大党员“亮身份、当先锋、办实事、树形象”。为全区各基层党组织配备了“密云先锋”标识套装，广大党员在参加各类先锋行动中佩戴标识套装，主动亮明身份，自觉接受监督，推动各项重点难点工作落地见效。截至目前，共建立党员先锋岗2347个，划分党员责任区1181个，成立党员先锋队527支，全区4.1万名有活动能力的党员，累计参加各类先锋行动29万余人次。通过广泛开展“密云先锋”行动，全区广大党员责任意识得到显著增强，联系服务群众能力进一步增强，基层党组织凝聚力得到大幅提升。

7. 坚持“三性”“三细化”，组织好专题党课和专题组织生活会

突出政治性、体现创新性、强化实效性，区领导带头，党员领导干部、基层党组织书记、先进典型讲一次专题党课。开展“微党课”评选和宣传展示活动，在“宜居密云”推出优秀微党课5期，向学习强国平台推荐微党课2期。紧扣主题，做到标准、方法步骤、会议程序“三细化”，全区1917个党支部高质量开好专题组织生活会，组织党员认真进行党性分析，开展批评和自我批评，找实问题、挖深根源、抓好整改。

8. 坚持“三抓”“三严”，高质量开展好专题民生生活会

全区各级党委（党组）按照党中央、市委统一部署和区委工作要求，结合密云实际制定党史学习教育专题民主生活会会议方案。领导班子和党员干部聚焦民主生活会主题，按照党史学习教育目标要求，坚持首善标准，紧密联系工作实际，把自己摆进去、把职责摆进去、把工作摆进去。坚持“三抓”“三严”，强化督导把关确保民主生活会质量。抓会前督导，严把准备关。扎实做好学习研讨、征求意见、谈心谈话、准备材料等会前工作。抓会中督导，严把点评关。严肃认真开好民主生活会，严格会议程序，开展批评和自我批评。抓会后督导，严把整改关。做好报送情况报告、通报会议情况、抓好整改落实等各项工作，高质量开展好专题民生生活会。

二、主要成效

按照中央和市委统一部署，我区党史学习教育自正式启动以来，各级党组织加强组织领导，精心部署实施，分级分类推进。区委常委会以身作则、率先垂范，区委党史学习教育领导小组牵头抓总、高位推动，10个区委指导组认真履职、严督实导，锤炼了广大党员干部忠诚干净担当的政治品格，广大人民群众看到了身边的变化、感受到了发展的成效、得到了更多的实惠，党史学习教育取得了良好成效，实现了预期目标。

一是强化了理论武装，党的建设全面加强。全区党员干部坚持深化学习习近平新时代中国特色社会主义思想，读原著、学原文、悟原理，用党的创新理论武装头脑、指导实践。认真学习贯彻“七一”重要讲话精神和党的十九届六中全会精神。赴香山革命纪念馆、白乙化烈士纪念馆、英雄母亲邓玉芬雕塑主题广场、承兴密联合县政府旧址等红色教育基地开展革命传统教育，集中参观“不忘初心、牢记使命”中国共产党历史展览。精心组织庆祝建党百年系列活动，增强了全区人民坚定不移听党话、矢志不移跟党走的决心和信心。圆满完成镇、村（社区）换届。深入贯彻落实中央八项规定及其实施细则精神，驰而不息纠治“四风”。扎实做好中央和市委巡视反馈意见整改工作，有力开展区委巡察。保持反腐败高压态势，一体推进不敢腐、不能腐、不想腐机制建设和监督机制改革；坚持以案为鉴、以案促改，大力开展警示教育。构建全面从严治党责任制度体系，强化政治建设，切实增强了“四个意识”、坚定“四个自信”、做到“两个维护”，坚决拥护和捍卫“两个确立”。

二是悟思想转作风，激发了党员干部干事创业精气神。区委将开展党史学习教育作为悟思想、强信念、提能力、转作风的重要抓手，进一步增强“四个意识”、坚定“四个自信”、做到“两个维护”，把学习成果切实转化为履职尽责、推动高质量发展的动力和成效。全区广大党员干部从党的百年奋斗史中汲取智慧和力量，树牢了宗旨意识和为民情怀，认真履行保水、护山、守规、兴城的责任，提振了奋进新征程、建功新时代的精气神。牢记“看北京首先要从政治上看”的要求，把服务保障建党100周年庆祝活动作为学习教育的生动实践，严格按照“精精益求精、万万无一失”的要求，圆满完成服务保障工作。

三是总书记重要回信精神更加深入人心，保水保生态成果丰硕。水资源战略储备地位不断增强，牢记

总书记“继续守护好密云水库”的嘱托，坚持“保安全、多蓄水”，全力守护首都“生命之水”，密云水库蓄水量喜创35.79亿立方米、水位155.3米历史最高。针对高水位常态化运行的新形势，及时保障群众生产生活，采取更新管网、应急封堵、抽排转运等方式，确保水库安全。完成下游生态补水7亿立方米，平原区地下水位回升10米，实现涵养生态、藏水于地。生态涵养功能全面提升，国家森林城市创建36项指标全部达标，森林资源蓄积量达389万立方米，排名全市第一。污染防治攻坚战成效显著，空气质量达标天数创有监测记录以来同期最好水平，潮河总氮浓度稳步下降，白河、潮河入库水质出现Ⅰ类标准，地表水环境质量首次排名全市第一。碳中和示范区建设先行先试，在全市率先提出建设碳中和示范区，率先成立碳中和研究发展中心，同步推动碳中和示范小区、示范街区等6类试点建设，率先启动碳中和与生态价值实现机制路径研究，得到市委市政府肯定。成功创建“中国天然氧吧”，成为2021年北京唯一获此殊荣的行政区。

四是主动融入首都新发展格局，绿色高质量发展更加强劲。加快怀柔科学城东区建设保障，地球数值模拟装置项目提前建成成，北大怀密医学中心分期建设方案得到市政府、教育部同意，北京第二实验学校办学方案上报审批。中关村密云园加速提质升级，积极推进“腾笼换鸟”，生态商务区街区控规获市政府批复，生命健康科学小镇一期征拆全部完成。携手朝阳打造朝密“双创中心”，积极承接朝阳优质资源向密云聚集。“两区”建设特色凸显，围绕重点领域，统筹推进80个项目建设，投资总额260.5亿元。依托“服贸会”“进博会”平台签约6个项目，促进我区企业优质产品与全球市场接轨，进出口额在生态涵养区排名第一。

五是乡村振兴密云样板初见成效，“密云农业”影响力持续提升。全力完成复耕任务，建成高标准农田7.2万亩。构建“1＋2＋30”的智慧农业系统，顺利通过国家农业科技园评估，累计培育国家高新技术企业21家、星创天地9家，47个农业新品种获得国家和地方级审定，6万亩蔬果获得有机绿色认证，顺利通过国家现代农业产业园中期验收。深入推动“密云农业”品牌建设，荣获“北京优农”品牌证书，形成“特色蜜、水库鱼、环湖粮、山区果、平原菜”的农业发展格局。培育规模以上农业电商17家，成功举办“农民丰收节”系列活动，品牌影响力和市场辨识度有效增强。

六是惠民实事项目推进有力，持续改善民生体现密云温度。“我为群众办实事”扎实推进，落实《北京市接诉即办工作条例》，开展“每月一题”27项重点诉求、30件重要民生实事和60件群众痛点攻坚行动，用心用情用力解决群众关心的热点难点问题。率先出台历史遗留问题后续解决方案，8178户居民的不动产首次登记问题得到有效解决，完成率居全市第一。制定多项工作措施办法，推动“未诉先办、马上就办、接诉即办”，建立“精准派、快速接、务实办、严格督”机制，接诉即办综合成绩跃升全市第7，多次位列前三甲。

三、主要经验

区委坚持把开展党史学习教育作为一项重大政治任务，坚持目标导向、问题导向、效果导向，采取措施协同推进党史学习教育扎实深入开展，形成了一些经验。

一是坚持目标导向。密云区紧紧围绕“学史明理、学史增信、学史崇德、学史力行”和“学党史、悟思想、办实事、开新局”的目标要求，带着问题、带着责任、带着使命，把职责摆进去、把工作摆进去，在学懂弄通做实上下功夫，真正深刻领悟、准确把握党史学习教育的核心要义和精神实质，把学习成果转化为推动密云高质量发展的动力。

二是坚持问题导向。针对山区党员群众分布范围广、年龄偏大、文化功底相对薄弱等客观实际，以“三下乡”“三课堂”“三提升”为抓手，上下联动，多点发力，打通党史学习教育“最后一公里”，让党史学习教育在山区“一个不少、一项不落、一点不差”。针对学习不够深入、系统，在入脑入心上还存有差距等问题，以“五个一百”为抓手，持续抓紧抓实学习，督促读原著、学原文、悟原理，确保学出方向、学出信心、学出干劲，筑牢思想基础。

三是坚持效果导向。聚焦民生需求，制定区级痛点攻坚行动方案，紧盯重点民生项目清单和实事清单，扎实开展区领导驻村蹲点调研、“机关接地气、干部走基层”等工作，发挥“接诉即办”主渠道作用，有一办一、未诉先办，建立“主要领导亲自抓、分管领导具体抓”的工作格局。将“我为群众办实事”实践活动作为贯穿全年的重要任务紧紧扛在肩上、抓在手上，把实事好事办到群众心坎上，切实提升群众的获得感、幸福感、安全感。

四是坚持协同推进。密云区坚持两手抓两促进，把开展学习教育同贯彻党中央精神、市委决策部署结合起来，同履行生态涵养区功能定位结合起来，同完成改革发展稳定各项任务结合起来，同打造践行习近平生态文明思想典范之区结合起来。突出保水政治责任，以习近平总书记重要回信精神为根本遵循，制定保水“三年行动计划”，组织开展密云水库安全整治“百日行动”，创建林下经济示范区和国家中医药产业文化园，发展密云水库“净水渔业”，实现主导产业发展、生态环境建设和农民增收有机衔接，切实让党史学习教育与中心工作同频共振，把学习成果转化为推动密云高质量发展的实际成效。

四、持续巩固和深化党史学习教育成果

我区自党史学习教育开展以来取得了扎实成效，但对照上级要求、群众期望和发展需要还有不足。主要表现在：学习实效上还需要持续加强。个别党员把“学过”视为“学好”，把“作笔记”当成“已学完”，在读原著、看原文、悟原理上还存在一定的差距与不足；“四史”宣传教育还不够广泛深入；对“四史”学习教育的重要意义认识还不够深入，学习体验活动不够丰富，没有充分利用密云区红色遗址遗迹开展沉浸式学习；党史学习教育长效机制建立还不完善。这些问题必须下大力气加以解决。下一步要把党史学习教育作为加强党的建设的永恒课题，作为全体党员、干部的终身课题，常抓不懈、久久为功，不断巩固和深化党史学习教育成果，把集中性教育转入经常性教育，一以贯之地坚持好，持续推动学习教育常态化、制度化。

一是持之以恒，抓好“后半篇”文章。持续推动学习教育，坚持不懈用习近平新时代中国特色社会主义思想武装头脑，坚持读原著、学原文、悟原理，进一步学习领会习近平总书记围绕党史学习教育作出的一系列重要论述及重要讲话精神，弘扬伟大建党精神，更好地从党的百年历史中汲取前进的智慧和力量。组织好专题民主生活会，高标准、严要求抓好会前学习、谈心谈话、查摆问题、批评和自我批评、会后整改等各项工作。做好党史学习教育总结工作，深入挖掘我区党史学习教育的创新做法和典型经验，着力打造“密云先锋”品牌，建立完善长效化的制度、常态化的机制，切实把学习教育成效转化为推动密云高质量发展的实效，确保党史学习教育善始善终，圆满收官，以实际行动迎接党的二十大胜利召开。

二是总结经验，建立常态化学习制度。在学习内容上，要把深入学习习近平总书记重要讲话精神同学习党史学习教育指定学习材料结合起来，坚持读原著、学原文、悟原理。在学习对象上，紧密结合不同类型、不同层面、不同岗位党员特点和思想实际，开展多形式、分层次、立体式学习教育活动。在学习时空上，综合运用“集中学习＋个人自学”“线上学＋线下考”等学习模式，广泛利用学习专栏、“学习强国”、微信公众号等学习平台，构建全员全过程全方位学习教育格局。在学习载体上，采取“三会一课”、主题党日、组织生活会、专题研讨等方式的同时，创新运用互动式、研究式、体验式、行动式等新的学习形式，让学习党史春风化雨、润物无声。

三是创新机制，加强“四史”宣传教育。深刻理解和认识“四史”学习教育的重要意义，创新学习方式，构建“四史”学习常态化机制。突出青少年群体，把握青少年群体的特点，持续组织好青少年学习教育。丰富活动载体，发挥密云爱国主义教育基地作用，着力打造精品陈列，精心设计活动内容和载体，增强教育感染力。用好网络平台，发挥融媒体优势，制作播出一批接地气、易传播、群众爱听爱看的网络文化产品和文艺作品。

四是深化应用，不断提升推动发展能力。建立完善“我为群众办实事”长效化的制度、常态化的机制，把学习党史同总结经验、观照现实、推动各项中心工作紧密结合起来，以习近平新时代中国特色社会主义思想为指导，深入贯彻习近平生态文明思想，全面落实习近平总书记重要回信精神，认真学习宣传贯彻即将召开的党的二十大和市第十三次党代会精神，不断增强“四个意识”、坚定“四个自信”、做到“两个维护”，弘扬伟大建党精神，坚持把生态文明建设作为战略性任务来抓，全面落实“保水、护山、守规、兴城”总要求，继续守护好密云水库，守护好绿水青山，坚持稳中求进工作总基调，坚持统筹发展和安全，切实做到保水、保生态、保安全、保障民生。把握新发展阶段、贯彻新发展理念、融入新发展格局，推动绿色高质量发展，以怀柔科学城东区为战略发展引擎，以深化供给侧结构性改革为主线，以改革创新为根本动力，以满足人民日益增长的美好生活需要为根本目的，实施好“十四五”规划。继续发扬密云水库建设守护精神，当好密云水库守护人和“两山理论”守护人，坚持生态优先、保水富民、绿色发展、特色一流，打造践行习近平生态文明思想典范之区，建设美丽北京，谱写现代化建设密云篇章。

密云区创建全国文明城区
2021年工作总结和2022年工作要点

2021年是密云区全国文明城区首创之年，面对新形势、新要求，我区坚持把全国文明城区创建作为群众性精神文明建设的龙头工程，作为满足人民美好生活需要的有力手段，作为全区经济社会各项事业发展的总抓手，全面部署、全力推进，争分夺秒、争创一流，以文明创建推动政治、经济、文化、社会、生态文明全面发展。精神文明建设深入推进，城乡居民文明素质不断提升，群众文化生活日益丰富，城市人居环境持续改善，全国文明城区创建工作取得初步成效。

一、2021年工作推进情况

（一）把准方向，强化顶层设计

坚持高位统筹，加强组织领导。成立密云区创城工作指挥部，建立一办九组，一名区级领导专职负责创城工作，加强总体领导和统筹协调，抓好工作落实，确保创建工作顺利推进。创城指挥部办公室统筹负责组织协调、沟通联络、完善机制、督查督办等各项工作，系统完备、科学规范、运行高效的工作体系正式形成。指挥部坚持牵头抓总，建立日常工作常态调度、重点工作及时调度、重要时期每日调度的工作机制，区委区政府主要领导亲自调度20余次，召开专题调度会50余次，有力推动各项工作扎实开展。

坚持长效常态，完善机制建设。建立区级调度和专题调度机制，针对创城重点难点工作会商督导，推动问题全面整改。建立部门、镇街双主体责任机制，细化分工，压实责任，加强协调联动。建立区领导包保机制，区级领导包社区小区、包重点点位，进一步推动工作落实落地。建立干部下沉机制，全区行政企事业单位落实路段管护责任，认真完成街面环境秩序维护，示范带动效应初显。建立问题通报机制，督促责任单位加快整改落实，切实提高工作质量。建立组织发动机制，号召全区党员干部主动参与创城志愿活动，发挥模范带头作用，全员创城态势良好。建立专项督查机制，厘清各方责任，保障创建工作顺利推进。建立月度点评和政府常务会专题调度机制，激励督促责任单位高质高效开展创建工作。任务有分工，责任有主体，考核有标准，优劣有奖惩的创建工作机制初步形成。

（二）专项整治，带动全局提升

坚持问题导向，持续开展“四整治”专项行动。聚焦交通出行，开展“警城联动”秩序整治，打造12处文明示范路口，抽调916名机关干部、文明交通引导员、交协警组成交通路口执勤管控队伍，构建“交警＋城管＋志愿者”联勤联动机制。开展违法停车专项治理，施划机动车停车位3.98万个、非机动车停车位15万个，处罚违法停车3.4万余起。与2020年同期相比，交通死亡事故起数下降27.3％。聚焦背街小巷，实行“街巷长制”，城管、公安、市场等部门与属地各负其责、协调联动，按照“十无一统”工作标准，加强日常巡查检查，下发门前责任书2.2万份，累计整治乱堆乱放、占道经营等问题9400余处，修缮破损路面5万余平方米。聚焦社区环境，发动各方力量参与社区绿化美化，开展治理乱堆乱放、私搭乱建、飞线充电、不文明养犬等工作，累计清理堆物堆料1.1万余处、垃圾3000吨，清理小广告16万余张，治理飞线7988处。聚焦集贸市场，在华远、沙河、季庄三个市场开展环境整治，规范经营秩序，增设公益广告，完善基础设施，增加服务力量，引导文明行为。开展市场食品安全专项整治，检查农贸市场346个次，巡查商户3000户次，发现并整改问题28个次，立案13起。

坚持标本兼治，深入推进“四提升”工程。开展思想道德建设提升工程。结合党史学习教育，开展“五团走基层”活动、“六个一”红色教育。深化榜样选树，5人次登上“北京榜样”。弘扬传统文化，20余万人次参与“我们的节日”主题文化活动。依托新时代文明实践中心（所、站），开展新时代文明实践活动2000余场次，服务群众15万人次。开展便民服务提升工程。政务服务中心优化简化服务事项，“密切帮”APP实现一网通办，“首善有爱、环境无碍”

成为社会共识。“健康密云”取得积极成效，区医院通过三级医疗机构评审，治疗就医一键式预约。公共文化服务设施人均建筑面积全市第二，覆盖城区的群众15分钟生活圈基本建成。开展营商环境提升工程。全面落实优化营商环境4.0版，出台“1＋3＋N”政策服务体系，建立“马上就办”工作机制，建立项目联审、代理服务机制，推动一网通办、一次办成，实现为企服务“只进一门”。开展严重失信名单企业、失信行为记录专项治理，全区严重失信事件“零发生”。开展关爱未成年人提升工程。组织开展“童心向党”主题教育实践活动3000余场次，深化家校社协同共育，发放“致家长一封信”8万余份。多部门集中整治校园周边环境，开辟“点援制”未成年人法律援助绿色通道。广泛开展争做“新时代好少年”活动，社会主义核心价值观深入孩子们心中。

（三）全员参与，形成创建合力

领导干部带动引领。区领导深入一线到所包镇街、社区、主次干道检查督导创建工作185次，现场实地检查、现场协调调度、现场整改落实，督导整改车辆乱停乱放、环境卫生脏乱、小区管理滞后、公益广告缺失等12类1000余个问题。各单位落实“一把手抓创城”工作要求，主要领导牵头抓总，成立工作专班，制定方案，扑下身子，一线部署调度，一线检查整改，一线审核材料，确保创建工作落实有力度、有速度、有温度。

区创城办督导推进。区创城办发挥统筹协调作用，稳步推进各项创建工作高质高效开展。编发《测评指标细化责任分工》，围绕创城测评体系，分层次开展32场专项培训，提升创城专业能力。加强督导补足短板，函送问题通报21期，下发问题清单123份，涉及点位问题5546个。明确材料申报标准，严格申报程序，约谈45家申报单位。设计专属创城logo，布设公益广告6600余处，印制宣传品17万份，开展入户、入校、入商场、入营业网点、入“七小门店”宣讲教育，加大文明密云公众号推广，设立“创城进行时”专栏。开展进机关、进镇街、进企业、进学校、进社区“五进”问卷调查，开展多轮次“敲门行动”，广泛发动居民60万户次。

职能部门尽责创新。区属各单位对标对表搞创建，结合区域和行业实际，主动创新，创建水平不断提升。区城管委针对“三修一配”和“门前三包”等重点难点创新方法，协调“三修一配”摊点“进商入市”，构建“属地统筹＋社区自治”门前三包管理模式。区教委区校联动、家校协同，广泛动员、深入推进，形成师生、家长全员参与强大合力。区市场监管局抽调干部下沉包点，强化整改督查，强化科所联动，强化信息宣传，专项编发市场监管领域创城工作简报。区园林绿化中心建立“日检查、周点评、月总结”工作机制，加大公园、广场、绿地管护强度，发现问题到处置解决“零时差”。区交通局专班专人，在城区主干道、公园、文化广场、学校周边施划非机动车停车位10万个。区委宣传部、区文旅局、区卫健委等45家材料申报牵头单位和100余家责任单位对标对表，积极开展活动，认真撰写报告，圆满完成2021年材料申报工作。

镇街社区落实落细。属地镇街一项一项促整改、一分一分抓成效，推动工作任务落实落细。鼓楼街道以抠细节、攻难点、补短板、保经常为重点，全员上岗全域覆盖，在职党员、楼组长、志愿者、物业员工近1万人参与环境整治、文明劝导等工作。果园街道下沉干部1.3万余人次，深入老旧小区、市场周边、背街小巷等重点点位，推动环境卫生、小区管理、公共设施等难点问题整改落实。檀营地区创城工作与城市精细化治理有效结合，从环境卫生、基础设施、公共秩序、文明素养等多方面综合施策，持续发力。密云镇发挥党员干部带头引领作用，建立“卫生环境大清扫，党员带头我先行”工作机制，定期开展“时时打扫、处处干净、村村美丽”整治行动。河南寨、穆家峪、溪翁庄、巨各庄等各乡镇排查盲点，紧盯问题，压实责任，高效整改。

全民动员合力共建。干部下沉志愿创建，77家单位包保全区48条背街小巷、26条主次干道，4286名干部职工到所包路段捡拾垃圾、劝阻游商、维护停车秩序，83家单位派出干部4万余人次参加社区（村）环境治理。党员示范引领创建，开展“密云先锋”志愿活动，建立党员“1＋10”包保联系群众机制，全区3.7万名党员服务创城35万人次，2.95万名党员联系带动群众29.5万人。群众助力参与创建，各镇街成立市民文明劝导队，引导商户积极落实“门前”责任，形成党员干部、社区居民、门店商户全面参与的良好态势。2021年第四季度群众创建活动参与率达到98.67%，逐步实现“党员干部带头干”到“党员干部群众一起干”的转变。

二、存在的主要问题

一是统筹谋划常态创建尚未完全实现。创建工作仍停留在“突击整改”阶段，未全面融入城市建设发展和各部门各镇街日常工作。老旧小区、主次干道、背街小巷环境秩序反复反弹，垃圾乱倒、广告乱贴、占道经营、乱停乱放等痼疾顽症需要深度治理，长效举措、常态管护落实不到位。

二是全员创建态势仍未全面形成。部分社会组织、物业公司、社区群众、七小门店参与创建热情不高，工作不积极主动。个别单位、个别干部仍把创城与部门工作、本职工作对立起来，思想认识不统一、不到位，全员创建治理格局尚未完全形成。

三是高标准创建理念坚持不够。存在整改落实就问题改问题、治标不治本等现象。部门之间，部门与属地镇街之间协调联动不够，“吹哨报到”工作效果欠佳，职责交叉领域易发生推诿扯皮，问题整改不及时、不到位，工作推进滞后、标准不高。

四是文明素养提升还需持续发力。提升市民文明素养办法不多，成效不够明显。随地吐痰、乱扔烟头、乱停乱放、乱贴乱画、闯灯逆行、铺张浪费、不文明用语、不文明养犬等难点问题仍需常态整治，部分市民文明意识还有欠缺，文明习惯尚未养成。

三、2022年工作要点

深入贯彻落实首都精神文明建设工作暨背街小巷环境精细化整治提升动员部署大会和区第三次党代会会议精神，以习近平总书记关于保护好密云水库重要指示和重要回信精神为根本遵循，高标准履行保水首要政治责任，推动创城工作融入城乡治理、融入“我为群众办实事”实践活动。坚持以重点带一般，将顽症痼疾、短板弱项作为着力点和突破口，聚力攻坚，破点带面，实现全区创建水平整体提升。坚持高标准创建，加强学习培训，对标对表文明城区创建指标体系，实现创建工作质量全面提高。坚持以人为本，让群众诚心支持创建，真心维护创建成果，实现共建共治共享。坚持创城指标要求与部门镇街工作融合结合，消除创城工作与日常工作“两张皮”现象，各创建主体主动创建、自愿创建、常态创建，实现工作均衡性、常态化。

（一）坚持党建引领，完善常态化创建工作机制

完善调度机制，加强协调联动。坚持高位统筹，建立创城指挥部工作会议制度、区委书记、区长月度调度制度、十组工作推进会制度，研究、调度、决策重大问题，统筹谋划，部署工作任务。落实完善区领导包保机制、台账管理机制、整改反馈机制、通报专报机制、提醒约谈机制、党员包保联系群众机制、接诉即办协调联动机制，形成工作合力，推动创城工作高质高效开展。

建立考评机制，强化日常监督。建立常态化检查指导、综合考核排名机制，对全区开展实地考察、问卷调查、网上申报和未成年人思想道德建设工作测评检查。建立督办单、督导、问责机制，强化督查考核，厘清工作责任、压实工作任务，帮助各创建主体积极主动开展创建工作，激励督促各创建主体常态化开展各项活动。

健全门前三包制度，落实属地管理和执法责任。制定并完善门前责任区专项整治实施方案，督促各镇街（地区）、中关村密云园落实属地责任，充分发挥网格员、小巷管家的作用，建立日检查、周汇总、月通报制度和“问题发现、逐级解决、行政处罚”的常态化管理制度，形成属地和部门齐抓共管的监管、检查机制。

坚持党建引领机制，发挥密云先锋作用。健全创城组织体系，巩固党委（党组）书记亲自抓、全体党员齐参与的创建工作机制。增强创城责任意识，通过主题党日等方式，依托“学习强国”等平台，认真落实“1＋10”包保联系群众制度，引导党员干部在学习习近平新时代中国特色社会主义思想中不断提高落实创城任务的思想自觉和行动自觉，在创城工作中起到先锋带动作用。

（二）坚持精准发力，巩固提升各领域创建成果

大力营造和谐宜居的生活环境。持续开展交通秩序、背街小巷、社区环境整治行动。推进背街小巷环境精细化提升、老旧小区综合整治、住宅小区环境改善工程，提升城乡环境品质。重点开展“门前三包”、堆物堆料、小广告、乱停乱放、环境卫生、交通秩序、占道经营等专项整治行动，深化推进“周末大扫除”活动。宣传“垃圾减量分类”，巩固垃圾分类工作成果。加强便民市场、运动场地、文化活动中心等建设力度，构建15分钟生活圈。

持续提升文明诚信的市场环境。持续开展集贸市场整治行动，对集贸市场进行提质升级，加大市场监管力度，建设监管有力、公平诚信、服务规范的市场环境。以防范电信诈骗、互联网信息服务领域失信等内容为重点，开展诚信缺失突出问题专项治理。深化营商环境提升工程成果，打造“诚信密云”形象。开展诚信宣传教育，选树宣传诚信人物、诚信企业、诚信群体，营造诚实守信社会氛围。

高标准建设可持续发展的生态环境。以习近平总书记关于保护密云水库重要指示和重要回信精神为统

领，巩固拓展“两山”理论实践创新基地和国家森林城市创建成果。全面落实《全国文明村镇测评体系》，大力推进全国文明村镇创建。围绕世界环境日、国际生物多样性日、全国低碳日等纪念日开展生态环境保护主题宣传和实践活动，倡导简约适度、绿色低碳的生活方式。

全面建设积极向上的思想道德和人文环境。扎实做好习近平新时代中国特色社会主义思想学习宣传教育，抓好党员干部理论武装，加强面向全社会的理论宣传普及。做好文明培育和文明创建，加强思想道德建设，培育和践行社会主义核心价值观，传承弘扬中华优秀传统文化，加强文化服务供给，完善基层文化设施，深化文明村镇、文明单位、文明家庭、文明校园创建。制作刊播展示公益广告，强化公共文明引导。

积极打造高效务实的政务环境。强化党委主体责任和纪委监督责任，以严明的纪律推进全面从严治党。深入开展规范政务行为行动，坚持依法行政，推进政务公开，不断深化改革行政审批制度，压缩审批时限，减少审批事项，优化审批程序，提高政府效能。加强互联网政务信息数据平台和便民服务平台建设，推动政务公开信息化。持续深入推进营商环境提升工程。

不断健全公平公正法治环境。开展全民普法教育和维护公民合法权益行动，年底前完成普法宣传和市民法制文化活动各不少于 12 次。健全公共法律服务体系，建立维护劳动者权益的协调机制，健全保护消费者合法权益的部门协作机制、社会共治机制，加强公共法律服务实体平台、热线平台、网络平台建设。完善公民权益保护机制，做好公民权益保护工作。

深入创造安全稳定的社会环境。开展健全公共安全体系建设行动，加强社会治安、消防安全防控体系建设。加强公共安全保障，加强食品药品安全监管，做好突发公共事件应急处理，建设区级突发事件预警信息发布平台，每季度开展 2 次以上社区减灾、防灾宣传教育和自救互救知识与技能培训。严格落实疫情防控各项措施，加大卫生健康宣传教育力度，引导群众养成良好的卫生健康习惯。

全力塑造完善友爱的未成年人教育环境。开展未成年人思想道德教育实践行动，围绕“扣好人生第一粒扣子”主题，开展“新时代好少年”“童心向党”等相关实践活动，开展关爱帮扶困难家庭、关心关爱特殊群体未成年人活动。健全完善学校、家庭、社会“三结合”教育网络，持续开展常态化工作品牌建设。加强社区家长学校、未成年人心理健康辅导站（点）建设。持续深入开展未成年人关爱提升工程。

（三）坚持共创共享，形成全民参与创建新格局

开展全民素质提升行动。用好媒体平台和各类宣传资源，做好问卷调查工作，持续加大宣传力度。以“美丽密云 文明先行”为主题，开展文明交通、文明养犬、文明旅游、文明清洁、文明家风、文明观影、文明餐桌、文明上网、文明祭扫、文明传播等“十大文明”宣传活动，提升全民素质。加大对不文明养犬、乱扔垃圾、随地吐痰、闯红灯等不文明行为的宣传教育和执法力度。

壮大志愿服务队伍。推动新时代文明实践中心（所、站）建设提档升级，深化学雷锋志愿服务站（岗）建设。加强志愿服务联合会建设，建立完善联席会议制度，探索建立志愿服务“时间银行”，优化志愿服务体系，促进日常志愿服务专业化、制度化、常态化，逐步实现志愿服务供需精准对接。

实施榜样带动引领。开展“北京榜样”、身边好人选树活动，打造“孝满密云”等文明品牌。结合密云先锋、在职党员回社区报到、文化科技卫生“三下乡”、新时代文明实践活动开展创建。以正向激励塑造文明，发挥先进典型的示范带动作用，营造良好社会风尚。

完善社会动员体系。加强机制建设，强化党建引领社会动员机制建设，完善社会动员联动运行机制。统筹协调社会动员体系，搭建社会动员平台，加大社会动员力量规范提升，拓宽社会动员工作平台，发挥社会协同作用。充分发挥党员先锋模范带头作用，引领群众积极参与到创城工作中，推动共建共治共享，建设人人有责、人人尽责、人人享有的创建共同体。

中共北京市密云区委员会

BEIJING MIYUN DISTRICT COMMITTEE OF THE COMMUNIST PARTY OF CHINA

综 述

Overview

2021年，中共北京市密云区委员会（简称区委）坚持以习近平新时代中国特色社会主义思想为指导，在市委坚强领导下，全面贯彻党的十九大和十九届历次全会精神，深入贯彻习近平生态文明思想，全面落实习近平总书记给建设和守护密云水库的乡亲们的重要回信精神，认真落实蔡奇同志对密云工作重要讲话指示批示精神，坚持保水、护山、守规、兴城，统筹推进疫情防控和经济社会发展，各项事业都取得新进展，“十四五”实现良好开局。

党的建设 深入学习宣传贯彻党的十九届六中全会精神，及时召开区委常委会扩大会议传达学习，区委书记带头宣讲六中全会精神，引导全区党员干部群众切实把思想和行动统一到中央精神上来。聚焦习近平生态文明思想、党章党史、新发展理念等重点内容，开展理论学习中心组学习25次，更加自觉从“国之大者”高度谋划和推动密云各方面工作。把讲政治的要求落实到具体工作中，建立贯彻习近平总书记重要讲话指示精神、落实党中央和市委决策部署工作机制，严明政治纪律和政治规矩，确保令行禁止、政令畅通。胜利召开区第三次党代会、区“两会”，描绘密云未来五年发展蓝图，统一全区上下的思想和行动。圆满完成“区四套班子”换届任务，选出新班子、换出新气象。严格落实意识形态工作责任制，专题研究意识形态工作，管好意识形态阵地。精心组织好建党百年庆祝活动，扎实推进党史学习教育，深入开展“我为群众办实事”实践活动，让党员干部在学习党史、为民服务中受到教育和洗礼。加强干部队伍建设，坚持好干部标准，大力选拔和使用忠诚干净担当的干部，创新实施年轻干部成长行动计划。打造“密云先锋”特色党建品牌，创新推进“1＋10”党员联系群众机制，充分发挥基层党组织战斗堡垒和党员先锋模范作用。深化全面从严治党，认真落实主体责任，强化管党治党各项措施。坚决肃清王广双、王稳东、李光辉、李洪山、王宇等人恶劣影响，召开全区警示教育大会，实施修复净化政治生态31项措施，营造风清气正的政治生态。

保水护水 坚持以习近平总书记重要回信精神为根本遵循，认真落实蔡奇同志重要指示批示精神，制定实施贯彻总书记重要回信精神工作方案，抓好60项措施落实。2021年10月，密云水库最大蓄水量达35.79亿立方米、最高水位达155.3米，创建库以来历史新高。面对水库高水位运行的新形势，围绕水库一级区保水、保生态、保安全、保障民生、消除水库周边面源污染等主题深入调研、专题研究，制定“保安全、多蓄水”具体措施。完善“5＋2”保水格局，成立水库保护公益基金会，打造“两市三区五县”保水共同体。抓紧制定进一步加强密云水库一级区保水保生态实施规划，以更高标准、更严要求，守护好密云水库。水库水质保持国家地表水Ⅱ类标准以上，白河入库水质首次达到Ⅰ类标准。

守护绿水青山 始终把生态文明建设作为战略性任务来抓，持续改善全区生态环境，增强生态涵养能力。实施小流域治理160平方公里，地表水环境质量全市最优。创建国家森林城市36项指标全部达到或超过国家标准，森林资源蓄积量全市最大。强化大气污染治理，空气质量位居全市前列，密云区入选“中国天然氧吧”。率先启动碳中和示范区建设，开展碳中和与生态产品价值实现机制路径研究。雾灵山自然保护区被评为“履行联合国森林公约示范单位”。生态服务价值全市最高。

绿色高质量发展 聚焦怀柔科学城东区“神来之笔”，加快“1＋5”科学设施建设，地球系统数值模拟装置项目提前一年半建成；北京大学怀密医学中心、北京第二实验学校等项目取得新进展；积极推动成果转化，储备成果转化项目60项，打造包括怀柔科学城东区、生命健康科学小镇、中关村密云园、生态商务区在内的科技创新和生命健康战略发展带。扎实推进“两区”建设，统筹推进80个项目。发展特色农业、特色文旅、特色产业，打造特色品牌，密云入选第二批国家文化和旅游消费试点城市。

民生福祉提升 坚持以人民为中心、以百姓心为心，全力办好民生实事。狠抓接诉即办，深入落实《北京市接诉即办工作条例》，综合成绩明显提升。大力创建全国文明城区，建立统筹调度检查机制，补短板、强弱项，城市文明水平显著提升。“两个关键小事”保持全市前列。“双减”工作成效明显，密云被列为教师轮岗交流试点区，教育工作满意度位居全市前列。完成28个“空白村”卫生室建设，村级医疗机构实现全覆盖。实施乡村振兴战略，推进美丽乡村建设，促进农民增收，完成105个村“消薄”任务。“七有”“五性”监测评价位居全市前列。

平安密云建设 始终绷紧疫情防控这根弦，坚持“外防输入，内防反弹”总策略，重点时期每日调度，压实“四方责任”，落实“快、严、准”要求，快速、坚决、果断落实各项防控措施，筑牢疫情防控的铜墙铁壁。制发社区（村）封控全流程指引，加强应急处置演练，提升实战能力。疫苗接种实现“应接尽接、能接尽接”。全力做好庆祝建党百年等重大活动安全维稳和服务保障工作。强化社会矛盾纠纷排查化解，信访化解群众满意率位居全市首位。抓好防汛、防火、安全生产等工作，年内未发生重大事故，守好首都东北大门。

民主法治建设 深入贯彻习近平法治思想，坚持党的领导、人民当家作主、依法治国有机统一。支持人大、政府、政协、法院、检察院等依法依章程独立负责、协调一致开展工作。巩固和发展最广泛的爱国统一战线，完善大统战工作格局，凝聚发展合力。加强党管武装工作，抓实国防动员和后备力量建设。加强对依法治区工作的领导，推进法治密云建设，启动“八五”普法。制发《关于党政主要负责人述法工作的实施方案》，提升领导干部依法履职水平。扎实推进政法队伍教育整顿，深挖彻查政法干警问题线索41件，做好扫黑除恶后半篇文章。

（张　超）

单位名称：中国共产党北京市密云区委员会
地　　址：北京市密云区鼓楼西大街3号
电　　话：69043970

重要会议和重大活动

Main Conferences and Activities

【基层党建述职评议会】 2月24日，召开2020年度镇街（地区）、系统党（工）委书记抓基层党建述职评议会。聚焦履行党建第一责任人职责，听取各镇街（地区）、系统党（工）委书记述职，并进行点评和评议。区委书记潘临珠强调，要全面落实中央和市委的部署要求，牢牢把握新时代党的建设总要求，不断提升基层党组织政治功能和组织力，为打造践行习近平生态文明思想典范之区提供坚强组织保证。

（张　超）

【村和社区“两委”换届工作领导小组会】 3月3日，召开村和社区“两委”换届工作领导小组会议。区委书记潘临珠强调，要坚持党的领导，牢牢把握换届工作主导权，加强统筹协调，整体推进工作，确保圆满完成换届各项工作。

（张　超）

【党史学习教育动员大会】 3月9日，召开密云区党史学习教育动员大会。传达中央、市委党史学习教育动员大会精神，对全区开展党史学习教育进行动员部署。区委书记潘临珠强调，要认真学习领会、坚决贯彻落实习近平总书记在党史学习教育动员大会上的重要讲话精神和中央、市委党史学习教育各项部署要求，深刻认识党史学习教育的重大意义，高标准高质量开展好党史学习教育。

（张　超）

【创建全国文明城区动员部署会】 3月17日，召开区委精神文明建设委员会全体（扩大）会暨创建全国文明城区动员部署会。市委宣传部副部长、首都文明办主任滕盛萍到会指导。区委书记潘临珠强调，要切实增强做好创建全国文明城区工作的责任感、使命感，拿出“起跑即是冲刺、开局就是决战”的劲头，动员全区上下全力以赴，不折不扣推进创建全国文明城区各项目标任务落实落地。

（张　超）

【政法队伍教育整顿动员部署大会】 3月18日，召开全区政法队伍教育整顿动员部署大会。市政法队伍教育整顿第八指导组组长谢延智出席会议。区委书记潘临珠强调，要切实提高政治站位，增强开展政法队伍教育整顿的责任感、紧迫感，坚决扛起政治责任，打赢打好政法队伍教育整顿攻坚战。

（张　超）

【区委党的建设工作领导小组全体会】 4月7日，召开区委党的建设工作领导小组全体（扩大）会议。会议传达学习市委党的建设工作领导小组全体会议精神，审议通过区委党的建设工作领导小组2021年工作要点、密云区2020年度基层党建工作主要问题整改方案。区委书记潘临珠强调，要把党的政治建设摆在首要位置，充分发挥党建引领作用，坚定不移推动全面从严治党向纵深发展。

（张　超）

【领导调研】 4月20日，北京市委常委、政法委书记齐静带队来密云区调研。先后到河南寨镇平头村、果园街道办事处、鼓楼街道宾阳西里社区，了解田长制、信访接待、垃圾分类、物业管理等工作情况，充分肯定密云区各项工作，并对相关工作给予指导。

（张　超）

【乡镇领导班子换届暨严肃换届纪律工作动员部署会】 5月25日，召开2021年乡镇领导班子换届暨严肃换届纪律工作动员部署会。区委书记潘临珠强调，要切实增强做好换届工作的责任感和使命感，以更高的标准、更严的要求、更实的措施，保证乡镇换届工作顺利开展，推动乡镇领导班子和干部队伍结构得到整体优化，为实现密云“十四五”时期绿色高质量发展提供坚强保证。

（张　超）

【“两优一先”表彰大会】 6月24日，召开密云区“两优一先”表彰大会。区领导为区优秀共产党员、优秀党务工作者和先进基层党组织受表彰代表颁奖，为老党员代表颁发“光荣在党50年”纪念章。

（张　超）

【领导调研】 7月9日，北京市委书记蔡奇到密云区调研。先后到溪翁庄镇金巨罗村检查耕地保护情况，到“英雄母亲”邓玉芬生前居住地石城镇张家坟村瞻仰邓玉芬雕像，到云蒙山了解丰滦密根据地抗日斗争历史，在怀柔科学城东区察看规划建设和大科学装置应用情况。市委副书记张延昆参加调研。

（张　超）

【中共北京市密云区委二届十四次全会】 7月31日，召开中共北京市密云区委二届十四次全会。区委书记潘临珠作题为《从党史中汲取智慧 在实干中砥砺初心 深入贯彻落实习近平总书记重要回信精神 奋力打造践行习近平生态文明思想典范之区》的报告。会议回顾落实习近平总书记重要回信精神一年来取得的主要成绩，深入分析当前面临的形势，对下半年工作进行部署。表决通过关于习近平总书记重要回信一周年重点工作安排、关于召开中国共产党北京市密云区第三次代表大会的决议和区委二届十四次全会决议。

（张　超）

【防疫检查指导】 8月6日，北京市委常委、政法委书记齐静到密云区检查指导疫情防控工作。齐静强调，要高度重视，将疫情防控作为当前的首要政治任务和最重要工作来抓，以高度责任感使命感严格落实各项防疫措施，坚决阻断病毒传播链条，确保首都安全。

（张　超）

【区、镇人大换届选举工作部署会】 8月10日，召开区、镇人大换届选举工作部署会。会议对换届选举及宣传工作进行动员和部署。区委书记潘临珠强调，要把坚持和加强党的全面领导贯穿换届选举工作全过程和各方面，坚持严的主基调，以“零容忍”的态度、坚决果断的措施狠刹歪风邪气，确保换届选举工作取得圆满成功。

（张　超）

【密云水库保护公益基金会成立大会】 9月1日，召开北京密云水库保护公益基金会成立大会。市人大常委会副主任侯君舒，市、区有关领导和企业代表共同为基金会揭牌。基金会共收到20余家单位的捐款超过1亿元，将用于密云水库流域生态保护和扶贫助困等相关公益活动。

（张　超）

【领导干部大会】 9月25日，召开密云区领导干部大会。市委常委、组织部部长、统战部部长孙梅君出席会议并讲话。市委决定余卫国任中共北京市密云区委员会委员、常委、书记；免去潘临珠中共北京市密云区委员会书记、常委、委员职务，调北京市人大常委会机关工作。市委建议免去朱柏成北京市密云区人大常委会主任职务，调北京市社会科学院工作；提名杨珊为北京市密云区人大常委会主任人选，免去杨珊北京市密云区政协主席职务；提名席成坡为北京市密云区政协主席人选。

（张　超）

【领导调研】 9月26日，北京市委书记蔡奇到密云区调研。强调指出，要深入贯彻习近平总书记对北京重要讲话精神，牢记习近平总书记“继续守护好密云水库”嘱托，完整准确全面贯彻新发展理念，坚持把保水护水作为头等大事，守好水源地、打好生态牌、走好绿色发展之路。要切实履行好管党治党政治责任，为官一任，造福一方，区委书记作为班长要带好头，新进班子的同志要迅速进入状态，学习英雄母亲邓玉芬的家国情怀，勇于攻坚克难、担当作为，狠抓工作落实，一张蓝图干到底。

（张　超）

【领导调研】 10月2日，区委书记余卫国到密云水库周边溪翁庄镇、石城镇、冯家峪镇、不老屯镇、高岭镇、太师屯镇、穆家峪镇等七个镇调研。余卫国强调，要深入贯彻习近平总书记重要回信精神，全面落实蔡奇书记重要指示精神，落实市委市政府部署要求，坚持把保水作为头等大事，持续改善生态环境，关心高水位下群众生产生活，做强特色产业促民增收，走好绿色发展之路。区领导任武军参加调研。

（张　超）

【乡镇党委换届完成】 10月29日，全区18个乡镇党委全部高质量完成换届选举，共选举产生新一届乡镇党委委员166人、纪委委员102人、出席区第三次党代会代表184人。换届后乡镇班子成员平均年龄为44.8岁，较上届降低2岁，全日制本科及以上学历97人，占43.5%，较2020年年底提高了11.1个百分点，实现年龄学历“一降一升”。

（张　超）

【传达学习党的十九届六中全会精神】 11月13日，召开区委常委会扩大会议，传达学习贯彻党的十九届六中全会精神和市委常委会会议精神。区委书记余卫国强调，要把学习宣传贯彻党的十九届六中全会精神作为当前和今后一个时期的重大政治任务，切实把党员干部群众思想和行动统一到全会精神上来，积极营造学习贯彻全会精神浓厚氛围。要紧紧围绕全会部署和市委要求，结合密云保水、保生态、保安全、保障民生和绿色高质量发展的实际，精心组织各类学习宣传活动，加大培训教育力度，强化宣传阐释解读，深化广大党员干部对全会精神的理解认识，推动全会精神入脑入心、落到实处。

（张　超）

【中共北京市密云区委二届十五次全会】 11月22日，召开中共北京市密云区委二届十五次全会。会议深入学习贯彻党的十九届六中全会精神，研究区第三次党代会筹备工作有关事宜，对年底重点工作进行部署。会议审议通过区第三次党代会筹备情况报告，区委工作报告及决议，区纪委工作报告及决议，关于同意刘滨、张明智、张京文同志辞去区委委员职务的决定和2021年区委常委会抓党建工作情况报告。区委书记余卫国强调，区第三次党代会将于2021年12月7—9日召开，要集中精力组织开好这次会议，确保各项议程圆满完成。

（张　超）

【“以案为鉴、以案促改”警示教育大会】 11月30日，召开“以案为鉴、以案促改”警示教育大会。与会人员观看警示教育片《警钟》。会议全面分析密云区在全面从严治党工作中存在的突出问题，深入剖析领导干部违纪违法现象背后的根源，就持之以恒推动党风廉政建设和反腐败斗争向纵深发展进行再部署、再动员。区委书记余卫国强调，要持续推进党风廉政建设和反腐败工作，真正做到受警醒、明底线、知敬畏，进一步绷紧政治纪律这根弦，为推动密云现代化建设营造良好政治生态、提供坚强政治保障。

（张　超）

【对接怀柔科学城建设】 12月1日，区委书记余卫国带队赴怀柔科学城，与怀柔区委书记、怀柔科学城党工委书记郭延红等党政领导一起实地考察、座谈交流，进一步深化两区战略协作关系，以更大力度谋划推动怀柔科学城建设，努力谱写怀密两区合作共赢新篇章。

（张　超）

【创建全国文明城区拉练检查】 12月2日，区委书记余卫国带领属地镇街主要负责同志深入居民小区、农贸市场、背街小巷等点位检查创城工作，现场查问题、找差距、提要求。余卫国强调，全区上下要争分夺秒、争创一流，进一步加大工作力度，查漏补缺、举一反三，推动创城工作持续、有效开展，建设文明美丽宜居密云。

（张　超）

【领导调研】 12月3日，区委书记余卫国带队到生命健康科学小镇、中关村密云园、生态商务区等地调研。余卫国强调，要坚持生态优先、绿色发展，加强整体规划设计（围绕科学城东区、生命健康科学小镇、中关村密云园、生态商务区，打造科技创新和生命健康战略发展带）吸引更多高精尖企业和优质项目来密云发展，推动密云绿色高质量发展。

（张　超）

【中共北京市密云区第三次代表大会】 12月7日至9日，中共北京市密云区第三次代表大会召开。区委书记余卫国代表中共北京市密云区第二届委员会向大会作题为《深入贯彻习近平生态文明思想，全面落实总书记重要回信精神，坚持保水、护山、守规、兴城，为建设美丽北京、谱写现代化建设密云篇章而努力奋斗》的报告，报告总结过去五年区委团结带领全区干部群众在保水保生态、民生福祉改善、绿色高质量发展、民主法治建设等方面取得的成绩，科学分析密云所处的阶段性特点和发展中面临的困难挑战和不足，提出未来五年总体要求和奋斗目标，并从十个方面对工作进行全面部署。会议审议通过《中共北京市密云区第二届委员会工作报告的决议》《中共北京市密云区第二届纪律检查委员会工作报告的决议》，选举产生中共北京市密云区第三届委员会和中共北京市密云区第三届纪律检查委员会。

（张　超）

【中共北京市密云区委三届一次全会】 12月9日，

召开中共北京市密云区委三届一次全体会议。会议通过中国共产党北京市密云区第三届委员会第一次全体会议选举办法，选举产生中共北京市密云区第三届委员会常务委员会委员和区委书记、副书记。会议表决通过《中国共产党北京市密云区委员会工作规则》《中国共产党北京市密云区第三届纪律检查委员会第一次全体会议选举结果》。

（张　超）

12 月 9 日，中共北京市密云区第三届委员会第一次全体会议召开　（李东方　摄）

【区领导班子集体党日活动】 12 月 17 日，区委书记余卫国带领新一届区“四套班子”领导和法检“两长”，来到密云水库展览馆，开展集体党日活动，进一步深入学习习近平总书记给建设和守护密云水库的乡亲们的重要回信精神，回顾密云水库建设和守护的光辉历程，重温入党誓词。

（张　超）

【传达学习市委十二届十八次全会精神】 12 月 21 日，召开区委常委会扩大会议，传达学习市委十二届十八次全会精神，部署贯彻落实工作。区委书记余卫国强调，要切实把思想和行动统一到全会精神上来，以更加务实的作风、更加有力的措施，切实抓好保水、保生态、保安全、保障民生和绿色高质量发展等重点工作，圆满完成全会部署的各项目标任务，以优异成绩迎接党的二十大和市第十三次党代会胜利召开。

（张　超）

【领导调研】 12 月 22 日，区委书记余卫国实地调研密云水库一级保护区，在高岭镇石匣村、不老屯镇黄土坎村，实地察看保水工作开展情况。余卫国强调，要始终坚持把保水护水作为头等大事来抓，坚决消除各类污染风险源，确保密云水库高水位运行下绝对安全。

（张　超）

【党的十九届六中全会精神宣讲报告会】 12 月 24 日，召开党的十九届六中全会精神宣讲报告会。区委书记余卫国对党的十九届六中全会精神作系统全面宣讲解读。宣讲报告会采用视频会议形式举行，四套班子领导，区法检“两长”，各镇街各部门各单位处级理论学习中心组成员、科级以上干部，各村（居）党组织书记等共 5000 余人在主会场和分会场参加。

（张　超）

【月度工作点评会】 全年召开 11 次月度工作点评会。各镇街（地区）、系统党（工）委、部分区直部门党组（委）书记依次发言，接受区委书记现场点评。会议传达党中央、市委关于疫情防控、接诉即办、安全生产等重点工作有关精神，通报全区特色亮点、突出情况及接诉即办、财源建设、垃圾分类等工作排名情况，并部署下一步重点任务。

（张　超）

【疫情防控调度会】 全年召开 21 次新型冠状病毒感染肺炎防控工作调度视频会议。会议传达党中央和市委关于疫情防控工作有关精神，通报全区疫情防控工作总体情况，对本区疫情防控工作进行部署调度，确保党中央和市委关于疫情防控各项部署不折不扣落实到位，坚决守护好密云百姓生命健康安全、守护好一方平安、守护好首都东北大门。

（张　超）

组织工作

Organization Work

【概　况】 中共北京市密云区委组织部（简称区委组织部）是区委的重要职能部门，是党员之家、干部之家、人才之家。内设办公室、研究室（政策法规科）、组织一科、组织二科（非公有制经济和社会组织党建工作办公室、区委区党代表大会代表联络工作办公室）、党员管理科、党员电化教育科、干部调配科、公务员科、干部监督科、考核科、培训科、人才科、党建研究所、人才服务中心。

年内，持续推进基层党组织建设，着力建设上下贯通、执行有力的组织体系。圆满完成庆祝建党 100 周年相关工作，组织开展我区“两优一先”评选表彰，颁发“光荣在党 50 年”纪念章，扎实开展“我为群众办实事”实践活动。顺利完成村（社区）“两委”换届选举，深入推进基层党组织标准化规范化建设，逐级压实基层党建工作责任，基层党组织建设提质增效。统筹推进机关、国企、教育、卫生及“两新”组织领域党建工作，分类精准施策，各领域党建工作全面进步。从严从实做好发展党员工作，加强党员教育管理，突出党员作用发挥，广泛开展“密云先锋”行动，党员队伍建设质量逐步提升。加强组织指导，严格落实党建引领乡村治理和社区治理各项制度，持续推进党建引领垃圾分类和物业管理，统筹抓好社区（村）常态化疫情防控，党建引领基层治理成效显著。

（赵红栓）

单位名称：中共北京市密云区委组织部
地　　址：北京市密云区鼓楼西大街 3 号
电　　话：69056123

【村和社区党组织换届选举培训会】 1 月 5 日，组织召开全区村和社区党组织换届选举培训会，进一步明确村和社区党组织换届工作的工作要求、政策法规和工作流程，选举工作人员的能力和水平得到显著提升。

（何钟鸣）

【村和社区“两委”换届领导小组办公室第二次、第三次全体（扩大）会议】 1 月 12 日、1 月 21 日，组织召开全区村和社区“两委”换届领导小组办公室第二次、第三次全体（扩大）会议，会议传达学习市委常委、组织部部长魏小东调研讲话精神和市委第三巡回指导组调研工作要求，部署村和社区党组织换届工作，通报近期 12345 涉选诉求解决情况和信访查核情况，听取各巡回指导组、重点难点村工作组关于村和社区党组织初步人选考察公示和党员大会筹备等情况。

（何钟鸣）

【组织生活会和民主评议党员】 1 月，制定下发《关于召开 2020 年度基层党组织组织生活会和开展民主评议党员的通知》，全区 2117 个基层党支部严格按照要求召开组织生活会，广大党员围绕发挥作用情况进行民主评议党员，党员领导干部落实双重组织生活制度，以普通党员身份参加所在党支部组织生活。

（高奕飞）

【境外入境进京人员集中观察】 1 月至 8 月，按照市社区防控组统一部署，密云区在云湖时代会议中心承接 3 批次 1310 名入境进京人员集中隔离观察任务。成立专项工作领导小组，建立健全日常调度、应急处突、期满疏散等工作机制，区委组织部、区委政法委、区卫健委、区文旅局、溪翁庄镇政府等单位党员干部、医务人员组成驻点工作组，开展入境人员全过程管控、闭环式转运、集中隔离观察服务保障工作。

（屈春阳）

【专项党费划拨支持疫情防控】 春节前，划拨专项党费 257 万元，用于购买防疫物资和走访慰问战斗在抗疫一线的基层干部、党员群众、医务人员、公安干警、社区工作者、志愿者等工作人员，及时把党组织的关怀送到慰问对象手中，进一步增强基层党组织凝聚力和战斗力。

（吕　鹏）

【帮扶慰问】 春节前，广泛开展基层党员干部帮扶慰问工作。向 45 名建国前入党的老党员发放 2021 年 1 月至 7 月生活补贴 98.7 万元和 4.077 万元慰问品，向全区 470 名困难党员发放慰问金 101.3 万元，向 8 名现已离任且生活困难的村干部发放慰问金 2.7 万元，向 22 名优秀村、社区书记发放 2.2 万元慰问金和 2.4462 万元慰问品。“七一”前，广泛深入开展基层党员干部帮扶慰问工作。向 35 名建国前入党的老党员发放 2021 年 8 至 12 月生活补贴 56.23 万元，向全区 374 名困难党员及 1 名“光荣在党 50 年”老党员代表发放慰问金 129.6 万元，向 2 名现已离任且生活困难的村干部发放慰问金 0.6 万元，向 2021 年底健在的 45 名新中国成立前入党的农村老党员和未享受离退休待遇的城镇老党员发放一次性生活补助 22.5 万元，向 14 名因公牺牲的党员家庭发放帮扶慰问资金 7 万元。

（吕　鹏）

【村和社区“两委”换届领导小组办公室第四次全体（扩大）会议】 2 月 4 日，组织召开全区村和社区“两委”换届领导小组办公室第四次全体（扩大）会议，会议通报近期 12345 涉选诉求、信访查核情况、党组织换届考核成绩，汇报正风肃纪工作进展情况、宣传舆情工作开展情况、换届选举维稳工作进展情况、党组织换届情况，部署全区村（居）委会换届选举有关工作。

（何钟鸣）

【述职评议考核会议】 2 月 24 日，组织召开 2020 年度镇街（地区）、系统党（工）委书记抓基层党建述职评议会，13 位镇街党（工）委书记和 3 位系统党（工）委书记依次述职，11 位任职不满半年的党（工）委书记以党（工）委名义书面述职，潘临珠同志对每位书记述职情况进行逐一点评，区领导分别对

12345 接诉即办工作、落实意识形态责任制情况、党风廉政建设情况进行专项集中点评。与会区领导、区委党建工作领导小组成员、区党代表、人大代表、政协委员、基层干部和群众代表对我区抓基层党建工作进行考核测评。

（何钟鸣）

【村和社区“两委”换届领导小组办公室第五次、第六次全体（扩大）会议】 3月5日、3月18日，组织召开全区村和社区“两委”换届领导小组办公室第五次、第六次全体（扩大）会议，审议村（居）委会换届工作考核评价标准和疫情防控工作通知，通报近期12345涉选诉求、信访查核情况，各巡回指导组和重点难点村工作组汇报村（居）委会换届进展情况和存在问题，部署村（居）委会换届下一阶段具体工作。

（何钟鸣）

【全国和北京市评选表彰推荐】 3月至5月，在全区范围内开展推荐全国“两优一先”和北京市“三优一先”工作，经过严格推荐和审查，段小龙同志被党中央授予“全国优秀共产党员”称号；罗其花等8名同志被北京市委授予“北京市优秀共产党员”称号，曹建波等3名同志被授予“北京市优秀党务工作者”称号，赵夫奎等2名同志被授予“北京市优秀基层党组织书记”称号，古北口镇古北口村党支部等6个基层党组织被授予“北京市先进基层党组织”称号。

（高奕飞）

【村和社区“两委”换届领导小组办公室第七次、第八次全体（扩大）会议】 4月1日、4月12日，组织召开全区村和社区“两委”换届领导小组办公室第七次、第八次全体（扩大）会议，通报近期12345涉选诉求、信访查核情况，汇报村（居）委会换届进展情况、“两委”换届秩序工作情况及正风肃纪工作情况。

4月1日，密云区村和社区“两委”换届领导小组办公室第七次全体（扩大）会议召开

（区委组织部　供图）

（何钟鸣）

【《建立驻村第一书记工作台账的通知》印发】 4月12日，印发《建立驻村第一书记工作台账的通知》，进一步完善《工作月报表》《工作日志》等工作机制，不断强化驻村第一书记的思想建设、理论建设和作风建设。

（何钟鸣）

【第四批第一书记任期考核】 4月15日，印发《关于做好第四批村党组织第一书记任期考核工作的方案》，4月至6月，会同区委区直机关工委、区委农工委，组织29名第四批市、区选派的村党组织第一书记进行任期考核和集中述职。

（何钟鸣）

【村和社区“两委”换届“回头看”】 4月20日，按照市委组织部要求，为进一步巩固全区村和社区“两委”换届选举工作，印发《关于做好村委会换届选举工作“回头看”的通知》《关于做好社区居委会换届选举工作“回头看”的通知》。4月中旬至6月中旬，组织对全区村和社区“两委”换届工作开展“回头看”工作，坚持“抓两头带中间”，持续整顿工作薄弱和软弱涣散村党组织，补齐乡村治理短板，推动全区农村基层党组织全面进步、全面过硬。

（何钟鸣）

【党支部标准化规范化建设突出问题集中整改】 4月，根据《中国共产党支部工作条例（试行）》和落实党支部工作条例基本要点提示以及党支部标准化规范化建设对照检查清单，组织全区20个镇街（地区）党工委、5个系统党（工）委全面梳理党支部建设中存在的问题。

（何钟鸣）

【市级党员教育培训现场教学点】 4月，密云水库展览馆申报为市级党员教育培训现场教学点，利用支持资金，在展览馆打造可容纳50名党员开展现场教学的多媒体实训教室，联合区委党校、区委党史研究室开展两节现场教学课程。

（吕　鹏）

【巩固主题教育成果】 4月，制定下发《密云区关于巩固深化“不忘初心、牢记使命”主题教育成果的工作措施》，明确9个方面27条具体举措，推动形成理想信念坚定、坚守初心使命、敢于担当作为的浓厚氛围。

（吕　鹏）

【“两优一先”评选表彰】 4月至6月，在全区评选表彰密云区优秀共产党员、优秀党务工作者、先进基层党组织，经过严格推荐和审查，宋桂苹等98名同志被区委授予“密云区优秀共产党员”称号、邹冬云等100名同志被授予“密云区优秀党务工作者”称号、密云镇综合行政执法队党支部等100个基层党组织被授予“密云区先进基层党组织”称号，追授杜建国、王军华2名同志“密云区优秀共产党员”称号。

（高奕飞）

【村和社区“两委”换届】 截至5月16日，在区委坚强领导下，各镇街党（工）委强化担当、精心组织，区直有关部门紧密协作、密切配合，全区327个村党组织和84个社区党组织、325个村委会和94个社区居委会圆满完成换届选举工作，共选出村“两委”成员1875名、社区“两委”成员710名，换届选举过程依法合规、平稳有序，各项任务指标圆满实现。

（何钟鸣）

【《2021年全区基层党建工作重点任务清单》印发】 5月19日，召开密云区2021年基层党建工作重点任务部署会，印发《2021年全区基层党建工作重点任务清单》，明确扎实开展党史学习教育，推动学习贯彻习近平新时代中国特色社会主义思想走深走实、切实做好庆祝建党100周年有关工作、确保乡镇和村（社区）集中换届、党支部标准化规范化建设等50项年度重点任务，为全面提升基层党建工作水平夯实基础。

（何钟鸣）

【《关于做好2021年乡镇党员代表大会选举工作的意见》的通知印发】 5月25日，印发《中共北京市密云区委组织部印发〈关于做好2021年乡镇党员代表大会选举工作的意见〉的通知》，对乡镇党员代表大会选举工作进行明确部署。

（何钟鸣）

【建党100周年庆祝大会服务保障】 6月，区委组建建党100周年庆祝大会人员组织和集结疏散工作专班，成立“一办七组”组织体系，建立集散点“一长八员”运行机制，严格人员遴选、背景审查、疫情防控，高质量完成1368名参会人员票证申领、集结安检、闭环运输、撤场疏散等服务保障任务。

（屈春阳）

【发展对象和预备党员区级联审】 6月、9月，联合区纪委区监委、区委政法委、区公安分局、区法院、区检察院等部门，对全区党员发展对象和拟转正预备党员进行区级联审，共计审核发展对象和拟转正的预备党员1470人，发现有问题线索的73人，有效提升新发展党员质量。

（高奕飞）

【区第三次党代会代表选举】 6月至11月，按照区委换届工作的统一安排，59个选举单位按照区委分配的代表名额，高质量完成330名代表的选举工作。代表的推选工作，突出政治标准，始终加强代表人选的审核把关，严格人选酝酿提名、资格审查、考察公示、预备人选确定等工作，充分发扬民主，代表结构比例得到优化，代表质量进一步提高。

（屈春阳）

【新业态、新就业群体党建试点】 6月至12月，按照市委部署要求，开展新业态、新就业群体党建试点工作。聘请中科院心理所专业力量，对1500余名快递员、外卖员开展新就业群体生活状况大调研，精准掌握实际需求，强化关心关爱。试点打造三类102个密小哥加油站，定期开展服务大集，建立“三个清单”，不断提升新就业群体的获得感、归属感、幸福感。引导1200余名快递员、外卖员到社区报到，参与垃圾分类、物业管理、疫情防控等基层治理中心工作，助力基层治理。

（屈春阳）

【“光荣在党50年”纪念章颁发】 “七一”前，在中国共产党成立100周年之际，按照中央、市委有关工作要求，向全区3364名党龄50周年以上、一贯表现良好的党员颁发“光荣在党50年”纪念章，进一步增强党组织的凝聚力和老党员的荣誉感、归属感、使命感。

（吕　鹏）

【新党员代表集中入党宣誓】 “七一”前，按照中组部、市委组织部关于庆祝建党100周年有关要求，组织百名新党员代表在密云水库展览馆开展集中入党宣誓活动。宣誓仪式结束后，新党员代表集体参观“不忘初心、牢记使命”密云党史主题展览，重温党领导密云人民进行革命、建设、改革、发展的光辉历程。

（高奕飞）

【共产党员献爱心】 “七一”前，全区以“传承百年红色基因，助力慈善为民办实事”为主题，广泛开展“共产党员献爱心”捐款活动。各级领导班子成员积极带头，广大党员干部踊跃参与，全区62个基层党（工）委，47305名党员群众参加捐献活动，累计捐献善款224.434976万元，捐款人数与金额均创历年新高。

（吕　鹏）

【村和社区“两委”换届工作总结会】 7月21日，组织召开全区村和社区“两委”换届工作总结会，会议全面总结全区村和社区“两委”换届工作“站位高”“责任实”“标准严”“效果好”“风气正”的五个突出特点，并就进一步加强换届后基层组织建设进行部署。

（何钟鸣）

【机关干部下沉社区助力疫情防控】 8月8日，抽调全区58个区直单位1433名机关干部下沉社区助力疫情防控，组织干部深入居民小区、防控卡口等防疫一线，与基层干部共同开展外来人员排查、出入口管理、值班值守等防疫任务，有效增强基层防控力量，助力社区筑牢联防联控、群防群治的严密防线。

（何钟鸣）

【“百年历程、光荣岁月”老党员专题系列活动】 8月，在全区范围内组织开展“百年历程、光荣岁月”老党员专题系列活动，通过拍摄人物肖像、采编人物视频、开展专题访谈等形式，为全区建国前入党或参加过革命工作的76名老党员拍摄人物肖像，开展9期专题访谈，教育引导广大党员传承红色精神，在新时代新征程中展现新担当、新作为。

（吕　鹏）

【“两优一先”巡回宣讲】 8月，组织获得全国优秀共产党员、北京市“三优一先”和密云区“两优一先”荣誉称号的7名先进个人代表和1个先进集体代表，围绕保护水源、脱低增收、基层社会治理、疫情防控、推动经济高质量发展等内容开展巡回宣讲，以真人真事和真情实感，生动讲述基层党组织、一线党员干部拼搏奋斗、追梦圆梦的故事。

（吕　鹏）

【乡镇党委换届】 8月，印发《乡镇党委换届工作手册》，对乡镇党委换届选举各阶段的工作内容、原则要求、步骤方法、注意事项等进行全面梳理明确。对各乡镇筹备召开第二次党员代表大会的时间、议程、代表名额、比例结构，以及镇党委、纪委组成人员名额和候选人名额等事项进行审议和批复。10月，对各乡镇召开第二次党员代表大会的请示进行审议并批复，指导18个乡镇圆满完成乡镇党委换届工作，选举产生新一届党委、纪委委员，党委、纪委书记和副书记，以及出席区第三次党代会代表。

（何钟鸣）

【党建引领首都基层治理专题培训会】 9月17日，举办党建引领首都基层治理“月讲坛”暨防止“党务外包”专题培训会，组织各街道党工委副书记、各乡镇组织部部长，以及村、社区党组织书记、村党组织第一书记参训，加强和规范党建业务工作。

（何钟鸣）

【农村领域优秀党支部工作法案例汇编】 9月，为进一步加强党支部标准化、规范化建设，激发党建创新活力，对全区农村基层党建优秀党支部工作法和典型案例进行全面梳理、总结提炼农村党支部规范化建设成果，编写了《农村优秀党支部工作法案例汇编》，系统阐述全区农村领域党支部建设及发挥战斗堡垒作用的优秀经验和方法。

（何钟鸣）

【抓党建促乡村振兴专题辅导培训】 10月，组织17个镇的党委组织部长、各村党组织书记和第一书记参加由中央组织部有关领导关于围绕深入推进抓党建促乡村振兴进行的专题辅导。

（何钟鸣）

【农村党组织书记专题培训】 11月，为提升新一届村党组织书记综合素质和履职能力，制定下发《关于做好2021年农村党组织书记专题培训工作的通知》，各镇党委以“建强基层堡垒，助推乡村振兴”为主题，组织327名村党组织书记和198名第一书记开展专题培训，全面提升村党组织书记规范履职的意识和能力。

（吕　鹏）

【区第三次党代会服务保障】 8月3日，向北京市委呈报《中共北京市密云区委关于筹备召开中共北京市密云区第三次代表大会的请示》（一报）等材料。12月，根据工作分工，编制大会日程安排，起草主持词及有关材料，做好主席团会议、主席团常务委员会会议及大会的文件分发工作，统筹做好中国共产党北京市密云区第三次代表大会服务保障工作。

（何钟鸣）

【冬奥会、冬残奥会火炬手选拔】 12月，在全区范围内开展北京地区冬奥会、冬残奥会火炬手选拔推荐工作，通过层层选拔与严格政审，段小龙、张洪斌、孙立珍、罗其花、王淑平、王锡娟、杜龙7名同志被选拔为北京冬奥会火炬手，孔博、李国福2名同志被选拔为冬残奥会火炬手。

（吕　鹏）

【“我为群众办实事”活动】 年内，结合党史学习教育工作安排，制定下发《关于在全区开展“我为群众办实事”实践活动的工作方案》，召开动员部署会，定期调度情况，指导基层党（工）委围绕群众急难愁盼问题，广泛开展为群众办实事实践活动。截至年底，各镇街（地区）、各区直处级单位1049项民生实事项目全部完成。通过开展为群众办实事活动，进一步提升群众的获得感、幸福感和安全感。

（高奕飞）

【“密云先锋”行动】 年内，围绕疫情防控、创建全国文明城区、环境整治、垃圾分类等中心工作，广泛开展“密云先锋”行动，通过加强教育引导，组织广大党员积极参与，充分发挥先锋模范和示范引领作用。截至年底，全区4.1万名党员累计开展服务35万余人次，为全面推进区委区政府中心工作提供坚实的组织保证。

（高奕飞）

【发展党员】 年内，按照市委组织部工作要求，加强发展党员指标宏观调控力度，注重在产业工人、青年农民和高知识群体中发展党员。坚持区级联审、集中培训、专项督查等工作机制，强化发展党员过程管理，进一步规范发展程序，提升新发展党员质量。

（高奕飞）

人事管理

HR Management

【概　况】 年内，坚持好干部标准，着力建设忠诚干净担当的高素质专业化干部队伍。加强统筹指导，精心组织安排，圆满完成区第三次党代会和区人代会、政协会大会选举及各乡镇换届选举。持续加强干部理论武装，分级分类组织十九届五中全会精神学习培训，举办生态文明、招商引资等专题培训班。坚持区管干部使用基本规则，不断规范干部选拔任用工作流程，推动区属处级领导班子功能更强、结构更优。深化推进年轻干部成长行动计划，有序组织完成“三比”系列活动，建好用好年轻干部人才库。统筹做好公务员招考录用、考核管理、晋升职级及行政执法类公务员管理改革等各项工作。严格干部监督管理，认真落实领导班子和领导干部各项考核制度，扎实做好领导干部个人有关事项报告及干部兼职、“一人多证”专项清理等工作。加大干部关心关爱和正向激励，完善职级晋升标准和条件，干部干事创业的积极性得到有效调动。多措并举加强人才引进力度，注重各领域人才培养，推出《云聚英才》融媒体宣传栏目，人才工作质量不断提升。

（赵红栓）

【慰问援派挂职干部家属】 2月，区委组织部对援派挂职西藏、青海、内蒙古、河北、湖北等地18名干部的家属进行节日慰问，慰问金额5.4万元。

（王大伟）

【挂职干部期满考核】 3月至4月，区委组织部派出考核组，分别赴河北、内蒙古两地对密云区13名东西部扶贫协作挂职干部进行挂职期满考核。

（王大伟）

【领导干部学习贯彻党的十九届五中全会精神专题研讨班】 4月19—21日，采取线上线下相结合方式，举办全区处级领导干部学习贯彻党的十九届五中全会精神专题研讨班，全区处级领导干部、区管国有企业领导班子成员共697人参与学习并完成结业测试。4月22—25日，在区委党校以脱产培训方式，举办党政正职领导干部学习贯彻党的十九届五中全会精神专题研讨班，全区各镇街党政正职、区直部门主要领导共110人参训。

（李文超）

【挂职干部接收】 4月，按照北京市与中央单位互派挂职干部工作要求，区委组织部接收中国建设银行北京怀柔支行党委委员、副行长李丛挂职任中关村科技园区密云园管委会副主任，挂职时间1年。

（王大伟）

【科级干部选拔任用工作“一报告两评议”】 4月，区委组织部组织全区95家区属处级单位开展科级干部选拔任用工作“一报告两评议”，针对总体评价“好率”较低的8家单位，约谈组织人事部门分管领导，督促其深入查找问题原因，找准找实干部选拔任用工作薄弱环节，从严推动整改落实，切实提高选人用人工作质量。

（齐粱赓）

【处级干部年度考核】 4月至6月，区委组织部开展2020年度区属处级单位领导班子和领导干部年度考核工作，确定201名处级干部为“优秀”等次，608名处级干部为“称职”或“合格”等次。

（王大伟）

【乡镇领导班子换届和区直部门任期考察】 4月至8月，准确把握换届工作总体要求，研究制定《关于做好2021年乡镇领导班子换届工作的意见》和《乡镇领导班子换届考察工作方案》，编印《换届考察工作手册》，组建9个考察组，利用8周时间，顺利完成对18个乡镇换届考察以及2个街道、67家区直部门任期考察任务。

（杨秦源）

【专业化能力提升培训】 4月至9月，联合全区各有关职能部门，针对“两区”建设、生态文明、招商引资、纪检监察等内容，在区委党校举办专业化能力培训班5期，培训相关岗位干部共586人次。

（李文超）

【对口帮扶挂职干部】 5月，选派区委巡察组正处级巡察专员马守新挂职任内蒙古通辽市政府副秘书长、市扶贫办副主任，太师屯镇副镇长白淑英挂职任通辽市库伦旗委常委、副旗长，区政府办公室秘书科科长张波挂职任通辽市库伦旗教体局副局长，区京津冀协同发展研究中心四级主任科员卢子寅挂职任通辽市库伦旗扶贫办副主任，挂职时间均为2年。8月，选派冯家峪镇党委委员、纪委书记、区监委派出冯家峪镇监察办公室主任王贺福挂职任湖北省竹溪县副县长，挂职时间为1年。年内，接收内蒙古自治区挂职干部3人（处级1人、科级2人）、湖北省挂职干部1人。

（王大伟）

【领导干部兼职和出国（境）管理】 6月，区委组织部印发《关于进一步加强领导干部兼职、出国（境）管理工作的通知》，对区属处级单位在编在岗和退休干部在社团和企业兼职、持有因私证件及因私出国（境）情况进行全面检查，对违规兼职情况及时予以清理规范，指导各单位做好因私证件管理和因私出国（境）审批，提升工作规范化水平。

（齐桀赓）

【第十三批“人才京郊行”专家挂职】 6月，接收来自北京市第八十中学、北京市朝阳区教育研究中心、北京市环境保护科学研究院、北京佑安医院、北京天坛医院、中国社会科学院、北京市十三陵水库管理处、北京市大东流苗圃等单位的8名第十三批“人才京郊行”专家来我区开展为期一年的挂职交流，区第二中学、首都师范大学附属密云中学、区生态环境局、区医院、区妇幼保健院、区农业农村局、区水务局、区园林绿化局8个挂职单位积极配合，有力保障了“人才京郊行”工作的顺利开展。

（王文慧）

【领导干部领导力提升高级研修班】 7月12日—8月6日（受新冠肺炎疫情影响，中途停课，实际结业日期为10月15日），选派10名干部参加由密云区与海淀区、朝阳区等6区共同组班的2021年清华大学北京各区领导干部领导力提升高级研修班。立足深入学习习近平新时代中国特色社会主义思想，提高领导干部理论素养，坚定理想信念，开设“不忘初心、牢记使命”主题教育、政治建设、经济建设、文化建设、社会建设、城市规划与建设及干部个人素养提升等7个模块。

（李文超）

【领导干部体检】 7月，区委组织部组织17名离退休局级干部健康体检。9月，组织22名在职局级干部健康体检。8月至12月，组织1420名在职、退休处级干部健康体检。

（王大伟）

【乡镇领导班子换届】 7月至11月，严格程序、精心组织，指导各乡镇做好换届选举工作。10月，18个乡镇圆满完成乡镇党委换届选举工作，共选举产生党委委员166名、纪委委员102名。11月，17个镇的人大、政府领导班子换届选举工作圆满结束，共选举产生人大主席17名、政府领导班子成员92名。

（李明雷）

【科级公务员任职培训】 10月18日—11月5日（受新冠肺炎疫情影响，中途停课，实际结业日期为12月31日），举办科级公务员任职培训班1期，采用专家面授、集中自学、研讨交流、拓展训练、科长讲台等方式，重点讲授政治理论、党性修养、专业素养、任职要求等内容，着力强化参训干部政治理论水平，增强党性修养，提高履职能力，全区2020年以来新任职正、副科职公务员58人参训。

（李文超）

【区第三届人大代表和政协委员初步人选考察审查】 10月，根据中央、市委和区委有关要求，区委组织部牵头，会同区纪委区监委、区委统战部、区委政法委等13家单位，对476名区人大代表初步人选和205名区政协委员初步人选进行集中审查和组织考察，切实把好人选的资格条件。

（何钟鸣）

【选派干部赴朝阳区交流锻炼】 10月，按照朝密结对协作工作安排，区委组织部选派区文旅局、中关村密云园2名科级干部赴朝阳区学习锻炼，锻炼时间3个月。

（王大伟）

【公务员年度信息采集和数据统计】 11月至12月，完成2021年度全区公务员及参公工作人员信息采集和数据统计工作。经统计，截至年底，我区共有公务员（参公）2926人（不含法检），其中，公务员2487人、参照公务员法管理事业单位工作人员393人、参公群团46人。

（孙明月）

【公务员年度考核奖励】 年内，开展2020年度区属党政机关非领导成员的公务员、参照公务员法管理单位工作人员考核奖励工作，完成各单位考核奖励备案、全区数据汇总上报和奖金核定发放工作。2020年度非领导成员公务员参加考核2192人，其中优秀509人、称职1584人、未定等次99人。未参加考核人员3人。受奖励人员667人，其中嘉奖504人，记三等功163人。

（孙明月）

【公务员考试录用】 年内，组织开展2个批次考试录用公务员工作，设置招录职位58个，拟招录公务员65名，实际招录公务员46人。

（孙明月）

【科级干部职务职级任免审核备案】 年内，组织科级干部任免联审会13次，提交部务会审议任免事项625人次，其中晋升科级领导职务130人次，平级交流412人次，免职69人次，自愿退休5人次，公务员调任9人。完成46家单位68批次259人次一级主任科员以下及相当层次职级晋升事项备案，其中晋升一级主任科员及相当层次职级81人，晋升二级主任科员及相当层次职级35人，晋升三级主任科员及相当层次职级46人，晋升四级主任科员及相当层次职级97人。办理公务员转任47人次，其中，区内调动32人、调往区外13人、区外调入2人。

（孙明月）

【参公单位调整审批】 年内，完成我区原有33家参公事业单位434名参公人员重新认定工作；新申请2家事业单位列入参照公务员法管理范围，增加参公事业单位编制33名。

（孙明月）

【行政执法类公务员分类管理改革】 年内，确定生态环境、交通、城管等领域11个行政执法单位列入行政执法类公务员职位设置范围，完成相关综合管理类公务员256人套转为行政执法类公务员。

（孙明月）

【干部档案专项审核“全覆盖”】 年内，按照市委组织部工作要求，区委组织部开展实地调研督导，持续做好全区干部档案专项审核“全覆盖”工作，确保干部人事档案材料真实、准确、规范。

（王大伟）

【区管干部公务员职级晋升】 年内，严格执行《公务员职务与职级并行规定》，充分发挥职级政策的激励和保障作用，共晋升二级巡视员17人、一级调研员21人、二级调研员17人、三级调研员51人、四级调研员27人。

（张志超）

【年轻干部培养锻炼和选拔使用】 年内，选派96名优秀年轻干部到接诉即办、巡察、全国文明城区创建等重点工作任务中接受实践锻炼，提拔39名在“三学”中表现突出的优秀年轻干部。

（刘　常）

【选调生培养管理】 年内，按照市委组织部《北京市2021年度定向选调和“优培计划”招聘应届优秀大学毕业生工作方案》要求开展定向选调生招聘工作。经笔试、资格复审和面试等程序，最终确定2人作为密云区2021年定向选调生。有序做好2017届选调生期满转正定级和2018届选调生到期任职工作。

（于　琪）

【干部调整】 年内，提交区委常委会研究调整干部428人次，其中提拔和进一步使用168人次。

（杨秦源）

【领导干部个人有关事项报告】 年内，区委组织部严格执行领导干部个人有关事项“两项法规”，组织全区714名处级干部和区属国有企业领导班子成员集中报告个人有关事项。通过全覆盖培训指导、精准分类提醒、分级审核把关等多项措施，不断提升领导干部报告个人有关事项工作水平。年内，共查核领导干部个人有关事项报告609人，给予批评教育11人、诫勉12人，取消考察对象资格3人，移送纪检监察机关1人。

（齐桀赓）

【选人用人专项检查】 年内，结合区委巡察工作派出检查组，对26家被巡察单位科级干部选人用人工作进行专项检查，共查找各单位党组织领导把关作用发挥不力、干部选拔任用程序执行不规范、落实选人用人制度不严格等问题88个，提出整改意见建议88

条，有力促进被检查单位选人用人工作水平进一步提升。

（齐桀赓）

【党委（党组）书记离任检查】 年内，采取发布检查预告、开展民主评议、查阅材料等形式，对18名离任的党委（党组）书记履行干部选拔任用工作职责情况进行离任检查，均未发现存在违规违纪选人用人问题。

（齐桀赓）

【区和乡镇领导班子换届风气监督】 年内，区委组织部制定印发《严肃换届纪律加强换届风气监督工作方案》，明确党委、党委书记、纪检监察机关、组织部门及相关职能部门职责，细化7项任务25条工作措施，压紧压实换届风气监督责任。乡镇领导班子换届期间，强化教育引导，扎实开展“六必谈”“四必看”“四必训”等工作，累计组织观看教育警示片《警钟长鸣》7100余人次，开展谈心谈话8000余人次，签订承诺书2800余份，发放“十严禁”宣传折页5500余份，开展知识测试3400余人次，形成学纪律、守纪律的浓厚氛围。从严监督查处，成立6个换届风气巡回督查组，开展2轮巡回督查和2轮重点督查，累计查找各乡镇存在问题116个，及时反馈纠偏，督促整改落实；畅通举报渠道，24小时专人值守信访举报电话，实时监测和了解换届风气状况；建立风险隐患排查工作机制，查找各类风险隐患15个，制定防范措施29条；建立信访举报联查联办和快查快结工作机制，对反映违反换届纪律和换届人选有关问题的举报及时受理、优先办理。在区领导班子换届期间，制定区党代会、人代会、政协会会风会纪规定，明确7项纪律要求；组织全体757名代表、委员逐人签订《认真履职尽责严格遵守换届纪律承诺书》；组织“两代表一委员”、参与换届工作人员开展严肃换届纪律专题培训，确保换届风气清明清正清新。

（齐桀赓）

【廉政法规知识测试】 年内，区委组织部联合区纪委区监委机关，组织拟提拔和进一步使用干部开展廉政法规知识测试20次，参加测试300人次，一次通过率达到100%。

（齐桀赓）

【人才引进】 年内，引进紧缺急需人才落户64人，其中高级人才40人、留学人才9人、为人才解决夫妻两地分居15人。各类引进人才积极发挥支撑引领作用，助力企业和地区经济发展。

（王文慧）

【“云聚英才”栏目】 年内，制作《云聚英才》融媒体人才宣传栏目12期，节目在电视、网络等多平台播出，通过拍摄人才具体事迹和工作生活鲜活场景，讲述人才故事，营造重才、尊才、爱才的浓厚氛围。

（王文慧）

【公务员在线学习考核】 年内，全区共3101人参加北京干部教育网学习，其中，处级干部830人、科级及以下干部2271人，全部参加考核，均按时完成年度学习任务，考核通过率为100%。

（李文超）

【新时代基层干部主题培训工作方案】 年内，深入贯彻《北京市新时代基层干部主题培训实施计划》要求，结合密云实际，制定并下发《关于印发〈密云区新时代基层干部主题培训工作方案〉通知》（京密组字〔2021〕244号），明确以习近平新时代中国特色社会主义思想为指导，围绕实施“农村基层干部乡村振兴主题培训计划”、“城市基层干部党建引领基层治理主题培训计划”，细化工作指标要求，为全区干部教育培训工作提供政策指引。

（李文超）

【干部周末大学堂】 年内，举办周末大学堂2期，邀请专家学者重点讲授百年党史和红色家风，引导参训干部赓续红色血脉，做到学史明理、学史增信、学史崇德、学史力行，共培训干部432人次。

（李文超）

宣传工作

Publicity Work

【概　况】 年内，中共北京市密云区委宣传部（简称区委宣传部）坚持以习近平新时代中国特色社会主义思想为指导，深入贯彻落实中央、市委和区委各项决策部署，紧紧围绕庆祝中国共产党成立100周年和总书记重要回信一周年，坚持守正创新，服务中心大局，各项工作扎实有效开展。坚持思想引领，区委理论学习中心组开展专题学习25次，对处级理论学习中心组巡听旁听实现全覆盖。召开意识形态研判通报会4次，对全区89家单位党委（党组）开展全面从严治党意识形态专项检查评估。组织开展十九届六中全会精神宣讲200余场，推动理论入脑入心。区委宣传部牵头组织开展全区党史学习教育、文明城区创建工作。央视、《人民日报》、新华社、《北京日报》等推出落实重要回信精神一周年成果性宣传报道。完成49家实体书店和综合性书城建设，打造多元化阅读空间。

（张珊珊）

单位名称：中共北京市密云区委宣传部
地　　址：北京市密云区鼓楼西大街3号
电　　话：69041582

【百姓宣讲】 2月，以区委理论学习中心组学习的形式举办《牢记嘱托跟党走，持续奋斗新征程》宣讲报告会。4月，印发《2021年北京市密云区百姓宣讲工作实施方案》。5月，组织开展3场百姓宣讲汇讲，以会带训形式，培训基层宣讲骨干87人。6月，组织5名宣讲员参加北京市“永远跟党走”百姓宣讲调研汇讲比赛。8月，遴选5名宣讲员开展“水库回响”——落实习近平总书记重要回信精神一周年主题百姓宣讲活动。9月，遴选19名宣讲员组建“水库儿女”“密云先锋”两支宣讲团，邀请市级宣讲专家开展为期三天的面对面培训。全年各级、各类百姓宣讲团深入企业、社区、农村等开展宣讲百余场。

（张小红）

2月20日，密云区“牢记嘱托跟党走 接续奋斗新征程”百姓宣讲报告会举行

（区委宣传部　供图）

【党史主题展览】 6月18日，“不忘初心、牢记使命”——庆祝中国共产党成立100周年主题展览在白河城市森林公园开展。展览通过开天辟地、改天换地、翻天覆地、惊天动地四个历史时期，展示密云发展探索史、不懈奋斗史、自身建设史，教育引导党员干部从密云区党的故事、革命故事、英雄故事中汲取历史营养，传承红色基因，发扬红色传统。从开馆至12月底，共接待3600余人参观。

（彭伍健）

【“永远跟党走”歌曲传唱】 6月，区委宣传部组织劳动模范、新老党员、中小学生、保水队员、农民、医务工作者等群体和行业代表100余人，在白乙化烈士纪念碑地、邓玉芬主题雕塑广场、承兴密联合县政府旧址等爱国主义教育基地传唱歌曲《没有共产党就没有新中国》，录制主题快闪视频，在“学习强国”“北京时间”等平台展播。全区共收到各单位、各镇街选送的“永远跟党走”主题优秀快闪视频共30余个，优秀作品在室内外大屏幕、《平安密云》《密云教育》等媒体平台展播。

（张小红）

【庆祝建党百年服务保障】 6月，区委宣传部按照全市“四统一”要求，在全区重点路段、主要路口、城市公园等布置庆祝中国共产党成立100周年主题宣传横幅33块、街边广告位挂图70处、公益宣传栏200余块、景观小品10个。分2批组织全区484名党员代表参加庆祝中国共产党成立100周年大型文艺演出《伟大征程》观演活动。

（张小红）

【贯彻总书记重要回信精神一周年宣传报道】 年内，围绕习近平总书记重要回信精神，持续做好保水富民相关报道。《人民日报》刊发《壮士断腕，只为绿水青山》《密云水库蓄水量创历史纪录》；《新闻联播》播出《北京启动潮白河试验性生态补水》；《北京新闻》播出《蔡奇到密云区调研强调 坚持把保水护水作为头等大事走好绿色发展之路》。在习近平总书记重要回信一周年时间节点，中央电视台、北京电视台、《人民日报》等媒体进行集中宣传报道。9月1日至3日在北京电视台播出三集纪录片《山水人和——习近平给建设和守护密云水库的乡亲们回信一周年》，牢记总书记殷切嘱托，讲好密云保水故事。

（姜永德）

【落实总书记重要回信精神一周年主题文化活动】 9月1日，以线上线下同步的形式，在区文化活动中心举办“水库回响”——落实习近平总书记重要回信精神一周年主题群众文化活动，通过《启辞》《思慕》《展望》《祝语》四个部分，全面展现密云区一年来落实重要回信精神的举措和成效，市委市政府相关委办局和党史学习教育市委第一指导组有关领导，密云水库综合执法大队、“水库儿女”志愿者和群众代表400余人参加。央视频移动网、中国网十十、新浪新闻等新媒体平台进行线上直播，全网观看量达61.6万，营造全民参与的浓厚氛围。

（贾延杰）

【参展服务贸易交易会】 9月2日—6日，参加2021年中国国际服务贸易交易会，密云区展台以“山水田园 蜂盛蜜匀”为主题，张裕爱斐堡、邑仕庄园、天葡庄园、蜜蜂大世界、保云岭养蜂合作社、密农人家、密水农家7家企业参与展示活动，涵盖富有密云地方产业特色的红酒产业、蜂蜜产业、精品民宿和农业电商。展售密云特色果蔬、木耳、小米等有机农产品，深受广大观众欢迎，展览期间接待参观观众超5万人次。

（彭伍健）

【文化科技卫生“三下乡”活动】 9月10日，密云区2021年文化科技卫生“三下乡”集中示范活动在密云镇文化活动中心举行，开展“三下乡”大礼包赠送、文化展演、科普宣传、健康义诊等活动，通过示范带动推进“三下乡”惠及百姓。年内，印发《关于2021年深入开展文化科技卫生“三下乡”活动的通知》，安排送理论下乡、送健康下乡、送科技下乡、送文明下乡等重点活动，全年各成员单位深入镇村送演出、送电影、送图书，开展科普宣传、农业技术培训、健康义诊等服务，助力美丽乡村建设。

（张小红）

【中共十九届六中全会精神宣讲】 11月，区委宣传部印发《密云区学习贯彻党的十九届六中全会精神宣讲活动工作方案》，遴选区委有关部门和系统主要负责同志25人，组建“密云区学习贯彻党的十九届六中全会精神宣讲团”，深入机关、企业、农村、社区、学校等开展宣讲，截至12月底，共宣讲200场。12月2日，举办“北京市学习贯彻党的十九届六中全会精神宣讲团密云区报告会”，邀请北京市委宣讲团成员作专题辅导报告。11月至12月，通过主题宣讲、发放辅导读本、编发学习资料等形式，推动党员干部群众学习十九届六中全会精神。

（孙溢苹）

【“一起向未来”歌曲传唱】 12月，组织开展冬奥主题歌曲“一起向未来”传唱活动，共征集优秀视频32部，在“宜居密云”微信公众号展播，区卫健委、文旅局、巨各庄小学拍摄的快闪视频登上“北京电视台”“学习强国”等平台。

（李昊源）

【党史学习教育】 年内，牵头组织全区各单位开展党史学习教育。3月初，制定《密云区党史学习教育实施方案》。3月9日，区委召开动员部署大会，成立由区委主要领导任组长的党史学习教育领导小组，组建领导小组办公室、工作专班和10个巡回指导组。组织开展专家领读学理论、密云先锋作榜样、水库儿女话党恩、强国有我青年说、红色故事代代传，“五团走基层”特色宣讲，各类宣讲团累计开展宣讲2000余场。以百问导读、百场讲座、百场研讨、百题竞答、百篇征文“五个一百”为抓手推动党员干部深学细悟。开展重走一次红色路线、瞻仰一次红色遗址遗迹、聆听一次英雄故事、参观一次主题展览、重温一次入党誓词、办好一件为民实事，“六个一”红色教育活动。创新开展“车轮上的党史学习教育”，动员全区干部群众灵活广学。坚持“蹲点调研”察民意、“接诉即办”解民忧、“未诉先办”纾民困、“党旗飘扬”暖民心“四民”工作法，有序推进区级60项、处级单位1040项重点民生实事。利用本区红色资源，开展系列主题活动。举办党史知识竞赛，激励全区党员干部学习党史。

（张珊珊）

【学习宣传贯彻习近平新时代中国特色社会主义思想】 年内，区委宣传部围绕学习贯彻习近平新时代中国特色社会主义思想，制定《2021年区委理论学习中心组学习计划》，区委理论学习中心组全年开展习近平经济思想、党史、高质量发展等专题学习25次。印发《2021年密云区党委（党组）理论学习中心组专题学习重点内容安排》《党委（党组）理论学习中心组巡听旁听工作方案》，全覆盖开展巡听旁听，加强对处级理论学习中心组督促指导。指导各单位配发《习近平新时代中国特色社会主义思想学习问答》4万余册，发放《新征程面对面》2511册。编发《每周简报——理论中心组学习参阅》38期。完成党报党刊年度发行任务。广播电视台设置专题栏目，《密云报》开设理论专版，“宜居密云”、文明密云微信公众号推出专题文章，宣传报道习近平新时代中国特色社会主义思想在密云的生动实践。

（孙溢苹）

【落实意识形态工作责任制】 年内，区委宣传部学习贯彻《党委（党组）意识形态工作责任制实施办法》，2次向区委常委会专题汇报意识形态工作。将意识形态工作纳入镇街（地区）、区直部门党建统领综合考评，作为民主生活会重要内容和区委巡察必查项。将意识形态工作落实情况作为基层党（工）委书记党建述职的重要内容，列入区委书记点评。召开意识形态研判通报会4次，全区89家单位党委（党组）开展全面从严治党意识形态专项检查评估，推动责任落实。围绕新冠疫情防控、“双减”、创城等重点工作建立风险台账，提前开展研判推演，化解矛盾风险。

（孙溢苹）

【全民阅读】 年初，制定“全民阅读·北京阅读季”密云区工作方案，以“诵读密云”大型群众性诵读活动为载体，持续推动全民阅读工作开展。在清明节、端午节、国庆节等重大节日期间，通过线上线下形式，组织开展多种类全民阅读活动，线上诵读活动累计参与20余万人次。9月，北京市“阅读驿站·走进乡村”活动在溪翁庄镇尖岩村举办，200余名群众参与。10月，组织密云区阅读爱好者参加“‘悦’读秀出来”金牌阅读推广人展示活动，区融媒体中心主持人王晓宇被评为市级金牌阅读推广人。年内，全区实体书店保有量达49家。

（张小红）

【爱国主义教育】 年内，完成市级爱国主义教育基地考核评审，密云水库文化展览展示中心和密云水库展览馆获评优秀，邓玉芬主题雕塑广场获评良好，分别获得市级奖励资金30万元、20万元。结合文明城区创建，推进爱国主义教育基地规范化标准化建设，在8个市级爱国主义教育基地建成学雷锋志愿服务站并配齐相关服务设施。在清明节、烈士纪念日等开展爱国主义教育活动，传承红色基因。

（张小红）

【传统节日文化活动】 年内，区委宣传部以弘扬中华优秀传统文化为主线，线上线下组织开展多种类传统节日文化活动。春节、元宵节期间，举办“福满京城春贺神州”线上主题诗歌朗诵、作品展演系列活动，累计参与群众近8万人次；清明节期间，开展“忆满京城 情思华夏”主题红色祭扫、诗会、书画展等活动，主题诗会线上观看量达3.88万人次；端午节期间，开展“和满京城 奋进九州”主题文艺展演、民俗体验、经典诵读等活动；七夕节期间，开展“浓情七夕 爱在密云”系列直播活动，累计7万余人在线观看诗歌线上诵读、家庭观和婚恋观教育直播；中秋节期间，开展“月圆京城 情系中华”中秋歌会、线上诗歌诵读、电影公益放映、月饼手工制作等系列活动，累计5万余人次参与；重阳节期间，开展“孝满京城 德润人心”主题文艺展演、诗歌朗诵和志愿服务等活动。

（张小红）

9月18日 密云区中秋群众性主题文化系列活动开展（区委宣传部 供图）

【公益电影放映】 年内，围绕中国共产党成立100周年，结合党史学习教育和文明城区创建，全年共放映各类题材公益影片16542场，观影超过60万人次。

（王 双）

6月18—25日，密云区“百年征程，初心不改，接续奋斗”百场红色电影展映周活动开展（王海欣 摄）

【对内宣传】 年内，深入推进媒体融合发展，聚焦建党百年、总书记重要回信一周年等重大主题，做好区内宣传工作。高规格做好庆祝中国共产党成立100周年宣传报道；重点报道总书记重要回信一周年主题活动，讲好保水富民、城乡治理、美丽乡村等密云故事。

（姜永德）

【对外宣传】 年内，围绕“中国共产党成立 100 周年”和“总书记回信一周年”等重要时间节点，在《人民日报》、中央电视台、新华网、人民网等中央媒体刊播密云保水保生态、绿色发展、民生保障等方面的宣传报道。

（姜永德）

【软件正版化】 年内，对区属 86 家机关事业单位、5 家一级国有企业、34 家二级国有企业、27 家医疗机构、8 家教育系统直属单位、1 家试点学校，开展软件正版化专项培训。通过网络版检查工具与现场材料结合对比方式，对区属 161 家单位使用正版软件情况进行检查、复查，推动软件正版化工作再上新台阶。

（林　鹤）

【新闻出版】 年内，办理行政审批事项 42 件，其中，出版物零售单位设立 24 件，出版物零售单位变更 11 件，注销 5 件；电影放映单位变更 1 件、延续换证 1 件。

（彭伍健）

【扫黄打非】 年内，区“扫黄打非”各成员单位共出动执法力量 10000 余人次，下发执法检查单 3000 余件，删除网络有害信息 15000 余条，收缴违法出版物和非法出版物 4000 余册（件）。区公安分局治安支队荣获北京市“扫黄打非”暨文化市场管理先进集体，张修龙（区文化执法队）、马飞（区教委）荣获北京市“扫黄打非”暨文化市场管理先进个人。

（彭伍健）

统 战 工 作

Work on the United Front

【概　况】 中共北京市密云区委统一战线工作部（简称区委统战部）是负责本区统一战线工作的区委工作机构。内设机构有 3 个正科级行政科室，办公室、民族宗教工作科、港澳台侨工作科，1 个正科级事业单位，党外人士服务中心（原纳入规范管理事业单位）。编制 28 人，其中行政编制 12 人、事业编制 7 人、行政工勤编制 4 人、社区工作者 2 人、占用行政工勤编制劳务派遣 3 人，编外劳务派遣 1 人。

年内，结合新修订的《中国共产党统一战线工作条例》，制定《密云区 2021 年统战工作要点》《密云区 2021 年对台工作要点》。完成密云区第三届政协委员换届推荐工作，推荐区政协委员 190 人。从多党合作的全局谋划完成六个民主党派基层组织换届工作，指导区工商联完成换届工作，配合人大完成党外代表推荐工作。制定《密云区统一战线开展党史学习教育暨庆祝建党 100 周年主题教育实践活动方案》《密云区委统战部关于开展党史学习教育的实施方案》，安排部署 17 项主题宣传和教育实践活动。将宣传贯彻《中国共产党统一战线工作条例》纳入区委理论学习中心组学习内容，开设“《中国共产党统一战线工作条例》微课堂”，通过“密云统战”微信公众号、社区统战宣传栏、基层统战工作站及时推送《条例》知识解读，组织统战系统各领域代表人士培训 6 次、参训人员达 500 多人次。调研走访 9 个民族村，建立新版台账，为古北口河西村传统村落改造申请民族专项发展资金 350 万元。做好 20 个镇街及 8 处重点点位“三化”治理工作，拆除 8 处带有伊斯兰教阿文标识。制定《密云区农村宗教活动场所疫情防控工作方案》，做好在密台胞疫苗接种工作，落实四方责任。开展“密溪美浓两地民宿交流会”和“‘两岸最美蜂景’——第二届京台蜂业论坛”线上交流活动，疫情下两岸交流“不断流”。以“党建引领、政府助力、协会搭台、企业参与”为主题，连续两年举办助力密云经济复苏“消费季”活动，成交金额共计达 1602 万元。协调市政协港区委员、信和集团副主席黄永光赠 100 万元购买 4 艘无人执法船。打造北京市首家“九三学社院士专家服务站”，为密云农业引进特菜规模化种植；发挥科技小院人才和技术优势，开展科技与农业帮扶，形成绿色增产新模式。采取“1＋5＋N”，持续开展党员干部直接联系群众、志愿服务等活动。

（高功我）

单位名称：中共北京市密云区委统一战线工作部
地　　址：北京市密云区鼓楼西大街 3 号
电　　话：69041892

【统战暨对台工作领导小组会议】 3 月 3 日，密云区召开 2021 年区委统战工作领导小组暨对台工作领导小组第一次会议。传达全国统战部长会议、市委统战工作领导小组会议和全市统战部长会议精神，解读新修订《中国共产党统一战线工作条例》，汇报密云区 2020 年统战、对台工作情况，2021 年统战、对台工作要点。审议通过《密云区 2021 年统战工作要点》《密云区 2021 年对台工作要点》。区委统战、对台工作领导小组成员及统战干部 57 人参加会议。

（高功我）

3月3日，密云区委统战工作领导小组暨对台工作领导小组会议召开　　（区委统战部　供图）

【民族经济调研】　3月17日，密云区委统战部副部长、区民宗侨办主任穆静一行赴古北口镇调研民族宗教工作。座谈会上，传达2021年北京市民族宗教重点工作，对今年古北口镇民族团结创建与民族经济工作进行交流部署。会后，穆静一行实地检查河西村整体提升改造项目，提出项目要具有本土化、特色化，保留少数民族特色的要求。

（高功我）

【党史学习教育专题会】　3月18日，召开党史学习教育专题会，学习贯彻落实中央、市委和区委党史学习教育动员大会精神，部署统战部党史学习教育工作，通报《中共北京市密云区委统战部关于开展党史学习教育的实施方案》，传达密云区文明委全体（扩大）会暨创建全国文明城区动员部署会会议精神。3月23日，召开党史学习教育动员部署会，成立党史学习教育领导小组，部署《中共北京市密云区委统战部关于开展党史学习教育的实施方案》，明确学习内容、学习形式和工作要求。

（高功我）

【九三学社专家考察】　3月25日，九三学社北京市委社会服务部副主任蒋卫杰教授来到巨各庄镇后焦家坞村进行实地考察，对原味西红柿大棚逐一查看，针对原味西红柿种植问题耐心分析原因、提供解决方案，就巨各庄镇农业发展提出意见建议。

（高功我）

【党史学习教育现场教学】　4月21日，密云区委统战部组织机关全体党员干部及部分退休党员赴云蒙山抗日斗争纪念碑、东方神韵智慧党群服务中心开展党史学习教育现场教学活动。在西田各庄镇牛盆峪村云蒙山抗日斗争纪念碑前，敬献鲜花，重温入党誓词，常务副部长李海林现场讲党课。在北京东方神韵智慧党群服务中心，参观非公企业党建工作及“三向党建工作法”。开展现场教学，引导党员干部增强“四个意识”、坚定“四个自信”、做到“两个维护”。

（高功我）

【“学党史、知党情、颂党恩、跟党走”主题教育活动】　4月27日，密云区委统战部、区民宗侨办组织宗教活动场教职人员及主要管理人员共30余人，到古北口镇开展“学党史、知党情、颂党恩、跟党走”主题教育活动。参观长城抗战古北口战役阵亡将士公墓、古北口长城抗战纪念馆、古北口保卫战纪念碑、中苏联合指挥部旧址及长城抗战战场蟠龙山长城，向革命烈士纪念碑敬献花篮，了解革命先烈的光辉革命历程，感受可歌可泣的英烈事迹，学习烈士不畏艰难险阻的革命精神。

（高功我）

【密云区新联会党史学习教育专题活动】　5月8日，密云区新联会举办“守初心缅怀革命先烈、担使命庆百年华诞”党史学习教育活动。在白乙化烈士纪念馆，敬献花篮，学习了解白乙化投身抗日战争的英勇事迹；学习传达《密云区统一战线开展党史学习教育暨庆祝建党100周年主题教育实践活动方案》。通过重走红色路线、感受红色文化，不断凝聚思想共识、强化责任担当。

（高功我）

5月8日，密云区新联会党史学习教育专题活动开展　　（区委统战部　供图）

【密云区知联会党史学习教育专题活动】　6月29日，密云区党外知识分子联谊会组织34名会员开展“同心向党·同舟共济”——永远跟党走主题教育活动。在邓玉芬雕塑纪念广场，会员赵建军为全体会员讲述邓玉芬同志的英雄事迹，缅怀英雄母亲。参观白乙化烈士纪念馆，学习密云革命历史；在东方神韵党建活动基地观看红色影片《建党伟业》。通过参观展览、听革命故事、看历史图片，全体会员在思想上经历一次红色革命精神的洗礼，树牢理想信念，扎实做好本职工作。

（高功我）

6月29日，密云区知联会党史学习教育专题活动开展（区委统战部 供图）

【密云区侨联工作站党史学习教育专题活动】 6月29日，区委统战部联合区侨联工作站组织归侨侨眷和归国留学人员，开展“侨心向党·重温红色记忆”主题教育活动。活动中，通过讲解员讲述的一个个鲜活事例、历史瞬间、档案资料，侨界群众深切感受到革命先辈和烈士们不畏艰难、顽强抵抗的伟大精神。大家表示，在今后工作生活中要以先辈为榜样，讲好中国故事，传承红色基因，为密云绿色高质量发展做出新的贡献。

（高功我）

【“永远跟党走”结对共建】 6月22日，区委统战部与檀营地区办事处在满蒙文化园联合举办“永远跟党走”文艺演出活动，用舞姿追忆百年风华，用歌声礼赞百年成就。区委统战部协调专家团队，多次为檀营地区辖区居民提供义诊服务；出资3万余元为国际生态城北区打造楼门文化，传递邻里互助、邻里守望、民族团结、和谐共建的理念。疫情防控期间，区委统战部多方协调，为檀营地区办事处提供口罩、消毒液等物资，组织密云区知联会志愿者下沉社区，筑牢疫情防线。

（高功我）

【中国共产党成立100周年主题展览参观】 6月24日，区委统战部组织民主党派、知联会、新联会23名党外代表人士参观“不忘初心、牢记使命”密云区庆祝中国共产党成立100周年主题展览，全面回顾党的丰功伟绩和伟大历程，凝聚思想共识、强化责任担当。

（高功我）

【“不忘初心、牢记使命”中国共产党历史展览参观】 7月9日，区委统战部组织统战系统各领域代表人士参观“不忘初心、牢记使命”中国共产党历史展览。各民主党派、知联会、新联会骨干成员，非公有制经济、民族宗教界与台侨界代表人士，统战部机关党员干部共50人参加活动。

（高功我）

【黄廷方慈善基金捐赠仪式举行】 7月14日，黄廷方慈善基金捐赠“信和号”无人执法船仪式在密云水库举行。黄廷方慈善基金向密云水库定向捐赠100万元，用于购置4艘无人执法船支持密云保水事业，命名为“信和号”。密云水库综合执法大队向黄廷方慈善基金颁发捐赠证书，并对密云区保水工作的大力支持表示衷心感谢。

（高功我）

7月14日，黄廷方慈善基金捐赠仪式举行（区委统战部 供图）

【密溪美浓两岸民宿交流会】 8月19日，区委统战部在密云印象1958民宿举办“共筑美丽乡村——密溪美浓两岸民宿交流会”。两岸嘉宾采用“云交流”的方式，以“民宿、理想、情怀”为主题，围绕“民宿餐饮如何经营，民宿本土文化的挖掘及衍生，如何利用民宿助推乡村振兴”等方面分享经验和感悟，相互学习，共同推动两岸美丽乡村建设和精品民宿产业发展。

（高功我）

【软弱涣散村帮扶工作】 8月31日，区委统战部到冯家峪镇石洞子村开展软弱涣散村帮扶对接工作。实地详细了解石洞子村在党支部建设、村集体经济增收、乡村振兴等方面存在的软弱涣散问题和相关需求，就具体帮扶方向达成共识。

（高功我）

【统战工作调研】 9月7日，市委常委、统战部部长孙梅君到密云区调研民族宗教工作和统战资源助力水源保护等工作。先后到檀营满族蒙古族小学、满蒙文化广场和密云清真寺，察看并了解民族团结教育、优秀传统文化传承和宗教场所服务管理等情况，对密云区民族宗教工作给予充分肯定；在密云水库展览展示中心和密云水库白河主坝，了解密云水库建设、保护史，察看统战资源助力水源保护情况。调研指出，要深入学习宣传贯彻中央民族工作会议精神，深化“五观教育”，践行“两山”理论，为助力密云保水保生态贡献统一战线力量。

（高功我）

【京台蜂产业视频交流会】 10月12日，以“携手两岸情 共筑甜蜜梦”为主题的京台蜂产业视频交流会在密云蜜蜂大世界举行，来自两岸近百名蜂产业专家、业者参加。活动中，两岸嘉宾结合行业发展实际和自身体验，分别就养蜂生产技术、蜂产品市场与销售、蜂产品品牌打造、质量控制和蜂旅融合发展之路等话题进行线上交流、相互学习，共同推进两岸蜂产业迈上新台阶。

（高功我）

【网络代表人士座谈会】 12月2日，区委统战部召开2021年网络代表人士座谈会，密云区相关互联网企业负责人、新媒体平台从业人员及网络大V等网络代表人士参加会议。座谈会上，各位网络代表人士结合各自特色亮点，畅谈经验想法，就密云区网络舆论引导及网络代表人士队伍建设工作提出意见建议。

（高功我）

【乡村振兴专题调研】 12月29日，北京市委统战部副部长、北京社会主义学院党组书记、常务副院长吕仕杰一行赴密云区北穆家峪回族村就推进民族乡村振兴发展开展专题调研。座谈会上，北穆家峪回族村党支部书记穆德林介绍村内的基本情况及产业发展状况，汇报产业发展规划和壮大集体经济的工作计划。吕仕杰对第一书记驻村后深入调查研究，主动融入全区和镇域发展规划，在加强基层党建标准化、规范化建设及以铸牢中华民族共同体意识为主线推进美丽乡村建设的系列思路和举措表示充分肯定，对下一步工作提出意见建议。

（高功我）

区直机关党建

Party Building of District－directed Organs

【概　况】 中共北京市密云区委区直属机关工作委员会（简称区直机关工委），是负责区直机关党的建设和思想政治工作的区委派出机构。内设办公室、组织科、宣传科、党员服务管理中心。行政编制10人，事业编制管理岗7人，劳务派遣3人。区直机关工委所属73个党组织，党员8700名，其中党委3个，机关党委36个，党总支15个，党支部19个。区直机关党委新发展党员32人，男16人、女16人，大学以上学历23人，占比71.9%，大专学历9人，占比28.1%，预备党员转正14人。

年内，组织带领区直机关党员干部学习贯彻党的十九届五中、六中全会精神，贯彻落实中央、市委、区委重要会议精神及重大决策部署。把政治建设放在首位，依托“三会一课”、党员活动日，扎实开展党史学习教育和庆祝中国共产党成立100周年系列活动。探索推广机关党建标准化经验，研究制定基层党支部标准化工作手册。开展机关党建创新，推动机关党建与业务工作深度融合。深化“三进四帮扶”，开展“区直机关走在前 消费助农奔小康”主题活动。强化党建责任落实，逐级签订党建工作责任制，制定书记抓党建责任清单，开展基层党建述职评议考核，对73个单位党组织进行督导调研。发挥机关党建对其他领域党建表率和风向标作用，机关党组织和党员干部在奋力打造践行习近平生态文明思想典范之区的实践中走在前、作表率。

（田　华）

单位名称：中共北京市密云区委区直属机关工作委员会
地　　址：北京市密云区鼓楼西大街3号
电　　话：69041425

【区直机关党组织书记述职评议考核会】 3月16日、18日，分两批召开区直机关党组织书记述职评议考核会。32个党组织书记进行现场述职，工委书记逐一进行点评，机关工委委员及部分“两代表一委员”、基层党员干部代表对参加述职的党组织书记进行考核测评，并及时反馈述职评议考核情况，各基层党组织书记针对自身查找及领导点评存在的问题进行认真整改，全面落实基层党建述职评议考核制度。

（田 华）

3 月 16 日，区直机关党组织书记抓基层党建工作述职评议考核会召开 （曹建龙 摄）

【百姓宣讲活动】 4 月至 8 月，区直机关工委在所属党组织、党员中广泛开展“永远跟党走 开启新征程”百姓宣讲活动，组建工委百姓宣讲团，到部分区直机关进行巡讲。在密云区百姓宣讲汇讲（工委场）活动中，工委宣讲团获得一等奖 1 名、二等奖 1 名、三等奖 6 名。

（田 华）

【专题宣讲】 5 月至 12 月，区直机关工委书记王作兴作为区委党史学习教育宣讲团成员，为工委所属党组织负责人、机关党员干部作党史专题宣讲和学习贯彻习近平总书记“七一”重要讲话精神、十九届六中全会精神专题宣讲。区直机关工委成立党史专题宣讲团，在区直各单位共开展 38 场党史专题宣讲。

（田 华）

【“共产党员献爱心”活动】 6 月下旬至 7 月上旬，在区直机关党员干部中开展“共产党员献爱心”捐献活动。区直机关党委 1117 名党员、入党积极分子和群众捐款 8.9 余万元。

（田 华）

【庆祝建党 100 周年系列活动】 7 月 1 日，组织区直机关 640 余人参加庆祝中国共产党成立一百周年大会，现场聆听习近平总书记的重要讲话。圆满完成“七一”观演观展组织、后勤保障工作。组织区直机关党员干部参加“永远跟党走”密云区庆祝中国共产党成立 100 周年主题群众文化活动、观看原创朗诵诗剧《奔腾不息的潮白河》专场演出、参观学习“不忘初心、牢记使命”——密云区庆祝中国共产党成立 100 周年主题展览、“奋斗百年路 启航新征程——庆祝中国共产党成立 100 周年红色密云革命遗址展”。严格按照工作程序和要求，为 297 名 50 年党龄的区直机关老党员发放“光荣在党 50 年”纪念章。

（田 华）

【“两优一先”表彰大会】 7 月 7 日，组织召开“两优一先”表彰大会，区直机关工委书记王作兴在表彰大会上以“学党史、守初心、担使命 推动新时代机关党建工作高质量发展”为主题讲党课。评选表彰区直机关优秀共产党员 59 名、优秀党务工作者 56 名、先进党组织 22 个。机关工委系统被授予全国优秀共产党员 1 人；北京市优秀共产党员 1 人、优秀党务工作者 1 人，先进基层党组织 2 个；密云区优秀共产党员 12 人、优秀党务工作者 16 人、先进基层党组织13 个。

（田 华）

7 月 7 日，区直机关“两优一先”表彰大会召开 （曹建龙 摄）

【区直机关基层党支部标准化建设经验交流座谈会】 10 月 22 日，组织召开区直机关基层党支部标准化建设经验交流座谈会，并印发学习交流材料《基层党支部标准化工作手册》，加强成果转化，指导工作实践。开展党支部标准化规范化建设突出问题集中整改，全面梳理基层党支部建设中存在的问题，区直机关 430 余个党支部全部建立自查台账，做到即知即改、举一反三。

（田 华）

10月22日，区直机关基层党支部标准化建设交流座谈会召开 （刘畅 摄）

【区直机关党员代表大会】 11月2日，组织召开区直机关党员代表大会，选举产生出席中共北京市密云区第三次代表大会代表24名。

（田 华）

【选举出席密云区第三届人民代表大会代表】 年内，区人大换届选举工作领导小组设立区直机关工委选举分会，负责组织3个选区、70个单位、12116名选民的人大代表选举工作，于11月5日进行集中投票，选举出席密云区第三届人民代表大会代表5名。

（田 华）

【党员干部教育培训】 年内，结合党史学习教育，以学习贯彻党的十九届五中、六中全会精神和“十四五”规划为重点，通过集中学习、专题辅导、交流研讨、主题党课、知识竞赛等形式，全面提升机关党员干部的思想素质和政治理论水平。组织做好区直各单位党委（党组）理论学习中心组学习督导和巡听旁听工作。用好“学习强国”平台，检查、通报系统各单位“学习强国”学习情况，并统计上报优秀学员，加强积分正向激励。

（田 华）

【机关党组织建设】 年内，建立基层党组织换届工作台账。强化按期换届提醒督促机制，加强换届指导、检查、审批等工作，3个机关党委、61个基层党支部按期完成换届。区直机关党委发展新党员32名，预备党员转正14名。

（田 华）

【机关党建创新】 年内，机关工委印发认真学习贯彻《关于破解“两张皮”问题推动中央和国家机关党建和业务工作深度融合的意见》的通知，通过开展“四个一”活动（即：开展一次学习教育、组织一次交流座谈、开展一次调查研究、进行一次评优评选），不断提升基层党组织和党务干部破解“两张皮”问题的能力。大力推广市直机关工委总结提炼的机关党建和业务工作融合“六个引领工作法”，组织指导所属基层党组织深入实践、学以致用。撰写《关于破解机关党建与业务工作“两张皮”的几点思考》专题调研报告。评选机关党建和业务工作深度融合案例17个、示范点党支部12个和庆祝建党100周年优秀主题党日活动20个，并将先进典型材料汇编成册，打造机关党建“工具书”。

（田 华）

【“三进四帮扶”活动】 年内，区直机关各级党组织围绕乡村振兴、加强基层社会治理、优化营商环境，进农村促发展、进社区促和谐、进企业优环境，开展帮扶活动706次，办实事307件，协调帮扶物资1041万元。开展“区直机关走在前 消费助农奔小康”主题活动，通过机关食堂采购、组织活动使用、协调销售和党员干部个人购买等形式，共采购红薯、鸡蛋、木耳、蜂蜜等密云本地优质农产品35万斤，价值280万元。编印下发《“三进四帮扶”进企业典型经验材料汇编》。

（田 华）

【争当垃圾分类“桶前指导员”活动】 年内，开展机关走在前、党员作表率，争当垃圾分类“桶前指导员”活动，区直机关党员干部向所在社区报到，参与“每周六桶前值守日”活动，助力社区垃圾分类。5000余名机关在职党员每月至少2次3小时参加社区垃圾分类桶前值守和争上红榜活动。落实垃圾分类周报、月报制度，机关工委成立督导组，持续开展常态化督导检查。

（田 华）

【全国文明城区创建】 年内，区直机关工委在全系统开展创建全国文明城区“五个一”活动（一次创城宣传活动、一次创城学习测试活动、一次创城问卷调查活动、“我为创城献一策”活动、“我为创城做一件实事”活动），组织在职党员主动到社区报到，主动认领创城工作志愿服务岗位，每两周至少开展一次志愿服务，常态化参与创城工作。把创城“五个一”活动纳入2021年度机关党建工作督查。区直机关全体党员干部每周六上午到所包街面和社区，开展“全民参与、创城有我”周末大扫除活动，对环境卫生和非机动车乱停放情况进行清理整治。抽调机关党员干部作为志愿者参与全区主要交通路口交通秩序整治行动。区直机关在职党员参与创城志愿服务活动 5.7 万人次。

（田 华）

【保水“三个一”活动】 年内，以深入贯彻习近平总书记重要回信一周年为契机，开展保水“三个一”（践行一项保水承诺，精心设计一次保水主题党日活动，围绕保水做一件实事活动）活动，教育引导机关党组织和党员干部进一步贯彻落实习近平总书记关于保护密云水库重要指示和重要回信精神。区直机关党员干部共签订保水承诺书 6400 余份，组织开展参观密云水库纪念馆、植树造林、保水节水宣传等主题党日活动。

（田 华）

【党建督查考核】 年内，把工委所属 73 个处级单位党组织划分到 5 个联系指导组，每名领导班子成员任组长，明确班子成员及科室负责人指导党建工作的目标、任务和要求。制定机关工委基层党支部联系点制度，每名领导班子成员联系一个基层党支部，通过开展一次调查研究、参加一次组织生活会和民主评议党员、参加一次主题党日活动等形式，深入基层党支部，帮助解决实际问题，推动区直机关各基层党支部全面进步、全面过硬。3 月、7 月，分别开展 2020 年度组织生活会和党史学习教育专题组织生活会的专项督查，采取现场参会和查看会议记录的形式，重点督查各单位主要领导所在党支部的组织生活会和民主评议党员情况。12 月中旬，工委各联系指导组采取“四不两直”的形式，对全面从严治党落实情况和机关党建重点任务完成情况进行动态抽查。

（田 华）

【党风廉政建设】 年内，组织机关党员干部开展党风廉政教育活动，认真贯彻落实市区警示教育大会精神，以案为鉴，以案促改。紧盯重要时间节点，通过会议、集中学习、观看警示教育片等加强党章党纪教育、法律法规教育和家教家风教育。开展廉政知识测试 4 期，每期 5000 余名党员参加，以考促学，提升党员知法守法、知纪守纪的行动自觉。加强作风建设，深化运用监督执纪“四种形态”，加强监督检查，做到早警示、勤提醒，严查处。

（田 华）

【群团建设】 年内，围绕关心职工生活、维护合法权益、“我为群众办实事”实践活动等，机关工会联合会开展“两节”送温暖、“庆三八，巾帼我最美”厨艺展示、“垃圾分类，职工先行”、“玫瑰书香”女职工主题阅读等活动。召开区直机关工会联合会委员扩大会，选举出席区总工会第二次代表大会代表 5 人和区总工会第二届委员会委员候选人 1 人。加强对机关团员青年思想政治引领，开展好团组织各项活动。

（田 华）

机构编制管理

Institutional Establishment Management

【概 况】 中共北京市密云区委员会机构编制委员会办公室（简称区委编办）为中共北京市密云区委员机构编制委员会的常设办事机构，承担区委编委日常协调服务工作，为正处级。列入区委工作机关序列，归口区委组织部管理。内设职能综合管理科、机构编制管理一科、机构编制管理二科（监督检查科）、事业单位登记科、事业单位改革科，所属事业单位为电子政务事务中心。2021 年着力完善机构职能体系，统筹配置机构编制资源，开展事业单位改革试点、推进规范开发区管理机构、健全完善区级综合行政执法机构和队伍、巩固乡镇机构改革成果、开展街道行政管理体制改革评估、加强议事协调机构和临时机构的规范管理、做好事业单位登记管理及机关群团赋码等工作，持续推进机构编制法定化，推动机构编制工作高质量发展。

（王 隽）

单位名称：中共北京市密云区委机构编制委员会办公室

地 址：北京市密云区鼓楼西大街 3 号

电 话：69042970

【全区机构编制核查】 制定印发《北京市密云区第二次机构编制核查实施方案》，组织各单位开展自查、公示、数据对比及实地核实工作。对存在差异和疑问的，分析查找原因，及时矫正勘误，做到“账实相符、账账相符”。

（王 隽）

【街道行政管理体制改革评估】 制定印发《关于开展北京市密云区街道行政管理体制改革评估工作的通知》。通过组织街道开展自评、召开区级部门代表座谈会、面向辖区群众开展线上调查、与街道和社区干部面对面交流等方式，深入挖掘改革特色亮点，及时发现基层工作中的困难和问题，研究制定整改措施，确保改革任务落地落实，为持续深化改革奠定坚实基础。

（王　隽）

【事业单位改革试点】 对事业单位进行全面整合，涉改事业单位由404个精简为299个，精简比例达到26%。全区19个涉改处级事业单位全部制定印发“三定”规定。以完善章程管理为抓手，进一步健全治理机制，完成区文化馆、中医医院2个试点单位章程备案、公布等工作。

（王　隽）

【开发区管理机构规范】 7月，市委编办批复我区开发区改革实施方案，整合组建中关村密云园党工委、管委会（生态商务区管委会），落实“一园多区”管理模式。司马台雾灵山管委会与古北口镇政府合署办公，实行“区政合一”管理体制。

（王　隽）

【综合执法体制改革】 根据《北京市深化综合行政执法改革实施方案》和市级工作部署，健全完善区市场监管、生态环境、文化市场、交通运输、农业、住建等6支副处级综合执法队和应急管理、园林绿化、人力社保、水务等4支正科级综合执法队，按时挂牌并以主管部门名义执法。制定《职责机构编制事项的通知》，明确各执法队职责机构编制事项。严格落实一线执法人员编制原则上不低于85%（区城管执法局一线执法人员编制不低于75%）的要求。

（王　隽）

【议事协调机构和临时机构规范管理】 根据《北京市议事协调机构管理办法》，印发《关于加强区议事协调机构管理的通知》《关于做好议事协调机构相关工作的通知》，规范管理议事协调机构64个、临时机构12个。

（王　隽）

【事业单位法人变更登记】 年内，受理事业单位法人变更登记35件、注销登记25件、延期证书61件。审批并颁发事业单位法人证书正、副本，按照北京市“放管服”改革精神，为175家事业单位发放法人证书电子证照。

（王　隽）

【机关群团统一社会信用代码赋码】 年内，对全区党政机关、社会群团进行赋码及证书发放和变更，做好上级授权垂管机关赋码工作。全年赋码单位102家，变更单位24家，新登记单位7家。

（王　隽）

政策研究

Policy Research

【概　况】 中共北京市密云区委研究室（简称区委研究室）是负责区委综合性政策研究的部门，也是为区委科学决策服务的区委工作机构，行政编制9人。

年内，区委研究室全面贯彻落实区委决策部署，有效发挥领导决策参谋、重要文稿起草、调查研究、政策宣传职能作用，完成区委各类文稿160余篇、120余万字。高质量完成区第三次党代会报告、区委二届十四次全会报告及党的十九届六中全会精神宣讲提纲、党史学习教育总结大会讲话等重要文稿起草。围绕生态产品价值实现、碳达峰碳中和、总书记重要回信一周年等关系全区发展的重要课题，完成领导参阅18篇；关注发展壮大村集体经济等全区中心工作，形成调研报告供区委决策参考；坚持问题导向，紧贴基层工作实际，统筹疫情防控和经济社会发展，以物业管理、垃圾分类等小切口开展调研，将意见建议、思路举措融入区委书记月度点评会等重要文稿中，通过以文辅政提出意见建议，促进全区相关工作开展。有序推进全区17项重点调研课题如期完成。编印《密云调研》（发文版）、《密云调研》（领导参阅），促进我区调研成果交流展示。大力宣传密云区先进工作经验，《关于农村违法建设拆除工作法律风险分析的调研报告》《进一步健全完善密云生态文明制度体系推进生态环境治理体系和治理能力现代化研究》《深入贯彻习近平总书记重要回信精神守好密云水库一泓碧水》《围绕主题整合资源 打造“密云农业”特色品牌》等多篇调研报告在《北京调研》《北京工作》《北京农村经济》等市级刊物刊登。

（朱靖如）

单位名称：中共北京市密云区委研究室
地　　址：北京市密云区鼓楼西大街3号
电　　话：69043506

【区第三次党代会报告起草】 年内，区委研究室起草区第三次党代会报告，报告以“坚持以习近平新时代中国特色社会主义思想为指导，深入贯彻习近平生态文明思想，汲取百年党史智慧、弘扬伟大建党精神，全面落实习近平总书记给建设和守护密云水库的乡亲们的重要回信精神，坚持保水、护山、守规、兴城，打造践行习近平生态文明思想典范之区，为建设美丽北京、谱写现代化建设密云篇章而努力奋斗”为主题，系统回顾过去五年密云区极不平凡的奋斗历程，全面分析未来五年密云区发展面临的新形势新任务，进一步明确全区深入贯彻习近平生态文明思想，全面落实总书记重要回信精神，坚持保水、护山、守规、兴城，建设美丽北京、谱写现代化建设密云篇章的工作思路和工作任务，为密云区未来五年经济社会发展指明方向。

（朱靖如）

【区委二届十四次全会报告起草】 年内，区委研究室起草区委二届十四次全会报告，报告以“从党史中汲取智慧，在实干中砥砺初心，深入贯彻落实习近平总书记重要回信精神，奋力打造践行习近平生态文明思想典范之区”为主题，总结区委上半年主要工作，部署下半年工作任务，提出要“更加紧密地团结在以习近平同志为核心的党中央周围，弘扬伟大建党精神，不忘初心、牢记使命，砥砺前行、奋勇争先，确保完成全年目标任务，实现‘十四五’良好开局，为打造践行习近平生态文明思想典范之区、谱写密云高质量发展新篇章、开启密云社会主义现代化建设新征程而努力奋斗”。

（朱靖如）

【党的十九届六中全会精神宣讲提纲起草】 年内，区委研究室完成党的十九届六中全会精神宣讲提纲，宣讲提纲从深刻认识总结党的百年奋斗重大成就和历史经验的重大意义、深刻认识党的百年奋斗的初心使命和重大成就、深刻认识中国特色社会主义新时代的历史性成就和历史性变革、深刻认识党的百年奋斗的历史意义和历史经验、深刻认识以史为鉴开创未来的重要要求、从党的百年奋斗历程中汲取智慧和力量6个方面，对党的十九届六中全会精神进行全面系统的解读，对全区党员干部群众深入理解党的十九届六中全会精神，把党的百年奋斗伟大成就、历史经验、历史意义转化为推动密云绿色高质量发展的智慧力量提供理论指导和行动指南。

（朱靖如）

【全区党史学习教育动员部署大会讲话提纲起草】 年内，区委研究室完成全区党史学习教育动员部署大会讲话提纲，讲话提纲以高标准高质量开展好党史学习教育，以优异成绩迎接建党一百周年为主题，全面阐述开展党史学习教育的重大意义，系统介绍开展党史学习教育的总体目标、重要内容、主要任务，提出开展党史学习教育的具体要求，为全区高标准高质量开展好党史学习教育明确施工图和任务书。

（朱靖如）

【全区党史学习教育总结会议上的讲话提纲起草】 年内，区委研究室完成全区党史学习教育总结会议上的讲话提纲，系统回顾习近平总书记关于党史学习教育一系列重要论述，全面总结全区开展党史学习教育取得的扎实成效，提出巩固和拓展党史学习教育成果的具体要求，为今后一个时期全区持续推进党史总结、学习、教育、宣传，将党史学习教育成果转化为建设美丽北京、谱写现代化建设密云篇章的强大力量指明方向、提供遵循。

（朱靖如）

【密云生态文明制度体系调研】 年内，区委研究室完成调研报告《进一步健全完善密云生态文明制度体系 推进生态环境治理体系和治理能力现代化》。该调研报告详细介绍密云区建立生态文明制度体系，推进生态环境治理体系和治理能力现代化的主要做法，系统阐述完善生态文明制度体系，推进生态环境治理体系和治理能力现代化的重要意义和把握重点，从实行最严格的生态环境保护制度、建立资源高效利用制度、健全生态保护和修复制度、严明生态环境保护责任制度4方面提出进一步完善生态文明制度体系，推进生态环境治理体系和治理能力现代化的对策建议，对密云区健全完善生态文明制度体系，推进生态环境治理体系和治理能力现代化具有很好的参考价值。

（朱靖如）

【发展壮大村集体经济调研】 年内，区委研究室完成调研报告《密云农村集体经济发展壮大的“新”出路在哪里?》。该调研报告详细介绍密云区农村集体经济发展现状，系统阐述当前密云区农村集体经济发展面临的问题及困难，深入分析发展壮大农村集体经济“新”出路“新”在哪里，从发展路径、组织形式、运行机制、制度供给、组织保障等方面提出促进密云区农村集体经济发展壮大的对策建议，为区委作出促进农村集体经济发展的相关决策摸清实情、提供依据。

（朱靖如）

【优秀调研报告推荐】 年内，区委研究室积极向市级刊物推介调研成果，扩大密云影响力。《关于农村违法建设拆除工作法律风险分析的调研报告》《进一步健全完善密云生态文明制度体系 推进生态环境治理体系和治理能力现代化研究》《深入贯彻习近平总书记重要回信精神守好密云水库一泓碧水》《围绕主题整合资源 打造“密云农业”特色品牌》等多篇调研报告在《北京调研》《北京工作》《北京农村经济》等市级刊物刊登。

（朱靖如）

【《密云调研》编发】 年内，编发《密云调研》（发文版）21期，重点刊登区领导最新调研成果，包括《进一步健全完善密云生态文明制度体系 推进生态环境治理体系和治理能力现代化》《关于推动密云蜂产业高质量发展的思考与实践》《深化农旅融合 促进乡村振兴的瓶颈及对策》等。编发《密云调研》（领导参阅）18期，内容涉及生态产品价值实现、碳达峰碳中和、总书记重要回信一周年等方面，其中多篇文章得到区委主要领导关注，9次得到区委领导批示，为区委科学决策摸清实情、提供依据。

（朱靖如）

党校教育

The Party School Education

【概　况】 年内，中共北京市密云区委党校（简称区委党校）以习近平新时代中国特色社会主义思想为指导，深入贯彻落实党的十九大和十九届历次全会精神、习近平总书记在党史学习教育动员大会上的重要讲话精神、关于党校办学治校系列重要指示精神以及给建设和守护密云水库乡亲们的重要回信精神，有力推进干部培训、教学科研、决策咨询等各项工作。

强化理论武装，组织理论学习中心组学习12次，专题研讨交流5次。开展理论宣讲，研发《中国共产党与中华民族伟大复兴》等10门党史专题课程，深入基层宣讲85讲，覆盖学员5000多人次。深化理论研究，在“前线”客户端、《北京农村经济》《观园》等报刊发表理论文章5篇，参加北京市党校系统庆祝中国共产党成立100周年学术征文活动，其中1篇获得二等奖，2篇获得优秀奖。2021年度我校参与北京市委党校（行政学院）系统2个重点调研课题和2个智库项目顺利结项并取得良好成绩。向区委区政府报送决策咨询报告4项，其中2项获得区领导批示。推进干部教育培训，举办密云区党政正职领导干部学习贯彻党的十九届五中全会精神专题研讨班、科级公务员任职培训班等各级各类培训班13期，培训2349人次。

（刘俊伶）

单位名称：中共北京市密云区委党校
地　　址：北京市密云区党校路9号
电　　话：69043473

【密云区党政正职领导干部学习贯彻党的十九届五中全会精神专题研讨班】 4月22—25日，采取线上线下相结合的方式，区委组织部和区委党校共同举办密云区党政正职领导干部学习贯彻党的十九届五中全会精神专题研讨班，全区745名处级领导干部参加学习。

（刘俊伶）

4月22日，密云区处级领导干部学习贯彻党的十九届五中全会精神专题研讨班开班

（王越男　摄）

【密云区“两区”建设专题培训班】 6月16—18日，区委组织部联合区商务局、区委党校举办密云区“两区”建设专题培训班，区建设国家服务业扩大开放综合示范区领导小组区属成员单位主管领导、主管科室负责人、专班人员共135人参加开班仪式。

（刘俊伶）

【周末大学堂党史学习教育专题报告会】 6月25日，区委党校邀请中央党校（国家行政学院）知名教授就《中国共产党的百年辉煌与深刻启示》作专题讲座，来自全区区直、镇街210余名领导干部参加培训。

（刘俊伶）

【密云区入党积极分子暨发展对象短期集中培训示范班】 5月18—20日，密云区2021年入党积极分子暨发展对象短期集中培训示范班举办，系统安排革命精神、“四史”教育、党规党纪、地方党史、党性教育等课程，全区251名区直机关单位的入党积极分子和发展对象参加培训。此次培训加大党史党性教学分量，党史党性专题教学课程比例提高到87.5%，进一步促进党员发展对象深入学习党史，增强党性修养。

（刘俊伶）

5月18日，密云区2021年入党积极分子暨发展对象短期集中培训示范班开班 （王雅楠 摄）

【密云区优秀年轻干部专题培训班】 9月13—26日，密云区优秀年轻干部专题培训班在区委党校培训基地举办，共有22名88后优秀年轻干部参训，区委常委、组织部部长、宣传部部长葛俊凯出席开班式并作动员讲话，以“增强四感，勇当密云发展先锋”为题，与年轻干部深入交流并提出殷切希望。

（刘俊伶）

【密云区生态文明建设专题培训班】 9月22—24日，密云区生态文明建设专题培训班在区委党校举办，培训内容设置习近平生态文明思想、碳达峰碳中和、生物多样性保护、“两山”理论转化路径、大气污染防治、水环境综合治理6个方面专题课程。区委生态文明委各成员单位主管领导、主管科室负责人共106人参加培训。

（刘俊伶）

【密云区科级公务员任职培训班】 10月18日，区委组织部联合区委党校举办密云区2021年科级公务员任职培训班，培训内容主要有习近平新时代中国特色社会主义思想、党章党史、职业道德建设、公务员法律法规、北京城市总体规划、区域经济发展等。全区58名新晋升正、副科职公务员参加任职培训，

（刘俊伶）

【调查研究】 年内，围绕区委中心工作，聚焦群众关注难题，深入开展调查研究。成功申报《北京市密云区红色资源挖掘利用问题研究》《关于密云区蜂产业高质量发展的思考》2项市委党校系统重点调研课题，均顺利结项并获得良好等次。

（刘俊伶）

【课程研发】 年内，围绕推动党校教师上讲台、精品课程进课堂的主题，研发《中国共产党与中华民族伟大复兴》《从党的百年历程中看初心使命》《改革开放的奋斗历程与基本经验》《弘扬红船精神 牢记初心使命》等10门党史专题课程，并在主体培训班次中安排8讲课程，

（刘俊伶）

【决策咨询】 年内，成立决策咨询室，创办《党校智库建议》，成功申报2项市委党校智库课题项目，均顺利结项并取得良好等次。向区委区政府报送4篇决策咨询报告，其中《持续推进“蜂盛蜜匀”品牌建设实现密云区蜂产业高质量发展》《新发展格局背景下促进京郊乡村民宿品牌化发展路径建议》2篇获区领导批示。

（刘俊伶）

党史编研

Research on Party History

【概　况】 中共北京市密云区委党史研究室（简称区委党研室），与北京市密云区地方志办公室合署办公，为正处级参照公务员法管理事业单位。主要负责密云区党史资料征集、整理、编纂；党史研究，编写党史基本著作；党史学习宣传、资政育人；重要党史事件、人物纪念；参与党史遗址、遗迹、纪念地保护和利用。3月30日，根据中共北京市密云区委机构编制委员会《关于中共北京市密云区委党史研究室改革方案的批复》，编制9名，将原党史科、方志科、办公室整合组建党史（方志）科。

年内，区委党研室以开展党史学习教育为主线，以史志编纂为基础，以史志宣传为载体，编制完成《密云区“十四五”时期党史和地方志事业发展规划》，组织编印《中国共产党北京市密云区历史》和《密云红色故事》，完成国家《脱贫攻坚口述史（北京卷）》密云部分编写任务，筹办《不忘初心·牢记使命——密云区庆祝中国共产党成立100周年主题展览》《热血筑长城——古北口抗战历史展览》，调整完

善白乙化烈士纪念馆《抗日民族英雄白乙化烈士生平事迹展览》。组织开展“密云区庆祝中国共产党成立100周年”和“伟大建党精神与密云共产党人的精神谱系”等主题宣讲。被评为“全国地方志系统先进集体”。

（孔令佩）

单位名称：中共北京市密云区委党史研究室
地　　址：北京市密云区鼓楼西大街3号
电　　话：69083865

【《中国共产党北京市密云区历史》编印】 3月，组织编印《中国共产党北京市密云区历史》，作为全区党史学习教育辅助教材。全书40万字，共11章，以习近平新时代中国特色社会主义思想为指导，站在实现中华民族伟大复兴的高度，按照新的四个历史分期，全面系统地记述了1933年党组织建立至2020年党领导密云人民进行革命建设改革的历史，重点记述了新时代密云奋力打造践行习近平生态文明思想典范之区的实践和成果。截至年底，编印6000册普发至各基层党组织。

（孔令佩）

3月，《中国共产党北京市密云区历史》组织编印　（区委党史研究室　供图）

【帮助亲人找烈士】 4月，开展“我为群众办实事”活动，主动帮助亲人找烈士，带领高会德、张朴曾、张纯儒3位烈士的亲人到达烈士的牺牲地丰滦密联合县政府遗址——黄花顶，祭奠英烈。烈士亲人为区委党研室赠送“学党史，为人民办实事，感党恩，不忘革命初心”锦旗。

（孔令佩）

【《密云红色故事》编印】 5月，组织编印《密云红色故事》3万册，普发至各基层党组织和全区大学和中小学生，成为青少年爱党爱密云的重要乡土教材。全书分光辉历程、英雄模范、红色遗迹三大板块，收录文章72篇，约12万字，随文插图49幅。

（孔令佩）

【《密云区“十四五”时期党史和地方志事业发展规划》编制完成】 11月6日，中共北京市密云区委办公室印发《密云区贯彻落实〈北京市党史和地方志工作规划（2021—2025年）〉实施方案》的通知。该《规划》从总体要求、基本原则、主要任务、保障措施4个方面制定了“十四五”时期密云党史和地方志主要工作。

（孔令佩）

【《渔阳太守张堪》《密云先贤》编纂启动】 11月10日，《渔阳太守张堪》《密云先贤》编纂会召开。会议听取了区委党研室编纂情况的汇报，有关部门和与会专家讨论了编纂方案。区委成立编委会，区委书记任主任，区长、区人大常委会主任、区政协主席任副主任，区委、区政府有关领导为成员。编委会下设编写组，区委常委、组织部长、宣传部长葛俊凯任组长，区委党研室主任任副组长，编写人员以区委党研室为主，区委有关部门和外聘专家组成。

（孔令佩）

11月10日，《渔阳太守张堪》《密云先贤》编纂会召开　（区委党史研究室　供图）

【筹办主题展览】 年内，区委党研室会同区委宣传部筹办《不忘初心·牢记使命——密云区庆祝中国共产党成立100周年主题展览》，该展览设开天辟地、改天换地、翻天覆地、惊天动地四个篇章，以图文为主，以多媒体展示为辅，展出图片400余张。筹办《热血筑长城——古北口抗战历史展览》，突出中国共产党在抗日战争中的中流砥柱作用。会同退役军人事务局调整完善白乙化烈士纪念馆《抗日民族英雄白乙化烈士生平事迹展览》。

（孔令佩）

【党史主题宣讲】 年内，组织开展“密云区庆祝中国共产党成立100周年”和“伟大建党精神与密云共产党人的精神谱系”等主题宣讲。按照“人人都是宣讲员”的要求，进机关、进农村、进社区、进学校、进企业、进单位、进军营，共宣讲50余场次、受众8000余人次。

（孔令佩）

老干部工作

Senior Cadres Work

【概　况】 中共北京市密云区委员会老干部局（简称区委老干部局）是负责管理全区离退休干部工作的职能部门。内设科室2个：办公室、业务指导科。下属2个事业单位：区老干部活动中心、区老干部教育服务指导中心。编制30人，其中行政编制9名、事业参公编制9名、事业规范编制6名、事业编制3名、行政工勤编制3名、补充劳务派遣10名。

年内，全区离休干部61人（其中区属57人、公安局4人），处级退休干部999人。全区现有离退休干部党组织73个，其中：离退休干部党总支2个，党支部71个。全区现有老党员先锋队138支，老党员先锋队队员共2008人，老干部志愿者586人。

（王　元）

单位名称：中共北京市密云区委老干部局
地　　址：北京市密云区新北路17号
电　　话：69041953

【区委老干部工作领导小组会】 3月19日，召开区委老干部工作领导小组会议。区委常委、组织部部长、区政府党组副书记、常务副区长、区委老干部工作领导小组组长王永浩主持会议并讲话，区委老干部工作领导小组成员单位参会。会上，传达学习全国老干部局长会和北京市老干部工作会议精神、听取2020年老干部工作情况、2021年老干部工作要点汇报、2021年区委区政府为老同志拟办实事建议项目。会议决定将2021年全区老干部工作要点、2021年区委区政府为老同志拟办实事建议项目提交区委常委会审定。

（王　元）

【“学党史·寻民族魂”主题党日活动】 4月23日，组织机关全体党员及机关退休党员赴古北口开展“学党史·寻民族魂”主题党日活动，迎接建党一百周年。

（王　元）

【参观入党志愿书陈列展】 7月15日，组织老干部党支部书记参观“初心如磐——北京市离退休干部入党志愿书陈列展”。市委老干部局组织指导处处长王华春、副处长刘新美陪同参观。

（王　元）

【离退休干部工作领导责任制考核动态抽查】 7月21日，召开2021年离退休干部工作领导责任制考核动态抽查工作部署会，全区88家离退休干部服务管理单位老干部工作主管科室负责同志参会，区委组织部副部长、区委老干部局局长李斌参会并提出工作要求。10月中旬，完成对全区88家涉老单位动态抽查。2021年北京市对密云区全面从严治党（党建）考核工作中，密云区老干部工作未反馈存在问题。

（王　元）

【学习贯彻“七一”讲话精神报告会】 7月27日，组织离退休干部党支部书记参加北京市委老干部局举办的“学习贯彻习近平总书记‘七一’重要讲话精神专题宣讲报告会”，20余名离退休干部党支部书记参会。

（王　元）

【领导调研】 7月30日，北京市委老干部局生活待遇处处长栗晋春带队到密云区调研离休干部“一对一”精准服务工作。区委组织部副部长、老干部局局长李斌参加会议并讲话。调研组听取离休干部基本情况、离休干部生活待遇落实情况、离休干部“一对一”精准服务及2020年北京市离退休干部工作领导责任制考核反馈整改情况，并征集与会同志对相关工作的意见建议。

（王　元）

【关心下一代工作委员会系列活动】 8月3日，联合团区委、镇团委开展“关爱明天 精准帮扶”走访慰问活动，为5位即将步入新学期的孩子们送上助学金。区关工委副主任李春玉、团区委副书记付艳珠参加活动。年内，开展“听党话，争做文明生态小使者”、“革命传统在红色的歌声中传扬”、“中华魂”等系列主题教育实践活动。

（王　元）

【老干部大学建设】 9月初，制定《密云区老干部大学疫情常态化复课工作方案》《密云区老干部大学疫情常态化复课应急预案》《复课承诺书》等相关文件，在全市率先开放区老干部活动中心，区老干部大学率先复课，开设15个专业、20个教学班，参学人数达197人次。

（王　元）

【纪念先烈活动】 9月29日，组织离退休干部党支部书记沿白乙化烈士陵园——邓玉芬主题广场——密云水库西线——尖岩移民村红色路线，开展纪念先烈活动，50余名老同志参加此次活动。

（王　元）

【原创文艺作品获一等奖】 年内，参加区委宣传部、区总工会、区文化和旅游局共同举办的“百年梦密云情”——庆祝建党100周年密云区原创文艺作品征集活动，区老干部艺术团选送的原创作品河北梆子清唱《人生能有几回搏》获一等奖。

（王　元）

【《颂歌献给党——老干部艺术团原创作品选集》出版】 年内，正式出版文艺作品集《颂歌献给党——老干部艺术团原创作品选集》，展示密云区老干部优秀原创作品，歌颂党的丰功伟绩，为中国共产党建党100周年献礼。

（王　元）

【新春走基层送福送春联活动】 在新春佳节来临之际，组织书协书法家撰写春联、“福”字，为在密过年的外埠人士和部分镇街慰问对象送去新春祝福，共送出春联350余幅、“福”字800余个。

（王　元）

【温馨大走访 行动践党心】 年内，深入推进党史学习教育走深走实，突出“学党史、悟初心、强服务、送温馨”主题，开展“七个一”（为老领导们送上一枚党徽、一本党章、一本《中国共产党简史》、一个头戴式放大镜、一个水杯、一份口罩、一份洗手液）大走访活动，成立6个走访组，对全区66位离休干部和29位副县级退休干部进行走访慰问。

（王　元）

【老干部宣讲】 年内，开展“新老联动，对接心声”老干部讲党课和“党的历程说与你听”主题宣讲活动，累计20次，受众达1600余人。

（王　元）

【老党员先锋队建设】 年内，组织城管委“城市老管家”先锋队、“桑榆情”老党员文艺服务队等老党员先锋队，参与安保维稳、公民道德建设、垃圾分类等工作，共计1.9万余人次，共解民生难题。

（王　元）

【正能量宣传队建设】 年内，老干部正能量宣传队运用微信等现代化网络传播媒体上传“正能量”链接和原创文章一万余条，自觉讲好红色故事，传递爱国情怀。

（王　元）

【完善特困帮扶机制】 年内，结合实际研究制定《关于申报2020年度离休干部、离休干部无工作遗属解困帮扶金的通知》，对区内22位生活有特殊困难的离休干部及离休干部无工作遗属发放解困帮扶资金9.6万元。制定《北京市密云区特殊困难退休干部帮扶办法》，建立特困退休干部帮扶机制，对区内23位有特殊困难的退休干部发放困难帮扶资金11.5万元，实现调查摸底准确、申报程序规范、发放快捷高效，解决离退休干部实际困难。

（王　元）

【满足老干部看病就医需求】 年内，主动协调沟通区卫健委、区医院，就离休干部和区级老干部看病就医优诊事宜多次协商，从8月1日开始，区医院成立干部优诊中心，安排专人，为老干部提供贴心服务，协助家属做好就诊、联系专家及住院的各项事宜。

（王　元）

【党建引领老干部工作向基层延伸】 年内，进一步落实市委老干部局推进试点工作有关精神，将城区内鼓楼街道、果园街道、檀营50个社区全部纳入党建引领老干部工作向基层延伸范畴，在全市率先实现全覆盖，延伸工作扎实开展取得成效。

（王　元）

【老干部专项学习】 年内，组织全区老干部工作人员用好“北京老干部工作”App及“北京老干部”公众号开展专项学习，“每日一课”专项学习参学率达到95%，在全市位居前列。

（王　元）

保 密 工 作

Secrecy Work

【概　况】 中共北京市密云区委保密委员会办公室（简称区委保密办）、北京市密云区国家保密局（简称区保密局），是中共北京市密云区委保密委员会的日常办事机构，是负责密云区行政区域内保密工作的政府职能部门，区委保密办（区保密局）设在区委办公室。区委办公室保密科履行区委保密办、区保密局职责，行政编制3名。

年内，区保密局坚持围绕中心、服务大局，不断深化保密宣传教育，强化“三大管理”，严格监督检查，细化服务保障，持续推进保密自查自评规范化常态化建设。组织召开区委保密委员会全体会议、全区保密工作大会。开展新冠疫情防控保密检查、“双随机”保密检查、中高考保密检查等各类检查70余次。举办各类教育培训班8次，开展上门保密指导培训20次，培训领导干部、涉密人员、保密干部、公职人员3500余人次。发送保密提示短信2000余条次。

（高　跃）

单位名称：北京市密云区国家保密局
地　　址：北京市密云区鼓楼西大街3号
电　　话：69025725

【建党100周年庆祝活动保密】 3月份，印发做好建党100周年庆祝活动保密要求，组织全区110家机关、单位开展专项保密工作自查，深入排查隐患，堵塞漏洞。4月至6月，对区政府办、区委组织部等重点单位开展专项检查20次，对各单位庆祝活动服务保障工作人员进行保密专题培训。6月11日，召开庆祝活动专题保密会议，向16家庆祝活动相关服务保障牵头单位传达违反庆祝活动保密纪律有关问题通报，要求各单位引以为戒，进一步强化保密管理，切实筑牢保密防线。

（高　跃）

【区委保密委员会全体会议】 5月12日，密云区召开区委保密委员会全体会议，调整区委保密委成员，审议通过区委保密委员会2021年工作要点，对全区保密工作进行部署。

（高　跃）

【全区保密工作大会】 5月12日，密云区召开全区保密工作大会，传达学习全国、全市保密工作会议精神及全国有关窃密泄密案件情况通报，总结部署全区保密工作。

（高　跃）

【保密工作管理责任书】 6月，结合保密工作新形势新任务新要求，修订《北京市密云区保密工作管理责任书》（以下简称《责任书》），区委保密委主任与110家机关、单位主要领导签订《责任书》。

（高　跃）

【“双随机”保密检查】 9月7—10日，随机抽取5家区属保密资质企业开展“双随机”实地检查，对企业9大类34项保密管理情况进行综合检查，对23台计算机进行技术检查。2018年至今，密云区国家保密局对区属资质企业实现全覆盖检查。

（高　跃）

【疫情防控保密】 11月份，印发通知进一步明确新冠肺炎疫情防控保密要求，组织各机关、单位重点围绕微信、互联网计算机、手机等保密管理情况开展自查。

（高　跃）

【定密管理】 年内，完成2020年度定密事项报备和涉密政府采购情况统计工作。对20家具有法定定密权和产生派生定密较多的单位开展定密调研检查，针对存在问题进行保密指导，进一步规范相关单位定密管理工作。

（高　跃）

【网络保密管理】 年内，以区级协同办公系统更新升级为契机，指导区信息中心在新建协同办公系统中添加保密提示、上传资料是否涉密确认功能。组织全区各机关、单位开展手机应用软件自查工作。

（高　跃）

【涉密人员管理】 年内，组织开展2020年度涉密人员情况统计工作，制作涉密岗位和涉密人员数据填报示例，累计为各机关、单位提供咨询指导200余次。完成30名退休处级干部涉密情况查核工作，对离职、离岗涉密人员实行脱密期管理。

（高　跃）

【保密宣传教育】 年内，深入开展庆祝建党100周年宣传教育活动、《北京市保守国家秘密条例》宣贯活动、“4·15”法制宣传周等活动。组织全区各单位干部职工、中学师生和中关村密云园企业员工近3万人次参与建党100周年保密知识竞赛活动，观看《北京市保守国家秘密条例》宣传片。依托市委保密委“保密大讲堂”、全区保密警示教育培训会、全区国家安全工作培训班、科级公务员任职培训班、上门授课等形式，累计培训领导干部、涉密人员、公职人员3500余人次。运用电视、广播、报纸、网站、微信公众号、电子大屏幕等平台广泛宣传保密法律法规，发放保密宣传资料1500份，发送保密提示短信2000余条次。

（高　跃）

【中高考保密检查】 年内，开展高考、初中学考保密检查，对试题的领运、交接、保管、发放等关键环节进行检查，共检查考试中心、各考点8次，开展考场环境保密安全技术检测60次。

（高　跃）

【保密服务保障】 年内，为区委全会、区“两会”等重大会议活动提供保密服务40次。为全区重要会议场所和保密部位开展保密技术检测110次。

（高　跃）

【保密自查自评及检查】 年内，深入推进保密自查自评工作规范化常态化建设，组织各机关、单位开展两次保密自查自评。对50家机关、单位自查自评工作开展上门抽查，对存在问题隐患的单位督促指导及时整改。

（高　跃）

综合事务

Comprehensive Affairs

【概　况】 2021年，中共北京市密云区委员会办公室（简称区委办）深入贯彻落实习近平总书记提出的“五个坚持”要求，按照区第三次党代会决策部署，坚持“规范、创新、提升”，围绕中心，服务大局，强化党建引领，充分发挥参谋助手、综合协调、督促落实、服务保障等职能作用，完成“三服务”各项工作任务。服务保障习近平总书记重要回信一周年系列活动，牵头制定工作方案，明确60项保水新举措，推动重要回信精神落地落实，有力推动全区保水工作取得新成效。10月1日，密云水库最大蓄水量达35.79亿立方米、最高水位达155.3米，创建库以来历史新高。面对密云水库高水位运行的新情况新任务，聚焦“保安全、多蓄水”，服务区委领导到水库一级区开展大调研，及时向市委报告密云水库高水位运行情况，完善各项措施，有效保障库区群众生产生活，推动保水、保生态、保安全、保障民生工作落到实处。完成庆祝中国共产党成立100周年服务保障任务，高标准推进党史学习教育，协同推进“我为群众办实事”实践活动，相关经验做法在《北京组工网》上刊登。完成区第三次党代会组织和服务保障工作，精心制定并实施大会秘书处分工安排，扎实做好各环节服务保障，配合组织部门做好大会换届工作，确保区第三次党代会顺利完成各项议程，取得圆满成功。党员带头参与疫情防控、创建全国文明城区、垃圾分类等重点工作，深入落实“1+10”党员联系群众机制，着力打造“密云先锋”特色党建品牌。

（张　超）

【综合协调】 规范会议管理，严格把关程序，精简会议频次，全年组织召开区级大型会议44次，服务保障区委领导及办公室各类会议240余次，组织区领导参加市级疫情防控会50余次。围绕党史学习教育、保水保生态、政法教育整顿、民生保障、创建全国文明城区等区委中心工作，服务保障区领导深入20个镇街及相关委办局开展调研155余次。修订完善接待制度，科学制定工作方案，完成中央、市委领导及其他省市、企业领导到密云区调研接待工作40余次，完成市委考察组为期一个半月的服务保障工作，保障区委及相关部门工作顺利开展。

（张　超）

【文秘工作】 完成区委及区委主要领导有关重要文稿起草任务，聚焦落实习近平总书记重要回信精神一周年、疫情防控、创建全国文明城区等中心工作，全年起草各类文稿500余篇、100余万字。办理各类公文621件，收文124件。以区委名义向市委请示报告81件，位居全市前列。以区委名义下发基层公文发文数量呈下降态势。向市委报备区委规范性文件21件，同比增长75%，报备及时率100%，全部通过合法合规性审查。其中，创建基本无违建区、保护密云水库、生态马拉松、碳中和示范区的报告获得市委主要领导批示肯定。建立健全挂图作战、应急速写、领导指示跟进等机制，高效高质完成文稿起草工作。

（张　超）

【信息工作】 发挥信息工作参谋助手作用，对标市委办公厅创刊《密云信息》（信息专报），全面收集区领导活动、全区重点工作进展情况、重要数据通报、网络舆情、生态涵养区动态、他山之石等各方面信息，突出问题导向，提升服务决策功能。全年编发普刊、工作交流、领导参阅等188期，区委主要领导多次作出肯定性批示。结合总书记重要回信一周年、密云水库水位持续上涨、碳中和示范区创建等重点工作，积极挖掘报送全区特色亮点，在《北京信息》刊登127条，市委主要领导同志就我区报送信息两次作出批示。

（张　超）

【督查工作】 主动适应新形势新任务新要求，强化习近平总书记重要回信精神、蔡奇书记对密云工作重要指示要求、区委各项决策部署和区委主要领导指示批示的督促落实。全年累计接办、立项督办事项1378

件，创历史新高。精益求精办好区委决策会议，组办区委常委会会议 60 次，安排上会议题 304 个；组办区委书记专题会议 33 次；起草会议纪要 95 期。安全高效做好区委主要领导批示件转办工作，全年共登记转出批示件 1690 件。扎实做好基层减负工作，开展督查检查、移动互联网应用程序规范整治，提出 12 方面 45 项工作措施，督促各责任单位按分工推进落实，切实减轻基层负担。

（张　超）

【档案工作】 通过协调资金、压实责任、创新档案管理等，密云区西邵渠、古北口、朱家湾、尖岩等 4 个全国档案工作服务农村基层社会治理试点顺利通过国家局验收。档案馆新馆建设项目正式立项。完成 25 家处级立档单位档案行政执法检查，形成检查单 150 单，执法检查量位列系统和全区前列，违法事项纳入率 100%。全年累计线上线下培训指导 400 余人次。完成各单位 1051 项政务服务事项电子归档审核，全年档案政务服务工作响应率、解决率、满意率均达到 100%。形成档案 2414 卷件。严格执行《核心档案查阅制度》，把控核心档案借阅流程，确保档案安全"出门"，全年档案查阅利用 79 人次，利用档案 500 余卷件，为各单位查阅档案提供优质服务。

（张　超）

【改革工作】 区委改革办牵头制定区委深改委 2021 年工作要点，全面部署 11 个领域、55 项改革任务。召开区委深改委会议 4 次，审议改革议题 26 项。创新完善改革考核办法，合理确定评分标准、科学设置加分项，充分调动各单位积极性。围绕"三个点"报送密云区典型经验，3 篇工作交流被市委改革办以专刊形式刊载，排名全市前列。立足"小切口、大成效"，鼓励引导支持全区 20 个镇街（地区）坚持问题导向、突出改革特色，原创性、差异化探索改革试点项目。

（张　超）

【党建工作】 区委党建办牵头制定《区委党建领导小组 2021 年工作要点》《2021 年度党建统领综合考核评价办法》等制度，推动党建工作落实。完善抓党建工作制度体系，制定《党务公开实施办法（试行）》，明确区委党务公开目录和基层党委（党组）参考目录，切实发展党内民主，强化党内监督，促进广大党员更好了解和参与党内事务。制定印发《密云区委抓党建工作责任清单》《密云区委书记抓党建工作责任清单》《密云区委班子其他成员抓分管领域党建工作责任清单》3 个抓党建责任清单，对全区各党委（党组）制定备案情况进行全覆盖检查，并指导督促落实。组织 4 次区委党建工作领导小组会议。积极宣介密云党建工作，通讯文章《密云成立首个景区党支部，党员认领先锋岗塑造金牌服务》被《北京日报》刊登报道。

（张　超）

北京市密云区
人民代表大会常务委员会

BEIJING MIYUN DISTRICT PEOPLE'S CONGRESS

综 述

Overview

北京市密云区人民代表大会常务委员会（简称区人大常委会）是北京市密云区人民代表大会的常设机关，在区人民代表大会闭会期间依法行使地方国家权力机关的职权，对区人民代表大会负责并报告工作。密云区人大常委会应有组成人员 35 名，截至年底实有组成人员 29 名，其中，副主任 4 名、委员 25 名。内设办公室、法制办公室（备案审查办公室）、财政经济办公室（预算审查办公室）、教科文卫体办公室、城建环保办公室、农村办公室、研究室、代表联络室（市人大代表联络处）、信访室、人大工作理论研究中心，行政编制 31 名、事业编制 6 名、行政工勤编制 13 名。密云区第二届人民代表大会应有代表 217 名，截至年底，实有代表 206 名。

重要会议 全年筹备召开 2 次人民代表大会会议，召开常委会会议 12 次，主任会议 13 次，听取和审议“一府一委两院”工作报告 13 项，听取区人大常委会备案审查工作情况报告 1 项，开展视察检查 10 项、专题询问 1 项，专题调研 1 项，作出决议决定 43 项。

讨论决定重大事项 区二届人民代表大会第八次会议依法对区国民经济和社会发展第十四个五年规划和 2035 年远景目标纲要、区 2020 年国民经济和社会发展计划执行情况的报告与 2021 年国民经济和社会发展计划、区 2020 年预算执行情况的报告和 2021 年预算、区人民政府 2021 年重要民生实事作出决议决定。区三届人民代表大会第一次会议依法对区 2021 年国民经济和社会发展计划执行情况的报告与 2022 年国民经济和社会发展计划、区 2021 年预算执行情况的报告和 2022 年预算、区人民政府 2022 年重要民生实事作出决议决定。

监督工作 深入贯彻习近平总书记关于保护好密云水库重要指示和重要回信精神，将保护密云水库情况纳入监督重点，采取视察调研、听取报告、执法检查等多种方式推动保水责任落实。强化重点领域监督，听取和审议区政府“蜂产业”建设与发展等情况报告，开展对优化营商环境、林果产业等视察调研，促进经济绿色高质量发展。围绕“七有”要求、“五性”需求，强化对民生实事办理的监督，助力全国文明城区创建工作。与市人大联动开展《北京市生态涵养区生态保护和绿色发展条例》执法检查工作，推进条例贯彻落实，促进市级层面进一步完善保水配套政策。持续发力监督法治政府建设，强化司法监察工作监督，促进社会公平正义，推动监察职能充分发挥。持续深化备案审查工作，实现人大对“一府一委两院”规范性文件备案审查工作全覆盖，切实做好“有件必备、有备必审、有错必纠”。

人事任免 坚持党管干部原则，规范人事任免工作程序，完善拟任命人员任前法律知识考试制度，健全宪法宣誓等工作程序，加大任后监督力度，提高被任命人员的制度意识、法律意识和履职意识，依法任免国家机关工作人员 122 人次。

代表工作 加强代表培训工作，突出政治培训、做实基础培训、细化专题培训，围绕“牢记嘱托跟党走，履职尽责勇担当”等主题，组织集中培训 26 次。与市人大联动开展“万名代表下基层”活动，依托代表工作室站，组织代表开展各项履职活动 430 余次，联系服务选民 11500 余人次，收集选民意见建议 856 件，协调镇街解决 375 件，梳理形成代表建议 66 件，交付相关部门办理。完善建立区人大常委会、区政府两级调度，承办单位与人大代表良性互动平台，强化考核、对口、统筹、跟踪四个督办环节，形成建议质量有深度、人大推进有力度、政府落实有温度、问题解决有速度的建议办理“密云经验”。2021 年代表建议办理见面率、回复率 100%，办成率 85%，代表满意率 96% 以上，区人大常委会代表联络室被评为 2021 年北京市人民建议征集工作先进集体。

自身建设 落实全面从严治党主体责任，开展机关办公环境专项整治行动，制定《关于深刻汲取案件教训净化政治生态的若干措施》《关于政治生态建设“六严守”“七严禁”“八不准”》等制度文件，打造忠诚干净担当的干部队伍。深入开展党史学习教育，扎实推进 20 项“我为群众办实事”项目全部落实到位，促使十字路口红绿灯设置、南菜园小学东侧“断头路”、沙河平房区煤改电等问题得到有效解决。落实意识形态工作责任，组织三级人大代表参加建党 100 周年相关活动，梳理总结《密云区人大常委会积极推动建议办理促进民生问题解决》《坚持人民主体地位推行民生实事票决制》《人大鼓楼街工委探索“站、网、格”联动模式为基层治理赋能》等典型经验被多家媒体平台刊发。支持纪委监委派驻组开展工作，抓好区委巡察问题整改，针对反馈问题，新建完善制度

12项，制定41项措施全部落实。严格干部选拔任用，输送机关2名正处级、1名科级干部到乡镇任职。优化机关人员结构，通过公开招聘、选调等方式，补充年轻干部，促进干部队伍的年轻化。

区、镇人大代表换届工作 全面落实市委、区委各项部署要求，周密组织、严明纪律、加强指导，把好代表政治关、素质关、结构关。选民热情高涨、依法行权，选举工作风清气正、秩序井然，全区依法选举产生区第三届人民代表大会代表237名，镇第二届人民代表大会代表983名，选民参选率超过96%，代表结构得到进一步优化，为新一届区、镇人民代表大会高效履职奠定坚实基础。

（王明增）

单位名称：北京市密云区人民代表大会常务委员会
地　　址：北京市密云区鼓楼西大街3号
电　　话：69041264

重要会议和活动

Major Conferences and Activites

【第二届人民代表大会第八次会议】 1月5—8日，北京市密云区第二届人民代表大会第八次会议在云湖时代培训中心召开。听取和审议北京市密云区人民政府工作报告，北京市密云区人民政府关于密云区国民经济和社会发展第十四个五年规划和2035年远景目标纲要草案的说明，审查和批准北京市密云区国民经济和社会发展第十四个五年规划和2035年远景目标纲要，审议北京市密云区2020年国民经济和社会发展计划执行情况与2021年国民经济和社会发展计划草案的报告，审查和批准北京市密云区2020年国民经济和社会发展计划执行情况的报告与2021年国民经济和社会发展计划，审议北京市密云区2020年预算执行情况和2021年预算草案的报告，审查和批准北京市密云区2020年预算执行情况的报告和2021年预算，作出决议决定。听取和审议北京市密云区人民代表大会常务委员会工作报告、北京市密云区人民法院工作报告、北京市密云区人民检察院工作报告，决定北京市密云区人民政府2021年重要民生实事，作出决议决定。表决通过人事任免事项。

1月6日上午9时，北京市密云区第二届人民代表大会第八次会议开幕　（王明增　摄）

（王明增）

【第二届人大常委会第三十三次会议】 1月15日，区第二届人大常委会召开第三十三次会议。通报区人大常委会领导成员工作分工。审议表决个别区人大代表辞职事项，通过相关决议。表决通过人事任免事项。

（王明增）

【第二届人大常委会第三十四次会议】 2月7日，区第二届人大常委会召开第三十四次会议。表决通过人事任免事项。

（王明增）

【第二届人大常委会第三十五次会议】 3月24日，区第二届人大常委会召开第三十五次会议。传达学习中央党史学习教育动员大会精神、习近平总书记在全国脱贫攻坚总结表彰大会上的讲话精神、十三届全国人大四次会议精神。审议通过北京市密云区人大常委会2021年工作要点。听取和审议北京市密云区人民法院关于深入推进诉源治理工作情况的报告。表决通过人事任免事项。

（王明增）

【第二届人大常委会第三十六次会议】 4月14日，区第二届人大常委会召开第三十六次会议。传达学习全区专题警示教育大会精神。表决通过李洪山辞去北京市密云区第二届人民代表大会常务委员会副主任职务的决定（草案）、辞去北京市密云区第二届人民代表大会代表职务的决议（草案），通过相关决议决定。审议表决补选镇人大代表事项，通过相关决定。表决通过人事任免事项。

（王明增）

【第二届人大常委会第三十七次会议】 5月28日，区第二届人大常委会召开第三十七次会议。传达学习习近平总书记在推进南水北调后续工程高质量发展座谈会上的重要讲话精神、栗战书委员长在第十三届全国人大常委会第二十八次会议上的讲话精神。听取和审议区监委关于开展密云水库水源保护领域监察监督工作情况的报告。听取和审议区政府关于中小学学位规划及学位缺口问题解决推进情况的报告。表决通过人事任免事项。

（王明增）

5月28日，区二届人大常委会第三十七次会议召开 （王明增 摄）

【第二届人大常委会第三十八次会议】 7月20日，区第二届人大常委会召开第三十八次会议。传达学习习近平总书记“七一”重要讲话精神。听取和审议区政府关于办理区二届人大八次会议代表建议、批评和意见工作情况的报告。表决通过人事任免事项。

（王明增）

【第二届人大常委会第三十九次会议】 8月6日，区第二届人大常委会召开第三十九次会议。传达学习市委十二届十七次全会、区委二届十四次全会精神。听取和审议区政府关于2020年区级财政决算草案报告、2020年区级预算执行和其他财政收支情况的审计工作报告、2021年国民经济和社会发展计划上半年执行情况的报告、2021年上半年预算执行情况的报告，城乡规划实施情况的报告，批准2020年区级决算。审查和批准区政府关于密云区2021年新增地方政府债务及预算调整方案，通过相关决议。表决通过《北京市密云区人民代表大会常务委员会关于区、镇人民代表大会换届选举有关事项的决定》《北京市密云区人民代表大会常务委员会关于密云区选举委员会组成人员任命名单》《北京市密云区人民代表大会常务委员会关于镇选举委员会组成人员任命名单》《北京市密云区人民代表大会常务委员会关于设立人大换届选举新闻发言人的决定》。

（王明增）

【第二届人大常委会第四十次会议】 9月29日，区第二届人大常委会召开第四十次会议。传达学习市委书记蔡奇到密云调研指示精神和区委书记余卫国在全区领导干部大会上的讲话精神。听取和审议区政府关于环境状况和环境保护目标完成情况的报告、蜂产业建设与发展情况的报告、“七五”普法决议贯彻落实情况的报告，审议通过《北京市密云区人大常委会关于开展第八个五年法治宣传教育的决议》。听取区人大常委会备案审查办公室关于备案审查工作情况的报告。表决通过《北京市密云区人大常委会关于接受朱柏成辞去北京市密云区第二届人民代表大会常务委员会主任职务的决定》。审议区第二届人大常委会代表资格审查委员会关于个别代表的代表资格变动情况报告，通过相关决议。表决通过人事任免事项。

（王明增）

9月29日，区二届人大常委会第四十次会议召开 （王明增 摄）

【第二届人大常委会第四十一次会议】 11月1日，区第二届人大常委会召开第四十一次会议。传达学习习近平总书记在中央人大工作会议上的重要讲话、栗战书委员长总结讲话和会议精神，传达学习十三届全国人大常委会第三十一次会议精神，传达学习北京市委常委会扩大会议及北京市人大常委会第三十四次会议精神。听取区人大换届选举办公室关于区、镇人大代表候选人辞去选举委员会相应职务报告。表决通过人事任免事项。

（王明增）

【区人大代表选举】 11月5—10日，全区117个区选区选举产生区人大代表237名。其中，连选连任代表97名，占代表总数的40.93%；中共党员代表155名，占代表总数的65.4%；女性代表92名，占代表总数的38.82%；少数民族代表31名，占代表总数的13.08%；大专以上文化程度的代表195名，占代表总数的 82.28%；基层一线代表 214 名，占代表总数的 90.3%。代表平均年龄 48.46 岁，其中 35 周岁以下的 17 名，占代表总数的 7.17%；36 周岁至 55 周岁的 179 名，占代表总数的 75.53%；56 周岁以上的 41 名，占代表总数的 17.3%。全区 117 个区选区登记选民 33.55 万人，参加区人大代表选举的选民 32.43 万人，参选率 96.66%。

（王明增）

【镇人大代表选举】 11 月 5—10 日，全区 452 个镇选区选举产生镇人大代表 983 名。其中，连选连任代表 418 名，占代表总数的 42.52 %；中共党员代表 629 名，占代表总数的 63.99%；女性代表 400 名，占代表总数的 40.69%；少数民族代表 72 名，占代表总数的 7.32%；大专以上文化程度的代表 456 名，占代表总数的 46.39%；基层一线代表 860 名，占代表总数的 87.49%。代表平均年龄 50.42 岁，其中 35 周岁以下的 72 名，占代表总数的 7.32%；36 周岁至 55 周岁的 589 名，占代表总数的 59.92%；56 周岁以上的 322 名，占代表总数的 32.76%。全区 452 个镇选区，共登记选民 242160 人，参加镇人大代表选举的选民有 234224 人，参选率 96.72%。

（王明增）

【第二届人大常委会第四十二次会议】 11 月 16 日，区第二届人大常委会召开第四十二次会议。传达学习贯彻党的十九届六中全会精神及市委、区委常委会扩大会议精神。听取区第二届人大常委会代表资格审查委员会关于区第三届人民代表大会代表的代表资格审查报告，通过相关决议。

（王明增）

【第二届人大常委会第四十三次会议】 11 月 26 日，区第二届人大常委会召开第四十三次会议。听取和审议区政府关于 2021 年重要民生实事办理情况的报告、2020 年度国有资产管理情况的综合报告，书面审议国有自然资源（资产）管理情况报告以及专项审计工作报告。讨论决定北京市密云区第三届人民代表大会第一次会议有关事项，通过相关决定。讨论通过北京市密云区人大常委会工作报告。表决通过人事任免事项。

（王明增）

【第三届人民代表大会第一次会议】 12 月 13—16 日，北京市密云区第三届人民代表大会第一次会议在云湖时代培训中心召开。听取和审议北京市密云区人民政府工作报告，审议北京市密云区 2021 年国民经济和社会发展计划执行情况与 2022 年国民经济和社会发展计划草案的报告，审查和批准北京市密云区 2021 年国民经济和社会发展计划执行情况的报告与 2022 年国民经济和社会发展计划，审议北京市密云区 2021 年预算执行情况和 2022 年预算草案的报告，审查和批准北京市密云区 2021 年预算执行情况的报告和 2022 年预算，作出决议决定。听取和审议北京市密云区人民代表大会常务委员会工作报告、北京市密云区人民法院工作报告、北京市密云区人民检察院工作报告，决定北京市密云区人民政府 2022 年重要民生实事，作出决议决定。选举北京市密云区第三届人民代表大会常务委员会主任、副主任、委员，北京市密云区人民政府区长、副区长，北京市密云区监察委员会主任，北京市密云区人民法院院长，北京市密云区人民检察院检察长，决定北京市密云区第三届人民代表大会专门委员会的设立及其主任委员、副主任委员、委员。

（王明增）

【第三届人大常委会第一次会议】 12 月 21 日，区第三届人大常委会召开第一次会议。学习《中华人民共和国宪法》。传达学习贯彻中央人大工作会议及市委第六次人大工作会议精神。通报区人大常委会主任、副主任工作分工。表决通过《北京市密云区第三届人民代表大会常务委员会关于接受朱柏成辞去北京市第十五届人民代表大会代表职务请求的决议》。补选市人大代表。

（王明增）

人事任免

Personnel Appointment and Removal

【人事事项】 年内，区人大常委会行使人事任免权，依法任免国家机关工作人员 122 人次。

（杨哲音）

2021 年密云区任免事项一览表

表 1

会议名称	日期	任命人员、接受辞职人员和免职人员
第 33 次常委会	1 月 15 日	任命季荣旺为北京市密云区人民政府副区长； 任命林立为北京市密云区政府办公室主任； 任命孙绍志为北京市密云区民政局局长； 任命王东利为北京市密云区城市管理委员会主任； 任命吴显生为北京市密云区农业农村局局长； 任命李长全为北京市密云区国有资产监督管理委员会主任； 任命杨光辉为北京市密云区政务服务管理局局长； 免去吴显生北京市密云区政府办公室主任职务； 免去杨光辉北京市密云区科学技术委员会主任职务； 免去张志华北京市密云区民政局局长职务； 免去李长全北京市密云区城市管理委员会主任职务； 免去张天杰北京市密云区农业农村局局长职务； 免去孙绍志北京市密云区审计局局长职务； 免去孙全春北京市密云区国有资产监督管理委员会主任职务； 免去彭兴宝北京市密云区政务服务管理局局长职务； 免去周广明北京市密云区人民代表大会教育科技文化卫生委员会委员职务； 雷祥龙辞去北京市密云区人民代表大会常务委员会委员、北京市密云区人民代表大会城建环保委员会副主任委员职务； 金勇辞去北京市密云区第二届人民代表大会代表职务。
第 34 次常委会	2 月 7 日	任命王永浩为北京市密云区人民政府副区长； 杨珊辞去北京市密云区人民政府副区长职务。
第 35 次常委会	3 月 24 日	任命孙明朝为北京市密云区人民代表大会常务委员会教科文卫体办公室主任； 任命周忠明为北京市密云区交通局局长； 任命孙红军为北京市密云区审计局局长； 任命崔雪为北京市密云区人民代表大会法制委员会委员； 任命赵向东为北京市密云区人民代表大会教科文卫委员会副主任委员； 任命宋立滨为北京市密云区人民代表大会教科文卫委员会委员； 任命张维海为北京市密云区人民代表大会城建环保委员会委员； 任命李艳书为北京市密云区人民代表大会城建环保委员会委员； 任命何金龙为北京市密云区人民代表大会农村委员会委员； 任命郝继超为北京市密云区人民代表大会农村委员会委员； 任命周凤兴为北京市密云区人民法院副院长；

续表

会议名称	日期	任命人员、接受辞职人员和免职人员
第 35 次常委会	3 月 24 日	任命陈琼为北京市密云区人民法院副院长； 任命付铁军为北京市密云区人民法院审判委员会委员； 任命周铁军为北京市密云区人民法院审判委员会委员； 任命宋英伟为北京市密云区人民法院审判委员会委员； 任命王雪为北京市密云区人民法院立案庭（诉讼服务中心）副庭长； 任命席引路为北京市密云区人民法院立案庭（诉讼服务中心）副庭长； 任命王建国为北京市密云区人民法院刑事审判庭副庭长； 任命李娜为北京市密云区人民法院刑事审判庭副庭长； 任命王宁为北京市密云区人民法院行政审判庭副庭长； 任命王世营为北京市密云区人民法院综合审判庭副庭长； 任命徐学武为北京市密云区人民法院西田各庄人民法庭副庭长； 任命徐征征为北京市密云区人民法院西田各庄人民法庭副庭长； 任命崔道远为北京市密云区人民法院溪翁庄人民法庭副庭长； 任命单青林为北京市密云区人民法院溪翁庄人民法庭副庭长； 任命孟娜为北京市密云区人民法院太师屯人民法庭副庭长； 免去郝加瑞北京市密云区人民代表大会常务委员会教科文卫体办公室主任职务； 免去韩月红北京市密云区人民代表大会常务委员会檀营地区工作委员会副主任职务； 免去夏连宝北京市密云区人民法院副院长、审判委员会委员职务； 免去谭凤国北京市密云区人民法院审判员职务； 免去陈琼北京市密云区人民法院巨各庄人民法庭庭长职务； 免去相颖北京市密云区人民法院民事审判一庭副庭长职务； 免去王雪北京市密云区人民法院太师屯人民法庭副庭长职务； 免去席引路北京市密云区人民法院行政审判庭副庭长职务； 免去王建国北京市密云区人民法院综合审判庭副庭长职务； 免去李娜北京市密云区人民法院溪翁庄人民法庭副庭长职务； 免去王宁北京市密云区人民法院西田各庄人民法庭副庭长职务； 免去王世营北京市密云区人民法院西田各庄人民法庭副庭长职务； 免去徐学武北京市密云区人民法院立案庭（诉讼服务中心）副庭长职务； 免去徐征征北京市密云区人民法院立案庭（诉讼服务中心）副庭长职务； 免去单青林北京市密云区人民法院刑事审判庭副庭长职务； 免去孟娜北京市密云区人民法院综合审判庭副庭长职务； 王蕾辞去北京市密云区人民代表大会常务委员会委员、北京市密云区人民代表大会法制委员会副主任委员职务； 李洪山辞去北京市密云区人民代表大会常务委员会副主任职务、北京市密云区第二届人民代表大会代表职务。
第 36 次常委会	4 月 14 日	任命张长峰为北京市规划和自然资源委员会密云分局局长； 任命姚凤丹为北京市密云区人民法院刑事审判庭庭长； 任命宋英伟为北京市密云区人民法院综合审判庭庭长； 任命王晓芳为北京市密云区人民法院巨各庄人民法庭庭长； 任命马振军为北京市密云区人民法院太师屯人民法庭庭长； 免去李燕北京市规划和自然资源委员会密云分局局长职务； 免去宋英伟北京市密云区人民法院太师屯人民法庭庭长职务； 免去王晓芳北京市密云区人民法院综合审判庭庭长职务； 免去马振军北京市密云区人民法院立案庭（诉讼服务中心）庭长职务； 免去于立华北京市密云区人民法院民事审判二庭庭长、审判委员会委员职务； 免去师光东北京市密云区人民法院审判员职务。

续表

会议名称	日期	任命人员、接受辞职人员和免职人员
第 37 次常委会	5 月 28 日	免去单维良北京市密云区人民代表大会常务委员会办公室主任职务； 单维良辞去北京市密云区人民代表大会常务委员会委员职务。
第 38 次常委会	7 月 20 日	任命张小林为北京市密云区监察委员会副主任； 免去张如林北京市密云区人民法院审判委员会委员职务； 免去夏连宝北京市密云区人民法院审判员职务； 免去李军北京市密云区人民检察院检察委员会委员、检察员职务； 免去刘卫民北京市密云区人民检察院检察委员会委员、检察员职务。
第 40 次常委会	9 月 29 日	任命王红为北京市密云区人民代表大会常务委员会办公室主任； 任命范英奇为北京市密云区人民代表大会常务委员会法制办公室（备案审查办公室）主任； 任命孙明朝为北京市密云区人民代表大会常务委员会财政经济办公室（预算审查办公室）主任； 任命段嗣博为北京市密云区人民代表大会常务委员会教科文卫体办公室主任； 任命单德玲为北京市密云区人民代表大会常务委员会代表联络室（市人大代表联络处）主任（处长）； 任命孙岳为北京市密云区人民代表大会常务委员会檀营地区工作委员会主任； 任命陆广为北京市密云区人民代表大会常务委员会鼓楼街道工作委员会副主任； 任命于德泉为北京市密云区人民政府副区长； 任命刘传虹为北京市密云区人民政府副区长； 任命陈伟航为北京市密云区人民政府副区长； 任命熊正为北京市密云区人民检察院副检察长、代理检察长、检察委员会委员、检察员； 免去张艳生北京市密云区人民代表大会常务委员会法制办公室（备案审查办公室）主任职务； 免去王建国北京市密云区人民代表大会常务委员会财政经济办公室（预算审查办公室）主任职务； 免去孙明朝北京市密云区人民代表大会常务委员会教科文卫体办公室主任职务； 免去田玉环北京市密云区人民代表大会常务委员会代表联络室（市人大代表联络处）主任（处长）职务； 免去李国锋北京市密云区人民代表大会常务委员会研究室主任职务； 免去单德玲北京市密云区人民代表大会常务委员会檀营地区工作委员会主任职务； 免去孙岳北京市密云区人民代表大会常务委员会鼓楼街道工作委员会副主任职务； 免去吕天明北京市密云区人民法院审判员职务； 张京文辞去北京市密云区人民检察院检察长职务； 刘滨辞去北京市密云区人民政府副区长职务； 张明智辞去北京市密云区人民政府副区长职务； 朱柏成辞去北京市密云区人民代表大会常务委员会主任职务。

续表

会议名称	日期	任命人员、接受辞职人员和免职人员
第 41 次常委会	11 月 1 日	任命于庭满为北京市密云区人民代表大会常务委员会城建环保办公室主任； 任命田立文为北京市密云区人民代表大会常务委员会农村办公室主任； 任命方铁洪为北京市密云区人民代表大会常务委员会研究室主任； 任命史瑞兰为北京市密云区人民代表大会常务委员会农村办公室副主任； 任命张云呈为北京市密云区人民代表大会常务委员会代表联络室（市人大代表联络处）副主任（副处长）； 免去郑中朝北京市密云区人民代表大会常务委员会城建环保办公室主任职务； 免去于庭满北京市密云区人民代表大会常务委员会农村办公室主任职务； 免去张云呈北京市密云区人民代表大会常务委员会农村办公室副主任职务； 免去史瑞兰北京市密云区人民代表大会常务委员会代表联络室（市人大代表联络处）副主任（副处长）职务； 免去马传洲北京市密云区人民代表大会常务委员会研究室副主任职务。
第 43 次常委会	11 月 26 日	任命彭根明为北京市密云区科学技术委员会主任； 免去唐成德北京市密云区人民法院审判员职务； 免去赵云江北京市密云区人民法院审判员职务。
区三届人大常委会第 1 次会议	12 月 21 日	朱柏成辞去北京市第十五届人民代表大会代表职务

民主监督

Democratic Supervision

【《诉源治理工作情况的报告》初审】 3 月 18 日，区人大法制委员会召开全体会议，对区法院《诉源治理工作情况的报告》进行初审，并就推动建立健全各方参与、职责明确、齐抓共管的诉源治理工作体系，建立健全矛盾纠纷协同调处机制等提出意见和建议。

（郑雪艳）

【“煤改电”工程建设情况视察】 3 月 23 日，组织代表对区供电公司电网分布和运维控制系统、“煤改电”服务监督调度中心、穆家峪镇阁老峪村“煤改电”运行情况进行视察，听取区农业农村局此项工作汇报。代表们提出统一思想、形成工作合力、完善售后服务保障机制、加大政策宣传力度、巩固拓展惠民工程社会效益等意见建议。

（王　塔）

【《北京市突发公共卫生事件应急条例》执法检查】 3 月 26 日，社会建设委员会组织召开执法检查启动会，全区 20 个镇街（地区）及 13 个相关部门参加。3 月至 7 月，社会建设委员会围绕疾病预防控制体系建设、应急医疗救治体系建设工作、监测预警系统建设和联防联控机制运行、公共卫生应急物资保障、四方责任落实等情况，通过实地检查、会议座谈、明察暗访、蹲点调研、代表反馈等方式，开展执法检查工作，发现问题 75 个，梳理汇总形成清单 13 条，并督促问题整改，落实“问题清单＋督促整改”机制。

（陈　新）

【中小学学位规划及学位缺口问题解决情况视察】 4 月 25 日，组织代表视察密云区中小学学位规划及学位缺口问题解决推进情况。推进义务教育阶段学位缺口建设，满足适龄儿童就近入学需要，满足人民群众对教育的美好期盼。

（王　引）

【关于密云水库水源保护监察监督工作情况的报告初审会】 5 月 17 日，区人大法制委员会召开全体会议对区监委《开展密云水库水源保护领域监察监督工作情况的报告》进行初审。委员一致赞同该报告。代表们针对报告的内容结构、存在问题、整改措施等提出修改意见，就接受区监察委员会监察监督、增强监察合力、开展好密云水库水源保护工作等提出意见建议。

（郑雪艳）

【分区规划实施情况视察】 6 月 23 日，区人大城建环保委员会组织部分代表视察区政府关于分区规划实施情况，实地查看西田各庄镇新王庄美丽乡村建设、穆家峪镇新刘地区棚改建设项目进展情况，听取关于全区实施街区控规、镇域国土空间规划和专项规划编制开展情况的汇报。代表建议加快构建规划编制体系和实施体系，提高规划的前瞻性和刚性；强化对配套公共服务设施同步建设的监管；提高规划和项目实施的透明度，保证民众知晓率，强化社会监督。

（兰　莹）

【区医院与北京大学第一医院融合共建情况视察】 6月24日，组织代表视察区医院与北京大学第一医院融合共建情况，助推密云区整体医疗服务水平提升。

（王　引）

【落实习近平总书记重要回信精神、保护密云水库情况视察】 8月24日，区人大常委会组织部分人大代表对区政府落实习近平总书记重要回信精神、保护密云水库情况进行视察，实地察看白河水入境张家坟水文站、石城镇梨树沟村污水处理站、水库综合执法大队水上分队、密云区植保植检站生物防治研发基地，听取相关部门关于生态环境治理体系与治理能力现代化、保护水库、生物防治等工作开展情况的汇报。截至8月23日，水库蓄水量达33.59亿立方米，创历史新高。代表就完善环境治理评价、考核和督察机制，加强环境治理信息公开，完善企业生态环境信用评价管理制度，发展生态净水富民产业等方面提出意见建议。

（兰　莹）

【《蜂产业建设与发展情况的报告》初审会】 9月8日，常委会副主任张天杰带领20余名区人大代表分别前往太师屯镇令公村、龙潭沟村及冯家峪镇中华蜂养殖基地对蜂产业建设与发展情况进行实地调研，并对报告进行了初审工作。提出了创新工作机制，推动蜂产业高质量发展；完善营销方式，增加蜂农收入；加强品牌打造，提升产品知名度；加大人才培养力度，保障蜂产业可持续发展。

（王　塔）

【生态商务区建设、京沈高铁站城一体化工作情况视察】 9月16日，区人大常委会组织部分区人大代表对区政府生态商务区建设、京沈高铁站城一体化及相关工作情况进行视察。代表们实地查看生态商务区沿河商业街建设情况，以及京沈高铁周边交通、配套服务等站城一体化建设情况。听取生态商务区关于招商引资和园区发展等方面情况的汇报，城管委关于京沈高铁密云站周边建设、配套设施情况的汇报，区发改委、规自分局、商务局、交通局结合自身职责情况的汇报。代表就找准定位、坚持用规划引领生态商务区发展、提高生态商务区管理水平、统筹考虑高铁站及生态商务区周边环境建设等方面提出意见建议。

（周彩萍）

【《关于2021年重要民生实事办理情况的报告》初审会】 11月1—10日，社会建设委员会通过“微信＋走访＋座谈”相结合的形式，组织部分常委会委员、专委会委员及人大代表对区政府《关于2021年重要民生实事办理情况的报告》进行初审，建议加大统筹协调力度、监管力度和宣传力度，推进项目建成。

（陈　新）

【国资管理监督】 11月11日，召开专题会议，对《关于2020年度国有资产管理情况的综合报告》《关于2020年度国有自然资源（资产）管理情况的专项报告》和《关于2020年度国有自然资源（资产）管理情况的审计工作报告》进行初审，代表们就提高国有资产管理水平，增强国有企业发展活力，加大审计查出问题整改力度等方面提出意见和建议。

（周彩萍）

代表工作
Representatives' Work

【十九届五中全会精神专题培训班】 3月18日，区人大常委会举办区人大代表学习贯彻党的十九届五中全会精神专题培训班，邀请市委党校曾宪植教授就学习贯彻党的十九届五中全会精神做专题培训。全体区人大代表，各镇街（地区）人大主席（主任）、人大办公室主任，区人大常委会机关全体干部参加培训。

（赵汉卿）

3月18日，区人大代表学习贯彻党的十九届五中全会精神专题培训班开班　　（果旭 摄）

【办理人大代表建议工作部署会】 3月30日，区政府召开2021年办理人大代表建议工作部署会，区二届人大八次会议人大代表提出的68件建议，分别交25家承办单位具体负责办理落实。

（赵汉卿）

【代表建议办理工作督办】 5月20日，区人大常委会副主任率队到区农业农村局调研督办代表建议办理情况，听取区农业农村局、城管委、水务局等10家单位承办的代表建议办理工作情况，就各单位办理进展、存在困难、下一步安排等情况进行调度部署。

（果　旭）

5月20日，区人大常委会副主任率队到区农业农村局调研督办代表建议办理情况（果旭　摄）

【《北京市接诉即办条例（草案）》意见征求】 7月，按照市人大常委会工作安排，区人大常委会与镇街人大联动就《北京市接诉即办条例（草案）》有关问题，征求本辖区内市、区、镇三级人大代表及市民群众、镇街党政领导和"接诉即办"单位的意见和建议，梳理基层治理改革创新经验，回应选民和群众诉求。东邵渠、不老屯等镇街人大及时召开会议征求意见建议，代表联络室汇总形成意见建议9条报市人大常委会。

（赵汉卿）

【《北京市接诉即办工作条例（草案）》调研】 9月2日，副市长卢彦以人大代表身份，到密云区溪翁庄镇东智北村代表工作站调研，就《北京市接诉即办工作条例（草案）》征求市、区、镇三级人大代表意见建议。8位密云区市、区、镇三级人大代表、接诉即办承办单位同志及市民代表从完善诉求受理机制、深化办理责任落实、优化监督考核办法等方面提出16条意见建议。

（果　旭）

【人大代表初任培训】 11月18日，区人大常委会组织新一届区、镇人大代表进行初任培训。约千名区、镇人大代表在各镇街（地区）分会场，以视频形式参加培训。培训邀请市人大常委会民宗侨办原主任、东城区人大常委会原主任、市人大制度理论研究会原副会长席文启，以"增强代表履职意识，提高代表履职能力"为题，从代表职务和代表履职、代表在会议期间的工作、代表在闭会期间的活动、代表如何提出议案和建议、代表如何提高履职能力、代表法对代表提出的要求等六个方面作专门授课。

（果　旭）

【代表工作参与】 年内，通过丰富代表活动载体，更好发挥代表主体作用。加强常委会与代表的联系，全年常委会确定监督议题28项，参与代表1080余人次。推进区"一府一委两院"同代表的联系，应邀组织、推荐代表参加政务、司法、检务公开等活动共200余人次。加强代表同人民群众的联系，全年依托全区134个代表工作站开展各项代表履职活动430余次，联系服务选民11500余人次。收集选民意见建议856件。镇街协调办理解决375件，形成区人大代表建议67件。

（果　旭）

专门委员会

Special Committees

【市人大常委会专题调研】 4月7日，市人大常委会调研组实地察看东邵渠镇东邵渠村北京汇源生态农业有限公司产业建设、溪翁庄镇金巨罗村精品民宿和休闲旅游农业、河南寨镇平头村"三优农田"高效节水设施等情况，围绕第一、二、三产业融合发展、品牌培育提升、农业基础设施建设等方面提出意见、建议。

（王　塔）

【垃圾分类工作情况调研】 5月25日，市人大"两条例"执法检查"分类习惯养成"专题小组赴密调研，实地视察巨各庄镇蔡家洼村、鼓楼街道柏林山水小区、果园街道康馨雅苑小区的生活垃圾分类情况，听取相关单位负责同志对生活垃圾分类制度建设、常态化管理、宣传等相关情况的介绍。执法检查组对密云区贯彻实施《北京市生活垃圾管理条例》工作予以肯定，并就落实分类责任、提升分类效果、促进居民分类习惯养成等提出建议。

（兰 莹）

【《北京市医院安全秩序管理规定》实施情况执法检查】 5月，区人大法制委员会对区政府实施《北京市医院安全秩序管理规定》情况进行执法检查。通过实地检查、会议座谈、明察暗访等方式，对区卫生健康委、区公安分局、区医院、区中医医院、区妇幼保健院等单位落实医院安全秩序管理职责、安全保卫信息平台建设、警务室设立及运行、建立健全安全防范系统等情况进行检查。检查组成员就完善预警机制，强化应急处置能力和实现人防、物防、技防综合运用等提出意见和建议。

（郑雪艳）

【《北京市接诉即办工作条例（草案）》调研】 5月，社会建设委员会对《北京市接诉即办工作条例（草案）》征求意见建议，梳理汇总形成发挥承办主体作用、调动社会力量、人民群众广泛参与、明确权利和义务、完善考评激励和监督机制5方面的11项建议。

（陈 新）

【《关于密云城市规划落实情况的报告》初审会】 7月14日，区人大城建环保委员会召开委员会议，对区政府《关于密云城市规划落实情况的报告》进行初审。委员们对密云区规划落实工作取得的成绩给予肯定，同时围绕城市规划实施过程中规划的前瞻性、批复建成移交后的监管、公共服务设施建设等提出意见建议。

（兰 莹）

【财经委员会报告初审会】 7月15日，财经委员会召开报告初审会，对拟提交常委会审议的《2020年财政决算情况的报告》《2020年度区本级预算执行和其他财政收支情况的审计工作报告》《2021年上半年国民经济和社会发展计划执行情况的报告》和《2021年上半年财政预算执行情况的报告》进行初审，对报告的内容、格式、文字表述等方面提出修改意见。

（周彩萍）

【市人大常委会执法检查】 8月30日，市人大常委会副主任率领执法检查组部分成员对《北京市生态涵养区生态保护和绿色发展条例》《北京市消防条例》贯彻落实情况进行检查，执法检查组先后来到密云水库大坝、溪翁庄镇尖岩村、科学城东区，对水库保水工作开展情况、民俗村的精品民宿建设和防火工作开展情况、地球系统数值模拟大科学装置项目建设情况进行实地察看，听取市、区相关部门关于贯彻落实相关条例情况的工作汇报。

（王 塔）

【科学城东区建设情况视察】 9月，区人大教科文卫委员会组织代表视察科学城东区建设及相关工作。在听取区推进怀柔科学城东区建设工作领导小组办公室专项工作汇报的基础上，实地察看科研人员住房配套设施建设、地球系统数值模拟装置项目运转等情况。

（王 引）

【国家森林城市创建情况视察】 10月28日，区人大常委会组织部分农村委员会委员，市、区人大代表对区政府关于创建国家森林城市工作情况进行视察，实地察看云末园艺驿站、白河城市森林公园“互联网＋义务植树”基地、西智村蜂产品产销中心，听取区园林绿化局关于密云区创建国家森林城市工作情况的汇报，并就提高思想认识、完善长效机制、宣传低碳理念等方面提出意见建议。

（王 塔）

【法制委员会专委会】 年内，召开委员会议6次，组织学习6次，协助常委会听取和审议专项工作报告4项，开展执法检查1项，开展专题询问1项，开展代表建议督办11项，审查区政府规范性文件11件。协助常委会听取和审议区政府《关于密云区开展“七五”普法工作及“八五”普法规划情况的报告》、区监察委《关于开展密云水库水源保护领域监察监督工作情况的报告》、区人民法院《关于深入推进诉源治理工作情况的报告》、区人大《备案审查办公室关于备案审查工作情况的报告》；开展对《区人民检察院研究落实区人大常委会关于依法履行检察职能维护食品药品安全专项工作报告的审议意见》情况开展专题询问；对《北京市医院安全秩序管理规定》贯彻实施情况开展检查；对《中华人民共和国地方各级人民代表大会和地方各级人民政府组织法》等法律法规征求意见；做好区、镇人大代表选举工作。

（郑雪艳）

【诉源治理工作调研】 年内，区人大法制委员会通过“座谈＋旁听＋视察”相结合的形式对区法院诉源治理工作情况进行调研。组织部分委员和代表走进区法院旁听案件调解；到溪翁庄镇东智北村视察“无讼村居”创建工作；召开区检察院、区公安分局、区司法局等职能部门和部分镇街座谈会，就诉源治理工作方面存在的问题征求意见建议。

（郑雪艳）

北京市密云区人民政府

BEIJING MIYUN DISTRICT PEOPLE'S GOVERNMENT

综述

Overview

年内，北京市密云区人民政府（简称区政府）学习贯彻习近平总书记“七一”重要讲话和重要回信精神，落实市委、区委部署要求，以全国文明城区等“十大创建”为抓手，推动密云绿色高质量发展，较好完成年度确定的各项任务。

政治建设 深入学习贯彻习近平新时代中国特色社会主义思想，扎实开展党史学习教育，把学习成果转化为忠诚干净担当的实际行动。加强政府系统党的建设，开展勤政廉政和警示教育，推动全面从严治党向纵深发展。开展“四不两直”、驻村蹲点调研，问计于民、问需于民。坚持民主集中制，落实“三重一大”制度，依法科学民主决策。加强审计监督，强化成本管控，节约资金7.48亿元。接受民主监督，办理人大代表建议72件，政协委员提案95件，办复率均达100%。秉持“事不过夜、案无积卷”的作风，全区广大干部夙夜在公、创先争优，舍小家、为大家，讲奉献、有作为，以实际行动彰显人民公仆本色。

生态文明建设 制定《北京市密云水库流域水生态保护与发展规划（2021年—2035年）》，完善“5＋2”保水体系，完善水库上游流域“两市三区五县”协同机制，开展密云水库百日整治行动，推进15条小流域治理。10月1日，密云水库蓄水量创35.79亿立方米、水位155.3米历史最高。新一轮百万亩造林、京津风沙源二期治理、森林健康经营林木和国家级公益林管护任务全面完成，实行河长、林长、田长“三长”联动，率先在全市完成新型集体林场建设。雾灵山自然保护区被评为“履行《联合国森林文书》示范单位”，尖帽草、无喙兰等珍稀植物相继在密云发现，鸟类名录从141种增加至388种。深化蓝天保卫战，空气质量达标天数创有监测记录以来同期最好水平。推动碧水攻坚战，白河、潮河入库水质出现Ⅰ类标准。打好净土保卫战，深化耕地分类管理，严格农用地污染预防，土壤环境质量总体良好。在全市率先提出建设碳中和示范区，率先成立碳中和研究发展中心。推动气候经济发展，探索“农田增汇”密云模式。成功创建“中国天然氧吧”。

绿色高质量发展 地球数值模拟装置项目提前一年半建成，4个“十三五”科教基础设施项目主要土建工程完工。北大怀密医学中心分期建设方案得到市政府、教育部同意，北京第二实验学校办学方案上报审批。华远达公寓等项目交付使用，中科三清等企业落地东区，成功举办气候金融圆桌会议。京东智能物流园、复星药业、海王药业等重点实体项目开工建设。生态商务区街区控规获市政府批复，生命健康科学小镇一期征拆全部完成，携手朝阳打造朝密“双创中心”。围绕电子商务、科技服务、健康医疗、生物医药、航空服务、国际休闲旅游度假和高端会议六大重点领域，统筹推进80个项目建设，投资总额260.5亿元。依托“服贸会”“进博会”平台签约6个项目，进出口额在生态涵养区排名第一。开展“生态密云·健康消费”活动，建设万象汇—高铁密云站—沿河商业街三位一体精品街区，促进密云消费提档升级。优化营商环境4.0版，出台“1＋3＋N”政策服务体系，建立“马上就办”工作机制，推进国企改革三年行动。密云区获“2021年度中国新发展理念十大践行典范”。

乡村振兴 全力完成复耕任务，构建“1＋2＋30”的智慧农业系统，通过国家农业科技园评估和国家现代农业产业园中期验收。推动“密云农业”品牌建设，荣获“北京优农”品牌证书，形成“特色蜜、水库鱼、环湖粮、山区果、平原菜”的农业发展格局。培育规模以上农业电商17家，举办“农民丰收节”系列活动，创建“中华优秀蜜蜂之乡”，成立5家渔业合作社。在全市率先举办全程密云生态马拉松，带动全民运动和文旅体农产业融合发展。推动全域旅游示范区建设，荣获“2021生态自然旅游优选目的地”“世界乡村旅游优秀区”等称号。330个村集体经济组织产权制度改革基本完成，194个集体经济薄弱村增强自身发展能力，超额完成市级年度“消薄”任务。创新帮扶模式，引导镇村组建集体所有制企业，城建、首农集团等13家大型国企与我区38个集体经济薄弱村确定结对关系。加强专业合作社建设，打造国家级示范社24家、市级示范社10家、区级示范社84家，农村合作社质量得到整体提升。

民生保障 民生领域支出占一般公共预算支出80%以上。新增城乡劳动力就业1.1万余人，城镇登记失业率控制在3.5%以内。新建邻里互助点100个，农村居家养老服务模式在全国示范推广，22.5万城乡居民实现参保，燕安保障房项目实现开工建设，退役军人服务站在全市率先实现全覆盖。“七有”“五性”考核位居全市第二。在全市率先启动校长及教师轮岗交流，教育优质均衡发展、中小学生体质健康水平、教育工作满意度走在全市前列。全区村级医疗机构实现全覆盖，成功创建三级综合医院。争创北京市公共文化服务体系示范区，城区15分钟健身运动圈全覆盖。落实《北京市接诉即办工作条例》，接诉即办综合成绩全市第7，率先出台历史遗留问题后续解决方案，5449户居民的不动产首次登记问题得到有效解决。国家卫生城市顺利通过复审，“基本无违建区”成果持续巩固。综合整治老旧住宅小区8个，新建提升便民商业网点50个，升级改造农贸市场5家，新建5G基站265个，城市生活更宜居更便利。

安全生产 抓实抓细常态化疫情防控，压紧压实“四方责任”，按照“快、严、准”的要求抓好流调溯源、落地管控、行业监管、社区防控等各项工作，累计开展核酸检测112.8万人次，疫苗接种112.9万剂次，构筑疫情防控安全屏障。严格落实安全生产责任制，及时排查消除安全隐患，积极预防城市火灾风险。全面做好森林防灭火工作，全力应对极端天气，加强食品药品安全监管，有力保障群众生命财产安全和身体健康。加大社会矛盾纠纷排查调处，建立三级领导包案机制解决信访难题，信访化解群众满意率位居全市首位。强化社会综合治理，深化京津冀区域警务合作，全力守好首都东北大门。

（朱明枫）

单位名称：北京市密云区人民政府
地　　址：北京市密云区鼓楼西大街3号
电　　话：69041685

重要会议和重大活动

Main Conferences and Activities

【概　况】 年内，区政府办承办区委、区政府各类会议562个，国务院、市委、市政府电视电话会议411个。接待市政府、市部门、周边区、外省市、重要企业来密调研、督查学习等活动129次。服务区政府领导同志调研、检查工作113次。举办密云水库流域“两市三区五县”生态环境联建联防联治工作交流大会、北京密云水库保护公益基金会成立大会等各类活动20个。

（提晶晶）

【政府常务会】 全年召开政府常务会31次。

（提晶晶）

密云区政府常务会一览表

表2

序号	日期	会议名称	会议议题
1	2021年1月15日	区政府第103次常务会	一、区城市管理委关于通报2020年12月份生活垃圾分类工作检查考核情况的请示 二、区商务局关于提请政府常务会审议《北京市密云区建设国家服务业扩大开放综合示范区工作方案（报审稿）》的请示 三、区园林绿化局关于开展2020年度首都绿化美化先进集体和先进个人评选表彰工作的请示 四、石城镇政府关于报审桃源仙谷景区经营权转让的请示 五、区规自分局关于完善密云区国有建设用地使用权出让地价评审规定的请示 六、区财政局关于区经信局区政务外网三级等保升级改造的意见 七、区财政局关于密云区新城再生水厂配套管网工程竣工决算等相关事宜的意见 八、区财政局关于区城管委申请调整部分2020年一般债券资金的意见 九、区发改委关于支持河北省蔚县产业合作发展援助资金的请示 十、区人力社保局关于席建波等39名同志人事任免事项提交区政府常务会议审议的请示

续表

序号	日期	会议名称	会议议题
2	2021 年 1 月 27 日	区政府第 104 次常务会	一、北京市密云区人民政府办公室关于提请审议《＜政府工作报告＞2021 年重点工作分工方案》的请示 二、区生态环境局关于报审《北京市密云区生态环境保护工作职责分工规定（讨论稿）》的请示 三、区环境办关于通报 2020 年 12 月份及年终城乡环境建设检查考评情况的请示 四、区河长办关于对 2020 年 12 月份、4 季度及年度全区河长制工作考核排名情况进行通报的请示 五、区生态环境局关于通报 2020 年 12 月份大气污染防治工作情况的请示 六、区生态环境局关于报审 2020 年水环境跨界断面考核补偿情况的请示 七、区规自分局关于报请区政府常务会议审议《密云区历史遗留房地产开发项目不动产登记问题后续解决方案》的请示
3	2021 年 2 月 3 日	区政府第 105 次常务会	一、区农业农村局关于报审《密云区关于落实户有所居加强农村宅基地及房屋建设管理办法（试行）》的请示 二、区城管执法局关于申请“基本无违法建设区”创建工作资金拨付的请示 三、区人力社保局关于《北京市密云区评比达标表彰活动管理实施细则》提交区政府常务会议审议的请示
4	2021 年 2 月 9 日	区政府第 106 次常务会	一、区司法局关于在区政府常务会上审议北京市密云区人民政府 2020 年法治政府建设年度情况报告的请示 二、区司法局关于通报全年行政执法情况的请示 三、区国资委关于首云矿业关停转型所需资金的请示 四、区财政局关于密云区檀营居住项目土地开发成本相关情况的核实报告 五、区财政局关于开发区管委会申请拨付土地开发成本的核实报告 六、区财政局关于兴云小区 37 户未回迁户补偿等事项的核实报告 七、区人保局、区财政局关于北京市密云区气象局、国家统计局密云调查队要求发放绩效津贴及各项待遇的有关情况报告
5	2021 年 3 月 19 日	区政府第 107 次常务会	一、中共北京市密云区人民政府党组关于 2020 年度民主生活会情况的通报 二、区烟花办关于在区政府常务会上通报 2021 年春节期间烟花爆竹安全管理工作的请示 三、区审计局关于报送《北京市密云区审计局关于 2019 年度本级预算执行和其他财政收支审计查出问题整改情况的报告（报审稿）》的请示 四、区信访办关于提请区政府常务会议听取信访工作汇报的请示 五、区生态环境局关于报审《北京市密云区深入打好污染防治攻坚战 2021 年系列行动计划（报审稿）》的请示 六、区财政局关于报审《密云区财源办关于加强 2021 年财源建设工作的若干措施》的请示

续表

序号	日期	会议名称	会议议题
5	2021年3月19日	区政府第107次常务会	七、区住建委关于确定棚户区改造项目实施主体的请示 八、区信访办关于上报北京市人民建议征集工作先进集体和先进个人的请示 九、区审计局关于2021年度审计（调查）项目计划的请示 十、区财政局关于区疫情防控指挥部综合协调办公室申请拨付租用防疫隔离酒店及安保费所需资金的意见 十一、区财政局关于退役士兵一次性经济补助资金核实情况的意见 十二、区财政局关于区交通局清算宝城客运公司2020年9月至11月份、预拨2021年1月至3月份免费乘车补贴的请示 十三、区财政局关于区交通局清算宝城客运公司2020年11月至12月份、预拨2021年1月至3月份票价折扣补贴款的意见 十四、区人力社保局关于人事任免事项提交常务会审议的请示
6	2021年3月24日	区政府第108次常务会	一、区人力社保局关于人事任免事项提交常务会审议的请示 二、区环境办关于通报2021年1—2月份城乡环境建设检查考评情况的请示 三、区城市管理委关于通报2021年1、2月份生活垃圾分类工作检查考核情况的请示 四、区国资委关于印发《密云区国有企业公司制改革工作方案》的请示 五、区森林防火指挥部关于北京市森林防火先进集体和先进个人拟推荐名单的请示 六、区财政局关于北京诚通华亿房地产有限公司、北京德兴建筑安装有限公司2020年政策支持的核实意见的请示
7	2021年3月29日	区政府第109次常务会	一、区生态环境局关于通报2021年1—2月份大气污染防治工作情况的请示 二、区城市管理委关于通报2021年3月份生活垃圾分类工作检查考核情况的请示 三、区河长办关于对2021年1月份及2月份全区河长制工作考核排名情况进行通报的请示 四、区城市管理委关于报审《密云区2021年国家卫生区复审工作方案》的请示 五、区城管执法局关于继续发放下沉至各镇街事业编制城管队员城管系统执法装备和津贴补贴的请示 六、区农业农村局关于报审《密云区关于全面推进乡村振兴加快农业农村现代化的工作方案》的请示 七、区农业农村局关于报审《密云区美丽乡村建设实施方案》的请示 八、区农业农村局关于报审《北京市密云区坚决制止耕地“非农化”行为工作方案（报审稿）》的请示 九、区财政局关于一季度急需拨付部分2021年部门预算暂缓安排项目资金的请示 十、区财政局关于区城管委新西路提升改造工程急需征拆资金的意见 十一、区财政局关于区人力社保局申请密云区城乡居民养老保险个人缴费补贴财政补助资金的意见 十二、区人力社保局汇报2020年度平安建设考核奖励工作

续表

序号	日期	会议名称	会议议题
8	2021年4月16日	区政府第110次常务会	会前学法：解读学习《关于健全行政裁决制度加强行政裁决工作的实施意见》 一、区生态环境局关于报审《北京市密云区贯彻落实第二轮中央生态环境保护督察报告反馈问题整改方案》的请示 二、区规自分局关于提请区政府常务会审议《密云区公共公益类违法用地违法建设专项整治行动工作方案》的请示 三、区财政局关于印发财源建设工作指导性预期目标的请示 四、区财政局关于印发《北京市密云区财源建设工作评估办法(修订)》的请示 五、区文旅局关于报审《密云区创建国家全域旅游示范区工作方案》的请示 六、区规自分局关于提请区政府常务会审议《密云区全面梳理闲置用地工作方案》的请示 七、区河长办关于审定《深化落实河长制工作考核办法（试行)》的请示 八、区发改委关于提请区政府常务会审议《密云区进一步优化营商环境更好服务市场主体工作方案（报审稿）》的请示 九、区残联关于提请区政府常务会审议《2021年密云区无障碍环境建设专项行动工作方案》及《2021年密云区无障碍精品示范街区改造方案》的请示 十、区发改委关于提请区政府常务会审议《密云区“服务包”重点企业名单》的请示 十一、区投促中心关于拨付2020年度支持总部企业发展资金的请示 十二、区国资委关于审议《密云区政府与北京城建集团有限责任公司签订战略合作框架协议》的请示 十三、区国资委关于区管国有企业2021年度考核任务指标制定情况的请示 十四、区财政局关于国有资产监督管理委员会申请拨付保障房项目资金的核实报告 十五、区财政局关于拨付生态商务区永久供水外源工程资金的请示 十六、区财政局关于区经信局申请区党政机关电子公文系统2021年所需资金的意见（因涉密，系统名为代称） 十七、区财政局关于密云区白河城市森林公园建设工程跨白河桥项目剩余资金的意见 十八、区财政局关于区发改委《关于调整密云区投资项目调度与服务平台研发费用的请示》的核实意见

续表

序号	日期	会议名称	会议议题
9	2021年4月29日	区政府第111次常务会	传达部署： 一、传达陈吉宁同志到密云区调研指示精神 二、通报政法队伍教育整顿进展情况 三、部署五一期间全区安全生产及旅游接待工作 四、部署五一期间全区疫情防控工作 会议议题： 一、区政府办关于在区政府常务会议通报2020年度密云区政府绩效考评情况的请示 二、区城乡环境建设办关于通报2021年3月份城乡环境建设检查考评情况的请示 三、区发改委关于《北京市朝阳区人民政府、北京市密云区人民政府深化合作框架协议（代拟稿）》提请区政府常务会议审议的请示 四、区生态环境局关于通报2021年3月份大气污染防治工作情况的请示 五、区教委关于报请区政府常务会审议《北京市密云区教育委员会关于2021年义务教育阶段入学工作的意见》等文件的请示 六、区住建委关于密云新城密东广场北侧宾阳旧村改造项目2017年10月前周转金结算方案的请示 七、区住建委关于报审密云区果园街道西大桥棚户区改造项目实施方案的请示 八、密云镇政府关于垫付大唐庄、小唐庄、王家楼三村棚户区改造前期拆迁周转金的请示 九、区财政局关于区商务局申请发放2020年移民口粮补贴的意见 十、区财政局关于密码工作领导小组申请拨付核心机房改扩建工程建设资金的意见 十一、区财政局关于区残联申请2020年密云区无障碍环境建设项目所需资金的意见 十二、区财政局关于追加2019年密云区秋季景观展示活动项目余款的意见 十三、区财政局关于人力社保局申请密云区城乡居民养老保险2021年度5—12月份基础养老金和丧葬补助金核实情况的意见 十四、区人力社保局关于张榕华同志试用期满正式任职、王武军等16名同志人事任免事项提交区政府常务会议审议的请示
10	2021年5月11日	区政府第112次常务会	一、区发改委关于报请区政府常务会审议《密云区政府与库伦旗政府2021年东西部协作结对帮扶协议》的请示 二、区发改委关于申请2021年度东西部协作工作所需资金的请示
11	2021年5月20日	区政府第113次常务会	一、区统计局关于以区委办公室、区政府办公室名义印发《北京市密云区贯彻落实国家统计局统计督察反馈意见整改方案（代拟稿）》的请示 二、区环境办关于通报2021年4月份城乡环境建设检查考评情况的请示 三、区城管委关于提请区政府常务会审议《关于进一步加强液化石油气安全管理专项工作方案》的请示

续表

序号	日期	会议名称	会议议题
11	2021年5月20日	区政府第113次常务会	四、区城管委关于提请区政府常务会审议《密云区2021年交通综合治理行动计划》的请示 五、区城管委关于通报2021年4月份生活垃圾分类工作检查考核情况的请示 六、区园林绿化局关于提请区政府常务会审议《北京市密云区全面推行林长制工作方案》的请示 七、区财政局关于报审《北京市密云区关于加强财政运行综合成本管控的若干措施》的请示 八、区水务局关于推荐北京市节约用水先进集体和先进个人的请示 九、区卫生健康委关于妥善处理密云区医院与北京九州通医药有限公司协议的请示 十、区财政局关于区国资委申请返还北京密政土地整理有限公司观光塔项目土地前期成本核实情况的报告 十一、区财政局关于2021年上半年差额单位申请养老保险、职业年金和医疗保险所需资金的意见 十二、区人保局关于我区实行公务员工资制度单位发放2020年度公务员绩效考核奖励的报告 十三、区人保局关于我区事业单位增加一次性绩效工资的报告 十四、区人力社保局关于提交区政府常务会议审议李友生、王海燕同志人事任免事项的请示
12	2021年5月27日	区政府第114次常务会	一、区烟花办关于提请区政府常务会审议重新划定密云区烟花爆竹禁放区域有关工作的请示 二、区公路分局关于报审《密云区推行乡村公路路长制实施方案》的请示 三、区生态环境局关于报审水环境跨界断面考核补偿金分配方案及部门分配金额的请示 四、区应急管理局关于发布划定森林防火区和规定森林防火期的请示 五、区公路分局关于提请区政府常务会审议《密云区2021年乡村公路建设养护计划》的请示 六、区交通局关于提请区政府常务会审议《密云区互联网租赁自行车引入及建设工作方案》的请示 七、区交通局关于引入共享单车运营主体的请示 八、冯家峪镇政府关于华熙国际投资集团有限公司相关事宜的请示 九、区经信局关于申请拨付2020年度实体企业扶持资金的请示 十、区教委关于报请区政府常务会审议《关于中小学学位规划及学位缺口问题解决推进情况的报告》的请示 十一、区住建委关于放弃已购经济适用住房家庭上市出售优先回购权的请示 十二、区财政局关于拨付区农业农村局2020年政策性农业保险剩余补贴资金的意见 十三、区财政局关于拨付2020年12月至2021年3月份评审费用的请示

续表

序号	日期	会议名称	会议议题
13	2021年6月16日	区政府第115次常务会	一、区财政局关于二季度急需拨付部分2021年部门预算暂缓安排项目资金的请示 二、区文旅局关于提请区政府常务会审议《密云区“十四五”时期文化和生态旅游发展规划》的请示 三、区农业农村局关于报审《北京市密云区全面推行“田长制”工作方案》的请示 四、区河长办关于对2021年1季度及4月份全区河长制工作考核排名情况进行通报的请示 五、区城市管理委关于通报2021年5月份生活垃圾分类工作检查考核情况的请示 六、区规自分局关于提请区政府常务会审议《密云区集体经营性建设用地统筹利用实施意见（试行）》的请示 七、区规自分局关于提请区政府常务会审议《密云区耕地保护空间任务土地复耕工作方案》等文件的请示 八、密云水库综合执法大队关于提请区政府常务会审议《密云水库“渔业净水、生物保水，净水渔业、生态富民”工作方案》的请示 九、区住建委关于对《北京市密云区征收拆迁领域专项整治管理办法》部分条款进行修改的请示 十、区商务局关于提请区政府常务会审议《北京市密云区促进农业电子商务发展办法》的请示 十一、区民政局关于报审宝云岭墓园相关工作事宜的请示 十二、区财政局关于下达2021年新增政府债券资金的请示 十三、区财政局关于檀营久润西区1、2、3号住宅楼，密云镇万利花园1、2、3、4A、5、6A、7号住宅楼办理房本所需资金的核实报告 十四、区财政局关于区城管委申请调整部分一般债券资金的意见 十五、区财政局关于拨付密云区民政局办公楼（新址）维修改造工程资金核实情况的报告 十六、区人力社保局关于人事任免事项的请示
14	2021年6月23日	区政府第116次常务会	一、区卫生健康委关于提请区政府常务会审议《统筹共建中国中医科学院西苑医院密云院区合作框架协议》的请示 二、区发改委关于提请区政府常务会审议《“十四五”时期密云区绿色高质量发展工作方案（报审稿）》的请示 三、区城市管理委关于通报2021年5月份城乡环境建设检查考评情况的请示 四、区公安分局交通支队关于提请区政府常务会审议《关于对部分机动车采取交通管理措施的通告》的请示 五、区住建委关于果园新里1号和9号翻建改造方案（拆二建一）的请示 六、区住建委关于提请区政府常务会审议《密云区兴云小区1、6、7号楼老旧小区综合整治工作实施方案》的请示 七、区财政局关于偿还到期政府债券本金的请示

续表

序号	日期	会议名称	会议议题
15	2021年6月30日	区政府第117次常务会	一、区农业农村局关于提请区政府常务会审议《北京市密云区农业农村局关于2021年4—5月份农村人居环境整治工作报告》的请示 二、区生态环境局关于通报2021年4—5月份大气污染防治工作情况的请示 三、区城市管理委关于提请区政府常务会审议《密云区"十四五"时期城乡管理规划》的请示 四、区教委关于提请区政府常务会审议《密云区不老屯中学综合改革试点工作方案》的请示 五、区城管执法局关于提请区政府常务会审议《行政执法案件指定管辖工作规定》的请示 六、区国资委关于促进北京云创谷经济开发中心实现更高质量发展的请示 七、区财政局关于区国资委申请拨付密云区水源路南侧C2地块收储项目启动资金的核实报告 八、区财政局关于拨付区国资委云冶矿业采矿区、排土场治理工程项目资金的意见 九、区财政局关于市规自委密云分局申请责任规划师工作经费的核实报告 十、区财政局关于国家税务总局北京市密云区税务局申请项目经费的意见 十一、区财政局关于拨付政法队伍教育整顿保障经费的意见 十二、区人保局关于我区事业单位一次性核增绩效工资总量的报告
16	2021年7月13日	区政府第118次常务会	一、区发改委关于提请区政府常务会审议《密云区"疏解整治促提升"专项行动2021年工作计划（报审稿）》的请示 二、区农业农村局关于提请区政府常务会审议《密云区农村地区冬季清洁取暖工作实施方案》的请示 三、区发改委关于提请区政府常务会审议《关于建立密云区"审批服务马上办"工作机制推进方案（报审稿）》的请示 四、区住建委关于授权北京市燕安保障性住房建设投资有限公司为密云新城MY00—0302—0066地块公租房项目实施主体的请示 五、区住建委关于提请区政府常务会审议《密云区溪翁庄镇溪翁庄村棚户区改造项目实施方案》的请示 六、区规自分局关于北京海淀花园饭店项目用地补充材料及相关问题的意见 七、区规自分局报审关于研究北京京能云泰房地产开发有限公司密云建材市场住宅项目出让合同变更有关问题的意见 八、区规自分局关于报审《宝城客运公司城西公交综合场站项目协议出让相关问题汇报》的意见 九、密云区穆家峪镇新刘棚改指挥部关于提请区政府常务会审议《新丰市场片区拆迁补偿细则》的请示 十、区国资委关于檀州资源公司有关事项的请示

续表

序号	日期	会议名称	会议议题
17	2021年7月21日	区政府第119次常务会	一、区审计局关于提请区政府常务会审议《北京市密云区关于进一步加强内部审计工作意见》的请示 二、区政务服务局关于提请区政府常务会审议《北京市密云区2021年政务公开工作要点》的请示 三、区政务服务局关于提请区政府常务会审议《北京市密云区政务服务中心管理办法（暂行）》及配套文件的请示 四、区财政局关于报审2020年财政决算情况报告、2021年上半年预算执行情况报告、2021年新增地方政府债务和预算调整方案报告的请示 五、区发改委关于提请区政府常务会审议《关于2021年国民经济和社会发展计划上半年执行情况的报告（报审稿）》的请示 六、区司法局关于通报2021年1—5月行政执法情况的请示 七、区城乡环境建设办关于提请区政府常务会审议《密云区城乡环境建设管理工作方案（试行）》的请示 八、区财政局关于印发《北京市密云区招商引资财政收入分成管理办法（报审稿）》的请示 九、区财政局关于印发《北京市密云区关于规范同一企业税收隶属不统一问题的调整方案（报审稿）》的请示 十、区城市管理委关于提请区政府常务会审议《密云区2022年密云水库周边环境及道路联络线综合整治提升工程（一期）项目》的请示 十一、区财政局关于区住建委、区城管委申请拨付2021年城区生活垃圾分类指导员补贴资金的意见 十二、区发改委关于提请区政府常务会审议《北京市密云区人民政府北京电子科技职业学院全面战略合作协议》的请示 十三、市环保督察密云整改办关于报审《北京市密云区人民政府关于市级生态环境保护例行督察整改调度报告》（2021年第二季度代拟稿）的请示 十四、区教委关于提请区政府常务会审议《北京市密云区关于全面加强和改进新时代学校体育工作的实施方案》的请示 十五、区财政局关于拨付2020年度第二批总部企业和2021年一季度北京康辰药业股份有限公司支持资金的报告 十六、区财政局关于拨付2021年度1至5月份支持总部企业发展资金的报告 十七、区财政局关于密云镇政府申请拨付大唐庄、小唐庄、王家楼三村棚改前期拆迁周转金请示的核实报告 十八、区财政局关于区卫生健康委申请区医院感染楼改扩建工程所需资金的意见 十九、区人力社保局关于提请区政府常务会议审议李東方等16名同志任免职事项的请示

续表

序号	日期	会议名称	会议议题
18	2021年7月29日	区政府第120次常务会	一、区司法局关于报审《密云区“七五”普法规划实施报告》《关于在全区开展法治宣传教育的第八个五年规划（2021－2025年）》的请示 二、区发改委关于提请区政府常务会审议《密云区支持企业发展办法（试行）》的请示 三、区河长办关于对2021年6月份及二季度全区河长制工作考核排名情况进行通报的请示 四、区气象局关于提请区政府常务会审议《北京市密云区创建“中国天然氧吧”工作方案》的请示 五、区规自分局关于密云区巨各庄镇京沈客专回迁安置项目使用耕地占补平衡指标事宜的请示 六、区审计局关于报送《北京市密云区人民政府关于2020年度本级预算执行和其他财政收支情况的审计工作报告（代拟稿）》的请示
19	2021年8月10日	区政府第121次常务会	解读学习《北京市生态涵养区生态保护和绿色发展条例》 一、区委宣传部关于提请区政府常务会听取2021年密云区未成年人思想道德建设工作开展情况汇报的请示 二、区经信局关于提请区政府常务会审议《密云区“十四五”时期信息化发展规划》的请示 三、区经信局关于提请区政府常务会审议《密云区“十四五”时期高精尖产业发展规划》的请示 四、区发改委关于提请区政府常务会审议《密云区生态保护和绿色发展2021年工作计划》《密云区朝密结对协作2021年重点实事》《密云区朝密结对协作工作管理办法》的请示 五、区城乡环境建设办关于通报2021年6月份城乡环境建设管理检查考评情况的请示 六、区住建委关于报审《密云区第一次全国自然灾害综合风险普查房屋建筑调查实施方案》（代拟稿）的请示 七、区经管站关于提请区政府常务会审议《密云区集体经营性建设用地实施主体及组织运行管理办法（试行）》的请示 八、区水务局关于密云区河道水库管理与保护范围划定工作有关事宜的请示 九、区财政局关于解决北京市密云区气象局、国家统计局密云调查队业务经费有关情况的报告 十、区财政局关于区人大常委会申请追加区人大换届选举工作经费及年度项目支出所需经费的意见 十一、区农业农村局关于报审北京市农村工作先进集体和先进个人推荐名单的请示 十二、区人力社保局关于人事任免的请示

续表

序号	日期	会议名称	会议议题
20	2021年8月25日	区政府第122次常务会	一、区统计局关于提请区政府常务会审议《密云区第七次全国人口普查工作情况及主要数据成果的汇报》的请示 二、区河长办关于对2021年7月份全区河长制工作考核排名情况进行通报的请示 三、区城市管理委关于通报2021年6月、7月份生活垃圾分类工作检查考核情况的请示 四、区信访办关于提请区政府常务会听取上半年信访工作总结和下半年信访工作安排的请示 五、区生态环境局关于报审《2021年上半年水环境跨界断面考核补偿情况通报》的请示 六、区征收办关于提请区政府常务会审议密云区果园街道西大桥棚户区改造项目实施房屋征收的请示 七、区司法局关于提请区政府常务会审议《北京市密云区人民政府与北京市律师协会签订支持密云高质量发展公益法律服务合作协议》的请示 八、区投促中心关于提请区政府在服贸会上与华彬投资（中国）有限公司、北京京东世纪贸易有限公司签订战略合作框架协议的请示 九、北京密云水库保护公益基金会关于提请区政府常务会审议北京密云水库保护公益基金会成立大会相关资料的请示 十、区政府办关于提请区政府常务会审议《北京市密云区人民政府北京字节跳动公益基金会框架合作协议》的请示 十一、区住建委关于研提《密云区人民政府中国铁建股份有限公司战略合作框架协议》意见的报告 十二、区国资委关于提请区政府常务会审议《北京市密云区人民政府北京市人民政府国有资产监督管理委员会合作协议》的请示 十三、区文旅局关于提请区政府常务会审议《密云区人民政府与中国东方演艺集团有限公司战略合作框架协议》的请示 十四、区科委关于提请区政府常务会审议《北京市密云区人民政府关于统筹解决科学城东区“1+5”科学设施项目外电源工程建设资金的函》的请示 十五、区财政局关于市规自委密云分局申请密云区耕地保护空间复耕调查项目资金的核实报告 十六、区财政局关于拨付区农业农村局2021年政策性农业保险项目补贴资金的意见 十七、区财政局关于拨付区农业农村局2021年农房保险项目补贴资金的意见 十八、区财政局关于医疗保障局追加我区城乡居民基本医疗保险财政补贴核实情况的意见
21	2021年9月2日	区政府第123次常务会	一、区水务局关于报审《北京市密云区“十四五”时期水务发展规划》的请示 二、区城市管理委关于报审《密云区居住小区生活垃圾分类运行保障资金补贴管理办法（报审稿）》的请示 三、区规自分局关于报审《密云区2020年度自然资源督察问题整改工作方案》的请示 四、区规自分局关于认定历史遗留房地产开发项目是否可按现状保留使用的请示 五、区信访办关于报审北京市信访工作先进集体和先进个人的请示 六、区财政局关于政务服务管理局申请政务服务大厅改造工程所需资金的意见

续表

序号	日期	会议名称	会议议题
22	2021年9月15日	区政府第124次常务会	会前学法：由密云区人民法院副院长李金作《提升依法行政能力推进法治政府建设》专题讲座 一、区发改委关于拨付密云区2021年第一批“疏解整治促提升”专项行动引导资金的请示 二、区规自分局关于公布征收农用地区片综合地价比例的请示 三、区水务局关于规范本区污水处理费征收工作的请示 四、区卫生健康委关于加快完成鼓楼社区卫生服务中心康复医院转型任务的请示 五、区教委通报密云区“双减”工作推进情况 六、区规自分局关于确定2021年矿山生态修复治理项目实施主体的请示 七、区住建委关于授权北京城建创达置业有限公司为密云镇大唐庄、小唐庄、王家楼三村棚户区改造项目实施主体的请示 八、区住建委、区财政局关于调整棚改专项债和一般债券资金的请示 九、区科委、区规自分局、区住建委、中关村密云园通报北京大学怀密医学中心和北京第二实验学校项目建设用地保障工作落实情况
23	2021年10月13日	区政府第125次常务会	解读学习《北京市突发公共卫生事件应急条例》 一、区政府办公室关于报审《2021年度密云区政府序列行政机关、事业单位及镇街、经济功能区全面履职绩效考评工作方案》的请示 二、区生态环境局通报2021年6—8月份大气污染防治工作情况 三、区卫生健康委关于报审《密云区“十四五”时期卫生健康事业发展规划（报审稿）》的请示 四、区农业农村局关于报审《密云区大中型水库移民后期扶持“十四五”规划》的请示 五、区财政局关于密云镇、密政公司申请预拨付商务区C2地块内北京密云檀成兴盛经济合作社土地补偿款的核实报告 六、区财政局关于拨付同方威视（北京）有限公司等3家实体企业政策扶持资金的报告 七、区财政局关于区委组织部申请核拨2020年度公务员奖励经费的意见 八、区人力社保局关于人事任免有关事项的请示

续表

序号	日期	会议名称	会议议题
24	2021年10月19日	区政府第126次常务会	一、区水务局关于报审《密云区节水行动实施方案（2021－2025年）（报审稿）》的请示 二、区民政局关于报审《密云区“十四五”时期社会治理与民政事业发展规划》的请示 三、区环境办通报2021年7－8月份城乡环境建设管理检查考核情况 四、区“基本无违法建设区、镇街（地区）”创建办关于调整2021年违法建设拆除经费标准的请示 五、区城市管理委关于报审《新东路南延红线外工程设计方案》的请示 六、区住保办关于启动我区共有产权住房项目剩余房源再申购的请示 七、区住建委关于报审《密云镇大唐庄、小唐庄、王家楼三村棚户区改造项目实施方案》的请示 八、区财政局关于区医疗保障局追加城乡居民补充医疗保障资金核实情况的意见 九、区财政局关于政务服务管理局申请政务服务大厅更新中央空调、配置自助服务设备及办公家具所需资金的意见 十、区财政局关于区人力社保局拨付密云县人力资源市场和社会保障服务中心项目尾款资金核实情况的意见
25	2021年10月26日	区政府第127次常务会	一、区民政局关于报审《北京市密云区2021年未成年人保护工作方案》的请示 二、区商务局关于报审《北京培育建设国际消费中心城市密云区配套实施方案（报审稿）》的请示 三、区应急管理局关于报审《密云区深化应急管理综合行政执法改革实施方案》的请示 四、区生态环境局关于报审第一届“首都生态文明奖”拟推荐对象的请示 五、区水务局关于报审《密云区农村供水工程行动方案（2021.09－2027.12）》的请示 六、区规自分局通报土地复耕工作进展情况 七、区国资委关于报审《北京市密云区国有企业改革三年行动实施方案（2020年－2022年）》的请示 八、区城市管理委关于报审《京通铁路兵马营牵引站110千伏外部供电工程腾退补偿方案》的请示 九、区财政局关于市规自委密云分局申请编制密云区海绵城市专项规划经费的核实报告 十、区财政局关于密云区创城工作指挥部办公室申请2021年创城工作所需资金的意见 十一、区财政局关于拨付2021年4月至2021年9月份评审费用的请示

续表

序号	日期	会议名称	会议议题
26	2021年11月5日	区政府第128次常务会	一、区消防救援支队关于报审《密云区“十四五”时期消防救援事业发展建设规划》的请示 二、区财政局关于2021年三、四季度急需拨付人员类资金的请示 三、区生态环境局通报2021年9月大气污染防治工作情况 四、区河长办通报2021年8月、9月全区河长制工作考核排名情况 五、区城市管理委通报2021年8月、9月生活垃圾分类工作检查考核情况 六、区农业农村局通报密云区2021年8月、9月、10月美丽乡村建设、农村人居环境整治和农村生活垃圾分类排名情况 七、区水务局关于报审《密云城区雨污水管线混接错接治理工程实施方案》的请示 八、区农业农村局关于太师屯镇太师庄村，新城子镇大角峪、曹家路村土地出租流转情况的联审意见 九、区政府办通报2021年区二届人大八次会议代表建议办理情况 十、区教委关于报审《北京市密云区“十四五”时期教育事业发展规划》的请示 十一、区农业农村局关于报审《北京市密云区人民政府与北京市新发地市场战略合作框架协议（报审稿）》的请示 十二、区财政局关于拨付区城市管理委员会北京旺洁环境卫生服务有限公司退休职工住房公积金的意见 十三、区财政局关于区卫生健康委申请公共卫生与基层医疗卫生单位2020年度奖励性绩效考核资金的意见 十四、区财政局关于区人力社保局核拨2020年度密云区事业单位工作人员及机关工勤人员奖励经费核实情况的意见
27	2021年11月16日	区政府第129次常务会	一、区农业农村局关于西田各庄镇渤海寨村出租土地事项的联审意见 二、区农业农村局关于西田各庄镇西智村出租土地事项的联审意见 三、区农业农村局关于河南寨镇台上、莲花瓣村出租土地的联审意见 四、区农业农村局关于河南寨镇两河村土地出租的联审意见 五、区水务局关于延长农村管水员录用年龄的请示 六、区规自分局关于提请区政府常务会议审议《密云区深化规划和自然资源领域问题整改工作分工方案》的请示

续表

序号	日期	会议名称	会议议题
28	2021年11月26日	区政府第130次常务会	一、区城市管理委关于报审《密云区2022年密云水库周边、上游及水源保护地环境综合整治提升工程（一期）项目方案》的请示 二、区政府房屋征收办关于报审《密云区果园街道西大桥棚户区改造项目房屋征收补偿方案（审议稿）》《密云区果园街道西大桥棚户区改造项目认定办法（审议稿）》的请示 三、溪翁庄镇关于报审《密云区溪翁庄镇溪翁庄村棚户区改造项目住宅、非住宅腾退补偿（安置）方案（审议稿）》《密云区溪翁庄镇溪翁庄村棚户区改造项目认定办法（审议稿）》的请示 四、区规自分局关于报审十里堡镇王各庄棚户区改造项目使用耕地占补平衡指标协议的请示 五、区财政局关于区国资委申请放马峪南片区等8个土地复垦生态修复项目资金的核实报告 六、区财政局关于拨付区国资委密云新城MY00－0101－6011地块项目资金的意见 七、区财政局关于密云镇申请拨付拖欠长安小区东地块定向安置房周转金的核实报告 八、区财政局关于追加编制密云区山水林田湖草沙一体化保护和修复工程项目技术服务费的请示 九、区发改委关于拨付密云区2021年第二批“疏解整治促提升”专项行动引导资金的请示 十、区发改委关于申请拨付2021年朝密结对协作资金的请示 十一、区人力社保局关于人事任免事项的请示
29	2021年12月1日	区政府第131次常务会	一、区政府办关于报审《区政府工作报告（审议稿）》的请示 二、区政府办通报1－11月市级考核排名任务进展及察访核验情况 三、区农业农村局关于报审《密云区“十四五”时期乡村振兴战略实施规划（报审稿）》的请示 四、区司法局通报2021年1－10月行政执法情况 五、区发改委关于报审《密云区关于落实〈《北京市国民经济和社会发展第十四个五年规划和二〇三五年远景目标纲要》主要目标和任务分工方案〉的实施方案》的请示 六、区发改委关于报审《密云区2021年国民经济和社会发展计划执行情况与2022年国民经济和社会发展计划（草案）的报告（报审稿）》的请示 七、区商务局关于报审《密云区2021－2023年巩固提升生活性服务业品质管理办法（报审稿）》的请示 八、区规自分局关于报审《密云区城乡建设用地减量拆除腾退地块后续管控利用机制工作方案》的请示 九、区政府办关于报审《密云区2022年重要民生实事项目（报审稿）》的请示 十、区财政局关于报审《密云区2021年财政预算执行情况和2022年财政预算（草案）的报告》的请示 十一、区规自分局关于报审密云区首批乡镇国土空间规划成果的请示 十二、区园林绿化局关于以区政府名义公布《北京市密云区陆生野生动物名录》兽类及两栖爬行类的请示 十三、区农业农村局关于报审西田各庄镇渤海寨村、西智村，河南寨镇台上村、莲花瓣村、两河村出租土地事项的联审意见

续表

序号	日期	会议名称	会议议题
30	2021年12月12日	区政府第132次常务会	一、区环境办通报2021年9月、10月城乡环境建设管理检查考核情况 二、区生态环境局通报2021年10月、11月大气污染防治工作情况 三、区城市管理委通报2021年10月、11月生活垃圾分类工作检查考核情况 四、区财政局关于2021年末拨付河长制湖长制运行维护资金等181项项目资金的请示 五、区水务局关于印发《密云区城市积水内涝防治及溢流污染控制实施方案（2021年—2025年）》的请示 六、区机关事务管理服务中心关于报审《区委区政府机关集中办公区公务车辆统一管理办法》《区委区政府机关集中办公区公务车辆统一管理实施方案》的请示 七、区城市管理委关于报审《密云区2022年春节及元宵节景观布置项目方案》的请示 八、区城市管理委关于解决密云区西统路（河北路—密关路）道路工程及垃圾综合处理中心项目建设造成周边减产损失事宜的请示 九、区住保办关于报审清水湾一期公租房和人才公租房租金标准的请示 十、区教委关于拨付新增五所普惠园租金补助的请示 十一、区财政局关于返还北京云溪绿城房地产开发有限公司原圆明三园土地一级开发成本核实情况的请示 十二、区财政局关于拨付密云区城市建设投资开发有限公司保障房项目建设资金的核实报告 十三、区财政局关于区生态环境局申请拨付密云区生态资产与生态产品总值（GEP）核算项目等所需资金的意见 十四、区绿化办关于推荐上报密云区2021年度首都绿化美化先进集体和先进个人评选表彰情况的请示 十五、区人力社保局关于人事任免事项的请示
31	2021年12月24日	区政府第1次常务会	一、区财政局关于报审《密云区财政资金审批管理规则》的请示 二、区生态环境局关于报审《北京市密云区“十四五”时期生态环境保护规划》的请示 三、区规自分局关于报审密云建材市场住宅项目土地价格的请示 四、区规自分局关于报审两宗拟完善手续公共公益项目的请示 五、区财政局关于区委组织部申请核拨规范公务员奖励性补贴基层倾斜所需资金的意见 六、区财政局关于区退役军人事务局优抚对象采暖补助、自主择业军转干部冬季采暖补贴等项目所需资金核实情况的意见

【政府专题会】 全年召开政府专题会 150 次。

（提晶晶）

密云区政府专题会一览表

表 3

序号	日期	会议内容
1	1 月 11 日	关于支持神州优车和宝沃汽车相关事宜专题会议
2	1 月 27 日	关于看守所迁址新建工作的专题会议
3	2 月 2 日	关于研究十里堡镇王各庄村一处建筑垃圾临时处置点垃圾混倒问题的专题会议
4	2 月 6 日	重点文旅项目专题会议
5	2 月 19 日	2021 年重点建设项目调度会议
6	3 月 1 日	关于密云区重点时期空气污染和烟花爆竹禁放管理工作的专题会议
7	3 月 2 日	关于落实中央生态环境保护督察任务分解工作专题会议
8	3 月 16 日	爱丽舍花园住宅项目规划设计方案调整工作的专题会议
9	3 月 5 日	密关路黑龙潭支线道路排险修复工作会议
10	3 月 11 日	关于密云新城地表水厂、檀州污水处理厂和云水建国假日酒店相关工作专题会议
11	3 月 12 日	关于密云经济开发区三期 D9-1-1 地块物流用地和 B7 地块工业用地项目地价评审及出让方案联审专题会议
12	3 月 16 日	关于财源建设工作的专题会议
13	3 月 17 日	关于 2021 年密云土地供应工作的专题会议
14	3 月 17 日	关于棚户区改造工作的专题会议
15	3 月 18 日	关于研究成立密云水库渔业产销合作社专题会议
16	3 月 19 日	关于首云威客矿区转型发展的专题会议
17	3 月 22 日	密关路黑龙潭支线道路排险修复工作领导小组第二次调度会议
18	3 月 23 日	关于新西路大修及李各庄村、西户部庄村环境提升工程专题会议
19	3 月 25 日	关于“中国天然氧吧”创建工作专题会议
20	4 月 1 日	关于碳中和推进路径专题会议
21	4 月 1 日	关于穆家峪镇新农村刘林池棚改项目回迁安置房配套建设的专题会议
22	4 月 7 日	关于 2021 年教育重点工程项目专题会议
23	4 月 7 日	关于 2021 年密云城区重大节日景观提升工程（花卉布置）和白河儿童公园建设的专题会议
24	4 月 6 日	关于区属国有企业 2021 年度考核任务指标的专题会议
25	4 月 7 日	关于密云区环境综合整治提升工程的专题会议
26	4 月 13 日	关于吉鼎商贸街综合治理工作专题会议
27	4 月 16 日	关于密东广场北侧宾阳旧村改造项目专题会议
28	4 月 17 日	重点项目拆迁及路灯管护工作专题会议
29	4 月 28 日	关于中金投集团“凤凰汽车供应链金融”专题会议
30	4 月 25 日	西线旅游集散中心建设专题会议

续表

序号	日期	会议内容
31	4月25日	关于密云北站一体化建设工作专题会议
32	4月25日	关于沙河冷库逾期未安置工作的专题会
33	4月25日	关于研究《密云区关于落实户有所居加强农村宅基地及房屋建设管理办法（试行）》的专题会议
34	4月27日	关于北京宝沃汽车股份有限公司拟申请启动破产程序将引发安全稳定的风险研判专题会议
35	4月28日	关于研究筹备密云区生态文明发展论坛专题会议
36	4月29日	关于西统路（河北路—密关路）及西智35千伏变电站升压工程专题会议
37	5月6日	关于研究五一期间道路交通服务保障工作专题会议
38	5月6日	关于潮河、潮白河堤路限宽设施升级改造及白河所属桥梁、橡胶坝消隐项目专题会议
39	5月6日	关于吉鼎商贸街综合整治工作专题会议
40	4月3日	关于进一步推进落实区政府相关决定及部分道路、绿地等工程项目的专题会议
41	5月7日	关于区殡仪馆公益二类事业单位人员公费医疗政策调整专题会议
42	5月1日	关于研究中关村密云园人才公租房建设项目相关工作专题会议
43	5月1日	关于研究密云生态商务区地块相关工作的专题会议
44	5月1日	关于密云区农民专业合作社服务中心深化事业单位改革专题会议
45	5月1日	关于新城子镇九搂十八杈古柏公园建设相关工作的专题会议
46	5月14日	关于生活垃圾分类基础设施建设工作专题会议
47	5月18日	关于研究密云生态马拉松赛事相关工作的专题会议
48	5月21日	关于研究《密云区集体经营性建设用地统筹利用实施意见（试行）》的专题会议
49	5月26日	关于绿地朗山生命健康城产业发展和概念规划方案专题会议
50	5月26日	关于研究密云区耕地保护空间任务专题会议
51	5月31日	关于研究解决重点工程占地拆迁、垃圾综合处理中心历史遗留问题专题会议
52	5月31日	关于研究净水渔业工作专题会议
53	6月2日	关于研究气候经济工作的专题会议
54	6月3日	关于研究兴云小区和果园新里中区综合整治的专题会议
55	6月3日	关于研究区医院感染楼改扩建工程的专题会议
56	6月3日	密云区政府约谈北京宝沃汽车有限公司专题会议
57	6月15日	关于妥善处理密云区医院与北京九州通医药有限公司协议专题会议
58	6月15日	关于经济开发区土地利用问题梳理及整治专题会议
59	6月15日	关于文物项目管理工作的专题会议
60	6月17日	关于协调解决古北口镇司马台新村吃水难问题专题会议
61	6月17日	关于调整古北水镇旅游公司税收划分工作专题会议
62	6月21日	关于区财政国有企业服务中心改建为第三小学分址专题会议
63	6月22日	关于文化项目推进工作专题会议
64	6月28日	关于解决育英中学修缮项目和密云二中二期改造工程历史遗留问题专题会议
65	6月28日	关于恒大项目周边市政道路建设工作的专题会议

续表

序号	日期	会议内容
66	6月3日	土地一级开发项目工作调度专题会议
67	7月1日	关于研究密云机场发展历史及现状情况专题会议
68	7月8日	关于密云区档案馆新馆建设的专题会议
69	7月12日	关于2021年教育重点工程项目第二次专题会议
70	7月11日	关于区领导调研穆家峪镇专题会议
71	7月14日	关于协调解决新西路小唐庄路段开设路口问题专题会议
72	7月11日	关于研究气候经济工作的专题会议
73	7月15日	关于研究古北口长城抗战纪念馆展陈设计方案专题会议
74	7月28日	关于研究宝沃公司相关工作的专题会议
75	7月28日	关于密三路（潮河右堤路一东白岩）扩建工程专题会议
76	7月29日	关于研究密云水库泄洪工作专题会议
77	7月3日	关于密云文化中心项目专题会议
78	7月3日	关于密云区农村地区冬季清洁取暖工作的专题会议
79	7月3日	关于密云区2021年“煤改电”项目前期推进专题会议
80	8月5日	关于研究2020年季度卫片纳入约谈范围图斑整改问题的专题会议
81	8月6日	关于研究政府债券使用情况专题会议
82	8月6日	关于新刘棚改项目配套主、次干路及支路设计方案的专题会议
83	8月11日	关于存量公租房项目、中关村密云园人才公租房项目等事宜的专题会议
84	8月2日	关于密云区耕地保护空间复耕工作的专题会议
85	8月25日	关于聚缘湖违法用地建设项目整改的专题会议
86	8月25日	关于“马上就办”相关工作的专题会议
87	8月26日	关于研究新刘棚改项目核算情况专题会议
88	8月27日	关于规自领域问题整改的专题会议
89	8月31日	关于密云区101国道绕城线噪音治理工作专题会议
90	8月31日	关于落实习近平总书记重要回信精神一周年主题群众文化活动安全保障工作专题会议
91	9月1日	关于研究原密云县粮食局综合楼工程款相关工作专题会议
92	9月2日	研究鼓楼西区定向安置房、商务区C2地块项目专题会议
93	9月2日	关于极限运动小镇项目的专题会议
94	9月7日	关于研究密云水库水位上涨影响密云人民生产生活情况的专题会议
95	9月9日	关于中青旅控股股份有限公司到密云区调研的会议
96	9月9日	关于北京四中和黄城根小学到密云区调研的会议
97	9月9日	关于研究密云水库一级保护区群众危房建设相关工作的专题会议
98	9月14日	关于原经营类事业单位涉改人员2019年1—5月晋升薪级工资、绩效和奖金有关事宜专题会议
99	9月16日	关于研究2021中国国际休闲发展论坛专题会
100	9月22日	关于研究密云水库鱼销售合作工作专题会议

续表

序号	日期	会议内容
101	9月22日	关于文化项目推进工作专题会议
102	9月22日	密云文化中心项目专题会议
103	9月23日	关于密云鱼王文化节相关工作专题会议
104	9月23日	关于北京长城文化带（密云段）建设工作专题会议
105	9月23日	关于农村污水治理工作的专题会议
106	9月23日	关于穆家峪镇新农村刘林池棚改项目各市政道路及配套管网工程的专题会议
107	9月26日	关于研究沙河冷库家属楼项目逾期未安置问题的专题会议
108	9月27日	关于研究中关村密云园街区控规工作专题会议
109	9月28日	关于研究人力资源市场和社会保障服务中心项目尾款相关工作专题会
110	8月2日	关于农村卫生室标准化建设工作专题会议
111	9月27日	关于研究 MY00－0102－6014 地块拆迁安置超出预估拆迁安置问题的专题会议
112	9月28日	密云区与中国航发北京航空材料研究院座谈会议
113	9月28日	关于研究长安小区东地块定向安置房项目工作的专题会议
114	9月29日	关于研究 2021 年中秋节、国庆节旅游安全工作专题会议
115	9月3日	关于研究中医医院与西苑医院合作事宜专题会议
116	9月3日	关于研究北京大学怀密医学中心和北京第二实验学校项目建设用地保障工作落实情况专题会议
117	10月13日	关于研究推进密云区耕地保护空间复耕工作专题会议
118	10月14日	关于研究绿地认建认养相关工作专题会议
119	10月14日	关于新西路提升改造工程新增电力管线迁改有关事宜专题会议
120	10月14日	关于密云区基础设施建设费有关事宜专题会议
121	10月14日	关于研究举办气候金融论坛座谈会议
122	10月25日	关于研究 2021 年经济责任审计相关工作专题会议
123	10月3日	关于研究土地复耕及永久基本农田保护相关工作专题会议
124	10月31日	关于研究云凤庄园代征绿地清理整治相关工作专题会议
125	11月4日	关于研究土地复耕工作的专题会议
126	11月7日	密云区交通综合治理工作专题会议
127	11月12日	关于研究 2021 年度粮食安全区长责任制相关工作专题会议
128	11月12日	关于研究村级医疗服务全覆盖工作的专题会议
129	11月15日	关于 2020 年度市级环境建设重点项目、京沈客专密云站基础设施配套工程专题会议
130	11月15日	关于研究创建全市劳动教育实践示范基地相关工作专题会议
131	11月16日	关于研究政府债券支出、隐性债务化解进展情况的专题会议
132	11月18日	关于研究耕地保护空间复耕工作专题会议
133	11月22日	关于解决中关村密云园 A2 地块上电源建设工作专题会议
134	11月26日	关于研究大唐庄东北地块建设推进工作专题会议
135	11月3日	关于研究云河上苑共有产权房项目相关工作专题会议

续表

序号	日期	会议内容
136	11月3日	关于研究水源路南侧BC地块相关工作专题会议
137	11月3日	关于解决密云垃圾综合处理中心历史遗留问题的专题会议
138	11月3日	关于密云区交通综合治理工作调度会议
139	11月3日	关于密云区居住区电动自行车集中充电设施建设工作专题会议
140	12月3日	关于研究水岸花墅项目代征绿地清理整治的专题会议
141	12月3日	关于矿山安全治理和生态修复项目简化审批工作专题会议
142	12月1日	关于研究密云水库一级保护区村民住房工作专题会议
143	12月1日	关于2021年重点建设项目调度会议
144	12月21日	关于北京市商务局到密云区调研会议
145	12月21日	关于潮河体育休闲公园建设工程穆家峪镇域内个别地块拆迁腾退遗留问题的专题会议
146	12月22日	关于研究土地复耕工作专题会议
147	12月31日	关于区法院申请区政府协调密云镇李各庄村民委员会诉北京市燃气集团有限公司等排除妨害纠纷一案的专题会议
148	12月31日	关于研究重点教育工程项目推进工作专题会议

政务工作

Government Work

【密云水库智能视频监控系统投入使用】 1月15日，密云水库智能视频监控系统全网连通投入使用，建成1个总控中心和8个分控中心，铺设通信和供电底网270公里，设置监控点位394个，实现对库区重点区域全覆盖监控，精准打击各类涉水涉环境违法行为，全面提升密云水库水源保护管理水平。

（李　铖）

【京沈高铁开通运营】 1月22日，京哈高铁实现全线贯通（全长1198公里，设计时速350公里），设北京朝阳、顺义西、怀柔南、密云、兴隆县西、安匠、承德南7座车站。高铁开通后，北京至沈阳最快2小时44分可达，北京至哈尔滨4小时52分可达，朝阳至密云25分钟可达。

（李　铖）

【重点企业座谈会】 2月8日，密云区重点企业座谈会召开，会上，与会企业负责同志就2021年需要区级层面协调、解决的问题及对密云区优化营商环境、财源建设等方面工作提出意见建议。区领导对企业家提出的意见建议，认真梳理、精准对接、抓好落实，整合项目包、政策包、服务包，完善共建共享平台机制，为企业提供多方位优质服务。

（李　铖）

【第七届“助力冬奥·冰雪嘉年华”系列活动】 2月11日至3月8日，密云区第七届“助力冬奥·冰雪嘉年华”系列活动举办。活动以“生态密云·助力冬奥——再燃冰雪激情”为主题，开展冰雪运动体验，普及推广冰雪运动。

（李　铖）

【密云区入选2020年度农村人居环境整治成效明显的激励候选县名单】 根据《国务院办公厅关于对真抓实干成效明显地方进一步加大激励支持力度的通知》《农村人居环境整治激励措施实施办法》，农业农村部、国家乡村振兴局、财政部对31个省（市、区）和新疆生产建设兵团2020年度农村人居环境整治工作情况进行综合评价，提出激励候选县名单。全国共有20个地区进入候选名单，密云区是北京市唯一入选的区。

（李　铖）

【碳中和先行示范区创建】 3月，与中国环境科学研究院、中科院大气所等科研院所合作，聚焦能源低碳、产业低碳、建设低碳、发展低碳等关键维度，探索碳达峰、碳中和实施路径。启动碳中和示范镇、示范企业等6类试点建设，争创全市首个碳中和先行示范区。

（李 铖）

【国家卫生区复审工作部署会】 4月7日，密云区2021年国家卫生区复审工作部署会召开。会上，区市场监管局、鼓楼街道、密云镇就国家卫生区复审迎检准备工作交流发言，对2021年国家卫生区复审迎检工作再部署。

（李 铖）

【《北京市密云水库上游地区空间保护规划》完成编制】 4月15日，编制完成《北京市密云水库上游地区空间保护规划》，以流域为基本范围，分析水库上游流域水质、区域建设用地变化、非建设空间要素分布等内容，提出“1（指北部山区的全域生态安全屏障）+2（指潮河和白河两大水系）+2（指密云水库一级保护区和二级保护区）+106（指密云水库上游106个小流域）”的空间保护总体格局和规划应对策略。

（李 铖）

【密云区与北京城建集团签署战略合作协议】 4月16日，区政府与北京城建集团签署《战略合作协议》，重点在规划设计、乡村振兴、基础设施建设、地产开发、文化旅游、绿色建材产业、园林绿化、环境整治、物业服务、投资融资、康养服务等领域开展战略合作，尤其是在文化旅游、棚户区改造、市区国企合作等项目上开展务实合作。

（李 铖）

【密云区檀营A3地块入市成交】 5月，檀营A3地块由北京祥业房地产有限公司、北京首都开发股份有限公司、北京兴添咨询服务有限公司和北京花亿里房地产开发有限公司联合体竞得，地块成交价17.38亿元，其中土地开发成本12.71亿元。

（李 铖）

【密云马拉松鸣枪开跑】 5月16日，华夏银行2021密云生态马拉松赛在万象汇十字路口鸣枪开跑。本次比赛设马拉松、半程马拉松和4.2公里迷你马拉松三个项目。经过争夺，陈林明以2小时43分45秒的成绩夺女子马拉松冠军并打破赛会纪录，张荣欣和张蕾分获得亚军和季军；张振龙以2小时23分42秒的成绩夺得男子马拉松冠军，丁一鸣和李泽沛分获得亚军和季军。

（李 铖）

【地球系统数值模拟大科学装置落成启用】 6月23日，国家重大科技基础设施——我国首个地球系统数值模拟装置在北京怀柔科学城东区落成启用。规划面积59.3亩，总投资12.55亿元，投入运行后，能够大幅提高我国大气污染预测预警的准确性，为我国应对区域自然灾害和环境问题、开展气候与环境领域谈判、实现“碳中和”目标提供科技支撑。

（李 铖）

【密云水库安全整治“百日行动”】 7月27日，密云水库安全整治“百日行动”誓师动员大会召开。密云水库综合执法大队、密云水库管理处、区水务局、区环保局、区公安分局等部门和水库周边及上游11个镇共同参与，对密云水库一级保护区及上游河道开展大排查、大整治，严厉打击涉水违法行为，清除环境污染隐患。

（李 铖）

【密云水库启动洪水调度工作】 7月，密云水库累计来水4.97亿立方米，同比增长6.35亿立方米。7月26日，采取小流量预泄分级调度模式实施洪水调度，初始下泄流量45立方米/秒，并视降雨来水情况调整调度方案。为确保行洪期间河道安全，区水务局制定潮白河道安全保障预案，在沿河重点水域、重点部位安装提示牌、设置警戒线，加强河道巡查检查力度，严禁行洪期间河道沿线钓鱼、游玩等行为，确保行洪安全。

（李 铖）

【密云水库蓄水量突破33亿立方米】 8月20日，密云水库蓄水量33.134亿立方米，水位153.71米，白河日平均入库流量32.2立方米/秒，潮河日平均入库流量55.4立方米/秒，总出库流量0.86立方米/秒。自6月1日入汛以来，密云水库蓄水量增加10.028亿立方米，水位上涨6.59米。

（李 铖）

【密云水库保护公益基金会揭牌】 9月1日，北京密云水库保护公益基金会正式揭牌。该基金会为非公募基金会，由首都公益慈善联合会、北京首都创业集团有限公司、北京京华公益事业基金会、北京檀州资源技术开发有限公司共同发起，原始注册资金900万元。首批获得华彬文化基金会、首创集团等20余家单位捐款，金额超过1亿元。基金会所筹捐款全部用于密云水库流域生态保护和扶贫助困等相关公益活动。

（李 铖）

【密云水库启动重点河道生态补水】 9月，经北京市、区两级水务部门分析论证，以白河70立方米/秒、潮河100立方米/秒流量向沿线密怀顺地下水源地补水。此次生态补水，有力促进北京市平原地区地上、地下水资源的水生态协同修复。

（李　铖）

【密云水库开渔】 9月25日，密云水库正式开渔。精选7种鱼产品申报“密云水库有机鱼”并获得认证；新版“北京密云鱼王文化节”同步亮相。成立渔业产销合作社，与首农集团、物美集团等5家企业建立产销合作关系，发布“寻鱼记”密云文旅手绘地图，推出8条旅游线路。

（李　铖）

【第十八届“北京·密云鱼王文化节”】 9月26日，以“水润京华 鱼悦密云”为主题，采取全域“文旅+”模式，开展厨王争霸赛、金秋旅游季等系列活动，推出寻鱼味道之旅、丰收金秋之旅、休闲赏景之旅三大主题精品线路。活动开幕当日，约1米长、重量超过40斤的“鱼王”以35万元竞拍价成交，拍卖所得善款将捐赠给密云水库保护公益基金会。

（李　铖）

【密云区上榜2021年“中国天然氧吧”公示名单】 11月25日，中国气象局公共气象服务中心对拟授予“中国天然氧吧”称号的56个地区进行公示，密云区凭借优越生态环境、舒适人居环境、较高负氧离子含量和良好空气质量等优势，16项评价指标全部达标，是本次评选北京市唯一上榜的区。

（李　铖）

【密云区第八届冰雪嘉年华活动开展】 12月20日，密云第八届冰雪嘉年华活动在南山滑雪场开幕。活动以“生态密云、激情冰雪、助力冬奥”为主题，推出滑雪双板公开赛、冰雪大课堂、冬奥知识竞赛、冰雪运动艺术作品展、冰雪公益体验等系列活动。

（李　铖）

【朝密双创中心揭牌运营】 12月30日，朝密双创中心揭牌运营。揭牌仪式上，两区领导共同为朝密双创中心揭牌；两区发改委负责人签署共建协议；朝密双创中心与拟入驻的3家企业签订入驻协议。

（李　铖）

2021年密云区重要民生实事一览表

表4

序号	实事内容	责任单位	完成时限
一、改善群众居住条件（5件）			
1	实施老旧小区综合整治工程，对8个小区55幢18.8万平方米住宅楼进行节能保温改造、公共区域环境提升整治。	区住房城乡建设委	2021年12月31日
2	对鼓楼和果园2个街道62幢9.12万平方米住宅楼进行房屋漏雨改造提升，改善居民居住条件。	区住房城乡建设委	2021年7月15日
3	启动实施50个左右村庄的农村基础设施建设工程，进一步提升农村人居环境。	区农业农村局	2021年12月31日
4	持续推进农村污水治理，在15个村实施污水治理工程。	区水务局	2021年12月31日
5	稳步推进老楼加装电梯工作，年内开工3部以上，解决老年人和行动不便人员上下楼困难。	区住房城乡建设委	2021年12月31日
二、优化基本公共服务（6件）			
6	通过新建、改扩建、接收小区配套幼儿园等措施，增加普惠性学前教育资源，确保普惠性幼儿园覆盖率达到95%以上。	区教委	2021年12月31日

续表

序号	实事内容	责任单位	完成时限
7	区级社会福利中心正式运营，400 张养老床位投入使用；新建 100 个邻里互助养老服务点，提高养老服务品质。	区民政局	2021 年 12 月 31 日
8	与北大第一医院建立部分疑难危重病患转诊绿色通道，实行双向转诊，共享大型高端检查设备和检验项目结果互认；年内安排不少于 1000 人次高级职称专家到密云院区出诊、查房、带教、会诊、疑难病例讨论，让百姓在家门口享受高质量医疗服务。	区卫生健康委	2021 年 12 月 31 日
9	新建和规范提升便民服务网点 50 家，改造提升农副产品市场 5 家，让群众日常生活消费更加方便。	区商务局	2021 年 12 月 31 日
10	加快通讯基础设施建设，年内建设 5G 基站 260 个以上，实现密云城区及各镇中心区、京沈高铁和京承高速密云段沿线、重点旅游景区 5G 信号覆盖。	区经济和信息化局	2021 年 12 月 31 日
11	通过推出结果证照免费寄递、设置金融机构服务专区、政务服务电话咨询“一号统领”等服务事项，丰富区政务服务中心便民服务功能；继续推出新一批“告知承诺”事项，推动更多“办证”事项当场办结。	区政务服务局	2021 年 12 月 31 日
三、方便群众出行（3 件）			
12	深入推进“四好农村路”建设，实施乡村公路建养工程，进一步改善农村地区出行条件。	区公路分局	2021 年 11 月 30 日
13	优化调整公交线路 10 条，建成公交车实时到站查询 APP，让市民享受更加便捷的公共交通服务。	区交通局	2021 年 12 月 31 日
14	科学布设电动汽车公共充电桩 12 处，引入共享单车，更好地满足居民日常出行需求。	区城市管理委 区供电公司	2021 年 12 月 31 日
四、营造宜居环境（5 件）			
15	对 10 个镇 33 个村约 1.2 万户住户清洁取暖设备进行改造，满足农村地区住户冬季清洁取暖需求。	区农业农村局	2021 年 11 月 15 日
16	在 7 个镇街实施老旧公园和休闲步道改造、荒地复绿等环境改造提升，改善群众身边环境。	区发展改革委	2021 年 12 月 31 日
17	实施鼓楼东西大街、南北大街，阳光绿地、玉兰绿地等景观改造提升工程，打造一批城乡环境亮点。	区园林中心	2021 年 12 月 31 日
18	实施铁路沿线环境整治工程，对铁路沿线可视范围内的村庄、道路进行整治，提升铁路沿线整体景观水平。	区城市管理委	2021 年 7 月 31 日
19	实施潮白河环境整治工程，通过绿化美化、广告牌匾规范提升等措施，显著提升沿线景观，打造景区及周边联络线环境整体效果。	区城市管理委	2021 年 7 月 31 日

续表

序号	实事内容	责任单位	完成时限
五、丰富文体活动（3件）			
20	建设5处体育健身活动场所；更新、建设健身器材1000件；创建体育特色镇2个；举办第七届冰雪嘉年华、生态马拉松等区级以上赛事活动5项次。	区体育局	2021年12月31日
21	采取线上线下相结合的方式，开展群众文化活动1000场，丰富群众精神文化生活。	区文化和旅游局	2021年12月31日
22	开展科技周和科普课堂等线上线下科普活动，组织开展群众性应急救护和城乡劳动力就业技能培训，惠及群众4.5万人次。	区科委 区红十字会 区人力社保局	2021年11月30日
六、保障公共安全（5件）			
23	提升院前急救服务能力，新增急救站点2处，购置更新救护车16辆，力争呼叫满足率达到95%以上。	区卫生健康委	2021年11月30日
24	在18家社区卫生服务中心建设方舱式发热筛查哨点，3家二级医院建设发热门诊和核酸检测实验室，提高全区医疗机构发热病人筛查诊疗能力。	区卫生健康委	2021年12月31日
25	配备社会面消防隐患采集器200套；在消防力量薄弱镇街，配备消防通讯和灭火装备50套；对全区消防安全重点人群进行不少于8000人次的基本技能实操实训，提升群众安全意识。	区消防支队	2021年12月31日
26	建立社会风险管理机制，设立政策性农业保险、农村房屋保险、见义勇为救助责任保险等，提高群众抗风险能力。	区农业农村局 区民政局	2021年12月31日
27	加大镇街法律援助工作站、村居法律援助联系点的法律援助初审办理力度，为广大困难群众提供线上线下法律援助咨询、申请、受理等服务。	区司法局	2021年12月31日
七、提高社会保障水平（3件）			
28	组织开展线上线下招聘会、就业创业指导等专项服务200场；充分发挥社会公益性就业组织托底安置作用，全年安置就业6000人。	区人力社保局	2021年12月31日
29	持续推进无障碍环境建设和管理，整治、整改点位600个以上，进一步提升城市温度和文明程度。	区残联	2021年12月31日
30	继续实施补充医疗保障政策，提高城乡居民医疗保障水平。	区医保局	2021年12月31日

政务服务

Government Affairs Service

【概　况】 年内，北京市密云区政务服务管理局（简称区政务服务局）承担推进“委托受理”、“授权审批”、“涉企事项集中进驻”、社区（村）政务服务示范站点建设、“好差评”结果运用、主动公开与依申请公开、政策解读与平台建设、“全程网办”、公共资源交易全流程电子化、公共资源交易制度规范化建设情况10项重点工作。“构建窗口党建工作新模式 提升‘暖快优’服务水平”调研报告被北京市政务服务管理局评选为“2021年度优秀调研报告”；《推动综合窗口改革向纵深发展实现“无差别”受理》获2021年度基层政务服务优秀案例。全年受理各类审批事项37.3523万件，日均1494件；办结37.2677万件，日均1491件，综合办结率99%；人流量25.8965万人次，日均1036人次。镇街（乡镇）政务服务中心受理业务12.7916万件，办结12.6254万件，办结率98.7%，其中村居代办9.2917万件，办结率100%。

（崔秀云　郑　劼）

单位名称：北京市密云区政务服务管理局
地　　址：北京市密云区新东路285号
电　　话：69027266

【密云区“放管服”改革】 年内，密云区政务服务中心落地实施第三批“告知承诺”事项11项，推动政务服务“委托受理”和“授权审批”改革，实现“委托受理”率86.1%和“授权审批”率96.76%。

（文　宇）

【“一门一窗”满满服务】 年内，密云区政务服务中心进驻政务服务事项1792项，实现92%的事项进“一门”，100%的事项“一窗”无差别受理。140个事项实现“跨省通办”，26个事项实现“跨区通办”。全区41个部门1344项涉企事项全部进驻，实现“涉企事项集中进驻”率100%。

（文　宇）

【“办不成事”反映窗口】 年内，密云区各级各类政务服务中心共开设“办不成事”反映窗口28个。自窗口运转以来，共解决咨询建议类问题213个，解决申请人办事材料原因造成的“办不成事”问题95个，解决因审批部门原因造成的“办不成事”问题5个。

（文　宇）

【“千人千题”竞赛考试获得第四名】 年内，参加由北京市政务服务局举办的优化营商环境“千人千题”竞赛考试，综合成绩在全市16区和经济开发区中，名列第四名，相比去年提升了11名。其中，办理建筑许可指标单项成绩排名全市第二。

（文　宇）

【区级政务服务中心管理办法发布】 年内，《密云区政务服务中心管理办法（暂行）》及配套文件通过区政府常务会审议并印发。对标新政策、新要求，对区级政务服务中心事项进驻、人员进驻、运行规则、窗口服务、监督管理等方面提出明确要求，率先将“委托受理和授权审批”、“马上就办”等机制引入管理办法，细化进驻单位、首席代表、工作人员日常管理考核细则，强化区级政务服务中心监督检查工作，全面规范中心运行管理。

（文　宇　周橡楠）

【政府信息和政务公开】 年内，通过区政府网站主动公开政府信息49034条，受理依申请758件，引发行政诉讼23件，其中驳回15件，纠错3件。印发《关于加强密云区政策性文件向社会公开征集意见的工作方案》，在区政府网站开通政策性文件意见征集专栏，统一平台征集意见、集中反馈意见采纳情况、及时公布决策结果，让公众参与到政策制定阶段。加强政策解读，开展全链条政策服务，持续优化营商环境。

（范超英）

【党史学习教育】 “七一”前夕，组织党员参观香山革命纪念馆，重温党的进京“赶考”历程，在党旗下庄严宣誓。通过集中观看《建党伟业》《革命者》《跨过鸭绿江》影片、更新“主题教育”长廊“党史博览”、“短信学习每周一课”、“党员传阅制度”等方式，弘扬伟大建党精神，营造学习党史氛围。

（李斐然）

【“我为群众办实事”】 年内，依托四个“楼层”党支部，联合区税务局、区规自分局，开展“我为群众办实事”实践活动，推出开通“一号统领”政务服务专线、网上办理不动产登记业务可当日办结、减税降费政策精准推送、简化集中采购项目招投标程序、增设自助服务专区、推出网上无障碍办事服务、开设“办不成事”反映窗口、公布政务服务事项“最多签一次”、“最多签两次”清单8件实事项目清单。

（李斐然）

【文明城区创建】 年内，搭建学雷锋志愿服务站、改造无障碍设施、无障碍卫生间及母婴室，设立景观小品，全面禁烟，持续改善政务服务环境。借助政务服务中心电子大屏、立式电脑显示屏等设备，展示创城宣传海报和宣传标语，向办事群众发放《“小小窗口”递文明“满满服务”共监督——致办事群众一封公开信》，不断提高群众对于文明创城的关注度和知晓率。

（李斐然）

【机构编制调整】 年内，北京市密云区政务服务管理局所属事业单位由4个精简至3个，机构数量减少1个。撤销北京市密云区政务服务管理局综合保障服务中心，工作职能划转至北京市密云区政务服务管理局党建科（办公室）；保留北京市密云区政府采购中心；保留北京市密云区政府网站服务中心；组建北京市密云区公共资源交易中心，不再保留北京市密云区建设工程交易中心。

（郑　劼）

接诉即办

Immediate Action

【概　况】 2021年5月，经中共北京市密云区委机构编制委员会办公室批复北京市密云区城市管理指挥中心（简称区城指中心）为区政府直属公益一类正处级事业单位。

年内，区城指中心坚持“以人民为中心”的发展思想，围绕“民有所呼，我有所应”“闻风而动，接诉即办”的工作要求，在区委区政府领导下，发扬走访问题到一线、解决问题在一线的工作作风，有效解决一大批市民群众的“急难愁盼”问题，全区百姓对接诉即办工作的知晓度、满意度持续提升。受理“12345”市民服务热线179304件，平均解决率88.25%、满意率91.95%，综合成绩91.81分，全市排名第7位，实现区委区政府确定的“保八争五”工作目标。健全区、镇街、村居三级立体分类式网格化体系，开展“主动治理”，做好全区统一网格划分工作，形成密云区一级网格1个、镇街（地区）二级网格20个、村（社区）三级网格393个、自行规划四级单元网格1751个的网格管理布局。向市级平台推送网格事件立案35.2万件，结案28.4万件，结案率80.68%。制发工作日报、周报、月报等各类分析报告183余期，得到领导批示200余次。召开工作部署会12场，培训1000余人次。

（付春筱）

单位名称：北京市密云区城市管理指挥中心
地　　址：北京市密云区鼓楼东大街8号
电　　话：89089800

【北京市年度接诉即办改革工作先进集体、先进个人】 2月，密云区北庄镇、石城镇、十里堡镇、卫健委、鼓楼街道檀城东社区、檀营地区檀营第二社区、新城子镇坡头村、河南寨镇山口庄村、冯家峪镇西白莲峪村被评为北京市2019—2020年度接诉即办改革工作“先进集体”，檀营地区办事处党工委副书记韩月红等21人被评为接诉即办改革工作“先进个人”。

（王　晔）

【接诉即办整顿工作大会】 4月，密云区召开接诉即办整顿工作大会，会上区城指中心主任蔡全新通报区接诉即办整体情况，指出各单位在工单办理各个环节流程中存在的问题，区领导就下一步提升接诉即办工作提出明确要求。

（付春筱）

【接诉即办工作推进会】 6月，密云区召开接诉即办工作推进会。会上常务副区长王永浩宣布接诉即办工作10条规定，区委副书记朱柏成分析接诉即办工作情况，区委副书记、区长马新明和区委书记潘临珠同志分别作总结讲话，要求各单位深刻剖析原因，配强人员力量，形成合力，切实提升接诉即办工作水平。

（王　晔）

【全区统一网格划分】 9月，根据北京市统一网格划分工作部署，区城指中心制定《密云区统一网格划分的实施方案》，统一基础数据、时间节点、技术要求，建立工作通报制度，于年底完成全区统一网格划分工作，形成一级网格1个，二级网格20个，三级网格393个，四级单元网格1751个，实现单元网格全覆盖、无遗漏、不重叠、责任主体明晰。

（叶明珠）

【学习贯彻《北京市接诉即办工作条例》】 11月，密云区召开区委理论学习中心组学习（扩大）会议暨《北京市接诉即办工作条例》（以下简称《条例》）巡回宣讲会，邀请专家作《条例》专题辅导。区委书记余卫国出席会议并讲话，强调要坚持以人民为中心的发展思想，学习、宣传、贯彻好《条例》，全面提升接诉即办工作水平，解决群众身边的烦心事、操心事、揪心事。北京市政务服务局党组成员、副局长孙舫到会指导。

（付春筱）

【网格系统升级改造】 11月，对密云区网格社会服务管理系统进行升级，12月，实现电子地图本地化，为全区统一网格划分成果落图、网格案件派单以及事件进网格、部件进网格的城市精细化管理打下坚实基础。

（叶明珠）

支援合作

Support Collaboration

【概　况】 年内，北京市密云区发展和改革委员会（简称区发展改革委）深入贯彻落实党中央、国务院和北京市委、市政府关于东西部协作和对口支援工作新精神新部署，调整结对帮扶地区：内蒙古自治区通辽市库伦旗（东西部协作），青海省玉树藏族自治州玉树市（对口支援），湖北省十堰市竹溪县（对口协作）。按照巩固拓展脱贫攻坚成果同乡村振兴有效衔接工作要求，完成各项支援协作任务。严格落实区级援助资金增长机制，拨付区级援助资金1500万元，资金量同比增长92%，实施区级援建项目16个，重点在农牧产业、生态保护、基础设施、公共服务、消费帮扶、人才培训等领域，持续增强受援地区自身造血能力。

（万聪颖　宗钰馨）

单位名称：北京市密云区发展和改革委员会
地　　址：北京市密云区新北路9号
电　　话：61095517

【人才支援】 年内，做好党政干部挂职轮岗轮换工作，精选9名党政干部赴受援地区挂职，接收3名受援地区党政干部来密云区锻炼，开展党政干部培训170人次。选派26名专业技术人才赴受援地区开展支医、支教工作，接收80名医疗教育人才来密云区跟岗学习，开展专业技术人才培训1879人次。

（万聪颖　宗钰馨）

【劳务协作】 年内，开展线上线下多种形式劳务合作，联合举办专场招聘会3场，推送岗位信息15次，组织98家北京企业为受援地区提供会计、机加工、质检员、保安、厨师、客服等就业岗位3822个。开展劳务职业技能培训4期200人次，乡村振兴致富带头人培训3期120人次。实现省内就近就业802人，东部其他省份就业403人，在京稳定就业115人，全年帮助支援合作地区实现就业1320人。通过“千校行动”持续给予36名贫困家庭学生来京技工院校就读每人每年3000元补贴，总计补贴10.8万元。

（郑海全　宗钰馨）

【消费帮扶】 年内，财政预留30%采购“832平台”产品金额447.96万元。区发展改革委在全市率先打造京蒙协作新典范——库伦旗特色文化美食密云体验馆，构建“体验＋”产品销售、文化展示、网红打卡、爱心公益联动运营模式。密云区檀州农业与库伦旗绿洲食品有限公司合作建成食用菌供应基地，签订《帮扶销售库伦旗农产品的框架协议》，实现销售额10余万元。开展“七进”活动2次，通过农产品批发市场、商贸流通企业、“832平台”等渠道帮助库伦旗销售特色产品3700万元，其中在京销售额2200万元。

（郑海全　宗钰馨）

【结对帮扶】 年内，密云区与库伦旗8个镇街、竹溪县15个镇街实现镇街结对全覆盖，扩大与玉树市镇街结对覆盖面，从2个结对镇增加到6个，全区20个镇街结对帮扶贫困乡镇29对；建立村村（社区）结对23对（库伦旗17对，玉树市6对）；学校结对7对（库伦旗4对，玉树市2对，竹溪县1对）；医院结对7对（库伦旗5对，玉树市1对，竹溪县1对）；村企结对9对（库伦旗4对，玉树市3对，竹溪县2对）；社会组织与村结对7对（库伦旗5对，玉树市2对），持续深化各项结对帮扶工作。

（周保军　宗钰馨）

【东西部协作】 年初，密云区与库伦旗签署《2021年东西部协作协议》，援助区级财政资金500万元，后追加抗雪救灾专项资金100万元，实施区级援建项目6个。部门、镇街捐赠资金197万元，社会各界力量参与捐资捐物总计406.96万元。帮助库伦旗完成转移农村劳动力就业1260人，其中来京就业115人、到东部其他省区就业403人、就地就近就业742人。持续给予来京技工院校就读4名困难家庭学生每人每年3000元补贴，补助资金1.2万元。新增落地投产企业2家，实际到位投资1046万元。新建扶贫车间1处，建设物流冷鲜库及附属设施3处。打造库伦旗特色文化美食密云体验馆，促成密云区檀州农业与库伦旗绿洲食品有限公司合作建设消费扶贫万亩蔬菜基地，助力库伦旗实现全年特色产品销售总额3700余万元，其中，进京销售额2200万元。

（万聪颖　宗钰馨）

【对口支援】 年内，密云区与玉树市主要领导调研对接3次，援助区级财政资金500万元，实施区级援建项目6个。区级以下财政捐赠资金195万元。选派挂职干部4名，其中前方指挥部挂职1名、玉树市挂职2名、玉树州检察院挂职1名；选派医疗教育人才7名，接收51名医疗教育人才来密云跟岗培训。新增落地企业1家，投资50余万元。开展玉树市帮扶产品促销系列活动3次，签订《电商支援合作共建意向书》，动员社会力量捐款捐物总计244.19万元，其中捐款133.37万元，捐物折款110.82万元，协调北京医疗资源为80余名先心病儿童进京提供免费治疗，防止因病致贫、因病返贫。

（万聪颖 宗钰馨）

【对口协作】 年内，密云区与竹溪县主要领导调研对接2次，援助区级财政资金500万元，聚焦水源生态保护、生漆产业发展、党建示范区创建等项目，实施区级援建项目5个。区级以下财政捐赠资金195万元。新选派挂职干部1名。优选15个经济强镇开展结对共建，实现镇街结对全覆盖。打通竹溪县贡米、茶叶、中药、丝织品等特色产品进京渠道。动员社会力量捐款捐物总计32万元，其中捐资27万元，捐物折款5万元。

（万聪颖 宗钰馨）

【东西部协作】 年内，根据《密云区2021年东西部协作协议》，组织企业赴库伦旗开展京蒙东西部协作考察，向库伦旗先进苏木中小学捐赠总价值20.5万元的数字化设备。实地走访内蒙古库伦蒙药有限公司、内蒙古荞泰生物科技有限公司，开展招商交流。考察岳鑫养殖专业合作社，支持库伦旗生猪标准化规模养殖场项目提升。

（李 斌）

外事及港澳台事务

Hong Kong, Macao, Taiwan and Foreign Affairs

【概 况】 2021年，北京市密云区人民政府外事办公室（简称区外办）坚决贯彻党中央对外工作决策部署，全面加强党对外事工作集中统一领导，统筹推进涉外疫情防控和全区对外工作，努力为服务国家总体外交和地方经济社会发展，为密云区打造践行习近平生态文明思想典范之区贡献外事力量。

（赵婷婷）

单位名称：北京市密云区人民政府外事办公室

地　　址：北京市密云区鼓楼西大街3号

电　　话：69041869

【与日本长野县山之内町开展互赠图书活动】 2月，向日本长野县山之内町赠送三本中国原创绘本，区长马新明致信长野县山之内町町长竹节义孝进行了友好问候，日本长野县山之内町町长竹节义孝回信表达感谢并赠送图书。

（赵婷婷）

【非洲驻华使节到密云参观访问】 7月24—25日，撒哈拉以南非洲国家驻华使团应外交部邀请到密云区进行为期一天半的参观访问。访问期间，使团参观白乙化烈士纪念馆和古北水镇。区外办、区公安分局、区卫健委等多家单位为活动顺利举办提供服务保障。

（赵婷婷）

【密云区推进国际交往中心功能建设领导小组成立】 8月19日，密云区召开区委外事工作委员会第三次全体会议暨密云区推进国际交往中心功能建设领导小组第一次全体会议，成立密云区推进国际交往中心功能建设领导小组，履行总体谋划、统筹协调、整体推进、督促落实国际交往中心功能建设各项工作职能。

（赵婷婷）

【法国葡萄酒精酿技术协会到密云区调研】 10月19日，法国葡萄酒精酿技术协会主席尼古拉一行到密云区调研。区委副书记、区长马新明一同调研。先后到密云水库白河主坝、邑仕庄园国际酒庄，实地察看生态环境建设、葡萄种植、酿酒工艺、成酒保存及酒庄带动周边村民增收等情况。双方希望以此次活动为新起点，进一步增进中法葡萄酒文化和产业发展经验交流，举办更加精彩的密云·波尔多葡萄酒节。

（赵婷婷）

【“北京市密云区人民政府港澳事务办公室”挂牌】 11月5日，按照北京市委机构编制委员会要求，在北京市密云区人民政府办公室（北京市密云区人民政府外事办公室）加挂“北京市密云区人民政府港澳事务办公室”牌子，规范机构名称，加强港澳工作管理，推动密云区与香港、澳门在经济、科技、文化等领域交流与合作。

（赵婷婷）

【密云区外事接待资源库建立】 年内，全面摸底密云区内有代表性兼具外事接待能力的景区、宾馆、文体场所，分门别类建立外事接待资源库。包括：文旅资源40项、经济资源10项、社会资源5项、科技资源5项、生态保水1项、党建资源4项、外语人才21

人、外事礼品 6 种。同时，推荐云蒙山、海湾半山等 12 家场所进入市级资源库。

（赵婷婷）

【组织外籍人士和港澳同胞接种新冠病毒疫苗】 年内，制定《密云区外籍人士新冠病毒疫苗接种实施方案》，本着“愿接尽接”“属地属人”的原则，分批组织外籍人士和港澳同胞接种新冠病毒疫苗。共组织外籍人士和港澳同胞接种新冠病毒疫苗 21 批 120 人，其中 64 人完成第三针接种。

（赵婷婷）

【邀请外籍人士入境返京】 年内，修改完善《密云区办理外籍人员来华邀请函工作方案》，协助符合邀请条件的企业办理外籍员工及相关人员入境返京。共为 10 家企业、57 位外籍人士办理外国人来华邀请函，40 人顺利来密。

（赵婷婷）

信访工作

Petition Work

【概　况】 年内，北京市密云区信访办公室（简称区信访办）坚持以习近平新时代中国特色社会主义思想为指导，认真学习贯彻习近平总书记关于加强和改进人民信访工作的重要思想，以抓好建党 100 周年信访稳定工作为主线，忠诚履行四项职责使命（服务党和国家大局、维护群众合法权益、化解信访突出问题、促进社会和谐稳定），扎实开展三个专项活动（“大督查大接访大调研”工作、信访示范区创建及“寻找最美信访干部”），着力抓好五项重点任务（专项治理重复信访、谋划推进信访制度改革、加强基层基础建设、做好重点时期信访保障、加强干部队伍建设），更好服务建设高水平的平安密云，为打造践行习近平生态文明思想典范之区创造和谐稳定的社会环境，以优异成绩庆祝建党 100 周年。

（商　波）

单位名称：北京市密云区信访办公室
地　　址：北京市密云区鼓楼北大街 8 号
电　　话：69041303

【信访干部基础业务培训班】 1 月 14 日和 5 月 28 日，分二次邀请北京市信访办网信处、办信处、接访处、督查处为全区各镇街、委办局信访干部进行基础业务培训，培训人数 200 余人。

（商　波）

【领导下访接访】 6 月 23 日，北京市副市长卢映川到溪翁庄镇、石城镇下访接待群众。12 月 30 日，区委书记余卫国、区长马新明分别到鼓楼街道和果园街道下访接待群众。每月 10 日、20 日，由一名区领导到区信访办接待上访群众。同时，开展重点约访、带案下访、结案回访、联合会访为补充。区领导坐班接访期间，认真倾听群众诉求、耐心解答、积极协调、妥善化解，使来访群众满意而归。

（商　波）

【完善信访考核机制】 年内，区信访办根据《北京市信访工作考核评分细则》和“平安密云”创建有关要求，制定下发《2021 年密云区信访工作考核评分细则》，主要考核对提升“三率”（受理、办结、满意）和信访业务规范率水平及信访积案化解工作完成情况的考核。

（商　波）

【信访工作要点制发】 5 月，区信访办制发《密云区 2021 年信访工作要点》，要求各信访考核单位从六个方面抓好全年信访工作：加强政治引领，确保信访工作正确方向；加强创新驱动，推动信访工作制度改革；加强合力推动，有效化解信访突出矛盾；加强源头治理，预防和减少信访问题发生；加强服务保障，全力做好重点时期信访稳定工作；加强干部队伍建设，全面提升信访工作质量。

（商　波）

【信访宣传活动】 5 月 27 日，以“永远跟党走 共筑连心桥”为主题，在檀营地区满蒙文化园开展信访宣传咨询活动。通过条幅、展板、发放宣传材料等形式进行宣传，发放《北京市信访条例》《北京市信访工作责任制实施细则》《依法分类处理信访诉求工作规则》《信访人员“六不得”》、阳光信访宣传折页、信访知识问答、依法逐级走访等宣传材料 400 余份。

（商　波）

【党史学习教育】 按照“学史明理、学史增信、学史崇德、学史力行”和“学党史、悟思想、办实事、开新局”的目标要求，扎实开展党史学习教育活动，制定《密云区信访办关于开展党史学习教育的实施方案》《党史学习教育全年学习计划》《“我为群众办实事”活动方案》，为群众办理实事 151 件。

（商　波）

【重复信访、化解信访积案专项治理】 年初，制定《密云区信访工作联席会议关于开展集中治理重复信访、化解信访积案专项工作实施方案》，建立“区、镇（街）、村（居）三级领导包案治理重复信访、化解信访积案”工作机制，严格落实包掌握情况、包解决化解、包思想疏导、包教育稳控的“四包”责任，坚持“三到位一处理”原则，树立有解思维，运用心理疏导、帮扶救助等化解方法手段。信访积案基本得到化解，完成中央联席办交办的任务。

（商 波）

机关事务管理服务

Government Offices Administration and Service

【概 况】 北京市密云区机关事务管理服务中心（简称区机关事务中心）为区政府所属正处级事业单位 2021 年，区机关事务管理服务中心坚持以学习贯彻习近平新时代中国特色社会主义思想为指导，认真贯彻落实习近平总书记重要回信精神，按照区委、区政府提出的目标要求，以党史学习教育为重要契机，以推进机关事务管理体系和治理能力现代化水平为有力抓手，以“十不能”要求为工作规范，将“科学管理、精心保障、创优服务”理念融入到各项工作中，有效推动机关事务工作高质量发展。

（陈琼霞）

单位名称：北京市密云区机关事务管理服务中心
地　　址：北京市密云区鼓楼西大街 3 号
电　　话：69065000

【安全保卫】 年内，强化安全意识，着力营造安全稳定的办公环境。工作人员进入机关时，必须配戴口罩，出示车证或工作证，方可进入；外单位人员进入时，必须配戴口罩，到传达室填报个人信息，进行体温测试，与相关人员电话确认后，方可进入。落实综治工作责任制，主动与政法委、信访、维稳、公安、消防、应急等部门协作，做好群众上访疏导工作。做好书信往来、报刊接发工作，全年报纸发放 225273 份、平信及挂号信 19474 件、刊物 11522 册、汇款 12120 元。做好安保集结工作，完成庆祝建党 100 周年大会参加人员集结区保障任务。

（陈琼霞）

【后勤保障】 年内，强化安全管理，定期开展安全大检查，在春节、全国“两会”等重要时间节点增加检查次数，加大检查力度。开展 4 次电梯应急演练，定期检查 24 次，重大节日加查 5 次，维修 6 次；维修、抢修老化漏水 8 处。每月 1 次消防安全隐患大排查，更换 622 个灭火器材。落实防疫要求，全面消毒清洗机关办公楼中央空调通风口。

（陈琼霞）

【餐饮接待】 年内，强化食堂疫情防控工作，严格落实就餐人员体温检测、戴口罩、勤洗手等规章制度；通过重新摆放桌椅，安装餐桌隔离板，拉开用餐间距，采用错峰用餐等方式，要求低头用餐不说话，餐后迅速离开，确保就餐环境安全卫生。

（陈琼霞）

【会议接待】 年内，强化会议服务意识，严格防疫要求，要求各单位尽量减少多人开会、聚集开会的现象，召开会议尽量采取电视电话会的形式，主会场一般不超过 50 人，要求开短会。严格落实体温检测、戴口罩、勤洗手等规章制度，服务人员配戴一次性手套，对杯子、水壶等高温消毒。会议室召开会议后，及时做好消毒和通风工作，两个小时后才能进行下次会议。全年共接待会议 900 余次，服务参会人员万余人次。

（陈琼霞）

【垃圾分类】 年内，强化垃圾分类管理，在办公楼每个卫生间设置其他、可回收物、厨余垃圾三个桶，开水间设置茶叶渣收集容器，每栋办公楼一层大厅配备有害垃圾收集容器，累计配备垃圾桶 350 个，在机关大院西侧设有垃圾集中存放点，全面开展垃圾分类工作。

（陈琼霞）

【办公用房】 年内，推进全区办公用房规范化管理，对全区 99 家处级单位及 151 家区级所属二级单位办公用房开展数据摸底工作，健全党政机关办公用房资产管理台账。做好办公用房服务保障工作，全年协调办公用房面积约 3000 平方米。开展退休领导干部占用办公用房专项清查整改工作，成立专项整改工作小组，清查 107 家相关单位。推进周转房“暖心工程”，及时开展维修维护工作。

（陈琼霞）

【公车管理】 年内，加强全区公务用车统一管理，对 87 个一级单位、152 个二级单位，涉及 1398 辆公务用车进行信息采集，安装北斗定位终端设备，统一纳入信息系统平台监管。对全区集中管理的行政执法车辆采取“六统一”管理：统一户头、统一标识、统一维修、统一加油、统一保险、统一定位。规范区委区政府机关集中办公区公务用车管理，制定下发《密云区委区政府集中办公区公务车辆统一管理实施方案（试行）》《密云区委区政府集中办公区公务车辆统一管理办法（试行）》。

（陈琼霞）

【疫情防控】 年内，按照“快、严、准”的标准，严格落实疫情防控工作要求。集中办公区工作人员，建立健康台账，各单位每日如实上报体温表，消杀全覆盖。加强机关大院门口进入管理，做好体温检测、扫码登记等工作。在餐厅、会议中心等公共区域配置热成像体温测试仪等防疫工具和物资，严格疫情防控。

（陈琼霞）

【创城工作】 年内，成立创城工作专班，坚持问题导向，聚焦集中办公区办公楼、绿化带、门前三包和附近街道等卫生死角清理打扫等问题，建立健全长效管理机制。坚持系统施策，遵循“应划尽划”原则，规范集中办公区机动车、非机动车停放。以“密云先锋”行动为依托，深入开展“四大行动”，周末大扫除活动2600余人次，交通路口执勤36人次。

（陈琼霞）

综合服务

Comprehensive Services

【概　况】 年内，北京市密云区人民政府办公室（简称区政府办）聚焦生态保护和绿色发展、优化营商环境、民生保障等重点领域撰写政务信息，收集整理各单位、各镇街（地区）报送信息4100余条，编发《昨日区情》116期、《领导参阅》5期、《工作交流》4期。挖掘全区特色、亮点工作，《邻里互助点破解农村独居》等106篇信息被市级以上信息刊物采用，获得市领导肯定性批示8条，创历年最高。围绕重要政策落地、社会各界反响深入一线开展调研，完成国办、市政府办公厅调研型约稿43篇，106篇信息被市级刊物《今日舆情》采用。

（李　钺）

单位名称：北京市密云区人民政府
地　　址：北京市密云区鼓楼西大街3号
电　　话：69041685

【政府督查督办】 年内，区政府督查室共对269项重大决策事项和105项专项事项开展跟踪督查，向市政府反馈有关情况报告223件，共制发《督查与反馈》15期、《督查专报》6期，梳理汇总密云区关于深入推进北京冬奥会和冬残奥会工作进展情况5期、《深入贯彻习近平总书记重要回信精神一周年工作方案》承办任务进展情况6期、2021年基层减负工作落实情况4期。

（孙肇艺）

【建议提案办理】 年内，区政府办组织协调政府各相关部门办理区人大代表建议72件、区政协委员提案95件，办复率均为100%。办理市人大代表建议5件、市政协委员提案7件。

（徐良军）

【绩效管理】 年内，区政府办制发《2021年度密云区政府序列行政机关、事业单位及镇街、经济功能区全面履职绩效考评工作方案》，考评内容涉及生态保护、绿色发展、重点工作三个方面。逐项梳理各考评对象任务，汇总形成《2021年度全面履职绩效任务清单》，实行“一单位一表格”清单式管理。组织各考评对象按清单认领全面履职绩效任务，区政府办以清单为依据强化过程管理，开展日常考评和年终考评。

（宋凯丽）

【公文流转】 年内，区政府办登记各委办局上报区政府公文3227件，呈报区政府办公文600余件，下发以区政府（区政府办）名义公文及其他文件材料约40万件；登记呈报上级文件5650余件、区委领导批示件1700余件，通过市委市政府内网收发公文及其他文件材料10000余件，全年签收登记邮件2840余封，寄出邮件251余封。

（叶彩霞）

政协北京市密云区委员会

BEIJING MIYUN DISTRICT COMMITTEE OF CPPCC

综　述

Overview

中国人民政治协商会议北京市密云区委员会（简称区政协）主要职能是政治协商、民主监督，组织参加区政协的各党派、团体和各界人士参政议政。内设办公室、综合室、专委会工作一室、专委会工作二室、专委会工作三室、专委会工作四室、专委会工作五室，公务员编制 26 人，事业编制 3 人，工勤编制 9 人，实有公务员 32 人，事业 3 人，工勤 9 人。年内，区政协围绕全区中心工作、重点任务，履行政治协商、民主监督、参政议政职能。

思想政治引领　学习贯彻习近平总书记在党史学习教育动员大会上的重要讲话精神，组建政协委员读书群，安排统一战线和人民政协历史、密云红色历史学习，组织委员收看市政协专题报告，专题学习研讨习近平总书记在庆祝中国共产党成立 100 周年大会上的重要讲话精神。组建由 8 名政协委员和机关干部组成的“学中共党史 讲密云故事”宣讲团，走进机关、学校、镇村、社区进行宣讲。组织党员委员和机关干部到西田各庄镇、古北口镇等抗日斗争纪念地开展主题党日活动，邀请政协老党员作专题党课报告。组织老党员“七一”座谈会，颁发“光荣在党 50 年”纪念章。开展《密云历史读本》进校园活动，组织“读《密云历史读本》做新时代好少年”主题展演。

协商议政　围绕区委区政府中心工作，制定年度协商计划，组织协商活动。汇集关注热点，把《关于落实习近平总书记回信精神，提升绿色产业质量，推进乡村振兴的建议》列为年度重点提案，成立重点提案调研组，分设蜂产业、设施农业、电商助农等 10 项子课题，深入镇村开展“微调研”，召开重点提案办理协商会议，并形成书面建议报区政府决策参考。开展蜂产业发展调研，组织委员视察蜂产业基地并召开座谈会；开展生物防治产业发展工作视察，召开提案办理专题协商会；组织委员视察科学城东区建设，开展中关村密云园监督视察。协助市政协积极开展“进一步扶持壮大农村集体经济，助推新时代乡村振兴”“深入开展‘民族团结进步’创建，大力推进民族乡村振兴高质量发展”等专题调研。参与《北京市接诉即办条例（草案）》立法协商，配合市政协做好前期调研工作，提出修改建议。

民主监督　强化政协民主监督职能，发挥协商式监督特色优势，助推全区各项重点工作顺利开展。围绕“创城”工作，针对文明程度提升、城市建设发展和民生改善等方面开展民主监督。围绕推动“七有”“五性”落实开展协商监督。连续三年开展“礼让斑马线”视察监督工作。组织委员到史庄子、车道岭等村视察村级垃圾分类设施建设情况、村级医疗卫生室运行状况。结合国家全域旅游示范区创建，组织委员实地考察苏家峪村古树、吉家营村古堡及水关长城。针对 101 国道古北口段交通拥堵问题，组织委员到北甸子综合检查站实地开展视察。

凝聚共识　发挥人民政协作为统一战线组织作用，团结各党派、团体和各族各界人士，建言资政、凝聚共识。在中共中央发布“五一口号”73 周年之际，开展“团结在光辉的旗帜下——政协委员永远跟党走”主题长走活动。参与全市政协系统开展的“唱支山歌给党听”活动，组织文艺界委员、机关干部，通过新媒体录唱红色经典歌曲。举办“三八”妇女节、“五四”青年节、诵读演讲、书画展等特色界别联谊活动，为委员沟通交流搭建平台。组织少数民族宗教界委员视察大云峰禅寺、普照寺等宗教场所；组织社会科学界委员参加政法队伍教育整顿座谈，对区法院队伍教育整顿工作开展视察。

（朱　峰）

单位名称：政协北京市密云区委员会
地　　址：北京市密云区鼓楼西大街 3 号
电　　话：69042938

重要会议和活动

Main Conferences and Activities

【政协二届五次全体会议】　1 月 4—6 日，政协北京市密云区第二届委员会第五次会议在中航大学培训中心召开。会议听取并审议常务委员会作的工作报告、提案工作报告；列席区第二届人民代表大会第七次会议开幕会，听取并讨论政府工作报告，讨论其他报告；审议通过常委会工作报告的决议和第五次会议政治决议。

（朱　峰）

【党史教育动员大会】　3 月 19 日，区政协召开党史学习教育动员大会。传达中央、市委和区委党史学习教育动员大会精神；宣读《密云区政协关于开展党史学习教育的实施方案》。

（张　健）

3月19日，区政协召开党史学习教育动员大会　（区政协　供图）

【纪念“五一口号”发布73周年长走活动】 4月23日，区政协“团结在光辉的旗帜下——永远跟党走”暨纪念中共中央发布“五一口号”73周年长走活动在巨各庄镇蔡家洼村玫瑰情园举行。来自全区广大政协委员、政协机关干部以及各直属工会干部职工500余人以全程5公里的长走活动纪念“五一口号”发布，重温多党合作历史，弘扬优良传统。

（朱　峰）

4月23日，密云区政协“团结在光辉的旗帜下——永远跟党走”暨纪念中共中央发布“五一口号”73周年长走活动　（区政协　供图）

【专题辅导报告会】 4月至7月，区政协组织政协委员及机关干部在密云分会场参加市政协举办的专题辅导报告会。4月19日，党史学习教育中央宣讲团成员、中央党史和文献研究院原院务委员陈晋作“学党史：看精神、看国家、看道路”专题报告。4月27日，清华大学文科资深教授、清华大学苏世民书院院长薛澜，以“新型举国体制与国际科创中心建设”为主题，作专题辅导报告。5月15日，原中央党史研究室副主任石仲泉围绕《关于若干历史问题的决议》和《关于建国以来党的若干历史问题的决议》作专题辅导报告。7月28日，党史学习教育中央宣讲团成员、中央党史和文献研究院副院长黄一兵以“新时代中国共产党人以史为鉴 开创未来的行动指南”为题作辅导报告。

（张　健）

【“学中共党史 讲密云故事”宣讲报告会】 5月27日，区政协举办庆祝中国共产党成立100周年“学中共党史 讲密云故事”宣讲报告会。8名区政协委员和机关干部以《大道同行——团结在光辉的旗帜下》《英雄尖刀连 浴血密云城》《家国情怀铸丰碑》《金巨罗“三青烈”》《特等功臣刘东武》《使命在肩 勇往直前》《我的爷爷高华兴》等主题，讲述解放密云城抗战的历史、讴歌英雄人物、弘扬政协委员勇往直前的抗疫精神。5月至6月，宣讲团先后走进机关、学校、镇村、社区宣讲22场次，受众超4000人。

（张亚娟）

5月27日，区政协举办庆祝中国共产党成立100周年“学中共党史 讲密云故事”宣讲报告会　（区政协　供图）

【政协三届一次全体会议】 12月12—15日，政协北京市密云区第三届委员会第一次会议在中航大学培训中心召开。会议听取并审议常务委员会作的工作报告、提案工作报告；列席区第三届人民代表大会第一次会议开幕会，听取并讨论政府工作报告，讨论其他报告；审议通过常委会工作报告的决议和第一次会议政治决议。区委书记余卫国在闭幕会上讲话。

（朱　峰）

12 月 13 日，中国人民政治协商会议北京市密云区第三届委员会第一次会议开幕会

（区政协 供图）

政治协商

Political Consultation

【年度重点提案办理协商工作部署会】 3 月 4 日，区政协召开年度重点提案办理协商工作部署会，就“落实习近平总书记回信精神，提升绿色产业质量，推进乡村振兴的建议”重点提案办理协商工作进行部署。区政协领导对办理协商工作提出意见和要求，各职能部门从“三社”融合发展、集体经济壮大发展、农村人才培养、农业技术推广等方面，介绍提案涉及相关领域的现状和问题，委员们根据各自的调研课题，从政策制定、存在问题、发展方向等方面进行交流。

（高 嵋）

3 月 4 日，区政协 2021 年度重点提案办理协商工作部署会 （区政协 供图）

【重点提案办理协商调研座谈会】 3 月 18 日，区政协提案委员会召开“关于落实习近平总书记回信精神，提升绿色产业质量，推进乡村振兴的建议”重点提案办理协商调研座谈会。各镇围绕“绿色产业、乡村振兴”调研主题，结合本区域发展优势、存在问题和未来发展建议交流发言。各部门从设施农业建设、农村集体经济培育壮大、乡村旅游产业发展等方面介绍发展现状并提出意见建议。

（高 嵋）

【市政协调研】 5 月至 6 月，市政协来密云区开展 2 次专题调研。5 月 28 日，市政协农业和农村委员会组织部分市政协委员和调研组成员就“进一步扶持壮大农村集体经济，助推新时代乡村振兴”开展专题调研。6 月 1 日，市政协民族和宗教委员会带领调研组围绕“民族团结进步创建和民族乡村振兴”工作开展专题调研，到古北口镇河西村、太师屯镇太师庄村 2 个少数民族村，实地察看村党群服务中心、幸福晚年驿站、乡情村史陈列室、农业设施园等，就如何推进少数民族村乡村振兴提出意见和建议。10 月 25 日，市政协就加强生态保护和绿色发展及委员联系群众工作到密云区调研，听取区政协委员工作站筹备建设情况介绍，实地考察委员工作站金巨罗乡村会客厅筹备工作和水库生态保护情况。

（王长明 董 建）

【年度重点提案办理协商工作会议】 8 月 12 日，区政府与区政协就 2021 年度重点提案“关于落实习近平总书记回信精神，提高绿色产业发展质量，推进乡村振兴的建议”开展办理协商。会上，重点提案调研组汇报“关于落实习近平总书记回信精神，提高绿色产业发展质量，推进乡村振兴的建议”整体调研情况，区农业农村局、发改委、农业服务中心就提案办理工作进展情况进行汇报。

（高 嵋）

8 月 12 日，区政府与区政协就 2021 年度重点提案“关于落实习近平总书记回信精神，提高绿色产业发展质量，推进乡村振兴的建议”开展办理协商 （区政协 供图）

【全域旅游示范区创建工作对口协商】 9月27日，区政协教文卫体委员会组织委员就“发挥文化资源优势 推进国家全域旅游示范区创建”工作开展对口协商，实地考察新城子镇归璞南山精品民宿整体运行情况，听取区文旅局相关负责同志关于创建全域旅游示范区工作开展情况汇报。委员们对推动密云资源全域整合、产业全域整合、要素全域配置、结构全域优化，加快推进生态优势转化为发展优势等方面提出意见建议。

（李 伟）

【提案线索征集调研】 10月20日，区政协提案委员会到石城镇开展政协委员提案线索征集调研活动，实地察看桃花地和梨树沟村村容村貌及民俗旅游情况，听取镇党委、政府在保水护水、生态环境建设、经济发展、受灾群众安置、发展设想等方面的情况介绍，并就充分发挥资源优势、增加财政收入、加快旅游发展、促进农民增收等方面探讨交流。

（高 嵋）

民 主 监 督

Democratic Supervision

【乡村文化旅游发展情况监督视察】 3月26日，区政协结合党史学习教育，组织委员视察乡村文化旅游发展情况，乘坐“开往春天的列车”市郊铁路列车——怀密号，由黑山寺站前往古北口站，沿途察看铁路沿线环境治理情况；实地参观古北口镇侵华日军投降地遗址、古北口保卫战纪念碑、古御道文化街及河西村党群活动服务中心、幸福晚年驿站。

（张松涛）

【药品监管情况视察】 4月22日，区政协组织部分医药卫生界委员对本区药品监管情况进行视察，参观和谐春天医药有限公司一分店，了解药品零售工作运行情况、药品流通安全监管等情况，听取市场监督管理局相关负责同志药品监管总体情况汇报，并针对零售处方药监管、药品保存、经营企业人员教育引导等问题与市场监督管理局相关负责同志进行座谈交流。

（李 伟）

【科学城东区建设发展情况视察】 5月13日，区政协经济科技委员会组织部分政协委员视察科学城东区建设发展情况，参观考察怀柔科学城创新小镇展示中心，了解科学城整体规划布局和建设发展情况；视察科学城东区地球系统数值模拟装置展示大厅及科学城东区整体规划建设情况，听取区科委关于科学城东区建设情况的汇报。

（王长明）

【村级垃圾分类桶站建设和无违建创建工作视察】 4月28日，区政协组织部分政协委员到不老屯镇史庄子村、车道岭村视察村级垃圾分类桶站建设和无违建创建工作，实地查看史庄子村垃圾分类桶站建设和车道岭村无违建创建工作开展情况，听取相关负责同志关于垃圾分类桶站建设和无违建创建工作开展情况的介绍，与不老屯镇主要负责同志进行座谈交流。

（张松涛）

【医疗卫生运行情况进行视察】 5月18日，区政协教文卫体委员会组织部分委员就医疗卫生运行情况进行视察。委员们到新城子镇苏家峪村卫生室、大树洼村卫生室，了解村级卫生室硬件设施、服务内容、人员配备、经费保障等情况，听取卫健委相关负责同志对村级医疗卫生基本情况及区医院与北京大学第一医院深度融合工作运行情况汇报。

（李 伟）

【区金叵罗村文旅项目视察】 5月12日，区政协组织共青团界别委员参观考察金叵罗村文旅项目，了解乡村旅游发展情况。委员们参观金叵罗农场、中科院遥感卫星所、飞鸟与鸣虫农场、老友季民宿。

（董 建）

【新城子镇古堡群保护利用情况视察】 5月12日，区政协教文卫体委员会组织部分委员对新城子镇古堡群保护利用情况进行视察。委员们先后到新城子镇苏家峪村古树、吉家营村古堡及水关长城进行实地查看，听取镇主管领导对古树、古堡、长城的现状，古堡文化的传承与保护工作情况介绍。

（李 伟）

【蜂产业基地建设发展情况视察】 5月25日，区政协经济科技委员会、提案委员会组织部分政协委员开展蜂产业基地建设发展情况视察活动。视察京纯蜂产业基地蜜蜂大世界主题园区、奥金达蜂产业基地蜜蜂生态科普馆，了解重点蜂产业基地建设、发展及运营情况，听取区园林绿化局关于蜂产业发展情况汇报。

（王长明）

【法院队伍教育整顿工作视察】 5月26日，区政协社会和法制与民族宗教委员会组织政协委员对法院队伍开展教育整顿为群众办实事工作进行视察，参加法院队伍教育整顿“为群众办实事”新闻通报会，观看

《奋进中的密云法院》宣传片，听取区法院教育整顿总体情况汇报。

（董　建）

【中关村密云园高质量发展监督视察】 6月8日，区政协经济科技委员会组织部分政协委员就中关村密云园高质量发展开展监督视察活动。委员们视察中关村绿色科技前沿技术创新中心、大宗腾退盘活地块，了解中关村密云园的发展情况，听取中关村密云园高质量发展工作情况的汇报，对完善招商政策、搭建企业交流平台、谋划配套设施、优化营商环境等提出对策建议。

（王长明）

6月8日，区政协就中关村密云园高质量发展开展监督视察活动　（区政协　供图）

【"礼让斑马线"监督视察】 6月17日，区政协教文卫体委员会组织部分政协委员开展"礼让斑马线"监督视察工作，实地考察鼓楼东西大街礼让斑马线情况，了解开展礼让斑马线工作的进展情况，听取政府相关部门的工作汇报，并就加强宣传教育引导、营造人人参与的良好社会氛围等提出意见建议。

（李　伟）

【"七五"普法工作和"八五"普法规划视察】 8月3日，区政协社会和法制与民族宗教委员会组织部分政协委员对"七五"普法工作和"八五"普法规划开展视察，实地参观白河十里法治长廊，观看普法工作宣传片，听取区司法局相关工作人员的情况汇报。

（董　建）

【职工维权及仲裁工作视察】 9月9日，区政协经济科技委员会组织部分工会界别委员视察职工维权及仲裁工作，实地参观区劳动人事争议仲裁院，听取区劳动人事争议仲裁院及人力社保局职工维权及仲裁工作汇报，了解人事争议调解、仲裁工作情况。

（王长明）

【精品民宿视察】 11月16日，区政协到新城子镇调研精品民宿建设和文旅产业规划发展情况，实地考察巴各庄村Hobo农场、半坞白云精品民宿、大树洼村归璞南山精品民宿和吉家营村古堡，了解基础设施建设、服务品质提升、文旅融合发展情况，并与镇村相关负责同志进行交流。

（李爱军）

参政议政

Participation and Commentary on Political Affairs

【年度重点协商议政会】 3月1日，区政府、区政协在区委报告厅召开2021年议政会，分别介绍2020年区政府重点工作、重点工程、重点项目安排情况、区政协协商计划和提案工作安排，并围绕专题调研协商和重点提案协商内容进行讨论交流。

（高　嵋）

3月1日，区政府区政协召开2021年议政会（区政协 供图）

【调研《红色密云革命遗址展》】 11月5日，区政协到区文联文明实践基地参观《奋斗百年路 启航新征程——庆祝中国共产党成立100周年 红色密云革命遗址展》，了解展览布展、观展及发挥作用情况，并调研文艺界政协委员有关情况。

（何　园）

【调研密云区统计局队】 11月8日，区政协到密云区统计局队调研，听取区统计局队负责同志汇报局队基本情况、前三季度全区经济运行情况和统计工作开展情况及2022年统计工作安排等，与会同志就当前密云区经济社会发展方向和各产业及投资等领域从统计工作角度进行交流，提出意见建议。

（何　园）

专门委员会工作

Special Committees Work

【经济、科协、工会界“双联”走访委员活动】 2月22日，区政协经济科技委员会组织经济界、科协界、工会界委员开展“双联”走访委员活动，参观北京密云世济医院，听取了杨秀齐委员在党建引领院建、新区规划建设、医疗服务能力、社会服务公益等方面的情况介绍。委员们就医养结合、“家庭医生”服务、远程互联网诊疗、提升医疗服务等方面探讨交流，并围绕政协工作中委员履职、责任担当、搭建学习联谊平台、提高建言资政质量等方面提出意见和建议。

（王长明）

【教育、文化艺术体育、医药卫生界“双联”走访委员活动】 2月24日，区政协教文卫体委员会组织部分教育界、文化艺术体育界、医药卫生界委员开展“双联”走访委员活动，参观文化艺术体育界委员孙健的工作室。委员们围绕密云创建国家全域旅游示范区、如何发挥密云文化资源优势进行交流讨论，对强化顶层设计，进一步挖掘长城文化、潮白河文化，讲好密云故事，真正做到懂历史、懂文化、懂运营等方面提出了意见和建议。

（李　伟）

【工商联界妇联界“双联”走访委员活动】 2月25日，区政协城建环保委员会组织工商联界、妇联界委员开展“双联”走访委员活动，参观北京凌然天成纺织品有限公司、克莱迪公司，听取王亚英委员在企业创立发展、战略管理、总部建设、社会责任与担当等方面的情况介绍。委员们结合自身企业发展特点，围绕整合资源、创新发展、委员履职、社会担当等方面提出意见和建议。

（张松涛）

【社会科学、民族宗教、共青团界“双联”走访委员活动】 2月26日，区政协社会和法制与民族宗教委员会组织部分社会科学界、民族宗教界、共青团届委员开展“双联”走访委员活动，参观华宇城市管理集团，听取赵巍委员依托党建引领企业发展，履行社会责任的情况介绍。委员们结合自身履职实践和工作经历进行了交流探讨。

（董　建）

【农业界“双联”走访委员活动】 3月2日，区政协提案委组织农业界委员开展“双联”走访委员活动，参观北京奥金达蜂产品专业合作社无菌化生产厂房和蜜蜂生态科普馆，听取李定顺委员在企业创新发展、带动就业、行业引领等方面情况介绍。委员们结合自身企业发展特点，围绕如何充分发挥密云生态资源优势，走好绿色发展、乡村振兴之路交流探讨，并对优化绿色生态产业结构、深入挖掘农业文化内涵、深度融合农旅文旅产业、拓宽宣传推广渠道等方面提出意见建议。

（高　嵋）

【文史工作会】 3月10日，区政协学习与文史委员会召开文史工作会，总结二届区政协4年来文史工作，部署2021年区政协文史工作任务，并重点对庆祝建党100周年着力构建书香政协、学习政协进行交流讨论。

（李　伟）

【宗教界开展界别小组活动】 4月15日，区政协组织少数民族和宗教界别委员到大云峰禅寺和普照寺考察宗教场所，听取区委统战部关于宗教场所信众管理情况的介绍。

（董　建）

【农业界委员联系群众】 5月19日，为落实“我为群众办实事”实践活动要求，区政协提案委组织部分农业界委员到冯家峪镇开展委员联系群众工作，到白马关村、上峪村、西白莲峪村，实地了解古堡保护修复和精品民宿建设发展情况。

（高　嵋）

【义诊活动】 5月26日，区政协教文卫体委员会组织医药卫生界委员到东邵渠镇西邵渠村开展学党史“为群众办实事”委员义诊活动，为村民免费开展诊疗咨询100余人次，步长制药公司免费为村民捐赠心脑类、消炎止痛等类药品共计1万余元。

（李　伟）

【台侨眷属界委员联系群众活动】 7月8日，为落实“我为群众办实事”实践活动要求，区政协提案委员会组织台侨眷属等界别委员到檀营地区开展委员联系群众工作，实地参观檀营健身休闲公园、檀营满蒙文化园、普照寺等文化设施工程，听取檀营地方办事处相关负责同志关于檀营满蒙民族文化建设情况的介绍，并围绕如何推进文化品牌建设，促进文旅产业融合等方面交流研讨。

（高　嵋）

【中共界委员联系群众活动】 7月21日，区政协提案委落实“我为群众办实事”实践活动要求，组织中共界委员到石城镇开展委员联系群众工作。委员们到石城镇张家坟村，与镇村负责人和村民代表座谈交流、了解民情民意，并围绕“产业发展、乡村振兴”主题，就镇村基础设施建设、民俗旅游发展、红色资源利用、保水富民等情况进行沟通交流。

（高 嵋）

【“双联”走访委员活动】 10月20日，区政协提案委员会到金叵罗村开展“双联”走访委员活动，参观老友记精品民宿，听取民宿规划设计、运营模式、带动村域旅游等方面的情况介绍，并就民宿发展方向、旅游项目开发、带动农民增收等方面深入探讨交流。

（高 嵋）

2021年政协密云区委员会会议一览表

表5

会议名称	会议时间	会议议题
第十七次	1月5日	一、听取各小组召集人讨论情况汇报； 二、审议有关人事事项（统战部领导就人事安排作说明）； 三、审议政协北京市密云区第二届委员会补选主席候选人名单（草案）； 四、审议政协北京市密云区第二届委员会第五次会议选举办法（草案）； 五、审议政协北京市密云区第二届委员会第五次会议总监票人、监票人名单（草案）。
第十八次	1月6日	一、听取小组召集人讨论政府工作报告及其他报告、酝酿候选人名单（草案）、选举办法（草案）和总监票人、监票人名单（草案）情况汇报； 二、审议通过政协北京市密云区第二届委员会第五次会议选举办法（草案）； 三、审议通过政协北京市密云区第二届委员会补选主席候选人名单（草案）； 四、审议通过政协北京市密云区第二届委员会第五次会议总监票人、监票人名单（草案）。
第十九次	1月6日	听取选举结果汇报。
第二十次	3月3日	一、传达学习《关于加强和促进人民政协凝聚共识工作的意见》，习近平总书记在党史学习教育动员大会和在中央农村工作会议重要讲话精神，蔡奇书记在深入推进北京冬奥会冬残奥会筹办决战决胜动员部署大会讲话精神； 二、通报《区政协党组关于2020年度民主生活会情况》； 三、审议通过《第二届区政协常委会2021年工作要点》； 四、审议《第二届区政协常委会2021年协商工作计划》。
第二十一次	11月24日	一、听取区政府二届五次会议以来提案办理情况、政协北京市密云区第三届委员会第一次会议筹备工作情况； 二、决定中国人民政治协商会议北京市密云区第三届委员会第一次会议于2021年12月12日至15日在云湖培训中心召开； 三、审议政协北京市密云区第二届委员会常务委员会工作报告、提案工作情况报告； 四、审议通过政协北京市密云区第三届委员会第一次会议建议议程（草案）、建议日程（草案）、各次会议主持人建议名单（草案）、委员分组和召集人建议名单（草案）、选举办法（草案）、关于表彰2020年度优秀提案和优秀社情民意信息的决定； 五、审议通过关于政协北京市密云区第三届委员会委员人选、界别设置的决定。

纪 检 监 察

DISCIPLINARY INSPECTION AND SUPERVISION

综　述

Overview

2021年，在市纪委市监委和区委领导下，全区各级纪检监察组织坚持稳中求进、守正创新，围绕密云现代化建设大局深化正风肃纪反腐，纪检监察工作取得新成效。

强化政治监督　坚持把贯彻落实习近平总书记重要回信精神情况作为政治监督首要任务，跟进密云水库高水位常态化运行面临的新情况、新问题，开展监督检查132次，发现问题119个，下发提醒函12份，查处涉水案件13起。持续跟进怀柔科学城东区建设、全国文明城区创建、生活垃圾分类、优化营商环境、防火防汛等38项全区重点任务和中心工作监督检查。抓好常态化疫情防控监督，下发提醒函3件，处理处分37人，压紧、压实“四方责任”。加强换届风气监督，建立联查联办工作机制，回复党风廉政意见、资格联审16376人次，提出暂缓或否定性意见175人次，完成区、镇、村（社区）换届正风肃纪工作。

深化反腐败斗争　一体推进不敢腐、不能腐、不想腐。年内，全区纪检监察组织处置问题线索1133件，立案审查调查280件，给予党纪政务处分238人，将1名在逃犯罪嫌疑人抓获归案，追逃任务实现“清零”。推进常态化扫黑除恶斗争监督执纪问责工作，全年新增结案5人，移送司法机关审查起诉2人。办理政法队伍教育整顿问题线索41件，立案审查12人，移送司法机关2人。推动办案、整改、治理贯通融合，下发纪律检查建议、监察建议14份，向主责单位提出建章立制、深化改革、优化治理意见。协助区委召开全区领导干部警示教育大会，拍摄制作警示教育片《警钟》。落实密云区廉洁文化建设行动计划，深化“两巡一主题”纪律教育，举办首届廉洁文化作品展，营造风清气正的政治生态。

纠治“四风”　制定《关于锲而不舍落实中央八项规定精神纠“四风”树新风的若干措施》，健全完善严明纪律、约谈提醒、教育警示、监督检查的节点监督机制，严防“四风”问题反弹回潮。聚焦区委“十不能”工作要求开展常态化监督检查，查处违反中央八项规定精神问题12人，通报批评、谈话提醒10人。针对违规配备使用公务用车、违规发放津贴补贴或福利、违规吃喝、违规收送礼品礼金、公务接待中“吃公函”等问题，在全区集中开展专项整治。针对案件暴露出的违规送礼金突出问题，由区委书记、区纪委书记开展警示谈话、批评教育，依据情节开展诫勉谈话、立案审查。

站稳人民立场　坚持以“接诉即办”为抓手，围绕60项专题监督事项，主动筛选核查工单3100余件，督促整改147件，向主责单位制发提醒函、监察建议10份，开展工作约谈、批评教育91人次。聚焦民生领域，针对公共资源停车场经营管理中的以权谋私、监管不到位等3类问题开展专项治理。对退耕还林补贴资金发放工作开展监督，确保3.8万户退耕农户利益得到维护。整治医疗卫生领域不正之风，查处拿提成等违规违纪问题5件，推动行业主管部门在全系统开展警示教育、专项整治。开展重信重访、越级上访集中整治百日行动。全年接收信访举报880件（次），比上年下降37.6%，重复访比上年下降62.1%。

夯实管党治党政治责任　协助区委一体推进全面从严治党（党建）工作考核和政治生态分析研判，形成89家单位的政治生态分析研判报告，组织开展现场督导检查。深化政治巡察，完成二届区委巡察全覆盖目标任务。发挥监督治理效能，协助区委制定《深刻汲取案件教训修复净化政治生态的若干措施》，聚焦规划国土、工程建设、政法系统、农村基层四大重点领域开展专项整治。制定加强对“一把手”和领导班子监督的工作方案，明确4张任务清单。推进基层纪检监察工作规范化建设，深化“五个一”微权力监督机制。

加强自身建设　制定、出台《区纪委常委会带头落实全面从严治党主体责任加强自身建设的意见》。区监委在全市率先向本级人大常委会报告专项工作。加强机关党的政治建设，深化党支部标准化规范化建设成果，提升机关党建质量，机关第三党支部被评为“北京市先进基层党组织”。健全选育管用工作机制，发挥业务骨干“传帮带”作用，推行业务培训线上测试App。全系统4名纪检监察干部获市级以上荣誉表彰，第四审查调查室被评为“北京市扫黑除恶专项斗争先进集体”。

（王　柳）

单位名称：中共北京市密云区纪律检查委员会
　　　　　北京市密云区监察委员会
地　　址：北京市密云区鼓楼西大街3号
电　　话：69041665

作风建设

Style Construction

【区纪委二届六次全会】 2月9日，中国共产党北京市密云区第二届纪律检查委员会第六次全体会议召开。区委书记潘临珠出席会议并讲话。区委常委、区纪委书记、区监委主任刘永强以《深入贯彻习近平总书记重要回信精神，奋力推进新时代密云纪检监察工作高质量发展，以优异成绩庆祝中国共产党成立100周年》为题向全会作工作报告。

（王　柳）

2月9日，中国共产党北京市密云区第二届纪律检查委员会第六次全体会议召开

（区纪委、区监委　供图）

【全区警示教育大会】 11月30日，密云区召开“以案为鉴、以案促改”警示教育大会。与会人员观看警示教育片《警钟——密云区不作为乱作为案件警示录》。区委书记余卫国作集体警示谈话，要求全区各级党组织和广大党员干部要以警示教育大会为镜，对照检视、剖析反思，增强拒腐防变的思想自觉和行动自觉。会议通报2020年警示教育大会以来受处分的处级干部名单。

（王　柳）

【警示教育】 年内，区纪委、区监委选取包含正处级、副处级、科级及村干部在内的6名严重违纪违法党员干部忏悔书，编印《党的十八大以来查处严重违纪违法干部忏悔录》。梳理查处违纪、违法典型案例，通过4条路线在全区开展纪律巡展。村“两委”干部换届选举工作结束后，深入镇街开展纪律巡讲。

（张凯屹）

【廉洁文化建设】 年内，区纪委、区监委将戚继光严明纪律保家卫国、张堪为官清廉的“富民侯”等密云历史上的廉洁故事编辑成册，形成《密云廉洁故事》书籍，用廉洁文化教育引导全社会崇廉、倡廉、促廉。举办“清风扬正气 廉洁润密云——密云区廉洁文化作品展”。会同区妇联开展“四个一”树清廉家风活动，向全区党员干部和家属发出“倡清廉家风，创最美家庭”倡议书，加大对党员干部清廉家风、优良家训和廉洁齐家典型宣传力度。

（张凯屹）

10月8日，“清风扬正气 廉洁润密云”——密云区廉洁文化作品展开展

（区纪委、区监委　供图）

【廉政法规知识测试】 年内，区纪委、区监委和区委组织部举办21期领导干部任职前廉政法规知识测试。全区拟提拔或转任重要领导岗位的292名干部参加。

（杨　君）

纪律审查

Disciplinary Review

【政法队伍教育整顿】 4月，区纪委、区监委制发全区政法队伍教育整顿监督执纪问责方案，对抓好“三个环节”，落实“四项任务”情况开展专项监督检查，参加政法系统警示教育专题民主生活会，督促制定年度党风廉政建设工作要点，压实政法系统各单位教育整顿主体责任。制定线索处置和办理工作实施办法，明确线索接收、研判、转递、反馈工作程序，集中力量打击违纪违法行为。办结政法干警相关问题线索 41 件，立案 12 件，处分处理 15 人，移送检察机关 2 人，运用“自查从宽”政策从轻、减轻处理 4 人。

（王一蒙）

【重信重访、越级上访集中整治百日行动】 8月，区纪委、区监委在全区纪检监察系统内开展重信重访、越级上访集中整治百日行动。制定工作方案，召开全区动员部署会议，从区级层面统筹各级纪检监察力量，明确整治重点、实施步骤和职责任务，打响重信重访问题专项整治攻坚战。全年重信重访比上年下降 62.1%。

（任凤波）

【追逃追赃】 8月，区纪委、区监委组织召开区反腐败协调小组追逃追赃工作协调机制 2021 年工作部署会，审议并原则通过《密云区反腐败协调小组追逃追赃工作协调机制 2021 年工作要点》，明确工作方向和思路。与区委组织部、区公安分局联合开展“一人多证”专项清理工作，自查人数达 21754 人次，抽查比对人数 6826 人。紧盯个案攻坚，在山西省大同市抓获 1 名潜逃 22 年的职务犯罪嫌疑人，追逃任务实现“清零”目标。

（王一蒙）

【开发区领域腐败问题专项整治】 10月，区纪委、区监委在全区开展开发区领域腐败问题专项整治。制定并印发《关于开发区领域腐败问题专项整治的工作方案》，明确组织领导、责任分工和整治重点，召开动员部署会，督促开发区领域相关部门严格落实全面从严治党主体责任，相关职能部门认真履行主管监管责任。开展自查自纠，严格线索处置，加大问题线索查核力度，净化地区政治生态和营商环境。

（王　震）

【信访举报处理】 年内，区纪委、区监委接收信访举报 880 件次，比上年下降 37.6%，其中自收信访举报 398 件次，占 45.2%，比上年下降 43.1%；中央纪委、市纪委转来 482 件次，占 54.8%，比上年下降 32.1%。初信初访 624 件次，占 70.9%，比上年下降 15.1%；重信重访 256 件次，占 29.1%，比上年下降 62.1%。接待群众来访 446 批次 538 人次，接听群众来电 2227 次。到市纪委市监委越级访 55 批次，比上年增长 14.6%，其中业务范围内越级访 22 批次，比上年增长 4.8%。

（任凤波）

【案件查办】 年内，全区纪检监察组织处置问题线索 1133 件，办结问题线索 1554 件，比上年增长一倍，线索存量比上年下降 34.3%。立案 280 件，其中区纪委区监委机关立案 140 件、区纪委区监委派驻机构立案 30 件、各镇街纪检监察机关立案 110 件，结案 265 件，给予党纪政务处分 238 人，查处涉嫌职务犯罪 16 人，对涉嫌贪污贿赂等犯罪行为的 4 人采取留置措施，移送检察机关 9 人。

（王一蒙）

【结案处分】 年内，区纪委、区监委审结案件 268 件，其中申诉案件 5 件，给予党纪政务处分 243 人（含 2020 年未结案），涉嫌职务犯罪移送检察机关提起公诉 8 人。按性质划分，违反政治纪律 2 人、违反组织纪律 25 人、违反廉洁纪律 57 人、违反群众纪律 5 人、违反工作纪律 67 人、违反生活纪律 6 人、有涉法行为 124 人（10 人有多种违纪违法行为的多次计算）。

（王泽熹）

【监督执纪“四种形态”】 年内，全区纪检监察组织运用监督执纪“四种形态”处理 1585 人次，比上年增长 103.7%。其中第一种形态 1340 人次，增长 153.8%，占“四种形态”处理总人次的 84.5%；第二种形态 193 人次，下降 12.3%，占 12.2%；第三种形态 13 人次，增长 85.7%，占 0.8%；第四种形态 39 人次，增长 69.6%，占 2.5%。监督执纪工作由惩治极少数进一步向管住大多数拓展。

（王一蒙）

【重点信访举报件督办】 年内，发挥区纪委、区监委信访室居中协调职能，加大与案件监督管理室、监督检查室协作配合，做好中央巡视组移送件、中联办移送件及市纪委市监委重点交办督办件督办工作，督促承办部门加快调查核实速度，按照时限要求办结，并及时答复实名举报人。截至年底，中央巡视组移送 37 件，中联办移送 13 件，市纪委市监委重点交办督办 9 件全部办结并答复。

（任凤波）

【问题线索清理】 年内，区纪委、区监委加大对重点问题线索、案件督办力度。召开问题线索督办协调会，对重点难点、进展缓慢、存在执纪难题的情况分析研判，提出办理意见及指导方向。部分地区由主管领导带队，联合案管室、监督检查室成立工作小组，深入基层一线“把脉会诊”，对未办结的问题进行分析指导。各基层纪检监察组织办结问题线索 694 件，比上年增长 15.5%。

（王一蒙）

【医药领域腐败问题查处】 年内，区纪委、区监委“以案促改”纠治医药领域不正之风。立案查处5名医务人员收受药品提成、违规统方等问题；督促区卫健委开展专项整治，对4名医务人员违规问题立案调查并给予警告处分；召开全系统警示教育大会，开展谈心谈话3694人次，8家医疗机构49人主动交代问题，上缴违规违纪款7.4万余元；健全完善“制度防线”，指导区卫健委制定完善《卫生健康系统重点岗位定期交流轮岗制度》《医疗卫生单位红包上缴登记制度》等6项文件。

（崔　皓）

【供销合作社系统腐败问题专项治理】 年内，区纪委、区监委开展供销合作社系统腐败问题专项治理。成立专班对涉及全区供销系统问题线索进行梳理，形成信访举报和问题线索台账，梳理北京密云供销合作社2013年至2021年底资产出租出让情况351件，发现问题19件，开展专项巡察并发现问题7件，督促北京密云供销合作社整改并形成整改措施17条，初核问题线索9件，立案审查6人，挽回经济损失1961.63万元。

（杨浩伟）

监督检查

Supervision and Inspection

【换届风气监督】 1月，区纪委、区监委制发《关于开展全区村和社区“两委”换届选举正风肃纪工作的通知》，采取实地走访、抽查检查、主动约谈等方式，重点聚焦严明换届纪律、选举方案落实、选举会场秩序、疫情防控等方面，全程跟进监督。核查问题线索，对45件涉及“两委”换届问题线索快查、快结，因违反疫情防控工作纪律立案审查5人，给予处分处理21人。

（张　鑫）

【接诉即办专项监督】 4月，区纪委、区监委制发《关于进一步深化“接诉即办”专项监督工作的通知》，围绕区委党史学习教育深化群众痛点攻坚行动任务，确定60项专题监督事项。主动筛选工单3100余件，督促整改147件，向主责单位制发提醒函、监察建议10份，开展工作约谈、批评教育91人次，通报曝光2起。发现并严肃查处接诉即办工作推进不力、漠视群众诉求等方面问题7个，处理相关责任人22人。

（张　鑫）

【冬奥服务保障监督】 4月，区纪委、区监委制发《2022年冬奥会和冬残奥会密云区服务保障专项监督工作方案》，聚焦冬奥期间密云区承担的新闻宣传、文化活动、维稳安保、交通运行、城市运行、环境保障、医疗防疫7项重要服务保障任务，督促相关主责部门结合实际梳理重点工作和风险点17个，逐项制定防控措施，建立监督清单，加大对服务保障各项工作开展情况的监督力度。全年参加相关会议20次、专项检查80次、提出建议6次。

（张　鑫）

【纠治“四风”】 6月，区纪委、区监委制发《关于锲而不舍落实中央八项规定精神纠“四风”树新风的若干措施》，健全监督制度。健全区级“四风”整体观测工作机制，常态化开展分析研判。针对违规配备使用公务用车、违规发放津贴补贴或福利、违规吃喝、违规收送礼品礼金、公务接待中“吃公函”等问题，集中开展专项整治，对发现的56个问题跟踪督促整改。紧盯重要时间节点，开展监督检查320余次、检查点位610余个，主动约谈领导班子成员、相关重要工作岗位人员500余人次。聚焦区委“十不能”工作要求开展监督检查，通报批评、谈话提醒10人。集中通报8起违反中央八项规定精神的典型问题，查处12人。

（张　鑫）

【中央环保督察反馈问题整改】 7月，区纪委、区监委制发《关于对密云区贯彻落实中央环保督察报告反馈问题整改跟进监督的工作方案》，成立由区纪委书记任组长的落实中央生态环境保护督察整改监督工作领导小组，对反馈问题整改情况开展全覆盖、全过程监督。对中央环保督察工作期间15件重点关注信访件全程跟进督查、督办，对发现的问题督促相关主责单位进行整改，主动约谈、谈话提醒6人。

（张　鑫）

【常态化开展涉黑涉恶腐败和“保护伞”惩治】 8月，区纪委、区监委制发常态化开展惩治涉黑涉恶腐败和“保护伞”工作任务安排，延续原有巩固扫黑除恶专项斗争监督执纪问责工作领导小组机制，围绕落实组织领导机制、强化线索排查、健全案件深挖彻查机制等5个方面内容，确定19项工作任务，并明确牵头部门和责任部门。开展“2·28”案专题警示教育专题民主生活会监督。对涉及自然资源、工程建设、“沙霸”“矿霸”等重点行业领域制发的6件纪检监察建议开展全面复查，督促问题整改到位。

（张　鑫）

【水库水位上涨应对工作监督】 9月，区纪委、区监委制发《关于对应对水库水位上涨有关工作开展专项监督的工作方案》，明确10项监督任务，逐项细化监督重点。聚焦群众诉求解决、房屋修缮、吃水用水、河道治理、道路修复等工作，深入部分区直单位和水库周边7个镇开展实地检查，对发现的隐患问题现场约谈相关负责人5人，提出工作建议，督促工作责任落实。

（张　鑫）

【全国文明城区创建监督】 9月，区纪委、区监委制发《关于创建全国文明城区专项监督工作方案》，聚焦创城工作组织领导、任务推进、党员干部履职等情况开展监督检查。将辖区内4个建成区划分为3个监督单元，监督检查重点区域落实创城工作情况。与区创城办建立双向对接机制，针对区创城办移交的2次以上存在问题点位，督促属地和相关部门查明原因并完成整改，检查存在问题150余个，约谈提醒6人。

（张　鑫）

【粮食购销领域问题专项监督】 9月，区纪委、区监委牵头制发粮食购销领域腐败问题专项整治工作方案，组织召开区级工作部署会，明确组织领导、责任分工和重点任务。开展3次实地监督检查，推动区商务局、区市场监管局制定自查自纠工作方案和相关职能部门责任落实，开展专项整治工作，严防腐败问题发生。

（史笑妍）

【执纪监督】 年内，区纪委、区监委对贯彻落实习近平总书记重要指示批示和党中央重大决策部署情况开展监督检查，发现问题78个。开展基层一线调研14次，主动约谈2300人，谈话提醒48人次，报请或会同党委（党组）召开党风廉政建设专题会议99次，参加监督单位民主生活会或专题组织生活会247次。

（张　鑫）

【全面从严治党协助职责和监督责任】 年内，区纪委、区监委协助区委一体推进全面从严治党（党建）工作考核和政治生态分析研判，形成89家单位政治生态分析研判报告，并协助开展现场督导检查。统筹各成员单位开展两轮动态抽查，将发现的问题向被考核单位反馈。开展市级全面从严治党（党建）工作考核3年反馈问题“回头看”专项检查，推动41项市级反馈问题整改到位。印发《落实管党治党政治责任负面清单》《全面从严治党（党建）工作制度文件汇编》，梳理负面清单157项，中央及市区有关制度文件298个。

（张　鑫）

【信访分析成果运用】 年内，区纪委、区监委每季度开展信访举报综合分析研判，总结特点，研判形势，查找问题，提出对策建议，向区纪委常委会汇报，将全年分析报告向区反腐倡廉建设领导小组汇报。每季度将20个镇街信访举报情况通报各镇街党（工）委及纪（工）委，对信访举报突出地区党委书记、纪委书记进行工作约谈，向镇党委下发提醒函。对党的十九大以来处级“一把手”信访举报情况梳理、汇总，分析研判，形成专题分析报告向区纪委常委会汇报，并报区委主要领导。

（任凤波）

【疫情防控专项监督】 年内，区纪委、区监委做好常态化疫情防控监督，开展监督检查1万余次。加强通报曝光，针对部分镇街、社区（村）以及“七小门店”、餐饮场所等未按要求履行疫情防控主体责任单位，在“宜居密云”公众号公开曝光53期，通报问题500余个，督促问题立行立改，推动“四方责任”落实。

（张　鑫）

【规划自然资源领域专项监督】 年内，区纪委、区监委开展规划自然资源领域问题监督检查21次，形成专题报告10次，问责6人，约谈提醒23人，下发纪律检查建议书1份。为做好党员、干部和公职人员涉违法占地、违法建设行为报告工作，牵头组织成立由区纪委、规自分局、人力社保局、统计局4个部门人员组成的全区报告工作专班，完成全区61583名党员、干部和公职人员涉违法占地、违法建设情况的统计上报工作。

（史笑妍）

【垃圾分类专项监督】 年内，区纪委、区监委对负责统筹全区垃圾分类工作的区城管委开展专项监督4轮次，对垃圾分类领导小组办公室工作推进情况督促检查3次，对3个街道（地区）开展专项检查3次，联合派驻组和街道（地区）纪工委开展同步监督，紧抓主体责任落实，并要求对检查情况每周汇总反馈。采取“四不两直”方式开展日常监督16余次，通过垃圾分类日常“周检查”，发现、上报问题49个，并完成整改。

（史笑妍）

【人防系统腐败专项监督】 年内，区纪委、区监委对人防领域腐败问题进行3次专项监督，梳理人防问题台账，并向市纪委监委上报3次专题报告，对区人防办相关负责同志进行约谈提醒，并对人防工程开展明察暗访和问题排查“回头看”。

（史笑妍）

【森林防火专项监督】 年内，区纪委、区监委紧盯防火工作重点，结合日常工作，采取“四不两直”方式到雾灵山庄、张裕爱斐堡酒庄、邑仕庄园等景区内检查防灭火设施、人员值守和防火宣传教育情况；到区园林绿化局、区应急局、区城管委、果园街道和檀营地区等被监督重点单位检查森林防火工作开展情况、防火责任落实情况及应急值守情况，对相关负责人进行约谈提醒。

（史笑妍）

【退耕还林专项监督】 年内，区纪委、区监委成立检查组，对退耕还林补贴资金发放工作开展监督检查。保障市、区两级6500万元的财政资金发放到位，3.8万多户退耕农户利益得到保障。

（史笑妍）

【耕地地力保护补贴专项监督】 年内，区纪委、区监委开展全区耕地地力保护补贴专项监督检查工作。发现各乡镇在申报耕地地力保护补贴工作中存在对象不符合政策要求、漏报错报、虚报冒领等问题，涉及问题线索12条。经核查，立案审查1人，诫勉1人，批评教育8人，谈话提醒1人，主动退回补贴资金10.92万元。

（史梦辰）

巡察工作

Inspection Work

【巡察全覆盖】 年内，区委对鼓楼街道党工委等2个街道（地区）、19个行政事业单位开展常规巡察，对187个村（社区）党组织分别围绕规划自然资源领域及党的建设开展专项巡察，对区商务局（区粮食和物资储备局）党组开展涉粮问题专项巡察，对区供销合作社等8家党委（党组）开展巡察“回头看”，完成全区98家处级单位、408个村（社区）党组织的巡察任务，实现区委巡察全覆盖目标。全年发现全面从严治党不严不实问题1618个，提出意见建议609条，移交问题线索51件。

（乔　桥）

10月18日，区委召开第十五轮专项巡察、巡察“回头看”动员部署会

（区纪委、区监委　供图）

【巡察整改和成果运用】 年内，逐级压实巡察整改主体责任，落实区委主要领导督促巡察整改制度，区委主要领导及其他区级领导分别到分管领域督促巡察整改工作。梳理、汇总巡察整改任务落实情况，形成二届区委巡察整改综合报告并向区委常委会报告。强化巡察整改日常监督，落实区委巡察机构与区纪委、区监委监督检查部门列席被巡察单位巡察整改民主生活会制度，落实整改报告巡察机构、纪委监督部门“双审核”制度。全年列席12家处级单位专题民主生活会，对210份整改报告审核把关。巩固巡察整改成效，推动出台《密云区“村地区管”管理办法（试行）》《密云区关于落实户有所居加强农村宅基地房屋建设管理办法（试行）》等政策规定，印发《推进新时代区委巡察工作高质量发展的实施意见》《关于巡察村（社区）党组织发现普遍性突出性问题的通报》。

（乔　桥）

自身建设

Self Construction

【纪检监察业务考核机制】 3月，区纪委、区监委根据区纪委二届六次全会精神修订印发基层纪检监察组织业务考核标准，将案管系统《日常监督情况表》中的项目作为监督考核指标，增设“保密工作”板块，推动基层纪检监察组织照单履职。围绕区管国有企业改革工作进展，将6家区管国企纪检监察机构纳入业务考核范围，加强对区管国企纪检监察机构的领导和指导。

（杨　君）

【纪检监察系统业务培训】 4月，区纪委、区监委举办密云区纪检监察干部业务培训，为期 3 天。培训以观看中央纪委国家监委系列课程光盘为主线，加强对监督检查、审查调查、纪法条规等纪检监察主要业务知识的学习。围绕案件办理存在的问题、检举控告处理流程等进行现场授课。5 月至 6 月，组织开展新任基层纪检委员业务培训，围绕党务、财务、合同管理、“三重一大”事项等重点监督事项“集中授课”，增强监督水平和履职能力。

（杨　君）

【新进纪检监察干部轮训规范】 6 月，区纪委、区监委制发《区纪委区监委新进纪检监察系统干部轮训办法（试行）》，明确参训范围、任务分工，规范轮训工作程序，引导新进纪检监察系统干部尽快进入角色、熟悉业务工作，形成“教、学、练、战”一体化人才孵育机制。

（杨　君）

【乡镇纪委换届指导】 6 月，区纪委、区监委下发《关于 2021 年乡镇纪委换届工作的几点意见》，明确选人用人标准，推动新任乡镇纪委副书记年龄不超过 45 岁，新进纪委专职委员具有大学本科及以上学历，纪检委员专职率比上届提高 30%，学历层次和年龄结构得到优化。

（杨　君）

【双月点评工作会议】 7 月，区纪委、区监委召开 2021 年第一次纪检监察系统双月点评工作会议，会议以“化解信访矛盾”为主题，重点听取汇报单位信访工作情况，特别是重信重访问题专项治理工作开展情况，依次听取 5 名镇纪委书记和 5 名派驻纪检监察组组长汇报。全年召开 3 次双月点评工作会议，区委常委、区纪委书记、区监委主任刘永强依次对现场汇报的基层纪检监察组织进行集中点评，并结合上级相关精神和当前重点任务，提出工作要求，推动年度重点任务落实。

（张　彬）

【纪检监察业务知识测试】 8 月，区纪委、区监委研发、使用纪检监察业务培训测试 App，围绕政治理论、党规党纪和法律法规完善测试内容，推动线上业务知识测试常态化。组织机关各部门、各派驻纪检监察组 45 岁以下干部“一月双考”，镇街纪（工）委、区管国企纪委专职干部“季度一测”，以此查漏补缺、狠抓业务学习，实现”以考促学、以考促练、以考促训”的目标。

（杨　君）

5 月 11 日，区纪委、区监委举办全区纪检监察干部纪检监察业务知识测试　（区纪委、区监委　供图）

【特约监察员】 年内，区纪委、区监委印发特约监察员工作要点，邀请特约监察员列席区纪委全会、双月点评工作会议。征求特约监察员对区纪委、区监委领导班子民主生活会的意见建议。组织部分特约监察员到区人民法院，旁听涉嫌职务犯罪案件庭审，推动特约监察员发挥监督职能。

（王泽熹）

【业务专题调研】 年内，区纪委、区监委围绕密云区职务犯罪案件办理、深化运用监督执纪“四种形态”、事业单位人员受党纪政务处分情况、年轻干部违纪违法案件剖析、审理干部队伍建设等专题，总结成熟做法和有效经验，形成专项调研材料。

（王泽熹）

【党史学习教育】 年内，区纪委、区监委制定开展党史学习教育实施方案和“我为群众办实事”实践活动的工作方案。机关各部室、各派驻纪检监察组通过个人自学、集中学习、专题党课、用好红色资源等方式开展学习。推进“我为群众办实事”实践活动，聚焦 10 个方面重点任务办结群众诉求 16 件，推动解决部分棚户区改造项目久拖不决、檀营地区房产证办理难等问题。

（张凯屹）

民 主 党 派

DEMOCRATIC PARTIES

中国国民党革命委员会密云区支部

Miyun District Branch of Beijing Municipal Committee of the Chinese Kuomintang

【概　况】 中国国民党革命委员会密云区支部（简称民革密云支部）有党员 31 人，平均年龄 44 岁，主要为同原中国国民党有关系的人士、同民革有历史联系和社会联系的人士、同台湾各界有联系的人士及社会和法制、“三农”研究领域专业人士。研究生学历 13 人，占比 41.9%；本科学历 15 人，占比 48.3%；大专学历 3 人，占比 9.8%。其中有区人大代表 1 人、市政协委员 2 人、区政协副主席 1 人、区政协委员 3 人。

（李宗玺）

【思想建设】 年内，民革密云支部召开支部班子会议、民主生活会、委员扩大会议、全体党员大会 20 余次，学习习近平新时代中国特色社会主义思想、习近平总书记在纪念辛亥革命 110 周年大会上的讲话精神、中共十九届六中全会精神等内容，提高党员思想政治觉悟。

（李宗玺）

【参政议政】 年内，民革密云支部围绕乡村振兴、农村农民生存环境等方面提出意见建议，累计上报提案和建议型信息 20 条。

（李宗玺）

【乡村振兴志愿服务】 年内，民革密云支部依托乡村振兴志愿服务站，组织民革密云支部党员到古北口镇古北口村、杨庄子村、河西村等地进行调研，了解民俗旅游相关情况，与相关负责人就如何发展红色旅游、促进农民增收开展座谈交流。组建 3 支志愿服务队伍，为群众进行常见病知识普及诊疗和法律咨询服务。

（李宗玺）

【“我为群众办实事”活动】 年内，民革密云支部到古北口镇开展“我为群众办实事”活动，就科学引进种植项目进行调研。实地考察土地土壤情况，就科学引进种植项目背景、种植过程与经济收益等情况进行交流研讨，帮助村民解决土壤、光照、灌溉条件等问题。

（李宗玺）

【党员之家“同心阁”】 年内，民革密云支部在党员之家“同心阁”开展座谈交流、参政议政研讨等工作，与兄弟支部开展座谈，就支部组织建设等方面进行交流。

（李宗玺）

中国民主同盟北京市委员会密云区支部

Miyun District Branch of Beijing Municipal Committee of China Democratic League

【概　况】 中国民主同盟北京市委员会密云区支部（简称民盟密云支部）有盟员 25 人，平均年龄 42 岁，主要为文化教育以及相关的科学技术领域高、中级知识分子。研究生学历 3 人，占比 12.0%；大学学历 20 人，占比 80%；大专学历 2 人，占比 8.0%。其中有区人大代表 1 人、区政协委员 8 人。

（李宗玺）

【调研与提案】 年内，民盟密云支部向区政协提交提案 7 件，其中《关于有序推进密云水库一级区人口疏解工作，加强库区水源保护的建议》提案被区政协评为 2021 年优秀提案。

（李宗玺）

【换届选举】 年内，民盟密云支部召开换届大会，总结工作情况，审议通过《民盟密云支部委员会委员选举办法》，选举产生第二届支部委员会。

（李宗玺）

【“迎国庆、走乡村、话三农”主题活动】 年内，民盟密云支部到河南寨镇两河村开展“迎国庆、走乡村、话三农”主题活动。参观特色粮食经济作物基地与新型草莓种植园，了解甘薯、玉米、水稻等特色作物种植情况和草莓无土栽培新技术，盟员在座谈中交流学习收获，针对农业发展提出意见和建议。

（李宗玺）

【社会服务】 年内，民盟密云支部在“党盟共建基地”高岭镇石匣村开展春节慰问活动，慰问 10 户困难家庭，捐赠价值 5000 元慰问品。

（李宗玺）

【《创办密云民盟》电子专刊】 年内，民盟密云支部创办《密云民盟》电子专刊，主要内容为民盟北京市委、北京市委统战部、密云区委统战部相关重要会议精神及民盟密云支部特色活动。截至年底，发刊 2 期。

（李宗玺）

中国民主建国会北京市委员会密云区直属支部

Miyun District Branch of Beijing Municipal Committee of China Democratic National Construction Association

【概　况】 中国民主建国会北京市委员会密云区直属支部（简称民建密云直属支部）有会员38人，平均年龄50岁，主要为以经济界人士以及相关的专家学者。研究生学历7人，占比18.4%；大学学历24人，占比63.2%；大专学历7人，占比18.4%。其中有区人大常委3人、区人大代表2人、区政协委员8人。

（李宗玺）

【组织建设】 年内，民建密云直属支部完善组织架构，结合会员专业能力，成立城市建设、文化旅游、经济发展、社会服务、专项推进5个小组，开展专题调研，加强组织建设。

（李宗玺）

【换届选举】 年内，民建密云直属支部召开换届大会，总结工作情况，选举产生第二届支部委员会。

（李宗玺）

7月27日，民建密云直属支部召开换届选举大会

（区委统战部　供图）

【党史学习教育】 年内，民建密云直属支部召开党史学习教育动员部署会，学习习近平在党史学习教育动员大会上的重要讲话精神，传达《民建密云直属支部关于开展党史学习教育的工作方案》，对支部会员进行党史学习教育动员部署。全年党史学习教育活动中，完成中共党史教育专题讲座12讲、“习近平新时代中国特色社会主义思想学习问答”等活动。

（李宗玺）

【社会服务】 年内，民建密云直属支部与果园西里小区物业共同制定疫情防控值班计划，全员参与果园西里小区进出口值守。为各小学捐赠口罩、消毒液、消毒纸巾、洗手液等防疫物资。向丰宁满族自治县捐赠价值20万元防疫物资，向北京市部分街道与北京武警总队等8个单位捐赠价值50余万元防疫物资。

（李宗玺）

【调研与提案】 年内，民建密云直属支部围绕生态环保、智慧城市建设、文化创意产业等方面提出意见建议，累计上报提案与建议型信息25条。

（李宗玺）

中国民主促进会北京市委员会密云区支部

Miyun District Branch of Beijing Municipal Committee of China Association for Promoting Democracy

【概　况】 中国民主促进会北京市委员会密云区支部（简称民进密云支部）有会员34人，平均年龄43岁，主要为教育文化出版传媒以及相关的科学技术领域高、中级知识分子。研究生学历10人，占比29.4%；大学学历22人，占比64.7%；大专学历2人，占比5.9%。其中有区人大代表2人、区政协副主席1人、区政协委员5人。获“民进北京市委社会服务工作先进集体”称号。

（李宗玺）

【思想建设】 年内，民进密云支部以建党100周年为主题，举办党史会史双学活动，学习社会主义发展史、多党合作史等内容。

（李宗玺）

【社会服务】 年内，民进密云支部联合民建密云支部与密云书法家协会到溪翁庄镇黑山寺村科技小院开展新春送福活动，为村民书写春联。到大城子镇大龙门、碰河寺村开展新春慰问活动，为患病孤寡老人发放慰问品。

（李宗玺）

【换届选举】 年内，民进密云支部召开换届大会，总结工作情况，选举产生第二届支部委员会，明确第二届支部委员会成员职责任务分工。

（李宗玺）

【密云绿色生态行主题活动】 年内，民进密云支部举办民进青年“秋之约”——密云绿色生态行主题活动，就社会服务、参政议政、如何处理本职和党派工作等内容进行经验分享交流。

（李宗玺）

中国农工民主党北京市委员会密云支部

Miyun District Branch of Beijing Municipal Committee of Chinese Peasants and Workers Democratic Party

【概　况】 中国农工民主党北京市委员会密云支部（简称农工党密云支部）有党员 11 人，平均年龄 41 岁，主要为医药卫生、人口资源和生态环境及相关的科学技术、教育领域高、中级知识分子。研究生学历 3 人，占比 27%；大学学历 6 人，占比 55%；大专学历 1 人，占比 9%；中专学历 1 人，占比 9%。其中有区人大代表 1 人、区政协委员 5 人。

（李宗玺）

【思想建设】 年内，农工党密云支部组织党员学习中共十九届六中全会精神、《中国农工党党章》等内容，参加农工党北京市委组织的党外干部培训会与研讨会、“学习中国共产党史，讲好多党合作故事”政治共识专题教育活动、“北京市农工党成立 70 周年”系列活动等。

（李宗玺）

【调研与提案】 年内，农工党密云支部围绕保水保生态、居民群众体育休闲娱乐等方面上报提案。其中《关于文旅产业融合发展的建议》获区政协优秀提案。

（李宗玺）

【农工党名医工作室】 年内，经农工党北京市委协调，爱心企业为东邵渠镇西邵渠村农工党名医工作室捐赠多生命体征检测一体机、5G 居民健康管理平台等医疗检查设备，为村民检查血压、血糖、血脂、心电、血氧等各项指标，将村民健康资料进行系统管理，并实施远程视频医疗会诊。组织农工党医疗专家为当地群众开展义诊、健康咨询活动，对村医开展带教培训。

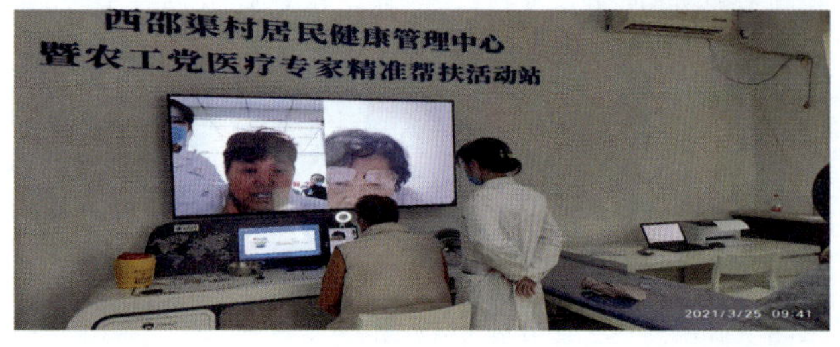

3 月，农工党名医工作室为村民开展远程视频医疗会诊　（区委统战部　供图）

（李宗玺）

九三学社北京市密云支社

Miyun District Branch of Beijing Municipal Committee of Jiu San Society

【概　况】 九三学社北京市密云支社（简称九三学社密云支社）有社员 20 人，平均年龄 44 岁，主要为科学技术相关的高等教育、医药卫生领域高、中级知识分子。研究生学历 8 人，占比 40%；大学学历 11 人，占比 55%；大专学历 1 人，占比 5%。其中有区人大代表 2 人、区政协副主席 1 人、区政协委员 5 人。

（李宗玺）

【思想建设】 年内，九三学社密云支社定期召开全体社员座谈会，学习传达中共十九届六中全会精神和九三学社北京市委、中共北京市委统战部、密云区委统战部相关会议精神并进行集体讨论。组织支社内政协委员参加政协委员履职培训会，完成提案和发言。

（李宗玺）

【调研与提案】 年内，九三学社密云支社深入调研，积极建言献策，《关于“植物人”及“完全失能老人”安宁托养的建议》获区政协优秀提案。

（李宗玺）

【社会帮扶】 年内，九三学社密云支社推进美丽乡村建设及脱贫扶低工作，帮助北京“九三学社院士专家服务站”引进特殊菜品进行规模化种植，使果蔬种类增加 10 余种，蔬菜年产量增长 5%—8%。邀请专家分别针对后焦家坞村原味西红柿和亿亩地科技助农项目开展指导。

（李宗玺）

【换届选举】 年内，九三学社密云支社召开换届大会，总结工作情况，审议通过《九三学社密云支社委员会委员选举办法（草案）》，选举产生第二届支部委员会，明确第二届支部委员会成员职责任务分工。

（李宗玺）

人　民　团　体

PEOPLE'S ORGANIZATION

北京市密云区总工会

Beijing Miyun District Federation of Labor Unions

【概　况】 北京市密云区总工会（简称区总工会）内设权益部、组织部、宣教部、财务部和办公室。下属区职工综合服务中心和区职工帮扶中心。行政编制12名，事业编制16名，工会专职社会工作者编制50名，劳务派遣编制2名。

年内，全区有工会组织803家（直属工会组织81家），其中独立工会629个、联合工会132家，会员人数92109人。全区建有职工之家236家，暖心驿站296个，全国书屋4个。建立镇街劳动争议调解委员会24个，调解联络员36人，268家企事业单位成立劳动争议调解组织，设立调解联络员304人。全区新增独立工会组织14家，新增会员1594人。全年围绕建党100周年、党的十九届六中全会召开、习近平总书记给建设和守护密云水库乡亲们的重要回信等，开展“追忆红色历史，传承革命精神”党史学习教育主题活动、“饮水思源 共促发展——走近一泓碧水”首都职工志愿服务行动、“创城有我——周末大清扫”志愿服务活动、“庆祝建党一百周年 助力乡村振兴”朝阳职工游密云等活动。开展党史学习教育活动17场，“我为群众办实事”活动8场。区总工会机关成立百名职工创城志愿服务队，开展文明交通、周末大清扫、垃圾分类志愿服务活动等百余场次，参与职工2000余人次。

（张　微）

单位名称：北京市密云区总工会
地　　址：北京市密云区新南路36号
电　　话：69068408

【“工会服务惠万家·职工欢乐过大年”活动】 1月，区总工会以工会会员互助服务卡加盟商为载体，通过“12351”职工服务网和北京工会“12351”手机App，按照“全覆盖、普惠制、信息化、实名制、项目制”原则，开展“工会服务惠万家·职工欢乐过大年”活动。推出理发、洗车、食品百元礼包、文化礼包等项目，投入金额155.8万元，服务职工1.48万人。

（张　微）

【“冬送温暖”慰问活动】 1月至2月，区总工会组织开展“冬送温暖”活动。走访慰问34家企事业单位，向坚守在岗位一线职工、在档困难职工、劳模先进、患病干部和因疫情防控滞留在密云区过春节的一线职工开展慰问，慰问职工8000余人，慰问金额87万余元。

（张　微）

1月28日，区总工会到心连心公司开展“冬送温暖”慰问活动　（郭威　摄）

【情暖“三八”节活动】 3月5日、8日，区总工会女职工委员会“以劳动圆梦，以奋斗起航，书写巾帼华章”为主题，分别组织开展两场“品鉴花卉艺术、扮靓美好生活”绿植DIY活动，全区200名女职工代表参加。

（张　微）

3月8日，区总工会开展绿植DIY活动

（郭威　摄）

【“唱响密云”庆祝建党百年合唱大赛】 3月至5月，区总工会组织开展“唱响密云”庆祝建党百年合唱大赛。全区41支队伍2000名职工参赛，评选出区直机关、企事业单位组一等奖4名、二等奖6名、三等奖9名，镇街、地区办事处组一等奖4名、二等奖8名、三等奖10名，评选出最佳指挥奖2名和最佳伴奏奖2名。

（张　微）

【党史学习教育活动】 4月15日，区总工会开展“追忆红色历史，传承革命精神”党史学习主题教育活动，先后参观水库建成60周年展览馆展示中心、白乙化烈士纪念馆、英雄母亲邓玉芬主题文化广场，追忆红色故事，传承革命精神。全区直属工会主席、副主席、区总工会机关党员干部120余人参加。

（张　微）

【劳模和党史宣讲活动】 4月至6月，区总工会分别开展“水库精神”“劳动创造幸福”劳模工匠主题宣讲和“学中共党史 讲密云故事”宣讲活动，分享劳模在守护密云水库、建设密云水库过程中的动人故事，传承和弘扬水库精神，讲述劳模亲身经历，活动受众干部职工350余人。

（张　微）

【“寻足迹 听党话 跟党走”职工长走活动】 4月23日，区总工会在巨各庄镇蔡家洼村玫瑰情园开展“寻足迹 听党话 跟党走”职工长走活动。通过关注“密云工会”微信公众号，开展线上答题，学习和重温党史、工会知识，在玫瑰情园开展长走活动。全区各基层工会干部、机关干部职工代表近500人参加。

（张　微）

4月23日，区总工会在玫瑰情园开展“寻足迹 听党话 跟党走”职工长走活动　（郭威　摄）

【劳模表彰慰问】 4月25日，市总工会召开“五一”新闻发布会，区园林绿化局蜂业管理站站长罗其花获全国五一劳动奖章，区农业农村局能源办公室主任周丙中、北京隆盛环境工程有限公司运营中心技术主管冯龙、太师屯镇中心小学教师刁荣春获首都劳动奖章，密云蓝天救援队获首都劳动奖状，区医院感染疾病科获北京市工人先锋号。“五一”劳动节前，对全区近300名劳模、先进开展慰问活动。

（张　微）

【朝阳职工游密云活动】 4月25日，密云区总工会、朝阳区总工会共同举办“庆祝建党一百周年，助力乡村振兴”朝阳职工游密云系列活动启动式，两区各级工会干部、职工代表近500人参加。截至年底，接待朝阳职工12.5万余人，增加景区门票收入427万余元，各类农副产品收入300余万元，创综合收入1700余万元。

（张　微）

【“夏送清凉”慰问活动】 4月26—27日，区总工会先后对奋战在疫情一线、疫苗接种岗位的医务工作者和环卫工人开展慰问活动，慰问职工2000名，慰问金额14万元。7月至8月，先后走访16家企事业单位，慰问室外作业职工、企业一线职工5000余人，慰问金额52万余元。

（张　微）

【创建全国文明城区助力】 5月28日，区总工会组织100名职工成立创建全国文明城区志愿服务队，参与创建全国文明城区——交通秩序百日攻坚整治启动仪式。向密云全体职工发出创建全国文明城区倡议书，倡导做文明风尚传播者、文明行为践行者、文明秩序维护者、文明创建推动者、文明引领志愿者。

（张　微）

5月28日，区总工会志愿服务队参与创建全国文明城区——交通秩序百日攻坚整治启动仪式

（郭威　摄）

【集体协商模拟演练】 7月8日，区总工会组织开展集体协商模拟演练4场，市、区两级指导员分别代表

职工方和企业方就实行每周“开三停二”工作制度、停工期间对职工进行技能培训、按照基础工资70%发放生活补助、对辞职员工的经济补助和职工权益密切相关的议题开展讨论，通过模拟演练，使企业和职工进一步掌握集体协商的程序、方法、内容和技巧。

（张　微）

【财务人员线上培训】 7月26日，区总工会在工人俱乐部组织开展直属工会财务人员线上学习培训活动。解读新修订的《工会会计制度》，区直属工会财务人员80余人参加。

（张　微）

【“浓情七夕 爱在密云”直播活动】 8月13日，区总工会组织开展“携手跟党走 同心助创城”——“浓情七夕 爱在密云”直播活动。通过分享周恩来、邓颖超等先辈的爱情故事和讲解现代家庭婚恋观，促进当代年轻人爱情健康成长，构建幸福家庭。在线观看人数7万余人。

（张　微）

【首都职工走进一泓碧水实践活动】 9月17日，市总工会、区总工会在巨各庄镇蔡家洼村玫瑰情园举办“城乡手牵手 饮水共思源”首都职工走进一泓碧水实践活动启动式，来自市总工会、各城区和产业工会干部职工近500人参加。通过“12351”App线上抢票、集体参观、“优惠购”等方式，诚邀首都职工走进密云“全国乡村旅游重点村”、密云水库展览馆、北京青少年科普基地、密云红色爱国教育基地参观，助力密云经济发展。

（张　微）

【绿色环保骑行活动】 9月22日，区总工会举办助力“创建全国文明城区”暨“纪念世界无车日 文明礼让斑马线”骑行活动。在鼓楼大街、云光环岛等主要交通路口和社区向市民宣传创城相关知识，提醒过往司机及行人礼让斑马线，争做文明人。100余名创城宣传志愿者参加。

9月22日，区总工会举办助力“创建全国文明城区”暨“纪念世界无车日 文明礼让斑马线”骑行活动　　（李雨生　摄）

（张　微）

【“金秋助学”活动】 9月，区总工会组织开展“金秋助学”活动。救助困难职工子女和单亲困难女职工子女28人，发放助学款20.4万元。

（张　微）

【对口帮扶】 10月14日、18日，区总工会开展“我为群众办实事”实践活动，到鼓楼街道行宫南区和新城子镇吉家营村，看望社区、村中的空巢老人和残障人士并送去慰问品，为吉家营村提供10万元的帮扶资金。为对口扶贫地区青海省玉树市总工会、内蒙古通辽市库伦旗总工会拨付扶贫资金30万元。

（张　微）

【新就业形态劳动者健康体检】 10月22日，区总工会组织中通、韵达、美团、饿了么、聚创供应链管理有限公司及北京质信恒通混凝土制品有限公司的400余名快递员、送餐员、货车司机、网约车司机等新就业形态劳动者，开展为期4天健康检查，为新就业形态劳动者撑起健康“保护伞”。

（张　微）

【弘扬劳模精神】 年内，区总工会通过学习强国、劳动午报、北京青年报、密云电台、电视台和密云工会微信公众号等媒体，宣传先进个人和先进集体事迹50余篇，微信公众号全年发送各类宣传报道301篇，浏览量18万人次。《工会之声》《工会在身边》播放94期，在全区形成学先进、争先进的良好社会风尚。

（张　微）

【关心关爱劳模】 年内，区总工会组织251名在职、退休劳模进行健康体检并建立健康档案，对10名生病和困难劳模进行慰问。

（张　微）

【职工文体活动】 年内，区总工会以职工文化体育协会为载体，组织开展象棋、围棋、乒乓球、羽毛球、篮球、广播体操展示、合唱、书画下乡等文体活动10余场，参与职工4000余人次。

（张　微）

【“安康杯”竞赛活动】 年内，区总工会以“强意识、查隐患、促发展、保平安”为主题，开展“安康杯”竞赛活动。全区参赛企业13家、班组7个、职工5006人，提高职工群体安全保障能力和职业健康意识。

（张　微）

【服务阵地建设】 年内，区总工会完成机关事业单位改革任务，成立北京市密云区职工综合服务中心和北京市密云区职工帮扶中心。调整直属工会组织扩展至81家，畅通区总工会与基层工会沟通渠道。全区新建工会组织16家，新增会员3483人，其中新增新业态新就业群体会员931人。新建暖心驿站25个，职工之家13家，完成鼓楼街道党群服务中心、果园街道澜悦社区党群活动服务中心、檀营地区总工会、北京朋诚园林绿化工程有限公司工会委员会、北京冶仙塔旅游风景区5家区域性职工之家建设。

（张　微）

【职工劳动经济权益维护】 年内，区总工会通过集体协商指导员主动联系包片，了解企业情况和集体协商需求，以“四必谈”和质效评估为抓手，推动集体协商提质增效。指导北京金地来大酒店有限责任公司、北京世纪阳光假日酒店有限公司、北京亨通斯博通讯科技有限公司百人企业典型培育。全年签订维护职工劳动经济权益集体合同379家，签订率93%，百人以上建会企业47家，签订率100%，达到典型示范率100%。

（张　微）

【厂务公开民主管理机制】 年内，区总工会推进厂务公开民主管理工作机制建设。全区142家事业单位全部建制，建制率100%；33家公有制企业全部建制，建制率100%；280家符合建制条件的非公有制企业中有259家建制，建制率89%。建制企事业单位覆盖职工50160人，占独立建会企事业单位职工总数的92%以上。

（张　微）

【劳动争议调解】 年内，区总工会发挥六方联动机制，开展劳动争议调解工作。成功调解劳动争议案件260件，为职工挽回经济损失1291万元。通过“12345”和“12351”职工热线倾听职工心声，处理派单152件，办结率、满意率100%。

（张　微）

【免收普通门诊医事服务费活动】 年内，区总工会在区医院、区中医医院、区妇幼保健院、密云世济医院、北京脑血管病医院、北京星辰中医医院6家定点医院，开展工会会员互助服务卡（京卡）免收普通门诊医事服务费活动。全年服务职工15万余人次，服务金额30万余元。

（张　微）

【职工互助保险】 年内，区总工会以京卡·互助服务卡为载体，推进在职职工医疗互助保障计划。全年收取重大疾病保险等7项保费122.57万余元，赔付职工109人，赔付金额52.86万余元。工会会员互助服务卡普惠险种赔付职工23943人，赔付金额714.65万余元。

（张　微）

共青团北京市密云区委员会

Beijing Miyun District Committee of China Communist Youth League

【概　况】 共青团北京市密云区委员会（简称团区委）内设办公室、城乡部、社会部。行政编制10名，行政工勤编制2名，社工编制2名。下辖直属团组织59家，其中镇街团组织20家、委办局（企业）团组织38家、高等院校团组织1家。

年内，全区有团员8165人，团干部1640人，其中专职团干部44名、兼职团干部1596名。团区委以党史学习教育为统领，深化青少年思想引领，组织党史学习教育交流会2000余场，主题团日活动2700余场。组织动员团员青年开展密云区保水志愿服务行动计划、创建全国文明城区志愿服务、庆祝中国共产党成立100周年重大活动和北京2022年冬奥会冬残奥会志愿服务等，累计服务时长16万小时。关爱特殊和困境青少年群体，加强青少年权益保护工作，联合司法部门开展“阳光助成长”法治宣传活动。服务青年创业就业，成立密云区青年创业联盟，开展技术课程和政策讲解活动。带领全区广大团员青年，为打造践行习近平生态文明思想典范之区、谱写现代化建设密云篇章贡献青春力量。

（张　鸽）

单位名称：共青团北京市密云区委员会
地　　址：北京市密云区鼓楼西大街3号
电　　话：69041545

【党史学习教育活动】 年内，团区委组织全区4300余名团干部、团员青年和青联委员围绕习近平总书记在中国共产党成立100周年大会上的重要讲话，开展“请党放心 强国有我”“学党史 强信念 跟党走”等主题团日、专题学习交流会2000余场。清明节、五四青年节、国庆节等重要时间节点，各级团组织开展“沉浸式”主题团日活动2700余场，覆盖团员青年7.3万余人次。“七一”期间，组织城市志愿者开展“永远跟党走”主题系列活动，覆盖群众近5000人次。

（张　鸽）

【主题活动】 年内，团区委开展各类主题活动。清明节期间，组织团员青年以线上“擦拭墓碑”“献花”等形式开展“铭记百年历史、缅怀革命先烈”云祭扫活动。联合区委宣传部、区图书馆等部门开展“颂读百年路 展阅新征程”“强国有我青年说”等主题直播活动，吸引6万余名网友在线观看。利用“青春密云”微信、微博公众号等团属新媒体平台，开设“一起学党史·青年大学习”“全会课堂”等专栏，展现各级团组织在教育活动中的动态风采，推送全会精神相关解读，阅读点击量13万余次。

（张　鸽）

【思想引领】 年内，团区委深化青年大学习系列网上主题团课，累计培训15.6万人次。开展青年马克思主义培养者工程首期培训班，加深团员青年对“两个确立”决定性意义的感悟。深化青少年社会主义核心价值观培育，宣传向上向善、无私奉献的道德模范，弘扬爱国主义、集体主义，引导青年群体强健精神素养。

（张　鸽）

【青少年保水护水志愿服务】 年内，团区委制定“密云区保水志愿服务行动计划”，全年发布相关志愿服务项目200项，参与志愿者5000人次，志愿服务时长9000余小时。发挥密云水库志愿讲解服务队、志愿服务宣讲团和保水知识培训员队伍力量，践行好保水责任，讲好保水故事。号召各基层志愿服务分会和志愿服务组织，开展制作微型生态圈、“和你在一起”绿色骑行、“共建清洁家园”沿河垃圾捡拾等活动。开展“保护生命之水 共建典范之区”“青春护水 益起捡跑”“红领巾云水情”等各类主题志愿服务，组织少先队员代表参与“保护生命之水”水库执法公众开放日活动。

8月21日，团区委开展“青春护水 益起捡跑”主题志愿服务活动（杨晓彤　摄）

（张　鸽）

【全国文明城区创建志愿服务活动】 年内，团区委开展创城志愿服务活动。捋顺177支志愿服务队伍隶属关系，搭建沟通交流和资源共享平台，动员1.8万余人次青年志愿者参与桶前值守、环境大扫除和疫情防控值守。以社区（村）为主阵地，开展“邻里守望”“关爱困难青少年”等志愿服务项目，为空巢老人、留守儿童等送去温暖和关爱。参与组织“水库儿女”志愿者周末大扫除和交通秩序整治行动志愿服务项目，在街道、社区开展捡拾垃圾、自行车摆放和路口交通引导等志愿服务，8000余名志愿者参加，累计服务时长11万余小时。

（张　鸽）

【重大活动和重大赛事志愿服务活动】 年内，团区委在庆祝中国共产党成立100周年重大活动和北京2022年冬奥会冬残奥会期间，组织689名城市志愿者，围绕人员引导、信息咨询、文明宣传等内容，开展全区城市志愿服务项目45个，志愿服务时长1.38万小时。在2021密云生态马拉松活动中，组织1219名青年志愿者在防疫安检、赛事接待、赛道引导等岗位上提供2.6万小时优质志愿服务。

（张　鸽）

6月17日，中国共产党成立100周年之际，密云城市志愿者在志愿服务站点为市民提供咨询与宣传服务（杨晓彤　摄）

【青少年帮扶】 年内，团区委依托“密云微公益”微信小程序，动员团员青年和青联委员认领实现微心愿1028个。组织青联委员参与“情系玉树 温暖助幼”活动，为60名患有先天性心脏病的藏族孩子捐助13万元。依托市级资源参与“助你跃龙门”教育公益项目，为全区6名初高中困境青少年对接优质教育资源。“六一”期间，开展“汇爱聚力 情暖六一”关爱困境青少年主题活动，为604名密云青少年发放慰问金19.99万元。依托希望工程密云工作站全年发放各类奖学金、助学金款项49.3万元，捐助贫困学生319人。

（张 鸽）

【青少年权益保护】 年内，团区委联合司法部门开展“阳光助成长”法治宣传活动，到学校、社区开展普法和自护宣传活动25场。通过星光自护“守护健康·聚力同行”行动，为全区3所学校对接法治教育资源。开展“阳光筑心桥”心理疏导项目，依托北京市青少年法律与心理咨询服务中心的专业资源，为有涉罪青少年或心理疾病的6个家庭提供一对一心理咨询服务41次。依托社会工作事务所，为全区9名涉罪青少年开展司法保护服务42次。

（张 鸽）

【青年创业就业】 年内，团区委注册成立密云区青年创业联盟，为密云青年搭建起交流、成长、服务平台。面向镇街团组织征集、推荐创业初期的青年信息，了解收集青年们创业需求，并依托创青春·社区青年汇提供针对性培训，组织开展“创新电商模式做时代新农人——农产品电商培训项目”“助力新青年扬帆创业梦——葡萄情缘的创业之路活动”等技术课程和政策讲解活动，辐射创业青年150余人。

（张 鸽）

【青年联席会】 年内，团区委组织召开北京市密云区青年工作联席会2021年第一次全体会议。传达市青年工作联席会议2021年第一次全体会议精神，总结全区《中长期青年发展规划（2016—2025年）》落实情况，审议通过《密云区落实北京市“十四五”青少年事业发展规划任务分工方案》。

（张 鸽）

【社区青年汇】 年内，社区青年汇根据市、区两级重点工作，围绕保水保生态、建党100周年、创业就业、基层治理、垃圾分类5个主题，开展群体活动148场，项目19个，服务并联系青年7000余人次。

（张 鸽）

【县域共青团基层组织改革试点任务中期评估】 年内，团区委根据团中央下发的《关于扩大县域共青团基层组织改革试点的指导意见》和团市委部署要求，围绕“工作力量选用、组织设置运行、团员教育管理、领导支持保障”4个方面20项评估指标任务，开展县域共青团基层组织改革试点任务，在团市委组织进行的中期评估中有16项指标任务获得优秀。

（张 鸽）

【基层组织活力】 年内，团区委组织全区村和社区团支部换届选举工作，实现村“两委”100%兼任基层团支部书记。规范基层团组织建设，全区“空壳化”团支部消除率、团员青年数据信息台账建账率及完善率全部100%。扩大“两新”组织建团，全年新建团组织96个。加强对外卖、快递等新兴青年群体的组织和工作覆盖，承办密小哥暖“新”服务大集系列活动，常态化提供理发服务项目，依托青联委员企业社会化资源，利用房产中介、药房、餐饮等临街门店建立60个“密小哥加油站”。

（张 鸽）

11月19日，密云区“暖‘新’加油站——‘密小哥’服务大集”开集　（杨晓彤　摄）

【团干部队伍建设】 年内，团区委突出对共青团工作实效评价，开展基层团组织书记年度述职评议考核工作，并将考核结果向其所在党组织反馈，推动评价结果与干部的评先树优、选拔任用相挂钩。加强对团干部的系统培训，以基层团委书记为重点，狠抓党性修养和业务能力提升。制定《密云区青少年事务社工管理办法》，明确对社工的日常考核激励和年度述职评议。

（张 鸽）

【团员教育管理】 年内，团区委加强团前教育和推优入团工作，严格入团标准和程序。全年完成553名新团员入团培养工作，电子档案上传率和“学社衔接率”全部100%。加强团员思想政治教育管理，党史学习教育录入完成率实现100%。全面开展团员评议，将评议等次作为下一年度团籍注册、优秀团员和团干部评选、推优入党的重要依据。

（张 鸽）

北京市密云区妇女联合会

Beijing Miyun District Federation of Women's Union

【概　况】 北京市密云区妇女联合会（简称区妇联）内设办公室、综合部、权益部，下设妇女儿童活动中心。编制19名。

年内，全区有镇、街道、地区妇联组织20个，委办局妇委会（妇工委）66个。区妇联加强基层妇联干部队伍建设，组织动员执委参与疫情防控、垃圾分类、人居环境整治等基层社会治理。围绕密云区创建全国文明城区工作，发挥全区广大妇女群众和各级妇联组织的优势。立足家庭做文章，围绕妇女发展需求、服务需求、维权需求、文化需求，开创密云妇女儿童事业新局面。

（陶思遐）

单位名称：北京市密云区妇女联合会
地　　址：北京市密云区鼓楼西大街3号
电　　话：69042379

【春节送温暖】 1月，区妇联争取区红十字会8000元救助资金，对遭遇突发事件、意外伤害、重大疾病等原因导致基本生活出现困难的10名妇女每人救助800元；慰问3名老妇救会主任3000元；救助1名"两癌"贫困母亲1万元；慰问2名贫困女童1000元，并协调市妇联为稳岗留工人员发放30件羽绒服。

（陶思遐）

【"妇"字号基地直播带货】 3月1—8日，区妇联举办"庆三八"迎小康密云区妇字号基地带头人直播带货专场主题活动，北京云梦园科技有限公司等6家基地带头人，利用淘宝、快手、抖音、京东等平台，直播销售密云本地无公害小米、柴鸡蛋、水果、蔬菜等特色农副产品。直播4107人关注，总销售额30611.9元。

（陶思遐）

【妇女就业】 3月4—10日，区妇联与区人保局举办"三八国际妇女节线上专场"招聘活动，全区11家用人单位提供岗位376个，达成就业意向16人，点击量440人次。组织密云优质企业报名"北京2021年女大学生专场网络双选会"，为女大学毕业生提供就业机会。与北京爱妻时代家政服务有限公司在全区范围开展保姆、月嫂、育婴师、护理、营养师、面点师等岗位培训，涉及15个镇街，组织培训1000人，巩固岗位280人，新增育儿嫂等岗位就业80人。开展农村妇女素质提升培训143班次，培训农村妇女3617人。

（陶思遐）

3月8日，区妇联举办"庆三八"迎小康密云区妇字号基地带头人直播带货专场主题活动

（陶思遐　摄）

【"三八"妇女节活动】 3月5日，区妇联召开密云区妇联庆祝"三八"妇女节各界优秀女性代表座谈会，市级三八红旗手、全国最美家庭代表、市级"妇字号"基地负责人等9名女同志进行宣讲，畅谈妇女在社会、工作、家庭中的贡献和成就，为推动密云区新发展贡献巾帼力量。镇街党（工）委副书记、镇街专职副主席、各行各业优秀女性代表55人参加。节日期间，20个镇街、43个委办局妇委会组织妇女同志通过电视台、生态报、宜居密云等宣传平台以"她们做最美的自己"为主题，开展"微视频送祝福"、短信送祝福、"今天她过节"话题互动、"晒晒我们的节日"随手拍活动。区领导与区妇联共同到鼓楼街道慰问垃圾分类指导工作的巾帼志愿者和开展疫情防控工作的卡口执勤人员，向环卫清洁女工、服务窗口单位女职工、医务工作者等一线女同志献上谢意和祝福。

（陶思遐）

【北京农村妇女创新创业发展项目】 4月27日，区妇联完成2021年北京农村妇女创新创业发展10个市级项目和3个区级项目单位项目。包括北京诚凯等成柴鸡养殖专业合作社、北京馨馨草莓种植专业合作社等，下发扶持资金180万元，并严格规范监督使用，确保项目实施进度和预期效果。配合北京市妇联与专业机构组成的专家组，对密云区2021年度"双学双比”重点示范项目、首都巾帼农业科技示范项目开展中期、末期评估并督导检查，确保项目资金合理、合规使用。在区级基地基础上，推选上报2022年市级“双学双比”示范基地项目8家、巾帼科技项目2家、重点项目2家，如北京和合园种植专业合作社、南山鑫农蔬菜种植专业合作社等，申报金额150万元，全部通过专家评审。140家项目单位带动就业386人，其中妇女292人。

（陶思遐）

【关爱儿童】 5月28日，区妇联为20个镇街家长学校发放儿童家庭德育指导手册、中华经典家风故事、中华经典家书家训等9类主题图书207册，传承好家风、好家训，建设社会主义家庭文明新风尚。各镇街家长学校在“六一”儿童节，组织开展庆祝活动90余场。

（陶思遐）

【帮扶困境妇女儿童】 6月1日，在区慈善救助协会支持下，区妇联、团区委共同开展“六一”儿童节慰问活动，为20个镇街460名困境未成年人和144名困境青年发放19.99万元慰问金，惠及600个家庭，其中有98名单亲贫困母亲家庭。通过镇街妇联摸查，建立辖区内农村留守儿童、单亲母亲、孤儿等困境妇女儿童基本情况信息库。

（陶思遐）

【家庭家教家风主题宣传活动】 6月19日，区妇联举办“巾帼心向党·奋斗新征程”2021年家庭家教家风主题宣传活动。密云区基层妇联干部、各行各业优秀女性、最美家庭代表、社区妇女群众等100人参加活动。活动由《奋斗百年路·启航新征程》《百年巾帼别样红·致敬最美奋斗者》《百年韶华·党旗飘飘》3个篇章组成，以中国共产党建党100周年为时代主线，包括三八红旗手讲述《巾帼英雄永远跟党走》、石城小学任溢洋讲述《我的英雄祖奶奶邓玉芬》、革命先辈后人高嵋讲述《我的爷爷高华兴》等。颁发全国巾帼文明岗、首都最美家庭、首都最美志愿家庭、首都学雷锋志愿服务站（岗）、北京市农村妇女“双学双比”示范基地荣誉证书、奖牌。向广大家庭发出《密云区创建全国文明城区倡议书》。参观“清风密云·廉洁齐家”主题展览。全年举办家庭家教家风活动400余场。

（陶思遐）

【对口帮扶】 7月13—16日，区妇联搭建交流合作平台，在市妇联带领下，区妇幼保健院刘凤华医生到青海省玉树市开展女性健康讲座3场，培训200人。号召2022年京郊妇女发展项目企业开展爱心捐款，捐款5万元，全部用于湖北省竹溪市贫困妇女、贫困家庭慰问工作。区妇联党支部消费扶贫2410元。

（陶思遐）

【心理疏导技能培训】 7月27日，区妇联举办为期5天的巾帼亲情服务队素质提升暨心理疏导技能培训班。系统学习心理学基础，婚姻家庭辅导训练等内容，提升巾帼服务队员应对处理婚姻家庭纠纷、维权服务的能力。来自检察院、法院、司法局、民政局和全区各镇街103名巾帼亲情服务队员参加。

（陶思遐）

【家庭、家教、家风主题实践活动】 8月20日，区妇联在巨各庄镇蔡家洼村新时代文明实践站开展“感恩与爱伴成长 最美家庭传家风”家庭、家教、家风主题实践活动，弘扬良好家风，助力全国文明城区创建。活动分为“最美少年故事分享”“最美家庭故事分享”“童心向党红色阅读分享”“童心向党舞蹈进万家展演”4个主题内容。40名少年儿童、20个家庭参加。8月23日，区妇联通过微信视频号直播形式组织“童心向党红色经典吟诵活动”，面向密云区家长学校播放，1434个家庭参加，3.2万个点赞。

（陶思遐）

8月20日，区妇联在巨各庄镇蔡家洼村新时代文明实践站开展“感恩与爱伴成长 最美家庭传家风”家庭、家教、家风主题实践活动

（钱宏华 摄）

【春蕾计划】 10月下旬，区妇联向全区各界发出“春蕾计划——梦想未来”行动募捐倡议，全区各单位党员干部响应并行动起来，为“春蕾计划——梦想未来”行动捐款。捐款金额累计32.65万余元，助力春蕾女童全面、健康发展。

（陶思遐）

【法律宣传活动】 12月4日，区妇联与鼓楼街道妇联联合开展“深入学习宣传贯彻习近平法治思想 坚定不移走中国特色社会主义法治道路”主题法律宣传活动。发放宪法、禁毒、防艾、反家暴、贯彻落实男女平等基本国策等内容相关的各类法宣传品400份，使社区群众牢固树立宪法观念和法治意识，推进民主法治建设。全年发放法律科普、防艾知识宣传、禁毒材料等相关知识手册1.8万份，受益妇女群众1.6万余人次。

（陶思遐）

【密云区第二次妇女代表大会】 12月29日，区妇联举办密云区第二次妇女代表大会。选出主席1人、专职副主席2人、兼职副主席4人、挂职副主席1人、常委13人、执委47人。截至年底，327个村95个社区妇联完成换届，选出妇联主席422人，兼职副主席834人，执委4394人。镇街完成换届，选出兼职主席20人，专职副主席20人，兼职副主席45人，执委572人，兼职主席全部由镇街党政领导班子中女性领导兼任。161名各族各界优秀女性代表参会。

（陶思遐）

【妇女儿童发展规划】 12月30日，区妇儿工委办公室根据北京市新一轮妇女儿童发展规划的精神，结合密云区经济和社会发展“十四五”总体规划，经过12轮修改、征集成员单位意见和建议，完成“十四五”时期妇女儿童发展规划编制工作。在区政务网完成预公开和法制审查工作，并在第五次区政府常务会审议通过，由区政府颁布、印刷。

（赵　润）

【推优树典】 年内，区妇联推荐评选国家级荣誉4个，其中包括全国巾帼文明岗2个、全国三八红旗手1名、全国维权先进个人1名。推选出市级荣誉29个，其中包括北京市妇女儿童先进集体4个、首都最美家庭12户、首都最美志愿家庭1户、京津冀最美绿色家庭1户先进个人9名、首都最美巾帼奋斗者2名、首都绿化美化先进个人1名、首都“七五”普法先进个人1名。

（陶思遐）

【维权服务】 年内，区妇联接待妇女群众来电访25件，其中婚姻家庭权益类8件，占全部问题类34.6%；人身权益类4件，占全部问题类16.7%；财产权益类2件，占全部问题类7.7%；其他类11件，涉及法律咨询等内容，占全部问题类42.3%。25件信访全部登记并回复。

（陶思遐）

【家庭纠纷排查、化解行动】 年内，区妇联与区委政法委、区司法局开展深化婚姻家庭矛盾纠纷预防化解工作，形成婚姻家庭矛盾纠纷预防月报制度，在全区范围内开展婚姻家庭纠纷排查、调处化解集中行动。7月至11月，全区11家成员单位、20个镇街，累计排查出婚姻家庭矛盾纠纷81件，重点掌握贫困、残疾、单亲、婚姻关系变化、抚养关系变动、发生遗产继承、家庭暴力等情况。区、镇（街）、村（居）三级通过与政法委、公安、司法等职能单位部门联动集中化解矛盾，关注妇女权益问题，共同调处解决99件，有效维护妇女合法权益。

（陶思遐）

【关爱妇女健康】 年内，区妇联制作100张“两癌”知识光盘，投入资金5000元，在全区妇联组织下发。在宜居密云发布“两癌”知识系列宣传活动，向全区妇女宣传“两癌”预防、治疗健康小知识。组织镇街妇联开展“两癌”知识宣传进基层活动，开展活动12场，有790名妇女受益。在全区适龄妇女中开展“两癌”免费筛查工作，按市妇联要求，在符合救助标准的低收入妇女中救助4人，每人1万元救助标准。

（陶思遐）

【民法典培训】 年内，区妇联组织开展5期12场民法典培训。培训内容为提升妇联维权干部对婚姻家庭、财产继承等相关法律知识的理解。全区8个区直单位妇委会主任、20个镇街妇联主席、373名亲情服务队队员、503名农村妇女参加培训。

（陶思遐）

【技能培训】 年内，区妇联为提高妇女综合素质能力，开展电商、手机摄影、新闻写作、手工制作、网络推销、知识产权等基层妇女技能培训，11个镇街409名妇女参加。开展“北京巧娘素质提升培训项目”，组织剪纸、布艺、编织等技能培训30场，600余人次参加。

（陶思遐）

【家庭文明建设】 年内，区妇联评选出区级最美家庭188户、首都最美家庭12户。与区委宣传部在全区范围内、评选出“孝老敬亲”家庭5户，深化家庭文明创建工作。

（陶思遐）

【巾帼志愿服务队伍建设】 年内，区妇联注册成立21支区镇两级巾帼志愿服务队，村（社区）级巾帼志愿者服务队392支，巾帼志愿者5092人，其中已注册3070人。12月5日，在全区范围内开展“12·5

志愿家庭服务冬奥”主题巾帼志愿活动。

（陶思遐）

【“两新”组织建设】 年内，区妇联制定《密云区妇女联合会关于进一步加强和推进“两新”组织中建立妇女组织工作的实施方案》，对“两新”组织进行摸底统计，通过在已建立党组织的“两新”组织中建立妇女组织。截至年底，在北京清盈保洁服务有限公司等122个“两新”组织中建立妇联组织。

（陶思遐）

【垃圾分类】 年内，区妇联发动全区20个镇街（地区）5577名执委、434户最美家庭、39个基地参与桶前值守16.75万次，入户指导12万余户。对城区9所幼儿园612名儿童开展垃圾分类、光盘行动培训，带动600余个家庭参加。

（陶思遐）

【未成年人教育活动】 年内，区妇联通过线上广播、微信直播、线下讲座方式，开展红色家风故事、家庭育儿讲座等72场，2259个家庭参与。以“阅读悦成长”为主题，开展亲子诵读红色经典、红色家风故事分享会99场，1695个家庭参与。以总书记回信一周年为契机，开展“我心中最美的家”绘画活动36场，410名青少年参与，征集评选出“清风密云廉洁齐家”优秀书画作品74幅。开展追随红色足迹社会实践活动230场，2610名青少年参与。举办亲子培训5场，173名儿童参加，培训内容包括家庭教育讲座、手指画、亲子绘画等。全年实践活动437场，4万余个家庭参与。

（陶思遐）

【童绘冬奥】 年内，为迎北京冬奥会到来，市妇联号召广大少年儿童为冬奥加油助力，区妇联面向全区少年儿童开展“童绘冬奥”绘画作品征集活动。收集6—10岁作品41幅，11—15岁作品17幅，共计58幅作品。

（陶思遐）

【“舞蹈进万家”活动】 年内，区妇联开展家庭家教家风主题系列芳华礼赞——庆祝建党百年第四届“舞蹈进万家”活动。组织21支舞蹈作品参加市级活动，初审入围8支舞蹈。密云区获最佳组织奖、芳华奖、家庭风采奖、最佳表演奖、最佳创意奖和最具凝聚力奖。

（陶思遐）

北京市密云区科学技术协会

Beijing Miyun District Association for Science and Technology

【概　况】 北京市密云区科学技术协会（简称区科协）内设科普部、学会部、科普中心。编制14名。

年内，区科协开展科普之春、全国科普日等科普活动300余场。在向阳西社区举办“庆党百年华诞 育绿色文明新风”科普嘉年华活动，获中国科协“全国科普日”优秀活动。密云区科协被北京市科协授予“北京市全民科学素质大赛优秀组织奖”。

（邢向阳）

单位名称：北京市密云区科学技术协会
地　　址：北京市密云区西滨河路2号
电　　话：69028470

【“科技下乡·科普迎新春”活动】 1月15日，区科协组织书法家到溪翁庄镇黑山寺村开展“科技文化卫生三下乡·迎新春送科技下乡”活动。现场书写春联100余副，福字300余个，发放各类科普资料1500份。

（苏立霞）

【参加北京青少年科技创新大赛】 1月至5月，区科协组织区内51所学校1.2万余名中小学生，参加第41届北京青少年科技创新大赛。征集作品1100余件，比上年增长217%，推荐参加市级决赛作品51件。

（郭爱静）

【学（协）会交流座谈】 4月22日，区科协组织召开学（协）会交流座谈会。就加强密云区“科技工作者之家”建设、展现亮点工作、学会工作现状等进行交流研讨，听取有关工作建议。区教育学会、林果学会等14家学（协）会会长、秘书长参加。

（郭爱静）

【全民科学素质知识竞赛】 4月，区科协动员群众参加北京市公民科学素质大赛，参与率居全市前列，密云区科协获北京市全民科学素质大赛优秀组织奖。组织举办密云区公民科学素质线上知识竞赛，全区37家单位参加，决赛于9月28日通过线上平台进行直播，鼓楼街道办事处、果园街道办事处、区财政局等10家单位参加，区经信局代表队获第一名，累计观看人数6万余人次。

（苏立霞）

【参加北京青少年创客国际交流展示活动】 4月，区科协组织、推荐区内6所学校20余名师生，参加第四届北京青少年创客国际交流展示活动。获市级一等奖7人、二等奖5人、三等奖5人。

（郭爱静）

4月，区科协组织师生参加第四届北京青少年创客国家交流展示活动 （区科协 供图）

【“科普之春 科普赶大集”活动】 4月至5月，区科协以“科技科普惠农，助力乡村振兴”为主题，在全区组织开展“科普之春 科普赶大集”等各类科普活动186场次，发放生态文明等宣传资料近6万份，受益群众4万人次。

（苏立霞）

4月26日，区科协在太师屯镇集贸市场开展2021年“科普之春 科普赶大集”活动

（区科协 供图）

【参加北京青少年机器人大赛】 5月，区科协组织区内1000余名青少年参加第二十一届北京青少年机器人竞赛，获一等奖3个、二等奖3个、三等奖7个。首都师范大学附属密云中学获评“北京市十佳学校”，教师陈宝杰获评“十佳教练员”。

（郭爱静）

【“全国科技工作者日”活动】 5月31日，区科协开展“全国科技工作者日”活动，组织各学（协）会、企业科协优秀科技工作者代表30人，到石城镇龙云山科普基地开展“众心向党 自立自强”生物多样性考察调研，探索密云生态科普教育与生态旅游融合发展路径。组织科技工作者到气象局参观、调研，促进气象科技在农业、工业生产等方面应用。

（郭爱静）

5月31日，区科协组织优秀科技工作者代表到龙云山科普基地开展“众心向党、自立自强”生物多样性考察调研 （区科协 供图）

【“科普之夏”活动】 7月，区科协在北京师范大学密云实验中学组织开展“科普+互动+体验”式“科普之夏”主场活动。设置科技展示、气象展示、创客空间、手工制作4个展区，展出科普展品30余件、展板40余块。活动期间组织开展科普培训、讲座、展览等活动10余场，受益群众3850人次。

（苏立霞）

7月，区科协在北师大密云实验中学开展“科普之夏”活动 （区科协 供图）

【“全国科普日”密云主场活动】 9月，区科协围绕“百年再出发 迈向高水平自立自强”主题开展“全国

科普日”密云主场活动。组织开展线上线下科普讲座、展览、咨询、参观、竞赛等活动50余场，科普志愿者及专家100人参加，发放宣传资料2.96万余份，受益群众近3万人次。在向阳西社区举办“庆党百年华诞 育绿色文明新风”科普嘉年华活动，获中国科协“全国科普日”优秀活动。

（苏立霞）

【“送科技下乡”活动】 9月至10月，区科协在密云镇、西田各庄镇、河南寨镇组织开展“送科技下乡”活动4场。向农村居民发放保水护水、低碳环保、健康生活等科普宣传资料2000余份，展出科普知识展板100余块，受益人数3000余人次。

（苏立霞）

【志愿服务活动】 9月至12月，区科协在“志愿北京”平台创建“科协志愿者服务队”，完成注册志愿者15人，组织开展志愿服务5场，志愿者累计服务时长118小时，参与率100%。

（苏立霞）

【科技工作者状况调查】 11月，区科协利用“科情调查”微信公众号，完成1期60例科技工作者状况调查工作。了解密云区科技工作者群体对全国政治、经济、科技等领域改革措施的认识和评价。

（郭爱静）

【党史学习教育】 年内，区科协组织干部职工和区内科技工作者代表参观古北口长城抗战纪念馆等革命遗迹、遗址。围绕“科技助力乡村振兴”“科普服务惠民生”制定“送科技下乡”“科技扶贫”等实事措施13项。

（邢向阳）

【全国文明城区创建】 年内，区科协组织开展科普志愿服务活动3场，举办科学普及新时代文明实践活动1场，组织专人参加交通路口秩序维护150余人次，开展社区小广告清理、楼道垃圾清运，道路卫生清理等300余人次。打造“科技筑梦，创新成长”未成年人科技教育品牌活动。在创城简报中刊登信息8篇。

（苏立霞）

【企业科协组织建设】 年内，区科协指导北京博思伟业机电贸易有限公司、北京密农人家农业科技有限公司、三峡科技有限责任公司、北京世纪京纯蜂产品有限责任公司和北京通成网联科技有限公司5家企业，成立开放型企业科协，产业类型涉及制造业、农业、信息传输、软件和信息技术服务业。截至年底，全区有企业科协12家。

（苏立霞）

【北京市科协金桥工程申报】 年内，区科协推荐密云区医学会等4个项目申报北京市科协金桥工程。其中北京密农人家农业科技有限公司申报的“打造京味网红优质农产品品牌巩固脱贫成果，推进全面乡村振兴”项目获C类奖项，并获北京市科协2万元资金支持。

（郭爱静）

【全民科学素质培训】 年内，区科协首次采用“点单”形式，由受训单位根据需要，自由选择培训内容和教师。在溪翁庄镇、穆家峪镇、密云镇、鼓楼街道、果园街道等举办培训10场，其中农民培训3场、城镇劳动者和公务员培训7场，培训人员790人次，发放生态文明等宣传资料2100份。

（苏立霞）

5月25日，区科协在区发改委举办全民科学素质提升培训 （区科协 供图）

【新媒体科普宣传】 年内，区科协利用“密云科普”微信公众号、“密云科普开讲了”“科普5分钟”等媒体渠道，发布权威科普知识200余条，节目播出时长5000余分钟，观看阅读数10万余人次。与北京通成网联科技有限公司合作，在密云360网站、密云360微信公众号开设科普专栏，全年推送科普文章263篇，阅读量近41万人次。利用“密云科普”微信公众号开展有奖知识答题活动12期，关注人数3万余人。

（邢向阳）

【优秀科技论文评选交流表彰活动】 年内，区科协举办优秀科技论文评选活动。全区各学（协）会推荐上报科技论文237篇，专家组评审出一等奖8篇、二等奖20篇、三等奖50篇，印制《密云区2021年度优秀科技论文选编》600 册。

（郭爱静）

【基层科普行动计划】 年内，区科协推荐的北京海华云拓能源研发中心有限公司、北京南山鑫农蔬菜种植专业合作社、北京龙族文化传媒有限公司、北京奥金达蜂产品专业合作社 4 家单位，获评北京市项目实施单位；推荐的苏麦尔（北京）环保科技有限公司获评基层科普品牌活动项目实施单位。获评单位完成科普活动 40 余场，制作 4D 专题影片助力密云产业发展，服务乡村振兴。

（苏立霞）

【农村科普服务站试点建设】 年内，区科协指导北京市密云区大医行健康服务研究会、北京京纯养蜂专业合作社、北京风林宿生态旅游开发有限公司、北京巨海阔种植专业合作社、北京云梦园科技有限公司和北京密水农家农产品产销专业合作社 6 家单位成立科普服务站。各科普服务站组织循环利用、病虫害防治、蔬菜种植、口腔科普培训等活动 40 场次，制作展出科普展板、科普宣传栏等 132 块，发放各类科普资料近 3.5 万份，受益人数 2 万余人次。

（苏立霞）

【科普阵地宣传建设】 年内，区科协围绕全国文明城区创建、生态保护、全民科学素质知识、垃圾分类等重点工作，更新维护太师屯科普宣传一条街、滨河公园、鼓楼街道、果园街道、檀营地区等科普宣传栏 429 块，总面积 1104.45 平方米，覆盖全区 6 个镇街 23 个村、社区。设计、制作、下发全民科学素质知识手册、科普宣传袋、科普扑克等宣传资料 5.19 万份。

（苏立霞）

【科技助力农民增收】 年内，高岭养蜂协会承担的 2021 年北京市科协“科技套餐”工程项目开始实施。通过与航空科技集团合作开发智能蜂箱，组织开展技术培训、实践指导及经验交流等活动，提高专业技术水平，减少劳动强度，增强蜜蜂自然繁育能力，受益蜂农 2000 余名。

（郭爱静）

北京市密云区青年联合会

Beijing Miyun District Federation of Youth Federation

【概　况】 北京市密云区青年联合会（简称区青联）是区委领导下的基本人民团体，是以密云共青团为核心力量的各青年团体的联合组织。区青联坚持以习近平新时代中国特色社会主义思想为指导，加强青联委员理论学习，发挥委员示范带动作用，参与疫情防控、密云生态马拉松志愿服务等，围绕“北京市‘十四五’规划编制、垃圾分类、保水护水、生态建设”等主题积极建言献策，团结凝聚全区各族各界青年砥砺奋进、开拓创新，为密云区经济社会发展和青年成长、成才作出贡献。

（张　鸽）

单位名称：北京市密云区青年联合会
地　　址：北京市密云区鼓楼西大街 3 号
电　　话：69041545

【青联委员理论学习】 5 月，区青联开展“建党百年正青春 跟党奋进新时代”主题活动。通过青联委员分享党史红色故事，重温红色路，庆祝建党 100 周年，118 名委员参加。秘书处定期在微信群分享时政要闻，号召委员学习习近平总书记重要讲话精神和十九届六中全会精神。组织委员参加共青团网上青年大学习答题活动。开展爱国主义教育主题活动，引导青年自觉培养爱国之情。

（张　鸽）

【关爱困境青少年】 8 月 4 日，区青联委员参与“情系玉树 温暖助幼”活动，为 60 名患有先天性心脏病的藏族孩子捐助 13 万元，全部用于资助患儿在北京的交通费、生活费等支出。助力团区委微心愿公益活动，帮助青海玉树、河北滦平等结对帮扶地区家庭困难青少年实现图书、文具盒、服装等“微心愿”829 个。参与“我在北京有个家”青少年助学扶贫项目，捐助资金 13 万余元，结对帮扶 35 名玉树学生。

（张　鸽）

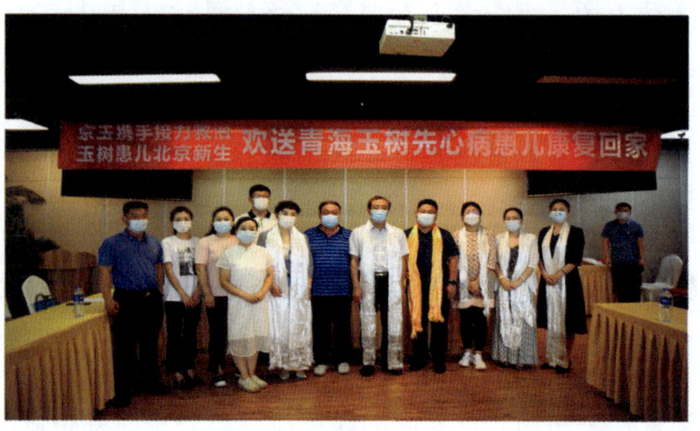

8 月 4 日，区青联参与“情系玉树 温暖助幼”活动　（张鸽　摄）

【服务新兴青年群体】 10月，区青联依托委员企业社会化资源，利用房产中介、药房、餐饮等临街门店建立60个“密小哥加油站”，统一配备雨伞、雨披、急救药包、手机充电配件等物资，为外卖员这类新兴青年群体提供饮水、小憩、如厕、手机充电等暖心服务。

（张　鸽）

【委员示范带动】 年内，区青联通过“青春密云”新媒体品牌，以直播、短视频等形式开展舆论引导，动员委员亮明身份、表明态度，发挥委员示范带动作用。通过“青联风采”专栏，宣传报道委员优秀事迹，传递青春正能量。依托“十九届六中全会精神”青年说和“青年话两会”平台，委员们主动发声，用亲身感受号召身边青年发挥青春力量。

（张　鸽）

【志愿服务】 年内，区青联组织30余名委员参与密云生态马拉松志愿服务工作。通过上岗执勤、捐款捐物、人文关怀、志愿服务等方式，参与抗击疫情工作，并捐赠价值3万余元物资。

（张　鸽）

【助力乡村振兴】 年内，7家青联委员所在企业与密云区6个集体经济薄弱村进行结对，通过产业带动、项目联建、资金支持、技术支持、消费增收等形式开展帮扶。组建2支青联委员服务团，与河南寨镇两河村、大城子镇张泉村等结对，开展技术支持、乡村规划和产业振兴咨询、电商销售、人才培训等服务活动7次，助力乡村振兴。

（张　鸽）

北京市密云区工商业联合会

Beijing Miyun District Federation of Industry and Commerce

【概　况】 北京市密云区工商业联合会（简称区工商联）是具有统战性、经济性、民间性有机统一基本特征的人民团体和商会组织。行政编制4名，行政工勤编制2名，劳务派遣1名。

年内区工商联坚持政治建会、团结立会、服务兴会、改革强会，贯彻落实全国工商联、北京市工商联的指示精神，围绕区委、区政府中心工作，完成第三届密云区工商业联合会（商会）换届工作。开展党史学习教育，围绕企业需求开展服务，为推动区域经济高质量发展作出贡献。区工商联获2020—2021年度全国“五好”县级工商联荣誉。

（吴雪松）

单位名称：北京市密云区工商业联合会
地　　址：北京市密云区鼓楼西大街3号
电　　话：69045763

【换届选举】 12月30日，密云区工商业联合会（商会）第三次代表大会召开。大会审议通过区工商联执行委员会工作报告，报告回顾过去五年工作，提出今后五年工作设想。选举产生区工商联（商会）新一届执行委员会和主席、常务副主席、副主席、秘书长、常务委员及商会会长、副会长，通过大会决议，完成各项议程。

（吴雪松）

12月30日，密云区工商业联合会（商会）第三次代表大会召开　（区工商联　供图）

【党史学习教育】 年内，区工商联开展庆祝中国共产党成立100周年“主题党日”系列活动，组织党员干部重温入党誓词，动员会员企业开展党史学习教育。围绕党史学习教育引导企业开展活动，北京华宇城市管理集团开展“百名华宇人讲党史故事”和“百名华宇人为百户家庭做百件实事”之双百系列活动，北京东方神韵有限公司党委组织《庆建党百年，永远跟党走》文艺演出活动，宏扬迅腾科技发展有限公司开展党史知识竞赛和党员绣红旗活动。

（吴雪松）

【解决企业困难】 年内，区工商联围绕企业需求开展精准服务，班子主要领导带队走访会员企业和所属商协会，倾听企业的利益发展诉求，对问题和困难进行分析、研判。针对企业在融资、续贷、授信服务等方面困难，通过区金融办协调，与建设银行、农业银行、农村商业银行密云分行等多家金融机构达成合作，建立长期战略合作伙伴关系，组织企业负责人与金融部门进行沟通、对接，推出一批适合中小微企业信贷产品，累计帮助100余家企业解决融资难题。协调区公检法、属地政府等部门帮助企业解决生产经营和发展过程中的问题。

（吴雪松）

【政企联动】 年内，区工商联发挥政企沟通平台作用，邀请相关部门举办融资、信息、技术、人才、劳动关系等方面政策解读培训班，帮助企业了解政策法规。与区税务局联合开展“春风行动暖人心，税收惠民办实事——民营企业家”专场培训会，开展助力小微企业发展“春雨润苗”专项行动。为会员企业发放惠企政策“服务包”汇编，助力企业健康有序发展。

（吴雪松）

【“消费季”活动】 年内，区工商联与区青联以“党建引领、政府助力、协会搭台、企业参与”为主题，举办助力密云经济复苏“消费季”活动。利用区融媒体中心、政府网、广播电视等平台推出系列专题，形成宣传舆论合力，活动成交金额1602万元。

（吴雪松）

【履行保水职责】 年内，区工商联在密云水库建成60周年之际，组织骨干会员企业代表参观水库建库60周年主题展览，开展交流研讨，增强企业保水责任意识，树立绿色发展观。动员6家民营企业向密云水库保护公益基金会捐赠2550万元，宣传密云水库及其流域保水、治水、保生态各种举措。

（吴雪松）

【全国文明城区创建】 年内，区工商联引导会员企业、商协会组织和机关干部参与全国文明城区创建活动。在檀城社区开展万人志愿签字薄创城宣传。开展“全民参与创城有我”培训、清理社区小广告、修复社区公共区域地面设施、义务理发、义诊等活动100场。

（吴雪松）

【会员和协会队伍建设】 年内，区工商联制定《密云区工商联会员发展规划》，加强会员队伍管理，推进企业信息数据库、人才信息数据库、社会组织信息数据库建设，会员企业由386家增长至3238家。吸纳区民宿协会、区物业服务行业协会、区私营个体经济协会、太师屯镇养蜂协会为工商联商会团体会员单位，促使商协会组织覆盖到区域主导产业，区工商联商协会增至12家。

（吴雪松）

【全国“五好”县级工商联建设】 年内，区工商联开展以政治引领好、队伍建设好、商会发展好、作用发挥好、工作保障好为主要内容的“五好”县级工商联建设。按照《关于开展2020－2021年度全国“五好”县级工商联确认工作的通知》要求，在市工商联审核把关、全国工商联组织专家评审的基础上，经全国工商联主席办公会议审议通过，12月，区工商联获2020—2021年度全国“五好”县级工商联荣誉。

（吴雪松）

12月，区工商联获2020—2021年度全国“五好”县级工商联荣誉

（区工商联　供图）

法　　治

RULE OF LAW

政法与综治

Political and Legal Work and Comprehensive Management

【概　况】 中共北京市密云区委政法委员会（简称区委政法委）内设党政办公室、平安建设科、维稳督察科、政治部、反邪教协调科，下属综治服务中心、党建宣传中心、维稳情报信息与法制中心、反恐禁毒服务中心。

年内，组织召开统筹经济社会稳定和疫情防控会议，牵头疫情防控社会稳定组，持续开展10轮全覆盖“敲门行动”，圆满完成建党100周年等重大活动期间的安保维稳任务，法治保水保生态取得新进展。政法队伍开展教育整顿，高质量落实筑牢政治忠诚、清除害群之马、整治顽瘴痼疾、弘扬英模精神“四项任务”，全区3400余名政法干警接受深刻教育。群众满意度达98.9%，综合考评117分，居全市前列。坚持将党史学习教育与教育整顿、法治培训等有机结合，组织干警参加政治轮训8000人次。健全完善“1+3+X”扫黑除恶常态化制度体系，推动为期3年的战时指挥调度体系向平时常态化体系转变。平安北京建设考核位列全市第6位。密云政法网获“2021年度中国优秀政法网站”称号。

（张景伊）

单位名称：中共北京市密云区委政法委员会
地　　址：北京市密云区鼓楼西大街3号
电　　话：69044066

【平安铁路建设协调专项组第一次全体会议】 1月13日，密云区召开平安建设领导小组平安铁路建设协调专项组第一次全体会议。会议传达全国铁路护路联防办公室主任会议精神、市委平安北京建设领导小组平安铁路建设协调专项组第一次全体会议精神和平安铁路“消隐促建”工作推进会议精神。明确“专项组”及“办公室”建议人选、工作制度职责。审议通过平安铁路“消隐促建”专项行动方案。会议听取大城子镇和巨各庄镇铁路沿线“消隐促建”进展情况汇报。区委平安铁路建设协调专项组相关领导及成员、各相关单位主管领导和主责科室负责人、各相关镇（地区）主管领导、派出所所长、主责科室负责人和护路协理参加会议。

（张景伊）

【2021年政法工作会议】 2月9日，密云区召开2021年政法工作会议，会议通过视频会议系统召开。传达中央、市委政法工作会议精神，总结2020年工作并对2021年政法工作作出部署。区委政法委、区公安分局、区检察院、区法院、区司法局班子成员，各镇街（地区）政法委员、平安建设科科长，基层派出所所长、法庭庭长、司法所所长参加会议。

（张景伊）

【全国“两会”安保维稳工作部署会议】 2月25日，密云区召开全国“两会”安保维稳工作动员部署会议。会议通报“两会”期间密云区安保维稳工作有关情况、全区各单位春节期间烟花爆竹燃放管理情况，提出全区烟花爆竹管控工作建议，并对全国“两会”安保维稳工作进行部署。会议采用视频形式召开，区平安建设重点成员单位主管领导、各镇街（地区）政法委员、平安建设科科长、基层派出所所长、司法所所长参加会议。

（张景伊）

【政法队伍教育整顿对接会】 3月18日，市政法队伍教育整顿第八指导组到密云区对接政法队伍教育整顿工作。会议传达习近平总书记关于加强政法队伍建设的重要指示精神，传达中央和市委关于政法队伍教育整顿的重要决策部署，通报市政法队伍教育整顿第八指导组任务安排，对推进教育整顿工作提出意见和建议。市政法队伍教育整顿第八指导组、密云区有关领导参加会议。

（张景伊）

【政法队伍教育整顿领导小组第一次会议】 3月18日，密云区委书记潘临珠主持召开区政法队伍教育整顿领导小组第一次会议。会议讨论通过《密云区政法队伍教育整顿领导小组工作规则》《密云区政法队伍教育整顿领导小组办公室成员组成及职责分工》《密云区政法队伍教育整顿指导组工作规则》及人员安排建议名单，《密云区政法队伍教育整顿动员大会方案》。密云区政法队伍教育整顿领导小组有关领导参加会议。

（张景伊）

【政法队伍教育整顿动员部署大会】 3月18日，密云区召开政法队伍教育整顿动员部署大会。会议就《密云区政法队伍教育整顿实施方案》作说明。市政法队伍教育整顿第八指导组组长谢延智出席会议并讲话。区委书记结合学习贯彻习近平总书记对政法工作和政法队伍建设的重要指示精神，为全体政法干警讲党课。会议以视频形式召开，市政法队伍教育整顿第八指导组副组长，区政法队伍教育整顿领导小组成员出席会议，全区政法干警在分会场参加。

（张景伊）

【政法队伍教育整顿征求意见座谈会】 3月23日，密云区召开政法队伍教育整顿第一次征求意见座谈会。会议介绍全区开展政法队伍教育整顿情况，听取人大代表、政协委员、企业家代表、律师代表、人民陪审员代表、特约监督员代表、案件当事人代表和群众代表对政法工作和政法队伍建设的建议。区政法各单位主要及主管领导、区各界代表参加会议。

（张景伊）

【政法队伍教育整顿政治轮训】 4月1—2日，密云区开展政法队伍教育整顿政治轮训。采用加密视频方式，区纪委、区监委领导做党纪党规培训；召开警示教育大会，传达密云区专题警示教育大会精神；市委党校金国坤教授以《习近平法治思想专题讲座》为题，首都师范大学郭海燕教授以《学习党的历史，发扬优良传统，为建设社会主义现代化国家而奋斗》为题，为政法干警做培训。区会议中心设主会场，区法院、各镇街（地区）设分会场，区政法队伍教育整顿办公室领导出席会议，670余名政法干警参加轮训。

（张景伊）

【市领导检查指导密云区教育整顿】 4月2日，北京市委常委、政法委书记，市教育整顿领导小组副组长兼办公室主任齐静，到密云区检查指导教育整顿工作。到密云公安分局东邵渠派出所，实地检查派出所教育整顿学习教育阶段工作推进情况，听取区委、市级指导组工作情况汇报，市指导组及密云区教育整顿领导小组相关领导参加。

（张景伊）

【学习英模先进典型宣讲报告会】 4月8—9日，密云区政法系统举办学习英模先进典型宣讲报告活动，报告会分为3场，分别设在区委政法委、区法院、区公安分局。来自全区政法各单位的6位先进模范同志就自身事迹做宣讲报告。全区政法各单位600余名干警参加。

（张景伊）

【政法系统公众开放日活动】 4月12日，区法院、区检察院、区公安分局、区司法局分别开展政法系统公众开放日活动。在区法院、区公安分局、区检察院、区司法局分别设置分会场，邀请区人大代表、政协委员、人民调解员、律师、教师、学生、市民等2000余位社会各界人士代表参加。

（张景伊）

【全民国家安全教育日宣传活动】 4月15日，区委政法委、区司法局、区检察院等单位在法制公园联合举办全民国家安全教育日主题宣传活动。向过往群众发放公民防范恐怖袭击手册、民法典知识问答等国家安全教育知识手册，普及国家安全知识，发放宣传品1000余份。区国家安全教育进校园启动仪式在北京交通大学附属中学密云分校举行，播放国家安全宣传教育片，区教委领导解读密云区中小学国家安全教育工作方案，全校100余名学生参加。

（张景伊）

【平安铁路建设培训班】 4月15日，密云区平安铁路专项办在区铁路护路联防工作站（实训基地）举办2021年平安铁路建设第一期培训班。密云站和密云东站铁路派出所所长及警长、各相关镇（地区）平安铁路专项办主任、各相关镇（地区）专职护路协理、区平安铁路专项办全体成员、区平安铁路专项办督察组、京承线专职护路联防队员44人参加。

（张景伊）

【政法队伍教育整顿推进会】 4月19日，密云区召开政法队伍教育整顿工作推进会。传达学习全国和全市第一批政法队伍教育整顿工作推进会精神，通报密云区学习教育环节工作开展情况，部署下一阶段工作。会议以视频形式召开，市政法队伍教育整顿第八指导组、区教育整顿领导小组相关领导出席会议，区政法系统各单位和各镇街（地区）在分会场参加。

（张景伊）

【政法队伍教育整顿督导】 4月23日，全国政法队伍教育整顿中央第一督导组北京小组第四下沉组到密云区督导教育整顿工作。密云区召开政法队伍教育整顿工作汇报会。会后，第四下沉组与区领导、政法干警代表谈话，查阅工作材料，了解线索办理情况，通过交流座谈和问卷调查等形式，向政法单位服务管理对象和社区群众了解密云区政法单位工作情况，并采取“四不两直”方式对基层派出所进行暗访。7月21日，全国政法队伍教育整顿中央第一督导组北京小组副组长孙晓卿带队到密云区督导政法队伍教育整顿“补课”“回头看”工作。督导组听取全区和各政法单位教育整顿“补课”“回头看”情况汇报，听取区纪委区监委自查自纠重点案件办理和政策运用情况汇报，查阅各政法单位教育整顿“补课”“回头看”档案材料。

（张景伊）

【政法队伍教育整顿警示教育大会】 4月28日，密云区召开政法队伍教育整顿警示教育大会。会议以视频形式召开，集体观看警示教育片，引导全区政法干警以案为鉴，警钟长鸣，做政治信念坚定、遵规守纪的政法干警。区政法系统各单位在分会场参加会议。

（张景伊）

【政法队伍教育整顿“三团下乡”活动】 5月7日，密云区政法队伍教育整顿“三团下乡”活动启动。活动包括“英模报告团下乡宣讲”“法治宣讲团下乡普法”“群众痛点攻坚团下乡走访”3项主题活动。

（张景伊）

5月7日，密云区政法队伍教育整顿“三团下乡”活动启动 （杨涵 摄）

【“三个规定”宣讲活动】 5月31日，密云区开展“三个规定”“万长”大宣讲活动。市教育整顿第八指导组组长谢延智出席活动，并作专题宣讲报告。密云区教育整顿领导小组牵头组织公、检、法、司“四长”负责同志组成“三个规定”宣讲团，走进党政机关宣讲，实现党政机关全覆盖。6月2日，密云区召开公、检、法、司“四长”宣讲活动。“四长”围绕“三个规定”的政策内涵、重要意义，依次进行《领导干部干预司法活动、插手具体案件处理的记录、通报和责任追究规定》《司法机关内部人员过问案件的记录和责任追究规定》《关于进一步规范司法人员与当事人、律师、特殊关系人、中介组织接触交往行为的若干规定》《深入开展顽瘴痼疾专项整治严格落实防止干预司法“三个规定”》主题宣讲。会议以视频会议形式召开，相关单位、各镇街（地区）设分会场，全区党政机关实职副科级以上干部参加。

（张景伊）

【庆祝建党100周年维稳安保暨信访联席会】 6月1日，密云区召开庆祝建党100周年维稳安保暨信访联席会。区公安分局、区信访办、区应急局分别作工作部署，鼓楼街道和太师屯镇作表态发言。主会场35家成员单位主管领导参加会议，20个镇街（地区）设立分会场，党政主要领导及相关部门负责人参加会议。

（张景伊）

【政法队伍教育整顿总结大会】 7月8日，密云区召开政法队伍教育整顿总结大会。会议通报全区政法队伍教育整顿工作开展情况，表彰政法英模和先进典型，部署下一步工作。北京市政法队伍教育整顿第八指导组相关领导到会指导，区政法队伍教育整顿领导小组相关领导出席会议。200余名政法干警参加会议。

（张景伊）

【国家安全主题活动】 7月8日，区委国安办组织开展“践行总体国家安全观，筑牢国家安全防线”主题活动。各镇街（地区）、相关单位国家安全工作主管领导及科室负责人等40余名同志，到市委党校学习、参观“坚持总体国家安全观，统筹发展和安全——庆祝中国共产党成立100周年”国家安全工作历程展。

（张景伊）

【区委政法委员会（扩大）会议】 8月4日，密云区召开区委政法委员会（扩大）会议。会议传达习近平总书记到西藏调研重要讲话精神、市委十二届十七次全会、市委政法委员会（扩大）会和区委二届十四次全会精神，区检察院、区法院、区公安分局、区司法局分别汇报上半年工作情况和下半年工作思路、举措。区政法各单位主管领导、各镇街（地区）政法委员等参加会议。

（张景伊）

【平安建设推进会】 10月21日，密云区召开平安建设推进会。区公安分局、区信访办、区卫健委、区市场监管局、区消防支队主管领导围绕平安北京建设考核指标完成情况进行汇报。通报2020年平安北京建设考核情况，部署2021年第四季度工作。区平安建设重点成员单位主管领导及区委政法委各科室负责人参加会议。

（张景伊）

【国家宪法日主题宣传活动】 11月29日至12月5日，是全国第四个“宪法宣传周”，密云区轮动开展100余场宪法主题宣传活动。播放宪法主题公益宣传片，利用社区疫情防控、创建全国文明城区等活动向居民群众派发宪法、法律援助法、创建全国文明城区等法律宣传资料和各类宣传品1万余份，1000余名群众参加。

（张景伊）

【政法系统政治轮训】 12月21日，密云区政法系统政治轮训暨学习贯彻党的十九届六中全会和密云区第三次党代会精神专题辅导会议召开。会议传达、学习党的十九届六中全会精神和区第三次党代会精神，研究部署全区政法系统学习贯彻工作。会议以视频会议形式召开，区委政法委、政法各单位领导班子全体成员及镇街（地区）党（工）委政法委员、区委政法委机关、政法各单位基层党组织相关负责人员参加会议。

（张景伊）

【基层政法委员党史学习培训】 12月30日，密云区委政法委组织开展基层政法委员党史学习培训。专题讲解“伟大建党精神与密云共产党人精神谱系”。区委政法委领导班子、各镇街（地区）党（工）委政法委员及政法委科室负责人参加培训。

（张景伊）

法治政府建设

Law-Based Government Construction

【概　况】 北京市密云区司法局（简称区司法局）内设办公室、行政执法监督科、行政复议和应诉科、社区矫正和安置帮教科、普法和人民参与法治科、公共法律服务和公证律师管理科、党建科、机关纪委和工会，下属法律援助中心、渔阳公证处、法律服务中心、阳光中途之家、行政复议接待中心。有行政、事业编制70人。全区有律师事务所9家，执业律师56名。

年内，区司法局推进依法行政，加快建设法治政府，促进全区经济社会平稳健康发展。全年受理行政复议申请95件，办理以区政府为被告的行政诉讼案件53件，指导各级调解组织调解民事纠纷16585件、行政纠纷19533件，审查政府文件草案138件，梳理区政府行政规范性文件147件，按要求向市政府备案区政府规范性文件11件，报请区政府向区人大常委会备案规范性文件11件，办理市政府规章草案征求意见8件。审核30次区政府常务会共计294件上会文件，研提意见120余条。审查全区各类协议、合同33份。

（郭天旭）

单位名称：北京市密云区司法局
地　　址：北京市密云区新西路60号院
电　　话：69041921

【依法治区】 年内，区司法局履行区委全面依法治区委员会办公室职能，推进全面依法治区各项工作。完成“十四五”时期密云法治建设规划，组织召开区委全面依法治区委员会第三次会议、2021年推进依法行政工作协调小组会议、2021年执法协调小组会议及第四次守法普法协调小组会议。审议通过密云区《法治政府建设工作要点》《中共北京市密云区委全面依法治区委员会2021年工作要点》等文件。《法治护航生态文明建设“密云模式”》被北京市推荐参加全国法治政府建设单项示范项目评审。

（郭天旭）

【人民调解】 年内，区司法局指导各镇街司法所和各级调解组织围绕疫情防控、重大节日活动安保、全国文明城区创建等中心工作，对辖区内矛盾纠纷开展“滚动式”排查，全区各级调解组织开展矛盾纠纷排查26509次，调解矛盾纠纷16585件，调解成功8604件。

（郭天旭）

【行政调解】 年内，全区受理行政调解案件19533件，成功10793件。其中密云区政府受理行政调解案件204件，成功140件。全区20个镇街（地区）受理行政调解案件1925件，成功1817件。区（含市属）行政机关受理行政调解案件17404件，成功8836件。

（郭天旭）

【合法性审查】 年内，区司法局审查《密云区关于落实户有所居加强农村宅基地及房屋建设管理办法》《北京市密云区促进农业电子商务发展办法》（试行）等政府文件草案138件。开展行政处罚法涉及的行政规范性文件清理工作，梳理区政府行政规范性文件147件。向市政府备案区政府规范性文件11件，报请区政府向区人大常委会备案规范性文件11件，办理市政府规章草案征求意见8件，印发《北京市密云区关于对镇街（乡）行政规范性文件备案监督指导工作意见》，做好全区20个镇街（地区）行政规范性文件备案监督指导。审核30次区政府常务会294件上会文件，研提意见120余条。审查《区政府与华彬集团签订的战略合作框架协议》《区政府与中国铁建股份有限公司战略合作框架协议》《新发地框架合作协议》《云岫谷游猎自然风景区管理处与北京日光旅文商业运营管理有限公司合作协议》等区政府、政府部门和乡镇函请协助审查的各类协议、合同 33 份。

（郭天旭）

【行政复议接待】 年内，区行政复议接待中心接待来访 246 批次 300 余人次。其中符合行政复议条件的 239 件，案前成功调解 144 件，立案 95 件。法律法规咨询 7 件，接待电话咨询 200 余次。案件类型重点主要集中在交通类 60 件、信息公开类 28 件、拆除违法建设类 22 件、治安类 20 件、答复意见类 19 件、信访答复类 16 件、行政不作为类 8 件、民政低保类 6 件、投诉举报类 5 件、其他各类案件 62 件。

（郭天旭）

【行政复议应诉】 年内，区司法局受理行政复议申请 95 件，审结 95 件，其中维持 61 件，驳回复议申请 4 件，以调解、和解等方式终止 10 件，撤销 20 件。以区政府为被告的行政诉讼案件 53 件，各级法院审结以区政府为被告的一审案件 17 件。区政府负责人（区领导）出庭应诉 3 件。

（郭天旭）

【领导干部学法】 年内，区司法局按照《北京市行政机关领导干部学法办法》要求，与区政府办加强协作，组织 5 次区政府常务会会前学法、2 次法治讲座。9 月 14—15 日、11 月 16—19 日，举办 2 期线上依法行政专题研讨班，全区处级和科级干部 600 人次参训。

（郭天旭）

【执法监督】 年内，区司法局分别于 3 月 31 日、6 月 4 日、11 月 30 日、12 月 15 日组织开展 4 次北京市行政执法资格考试（密云考区）。参加考试人员 386 人，通过考试 357 人，通过率 92.5%。印发《关于集中换发新版行政执法证件有关工作安排的通知》，组织开展全区各行政执法单位换证工作。开展行政处罚案件的案卷评查工作，要求全区 53 个有执法权的部门（非垂管），对照《北京市行政处罚案卷评查评分细则》进行自查自评。根据各单位自查情况和日常检查情况进行综合和随机抽查，评查全区行政处罚案卷 71 卷。分别于 5 月、10 月在区政府常务会通报全区行政执法情况，督促执法部门依法履行执法权。加大“行刑衔接”案件移送监督力度，全年办理案件 14 件。

（郭天旭）

【行政执法“三项制度”】 年内，区司法局落实行政执法“三项制度”，在区政府网站“行政执法三项制度”专栏中，严格按照《北京市行政执法公示办法》要求，公开各部门行政执法信息。增加“涉企检查单公示”栏目，要求各行政执法单位梳理并将“涉企检查单”向社会公开。通过监测北京市行政执法信息服务平台数据及组织案卷评查活动，检查各部门行政执法全过程记录和重大执法决定法制审核工作完成情况。

（郭天旭）

【依法行政专项考核】 年内，区司法局召开全区依法行政考核推进会和全区行政执法工作推进会，分解考核指标，明确各部门具体任务。全区 8 项行政执法考核指标中有 7 项全部达到满分标准。在推进法治政府示范项目创建及区政府重大行政决策案例评审活动中，《法治护航生态文明建设“密云模式”》代表密云区参与法治政府示范项目评审。《密云水库“渔业净水、生物保水，净水渔业、生态富民”工作方案》作为重大决策案例参与市级案例交流。

（郭天旭）

【吹哨报到】 年内，区司法局对《吹哨报到改革重点任务清单》进行审查，并及时与吹哨办沟通，严格履行监督协调职责，配合基层综合执法工作。参与吹哨会议 16 次，涉及 7 个镇街，15 类问题。

（郭天旭）

公　安

Public Security

【概　况】 北京市公安局密云分局（简称密云分局）不断强化“保水、守边、保平安”的政治自觉，持续开展系列“平安行动”，昼夜坚守进京通道，应对各类安全风险，完成大规模支援安保勤务，区域协同做实铁路专项警卫机制，完成全国“两会”、建党 100 周年、“8·23”“8·24”专项警卫、党的十九届六中全会、国庆等重大活动安保任务，维护首都和辖区安全稳定。打击、防范社会治安突出问题，刑事治安警情实现大幅下降，实现重大敏感案件快侦快破、多发侵财犯罪规模打击、治安突出问题有力清整，确保汛期和密云水库生态补水期间安全，维护全区疫情防控形势稳定。全年严打各类违法犯罪，破获刑事案件 1214 起，刑事拘留 805 人。推进“四打四挖”行动，治安拘留 1115 人，其中打掉黄赌窝点 113 个，两拘黄赌违法人员 543 人。铲除毒品原植物并收缴罂粟种子，破获运输毒品案件。侦破各类经济犯罪案件 23 起。破获电信网络诈骗 396 起，取缔黑开场所 24 家。开展水库水源及河流河道联合执法 40 余次，依法打击食药环和涉野生动物案件 61 起。依托创城和警种融合执法工作，处罚交通违法行为 8.1 万起，全年未发生重大交通事故。收缴各类管制器具 40 余件，排查景区安全隐患 230 余处。建立“8＋1＋9＋126”顽疾整改清单，对 1104 条扫黑除恶线索进行大起底，举报线索办结率达 100％。开展各级练兵 2750 批次，培训民警 8.5 万余人次。加大爱警、暖警力度，依法高限查处侵害民警执法权威案件 68 起，为 15 名遭到恶意投诉民警颁发维权正名通知书。

（王　艳　张　森）

单位名称：北京市公安局密云分局
地　　址：北京市密云区西大桥路 12 号
电　　话：69041350

【“110”主题宣传活动】 1 月 10 日，是全国首个人民警察节暨第 35 个“110”宣传日，密云分局联合区融媒体中心开展“一心为民 110 砥砺奋进新征程”主题网络直播活动，现场设有 5 个分会场，分别介绍特警日常训练、交警、“110”接线员、城关派出所民警的日常情况，线上参观密云分局荣誉室。平安密云、宜居密云直播平台观看量 36 万人次。

（王　艳　张　森）

1 月 10 日，密云分局开展”110“主题宣传活动
（张成龙　摄）

【全区公安工作会议】 2 月 7 日，密云分局召开 2021 年密云区公安工作会议。学习贯彻习近平总书记关于政法工作重要指示和上级系列会议精神，总结“十三五”时期和 2020 年密云公安工作，分析把握面临的新形势、新任务、新要求，研究部署 2021 年密云公安工作。区委主要领导、分局党委班子成员，铁路公安、消防救援支队、武警大队等领导，功模代表等分别在主会场和分会场参加会议。

（王　艳　张　森）

【除夕夜安保任务】 2 月 11 日（除夕夜），密云分局 790 名民警在岗在位，会同政府相关部门及属地镇街，督导相关单位出动专门看护力量 9000 余人，发动群防群治力量 3 万余人，做好禁放区和 1242 处禁放点重点时段烟花爆竹安全管控工作。对禁放区内 6 大战区、16 条主要大街、138 个网格，开展巡逻巡视。劝阻违法燃放行为 326 起，作罚款处理 9 起、批评教育处理 317 起，收缴烟花爆竹 15 箱，未发生因燃放烟花爆竹致伤或引发火灾的情况，全区社会面秩序良好，城市运行平稳有序。

（王　艳　张　森）

【全国“两会”安保任务】 3 月 4—10 日，3 月 5—11 日（“两会”期间），密云分局 5 个外围检查站核查人员 17.7 万人、车辆 7.7 万辆。检查重点挂账点位 3995 次，厂房仓库等重点部位 8000 余处，从中打掉黄毒窝点 6 处，查处非法电动三、四轮窝点 3 个，查扣非法电动三四轮车 72 辆，收缴烟花爆竹 260 箱，暂存“低慢小”航空器 18 架。每日组织发动群防力量 1.7 万余人，强化动态巡逻。

（王　艳　张　森）

【清明节安保任务】 4 月 4—6 日（“清明节”期间），密云分局加强公园景区、墓区祭扫场所、繁华商圈等人员密集场所及高速公路、交通主干道路防控，投入社会面警力 1482 人次，维护祭扫秩序。会同相关部门对重点墓区开展联合检查 20 次，排查整改安全隐患 15 处，清理可燃物 5 吨，未发生突出案事件。

（王　艳　张　森）

【村换届选举安保任务】 4 月 17—18 日，密云区开展第十二届农村换届选举，密云分局紧盯选举进程节点，前期对 325 个行政村开展 3 轮次风险评估，搜集掌握、消除各类隐患 120 余件，约谈重点人 150 余名，结合选举村分布情况，分片设置四大战区。集中选举日期间，投入警力 593 名，完成全区 323 个行政村的选举工作。

（王　艳　张　森）

【“五一”安保任务】 5 月 1—5 日（“五一”长假期间），密云分局针对全区公园景区、商场超市等人员密集场所及高速公路、交通主干道路开展巡逻防控，每日投入警力 790 人，部署分局 50 人动态备勤，保证出行安全、畅通，未发生突出案事件。

（王 艳 张 森）

【“2021 密云生态马拉松”安保任务】 5 月 16 日，“华夏银行·2021 密云生态马拉松”比赛在密云区举办。来自国内近万名选手参加。密云分局 597 名参战民警、文职辅警做好安检排爆、现场保卫、沿线警戒、交通管制疏导及应急处突、维护稳定等工作，完成赛事安保工作。

（王 艳 张 森）

5 月 16 日，密云分局开展“华夏银行·2021 密云生态马拉松”安保任务 （赵诚 摄）

【建党 100 周年安保任务】 7 月，密云分局在建党 100 周年安保期间，检查进出京车辆 43 万辆、人员 103 万人，查获各类违法犯罪人员 43 人，违禁品 150 件。发现整改安全隐患 358 处，关停 21 家。新登记流动人口 653 人，处罚违规出租行为 13 起。检查涉危单位 120 家次，收缴仿真枪等 13 件，子弹 97 发，废旧炮弹、手榴弹 2 枚。在庆祝大会当日，投入警力 174 人，确保 1363 名观礼人员按时安全到达，劝阻、答复群众 5000 余人次，完成安保任务。

（王 艳 张 森）

【领导干部任命】 9 月 25 日，密云分局召开领导干部会议。市局政治部党委副书记、副主任高飞通报市委干部任免决定，刘传虹同志任密云分局党委书记、局长，免去刘滨同志密云分局党委书记、局长职务，调市局职能部门工作。刘传虹同志作发言，分局党委副书记、政委李广岐代表分局党委作表态发言。

（王 艳 张 森）

【国庆安保任务】 10 月 1—7 日（“国庆节”期间），密云分局外围 5 个检查站检查进京车辆 76 万余辆、人员 14 万余人，查获各类违法犯罪嫌疑人 3 名，查缴管制刀具等违规违禁物品 30 余件，劝返涉疫重点地区 162 车 235 人。检查繁华场所 26 家次，宾馆饭店、民俗民宿 1500 余家，娱乐场所 150 家次，发现整改问题 9 家。查处交通违法行为 1232 起，纠正查处行人及非机动车不文明行为 572 起。5 日、7 日，选派 50 名民警参与天安门支援勤务，完成安保任务。

（王 艳 张 森）

【人大代表换届选举安保任务】 11 月，密云区开展 2021 年区和乡镇人大代表换届选举工作，密云分局超前排查稳控，消除各类隐患 60 余件，约谈重点人 90 余名。选举当日，密云分局领导分片包干，随警作战，结合选举村分布情况，调配投入警力 393 名，确保全区 979 个选举站点顺利完成选举工作。

（王 艳 张 森）

【党的十九届六中全会安保任务】 11 月，党的十九届六中全会安保期间，密云分局外围检查站和 3 个乡村道路卡点检查车辆 10 万余辆，人员 18 万余人，查处违法犯罪人员 5 人，查缴违禁品 50 余件。检查行业场所 400 余家次，涉危单位 80 余家次，内保单位 75 家次，整改隐患 29 处，下架封存各类刀具 132 把。检查出租房屋 3198 处，盘查流动人口 2208 人，整改隐患 177 处。查处酒后驾车 7 起，涉牌违法 183 起，货车违法 1088 起，完成安保任务。

（王 艳 张 森）

【交通安全宣传教育活动】 12 月 2 日，密云区以“守法规知礼让、安全文明出行”为主题，在果园街道文化广场设置主宣传站点 1 处，其他镇街设置 16 个分宣传站点，开展交通安全宣传教育活动。社会各界公共文明劝导员、志愿者、外卖快递、公交出租、社区群众代表 100 余人参加。向群众发放各类交通安全宣传品 2000 余份。

（王 艳 张 森）

【安保警卫体系建设】 年内，密云分局依托“平安铁路”建设，组织牵动局属相关部门对警卫路线及现场周边“人地事物组织”进行先期摸排，对各类不稳定因素开展信息搜集研判、落地核查，确保京哈高铁建成后首次承担的“8·23”“8·24”专项安保警卫任务零差错、零疏漏。

（王 艳 张 森）

【推进案件办理程序】 年内，密云分局推进刑事认罪认罚案件办理和行政案件快速办理程序。通过深化案审介入指导、包所民警点对点指导等方式，提高基层民警执法能力，建立繁简分流机制。全年办理刑事案件认罪认罚 465 人次、行政案件快速办理处罚 531 人次，在批捕比上年增加 35.2％情况下，警情有效投诉率由 2020 年 1.47％下降至 2021 年 1.16％。

（王 艳 张 森）

【健全案管监督管理体系】 年内，密云分局执法办案管理中心坚持每日巡检和通报制度相结合、专题培训和实地指导相结合、客观考核和约谈教育相结合的工作方式，对各单位案管组的工作进行指导、监督和考核，提升基层自我监督和规范管理的水平。全年下发执法问题通报 334 件，发现各类问题 100 余件。组织集中培训 5 次，开展实地督导检查、到岗培训 20 次，解决各类问题 100 余件。建立三级约谈工作机制，并与执法质量考核评议挂勾，提升基层规范执法监督和管理水平。

（王 艳 张 森）

【“警＋N”风险摸排评估机制】 年内，密云分局建立“警＋N”风险摸排评估机制，对多次拨打“12345”热线、“110”报警，扬言滋事类人员及法院涉诉不稳群体进行梳理，推送属地落实严管严控措施。推进重复信访积案化解专项行动，公安部交办的第 1 批重复信访积案办结率达 100％。

（王 艳 张 森）

【疫情防控】 年内，密云分局紧盯国内外疫情防控形势变化，落实外围查控、社区防控、涉疫重点部位管控和违法打击等工作。全年核查中高风险地区、人员动态信息数据 2.7 万余条，配合区疾控等部门精准刻画密接人员活动轨迹 53 人次。抽调百名民警、辅警支援外围 5 个检查站及 3 个乡村卡点，检查涉疫中高风险地区车辆 19.8 万余辆、人员 12.2 万余人，劝返 5.2 万余辆、8.3 万余人，确保首都和辖区安全。

（王 艳 张 森）

【社会面防控】 年内，密云分局深化公安武警联勤联动、社区“7×24 小时”警务机制，持续推进智慧平安小区、平安校园、平安医院建设，完成 4 家医院及 129 所中小幼校园 590 个一键报警装置的安装联网工作。加强社区基础防控，检查出租房屋 13.7 万余户，流动人口 17.8 万余人，发现整改各类安全隐患 2848 处，强化群防群治力量，社区可防性案件比上年下降 15.8％。

（王 艳 张 森）

【“公安＋”执法模式】 年内，构建“点、线、面”相结合的生态环境安全保卫格局，开展“公安＋”执法模式。全年破获非法捕捞水产品案 5 起，抓获并采取刑事强制措施 12 人，开展保水联合执法行动 30 余次，在密云水库、潮白河河道等重点部位查获非法垂钓人员 300 余人次，配合行政部门罚没物品 46 件，行政处罚 64 起，罚款 2.5 万余元。

（王 艳 张 森）

【涉案财物管理中心建设】 年内，密云分局完善涉案管理制度、推进涉案财物信息化改造建设，提升随身附物管理规范水平，加强与检法及财政局等部门沟通协调，解决涉案物品移送、处理中的难点和问题，上缴涉案物品 104 案 5914 件，移交检察院、法院 9 案 26 件，向区法院发出征询函 55 个，销毁 1 案 3752 件，协助法院执行涉案款 1 案 2.7 万元。巡检物品 8301 件，发现问题并裁决监督措施 517 个。库存涉案财物 1770 案 10 万余件。没收涉案物品 349 案 1.1 万余件，发还 61 案 604 件。

（王 艳 张 森）

【创建全国文明城区】 年内，密云分局强化“交警＋城管＋志愿者”联勤联动，制定《密云区创建全国文明城区交通综合治理工作方案》，对辖区内交通秩序进行全天不间断巡查。处罚行人闯红灯、不走人行横道等交通违法 4664 起，处罚非机动车逆行、闯红灯、走机动车道等交通违法 1.2 万余起，处罚电动三、四轮车交通违法 4867 起，处罚机动车不礼让行人 425 起，完成首环办检查问题整改台账 1574 处、创城实地检查问题整改台账 991 处。新增机动车车位 1563 个，复划机动车车位 1179 个，施划非机动车车位 2309 个。

（王 艳 张 森）

【维护生态安全】 年内，密云分局联合相关部门重点对农贸市场、村镇流动大集等场所进行检查，加强对野生动物栖息地、迁徙通道及落脚点、密云水库周边、潮白河道沿线流域、风景名胜区、湿地、公园等重点区域进行巡护。全年出动警车 800 余辆次，出动警力 1500 余人次，巡控重点部位 700 余处，维护密云区生态安全。

（王 艳 张 森）

【警种融合执法】 年内，密云分局制定《警种融合执法工作实施方案》《警种融合指挥调度工作流程》《警种融合执法工作实施办法》等方案措施，贯彻落实“六条主线”，发挥主责部门牵动、警种协同联动，召开专题会、推进会、调度会等会议 23 次，提升执法质量和执法效果。融合执法处罚交通违法 1.3 万起，交通民警融合执法处置治安问题 2530 件、应答群众求助 5114 件。

（王 艳 张 森）

【区域警务合作机制】 年内，密云分局召开京承七区县联防委员会第 62 届工作会议暨京津冀八区县公安机关区域警务合作会议，签订《保水保生态警务合作框架协议》，拓展区域警务合作广度及深度。京津冀八区县公安机关之间通报各类情报线索 86 件、信息流转 1100 余条，开展京冀社会面集中清查 25 次，查获各类违法犯罪人员 200 余人。

（王 艳 张 森）

【基层练兵】 年内，密云分局健全普训练兵机制，组织开展融合执法、现场急救、民警受侵害应对、“四类”常见警情处置、消防技能等实战技能培训，开展基础练兵 9630 次，参训 5.1 万余人次。开展常见警情“对抗式”演练 60 次，参训 1200 人次，有效提升民警安全防护和现场处置能力。

（王 艳 张 森）

【反恐宣传】 年内，密云分局修订完善反恐各项工作方案、预案、意见等 30 余份，开展 7 次反恐宣传、3 次反恐演练活动，牵动 17 个镇街动态宣传 2 次、反恐教育培训 7 次、新媒体推广宣传 3 次，发放反恐宣传品 4 万余份，网络推送阅读量 13 万余次，汇总上报各类情况信息 130 余份，营造全民反恐氛围。

（王 艳 张 森）

案 例 举 要

【抢劫案】 1 月 21 日 9 时，密云分局刑侦支队接指挥处布警，穆家峪镇前栗园村立立超市内发生一起蒙面抢劫案。蒙面嫌疑人使用催泪喷雾器对店主裴某某进行伤害，并将黄金手链抢走，在实施抢劫过程中嫌疑人手部被店主咬伤后驾驶电动车逃跑。民警根据查询电动车登记信息，于当日 15 时将犯罪嫌疑人牛某某（男，1988 年 2 月出生，内蒙古自治区赤峰市人）抓获，当场起获黄金手链一条。经审讯，牛某某对持械抢劫金手链的犯罪事实供认不讳，被分局依法刑事拘留。

（王 艳 张 森）

【运输毒品案】 5 月 19—20 日，密云分局在前期侦查基础上，先后在首都机场、大兴国际机场将由四川进京运输毒品的犯罪嫌疑人王某某（男，1971 年 5 月出生，北京市朝阳区人）、吴某（男，1988 年 7 月 18 日出生，北京市朝阳区人）抓获，分别从王某某鞋中和吴某背包中查获冰毒 13.6 克、88.81 克。为查清毒品来源，分局专案组赶赴成都开展工作，并将向王某某出售毒品的郭某（女，1992 年 9 月出生，四川省南充市人）抓获，3 人被分局依法采取刑事强制措施。

（王 艳 张 森）

【医保诈骗案】 5 月 24 日，密云分局环安大队在工作中获悉一团伙在密云辖区内非法倒卖医保药品骗取大量医保保证金，后在指挥处合成作战中心支持下，会同城关、河南寨等派出所将涉嫌医保诈骗嫌疑人张某某（女，1953 年 4 月出生，北京市密云区人）、赵某某（男，1970 年 11 月出生，河北省定州市人）等 6 人抓获，并依法刑事拘留。后期分局坚持链条打击，摸清犯罪嫌疑人与多地多个医疗机构工作人员内外勾结，冒用他人医保超量开取医保报销药品转卖给无药品经营资质“药贩子”。经工作，分局抓获医保诈骗嫌疑人 60 人，起获涉案医保卡 50 余张，药品 2.1 万余盒，涉案价值 200 余万元。

（王 艳 张 森）

【假冒注册商标案】 6 月 2 日，密云分局环安大队会同区市场监管局和烟草局在对车站路某烟酒商铺进行联合执法检查时，发现店内部分品牌白酒疑似假酒，后对经营人刘某某（女，1987 年 9 月出生，河北省廊坊市人）位于西大桥村的仓库进行检查。经鉴定，仓库内 17 种 500 余箱白酒均为假酒，价值 70 余万元。刘某某因涉嫌销售假冒注册商标的商品罪被分局依法刑事拘留。

（王 艳 张 森）

【买卖国家机关证件案】 9 月 10 日，密云分局西田各庄派出所在处理群众于某报警时获悉，有人通过假结婚方式将其户口由外省市迁入北京。派出所开展调查取证工作。经了解，于某通过老乡认识郑某（男，1987 年 4 月出生，北京市密云区人），郑某称能为于某办理北京户口，于某先后向郑某等人通过现金、银行转账方式支付 33 万余元未果。经查，郑某对伙同娄某（男，1984 年 12 月出生，北京市密云区人）、王某某（女，1979 年 9 月出生，北京市密云区人）以假结婚的方式为于某办理进京户口的犯罪事实供认不讳，4 人因涉嫌买卖国家机关证件被分局依法刑事拘留。

（王 艳 张 森）

【网络赌博案】 10 月 12 日，密云分局治安支队抽调西滨河、西田各庄、太师屯、十里堡、河南寨等派出所精干警力成立专案组，成功打掉通过菲律宾赌博网站在密云地区组织涉赌人员进行网络赌博的团伙。经查，发现涉案赌资流水6500余万元。经工作，抓获涉赌人员36人，其中3人因涉嫌赌博罪被刑事拘留，14人因赌博被行政拘留，19人被教育释放。

（王 艳 张 森）

【抓获逃犯】 12月初，密云分局刑侦支队通过情报线索梳理研判，发现潜逃27年的涉嫌故意杀人逃犯齐某某（男，1973年3月出生，北京市密云区人）踪迹，联合巨各庄派出所成立专案组，前往安徽省滁州市对嫌疑人进行抓捕。12月9日，专案组将齐某某抓获，经审讯，齐某某对杀人潜逃的犯罪事实供认不讳，被分局依法刑事拘留。

（王 艳 张 森）

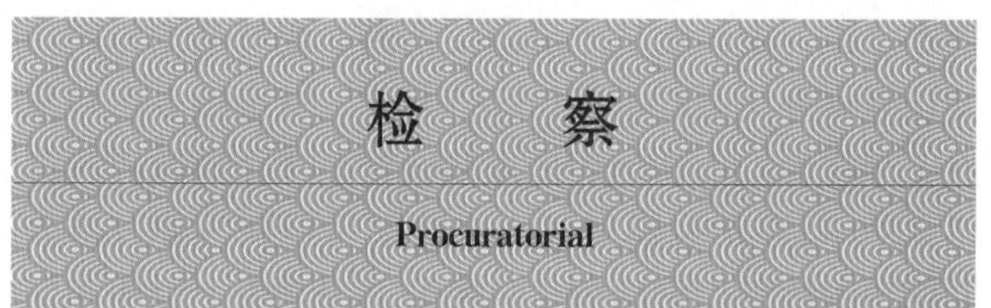

检 察

Procuratorial

【概 况】 北京市密云区人民检察院（简称区检察院）内设第一检察部、第二检察部、第三检察部、第四检察部、第五检察部、第六检察部、第七检察部、检务督察部、政治部和办公室。有工作人员132人（行政在编93人，事业编9人，合同制及劳务派遣30人）。

年内，区检察院受理审查逮捕案件336件450人，批捕305人。受理审查起诉案件563件657人，起诉574人。加强对自然资源、信息网络等扫黑除恶重点行业领域治理，依法办理涉恶案件2件10人。全年制发检察建议26份。监督立案9件，监督撤案11件，书面纠正违法10件，采纳率100%。开展刑事审判监督，提请抗诉案件6件，发出纠正意见10件，发出检察建议11件。开展刑事执行监督，办理羁押必要性审查163件，提出变更强制措施11件。开展民事检察监督，受理案件46件，提请抗诉4件，提出再审检察建议1件，审判监督检察建议采纳率100%。开展行政检察监督，受理行政诉讼监督案件47件。推进“生态检察”品牌建设。受理生态环境领域案件线索数38件，办理保水保环境公益诉讼案件10件，制发诉前检察建议17件。

（孙广民）

单位名称：北京市密云区人民检察院
地　　址：北京市密云区西大桥路10号
电　　话：69041734

【平安密云建设】 年内，区检察院受理审查逮捕案件336件450人，批捕305人。受理审查起诉案件563件657人，起诉574人。依法适用认罪认罚从宽制度，强化释法说理，促进社会矛盾化解、社会关系修复，适用率89.74%。严厉打击北京市首例多链条医保诈骗案，深入开展引导侦查，起诉16人，及时挽回医保基金损失140余万元。持续保持对黑恶势力的高压打击态势，制定《关于充分发挥检察职能作用常态化开展扫黑除恶斗争的意见》，加强对自然资源、信息网络等扫黑除恶重点行业领域治理，依法办理涉恶案件2件10人。参与社会治理，全年制发检察建议26份，比上年增长7.6倍。

（孙广民）

【检察监督】 年内，区检察院开展检察监督工作。监督立案9件，监督撤案11件，书面纠正违法10件，采纳率100%。提请抗诉案件6件，发出纠正意见10件，发出检察建议11件。办理羁押必要性审查163件，提出变更强制措施11件。开展民事检察监督，受理案件46件，提请抗诉4件，提出再审检察建议1件，审判监督检察建议采纳率100%。开展行政检察监督，受理行政诉讼监督案件47件。坚持在监督中协同发力，对长城文物古迹保护、英烈纪念设施保护制发公益诉讼诉前检察建议5份。

（孙广民）

【惩治环境资源犯罪】 年内，区检察院利用全市首个环境资源办案组的优势，办理污染环境、非法采矿等案件7件31人。办理非法狩猎、非法捕捞和危害珍贵、濒危野生动物案件16件40人。参与“基本无违法建设区”创建，对非法占用农用地线索24小时内立案。依法办理涉密云水库周边生态环境保护“刘某某非法采矿案”，入选最高检“行刑衔接工作典型案例”。依法办理全市首例污染环境罪刑事附带民事公益诉讼案，实现司法办案政治效果、社会效果、法律效果的统一。

（孙广民）

【生态检察】 年内，区检察院创新提出坚持“法治+生态”一体理念，增强“司法+行政”两翼合力，完善“检察+库区”多方机制，打造生态检察守护密云水库“一体两翼多方”密云样本。建立“2+1”保水护水检察制度，制定《关于落实保水护水政治责任 加强密云水库生态检察保护的实施方案（试行）》，出台《生态检察守护密云水库工作措施（试行）》，设立密云区检察院“生态检察守护密云水库线索征集平台”，公布“59557711”线索征集热线。受理生态环境领域案件线索数38件，是上年3.8倍；办理保水保环境公益诉讼案件10件，是上年5倍；制发诉前检察建议17件，是上年2倍。完善建立“河长＋检察”“林长＋检察”“田长＋检察”协作机制，与河北省承德市检察院建立保护密云水库公益诉讼协作机制，合力打造守护首都“生命之水”协同作战平台。

（孙广民）

【《生态检察白皮书》发布】 年内，区检察院制定并发布全市首家《生态检察白皮书》。《白皮书》汇总五年来检察机关办理的涉生态环境资源类典型案例，对案件类型和数量进行统计分析，总结生态检察案件总体情况和特点，打造生态检察“一体两翼多方”的工作模式。

（孙广民）

【生态检察官工作室设立】 年内，区检察院立足新时代检察职能，融入区委领导下的“5＋2”保水体系，在发挥驻密云水库综合执法大队和驻公安执法办案中心检察官工作室作用基础上，在环密云水库的溪翁庄镇、石城镇、冯家峪镇、不老屯镇、高岭镇、太师屯镇、穆家峪镇设立生态检察官工作室，履行保水首要政治责任。12月31日，区检察院举办“全面落实总书记重要回信精神，加强生态检察守护密云水库工作主题开放日活动暨生态检察官工作室”揭牌仪式。

（孙广民）

12月31日，区检察院举办“生态检察官工作室”揭牌仪式 （区检察院 供图）

【护航民营经济】 年内，区检察院办理集资诈骗、非法经营、销售假冒伪劣产品等破坏市场经济秩序案5件5人，从严从快办理涉案金额2500余万元的涉“两卡”犯罪案件、涉案金额近4700余万的非法集资案件。严惩侵犯民营企业财产犯罪，起诉3人。从维护企业发展角度出发，依法不批捕144人、不起诉79人、羁押必要性审查变更强制措施7人。开展涉民营企业刑事诉讼“挂案”专项清理活动，破除制约企业发展的壁垒，依法保障民营经济健康发展。开展企业合规经营审查，对企业在经营管理、风控审核等方面存在的经营隐患进行提醒，服务提高密云企业竞争力、附加值。

（孙广民）

【法治保障】 年内，区检察院落实《北京市接诉即办工作条例》，制定《12345市民服务热线接诉即办工作办法》。依托“12309”检察服务中心，打造“案件分流精准、答疑释法专业、信息公开及时、接受群众监督”“一站式”窗口，导入内设部门办理96件，均予以实体答复，以“主动治理”为“接诉即办”贡献检察方案。聚焦信访矛盾源头治理，化解最高检和市信访联席办交办的重复访案件6件。持续服务区域重点工程建设，依法起诉以虚假诉讼方式诈骗政府资金达2200余万元的刘某某、朱某某串通投标案，涉新刘棚改的伊某以危险方法危害公共安全案，为重点工程建设提供法治保障。

（孙广民）

【民生检察】 年内，区检察院召开征求意见座谈会40余次，组织检察开放日活动3次，线上、线下参与1000余人次，其中主动征求意见，构建新时代亲清检律关系的做法被最高检刊发。开展“公益诉讼守护美好生活”专项行动，制发检察建议12件。推进民生检察工作，开展行刑衔接暨根治欠薪冬季专项行动，全年受理支持起诉案件5件，促成和解1人，涉及农民工5人。研究制定《司法救助助力巩固拓展脱贫攻坚成果助推乡村振兴》，落实“应救尽救”要求，以司法救助力度体现检察工作温度，开展司法救助3件、发放救助金15.6万元，其中为退役军人闫某某发放救助金10余万元。开展公开听证，邀请区人大代表、政协委员、律师等社会各界人士参加听证会，保障群众对检察工作的知情权、参与权和监督权，全年办理公开听证案件97件。

（孙广民）

【守护群众身边安全】 年内，区检察院守护群众“舌尖上”安全。向区人大常委会作维护食品药品安全工作专题报告，集中筛查全区116家网络订餐食品安全，开展药品采购、保健食品销售、制售饮用水等领域专门监督，办理危害食品药品安全犯罪案件3件，逮捕3人、起诉3人。守护群众“钱袋子”安全。办理涉众型非法吸收公众存款、诈骗类犯罪案件17件18人，开展追赃挽损工作率在全市检察机关排名第二。守护群众“脚底下”的安全。落实最高检“四号检察建议”，针对整治窨井盖缺失损坏等安全隐患问题，对区域内窨井盖安全情况进行拉网式排查，推动城市管理品质提升。

（孙广民）

【未成年人检察】 年内，区检察院持续推进最高检“一号检察建议”落实，整合未成年人刑事、民事、行政、公益诉讼办案职能，成立未成年人检察工作办公室，开展“校外培训机构违规经营侵害未成年人合法权益专项监督活动”，并在全市范围内率先办理行政诉讼监督案件2件。将未成年人犯罪预防工作融入区域教育网络，开展法治进校园活动33次，受众2100人次。

（孙广民）

案例举要

【追缴人防工程易地建设费行政公益诉讼案】 年内，该案由区检察院第五检察部办理。2002年至2009年，区人防办（原区民防局）原科长张某滥用职权，违法减免人防工程易地建设费7416余万元。2018年5月18日，张某因犯滥用职权罪，被判处有期徒刑3年6个月，但其违法减免的巨额人防工程易地建设费始终未予以追缴，造成巨额国有财产流失，致使国家和社会公共利益受到严重侵害。区检察院于2019年6月6日依法向区人防办发出行政公益诉讼诉前检察建议，督促其追缴违规减免的60余个人防工程建设项目的易地建设费。截至5月，追缴金额约4000万元。

（于　杰　高海才）

【印刷企业环保督察行政公益诉讼案】 年内，该案由区检察院第五检察部办理。根据中央第一生态环境保护督察组反馈意见，密云区存在印刷企业集中区VOCs治理设施简单低效，部分企业生产场所非甲烷总烃浓度超标。区某镇是印刷企业集中区域，中央环保督察组经过调查，证实在该镇的印刷企业中有3家企业仅单一使用低效光氧催化废气治理设施，有5家企业生产场所非甲烷总烃浓度超标，严重损害区域生态环境质量和安全。2021年3月22日，区检察院向区生态环境局发出行政公益诉讼诉前检察建议，要求其排查、监测辖区内印刷企业，对违法排污企业依法进行查处；健全完善日常监管和整治机制，推动企业建设高效的治污设施，确保企业排污环保达标；督促其对辖区内企业持续开展宣传，引导企业提高生态环境保护意识，帮助企业准确理解和掌握新制度、新措施和新要求。2021年6月至2022年4月期间，区检察院开展多次“回头看”，督促企业完成整改，有效保障区域生态环境质量和安全。

（于　杰　高海才）

【污染环境罪刑事附带民事公益诉讼案】 年内，该案由区检察院第五检察部办理。2020年11月29日，田某等7名被告非法向区某建筑垃圾绿化回填点倾倒、填埋生活垃圾。经检测，其中重金属含量中铜元素含量超标，其他重金属元素含量均超土壤背景含量，直接造成土壤污染，进而污染周边土地及地下水，对生态环境造成持续性损害，损害社会公共利益。属地镇政府在发现该污染环境违法行为后，组织开展挖掘清理等处置措施，避免非法倾倒垃圾污染进一步扩大，支出生态修复费用76万余元。区检察院在依法提起刑事公诉同时，依法提出刑事附带民事公益诉讼，要求判令田某等被告连带承担清理清运整治管费用费76万余元，让违法者承担环境污染和生态破坏责任。经区法院一审开庭审理，田某等7名被告分别被判处有期徒刑和罚金，同时判处田某等7人连带赔偿生态环境修复费用76万余元。本案是区检察院办理的年度全市首例污染环境罪刑事附带民事公益诉讼案件。

（于　杰）

【医保基金诈骗案】 年内，该案由区检察院第一检察部办理。马某某等50余人系列医保基金诈骗案系北京市打击的第一个多链条医保诈骗案。涉嫌诈骗罪50余人，因非法购销倒卖药品而涉嫌非法经营罪5人。行为人涉及北京市密云、昌平、通州、朝阳等地区，多为单独构成犯罪，作案手法类似。因诈骗医保基金而涉嫌诈骗罪的50余人多使用其本人或冒用他人社会保障卡在多家医院以看病就医为名开具药品，后贩卖给非法收购药品人员并牟利。区检察院全程介入引导侦查，固定关键证据，坚持点、线、面链条式深挖彻查，不断优化案件办理模式及数额计算方法。主动延伸检察职能，开展追赃挽损计140余万元，全额挽回医保基金损失。截至年底，该案10余人被区法院判处3年以下不等有期徒刑或罚金。

（李建光　张　雪　王艺璇）

法　院

People's Court

【概　况】 北京市密云区人民法院（简称区法院）内设政治部（机关党委、机关纪委）、执行局、综合办公室、立案庭（诉讼服务中心）、刑事审判庭、民事审判一庭、民事审判二庭、综合审判庭、行政审判庭、审判管理办公室（研究室）、西田各庄人民法庭、巨各庄人民法庭、溪翁庄人民法庭、太师屯人民法庭、司法警察大队、综合事务中心。编制287人。

年内，区法院受理各类案件20325件，审执结19281件。其中审结刑事案件574件，判处犯罪分子585人；审结民商事案件10780件；审结行政案件305件；审结国家赔偿和司法救助案件66件；审结非诉保全审查案件441件；审结破产清算案件3件；执结案件7112件。深入开展党史学习教育、队伍教育整顿、法治保水工作，助力法治营商环境建设、法治政府建设。参与社会治理创新，深化诉源治理，切实解决执行难，推进为民办实事常态化，着力解决群众急愁难盼问题，为区域绿色高质量发展提供坚实有力司法保障。

（王海波）

单位名称：北京市密云区人民法院
地　　址：北京市密云区西大桥路5号
电　　话：69092106

【党史学习教育】 年内，区法院开展庆祝建党100周年系列活动，纪念习近平总书记给建设和守护密云水库乡亲们回信一周年，举办法治保水巡回宣传和“弘扬水库精神 牢记初心使命”座谈会。组织“党旗颂”原创诗歌朗诵比赛，召开“党旗赞”“两优一先”表彰大会，打造“党旗红”经典永流传平台，制作“奋进中的密云法院”展览，举办“歌声中的党史”讲座，践行“党旗扬”扎实为辖区群众办实事，形成“沉浸式”党性教育工作法。在全市率先召开“我为群众办实事”新闻发布会，向群众承诺的10件实事全部落地，推出便民利民措施71项。

（王海波）

【队伍教育整顿】 年内，区法院开展队伍教育整顿，靶向整治12类顽瘴痼疾，出台落实“三个规定”、审限管理等制度19项。开展警示教育，做到“以案为鉴、以案促改”。在市政法系统满意度测评中，区法院总体满意度评分95.3分，党风廉政建设96分，队伍教育整顿94.4分，位居全市法院前列，其中案件当事人评分98.2分，在全市法院和全区政法单位中均排名第一。

（王海波）

【法治保水】 年内，区法院制定《关于进一步加强法治保水的工作意见》，设立保水法庭，实行环境资源案件“三合一”集中审理。审结涉环境资源案件26件，严惩非法捕捞水产品、非法狩猎等犯罪10件。妥善处理涉水库一级圈退养、水库周边环境整治等纠纷300余起。依法审理全区首例违法倾倒填埋有害垃圾引发的公益诉讼案件，判令被告人承担生态环境修复费用76万余元。与河南淅川法院签订合作协议，与水政执法部门建立行刑衔接机制，推进跨部门协作、跨流域协同治理。环境审判专题调研报告获最高法院一等奖，法治保水工作被评为“市域社会治理现代化创新项目”，相关工作经验由中央政法委汇编推广。

（王海波）

9月6日，区法院依法审理全区首例违法倾倒填埋有害垃圾引发的公益诉讼案件（刘国营　摄）

【优化法治营商环境】 年内，区法院制定《关于进一步促进区域法治化营商环境建设的意见》，开展“司法服务惠企业”活动，支持中关村密云园健康发展。推动解决历史遗留问题，妥善化解12个镇近5亿元的金融不良债权转让纠纷。审结8个镇700余户村民的土地经营权流转纠纷，依法审理涉中基汇丰置业公司租赁合同案件，支持穆家峪镇收回土地200公顷。审理浩搏基业房地产公司破产案件，为全区增加财政收入1.58亿元。妥善执结绿地集团违规售房引发的涉及329名购房人1.94亿元案款的群体性案件。

（王海波）

【助力法治政府建设】 年内，区法院制定《关于进一步推进法治政府建设的意见》，健全行政司法良性互动机制。在区政府常务会前讲法，推动行政机关负责人出庭应诉，向 21 个镇街及 12 个行政单位发布行政审判白皮书。参与“基本无违建区”创建、BC 地块旧城改造、聚缘湖项目整改等风险研判 30 余次。

（王海波）

【执行案件】 年内，区法院将执行局迁入新址，新建执行服务中心、财产线索接转中心。全年执结案件 7112 件，结收比、首次执行案件执结率，位列全市基层法院第一。有财产可供执行案件执结率 99.1%，无财产可供执行案件终本合格率 100%。开展涉民生案件专项执行行动，执结农民工讨薪等案件 1989 件，发放案款 1155 万元。强制清退土地、违法建设 11000 余平方米，为水库周边环境整治、王各庄棚户区改造等重点工程清除障碍。

（王海波）

【助力法治校园建设】 年内，区法院制定《关于进一步推动法治校园建设的意见》。挂牌少年法庭，配齐配强法治副校长，将担任法治副校长法官由 5 人增加到 30 人，按照“一人一校”模式，实现法治副校长在全区中小学校覆盖率 60%。刘玉民院长带头担任密云二中法治副校长，为 2400 余名师生讲授新学期第一堂法治课。打造“法治副校长”精品课堂，指导辖区中学开展模拟法庭，邀请中小学生观摩校园伤害等典型案件庭审。全年开展“法院开放日”、法治微课堂、法治讲座等活动 26 次，受益师生及家长 2 万余人，相关做法被最高法院推广。

（王海波）

【诉源治理】 年内，区法院协助区委出台《关于深入开展诉源治理工作的意见》，制定“2+3”制度规范，参与基层社会治理。主动对接“接诉即办”工作，严厉打击利用“12345”敲诈勒索、寻衅滋事行为，引导群众依法维权。妥善审理涉“宏图大志”等教育机构案件 130 起，协调化解久润幼儿园变更转让纠纷，维护正常教学秩序。全面加强人民法庭建设，建立“院长包镇、法官包村”机制，诉前化解水库一级圈退养、高铁噪音污染等纠纷 1000 余起，21 个村实现“零诉讼”。

（王海波）

【院长接待日制度】 年内，区法院恢复院长接待日制度，制定《院长接待人民群众来访工作办法》，固定每双周的周五为院长接待日，逐案建立台账，明确办理要求和时限，纳入院长督办事项。将院长接待与治理涉诉重复信访、化解信访积案等工作相结合，推动信访案件化解取得重大进展。全年院长、副院长轮流接访 17 次，接待信访群众 68 人次，办结信访案件 63 件，其中 20 年以上信访积案 4 件，最长积案达 45 年。

（王海波）

4 月 13 日，区法院党组书记、院长刘玉民在院长接待室接待来访群众 （代迨 摄）

【助力和谐家庭建设】 年内，区法院深化家事审判方式改革，联合民政、妇联等单位，共同开展婚姻修复、心理疏导等工作，75%的婚姻家庭案件以调解或撤诉方式化解。审结《民法典》实施后首例撤销婚姻案件，依法保护当事人婚姻自主权。坚决遏制家庭暴力，与 18 家派出所签订反家暴联动协议，发出人身安全保护令 11 份，位列全市法院第一。成立少年法庭，建立离异家庭回访、未成年人观护等制度，开展判后回访 25 次，呵护未成年人健康成长。依法制裁“强行啃老”、理财骗局等侵害老年人合法权益行为，严惩虐待、遗弃老年人犯罪，弘扬敬老孝老美德，强化养老助老责任。

（王海波）

案例举要

【首例违法倾倒填埋有害垃圾公益诉讼案】 年内，区法院审判全区首例违法倾倒填埋有害垃圾引发的公益诉讼案。2020 年 11 月 29 日，在十里堡镇王各庄村东南角建筑垃圾绿化回填点，被告人田某某伙同赵某某等人在未取得生活垃圾消纳资质情况下，以牟利为目的，将被告人赵某某等人从顺义区某工地转运来的大量生活垃圾与建筑垃圾混合的陈腐性垃圾，倾倒并填埋在该绿化填埋点。经检测，非法倾倒的垃圾重金属元素含量均超土壤背景含量。十里堡镇政府及时采取挖掘、清理等处置措施，为此支出76万余元。区法院经审理认为，田某军等7名被告人违反国家有关固体废物的管理规定，在未取得相关行政许可的情况下，非法倾倒、掩埋含有大量未经处理的生活垃圾的固体废物，严重污染环境，其行为已构成污染环境罪。田某某等7名被告人实施污染环境犯罪行为，给社会公共利益造成损害，故判处7名被告人11个月至2年不等的有期徒刑，判处1万至2万元不等的罚金，并连带赔偿生态环境修复费用76万余元。一审宣判后，部分被告人提起上诉，市三中院维持原判。

（王海波）

【浩搏基业公司破产案】 年内，区法院审判浩搏基业公司破产案。2013—2018年，华天实业集团持续向北京浩搏基业房地产开发有限公司（简称浩搏基业公司）提供借款。对于该部分债务，浩搏基业公司明确表示无力偿还。2018年7月27日，区法院根据申请人华天实业集团申请裁定受理浩搏基业公司破产清算一案。案件受理后，区法院依法指定破产管理人。管理人拍卖浩搏基业公司名下位于丰台区的金方商贸大厦，北京逸瑞商贸有限公司（简称逸瑞公司）以7.2亿元竞拍成功。金方商贸大厦拍卖成功后，区法院督促管理人加快破产清算工作进度，向税务机关缴纳相应税款。由于金方商贸大厦位于丰台区，浩搏基业公司注册地在密云区，依照有关规定，管理人既可向财产所在地丰台区缴纳税款，也可向公司注册地密云区缴纳税款。区法院成立工作专班，先后7次与区经济开发区管委会、税务、国土等部门及管理人、债权人座谈协调，并对管理人、债权人提出的税款缴纳等问题，认真研究答复，促使管理人于2021年12月20日向密云区税务机关缴纳增值税及附加税3600万元、印花税17万余元、土地增值税1.2亿余元，共计1.58亿余元。

（王海波）

【九松山高尔夫占地纠纷案】 年内，区法院审判九松山高尔夫占地纠纷案。2005年，中基国际集团有限公司租赁九松山村、南穆家峪村、北穆家峪村等3个村2000户村民近200公顷土地，用于建设生态园区、旅游度假村、高尔夫球场及相应的配套设施。后中基国际集团有限公司成立中基汇丰公司对该土地开发经营。2007年，中基国际集团有限公司解散。2011年，因未经批准擅自建设高尔夫球场，原北京市国土资源局对中基汇丰公司作出罚款、没收非法建设的建筑物、对非法占用的耕地按期复耕等行政处罚。自2015年起，中基汇丰公司未再支付土地使用费。3个村向法院提起诉讼，要求返还土地、恢复原状、给付土地使用费等。2021年11月，区法院判决中基汇丰公司将无效合同部分所涉200公顷土地返还给3个村。判决生效后，中基汇丰公司逾期未返还土地。2022年2月，3个村陆续向法院申请强制执行。经多次劝导未果，区法院决定强制执行，穆家峪镇九松山、北穆家峪及南穆家峪村委会收回200公顷土地。

（王海波）

【全市首例人格权侵害禁令案】 年内，区法院审判全市首例人格权侵害禁令案。申请人刘某与被申请人朱某系同村村民。两人工作期间曾发生矛盾，且因其他琐事发生过肢体冲突。自2020年10月起，朱某多次在村委会、村口、村内街道等人员密集场所张贴、散发损害刘某名誉的材料。为维护其权益，刘某申请法院签发停止侵害人格权禁令。区法院依法对朱某、刘某进行询问，朱某承认自行编辑打印损害刘某名誉材料，并进行张贴、散发。区法院经审查，申请人的申请符合适用人格权侵害禁令情形。2021年9月18日，区法院根据《民法典》相关规定，依法发出全市首份人格权侵害禁令，裁定禁止被申请人朱某散布损害申请人刘某名誉权的内容以及其他损害申请人刘某名誉权的行为。裁定作出后，区法院向被申请人住所地派出所送达，并就裁定执行相关问题进行提示。

（王海波）

司法行政

Judicial Administration

【概　况】 北京市密云区司法局（简称区司法局）结合市区重点工作任务，落实2021年密云区政府为民办实事项目，突出重点服务对象，为农民工、妇女、未成年人、老年人、残疾人、军人军属等经济困难群体提供有针对性的法律援助服务。加大镇街法律援助工作站、村居法律援助联系点的法律援助初审办理力度，加强法律援助规范化建设，提高工作质量。服务群众36748人次，受理法律援助案件916件，“12348”法律咨询专线解答法律咨询14834人次。创新公共法律服务举措，设置法律服务“帮办员”为来访对象提供

"管家式"服务，为来访人员提供取号服务1.4万余次、现场服务指引1.9万余次。落实"谁执法谁普法"责任制。推进法治宣传教育工作，开展各类主题法治宣传活动1500余场次，发放宣传材料20万余份，受教育人数20万余人次。全区各级调解组织开展矛盾纠纷排查26509次，调解矛盾纠纷16585件。

（郭天旭）

【医疗纠纷人民调解工作推进会】 1月26日，区司法局召开医疗纠纷人民调解工作推进会。市医调委密云分站联络员胡尚举律师汇报市医调委密云分站工作情况，区司法局、卫健委、律师协会对医疗纠纷调解典型案例进行分析研判，并结合情况部署工作。市医调委密云分站、区司法局、卫健委相关工作人员参加会议。

（郭天旭）

【线上青少年普法专栏】 2月，"法润密云"微信公众号在广大中小学生寒假期间，推出"青少年普法"系列栏目，以案例形式让广大青少年和家长学习相关法律知识，自觉树立守法意识。

（郭天旭）

【政法队伍教育整顿】 3月至7月，区司法局在全系统开展政法队伍教育整顿。成立教育整顿工作领导小组和4个专项工作组，负责教育整顿的统筹协调和组织推进。制定印发《密云区司法局队伍教育整顿实施方案》，召开动员部署会议。围绕筑牢政治忠诚、清除害群之马、整治顽瘴痼疾、弘扬英模精神四项任务，开展政治教育、警示教育、英模教育。准确梳理九大顽瘴痼疾，细化41项整治内容，推出16项"我为群众办实事"项目。24项制度机制成果实现常治长效。完成学习教育、查纠整改和总结提升3个环节工作任务，完成中央督导组和市指导组的督导检查。法律服务"帮办员"、法律援助周末"不打烊"等创新做法，被人民网、搜狐网等网络媒体刊发。公证员左华被市司法局评为"司法行政系统最美法律服务人"。石城司法所所长张淑娟被评选为"新时代首都司法行政模范先进人物""密云区政法队伍英模"，事迹被《法制日报》、腾讯新闻等媒体报道。

（郭天旭）

【"青年干警跟班先进找差距"座谈会】 4月8日，区司法局召开"青年干警跟班先进找差距"座谈会。座谈会就青年干警跟班先进找差距活动进行动员部署，观看英模专题片——《淬炼青春》《缅怀身边好人——社区民警刘安》《坚守——全国司法行政一级英模邵林刚》，举行"我跟班、我学习、我承诺、我报到"签名活动，邀请司法行政干警先进典型分享工作经验和感悟，青年干警进行交流体会。全局在编35周岁以下干警参加。

（郭天旭）

【全民国家安全教育日活动】 4月15日，区司法局联合区委政法委、区国安站、区反恐办、区法院、区检察院、区公安分局、区保密局等相关普法单位，以"践行总体国家安全观，统筹发展和安全，统筹传统安全和非传统安全，营造庆祝建党100周年良好氛围"为主题，在法制公园组织开展全民国家安全教育日主题宣传活动。各镇街司法所联合相关普法责任单位设立宣传点，利用条幅、海报、发放宣传单等形式向群众宣传相关法律法规。

（郭天旭）

4月15日，区司法局联合区委政法委等普法单位在法制公园开展全民国家安全教育日主题宣传活动 （区司法局 供图）

【"我当法律服务员"活动】 5月15日，区司法局开展"我当法律服务员"活动，启动"司法行政在身边，法律服务每一天"系列实践活动。邀请群众代表到区公共法律服务中心，观看司法行政宣传片，增进群众对新时代司法行政机关新职能、新定位的了解。法律服务窗口工作人员为群众介绍法律服务各项职能。参观业务办理区，了解具体流程，并就法律问题与法律服务人员进行咨询、交流。

（郭天旭）

【司法行政队伍警示教育大会】 5月21日，区司法局召开司法行政队伍警示教育大会。会议组织学习《深刻汲取案件教训修复净化政治生态的若干措施》《关于"8·23"恶势力团伙案中部分政法干警违纪违法问题的情况通报》及部分违法违纪典型案例。全体干警签订《关于严格执行“三个规定”及重大事项报告制度承诺书》《公职人员自觉执行八小时以外行为规范承诺书》。全局司法行政干警和20个镇街司法所司法行政干警参加会议。

（郭天旭）

【法治宣讲团下乡活动】 5月，区司法局按照密云区教育整顿领导小组办公室下发的《关于开展政法队伍教育整顿“三团下乡”活动的实施方案》的工作要求，筹划部署法治宣讲团活动，在全区20个镇街开展宣讲活动，镇村干部、群众代表、村民代表、机关干部3290人参加法治宣讲。

（郭天旭）

【“法润密云”微信视频号】 5月，区司法局在微信平台开设“法润密云”视频号，围绕民法典中“自甘风险、高空抛物、离婚冷静期”等内容，将情景短剧和律师普法相结合，拍摄、制作“美好生活·民法典相伴”短视频。全年拍摄视频数18个，播放量10万余人次，点赞量1327人次，转发量2145人次。

（郭天旭）

【区委全面依法治区委员会第三次会议】 6月22日，区委书记、区委全面依法治区委员会主任潘临珠主持召开区委全面依法治区委员会第三次会议。会议传达中共北京市委全面依法治市委员会第四次会议精神，审议通过《中共北京市密云区委全面依法治区委员会2021年工作要点》和《中共北京市密云区委全面依法治区委员会关于〈北京市学习宣传贯彻中央全面依法治国工作会议精神的实施方案〉的实施办法》，审议通过调整后的中共北京市密云区委全面依法治区委员会办公室及4个协调小组成员名单。

（郭天旭）

【婚姻家庭纠纷排查调处化解集中行动工作推进会】 7月16日，区司法局与区委政法委、区妇联联合召开密云区婚姻家庭纠纷排查调处化解集中行动工作推进会。会议对全区7月联合开展的婚姻家庭纠纷排查、调处化解集中行动进行部署。11家区直单位主管领导、各镇街（地区）政法委员、妇联专职副主席、司法所所长参加会议。

（郭天旭）

【推进依法行政工作协调小组第一次会议】 8月12日，密云区召开2021年推进依法行政工作协调小组第一次会议。会议传达市委全面依法治市委员会第四次会议、北京市推进依法行政工作领导小组（扩大）会议会议精神；会议审议通过《2021年密云区推进法治政府建设工作要点》《中共北京市密云区委全面依法治区委员会推进依法行政工作协调小组关于制定2021年度密云区依法行政专项考评指标的通知》等4个文件。区委副书记、区长、推进依法行政工作协调小组组长马新明出席会议并讲话，推进依法行政工作协调小组成员单位及其他相关执法单位主要负责人在主会场参会，镇街设分会场。

（郭天旭）

【与北京市律师协会签署战略合作协议】 8月31日，区政府与北京市律师协会签定《支持密云高质量发展公益法律服务合作协议》，用法治护航密云高质量发展。区长马新明、区司法局局长张连福、市律师协会会长高子程、海淀区律协会长、市律协支持密云高质量发展律师专家团团长张丽霞等人参加签约仪式。

（郭天旭）

8月31日，密云区政府与北京市律师协会举办战略合作签约仪式　　（区司法局　供图）

【法治文艺演出】 9月，区司法局先后联合果园街道、西田各庄镇、高岭镇开展密云区2021年法治文化宣传系列活动。举办文艺演出，以舞蹈、歌曲、快板书、小品、民族乐器串烧等方式演绎法治作品，向群众发放各类法律知识手册和纪念品，并为群众现场普及宪法、民法典等法律知识。

（郭天旭）

【“民主法治示范村（社区）”创建】 9月，区司法局按照《北京市加强法治乡村建设三年行动计划（2020—2022年）》的安排部署，区司法局联合区民政局、区农业农村局开展“民主法治示范村（社区）”创建活动，完成34个市级民主法治示范村和3个市级民主法治示范社区推荐工作。

（郭天旭）

【人民调解员等级评定】 10月，区司法局制定《人民调解员等级评定方案》，组成业务指导团先后到檀营和古北口2个试点地区（镇）现场指导工作开展。10月29日，组织各镇（街）司法所召开人民调解员等级评定工作培训会，区司法局公共法律服务和公证律师管理科科长李铁冬，就工作意义、要求及具体操作流程进行讲解。评选出一级调解员15人、二级调解员53人、三级调解员105人、四级调解员417名、无等级802人。

（郭天旭）

【行政复议体制改革工作专题会】 11月12日，密云区召开行政复议体制改革工作专题会。区司法局对《密云区行政复议体制改革工作方案》的制定背景、主要内容等进行介绍，与会部门对《工作方案》进行讨论并提出意见。副区长、区公安分局局长刘传虹出席会议并讲话，区委组织部、区委编办、区财政局及具有行政复议职责的单位参加会议。

（郭天旭）

【守法普法协调小组第四次会议】 11月17日，区司法局组织召开区委全面依法治区委员会守法普法协调小组第四次会议。会议通报全区民主法治示范村创建工作情况，审议通过《北京市密云区普法责任制清单（第四批）》《密云区关于创建全国文明城区法律进乡村（社区）宣传工作方案》两个文件。区委全面依法治区委员会守法普法协调小组成员单位相关负责人参加会议。

（郭天旭）

11月17日，密云区召开"七五"普法总结暨"八五"普法启动大会　　（区司法局　供图）

【"七五"普法总结暨"八五"普法启动大会】 11月17日，密云区召开"七五"普法总结暨"八五"普法启动大会。会议总结密云区"七五"普法工作，并对获得北京市"七五"普法先进集体和先进个人的单位通报表扬，先进集体代表和先进个人代表分别做典型发言。区守法普法协调小组成员、部分普法责任单位主管领导，各镇街（地区）主管普法工作的领导、宣传委员、司法所所长参加会议。

（郭天旭）

【"12·4"国家宪法日宣传】 12月4日，区司法局在学府花园社区举办宪法主题宣传活动。活动现场播放宪法主题公益宣传片，志愿者向居民群众派发宪法、法律援助法、创建全国文明城区等法律宣传资料和各类宣传品1700余份，200余名社区居民参与。各镇街以"深入学习宣传贯彻习近平法治思想 坚定不移走中国特色社会主义法治道路""迎接冬奥 做讲法治守秩序的好市民"为主题开展法治宣传活动，结合冬奥会法治宣传，将国家宪法日宣传推向高潮。

（郭天旭）

【多元调解工作培训】 12月14日，区司法局参加并组织全区31家具有行政调解职能的机关单位40人，以视频会议形式参加全市行政调解工作培训。培训邀请中国政法大学法学院王成栋教授和北京市律师协会行政法与行政诉讼法专业委员会主任陈猛律师授课。

（郭天旭）

【政府法律顾问工作考核和经费结算】 12月25日，区司法局按照《北京市密云区法律顾问管理办法》《北京市密云区外聘法律顾问经费管理办法（试行）》规定，完成全区24家区直单位外聘法律顾问工作考核和经费结算审批，发放经费132.45万元。

（郭天旭）

【司法行政开放日活动】 12月31日，区司法局在满蒙文化园开展以"迎接冬奥 法治同行"为主题的2021年第四季度司法行政开放日活动。工作人员邀请群众参观冬奥法治知识展板，向群众介绍关于法律援助、人民调解、公共法律服务、公证、行政复议、社区矫正等司法行政工作，帮助群众了解司法行政各项职能。设置法律咨询台，邀请北京檀州律师事务所唐容律师为群众讲解北京冬奥会和生活中常用的法律知识。现场解答群众法律咨询30余人次，发放《中华人民共和国宪法》《中华人民共和国民法典》《北京市接诉即办工作条例》、冬奥会法律知识等宣传资料和普法纪念品1000余份。

（郭天旭）

【司法所社区工作者划转】 12月，区司法局根据中共北京市密云区委机构编制委员会办公室印发的《关于司法所社区工作者划转的督办通知》要求，完成20个司法所93名社区工作者划转至20个镇街（地区）的管理工作。

（郭天旭）

【律师行业突出问题专项治理】 年内，区司法局开展律师行业突出问题专项治理工作。3月，制定《北京市密云区行业突出问题专项治理方案》。3月30日，召开全区律师行业突出问题专项治理工作部署会，4月8日、25日，召开律师行业突出问题专项治理工作推进会和部署会，部署自查核查阶段相关工作，并组织开展谈心谈话。7月9日，召开律师行业突出问题专项治理自查核查阶段“回头看”部署会，开展为期1个月的自查核查“回头看”。10月，制定《北京市密云区司法局办公室关于开展律师行业突出问题专项治理集中整治阶段工作方案》和《北京市密云区司法局办公室关于开展律师事务所设立和管理环节突出问题清理规范工作方案》，对照专项治理重点依法依规开展清理和查处工作。10月22日，召开律师行业突出问题专项治理工作会议，对发现问题对标整治，做到动态清零。

（郭天旭）

【党史学习教育】 年内，区司法局成立密云区司法局党史学习教育领导小组，制定《密云区司法局党史学习教育实施方案》，通过党组理论中心组、“三会一课”、政治轮训、专题学习会、读书分享会、共话红色征程讲党课等形式，推动学习教育入脑入心。开展“我为群众办实事”活动，推出公证案件特殊人群上门服务、“法润密云”视频号上线等16项实事项目。组织召开庆祝建党100周年暨“两优一先”表彰大会。

（郭天旭）

【法律援助】 年内，区司法局结合市区重点工作任务，落实2021年密云区政府为民办实事项目，为经济困难群体提供有针对性的法律援助服务，加大镇街法律援助工作站、村居法律援助联系点的法律援助初审办理力度，加强法律援助规范化建设，提高工作质量。全年服务群众36748人次，受理法律援助案件916件，其中刑事案件170件、民事案件548件、中彩金案件198件。“12348”法律咨询专线解答法律咨询14834人次。

（郭天旭）

【人民调解】 年内，区司法局指导各镇街司法所和各级调解组织围绕疫情防控、重大节日活动安保、文明城区创建等中心工作，对辖区内矛盾纠纷开展“滚动式”排查，全区各级调解组织共开展矛盾纠纷排查26509次，调解矛盾纠纷16585件，调解成功8604件。

（郭天旭）

【公共法律服务】 年内，区司法局推进区、镇街、村居三级公共法律服务体系建设，满足群众法律需求。在落实疫情防控基础上，制定《公共法律服务一本通》，完善公共法律服务首问责任制，加强网络协同调度平台督查考核力度，平台录入工单23098条，其中法律咨询21914条、人民调解380条、法律援助510条、公证咨询294条。创新公共法律服务举措，设置法律服务帮办员，为来访对象提供“管家式”服务，全年帮办员为来访人员提供取号服务1.4万余次，提供指引服务1.9万余次。

（郭天旭）

【法治宣传】 年内，区司法局推进“谁执法谁普法”责任制落实，扩大“法润密云”普法品牌影响力，推进法治宣传教育工作。全年开展各类主题法治宣传活动1500余场次，发放各类宣传材料20万余份，受教育人数20万余人次。

（郭天旭）

【矫正帮教】 年内，区司法局加强“两类”人员教育管控，完成“两会”“中国共产党成立100周年庆祝活动”和党的十九届六中全会等重要时间节点维稳安保任务。全年走访排查“两类”人员5000余人次，入户走访1000余人次，谈话教育1580余人次，帮扶特困“两类”人员42人，发放救助金67500元。对社区矫正对象开展“遵规守法强身份 珍惜矫正塑新生”“学党史 谈体会”“遵纪守法感党恩、回馈社会做贡献”及“学党史感党恩、跟党走”主题教育，通过组织社区矫正对象学习卫国戍边英雄事迹、参观密云区白乙化烈士陵园、观看党史视频资料等活动，培育社区矫正对象爱国情怀，降低再犯风险。开展村居“两委”环节候选人资格审查4982人，筛查出不符合换届选举资格人员9人。

（郭天旭）

军　　事

MILITARY AFFAIRS

人民武装

People's Armed Forces

【概　况】 北京市密云区人民武装部（简称区人武部）内设军事科、政治工作科和保障科。年内，区人武部坚持以习近平强军思想为指导，坚决贯彻卫戍区党委和区委区政府决策部署，主动适应新体制、新职能、新要求，着力在政治建军、应急应战、从严治军、强基固本、军民融合发展上下功夫。结合担负密云保水护水、防汛防火、安保执勤等重点任务，抓实战备教育，提高备战意识。强化党管武装，完成“创城”、两季征兵、全民国防教育等重点工作任务。被北京卫戍区评为“正规化建设先进单位”。

（齐　雨）

单位名称：北京市密云区人民武装部

地　　址：北京市密云区南更大街199号

电　　话：69041232

【党管武装】 年内，区人武部协调区委、区政府把党管武装和民兵调整改革纳入发展规划和议事日程，加大财政预算投入，做到正常经费优先保障、大项活动及时保障、急事难事特殊保障。落实常委议军、现场办公和过军事日等各项制度。利用武警部队高岭基地、古北口基地开展部队官兵同地方人武部门的军事日活动，借助部队大礼堂开展军事日主题教育讲座和官兵联谊活动，组织官兵为驻地政府、企事业单位和学校军训2000余人次，组织“军事日”和“军营一日”活动800余人次，支持地方党委政府军事日活动。

（齐　雨）

【民兵队伍建设】 年内，区人武部立足应对复杂严峻形势，推动练兵备战换挡提速，加强民兵应急分队战斗力建设。3月，组织参加全国“两会”安保执勤；5月，做好密云区民兵整组工作；5月27日，组织民兵实弹射击训练；6月上旬，参加卫戍区民兵轮训，提升民兵连建设水平，展示民兵综合能力素质，10名民兵被评为“训练先进个人”；9月中旬，选调民兵参加“忠诚卫士—2021”首都民兵比武竞赛暨成果展示，获单项个人第三名和优秀民兵分队；12月6日，开展民兵连拉动点验训练。

（齐　雨）

【义务兵征集】 年内，区人武部改进国防教育宣传模式，研读征兵工作条例，持续优化征兵工作流程，在政务服务大厅开设征兵服务窗口。9月17日，在百合园小区、万象汇等重要点位开展国防教育宣传活动。两季征兵期间，制定征兵、体检、役前训练流程，顺利完成新兵征集任务，未发生退兵情况。

（齐　雨）

【保护密云水库联合响应机制】 年内，区人武部建立和完善抢险救灾应急机制，加强应急救援力量体系建设，与密云水库和半城子水库健全防汛防洪机制，与高岭镇共建防汛转移避难场所，每年汛期组织官兵赴任务区实地开展防汛演练，不断提高抢险救灾能力，完成地方政府赋予的抢运救灾任务。驻密武警水库大队和作战支援大队保持常年战备状态，加强水库区域巡查力度，增强水库区域汛期抗洪抢险和机动作战护水的能力。民兵应急分队作为支援保障力量，投入约300名民兵机动战备，形成保护密云水库的三重联合保障机制。指导水保大队筹建联合指挥平台，通过科技手段提高密云水库联合响应机制的效率。驻密部队官兵持续开展密云水库及周边防汛防火防疫的常态化演练，提升“三防”联合响应与实战化水平。

（齐　雨）

【全民国防教育】 年内，区人武部组织全区正处级以上领导干部集体参加“军事日”，邀请国防大学庞宏亮教授作国家安全形势报告。联合区退役军人事务局举办烈士公祭活动。9月18日，在区大剧院开展以“军民同心筑梦、建设全民国防”为主题的全民国防教育日宣传活动，通过摆放国防教育宣传展板、向过往行人发放国防教育宣传资料、讲解国防教育常识等形式，增强群众国防观念和国防意识。到大城子学校和幸福树幼儿园，开展国防教育进校园活动，增强学

9月18日，区人武部到大城子学校开展国防教育进校园活动　　（区人武部　供图）

生群体国防意识。

（齐　雨）

【军地协同】 年内，区人武部发挥军地之间桥梁纽带作用。参与“创建全国文明城区”活动，完成调度、执勤、迎检等任务。对接帮扶集体经济薄弱村，实地考察情况，为汤河村、花园村提供实用性发展思路。与区疫防办构建起常态化疫情防控协调机制，制定疫情应急预案，11 月 11 日，组织实施疫情防控应急演练。

（齐　雨）

【服务驻密部队】 年内，区人武部在区双拥工作领导小组领导下，配合区退役军人事务局做好社会组织拥军服务公益超市活动。开展法律、卫生、文化、科技、心理咨询进军营等活动。协调区领导带头支持国防和军队建设改革，为驻区官兵解决“三后”（后院、后路、后代）问题。“八一”前夕，组织区四套班子主要领导到驻密部队走访慰问。

（齐　雨）

人民防空

People's Aerial Defense

【概　况】 北京市密云区人民防空办公室（简称区人防办）下属综合科（行政审批科）、人防工程管理服务中心、人防指挥通信中心。编制 28 人。

年内，区人防办落实“四方责任”和市、区两级疫情防控措施，全区人防工程无疫情发生。完成“全民国防教育日”警报试鸣任务、3 处人防指挥所升级改造和验收工作、2 处高点监控系统升级改造和验收工作。在重要时间节点，持续做好防空防灾宣传教育“五进入”工作。在社区安装 150 块人防宣传栏，覆盖率 85%。持续优化营商环境，对人防工程安全检查，无散租住人现象，保持“动态清零”。“12345”接诉即办三率达 100%。

（张圣楠）

单位名称：北京市密云区人民防空办公室
地　　址：北京市密云区鼓楼西大街 3 号
电　　话：69041594

【组织指挥体系】 年内，区人防办完成 3 处人民防空指挥所和 2 处高点监控系统的升级改造和验收工作。定期对已建设的高点监控设备、区防空防灾指挥中心各项设备、系统进行巡检，各项设备运行正常，与市人防、区应急办、镇（街）指挥所联通顺畅，完成应急值守监控工作。

（张圣楠）

【防空警报鸣放】 年内，区人防办对全区所有防空警报设备进行巡检，参加市人防办组织的防空警报系统培训，完成“全民国防教育日”警报试鸣工作，防空警报试鸣率达 100%。

（张圣楠）

【安全生产】 年内，区人防办在重大节假日和重要时间节点，制定安全保障工作方案和消防安全隐患排查专项行动实施方案。逐级签订区人防办 2021 年度安全生产“党政同责”“一岗双责”暂行规定、安全生产责任书和履职清单，明确职责任务和责任人。开展可燃物清理、消防设备巡查、禁止违规停放电动车及为其充电等行动。为全区人防工程安装视频监控系统，接入备份指挥平台，实现人防工程安全管理远程监控和实时查看。召开 2021 年度人防工程防汛动员部署会，组织开展防汛演练。汛期，加强人防工程隐患排查，对危险部位采取加固和看护措施，值班人员、抢险队员 24 小时在岗在位，全区人防工程汛期零事故。

（张圣楠）

6 月 1 日，区人防办召开 2021 年密云区人防工程防汛动员部署会　　　（区人防办　供图）

【应急保障】 年内，区人防办对应急指挥车定期开展拉动测试和互联互通测试，完成重要时间节点应急值守保障任务。5 月，参加市人防办组织的指挥车驻训任务。完成“京津冀”联合跨区支援演练活动。

（张圣楠）

【行政执法】 年内，区人防办办理人防工程标准审查事项 21 项、平时利用审批 34 项、竣工验收备案 6

项，行政处罚 3 起。开展人防工程易地建设费追缴工作，截至年底，追回欠款 1024 余万元。

（张圣楠）

【地下空间“疏整促”】 年内，区人防办修订完善密云区 2021 年地下空间综合整治工作实施方案。全年检查人防工程 500 余次、普通地下室 800 余次，保持全区人防工程无散租住人现象，确保“动态清零”。开展对已整治社区活动中心、停车库等人防工程“回头看”。

（张圣楠）

【接诉即办】 年内，区人防办通过“12345”接诉即办平台接受群众诉求 6 件，采取现场查勘、入户讲解、会议约谈等方式，解决人防工程漏水、日常停车、警报扰民等问题。“接诉即办”工作在全市人防系统位居前列，经验做法被市人防办推广。

（张圣楠）

【“我为群众办实事”实践活动】 年内，区人防办开展“我为群众办实事”实践活动。制定 5 个实事清单，明确工作任务、解决措施、牵头领导、主责科室、完成时限等内容，做到“未诉先办”。6 月 1 日，宁静之都小区 108 个人防工程停车位投入使用，有效缓解因停车难引发的问题。为禧悦府小区解决人防工程停车位 140 个。

（张圣楠）

【人防宣传教育】 年内，区人防办在社区安装 150 块人防宣传栏，社区覆盖率 85%。与“歌华有线”电视开展人防宣传教育合作，在政府公共服务电视云平台“密云便民服务频道”开通“人民防空”栏目。推进“五进入”工作，进校园开展“5·12 防灾减灾日”宣传活动，增强师生安全意识和应急避险能力。为上河湾、绿地、亚澜湾等 6 个社区安装人防应急亭和指示标识牌。

（张圣楠）

【创建全国文明城区】 年内，区人防办结合区内实际，向相关属地政府、办事处、人防工程使用管理单位部署人防系统“创城”重点工作和要求，向人防工程使用单位下发《关于做好人防工程“创建文明城区”和安全使用工作的通知》，确保人防工程内部整洁畅通、安全使用，推进“创城”工作。

（张圣楠）

生态环境

ECOLOGICAL ENVIRONMENT

综 述

Overview

【概　况】 北京市密云区生态环境局（简称区生态环境局）内设办公室、综合科、审批科（应对气候变化科）。下属碳中和研究发展中心、水污染防治中心、环境保护监测站、大气污染防治中心、土壤污染防治中心、生态文明研究中心、污染源防治中心、生态环境综合执法大队，编制166名。

年内，区生态环境局以习近平生态文明思想为指引，贯彻落实总书记重要回信精神，以密云区生态环境质量进一步改善为目标，坚持“保水、护山、守规、兴城”，完善生态环境保护体制机制。区域细颗粒物（$PM_{2.5}$）年均浓度30微克/立方米，排名全市第二。空气质量达标天数301天，同比增加15天，创有监测记录以来最好水平。地表水环境质量首次排名全市第一，密云水库水质保持国家地表水Ⅱ类水体标准，潮河、白河水质保持国家地表水Ⅱ类水体标准。氮氧化物、挥发性有机物、化学需氧量、氨氮4项主要污染物减排指标及温室气体排放控制完成年度任务目标。受污染耕地和污染地块安全利用率均达100%。12月24日，区生态环境局获首届“首都生态文明奖”先进集体。12月29日，在第十六届中国全面小康论坛暨首届中国经济社会高质量发展论坛上，密云区获评“2021年度中国高质量发展典范城市”。在全市污染防治攻坚战成效考核中密云区获“优秀”等次，在生态涵养区率先实施烟花爆竹全域禁放。

（辛思行）

单位名称：北京市密云区生态环境局
地　　址：北京市密云区新南路65号
电　　话：69052231

环 境 保 护

Environmental Protection

生态文明建设

【区委生态文明建设委员会会议】 4月8日，区委生态文明建设委员会召开第三次会议。会议审议通过《中共北京市密云区委生态文明建设委员会2021年工作要点》。区委生态文明委主任、副主任及成员单位主要领导参加。

（辛思行）

【生态环境宣传活动】 6月5日，区生态环境局在世纪家园文化广场，以“人与自然 和谐共生——减污降碳 为美丽密云加油”为主题，开展“六·五”环境日系列宣传活动。发放各类宣传材料300余份。联合开发区环境办，协助北京伊利实业有限公司举办“人与自然 和谐共生”为主题的宣传活动，向企业员工宣传环保知识和生态文明理念，发放各类宣传材料500余份。开展生态微课堂系列展播活动，通过微博、微信平台向公众讲解大气、水、土壤等生态知识。

（辛思行）

【生态创建】 年内，区生态环境局推进“国家生态文明建设示范区”“绿水青山就是金山银山”实践创新基地各项指标建设，巩固创建成果。启动“国家环境保护模范城市”和“无废城市”建设试点创建工作。

（辛思行）

【生态文明考核体系建设】 年内，区生态环境局开展年度国家重点生态功能区县域生态环境质量监测评价与考核。构建习近平生态文明思想典范之区指标体系，制定考核及评价办法。构建密云区生态系统生产总值（GEP）核算体系。

（辛思行）

污 染 防 治

【大气污染防治】 年内，密云区区域细颗粒物（$PM_{2.5}$）年均浓度30微克/立方米，排名全市第二。空气质量达标天数301天，比上年增加15天，创有监测记录以来最好水平，其中一级天数158天，同比增加8天，排名全市第一。完成重型柴油车、非道路移动机械年度检查任务，国Ⅲ柴油车全部淘汰，613辆公交车率先实现纯电动替换。推进印刷企业治理，完成全区33家印刷企业整治提升，36家汽修企业49台在用喷烤漆房改造。开展VOCs排放重点企业专项执法行动，检查919家次，查处18起。对流通领域车用油品、尿素等进行检查，针对无证无照经营加油站点、流动加油罐车开展联合执法。打击经营性企业非法使用、销售燃煤，完成33个山区村庄1.3万户和城区700余户煤改清洁能源。动态更新裸地和施工工地台账，加强涉尘类执法检查，道路清扫新工艺作业率提升至96.03%。在生态涵养区率先实施烟花爆竹全域禁放。发布空气重污染预警5次，均及时启动应急预案。

（辛思行）

【水污染防治】 年内，密云区区域地表水环境质量首次排名全市第一，密云水库水质保持国家地表水Ⅱ类水体标准，符合饮用水源地水质要求。潮河、白河水质保持国家地表水Ⅱ类水体标准。修订《北京市密云区水环境跨界断面考核补偿办法》，增加密云水库上游各镇总氮考核要求，增加区级饮用水源地考核。继续推进潮河规划6类23项重点任务，潮河总氮浓度下降，配合生态环境部海河局开展潮河规划2021年度密云区实施情况评估。开展饮用水源保护区、密云水库流域执法行动。针对密云水库水位升高，开展农村污水处理设施执法检查和监督性监测。开展跨界联合执法、联合监测，实现监测结果共享。建立密云水库保水清源工作机制，设立密云水库保护公益基金会。

（辛思行）

【土壤污染防治】 年内，区生态环境局强化建设用地环境风险防控，完成12家关停企业原址用地污染筛查，完成3个重点建设地块土壤污染状况调查评审，持续开展涉镉等重金属重点行业企业排查整治，严格重点监管单位污染防治，加强尾矿库和尾矿砂堆安全管理。推进农用地污染预防，完成23个农田灌溉用水水质监测及监督检查，完成受污染耕地土壤和农产品协同监测。农用地及重点建设用地安全利用得到保障。

（辛思行）

生态环境监管

【生态环境执法】 年内，区生态环境局强化行政处罚与行刑衔接，加大生态环境违法犯罪行为惩处力度。非道路移动机械处罚、VOCs专项执法、三大攻坚战综合执法等考核项位居全市前列。固定源执法检查7359家次，查处违法行为299起。进京口检查重柴车33.8万辆，入户检查重柴车7514辆，检查非道路移动机械796辆，处罚385辆。

（辛思行）

【生态环境监测】 年内，区生态环境局完成市、区两级常规监测任务，出具监测数据1万余个。完成水环境跨省界补偿联合监测、“两市三区”跨界联合监测、区域水环境状况调查监测和乡镇跨界断面水质监测。扩充16个标准中40个参数的监测项目。编制完成《北京市密云区生态环境质量报告书（2016—2020年）》。

（辛思行）

8月，区生态环境局开展水环境监测

（区生态环境局　供图）

【生态环境督察整改】 年内，区生态环境局巩固第一轮中央环保督察整改成果，推进市级环保督察剩余4项整改任务。第二轮中央生态环保督察期间移交区内57件信访件，均办结或阶段性办结。完成第二轮中央生态环保督察整改任务20项。

（辛思行）

【司法保障】 年内，区生态环境局推动行政处罚与行刑衔接，违法行为纳入检查率等行政执法考评指标均达100%，启动6件生态环境损害赔偿案件。

（辛思行）

综合管理

【生态环境联建联防联治工作交流会】 9月1日，密云水库流域“两市三区五县”生态环境联建联防联治工作交流会召开。与会人员围绕习近平总书记重要回信一周年及生态环境联建联防联治工作进行交流研讨，“两市三区”政府负责人联合签发《密云水库流域“两市三区”“十四五”时期生态环境保护和协同发展工作要点》。北京市政府，生态环境部，承德、张家口两市和所辖五县，怀柔、延庆、密云三区，京冀两地生态环境和水利、水务部门相关负责同志出席会议。

（辛思行）

【突发水环境事件联合应急演练】 9月17日，“两市三区”生态环境部门以尾矿库塌坝及交通事故造成黑河、白河流域污染，对下游密云水库造成威胁为背景，组织开展2021年密云水库上游流域突发水环境事件联合应急演练。生态环境部、市生态环境局、市水务局、市应急管理局、河北省生态环境厅、区政府、密云水库综合执法大队及“两市三区”生态环境部门主要负责人参加。

（辛思行）

【碳中和示范区建设】 年内，区生态环境局在全市先行启动碳中和路径研究，编制碳中和路径研究报告，在全市率先向市委、市政府呈报密云区建设碳中和先行示范区的研究结果和建议，获市委、市政府肯定和回应。成立密云区碳中和研究发展中心，编制密云区碳中和行动纲要。启动碳中和示范小区、示范街区、示范企业（园区）、示范镇（村）、旅游示范区等试点建设。

（辛思行）

【疫情防控服务保障】 年内，区生态环境局实施生态环境领域疫情防控各项措施。开展涉疫医疗废物、废水处置监督检查，处置率100%，为防疫物资企业开辟绿色通道服务。

（辛思行）

【优化营商环境】 年内，区生态环境局制定《北京市密云区生态环境局“马上办”工作方案》《北京市密云区生态环境局行政审批服务指南》，完善“简流程、优服务、降成本、强监管”服务方式，受理办结审批项目1464件，办结环评验收项目19件。协助4家防疫物资企业进行备案，帮助企业复工复产，

（辛思行）

【接诉即办】 年内，区生态环境局制定实施《北京市密云区生态环境局“接诉即办”生态环境类工单指导帮扶制度（试行）》，开展对行业主管单位及镇街（地区）的生态环境类工单指导帮扶工作，接收“12345”市民热线服务工单285件，比上年减少17.6%，全部办结。

（辛思行）

【队伍建设 】 年内，区生态环境局结合工作实际，持续打造生态环境保护督察、行政审批、生态环境执法、生态环境监测、生态环境综合统筹、环境污染应急处置、固体废物污染防控、辐射安全监管、生态环境宣传、政务运行保障、党建和法律工作、志愿者服务12支生态环境保护队伍。7月1日，区生态环境局6人获北京市第二次全国污染源普查表现突出个人。12月24日，区生态环境局获首届“首都生态文明奖”先进集体。

（辛思行）

【信息宣传】 年内，区生态环境局制定政务信息工作管理办法、工作积分制管理办法，对政务信息进行量化管理。发布政务信息718条，被区级、市生态环境局、生态环境部分别采用48条、64条、29条，微信微博发布原创信息696条。

（辛思行）

【志愿服务】 年内，区生态环境局“绿水青山·青春力量”志愿者服务队围绕垃圾分类、保水保生态等主题，开展20余次志愿服务活动。成立“绿水青山·有为少年”志愿者宣讲团。

（辛思行）

水 务

Water Affairs

【概 况】 北京市密云区水务局（简称区水务局）内设办公室（安全生产科）、水利工程建设与管理科、水资源和水生态科、供水和排水科、财务科（审计科）、机关党委（党建科、人事科）、机关纪委。2021年事业单位改革后，区水务局所属事业单位由21个调整至19个，其中本部门机构数量减少3个、由区农业农村局整建制转入1个。局属19个科级事业单位，分别为8个流域水务站、3座中型水库、水库移民事务中心、供水排水事务中心、水务工程建设与管理事务中心（水旱灾害防御中心、河长事务管理服务中心）、节约用水事务中心、水土保持工作站、潮白河道管理所、水利工程质量监督站、水务综合执法队。编制497人。

年内，区水务局推进海绵城市建设，海绵城市达标率为24.2%。强化水环境保护，完善污水处理体系，全区污水处理厂站中有228座正常运行，全年污水处理率89.3%。依法开展水政执法工作，落实保水政治责任，全年办理案件291起，罚款24.79万元。推进河长制，修订完善《深化落实河长制考核办法（试行）》。开展小流域治理工作，实现水库上游需治理小流域全覆盖。依托科技力量，推进重点水务工程建设，开展水旱灾害防御工作，确保安全度汛。

（姚周知）

单位名称：北京市密云区水务局

地　　址：北京市密云区新北路18号

电　　话：69042146

蓄水引水

【春季潮白河试验性生态补水】 4月30日8时至5月27日20时，密云水库实施春季潮白河试验性生态补水。期间向下游潮河、白河及潮白河生态补水1.87亿立方米，实现22年来潮白河北京段首次全线贯通。补水期间区水务局出动河道管护人员2155人次，车辆208车次，劝阻入河等危险行为890人次，出动保洁人员138人，打捞垃圾70.8立方米。

（姚周知）

【水资源调度】 年内，区水务局配合市级部门开展潮白河流域生态补水，密云水库向潮白河流域补水6.8亿立方米。遥桥峪、半城子、沙厂3座中型水库向下游补水1.58亿立方米。平原区地下水位比上年回升10.08米。

（姚周知）

【水库维护】 年内，区水务局投资75万元，完成沙厂、遥桥峪、半城子3座中型水库的岁修工程。

（姚周知）

【栗榛寨小水库除险加固工程】 年内，区水务局完成栗榛寨小水库除险加固工程。栗榛寨水库位于高岭镇栗榛寨村，经安全评价属病险水库。除险加固工程于1月中旬完成监理、施工招投标工作，3月底开工，10月31日全部完工。主要施工内容为对大坝上下游坝面进行维修、加固，并改造泄洪洞及闸门，工程总投资592.22万元。

（姚周知）

7月20日，栗榛寨小水库除险加固工程

（秦大鹏　摄）

节水建设

【计划用水指标9208万立方米】 年内，密云区生产生活计划用水指标9208万立方米（新水8905万立方米，再生水303万立方米），其中居民家庭2260万立方米（新水）、公共服务1796万立方米（新水）、工业1246万立方米（新水）、农业2837万立方米（新水）、环卫绿化1069万立方米（新水766万立方米，再生水303万立方米）。实际用水6600.67万立方米，比上年增加38.33万立方米、增长0.58%，实际用水量控制在目标值范围内。万元GDP用水量下降率为6.4%，达到万元GDP用水量下降率1%以上的任务要求。

（姚周知）

【节约用水管理】 年内，密云区有计划用水户1298个，其中计划用水单位885户、村庄332个、社区（小区）61个、镇街20个。单月对用水量超过计划指标的自来水用水单位下发预警通知117户次（含临时用水单位预警通知5户）。双月对53户次超计划用水单位，收取超计划用水费57.79万元。

（姚周知）

【节水宣传】 年内，区水务局依托“世界水日”“全国城市节水宣传周”“全国科普日”等重点时间节点，开展节水宣传活动56次，通过邮政插页广告随报纸发放宣传材料1.5万份，向移动用户发送短信40万余条，在公园、旅游景点、机关单位、车站等悬挂条幅25条，在户外11处LED屏播放节水宣传口号和视频，印发《珍惜每滴水 光瓶饮水我们在行动》倡议书5.34万份，组织全区各单位、镇街开展“全国节约用水知识竞赛”答题活动，发放节水宣传材料3.1万份，节水标牌1300个，基本实现全区人口全覆盖。

（姚周知）

【海绵城市建设】 年内，全区城市建成区面积为27平方千米，海绵城市建设达标面积为6.55平方千米，其中透水铺装0.49平方千米，下凹式绿地0.16平方千米，调蓄集水池15985立方米，海绵城市建设达标比例为24.2%。

（姚周知）

【规模取水】 年内，实现密云区规模取水户（非农灌类）146户，434个取水口100%接入率，97.95%远传率，97.85%及时率。

（姚周知）

【水资源费改水资源税】 年内，区水务局配合区税务局开展水资源费改水资源税工作，每月审核“北京市水资源税征税水量核实管理平台”内的用水单位申报水量。每季度提供《北京市水资源税纳税人取水量传递表》，每季度为没有在税务系统填报水量的用水单位提供《北京市水资源税纳税人取用水量核定书》。全年追缴过往年度水资源费 132.20 万元。

（姚周知）

【节水器具改造工程】 年内，区水务局在鼓楼街道宾阳里社区、檀州家园社区、檀营地区办事处檀营社区等 3 个街道（地区）9 个社区换装节水型花洒 3000 套、节水型水龙头 1 个、节水型座便器 5 套，总投资 49.93 万元。结合创建节水型村庄工作，对高岭镇下会和小开岭村、古北口镇龙洋村、河南寨镇北单家庄和钓鱼台村、东邵渠镇史长峪村、巨各庄镇水峪村、太师屯镇葡萄园村 6 个镇 8 个村进行器具换装，换装节水型水龙头 4000 个，总投资 17.6 万元。

（姚周知）

【节水型村庄和节水型企业（单位）创建】 年内，全区创建节水型企业（单位）10 个，节水型村庄 10 个。

（姚周知）

水生态建设及保护

【河长巡河】 年内，区水务局加强河长巡河工作，全年区级河长巡河 392 人次，镇（街）级河长巡河 1254 人次，村级河长巡河 38705 人次，巡河率稳定保持 99.70%以上。镇、村级河长巡河主动发现问题并上报 56394 个，整改 56394 个，整改率 100%。修订完善《深化落实河长制考核办法（试行）》，并于 5 月印发。全年落实河湖运行维护资金 1725 万元。

（姚周知）

【水土保持监督】 年内，区水务局按照《中华人民共和国水土保持法》《北京市水土保持条例》等法律法规要求，落实生产建设项目水土保持设施自主验收报备 32 件。开展生产建设项目水土保持监督检查 75 次，检查生产建设项目 75 个，下发生产建设项目水土保持告知书 19 个、水土保持工作函 7 个、检查通知 2 个。征收 2021 年度以前审批的生产建设项目水土保持补偿费 68.17 万元。

（姚周知）

【生态清洁小流域综合治理工程】 年内，区水务局开展 2021 年密云区生态清洁小流域综合治理工程。治理北栅子、三岔口、西字牌、白马关、田庄、转山子 6 条小流域，治理面积 80 平方千米，主要建设内容为修建护坡、恢复路面、铺装透水砖等，概算投资 5200 万元。

（姚周知）

【京津风沙源小流域综合治理工程】 年内，区水务局开展 2021 年密云区京津风沙源小流域综合治理工程。治理石匣、河下、芹菜岭、康各庄、石城、太师屯、东智北、遥桥峪、古北口 9 条小流域，治理面积 80 平方千米，主要建设内容为修建护坡、恢复路面、铺装透水砖等，概算投资 5200 万元。

（姚周知）

饮水保障

【供水管理】 年内，区水务局编制《密云区农村供水工程行动方案（2022.01—2025.12）》。制定《密云区农村供水工程行动方案》，计划解决全区 15 个镇、166 个行政村的饮水问题。建立密云区重要饮用水水源地名录，实施规范化运行管理。

（姚周知）

【农村供水消毒设施配套工程】 年内，区水务局完成农村供水消毒设施配套工程，涉及全区 17 个镇、170 个行政村。建设主要内容为新增配套消毒设备 120 处，更换消毒设备 96 处，维修消毒设备 76 处，新建标准化井房、设备间 13 座等，总投资 1287.46 万元。

（姚周知）

【密云水库一级区农村应急饮水工程】 年内，因汛期降雨和上游来水增加，密云水库水位持续上涨，导致水库周边 20 眼水源井和 14 座井房被淹。为确保村民饮用水安全，区水务局协调碧水源公司为各村加装净水设备 27 台。

（姚周知）

【饮水井智能远传计量设施安装工程】 年内，区水务局完成密云区农村地区规模以上饮水井智能远传计量设施安装工程，涉及西田各庄镇、巨各庄镇等 16 个镇 77 个行政村，主要工程内容为对 234 座饮水井安装智能远传计量设施，项目总投资 121.17 万元。

（姚周知）

【住宅小区供水二次加压改造工程】 年内，区水务局完成密云区檀营地区办事处住宅小区供水二次加压改造工程，解决密云区久润西区、檀营小区和檀营生态城等小区水压、水量不足问题，项目总投资 110.90 万元。

（姚周知）

【供水厂站管理】 年内，区水务局与相关单位签订

2021年度城镇供水厂管理目标责任书，加强城镇供水厂供水规范化管理，严格执行国家及相关部门制定的供水制度、规范和办法，完善水厂运行、管理、安全制度，提高运行人员专业水平，确保供水设施正常运行，水压、水质稳定达标，全年未发生供水安全事故，保证城镇供水安全。委托第三方开展水质检测、设施巡查、水厂运行安全监督等工作，发现问题及时督促整改。

（姚周知）

污水处理

【农村治污（供水）工程】 年内，区水务局开展农村治污（供水）工程。涉及高岭等9个镇15个村污水处理设施建设，同步解决供水问题，总投资5.24亿元。工程于3月开工，截至年底，完成污水主干管网83.7千米，供水管网266.3千米，15个村基本完工。

（姚周知）

【农村环境建设“三起来”污水及供水工程】 年内，区水务局开展密云水库一级区污水设施提质改造和农村环境建设“三起来”污水及供水工程。涉及不老屯、高岭等13个镇56个村污水处理设施建设，总投资6.68亿元。截至年底，除溪翁庄镇石马峪主村污水站设备和冯家峪镇下营村杏树沟门自然村污水处理站未连、调试，其他村基本完工。

（姚周知）

【密云水库一级区污水提质改造管网工程】 年内，区水务局开展密云水库一级区污水提质改造管网工程。涉及高岭、冯家峪、不老屯等6个镇36个村管网建设，总投资2.36亿元。截至年底，完成供水管网48.7千米，污水管网41.5千米，检查井3385座。

（姚周知）

【污水处理】 年内，全区污水处理厂站中有228（镇级16座、村级212座）座正常运行。全区污水排放量为2375.10万吨，污水处理量为2120.17万吨，污水处理率为89.3%，再生水利用为1821.32万吨。

（姚周知）

【清管行动】 年内，区水务局制定《密云区2021年“清管行动”工作方案》。全年排查出雨污混接错接公共管涵21处，整改完成14处，整改完成率66.67%，除个别整改难度外，其他均列入密云中心城区雨污混接错接整治方案。排查公共部分雨水管涵干支线228.64千米，检查雨水口26030处，检查井4384处、截流井29处、拦污坎8处、入河口40处，总计清理出污染物844.17立方米，清理进度超95%。排查专用雨水管涵212.26千米，专用雨篦子10423处，专用雨水检查井1748处，清掏出污染物352.96立方米，清理进度超94%。

（姚周知）

水务管理

【水务规划】 4月，区水务局基本完成《密云区“十四五”时期水务发展规划》初稿；5月，完成与上位规划的对接，并完成水务局内部审查；6月，征求区内各相关委办局及乡镇意见，完成上报版；7月，通过区政府专题会议审议；9月2日，《规划》通过区政府常务会议审议，并正式向社会发布。

（姚周知）

【密云水库泄洪保障】 7月22日，区水务局召开密云水库泄洪工作专题研讨会；成立由区委书记、区长任组长，常务副区长、副区长任副组长，各相关单位为成员的泄洪保障工作领导小组；制定《密云水库泄洪期间潮白河道安全保障方案（100立方米/秒）（200立方米/秒）（600立方米/秒）》；对河道内阻碍行洪的树木、栈桥、截流坝等进行砍伐和拆除（砍伐树木6000颗、拆除栈桥、截流坝80余处）；在沿河重点水域和河道重点部位设置警戒线近2万米，安装提示、警示牌87块。主汛期密云区水务局动用抢险人员150人，车辆20辆，大型挖掘机10台，运输车38辆，石料3400立方米，砂子130立方米，碎石70立方米，防汛编织袋8000条。

（姚周知）

【污水处理费减免】 年内，区水务局开展中小微企业疫情防控期间停征污水处理费工作，制定并发布《北京市密云区水务局冠状病毒疫情防控期间停征中小微企业污水处理费工作方案》。组织檀州自来水公司、开发区管委会、溪翁庄万家水务有限公司和区节水办4家污水处理费代收单位落实免征工作。免征起止时间为2020年2月至2021年3月。减免污水处理费1834万余元，减免中小微企业和个体工商户1018家。

（姚周知）

【水政执法】 年内，区水务局履行保水责任，加大水事违法查处力度，全年开展行政检查6234次，查处行政执法案件291件，人均办案24.24起，批评教育600余人，行政处罚金额24.79万元。

（姚周知）

【取用水管理专项整治】 年内，区水务局制定《密云区取用水管理整治整改提升工作实施方案》，组织开展地表、地下取水口问题认定并建立整改台账，组织规模取水户在线监测的取水量数据汇聚共享。全年实现取水口核查登记项目 1364 个，涉及取水口 3315 个，其中保留类 697 个，整改类 587 个，退出类 80 个。截至年底，完成整改 666 个，完成率 99.85%。

（姚周知）

【机井管理】 年内，区水务局完成机井状态及计量状态更新 3191 眼，挂接机井 2968 眼，完成机井码发放，开展机井扫码报水量工作。

（姚周知）

【潮白河道管理】 年内，区水务局加强潮白河道环境整治，打造“水清、岸绿、安全、宜人”水域环境。全年出动河道保洁人员 4539 人次、堤路清扫人员 1350 人次，打捞水域漂浮物及清理河道、边坡垃圾 3920 余立方米，清割打捞水草 870 余立方米，出动垃圾清运车 605 车次，与区融媒体中心联合录制宣传节目 10 期，在橡胶坝、河道漫水桥两侧边坡喷涂“禁止钓鱼、游泳、烧烤、宿营”等警示宣传标语 32 处。出动巡查车辆 1290 余辆次、巡查人员 4050 余人次对河道内非指定区域钓鱼、烧烤、下网捕鱼、电鱼等不安全行为进行针对性执法，查扣渔网 10 余片、橡皮艇 1 个，劝阻制止、垂钓、水边玩耍、宿营、烧烤等人员 8000 余人次。开展联合执法 15 次、出动执法人员 307 人次、车辆 124 车次、劝阻垂钓人员 742 人次，没收鱼竿 113 支，移交渔政案件 7 起 12 人次。

（姚周知）

【行政许可】 年内，区水务局配合市水务局开展“多规合一”平台审查并出具规划意见 15 件。审批水影响评价文件 24 件，组织开展水影响评价技术审查 18 件。取水许可审批 74 件，补办凿井 1 件，办理排水许可 58 件。

（姚周知）

【水旱灾害防御】 年内，区水务局按照市局水务防汛指挥体系架构和区防指要求，成立水务防汛专项分指挥部和半城子水库、遥桥峪水库、沙厂水库、潮白河道 4 个流域防汛指挥部。修订完善 3 座中型水库、潮白河道、19 座小型水库、54 座塘坝的防洪抢险应急预案和洪水调度方案，成立 5 人防洪专家组，指导洪水调度工作，同时组建水务专业技术抢险队 1 支，三座中型水库、潮白河道抢险队 4 支。

（姚周知）

【地下水监测】 年内，区水务局根据全区 21 眼典型观测井开展动态观测，平原区 13 眼观测井地下水埋深平均值为 25.7 米，与上年同期对比处于上升状态，上升平均值为 2.11 米；库北山区 4 眼观测井地下水埋深平均值为 6.43 米，与上年同期对比处于上升状态，上升平均值为 1.46 米；库南山区 4 眼观测井地下水埋深平均值为 100.76 米，与上年同期对比处于上升状态，上升平均值为 1.86 米。

（姚周知）

【大中型水库移民扶持】 年内，密云区核定登记水库移民人口 65793 人，其中农业户口移民 57547 人，涉及全区 17 个镇、1 个街道办事处的 322 个村委会和 8 个居委会；非农业户口移民 8246 人，涉及全区 17 个乡镇、2 个街道办事处的 154 个村委会和 64 个居委会。按照每人每年 600 元标准，发放农业人口扶持资金 3452.82 万元；按照每人每年 560 元标准，发放农转非人口扶持资金 461.77 万元。

（姚周知）

水源保护

Water Source Protection

【概　况】 北京市密云区密云水库综合执法大队（简称密云水库综合执法大队）内设党政办、督察科、法制科，7 个陆地执法分队、1 个水上执法分队，主要负责密云水库一级保护区综合执法工作，在水库一级区内行使区级农业、环保、城管 3 个部门 131 项行政处罚权和检查权。

年内，密云水库综合执法大队贯彻落实习近平总书记重要回信精神和市委“五保水”工作要求，牢记保水首要政治责任。在高水位常态化运行下，通过强化综合执法、密云水库安全整治百日行动、一级区污水处理站全面排查、保水网格精细化管理、行刑衔接、完善密云水库技防设备和强化队伍组建，不断强化水源保护。成立密云水库渔业产销合作社和密云水库保护公益基金会，开发保水公益就业岗位，推动渔业净水、生态富民。开展习近平总书记回信一周年系列宣传活动、签订保水承诺书，营造全民保水良好氛围。水上执法分队被农业农村部评为“中国渔政亮剑 2021”系列专项执法行动成绩突出集体。

（王　星）

单位名称：北京市密云区密云水库综合执法大队

地　　址：北京市密云区密关路

电　　话：69045178

【密云水库安全整治百日行动】 7月至10月，密云水库综合执法大队开展密云水库安全整治百日行动。组织15个部门、11个相关镇、200余名执法人员及2000余名网格员，对密云水库一级保护区和上游河道开展地毯式大排查、大清理，建立问题台账，清除环境污染隐患，提升库区环境。出动执法车1851车次，出动执法队员11176人次，出动执法船653船次，清理钓鱼、游泳、游人1428余人，立案108起。

（王　星）

【密云水库渔业产销合作社】 8月26日，密云水库渔业产销合作社成立。密云区有渔船214条、渔民428人，成立区级渔业产销联社和5个镇级合作社，入社渔民达60%以上。渔民在入社同时，成为“水库儿女”保水志愿服务队成员，通过统一服装、标识、管理，使渔民在捕鱼中保水，在保水中增收。

（王　星）

【北京密云水库保护公益基金会】 9月1日，北京密云水库保护公益基金会成立大会召开。理事会由5名理事（理事长、副理事长、秘书长各1人，理事2人）组成，1名监事，拟增补13名理事，13名理事为企业、团体相关负责人。

（王　星）

【综合执法】 年内，密云水库综合执法大队加强协调配合，开展全天执法检查，持续保持高压态势，形成保护密云水库水质安全工作合力。全年出动执法车6474车次、执法队员30962人次、执法船1273船次，立案439起，罚款56.94万元。

（王　星）

【污水处理站摸底排查】 年内，密云水库综合执法大队对一级区42个村庄76座污水处理站的运行情况、污水管路情况、中水回用情况开展全面摸底排查，对污水处理设施采取日巡查制度，发现问题立行立改，确保高水位运行下，污水正常处理。

（王　星）

【行刑衔接】 年内，密云水库综合执法大队与区公安分局、检察院、法院进行对接，召开座谈会，共同商讨涉水违法案件行刑衔接工作。查获3起非法捕鱼及盗猎野生动物案件，移交公安机关立案处理。其中破获一起团伙电鱼案，涉案5名电鱼人员，完成行政处罚20万元。

（王　星）

【保水网格精细化管理】 年内，密云水库综合执法大队按照“定格、定人、定责、定章”原则，强化密云水库一级保护区及潮河白河上游主河道网格化管理工作，督促各镇严格网格员管理，落实属地管护责任。聘请第三方公司对各镇网格化管理工作进行明察暗访，发现问题及时对接属地保水科室要求整改，巡查发现水源保护问题536个，发放整改通知书23份，全部完成整改。

（王　星）

【密云水库技防设备】 年内，密云水库综合执法大队购置2架无人机、4艘无人执法船，完善密云水库技防设备，发挥信息综合应用、资源统一调度等管理优势，建立“功能完善、技术领先、高效实用”智能化信息化管理系统。

（王　星）

【智能视频监控系统】 年内，密云水库综合执法大队利用394个监控点位，1个指挥中心和8个分控中心，实现对库区重要节点全覆盖监控，建成“人防、物防、技防”相结合的立体化水源保护防控体系，精准打击各类涉水、涉环境违法行为，确保密云水库水源安全。视频监控及无人机巡查发现违法问题113起，为58起案件提供视频证据。

（王　星）

【保水公益就业岗位】 年内，密云水库综合执法大队设立700个“水源生态保护岗”，全部从库区周边镇村招聘（优先招聘低收入人员），促进农民“绿岗”就业，截至年底，完成招录工作。在提高保水精细化水平同时，缓解各镇就业压力，促进农民保水就业。

（王　星）

【渔业净水研究】 年内，密云水库综合执法大队完成“渔业净水、生物保水，净水渔业、生态富民”工作方案，提交常委会讨论通过，下发相关单位落实。继续与市农林科学院水产研究所、市水务局水科院、首师大等科研单位合作，开展渔业净水研究，摸清水生态系统现状和渔业资源底数。与一级区内43个行政村的渔民代表座谈，听取渔民对创新保水机制、优化保水富民措施的意见建议，推动净水渔业和保水富民协调发展。

（王　星）

【习近平总书记回信一周年系列活动】 年内，密云水库综合执法大队配合区委宣传部宣传密云水库水源保护工作、完成“水库儿女”志愿服务队授旗仪式、组织观看《牢记嘱托 接续奋斗——北京密云水库这一年》《山水人和》报道，落实习近平总书记重要回信精神，营造全民保水氛围。

（王　星）

【签订保水承诺书】 年内，密云水库综合执法大队同全区各部门、各镇街工作人员及全区党员签订保水承诺书，全区 94 家单位签订 31398 份保水承诺书，深化全民保水。

（王　星）

国土绿化

Land Greening

林　业

【概　况】 北京市密云区园林绿化局（简称区园林绿化局）内设办公室、机关党委、计财科、综合业务科、行政审批科、园林绿化综合执法队，下属园林绿化工程事务中心、有害生物防治检疫中心、国有林场总场、蜂产业发展促进中心、森林防火中心、自然保护区管理与野生动植物保护中心、城镇绿化服务中心、生态林管护中心、园林改革事务中心、林业工作站、果树技术开发中心、潮白河林场、雾灵山自然保护区管理处、锥峰山林场、白龙潭林场、五座楼林场、云蒙山自然保护区管理处。行政编制 30 人，事业编制 157 人，其中高级工程师 18 人，中级职称 47 人。

年内，区园林绿化局推进各项园林绿化事业。全区林木绿化率 75.3%，森林覆盖率 68.46%。完成新一轮百万亩造林 1400 公顷、京津风沙源二期治理 4666.6 公顷、国家公益林管护 2306.6 公顷、森林健康经营 6533.3 公顷、战略留白和留白增绿 28.6 公顷，退耕还林 5880 公顷，完成义务植树 113.4 万株。建设有机果品基地 34 个 3533.3 公顷，绿色果品基地 4 个 53.3 公顷。举办 5·20 世界蜜蜂日、全国成熟蜜生产现场观摩会、割蜜节及北京市首届蜜蜂文化节 4 场蜜蜂主题活动。依托 79 处森林火灾视频监控基站和 5239 名生态林管护员，抓好森林防火三级平台建设，防火监控覆盖率达 85%以上。完成创建首都绿化美化花园式单位 6 个、花园式社区 2 个、首都森林村庄 7 个。城镇园林绿地季度养护管理生态涵养区排名第一。

（张海军）

单位名称：北京市密云区园林绿化局
地　　址：北京市密云区西滨河路 2 号
电　　话：69042920

【新一轮百万亩造林工程】 年内，区园林绿化局完成新一轮百万亩造林工程 1400 公顷，包括平原重点区域造林绿化、新城周边城市森林建设、古柏树周边绿化、101 国道密云段两侧绿化、浅山台地、浅山荒山、山前平缓地、东邵渠长峪沟绿化、战略留白临时绿化、平原重点区域造林绿化（二期）、浅山台地造林（二期）十一大工程，涉及 15 个乡镇 1 个林场，总投资 3.4 亿元。

（张海军）

【京津风沙源治理二期工程】 年内，区园林绿化局完成京津风沙源治理二期工程 4666.6 公顷，全部为封山育林工程，涉及石城镇、北庄镇、冯家峪镇等 7 个镇，主要采取抚育、修建围网、牌示、看护等措施。

（张海军）

【森林健康经营林木抚育项目】 年内，区园林绿化局完成森林健康经营林木抚育项目 6533.3 公顷建设任务，共计 423 个小班，项目总投资 4146.73 万元，涉及大城子、东邵渠、冯家峪、高岭等 10 个镇。一级经营作业区 533.3 公顷，37 个小班；二级经营作业区 2733.3 公顷，197 个小班；三级经营作业区 3266.6 公顷，189 个小班。

（张海军）

【国家级公益林管护工程建设】 年内，区园林绿化局完成国家级公益林管护工程 2306.6 公顷建设任务，共计 157 个小班，项目总资金 1879.53 万元。涉及古北口、不老屯、太师屯和北庄共 4 个镇。一级经营作业区 133.3 公顷，二级经营作业区 2173.3 公顷。

（张海军）

【战略留白和留白增绿】 年内，区园林绿化局完成“战略留白”总任务 28.6 公顷，涉及太师屯镇、密云经济开发区水景街、巨各庄镇垃圾填埋场、王各庄污水处理厂、大辛庄污水处理厂 5 个地块，主要建设内容为实施临时造林绿化。

（张海军）

【退耕还林】 年内，区园林绿化局完成退耕还林后续政策面积 5880 公顷，其中流转为生态公益林面积 1646.7 公顷、自主经营面积 4233.3 公顷，项目总资金 8587.38 万元，土地流转金和自主经营补助费兑现到户。

（张海军）

【全民义务植树】 年内，区园林绿化局在不老屯义务植树点、溪翁庄义务植树点、白河城市森林公园等地，开展“全民植树四十载，美丽密云谱新篇”等义务植树活动。全年开展植树次数15批次，人数1036人，植树3100株。镇街（地区）完成春季义务植树113万余株。

（张海军）

【国家森林城市创建】 年内，区园林绿化局完成《密云区创建国家森林城市指标自查报告》和《密云区创建国家森林城市规划实施报告》初稿。坚持一事一案等举措，推动乡村绿化矢量上图、重要水源地绿化划分、矿山修复等问题解决。通过《关注森林网》、宜居密云、密云360公众号发布创森信息60余篇，发放宣传品2000余份。创森36项指标全部达到，指标自评分100分。

（张海军）

【果品产业】 年内，区园林绿化局建设有机果品基地34个、3533.3公顷，绿色果品基地4个、53.3公顷，密植园4个、22公顷，精品果园5个、80公顷。新植葡萄、梨、樱桃、板栗等果树77.7公顷、21.1万株；更新苹果、板栗45.6公顷、3.5万株；板栗、梨优良品种改接124.5公顷、8.8万株；板栗早熟品种改接40公顷；实施有机肥2333.3公顷；管灌、滴灌等节水灌溉1666.7公顷。实际施用面积333.3公顷，有机肥1万吨。集中连片板栗园放赤眼蜂60万袋；果实套袋1828万个；减少农药化肥使用量，实施有机肥2333公顷；通过网络培训、电话答疑、邀请专家等形式，完成果树技术培训1.8万人次。实现年果品产量5100万千克，年产值近4亿元。

（张海军）

【蜂产业】 年内，区园林绿化局新建规模化蜂场5个，发展养蜂3500群，有效扩大蜂群规模；组织蜂农参加专业技术培训3次，累计参学580人次；推动蜂业气象指数保险的建立和完善，全年完成参保蜂农441户，参保蜂群68690群，赔付171.72万元；4个依托技术合作的半托管成熟蜜蜂场生产蜂蜜19吨，产值117万元，实现养蜂脱低目标。制作密云蜂业宣传片1个、发放密云蜂业宣传册200本、拍摄抖音小视频24条、发布官方微信公众号信息113条、官方网站更新信息255条、视频52条。制定《密云区成熟蜜生产技术规范》和《密云区成熟蜜质量标准》，推动全区蜂农使用多箱体养蜂技术生产优质成熟蜜，对于检测合格且波美度达到42.5的蜂蜜，授予“密云蜂业”品牌标识，并统一制作产品包装，建立价格保护机制，打造密云蜂业品牌形象。加强与中国农业科学院蜜蜂研究所合作，在密云区建立北京市蜂产业研究院，研究蜜蜂病敌害、蜜蜂授粉与生态、蜜蜂种质资源等。全区有蜂产品公司2家、蜂业专业合作组织28个、蜂农2145户 、产业从业人员4000余人、蜂群12.35万群，密云蜂产业产值近1.3亿元。5月20日，举办5·20世界蜜蜂日、全国成熟蜜生产现场观摩会、割蜜节以及北京市首届蜜蜂文化节等4场蜜蜂主题活动。

（张海军）

【种苗花卉产业】 年内，区园林绿化局开展苗木质量抽查30余苗批，迎接市级苗木质量监管成员单位赴密抽查1次。1月至10月，对符合申办条件的生产经营者给予核发“林木种子生产经营许可证”4件，延续2件，变更5件。对在册苗圃企业和各镇集贸市场开展“双随机”执法检查114次。全区花卉育苗面积370亩，销售额400万元；种苗育苗面积346公顷，总产值1.66亿元，共销售苗木9.6万株，销售额511万元。

（张海军）

【集体林场】 年内，全区17个镇全部成立镇级集体林场，12个被列为全市试点林场。用工人数2017人，本地用工1856人，占总用工人数的92%，人均月工资达3800余元。

（张海军）

【森林防火】 年内，区园林绿化局组建完成16支383人专业森林扑火队，在136个重点村、单位成立1008人的早期应急处置小分队，全区5239名生态林管护员实行专业培训和持证上岗。全力抓好森林防火三级平台建设，新建视频监控基站79处，防火监控覆盖率达85%以上。在18个镇6个林场累计设置190个防火码使用场景，形成卡口防火码数量累计905个。清理可燃物面积6466公顷；开设防火隔离带126万延米。防火期出动人员400余人次，检查单位、点位1500余处；协助区森防办开展大型实战拉动2次，各镇级森林防火队伍开展实战演练10余次。

（张海军）

【林长制】 年内，区园林绿化局成立林长制办公室，完成人员配置等工作。制定印发《密云区林长制实施方案》，组织实施《密云区总林长令发布制度》等7项制度。做好石城镇林长制试点工作，完成镇域内18个网格划分，做到“网中有格、格中有人、人在格上、事在格中”，明确村级林长及林务员职责，并在镇域内设立15个林长制公示牌。

（张海军）

【林政资源管理】 年内，区园林绿化局完成城市树木砍伐移植审批及备案30件，其中砍伐17件、移植11件、备案2件，涉及砍伐移植树木410余株。办理林地占用审批及备案18件，涉及林地面积16.32公顷，应收取植被恢复费3506.74万元（实际收取植被恢复费155.91万元）。推进“零跑腿”、“一网通办”审批流程，注重与涉林企业和群众线上互动反馈，为申报人提供主动服务，提高审批效率。

（张海军）

【野生动物植物保护】 年内，区园林绿化局完成并向社会公布3个《北京市密云区陆生野生动物名录》（鸟类、兽类、爬行类）。全区11个监测站及观鸟爱好者监测到鸟类等野生动物310余种，总数近22万只。开展野生动物救助活动82次，救助动物46种85只，其中国家一级保护动物1只（秃鹫）、国家二级保护动物31只（貉、红隼、燕隼等）。

（张海军）

【林木有害生物防控】 年内，区园林绿化局开具《调运检疫要求书》785份、《产地检疫合格证》158份、《植物调运检疫证书》11份；针对以美国白蛾为主的林木病虫害，投入人工17302人次，出动车次5302台次，动用防治机械531台套，使用药剂15.5吨，使用灯诱、性诱及绑草把开展无公害防治，释放周氏啮小蜂1.2亿头，覆盖林地面积8460公顷，全区防治美国白蛾面积约19173.3公顷。在河南寨镇围环防治春尺蠖133.3公顷，在五座楼林场、溪翁庄镇围环防治油松毛虫13.7公顷，在穆家峪镇释放蠋蝽3万头。

（张海军）

【涉林案件查处】 年内，区园林绿化局办理林业行政案件48件，罚款金额123万余元。其中办结17件，申请法院强制执行3件，等待恢复补种1件。森林督查图斑726个，销账505个，未销账221个，销账率70%。完成行政检查993次，行政处罚案件48件。做好行政许可和行政处罚双公示、行政检查双随机工作。拓展普法途径，丰富普法形式。

（张海军）

【城镇绿化美化】 年内，区园林绿化局接收代征绿地两块，分别为北京中电加美环保设备有限公司代征绿地面积4873.68平方米、中国科学院大气物理研究所项目6624.27平方米，移交至经济开发区。城镇园林绿地季度养护管理生态涵养区排名第一。研究制定密云杨柳飞絮治理方案，建立杨柳树雌株台账，采取有效措施治理1.8万株。

（张海军）

【社区环境美化】 年内，区园林绿化局完成创建首都绿化美化花园式单位6个、首都绿化美化花园式社区2个、首都森林村庄7个。全区57个村庄开展绿化美化建设工作，其中按照设计完成全部绿化任务的村庄为33个，占已开工村庄数量的57.9%。

（张海军）

【城市森林景观】 年内，区园林绿化局打造白河城市森林公园、潮河体育休闲公园、冶仙塔文化休闲公园、怀密线绿化景观提升等多功能的城市森林景观，为助推密云全域旅游夯实绿色基础。

（张海军）

【接诉即办】 年内，区园林绿化局受理“12345”市民服务热线投诉328件，主要涉及绿地认建认养、林业案件办理、公园建设等事项，回复响应率达100%。

（张海军）

园 林 绿 化

【概　况】 北京市密云区园林绿化服务中心（简称区园林中心）内设办公室、财务科、政工人事科、管理科、绿化科、宣传科、信访协调科及业务巡检科，下设管护一队、管护二队、管护三队、管护四队、管护五队及管护六队。事业编制148名。

年内，区园林中心贯彻落实习近平总书记重要回信精神，落实市区两级指示精神，以庆祝建党100周年为契机，以创建全国文明城区为目标，奋力打造践行习近平生态文明思想典范之区。完成城区15个公园（奥林匹克健身园、云启公园、时光公园、法制公园、长城环岛公园、密虹公园、滨河公园、白河公园、太扬公园、迎宾公园、新城滨河森林公园、冶仙塔文化休闲公园、白河城市森林公园、潮河体育休闲公园、月季公园）的管护工作，管辖公园面积680.5万平方米，绿地52块101.44万平方米，道路62条170.80万平方米，管护总面积达952.74万平方米。其中新城滨河森林公园364.14万平方米，白河城市森林公园120.1万平方米，潮河体育休闲公园73.11万平方米。

（王恩娣）

单位名称：北京市密云区园林绿化服务中心
地　　址：北京市密云区西门外大街2号
电　　话：69069996

【禧悦府小区南侧绿地建设工程】 年内，区园林中心完成禧悦府小区南侧绿地建设工程。工程位于城后街禧悦府小区南侧。绿地面积0.32万平方米，栽植品种月季337.2平方米、栽植卫矛篱331平方米、栽植丹麦草2215.6平方米、栽植棣棠篱385平方米，共计3268.8平方米，球类57株，乔灌木183棵，绚丽海棠69棵、日本晚樱72棵、丛生榆叶梅42棵。安装灌溉管线337.1延米，快速取水阀安装15个，阀门箱安装15个，阀门井砌筑3座，泄水井3座。绿化栽植主要选用开花小乔、彩色灌木、常绿灌木、开花灌木、常绿地被配置，打造春季有花、夏季繁茂、秋季有色、冬季有绿的常态景观。

（王恩娣）

【京沈客专密云站周边环境提升工程】 年内，区园林中心完成京沈客专密云站周边环境提升工程。该项目西起京承高速16出口，东至南河路，全长3.1千米，占地面积约15.1万平方米。工程主要包括外立面粉饰、道路整修及绿化等工作，提升密云站前广场周边环境。工程于6月15日进场施工，截至年底，完成总工程量的97%，其中建筑工程墙面喷刷涂料约1616平方米、市政工程彩色沥青完成560平方米、园路铺装完成4263.47平方米、栽植乔灌木1670株、喷播花草14万平方米、灌溉工程管线铺设2201.4米、电力工程管线铺设3370米。

（王恩娣）

【鼓楼东西、南北大街景观改造提升工程】 年内，区园林中心完成鼓楼东西、南北大街和阳光公园、玉兰公园景观改造提升工程。提升后的鼓楼东西、南北大街通过统一风格，塑造舒适步行空间，建设绿树掩映生态公园城市；提升后的阳光绿地、玉兰绿地将为周边的市民提供“开放共享，功能多元”城市绿地空间。阳光公园、玉兰公园改造，栽植乔灌木200余株，地被0.7万平方米，园路广场铺装0.19万平方米，增设儿童、老年活动设施。鼓楼东西大街、南北大街改造提升，栽植乔灌木600余株，地被0.35万平方米，安装树池盖板0.13万平方米。

（王恩娣）

【潮白河周边环境建设工程】 年内，区园林中心完成潮白河周边环境建设工程（二期）视察线环境绿化工程。该项目总占地面积约15.57万平方米，工程建设期为7月至8月。建设内容主要对道路两侧开展绿化美化，打造道路两侧绿地景观，包含建筑工程、市政工程、绿化工程、庭院工程、灌溉工程。整理绿化用地15.57万平方米、换填种植0.6万立方米、渣土外运1.5万立方米、绿化起坡造型0.34万个、砍伐乔木90株、砍挖灌木5112株、移植乔木1797株、移植灌木250株、移植花卉93.13平方米、移植色带210平方米、栽植乔木383株、栽植灌木1821株、栽植花卉2万平方米、栽植色带1.3万平方米、铺种草皮1.6万平方米、栽植攀援植物900株、苗木修剪17179株、花箱栽植33057盆，新做、修补路缘石31米，新做、修复渗水沟881米，古树支撑地锚1项、景墙8.1立方米、混凝土路面1079平方米、混凝土立道牙368.5米、拆除路面358.42平方米、挡墙26米、喷灌配件安装977个、喷灌管线安装9477.54米、阀井83座、泄水井83座、挖沟槽土方0.87万立方米、回填0.87万立方米、镀锌管229.9米。

（王恩娣）

9月8日，阳光公园景观改造提升

（孙小红 摄）

【新城再生水配套管网工程施工区域绿化工程】 年内，区园林中心完成新城再生水配套管网工程施工区域绿化恢复工程。该项目位于潮白河两岸，施工面积15.7万平方米。栽植常绿乔木2014株、落叶乔木4692株、常绿灌木519株、落叶灌木7337株，草花及地被15万平方米。庭院工程包括园路完成205平方米、车行广场完成2807平方米、人行广场完成610平方米、花岗岩道牙完成160延米、混凝土道牙完成891延米。园林给排水工程包括喷灌管线安装370米、快速取水阀安装8个、阀门井砌筑4座、给水水表井1座、泄水井1座。

（王恩娣）

【小蜜蜂儿童乐园】 年内，区园林中心建设小蜜蜂儿童乐园，于9月29日开工，截至年底，完成地上物清理。该项目位于密云科技馆东侧，地块呈三角形分布，总面积约 1.46 万平方米，通过小蜜蜂儿童公园景观工程实施，提高场地利用率，发挥景观效益，使其作为白河生态廊道一部分，以绿色、共享、童趣为着眼点，打造白河滨水绿廊中小蜜蜂主题乐园。

（王恩娣）

【全龄友好公园改造工程】 年内，区园林中心建设全龄友好公园改造工程，于 8 月 16 日开工。该项位于飞鸿世纪园和法制公园，对两座公园改造提升。通过考虑全年龄段，特别是老年、儿童、残障人士需求，提供健康、安全、舒适的公园环境及服务设施。项目施工面积 3.2 万平方米。截至年底，栽植常绿乔木 37 株、落叶乔木 36 株、草坪 0.1 万平方米。外购种植土 0.14 万立方米，土方开挖及回填 0.27 万立方米。园路完成 0.14 万平方米，混凝土道牙完成 200 延米，喷灌管线安装 3200 米，快速取水阀安装 15 个，阀门井砌筑 6 座，泄水井 4 座。

（王恩娣）

【城区重大节日景观提升工程】 年内，区园林中心按照“突出主题、特色鲜明、确保安全、厉行节约”原则，与“五一”“七一”“十一”等重大节日相结合。在城区重要道路与公园节点，通过地栽花卉、立体花坛、容器花卉、花堆、小品等布置形式，打造百花争妍、花团锦簇、精彩纷呈的景观效果，营造热烈喜庆的节日氛围。截至年底，完成重大节日花卉布置工作，开展花卉养护阶段。花卉布置 967 平方米，花树、花钵 130 个，花箱 1476 个、摆放花坛 9 处。

（王恩娣）

【飞鸿世纪园云鼎改造工程】 年内，区园林中心完成飞鸿世纪园云鼎改造工作。该项目改造公园面积 2.65 万平方米，栽植乔灌木 214 株。栽植色带、地被 2.34 万平方米。新、改建透水砖园路 2599 平方米，新增休闲广场 328 平方米，截至年底，全部完工并开放。

（王恩娣）

【密西绿地景观提升改造工程】 年内，区园林中心完成密西绿地景观提升改造工程。该项目位于密西绿地，栽植耐阴地被，以丹麦草为主，提升绿地景观效果，为人们提供优美的绿化景观环境。项目施工总面积为 0.66 万平方米，种植草花及地被 0.64 万平方米。渣土外运消纳 16 立方米，外购种植土 32 立米，土方回填 54.25 立米，2：8 灰土垫层 26.26 立方米，混凝土道牙完成 77.4 延米。

（王恩娣）

【生态马拉松环境保障】 年内，区园林中心做好 2021 年密云生态马拉松环境保障工作。开展花海、本土材艺园、精品赛道、折返桥等节点树木种植及美化工作。其中花卉景观布置以万象汇周边、精品赛道区、花海、驿站、本土材艺园、折返点等地为重点，以花球、花柱、花箱、地面花带等展现形式，采用串红、孔雀草、牵牛、海棠等花卉品种，营造“喜庆热烈、花团锦簇”景观效果。布置花球 16 个、花柱 6 个、花桥 2 组、挂花容器 670 个，地面花带 8600 平方米。

（王恩娣）

【创建全国文明城区】 年内，区园林中心不断提升人居环境，让创城惠及于民。通过队内自检、定期巡检和领导小组“四不两直”检查相结合的方式，对管辖范围内道路、公园、绿地进行全方位、无死角检查。根据疫情防控、建党 100 周年等重要节点组织专项检查 20 余次；对接区环境办，针对 154 件环境检查台账进行整改；在重要点位设置 7 个宣传板、19 块公益广告宣传栏、9 个工艺小品、7 个花卉景观小品，宣传创城知识，增强市民参与度；组织全体职工进行环境卫生、公共秩序、文明行为和文明交通等志愿服务。截至年底，在实地测评的 4 类 36 个点位，250 条测评指标中，其中合格 219 条，总体符合率 87.60%。收到各类型点位指标分析及存在的问题台账 47 条，完成整改 30 条。为保证巩固创城工作成果，将创城工作指标纳入员工考核，实行常态化管理，实现养护管理全域全覆盖。

（王恩娣）

【春季行道树修剪】 年内，区园林中心对所辖区域内 19 条道路 3643 行道树木进行集中修剪。通过清理树木干枝、病残枝、过密交叉枝杆，解决行道树树线矛盾、遮挡信号灯、遮挡摄像头等问题，提高树木抵御极端天气倒伏隐患及预防病虫害能力，提升道路绿化整体景观效果。

（王恩娣）

【创新“园长制”工作理念】 年内，区园林中心在网格化管理基础上，创新“园长制”工作理念，将优秀的公园管理经验进行推广，结合日常台账管理，对辖区内公园按精品公园标准进行精细化管理。

（王恩娣）

密云水库

Miyun Reservoir

【概　况】北京市密云水库管理处（简称密云水库管理处）内设党务办公室、行政办公室、人事教育科、财务科、审计科、纪检监督科、离退休服务科、规划计划科、工程管理科、调度运行科、水环境管理科、应急与安全管理科、科技科、法制科，下属潮河管理所、白河管理所、库区管理所、水生态所、库滨带管理所、水环境监测分中心、科技推广中心、资产管理中心、公共服务中心、后勤服务中心。编制592名。

年内，密云水库管理处坚持以防汛供水、工程管理和保水护水为重点，围绕工程安全、供水安全、防汛安全、水质安全目标，推进各项工作开展。10月1日，密云水库水位155.30米，蓄水量35.79亿立方米，创密云水库水位、蓄水量历史新高。全年完成向下游生态补水10.45亿立方米，补水规模为历年之最。完成城市供水1.44亿立方米。建立健全高水位运行工程安全保障机制，增加巡视检查、安全监管和隐患排查频次，开展巡查监测2.8万人次。采集各类水质样品6400余个，获得监测数据2.5万余条。开展“暑期河湖水环境保护专项行动”和“密云水库流域蓝盾专项执法行动”，全年立案27起，罚款4.32万元，同比违法数量降低。强化水源涵养林管护，防火巡查出动7600人次，徒步巡查累计7.7万千米，行车巡查3.5万千米。科学防治病虫害，加强补植补栽，开展林政、林业资源管理，开展野生动植物观测及救助保护工作，未发生林木盗砍盗伐等案件。

（崔亚伟）

单位名称：北京市密云水库管理处
地　　址：北京市密云区溪翁庄镇环湖路
电　　话：69014674

【密云水库规自领域巡视整改及水源保护工作会】2月7日，北京市水务局组织相关部门在密云水库管理处召开密云水库规自领域巡视整改及水源保护工作会。会上密云水库管理处和市水保总站分别就密云水库历史遗留水利工程土地确权等问题、密云水库流域水生态保护与发展规划保水措施作汇报。参会相关部门对密云水库规自领域问题的办理路径和现行政策进行阐述，对密云水库流域生态保护和保水措施发表意见。市规自委、市发改委、市财政局、市水务局、区水务局、区规自分局、区园林局等部门参加。

（崔亚伟）

【密云水库安全运行调研】3月27日，北京市副市长卢映川带队到密云水库调研，区政府、密云水库管理处相关负责人参加。卢映川一行先后到密云水库白河主坝、第一溢洪道施工现场、潮河主河道，听取密云水库管理处关于向下游生态补水准备情况和第一溢洪道工程进展情况的汇报，询问密云水库运行管理情况和第一溢洪道改建项目建设标准、生态措施及进展情况。卢映川强调，要加强安全工作，防止各类安全事故发生，做好向下游生态补水准备工作，工程建设要保障质量，确保密云水库安全运行。

（崔亚伟）

【防汛供水】年内，密云水库蓄水量、降水量、降雨场次均创历史之最。水库水位于8月23日突破1994年历史最高水位153.98米，10月1日库水位达155.30米，相应蓄水量35.79亿立方米，创造密云水库蓄水量新纪录。全年库区平均降雨量1167毫米，是同期2.1倍，为建库以来最大。降雨日数98天，比上年增加50%，为建库以来最多。最大洪峰达1190立方米/秒，最大入库流量达2540立方米/秒。面对严峻的防汛形势，落实“三个责任人”“三个重点环节”，落实防汛岗位责任制，修订完善抢险预案，制定超标准洪水测报方案，落实抢险物资储备及抢险队伍。针对多项历史极值雨水情状况，增派人员，加密测验频次，延长工作时间。完成流量测验253次，是同期4倍多，水位观测6733次，比上年增加20%，安排值班人员820人次，是同期的2.2倍，发送报文4023条，比上年增加30%。有效应对“7·12”“7·17”“7·27”等强降雨，确保防汛安全。

（崔亚伟）

【生态补水】年内，根据北京市水资源调度令要求，密云水库管理处4月30日至5月27日、7月26日至8月1日、9月16日至12月31日，累计向下游生态补水水量10.45亿立方米，其中向白河河道补水1.95亿立方米、潮河河道补水5.04亿立方米、京密引水渠补水3.46亿立方米。

（崔亚伟）

【工程运行管理】年内，密云水库管理处针对高水位运行常态化所带来的问题，制定工情巡查监测方案与工程安全保障方案，建立健全高水位运行工程安全保障机制，增加巡视检查、安全监管和隐患排查频次，全年开展巡查监测2.8万人次，是同期2.3倍。为提

9 月 12 日，密云水库向下游补水（舒媛　摄）

升高水位运行下的技术支撑能力，对接清华大学、中国水科院等科研院所，邀请专家到现场为水库把脉会诊。完善标准化制度 8 项，制作安装标识标牌 3000 余块。建立水利工程运行管理标准化问题台账，督促问题整改落实。工程项目实行全过程监管。

（崔亚伟）

【水质监测】　年内，密云水库管理处科学监测分析水质变化，掌握水质状况。按照《高水位运行水质监测工作方案》，实施高水位运行期间库区加密监测，掌握库区水位上升后的水质变化状况，全年采集各类水质样品 6400 余个，比上年增加 23%，获得监测数据 2.5 万余条，比上年增加 10%。生态补水期间增加采集地表水水质监测数据，获地表、地下水质数据 3400 余条，全过程监测密云区调水沿线水质动态变化。

（崔亚伟）

【流域巡查监管】　年内，密云水库管理处深化流域巡查监管，推进解决河湖生态问题。落实年度总河长令，强化河湖监管，深化河湖“清四乱”“清河行动”常态化、规范化，全年开展河道巡查 3541 千米，解决各类水环境问题 137 处。配合市委党风政风督查室开展水环境监督检查工作，对上游 11 处问题督促属地部门进行整改。发挥水库“前哨”作用，6 次深入密云水库上游流域（河北省境内），推进解决张家口市、承德市污水直排、堆放垃圾、禽畜养殖等难点问题。

（崔亚伟）

【水环境管护】　年内，密云水库管理处强化水源地保护，提升水环境管护能力。深化市区联动，保持依法保水高压态势。引进密云区 394 路监控视频，构建“人防、物防、技防”三位一体安全保障体系。开展“暑期河湖水环境保护专项行动”和“密云水库流域蓝盾专项执法行动”，全年立案 27 起，罚款 4.32 万元，同比违法数量降低。强化库区封闭管理，维修加固围网 700 余处，封闭管理站全年拦截社会车辆 2.3 万余辆。全年打捞水面漂浮物 2 万余立方米。

（崔亚伟）

【密云水库宣传】　年内，密云水库管理处以学习宣传贯彻总书记回信精神、党史学习教育为宣传重点，接待配合外媒采访，统筹谋划内宣外宣、网上网下等宣传方式，报道密云水库水位屡创新高、潮白河生态补水等重要消息，挖掘干部职工在应对强降雨天气、保障密云水库高水位运行安全等重点任务中的先进典型事迹，北京电视台制作播放专题纪录片——《山水人和》，记录奋战在一线的密云水库人。全年处网站刊稿 1540 篇，局网站刊稿 1376 篇，北京水务报刊稿 36 篇，局“双微”平台刊稿 233 篇，向社会媒体推送文章 154 篇。

（崔亚伟）

【密云水库第一溢洪道改建工程】　年内，密云水库管理处建设密云水库第一溢洪道改建工程。工程位于穆家峪镇潮河黄各庄，总投资 2.3 亿元。于 2019 年 7 月 1 日开工，建设单位为密云水库管理处，设计单位为北京市水利规划设计研究院，施工单位为北京通成达水务建设有限公司。截至年底，新闸建设全部完成。新建溢洪道建筑物级别为 1 级，为 5 孔 9 米×8 米带胸墙潜孔式水闸，工作闸门采用潜孔弧形钢闸门，液压启闭机启闭，合理使用年限 150 年，闸门合理使用年限 50 年。设计洪水位 157.5 米时，泄流能力 4300 立方米/秒。校核洪水位 158.5 时米，泄流能力 4490 立方米/秒。

（崔　凯）

农业与农村

AGRICULTURE AND RURAL ECONOMY

北京市密云区委农村工作委员会、北京市密云区农业农村局加挂区山区建设办、区乡村振兴局牌子，下设 9 个行政内设机构，分别为办公室（安全生产科、行政审批科）、组织宣传科、计划财务科、村镇建设科、山区建设科（精准脱低办公室）、农村经济管理科（农村土地承包管理办公室）、农业机械与现代装备科（产业化服务办公室）、种植业管理科、畜牧渔业管理科。1 个行政执法单位为区农业综合执法大队，以农业农村局名义执法。对锁定编制范围的渔政站、种子站、农机站、动物水生监督所、土肥站、植保站的事业执法人员进行执法改革人员划转及公务员过渡，初步确定划转人员。编制 392 名，其中行政编制 79 名，行政工勤编制 20 名，事业编制 293 名。年内，区农业农村局以生态优先、绿色发展为导向，以实施乡村振兴战略作为总抓手，统筹推进农业产业发展、美丽乡村建设、农民持续增收、乡村治理水平提升、加强党的建设等工作，取得阶段性成效。

农业绿色高质量发展 建立“田长制”，实现区镇村三级联动。开展“大棚房”专项整治工作，未发现“大棚房”反弹现象。强化粮食安全和“菜篮子”工程责任意识，粮食播种面积、产量、生猪存栏等均超额完成市级下达年度任务指标。打造库南高效设施农业产业集群，环湖有机杂粮产业带和密云水库净水渔产业，完成区镇两级密云水库鱼产销合作社建设工作。

农业转型升级 国家现代农业产业园建设完成年终认定工作。1230 农业数字化、智慧化体系投入使用，农业电商产业园基本建成。推动农旅产业融合发展。打造金叵罗、日光山谷等多个乡村旅游节点和陌上花开、岫林密境等精品民宿。推进乡村旅游精品线路和民俗接待户基础设施提升工程。

美丽乡村建设 开展美丽乡村规划及工程建设，提升农村人居环境整治水平。开展“厕所革命”，按照市级农村改厕工作要求，科学选择适合当地实际的改厕模式。全区农村公共卫生厕所 594 座全部达到三类使用标准。推进“煤改电”工程，建立区、镇、村三级“煤改电”供热设备售后维修服务体系。

分类帮扶促增收 制定出台密云区《2021 年巩固低收入农户帮扶成果工作要点》，开展常态化监测和帮扶。支持各村发展设施农业、精品民宿、集体蜂场等项目，促进集体经济薄弱村发展。推介城市公共服务岗、水源区管理公益岗等就业资源，促进农村劳动力转移就业，重点关注密云水库一级保护区内群众生产生活问题，加大农业产业、农村基础设施建设、农民转移就业等方面政策倾斜力度，带动农民就业和增收。

农村基层治理 构建“三治”融合乡村治理体系，严格第一书记日常管理，深化 12345 市民服务热线“接诉即办”工作机制，关注并解决农村基础设施建设、宅基地管理、农民待遇等方面问题。严抓农村地区疫情防控工作，做好疫苗接种动员指导工作。

安全生产 加强重大动物疫病防控工作，开展养殖环境卫生集中整治行动，加大动物疫病监测力度，保证进京动物及动物产品安全。建立健全安全生产责任制，抓好农产品安全，农业机械、农业设施等行业安全生产检查。

农业执法 加强执法人员教育培训。加强动物卫生监督、种子、农机、渔政等农业领域执法，打击各种违法行为。

（冯彩侠）

单位名称：北京市密云区委农村工作委员会
　　　　　北京市密云区农业农村局
地　　址：北京市密云区水源路 358 号 B 座
电　　话：69041735

都市现代农业

Urban Modern Agriculture

【概　况】 年内，区农业农村局按照粮食安全、“菜篮子”区长负责制，推动农业绿色高质量发展，创建国家现代化产业园，投资建设高标准农田项目。

（张　洋）

【农林牧渔业产值】 年内，全区完成农林牧渔业总产值 33.52 亿元，比上年增长 10.6%。农业产值 15.63 亿元，比上年增长 10.9%。林业产值 10.52 亿元，比上年增长 4.3%。畜牧业产值 5.95 亿元，比上年增长 21.7%。渔业产值 0.66 亿元，与上年持平。农林牧渔专业及辅助性活动产值 0.77 亿元，比上年增长 30%。

（冯彩侠）

【农业领域“留白增绿”】 年内，区农业农村局完成农业领域留白增绿面积 3.7 公顷，涉及 16 个镇 236 个地块，种植各种蔬菜、玉米等农作物。2018—2021

年，农业领域完成110.91公顷拆违腾退土地的复种复绿任务，涉及16个镇318个地块。

（刘西贝）

【国家现代农业产业园创建工程】 年内，国家现代农业产业园完成创建，以绿色有机优质蔬菜、果品为主导产业，涉及4个镇（河南寨、东邵渠、巨各庄和穆家峪镇）92个行政村、3.38万农户，9.39万人，创建期内40个重点建设项目全部完成，形成“1＋3＋N”产业布局。

（史洪岩）

【1230数字农业管理体系】 年内，区农业农村局建立由1个智慧农业数字管控平台，2个数字化、智能化管理系统，N个专业管理子系统组成的数字农业管理体系，覆盖“三农”工作各领域。

（史洪岩）

智慧农业数字化管控平台　　（史洪岩　摄）

【高标准农田建设项目】 年内，全区高标准农田建设总面积403.33公顷，涉及高岭镇、冯家峪镇、古北口镇、东邵渠镇、溪翁庄镇5个镇，17个村，项目总投资1815万元。项目建设内容包括土地平整工程、土壤改良工程、灌溉与排水工程、田间道路工程、农田防护与生态环境保持工程等其他工程。

（孙令鑫）

【畜禽养殖】 年内，全区生猪存栏4.41万头，出栏5.25万头；奶牛存栏1.23万头，鲜奶产量5.58万吨；肉鸡存栏0.08万只，出栏57.37万只；蛋鸡存栏65.06万只，鸡蛋产量0.67万吨；肉羊存栏2.78万只，出栏1.63万只；肉牛存栏0.15万头，出栏0.42万头。

（王明恩）

【病死猪无害化处理】 年内，区农业农村局贯彻落实市农业农村局工作要求，做好数据统计、汇总和上报工作，全区养殖环节处理病死猪14125头。

（王明恩）

【第三次畜禽遗传资源普查】 年内，区农业农村局完成密云区第三次畜禽遗传资源普查第一阶段畜禽和蜂遗传资源基本情况面上普查工作。其中，有遗传资源村219个，畜禽已知资源10个畜种、31个品种；新发现资源3个畜种、3个品种；蜂资源12个品种。

（温富勇）

【粪污资源化利用】 年内，区农业农村局开展粪污资源化利用技术，在种鸡场和奶牛场建成全市第一条“生物＋气流膜”静态好氧堆肥发酵技术示范线。全年处理牛粪7400吨，节省牛场购买垫料140余万元，年处理鸡粪420吨。

（温富勇）

【畜牧技术试验示范及推广】 年内，区农业农村局开展奶牛繁育调控技术，提高发情检出率，缩短胎间距，为牛场带来效益249.6万元；开展平衡日粮氨基酸提高生产性能示范技术，每头每日单产提高0.6千克；开展奶牛选种选育、奶牛产后疾病防治、犊牛冬季保温马甲防病等示范技术，把科研成果惠及密云养殖场。

（温富勇）

【稳产保供】 年内，区农业农村局统筹各镇落实粮食播种面积9466.67公顷、产量5.36万吨，冬小麦播种面积406.67公顷，蔬菜播种面积3733.33公顷、产量16万吨，生猪存栏4.3万头，均超额完成市级下达年度任务指标。

（张　洋　王明恩）

【非洲猪瘟疫情防控】 年内，区农业农村局组织培训动物防疫技术人员和养殖场户348人次；与食药、城管、工商、公安、交通、园林、城市管委等部门开展联防联控；强化7个进京道口的管控，严禁违规运输动物和动物产品的车辆进入本市。公路检查站检疫检查出入境牛1243头、猪6.69万头、禽13.01万只，畜禽产品15.67万吨，消毒车辆1.79万辆。完成派驻官方兽医14人，加强对屠宰场的监管任务，实现监管无盲区；调进白条猪肉非洲猪瘟检测，检测非洲猪瘟样品7187份，结果全部合格。

（王明恩）

【畜禽养殖场（小区）备案更新】 年内，区农业农村局按照北京市农业农村局统一部署，开展2次畜禽养殖场备案登记工作，全区24个规模养殖场（小区）

登记备案更新。

（王明恩）

【动物免疫及免疫抗体监测】 年内，全区畜禽重大动物疫病强制免疫 605.5 万头（羽、只、条），免疫率 100%；指导性动物疫病免疫 12 万头（羽、只、条）。监测、检测采样场数 4907 个场（户）次，监测、检测禽流感、口蹄疫、布病、结核病、马传贫、马鼻疽、瘦肉精、非洲猪瘟等样品 10.2 万份，监测、检测覆盖面 100%，免疫抗体合格率 97%以上。

（王晓磊）

【行政审批】 年内，区农业农村局完成拖拉机和联合收割机检验 288 台，拖拉机和联合收割机登记和驾驶证核发业务 246 件，完成 370 台变型拖拉机的注销工作。完成《生鲜乳准运证》换证 6 个，发放《兽药经营许可证》3 家，审批《动物防疫条件合格证》27 个，审核发放《动物诊疗许可证》4 家。

（郑春军　王明恩）

农业行政执法

Agricultural Administrative Enforcement

【概　况】 年内，区农业农村局强化农业生产全过程监管，保障农产品质量安全和农业生态安全。加强农业领域执法，抓好农业机械和设施安全，打击私屠乱宰、假种经营、非法渔业捕捞等违法行为。

（李海南）

【检疫监督】 年内，区农业农村局落实产地检疫、屠宰检疫和公路检疫工作。产地检疫：生猪 3.54 万头、禽类 58.12 万只、种蛋 235 万枚、肉牛 455 头、马 2 匹，其他动物 253 只，淡水鱼（苗）3474 万尾。屠宰检疫：禽 21.24 万只、牛 856 头，监督无害化处理病死禽 382 只，修割不合格动物产品及有害腺体 0.09 吨。监督生猪定点屠宰场出厂动物产品 2.17 万吨。古北口、番字牌公路动物防疫监督检查站监督检查：进京牛 1243 头、猪 6.69 万头、禽 13.01 万只，畜禽产品 15.67 万吨，消毒车辆 1.79 万辆。

（晁计奎）

【动物卫生监督执法】 年内，动物卫生监督所强化执法监督，开展行政执法检查各类监管对象 888 家次，出动执法人员 2026 人次，出动执法车辆 814 车次，下发监督笔录意见书 1784 份。与监管对象签订责任书和承诺书 64 份、安全生产责任书 35 份。全年查办案件 42 起，其中一般案件 22 起；简易案件 20 起，罚没金额 3.7265 万元，罚没兽药 19 盒。

（晁计奎）

【种子生产经营监督执法】 年内，区农业农村局对全区农作物种子生产经营单位和门店开展行政执法检查 728 家次，检查覆盖率 100%。开展种子质量监督抽查，检测农作物种子样品 92 份，田间检验种子生产田 68.67 公顷。办理行政许可 1 项，办理种子经营备案 57 家。组织集中法律法规宣传 2 次，进门店宣传 30 家次。调解种子质量纠纷 4 起。搜集杂粮、蔬菜等农作物种质资源 104 份。

（肖凤瑞）

【渔政执法】 年内，区农业农村局开展水生野生动物保护及渔业资源环境执法检查 1150 人次，立案 20 起，罚款 1.17 万元。完成生态环境损害赔偿工作 2 起。配合水务部门、公安部门、生态环境部门完成河道联合执法 27 次，出动执法人员 64 人次。

（张浩宇）

【农机执法】 年内，区农业农村局查处和纠正各种违法违规行为，确保农机安全生产。开展执法检查 391 次，消除和纠正各种农机安全生产隐患 40 起，查获违法违规行为 20 起，立案处理 20 件。

（郑春军）

农业生产服务

Agricultural Production Services

【概　况】 北京市密云区农业服务中心（简称区农服中心）内设办公室、政工科、蔬菜科、粮食经济作物科等 15 个科室（年内，撤销农产品安全科、水产增殖科；组建农业融资保险服务科、农业品牌服务科；农机科更名为农业机械化科、粮经科更名为粮食经济作物科），所属农业技术推广站、植物保护站等 9 个科级独立法人单位（年内，撤销农业绿色食品管理服务站、水生动物卫生监督检验所；整合组建农业综合检验检测站；植保植检站更名为植物保护站；农业职业技术学校更名为农业技能提升服务站；农机化技术推广服务站更名为农业机械化技术推广服务站；畜牧技术推广站由区农业农村局划入区农业服务中心）。原农民专业合作社服务中心，17 人划转至区农服中心。目前共有编制 250 人。机构改革后，区农服中心归口区委农工委管理，主要职能调整为贯彻落实国家、北京市、区农业及农业机械化发展的方针政策，提供农业及农业机械化等方面的技术服务及专业技术推广；农业及农业机械化等方面的指导及专业技术人员的培训；为农业经营主体提供融资、科技、信息和保险的服务及对农产品的市场开发、品牌建设的具体实施工作；完成区委、区政府和区委农工委交办的其他任务。

年内，区农业服务中心做好农产品稳产保供，推进设施农业产业发展，推动高效特色杂粮产业建设，提升农业机械化水平、开展密云水库增殖放流、推进化肥农药减量、防控农业面源污染、保障农产品质量安全，扎实做好农业融资保险服务、农业技术指导服务。全区蔬菜（含食用菌）播种面积3108.22公顷，总产量1.45亿千克，产值4.37亿元。全区粮经作物播种面积9549.67公顷，总产量8330万千克，产值2.36亿元。

（李昱含）

单位名称：北京市密云区农业服务中心
地　　址：北京市密云区新西路康居小区北侧
电　　话：69083718

【区级综合质检站考核】 6月23—25日，区农产品质量安全综合质检站参加市农业局开展的农产品质量安全检测能力验证考核，一次性通过考核。10月14—15日，北京市各区检测人员技能比武大赛中，质检站荣获优秀组织奖，马金金获个人三等奖。

（刘　佳）

【设施蔬菜产业】 年内，区农服中心恢复撂荒棚室生产47.36公顷，开展新型全钢日光温室试验0.35公顷，更新无土栽培施肥系统174套，推广简易无土栽培设备0.67公顷。采用田间地头指导、集中培训、电话、视频等线上指导的工作方式指导农户越冬生产技术、蔬菜茬口安排等2900余人次。

（胡　博）

【特色杂粮产业】 年内，区农服中心开展266.8公顷小麦、玉米等籽种繁育基地建设，完善脱毒甘薯种苗繁育基地，配套相关设备与设施。采用电热育苗、高剪苗等技术生产甘薯优质种苗1000余万株。对3800平方米甘薯储藏库进行智能化改造升级，储存能力300万千克。

（欧朔宇）

【“一村一品”专业村建设】 年内，区农服中心打造八家庄、尖岩为番茄专业村，沙峪里、东邵渠村为草莓专业村，北白岩村为叶菜专业村。全区有“一村一品”蔬菜专业村25个，蔬菜专业镇1个。

（胡　博）

【品种推广】 年内，区农服中心推广高品质口感型京彩系列番茄、光辉101番茄、中农26水果黄瓜等优质蔬菜新品种9个。开展谷子、甘薯、鲜食玉米、籽粒玉米等作物新品种试验示范4项，引进作物新品种40余个，筛选出适合本区粮食作物新品种22个。

（胡　博　欧朔宇）

【食用菌栽培】 年内，区农服中心推广黑木耳种植面积23.81公顷，种植菌棒289.6万棒，涉及10个镇13个村128户，干耳产量11.2万千克，产值807万元。通过资源化利用林果枝杈、玉米秸秆等农业生产废弃物，以生态循环模式发展林下赤松茸种植22.34公顷，赤松茸种植成本降低75%，亩纯收益达1万元。组织开展技术培训10余期800余人次，田间指导1000人次。

（刘瑞梅）

6月28日，大城子镇苍术会村林下采耳

（刘瑞梅　摄）

【密云水库增殖放流】 年内，区农服中心向密云水库投放鲢、鳙、鲂等净水鱼苗741.35吨；优化升级密云水库机械化增殖放流系统和自动化计重系统，升级后的装备可有效降低设备对鱼苗的冲击力、减少死伤鱼率。

（李昱含）

【农业机械化】 年内，区农服中心投入大中型拖拉机、玉米精量播种机、旋耕机等各式作业机具2346台套，全区小麦耕种收综合机械化水平100%，玉米耕种收综合机械化率94%。

（孙书海）

【农机装备引进示范】 年内，区农服中心引进农田捡石机开展试验示范工作，对高岭镇等复垦复耕的尾矿库进行机械捡石作业，清除土壤中直径约5厘米至30厘米的石块，作业面积53.36公顷。在河南寨镇陈各庄村开展农机无人驾驶作业现场会，3台第三代新能源无人驾驶拖拉机和2台第二代无人驾驶拖拉机展示耕整地、撒肥、播种、植保等环节的农机作业，避免漏播、重播，可提高土地利用率5%以上。

（方宽伟）

5月24日，在河南寨镇陈各庄村无人驾驶试验示范基地召开农机无人驾驶作业现场会

（张超　摄）

【农业废弃物综合利用】 年内，区农服中心在溪翁庄镇东智北村推广秸秆综合利用机械化粉碎还田、离田作业面积73.37公顷，配套枝条粉碎机、抓草机、运输机械等共计8台套。对新城子镇新城子村、巨各庄镇后焦家坞蔬菜园区、河南寨镇平头村鑫农华种植专业合作社3座处理池进行硬件提升与技术服务，平均每座处理池年处理秸秆300吨以上。在新城子、冯家峪等镇推广简易式农业废弃物秸秆处理方式，推广面积333.5公顷以上，处理废弃物秸秆1000吨以上，基本实现农业废弃物秸秆简易便捷式处理。

（李昱含）

【农机购置补贴】 年内，区农服中心落实北京市农机购置补贴政策，审核受理申请补贴机具604台套，受益农户477户，涉及补贴资金2812.48万元，其中中央资金1295.16万元，市级资金1517.32万元。

（尹宗珺）

【循环农业】 年内，在穆家峪镇、北庄镇、大城子镇、东邵渠镇4个种养结合机械化秸秆处理点，以规模化养猪场、养鸡场的畜禽粪便和周边区域1334公顷农作物秸秆、设施农业尾菜等为原料，加工制作有机肥，并将有机肥回用于周边农田，探索种养结合的农业可持续发展模式。

（孙书海）

【耕地质量保护与提升】 年内，区农服中心推广抑制季节性裸地农田扬尘关键保护性耕作技术，开展机械化深松整地作业2668公顷。在古北口镇、高岭镇等8个山区镇开展休耕轮作试点工作，试点面积433.32公顷。在试点区域种植小黑麦等作物，应用示范土壤改良技术，施用复合微生物菌剂14.67公顷、生物有机肥5公顷、土壤调理剂9.67公顷。

（李昱含）

【农业投入品废弃物回收】 年内，区农服中心在全区12个乡镇的37个农药包装废弃物回收点开展回收29次，回收包装废弃物共52万个，合计8.5吨。在31个地膜回收置换点回收地膜、滴灌带、肥料袋、育苗盘等农业投入品废弃物共计200吨，免费置换100吨。

（张　宁　朱　岳）

12月4日，在北京云海绿洲种植专业合作社园区回收废弃地膜、滴灌带等废弃物（朱岳　摄）

【有机肥替代化肥】 年内，区农服中心在全区7个乡镇推广应用有机肥1761.67公顷，补贴有机肥2.64万吨。

（石文学）

【生物防治】 年内，区农服中心繁育各类天敌昆虫160亿头，减少化学农药用量近224吨，减少防治用工约31.2万个。完成食蚜蝇、丽蚜小蜂等天敌昆虫生产线中试。推广赤眼蜂防治二代玉米螟6263.13公顷；推广太阳能杀虫灯物理防控害虫，防治面积2668公顷；指导全区粮经作物防治面积5.73万公顷。

（张　宁）

5 月 10 日，密云区西田各庄镇某蔬菜基地配送有机肥 （尹心馨 摄）

【病虫草鼠害防治】 年内，区农服中心在全区 13340 公顷农田、50 个标准化蔬菜园区开展统一灭鼠工作，全部采用物理防控代替鼠药防治，防控率 98%以上。指导病虫草鼠害防治 8.56 万公顷次，预报准确率 90%以上，防效率 85%以上。

（张 宁）

【水产养殖种质资源普查】 年内，区农服中心启动第一次水产养殖种质资源普查，完成普查实施方案制定、人员培训、现场普查等各项工作。

（李昱含）

【水产养殖场（户）档案建立】 年内，全区 97 个水产养殖场（户）全部建立纸质档案和电子档案，及时准确记录每家养殖场养殖生产情况。

（李昱含）

【电商产业帮扶】 年内，为北京绿火生态、北京金禾绿源等 9 家本地农产品电商及合作社补贴购置农产品运输车及冷藏车 10 辆、建设保鲜库 500 平方米、新建农残检测室 4 个、补贴农产品设备 15 台套，提升农产品销售企业的带动能力。

（廖文娟）

【农产品质量安全】 年内，区农服中心完成各类检测样 6243 个，其中蔬菜农药残留快速检测样品 4190 个、蔬菜农药残留定量检测样品 893 个、水产品兽药残留快速检测样 52 个、土壤墒情检测 28 个样品、指导基地、电商农药残留速测样品 820 个，承检房山和朝阳两个区 260 个蔬菜样品检测。建设 5 个蔬菜农药使用动态监测点和 3 个农药安全性监测点。开展农药市场和农药安全生产检查 50 余次，入户宣传发放农药法规材料 600 余份，开展无公害农产品获证企业及绿色食品获证企业的证后监管检查 120 余人次。

（刘 佳）

12 月 24 日，质检站工作人员处理农药残留检测数据 （刘佳 摄）

【农业品牌宣传】 年内，区农服中心在北京地铁倒流带、北京地铁扶手带投入广告，在现代企业网刊发各类稿件 174 篇、品牌广告 90 余期。组织 18 家企业及 10 家合作社参加密云马拉松农产品展卖活动，组织 4 家合作社参加密云农林产品及旅游推介，配合区园林绿化局在北京景山公园推介密云农林产品及区域旅游。举办 2021 年“密云农业”特色粮经作物丰收节。

（马占兴）

【种植业三品认证】 年内，全区种植业无公害园区共 70 家，314 个品种，面积 1736.10 公顷，产量 5.63 万吨；绿色园区 7 家，32 个品种，认证面 76.10 公顷，批准产量 5830 吨；有机农产品获证企业 4 家，认证面积 73.41 公顷，批准产量 1360.89 吨。

（李清波）

【有机鱼认证】 年内，区农服中心完成密云水库 7 种鱼、沙厂水库 4 种鱼有机鱼认证，获得有机产品认证证书。

（李清波）

【全国名特优新农产品申报】 年内，区农服中心申报“密云荆花蜂蜜”和“密云百花蜂蜜”2 个“全国名特优新农产品”，并授权 4 家企业（合作社）使用该标识。

（李清波）

【农业融资担保】 年内，区农服中心为农民专业合作社、涉农企业、农产品销售电商平台、农户、合作社联合体等农业经营主体推荐融资项目 41 个，涉及担保金额 6875 万元。

（赵红艳）

【农业保险投保和理赔】 年内，全区政策性农业保险累计承保规模为种植业 10035.05 公顷、养殖业 21.24 万只/头；累计总保费 7075.48 万元，累计总保额 11.09 亿元，累计赔付资金 7708.44 万元。

（赵红艳）

【农民培训】 年内，区农业职业技术学校针对 30 余个村域新型职业农民、全科农技员、农户、电商企业开展线下线上培训 90 余次 1500 人次。为 17 个乡镇和 319 名全科农技员以及重点园区、种植户，发放 350 份栽培管理技术手册和 590 份安全生产操作规程。

（徐向东）

5 月 13 日，在农业职业技术学校开展拖拉机驾驶员培训　（王秋悦　摄）

美丽乡村建设

Construction of Beautiful Village

【概　况】 年内，区农业农村局推进市级示范村建设，实施山区搬迁工程，开展农村人居环境综合整治，综合排名全市第六。开展垃圾分类、农村厕所改造、煤改清洁能源、“大棚房”整治等工作，组建生态环境保护队，推进新型美丽乡村建设。

（秦　宇）

【垃圾分类】 年内，区农业农村局创建市区镇三级示范小区（村）209 个，其中市级 45 个，区级 62 个，镇级 102 个；分类设施基本达标，12 月份达标率 98.03%；垃圾分出质量提升，12 月份家庭厨余垃圾分出量为 1086.45 吨，分出率 23.89%，自主分类投放准确率 90.40%。

（杨燕萍）

【乡村示范典型】 年内，区农业农村局推进 13 个市级“百村示范”村建设（河南寨镇：团结、台上；北庄镇：北庄；溪翁庄镇：黑山寺、东智北、尖岩；古北口镇：古北口；巨各庄镇：蔡家洼；东邵渠镇：西邵渠；大城子镇：苍术会；冯家峪镇：西白莲峪、石洞子；太师屯镇：龙潭沟），加强落实人居环境长效管护机制，提升乡风文明。完成 50 个村的街坊路、绿化美化和公共照明设施建设。

（秦　宇）

【农村人居环境综合整治】 年内，区农业农村局拆除农村私搭乱建 4.24 万处，208.12 万平方米；清理农村生活垃圾 4.95 万处，20.93 万吨；清理乱堆乱放乱贴乱堆乱画 10.09 万处；清理河塘沟渠 4148 处。在全市农村人居环境中，综合排名第六。

（秦　宇）

6 月 12 日，河南寨镇前金沟村美丽乡村建设成果　（冯晶晶　摄）

【农村厕所改造】 区农业农村局累计完成改厕 1.41 万户，卫生户厕覆盖率 98.33%，完成公厕提升改造 558 座，建设示范公厕 36 座。全区农村公共卫生厕所全部达到三类以上水平。

（马欣宇）

【煤改清洁能源】 年内，煤改电设备安装完成 32 个村、2 个街道 1.34 万户，安装完成率 100%；累计完成“煤改清洁能源”264 个村、9.6 万户。在未实施煤改电村庄推广使用优质燃煤，年内订购优质燃煤 3.02 万吨，并全部在取暖季前配送到位。

（杨　帆）

8月12日，不老屯镇不老屯村公厕提升改造成果　（许梓杨　摄）

【“大棚房”整治】 年内，区农业农村局加强设施农业监管，严防“大棚房”问题反弹，制定开展“大棚房”2021年区级巡查工作方案。区农业农村局会同区规自分局、区农业服务中心对全区设施农业大棚园区开展“大棚房”问题回头看及四个季度检查工作，重点检查7000余栋大棚，均未发现“大棚房”问题。

（贾　赛）

【生态环境保护队建设】 年内，以太师屯镇和东邵渠镇为建立“生态环境保护队”、生态环境保护公司试点镇，匹配相应资金、增强人员力量、完善机械装备，实现农村人居环境“有制度、有标准、有队伍、有督查、有考核”的五有标准。

（秦　宇）

太师屯镇生态环境管护队　（曹海金　摄）

【精神文明建设】 年内，区农业农村局组织开展“我的乡村更美丽”演讲竞赛，全区17个镇参赛，通过视频展示、演讲和抢答等环节，比赛最终评选出一、二、三等奖和“最美代言人”等奖项。

（刘　丹）

7月，举办“我的乡村更美丽”演讲竞赛　（刘丹　摄）

农村合作经济管理
Rural Cooperative Economic Management

【概　况】 北京市密云区农村合作经济经营管理站（简称区经管站）是区政府直属的农村经济综合管理部门，归口区农业农村局管理。内设机构有办公室、农村土地承包指导科、农村财务指导科、农村经济运营指导科、农村经济统计信息科、宣传培训科、农村产权流转交易服务科、政工科、综合管理科。编制51名。所属事业单位为北京市密云区农村合作经济指导中心，机构规格正科级，事业编制10名。

年内，全区农村集体经济总收入3.03亿元，同比增长3.09%。全区农村集体资产总额47.51亿元，负债总额24.03亿元，所有者权益实现23.48亿元。330个村集体经济组织完成产权制度改革，占应改革的331个村集体经济组织的99.7%。新型集体经济组织有股东26.6万人，股本总额13.7亿元。全区按股分红总额0.4亿元。

（刘金凤）

单位名称：北京市密云区农村合作经济经营管理站
地　　址：北京市密云区鼓楼东大街29号粮贸大厦
电　　话：69042046

【确权登记颁证】 年内，区经管站完成确权合同面积1.65万公顷，占应确权土地合同面积96.1%。发放土地承包经营权证书7.45万本，发放率98.6%，完成市级要求发证率90%的工作任务。整理归档确权类档案24.9余万卷、综合类档案0.1余万卷，完成档案扫描整理25余万卷。

（刘金凤）

1月13日，农村土地确权登记颁证档案整理工作现场 （吴松 摄）

【农村集体经济合同清理整改】 年内，全区清理涉地集体经济合同1.9万余份，租金总额12.92亿元。发现问题合同共1440份，其中约定方面的问题612份、订立程序方面问题568份，其他方面问题260份。已整改完成1278份，占问题合同的94.67%。

（刘金凤）

【村地区管项目联审】 年内，区经管站对13个合同项目的发包程序、价款、递增机制、用途、承包年限、合同到期后地上物处置办法等内容进行审核。其中：10个项目的合同材料齐备，手续健全，符合《密云区“村地区管”管理办法（试行）》文件要求，形成审核意见报农业农村局，并通过区政府常务会审核；3个项目合同因提交的手续不健全，已退回。

（刘金凤）

【产权制度改革】 年内，全区330个村集体经济组织完成产权制度改革，占应改革总数的99.7%。改革后建立的新型集体经济组织股东26.6万人，股本总额13.7亿元，其中集体股东股本2.7亿元，社员股东股本11亿元。

（刘金凤）

【新型分配制度】 年内，全区按股分红总金额0.4亿元。截至年底，累计按股分红总金额3.45亿元。改革后建立的新型分配制度使农民体验到了农村集体经济产权制度改革的益处。

（刘金凤）

【农村经济审计】 年内，全区完成625个会计核算单位，审计金额38.42亿元，检查出6个镇7个问题，下发5份审计意见书，共提出审计建议39条。

（刘金凤）

【村级组织财务管理】 年内，区经管站开展村级财务公开检查指导工作，抽查17个镇34个村，对发现问题立行立改。培训村“两委”干部900余人，培训镇、村财务人员400余人。

（刘金凤）

【公益事业专项补助资金审计】 年内，区经管站完成17个镇334个村集体经济组织2020年度公益事业专项补助资金审计工作，330个村级组织的公益事业专项补助资金使用金额为7427.4万元，4个撤村转制的经济合作社未使用公益事业补助资金，金额为87.6万元。

（刘金凤）

【干部资格审查】 年内，区经管站开展村级“两委”干部、村党组织、拟新进“两委”班子等资格联审工作。全区审查3676人次，其中3664人通过资格审查，12人未通过资格审查。

（刘金凤）

【农村产权交易】 年内，区经管站完善农村产权流转交易市场服务体系，指导17个镇成立镇级农村产权流转交易服务站和331个村集体经济组织农村产权流转交易服务点，搭建起市、区、镇、村四级农村产权交易服务体系。

（刘金凤）

【农村经济运行监测】 年内，全区实现农民人均所得2.71万元，同比增长4.15%。集体经济实现总收入3.03亿元，同比增长3.09%。

（刘金凤）

【村“两委”负责人经济责任审计】 年内，区经管站开展村“两委”主要负责人任期和离任经济责任审计工作。审计期间为本届村“两委”主要负责人自当选开始至2021年5月31日。审村数为156个，审村干部156名，审计金额17.87亿元。

（刘金凤）

【农民专业合作社】 年内，全区累计注册登记农民专业合作社1520家，登记入社户数61218户，注册资本11.94亿元，三级示范社118家，其中：国家级示范社24家，市级示范社10家，区级示范社84家。

（刘金凤）

农村民生

Rural People's Livelihood

【概　况】 年内，全区农村劳动力转移就业6032人，社会公益性岗位安置2119人，全年农村居民人均可支配收入达到3.09万元，比上年增长10.5%。

（孙立臣）

【工作专班成立】 年内，区农业农村局牵头组建产业振兴、生态振兴两大工作专班，牵头制定年度工作方案，并建立会商制度、督查制度、督导约谈制度和信息报送机制，推动乡村振兴各项任务指标落实落地。

（李　毅）

【产业帮扶】 年内，区农业农村局完成黑木耳、甘薯、蜂产业等项目帮扶。推进精品民宿产业发展，引进优质运行公司，引导低收入户以闲置房屋为资源入股，建立利益联结机制，实现资源变资产、农民变股民的转变。实施乡村旅游“十百千”工程，盘活农村老旧工厂、闲置农宅等资源，建成精品乡村酒店和精品民宿院落。

（孙立臣）

【就业帮扶】 年内，区农业农村局推介城市公共服务岗、社会公益岗等就业资源，促进农村劳动力转移就业，新增农民就业6032人。

（孙立臣）

【重点人群监测】 年内，区农业农村局对“两类重点人群”（低收入标准线边缘户、返低风险户）开展常态化监测和帮扶工作。全区“两类重点人群”共计626户，1349人，家庭年人均可支配收入达到1～66万元，全部越过低收入标准线。

（赵雪莲　刘金凤）

【政策性农业保险】 年内，全区政策性农业保险完成种植业参保10029.43公顷，养殖业参保21.24万头（只），参保农户1.02万户，总保费7075.48万元，产生区级保费补贴1308.89万元。全年共理赔9385户，理赔总金额7708.44万元，赔付率达到109%。

（张佳鹏）

【“三社”融合发展】 年内，区农业农村局推进“三社”融合发展（即农民专业合作社、供销合作社、农村信用社融合发展）。开展板栗收购助销工作，解决农民自产板栗、红果等农产品销售难问题，自9月初至10月末，以供销社为主体，联合20家板栗合作社对大宗农产品板栗和红果进行统一收购，板栗以均价4.3元/斤的价格共计收购5457吨，红果以均价0.7元/斤的价格共计收购106吨。

（张佳鹏）

【结对帮扶】 年内，区农业农村局创新“2+1”帮扶模式，即协调1个企业、1个区直部门联合帮扶一个薄弱村，依托市属国企、高校、科研院所结对帮扶和朝阳区、石景山区对口帮扶等资源，助推集体经济薄弱村发展。

（贾　雪）

【农村集体产权制度改革工作】 年内，区农业农村局会同区经管站指导农村集体产权制度改革的村全部完成农村集体经济组织登记赋码和证书发放工作，存量农村集体经济组织登记证书并完成303个集体经济组织证书换发工作。

（贾　雪）

【村地区管】 年内，区农业农村局会同区经管站指导各镇村做好农村土地、山场、集体资产资源等出租流转工作，落实“村地区管”区级联审机制。会同区经管站、区规自分局等部门制定了《密云区复耕土地流转及管理工作方案》，协调区经管站指导各镇村做好复耕土地流转工作，助力集体经济薄弱村增收。

（贾　雪）

【集体经济薄弱村“消薄”】 年内，本区194个集体经济薄弱村中，105个年经营性收入超过10万元，完成市级年度“消薄”任务的154.4%。

（贾　雪）

【水库移民后期扶持补助】 年内，区农业农村局核定农业户口水库移民5.75万人，发放补助资金3452.82万元。无固定职业农转非水库移民8246人，发放补助资金461.78万元。大中型水库库区和移民安置区教育扶持人口1201人，扶持资金227.5万元。

（隋冬梅）

【水库一级保护区内群众生活困难补助】 年内，密云水库一级保护区内群众困难补助3.21万人，发放生活困难补助资金6424.4万元。

（隋冬梅）

农民专业合作社

Specialized Farmers Cooperatives

【概　况】 按照区委“十、百、千、万”创建工程的要求，“以规范促发展，以品牌促提升”，提升密云农业品牌的影响力，利用传媒扩大“密云农业”品牌宣传；以“财务审计”为推手，促进农民专业合作社规范化发展；扶持电商合作社及电商企业发展；强化融资保险服务；加强合作社人才培训；推动“农宅＋旅游”合作社发展模式。年内，密云区被农业农村部定位全国农民合作社质量提升整县推进试点单位，以一二三产融合为基础，探索出“合作联社＋合作社＋龙头企业＋经济薄弱村＋农户”的发展模式。

年内，全区农民专业合作社1520家，其中种植业361家，果品业338家，养殖业373家，农产品产销业209家，农机服务业42家，民俗旅游业119家，农宅64家，手工艺业4家，联合社10家。登记入社6.12万户，非登记入社1.81万户，占全区农业生产经营户的82.7%。工商注册3.68万户，注册资本11.94万元。

（谢云龙）

【示范社规范建设】 年内，全区有国家级、市级、区级三级示范社118家。其中：国家级示范社24家，市级示范社10家，区级示范社84家。

（谢云龙）

2021年密云区国家、市、区三级示范社一览表

表6

序号	镇	合作社名称	级别
1	河南寨	北京荆栗园蔬菜专业合作社	国家级
2		北京山泉养殖专业合作社	国家级
3		北京密农人家农产品产销专业合作社	国家级
4		北京喜逢春雨蔬菜种植专业合作社	国家级
5		北京河南寨农机服务专业合作社	国家级
6	太师屯	北京京纯养蜂专业合作社	国家级
7	十里堡	北京市岭东肉鸡养殖专业合作社	国家级
8		北京企福园农产品产销专业合作社	国家级
9	高岭	北京奥金达蜂产品专业合作社	国家级
10		北京金地达源果品专业合作社	国家级
11	穆家峪	北京庄头峪潮河果品专业合作社	国家级
12		北京新宇阳光农副产品产销专业合作社	国家级
13	冯家峪	北京裕民顺种植养殖专业合作社	国家级
14		北京龙耘种植专业合作社	国家级
15	新城子	北京密富有机苹果专业合作社	国家级
16	北庄	北京诚凯成柴鸡养殖专业合作社	国家级
17	大城子	北京龙泉板栗种植专业合作社	国家级
18		北京云旺农产品产销专业合作社	国家级
19	巨各庄	北京密清源养殖专业合作社	国家级
20		北京栗栗飘香农产品产销专业合作社	国家级
21		北京张家庄农产品产销专业合作社	国家级
22		北京巨海阔种植专业合作社	国家级
23	不老屯	北京圣森农产品产销专业合作社	国家级
24	石城	北京云蒙山有机杂粮种植专业合作社	国家级

续表

序号	镇	合作社名称	级别
25	河南寨	北京康顺达农副产品产销专业合作社	市级
26		北京密水农家农产品产销专业合作社	市级
27		北京和合园种植专业合作社	市级
28	穆家峪	北京悦民嘉誉种植专业合作社	市级
29	十里堡	北京健农特色农产品种植专业合作社	市级
30	密云镇	北京季庄村蔬菜种植专业合作社	市级
31	巨各庄	北京潼玉华硕农产品产销专业合作社	市级
32	密云镇	北京云梦园农产品产销专业合作社	区级
33		北京洪顺源种植专业合作社	区级
34	西田各庄	北京云海绿洲种植专业合作社	区级
35		北京原生基业种植专业合作社	区级
36		北京军兴广达农产品产销专业合作社	区级
37	太师屯	北京尚农林丰农产品产销专业合作社	区级
38		北京金地培源种植专业合作社	区级
39		北京福源润鑫果蔬产销专业合作社	区级
40		北京蜂富云集农产品专业合作社联合社	区级
41	新城子	北京巴各庄村有机苹果专业合作社	区级
42		北京兴塔红薯种植专业合作社	区级
43		北京德力诚农产品产销专业合作社	区级
44	河南寨	北京满福园种植专业合作社	区级
45		北京聚源兴业农副产品专业合作社	区级
46		北京本忠盛达种植专业合作社	区级
47		北京春盛和源农产品产销专业合作社	区级
48		北京良华秋实蔬菜种植专业合作社	区级
49		北京农绿源种植专业合作社	区级
50		北京金源密水种植专业合作社	区级
51		北京台上兴旺蔬菜种植专业合作社	区级
52		北京长兴农机服务专业合作社联合社	区级
53	不老屯	北京金桥亿丞农产品产销专业合作社	区级
54		北京蓝君盛种植专业合作社	区级
55		北京硕果芳馨农产品产销专业合作社	区级
56		北京不老乡源种植专业合作社	区级
57		北京不老乡源农副产品产销专业合作社联合社	区级
58	东邵渠	北京御地鑫红种植专业合作社	区级
59		北京西葫杂粮种植专业合作社	区级

续表

序号	镇	合作社名称	级别
60	石城	北京云艺手工艺品专业合作社	区级
61	十里堡	北京云西盛世花卉种植专业合作社	区级
62		北京圣农庄园种植专业合作社	区级
63		北京初农农产品产销专业合作社联合社	区级
64	高岭	北京润美农产品产销专业合作社	区级
65		北京石匣碧水甘薯种植专业合作社	区级
66		北京奥金达农产品产销专业合作社联合社	区级
67	古北口	北京古北口大江冬枣种植专业合作社	区级
68	巨各庄	北京牛角峪葡萄种植专业合作社	区级
69		北京久运河谷葡萄种植专业合作社	区级
70		北京润之都葡萄种植专业合作社	区级
71		北京好嘉全蔬菜种植专业合作社	区级
72		北京明顺德种植专业合作社	区级
73		北京八家庄葡萄种植专业合作社	区级
74		北京优农农产品产销专业合作社联合社	区级
75	穆家峪	北京京密福润农产品产销专业合作社	区级
76		北京奥仪凯源蔬菜种植专业合作社	区级
77		北京吉丰农产品产销专业合作社	区级
78	溪翁庄	北京密园小农农产品产销专业合作社	区级
79	大城子	北京秋实丰林种植专业合作社	区级
80	冯家峪	北京保峪岭养蜂专业合作社	区级
旅游合作社三级示范社			
81	石城	北京石城村民俗旅游专业合作社	市级
82	古北口	北京司马台民俗旅游专业合作社	市级
83	溪翁庄	北京金巨罗村民俗旅游专业合作社	市级
84	石城	北京石塘路村民俗旅游专业合作社	区级
85		北京黄土梁村民俗旅游专业合作社	区级
86		北京捧河岩村民俗旅游专业合作社	区级
87		北京智慧谷民俗旅游专业合作社	区级
88		北京贾峪村民俗旅游专业合作社	区级
89		北京绿野家园民俗旅游专业合作社	区级
90	巨各庄	北京蔡家洼民俗旅游专业合作社	区级
91	穆家峪	北京阁老峪村民俗旅游专业合作社	区级
92		北京红门金港民俗旅游专业合作社	区级
93		北京碱厂村民俗旅游专业合作社	区级

续表

序号	镇	合作社名称	级别
94	古北口	北京河东村民俗旅游专业合作社	区级
95		北京柳林营村民俗旅游专业合作社	区级
96	冯家峪	北京西白莲峪民俗旅游专业合作社	区级
97	不老屯	北京不老山水民俗旅游专业合作社	区级
98	溪翁庄	北京石马峪村民俗旅游专业合作社	区级
99	北庄	北京清水河谷民俗旅游专业合作社	区级
100		北京北庄村南沟清水民俗旅游专业合作社	区级
101		北京干峪沟村民俗旅游专业合作社	区级
102	太师屯	北京太师屯许庄子村民俗旅游专业合作社	区级
103		北京青树林民俗旅游专业合作社	区级
104		北京落洼村民俗旅游专业合作社	区级
105		北京龙潭沟风情谷民俗旅游专业合作社	区级
106		北京流河沟村禾木水峪民俗旅游专业合作社	区级
107		北京蜂情民俗旅游专业合作社	区级
108		北京京密太马民俗旅游专业合作社	区级
109		北京乡泰民俗旅游专业合作社	区级
110	新城子	北京遥桥峪村民俗旅游专业合作社	区级
111		北京新城子花园村民俗旅游专业合作社	区级
112		北京新城子塔沟村民俗旅游专业合作社	区级
113		北京巴各庄民俗旅游专业合作社	区级
114		北京太古石民俗旅游专业合作社	区级
115		北京苏家峪民俗旅游专业合作社	区级
116	大城子	北京庄头村北山下民俗旅游专业合作社	区级
117		北京锥峰民俗旅游农家院专业合作社	区级
118	高岭	北京辛庄村民俗旅游专业合作社	区级

【“密云农业”品牌宣传】 年内，区农业农村局加大“密云农业”品牌宣传力度。利用北京地铁宣传。采用导流媒体及流动车厢拉手媒体相结合的宣传方式，长期固定站点品牌曝光；利用现代企业网宣传“生态密云采摘季，线下体验进园区”系列重大活动；利用密云 360 网站宣传。通过密云 360 网络宣传推广规范授权单位发展，提升密云农业品牌的美誉度和品牌价值。

（谢云龙）

【合作社质量提升】 年内，区农业农村局制定《密云区合作社质量提升整区推进试点方案》，支持农民合作社规范提升资金共计 500 万元，用于冷链物流建设、加工车间改造、机械设备购置等，围绕发展壮大单体农民合作社、促进联合与合作、提升指导扶持服务能力等，推进整区农民合作社规范化建设。

（谢云龙）

【密云蜂业】 年内，区农业农村局围绕“蜂盛蜜匀”塑造蜂业金字品牌，通过公开征集的方式，确定密云蜂业 LOGO，推出“密云区蜂产品证明标章”和“评鉴标章”。出台“密云蜂业”商标标识使用管理办法和“密云蜂业”开发新产品、新包装扶持资金奖励办法。

（谢云龙）

【渔业产销合作社组建】 年内，区农业农村局围绕

"渔业净水、生物保水，净水渔业、生态富民"的工作主线，探索建立"渔民＋合作社＋公司＋龙头企业"的净水渔业发展模式，由区农业农村局牵头，指导"密云渔业产销合作社"组建工作，区供销社负责组建"密云渔业产销合作社联社"，由水库周边5个捕鱼重点镇（溪翁庄、石城、不老屯、太师屯、穆家峪）负责组建"密云水库渔业产销合作社分社"。

（谢云龙）

【农业电子商务发展】 年内，农业电商产业园基本建成，带动密云农产品销售，销售千万元以上电商有14家。全区农业电商企业销售总额4.6亿元，其中本地农产品销售额达2亿元。

（谢云龙）

2021年密云区销售千万元以上电商一览表

表7

序号	电商名称
1	北京京承爱农农产品专业合作社
2	北京密水农家农产品产销专业合作社
3	北京巨海阔种植专业合作社
4	北京奥金达蜂产品专业合作社
5	北京潼玉华硕农产品产销专业合作社
6	北京密园小农农产品产销专业合作社
7	北京春播科技有限公司
8	北京金禾绿源农业科技有限公司
9	北京云梦园农产品产销专业合作社
10	北京密农人家农产品产销专业合作社
11	北京良华秋实蔬菜种植专业合作社
12	北京百年栗园生态农业有限公司
13	北京亿亩田蔬菜专业合作社
14	北京新宇阳光农副产品产销专业合作社

农民专业合作社选介

Selected Introduction of Specialized Farmers Cooperatives

【北京潼玉华硕农产品产销专业合作社】 北京潼玉华硕农产品产销专业合作社成立于2016年，位于巨各庄镇后焦家坞蔬菜园区，是一家"互联网"＋"农业"＋"农户"＋"文化"四位一体的新型电商型合作社，依托密云山青水净的生态环境销售和推广密云优质农产品，助力密云农业发展。合作社共有成员101人，通过京东密之蓝天生鲜专营店、淘宝老农食品店、天猫密之蓝天旗舰店、邮政集团、邮政北京渠道部、农业银行、农商银行、密之蓝天小程序等线上平台销售，供应密云蔬菜、水果、禽蛋肉、蜂蜜、小杂粮等200余种；与全区32家合作社和15家村集体达成乡村振兴战略合作关系，覆盖密云12个乡镇。年内，全年销售额3500万元，有忠实客户9万余人，客户满意度99.98%，复购率85%以上。2019－2021年，累计带动本区730余户种植户，户均增收4300元。合作社拥有蔬菜大棚206栋，露天地10.67公顷，注册商标"密之蓝天"；2021年，合作社党支部被评为北京市低收入帮扶工作先进集体、北京市市级合作社示范社、北京市双学双比示范基地、北京市农业宣传科普教育基地、北京市优级标准化基地、北京优农品牌、北京市优质农产品称号、第四届"创业北京"创业创新大赛——乡村振兴专项赛二等奖。

（毛凤玉）

【北京京纯养蜂专业合作社】 北京京纯养蜂专业合作社成立于2004年，位于首都重要饮用水源基地密云水库东南岸——白龙潭风景区，是集蜜蜂养殖、蜂产品加工销售、蜂产品研发、蜂产品出口、蜂文化旅游于一体的国家级农民专业合作社，已形成合作社＋公司＋基地＋农户的运作模式，合作社拥有加工车间和养殖基地25万平方米，拥有资产6000余万元，2021年销售收入4000万元，合作社蜜蜂存栏6.3万群，成员达到800余户，成员涉及密云区14个镇102个自然村，并辐射带动河北承德、秦皇岛、张家口、天津等地农户200余户。注册产品商标有"京密（北京市著名商标）""京纯""太师屯"，旅游品牌"蜜蜂大世界"，产品目前有荆花蜜、巢蜜、蜂花粉、蜂胶、蜂王浆、蜂蛹、蜂皂、面膜8类50余种，主打产品以绿色成熟荆花蜜为主。

（王唯伊）

工　业

INDUSTRY

综 述

Overview

北京市密云区经济和信息化局（简称区经信局），是负责工业产业促进与中小企业行业管理、信息资源管理及推进信息化等工作的政府工作部门。设办公室、组织人事科、产业促进科、经济运行科、信息化管理科、企业服务管理科、机关党委（党建科）、中小企业发展促进中心、节能与环保促进中心、机关综合事务中心、信息中心、社会信用体系建设中心 12 个行政科室和事业单位。编制 68 名。

工业经济发展 全区工业经济呈高开低走态势，编制并印发实施《密云区“十四五”时期高精尖产业发展规划》。发挥高精尖产业发展工作组机制作用推进高精尖重大项目建设发展方向梳理评估，评估结果为较好，综合排名全市第 7，生态涵养区第 1。

规上企业 规模以上工业企业实现产值 227.9 亿元，同比增长 0.6%，完成全年 227 亿元的预期目标。六大重点产业呈现三升三降，都市、汽车和装备产业增长；生物医药、基础和电子信息产业下降。都市产业，贡献突出的是酒、饮料和精制茶制造业，该行业实现产值 32.1 亿元，同比增长 11.0%。汽车制造：17 家正常生产企业中，7 家实现正增长，其中万都（北京）汽车底盘系统有限公司实现产值 35.2 亿元，同比增长 22.6%，净增产值 6.5 亿元，拉动该产业产值增速 11.5 个百分点。装备制造业：39 家生产企业中，26 家实现正增长，北京科勒有限公司同比增长 38.4%，拉动该产业产值增速 7.2 个百分点。横向看，全区规模以上工业产值在全市 17 个区（含亦庄开发区）总量增速排名均居第 13 位；5 个生态涵养区中，总量和增速均居第 2 位。

中小企业发展促进服务 为 40 家企业融资 3.3 亿元。推荐 40 家企业获北京市“专精特新”中小企业认定，其中，4 家企业获国家级“专精特新”小巨人企业认定。通过线上线下多维度开展对企服务，目前服务项目 20 余项，企业覆盖率 100%，服务企业人次达 5000 人。

社会信用体系建设 制定社会信用体系建设重点任务工作方案，推进 23 项重点工作任务。开展严重失信名单企业、失信行为记录专项治理，全区严重失信事件发生率 0%。推进“诚信建设万里行”主题宣传活动，累计上报诚信宣传信息 623 条，全市排名第 3 位。完成密云区公共信用信息共享平台建设方案和“信用密云”网站升级改造方案。

（张秀珍）

单位名称：北京市密云区经济和信息化局
地　　址：北京市密云区鼓楼东大街 8 号
电　　话：69043060

2021 年密云区重要产业产值统计表

表 8

产业名称	企业个数（个）	本期（万元）	同期（万元）	同比（%）
合计	135	2279187	2266162	0.6
都市产业	32	556232	548746	1.4
汽车及交通设备产业	21	565346	542057	4.3
装备制造业	40	598383	518708	15.4
生物工程和医药产业	10	357436	361032	－1
基础与新材料产业	30	193988	287066	－32.4
电子信息产业	2	7802	8553	－8.8

2021 年北京市生态涵养发展区规模以上工业总产值对比统计表

表 9

区域	规模以上工业总产值（亿元）	排位	同比增速（%）	排位
怀柔	605.1	1	－11.8	4
密云	227.9	2	0.6	2
平谷	160.0	3	12.5	1
延庆	132.8	4	－9.8	5
门头沟	53.8	5	0.1	3

【重点企业运行】 年内，全区 135 家规上企业中，正常生产经营企业 125 家，其中产值实现亿元以上企业 39 家，比上年度增加 1 家。39 家亿元以上企业全年累计实现产值 188.3 亿元，同比增长 10.2%，占比 82.6%。5 亿元以上企业 7 家，减少 1 家。7 家 5 亿元以上企业实现产值 105.6 亿元，同比增长 9.3%，占规模以上工业总产值的 46.3%。

（张秀珍）

【工业固定资产投资】 年内，完成制造业固定资产投资 4.9 亿元，同比增长 193.0%，完成年度任务的

2.4倍；建安投资1.9亿元，同比增长125.4%，完成年度任务的95%。

（张秀珍）

【高精尖产业发展】 年内，制定《密云区支持企业发展办法（试行）》中支持高精尖实体企业部分条款，组织兑现2020年度实体经济扶持资金4382.1万元。开展区域高精尖重点产业发展方向自评，评估结果为较好，综合排名全市第7，生态涵养区第1。开展高精尖产业发展资金重点项目征集工作，征集项目6项，涉及企业4家。按照“五个一批”项目推进机制，推进全区16个高精尖重大项目建设，其中制造业14项，软件和信息服务业2项。

（王靖峰）

【一般制造业疏解退出】 年内，完成4家一般制造业企业退出，均通过市级验收，完成市级任务进度133%。引入“北京可维汇众科技发展有限公司”开展经营，如期完成任务。建立一般制造业疏解提质动态管理台账，开展一般制造业企业“回头看”工作，全区2016—2020年涉及疏整促一般制造业退出和污染淘汰退出企业累计70家，完成市区两级验收和第三方机构察访核验。

（王靖峰）

【数字化、绿色化转型】 年内，推进智能制造示范工程，超同步股份有限公司国家级重点项目“智能装备核心功能部件数字化车间”通过验收，同方威视入选北京市智能制造标杆企业（智能工厂）。组织重点行业企业开展绿色工厂、绿色供应链管理创建工作，5家企业通过市级评审，并报工信部复评。

（王靖峰　王　祎）

【新能源汽车推广应用】 年内，摸排辖区内邮政、环卫行业车辆情况，建立台账，研究制定公用车新能源车辆更新工作方案，提供经费保障。加快淘汰老旧柴油作业车辆，按要求配备适配车型的新能源汽车。全部完成相关整改，履行销号程序。

（王靖峰）

【“基本无违建区”创建】 年内，组织做好农民就业产业基地（7个乡镇产业园区）及以外工业法人企业（含中关村密云园）“持续治理类”图斑后续监管工作，无新生违建发生。

（王靖峰）

【安全生产】 年内，做好重大时间节点安全生产和消防安全工作，指导工业企业210（家）次，发放指导单210份，未发生安全生产责任事故。开展货车非法改装专项整治工作，联合相关部门，对区内企业开展三次联合排查，未发现黑窝点、非法改装等现象。开展电动自行车专项整治工作，排查全区电动自行车、低速电动车及蓄电池生产企业，会同有关部门，开展辖区电动自行车经营主体集中连片地段专项检查。

（王靖峰）

【固定资产投资项目备案】 年内，执行《禁限目录》等政策，完成非政府投资工业和信息化固投备案项目21个，涉及备案投资总额48亿元。组织开展1次企业固投备案政策宣讲，做好备案事中事后监管，确保项目依法合规推进。

（田兆龙）

【北京量子创芯安全智能芯片产业化基地项目固投备案】 年内，为企业提供项目申报、审核、制件等全流程服务，完成固投备案。企业拟在中关村密云园内租赁盘活闲置厂房3栋，共计1万余平方米，投资4.8亿元建设拥有自主知识产权的安全智能主控芯片和自纠错可信存储芯片及高性能存算一体化应用中心，年生产全智能主控芯片320万颗、高性能存储模组30万颗。

（田兆龙）

【工业领域空气重污染应急】 年内，制定空气重污染工业应急清单及工业应急预案，确定重点行业企业74家，涉及10个行业，开展“一厂一策”预案制定、公示牌制作、核查方法等空气重污染应急相关工作培训。组织企业开展绩效分级，按照预警级别即刻行动，各街镇督促辖区重点行业企业做好空气污染应对工作；抓好空气重污染应急督查检查，制定《制造业领域空气重污染过程应对检查排班表》，检查工业重点行业企业应急减排清单内企业。启动6次重污染过程和5次黄色预警，出动95人次、检查213家次应急企业。强化空气质量排名靠后镇街（地区）大气类检查力度，检查环保设备是否正常运行以及非道路移动机械是否冒黑烟等情况。

（王爱民）

【工业空气质量保障工作部署】 年内，印发《密云区工业企业生产调度工作方案》，制定制造业企业白名单和移动源白名单。制定涉气工业企业生产调控清单，包括差异化减排清单和微涉气清单，明确具体调控工序；引导排放强度大企业，通过压减负荷、清洁运输等方式，最大限度减排。

（王　祎）

【重型柴油车、非道路移动机械监管】 年内，建立动态台账，开展工业企业在用非道路移动机械督查检查工作，检查重型柴油车 22 辆、非道路移动机械 60 台，未发现冒黑烟现象。

（王建武）

【环保督察任务落实】 年内，落实第二轮中央环保督察第十二项任务整改措施和《北京市密云区贯彻落实第二轮中央生态环境保护督察报告反馈问题整改方案》，对部分印刷企业稳妥有序疏解或关停，完成 5 家印刷企业退出任务。

（王 祎）

【规范用能管理】 年内，组织重点行业企业对照标准自查，督促企业规范用能管理。全区 3 家饮料企业达到一级标准要求，1 家饮料企业达到三级标准要求，4 家企业达到通用值要求。鼓励重点企业加快推进绿色体系建设，北京青岛啤酒三环有限公司通过技术升级改造，将理瓶机改造为拆垛机，年节水 3 万吨。

（王 祎）

【节能环保】 年内，开展工业领域重点用能企业管控与 VOCs 专项治理等工作，加强对《北京市工业污染行业、生产工艺调整退出及设备淘汰目录》和原辅材料标准限值的宣贯，开展国家相关产品 VOCs 含量限值标准专题培训。

（王爱民）

【中小企业发展促进服务】 年内，通过线上服务平台累计发布政策解读等信息 200 余条，利用“阿里钉钉”软件平台向企业提供管理知识等信息 6 期。3 次征集中小企业融资需求，举办融资对接沙龙活动，指导“专精特新”中小企业贷款贴息申报，帮助 40 家企业融资 3.3 亿元。加大“专精特新”中小企业的培育与服务工作，组织 3 次专项辅导，推动区内 40 家企业获得北京市“专精特新”中小企业认定，其中 4 家企业获国家级“专精特新”小巨人企业认定；3 家企业享受北京市“专精特新”中小企业服务券优惠政策 9.24 万元。

（郭森怡）

【全国文明城区创建】 年内，成立经信局创建全国文明城区领导小组，统筹推进创建全国文明城区工作。开展交通秩序整治行动、志愿服务持续 100 天；开展疫情防控社区卡口执勤，每天 12 个小时；开展垃圾分类桶前值守活动，参与 1000 余人次；开展创城志愿服务，共参与 200 余人次；开展周末大扫除活动，参与 700 余人次。统筹做好创城材料申报、问卷调查和实地点位检查等，推进智慧城市建设、社会信用体系建设等重点工作。

（周 梅）

重大项目

Important Projects

【朝密双创中心】 12 月 30 日，作为密云、朝阳两区结对协作的重要承载项目——朝密双创中心举行揭牌仪式，朝密双创中心与拟入驻的 3 家企业签订入驻协议。按照北京市委、市政府部署，密云区与朝阳区建立结对协作关系，深化两区协同发展，携手推进经济社会高质量发展。在此契机下，两区共同推进朝密双创中心建设，利用朝阳区人才优势、技术优势，双方深化产业合作共建，以“前沿技术加速”、“创新创业服务”、“产业升级孵化”为功能定位，协同做好双创中心机制建立、空间规划、政策支持、配套服务等方面工作，扩展朝阳科创发展空间、提升密云总部企业品质。共同孵化培育一批高端、前沿、技术创新项目，并引入密云园确定的生物医药大健康、智能制造、节能环保、新一代信息技术和商务服务 5 大产业，承接朝阳区溢出企业。同时，推进怀柔科学城东区、生命健康科学小镇、中关村密云园科技创新和生命健康战略发展带建设。在双创中心运营方面，引进朝阳区先进的运营管理经验，利用现有空间资源，根据市场规则进行共建共管，实现资源共享、园区共建。该中心位于密云绿地朗山碧澄环路 8 号院 1 号楼，建筑面积 6300 余平方米。

（王希华）

【京东密云智能电商产业园】 京东密云智能电商产业园项目是《北京物流专项规划》落地后全市第一个物流节点项目，也是列入市级“两区”建设重点项目。位于中关村密云园科技路 D9—1—1 地块，11 月下旬开工建设，占地面积 12.27 公顷，总投资 3.1 亿元，建筑面积 7.9 万平方米。依托京东集团电商平台优势，打造具有稳定货源、智能管控、优质运力及全渠道全网配送的高质量区域城市配送平台。设立京东密云电商结算中心，包含订单生产物流中心、大型分拨中心及大型转运中心等功能的综合电商产业园区，辐射大北方区进出京商贸交易活动，其中包括朝阳、顺义、承德、北三县、赤峰、滦平以及东三省进出京商品等。此外，示范基地将大力发展集自动识别技术、无人技术、人工智能技术等为一体的现代化智能物流技术。推进一系列业务创新，共同打造密云区在新技术、新经济的领先地位。

（王希华）

重点工业企业

Major Enterprises

北京青岛啤酒三环有限公司

【概　况】 北京青岛啤酒三环有限公司（简称三环公司）2001年4月创立，注册资本2980万美元，由青岛啤酒股份有限公司、青岛啤酒香港贸易有限公司、北京双合盛五星啤酒三环股份有限公司共同投资。公司前身北京三环啤酒厂始建于1987年，1990年建成投产，具备年产啤酒22万千升的生产能力，有员工457人，是青岛啤酒集团华北区域重要的生产基地，主要生产"青岛""山水""崂山"等系列啤酒。年内，实现销量166277千升，同比增幅13%，预算完成率为102%。实现产量166497千升，同比增幅13%，预算完成率为102%。实现销售收入46027万元，同比增幅15%，预算完成率为103%。实现税金9024万元，同比增幅14%，预算完成率为98%。实现利润总额4758万元，同比减利118万元，比预算增利182万元。

（王　佳）

单位名称：北京青岛啤酒三环有限公司
地　　址：北京市密云区果园西路9号
电　　话：69043019

【安全生产】 年内，三环公司天然气锅炉废气检测12次；厂界噪声检测4次；污水检测4次、厂界异味2次；厂界VOCs2次，油烟净化装置2次；污水除异味装置2次。委托检测各项指标全部合格。市场抽样新鲜度平均分由7.58分提升至7.63分。

（王　佳）

【设备管理】 年内，三环公司新增推进区域（机台）20个，活动区域覆盖率89%，截至年底累计发现问题3060个，提报改善提案196个，编制简易培训表140个。

（王　佳）

【成本管理】 年内，三环公司推行大成本管理理念，成本同比节约214万元，主要是工厂瓶损同比节约76万元、能源消耗同比节约167万元。

（王　佳）

【新版块建设】 年内，三环公司完善酒吧内部平台，成立酒吧团队，梳理酒吧规划138条。开发私人定制服务，面向企业开展团建、包场服务，举办升学宴、退休宴、生日宴等主题宴会40余场次。探索跨界合作营销，与商场、酒店、茶城联合推广，举办啤酒花园、视频嵌入，联合大企业开发团购渠道。全年营业额完成150万，预算完成率78%。

（王　佳）

4月26日，3TSINGTAO1903啤酒餐吧开业

（王佳　摄）

【推广渠道创新】 年内，三环公司创新推广渠道，全年策划文案转发朋友圈、短视频平台100+，获赞10000+，视频播放量10万+。

（王　佳）

万都（北京）汽车底盘系统有限公司

【概　况】 万都（北京）汽车底盘系统有限公司（简称万都公司）隶属于韩国汉拿集团，是一家韩国在京独资企业，于2003年1月14日经北京市人民政府批准成立。公司注册资金为3800万美元，投资额为9500万美元。万都公司是一家高新技术企业，主要生产和销售汽车制动系统、转向系统、减震系统。公司产品质量可靠、性能优越、技术先进，是国内20余个汽车生产厂家的汽车底盘一级供应商。年内，在职员工700余人，年销售额38亿元。2021年，被北京市税务局授予纳税信用A级企业、北京海关授予北京市高级认证企业、上汽通用汽车授予优秀供应商等荣誉称号。

（吴　迪）

单位名称：万都（北京）汽车底盘系统有限公司

地　　址：北京市密云经济开发区B区云西七街15号
电　　话：61029188

今麦郎饮品股份有限公司

【概　况】 今麦郎饮品股份有限公司成立于2005年10月，注册资本13.1亿元，主要从事饮品研发生产和销售，拥有27个子公司、3个分公司。旗下有凉白开、芒顿小镇、天豹、苏打水、软化纯净水、茶饮料等系列饮品，产品行销全国各地。熟水领域开创者"凉白开"获得多项创新奖项，单品销量超20亿元。公司拥有9条国际先进生产线，引进法国SIDEL COMBI及德国KRONS三位一体全自动生产线，水处理采用美国海德能RO膜和超滤等先进工艺，生产线采用多种节能降耗设计，使用高效电机、余热回用、变频控制等节能设备，纯净水利用率高达80%，单条生产线最高产能可达8.1万瓶/小时，处于行业先进水平。2021年，北京公司产值达23.4亿元，税金1.42亿元。

（于子龙）

单位名称：今麦郎饮品股份有限公司
地　　址：北京市密云区经济开发区科技路38号
电　　话：69092555

北京博恩特药业有限公司

【概　况】 北京博恩特药业有限公司成立于2004年，是集医药微球的研发、生产和销售为一体的现代化医药公司，是经认定的国家高新技术企业、中关村高新技术企业、中关村瞪羚计划企业、北京市2021年信用"AAA"级企业。公司主营产品注射用醋酸亮丙瑞林缓释微球（博恩诺康）为国内首个获准上市的药物微球品种，被评为"2009年十大重磅新品"。该产品的上市打破了药物微球生产被欧美日垄断近30年的局面，填补了无国产注射用微球制剂的空白。在项目成果方面，公司研发团队在多肽微球药物产业化技术研究方面完成了多项技术突破和理论创新，其中共申请发明专利14项，获得授权7项；申请实用新型专利10项，获得授权9项；申请外观专利5项，获得授权5项。2021年，实现销售收入12.5亿元。

（王小雨）

单位名称：北京博恩特药业有限公司
地　　址：北京市密云区经济开发区永全街1号
电　　话：61096777

北京科勒有限公司

【概　况】 北京科勒有限公司成立于1993年，总部在北京市密云区，属于北京市高新技术企业。主要生产高档水龙头，年产量为155万套，组装水龙头及配件500万套。2021年产值为15.5亿元。北京科勒设有水龙头亚太研发中心，拥有水龙头行业在国内最先进的研发实验室。2020年，北京科勒获得了由e-works颁发的卫浴行业首个中国智能生产杰出应用奖。到2021年底，公司共有88项专利，其中实用新型专利80项、发明专利8项。并获得了国家高新技术企业证书、中关村高新企业证书。产品通过中国环境标志产品认证，并获得中国环境标志优秀企业奖。万元产值能耗持续保持在北京市平均水平的1/10以下。全公司年人均产值超百万元，远高于北京市平均水平。

（胡　森）

单位名称：北京科勒有限公司
地　　址：北京市密云区果园西路27号
电　　话：89090022

北京北陆药业股份有限公司

【概　况】 北京北陆药业股份有限公司（简称北陆药业）成立于1992年，注册资金约4.9亿元，1999年入驻中关村密云园，是一家从事医药产品研发、生产和销售的国家高新技术企业。公司拥有北京密云、河北沧州和浙江台州3个生产基地，北京和浙江2个研发基地。公司推出的第一支国产造影剂——钆喷酸葡胺注射液，打破了国外产品垄断，填补了国内市场空白。2009年10月30日，作为首批28家企业之一，北陆药业在深圳证券交易所创业板挂牌上市（股票代码300016）。2020年收购海昌药业后，实现了造影剂原料药的战略布局和造影剂产业链的整合，奠定了公司"原料药+制剂"一体化的经营模式。在2021年国家医药集采中，碘海醇成为全国3个中标产品之一。2021年，公司实现营业收入8.4亿元，实现净利润1.4亿元。9月，北陆药业公司获"北京民营企业中小百强"和"北京民营企业社会责任百强"2项荣誉称号。

（王希华）

单位名称：北京北陆药业股份有限公司
地　　址：北京市密云区水源西路3号
电　　话：62622266-1103

北京康辰药业股份有限公司

【概　况】 北京康辰药业股份有限公司（简称康辰药业）于2003年落户中关村密云园，是一家集高新医药研发、生产、销售于一体的全国性制药公司。证券交易所2018年8月，康辰药业公司在上海证券交易所主板挂牌上市，首次公开发行股票，股票代码603590。康辰药业是中国研发驱动型制药企业，覆盖化学药、生物药、中药3大业务板块，形成了从上游到下游的全产业链条，且拥有专门从事创新药物研发的专业机构——康辰药物研究院，建立了从选题调研、临床前研究、注册申报，到临床研究、知识产权保护的完整研发体系。康辰药业拥有出凝血、抗肿瘤、骨科和妇科等产品管线，在研产品有KC1036、CX1003、CX1026等多款肿瘤领域1类新药和KC-B173、KC-B203等出凝血领域药物及妇科领域创新药物ZY5301，并已获得多项国内、国际PCT发明专利，填补了多项国际国内空白。其中，国内血凝酶制剂唯一的一类创新药“苏灵”，是全球唯一单组份蛇毒血凝酶产品，已成为业内领军品牌。

（易晓琳）

单位名称：北京康辰药业股份有限公司
地　　址：北京密云经济开发区兴盛南路11号
电　　话：69078975-8001

金诚信矿业管理股份有限公司

【概　况】 金诚信矿业管理股份有限公司（简称金诚信），注册地北京密云，是一家专注于矿山开发服务的民营企业，于2015年6月在上海证卷交易所主板挂牌上市。公司拥有矿山工程施工总承包一级资质，在境内外设有30余家子公司、2家分公司、3个事业部及1家省级研发中心。有中外籍员工5000余人。境内外承担30多项大型矿山工程建设和采矿运营管理项目，其中竖井最深达1526米，斜坡道最长达8008米。2021年，公司实现营业收入40余亿元，产值规模超过3亿元的海外项目达到4个，亚洲市场新承接哈萨克斯坦沙尔基亚项目、塞尔维亚佩吉项目和老挝开元项目。2021年获省（部）级科学技术奖3项、创新成果奖2项、国家实用新型专利24项、国家外观设计专利3项、国家规范1项，省（部）级咨询奖3项、著作权1项、国家鲁班奖1项、省（部）级优质工程奖2项、部级工法7项，QC小组活动成果奖国家级2项、部级5项。

（刘珊珊）

单位名称：金诚信矿业管理股份有限公司
地　　址：北京市密云经济开发区水源西路1号院
电　　话：61095288

中关村密云园

Miyun Zone of Zhongguancun Science Park

【概　况】 中关村密云园包括密云经济开发区、生态商务区、怀柔科学城拓展区3部分。密云区委中关村科技园区密云园工作委员会负责经济开发区、生态商务区的建设和管理工作；负责驻区企业的综合协调和相关服务工作等。年内，中关村密云园做好招商引资、疏解腾退低端低效企业、加快重点项目建设，税收及财政收入实现较大幅度增长。园区实现工业总产值180亿元，占全区总产值的78%。实现税收43.44亿元，占全区税收总量的43%。完成区级财政收入13.2亿元，占全区财政收入的32%。完成固定资产投资9.14亿元，同比增长159%。其中，完成建安投资5.01亿元，同比增长49%；完成规模以上工业产值180.96亿元，同比增长6%。全年引进重点实体项目5个（复星医药、京东物流、海王药业、奥捷凯、三合动力）。园区就业总数2.08万人，其中密云本地9907人，占比48%。

（王希华）

单位名称：中关村密云园
地　　址：北京市密云区经济开发区兴盛南路8号
电　　话：69044661

【华源泰盟公司研发项目入选国家四部委《绿色技术推广目录》】 1月8日，北京华源泰盟节能设备有限公司申报的“基于低品位余热利用的大温差长输供热技术”入选《绿色技术推广目录》并名列第四位。该技术可提升电厂内余热回收效率，提高电厂整体供热效率。

（王希华）

【金诚信矿业公司收购欧亚资源刚果（金）铜矿项目完成交割】 1月15日，金诚信矿业公司与欧亚资源集团就位于刚果（金）的铜矿项目合作达成一致意向，并共同签署了正式合作协议。4月26日，金诚信矿业公司与欧亚资源集团就刚果（金）铜矿项目合作举行交割仪式。

（王希华）

【超同步公司承担的国家级重点项目通过验收】 2月5日，超同步公司承担的国家智能制造新模式应用项目《智能装备核心功能部件数字化车间》通过验收。本次验收由北京市经济和信息化局、北京市财政局联合组织，来自中国机械工业联合会、中国电子技术标准化研究院等单位的资深专家组成验收专家组。专家组认为，全部考核指标均超额完成任务目标，关键核心技术达到国际先进水平，同意通过专家组验收。

（王希华）

【金诚信公司科技成果获中国黄金协会科学技术奖一等奖】 2月19日，由北京金诚信矿山技术研究院有限公司参编的《全尾砂膏体充填技术规范》获得2020年度中国黄金协会科学技术奖科学技术成果类一等奖。《全尾砂膏体充填技术规范》由北京科技大学牵头起草，金诚信研究院、中国恩菲工程技术有限公司等11家单位参与。

（王希华）

【7家企业产品入选第十四批北京市新技术新产品】 2月25日，中关村密云园7家企业11种产品入选第十四批北京市新技术新产品名单，分别是北京市京海换热设备制造有限责任公司“清洁能源超导纳米供热站”、康为同创集团有限公司“爬楼器的动力总成系统”、中科鼎实环境工程有限公司“污染土壤直接热脱附处理系统”等5种产品、北京仁创科技发展有限公司“砂基透水路缘石”、北京赫宸智慧能源科技股份有限公司“袋式除尘器”、北京麦康医疗器械有限公司“微电流刺激仪”、北京汉典制药有限公司“根痛平颗粒”，涉及节能环保、智能制造、生物医药等技术领域。

（王希华）

【华源泰盟核心技术入选“煤炭消费减量替代先进技术及应用案例”名单】 3月6日，中关村国联绿色产业服务创新联盟组织召开“煤炭消费减量替代先进技术及应用案例”专家评审会，中关村密云园企业——北京华源泰盟节能设备有限公司申报的“基于吸收式换热的热电联产集中供热技术”和“基于喷淋换热的烟气余热深度回收与减排一体化技术”两项核心技术入选首批“煤炭消费减量替代先进技术及应用案例”名单。

（王希华）

【北陆药业获国家药品不良反应监测工作优秀企业】 3月11日，国家药监局药品不良反应监测中心通报表彰2020年全国药品不良反应监测评价优秀单位。北京北陆药业股份有限公司荣获“2020年全国药品不良反应监测评价工作优秀的药械化企业”。

（王希华）

【4家企业入选国家级专精特新“小巨人”企业推荐名单】 3月31日，北京市经信局网站公布北京市首批国家级专精特新“小巨人”企业推荐名单，密云园4家企业入选，分别是北京第七九七音响股份有限公司、北京朗视仪器股份有限公司、北京华环电子股份有限公司、北京荣创岩土工程股份有限公司。

（王希华）

【联通智网获“中国智能网联汽车优秀企业奖”】 4月1日，中国智能网联汽车创新成果大会暨《中国智能网联汽车产业发展年鉴》新书发布会在江苏南京召开。会议公布了此次大会推选活动的评选结果，联通智网科技有限公司获“中国智能网联汽车优秀企业奖”。

（王希华）

【仁创集团研发产品获评“北京市发明专利”三等奖】 4月20日，京津冀促进知识产权运用工作会暨北京市发明专利奖颁奖大会在北京举行，北京仁创科技集团有限公司“采油用覆膜石英砂压裂支撑剂”获三等奖。

（王希华）

【北陆药业两种药品通过仿制药一致性评价】 4月20日、5月17日，北陆药业公司相继收到国家药品监督管理局颁发的《药品补充申请批准通知书》，碘海醇注射液、碘克沙醇注射液两种药品通过仿制药质量和疗效一致性评价。

（王希华）

【17家企业入选北京市“专精特新”企业】 6月2日，北京市经信局网站公布“北京市2021年第一批‘专精特新’小巨人企业、中小企业”名单，中关村密云园4家企业入选。其中，北京华源泰盟节能设备有限公司、北京仁创科技集团、北京电信易通信息技术股份有限公司入选“北京市2021年‘专精特新’小巨人企业”；北京龙鼎源科技股份有限公司入选“北京市2021年‘专精特新’中小企业”。6月18日，7家企业入选北京市第二批“专精特新”中小企业名单，分别是北京市京海换热设备制造有限责任公司、北京美中双和医疗器械股份有限公司、超同步股份有限公司、北京方鸿智能科技有限公司、中联云港数据科技股份有限公司、北京大豪工缝智控科技有限公司、北京华源泰盟节能设备有限公司。12月2日，6家企业入选“北京市2021年第六批‘专精特新’中小企业”名单，分别是北京亨通智能科技有限公司、北京德开医药科技有限公司、北京倍舒特妇幼

用品有限公司、北京京投信安科技发展有限公司、中创泰科（北京）科技有限公司、北京博识广联科技有限公司。

（王希华）

【海王英特龙收购中新药业公司股权】 6月2日，海王英特龙公布收购北京中新药业公司51%股权，股权转让协议项下所有先决条件均已达成。中新药业公司借助海王集团分布在全国的200余个医药公司作为经营网点，扩大原有药品的销售量。

（王希华）

【康为同创与斯图加特大学共同打造智能工厂】 6月22日，康为同创集团与德国斯图加特大学技术转移中心签署战略合作协议，共同建设“精益生产4.0智能工厂”。在战略合作中，双方建立合资企业，将德国智能制造企业引进到中关村密云园，建立“智能制造技术转移中心”，建立“先进传感器和物联网中心”，促进园区智能制造业发展。

（王希华）

【密云园与朝阳园签订战略合作协议】 6月23日，中关村密云园管委会与中关村朝阳园管委会签订战略合作协议，在前沿技术交流、创新创业服务平台建设、产业升级孵化、产业协同发展4个方面加大合作交流力度。

（王希华）

6月23日，中关村密云园与中关村朝阳园签订战略合作协议　　（中关村密云园　供图）

【北陆药业公司药品中标第五批全国药品集中采购】 6月23日，第五批国家组织药品集中带量采购在上海开标，北京北陆药业股份有限公司碘海醇注射液参加本次集中采购并中标。

（王希华）

【《潜孔冲击高压喷射注浆桩技术规程》通过专家评审】 7月8日，中国工程建设标准化网发布公告，由北京荣创岩土工程股份有限公司联合建研地基基础工程有限责任公司主编的中国建设工程标准化协会《潜孔冲击高压喷射注浆桩技术规程》，经协会地基基础专业委员会审查通过并批准发布，自12月1日起施行。

（王希华）

【密云园与北京商务中心区签订战略合作协议】 7月14日，中关村密云园管委会与北京商务中心区签订战略合作协议，引导北京商务中心区内与密云生态商务区功能定位相匹配的优质企业资源向密云区转移。

（王希华）

【中农国盛晋级“创客北京2021”创新创业大赛决赛】 8月13日，在中关村海淀园承办的“创客北京2021”创新创业大赛海淀赛区复赛上，中关村密云园企业——中农国盛（北京）环境生态工程技术有限公司晋级北京市级“创客北京2021”创新创业大赛决赛。

（王希华）

【3家企业入选国家级专精特新“小巨人”企业】 8月25日，国家工信部网站公布第二批第一年国家级专精特新“小巨人”企业名单，中关村密云园3家企业入选，分别是北京荣创岩土工程股份有限公司、北京朗视仪器股份有限公司、北京仁创科技集团。

（王希华）

【人才公租房项目完成初审】 8月，区规自分局对中关村密云园人才公租房项目通过“多规合一”平台推送市区各相关部门进行初审，并出具初步审查意见函。该项目位于经济开发区三期科技路南侧，占地面积约4.83万平方米。

（王希华）

【友康生物公司“密云研发和生产基地”项目开工建设】 9月2日，友康生物公司“密云研发和生产基地”项目开工建设。该公司主要研发生产病毒采样产品、核酸提取自动化工作站以及无血清细胞培养产品等。项目建设总投资2.5亿元，建筑总面积4.2万平方米，主要建设病毒采样试剂盒、无血清培养基、核酸检测自动化设备生产装配线等3大生产车间及配套设施。

（王希华）

【3个项目参加中国国际服贸会】 9月2—7日，中国国际服务贸易交易会在北京召开。中关村密云园共有3个项目列入密云交易团成果预筹项目，包括京东密云智能电商产业园项目、复星药业应急医学救援与危重诊疗技术工程中心项目和北京海王中新药业股份有

限公司注资项目。

（王希华）

【万都为优秀高考生颁发奖学金】 9月3日，万都（北京）汽车底盘系统有限公司在区教委举行“2021年万都奖学金发放仪式”，向全区30名考入重点大学的优秀学生颁发奖学金30万元。该公司自2011年设立“万都奖学金”以来，累计发放奖学金360万元，奖励全区优秀学生600余名。

（王希华）

【8家企业入选“2021北京民营企业百强”】 9月16日，北京市工商联、中国建设银行北京市分行联合召开“2021北京民营企业百强发布会”，发布北京民营企业“1+4”百强榜单。金诚信矿业管理股份有限公司、国美控股集团有限公司、北京自如生活企业管理有限公司3家企业入选“北京民营企业百强”；北京北陆药业股份有限公司、北京亨通斯博通讯科技有限公司、北京汉典制药有限公司、高频美特利环境科技（北京）有限公司4家企业入选“北京民营企业中小百强”；北京北陆药业股份有限公司、北京康辰药业股份有限公司、国美控股集团有限公司3家企业入选“北京民营企业社会责任百强”。

（王希华）

【北京市上市公司协会到中关村密云园考察】 9月17日，北京市上市公司协会组织31家上市公司负责人到中关村密云园考察。考察团先后参观中关村密云园展示中心、北京康辰药业股份有限公司，听取园区管委会负责人关于招商资源、招商政策、企业服务、人才引进等方面的情况介绍。双方就项目引进、土地资源等方面事宜进行沟通交流。

（王希华）

9月17日，北京市上市公司协会到中关村密云园考察 （中关村密云园 供图）

【联通智网科技公司产品亮相5G行业应用创新高峰论坛】 9月23日，中国联通5G行业应用创新高峰论坛在天津召开。联通智网科技股份有限公司自主研发的“5G车路协同服务平台”产品参展。“5G车路协同服务平台”整合联通内外部产学研用创优势资源，打造安全、高效和环保的5G智慧交通体系。

（王希华）

【复星北铃公司公共卫生应急产业与危重症诊疗技术工程中心奠基】 10月10日，复星北铃公司公共卫生应急产业与危重症诊疗技术工程中心奠基。该项目总建筑面积约5.6万平方米，围绕“产、研、创、保”四大功能板块规划建设。

（王希华）

【华源泰盟公司获“北京市首批首台（套）重大技术装备企业”称号】 10月22日，由北京市发展和改革委员会牵头组织的“2021年首台（套）重大技术装备授牌暨项目路演活动”在中关村国家自主创新示范区展示中心举行。北京华源泰盟节能设备有限公司获“北京市首批首台（套）重大技术装备企业”称号，公司申报的“超低压驱动型吸收式热泵”被纳入《北京市首台（套）重大技术装备目录（2021年）》。

（王希华）

【朝密双创中心揭牌并投入运营】 12月30日，朝密双创中心揭牌并投入运营。该中心建筑面积6300余平方米，以“前沿技术加速”“创新创业服务”“产业升级孵化”为功能定位，扩展朝阳科创发展空间、提升密云总部企业品质。揭牌仪式上，朝密双创中心与拟入驻的3家企业签订入驻协议。

（王希华）

【土地腾退盘活】 年内，全年完成腾退盘活土地11宗（鑫汇鹏盛、郊区实业、品高基业、大象食品、光华安富业、铜牛服装、福田住宅、吉乐电子、旺佳、中环膜、供用电公司），规划面积28.73公顷，可建设面积22公顷，地上物面积99615平方米。

（王希华）

建筑业 房地产业

CONSTRUCTION INDUSTRY REAL ESTATE

行业管理

Industry Management

【概 况】北京市密云区住房和城乡建设委员会（简称区住房城乡建设委）是负责本区住房和城乡建设行政管理的区政府工作部门，设有行政科室 11 个、参公科室 2 个、事业科室 7 个。编制 213 名，其中行政编制 34 名、参公编制 32 名、事业编制 107 名、行政工勤 4 名。安置经营类事业单位涉改人员事业编制 36 名。年内，区住建委负责建设、协调政府工作报告重点工作 11 项、拟办重要实事 3 项，完成区人大代表建议、区政协委员提案 A 类 4 件。区住建委优化提升行政审批，社会投资低风险小型建设项目施工许可试行告知承诺制，细化低风险和一般风险工程验收流程、压缩办理时限，试行单体验收，施工许可审批与竣工联合验收办理效率再提高，促使项目早落地、早开工、早入住、早收益，完成行业缴纳税收 33.48 亿元，居各行业之首。多渠道增加住房供给，协调推进在途住宅项目开工建设和上市交易，加速房屋预、现售审批，核发 5 个预售许可证，形成新增供应量，满足普通居民家庭购房需求。维护市场秩序，对黑中介、违法群租房、违规房源保持严查态势，检查售楼场所 38 个、中介机构 200 余家，联合街道、公安、城管等多部门排查房屋 10 余户，炒房、恶意抬高房价、违规代理商办类房屋、违法群租行为得到管控。

（薛艳阳）

单位名称：北京市密云区住房和城乡建设委员会

地　　址：北京市密云区水源东路 339 号

电　　话：69041658

【行业产值】年内，区住建委完成建筑业总产值 230 亿元，同比增长 32.2%。完成房地产开发投资 79.31 亿元，基本与 2020 年持平。全区建筑业、房地产业缴纳税收 33.48 亿元，占全区总税收的 33.6%，绝对值在各行业中排首位，其中建筑业 13.495 亿元，同比增长 11.6%，房地产业 19.85 亿元，同比减少 10.2%。

（薛艳阳）

【企业资质管理】年内，全区有建筑业企业 1263 家，建筑企业资质 2969 个，包括总承包资质 533 个，其中建筑工程总承包资质 246 个、水利水电工程总承包资质 3 个、电力工程总承包资质 15 个、矿山工程总承包资质 3 个、石油化工工程总承包资质 3 个、市政公用工程总承包资质 1199 个、通信工程总承包资质 4 个、机电工程总承包资质 60 个；专业承包资质 1708 个；施工劳务资质 728 个。建筑业全年办结业务 894 家，其中新设立企业资质 123 家、变更 221 家、增项 23 家、重组分立 3 家、注销 30 家、升级 2 家。全年对 230 家企业进行行政检查，责令整改 191 家。

（薛艳阳）

【建筑企业人员资格管理】年内，区住建委办理建造师注册 1400 人次，其中初始注册 211 人次、变更 357 人次、注销 194 人次、增项 62 人次、延期 205 人次、重新注册 191 人次。截至年底，二级建造师注册 1780 名，一级建造师注册 1365 名，办理安全员续期审核 1338 人次。

（薛艳阳）

【建筑市场秩序规范】年内，区住建委规范建筑市场秩序，建筑市场与施工现场联动，在日常巡查、双随机检查基础上，开展专项整治行动，重点查处招投标不规范、违法承发包、标后不履约、工人实名制管理不到位等 6 种行为，执法检查建设工程 76 项。

（薛艳阳）

【招投标监管改革】年内，区住建委推进招投标监管改革，招投标实行全环节网上电子化管理，资格预审文件备案、招标文件备案等实现即时办理，压缩审核时限 15 天。全年 10 个重点工程、政府投资项目招标时间压减 50%，加速项目落地建设、投入使用。强化事中事后监管，开展企业资质、评标专家动态核查，对资质不达标企业责令限期改正或撤回资质，对违规评标专家进行记分处理。

（薛艳阳）

【招标投标】年内，区住建委完成招投标备案 10 项，65.85 万平方米，投资总额共计 16.18 亿元。按招标方式划分，公开招标 10 项。按专业划分，建安招标 9 项、市政招标 1 项。按投资来源划分，国有投资项目 10 项。

（薛艳阳）

【行政执法】年内，区住建委完成行政执法次数 1545 次，行政处罚次数 114 次，处罚金额 825508.52 元。

（薛艳阳）

【测绘成果审核】年内，区住建委受理测绘成果审核业务 30 件、面积 87.11 万平方米，受理案件全部办结。

（薛艳阳）

建筑业

Construction Industry

【概　况】 年内，建筑市场与施工现场联动，在日常巡查、双随机检查基础上，开展专项整治行动，重点查处招投标不规范、违法承发包、标后不履约、工人实名制管理不到位等6种行为。全年检查工地56次，没有因拖欠工程款导致劳务纠纷群体性事件。

（薛艳阳）

【建筑工地检查】 年内，区住建委办理施工许可证23项，建筑面积55.3万平方米。针对施工现场扬尘检查817项次，相关单位已落实整改。施工现场扬尘有效控制，绿色施工工地达标率95%。每月参加全市“月排名、月检查、月曝光”检查活动，参加联合执法检查56次。新刘棚改AB地块、CD地块、F地块、空地一体、新刘棚改回迁安置房等5个项目工程被授予“绿牌”工地称号。

（薛艳阳）

【建筑劳务管理】 年内，区住建委开展劳务用工检查64项次，128人次。配合区卫生局对建筑工地外来务工人员进行新冠病毒、麻疹、流脑疫苗接种工作，对区域内实施接种对象的工地进行摸底统计。全区在施工程工地人数6800余人，新冠病毒疫苗第二针接种率超95%，第三针加强针接种工作持续推进。

（薛艳阳）

【施工安全监管】 年内，开复工工程127项，面积407.96万平方米，其中完工工程26项、在施项目101项。办理起重设备使用登记260台。13个工地获“绿色文明工地”称号，3个工地被评为“绿色安全样板工地”。全年实施安全检查651次，行政处罚74起，处罚金额27.2万元，发现的882条隐患、问题已全部进行整改。开展全区建筑工地食品安全培训、防灾减灾应急救护培训、施工现场汛期防汛抢险演习、体验式安全培训教育活动和安全生产月活动。

6月，区住建委开展安全生产月—咨询日活动

（区住建委　供图）

（薛艳阳）

【工程质量监管】 年内，全区在施房屋建筑工程96项，建筑面积约372.43万平方米。其中新开工项目20项，建筑面积约83.42万平方米；竣工工程35项，建筑面积约84.65万平方米。实施监督抽查391次，抽查建筑面积约577万平方米，查出质量问题约908条，下发责令改正通知书32份，已全部要求责任单位进行整改。立案处罚25起，处罚金额约26.5万元。

（薛艳阳）

【消防验收】 年内，全区在施房屋建筑工程面积372.43万平方米，完成消防验收7项，建筑面积约18万平方米，完成消防备案17项，建筑面积约75万平方米。

（薛艳阳）

房地产企业

Real Estate

【概　况】 年内，全区有在施商品房项目31个，建筑总面积104.6万平方米。区住建委坚持“房住不炒”定位，加大商品房供给，强化销售管理，住房销售情况呈商品房和二手房“一增一降”，全区商品房保持活跃态势。

（薛艳阳）

【房地产开发企业】 年内，全区有房地产开发企业122家，其中一级资质0家、二级资质4家、三级资质3家、四级资质99家、暂定资质16家，过期保留0家。办结业务27项，其中新设立企业资质1项、暂定和四级企业资质审核14项、资质变更9项。

（薛艳阳）

【房地产市场管理】 年内，加强市场动态分析，从严审核购房资格，把好存量房网上签约关。全年新建商品房销售面积66.4万平方米、销售金额100.64亿元，比上年分别上升174%、98%。年内，办理网上签约注销

169件，预售合同变更业务63件，回迁房屋签约确认88件，执行法院判决29件，审批预售资金支取业务2笔，0.39亿元。

（薛艳阳）

【房地产经纪机构管理】 年内，全区注册并备案房地产经纪75家，分支机构118家。年内，办理经纪机构初始备案登记业务7件，变更登记8件。巡检经纪机构120余家，240余人次。

（薛艳阳）

【商品房销售管理】 年内，累计销售商品房66.4万平方米，同比增长174%，成交金额100.64亿元，同比增长98%；销售二手房36.3万平方米，同比下降22.1%，成交金额46.3亿元，同比下降15.2%。

（薛艳阳）

北京密云城市建设投资开发有限公司

【概　况】 北京密云城市建设投资开发有限公司（简称城建投资公司）前身为北京市密云区房地产开发总公司，1997年09月11日在北京工商局注册成立，注册资本10000万元，主要经营房地产开发，销售商品房、建筑材料销售等。2020年，原密云区房地产开发总公司推进国企改革各项工作，经资源整合后更名为北京密云城市建设投资开发有限公司。全年完成总收入15231万元，上缴税金约2225万元。

（王　亮）

单位名称：北京密云城市建设投资开发有限公司
地　　址：北京市密云区水源东路358号A座
电　　话：69042066　69042943

【老旧小区综合整治】 年内，城建投资公司对鼓楼街道檀城东区6幢住宅楼、宾阳里北区7幢住宅楼、宾阳里南区4幢住宅楼、果园街道果园西里北区5幢住宅楼、十里堡镇博士庄园22幢住宅楼、太师屯镇永安北区2幢住宅楼，共计6个住宅小区，46幢，建筑面积17.29万平方米的住宅楼进行以楼本体节能保温改造为主的基础设施升级和6.9万平方米小区公共区域环境提升整治。对鼓楼街道宾阳西里（17-19、22-25）、东源路（5、29＃）2个小区，9幢，1.5万平方米小区公共区域进行提升整治改造。改造工程预计投入资金约18492万元。

（于　淇　王　亮）

【商务区C1地块】 年内，城建投资公司联合住总祥业、旭辉、首开股份公司以20.7亿人民币的价格，获取水源路南侧MY00－0104－6016等地块R2二类居住用地国有建设用地使用权。密云区水源路南侧MY00－0104－6016等地块由9个地块组成，性质为R2居住用地，建设用地10.33万平方米，规划建筑规模20.02万平方米，容积率1.8—2.0。“五通一平”条件供地（通路、上水、下水、电力管沟、燃气，场地自然平整）。

（于　淇　王　亮）

【商务区C2地块】 年内，城建投资公司盘活自有建设用地。商务区C2地块收储用地面积约22.04公顷，其中多功能用地面积8.31公顷，建筑规模13.3万平方米，居住用地面积3.09公顷，建筑规模5.56万平方米，公服设施用地面积1.21公顷，建筑规模1.44万平方米。

（张庆超　王　亮）

【鼓楼西区定向安置房工程】 年内，区政府授权城建投资公司负责鼓楼西区定向安置房项目建设主体，该项目用于安置康复西巷52户拆迁居民，项目总用地规模约1.06万平方米，规划总建筑面积约2.66万平方米，建设安置房2栋128套，项目总投资约1.85亿元。

（张庆超　王　亮）

【冶仙塔重点项目进程】 年内，景区引进山地滑车项目，该项目推出后游客接待量屡创新高，抖音等网络平台主动合作，冶仙塔山地滑车成为北京市网红打卡点。冶仙塔景区接待游客30余万人次，实现旅游综合收入575万元，同比增长512%。

（李方妤）

【冶仙塔拓宽销售渠道】 年内，城建投资公司与锦绣华北、京津冀一卡通、京津冀名胜年卡等票务公司合作，年卡全年实际收入25万元。加大商铺招租工作，引进符合景区特色的文化商户，招租素食餐厅、汉服租赁、字画展卖、工艺品超市等10家商铺，出租面积1794平方米，租金实际收入60余万元。

（李方妤）

【冶仙塔景区设施完善】 年内，城建投资公司重新整合园区植被分布、维修陈旧基础设施、根据规划在山地滑车道两侧增加安全防护网3400米；修复万佛殿、冶仙居漏雨处；对绿化植被品种优化，种植观赏植被月季、玫瑰8000余株，紫藤110株；完成景区3A复核工作；对景区4个公共卫生间改造，优化标识标牌200块；完成普照寺殿宇彩绘；完成净水观音审批手续。

（李方妤）

信 息 化

INFORMATIZATION

综　述

Overview

年内，区经信局按照“统筹规划、搭建平台、资源共享、强化应用”的发展原则，以信息化带动工业化，以工业化促进信息化，助推全区信息化建设水平不断提升。年内，全区信息传输、软件和信息服务业规上企业15家，实现营业收入48.9亿元，同比增长68.2%。完成固定资产投资3.7亿元，同比增长4.3倍，其中建安投资2.2亿元，同比增长2.3倍。

信息化建设　区经信局印发实施《密云区“十四五”时期信息化发展规划》《密云区2021年智慧城市建设重点工作任务清单》，研究制定《密云区政府投资信息化项目管理暂行办法》《密云区政务云管理办法》和《密云区政务外网管理办法》，推进智慧城市建设。完成265个5G基站建设。公共数据公开数量及质量综合排名全市第一。

政务信息化　区政务服务局推进“一网通办”，提升审批服务效率。推进“全程网办”，区级政务服务事项“全程网办”率在90%以上，事项全程网上办理深度全部达到四级以上标准。推进电子印章应用，实现全区刻制审批电子印章84枚。实现104个事项电子证照共享与利用，保证区级综合窗口通过二维码扫描枪方式线上查验申办人、企业电子证照信息，具备应用条件的电子证照在线上线下同步应用。

智慧医疗　区卫健委推进全区人口健康信息平台、社区卫生服务综合管理、区域影像远程会诊、疫情防控数据统计等5大平台建设和健康密云、密云家医App建设。智慧医疗和数字化医院建设初具规模。全区数字化医疗管理和服务水平得到提升。

教育信息化　区教委推进“基于教学改革、融合信息技术的新型教与学模式”实验区研究，实施“智慧教育环境建设”“师生信息素养提升”等“六大行动”，推动信息技术与教育教学深度融合。完善视导机制，教学视导诊断、服务学校功能进一步增强。以中高考备考、学科研修为抓手，深入推进“大单元备课”“生动课堂”研究，强化单元整体教学，抓实课堂教学主阵地。

社会领域科技供给　多个小区安装智能人脸识别系统和车辆管理道闸设备。加大智慧小区建设力度。北京市发改委核准京东智能产业园北京密云项目，该项目可弥补密云区物流基础设施短板，提升密云区以及北京市物流配送能力。

（于文华　孔令佩）

基础设施建设

Infrastructure Construction

【5G基站建设】　年内，区经信局制定《北京市密云区2021年5G基础设施建设实施方案》。建立5G基础设施建设联席会议制度，定期召开联席会议和基础电信运营商5G建设工作会，协调解决实际问题。5G基站建设完成265个，完成市级5G基础设施建设年度任务189%，电信经营场所完成无障碍设施建设与改造，区政府门户网站实现信息无障碍。

（印明星）

【信创项目建设】　年内，区经信局统筹项目管理，做好风险管控，配合完成专项资金审计工作，按照规定时间节点完成工作任务，进入项目收尾阶段。

（张　鹏）

【区政务外网等保2.0三级升级改造项目】　年内，项目资金预算279.59万元，按照政府采购流程实施，实际支出266.43万元，完成安管平台、防火墙等软硬件的采购及升级替换工作。

（何晓梅）

【“两区”建设】　年内，指派专人参加“两区”建设专班，落实专班要求，建设人工智能特色发展实验区，加快推进方恒科技超算与金融云计算基地、电信易通新一代互联网云计算产创基地项目建设，推进“两区”建设开展。

（郭　洁）

【区通信建设管理办公室揭牌】　年内，为推动5G网络和新型网络基础设施建设工作，北京市密云区通信建设管理办公室挂牌成立。

（张　鹏）

【智慧水务建设】　年内，区水务局就本区智慧水务建设工作开展工作督导。工作组先后察看不老屯镇、高岭镇、古北口镇部分村的扫码填报水量情况，并就扫码流程、各月用水分布、计划用水指标及目前遇到的主要问题给予指导性建议。

（区水务局）

信息化应用

Information Application

【新型教与学模式实验区工作启动会】 3月28日，区教委召开“基于教学改革、融合信息技术的新型教与学模式”实验区工作启动会。会上，播放密云区教育信息化助推教育教学改革专题片，为密云区2020年教育信息化先进单位颁奖，区第二小学、北师大密云实验中学做信息化工作经验交流。区教委领导解读实验区工作方案，为特聘专家颁发聘书，向参加实验区建设的21所实验校授牌。确定“以信息技术与教育教学深度融合为支点，构建区域教育高质量发展新模式”为主题，实施智慧教育环境建设行动、数字资源共享行动、中小学技术创新课堂行动、提升师生信息素养行动、大数据精准评价实践行动、教育治理能力优化行动，探索农村地区智慧校园新模式、差异化供给和智能化服务新模式、信息技术与课堂教学融合新模式、“互联网＋”环境下区域教师协同成长新模式、促进学生个性化全面发展育人新模式，推动教育治理体系和治理能力现代化。教育部、市教委、区政府有关领导，特聘专家，中小学骨干教师代表等200余人参会。

（张学虎　李士新）

【公交实时查询功能上线】 8月30日，区交通局联合百度公司开通公交实时查询功能，49条公交线路，419辆公交车正式上线。乘客可打开百度地图App点击实时公交搜索和查询线路首末班发车时间、票价、站点、车辆位置等信息，同时提供线路定时提醒和上下车提醒功能。

（杜　航　肖　强）

【5G＋无人智慧农机示范】 11月，北京移动和北京市农业机械试验鉴定推广站合作，在密云区河南寨镇陈各庄村的33.33公顷农田里开展5G＋无人智慧农机示范。此次示范由五台拖带着不同作业机具的无人驾驶拖拉机进行现场演示，5台农机自助开展农机作业。5G＋无人智慧农机应用5G＋北斗高精定位技术，该技术可将农机定位精确至厘米级别，避免漏播、重播，可提高土地利用率5%以上。

（区农业服务中心）

【疫情防控信息化服务保障】 年内，针对全区20个新冠疫苗临时接种点和21个新冠疫苗存放点，区经信局开展视频监控设备编码联网、疫苗存放冰箱温度监测和标准数据传输等工作。完成198个摄像头、23个温度传感器的设备安装和数据监测、接入、传输工作。通过区级共享交换平台完成政务服务事项办件数据和新冠疫苗接种信息数据传输。对中国移动、联通、电信、铁塔密云分公司所属19个营业场所开展日常疫情防控检查96次。新增心连心物业有限公司接入政务外网，新增多个疫苗接种点政务外网，并严格监管，做好疫情防控信息化保障。

（印明星　杜　杰）

【区政务云扩容项目】 年内，按照政府采购流程完成单一来源采购工作，中标公司为联通数字科技有限公司北京市分公司，中标金额为193万元。完成区政务云扩容工作，共增加1152核vCPU、3840GB内存和150TB存储，其中互联网业务云增加576核vCPU、2304GB内存和100TB存储，数据中心云增加了576核vCPU、1536GB内存和50TB存储，并提供4年完善的运维服务。

（何晓梅）

【政务云运维】 年内，为政务云内服务器统一安装云防护软件，及时升级，定期清除隔离病毒的文件夹，实施实时监控。共16家单位127台虚拟机运行于云，其中数据中心云81台，互联网业务云46台。新增9个业务系统，共25台虚拟服务器。

（杨荣森）

【政务外网运维管理】 年内，强化对全区网络设备、安全设备及终端用户的日常监管和运维管理，对全区新增计算机实名登记并实时监控，登记用户5329台，其中新增3797台，更换1378台，淘汰154台。完成“金财专网”融合并入区级政务外网工作。接入医保结算业务，新增医保结算单位14家。把国资委下属企业接入政务外网，共61家企业接入政务外网，其中新增43家，推动区管企业统一管理财务应用平台。

（王　超）

【智能化政务】 年内，区级政务平台428项政务服务事项，全程网办率90%以上；全区刻制审批电子印章84枚，实现104项事项电子证照共享与利用；配置汇聚电子档案415项政务服务事项，数据汇聚率100%；“互联网＋监管”检查实施清单认领填报642项，认领填报率100%；全区便民地图实时更新，方便办事企业群众精准定位。推进上下联动、线上线下政务服务无差别受理新模式。

（金泽成）

【数字政府建设】 年内，密云区政府门户网站发布信息32467条，网站总访问量1.3亿次，维护专栏专题17个，其中新建专题6个；区长信箱收到信件1453件，办结率100%，平均办理时间为0.63天；开展调查征集228期，开展在线访谈14期；针对办事服务中的热门服务新增6项场景式展示；开展92次政府门户网站安全检测，在全市政府网站检查中名列前2位。

（李艳艳）

【医疗信息化建设】 年内，区卫健委推进全区人口健康信息平台、社区卫生服务综合管理、区域影像远程会诊、疫情防控数据统计等5大平台建设和健康密云、密云家医App建设。智慧医疗和数字化医院建设初具规模，4家二级以上医院和19家社区中心抽取电子病历3170442条、健康档案416973份，提供电子病历和健康档案共享查询25719次。区域检验系统为辖区居民提供32830人次共39343次转检服务。区域影像系统实现跨机构检查7450人次。“健康密云App”实现269140人注册、绑定就诊213706人、应用预约挂号2071593人次、电子报告511988人次、诊间处方查询88731人次。“密云家医APP”移动端建档7987人次、签约86620人次、体检845人次、慢病随访17780人次。区域影像系统实现以区医院为影像中心辐射19家社区卫生服务中心、结防所和精神卫生防治院区域格局，实现跨机构检查7450人次。

（邢 颖）

信息化环境

Information Environment

【传染病智慧化建设】 8月，《密云传染病智慧化监测预警及溯源关键技术研究》项目获得区级科技项目立项。该项目由区疾病预防控制中心承担，在中国疾病预防控制中心信息系统的基础上，开展关键技术研究，建成集传染病监测、聚集性疫情预警、溯源分析于一体的集成式平台。

（区科委）

【公共数据开放】 年内，区经信局制定并发放《关于提供2021年度公共数据的通知》，形成包含127项开放计划的《北京市密云区开放计划表》，收集汇总127项具体公开数据。

（印明星）

【项目技术评审】 年内，区经信局组织相关领域专家，对密云区政务服务电子印章应用、鼓楼社区卫生服务中心基础网络线路升级改造、密云水库环境监测预警支撑平台建设、密云区新冠疫苗接种点视频传感数据对接建设服务等多个项目进行技术评审，根据评审意见对调整优化后的项目可行性研究报告进行论证，并出具建设意见函。

（印明星）

【“飞线”整治工作】 年内，区经信局组织中国联通、中国移动、中国电信和歌华有线密云分公司召开座谈会，掌握小区通信和有线电视网络的“飞线”现状，并赴怀柔和延庆区实地调研、学习经验。按照杆线平整对称、捆扎均匀、标识清晰、色调统一、牢固安全等标准完成石桥小区试点整治工作任务。

（张 鹏）

【清理整顿移动小程序】 年内，区经信局对移动互联网应用程序进行全面摸底，对照标准，通过电话沟通、指导填报并完善微信、QQ、钉钉等网络工作群情况。梳理出面向工作人员和基层干部的移动互联网应用程序9个，均建议保留使用；梳理网络工作群422个，其中有44个群建议清理关停，8个群整合，其他370个工作群保留。

（印明星）

【信息化行政执法检查】 年内，区经信局承担2项信息化领域行政处罚职权，处罚依据为《北京市信息化促进条例》，执法人员2人。组织人员参加培训，提高行政执法工作能力。制发《关于开展2021年度密云区信息化管理行政检查工作的通知》，共开展信息化行政检查90次，人均检查量为45次。未发现违反《北京市信息化促进条例》的情况，检查结果全部按时录入北京市行政执法信息服务平台。

（印明星）

【无线电管理宣传和执法】 年内，区经信局组织开展无线电电磁环境清理整顿工作，制发《北京市密云区经济和信息化局关于配合电信运营商推进“黑直放”设备专项整治相关工作的函》，开展专项整治工作，对区域内信号放大器或直放站进行排查并做好网络优化覆盖工作。组织无线电管理法制户外宣传工作，设置宣传展架，发放宣传资料，宣传普及无线电管理知识。2次组织人员参加北京市无线电管理培训，提高无线电管理工作人员能力。

（印明星）

【“12345”热线办理】 年内，区经信局受理“12345”

市民服务热线16件，办理率100%，双满率100%。

（张　鹏）

【城乡环境整治检查】 年内，区经信局配合城管委7次赴乡镇检查工作，发现问题及时督促整改。通过密云区城乡环境检查系统，处理21起问题。

（郭　洁）

信息化管理

Information Management

【信用工作统筹协调机制完善】 年内，区经信局完善密云区社会信用体系建设联席会议机制，增加成员单位2家，成员调整为42个区职能部门和20个镇街。制定重点任务工作方案，组织召开区级调度会5次、培训会4次、重点部门座谈会3次。组织40余家区直部门和20个镇街约300人次开展信用培训。城市信用环境状况监测年度考核全市排名中，密云区位列第5名。

（周　振）

12月3日，召开城市信用环境状况监测工作调度会　　（齐城　摄）

【"信用密云"专栏维护】 年内，区经信局通过"信用密云"公示黑红名单等各类信用信息3.92万条，上传市级平台数据20703条。累计公示"双公示"信息1.62万条，行政许可和行政处罚"双公示"报送合格率100%。制发《密云区双公示周反馈汇总统计情况》42期。

（陈　阳）

【"诚信建设万里行"主题宣传活动】 年内，区经信局指导相关单位开展信用进社区、信用进商圈等主题宣传活动192场次，开展信用主题宣传553场次。

（齐　城）

7月13日，召开诚信宣传培训会（齐城　摄）

【诚信宣传】 年内，区经信局制作4块宣传展板，录制《法润密云》专题节目，开展诚信街道、诚信园区和诚信乡镇创建活动，开展主题宣传活动2场，签订100份诚信承诺书，回收100份满意度调查问卷，引导13家企业参与企业信用领跑活动。选树诚信典型，制作并向市级推荐信用应用场景优秀微视频2例。

（齐　城）

【"信用+"惠民创新应用】 年内，全区28个职能部门联合对守信主体实施守信激励，开展"信用+统计""信用+税务""信用+便企守信""信用+医疗"等创新应用，全市排名第2位。

（陈　阳）

【信易贷】 年内，区经信局统筹推动"银税互动"工作，前三季度全区"银税互动"发放贷款238笔，放款金额4.59亿元。

（陈　阳）

【新型监管机制】 年内，区经信局推动职能部门开展告知承诺事项94项，在"信用密云"网站公示各类信用承诺2301条；完成信用信息注册企业164家。组织44家行政审批单位推进容缺受理；62家单位开展经营者准入前诚信教育9场，培训712人，发放宣传材料500余份。建立信用查询和记录机制。开展信用分级分类监管领域168个。收录44个监管行业领域45个国家信用联合奖惩备忘录，公示信用黑名单1920例。

（陈　阳）

【重点关注对象名单制度】 年内，区经信局建立重点关注和黑名单企业清单工作台帐，推动 30 余家区级部门联合对 11505 家严重失信名单企业、27395 次失信行为记录开展专项治理，召开专题会议，做好城市信用环境监测评价工作。

（陈　阳）

【信用修复】 年内，区经信局研究制定《北京市密云区失信信息信用修复与异议处理办法（暂行）》，开展主题信用修复培训 2 场，培训、警示失信主体 88 家次。开通信用修复专栏，协助完成线上信用修复 218 家次。对“屡禁不止、屡罚不改”严重违法失信行为和信用服务机构失信问题专项治理，77 家失信主体完成信用修复，退出比例 100%。

（齐　城）

7 月 8 日，召开信用分级分类监管及信用应用场景培训会　（齐城　摄）

【区委网信委第三次会议】 6 月，召开区委网信委第三次会议，审议并通过《2021 年密云区网信工作要点》《密云区贯彻落实党委（党组）网络安全工作责任制实施办法》。区委书记、区委网信委主任潘临珠对区委网信办的工作给予高度肯定，并对网信工作做出部署。

（赵博武）

【主题宣传】 年内，区委网信办组织区内新媒体以短视频的形式征集建党百年特色栏目，在“宜居密云”官方微信，微博、“密云 360 网”“你好密云”“在密云”、“密云信息港”等区内社会新媒体平台集中推送。自 4 月活动启动以来，组织集中推送 12 次，发布相关信息 76 条；精选区委组织部、区党史研究室、区融媒体中心等部门在新媒体开设的“党史日历”“红色百宝，奋斗百年”“密云党史”“长城脚下红旗飘”“密云红色故事”等建党百年特色栏目，向市级推介，扩大“红色密云”的知晓度和影响力。

（赵博武）

【互联网企业党建】 年内，区委网信办指导互联网企业依托“三会一课”、主题党日等制度组织企业员工开展“立足岗位，建功立业，为党旗添彩”“党的知识大讲堂”“职业技能大比武”等活动。指导互联网企业通过培养骨干成为党员、将党员调整到关键岗位等方式发挥党员示范引领作用，助力企业在网络舆情监测、发布内容审核等方面更加规范高效。

（刘立松）

【奥运会宣传】 年内，区委网信办做好 2022 冬奥会、冬残奥会的网上宣传，组织区内主要社会新媒体，以冰雪运动微电影、短视频、小游戏、微动画和表情包等形式，宣传和推广冬奥文化和冰雪文化。组织集中推送 10 次，发布相关消息 55 条。

（赵博武）

【网络安全宣传周】 年内，区委网信办开展 2021 年国家网络安全宣传周活动。组织新媒体平台集中推送 3 次，发布宣传活动动态及网络安全知识 19 条。通过网络安全宣传进社区、网络安全宣传进农村、网络安全宣传进校园、网络安全宣传进机关的“四进”活动，以张贴海报、播放宣传片、发放宣传资料、开展主题日活动等形式宣传网络安全知识。组织区内互联网企业负责人参加北京市互联网法规政策宣贯会，现场聆听法律专家授课，组织相关活动 66 场次，参与人数 3 万余人次。

（赵博武）

【行业普法】 年内，区委网信办加强行业普法，召开互联网企业“守法办网，诚信经营”座谈会、互联网企业法律法规培训会，开展“送法到企业”赠书活动，向企业普及《中华人民共和国网络安全法》《信息网络传播权保护条例》等。与企业签订《守法办网，诚信经营》承诺书。

（赵博武）

经 济 管 理

ECONOMIC MANAGEMENT

综 合 调 控

Comprehensive Regulation

【概　况】北京市密云区发展和改革委员会（简称区发展改革委）是负责全区国民经济和社会发展统筹协调、经济体制改革综合协调的区政府工作部门。共有编制85人，实有80人。年内，印发实施《“十四五”时期密云区绿色高质量发展工作方案》，发挥“17＋2＋2”工作组作用，全面推动密云区绿色高质量发展。制定《密云区关于开展生态产品价值实现机制试点的实施方案》，探索具有密云特色的生态产品价值实现机制。创新推出“1＋3＋N”政策服务体系，出台《密云区支持企业发展办法（试行）》，惠企力度进一步加大。以“马上就办”服务机制为保障，切实提高政府服务效能，建立重大投资项目联审服务机制、代理服务机制、征拆服务机制，提升项目审批效率。在全市率先建立推进投资“四级调度”机制，率先研发“密云区投资项目调度与服务平台”，全年完成固定资产投资位居生态涵养区首位，保水工程、基础设施、社会事业、文旅产业、电网设施等重点工程、重点项目有序推进。“朝密双创中心”正式挂牌运营。全市最具特色的东西部协作新典范——库伦旗特色文化美食密云体验馆试营业。推进数币应用场景建设，在生态涵养区中率先实现党费数字货币缴纳。万元GDP能耗超额完成目标任务2.65个百分点，位于生态涵养区首位。“疏解整治促提升”效果民意调查连续4年持续排名全市首位。

（杨秉霏）

单位名称：北京市密云区发展和改革委员会
地　　址：北京市密云区新北路9号
电　　话：61095517

【经济社会发展指标】 年内，实现地区生产总值360.3亿元，较上年增长7.5%（不变价）。分产业看，第一产业增加值为14亿元，较上年增长10.8%；第二产业增加值为93.4亿元，较上年增长2.8%；第三产业增加值为252.9亿元，较上年增长9.1%。三次产业结构由2020年的3.7∶25.2∶71.1调整至3.9∶25.9∶70.2。实现一般公共预算收入41亿元，较上年增长4.3%。全区居民人均可支配收入4.26万元，较上年增长8.5%。促进城乡劳动力就业1.3万人。万元地区生产总值能耗、水耗分别下降6.15%和6.3%。

（张小利）

2021年密云区经济社会主要指标统计表

表10

项目	2021年（亿元）	2020年（亿元）	增速（%）
地区生产总值	360.3	341	7.5
第一产业	14	13.7	10.8
第二产业	93.4	104.1	2.8
第三产业	252.9	223.2	9.1

【复工复产】 年内，区发展改革委发布《疫情防控常态化下促进复工复产专项方案》《外省务工人员返密复工服务保障工作方案》等文件，指导企业做好疫情防控和复工复产工作。5支执法检查队伍持续开展“七天一轮次”执法检查，全年执法检查12万余家次，发现问题4648件，公示424家次，全部完成整改。建立企业政策宣传微信群，向企业发放便企服务卡、创新需求调查问卷，多措并举做好各项政策宣传。打造促消费活动，拉动多领域消费增长。全区859个重点行业企业及工程项目中，已开复工812个，开复工率为94.5%，人员到岗率为95%。

（陈光禹　杨菲菲）

【科学城东区建设】 年内，地球系统数值模拟装置提前一年半落成启用，中科三清等企业落户密云，依托大装置气象数据，启动本区首个气候经济项目；4个“十三五”科教基础设施项目完成主体结构封顶和二次结构施工，正在开展室内外装修、机电安装以及小市政施工；空地一体环境感知与智能响应研究平台项目主体结构已封顶，正在开展二次结构施工和机电安装；北京大学怀密医学中心分期建设方案得到市政府、教育部批准；科学城周边基础设施和公共服务配套加快建设，地模外电源工程已完工，华远达青年公寓一期已试运营，统军庄站微中心方案设计、云西活力中心规划研究有序开展。

（王　愿　张小利）

【绿色高质量发展】 年内，从减量发展看，中关村密云园完成11家企业用地腾退盘活工作，闲置低效企业腾退盘活有序推进。从创新发展看，国家高新技术企业达570家，累计16家企业认定为市级研发机构，居生态涵养区首位；30家企业42项创新成果被认定为北京市新技术新产品（服务），全区累计达195项；“1+5”科学设施项目建设顺利推进，地球数值模拟装置项目提前一年半建成，成为怀柔科学城首个启用的大科学装置。从绿色发展看，都市型现代农业生态服务价值910.83亿元，居全市之首；全区蜂产业规模达到12.35万群，占全市的45.2%，创建“中华优秀蜜蜂之乡”，“蜂盛蜜匀”品牌影响力增强。从协调共享发展看，民生事业均衡发展，“七有”“五性”考核位居全市第二；“密云农业”影响力提升，培育国家高新技术企业21家、规模以上农业电商17家。从金融服务助力发展看，全区纳统金融机构贷款余额374.8亿元，位居生态涵养区首位，驻区银行对区内企业支持力度增强。

（刘晶晶）

【政府投资项目管理】 年内，区发展改革委完成行政执法检查424件，做到审批、核准、备案类项目执法检查全覆盖。加强项目成本管控，完成政府投资项目评审47个，申报总投资33.5亿元，审定投资24.2亿元，调整方案220项，涉及项目38个，依法依规评审核减资金9.3亿元，确保政府资金使用效益最大化。完成2021—2022年105个储备项目论证工作，对其中92个项目出具项目论证报告。开展2023年项目研究工作。

（刘　蕊　张小利）

【资金保障】 年内，区发展改革委争取市级支持资金约12.04亿元，其中“疏解整治促提升”专项引导资金2.4亿元，市发改委资金9.64亿元，确保基础设施、生态环境、社会事业、清洁能源和产业发展等31个项目建设。

（曹　龙　任一凡）

【投资工作】 年内，区发展改革委推进重点工程建设。谋划市区两级重点工程55项，建立密云区投资项目调度与服务平台，实施“云上调度+服务”模式，推进市区两级重点工程及投资工作。全年完成固定资产投资125亿元，完成进度全市排名第2，生态涵养区排名第1，完成建安投资67.8亿元，双指标超额完成市级任务。市级重点工程完成年度建设任务，区级重点工程有序推进，发挥投资关键支撑作用。

（祝　浩）

【保水工程建设】 年内，密云水库一级区污水提质改造管网工程完成16村，完成率60%，美丽乡村农村污水治理工程主干管网工程及132个村供水及污水前端收集系统建设工程完成审批工作。加快推进16个镇农村污水处理设施及支管网建设工程（ppp）前期手续办理工作。

（王兆辉）

【基础设施建设】 年内，西统路（河北路—密关路）道路工程、溪翁庄镇南路工程基本完工，新东路南延道路工程、密云城区积水点治理工程（一期）、太师屯镇南部道路建设工程获市发改委批复；圣水泉路南延道路工程、密三路道路工程、云西二路道路工程积极推进前期手续办理；密云新城东部道路工程、檀新刘河建设工程方案设计已基本稳定，正在推进前期手续办理工作。7.16水毁河道、公路及桥梁修复工程已基本完工，8.09水毁河道、公路及桥梁修复工程稳步推进，统筹做好2021年水毁河道、道路、桥涵进行修复工程前期工作。批复巨各庄镇京沈客专拆迁安置区红线外基础配套设施工程项目立项。云蒙风情大道（石城镇段）生态修复及配套基础设施建设工程取得市发改委初步设计概算批复及市政府固定资产投资全额支持。十里堡镇垃圾转运站工程开工建设；推进东邵渠镇、新城子镇、西田各庄镇、高岭镇垃圾转运站工程建设。

（曹　龙　王兆辉）

【社会事业】 年内，本区“七有”“五性”考核位居全市第二。在全市率先启动校长及教师轮岗交流，中小学生体质健康水平、教育工作满意度走在全市前列。“健康密云”取得成效，全区村级医疗机构实现全覆盖，区医院与北大医院实现融合共建，创建三级综合医院。举办群众文化活动展演1144场，人均公共文化服务面积位居全市第二。

（陈光禹　常　凯）

【民生保障】 年内，檀营A3地块、果园西大桥棚户区改造项目、溪翁庄棚户区改造项目、密云新城MY00—0302—0066地块公租房项目（原燕安人才公租房）、王各庄棚户区改造重新立项，项目获市发改委批复；大、小、王棚户区改造立项工作、南菜园新村棚改、新刘棚改重新立项工作得到推进。

（曹　龙）

【生态建设】 年内，区发展改革委完成2021年平原重点区域造林绿化、新城周边城市森林建设、古柏树周边绿化、101国道密云段两侧绿化、浅山台地造林、浅山荒山造林、山前平缓地造林、东邵渠长峪沟绿化、浅山台地造林等10个新一轮百万亩造林年度项目立项审批工作，造林面积1400公顷。组织实施京津风沙源治理二期工程2021年项目，实施进展过半，完成封山育林466.67公顷、小流域治理35平方千米等生态治理措施。完成矿山尾矿库闭库治理工程、露天采场、采坑生态修复治理等4个项目审批工作。

（王兆辉）

【新能源发展】 年内，新增分布式光伏发电规模7.60兆瓦；全年分布式光伏发电量2836.78万千瓦时，惠及全区378户自然人、26家法人单位。

（王配臣）

【电网设施建设】 年内，塘峪220千伏输变电、清水河110千伏变电站主变增容工程竣工投产，推进塘峪220千伏变电站110千伏配套送出、京通铁路兵马营牵引站110千伏外部供电、西智35千伏变电站升压和河南寨110千伏输变电等工程前期征拆工作，优化完善10千伏设备和网架结构。

（李　园）

【旅游产业发展】 年内，本区依托生态优势推动全域旅游示范区建设，入选第二批国家文化和旅游消费试点城市名单，获“2021生态自然旅游优选目的地”“世界乡村旅游优秀区”等称号。举办第三届文化旅游季，“山水田园·画境密云”在北京卫视热播。全区精品乡村酒店增至33家，精品民宿院落增至332个。开展“生态密云·健康消费”活动，举办餐饮美食节、灯光秀等夜间主题活动。古北水镇入选第一批国家级夜间文化和旅游消费集聚区。

（陈光禹　常　凯）

【产业项目核准备案】 年内，完成京东智能产业园北京密云项目、公共卫生应急产业与危重症诊疗技术工程项目中心、北京世珍汽车零部件有限公司二期工程涂装生产线改造、北京倍舒特密云厂区生产线智能化改造等外资项目的核准、备案4项，总投资7.9亿元。其中京东智能产业园北京密云项目、公共卫生应急产业与危重症诊疗技术工程项目中心项目纳入“3个100”市级重点工程。

（王　愿）

【节能降耗】 年内，万元GDP能耗下降6.15%，超额完成目标任务2.65个百分点，位于生态涵养区首位，全市第五位；全区能源消费总量117.67万吨标准煤，同比增长0.86%，控制在目标任务120万吨标准煤以内。完成21个镇街及经济功能区、10个行业主管部门、45家重点用能单位及51家区级国家行政机关2020年节能目标责任考核工作；研究制定2021年区政府系列行政机关事业单位及镇街、经济功能区全面履职绩效任务清单及考评细则；按月统计监测重点用能企业的能耗情况及全社会用电量情况，每季度会同行业主管部门、统计部门开展全区节能形势分析；组织2000吨标煤以上21家重点用能单位开展能源利用状况报告报送及能源管理负责人备案工作，编制完成重点用能单位能源利用状况分析报告；制发《2021年节能监察工作方案》，完成对区级13家重点用能单位6项专项监察，对通过区级节能审查的固定资产投资项目开展节能审查意见落实情况监察，全年监察80家次。

（周立丽）

【金融服务保障】 年内，区发展改革委推进金融领域疫情防控，完成45家金融机构近3700名从业人员疫苗接种。加强本地贷款投放，本区金融机构各项存款余额732.3亿元，比上年末增长3.4%；各项贷款余额374.8亿元，同比增长12.2%，贷款余额位列5个生态涵养区首位。加强绿色金融市场建设，第一家绿色信贷专营机构邮储银行密云支行，结合密云产业特色，创新推出蜜蜂贷、税贷通小额贷等特色信贷产品，年内，邮储银行密云支行发放涉及绿色贷款行业73笔6166万元，占贷款投放总额的7.4%，全区首个信用村——古北口镇司马台村建设完成。推进数币应用场景建设，区发改委成为生态涵养区中首个实现党费数币缴纳的单位；落实市委市政府加快数字人民币北京冬奥场景试点建设，完成古北水镇、万象汇、奥特莱斯、物美等重点商圈数字人民币应用全场景建设。

（郑　帅）

【金融风险防范】 年内，区发展改革委推进金融风险监测预警工作，利用大数据监测预警平台，对全区9000余家涉金融业务企业进行“全息体检”，预警“冒烟”指数40以上风险企业55家、拦截问题企业入区24家。开展非法金融活动治理，针对金融领域涉嫌非法集资、违规开展虚拟货币、私募基金业务等突出问题和乱点乱象开展专项治理行动，吊销、清退问题业11家。本区冒烟指数60以上高风险企业动态为零，金融风险形势持续保持全市最低。加强金融风险防范宣教，组织各镇街（地区）、各相关单位开展防范金融风险宣传活动，受众59.8万人次。

（金朝霞）

【地方金融组织监管】 年内，区发展改革委完成1家小额贷款公司、2家融资租赁公司、2家典当行变更备案事项及4家典当行年审初审，清退2家未合规经营的融资租赁公司。完成区内22家经市地方金融监管局审批的地方金融组织现场检查及问题整改。对35家企业进行风险审查，审查通过新注册投资类企业1家，迁入8家，变更6家。

（张冰洁）

【市场环境】 年内，区发展改革委受理公安机关及各行政部门委托涉案财物价格认定186件，认定金额58.1万元。对28个固定监测点、8大行业（副食品、蔬菜、食盐、日用消费品、工业生产资料、农业生产资料、城乡居民服务、药品价格、医疗服务收费标准和停车场收费十大类）、562个监测品种开展日常价格监测，累计上报市发改委价格监测中心近万余次，日价格监测分析稿件253篇。

（陈　曦　贾昆鹏）

【营商环境优化】 年内，区发展改革委印发《北京市密云区进一步优化营商环境更好服务市场主体工作方案》，推出涉及8大领域、76项改革任务，开展打通落地“最后一公里”行动、“一把手”走流程等活动，推动改革任务落地见效。

（李　远）

【企业服务】 年内，区发展改革委制发《密云区落实重点企业“服务包”工作机制实施细则（试行）》，“服务包”企业调整扩容至346家。开展2轮区领导联系走访企业共计216家次。各级管家走访回访企业1011家次，办结企业诉求115项，帮助企业取得人才引进指标10人，办理工作居住证220人，毕业生落户手续4人，协调子女入学32人。

（王项楠）

【“疏整促”市区两级任务】 年内，区发展改革委完成市级下达16项量化任务，其中拆除违法建设、腾退土地、“留白增绿”等5项任务目标超额完成。利用拆后腾退空间实施“留白增绿”，新改建公园绿地7处，总占地面积3.3万平方米，绿化面积2.6万平方米，栽植乔灌木1.2万株，全部于6月底实现开园。谋划水库一级圈、怀柔科学城等重点区域综合整治提升项目。两重点区域项目基本完成前期手续办理，7项进场施工，2项实现竣工。

（祝源泽）

【人口调控目标】 年内，区发展改革委加强人口基数情况摸排及动态监测，坚持月督导工作机制，联合区统计局、区公安局、区卫计委及各镇街跟踪区内流动人口变化情况，据区统计局反馈数据，本区年末常住人口规模控制在52.7万人，较“七人普”发布数据下降0.1万人，超额完成市级下达年度调控目标（53.4万人）。

（祝源泽）

【生态保护和绿色发展】 年内，区发展改革委施行《北京市生态涵养区生态保护和绿色发展条例》，印发《推动形成绿色发展方式和生活方式工作小组2021年工作要点》，全年12项重点任务全部完成。完成本区《北京市推动生态涵养区生态保护和绿色发展2021年重点任务计划》31项任务，《北京市平原区与生态涵养区结对协作2021年重点实事》4项任务。发挥朝阳经济强区和密云生态大区资源优势，搭建“大众创新、万众创业”平台，“朝密双创中心”挂牌运营。

（宋　健　王兆辉）

财政管理

Financial Management

【概　况】 北京市密云区财政局（简称区财政局）是区政府的综合经济管理部门。设26个职能科室，其中行政科室15个、事业科室11个。编制146名，其中行政编制48名，事业编制85名，工勤编制13名（含编制内补充劳务派遣5人），编制外劳务派遣岗位7名。

年内，全年地方级收入67.85亿元，比上年增长8.5%，完成全年预期目标的101.3%；一般公共预算收入40.98亿元，比上年增长4.3%，完成年度预算的101.3%，在5个生态涵养区中，收入总量与收入增幅均排在第2位。组织森林植被恢复费、燕安保障住房收入、镇街非税等非税收入10.87亿元，清缴城市基础设施建设费4657万元。全区预算总支出177.35亿元，一般公共预算支出154.08亿元，投入民生领域资金137.01亿元，占一般公共预算的88.9%，占比持续保持80%以上。

（陈思斯　冯冷月）

单位名称：北京市密云区财政局

地　　址：北京市密云区鼓楼东大街1号

电　　话：69041643

【财源建设】 年内，区财政局出台《加强财源建设工作的15条措施》《区内注册企业迁移联动工作方案》

等5项制度办法，制定“1＋3＋N”政策服务体系（“1”是深化营商环境改革，“3”是专项推出支持企业发展、促进农业电商发展、促进文旅产业发展三个办法，“N”是精准出台人才落户等N个人才服务保障配套政策）；印发《支持企业发展办法（试行）》，兑付企业发展资金6.38亿元；引进京外企业92户，比上年增加70户，增长318.18%，引进数量与海淀区并列全市第一，累计纳税8875.9万元，贡献区级财政收入2036.4万元；新增储备财源33个，累计纳税12.8亿元，累计贡献区级财政收入2.7亿元；成功挽留企业33户。

（陈思斯　冯冷月）

3月18日，召开2021年财源建设工作部署会

（娄敏　摄）

【社会事业发展】 年内，区财政局社会保障和就业支出26.94亿元，落实稳就业政策，保障军队移交地方政府的离退休人员生活、医疗待遇，发放2.97万名老年人养老服务补贴津贴，保障残疾人康复救助。教育“双减”支出25.46亿元，落实义务教育生均定额补助、学生生活补助、乡村教师岗位生活补助等政策性补助。卫生健康支出12.86亿元，落实城乡居民医疗保险，支持疫情防控物资购置，消除卫生室“空白村”。科学技术支出2.25亿元，加大知识产权保护力度，支持科技成果转化应用，支持蜂产业扩大“蜂盛蜜匀”影响力。文化旅游支出3.05亿元，创建公共文化服务体系示范区，支持旅游环境提升，开展建党百年群众文化宣教和文艺创作活动。

（陈思斯　冯冷月）

【重点工程建设】 年内，区财政局城乡社区支出32.34亿元，支持争创全国文明城区，推进新一轮“疏整促”专项行动，推动美丽乡村建设各项重点任务。公共安全支出6.47亿元，强化社会治安防控体系，保障扫黑除恶、建党百年、“两会”、冬奥会等活动，加强普法宣传和依法治理。灾害防治及应急管理支出1.41亿元，建设泥石流、崩塌等地质灾害防治工程，建立应急指挥统一综合通讯系统，打造以森林火灾救援为主的综合性应急救援队伍。

（陈思斯　冯冷月）

【预算一体化改革】 年内，区财政局开展预算一体化建设前期筹备工作，改造升级财会教育中心机房，聘请海南金财工程师，分批次对全区239家预算单位进行上机实操培训，全区237家预算单位完成预算编制系统测试工作，测试覆盖率99.16%，在16个区中位列第一。

（陈思斯　冯冷月）

4月27日，区财政局在财会教育中心组织全区预算单位开展“预算一体化系统”上机实际操作培训会

（聂晶阳　摄）

【保水保生态】 年内，区财政局农林水支出32.37亿元，落实总书记“继续守护好密云水库”的嘱托，健全“5＋2”保水机制，全力守护首都生命之水，完成新一轮百万亩造林等年度任务，支持构建“特色蜜、水库鱼、山区果、平原菜、环湖粮”的产业布局，助力绿色发展实现生态富民。节能环保支出13.12亿元，持续深化蓝天保卫战，完成煤改清洁能源任务，实现国Ⅲ柴油车全部淘汰，开展重点区VOCs深度治理。

（陈思斯　冯冷月）

【行政成本管控】 年内，区财政局出台《关于牢固树立过“紧日子”思想 强化支出预算管理的措施》《北京市密云区关于加强财政运行综合成本管控的若干措施》等管理办法，开展财政支出政策事前绩效评估，通过预算编制、执行、采购、评审等措施，全年节约资金9.15亿元，其中压缩非重点非急需一般性支出3.1亿元；审核资金承办件212个，核减资金3.16亿元，核减率9.5%；政府投资评审项目725个，审减资金2.86亿元，审减率8.3%；政府采购立项285个，节约资金329万元，节约率2%。

（陈思斯　冯冷月）

【直达资金】 年内，区财政局实施财政资金直达机制，将6.81亿元财政资金纳入直达资金管控系统管理，为基层惠企利民提供财政支持。

（陈思斯　冯冷月）

【财政基础管理】 年内，区财政局健全“制度＋技术＋服务”的财政资金监管体系，自主研发收入管理、预算编制、指标下达、预算执行、非税收入、零余额基本账户监管、国库集中支付动态监控、惠民惠农补贴资金发放“八大资金管理模块”，升级“密云区财政局内部办公一体化管理系统”，获第八项国家专利。利用预算管理一体化新系统完成2022年预算编制工作，指标及数据平稳过渡。

（陈思斯　冯冷月）

【采购脱贫】 年内，全区225个预算单位开展采购活动，采购脱贫地区农副产品预留份额总额353.42万元，832采购平台完成交易额415.68万元，采购执行进度117.62%，位居全市第一。

（陈思斯　冯冷月）

【为群众办实事】 年内，区财政局围绕“新发展理念”“推进乡村振兴”“保障民生需求”等6个方面，梳理《区财政局2021年为群众办实事项目清单》20项，按照《2021年财政局为群众办实事任务方案》，完成20件为民实事。

（陈思斯　冯冷月）

6月24日，区财政局领导到共建单位行宫社区实地调研，到矿山公司家属院办实事

（盛雪　摄）

【扶贫助学】 年内，区财政局与新城子镇苏家峪村、穆家峪镇羊山村结对共建，完善两村基础设施，支持发展林下木耳、设施蔬菜等特色农业产业，为农民增收及壮大村级集体经济搭建产业通道。开展捐资助学活动，10年间全体财政党员干部自愿捐款21万余元，资助本区贫困学生27人完成学业。

（陈思斯　冯冷月）

【未诉先办】 年内，区财政局做好“12345”工作，做到未诉先办，2021年“12345”零投诉。

（陈思斯　冯冷月）

【创城工作】 年内，区财政局组织全体干部职工参与“创城有我”活动，带动家庭成员参与志愿服务700余人次。

（陈思斯　冯冷月）

税　务

Taxation

【概　况】 国家税务总局北京市密云区税务局（简称区税务局）聚焦16项税种、13项非税和社会保险基金的征收管理中心工作，践行“绿水青山就是金山银山”的发展理念和“保水、护山、守规、兴城”的职责，为本区经济高质量发展贡献税务力量。年内，区税务局完成各项税费收入102.6亿元（不含社会保险基金67.1亿元），同比增收11.80亿元，增长13%。其中，税收收入99.66亿元，同比增收11.30亿元，增长12.79%；完成地方级一般公共预算收入56.15亿元，同比增收6.00亿元，增长11.95%；完成区级一般公共预算收入30.12亿元，同比增收2.51亿元，增长9.09%。年内，区税务局各项工作获得省部级以上荣誉称号15个，受到市税务局和区委、区政府领导肯定性批示41次。

（赵志威）

单位名称：国家税务总局北京市密云区税务局
地　　址：北京市密云区鼓楼东大街15号
电　　话：69042376

【税源建设】 年内，区税务局研究制定12方面42项组收工作措施，区级收入规模突破30亿大关。挑选24名税收业务骨干作为税务指导员，派驻20个镇街和4个经济功能区，向镇街开展税收政策指导34次，引入京外企业80户，贡献税收8870万元，挽留外迁企业18家，挽回流失税款约千万元。开展税收经济分析，向区委、区政府报送分析报告37篇，主笔撰写的《从税收数据看北京市专精特新“小巨人”企业发展》分析报告获北京市委常委、副市长殷勇肯定性批示。

（赵志威）

【纳税服务】 年内，区税务局制定“便民办税春风行动”任务清单8项、73条。继续做好免费“票e送”和“邮寄代开”服务，为5.13万户次领用发票的纳税人免费邮寄发票862万份，为申请代开增值税专用发票的小规模纳税人免费邮寄发票3.39万份。推进“银税互动”工作，发放贷款279笔、5.6亿元。开展“春雨润苗”专项行动，制定服务事项清单，明确32项具体任务，助力小微企业发展。

（赵志威）

【智慧税务】 年内，区税务局拓宽网上服务平台，搭建智慧办税厅，实现“政策码上可知，咨询网上可答，业务网上可办，操作掌上可行”，减少纳税人前往现场的频次，提质增效“非接触式”服务。引入个人股权转让“e导税”网上服务平台，搭建智慧办税厅，设立绿色通道，平均办结时长压缩至30分钟以内。实行分流导税模式，办税服务厅纳税人平均等候时长缩短58.6%。分类归集16项涉税申报相关平台（软件），方便有业务办理需求的纳税人查找更快、更准。

（赵志威）

【税费管理】 年内，区税务局完善分税种、分业务政策解读团队，制定“高中低风险”3类辅导方案，增设6个专项窗口，制定5类信息清册，落实制造业中小微企业缓缴税费政策。建立动态跟踪问效机制，落实研发费用加计扣除新政。建立网格化管理机制，开展个人所得税年度汇算。加强土地增值税项目清算，建立土增清算项目明细台账，推进清算工作。推进社保费征收和非税收入划转工作。

（赵志威）

【税收征管】 年内，区税务局建立个体税源全职能税务所，实现个体工商户一站式办税。对专精特新中小企业实施“一户一策”，建立“小巨人”企业“一户一档”成长档案。推动个人股权转让“先税后证”改革落地实施。建立政策落实风险应对抽查机制，复核111条数据，发现问题5个。建立健全法治政府建设保障体系，通过对外公示平台公示税务行政许可决定、行政处罚决定等信息6344条。

（赵志威）

【风险防控】 年内，区税务局管控高风险“一址多照”企业，新办企业走逃率由13.62%下降到1.75%。利用欠税查询相关模块，生成欠税清册，清理欠税1.63亿元。核实问题企业236户，问题率78%。

（赵志威）

【接诉即办】 年内，区税务局针对房产办证难问题制定解决方案，其中18个项目共计7870户居民可无障碍办理契税申报、领取不动产登记证书，问题解决率位居全市前列。建立健全诉求采集机制，分析归纳12345、12366等征纳互动渠道接收的咨询、诉求问题，制定提前干预措施。“接诉即办”工作在全区二类委办局中排名第一。

（赵志威）

【税收宣传】 年内，区税务局推出“百年党史走进少年税校”系列活动，录制教学视频，网络点击量超230万人次。获“七五”全国依法治理创建活动先进单位、“北京市‘七五’普法先进集体”等称号，以少年税校为背景创作的微电影分别荣获第28届大学生电影节新锐作品奖和北京市法治动漫微视频作品征集活动一等奖，撰写的调研文章在北京市“七五”普法工作调研成果征集评选活动中获二等奖。

（赵志威）

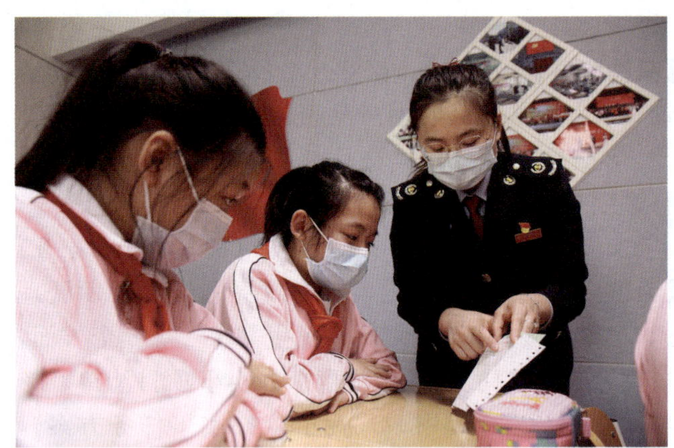

12月13日，区税务局干部走进少年税校为同学们讲解发票知识 （刘亚萍 摄）

【监督执纪】 年内，区税务局制作“漫画谈纪”警示教育漫画和“十个严禁”屏保，开展警示教育。开展纪律作风问题专项整治，通过5次全局性推进、3次“地毯式”集中排查，针对自查问题，提出7个方面整改措施，建章立制1个。邀请特约监督员与纳税人缴费人进厅入所，监督一线干部工作作风、廉洁自律、纪律执行等情况，对发现的6个问题督促彻底整改。选任5名专职纪检员派驻11个税务所，实现对税务所专责监督全覆盖。

（赵志威）

审 计

Audit

【概　况】 北京市密云区审计局（简称区审计局）依据《中华人民共和国审计法》的规定，负责独立开展密云区审计监督。设有党建科（办公室）、综合法规审理科、经济责任审计科、财政金融审计科、教科文卫审计科、固定资产投资审计科、电子数据审计科、内部审计指导监督科；下设经济责任审计中心、政府投资审计中心 2 个科级事业单位。编制 67 人，实有 60 人。

全年，区审计局开展审计项目 90 项，被审计（调查）单位 258 个次，审计领导干部 21 人。出具审计报告 55 份，提出审计建议 93 条。查出问题金额 25.6 亿元，查出非金额计量问题 149 个，应上缴财政资金 9595.21 万元，应归还资金原渠道 1798.88 万元，审减政府投资成本 1320.91 万元。出具移送处理书 7 份，审计决定书 19 份。年内，区审计局被评为北京市节约型机关；北京市密云区 11 座集中供水厂水资源税（费）缴纳管理情况审计项目被评为北京市审计机关优秀审计项目。

（史晓含）

单位名称：北京市密云区审计局
地　　址：北京市密云区鼓楼东大街 10 号
电　　话：69041012

【民生审计】 1 月至 2 月，区审计局以促进提高资金使用绩效，推动城镇老旧小区改造、棚户区改造等安居工程相关重大政策措施贯彻落实，保障人民群众住有所居为目标，开展 2020 年密云区保障性安居工程资金投入和使用绩效审计。审计揭示出债券资金闲置 14.96 亿元、超预算多申请项目资金 398.7 万元等问题。

（史晓含）

【信息化建设专项资金审计】 2 月至 3 月，区审计局对 2020 年度密云区信息化建设专项资金进行跟踪审计，关注信息化建设目标任务和政策落实、信息化建设专项资金筹集、管理和使用、信息化项目建设和管理、产业支撑保障推进等情况。审计揭示出未按进度要求完成任务、验货手续不规范等问题。

（史晓含）

【预算执行审计】 2 月至 6 月，区审计局成立 12 个审计组，对区财政局组织 2020 年度区本级财政预算执行、区城管委等 8 个一级预算单位以及区城管委和区园林绿化局 2 个重点部门所属 9 个基层单位预算执行和决算草案情况进行现场审计，对 51 家一级预算单位进行数据审计。揭示出国有资本经营预算管理不够规范等各类问题 138 个，查出违规和管理不规范金额 2.15 亿元，实现一级预算单位审计全覆盖。

（史晓含）

【区委审计委员会第五次会议】 3 月 31 日，区委审计委员会召开第五次会议。区委书记、区委审计委员会主任主持会议并讲话。会议传达学习市委审计委员会第七次、第八次会议精神，审议通过《区委审计委员会 2021 年工作要点》《关于 2019 年度本级预算执行和其他财政收支审计查出问题整改情况报告》《2021 年度审计（调查）项目计划》。

（史晓含）

【密云区委书记、区长经济责任审计和自然资源资产离任审计】 6 月至 8 月北京市审计局对密云区委书记、区长开展经济责任审计和自然资源资产离任审计，区审计局由局长牵头，成立专门迎审配合机构，配备 10 余名协审计干部，编排到市局审计组内，全程服务北京市审计局各个专项审计组开展工作。

（史晓含）

【区委审计委员会第六次会议】 8 月 4 日，区委审计委员会召开第六次会议。区委书记、区委审计委员会主任主持会议并讲话。会议传达学习市委审计委员会第九次会议精神，通报《关于进一步加强内部审计工作意见》，审议通过《关于 2020 年度本级预算执行和其他财政收支情况的审计工作报告》《关于调整审计项目的请示》。

（史晓含）

8 月 4 日，区委审计委员会第六次会议召开

（纪旭　摄）

【区委审计委员会第七次会议】 12月23日，区委审计委员会召开第七次会议。区委书记、区委审计委员会主任主持会议并讲话。会议传达学习市委审计委员会第十次会议精神，审议通过《北京市密云区处级领导干部离任经济事项交接工作制度》《关于2020年度本级预算执行和其他财政收支审计查出问题整改情况报告》《关于调整审计项目的请示》。

（史晓含）

【政策落实跟踪审计】 年内，区审计局按季度开展重大政策措施落实情况跟踪审计，重点关注供给侧结构性改革、创新驱动发展、减税降费、优化营商环境、就业优先政策落实、“放管服”改革、污染防治、乡村振兴等重大战略实施，涉及重大政策13项，着力打通政策“最后一公里”，促进政令畅通。

（史晓含）

【政府投资建设项目审计】 年内，区审计局开展政府重大投资建设项目审计和跟踪审计。重点关注项目审批、招投标、项目建设管理、征地拆迁等重点环节的合法合规性，对本区“基本无违法建设区、镇街（地区）”创建工作资金使用情况、冶仙塔公园建设项目等27项政府重大投资建设项目进行跟踪审计。审减政府投资成本1320.91万元。

（史晓含）

【内部审计】 年内，区审计局印发《关于2021年内部审计工作的指导意见》和《关于2021年内部审计指导监督的工作要点》，代政府起草《北京市密云区进一步加强内部审计工作意见》，建立健全本区内部审计工作长效机制。

（史晓含）

【经济责任审计】 年内，区审计局开展经济责任审计项目21个，审计领导干部21人，涉及9个区直部门、7个镇。关注贯彻执行党和国家经济方针政策、决策部署情况，本部门重要发展规划和政策措施的制定、执行和效果情况，重大经济事项的决策、执行和效果情况，财政财务管理和经济风险防范情况，生态文明建设项目、资金等管理使用和效益情况，以及在经济活动中落实有关党风廉政建设责任和遵守廉洁从政规定情况等。审计揭示出未按规定用途使用项目资金2227.33万元，“三重一大”决策程序执行不严格等问题。

（史晓含）

【自然资源资产离任审计】 年内，区审计局开展自然资源资产离任审计项目7个，审计领导干部11人，涉及1个区直部门，6个镇。关注领导干部贯彻执行生态文明建设方针政策和决策部署、遵守自然资源资产管理和生态环境保护法律法规、履行监督职责、相关目标任务完成等。审计揭示出暂缓收缴植被恢复费、违规批准使用林地审核同意书涉及金额2444.67万元，“河长制”责任落实不到位，古树管护不到位等问题。

（史晓含）

【党史学习教育】 年内，区审计局开展党史学习教育，编发党史教育专题简报10期。开展审计青年讲党史、主题征文、录制微视频、知识竞赛、传唱红歌等活动；组织古北口长城抗战纪念馆、白乙化烈士纪念馆、邓玉芬雕塑主题广场等活动，与北京市审计局第十八派出局联合开展党日活动；局长带队深入到市郊铁路怀密线密云段景观提升工程、草莓嘉科普体验馆工程审计一线指导工作，践行为群众办实事精神。

（史晓含）

4月9日，区审计局在古北口抗战纪念馆开展党日活动 （刘珊 摄）

【志愿服务】 年内，区审计局开展志愿服务活动。推进在职党员进社区、亮身份、做志愿，开展“共建社区+生活社区”垃圾分类值守活动，参加桶前指导532人次；组织6名志愿者参加密云马拉松赛事服务保障工作；自9月16日至11月30日，抽调6名审计干部，参与交通秩序维护引导志愿服务活动；机关干部下沉长安西社区进行疫情防控，疫苗接种率100%，宣传动员243名群众主动接种疫苗，接种率107%。

（史晓含）

【审计结果运用】 年内，区审计局推进审计结果运用，推动解决老旧小区改造、加油卡管理等问题，提交区委区政府《关于推动解决世纪家园小区配套电网改造工程中存在问题》审计信息，得到区委书记、区长批示和肯定，为群众真正办实事、解决困难。

（史晓含）

【优秀审计项目】 年内，在全市审计机关优秀审计项目评选中，北京市密云区11座集中供水厂水资源税（费）缴纳管理情况审计项目被评为北京市审计机关优秀审计项目。

（史晓含）

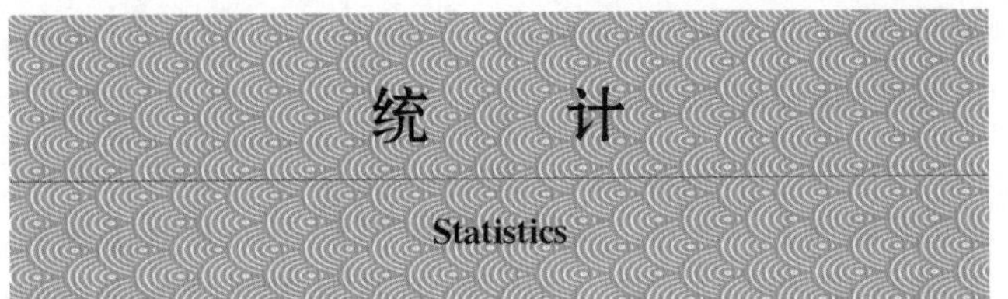

统　计

Statistics

【概　况】 北京市密云区统计局（简称区统计局）是负责密云区统计和国民经济核算的区政府工作部门。内设机构10个，分别为办公室、法规科、综合调研科、农村经济科、工业建筑科、人口社会科、能源与资源统计监测科、计算机信息科、财务科、人事教育科。所属参照公务员管理事业单位3个，分别为北京市密云区统计局统计执法检查队、北京市密云区统计局普查中心、北京市密云区统计局调查中心。编制69名，其中行政编制28名、行政工勤编制2名、参照公务员法管理人员编制28名、劳务派遣编制11名。

北京市密云区经济社会调查队内设机构4个，即办公室（与区统计局办公室合署办公）、综合统计科（与区统计局综合调研科合署办公）、住户和价格调查科、产业和专项统计调查科。参公编制17名。

国家统计局密云调查队（简称密云调查队）是国家统计局的派出机构，为受国家统计局委托由国家统计局北京调查总队代为管理的正处级单位，成立于2007年，自2017年4月起独立办公运行，内设5个职能科（室），分别为办公室、住户调查科、价格调查科、专项调查科、综合科，参照公务员法管理事业编制为14名。主要职责为：完成国家统计局布置的各项统计调查任务；协助地方统计局完成重大国情国力普查任务；依法查处组织实施的统计调查中发生的统计违法行为；开展统计信息化有关工作；负责调查队机关党的建设、纪检监察和干部管理工作；完成国家统计局和总队交办的其他事项；在高质量完成国家统计局布置的各项统计调查任务的前提下，按照总队布置或经批准后完成有关地方统计调查任务。

年内，区统计局、经济社会调查队以服务经济社会发展为己任，突出统计部门职能作用发挥，履行统计职责，为区域经济社会发展提供统计服务。聚焦经济社会发展新形势、新变化，印发统计分析报告100篇；围绕生态环境、社会发展、统计造假等方面完成课题研究6项；围绕社会经济发展、生态文明建设等热点开展自主调查4次。推进第七次全国人口普查工作，完成普查后期数据审核、评估、发布、数据分析等工作。全年接受来自企事业单位、社会公众统计数据咨询250人次，提供数据14.3万笔。完成各项执法检查427家，一般立案3家，当场处罚14家。

年内，密云调查队贯彻落实中央、国家统计局和国家统计局北京调查总队关于统计工作重大决策部署，发挥统计调查职能，为推进区域经济高质量发展提供统计保障。完成居民收支调查月、季、年报工作，推进农民工调查，履行价格调查工作职责，做好月度劳动力调查扩样工作，完成专项调查、农业相关调查工作，加强普法宣传。

（李明睿　张金梅）

单位名称：北京市密云区统计局、北京市密云区经济社会调查队
国家统计局密云调查队
地　　址：北京市密云区新北路甲11号
电　　话：69041432　69066149

【统计服务】 年内，区统计局、经济社会调查队印发统计分析报告100篇，统计信息被市局总队网站和区委区政府刊物等媒介采纳177篇。编印《“数”说十三五》统计折页和《初步统计—2020》，与区国调队联合编撰《北京市密云区统计年鉴—2021》。参与全区打造践行习近平生态文明思想典范之区、生态文明建设、两山建设、财源建设、中小微企业发展促进等重点工作，服务事项约20项。接受来电来函咨询250人次，对外提供统计数据14.3万笔。密云调查队发表统计信息、统计分析报告、统计文化等文章稿件315篇。其中在北京总队内网发布统计信息和分析255篇、党建信息52篇、纪检监察信息23篇、统计文化31篇；调查专刊11期；区级媒体20篇；总队公众号4篇；国家局内网17篇；《中国信息报》6篇；《中国统计》1篇。建立区级疫情期间价格监测体系，按季度公布本区居民8类收入和消费支出情况。完成本区林下经济发展状况调查及蜂产业发展状况调查并提出意见建议。检测重点区域、重点群体就业失业状况，完成月度劳动力扩样调查、劳动力就业失业状况调查等。

（曹莉茹　李春宏）

【课题研究】 年内，完成课题研究6项，其中《密云区创新开展生态资源资产核算工作建议》《密云区人口总量及结构变化趋势分析》《防范和惩治统计造假问题研究》《财务统计指标的数据质量控制研究》4项课题收录于北京市第二十一次统计科学讨论会论文集，《乘势而上千帆竞 策马扬鞭正当时——环球影城投入运营后对密云区的影响分析》受到区委书记高度评价，《密云水库保护区综合发展状况监测研究报告》以统计专报的形式报区委区政府。

（曹莉茹）

【第七次全国人口普查】 年内，完成普查后期数据审核、评估、发布、数据分析等工作。第七次全国人口普查数据显示，本区常住人口为52.8万人，常住外来人口为11.2万人，常住人口总量呈现低速增长，外来人口迅速增长，劳动力人口下降，老龄化程度加深，人口向城区聚集等特点。普查公报于6月10日发布。

（张秀文）

【专项调查】 年内，区统计局、经济社会调查队聚焦热点难点问题及重要政策措施和工作实施效果开展专项调查，完成3次共300个样本的《北京市城乡居民垃圾分类意识及现状调查》、100个样本的《北京市2022年重要民生实事项目线索调查》、18家重点企业参与的《北京市优化营商环境条例》执行效果调研、11家企业参与的《小微企业减税政策落实情况》专题调研以及每季度完成约1000家中小微型企业生产经营情况调查。开展北京环球影城度假区游客旅游偏好调查、密云区居民对生态文明建设参与度及满意度调查、密云区"两山"建设成效满意度调查和密云区一次性消费品人均使用量调查。密云调查队开展畜牧业调查、粮食调查、畜禽监测调查、农产品生产者价格调查等；开展新设立小微企业和个体经营户跟踪调查；开展服务零售结构调查、文明用餐使用公筷公勺分餐情况调研、2021年社会心态调查、2021年全面从严治党民意调查、2021年密云区蜂产业发展状况调查、北京市居民"就地过年"意愿调研、农户耕地流转情况调查。

（王学静　杨根泠）

【住户调查】 年内，开展年度农户固定资产投资调查、北京市居民长距离出行试点调查、农民工市民化进程动态监测调查和北京市网购用户专项调查。全区共涉及17个镇街开发区、490户家庭户、10户集体户。开展的临时性调研工作包括：农民工就近就业政策及执行情况调研、留京过年意愿专题调研、农民工节前返乡及节后返岗情况调研、开展农业农村经济发展问题调研、网购消费升级调研、"五一"居民消费情况调研、区人大农村工作委员会农民增收调研、居民新型消费专题调研、北上广深市民租房意愿和满意度调研、交通运输快递物流和外卖配送从业人员就业状况调研、防止未成年人沉迷网络游戏政策落实情况调研、乡村民宿行业发展状况调研、"双十一"网购趋势特点与问题专项调研。

（闫志坚）

【价格调查】 年内，开展各项价格调查。开展主要食品价格变动监测工作，为区政府及有关部门制定保供稳价政策提供数据参考；本区流通和消费价格调查，涉及89个调查点；工业生产者价格调查，涉及38个企业；交通运输和邮政业价格调查，涉及1家企业；房地产价格调查，涉及1家中介机构。

（王春武）

【劳动力调查】 年内，开展本区月度劳动力调查工作，涉及20个镇街（地区）32个居（村）委会，每月样本量512户。开展2次劳动力就业失业状况专项调查，以及网约车司机就业情况调研、老年人口就业专项调研、职业技能提升成效专题调研等临时性调研。

（李春宏）

【数据质量管理】 年内，执行《国家统计局密云调查队统计数据质量全过程管理办法》《国家统计局密云调查队统计数据对外提供管理办法》，规范统计资料上报、对外提供和发布管理工作。明确各科室的职责和权限，对外提供统计数据和统计资料遵守国家统计局密云调查队有关保密时限和提供范围的规定以及审批程序。

（李春宏）

【事业单位改革】 年内，根据《北京市密云区深化事业单位改革试点实施方案》文件精神和北京市统计局要求，优化重组区统计局所属事业单位和区经济社会调查队内设机构，组建区统计局深化事业单位改革试点工作领导小组，推进落实改革试点工作。区统计局所属事业单位由4个精简至3个。

（王　帅）

【统计法治建设】 年内，召开关于上半年13起重大统计违法案件的通报及警示教育大会。完成各项执法检查任务427家，其中完成日常常规执法检查84家，专项查询检查84家，调查单位基本情况专项检查257

家，催报迟报查处2家，一般立案3家，当场处罚14家。加强执法检查内部监督，建立《行政处罚案件审核监督制度》，全年审核委员会审理3起案件。国家统计局密云调查队制发《密云调查队统计法治工作要点》，指导规范统计法治建设。利用“统计开放日”“法治宣传月”“农村集贸日”“社区党员活动日”等时间节点，入户入社区、入企业开展法治宣传系列活动。法治工作信息被北京总队采用9篇，其中1篇被《中国信息报》采用。落实统计执法检查单位4家。每月完成法宣动态上报工作，拍摄制作普法宣传视频短片2部。

（张德亮　李春宏）

12月3日，区统计局队走进社区开展国家“宪法日”宣传活动　（刘娜　摄）

【自然资源资产负债表编制】 年内，完成密云区自然资源资产负债表编制工作，数据年份为2019年度。编制内容涵盖土地资源、林木资源、水资源、矿产资源共4个账户，8张表，区统计局队主要负责组织、协调、数据汇总、审核。

（曹莉茹）

【督察整改落实】 年内，区统计局队牵头负责全区国家统计局统计督察反馈意见整改任务，形成《北京市密云区贯彻落实国家统计局统计督察反馈意见整改方案》，明确3个方面9个问题22项整改措施。

（张德亮）

【基层统计工作】 年内，研究制定《密云区街道、乡镇机构改革统计业务实施方案》，明确机构改革后的统计业务调整原则、区镇两级业务分工、时间进度安排、工作要求；研究制定《密云区分镇街数据核定及反馈管理办法》，加强镇街数据资料的管理和应用。

（曹莉茹）

【干部队伍管理】 年内，组织选派1名干部参加2021年全国统计系统专业知识提高培训班，2名干部参加2021年北京市统计系统业务骨干培训班；组织参加国家局、市局、区级专题培训班，共226人次参训；组织参加“密云区年轻干部成长行动计划”，组织区级优秀年轻干部参加“集中测试比理论活动”，16名干部进入全区前600名，参加“调研论坛比能力”活动，2名干部获二等奖、5名干部获三等奖。

（王　帅）

4月13日，区统计局队联合区国调队召开密云区镇街统计业务工作调整部署暨培训会　（赵欢　摄）

市场监督管理

Market Supervision and Management

【概　况】 北京市密云区市场监督管理局（简称区市场监管局），负责市场综合监督管理、市场主体登记注册、市场监管综合执法，市场秩序、宏观质量、产品质量、特种设备、食品药品、医疗器械及化妆品安全监督管理，计量、标准化、检验检测、认证认可监督管理及知识产权保护等工作。承担2个区属议事协调机构职责，分别是区食品药品安全委员会办公室、区打击侵犯知识产权和制售假冒伪劣商品工作领导小组办公室。全局设机构57个，其中设科室27个、基层市场监管所21个、综合执法大队1个、事业单位8个。

年内，区市场监管局围绕构建“大党建、大服务、大监管、大安全”四位一体的市场监管服务“大格局”，把握服务、监管与安全三大核心任务，聚焦

“四个确保”“五个样板”，全力服务好中心大局。

（柴冬冬）

单位名称：北京市密云区市场监督管理局

地　　址：密云区新南路 49 号

电　　话：69042280

【市场主体登记注册】 年内，全区新设市场主体 7631 户，其中个体 1646 户，同比增长 36.26%；企业 5985 户，同比增长 68.78%；企业变更登记 9179 户，变更企业户数同比增加 101.37%；企业注销登记 2148 户，同比增长 3.97%。

（柴冬冬）

【党建引领】 年内，区市场监管局编制支部标准化工作手册，制定 23 项标准，开展党史学习教育集中学习 78 次，党史知识竞赛集中学习 23 场次，处级领导班子专题研讨 3 次，红色教育 26 次，走进“英雄营”部队开展党史教育 1 次。

（柴冬冬）

【市场防控】 年内，区市场监管局对全区 49 家进口冷链食品生产经营单位全覆盖检查，累计追溯进口冷链食品 4546 批次、冷链食品 59.34 万千克。累计检测进口冷链食品及外包装 3456 件、从业人员 1.12 万人次、核酸环境检测 4206 件。严抓疫情防控检查，累计检查市场主体 22.18 万家次，发现、整改问题 4725 件次，公示 502 件次，通报主体 152 户次。严抓药店购药环节管理，全年统计上报购药登记信息 15.86 万条。严抓疫苗接种，主管行业从业人员疫苗接种率提升至 99.87%。

（柴冬冬）

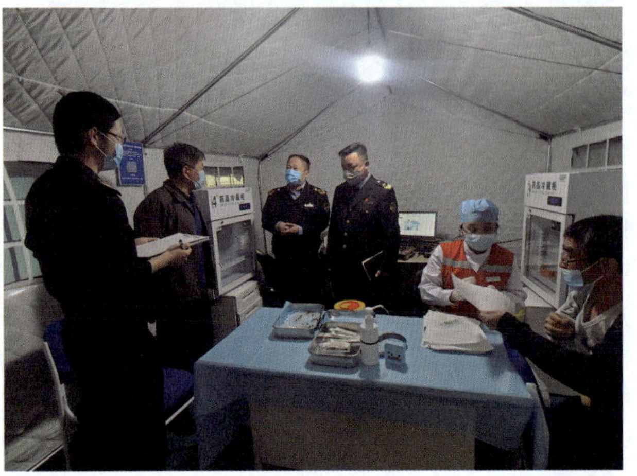

4 月 8 日，区市场监管局对疫苗接种点疫苗及相关医疗器械开展监督检查

（区市场监管局　供图）

【文明城市创建】 年内，区市场监管局制发《致商户的一封信》、张贴“不得向未成年销售酒”警示牌，指导市场制作文明诚信公益广告宣传栏。开展“3·15、食品安全宣传周、全国质量月、百日市场整治”等活动，组织执法力量对食品安全、商品价格、环境卫生以及未成年人建设等方面开展检查。

（柴冬冬）

【双随机 一公开】 年内，区市场监管局通过“双随机、一公开”强化跨部门综合监管。联合抽查 33 批次，检查企业 700 余家。开展定向抽查 15 批次，检查企业 1900 余户。推进“十四五”时期市场主体信用监管系统建设规划工作，完成企业信用修复 361 家，发布信用承诺信息 196 条、奖惩公示 11 篇、公示公告 391 条、风险预警 15 篇。

（柴冬冬）

【营商环境】 年内，区市场监管局贯彻各项登记改革措施，对标优化营商环境 4.0 版政策要求和“两区”建设任务，推动全程电子化登记、个体工商户一站式服务登记，提升登记注册规范化标准化水平。

（柴冬冬）

【企业发展服务】 年内，区市场监管局从协助评优、信用支持等方面给予企业政策支持，为企业出具无违规证明 73 份，协助企业评奖评优 105 件。联合投资促进局、经济和信息化局、科委等部门对企业进行资金扶持，审核企业 1195 家，涉及资金 3.7 亿余元。

（柴冬冬）

【公平审查】 年内，区市场监管局制定出台《北京市密云区关于进一步推进公平竞争审查工作实施意见的通知》《北京市密云区公平竞争审查工作九项机制》等系列文件，推进全区公平竞争审查工作制度化。开展跨区、跨省抽查和全区自查工作，累计审查政策、规章、规范性文件等 584 份。

（柴冬冬）

【惠企收费价格监管】 年内，区市场监管局对涉企优惠政策落实情况进行监管，降低企业负担。全区免征特种设备检验费 183 万元、污水处理费 1751 万元，转供电企业退费 69 万余元，宽带及专线服务商降费 10%。

（柴冬冬）

【重要时间节点市场秩序保障】 年内，区市场监管局助力完成建党百年庆祝活动、“两会”、密云生态马拉松等重大活动以及清明、“五一”等重要节假日期间保障工作。全年检查主体1864户次，有形市场78个次，立案20件，扣缴违禁品1400余件。“中秋”“国庆”两节期间，吸取“通州9.20”火灾事故教训，检查电动车经营主体2890家次，对3家涉嫌违法改装、拼装电动自行车的主体立案调查。

（柴冬冬）

【接诉即办】 年内，区市场监管局持续开展“接诉即办”工作，建立完善消费纠纷解决培训及考核机制。推动“接诉即办”向“未诉先办”转型，落实“每月一题”，深入开展“群众痛点攻坚行动”“我为群众办实事”等活动，聚焦预付费、网络消费等人民群众关心的热点难点痛点问题。全年接收投诉举报1.78万件，办结1.76万件，办结率95.3%，挽回经济损失363.4万元。

（柴冬冬）

【价格监管】 年内，区市场监管局开展民生领域价格监管，规范市场价格行为。全年办理价格类案件52件，其中明码标价类47件、价格欺诈类3件，发放价格提醒告诫书6000余份，制发价格类责令改正通知书221份，召开各类提醒告诫会31次。

（柴冬冬）

【无传销创建】 年内，区市场监管局对区内重点广告公司、网络媒体信息平台进行行政指导及提示，倡导企业参与无传销平台创建。组织各镇街开展无传销社区（村）创建活动，对32个无传销社区（村）进行复核。累计评定无传销镇、街8个，无传销社区（村）320个（创建完成率为75%），无传销网络平台7家。

（柴冬冬）

【民生“铁拳”行动】 年内，区市场监管局聚焦食品非法添加等食品领域违法行为、制售假劣酒水、电动三四轮车、生产销售超薄塑料袋、儿童玩具、涉企收费、神医神药广告、保健市场整治、生产销售劣质钢筋线缆等重点民生领域执法检查和案件查处。累计检查市场主体2864户次，开展部门间协作执法14次，移送司法机关案件6件，办结案件112件，罚没款138.74万元。开展治乱除害5大战役专项执法行动，查处取缔无证食品加工黑作坊2户，查扣非法食品及原料4500余千克，罚没款5.2万元。

（柴冬冬）

8月31日，区市场监管综合执法大队“铁拳行动”查扣假酒　　（区市场监管局　供图）

【广告监管】 年内，区市场监管局落实“放管服”改革要求，开展违法违规商业营销宣传集中整治行动，提高广告监管能力水平，叫停违法广告9条次，责令改正7条次。

（柴冬冬）

质量技术监督

Quality Technical Supervision

【概　况】 年内，针对疫情防控要点，区市场监管局对区属疫情定点医院、集中隔离点、防疫物资生产企业使用的特种设备进行检查。开展特种设备安全监管与复工复产指导服务，对重大项目施工单位使用的起重机械、旅游景区客运索道、电梯等特种设备开展监督检查，保障复工复产。开展邮政快递、加油站、眼镜制配场所等行业计量法律告知和自我承诺活动。开展集贸市场、眼镜制配场所、加油站、商超等专项检查，维护辖区内市场计量秩序稳定。严格疫情防控防护产品质量监督，做好重点时段、重点产品等相关领域监督检查工作。

（柴冬冬）

【电梯安全专项治理】 年内，区市场监管局排查电梯793台，其中拆解保养电磁铁电梯349台，免拆解电磁铁电梯173台，需更换铁质等导磁材料松闸顶杆电梯271台；完成拆解保养电磁铁电梯28台，更换铁质等导磁材料松闸顶杆电梯7台。

（柴冬冬）

【特种设备质量监管】 年内，区市场监管局以景区在用客运索道、大型游乐设施等特种设备为重点，检查

400 家单位 2655 台特种设备，下达监察指令书 28 个，立案 1 件，现场处罚 1 件，未发生特种设备事故及重大影响突发事件。

（柴冬冬）

6 月 15 日，区市场监管局检查涉燃气特种设备安全 （区市场监管局 供图）

【燃气专项检查】 年内，区市场监管局开展燃气专项检查工作，与企业签订安全责任承诺书，强化安全主体责任落实。区内 4 家充装站转瓶装液化石油气换瓶站已对原充装站内自有产权气瓶清理完毕，清退气瓶 1.01 万只。

（柴冬冬）

2 月 24 日，区市场监管局对液化石油气钢瓶开展监督检查 （区市场监管局 供图）

【计量监管】 年内，区市场监管局对辖区内眼镜制配场所、电子计价秤、加油机、物流企业等领域开展民生计量专项监督检查。检查单位 84 家、计量器具千余台件，其中眼镜制配场所 12 家，商超、集贸市场等民生领域电子计价秤 53 家，加油站 19 家。对 3 家单位使用强制检定计量器具未按规定申请检定的违法行为进行当场处罚。对大中、苏宁等家电连锁销售单位和建材市场等单位开展能效、水效标识监督检查 201 批次，其中水效标识 71 批次、能效标识 130 批次。办理行政许可 1 家单位 4 个标准。

（柴冬冬）

【产品质量监管】 年内，区市场监管局推动生产、流通领域全环节质量安全监管。开展促进口罩质量提升、农资、强制性认证产品等专项行动，专项抽检 7 批次，持续整顿和规范认证市场，建立健全内部产品质量管理、商品质量追溯、证后监管等制度。

（柴冬冬）

【生态环境保护】 年内，区市场监管局推进落实污染防治攻坚战，制定《北京市密云区市场监督管理局关于落实深入打好污染防治攻坚战 2021 年行动计划的通知》。完成 5 家自备油库的油样抽取工作，抽检车用油品、车用尿素、建筑涂料、胶粘剂等“涉气”类产品 68 组。

（柴冬冬）

食品监督管理

Food Supervision and Management

【概　况】 年内，区市场监管局坚持以食品安全示范城市创建为抓手，结合疫情防控、卫生城市创建、文明城市创建等工作，对全区食品生产经营单位开展全覆盖式监督检查；对农贸市场、农村大集、景区景点周边餐厅、品牌连锁餐饮门店、网红餐厅、集体用餐配送单位、农村地区小食杂店等重点业态开展风险隐患排查，提升食品安全保障水平，开展监督检查 3.16 万户次。全区食品安全总体状况稳中向好，全年未发生重大区域性、系统性食品安全事件。

（柴冬冬）

【食品生产安全监管】 年内，区市场监管局推进《食品生产企业质量提升指南》落地实施，辖区 17 家食品生产企业取得食品安全质量体系认证，10 家食品生产企业按照《指南》要求，提升企业内部食品安全管理制度、生产加工环境。指导辖区 50 家食品生产企业建立落实主体责任自查制度，全年检查食品生产企业 184 家次，开具行政提示书 16 份、开展行政约谈 5 家次。

（柴冬冬）

10月31日，区市场监管局主要领导带队对流通环节冷链食品安全进行监督检查

（区市场监管局　供图）

【食品流通安全监管】 年内，区市场监管局推进流通环节食品经营许可、小食杂店备案、仅销售预包装食品备案网上办理新模式，实现审批“不见面”“零跑动”。全年受理行政许可663件、小食杂备案748件、仅销售预包装食品备案402件。全年累计开展监督检查2.24万家次，出动执法人员4.47万人次，发现问题整改率100%。

（柴冬冬）

【餐饮服务安全监管】 年内，区市场监管局坚持“源头严防、过程严管、风险严控”的监管措施，引导餐饮服务行业复工复产。推进“阳光餐饮”工程，加大品质餐饮建设，全年新增品质餐饮单位50家，“阳光餐饮”示范街1条，实际经营的3679家餐饮单位全部实现“阳光餐饮”工程建设。

（柴冬冬）

【农贸市场食品安全监管】 年内，区市场监管局开展农贸市场食品安全“百日攻坚”专项整治行动，检查农贸市场346个次，巡查市场内商户3104户次。

（柴冬冬）

【卫生城市创建】 年内，区市场监管局依据市级卫生城市创建要求，配合、指导争创镇街梳理食品安全全面工作，确保复审工作落到实处。复审期间办理案件74件，其中警告72件、罚款2件、罚没款1万元。

（柴冬冬）

【服务保障】 年内，区市场监管局完成建党百年庆祝活动、密云马拉松、鱼王美食节、农民丰收节等重大活动和元旦、春节、中秋、国庆等重要节日食品安全保障服务任务。做好冬奥会及冬残奥会食品安全服务保障工作，完成冰上项目测试活动食品安全服务保障工作，对辖区定点供应企业伊利集团北京乳品厂开展全程监管，210箱产品全部通过验收。

（柴冬冬）

10月6日，国庆节期间区领导带队检查疫情防控、市场供应、食品安全等工作

（区市场监管局　供图）

【联合执法】 年内，区市场监管局联合民政、教育、文旅、住建等部门，加强对养老、学校、旅游、工地等行业领域检查督导，督促落实主体责任，保障行业领域内的食品安全。

（柴冬冬）

【社会监督】 年内，区市场监管局鼓励群众举报食品安全违法行为线索，对符合条件的举报线索给予奖励，审批奖励申请21件，发放奖励金4200元。

（柴冬冬）

【食品安全监测】 年内，区市场监管局开展食品监督抽检2059批次，范围覆盖34大类食品品种，合格率98.98%。

（柴冬冬）

【食品安全宣传】 年内，区市场监管局以食品安全宣传周、“光盘行动”等活动为契机，通过悬挂宣传条幅、设置宣传展板、发放宣传品等形式，开展食品安全宣传活动。全年开展宣传活动百余场次，发放宣传材料2万余份。

（柴冬冬）

【协调机构建设】 年内，区市场监管局修订《北京市密云区食品药品安全委员会工作制度及工作职责》，增加食品药品安全委员会副主任席位，调整、优化组织架构。

（柴冬冬）

国有资产监督管理

Administration for State-Owned Assets

【概 况】 北京市密云区人民政府国有资产监督管理委员会（简称区国资委）是区政府授权代表政府履行国有资产出资人职责的区政府工作部门，内设机构3个：党政办公室、产权管理科和组织人事科（挂国资企业人才工作办公室牌子）；所属事业单位6个：北京市密云区国资企业改革事务中心、北京市密云区国资企业董事会事务中心、北京市密云区国资企业发展促进中心、北京市密云区转制企业服务中心、北京市密云区国有资产监督管理委员会综合调处服务中心和北京市密云区国资企业绩效评价考核中心。

年内，区国资委汇总60户国有及国有控股企业，资产总额为202.6亿元，负债总额为116亿元，所有者权益为86.6亿元，资产负债率57.26%。全年实现营业总收入13.9亿元，上缴税金总额1.18亿元。

（郭楚北）

单位名称：北京市密云区人民政府国有资产监督管理委员会

地　　址：北京市密云区鼓楼东大街8号

电　　话：69029200

【国有企业监管制度】 年内，区国资委推进“规范管理年”建设，完善修订党的建设、国企改革等8个方面25个规范性文件。创新监管方式，国资国企集团网络版统一财务应用管理平台运行，财务在线监管工作走在全市各区前列。

（郭楚北）

【区管国企改革】 年内，区国资委完成区属34户全民所有制企业公司制改革任务，推动区管国企压缩管理层级在三级以内，减少法人户数11户，完善市场化退出机制，推进“僵尸企业”处置、重点亏损子企业专项治理。原矿山公司及其所属的檀城伟业、檀城慧鑫、华昊划转至新设立的檀州资源公司作为其二级公司管理。城建投公司为原房地产开发总公司，为加强公共服务类企业管理，将房地产公司所属供暖供热、物业管理等公共服务类企业进行剥离，改革后有21家子公司。心连心城市服务公司将原房地产公司所属的心连心热力、心连心物业、心连心信息、云煤工贸、恒通园供暖和云虹绿化等公司整体划转，作为二级公司管理，改革后有8家子公司。渔阳文旅集团由原渔阳集团改革重组后成立，改革后有6家子企业。

（郭楚北）

【生活补贴管理】 年内，区国资委做好国企职教幼教机构退休教师生活补贴管理和新申报退休教师身份审核工作，核算审核通过的退休教师2020年生活补贴，本区符合政策机构6个，符合政策教师54人，发放生活补贴115.15万元。

（郭楚北）

【产权管理】 年内，区国资委做好企业资产划拨、转让、出租出售、抵押贷款、资产评估、损失核销等各项工作，全年为企业办理28项产权管理。

（郭楚北）

【国企分类考核】 年内，依据《区管国有企业负责人经营业绩考核暂行办法》，区国资委对区属国有竞争类和公共服务类的企业实行差异化分类考核，采取“硬指标＋创新贡献指标”的双重考核模式，推动实现薪酬与业绩挂钩。

（郭楚北）

私营个体经济监管

Private Individual Economic Regulation

【概 况】 北京市密云区私营个体经济协会（简称区私个协），是由密云区民政局注册的社团组织，隶属于密云区委组织部。业务范围包括政策研究、法规宣传、行业指导、信息交流、咨询服务、专业培训、经验交流、协调服务，由北京市密云区市场监管局指导业务。内设办公室、服务部、宣教部、党联部、信息部5个科室。

（柴冬冬）

【10·18光彩服务日】 年内，区私个协开展“提升就业质量 助力共同富裕”活动，7家私营企业70余人走进敬老院，为老人们义务理发120人次，捐赠价值1.6万元慰问品及2.25万元慰问金。

（柴冬冬）

投 资 促 进

Investment Promotion

【概 况】 北京市密云区投资促进服务中心（简称区

投促中心）负责贯彻落实区委区政府关于投资促进、招商引资工作部署，制定有关加强招商引资，促进产业发展的政策、措施、办法。拟订招商引资年度计划，制定招商引资考核办法，并组织实施。负责重大项目的招商引资、投资促进、跟踪服务工作。负责指导区直单位、镇街（地区）、经济功能区开展投资促进工作，为各单位提供项目洽谈、资源对接、项目审核、业务培训等服务。组织实施各种招商引资活动和参加各种招商洽谈会等，包装、推介全区重点区域、重点产业、重大招商引资项目。负责落实市、区两级重点企业“服务包”工作。负责落实我区支持总部企业政策兑现工作。为企业提供政策咨询、投资咨询、项目代办和投诉受理等服务。事业单位机构改革后，内设科室调整为6个：办公室、引进企业服务科、产业促进科、综合科、项目促进科、总部经济科。编制27名，实有25人。

年内，全区引进注册型企业1759家，比上年增长56.08%，总注册资本金262.92亿元。引进企业当年形成税收6.32亿元，比上年增长203.85%；企均纳税35.93万元，比上年增长94.64%；新增储备税源8.04亿元，引进企业质量为近五年来新高。区投资促进服务中心提供全程代办服务为各区直部门引进的63家企业办理完注册手续，注册资本9.8亿元。

（钱　铖）

单位名称：北京市密云区投资促进服务中心
地　　址：北京市密云区水源东路358号B座
电　　话：69098188

【支持企业发展资金兑现】 年内，区投促中心联合财政局、人力社保局、市场监督管理局对中关村密云园、密云总部企业管理服务有限公司上报的186家总部企业和8家中介机构的财政扶持申请进行初审、复审。上述企业2020年，以及部分企业2021年间形成区域综合贡献8.65亿元，区政府支持企业发展资金5.17亿元，均已全部兑现。建立政企对接机制，为拟在本区落户、投资的招商引资项目，提供无偿办理注册、审批申报手续等服务。

（钱　铖）

【区领导走访重点企业】 年内，区投促中心落实《密云区落实重点企业“服务包”制度工作机制》，协调重点企业的属地管家、行业管家，配合区发改委，分2次修订完善《区领导走访服务企业名单》，协调服务2次区领导走访活动。全年，陪同区领导走访重点企业193家，收集企业诉求153个，已全部办结。

（钱　铖）

【生态马拉松赛事招商】 年内，区投促中心为2021年密云生态马拉松赛事联系赞助企业19家，合计赞助金额1815万元。其中现金赞助企业12家，共计1406万元；实物赞助企业7家，实物折合现金赞助409万元。

（钱　铖）

【会展招商】 年内，区投促中心完成2021年中国国际服务贸易交易会参会工作，组织经济功能区和镇街60余人次开展政策推介、商务洽谈，接洽项目28个，促成7家注册项目落户密云。参加“云上京港洽谈会”。征集19个招商项目，在开幕式现场设立咨询台，派专人负责咨询洽谈活动。

（钱　铖）

【“两区”建设】 年内，区投促中心建立招商引资信息库和资源库，梳理汇总全区可利用招商资源121个，土地资源总面积约6666.67公顷，可利用建设用地面积约1000公顷，楼宇（厂房）面积约127.2万平方米。更新全市“两区”建设招商引资项目管理平台和投资北京地图网站资源。

（钱　铖）

烟草专卖管理

Tobacco Monopoly Management

【概　况】 北京市密云区烟草专卖局（公司）（简称区烟草专卖局（公司）或密云烟草）1997年8月18日成立，开展密云辖区卷烟市场经营、专卖管理等活动，是密云区境内唯一合法的烟草批发企业。内设办公室（安保科）、专卖监督管理科（专卖稽查支队）、内部专卖管理监督派驻办公室、法制科、营销网建科、财务科、人事科、纪检监察科（党建工作科）、配送仓储科9个部门，干部职工79人。

（张玲玉）

单位名称：北京市密云区烟草专卖局（公司）
地　　址：北京市密云区鼓楼东大街2号
电　　话：69020227

【烟草销售管理】 年内，区烟草专卖公司负责本区2111户卷烟零售户的市场服务工作。推进零售终端提质升级工作，实现28户中小客户店面形象提升；推进诚信积分管理工作，开展诚信积分检查工作；建成诚信互助小组109个，实现辖区客户全覆盖，自治互助功能持续发挥；规范经营管理基础，对重点客户开展警示教育提醒，签订《卷烟零售客户守法经营告知书》552份，维护辖区守法客户经营利益。

（张玲玉）

【案件处置】 年内，区烟草专卖局查办涉烟违法案件84起，比上年增长1.2%。查获违法卷烟388.98万支，比上年增长38.17%，涉案金额233.39万元；强化真烟非法流通治理，真烟非法流通下降69.9%，未发生单次外流卷烟数量“双5”案件；加强企业法制建设，审核行政处罚一般程序案件79起，提出法律审核意见177条，移送公安涉刑案件1起，移送市场监督管理局无证经营案件5起。

（张玲玉）

【专项检查】 年内，区烟草专卖局开展“双随机”抽查和“APCD”工作法相结合检查辖区市场，检查零售户2272户次，“APCD”重点监管计划执行率93.03%，“双随机”检查计划执行率100%；开展“红剑100”“守护成长”等专项行动，对接公安、市场监管部门对辖区重点区域及24家电子烟实体店进行排查，清理电子烟实体店1户。

（张玲玉）

【行政管理】 年内，区烟草专卖局制定《北京市密云区烟草专卖制品零售点合理布局标准》，加强卷烟许可证退出管理，清理校园周边零售户2户、“空壳户”“休眠证”2户，收回许可证9户；开展“二维码上享便捷”活动，受理、邮寄送达许可证56户次。

（张玲玉）

【风险管控】 年内，区烟草专卖局强化采购管理，采购项目启动率达到77.78%，采购计划执行率84.13%；制定《北京市密云区烟草专卖局监督管理办法》，加强采购工作流程监督检查，开展19个项目现场监督27次，提出采购监督建议1份。

（张玲玉）

【安全管理】 年内，区烟草专卖局做好疫情防控前置管理、物资储备、人员防控等各项工作，强化人员“进出京”“进出密”“进出单位”管理，坚持7＊24小时疫情防控待命状态，引导员工自觉自愿接种疫苗74人次；开展安全培训6次，签订责任书606份；组织火灾疏散逃生、电梯停运现场处置演练2次，辨识危险源21处；与相关单位签订安全协议，成立施工监督检查机构；定期开展安全检查，完成隐患问题整改；规范网络信息管控，实现全年“1002”安全目标。

（张玲玉）

【成本管理】 年内，区烟草专卖局以“降本增效”为目标，强化采购项目执行管控，发挥财务硬约束作用，费用率为4.46%。

（张玲玉）

【队伍建设】 年内，区烟草专卖局开展“争创岗位工匠年”主题活动，组织岗位工匠标准大讨论、“树匠心、育匠人、出精品”等系列工作，选树岗位工匠10人；以“建设美丽密云烟草”愿景为主线，打造企业文化室和暖心驿站，搭建员工交流活动平台；加强线上教育培训，组织全体员工完成3030门线上培训课程，在线学习累计时长5571小时，平均每人在线学习时长77小时，网络培训覆盖率100%。强化人才队伍建设，取得经济师、政工师等专业技术职务资格3人次，QC诊断师、内审员14人次，获得北京烟草精益推进者2人次。

（张玲玉）

商贸服务

BUSINESS AND TRADE SERVICES

综 述

Overview

【概 况】 北京市密云区商务局（密云区粮食和物资储备局）主要担负贯彻落实党和国家关于内外贸易、外商投资、对外经济合作、粮食和物资储备的方针政策、决策部署和市、区相关工作要求，研究本区内外贸易、对外经济合作及跨境通关的发展战略，在履行职责过程中坚持和加强党对内外贸易、外商投资、对外经济合作、粮食和物资储备的集中统一领导等工作职责。内设8个科室，分别为党建科（办公室）、商业服务发展科、对外经济管理科、法制安全科、粮食与物资储备科、贸促服务中心、应急物资储备中心、商务综合服务中心。有编制41名，其中行政编制20名、事业编制21名。

年内，全区实现社会消费品零售额169.4亿元，同比增长5.3%。总量在生态涵养区中居第二位，增速居第四位。完成北京华远农副产品综合批发市场、程各庄吉祥集贸市场中心、石城云蒙风情集贸市场中心、不老屯永兴农副产品市场中心、马场村集贸市场中心5家农贸市场升级改造工作。引导和扶持大星发、檀州农业等蔬菜龙头配送企业在密云新城及周边共新建和规范便民商业网点50家，基本实现密云城区及周边“5分钟蔬菜便民服务圈”全覆盖。完成进出口总额16.1亿美元，同比增长44.5%，其中出口总额6.6亿美元，同比增长44.5%，进口总额9.5亿美元，同比增长51.3%。在5个生态涵养区中，出口总额绝对值和增幅名列第一。

（郝 桐）

单位名称：北京市密云区商务局（密云区粮食和物资储备局）
地　　址：北京市密云区檀西路21号
电　　话：89089310

【“两区”建设】 年内，区商务局推进“两区”建设，确立“2+6+N”的工作思路，起草《北京市密云区建设国家服务业扩大开放综合示范区方案》，印发《密云区落实市领导调研“两区”建设重点工作任务分解方案》，梳理“三单”：梳理《北京市密云区促进农业电子商务发展办法》等全区支持企业发展、人才、金融、优化营商环境和政务服务等方面的政策清单18项；梳理涉及科学城东区、中关村密云园等可利用招商的资源清单116个共计668.27公顷，可利用楼宇（厂房）建筑面积141.6万平方米；梳理包括8家GAWC名录企业在内的目标企业清单12家。推进13项重点任务落实。年内，上报市级100个项目中，已落地21项，在推进79项投资额250.4亿元。服贸会上报签约项目6个，合同金额3.73亿美元。

（郝 桐）

【国际消费中心城市】 年内，围绕将密云建设成为“生态+”区域消费中心的总目标，按照“2+6+12”的总体消费空间布局推进北京国际消费中心城市建设。即充分发挥中关村密云园和怀柔科学城东区“一园”“一区”高端消费业态集聚的主体带动作用，重点围绕国际休闲旅游度假、高端商务会议中心、数字经济、健康医疗、通用航空、品牌体育赛事6大产业融合发展，推进12项重点任务落地。

（郝 桐）

【促进消费】 年内，区商务局开展“生态密云 乐享消费”2021年消费季系列活动，助推万象汇、鑫海韵通等各商业企业举办多项主题促消费活动；推动“美团买菜”前置仓入驻密云，“美团买菜”密云服务站于5月27日正式上线运营。全区实现社会消费品零售额169.4亿元，同比增长5.3%。总量在生态涵养区中居第二位，增速居第四位。

（郝 桐）

【疏解整治促提升】 年内，区商务局投入420.3万元，完成北京华远农副产品综合批发市场、程各庄吉祥集贸市场中心、石城云蒙风情集贸市场中心、不老屯永兴农副产品市场中心、马场村集贸市场中心5家重点农副产品市场改造提升工作。

（郝 桐）

【生活性服务业网点建设】 年内，区商务局新建、规范提升便民服务网点50家，其中便民蔬菜网点24家、便利店（超市）3家、早餐店5家、美容美发店17家、洗染1家。

（郝 桐）

【营商环境优化】 年内，区商务局起草《北京市密云区促进农业电子商务发展办法》（试行），落实扶持政策，推动农业电子商务发展。全区重点监测（年销售额500万元以上）电子商务企业58家，实现网络社会消费品零售总额29.28亿元，其中农产品电商17家实现网络社会消费品零售总额5.8亿元。

（郝 桐）

【农业电商】 年内，区商务局促进电子商务发展。检测农产品电商17家（较去年新增4家），实现网络销售本地农产品零售总额2.5亿元。鼓励农业电商企业充分利用互联网信息技术，扩大蔬菜、杂粮、林果、禽蛋肉类及加工食品等优质农产品的销售范围。

（郝　桐）

【安全生产】 年内，区商务局督促企业落实安全生产主体责任，签订2021年商务企业安全生产责任制、推进安全生产专项整治三年行动计划和节日安全保障、瓶装液化石油气整治等各项安全专项活动责任制；全年开展安全生产大检查出动检查人员800人次，检查企业425家次，发现问题350个，整改350个，整改率100%。

（郝　桐）

【消费扶贫】 年内，区商务局在万象汇组织秋季玉树农产品促销活动；建立消费帮扶基地，助推檀州农业利用库伦菌菇企业的技术、资源优势，在密云建设菌菇生产基地，形成从生产到销售的无缝连接。

（郝　桐）

【保供稳价】 年内，区商务局监测米、面、油、肉、蛋、奶等生活必需品市场价格、货源变动情况，引导连锁超市龙头企业提前备足货源，保证生活必需品供应稳定。

（郝　桐）

【疫情防控】 年内，区商务局落实常态化各项疫情防控措施，加强对各类商务企业的督促检查，年内检查企业385家次，出动770人次，出动220车次。开展重点商超和快递外卖行业企业的疫苗接种工作，接种率100%。

（郝　桐）

重点商贸企业

Major Trade Enterprises

北京密云供销合作社

【概　况】 北京密云供销合作社为集体所有制企业，在编职工237人，退休职工2796人。下属5个基层单位：北京云建城市建设工程有限公司、北京燕赛商贸有限公司、北京山林丰再生资源回收有限公司、北京密云太师屯供销合作社和冯家峪供销合作社。经营范围包括销售日用品、针纺织品、五金、交电、化肥、农药、农膜、农副产品、建筑施工总承包、专业承包、市场开发、市场服务、出租摊位柜台等。年内，实现营业收入9872万元，上缴税金340万元。

（曹希平）

【电商业务】 年内，电商业务逐步进入正轨，开通淘宝、拼多多及京东3大网络助农平台销售店铺。主营产品类目包括密云当地蔬菜、板栗、红果、木耳、蜂蜜、果品以及豆制品等，推进信息技术与农业农村深度融合。各类农产品的销量保持相对稳定并呈上升趋势。

（曹希平）

【北京密云消费扶贫分中心】 年内，北京密云消费扶贫分中心投入运营。消费扶贫双创中心现所售商品都是密云对口6个授援地扶贫产品及全国832个县部分扶贫产品约300个品种。开业以来营业额稳步上升。

（曹希平）

【“三农”服务】 年内，区社大宗农产品收购组推进大宗农产品所需收购设备与相关物资支持发放工作，拓宽销售渠道，与板栗专业合作社签订合作协议，做好与板栗专业合作社联合收购衔接工作，以平均4.3元每斤的价格对本区大宗农产品板栗联合收购，收购板栗约5457吨、红果106吨。

（曹希平）

9月22日，冯家峪镇白莲峪村收购核桃

（张合军　摄）

北京春播科技有限公司

【概　况】 北京春播科技有限公司（简称春播）注册于密云区，注册资本5065万元，是一家集有机农产品生产、仓储物流和电商销售为一体的提供安全、健康、新鲜、美味、快捷优质食材的全行业服务链公司。公司主要依托互联网营销渠道、专业仓储物流设施和专业规模化有机种植团队，通过创新发展，打造全国互联网优质安全农产品电商和生产第一品牌。公司自成立以来，以有机安心健康为使命，在食品安全上建立春播品控、春播 Best 等食品检测标准，帮助密云优质农产品线上品牌包装及销售，提升农民收入，带动密云农产品销售额达千万元以上。年内，春播荣获商务部 2018—2020 年全国农产品产销对接扶贫活动“突出表现单位”、2020 企业社会责任行业典范奖、2021 绿色品质典范奖及金桥奖·年度卓越成就企业等殊荣。

（闵繁龙）

【打造农业新典范】 1 月 10 日，中国农垦集团有限公司与北京春播科技有限公司举行合作仪式。中国农垦集团董事长、党委书记张磊、春播创始人兼 CEO 王昕、中国农垦集团总经理及春播合伙人王嘉苇等人出席仪式。中国农垦集团副总经理王树峰、春播合伙人闵繁龙分别代表双方签署战略合作协议。

（闵繁龙）

1 月 10 日，中国农垦集团有限公司与北京春播科技有限公司举行合作仪式

（北京春播科技有限公司　供图）

【“吃吃地爱地球”主题活动】 4 月 22 日，在第 52 个世界地球日当天，春播联合凤凰网美食、三里屯街道及多家知名商家和品牌，围绕世界地球日发起的“吃吃地爱地球”主题有奖打卡活动，倡议全民通过“吃”来保护自然，引发数千名都市饕客争相参与。

（闵繁龙）

【“法兰西之味”法国肉类品鉴活动】 5 月 18 日，由春播主办的“法兰西之味”法国肉类品鉴活动于上海古铜法餐厅顺利举行。法国驻华农业副参赞薄思敏先生、中国烹饪协会副会长邓立先生、春播创始人兼 CEO 王昕女士、法国猪业联盟·法国畜牧及肉类协会驻华首席代表孟凡也先生及首席副代表胡丹女士共同出席本次活动。

（闵繁龙）

5 月 18 日，法兰西之味活动现场

（北京春播科技有限公司　供图）

【首发水果盲盒】 6 月，春播与新西兰贸易发展局战略合作，首次将大热的“盲盒”概念融入到水果销售中，并在春播平台独家开售新西兰“水果盲盒”。春播本次推出的“水果盲盒”分为“新西兰缤纷苹果盲盒”以及“新西兰缤纷 IP 水果盲盒”2 款。

（闵繁龙）

【意大利地标产品发布会】 6 月 19 日，为促进中意美食文化的交流，让更多中国消费者领略意大利美食的魅力，由意大利驻华大使馆、意大利对外贸易委员会和春播主办的意大利地标产品发布会于首北兆龙饭店召开。

（闵繁龙）

6 月 19 日，意大利地标产品发布会

（北京春播科技有限公司　供图）

【韩国缤纷美食发布会】 12 月 3 日，韩国农水产食品流通公社（简称 aT）携手中国高品质生鲜新零售平台春播举办的“韩国缤纷美食发布会暨‘阳光玫瑰·甜椒·蘑菇’初冬品鉴会”在提督·TIDU（望京万科店）圆满举办。本次活动邀请韩国农水产食品流通公社代表金有真女士、春播 VIP 用户以及美食达人等多位嘉宾到场参与。

（闵繁龙）

12 月 3 日，韩国缤纷美食发布会召开

（北京春播科技有限公司　供图）

北京大星发配送中心

【概　况】 北京大星发配送中心成立于 2006 年 4 月，是北京市密云区领先使用商业自动化管理系统的综合零售及配送龙头企业。在原有连锁便利店、社区便民菜店及商业零售网点的基础上，强化配送中心设施设备建设及提升配送能力等各方面进行全方位优化组合，逐步巩固其在密云市场的龙头企业地位。截至 2021 年底，优化后直营连锁超市 11 家，直营配送中心 1 家，经营面积约 6000 平方米，加盟社区便民菜店 292 家、加盟便利超市 280 余家。本部员工及加盟店员工 1200 余人，拉动上下游就业人数 5500 余人。

（李国芳）

【物价稳定】 疫情以来，大星发配送中心发挥其应急物资储备单位保供稳价的作用，充分保障百姓生活用品和防疫用品的正常供应，公司 11 家直营超市正常营业，加强采购、分拣、加工、理货、收银、配送等环节，确保百姓日常所需，严控价格关，做到疫情期间价格稳定。

（李国芳）

【稳定就业】 疫情以来，大星发配送中心为确保员工切实利益，遵从一个都不放弃的原则，坚持疫情期间正常营业，做到保就业、不裁员、不停业的经营方针，为稳定社会秩序承担企业该承担的责任。

（李国芳）

【业务经营】 年内，实现综合营业收入 2.01 亿元（含加盟店营业收入），配送商品金额约 2.01 亿元，食品配送率超过 80%。突破原有的线下销售的固化模式，开展微信群销售、小程序销售、线上下订单、线下集中时间统一配送的方式扩大销售层面，实现本区 18 个乡镇全覆盖，配送商品数量 4 万余种，每年配送时间 365 天不间断。

（李国芳）

【疫情防控】 疫情以来，为保障疫情期间提供质优价廉的防疫物资，大星发配送中心加大基地直采力度及与厂家直接进货的力度，保障日常防疫商品采购渠道畅通且货源充足，日常疫情防控做到每日测量配送人员及工作人员的体温，每周 2 次对直接配送人员进行核酸检测。

（李国芳）

【物资储备运输】 年内，大星发配送中心发挥作为密云区应急物资储备基地作用，寻找上下游合作伙伴。公司配备年储备量 200 余吨的民生物资专用库房。运输车辆 30 余辆，小物流车辆 10 余辆，尤其是小物流对线下购买不方便的人员做到送货上门，对线上采购的商品做到按时送货上门，满足线上线下同时配送且零接触的新型购买方式，可满足日均 100 吨的运输配送能力。

（李国芳）

北京大星发配送中心小物流车辆

（北京大星发配送中心　供图）

北京物美鼓楼商贸有限责任公司

【概　况】 北京物美鼓楼商贸有限责任公司（简称鼓楼物美），是由北京物美商业集团股份有限公司和北京密云鼓楼商贸有限责任公司合作成立，于2002年12月16日取得营业执照，主要经营肉品、水产品、蔬菜水果，酒水饮料，休闲食品，粮油、日用百货等，营业面积8600平米。一层为商业街，二、三层为超市卖场。年内，物美集团获"全国就业与社会保障先进民营企业""北京市扶贫协作先进集体"、"全国五一劳动奖状"等称号。

（柳玉文）

【驰援救灾】 7月27日，物美集团紧急调配2000万元生活物资驰援河南。

（柳玉文）

【促消费活动】 9月2日，"凝心助帮扶 携手促消费——2021年北京帮扶促消费活动"正式拉开帷幕，物美多店同设帮扶展区，助力"2021年北京帮扶促消费活动"。

（柳玉文）

【护理补贴】 10月，物美在京门店为失能老年人开通护理补贴消费功能，消费者可在上述门店使用该补贴进行消费，约有3000个SKU可供选择，为失能老人已提供15万次补贴消费服务。

（柳玉文）

北京鑫海韵通商业大楼有限公司密云百货店

【概　况】 北京鑫海韵通商业大楼有限公司密云百货店，隶属于顺义区国资委旗下的北京顺商集团。2007年12月29日进驻密云区。商场有工作人员775人，其中管理人员50名，员工725人，总建筑面积3.1万平方米，有楼层11层，负1层至8层为经营场所，9—11层为办公场所，其定位为地区型中高档百货店，有超市和百货两种经营业态，引进各品类中的领军品牌，如屈臣氏、周大福、百丽集团、欧珀莱、BOSSsunwen、比音勒芬、炫裴歌、珍贝、必胜客等知名品牌。

（于倩楠）

【疫情防控】 年内，鑫海韵通执行商场疫情防控的方案、预案及相关制度。做好员工的健康管理，切实掌握员工流动情况，每日进行员工的体温测量，检查员工的健康宝及行动轨迹，确保上岗人员的健康情况。商场内利用广播、宣传海报，加大店内外疫情宣传，从消毒、通风到扫码、测温、一米线、口罩佩戴等各环节入手，把好防疫的每个关口。做好进口冷链食品的排查管控，按时对从业人员开展核酸检测，对环境按照要求做好消杀工作。推动疫苗的接打工作，员工第三针疫苗的接种率达到98%以上。

（于倩楠）

【对口扶贫】 年内，鑫海韵通帮助深度贫困地区实现脱贫，从对口扶贫地区河北省沽源县进货包含沽源酒、亚麻籽油、藜麦礼盒、燕麦片礼盒、杂粮礼盒、蔬菜等商品36种，总销售金额25万元。

（于倩楠）

【培训活动】 年内，鑫海韵通在做好疫情防护同时开展多样的员工培训工作，组织员工培训15场，培训内容涵盖"专业知识""售卖技巧""卖场陈列""礼仪服务""智能收款""消防安全"等。组织员工开展技能大练兵及优秀案例分享、VIP顾客维护等活动，全年推出22个优秀案例。

（于倩楠）

北京密鑫农业发展有限公司

【概　况】 北京密鑫农业发展有限公司是一家集种植、储存、配送、销售、品牌打造、服务于一体的互联网+农业的综合性企业。"檀州农业"品牌创立于2015年，是集综合超市、生鲜店、种植合作社为一体的综合性便民企业。公司通过与社区合作，以"5分钟便民菜店"为原则进行超市网点布局。截至年底，檀州农业拥有大中小型生鲜超市52家，总营业面积1.19万余平方米。店铺覆盖密云整个城区及部分偏远村镇，服务居民16.4万余人。职工709人。主营业务为销售新鲜蔬菜、新鲜水果、生鲜类、粮油类等农副产品。公司秉承"锐意进取，服务大众"的理念，以社区服务+电子商务为驱动，进行"互联网+"檀州农业综合信息服务平台建设，打造以农业生产、经营、服务、管理为核心应用的综合性平台。年内，檀州农业总营业收入2.59亿元，总销售金额同比增长4.02%。

（王亚辉）

【市场拓展】 年内，檀州农业新开生鲜超市直营店5家，新增就业人数39人，促进农民增收167万公斤生鲜产品的销售点，农民增加农产品销售收入1510万元。

（王亚辉）

檀州农业蔬菜展柜

（北京密鑫农业发展有限公司　供图）

【对口扶贫】 年内，帮助密云区对口帮扶地——内蒙古库伦旗销售大米、小米，共计71吨；销售牛肉酱1500余瓶。并与内蒙古绿洲食品有限公司合作培育菌棒，实现了库伦旗菌棒在密云大棚内生长，在密云市场销售。

（王亚辉）

【营销活动】 年内，公司通过春节、五一、十一、中秋、元旦等重要节日节点，进行促销活动，公司第4季度销售额同比增长1000余万元，同比增长27%。活动每天总客流量1.85万人次，同比增长29%。

（王亚辉）

密云华润万象汇购物中心

【概　况】 密云华润万象汇购物中心（简称密云万象汇）隶属于华润集团华润万象生活旗下商业品牌，是集时尚餐饮、娱乐休闲及精致生活方式为一体的社交型购物中心，于2017年11月10日开业。截至年底，项目出租率98%，较2020年同期增长6%，创开业来新高；在营店铺数209家，发展会员15万。

（刘胜楠）

【品牌优化】 年内，调整56个品牌，韩版MLB以及POPMART均为郊区首店；一层百货区引入理想汽车体验店、好特卖超市、中国黄金等黄金品牌；儿童主题区调改，引入多家小娱乐，强化主题区氛围，增加顾客停留时长，为周边零售店铺引流；餐饮店铺调整基本完成，新引入多家店铺。

（刘胜楠）

【企业责任】 年内，密云万象汇秉承发挥企业社会责任，解决1800人次就业问题，其中密云籍就业人员874人。年内，开展多场志愿及党群建设活动，通过“搭平台、整资源、提服务”综合施策，以“政治功能”引领方向，以“服务功能”增添动力，实现商圈联动工作全面提升的新局面。

（刘胜楠）

【专业培训】 年内，密云万象汇围绕“新型冠状病毒疑似疫情现场处置”“防暴防恐突发事件应急处置”“消防应急疏散”“防汛应急事件处置”演练及培训数次，确立6月为密云万象汇安全生产月，开展系列安全生活宣传教育培训活动。

（刘胜楠）

【营销活动】 1月，密云万象汇组织以“花花万象”为主题的新春花花市集系列活动；6月，在疫情防控常态化背景下，启幕由区委区政府支持和引导的密云万象汇潮盒码头集装箱夜市；暑期密云万象汇引进小黄鸭IP乐园；10月组织焕新市集营销活动。

（刘胜楠）

7月，万象汇外壁展示夏日绮梦

（刘胜楠　摄）

北京云业兴盐业有限公司

【概　况】 北京云业兴盐业有限公司成立于2001年，隶属中国盐业集团，是中盐京津冀盐业有限责任公司全资子公司，承担北京市密云区食用盐和工业盐的销售及配送任务，区域市场占有率90%以上。

年内，公司形成11条固定配送路线，将600余家终端客户统一串联起来，每月公司业务都会访问配送路线客户订单，食盐配送到户体现便民、利民、为民原则。全年配送480吨。云业兴公司散盐销售方面，确保客户不流失。公司实现小包盐销量2123吨，散盐9100吨，安全事故发生率为零，工伤率为零。

（王梓文）

【疫情防控】 年内，云业兴公司在严抓疫情防控的同时，加强物流调运，一手抓疫情防控，一手抓食盐供应。力保食盐市场货源充足，价格平稳，切实履行社会责任，加大库存食盐储备力度，储备200吨，确保食盐市场稳定，未出现抢盐及断货现象。

（王梓文）

【竞品铺货】 年内，云业兴公司在提高基础盐售价的同时，保持市场占有率。根据终端配送客户规模差异提高基础盐销售价格，并在终端配送期间了解市场情况，根据配送渠道竞品变化调整销售策略，开展多种促销活动。流通渠道产品占有率30%。

（王梓文）

【非盐产品销售】 年内，云业兴公司发挥盐业网络优势，做好非盐产品销售。年内糖销量7959吨，利润46.33万元。

（王梓文）

对外经济贸易

Foreign Economic Relations and Trade

【概　况】 年内，实现实际利用外资完成3816万美元，同比增长663.2%，完成年度指标任务（2021年指标：1800万美元）212%；新注册外资企业19家，合同利用外资额为6623.99万美元；外贸进出口总额16.1亿美元，同比增长48.4%，其中出口总额6.6亿美元，同比增长44.5%，进口总额9.5亿美元，同比增长51.3%。在5个生态涵养区中，出口总额绝对值和增幅名列第一。

（郝　桐）

【服贸会】 年内，本区线上注册参展企业84家，完成展台搭建63家企业，共上报签约项目6个，合同金额37315.41万美元；一年内拟执行金额为6165.37万美元，年内已对6个项目追踪完毕。

（郝　桐）

【进出口总额增长显著】 年内，外贸进出口总额16.1亿美元，同比增长48.4%，其中出口总额6.6亿美元，同比增长44.5%，进口总额9.5亿美元，同比增长51.3%。在5个生态涵养区中，出口总额绝对值和增幅名列第一。

（郝　桐）

【新设立外商投资企业】 年内，区商务局实现实际利用外资完成3816万美元，同比增长663.2%，完成年度指标任务（指标：1800万美元）212%；新注册外资企业19家，合同利用外资额为6623.99万美元。

（郝　桐）

金　　融

FINANCIAL

金融管理

Financial Management

【概　况】 年内，全区金融机构在做好疫情防控相关工作的同时，围绕全区经济社会发展大局，推进各项金融工作，在服务保障密云区经济社会发展方面发挥出重要作用。全年重点金融机构运行平稳。

（郑　帅）

【信贷融资】 截至年底，全区金融机构各项存款余额732.3亿元，比上年末增长3.4%；各项贷款余额374.8亿元，同比增长12.2%，贷款余额位列5个生态涵养区首位；其中，单位贷款223.6亿元，比上年末增长16.6%；针对中小微企业发放1000万元以下的普惠贷款余额41.8亿元，比上年末增长68.7%；绿色贷款20.2亿元，比上年末增长422.6%。

（郑　帅）

【财税贡献】 年内，银行机构助力地区财源建设作用明显，区内金融行业纳税总额3.8亿元，比上年末增长9.5%，其中驻区12家银行机构纳税总额14792万元，比上年末增长57%，高于行业平均值47.5%，形成区级财政收入2707万元。

（郑　帅）

【重点工作支持】 年内，金融行业在密云区创建全国文明城区以及无障碍设施改造、新冠疫苗接种、重要节点安全生产等重点工作中作出贡献。在除华夏银行冠名赞助500万元外，区内建行、农商行、中行、北京银行、工商银行5家银行合计出资105万元，为第二届密云马拉松比赛举办提供资金支持。为密云水库保护公益基金设立提供支持，北京银行密云支行一次性捐赠现金200万元，成为密云水库保护公益基金会理事单位。

（郑　帅）

【企业上市挂牌】 年内，区发改委兑现中联云港、方等传感器市区两级上市挂牌奖励资金300万元。强化区内优质企业上市培训与服务，建立分批次上市企业梯队，倍舒特、友宝在线两家公司香港联交所上市筹备工作基本完成；超同步（北交所）、金万众（沪市主板）企业股份制改造等相关工作稳步推进；新增一批上市储备企业。

（郑　帅）

【金融风险监测预警】 年内，区发改委推进金融风险监测预警工作。利用大数据监测预警平台，对全区9000余家涉金融业务企业按月进行“全息体检”，动态监测以非法集资为主的非法金融活动风险。每季度以市、区两级监测结果为主要内容形成监测预警情况通报，及时向各属地、各部门进行金融风险预警提示。全年预警“冒烟”指数40以上风险企业55家、拦截问题企业入区24家。

（金朝霞）

【非法金融活动治理】 年内，区发改委强化金融行业源头管控、全链条治理。针对金融领域涉嫌非法集资、违规开展虚拟货币、私募基金业务等问题和乱点乱象开展专项治理行动，吊销、清退问题企业11家。冒烟指数60以上高风险企业动态为零，金融风险形势持续保持全市最低。

（金朝霞）

【金融风险防范宣教】 年内，区发改委以“防范非法集资宣传月”“百千万工程”主题宣教活动为主，以微信公众号宣传、网络培训授课、村村通广播、海报张贴、电子屏展示为主要形式，组织各镇街（地区）、各相关单位开展防范金融风险宣传活动，受众达59.8万人次。

（金朝霞）

【绿色金融市场建设】 年内，全区第一家绿色信贷专营机构邮储银行密云支行推出蜜蜂贷、税贷通小额贷等特色信贷产品，全区首个信用村——古北口镇司马台村建设完成，邮储银行密云支行共计发放涉及绿色贷款行业73笔、6166万元，占贷款投放总额的7.4%。

（郑　帅）

【数币应用场景建设】 年内，区发改委成为生态涵养区中首个实现党费数币缴纳的单位。落实市委市政府加快数字人民币北京冬奥场景试点建设，完成古北水镇、万象汇、奥特莱斯、物美等重点商圈数字人民币应用全场景建设。

（郑　帅）

中国工商银行股份有限公司密云支行

【概　况】 中国工商银行股份有限公司密云支行，隶属中国工商银行北京市分行。办理人民币存款、贷款、结算业务；办理票据贴现；代理发行金融债券；代理发行、代理兑付、销售政府债券；代理收付款项；在中国银行业监督管理委员会和总行批准的业务范围内授权的业务。

（穆晓双）

【存贷款业务】 截至年底，各项存款时点余额87.42亿元，增幅9.56%；各项存款日均余额83.83亿元，增幅15.97%；各项贷款时点余额51.03亿元，增幅9.65%；各项贷款日均余额49.01亿元，增幅12.77%；拨备前利润1.38亿元；中间业务收入5179.47万元。

（穆晓双）

【案件风险排查】 年内，通过现场、非现场、自查抽查相结合的方式，对各项专项排查、日常排查项目落实排查，全年专项排查涉及业务笔数1466笔、涉及金额22.46亿元，日常排查涉及业务笔数6973笔、涉及金额14.6亿元，共发现问题32笔，均已落实整改。

（穆晓双）

中国农业银行股份有限公司北京密云支行

【概　况】 中国农业银行股份有限公司北京密云支行成立于1984年，提供公司银行和零售银行产品和服务，业务范围涵盖投资、基金、保险等领域。内设部门6个，营业网点13个，其中营业部1个，二级支行12个，员工276人。年内，全口径总存款余额118.7亿元，其中储蓄存款余额85.2亿元，比年初增加2.4亿元；对公存款余额33.5亿元。考核口径各项存款日均余额124.8亿元。储蓄存款日均余额83.9亿元，比上年日均增加5.8亿元；对公存款日均余额40.9亿元。各项贷款余额56.72亿元，其中个人贷款余额24.89亿元，对公贷款余额29.69亿元。

（林　飞）

【盈利能力】 年内，中间业务收入4817.11万元，拨备前利润1.5亿元，营业收入2.42亿元。

（林　飞）

【金融服务】 年内，密云支行围绕区域特色产业，聚焦金融扶贫和乡村振兴，结合支行发展实际，助力农村经济发展、农民增收。遍布全区17个乡镇，累计进村100余次，涉及90多个村庄，获得北京电视台财经频道报道。为区内某旅游公司投放首笔流动资金贷款1.3亿元，引进2笔银团贷款簿记，金额9.8亿元，助力本地财政税收增长。

（林　飞）

【乡村振兴】 年内，在疫情期间为密云地区生猪养殖产业稳定发展提供信贷支持，为生猪养殖企业共投放金额1440万元。惠农e贷产品支持区内大棚改造项目，实现2个整村投放，累计投放116户，金额2300余万元。乡村振兴e贷创新服务农民专业合作社，为区内15家专业合作社投放贷款3000万元。通过互联网场景产品对合作社提供有针对性的综合金融服务，拓宽优质农户销售渠道，助力特色农产品销售。帮助多家合作社产品入驻掌银商城，实现销售额20余万元。

（林　飞）

11月10日，北京分行领导到涉农企业调研

（蔡明华　摄）

【网金业务】 截至年底，累计开立数币个人钱包44763个，新增智慧场景项目12户，其中智慧食堂5户，智慧党费3户，智慧校园4户，场景累计带动掌银月活3000余户；发挥掌银商城渠道优势，创建掌银内生场景3户。

（林　飞）

【业务突破】 年内，密云支行对接财政部门业务需求，与14家区级预算单位财政专用账户建立合作关系。

（林　飞）

【基础管理】 年内，提升“双基”管理水平，涵盖信贷、个金、运营、内控合规、安全保卫、员工管理、科技与产品管理、财会和资产负债管理8个方面，全年未发生严重违规违纪行为，零案件、零事故，运营环境平稳。

（林　飞）

【社会责任】 年内，密云农行践行社会责任，组织党员为密云区职业学校贫困学生捐资助学，共计6500元。

（林　飞）

中国银行股份有限公司北京密云支行

【概　况】 中国银行股份有限公司北京密云支行（简称中行密云支行）成立于1988年7月。年内，本行资产总额为 43.43 亿元，比上年增长 4.61 亿元，增幅为 11.88%。负债总额为 43.01 亿元，比上年增长 4.44 亿元，增幅为 11.51%。下辖 2 个网点支行（鼓楼东大街支行、城西支行），1 个营业部，设 6 个部室（业务管理与内控部、综合管理部、公司业务部、交易银行部、个人数字金融部、普惠金融事业部），干部员工 92 人。

（周若婷）

【存贷款业务】 截至年底，公司存款余额 18.50 亿元，较上年增长 0.66 万元，增长率 3.68%，存款市场份额提升 1.02%。公司贷款余额 10.43 万元。储蓄存款时点余额 22.78 亿元，较年初新增 2.59 亿元；储蓄日均存款 21.78 亿元，较年初新增 3.69 亿元。个人贷款业务年末余额 9.56 亿元，较年初新增 1.49 亿元。

（周若婷）

【信贷风险】 年末，零售贷款不良余额 674.62 万元，占全部贷款的 0.705%，均已经按流程进行起诉。公司无不良贷款。

（周若婷）

【普惠金融业务】 年内，支行响应党中央号召，担负起“融通世界 造福社会”的职责使命，推广普惠金融贷款，支持小微企业复工复产。普惠金融贷款余额 2.83 亿元，较年初增加 1.32 亿元，完成任务指标的 120.28%；线上普惠贷款余额 2112 万元，较年初增加 2107 万元，完成任务指标的 100.52%。

（周若婷）

【战略业务】 年内，对公数字人民币钱包完成 3413 个，母钱包完成 1042 个，分别完成任务指标的 139% 和 103%；实现“一号工程”手机银行月活 11232 户，完成任务的 100.53%；个人数字钱包完成率达 106%；对私加权有效客户数新增 10843 人，较期初增幅 19.41%，完成任务目标的 127.06%。

（周若婷）

【业务突破】 年内，支行融入集团“一体两翼”发展格局，叙做首笔福费廷二级市场买入业务 465 万，实现业务破冰，在贸易融资业务领域上取得突破。

（周若婷）

【金融服务】 年内，支行贯彻落实金融消费者权益保护要求，利用厅堂、外拓开展金融消费者权益保护知识宣传活动。挖掘金融知识进社区、学校、企业、农村等多种场景，面向不同群体进行防范非法集资、电信诈骗、支付安全、非法校园贷等宣教活动。

（周若婷）

中国建设银行股份有限公司北京密云支行

【概　况】 中国建设银行股份有限公司北京密云支行（简称建行密云支行）成立于 1980 年。主要业务包括办理人民币存取款、贷款、结算业务，办理票据贴现，代理发行金融债券，代理发行、代理兑付、销售政府债券，代理收付款项，办理外汇存款、外汇贷款、外汇兑换、国际结算，结汇、售汇，代理保险、法律法规和行政规章制度许可范围内的险种等。建行密云支行有 8 个内设部室，9 个对外营业机构，24 小时自助银行 1 个，各类自助设备 73 台，在职员工 178 人。截至年底，建行密云支行实现本外币账面利润 1.75 亿元。本外币全口径存款时点余额 136.91 亿元。本外币各项贷款时点余额 119.82 亿元。

（王海波）

【对公业务】 截至年底，本外币对公存款日均余额 37.41 亿元，时点余额 32.29 亿元，实现对公中间业务收入 1479 万元，对公有效客户（折算后）新增 577 户。坚持“全员参与、质量为先”的理念，全力推进普惠金融业务，支持区域小微企业发展，普惠金融口径贷款余额 6.46 亿元，新增 1.09 亿元。

（王海波）

【个人金融业务】 截至年底，本外币个人存款日均余额 101.12 亿元，日均余额新增 16.72 亿元；本外币个人存款时点余额 104.62 亿元，时点余额新增 7.09 亿元；实现个人中间业务收入 7684 万元；个人有效客户（折算后）新增 5.27 万户。

（王海波）

【房企业务】 年内，支行发放自营性住房类贷款 708 笔，4.86 亿元，新增 1.17 亿元，其中一手房贷款 171 笔，1.33 亿元；二手房贷款 537 笔，3.53 亿元。代理公积金贷款余额 61.18 亿元，发放 947 笔，5.87 亿元。

（王海波）

【信用卡业务】 年内，全年新增特惠商户 202 户，收单交易额 5.63 亿元，分期交易额新增 19402.07 万元，消费交易额 95454 万元，新增客户 2020 户，个人高贡献商户 911 户。

（王海波）

【乡村振兴】 年内，建行密云支行创新“E 政通”业务，拓展供应链金融业务中的新场景，发放 6 笔贷款，累计 806 万元。支持美丽乡村建设，发放新模式小企业绿色信贷 307 万元，用于 15 个村污水配套管网基础设施建设工程项目。推广“建行生活”，拓展70余家乡村振兴商户，推动企业复工复产。

（王海波）

11月16日，支行党委副书记王京涛、党委委员刘义松到密云区优质蜂产品企业开展银企合作交流 （建行密云支行 供图）

【风险管理】 年内，建行密云支行加强员工行为管控，全年未发生重大风险事项。落实公安部、监管部门、总分行关于反赌反诈工作的各项要求，联防联控做好账户排查、管控工作。开展合规警示教育，通过“案件防控每周一讲”、观看警示教育片、专题会议等形式，开展合规文件制度学习与案例宣讲。

（王海波）

中国邮政储蓄银行股份有限公司北京密云区支行

【概　况】 中国邮政储蓄银行股份有限公司北京密云区支行（简称邮储密云支行）坚持“普之城乡，惠之于民”的经营理念，在提供普惠金融服务、发展绿色金融、支持精准扶贫等方面，履行社会责任。内设综合管理部、风险合规部、公司金融部、零售金融部4个职能部门。下辖4个二级支行，16个代理营业网点，员工100人。年内，全行业务收入超9000万元，同比增长14%左右；全年累计实现利润约2500万元。

（蔡丽梅）

【存款业务】 截至年底，各项存款19.61亿元。储蓄存款余额17.88亿元，年增－1033万元。公司存款余额1.73亿元，年净增－2.2亿元，日均余额2.16亿元。

（蔡丽梅）

【贷款业务】 截至年底，消费类贷款结存20.64亿元，年净增2.15亿元；其中二手房业务结存19.08亿元，年净增2.45亿元；非房消费贷结余1.56亿元，年净增－0.3亿元；小额贷款余额7.34亿元，年净增7544万元；普惠贷款余额67009.58万元，年净增5581.94万元；小企业贷款余额1.47亿元，年净增2364万元；新增小型微型企业首贷户7户。

（蔡丽梅）

【客户拓展业务】 年内，YOU商街B端商户52户；个人数字人民币钱包17029户；数币商户本年新增79户。

（蔡丽梅）

【中间业务】 年内，保险总销7496万元。新增个人理财年日均保有量6499.4万份。

（蔡丽梅）

【风险管控】 年内，支行不良贷款余额2554.97万元，不良率为0.86%，较年初增加0.34个百分点。

（蔡丽梅）

【绿色金融业务】 年内，全区18个乡镇均有本行“三农”及小微企业贷款客户，实现“三农”及小微企业贷款全覆盖；成立密云区首家绿色信贷营业部和三农金融服务站；与区工商联签订支持乡村振兴战略合作协议；加强邮银合作，实现惠农经营贷成功放款；加快产品创新，践行“一行一品”，实现“蜜蜂贷”放款。

（蔡丽梅）

【数字化转型】 年内，多维度建立网点微信客户群，夯实客户基础；对接平台，开展线上批量获客，推动手机银行、无实体账户、邮储食堂客户规模增长。截至年底，手机银行激活、手机号码支付、无实体账户、邮储食堂客户。

（蔡丽梅）

【消费信贷业务】 年内，支行提高业务办理效率，开展面签和线上抵押，优化业务流程，加快线上消费贷款发展，提升非房消费贷款规模。截至年底，二手房业务结存19.08亿元，年净增2.45亿元，完成分行指标的123%，二手房贷款在密云区域内市场份额保持在50%以上。

（蔡丽梅）

中国农业发展银行北京市密云区支行

【概　况】 中国农业发展银行北京市密云区支行（简称农发行密云支行）承担国家规定的农业政策性和经国务院批准开办的涉农商业性金融业务，代理财政性支农资金的拨付，服务农业和农村经济发展。

行内设置办公室、信贷业务部、会计结算部3个部室，有正式职工20人。年内，支行以落实“八项改革”和“四大工程”为主要抓手，保障国家和首都粮食安全，支持乡村振兴和区域发展战略。

（孟繁李）

【经营绩效指标】 截至年底，支行各项资产203996万元，比上年增加66783万元；各项负债204873万元，比上年增加67056万元。全年实现利润186万元。

（孟繁李）

【存款业务】 年内，支行各项存款余额21788万元，比上年增加11125万元，增幅104.33%；存款日均余额22156万元，比上年减少1895万元，增幅−7.88%。

（孟繁李）

【其他业务】 年内，国际业务累计营销额59万美元，比上年减少17万美元。企业网银开通及绑定工作完成分行下达任务，支行电子渠道支付替代率位居分行前列。

（孟繁李）

北京银行股份有限公司密云支行

【概　况】 北京银行股份有限公司密云支行成立于2008年，自成立以来，始终秉承“真诚所以信赖”的服务理念，践行支行“同一京行，同一客户”的服务口号，把“建设和完善首都农村金融体系，切实增强金融强农惠农”作为发展方向，把支持农业发展、改善农村面貌、增加农民收入做到实处，致力于建设资产质量好、指标完成好、班子团结好、精神面貌好、客户服务好的“五好”单位。始终坚持党建引领，推进党建与中心工作深度融合。辖内有密云支行、季庄支行2家营业网点，员工73人。

（王裔腾）

【存贷款业务】 截至年底，管辖行存款业务：对公存款时点余额23.15亿元，对公存款日均余额23.62亿元。零售储蓄时点余额35.05亿元，比上年增长6.21亿元，零售储蓄日均余额32.25亿元，比上年增长4.97亿元，零售资金量时点余额70.03亿元，比上年增长11.2亿元，完成年度指标。贷款业务：管辖行对公贷款时点全口径余额9.13亿元，个人贷款余额12.32亿元。

（王裔腾）

【普惠金融业务】 年内，管辖行人行口径公司普惠金融贷款余额1.72亿元，指标完成比为105%；银监口径普惠金融户数95户，指标完成比为120%；普惠金融贷款增量零售，银监口径普惠金融贷款余额1.39亿元，个人普惠金融贷款余额5.84亿元。复工复产期间，发挥“六保”“六稳”政策产品优势，对符合条件普惠客户进行资产业务投放贷款254笔、7.42亿元。落实乡村振兴战略，年度新增民宿院落提档升级贷款117笔、金额4180万元。

（王裔腾）

【零售业务】 年内，管辖行零售业务指标完成6项，其中资金量增量、储蓄日均增量、普惠金融贷款增量、VIP客户新增户数、净新增手机银行有效客户数、零售中收全部完成指标。保险销量（APE）完成81%；基金及专户、信托代销完成58%、靶心客户完成63%、新增代发工资年度代发工资金额完成65%、个贷增量完成85%。

（王裔腾）

【疫情防控】 年内，管辖行做到防疫物资全面保障、客户服务全面保障、职工生活全面保障和安全运营全面保障等“四个全面保障”。向北源里社区、果园新里北区等单位捐赠抗疫物资；为客户与职工家庭提供无接触式送蔬菜，做实打赢防疫攻坚战举措。

（王裔腾）

【金融服务】 年内，管辖行依托品牌服务优势加强与政府合作，成为首批密云水库公益保护基金的唯一金融机构；资金量年度增长首次突破10亿，实现70亿的规模，储蓄规模站稳30亿关口；发展民俗旅游贷业务，完成“三镇百户”走访工作，实现农户贷款放款110笔，金额3000余万元；暖心助残服务得到北京电视台“12345接诉即办”节目的正面宣传；获评中银协2021年“中国银行业文明规范服务千佳单位”，是密云区首家获此殊荣的银行。

（王裔腾）

【安全经营】 年内，始终坚持内控管理，保障支行安全稳定运营；持续加强疫情防控工作，推进疫苗三针接种达标90%以上；加强合规管理，开展操作风险排查、人员摸排、员工合规意识教育培训；加强安全保卫工作力度，开展防火、防抢演练，开展车辆安全培训，实现全行安全经营无事故。

（王裔腾）

北京农村商业银行股份有限公司密云支行

【概　况】 北京农村商业银行股份有限公司密云支行（简称北京农商银行密云支行）成立于2005年，由密云县农村信用合作社联合社改制为北京农村商业银行股份有限公司密云支行。北京农商银行密云支行有营业网点29家，内设9个部门，在职员工411人。主要经营范围包括办理人民币存款、贷款、结算；办理票据贴现；代销基金、国债、保险；代收代付业务；办理外汇存款；国际结算；贸易融资；结汇、售汇等。截至年末，实现客观业绩经济利润3562.43万元，中间业务收入3605.45万元。实现国际结算和贸易融资业务量5438.29万美元。不良贷款余额1202.88万元，不良贷款率0.15%。缴纳地方税款1196.09万元。2021年支行获“首都文明单位标兵”称号。

（齐琳琳）

【存贷款业务】 截至年末，支行各项存款余额205.61亿元，较年初增长15亿元。其中，储蓄存款余额139.61亿元，较年初增加11.62亿元；对公存款余额66亿元，较年初增加3.38亿元。各项贷款余额80.99亿元，较年初增加13.25亿元；一般贷款日均为75.09亿元，较年初增加4.82亿元。累计清收表外不良贷款本息1644.57万元，资产质量持续改善。

（齐琳琳）

【渠道建设】 年内，密云支行践行普惠金融责任，开展渠道建设，累计布放自助取款机和存取款一体机99台、自助终端160台、POS机1500台、网银体验机29台、存折补登机30台、智能柜员机19台、票据受理机5台、回单打印机27台，累计建成智能化网点12家、乡村便利店118家，解决了金融服务“最后一公里”的难题。

（齐琳琳）

【普惠金融】 年内，累计代发各类民生项目28项，代发业务资金5.39亿元，人数26.17万人次；完成养老助残卡客户提升户数9067户，带动资产量增长1.16亿元；累计开通养老驿站90家。与区财政局合作搭建的财政惠民惠农补贴资金发放管理系统由区财政局申请获国家专利。

（齐琳琳）

【支农支小】 年内，着力服务乡村振兴战略和稳企业保就业政策，有效满足“三农”和小微企业资金需求。向小微企业发放贷款83笔2.13亿元；办理贴现173笔1.24亿元；新增普惠小微信用贷款余额2874.93万元；向区域内合作社企业、涉农龙头企业和农村电商企业投放贷款3330万元。

（齐琳琳）

【产品推广】 年内，北京农商银行密云支行利用云会计财务软件、资金管理系统、跨区域资金收款业务，为企业提供财务支持、跨区域收款服务。上线银农直联业务，实现银行系统和乡镇经管站财务系统的有机融合和平滑对接，提高了财务管理的工作效率。推广凤凰信用卡普卡、金卡、白金卡，拥军优抚卡、红卡、速通卡、福瑞卡、国际卡、京东金融联名卡、爱奇艺联名卡、公务卡等系列凤凰卡产品，截至2021年末，累计发卡26272张，交易额3.17亿元，满足广大客户消费透支、支付结算、分期还款等金融需求。推进互联网金融业务发展，推出“农商e链通”“农商e信通”“社区e服务”“凤凰乡村游”等产品。开展理财产品、贵金属、基金、保险、外汇等业务，满足客户多样化理财需求。

（齐琳琳）

【金融知识宣传】 年内，累计开展“3·15金融消费者权益日”“普及金融知识万里行”“金融知识普及月金融知识进万家 争做理性投资者 争做金融好网民”“反假货币宣传月”“反洗钱宣传月”等宣传活动100余次，发放宣传折页2万余份，受众超过7万人次，将金融知识和金融产品带到社区、农村、学校、养老院、工地，提高居民的金融知识水平和权益保护意识，促进地区信用环境建设。

（齐琳琳）

中信银行北京密云支行

【概　况】 中信银行股份有限公司北京密云支行（简称中信银行密云支行）成立于2012年10月25日，是一家国有股份制商业银行，办理人民币存款、贷款、结算业务，办理票据贴现，代理发行金融债券，代理发行、代理兑付、销售政府债券，总行在中国银行业监督管理委员会批准的业务范围内授权的业务。支行设有零售部、运营部、公司部3个部门，1个营业网点，员工21人。

（张祎铭）

【普惠金融】 年内，法人普惠业务贷款余额1.16亿元，增量0.69亿元，普惠活跃客户数增量11户，法人普惠考核得分4.74分，分行内排名第三；有效票据直贴发生额金额0.7亿元。

（张祎铭）

【零售业务】 年内，零售非息收入1254万，规模类保险4597万元，价值型保险799.4万元，计划完成率48%，非货基销售1.75亿元，大单品销售9600万，标准化资管4341万元，非货币净值理财5.89亿元。

（张祎铭）

【经营指标】 年内，中信银行密云支行实现经济利润1440万元；实现营业收入4440万元，其中非息收入实现1330万元，较上年下降68万元；零售非息收入实现1254万元。

（张祎铭）

北京密云汇丰村镇银行

【概　况】 北京密云汇丰村镇银行有限责任公司（简称北京密云汇丰村镇银行）2008年12月成立，是香港上海汇丰银行有限公司在中国大陆地区全资设立的第四家村镇银行和北京地区首家外资村镇银行。经营理念为“扎根本土、支农支小、服务三农”。有本部1个网点，内设管理部、业务部、营运部、风控部、合规部、财务部、内审稽核部共7个部门，员工总数35人。

（刘秀军）

【存贷款业务】 截至年末，各项存款余额1.43亿元，比年初增加4137万元，增长40.89%；各项贷款余额2.09亿元，比上年增加3281万元，增长18.53%，其中农户和小微贷款余额为1.85亿元，占比87.94%。注册资本1.1亿元，资本充足率50.28%，流动比率62.59%。不良贷款率为0，资产质量保持优良状态。

（刘秀军）

【惠企服务】 年内，北京密云汇丰村镇银行新增风险缓释措施，即针对满足基本融资条件的客户，可接受用已办理过住房抵押贷款的住宅进行二次抵押的担保方式，最长贷款期限可达3年。北京密云汇丰村镇银行接受应收账款、机器设备、存货、房产等抵质押方式，缓解小微企业的融资难题。

（唐洁轩）

【绿色金融】 年内，北京密云汇丰村镇银行出台《汇丰村镇银行绿色信贷政策》，对绿色产业领域的相关行业均给予全部贷款产品支持，对辖区内绿色餐饮企业给予融资支持。

（唐洁轩）

【疫情关怀】 年内，北京密云汇丰村镇银行筛查受困企业和个人贷款客户名单，出台融资“关怀计划”，帮助借款人缓解资金压力。发展首贷客户，提升信用贷款规模和占比，帮助受困企业和个人客户渡过难关。

（唐洁轩）

【应急管理】 年内，北京密云汇丰村镇银行制定《汇丰村镇银行重大突发事件和重大事项报告制度》，规定应急管理组织、运作、汇报、协调及保障等内容；每年定期开展应急演练，并与区发改委签订应急场所使用协议，以防范自然灾害、运行环境变化、系统软硬件故障等原因造成的各类风险。全年开展消防、防抢劫等4次演练。

（南全喜）

【消费者保护】 年内，北京密云汇丰村镇银行制定金融宣传教育活动年度计划，通过在营业场所设立公益性金融知识宣传教育区并配备教育宣传资料、利用微信公众号和朋友圈对消费者开展以案说险、组织志愿者深入社区开展金融知识讲座等方式，开展公益性金融知识教育宣传活动。年内，先后11次深入社区、酒店、幼儿园、早教机构及在营业网点周边等，为社区居民、幼儿园教师及企业职工开展了金融知识普及宣传教育活动。

（孟　萌）

9月27日，车站路小区金融知识宣传

（北京密云汇丰村镇银行　供图）

华夏银行北京密云支行

【概　况】 华夏银行股份有限公司北京密云支行（简称华夏银行北京密云支行）2019年7月24日成立，是一家国有股份制商业银行。主要办理人民币存款、贷款、结算业务；办理票据承兑与贴现；代理发行金融债券；代销基金、保险、理财；办理外汇业务；代理发行、代理兑付、销售政府债券等。在岗员工18人。

（郭　佳）

【存贷款业务】 年内，对公存款时点余额6.04亿元，个人存款时点余额2.45亿元，对公贷款余额2.64亿元，其中普惠贷款余额2亿元，个人贷款投放余额1.44亿元，金融资产总量12.52亿元。与华夏金融租赁有限公司合作，给予密云某国企融资租赁额度2亿元。年末理财余额7.50亿元，客户数量4517人。

（郭　佳）

【融资支持】 年内，华夏银行对密云区内重点企业、重点项目加大融资支持，与华夏金租等其他金融机构联合，为重点项目设计融资方案。运用固定资产贷款（城市更新贷款）、银团贷款、债券承销、主动投资等“商行+投行”产品，解决项目融资需求。围绕发改委鼓励的领域（主要包括：仓储物流项目；收费公路、铁路、机场、港口项目；城镇污水垃圾处理及资源化利用、固废危废医废处理、大宗固体废弃物综合利用项目；城镇供水、供电、供气、供热项目；数据中心、人工智能、智能计算中心项目；智能交通、智慧能源、智慧城市项目等），做好基础设施领域项目服务，政策优先支持基础设施补短板项目。

（郭　佳）

【助力密马】 年内，密云生态马拉松由华夏银行冠名赞助500万元，作为华夏银行属地支行，领导班子及全体员工积极参与其中，以高标准、高要求、助力本次密马。

（郭　佳）

【安全经营】 年内，支行从安全生产、安全教育、合规案防、预案演练等方面入手，组织全员开展防疫、防火、防抢、防恐、防诈骗、防非法集资等培训演练，实现全行安全经营无事故。

（郭　佳）

【宣教活动】 年内，支行深入西田各庄镇新王庄、青甸、署地等村庄，组织反假币、反洗钱、防诈骗、防非法集资、金融知识万里行、消费者权益保护等宣教活动，送金融知识下乡，为保护老百姓的钱袋子作出贡献。

（郭　佳）

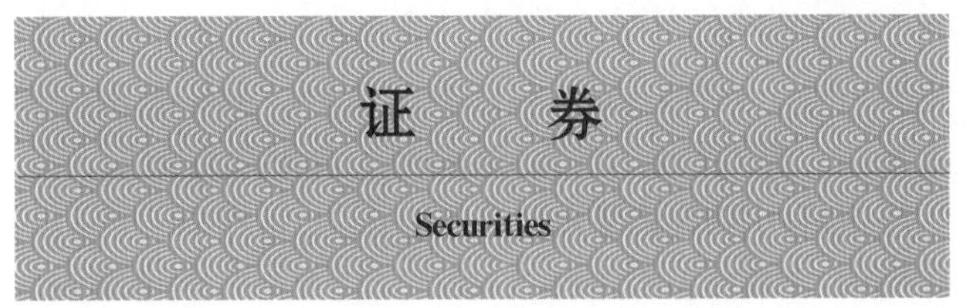

证　券

Securities

海通证券

【概　况】 海通证券北京密云鼓楼东大街营业部（简称海通证券密云营业部）是密云首家合法的证券经营机构，业务涵盖期货、资产管理、私募股权投资、另类投资、融资租赁、境外银行等领域。营业部秉持稳健经营的理念为客户提供证券投资、现金管理、资金融通、企业上市等各种金融服务。营业部面积1200平方米，员工12人。年内，营业部取得营业收入1285万元。

（刘向蕾）

单位名称：海通证券股份有限公司北京密云鼓楼东大街证券营业部
地　　址：北京市密云区鼓楼东大街19号
电　　话：89081212

【渠道开发】 年内，海通证券密云营业部与当地银行和企业合作，全年开发及持续维护渠道共12条，其中银行支行渠道6条，企业渠道6条，全年新增客户4936户，有客户4万余名。

（刘向蕾）

【理财产品】 年内，实现公募产品销售6500万元，同比增长58%，私募产品销售8700万元，同比增长454%，理财产品日均保有量1.76亿元，同比增长55%。公司亮点产品理财宝、通聚荟萃、沪盈集合计划等受到客户认可。

（刘向蕾）

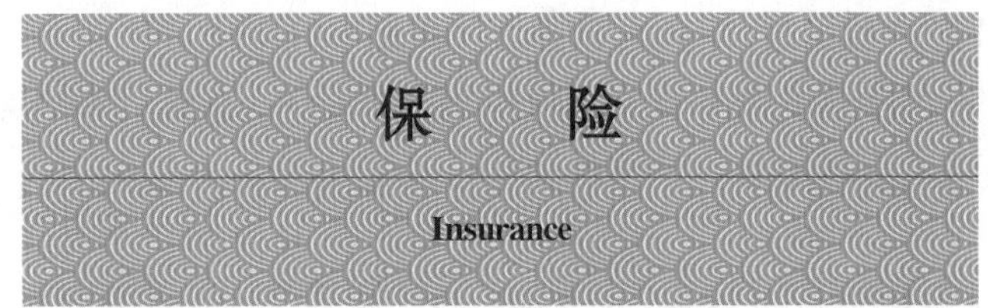

保　险

Insurance

中国人寿保险股份有限公司北京市分公司密云支公司

【概　况】 中国人寿保险股份有限公司北京市分公司密云支公司（简称中国人寿密云支公司）是中国人寿在密云区分支机构，内设5个部门，全辖人力158人，其中销售人力124人、各级主管11人、各级管理人员23人。全年实现首年期交保费2660万元，10年期及以上期交保费1081万元，首年标准保费886万元，短期险保费827万元 。

（王丽荣）

单位名称：中国人寿保险股份有限公司北京市分公司密云支公司
地　　址：北京市密云区滨河路22号
电　　话：69024089

【大个险渠道业务】 年内，首年标准保费达成850万元；10年期及以上达成1081万元；首年期交保费达成2341万元；短险保费达成575万元。

（王丽荣）

【团险渠道业务】 年内，为11个乡镇的1.01万名老年人提供意外保障，首次在部分乡镇承保垃圾分类员、保水员和环卫工人的意外险。承保涉农保险7万元。

（王丽荣）

【银保渠道业务】 年内，完成期交保费319万元，其中5年期及以上期交保费177万；完成标准保费36万元，完成短险保费10万元。合作渠道有中行、建行、工行和农商行。

（王丽荣）

【风险防控】 年内，开展重点风险治理、虚假承保等问题专项整治和声誉风险专项排查整治、资产管理重点风险排查等数项风险专项排查工作，做好防范非法集资和反洗钱宣传教育工作。开展“费用及风险治理”排查工作；开展“抓整改、促长效”工作排查；开展“防范非法集资全流程管控”评估活动；开展“反洗钱宣传月”活动，组织员工反洗钱线上答题；进行“投诉应急演练”，做好满期给付和非正常退保风险防范工作。

（王丽荣）

【客户服务】 年内，营业大厅由保单服务中心转型为客户体验中心。建立《理赔服务导航》，为客户提供线上、线下的理赔服务导航。

（王丽荣）

11月18日，客服经理在E服务体验区带领客户体验（王晓梅　摄）

中国人民财产保险股份有限公司北京市密云支公司

【概　况】 中国人民财产保险股份有限公司北京市密云支公司（简称人保财险密云支公司）全面落实人保集团“卓越保险战略”，以客户为中心，铸就诚信、先进、专业、价值，做有温度的人民保险，以高质量发展更好服务于人民群众。人保财险密云支公司主要经营车险、农业保险、农房保险、责任保险、意外伤害保险、工程险、各类财产保险等业务。内设综合部、直销业务一部、直销业务二部、商团业务部、车商业务一部、车商业务二部、农险业务部、续保业务部、业务管理部9个科室。下属2个营销服务点（溪翁庄营销服务部、行宫营销服务部）。有员工56人。

（崔晨旭）

单位名称：中国人民财产保险股份有限公司北京市密云支公司

地　　址：北京市密云区密云镇鼓楼南大街41号

电　　话：69044128

【经营状况】 年内，密云支公司实现保费收入1.83亿元，比上年增长6.15%。车险保费收入1.05亿元，比上年增长－1.65%；个人非车险保费收入493.3万元；法人业务保费收入1065.87万元；农险保费收入6280.25万元，比上年增长39.52%。

（崔晨旭）

【民生服务】 年内，人保财险密云支公司与政府各职能部门配合，将民生保险、农房统保等项目列入2021年密云区政府为民办实事工程中；为全区17个乡镇5万余户续保农村住房保险；续保政策性农业保险、行政区域公众责任保险、政府救助保险、见义勇为救助责任保险。

（崔晨旭）

【安全生产责任保险】 年内，人保财险密云支公司落实《北京市安全生产委员会关于建立安全生产责任保险制度试点工作的指导意见》，为本区700余家企业承保安全生产责任保险。

（崔晨旭）

【家庭保险】 年内，人保财险密云支公司承保17个镇2个街道328个行政村的计划生育家庭意外伤害保险和男性、女性特定疾病保险2险种，承保家庭3.3万余户，男性特定疾病保险承保人数1.2万余人、女性特定疾病保险承保人数2.1万余人。

（崔晨旭）

【北京市普惠健康保险】 年内，人保财险密云支公司推广北京地区专属普惠型商业健康保险，承保人数1.2万余人。

（崔晨旭）

【农业保险】 年内，人保财险密云支公司宣传绿色蜂产品保险项目，7个养蜂专业合作社441户蜂农投保68690群气象指数保险和蜂业商业保险。密云支公司为新城子镇因暴雨受灾农户开通绿色理赔通道，累计赔款1800万余元。

（崔晨旭）

旅　　游

TOURISM

北京市密云区文化和旅游局（简称区文旅局）是统筹协调全区文化事业、文化产业和旅游业发展的职能部门，以文化旅游产业规划、文化和旅游项目建设、重大文化活动和文艺事业指导、文化旅游行业管理、文化遗产保护传承、文化旅游营销等方面为重点，开展各项工作。内设行政科室 7 个，分别是办公室、安全管理和行政审批科、产业发展科、公共服务和宣传科、党建科、机关纪委和工会；3 月 31 日完成事业单位机构改革，事业科室改为 3 个，分别是文化旅游营销中心、乡村文化旅游发展中心、文化旅游人才发展中心；另设有文化市场综合执法大队。下属 5 家单位，分别是文化馆、图书馆、文物管理所、博物馆、大剧院。公务员编制 37 名，实有 30 人；行政工勤编制 6 名，实有 6 人；事业编制 163 名，实有 153 人。

年内，区文旅局以创建国家全域旅游示范区为抓手，落实文旅产业“1＋4”政策文件，推进文旅产业高质量发展，举办第三届北京密云文化旅游推介会、鱼王文化节等活动，全力做好疫情防控工作。截至年底，全区有旅游景区 43 家（其中 A 级及以上景区 20 家），星级宾馆和规模酒店 30 家（其中三星级 4 家），星级民俗村 26 个，星级民俗户 1620 户，精品民宿 157 个品牌、276 个院落，乡村旅游新业态 104 家（其中乡村酒店 41 家）。全区实现旅游综合收入 61.1 亿元，接待 912.4 万人次。其中乡村旅游收入 8.72 亿元，接待 660 万人次；A 级及主要景区旅游收入 9.63 亿元，接待 316.72 万人次。

年内，密云区获“2021 生态自然旅游优选目的地”“全国文旅融合高质量发展旅游目的地”“第四届世界乡村旅游大会‘世界乡村旅游 RL 杯（乡村之光）创新品牌项目’‘世界乡村旅游 RL 杯（乡村之光）优秀县区’”等荣誉称号，入选第二批国家文化和旅游消费试点城市名单。北京密云·古北水镇（司马台长城）国际旅游度假区荣获“十大最受游客喜爱景区”称号，并入选第一批国家级夜间文化和旅游消费集聚区名单。

（梁司琪）

单位名称：北京市密云区文化和旅游局
地　　址：北京市密云区城后街 20 号
电　　话：69043175

旅游设施建设

Construction of Tourist Facilities

【概　况】 年内，区文旅局提升完善旅游基础设施及公共服务设施。完成密云北线旅游基础设施二期工程，改善并提升旅游基础设施和周边环境，促进各镇民俗旅游的发展。推进 5 项旅游基础设施提升和环境提升改造项目。新城子镇花园村旅游基础设施提升项目、穆家峪镇庄头峪村休闲采摘园环境提升改造项目、冯家峪镇西口外悬蜂谷中华蜂旅游区设施及景观项目和溪翁庄镇尖岩村民俗户改造提升项目已竣工。不老屯镇史庄子村旅游接待中心提升改造项目完成财政评审并将资金拨付至镇。完善旅游公共服务设施。

（梁司琪）

【日光山谷二期项目】 3 月 15 日，日光山谷二期项目通过“多规合一”协同平台初审。6 月 9 日通过密云区发改委项目核准批复。8 月 10 日完成钉桩成果报告、勘测定界成果报告、权属审查手续。8 月 17 日完成使用林地可行性报告编制，8 月 19 日完成地灾报告编制工作。

（相一凡）

【北线旅游基础设施二期工程】 5 月 25—26 日，密云北线旅游基础设施二期工程竣工验收。该项目涉及太师屯、古北口、新城子、高岭 4 个镇，总投资 6000 万元，共完成景区联络线 10.356km、登山步道 22.222 千米、生态铺装 2880 平方米、观景平台 150 平方米、绿化节点 28508 平方米、道路绿化 15.3 千米、慢行道 4.4 千米。

（史铁军）

【创建国家全域旅游示范区动员部署会】 7 月 14 日，区政府召开密云区创建国家全域旅游示范区动员部署会，成立密云区国家全域旅游示范区创建领导小组和 8 个专项工作组，制定《密云区创建国家全域旅游示范区工作方案》，明确各项建设任务和责任分工。

（张馨月）

【创建全国文明城区】 年内，区文旅局配合区创城办完成各项指标任务，在实地测评中完成测评点位 7 类、47 个点位，822 个测评指标；景观小品布置工作中，区文旅局制作 17 座；制作各类公益广告 203 面。

区文旅局被区创城办评为创城先进工作单位。

（王 慧）

【公共服务设施建设】 年内，区文旅局完成5座旅游厕所改造，设置生态移动卫生间22个厕位，升级改造垃圾桶245个，休闲座椅140个，桌椅组合15套，标识牌269.5平方米，游客中心53平方米，配备轮椅4个。

（张子旭）

【金叵罗村乡村振兴样板村建设】 年内，区文旅局协调相关部门，到金叵罗村实地勘察，完善项目设计方案，完成村庄环境治理工作，推进村内改造提升项目。

（梁司琪）

【红色旅游】 年内，区文旅局整合英雄母亲邓玉芬雕塑主题广场、抗日英雄白乙化烈士纪念馆、密云水库文化展览展示中心、古北口抗日战争纪念馆等红色旅游资源，打造东西2条红色教育线路。东线投资500万元，完成古北口红色文化探访线路工程。“红色长城古镇之旅、保水富民水库之旅、漫步溪谷赏花之旅”3条红色旅游线路入选市文旅局26条清明节红色旅游线路。全年举办红色教育活动3172场次，通过着军服、唱红歌，聆听英雄故事、献花缅怀先烈等方式宣传红色文化，弘扬革命精神，参与人次达21万余人次。

（梁司琪）

【星级旅游饭店】 年内，区内有星级旅游饭店6家，其中☆☆☆级4家。☆☆级2家。

（梁司琪）

旅 游 活 动

Travel Activity

【春季旅游主题活动】 4月14日，区文旅局以“春色满园·乐享密云”为主题，推出“花开”“品味”“享宿”“活动”4大版块系列内容、春季赏花地图及10条踏青赏花线路。约30家新闻媒体对古北水镇、密云北庄镇画田山居民宿及野鸭部落等密云区优质旅游资源体验考察并进行相关报道。

（李 玲）

【北京密云文化旅游推介会】 7月28日，区文旅局在北京昆泰大酒店举办“饮水巡源·朝密出发”2021北京密云文化和旅游推介会暨第三届文化旅游季。本次文化和旅游季活动包括“两天一夜游密云”话题营销、“1元游景区”系列活动、对口帮扶地区资源推介等内容，推介会现场宣布新媒体联盟成立、阐述文旅产业发展支持政策、面向全国招募密云抖音推荐官、发布绿色生态小院建设内容，并与中国东方演艺集团、万达集团等企业签订战略协议。

（李 玲）

【“北京礼物”旅游商品及文创产品大赛】 7月29日至10月30日，区文旅局组织区域内的文化和旅游生产、研发、设计等相关企业单位参加2021“北京礼物”旅游商品及文创产品大赛。通过企业遴选、文旅局审核、网上报名，报送32件（套）旅游商品参赛，14件（套）通过初评进入复赛，8件（套）参赛作品获得优秀奖。

（卢彦军）

【“两天一夜游密云”新媒体话题营销活动】 9月13日，区文旅局主办的“2021两天一夜游密云”话题活动启动，此话题网红达人播放量累计达4205.9万次，比上年新增1364.4万次播放量。活动邀请5位百万粉丝的旅游直播网红大V以及旅游达人，通过KOL网红达人的直播、游记、攻略等形式记录密云旅行，实时分享给广大游客。

（李 玲）

【第十八届北京密云鱼王文化节】 9月26日，区文旅局在卢苑休闲度假酒店举办“2021（第十八届）北京密云鱼王文化节”活动，活动以“水润京华 鱼悦密云”为主题，整合全域近百家景区、民宿业态、酒店餐饮等文旅资源，定制打造3大主题8条旅游路线、“寻鱼记”密云鱼王文化节文旅地图、厨王争霸赛、金秋旅游季惠民折扣等活动。同时，邀请新华网、人民网、《北京日报》、天津新闻、高铁文旅网等京冀35家媒体对现场活动进行报道，发稿54篇。

（李 玲）

【策划秋冬季旅游主题活动】 9月，区文旅局以“水光潋滟·红叶诗韵”为主题，推出赏红叶2条精品线路，北京电视台、人民网等媒体相继报道。12月，以寻“密”冰雪·乐享暖阳为主题，联合承德市旅游和文化广电局共同推进京北生态冰雪旅游圈建设，推出“3+3”冬季冰雪精品旅游线路，以及“冬奥有我，玩在密云”“冬奥有我，享宿密云”“冬奥有我，乐在密云”“冬奥有我，美味密云”4大专题板块。

（李 玲）

【荣誉称号】 9月，由联合国世界旅游组织、亚太旅游协会和世界城市旅游联合会组织的“世界乡村旅游大会”在网络平台上对初选入围的59个项目组织公众投票，密云区获“世界乡村旅游RL杯（乡村之光）创新品牌项目”和“世界乡村旅游RL杯（乡村之久）优秀县区”称号，同时将被编入世界乡村旅游大会会员名录年鉴。9月26—28日，由新华网主办的“第八届文化和旅游融合创新论坛”在甘肃张掖市七彩丹霞景区举行，在论坛发布的“2021文旅新发展”榜单中，密云区获“2021生态自然旅游优选目的地”称号。11月7日，由中国互联网新闻中心主办，中新社讯（北京）文化传媒承办的“中国城市高质量发展案例暨城市品牌发布会”在北京举行，发布会上，密云区获“全国文旅融合高质量发展旅游目的地”称号。

（梁司琪）

【第九届北京国际旅游商品及旅游装备博览会】 10月15—17日，区文旅局借助第九届北京国际旅游商品及旅游装备博览会宣传平台，展示推介本区山水文化旅游资源，及玲珑枕、手工剪纸、手工风筝、蜂产品、红酒、三烧等特色文旅产品。

（卢彦军）

【乡村厨神大赛暨“大厨下乡”集中成果展示活动】 12月2日，由市文旅局主办的2021年北京市乡村厨神大赛暨“大厨下乡”集中成果展示活动在房山区周口店镇黄山店村红色背篓教育基地举办，密云区代表队金鼎花溪鱼香饭庄获得一等奖，风林宿获得最具地方特色菜品奖。

（席立军）

旅游推广

Tourism Promotion

【跨区域“文旅+”合作】 3月26日，区文旅局与河北省承德市文物局签订“文化旅游发展战略合作协议”，并在承德市举行签约仪式。双方本着“资源共享、市场互动、优势互补、共赢发展”的原则，因地制宜开展协作和交流，推动文旅产业投资、文旅企业合作、客流共享、人才培训交流、宣传营销、文化文艺展演等文化旅游合作。

（梁司琪）

【专题节目拍摄】 年内，区文旅局与北京电视台合作，拍摄密云专题节目。拍摄北京广播电视台卫视频道《我的桃花源》密云专题节目，节目围绕乡村民宿、山水美景等文旅资源拍摄并播出4期，其中“畅游密云古北水镇”节目播出收视率为0.27，抢占全国收视排名。拍摄北京广播电视台卫视频道《暖暖的味道》专栏，以密云水库鱼为主食材，结合厨王争霸赛活动，拍摄并播出3期。拍摄北京广播电视台生活频道《京城美食地图》栏目，围绕密云鱼美食内容，介绍鱼王节厨王争霸赛的获奖美食菜品，拍摄并播出3期。

（李　玲）

【传统媒体营销】 年内，在北京电视台《天气预报》黄金栏目，累计播出12期文旅广告；歌华有线电视平台合作期间，开机广告曝光5092.39万户次，年华主页视频广告播出78天，年华轮播图广告播出65天，合计播出143天。2021年《新闻联播》《新闻直播间》《第一时间》《共同关注》《朝闻天下》《夕阳红》《首都经济报道》《北京新闻》《都市晚高峰》《特别报道》《北京您早》《文化京津冀》等栏目，累计总报道数量44次，同比增长18.9%。

（李　玲）

【与北京交通广播合作】 年内，与北京交通广播合作。一是专题节目，参加《一路畅通》《1039慧旅行》《徐徐道来话北京》等节目累计9期；二是口播资讯，累计提及50次，涉及多个栏目；三是硬广短音频，共播出180天，540次；四是视频直播等其他方式推广密云资源，在一直播、快手等短视频平台，累计直播8次，并通过9次落地活动在不同平台宣传140余次，累计传播覆盖人群超过1亿1千万人次。

（李　玲）

【与京哈高铁广告合作】 年内，区文旅局在高铁朝阳站、密云站候车大厅的出站通道、梯楣等位置投放“山水田园 画境密云”旅游广告12块。画面包括密云重点景区、网红打卡地及密云文旅微信、抖音二维码等，密云站共计上/换刊15个画面。自1月22日京沈高铁正式开通以来，累计受众约290万人次。

（李　玲）

【自有新媒体营销】 年内，发挥“密云文旅”微信公众号和“北京市密云文旅”抖音官方账号信息发布窗口作用，通过微信公众号发布文章275篇，总阅读量42.93万人次，粉丝95345人，粉丝数同比增长10%；6月以来，通过抖音号共发布作品120条，粉丝6万人，累计播放量790万次，总获赞数8.5万。

（李　玲）

【体旅融合】 年内，密云马拉松期间，区文旅局多措并举推广密云文旅资源。5月13—16日，区文旅局局长参加北京电视台密马赛事直播，在比赛现场设置密云文旅展板。通过密云文旅抖音、密云文旅微信发布马拉松赛事期间的旅游惠民活动等信息；在北京交通广播连续7天口播硬广，共计21次；在“密马市集”设置“旅游咨询”展台，通过现场“扫码关注送礼”，吸引市民参与。完善修订《密云旅游交通图》，印制《山水田园 画境密云》宣传手册和交通图分别为1万册和1.5万册。

（李　玲）

旅游景点

Tourist Attraction

【概　况】 年内，区内有A级景区20家，其中AAAA级景区4家、AAA级景区10家、AA级景区6家。

（梁司琪）

2021年密云区A级景区一览表

表11

序号	景区名称	等级	地址
1	司马台长城	AAAA	古北水镇司马台村北
2	黑龙潭	AAAA	石城镇大关桥
3	张裕爱斐堡国际酒庄	AAAA	巨各庄东白岩村
4	仙居谷	AAAA	太师屯镇令公村甲1号
5	邑仕庄园	AAA	G101太师屯镇
6	桃源仙谷景区	AAA	石城镇（密关路）
7	清凉谷风景区	AAA	石城镇四合堂村
8	云峰山景区	AAA	不老屯镇燕落村
9	云龙涧	AAA	溪翁庄镇北白岩村北
10	玫瑰情园	AAA	巨各庄镇蔡家洼村宁蔡路东
11	冶仙塔	AAA	檀营地区
12	雾灵西峰景区	AAA	新城子镇沙滩
13	古御道	AAA	古北口镇古北口民俗村古北口隧道旁
14	捧河湾景区	AAA	石城镇横捧路
15	云岫谷	AA	遥桥峪村
16	天门山景区	AA	石城镇柳棵峪
17	伊利	AA	经济开发区清源路1号
18	京都第一瀑	AA	石城镇柳棵峪
19	云蒙山长城遗址公园	AA	石城镇王庄村
20	紫海香堤香草艺术庄园	AA	古北口镇汤河村北大街9号

【古北水镇景区入选首批国家级夜间文化和旅游消费集聚区】 11月，国家文化和旅游部公布第一批国家级夜间文化和旅游消费集聚区名单，古北水镇景区成功入选。

（孙少卿）

【古北水镇景区获“十大最受游客喜爱景区”】 11月7日，由中国互联网新闻中心主办，中新社讯（北京）文化传媒承办的“中国城市高质量发展案例暨城市品牌发布会”在北京举行，北京密云·古北水镇（司马台长城）国际旅游度假区获“十大最受游客喜爱景区”称号。

（李　玲）

古北水镇

Beijing WTown

【概　况】 古北水镇坐拥鸳鸯湖水库，背靠司马台长城，是集观光旅游、休闲度假、商务会展、创意文化等旅游业态为一体，服务与设施一流、参与性和体验性极高的综合性特色休闲国际旅游度假目的地。古北水镇在保障景区及游客安全的基础上，围绕“产品、服务、成本、营销”要素，顺应疫后消费需求的变化，提升品牌影响力及美誉度。加强新媒体融合，举办多场“云游+直播带货”活动，增强开放性和参与性，在疫情缓和期针对客源地市场召开产品推荐会。

（周建红）

单位名称：北京市密云区司马台雾灵山国际休闲度假区管理委员会
地　　址：北京市密云区古北口镇司马台村古北水镇旅游度假区
电　　话：69040288

【经营状况】 年内，古北水镇全年接待游客量

152.01万人次，同比增长30.43%；实现营收7.68亿元，同比增长34.32%；实现净利润5465.60万元，较2020年实现扭亏为盈。

（周建红）

【获奖情况】 年内，古北水镇多次获奖，囊括吃住游等多个方面：在2021北京·100新消费榜中，火塘精品酒店上榜。在2021北京密云鱼王文化节厨王争霸赛上，古北水镇的《花开富贵橄榄鱼》参赛作品荣获金勺奖。11月，古北水镇景区获由中国互联网中心颁发的中国“十大最受游客喜爱景区”的奖项。中国文化和旅游部发布第一批国家级夜间文化和旅游消费聚集区，古北水镇景区入选。12月6日，2021北京网红打卡地推荐榜单正式发布，古北水镇凭借长城音乐水舞秀、提灯夜游司马台长城、无人机孔明灯秀、云端咖啡厅等夜间游玩项目，获夜间经济类榜单。

（周建红）

【主题活动】 1月，古北水镇冰雪嘉年华正式启动，带动游客对冰雪运动的热情；2月，长城脚下过大年主题活动再现传统京味儿年；3月，“长城下的碧水小镇”正式拉开序幕，游船踏青赏花，共赏京郊好春光；4月缘起乌镇，聚力古北—文化旅游目的地推荐会走进江苏，展示古北水镇优美的景色与传统文化；5月，陈粒《无尽》线上演唱会长城剧场开唱，带来声景合一的视听盛宴；7月，“长城下的星空小镇”点亮夏夜；8月，最潮月老亮相古北水镇；9月，央视《味道》栏目组寻味古北水镇，在中秋佳节之际为各地观众带来浓浓的水镇中秋味道；10月，古北水镇与国同庆，黄金周交出满意答卷；10月22日，古北水镇第三届红叶祭开幕，以“如焰”为主题，寓意红叶如焰、青春如焰、国潮如焰；11月，古北水镇受邀参加2021北京冰雪文化旅游季活动，凭借“冰火交融精彩之旅”成为京郊冰雪旅游必打卡的线路之一；12月，长城脚下的童话小镇重磅回归，以全新视角探寻冬季之美，用潮流玩法开启冬游篇章。

（周建红）

【公益活动】 1月30日，世界被忽视热带病日，中国司马台长城、埃及金字塔、意大利比萨斜塔、日本东京铁塔等全球多个国家和地区的地标性建筑被共同点亮，呼吁全球各地关注被忽视的热带病，勠力同心，对抗疾病。6月6日，“千人童声，礼赞百年——建党献礼MV拍摄”活动在司马台长城举行。天使童声合唱团的1000名小团员齐聚长城，唱响为党庆生的主题歌曲《中国》，用最纯美的童声来庆祝中国共产党建党100周年。

（周建红）

【文化传播】 10月1日，国家对外宣传片《中国2021》正式上线，古北水镇作为国家对外宣传片《中国2021》的拍摄地，上镜中国驻全球各国使领馆国庆招待会、中央电视台、央视新闻、央广网等多家媒体平台。10月13日，古北水镇与Google艺术与文化中心在司马台长城脚下共同举办司马台长城项目发布。

（周建红）

云蒙山国家地质公园

Yunmeng Mountain National Geopark

【概　况】 云蒙山国家地质公园位于北京市东北部密云区西北部。属于燕山山脉与白河流域一部分，包括石城镇绝大部分、溪翁庄镇西北部和西田各镇北部，面积280平方千米。年内，景区接待人次26.4万人次，销售收入2224万元。完成“云溪山墅”“蹦蹦云”“帐篷营地平台”项目的建设，如期对外运营。丰富景区业态、完善零售商铺，提升游客的体验感，丰富景区二消产品，增强吸引力。

（孙金宝）

单位名称：云蒙山国家地质公园
地　　址：北京市密云区石城镇黑龙潭自然风景区东侧
电　　话：61016296　61016295　61016297

【疫情防控】 年内，景区公司成立“新型冠状病毒肺炎疫情防控工作领导小组”，制定《云蒙山景区新型冠状病毒应急处置预案》，严格落实《疫情防控指引》，实行游客入园“一人一测一登记”制度，做好景区防疫接待游客工作。公司全员疫苗接种率100%。获得密云区文旅局颁发的“本单位从业人员已经做到应接尽接，请您放心进入”奖励证书。

（孙金宝）

【安全工作】 年内，景区全员签订《安全管理责任书》，明确责任区，推进网格化管理；组织全员消防安全技能培训2次，开展线上视频培训20次、森林防火知识考核2次、森林防火演练2次、防汛演练1次；开展救援5次；解决纠纷20余次，劝阻穿越人员300余人。主动与属地政府开展联防联控，与区应急局、森林防火队、镇政府、派出所形成强大合力，保障景区生产经营安全。

（孙金宝）

【营销活动】 年内，举办云蒙山第二届1314登山越野大会、云蒙山第三届红叶节、黑龙潭第八届冰雪风铃节；开展“最美黑龙潭”抖音话题挑战赛、四季如画摄影赛、云蒙山元宵节猜灯谜活动、云蒙山及黑龙潭景区三八妇女节、云蒙山520打卡及转发推文活动；云蒙山景区精彩亮相平谷休闲大会。全年完成推文和微博688条、短视频460条、外媒软文107条、电视台16条、广播6条，曝光量1000万十。拓展联系旅行社和拓展公司1700余家，对接约200家，签署合作协议，发团约140家。洽谈区域代理10家。

（孙金宝）

【云蒙山索道】 年内，云蒙山索道完成日常维护、更换零部件、救援演习、索道年检验收、钢丝绳无损检测、安全和技术培训、体能训练等工作。全年索道运行1538小时、运行吊厢数6.3万辆次，运送约8.2万人次，保证人员、设备安全运行零事故、零投诉。

（孙金宝）

云蒙山景区索道　　（云蒙山管委会　供图）

【基础设施维保建设】 年内，做好景区供水、供电、污水处理、游步道、空气源、地源热泵等工程设备维护保养、日常巡检工作，保障景区正常运行。完成五组院落提升改造为“云溪山墅”，完成“帐篷营地平台”项目的建设，推进520帐篷营地区域小河流域治理改造工程及石城服务区污水管线并网工作。

（孙金宝）

旅游行业管理

Tourism Industry Management

【红色讲解员培训班】 3月15—18日，区文旅局在世纪阳光酒店举办2021年红色讲解员培训班。培训班聘请国家级、市级红色讲解方面的专家，课程采用“主题课程＋实地情景教学”相结合的模式，70余名红色讲解员参加培训，推选出1名优秀讲解员参加市文旅局组织的《百名红色讲解员讲百年党史》宣讲活动，并受到市文旅局的表彰。

（席立军）

3月15—18日，在密云世纪阳光酒店举办2021年红色讲解员培训班　　（席立军　摄）

【复工达产补贴扶持资金发放】 3月，区文旅局完成复工达产补贴扶持资金发放工作，发放补贴扶持资金344.8万元，涉及全区16个镇。其中，达到申请补贴条件的民俗经营户1991户，给予每户1000元的补贴，共199.1万元；达到扶持标准的民俗经营户1457户，给予每户1000元资金扶持，共145.7万元。

（郭　伟）

【2019年精品民宿奖励资金兑现】 3月，完成对2019年评定合格的23个品牌、32个院落精品民宿的奖励资金兑现工作，按照每个院落5万元的标准给予奖励，涉及大城子、溪翁庄、古北口、不老屯、新城子、西田各庄、河南寨7个镇，发放奖励资金150万元。

（郭　伟）

3月26日，区文旅局召开2019年精品民宿奖励资金专题会（张鸿儒　摄）

【文旅行业专场招聘会】 4月6日，区文旅局联合区人力社保局举办2021年文旅行业专场招聘会，古北水镇等18家文旅企业共提供400余个就业岗位。此次招聘会共吸引500余名应聘者，达成就业意向136人。

（席立军）

【民俗从业者培训班暨北庄镇专项培训班】 4月21日，区文旅局在北庄镇文体中心举办密云区民俗从业者培训班暨北庄镇专项培训班。聘请首都师范大学高级教授讲解《乡村旅游的民俗与民宿》课程，内容涉及民俗、民宿、业态、乡村酒店的区别及星级评定标准等内容，100余名民俗、民宿从业者参加此次培训。

（席立军）

4月21日，民俗从业者培训班暨北庄镇专项培训班在北庄镇文体中心开班（席立军　摄）

【鱼文化民俗从业者培训班】 4月27日，区文旅局在溪翁庄镇鱼街举办密云鱼文化民俗从业者培训班，聘请国家级厨艺大师用“理论讲解＋实操演示”的方式向70余名鱼文化民俗从业者演示制作13道全鱼宴菜品，并通过密云文旅公众号对厨艺技能实操教学进行网络直播、录播培训，全区3.5万余人进行网上学习。

（席立军）

【太师屯镇旅游从业者专场培训班】 6月9—10日，区文旅局在太师屯镇落洼村举办太师屯镇旅游从业者专场培训班，聘请北京市旅游协会和北京石油化工学院专家授课，课程内容包括：民俗、精品民宿评定标准和设计理念及运营管理、旅游接待服务礼仪、诚信经营等方面，并实地参观考察陌上花开、爱丘山居、遥桥峪民俗村（北京倪文明精品民宿），相关负责人就民宿机制建设、人才培养、接待服务、文明礼仪、发展现状和运营模式等方面进行讲解。120余名民俗从业者参加了此次培训。

（席立军）

【乡村振兴样板金叵罗村专场培训】 6月21—22日，区文旅局举办乡村振兴样板金叵罗村专场培训，聘请北京外事学校和民俗美食专家授课，课程内容包括：礼仪服务、诚信经营理论学习，厨艺技能实操演练和外出现场教学。美食名人姜波老师根据金叵罗村特色农产品小米为原料制作8道菜品，学员实地考察不老屯镇云峰山景区、北庄镇山里寒舍、穆家峪镇日光山谷景区。金叵罗村70余名旅游从业者参加此次培训。

（席立军）

【参观学习】 7月5日，区文旅局组织100余名旅游工作人员前往怀柔、延庆学习。全体参训人员先后深入怀柔区桥梓镇口头村、延庆区刘斌堡乡姚官岭村、井庄镇三司村、八达岭镇石峡村等地，考察学习当地乡村旅游建设，民俗村、精品民宿管理运营等情况。当地民俗村和精品民宿负责人重点介绍乡村旅游的发展趋势、乡村旅游产品开发、乡村旅游管理和服务规范等内容。

（席立军）

【《密云区促进乡村民宿发展实施细则》出台】 7月，区文旅局联合相关部门制发《北京市密云区文化和旅游局等八部门印发〈密云区促进乡村民宿发展实施细则〉的通知》，明确乡村民宿经营范围、经营用房等标准并简化证照办理流程。

（郭　伟）

【“大厨下乡”结对帮扶】 8月27日，由市文旅局主办的“大厨下乡”京郊民宿餐饮提升结对帮扶对接会，在区文旅局机关召开。对接会上，中国大饭店、北京昆仑饭店、维景国际大酒店等11家市级知名大型餐饮企业与密云山里寒舍、风林宿、乡志等11家精品民宿结成一对一餐饮提升“帮扶”对接，协助密云区民宿推出创新菜品。市旅游协会负责人、区文旅局主管领导、市级大厨下乡团队和密云区精品民宿结对帮扶对象等40余人参加此次会议。

（席立军）

8月27日，在区文旅局召开“大厨下乡”京郊民宿餐饮提升结对帮扶对接会　（席立军　摄）

【民宿业网络直播带货人才培训班】 9月9日，区文旅局举办民宿业网络直播带货人才培训班，聘请行业专家，围绕“民宿业短视频方法论、如何做好人货场，讲解转化案例和实操演练”等内容进行讲授。区文旅局机关、渔阳旅游集团、各镇街（地区）文旅办主任、精品民宿网络营销人员等共140余人参加此次培训。

（席立军）

9月9日，在世纪阳光酒店举办2021年民宿业网络直播带货人才培训　（席立军　摄）

【第三期导游员培训班】 10月20—22日，区文旅局在密云世纪阳光酒店举办第三期导游员培训班，聘请国家、市级旅游方面的专家、知名导游授课，课程采用“主题课程＋实地情景教学”相结合的模式，课程内容包括《结合旅游案例，讲解旅游法律法规》《导游、讲解语言艺术基本功》《导游员、讲解员服务礼仪和综合素质》《后疫情时代的导游创新发展》《导游员深度精讲需要构建的知识体系》理论课；并到张裕爱斐堡国际酒庄、邑仕庄园实操演练等。全区镇街文旅办、景区、旅行社、星级民俗村（户）、精品民宿、新业态选派的150余名导游员、讲解员参加此次培训。

（席立军）

【兑现补贴支持政策】 10月，根据《北京市密云区人民政府关于印发〈密云区促进文化和旅游产业发展的支持办法（试行）〉的通知》文件精神，按照每个院落10万元的标准，对2020年评定验收合格的精品民宿23个品牌、33个院落给予补贴扶持，共拨付补贴支持资金320万元。

（郭　伟）

【乡村旅游评定暂行办法出台】 11月，为全面推进乡村旅游标准化建设，促进乡村旅游产业升级发展，区文旅局研究制定并印发《密云区乡村旅游评定暂行办法》。

（郭　伟）

【文旅行业高级研修线上直播、录播培训班】 12月14—15日，区文旅局利用密云文旅在线网络平台，举办文旅行业高级研修线上直播、录播培训班。此次培训聘请专家就《全域旅游视野中的旅游业态创新发展》《密云创建全域旅游示范区的重点与路径》《文旅融合背景下的民宿设计趋势与路径》《中国传统插花的理念、礼仪及在环境布置中的运用》等方面内容进行精彩授课。镇街、景区、宾馆酒店、旅行社、民俗村（户）、民宿等旅游管理和从业人员3000人参加，累计观看达到10.66万人次。

（席立军）

【校企合作】 年内，区文旅局与北京联合大学旅游学院、北京石油化工学院及密云区职业学校合作，建立专家智库、聘请高级教师、开展行业技能提升培训，并走访文旅企业了解人才发展需求。全年聘请讲师24位，走访文旅企业20余家。密云区职业学校与文旅企业签订校外实训基地协议书2份、校企合作协议书2份。

（席立军）

【区级乡村民俗旅游户等级评定】 年内，区文旅局根据《北京市密云区文化和旅游局关于开展2021年乡村旅游特色业态、乡村民俗旅游户评定工作的通知》要求，按照《北京市乡村民俗旅游户等级划分与评定（DB11/T 351—2014）》标准、《密云区乡村旅游评定暂行办法》，评定区级乡村民俗旅游户146户。

（郭 伟）

【区级乡村旅游特色业态评定】 年内，区文旅局根据《北京市密云区文化和旅游局关于开展2021年乡村旅游特色业态、乡村民俗旅游户评定工作的通知》要求，按照《北京市乡村旅游特色业态标准及评定（DB11/T652—2018）》标准、《密云区乡村旅游评定暂行办法》，共评定区级乡村旅游特色业态13家。

（郭 伟）

【乡村民宿（精品民宿）补贴支持验收】 年内，鼓励个人或企业利用现有闲置农宅打造精品民宿品牌，各镇申报89个品牌，经组织专家评定验收，评出59个品牌、66个院落，符合精品民宿建设标准。

（郭 伟）

【精品乡村酒店补贴支持验收】 年内，鼓励个人或企业利用现有闲置农宅打造精品乡村酒店，各镇申报10家，经组织专家评定验收，共评出5家，符合精品乡村酒店建设标准。

（郭 伟）

【组织旅游接待单位投保“京郊旅游政策性保险”】 年内，根据《北京市旅游发展委员会关于开展京郊旅游政策性保险工作的通知》要求，区文旅局积极动员部署，445户星级民俗户、52个乡村旅游特色业态、64家精品民宿、23家景区进行参保，承保覆盖率35.65%。

（郭 伟）

【民俗户贷款贴息政策落实】 年内，区文旅局落实民俗户贷款贴息政策。联合农担公司、北京银行开展逐户入户审核工作，推荐184户民俗户给予贷款。为310户民俗户贴息324.14万元、为1个合作社贴息23.86万元、为1个公司贴息2.09万元，合计350.09万元；为2018年贷款提供第三年担保费62.48万元、为2019年贷款提供第二年担保费38.98万元、为2020年贷款提供第一年担保费27.59万元，合计129.05万元。全年乡村旅游贴息资金和担保费用479.15万元。

（郭 伟）

【安全基础工作】 年内，区文旅局制定2021年安全生产工作方案、计划及宣传培训计划等；制发各类通知方案等文件9000余份，制定《北京市密云区文化和旅游局关于持续开展〈北京市生产经营单位安全生产主体责任规定〉宣贯工作方案》。全年组织开展应急救护培训2次，对各文旅企业、精品民宿负责人进行止血方法、绷带包扎、骨折固定、伤员搬运等创伤救护知识重点培训。

（张舞乐）

【安全责任制签订】 年内，区文旅局与文旅企事业单位签订安全责任书、防汛责任书、建党100周年庆祝活动消防安全责任状等各类责任书230余份，明确安全生产目标和职责。

（张舞乐）

【安全演练】 年内，区文旅局组织开展防汛、防火演练观摩，各文旅企业按照演练计划各自开展演练活动，排查梳理自身安全风险。全年开展应急预案演练80余场，参与人数5000余人。

（张舞乐）

【旅游安全检查】 年内，区文旅局采取日常检查、联合检查、联组互查等形式，对重点文旅企业消防、防汛、食品卫生、用电用油用气、有限空间、大型游乐设施、高风险旅游项目、反恐等各项内容进行明察暗访检查。重要节假日、活动期间，每日至少出动3个检查小组，对全区重点文旅企业安全生产、疫情防控、垃圾分类等工作进行督导检查。全年开展日常检查116次、专项检查203次、部门联合检查17次，检查文旅企事业单位2203家次，出动检查人员4696人次。

（张舞乐）

【旅游投诉案件处理】 年内，区文旅局贯彻执行《北京市接诉即办工作条例》，全年接收12345市民热线工单1070件，满意率97.16%，综合评分96.38分，全年考核成绩位居密云区前列。

（谢 芬）

【防汛应急】 年内，区文旅局制定《北京市密云区文旅防汛专项分指挥部防汛工作方案》，调整文旅防汛专项分指挥部成员名单，完善防汛应急工作预案，召开防汛工作部署会，与各旅游企业签订防汛责任书75份。汛期开展区级防汛演练1次，参与人数50人；组织各景区开展防汛演练20余家次，参与人数1200余人。组织155家次隐患排查，督促整改隐患25条。

（孙 栋）

【疫情防控】 年内，区文旅局完善工作方案、预案，制定督导检查、人员排查、疫苗接种、应急处置等各项制度。加强监督检查，督导旅游景区、酒店、旅行社严格执行疫情防控指引，暂停、取消、延缓星级宾馆饭店举办婚宴、会议，检查文旅企业3370家次，出动检查人员7986人次，督导整改问题270余个，发放“中高风险地区名单”、“文旅行业应急处置流程图”及各类防控指引等相关文件材料1万余份。完成市级大数据派单排查541人，区级大数据派单排查147人，涉及文旅局的大数据派单人员均按要求排查并落实管控措施。

（李　义）

【行政审批】 年内，区文旅局梳理细化政务职权事项，制作770余张办事流程图、100余张模板及样表，编制完成公共文化服务公开事项标准目录。简化行政审批流程，提升审批服务便利度，全年受理行政审批事项100余件。

（王文韬）

【信用体系建设】 年内，区文旅局落实信用体系建设各项工作，累计行政许可公示56件、行政处罚公示13件，全部于7个工作日内进行公示，报送信息合格率100%；实施信用承诺事项4件，并推进将承诺履约情况记入信用记录工作；在政府采购、招标投标、资质审核3个领域行政管理和服务过程中应用信用报告；对有意向从事文旅行业、工作的企业等，在“信易+”领域加大扶持力度；为保护文旅行业信用主体合法权益，对文旅企业开展信用分级分类管理。

（张舞乐）

【扫黑除恶】 年内，区文旅局实施文旅行业扫黑除恶专项治理整顿工作。围绕“两会”、清明、五一、中秋、国庆安保节点，开展扫黑除恶专项斗争工作会议；月报6期；工作动态6期；接收12345热线、12301旅游投诉热线、电话投诉处理中，均未发现文旅系统存在涉黑现象。

（李如升）

北京密云文化旅游发展集团有限公司

【概　况】 北京渔阳文化旅游集团有限公司，注册资金1亿元，经过改革重组后，于2022年6月22日区政府授牌更名为北京密云文化旅游发展集团有限公司。下有出资企业8家，其中全资二级公司7家，分别为北京大美山水旅游有限责任公司、北京大美裕农科技有限公司、北京雾灵山庄有限公司、北京市密云区医药药材公司、北京金渔阳区域电动小客车出租有限公司、北京市密云区新华书店有限公司、北京京云天宇商贸有限公司。控股二级公司1家，为北京云龙涧景区管理有限公司。参股公司1家，为北京云蒙山投资发展有限公司。公司业务主要涉及景区、酒店运营；新能源出租车运营；国家现代农业产业园；全域旅游资源运营；图书销售；医药药材配送；商业地产出租等。截至2021年底企业资产总额18.22亿元，净资产1.56亿元，营业收入总额7773.01万元，上缴税金586万元。企业在职人员600余人。年内，获“北京市扶贫协作先进集体”称号，参与申报的国家现代农业产业园项目，通过农业部验收。

（张红蕊）

单位名称：北京密云文化旅游发展集团有限公司
地　　址：北京市密云区西门外大街2号
电　　话：69087238

【企业运营】 年内，本公司系统8家企业累计实现营业收入11276万元，与年初任务目标11238万元增长0.3%，比上年同期亏损2217万元，增加1796万元，实现利润同比增长81.01%，累计上缴税金580万元，比上年同期568万元增长2.11%。一是集团公司制改革全部完成；二是改造提升景区及酒店基础设施，增加景区酒店的吸引力和粘性；三是改变宣传模式，加大宣传力度。聘请专业传媒公司加大对景区和酒店的宣传力度，通过自媒体及时向外发布信息；四是搭建“悠游密云”微信小程序，打造整合全域旅游资源商业化线上平台；五是以建党100周年为契机，拓展密云红色旅游路线，全年承接区内外2000余人的红色教育实践活动；六是根据《关于印发北京市国有企业公司制改革工作方案》的通知要求，10月18日，将北京市新华书店密云区店整体划拨至区国资委管理的北京渔阳文化旅游集团有限公司，为全资二级子公司。

（张红蕊）

【践行社会责任】 年内，集团开展“我为群众办实事”实践活动，通过自身资源整合，以学生高考、医护节、建军节、教师节、老人节等特殊节日为契机，提供免费帮扶及折扣赠予活动，提升企业知名度；落实疫情防控常态化措施，抽调数名党员干部下沉社区协助开展工作；配合创建全国文明城区工作，落实涉及点位各项工作要求；做好接诉即办12345热线工作，承办工单处理结果全部为双满意。

（张红蕊）

【安全生产及综治维稳】 年内，贯彻落实上级部门各项安全生产相关部署开展安全维稳工作。定时召开安全生产专题会，每月对集团及所属分公司进行综合检查和专项检查，并将重大节日隐患排查、防汛部署演练、消防器材检查更换等作为日常监督管理。全年未发生重大安全责任事故。

（张红蕊）

【推动重点项目】 年内，大美裕农科技有限公司为平台申报建设的国家级现代农业产业园已通过农业部验收，承接冯家峪镇“五谷蜂登”休闲农业精品线路项目建设，项目推进得到镇政府的高度认可。

（张红蕊）

【党建引领企业发展】 年内，集团推进党建和企业业务融合发展，确立“一年促提升，两年大发展，三年成标杆”的战略目标，完成党建进章程，实现“双向进入，交叉任职”的领导体制，明确党委前置研究事项及程序；结合实际健全制度，完善集团议事规则和决策程序。先后制定《党委前置研究讨论重大事项清单及程序》《党委会议事规则》《“三重一大”决策制度实施办法》等7项议事规则和决策程序。全年召开党委会45次。掌握意识形态工作主动权。推进信息宣传队伍建设，畅通信息报送渠道，在重要时间节点，强化舆情管控，消除各类意识形态领域风险隐患。全年编发简报9期，上报信息被区级采纳信息4篇，市级、区级电视媒体报道5次。

（张红蕊）

【助力创建全国文明城区】 年内，集团抽调党员干部，参与全区主要交通路口秩序整治、维持及创城点位环境整治工作。组织广大干部职工参与创建全国文明城区知识答题活动，参与答题280余人次，平均成绩99分。发放教育宣传手册、组织在职员工观看诚信建设宣传片、填写诚信建设调查问卷、市场与各商户签署企业信用承诺书、出租车给乘客发放诚信手册、景区酒店内张贴诚信建设海报、利用电子屏公告窗对“诚信经营”进行宣传推广等多种形式，宣传诚信建设正能量，充分发挥企业在社会信用体系建设的主力军作用。金渔阳区域电动出租车公司开展“文明出行从我做起”活动。通过对出租车身张贴创城标语和对出租车驾驶员进行安全驾驶强化培训、文明驾车月度考核和签订“文明驾车，从我做起”倡议书，要求出租驾驶员在安全文明驾车的同时，行经斑马线时要提前减速慢行，遇有行人通过要停车礼让等一系列措施将“文明驾车，礼让行人”向深推进，助力创建全国文明城区。

（张红蕊）

【接诉即办】 年内，集团共接到12起12345热线涉及天成开元市场服务有限公司，分别为市场后消防车道违规停车、商场装修拆除副柱、商场外墙渗出污水、顾客进店是否需要登记、居民楼电闸问题，已全部解决，全部双满意。涉及大美建筑公司，分别是维修金迟迟未发放、施工期间玻璃更换、施工期间外墙保温问题，已和投诉人解释清楚，可以随时拨付维修金，除维修金问题为单满意，其他问题全部双满意。涉及雾灵山庄，是工资发放问题，已解决，处理结果为双满意。

（张红蕊）

【创新贡献】 年内，改造提升景区及酒店基础设施，增加景区酒店的吸引力和粘性。在整修道路、完善绿化、增加景点的基础上，对景区和酒店增添了快艇、网红秋千、天空之境、桌游等娱乐设施。加大宣传力度。聘请专业传媒公司加大对景区和酒店的宣传力度，通过微视频、抖音、小红书等自媒体及时向外发布信息。目前集团所有涉文旅企业全部建立自己公众号，并能及时发布活动信息。参加百名精英游密云、密云文旅推介第三季、首都职工游密云、密云创城活动等全区大型文旅推介活动。通过自身资源整合，以学生高考、医护节、建军节、教师节、老人节等特殊节日为契机，提供免费帮扶及折扣赠予活动，不断提升企业知名度。拓展新业务，提升文旅版块占比。以建党100周年为契机，通过开展密云区东西线红色旅游，以沉浸式体验为卖点，先后承接了区内外2000多家企事业单位团体红色旅游，对首都职工游密云提出红色旅游加旅游景区“1+1”活动，把知名景点景区和红色旅游结合，组合出独特旅游产品，形成自主接待旅游团队新格局。开发“悠游密云”微信小程序，通过小程序把全区酒店、民宿、景区、密云农副产品有效整合在线上平台，同时尝试商业化运作，对全区文旅资源进行大力推广的同时增加企业收益。充分利用红色、长城、水库、科技、农业等丰富的研学资源，推广全市中小学生课外研学项目。对接调研各乡镇闲置文旅资源，通过招商引资，盘活乡镇闲置资源，助力乡村振兴。（先后与中交交旅、绿发集团、国药集团、华控文旅、中铁电气化局、中旅、首旅、上海绿地、中国建材集团等央企、市属国企接洽）。

（张红蕊）

城 乡 规 划

URBAN-RURAL PLANNING

北京市规划和自然资源委员会密云分局（简称市规划自然资源委密云分局），为市规划自然资源委设在密云区负责本区域规划和自然资源管理的派出机构，同时作为密云区政府依法履行相关职责的工作部门。内设 13 个科室，下设 7 个行政执法机构和 2 个事业单位。

国土空间规划 推进分区规划实施落实工作和试点单元街区控规编制工作。启动生命健康小镇控规编制前期研究工作，配合经济开发区管委会开展开发区街区控规编制，组织开展密云 0202、0203 街区控规编制。落实分区规划，开展镇域国土空间规划编制。加大城乡统筹，健全村庄规划管理体系。开展 321 个村美丽乡村规划相关工作，全部完成批复。首推“生态”责任规划师制度，采取片区的形式聘任并开展责师工作。推进规划综合实施方案编制工作。开展 2020 年密云区城市体检工作。

土地资源管理 推进商品住宅用地和租赁住房用地供应工作。2021 年度租赁住房供应任务 15 公顷，全部完成。以党史学习教育为引领，依法履行用地审批、核验职能。推进密云区耕地保护空间划定工作，初步完成耕地保护空间划定。发布北京市征收农用地区片综合地价成果，印发《关于公布征收农用地区片综合地价比例的通知》。完成 2020 年度国土变更调查及三调数据公报。

人居环境优化 推进城乡基础设施项目建设，推进多个电力、燃气工程项目审批手续。完善城市交通体系。以消除拥堵点为工作重点，促进城市道路路网的完善。推进轨道交通项目建设。推进京沈客专密云站及周边路网的规划实施工作。配合推进新东路南延、圣水泉路南延等道路工程设计方案研究工作。实施城乡建设用地减量工作。开展图斑整改工作，变更 11 个图斑总面积约 16.66 公顷。推进公共公益项目，保障民生短板需求。完成 5 个空白村卫生室项目建筑设计方案会商工作，为推动公共事业发展打下基础。推进解决不动产登记历史遗留问题。全区已纳入市历史遗留项目台账项目 28 个，完成 9 个项目的首次登记工作。

地质灾害防治 严格对矿山企业的监督管理。完成对密云区内的 5 家铁矿企业和 1 家矿泉水企业的开发利用数据报送和采矿权信息系统网上公示工作。开展地质灾害防治工作。编制《密云区 2021 年地质灾害防治工作方案》，《北京市规划和自然资源委员会密云分局 2021 年地质灾害防治工作方案》。组织全区群测群防员进行地质灾害防治知识培训。推进地质环境治理项目，开展地质灾害隐患治理工作和废弃矿山生态修复项目治理工作

营商环境优化 做好不动产登记业务工作，完成各类登记业务 24806 件；颁发不动产权证书 13988 本、不动产权证明 6449 本。通过“多规合一”平台办理 36 件房建类项目，包含初审 16 件，会商 14 件，其他研究类 6 件。办理 27 个市政交通基础设施类项目，其中初审 2 个，会商 25 个。

（陈　冉）

单位名称：北京市规划和自然资源委员会密云分局
地　　址：北京市密云区新北路 13 号
电　　话：69042926

城乡规划

Urban and Rural Planning

【城乡建设用地减量】 年内，市规划自然资源委密云分局完成市级减量任务。93 个城乡建设用地减量腾退地块通过变更调查审核，涉及 15 个镇，总面积 63.39 公顷。为密云区十里堡镇王各庄棚户区改造项目、河南寨、大城子、西田各庄、巨各庄镇输变电工程项目等 8 个新增建设用地项目落实城乡建设用地减量挂钩。制定出台《密云区城乡建设用地减量拆除腾退地块后续管控利用机制工作方案》《密云区 2021 年度城乡建设用地减量实施方案及近期工作计划》。

（吴　颖）

【街区控规编制报审】 年内，市规划自然资源委密云分局配合怀柔科学城管委会完成《怀柔科学城控制性详细规划（街区层面）（2020 年—2035 年）》专家评审、市级部门联审；完成《北京密云区 MY00-0104 等街区控制性详细规划（街区层面）（2020 年—2035 年）》市级专家评审、市级联审会，上报市政府审查。

（丁　爽）

【美丽乡村三年专项行动计划落实】 年内，市规划自然资源委密云分局落实美丽乡村三年专项行动计划，完成 321 个美丽乡村规划批复，指导镇政府完成 14 个镇乡镇国土空间规划编制，首批 5 个试点镇报市规

划自然资源委审查。

（李　侠）

【2020年度城市体检】 年内，市规划自然资源委密云分局组织50余个部门及镇街并委托技术单位开展2020年度密云区城市体检工作，形成2020年度密云区城市体检报告阶段成果，已报送区人大备案。

（丁　爽）

【行政许可类、行政服务类事项办理】 年内，市规划自然资源委密云分局办理行政许可类、行政服务类事项114件。其中，建设工程规划许可证24件，建筑面积54.40万平方米，市政管线约305千米；简易低风险项目建设工程规划许可证4件，建筑面积303.9平方米；乡村规划许可证3件，建筑面积0.39万平方米；施工暂设13件，建筑面积3.78万平方米；临时用地审批手续6件，用地面积8.48万平方米；选址和预审合并办理4件，用地面积13.4万平方米；划拨决定书1件，用地面积3.64万平方米；划拨批复2件；规划验收34件；联合验收1件；钉桩条件22件。

（沈　烨　白素梅）

【地名审批及建筑物名称核准】 年内，市规划自然资源委密云分局办理完成地名审批及建筑物名称核准3件，分别为云山路、云璟壹号小区、檀祥家园。

（白素梅）

【“多规合一”平台项目研究审查】 年内，市规划自然资源委密云分局利用“多规合一”协同平台完成线上36件房建项目以及27个市政项目研究审查。围绕市区两级重点项目清单，快速办理完成了檀营A3住宅、京东智能产业园等经营类项目，及七小、八中、空白村卫生室等公益类项目，审批“多规合一”环节办理时限从法定25个工作日压缩为最短7个工作日。

（吴　颖）

国土资源管理

Land and Resources Management

【开发区土地集约利用全面评价及产业园用地情况调查】 年内，市规划自然资源委密云分局组织开展密云开发区土地集约利用全面评价及产业园用地情况调查相关工作，包括开发区基本信息调查、用地状况调查、用地效益调查、管理绩效调查、土地供应状况调查。梳理密云区产业园基本情况，完成部分供地与建筑变化情况外业核实以及开发区土地集约利用评价要求调查的其他内容。

（李　佳）

开发区土地集约利用全面评价调查范围示意图

（市规自委密云分局　供图）

【《国有自然资源（资产）管理情况的专项报告》编制】 年内，市规划自然资源委密云分局会同密云区园林绿化局、密云区水务局以区政府名义起草了《2020年度国有自然资源（资产）管理情况的专项报告》，包括自然资源资产基本情况、2020年度自然资源资产管理情况、“十三五”期间自然资源资产管理成效、自然资源资产管理存在的问题和下一步改进措施建议5方面，已经过区人大常委会书面审议。

（李　佳）

【档案管理】 年内，市规划自然资源委密云分局城乡规划类档案接收285件；国土资源档案接收309件；矿产资源类档案接收6件；接收文书档案1.3万余件。档案查阅人数900余人次，提供利用档案2500余卷。出具档案证明复印件109份。

（孙亚洁）

【土地供应】 年内，市规划自然资源委密云分局全年完成商品住宅用地供应16.17公顷，完成年度任务比例270%，其中檀营项目A3地块于3月31日挂牌入市交易，入市面积5.84公顷；水源路南侧C—1东地块于11月19日挂牌入市，入市面积10.33公顷。完成产业用地项目7个，供应建设用地面积22.24公顷，完成年度任务比例91.56%。

（于洪宇　吴　颖）

【耕地保护】 年内，市规划自然资源委密云分局完成2个土地开发复垦项目验收，新增耕地22.50公顷。初步完成密云区耕地保护空间划定工作，已上报市规划自然资源委审核，组织全区开展耕地保护空间复耕复种工作。

（刘福勇）

【土地征收】 年内，市规划自然资源委密云分局办理完成3个征地项目，分别是塘峪220千伏输变电工程、河南寨110千伏输变电工程项目、北京市密云新城地表水厂工程，总面积6.127公顷，其中涉及农转用4.7627公顷，总投资70517.82万元。

（刘福勇）

【第三次全国国土调查成果发布】 12月15日，市规划自然资源委密云分局联合区统计局发布密云区三调主要数据，并开展相关宣传解读工作。

（李　孟）

【2020年度国土变更调查】 年内，市规划自然资源委密云分局完成2020年度国土变更调查工作，国家下发数据（包含国家跟踪图斑）共1114个，合计693.91公顷、市级自提图斑共74个，合计62.19公顷、区级自提图斑共752个，合计298.7公顷。最终成果于9月获得自然资源部审批，密云区2020年度变更调查呈现农用地减少、建设用地增加、未利用地减少的特点。

（李　孟）

【执法监察】 年内，市规划自然资源委密云分局核查各类卫片及视频监控线索图斑567宗（含拆分图斑），立案查处违法案件301件，其中非法开采矿产资源立案查处4件。

（王　哲）

【不动产登记业务办理】 年内，市规划自然资源委密云分局完成登记业务25314件。其中，初始登记94件，转移登记12434件，抵押权登记10961件，查封登记685件，查封注销登记424件，更正登记60件，其他登记业务656件。颁发不动产权证书14254本、不动产权证明6596本。

（康智明）

【历史遗留项目不动产登记办理】 年内，市规划自然资源委密云分局完成9个项目的首次登记工作，涉及居民5449户。全区累计完成首次登记项目19个，共涉及居民8178户，其中4957户居民已办理完成个人不要动产权证，已完成首次登记项目占历史遗留问题项目总数的65.51%，已解决户数占历史遗留问题全区总户数的83.32%，办理商品房转移登记户数占已解决户数的60.61%，解决率全市排名第一。

（康智明）

【热线办理】 年内，市规划自然资源委密云分局承办“12345”工单1300余件，月均受理群众来电100余件，解决率69.13%，响应率99.71%。问题热点主要体现在房本办理、违建查处、征地补偿、规划设计等方面。其中，不动产登记类工单900余件、执法类工单130余件、规划审批类工单110余件、土地承包及性质变更工单60余件、其他类工单80余件。

（白海花）

【行政复议】 年内，市规划自然资源委密云分局接收行政复议、诉讼33件，案件总量与去年同期复议诉讼量下降10%。

（白海花）

【信息公开】 年内，市规划自然资源委密云分局受理依申请信息公开146件，较去年增加28.1%。

（白海花）

地质矿产资源

Geology and Mineral Resources

【地质灾害防治】 年内，市规划自然资源委密云分局成立密云区地质灾害防汛专项分指挥部，制定地质灾害防治工作方案。组建应急调查队，设立群测群防员，树立警示牌。向地质灾害威胁群众发放地质灾害防治明白卡2970余张。与区气象局沟通研判降雨形势，发布地质灾害气象风险预警21次，其中橙色1次、黄色4次、蓝色16次。严格落实“汛前排查、汛中调查、汛后核查”的三查工作，派出应急调查队177次。

（王海文）

【矿山生态修复项目】 年内，市规划自然资源委密云分局完成中央环保督察反馈整改任务，共计5个工程治理项目，治理面积45.56公顷。分别是密云区大石门村石灰岩矿矿山生态修复项目，治理面积2.90公顷；密云区东邵渠镇东、西葫芦峪村石灰岩矿矿山治理项目，治理面积2.14公顷；密云区密云镇李各庄村、溪翁庄镇东智西村石灰岩矿矿山治理项目，治理面积6.14公顷；密云区穆家峪镇娄子峪村、太师屯镇东庄禾村石灰岩矿及高岭镇贾峪村铁矿矿山治理项目，治理面积5.63公顷；密云区太师屯镇头道岭村、车道峪村铁矿矿山生态修复项目，治理面积28.75公顷。

（王海文）

城乡建设

URBAN-RURAL CONSTRUCTION

综述

Overview

北京市密云区城市管理委员会（简称区城管委）是密云区主管城市管理工作的区政府工作部门，同时作为密云区城乡环境建设管理委员会的办事机构，挂北京市密云区城乡环境建设管理委员会办公室牌子，负责城乡环境建设、城市管理的综合协调，市政基础设施、市政公用事业、市容环境卫生、能源日常运行等管理工作。内设7个行政科室（办公室、机关纪委、财务审计科、市政公用设施管理科、环境建设管理科、法制宣传科、广告管理科），1个副处级执法机构（城管执法局），15个事业单位（环境卫生服务中心、垃圾渣土事务中心、城市运行和铁路道口安全协调中心、能源事务中心、生活垃圾事务促进中心、市政设施和照明事务中心、停车事务中心、供热事务中心、市政重点工程建设推进中心、市政重点工程服务中心、城市管理协调考评中心、环境建设协调检查中心、市政设施巡查中心、市政设施巡查队、市政工程管理处）。编制355名，其中行政编制17名、行政执法编制49名，事业编制289名。设主任、书记1名、副主任3名、行政执法副处1人、事业副处1人。

年内，塘峪220千伏输变电工程、西统路（河北路——密关路）道路工程、顺潮街管线工程、南山路道路工程、京沈客专密云站基础设施配套工程完工。完成《密云区“十四五”时期城市管理规划》编制及印发。协调做好新西路提升改造工程、河南寨110千伏输变电工程、京通铁路兵马营牵引站110千伏外部供电工程、密云门站天然气工程等工程的拆迁工作。在行宫小区、万象汇停车场、南山滑雪场周边停车场安装34台公共充电桩。密云区厨余垃圾处理线投入使用。全年整治市级脏乱点777个，实现市级现场检查点位百分百达标。实施密云区2020年铁路沿线环境提升工程（一期）和潮白河周边环境建设工程（二期）。实施宾阳西里小区照明工程、南山路补建路灯工程，安装路灯38基。做好春节景观布置工作，营造激情冬奥、红火中国年的浓郁节日氛围。实施公厕升级改造，对3座公厕实施整体升级改造，所有二类、三类公厕安装洗手液容器，完成6座活动公厕无障碍设施改造工作。做好停车综合治理工作。通过国家卫生区复审。开展“市容环境整治、基础设施提升、重点区域攻坚”3大创城行动，城市环境水平实现“三提升”。巩固垃圾分类工作，20个镇街全部完成市级示范片区创建任务，90个村居成功创建为市级示范村居，96个区级示范村居完成创建工作，20个镇街全部完成镇街示范村居创建工作，完成146家市级示范单位、1座市级示范商务楼宇的创建工作。加强供热行业管理，开展“冬病夏治”工作，联合第三方专业机构对全区供热单位进行安全检查，设专人负责密云区供热服务电话，进一步提升群众满意度。加强电力行业管理，督促区供电公司等企业落实安全生产主体责任，开展用电安全宣传活动。加强燃气行业管理，完成液化石油气专项安全管理工作，推进老楼通气工程建设，开展老旧管线及燃气设施消除隐患工作，推进城市运行燃气安全整治3年行动。铁路道口实现15年无事故，10年零停车安全标准。

（梁　硕）

单位名称：北京市密云区城市管理委员会
地　　址：北京市密云区新西路60号
电　　话：69044627

建设工程

Construction Project

【概　况】 年内，区住建委夯实质量安全主体责任，开展安全生产三年行动，紧盯重点部位、关键环节，查现场、查行为，及时消除安全隐患，严守安全生产红线，提高工程质量。云璟壹号住宅、新刘棚改回迁安置房项目、新刘棚改F地块、新刘棚改CD地块、空地一体等4个项目被评选为“放心工地”。

（薛艳阳）

【竣工备案】 年内，全区在施房屋建筑工程面积372.43万平方米，竣工验收面积93万平方米。办理工程竣工验收备案35项，建筑面积约84.65万平方米。

（薛艳阳）

【优质工程评选】 年内，有3项工程获北京市建筑结构长城杯奖，其中北京怀柔综合性国家科学中心协同创新交叉研究平台——泛第三极环境综合探测平台项目获金奖；密云区穆家峪镇新农村刘林池村棚户区改造项目MY00-0400-0047地块棚改安置房（E-1#住宅楼等12项）、密云区长安新村和南菜园旧城改建棚户区改造项目MY00-0104-0079地块获银奖。

（薛艳阳）

2021 年密云区获奖工程项目一览表

表 12

序号	项目名称	建设规模（平方米）	施工单位	建设单位	监理单位	获奖名称
1	北京怀柔综合性国家科学中心协同创新交叉研究平台—泛第三极环境综合探测平台项目	40000	北京城建建设工程有限公司	中国科学院青藏高原研究所	北京建扶工程建设监理有限责任公司	结构长城杯金奖
2	密云区穆家峪镇新农村刘林池村棚户区改造项目 MY00-0400-0047 地块棚改安置房（E-1＃住宅楼等 12 项）	59984.19	北京住总第三开发建设有限公司	北京市密云区穆家峪镇新农村村经济合作社	北京光华建设监理有限公司	结构长城杯银奖
3	密云区长安新村和南菜园旧城改建棚户区改造项目 MY00-0104-0079 地块	96868.49	北京城建六建设集团有限公司	北京绿州博园投资有限公司	北京大正建设监理有限公司	结构长城杯银奖

【竣工工程】 年内，密云区竣工工程 35 项，面积 36.5 万平方米，工程总造价 28.23 亿元。其中，住房定向安置房建筑面积 10.71 万平方米，工程总造价 2.35 亿元；自住型商品房项目建筑面积 16.9 万平方米，工程总造价 5.1 亿元；普通商品住房建筑面积 34.24 万平方米，工程总造价 11.4 亿元；工业厂房项目建筑面积 10.47 万平方米，工程总造价 2.57 亿元；办公项目建筑面积 1.92 万平方米，工程总造价 0.71 亿元；科研教育工程项目建筑面积 3.62 万平方米，工程总造价 3.35 亿元；商业金融项目建筑面积 3.8 亿元，工程总造价 1 亿元；市政基础设施工程项目建筑面积 2.2 万平方米，工程总造价 1.1 亿元；综合类项目建筑面积 1.5 万平方米，工程总造价 0.67 亿元。

（薛艳阳）

2021 年密云区竣工工程项目一览表

表 13

类型	序号	项目名称	建设单位	地址	建筑面积（平方米）	验收日期
综合类项目	1	密云花园饭店地上贴建工程等 4 项	北京海淀花园饭店	密云镇京承路北（公路局西侧）	19109.22	2021-2-4
商品住宅项目	2	桃源一号住宅小区地下车库	北京盛远世纪房地产开发有限公司	园林东路 2 号	7410	2021-2-4
商品住宅项目	3	1＃住宅楼等 12 项	北京碧桂园文化发展有限公司	密云新城 0102 街区	52807.2	2021-2-4
商品住宅项目	4	4＃住宅楼	北京碧桂园文化发展有限公司	密云新城 0102 街区	6791.24	2021-2-10
办公项目	5	人民法庭用房 1 等 4 项	北京市密云区人民法院	经济开发区四期水厂东侧	4039.61	2021-3-3
工业用房	6	联东 U 谷-密云智慧科技产业园 A 区研发厂房及配套设施项目（1＃戊类厂房等 8 项）	北京亨讯达科技有限公司	经济开发区水源路 21 号	33810.33	2021-3-18

续表

类型	序号	项目名称	建设单位	地址	建筑面积（平方米）	验收日期
办公项目	7	人民法庭用房等3项	人民法院	密云区太师屯镇中心街东侧	4289.79	2021-4-12
综合类项目	8	综合楼（福利中心）等2项及原有设施改造工程	民政局	城后街23号	10875	2021-4-27
住房定向安置房	9	1#住宅楼（自住型商品房）等3项	北京宝驰通置业有限公司	密云区檀营乡 MY00-0103-0402 地块	36630	2021-4-30
住房定向安置房	10	密云区檀营乡地块二类居住、基础教育用地项目、商业服务设施等	北京宝驰通置业有限公司	檀营乡	3128	2021-4-30
自住型商品房	11	2#住宅楼（自住型商品房）等21项	北京宝驰通置业有限公司	密云区檀营乡 MY00-0103-0402 地块	127431	2021-5-26
科研教育工程	12	北京宝驰通置业有限公司幼儿园	北京宝驰通置业有限公司	檀营乡	3458	2021-5-26
自住型商品房	13	2#住宅楼（自住型商品房）等21项	北京宝驰通置业有限公司	密云区檀营乡 MY00-0103-0402 地块	41630	2021-5-28
商品住宅项目	14	久润花园东区10#住宅楼	北京久润房地产开发有限公司	密云新北路北	7812.59	2021-6-1
工业用房	15	北京金万众总部基地项目101号建筑物等	北京金万众机械科技有限公司	密云区经济开发区西统路东侧	5934	2021-6-3
商品住宅项目	16	11#住宅楼（商品房）等2项	北京宝驰通置业有限公司	檀营乡	17197	2021-6-15
科研教育工程	17	综合教学楼、连廊	北方交通大学附属中学密云分校	密云区阳光街6号	7917.9	2021-6-23
科研教育工程	18	地球系统数值模拟装置国家重大科技基础设施项目（动力楼等8项）	中国科学院大气物理研究所	西田各庄镇云西一街	24309.69	2021-6-23
工业用房	19	1号楼厂房改扩建（密云区汇通街2号院1号楼厂房改扩建）	北京紫云腾中药饮片有限公司	密云经济开发区汇通街2号	5830.97	2021-7-2
商品住宅项目	20	云溪花园B-02地块住宅小区A-15#-02住宅楼等2项	北京宁溪房地产开发有限责任公司	溪翁庄镇溪翁庄村密溪路西侧、调节池东侧	990.49	2021-7-2
科研教育工程	21	地球系统数值模拟装置（开关站）	中国科学院大气物理研究所	西田各庄镇云西二街北侧、云西二路西侧	487.02	2021-7-2
工业用房	22	联东U谷—密云智慧科技产业园B区研发厂房项目	北京亨讯达科技有限公司	经济开发区东吉路1号	37747.54	2021-7-9

续表

类型	序号	项目名称	建设单位	地址	建筑面积（平方米）	验收日期
办公项目	23	密云消防指挥中心及特勤消防站等4项	北京市密云区公安消防支队	水源路北侧、檀东路西侧、阳光街南侧	10904	2021-7-24
工业用房	24	生产车间等3项	北京中电加美环保设备有限公司	密云经济开发区云西经济开发中心云西七街北	7477.16	2021-7-29
住房定向安置房	25	北京市密云区李各庄路0602、0603地块二类居住及基础教育用地项目（幼儿园等2项）幼儿园；门卫室	北京隽成房地产开发有限公司	李各庄路	3386	2021-7-30
市政基础设施工程	26	密云新城再生水厂配套管网工程	北京市密云区水务局	由密云区经潮白河左堤路、潮河左堤路、潮白河右堤路、白河右堤路到密云区	22620	2021-8-12
商品住宅项目	27	密云区檀营乡地块、二类居住用地项目等	北京京投兴檀房地产有限公司	檀营乡檀东路西	90550.6	2021-8-19
商品住宅项目	28	密云区檀营乡MY00-0103-6002地块R2二类居住用地项目1#住宅楼等25项	北京京投兴檀房地产有限公司	檀营乡檀东路西	147425.88	2021-8-19
商业金融项目	29	建行密云支行办公楼中国建设银行股份有限公司北京密云支行（外装修）	中国建设银行股份有限公司北京密云支行	新中街85号	4925.13	2021-9-2
工业用房	30	提取及制剂综合车间；饲料车间及仓库；试制车间	北京康华远景科技股份有限公司	北京密云经济开发区云西经济中心云西七街南侧	13853.46	2021-9-26
商品住宅项目	31	2#住宅楼（自住型商品房）等21项	北京宝驰通置业有限公司	密云区檀营乡MY00-0103-0402地块	775	2021-11-4
商业金融项目	32	密云区溪翁庄镇走马庄村休闲农家乐建设工程项目1#游客接待中心等5项	北京市密云区溪翁庄镇走马庄村经济合作社	密云区溪翁庄镇走马庄村	19433.99	2021-11-10
商业金融项目	33	密云区溪翁庄镇京密引水渠调节池地块项目等42项	北京宁溪房地产开发有限责任公司	密云区溪翁庄镇京密引水渠调节池东侧	13543.8	2021-11-16
住房定向安置房	34	北京市密云区李各庄路0602、0603地块二类居住及基础教育用地项目等	北京隽成房地产开发有限公司	北京市密云区李各庄路	63943.68	2021-11-22
商品住宅项目	35	北京市密云区双龙水泥集团住宅项目	北京新博城房地产开发有限公司	密云区密溪路90号	10600.86	2021-12-10

【建筑企业】 年内，全区有建筑企业1263家，其中总承包资质354家，涵盖7个专业，特级1家，一级5家，二级13家，三级335家；专业承包754家，其中一级1家，二级307家，三级468家，不分等级318家；施工劳务资质710家。

（薛艳阳）

建材管理

Building Materials Management

【概　况】 年内，区住建委加大对全区4家预拌混凝土企业实行绿色监管，完成施工现场材料管理检查，通过加强建筑材料管理保障工程质量安全。

（薛艳阳）

【搅拌站治理】 年内，区住建委加大对本区4家预拌混凝土企业日常监管，开展季度联合检查，现场检查和视频监控检查相结合，混凝土实施绿色生产监管。加强与属地沟通，杜绝非法新建搅拌站。

（薛艳阳）

【建筑材料管理】 年内，区住建委通过规范施工现场材料管理，抽查建筑材料入库台账，施工现场材料码放，建筑材料进场前具备质量证明文件，使材料管理更好地服务于工程质量安全。

（薛艳阳）

建筑节能

Energy Efficiency Buildings

【概　况】 年内，区住建委推进既有建筑绿色改造和公共建筑节能管理，全区新建建筑100%实行绿色建筑标准，政府投资项目、保障性住房和棚户区改造项目全面落实装配式建筑要求，新开工装配式建筑项目8个44.08万平方米，占全区新开工建筑面积59.3%，超额完成市级30%以上目标任务，节能减排工作成效明显。

（薛艳阳）

【超低能耗建筑示范】 年内，区住建委推动超低能耗建筑试点示范，首开国樾·天晟小区建设，通过采用高效外保温围护结构、超节能窗、建筑结构无热桥、高气密性及高效热回收系统5大关键技术，实现室内四季恒温、恒湿、恒氧、恒洁、恒静环境，社区整体建筑节能率40%以上，每年可减少二氧化碳排放400余吨，为全市提供高质量发展样板，给予财政政策奖励2000万元。

（薛艳阳）

【装配式建筑】 年内，政府投资项目、商品房项目均落实装配式建筑要求，全年新开工装配式建筑8个项目44.08万平方米，占全区新开工建筑面积59.3%，超额完成市级30%以上要求。

（薛艳阳）

【公共建筑电耗限额管理】 年内，公共建筑电耗限额管理覆盖255栋公共建筑，涉及建筑面积154.7万平方米。

（薛艳阳）

【节能验收】 年内，执行居住建筑节能85%标准，完成节能验收备案12项2991.84平方米，新建建筑、民用建筑节能设计标准达标率100%。

（薛艳阳）

【老旧小区改造】 年内，按照“基层组织、居民申请、社会参与、政府支持”的方式实施菜单式改造，投入约1.8亿元，完成鼓楼、果园、太师屯等5个镇街8个住宅小区的节能改造、基础设施升级和公共区域环境整治，涉及55栋楼，受益百姓2328余户。

（薛艳阳）

房屋管理

Housing Management

【概　况】 年内，区住建委完成棚户区改造任务15户，其中中铁十六局密云区新北路29号院棚改项目完成签约4户，长安新村和南菜园新村棚改项目签约2户，穆家峪镇新农村刘林池棚户区改造项目签约9户。

（薛艳阳）

【房屋征收拆迁】 年内，区住建委完成拆迁357户，拆迁面积5.67万平方米。拆迁现场检查42次，未发现违法行为。全年办理拆迁许可证延期3件。

（薛艳阳）

【棚户区改造】 年内，区住建委落实减量发展要求，加快推进前期手续办理，西大桥棚改项目取得市立项批复，完成征收劳务、测绘单位评标与入户调查工作；溪翁庄棚改项目已纳入2021年棚改实施计划，完成项目拆迁补偿方案制定和回迁安置房设计方案，启动拆迁；密云镇大唐庄、小唐庄、王家楼三村棚户区改造项目纳入北京市棚改实施计划。年内，北京市首例远郊区集体土地棚改试点王各庄项目平衡资金地块全部实现净地；中铁十六局项目一期安置房工程正在抓紧施工；长安新村和南菜园新村旧城改建棚户区改造项目 9.7 万平方米 544 套回迁房基本完工；穆家峪镇新农村刘林池棚户区改造项目 8 个地块回迁安置房工程全部开工建设。

（薛艳阳）

【政策性住房建设】 年内，区住建委加大政策性住房供应力度，云河上苑 334 套共有产权房、长安南菜园新村安置房项目 544 套回迁安置房基本完工，首创悦欣嘉园 1409 套 12.3 万平方米共有产权房交付使用。

（薛艳阳）

【保障房审核分配】 年内，全区 500 户家庭申请保障性住房并通过市级备案，其中公租房 282 户，市场租房补贴 200 户，公租补贴 18 户。通过镇街住保部门初审，区住保部门复审，并与公安、民政、社保、地税、房产等部门进行数据核验完成各类保障房复核共计 1325 户。

（薛艳阳）

【公租房管理】 年内，区住建委配租公租房房源 86 套，取得公共租赁住房租金补贴资格申请家庭 327 户，全年发放补贴金额 241.2 万元。市场租房发放补贴家庭 435 户，发放金额 53.18 万元。廉租住房租房补贴已发放补贴家庭 56 户，全年发放补贴金额 19.52 万元。

（薛艳阳）

【房改工作】 年内，区住建委办理房改房产权转换手续 12 户，建筑面积 825.2 平方米。全年兑现发放住房工龄工资 734.55 万元，涉及 1522 人，即 1993 年 1 月至 1995 年 12 月参加工作无房人员或倒挂人员（含经算账对方属于外方人员的暂挂人员）。

（薛艳阳）

【房屋安全管理】 年内，区住建委联合镇街对登记在册的 95 处普通地下室进行全覆盖检查，累计日常检查 200 余人次，违法违规行为及时整改，散租住人动态清零。完成 1552.27 万平方米房屋安全检查，对梳理出的漏雨房屋制订实施方案，启动应急维修程序，分类实施维修。其中政府投入 2100 万元，完成 7.8 万平方米严重漏雨屋面的防水修缮，涉及 6 个镇街 58 栋楼房。

（薛艳阳）

【既有住宅电梯加装】 年内，区住建委引入企业投资建设、居民付费使用的“代建租赁”模式，对康居南区 7 号楼 4、5 单元、康居南区 3 号楼 1 单元、密西花园 25 号楼 2 单元完成电梯加装 4 部，超额完成 2021 年内开工 3 部以上的市级目标任务。

（薛艳阳）

9 月，密云区既有住宅楼电梯加装工程开工

（区住建委　供图）

【应急信访投诉】 年内，区住建委承办上级转办件和各类网上信访件共 307 件，比上一年上升 122.46%。信访综合系统等其他渠道来件 127 件。“12345”市民热线来件 8393 件，比上年上升 163%，其中，反映房屋漏雨问题 665 件（比上年上升 308%），反映老旧小区改造相关问题 643 件（比上年上升 144%），反映房屋质量及物业管理问题 2430 件（比上年上升 558%），反映房屋销售及租赁问题 1497 件（比上年上升 68%），反映拆迁回迁问题 499 件（比上年上升 0.8%）。共接待 108 批（比上年上升 31.48%）363 人次（同比上升 6.8%），其中集体访 13 批（比上年下降 18.7%）105 人次（比上年下降 40%）。

（薛艳阳）

北京住房公积金管理中心密云管理部

【概　况】 北京住房公积金管理中心密云管理部，作为北京住房公积金管理中心（北京市住房资金管理中心）垂直管理的分支机构（正处级），管理部设归集组、贷款组、综合组，负责管理部范围内住房公积金及单位住房基金（售房款）、售后公有住房住宅专项维修资金、商品住宅专项维修资金、住房补贴等其他住房资金的归集、使用管理工作；负责住房公积金的催建、催缴、执法和投诉处理工作；负责管理部各类档案的建立、归档工作；负责接待住房公积金咨询、查询及信访工作；负责管理部区域范围内的住房公积金贷款相关工作。管理部在编 13 人。

截至年底，有归集开户单位 5957 个，开户登记人数 111993 人，余额 38.05 亿；当年归集 18.33 亿元，支取 14.93 亿元，新增单位数 2268 个，新增人数 10923 人；全年共发放公积金贷款 1779 笔，发放公积金贷款金额 11.34 亿元，贷款回收情况良好；商品住宅专项维修资金，归集金额 10108 万元，使用金额 1842 万元，余额 10.87 亿元。

（叶　明）

单位名称：北京住房公积金管理中心密云管理部
地　　址：北京市密云区东源路 31 号
电　　话：69057057

【便民服务】 年内，北京住房公积金管理中心密云管理部做好延时服务和“好差评”。组织全体职工集中 3 天学习优化营商环境知识，落实服务大厅引导员制度、首问负责制、一次告知等制度。每周制定延时服务计划表，保证延时服务质量同时合理安排人员调休。投诉受理方面，调解 36 件，立案 299 件，结案 133 件，为 259 人追缴公积金 1846098 元。

（叶　明）

【公积金个人贷款】 年内，北京住房公积金管理中心密云管理部按要求审核公积金贷款，及时公示政策；结合疫情防控形势，调整分配每月贷款额度；加强资金风险防范，确保人员、资金安全。召开“优化营商环境　梳理组合贷款流程”调研会，积极联系银行、中介机构和评估公司等相关单位，按计划发放公积金贷款。加强政策宣传，讲解公积金政策、公积金与组合贷款流程和注意事项，实现公积金个人住房贷款有序发放。

（叶　明）

【商品住宅专项维修资金】 年内，北京住房公积金管理中心密云管理部配合管理中心资金管理处，协调区住建委及相关部门，做好各项工作。通过参加老旧小区综治专班，摸排区老旧小区维修资金补建、续筹试点工作，解决老百姓维修难问题；通过区市场监管局、区鼓楼街道、檀营地区办事处等部门组织的“电梯风险隐患”、“清理遗留拆迁问题”等“吹哨活动”，积极配合所涉及小区启动维修资金使用。通过现场查看住宅小区并会商，确定商维资金缴存标准。

（叶　明）

城乡环境建设

Urban and Rural Environment Construction

【塘峪 220 千伏输变电工程】 6 月，塘峪 220 千伏输变电工程投产运行。由区城管委负责拆迁协调，由区供电公司负责前期手续和工程建设。工程新建 220 千伏变电站 1 座，新建变电站用地规模 8160 平方米，安装 180 米 VA 变压器 2 台，新建 220 千伏三回架空线 19.5 千米，新建铁塔 71 基，新建电力隧道 88.5 米，敷设单回电缆 181 米。

（李月新）

6 月，塘峪 220 千伏输变电工程投产运行

（李月新　摄）

【西统路（河北路——密关路）道路工程】 年内，西统路（河北路——密关路）道路工程完工。工程起点河北路，终点密关路，全长约 7.1 千米，包含 5 座桥，1 个隧道，道路等级为一级公路。估算投资 6 亿元。工程于 2019 年 6 月 1 日开工，2021 年 12 月 1 日完工。施工单位为中铁十六局集团有限公司（一标段）、北京城建远东建设投资集团有限公司（二标段）、中交路桥建设有限公司（三标段）。

（于　强）

【顺潮街管线工程】 年内，顺潮街管线工程完工。项目包括新建 1 条污水管线，全长 6035.8 米；新建给水管道，全长 3865 米；新建 1 条再生水管道，全长 3824 米。同步实施照明工程。项目总投资 10081.21 万元。工程于 2020 年 4 月 11 日开工，2021 年 9 月 13 日完工。施工单位为中国新兴建设开发有限责任公司。

（王新为）

【密云新城南山路道路工程】 年内，南山路道路工程完工。工程北起水源路，跨潮河，南至高速南路，道路全长 1150 米，等级为城市次干路，红线宽度 40 米。横断面按三幅路建设，机非分行。随道路同步建设桥梁、交通、雨水、污水、给水、再生水、照明、绿化工程。总投资 7088 万元。工程于 2016 年 5 月 13 日开工，2021 年 4 月 31 日竣工。施工单位北京城建六建设集团有限公司，北京市密云区城市管理委员会为代建单位。

（刘敬一）

【京沈客专密云站基础设施配套工程】 年内，京沈客专密云站基础设施配套工程完工。项目包括站前南、北广场建设，站区东、西侧路、临时北侧路建设。西侧路长 225 米，宽 16.5 米，东侧路长 230 米，宽 16.5 米，临时北侧路长 197 米，宽度 7 米，3 条道路总长度 652 米。南北广场位于密云站站房南北两侧，总面积约 2.1 万平方米。项目总投资 3300.09 万元。工程于 2020 年 12 月 1 日开工，2021 年 6 月 30 日完工。道路及附属设施工程施工单位为北京路桥瑞通养护中心有限公司，广场及景观工程施工单位为北京市设备安装工程集团有限公司。

（王新为）

6 月，京沈客专密云站基础设施配套工程完工

（王新为　摄）

【“十四五”时期城市管理规划编制】 年内，完成《密云区“十四五”时期城市管理规划》编制及印发。本规划从生态密云、美丽密云、畅通密云、安全密云、韧性密云、智慧密云 6 个方面提出城市管理的发展目标，从交通设施、市政设施、环卫管理、环境整治、运行管理、管理体系 6 个方面制定未来五年本区城市管理的主要任务，并提出具体可实施项目。

（朱明峥）

【101 绕城线声屏障工程】 年内，101 绕城线声屏障工程完工。新里格庄小区段东西方向位置设置声屏障 224 米，南北方向位置设置声屏障 118 米，位于李各庄小区西侧围墙，声屏障高度 5 米。

（段起洋）

12 月，101 绕城线声屏障工程完工

（段起洋　摄）

【新西路提升改造工程拆迁】 年内，新西路提升改造工程涉及的 6 户房屋及各类地上杆线、地下管线全部完成拆除及移改工作。道路设计起点为 101 绕城线李各庄立交桥，终点为新北路，设计长度 1.55 千米。

（王　博）

【河南寨 110 千伏输变电工程拆迁】 年内，河南寨 110 千伏输变电工程变电站站址已完成协议签订及地上物拆除等工作并已将施工作业区域移交施工单位。该工程新建河南寨 110 千伏变电站 1 座，新建变电站用地规模 5920 平方米，安装 50 米 VA 变压器 2 台。新建电缆终端塔 1 基，更换 110 千伏架空线 360 米，新建电力隧道 65 米，敷设 110 千伏双回电缆 125 米。敷设架空光缆 6 千米。

（王　帅）

【京通铁路兵马营牵引站 110 千伏外部供电工程拆迁】 年内，京通铁路兵马营牵引站 110 千伏外部供电工程完成全部 245 户的拆迁补偿协议签订工作。此工程新建 110 千伏架空线路径长约 8 千米，铁塔 27 基，敷设光缆约 13 千米。

（郭　成）

【密云门站天然气工程拆迁】 年内，密云门站天然气工程完成全部拆迁补偿协议签订及树木伐移工作。工程设计规模为 60 万 N 米 3/h；总占地面积 14.1 亩；总建筑面积 2065.12 平方米；站内设综合办公用房、辅助生产用房、水泵房等。

（袁　静）

【西智 35 千伏变电站升压工程拆迁】 年内，西智 35

千伏变电站升压工程全线共计 41 基铁塔，已交地。

（王　帅）

【塘峪 220 千伏变电站 110 千伏配套送出工程拆迁】 年内，塘峪 220 千伏变电站 110 千伏配套送出工程全线共计 24 基铁塔，8 基铁塔已全部交地。

（王　帅）

【电动汽车公共充电桩安装工程】 年内，在行宫小区、万象汇停车场、南山滑雪场周边停车场安装 34 台公共充电桩，解决电动汽车充电问题。

（李月新）

【厨余垃圾处理线工程】 年内，北京绿色动力再生能源有限公司投资 200 余万元加装 1 条 120 吨/天的厨余垃圾处理线，实现家庭厨余垃圾与餐厨垃圾分开处理，于 9 月 1 日正式投入使用，厨余垃圾处理能力由 30 吨/天提升至 150 吨/天。

（董　凯）

【环境检查】 年内，区城管委优化完善环境巡查考核机制，贯彻落实首环办 2021 年新精神，修改制定《密云区城乡环境建设管理工作方案》；完善“日巡查、周汇总、月通报”机制，加大环境巡查范围、力度、频次，对城区范围内、城乡结合部地区和各边远镇进行全覆盖巡查；落实城市精细化管理工作，研究制定门前责任区、“三修一配”专项整治方案，推进解决城乡环境顽疾；全年整治市级脏乱点 777 个，实现市级现场检查点位 100%达标。

（王东江）

【铁路沿线环境提升工程】 年内，区城管委实施 2020 年铁路沿线环境提升工程（一期），累计拆除违法建筑 1624.50 平方米，整修道路 8.19 万平方米，绿化工程 9.58 万平方米，清洗粉饰和改造建筑外立面 9.32 万平方米，拆除、规范牌匾标识 2545.23 平方米，围栏、护栏改造 3771.99 米，完善照明设施 163 套，清理和完善城市道路公共服务设施 29 个。

（裴崇盛）

【潮白河周边环境建设工程】 年内，区城管委实施密云区 2020 年潮白河周边环境建设工程（二期），累计整修道路 3.82 万平方米，绿化工程 9.39 万平方米，清洗粉饰和改造建筑外立面 6.69 万平方米，拆除、规范牌匾标识 1.17 万平方米，围栏、护栏改造 1.58 万米，完善照明设施 521 套，清理和完善城市道路公共服务设施 59 个。

（裴崇盛）

【户外广告管理】 年内，严格按照时间节点要求全面完成市、区两级违规户外广告设施销账任务，共处置市级大型违规户外广告设施 118 块，处置区级违规户外广告、牌匾标识、软质标语宣传品 1500 余块（条），结合庆祝中国共产党成立 100 周年专项活动，规范设置硬质横幅 33 块，拆除违规硬质横幅 2030 块。联合密云区政务服务中心为 14 家商户做好户外广告及牌匾标识设置查询服务。做好户外广告、牌匾标识安全管理工作，与 6 家特许经营广告单位签订《2021 年户外广告设施安全运行责任承诺书》，加强极端恶劣天气下户外广告牌匾标识安全巡查工作，共下发大风天气安全检查通知 60 余次。全面做好双随机巡查检查，随机检查 6 家特许经营广告公司户外广告设施 40 余次。持续推动立柱式户外广告设施专项整治工作任务，拆除大型立柱式户外广告设施 21 根。督促属地做好隐患排查治理。

8 月，京承铁路沿线古北口浮雕墙

（裴崇盛　摄）

（张　英）

【照明管理】 年内，区城管委完成市级无灯路补建实事任务，实施宾阳西里小区照明工程、南山路补建路灯工程，安装路灯 38 基。督促照明设施管护单位定期对城区范围内各道路照明、景观照明设施进行巡查，发现断亮、安全隐患等问题及时进行维修。重大节假日期间，确保各类设施运行稳定。做好照明问题专项整治，制定《公共照明专项整治的实施方案》。

（张　英）

【春节景观布置】 年内，以街心公园为核心，围绕鼓楼东西大街、鼓楼南北大街 2 条主要大街及天女散花、净水瓶、密虹公园等 15 个节点，以“山随生态城，幸福红火年”为主题，挖掘春节元宵节文化内涵和密云文化、生态资源，融合习总书记回信一周年精神、东奥元素，通过灯笼灯饰、景观树挂、夜景照明等形式开展春节及元宵节景观布置。

（刘　芳）

密云区春节景观布置　　（刘雪薇　摄）

【环境卫生运行保障】 年内，做好道路清扫保洁工作，落实一、二、三级城市道路作业频次和工艺要求，“冲、扫、洗、收”组合工艺作业率96.03%，调整小型电动清扫车作业路线，将建委东侧巷路、锥塔胡同等6条背街小巷纳入机械清扫范围，城区背街小巷机械化作业率100%。做好城区垃圾收运工作，全年收运31家公立医院及119家个人诊所的医疗垃圾661.89吨、厨余垃圾1.34万吨、餐厨垃圾3860.36吨、生活垃圾3.95万吨。做好城区77座公厕的运行维护。做好宾阳垃圾填埋场封场后运行维护，新建监测室1间，更新设备4台，增加分段采样装置，保证在线监测设施精准检测，达标排放。

（徐晨亮）

【公厕升级改造】 年内，区城管委完成唐庄小学、物美商场、二外3座公厕的整体升级改造，并对责任区内所有二类、三类公厕安装洗手液容器，24小时免费提供洗手液，为如厕人员免费提供厕纸。同时，关爱特殊人群，完成6座活动公厕无障碍设施改造工作。

（徐晨亮）

【渣土管理】 年内，区城管委加强渣土消纳和运输管理。加强消纳场所管理。针对本区黑渣土消纳场和综合利用点倾倒生活垃圾等建筑垃圾违法违规倾倒暴露的问题，制作建筑垃圾警示教育片，制定《密云区建筑垃圾乱堆乱倒专项治理工作方案》。要求各属地严格按照文件要求设置、管理建筑垃圾暂存点，备案临时暂存点218余个。开展建筑垃圾治理工作。全年组织区环保局、住建委、交通局、交通大队和城管执法局开展联合执法80次，其中夜查10次，检查施工工地230个，查处建筑垃圾违法违规行为520起，罚款153.92万元。每月定期组织召开规范管理工作联席会议。对北京市建筑垃圾运输车辆管理系统里派发的未办理消纳备案、准运许可和乱倒乱卸点位等问题进行核实、整改、回复，全年核实回复问题250余个。加强运输企业管理。对区域内注册满一年的运输企业进行综合评估，审验运输车辆，完成135余家运输企业的审核工作。做好审批手续办理工作。全年办理建筑垃圾车辆准运许可1531余张，审批运输企业97家，办理建筑垃圾消纳备案（居住类、工程类）226件，施工现场备案146件。

（席婷婷）

【非法小广告清理】 年内，委托北京宜捷通物业管理服务有限公司负责清理城区非法小广告工作，清理范围以密云区大剧院为中心，东至檀东路（密云区医院东侧）、西至101国道兴云路口、南至水源路（含水源路）、北至沙河铁路桥四至范围内的77条主街，全年清理16.5万余张非法小广告。

（席婷婷）

9月，集中开展清理非法小广告行动

（区城管委　供图）

【停车综合治理】 年内，城区范围内6个空闲地块停车场开展收费管理工作，为周边20余个居住区500余户居民提供固定停车位；在水源路北侧空闲地块建设一处大型工程车临时停车场；公共自行车退出市场工作基本完成；按照规定程序对停车企业进行备案登记，28家经营性备案停车场接入区级停车管理平台；出动60余人次，对经营性备案停车场进行日常检查工作，建立问题台账，责令停车场经营单位限期整改完毕。

（李爱佳）

【密云区国家卫生区复审】 年内，密云区通过国家卫生区复审。成立由区长担任组长，区委常委、副区长担任副组长的密云区国家卫生区复审工作领导小组。组建实体化复审办公室，统筹协调国家卫生区复审相关工作。召开区级工作部署会3次，区领导2次带队到存在突出问题的点位进行检查。复审办发挥调度协调作用，对老旧小区、城乡结合部、城中村、“七小”行业、农贸市场等重点领域，每天进行督查检查。利用第三方机构开展检查，下发台账，督促各单位、各镇街第一时间进行整改。各单位、各镇街积极开展“拉网式”自查，每周将整改情况汇总后报复审办。下发督办通知单3次。全国爱卫会专家组6月22日至24日对密云进行暗访。8月23日接到市爱卫办反馈，密云区通过本次国家卫生区复审，成绩为789分，达到良好标准。

（王伯旭）

4月28日，国家卫生区市级复审专家组来密云区进行复审评估 （融媒中心 供图）

【创建全国文明城区】 年内，将“创城”工作与区城管委工作职责、重点项目相互结合，开展“市容环境整治、基础设施提升、重点区域攻坚”3大创城行动，城市环境水平实现“三提升”。城市颜值水平提升。对责任区内102条道路持续加强清扫保洁力度，实现机械化清扫率96%、清扫覆盖率100%任务目标；对城区77条主要大街清理“非法小广告”13万余张；实施生活垃圾分类管理，分类覆盖率90%以上。城市功能品质提升。完成修复破损路面、步道、退线区1.9万余平方米，更换路灯6180支，保洁翻修灯杆1061根、清掏雨篦子2.16万座次、喷涂维修果皮箱347个、改造缘石坡155处，完成室外公厕无障碍设施改造78座，完成宾阳西里小区照明工程、南山路补建路灯工程。城市秩序水平提升。以鼓楼南大街为试点，协调“三修一配”摊点“进商入市”；针对门前责任区乱象难题，实行分区分片分类施策，构建由“属地统筹+社区自治”的管理模式，将执法与管理同步推进。通过新建停车场、施划公共区域及道路两侧停车位、规范秩序管理等举措，改善提升本区停车秩序，以长安小区周边商业街为试点，建立自治备案停车场。

（张佳楠）

【创建卫生镇卫生街道】 年内，开展国家卫生镇、北京市卫生镇和北京市卫生街道创建工作。创卫办到各镇检查指导工作30余次，组织培训学习1次。冯家峪镇、西田各庄镇成功创建北京市卫生镇，鼓楼街道、果园街道成功创建北京市卫生街道。密云区19个镇和街道全部完成创建北京市卫生镇（街道）工作。

（王伯旭）

城乡管理

URBAN-RURAL MANAGEMENT

城市运行保障

City Operation Guarantee

【概　况】 年内，区城管委承担城区道路、排水、照明3大市政设施巡查、养护和管理工作，围绕创城，持续推进环境卫生精细化管理。开展液化气专项整治，排查用户、地下管线、燃气设施安全隐患，解决民生诉求，实现治理能力和水平双提升。

（梁　硕）

【科技路热力管网改造工程竣工】 5月1日，经济开发区科技路热力管网改造工程竣工，沿线60余家企业、208户居民受益，该工程2020年11月开工建设，项目总投资8000万元。

（王希华）

【垃圾分类】 年内，20个镇街完成市级示范片区创建任务，覆盖率100%。90个村居创建为市级示范村居，96个区级示范村居完成创建工作，20个镇街完成镇街示范村居创建工作，完成146家市级示范单位、1座市级示范商务楼宇的创建工作。建立不分类人群薄弱清单，针对重点人群进行精准入户宣传教育，对执法数量进行考核，对执法不达标的镇街予以通报批评。

（王　松）

【地下管线管廊】 年内，区城管委完成2021年密云区城市地下管线运行综合协调管理工作；针对市级外力施工破坏地下管线的统一部署，组织落实密云区防外力施工破坏地下管线专项检查行动；完成密云区2020年度地下管线基础信息统计工作；完成2020年度密云区地下管廊（古北水镇景区地下管廊）信息统计工作并报送至市城管委。

（李爱佳）

【供热行业管理】 年内，区城管委组织供热单位对上一采暖季问题较多小区开展“冬病夏治”工作，对东菜园、檀城东、西区、果园西里等18个小区及沿湖1座换热站进行改造。协调属地做好“接诉即办”工作，要求各属地排查辖区不稳定因素，制定2021—2022采暖季保障方案及12345供热工单处理实施方案。联合第三方专业机构对全区供热单位进行安全检查，要求供热单位对安全隐患立行整改，确保锅炉安全运行。设专人负责密云区供热服务电话，关注居民供热诉求办理的进度和满意度。

（周　楠）

【电力行业管理】 年内，区城管委加强风险防控及隐患排查，督促区供电公司等企业落实安全生产主体责任，开展变电站安全检查18次，对涉及公共交通、景区的公共充换电设备进行随机抽查26次。以“创造低碳生活，构建绿色未来”作为宣传主题，9月起每月开展一次用电安全宣传活动。

（李月新）

【铁路道口管理】 年内，区城管委加强密云辖区铁路道口安全管理，对监护员进行安全业务培训1次，班长安全管理专题培训2次；全员疫苗接种及身体检查；召开安全例会30次、班长例会10次；加强视频监控及夜查管理，全年视频检查872小时，实地检查20余次，夜查24次，纠正违规行为5次，处罚1次；加强考核机制管理，全年分项考核1次。实现15年无事故，10年零停车安全标准。

（李晓亮）

【市政设施管护】 年内，区城管委保障城区道路、排水、照明、交通等各项市政设施平稳运行。发现修复各类市政设施病害、处理市政设施故障2.2万件，其中道路排水类0.9万件、照明设施类0.9万件、交通设施类650件，市政设施完好率98%以上，市政设施病害处理率100%。

（刘　芳）

公安交通管理

Public Security Traffic Management

【概　况】 年内，北京市公安局密云分局交通支队（简称密云交通支队）负责疏导维护密云区路面交通秩序，纠正处理交通违法行为，负责重要领导、外宾及重大活动（会议）路线和现场交通安全保卫，指导、协调各级交通安全组织开展交通安全宣传教育，监督、管理、检查考核交通安全落实情况。负责全区地方机动车、电动自行车和驾驶员管理。负责处理交通事故，交通犯罪侦破，参与规划城市交通设施建设。

（王晓东）

单位名称：北京市公安局密云分局交通支队
地　　址：北京市密云区新北路25号
电　　话：69041895

【电动车上牌】 9月至11月，超标电动车过渡期满，新车上牌业务量骤增，密云交通支队主动协调17家销售门店设置登记网点，使群众在购车时现场上牌，避免集中办理长时间等待问题。交通支队车管站全年累计延时工作410个小时，办理电动车上牌1.6万余辆。

（王晓东）

【打击交通违法】 年内，密云交通支队坚持日间常态查、每日夜查，每周整治高潮日、大规模集中攻坚等，推进事故预防“减量控大”、电动三四轮断源收网、货车违法、涉酒涉牌违法等专项行动。年内，共处罚交通违法行为27.16万起，同比上升20%。处罚涉酒类违法370起，同比上升46%；涉牌类违法5473起，同比上升86%；货车超载行为处罚2769起，同比上升541%；累计刑事拘留253人，同比增长62.1%；行政拘留116人，同比上升33.33%。

（王晓东）

【交通隐患整改】 年内，密云交通支队摸排国省道、高速公路，以及农村地区主要道路、山路事故多发的重点路段，实地踏勘研究，整合社会各界意见建议，开展交通安全隐患大清整行动。全年整改市级挂账安全隐患6处，整改一般类交通设施问题180处。

（王晓东）

【创建全国文明城区】 年内，密云交通支队打造鼓楼灯岗、西大桥灯岗2处市级路口，增加区级重点路口10处，12处路口共同治理。成立“创城”党员突击队专项攻坚，整合协辅警、志愿者、文明劝导员以及协作企业等多方力量开展交通违法行为查处、文明交通劝导和安全知识宣传。对重点路口非机动车道进行彩色路面铺装，对人行横道、停止线等标线进行了覆划，并增加了“礼让行人”提示语、反光道钉、引导标志标线等元素，对视频监控点位进行调整，人防、物防、技防形成合力。处罚非机动车及行人违法1.78万起，机动车不礼让斑马线行为465起，电动三四轮违法行为7108起，纠正教育4万余人次。

（王晓东）

【违法停车治理】 年内，密云交通支队牵动城管执法、属地综治、辖区派出所力量，实施“路长制”管理措施，动员社会力量积极参与，定职定责。创新设计《违法停车提示单》，形成“执法主体不变、管理交叉覆盖、信息资源共享、职能优势互补”的城市管理共同体。累计处罚违法停车4.3万起，新增机动车车位1563个，复划机动车车位1179个，施划非机动车车位2309个。

（王晓东）

【交通安全宣传教育】 年内，密云交通支队深化交通安全“七进”宣传，开展宣传180场次，发放宣传教育材料22万余份。围绕“零酒驾”镇街单位创建工作，制作张贴禁止酒驾宣传海报750张，深入餐饮企业66家次，发动劝诫酒驾宣传员320名。对运输企业负责人、重点车辆驾驶人、动态监控人员等开展点对点警示教育，强化人员管理。组织“交通副校长”深入全区中小学校开展宣教活动，发挥“小手拉大手”辐射效应。年内，深入学校25所，发放各类宣传教育材料1.8万份。

（王晓东）

【交管窗口服务优化】 年内，密云交通支队贯彻上级各项“放管服”措施，推行简化流程、压减材料、压缩办事时间等措施，在交通支队车管大厅引进自助体检照相一体机，解决驾驶证换证业务体检和照相多跑腿的问题，实现“三分钟”办理，为群众办理体检1.7万人，使用照相功能千余人。

（王晓东）

城管执法

Urban Management Law Enforcement

【概　况】 北京市密云区城市管理综合行政执法局（简称区城管执法局），依法开展治理和维护城市管理秩序的相关工作。设党政办公室、综合业务科、督察队、执法一至五分队8个机构。编制65人，实有60人，其中公务员编制49人，实有45人；事业编制10人，实有9人；工勤6人，实有6人。

年内，区城管执法局坚持“精准执法、精细执法”，开展市区两级重点任务和城管重点专项执法，完成重大活动、重要节日环境保障任务，推进政府折子工程、实事项目，提升城管队伍执法服务水平。全区城管系统执法总量10.55万件，其中：执法检查量9.55万件，比上年增长27%；处罚量1万件，比上年增长125%，罚款总额793万元，罚款量比上年增长4%，实现执法量和处罚量双上升。

（刘奥林）

单位名称：北京市密云区城市管理综合行政执法局
地　　址：北京市密云区檀西路
电　　话：69041096

【拆违腾地专项行动】 年内，区城管执法局巩固“基本无违建区”创建成果，坚持“周报告、月调度、季研判”的调度模式，做好创建后续违法建设治理工作。全年拆除违法建设 8.35 万平方米，拆违任务完成量达 167%，腾退土地 9.16 公顷，腾地任务完成量达 152%，提前超额完成年度拆违腾地工作任务。

（刘奥林）

【占道经营专项整治】 年内，以 12345 占道经营举报量持续压减为核心，推进全区占道经营整治工作。研究制定《密云区 2021 年占道经营整治工作方案》和《密云区占道经营整治专项行动综合评价办法》，召开推进会、周通报、约谈会、重点问题督办等工作措施压减举报数量，确保全区各镇街（地区）占道经营整治工作平稳有序。全年受理 12345 接诉即办占道经营类举报 1049 件，比上年下降 8.5%，罚款 22.3 万元，立案量 3631 起，处罚量达到举报量的 3.5 倍。

（刘奥林）

【创城工作推进】 年内，区城管执法局督促属地执法队开展街面环境秩序治理、燃气安全检查、大气污染防治、垃圾分类等专项整治工作，局机关执法编制人员下沉属地，配合街道做好街面环境秩序管控工作。国检期间，局机关同中心城区 4 个镇街研究部署保障工作，为创建全国文明城区工作提供保障。

（刘奥林）

【“三类场所”疫情防控】 年内，区城管执法局指导各镇街综合执法队开展对本区商务楼宇（包括办公楼、写字楼）及其使用单位、商场（含超市）和餐馆（含内部食堂）的疫情防控执法检查工作，建立“日督导、日小结、日研判、日反馈”4 项工作机制，推行一周一次全覆盖的检查频次，及时消除问题隐患。全年检查“三类场所”3.61 万家次，发现问题 2473 起，全部整改完毕。

（刘奥林）

【大气污染源头防治】 年内，区城管执法局指导各镇街综合执法队加强施工扬尘、道路遗撒、露天烧烤、露天焚烧等问题整治，开展“每周行动日”联合执法。实名制管控重点工地，远程监控实施源头，核验、处罚违法行为。加强空气重污染应急准备工作，空气重污染和四级以上大风天气启动应急措施。全年涉气类执法案件立案 306 起，处罚 204.6 万元。

（刘奥林）

【燃气安全专项执法】 年内，区城管执法局加强对燃气经营单位及餐饮公服用户经营使用燃气执法检查力度。指导各镇街综合执法队在逐一摸排全覆盖的基础上，重点检查高风险、人口密集区域单位，引导燃气用户正确操作燃气设备、完善燃气安全制度建设，防范燃气事故发生。全年立案 38 起，罚款 14.5 万元。

（刘奥林）

5 月 11 日，区城管执法局在北京燃气密云公司检查燃气安全工作（王建强 摄）

【生活垃圾分类专项执法】 年内，区城管执法局落实《北京市生活垃圾管理条例》，以餐饮饭店、楼宇商超、集贸市场、企事业单位等社会单位为检查重点对象，开展非居民厨余垃圾专项执法工作。全年立案 5148 起，罚款 90.43 万元，立案数在生态涵养区排名第一，处罚额在生态涵养区排名第二。

（刘奥林）

供 水

Water Supply

【概 况】 北京檀州自来水有限责任公司（简称自来水公司）前身是密云县自来水管理站，1995 年撤管理站成立密云县自来水公司。2001 年转制更名为北京檀州自来水有限责任公司，2019 年 10 月 29 日檀州污水有限责任公司并入北京檀州自来水有限责任公司。公司供水服务面积 35 平方千米，供水范围主要集中在密云城区。现有地下水水源地 1 处，水厂、分水厂和地表水厂各 1 座，水源井 18 眼，补压井 1 眼，配水泵 14 台，清水池 4 座，日综合供水能力 10.4 万立方米，管网水质综合合格率、水压合格率均达到 100%；截至 2021 年底，管网总长度达到 464.6 公里。主营业务范围是加工制造自来水，修理、安装、维护供水管线和供水设施，供水设备的铸造，加工自来水管道及零配件，水质监测和信息咨询等。公司在册职工 285 人，设综合部、财务部、企管部、科技生产部、安保部、统计核算部、稽查队、水厂（含水质监测站）、密云新城地表水厂、水费营销部、工程维修部和污水清产部12个部门，设2个营业厅，分别为果园营业厅、沿湖营业厅，是公司对外办理水费交纳、智能水表预存水费、用水报装等业务的窗口单位。

全年，水厂和地表水厂完成水源水检测共计10543项次，出厂水检测12139项次，管网水检测6708项次，水质综合合格率100%。

（康思明）

单位名称：北京檀州自来水有限责任公司

地　　址：北京市密云区新西路60号

电　　话：69041845

【管网运行保障】 年内，自来水公司完成老旧小区综合整治一期工程。对石桥小区、兴云小区、车站路小区等小区室外老旧给水管线进行改造，降低管网漏损和跑水损失。结合高峰供水和各水厂运行模式，完成部分管网阀门调节工作。对檀西路两处DN300阀门、行宫街一处DN300阀门进行了不同开启的调整，在满足檀营地区新增用水的同时，减少“黄水”发生区域。完成52个小区92处过单元表跑水修复工作，每月可减少跑水损失约1100吨。完成高精度水表2722支，户用NB远传水表14054支更换工作。

（康思明）

【配水管网减压阀增设工程】 年内，自来水公司对河南寨工业开发区、康馨雅苑小区等水压较高的配水管网通过增设先导式减压阀的方式，缓解局地水压不足。

（康思明）

【檀州污水污泥外运处置工作】 年内，檀州污水污泥外运工作完成，3.27万吨污泥全部外运，污泥池场地平整工作已完成。

（康思明）

【接诉即办】 年内，自来水公司规范“接诉即办”工作流程，完善管理办法，形成部门联动机制，建立考核机制，实现用户满意率100%。全年，热线电话共计28133起，到场及时率99.57%、处理及时率100%、销单及时率100%。

（康思明）

【安全生产】 年内，自来水公司落实安全生产主体责任，加强职工安全教育培训和治安保卫等工作，保证全年重大安全生产责任零事故、交通死亡责任零事故。与各部门负责人及相关职工签订安全责任书、防汛责任书等，实现责任到岗、落实到人；开展风险评估和隐患排查治理，组织相关人员开展公司级安全检查312次。

（康思明）

【降本增效】 年内，自来水公司加强企业资金管理，加大闸门、消火栓、管线等公共设施的巡查检查力度，对检查出的问题及时维修和保养，降低漏失率和设备损坏加重情况，对具备再利用价值的旧管件进行刷洗翻新后继续使用。

（康思明）

3月15日，公司水厂对所有设备进行电检

（王玥　摄）

供　电

Electricity Supply

【概　况】 国网北京密云供电公司（简称国网密云供电公司）是国网北京市电力公司直属供电企业，负责密云地区2229.45平方千米范围内的电网规划建设、运行管理、电力销售和29.25万客户的供电服务工作。职工247人，设置职能部室9个、班组23个，管理集体企业1家；负责35千伏及以上变电站26座，变电容量156.9万千伏安，输电线路423.19千米。其中，110千伏变电站13座、35千伏变电站13座。10千伏配电线路3047千米，其中架空线路2414.06千米，电缆线路633.12千米。

全年完成售电量22.58亿千瓦时，同比增长4.19%；营业收入12.15亿元，同比增长2.82%；完成固定资产投资6.1亿元，同比增加136.09%；固定资产原值达到45.89亿元，同比增长3.02%；综合线损率完成4.69%，同比降低0.6个百分点。

（孙佩佳）

单位名称：国网北京市电力公司密云供电公司

地　　址：北京市密云区新中街3号

电　　话：69042580

【塘峪220千伏输变电工程建成投产】 6月20日，密云地区第二座220千伏变电站——220千伏塘峪输变电工程正式投产送电，该变电站用地面积8160平方米，建筑面积约3595平方米，新建铁塔61基。

（孙佩佳）

6月，建成的国网北京密云供电公司

（林一轩　摄）

【煤改电】 7月，国网密云供电公司启动"煤改电"建设任务，用时1个半月，确保新增9个镇32个村1.3万"煤改电"用户的及时供暖。

（孙佩佳）

12月14日，国网北京密云供电公司党员服务队春节前开展"煤改电"客户走访活动

（林一轩　摄）

【重大活动保障】 年内，国网密云供电公司完成建党100周年庆祝活动和全国"两会"、冬奥测试赛等系列保障工作，累计完成任务35项、保电天数327天。冬奥保障工作中，47名人员进驻封闭保障，125名保障人员全面进入临战状态。

（孙佩佳）

【电网风险整改】 年内，国网密云供电公司发现处置525处异物搭挂、绝缘破损等缺陷，消除4758处树线隐患，修剪树木5.7万余棵，协调城管执法局开展联合执法12次，开展配网设备数据核查，完善设备项8.7万个、数据项110.9万个，配网故障数量同比降低19%，变电运维保持零故障。审核各类电网风险612余条，修改完善风险96条。梳理各类问题、隐患23大项、63小项，完成整改58项，整改完成率92%，未整改的5项问题隐患均列入长期隐患库，制定相应整改措施。

（孙佩佳）

【居民用电保障】 年内，国网密云供电公司开展配网不停电作业工作660起，减少3.51万停电时户数，多供电量237.86万千瓦时，确保居民安全用电。

（孙佩佳）

【汛期保电】 年内，国网密云供电公司执行雨前、雨中、雨后巡视排查工作，发现渗漏站室70余座，建立汛期渗漏专业抢修小组，针对隐患高效处理，开展封堵315处、抽水83处、专业防水10处，有效避免了夹层进水，保证城市用电安全。

（孙佩佳）

【电力设施完善】 年内，国网密云供电公司强化不停电作业人员和装备配备，新增3名带电作业人员，组织产业自主购置带电作业蜘蛛车1辆。

（孙佩佳）

【电网规划建设】 年内，国网密云供电公司协助北京公司完成西田各庄220千伏输变电工程、怀柔北—西田各庄220千伏线路工程规划前期手续。办理河南寨110千伏输变电工程环评水评、35千伏配套送出工程项目核准。取得西田各庄110千伏送出工程"多规合一"协同意见。在16个属地公司中首个取得区级稳评登记意见。取得塘峪、河南寨2项北京市政府征地批复，完成土地手续办理。全年取得各项行政许可手续17项。推进运维检修用房建设工作，9月实现结构封顶。

（孙佩佳）

【基建工程】 年内，国网密云供电公司完成清水河110千伏变电站主变增容工程，更换主变2台，缓解密云北部"煤改电"负荷重载压力。全年新增220千伏变电容量360兆伏安、线路19.5千米；新增110千伏变电容量37兆伏安、线路3.32千米。截至年底，完成28项配网改造工程的立项、招标、实施、结算等各项工作，涉及资金总量约2.8亿元，其中决算13项，跨年续建15项，完成4条新出配电线路建设、52千米老旧配电线路的改造任务，解决1条输电线路、2座变电站、6条配电线路度冬大负荷期间的重载问题。

（孙佩佳）

【线上服务】 年内，国网密云供电公司拓宽线上服务渠道，“网上国网”App、“电力微信营业厅”全年累计新增注册、绑定13.85万户，指标完成率排名北京公司第4位。

（孙佩佳）

【线损精益管理】 年内，分线、分台区线损合格率98.77%、98.9%，同比提升1.94、0.5个百分点。查处违约窃电55起，挽回经济损失108.6万元。完成稽查经济成效231.07万元，万户异常率明显下降。完成“三省”服务6户，取得综合能源收入210万元。

（孙佩佳）

【增供扩销】 年内，国网密云供电公司完成接电容量21.74万千伏安，“三零”服务送电4880户，送电容量3.71万千伏安。完成2620户高压客户《工商业用户入市工作告知函》送达工作，签署高压购售电合同2478户。取得8户市场化用户换签合同，完成率100%。对接政府、客户，年度新签合同额3.5亿元，同比增长27%。

（孙佩佳）

【乡村光伏建设】 截至年底，全区有分布式光伏自然人（居民）项目1697户，总容量14466.81千瓦，平均容量8.52千瓦。分布在新城子、河南寨、十里堡、太师屯、大城子、巨各庄、溪翁庄镇等地区。分布式光伏自然人（居民）项目年报装数量及报装总容量均呈上升趋势。所有光伏自然人（居民）项目均为自发自用余量上网模式。

（孙佩佳）

燃　气

Fuel Gas

【概　况】 年内，区城管委开展液化气专项整治，排查用户、地下管线、燃气设施安全隐患，推进老楼通气工程。

（蒋月昌）

【燃气行业管理】 年内，区城管委和各燃气企业签订《安全责任书》，开展隐患排查治理，对场站、管线等燃气设施进行排查；开展安全风险评估工作，对不同等级的风险进行分类管控。做好日常管理工作。严格执行燃气工作安全例会制度，每月召开行业安全形势分析会，在重大节假日和重要政治活动期间组织燃气安全运行专题会；公开招标选择北京燃气密云有限公司为（LNG密云地区）特许经营单位。

（蒋月昌）

【液化石油气专项安全管理】 年内，区城管委完成液化石油气专项安全管理工作，落实液化石油气安全管理“十二项措施”，出动检查人员1.36万人次，聘请专家65人，检查各类用户非居民用户9185家，检查覆盖率100%，居民用户入户巡检2.01万户，检查发现各类安全隐患1487项，已整改1487项，隐患整改率100%。

（蒋月昌）

【老旧设施改造】 年内，区城管委开展老旧管线及燃气设施消除隐患工作，改造户外老旧管线9000米、户内老旧管线3000米，更换燃气阀门旋塞阀235座。推进老楼通气工程建设，25栋老旧楼体完成通气。

（蒋月昌）

【城市运行燃气安全整治】 年内，区城管委推进城市运行燃气安全整治三年行动，督促指导燃气供应企业落实安全生产主体责任，开展事故隐患排查治理，推广应用户内燃气安全防护装置，加强液化气钢瓶道路运输的安全管理。开展重点地区液化气替代工作，共完成替代96户。

（蒋月昌）

【安全检查】 年内，区城管委对本区7家燃气企业及二级供应站进行全覆盖安全大检查，检查燃气139家次，出动417余人次；其他专项、联合检查90家次，出动人次360人次。

（蒋月昌）

气　象

Meteorology

【概　况】 北京市密云区气象局（简称区气象局）是受北京市气象局和密云区人民政府双重领导，以气象部门领导为主，为本区域提供气象服务，为防灾减灾的决策指挥和组织管理提供技术支撑的事业单位。内设管理科室3个：综合办公室、业务管理科（防灾减灾科）、社会管理与法制科（行政执法办公室）。下属3个直属业务单位：气象台、气象服务中心、人工影响天气办公室。应有编制18人，其中事业编制13人，事业编制参照公务员管理5人；实有事业编制11人，事业编制参照公务员管理5人。

年内，降水量创历史新高，全区平均降水量1055.2毫米，密云本站累计降水量为1235.2毫米。

（廖明水）

单位名称：北京市密云区气象局
地　　址：北京市密云区新南路33号
电　　话：69085281

【国家基准气候站将实现冻土自动化观测】 1月1日，密云国家基准气候站DTD4型冻土自动观测仪投入使用，进入冻土自动与人工为期一年的平行观测，为人工观测向自动化观测转变积累资料。

（吴　娟）

【世界气象日主题科普宣传活动】 3月23日，围绕2021年的世界气象日主题“海洋、我们的气候和天气”，区气象局联合密云区科技馆开展宣传活动。

（廖明水）

【科技工作者参观调研气象科普活动】 4月16日，“2021年科普之春　科技工作者参观调研气象科普活动”在区气象局举行，会议介绍气象科普、气象科技与产业服务情况。区科协、基层学（协）会会长、秘书长、科技工作者、涉农企业代表30余人参会。

（廖明水）

【“7.12”暴雨天气过程服务】 7月12—13日，密云遭遇年内最强降雨天气过程。区气象局提前3天向决策部门和公众发布预报及防范提示。降雨开始后，区气象局迅速进入应急响应状态，按照职责开展相关工作，坚守岗位30多个小时，监视天气变化，先后发布暴雨黄色、大风黄色、雷电黄色、暴雨橙色、暴雨红色预警信号，与市规划自然资源委密云分局联合发布地质灾害黄色、地质灾害橙色预警，在暴雨红色预警期间向应急指挥中心提供5分钟加密的雨量报告。

（李翔宇）

【北京气象学会密云分会成立】 8月20日，北京气象学会第二十一届常务理事会第二次会议批准成立北京气象学会密云分会，为北京气象学会首个区级分支机构。

（廖明水）

【无接触式气象减灾服务融入地方政务服务体系】 11月，区气象局将“开具天气实况信息”业务纳入地方政务服务事项管理系统，群众可进行属地化申请获取凭证。通过“网上办”“就近办”，将服务送到家门口。

（闫　霜）

【气象概况】 年内，密云本站年平均气温11.8℃，接近常年[①]（11.5℃）。年极端最高气温35.8℃，出现在6月21日；年极端最低气温－24.1℃，出现在1月7日，为1957年建站以来1月同期极端最低值。2月21日出现月极端最高气温为23.7℃，为1957年建站以来2月同期极端最高值。年降水量1235.2毫米，比常年（621.7毫米）偏多近1倍，为1957年建站以来第一位。年降水日数97天，比常年（70.8天）偏多26.2天，为1957年建站以来第一位。最大日降水量145.7毫米，出现在9月4日。年平均风速为1.2米/秒，北西北风风速最大，年平均达2.5米/秒。年日照时数为2212.7小时，比常年（2321.0小时）偏少1成左右。出现沙尘9天，集中在2～5月，比常年（4.8天）偏多4.2天。

（田雨禾）

【气象资讯】 年内，区气象局针对重要天气过程，提升服务频次和形式。通过电子邮件、短信等方式为决策部门、公众提供预警信号239期，相较去年多87期；地质灾害风险预警21期，相较去年多14期；重要天气报告49期，相较去年多29期；滚动字幕7期，相较去年多2期，特别针对汛期雨情、初雪天气过程向区政府报告2次。

（廖明水）

【防灾减灾气象服务】 年内，区气象局做好防灾减灾气象服务工作，完成应急演练1次。保障汛期气象服务，做好气象灾害风险普查资料收集工作，组织编制气象灾害风险工作方案及普查预算。完成农气观测任务，加强为农服务工作。

（廖明水）

【密云区获评“中国天然氧吧”】 年内，区政府将创

12月29日，北京市密云区获得“中国天然氧吧”称号　（徐柳溪　摄）

① 按照世界气象组织的有关规定，常年是指1991～2020年的平均值。

建"中国天然氧吧"写入政府工作报告，印发《北京市密云区创建"中国天然氧吧"工作方案》。区气象局作为牵头单位，围绕创建目标、对照标准体系，协调组织区内相关单位梳理、挖掘密云优势。12 月 29 日，中国气象局发布的 2021 年度中国天然氧吧评价结果中，北京市密云区等 56 个地区获得"中国天然氧吧"称号。

（徐柳溪）

【农产品气候品质评价】 年内，区气象局对金叵罗小米进行气候品质评价。根据气候资源和农产品品质相关性分析评估，小米评价结果为"优"。市气候中心、区气象局联合为合作社颁发《农产品气候品质评价报告》和《农产品气候品质评价证书》。

（徐柳溪）

【生态马拉松气象服务】 年内，区气象局成立"密马"气象服务保障工作专班，制定工作方案，制作气象服务专报，在赛道沿线安装 2 套自动观测站，在"密云气象"微信公众号开通"密马专栏"，开设"赛道实况""赛道天气预报""分区预报""温馨提示"。"赛道实况"栏实时显示气温、风向风速、相对湿度，"赛道天气预报""分区预报"栏每小时更新预报信息，做好赛事气象服务保障。

（徐柳溪）

2021 年密云区月平均气温统计表

表 14　　单位：℃

	1月	2月	3月	4月	5月	6月	7月	8月	9月	10月	11月	12月
平均气温	−7.0	0.6	8.1	14.0	19.1	24.1	25.6	24.1	20.4	11.1	4.0	−2.4

2021 年密云区月降水量统计表

表 15　　单位：毫米

	1月	2月	3月	4月	5月	6月	7月	8月	9月	10月	11月	12月
月降水量量	1.3	8.0	29.7	1.2	31.0	98.4	531.3	185.9	269.7	30.7	44.8	3.2

物业管理

Property Management

【概　况】 年内，全区物业服务企业 67 家，管理总建筑面积 1344.8 万平方米，188 个物业项目。截至年底，全区物业服务覆盖率、业委会（物管会）组建率、党的组织覆盖率均达到 100%，在全市要求"三率"基础上，增加"两率"物业满意度与物业收费率，形成"五率"工作要求。

（薛艳阳）

【物业管理水平提升】 年内，区住建委开展提升物业服务水平三年行动，落实《北京市物业管理条例》，实施商品房与老旧小区分类管理，解决物业服务、停车管理、电梯管理等群众关心的热点问题。打造红色物业，对全区 67 家物业公司实行星级评定和差别化监管。

（薛艳阳）

【物业服务管理】 年内，区住建委制定成立业主大会和选举业主委员会实施方案、居住场所电动自行车消防安全的专项整治工作方案、住宅小区装修垃圾管理办法（试行）。开展电梯安全、消防安全、物业服务用房专项整治。全国文明城区创建，垃圾分类、电动车充电、停车秩序管理等重点物业工作扎实推进。

（薛艳阳）

【住宅专项维修资金管理改革】 年内，区住建委推进住宅专项维修资金管理改革工作，提升维修资金管理水平，长安东区光明街 9 号楼被列为住宅专项维修资金改革试点，老旧小区综合整治与物业管理同步提升。

（薛艳阳）

【物业费催缴】 年内，区住建委实施老旧小区物业费催缴"六步法"，倡导党员干部带头缴物业费，提高物业缴费率，促使物业公司增人员、优服务，全面提升服务水平，物业提升与物业收费步入良性循环轨道。

（薛艳阳）

北京密云城市服务集团有限公司

【概　况】 北京密云城市服务集团有限公司（简称城市服务公司）是专业从事供暖服务、物业服务、园林绿化美化、煤炭供应等区属国有公共服务型企业，下辖8家子公司。公司组建于2020年12月，注册资金1亿元，隶属于北京市密云区人民政府国有资产监督管理委员会，员工956人。公司承担供暖面积约1300万平方米，下设4个热源厂、88个换热站，供暖范围涵盖全区148个小区、2100余栋楼房、11万户居民、6000户非居民用户。承担物业服务面积约490万平方米，下设18个小区管理处，物业服务范围涵盖密云55个小区、714栋楼、2748个单元、37227户居民。

（赵　亮）

单位名称：北京密云城市服务集团有限公司
地　　址：北京市密云区新南路68号
电　　话：69033333

【疫情防控常态化】 年内，物业公司加强各居委会、业委会沟通协商，在所辖38个小区的75个主要出入口设置值守人员，值守班次累计达7792人次，利用小区车辆道闸及人脸识别系统，实现人防技防双落实。全公司878名干部职工两剂次全程接种824人，接种率94%；加强免疫接种达799人，占两剂次全程接种人数的97%。

（赵　亮）

【安全生产】 年内，本公司强化安全管理工作，采取定期检查和不定期抽查相结合的方式对4大热源厂、施工现场、居民小区、所属企业进行安全大检查，查出隐患立行立改，确保职工群众生命安全，减少国家财产损失。年内，城市服务公司系统未发生安全生产事故。

（赵　亮）

【一微克行动计划】 年内，悦居热源厂一台160蒸吨燃气热水锅炉实施余热回收改造，实现氮氧化物排放浓度50mg/m^{3}以下。

（赵　亮）

【前端低值废品回收站构建】 年内，城服公司与北京檀州资源技术开发有限公司合作，在辖区设立19个垃圾分类驿站，搭建统一回收、分类存储、集中销纳的便民系统，对可再生资源进行回收利用，在便民利民的同时，减少居民家中堆积可燃易燃物的火灾安全隐患。

（赵　亮）

【便民服务项目】 年内，城服公司在物业辖区设立宾阳里、康居2个“家政便民服务中心”试点，推出“智慧社区、智慧家政”便民化服务。

（赵　亮）

【供暖管理】 年内，供暖管网改造全部完工。全年更换管道13330米，更换阀门7141个、除污器860个和软连接906个。抓好供暖运行保障工作。4家供暖企业陆续开始管网注水，10月28日进行供热系统点火调试，11月6日开始正式供暖运行。

（赵　亮）

【物业管理】 年内，城服公司配合街道做好创城工作。抽调63人，外雇98人，以及物业公司500余人投身辖区环境卫生清理、文明交通秩序维护、疫情防控等各项创城工作中。做实做细垃圾分类减量。物业辖区垃圾分类桶站全部做到“四有三选配”，指导员从规定每日4小时值守调整延长至8小时，提高垃圾分类准确率和纯净率。打造智慧社区建设。结合疫情防控工作要求，对符合条件的小区实施封闭式改造升级，全部加装即时通讯、监控、人脸及车辆闸道识别等电子设备设施系统。

（赵　亮）

【接诉即办】 年内，城服公司全年受理12345工单3854件，响应率100%，解决率84%，满意率91%，综合成绩裸分89.8分，每月排名均在全区一类委办局中上游。推动接诉即办向未诉先办延伸。围绕“七有”要求和“五性”需要，依托69033333为民服务中心热线平台，动态分析涉及百姓“关键”小事，梳理和预判共性问题，切实解决百姓热点、难点问题。全年接听物业、供暖、疫情防控等热线103241个，受理百姓诉求工单37014件，响应率100%，解决率98%，满意率95%。

（赵　亮）

【煤炭管理】 年内，“减煤换煤”工作涉及88个村、10323余户村民，城服公司按照区农业农村局安排部署，严格控制煤炭质量，储备3.02万吨优质燃煤，基本完成配送任务。

（赵　亮）

【园林绿化管理】 年内，新西路、果园等7条道路7万平米绿地养护和331万平方米平原生态养护工作基本完成。密云区京沈客专密云站周边15万平方米环境提升工程全部完成。

（赵　亮）

应 急 管 理

EMERGENCY MANAGEMENT

北京市密云区应急管理局（简称区应急局）常抓不懈防控安全风险，顺利完成预期目标任务，应急管理工作能力和水平得到提升。

安全生产监管 区应急局贯彻落实《北京市党政领导干部安全生产责任制实施细则》，区安办及时制定并印发了2021年《安全生产目标任务书》，修订了2021年安全生产考核细则，推动安全生产任务书中9类28项重点任务的落实。成立密云区安全生产专项整治三年行动工作专班，深化安全生产专项整治三年行动，梳理出265项目标任务，完成目标任务清单84项，完成率32.8%。开展城市安全风险评估工作，完成3100家生产经营单位的风险评估工作。强化安全生产监管和执法检查，实施危险化学品行政许可审批，加强危险化学品监管工作，加强非煤矿山安全生产监管。加强重要时期及重大会议活动的服务保障。

突发事件快速响应 区应急局加强重要时期及重大会议活动的服务保障。切实做好元旦、春节、清明、五一、端午、中秋、国庆及全国“两会”、建党100周年庆祝等重要时期及重大会议活动期间的安全保障工作。落实《北京市密云区突发事件应急指挥与处置管理办法》，强化突发事件现场处置工作。做好防灾减灾日宣传活动。制定《2021防灾减灾日活动方案》、制作活动背板及工作证，并做好主办单位、15个参展单位及12个展区的协调工作。做好应急值守和日常管理工作。建立应急防汛联合值班机制，做好查班点名及调度会议保障工作。落实《北京市密云区突发事件预警信息发布管理办法》，区预警中心发布预警信息238次，制发大风、沙尘、高温、道路结冰等极端天气应对工作通知及提示130余次。

防汛抗旱 区应急局印发《密云区2021年防汛工作要点》《密云区2021年防汛工作方案》等文件，安排部署全区防汛工作。做好汛期值班值守工作。区防办督促全区各防指、镇街（地区）、防汛成员单位严格执行24小时值班制度和领导带班制度。及时发布预警、启动应急响应。有效应对强降雨天气，果断调度防汛设备设施。遇强降雨，区防汛办及时发布应对通知，全面部署调度降雨应对工作。做好灾情统计工作。7.12、7.26灾情发生后梳理出各项灾情并及时上报。

森林防灭火 区应急局召开密云区2021年春季森林防灭火工作视频会议和密云区2021—2022年度森林防灭火工作部署会，逐级签订责任清单和责任书，完善森林防灭火指挥体系建设，有效应对森林火情。开展打击森林违法用火行为专项行动。开展森林防灭火宣传活动。加强管护巡逻工作，发挥16个管护专业队、全区以生态公益林管护员为主体的5000余名管护员、护林员、42座森林防火检查站和瞭望塔（哨）的作用，巡查巡逻全覆盖、无死角。

（王海山）

单位名称：北京市密云区应急管理局
地　　址：北京市密云区长城环岛东南侧
电　　话：69085660

应急抢险
Emergency Rescue

【工业企业疫情防控检查】 1月1—8日，区应急局派出26个督导检查组和38个镇街检查组，共计224人，按照《市场防疫工作组冬春季疫情防控工作检查清单》30项检查内容和《工业企业疫情防控重点检查项目表》12项检查内容，对539家工业企业疫情防控现场检查、核实、告知，其中复工426家，未复工113家。83家复工企业设有食堂，涉及食堂从业人员298人，其中51人检查当日未做核酸检测，执法人员已告知企业尽快安排上述人员进行核酸检测。检查中发现40项问题，全部整改完毕。完成对密云区工业企业疫情防控第三轮全覆盖检查。

（张宏伟）

【危险化学品重点企业安全生产在线教育培训】 1月10日，区应急局组织辖区内重点危险化学、生产、经营和使用企业，参与“北京市危险化学品安全生产教育培训平台”在线培训工作。课程内容涉及常用危险化学品相关法律法规、危险化学品使用注意事项、企业安全文化建设、危险化学品基础知识、危险化学品隐患排查、重大危险源辨识与评估、事故应急救援、事故案例剖析等。在线学习考核68家企业533人次，2021年度密云区危险化学品重点企业安全生产在线教育培训工作圆满完成。

（梁乃顺）

【铲冰除雪】 1月19日，密云地区普降小雪。密云公路分局启动铲冰除雪应急预案，按照“机械除雪为主，融雪剂除雪为辅”的原则，于凌晨3时起对全区9条国省干线和51条县级公路开展除雪作业。至上午10时，共出动应急抢险人员85人次、车辆机械36台次，撒布融雪剂33吨，全路网未发生因积雪导致的交通阻断情况，路网运行平稳有序。

（张　雷）

1月19日，铲冰除雪　（区公路分局　供图）

【烟花爆竹安全监管】 1月25日，区应急局完成2021年春节烟花爆竹零售网点经营许可审批工作。2021年密云区烟花爆竹零售网点数量在2020年5处的基础上减少至2处，其中长期零售网点1处，临时零售网点1处，分别设置在河南镇和太师屯镇。按照全市统一要求，2021年春节期间临时网点销售时间为：2021年2月6—16日。累计销售烟花爆竹900箱，较2020年减少150箱。1989人次购买烟花爆竹，其中本区市民购买1038人次，占比52.2%，较2020年减少983人次，同比下降48.6%（2020年为2021人次）；购买各类烟花爆竹产品455箱，占比50.6%，较2020年减少401箱，同比下降46.8%（2020年为856箱）。其他地区人员购买951人次，445箱。2月12日（正月初一）烟花爆竹网点停止销售，2月17日（正月初六）太师屯镇临时网点销售大棚已拆除，本季春节期间烟花爆竹销售工作完毕。销售期内，区应急局积极开展监督管理，严格落实管控措施，确保销售秩序及储存安全平稳，未发生各类烟花爆竹安全生产事故。截至3月1日24时，密云区有7人上交烟花爆竹451件，总价3593.87元。3月2日，区应急局联系熊猫烟花公司将回收的烟花爆竹运至批发仓库，完成烟花爆竹回收工作。

（梁乃顺）

2月27日至3月1日，区应急局在全区开展烟花爆竹回收工作　（太师屯镇　供图）

【区应急管理局获“2020年度应急值守先进单位”称号】 1月28日，市应急局组织召开2020年度全市应急值守工作总结视频会，区应急局作为先进单位代表作应急值守经验交流发言。区应急局在全市应急值守综合评价中位列第三，被评为2020年度应急值守先进单位，区应急局杨光、张志国被评为2020年度应急值守先进个人。

（夏志田）

【自然灾害综合风险普查宣传】 2月，区普查办在鼓楼街道、果园街道、百合园等社区，通过悬挂条幅、张贴海报、发放宣传材料等形式开展自然灾害综合风险普查宣传活动。活动中，普查办工作人员向群众介绍自然灾害风险普查相关政策和重大意义，并讲解风险普查的对象、类型及普查方法等。

（窦法荣）

【春节前执法检查】 2月1—9日，区应急局对汽车配件制造、医药制造及液氨使用单位开展节前执法检查。重点检查隐患排查治理、应急物资储备和应急值守情况。检查企业35家，下达执法文书42份，发现隐患13项，均已整改完毕。检查过程中，执法人员要求企业严格落实安全生产主体责任，执行隐患排查治理制度；落实应急值守工作，保证应急物资充足有效；统筹做好节日期间安全生产和疫情防控工作。

（张宏伟）

【森林灭火实战演练】 2月10日，区森林防灭火指挥部在东邵渠镇银冶岭村开展森林灭火实战演练，此次演练采取“四不两直”的方式进行，突出演练的实战性、真实性。上午10点40分，模拟区园林绿化局接报：东邵渠镇银冶岭村北发生森林火情，区应急办立即通知区森防办、属地政府开展应急处置工作，属地政府迅速调集本镇扑火队伍赶赴现场先期处置。由于火场风力大，火势蔓延较快，区园林绿化局、区应急局迅速调度周边镇级森林消防中队、区消防救援支队、区森林消防大队等扑火力量赶赴现场进行扑救，演练共调集11支专业森林消防队伍，兵力210人，出动应急扑救车辆26台，并启用无人飞机进行火场侦查、指挥车联动前后方指挥部实时通讯等措施全面保障协助森林火情扑救。

（夏志田）

2月10日，密云区森林消防综合救援大队开展森林灭火实战演练　（叶晓海　摄）

【“两会”期间安全生产检查】 2月19—25日，出动执法检查人员432人次，检查各类生产经营单位311家，发现安全生产隐患问题131项，下达执法文书387份，其中责令限期整改指令书76份。针对安全出口缺少警示标识，未按要求设置应急照明，私拉乱接临时线，消防器材、设施缺乏维护保养，气瓶未按要求储存等生产安全事故隐患，执法人员要求责任单位可以当场整改的立即整改，对不能立即整改的责令限期整改，并强调企业在“两会”期间要加强日常安全教育和安全检查，认真落实安全生产主体责任。

（张宏伟）

【危险化学品安全保障和疫情防控工作】 2月24—26日，区应急管理局分别对部分加油站、工业气站、生产企业、烟花爆竹经营单位进行安全抽查，督促企业进一步做好疫情防控和安全生产两方面工作。转发市应急局《关于发布全国“两会”期间本市危险化学品和烟花爆竹有关安全生产管理措施的通告》，要求各单位严格执行，并结合实际制定安全保障计划，做好值守安排，强化安全教育，排查事故隐患。检查中，发现个别单位存在防暴灯具破损、电源插座使用不规范、值守安排不到位等问题，区应急局责令企业立即整改。此次抽查，区应急局共计检查企业15家，下达执法文书17份，下达指令2份，消除隐患4项。

（梁乃顺）

【液化石油气专项安全检查】 2月，区应急局开展液化石油气专项安全检查。截至2月底，有基础台账数为1687个，检查数量1882家次（除部分民俗、学校、养老机构等企业和单位因季节性停业或者因疫情影响封闭管理等原因停业，检查人员无法进行入户检查外），检查覆盖率为100%。全区出动检查人员3465人次，发现隐患640项，停产停业1家。其中区应急局、区城市管理委、区市场监管局、区消防支队等部门及4个联合检查组，共检查数量122家，出动检查人员364人次，发现隐患91项。

（梁乃顺）

【市应急局赴密调研】 3月1日，密关路黑龙潭支线K1＋240－K1＋350段左侧山体发生山体崩塌造成公路阻断，无人员伤亡及车辆损坏情况，已采取临时措施，不影响交通出行。3月10日，市应急管理局防汛处赴密云区密关路黑龙潭支线山体崩塌实地查看情况，就崩塌后工程修复和汛前准备工作进行调研。区规自分局，公路分局再次组织召集专家对细化和完善后的方案进行审议并论证，并按照方案恢复道路通行。

（夏志田）

3月，密关路黑龙潭支线山体崩塌抢险施工

（区公路分局　供图）

【工业企业疫情防控全覆盖检查】 3月1—5日，区应急局组织督导检查组及镇街专职安全员检查队按照《北京市工业企业防控疫情指引（第8版）》《生产经营场所突发疫情的应急处置建议1.0版》，依据《工业企业疫情防控重点检查项目表》12项检查内容、《市场防疫工作组冬春季疫情防控工作检查清单》30项检查内容（涉及冷链食品生产加工的工业企业），紧盯企业重点环节，特别是口罩佩戴情况、门岗体温检测登记、门岗对非本单位人员出入登记、全员使用“北京健康宝”使用等情况展开为期一周工业企业疫情防控全覆盖检查工作。出动14个次督导检查组、28个次镇街检查组，共计140人次，检查企业527家，检查覆盖率100%，检查中发现个人口罩佩戴不规范现象，已现场整改完毕。

（张宏伟）

【闭库治理工程安全设施设计审查】 3月8日，区应急局聘请专家对建昌新、旧尾矿库和放马峪尾矿库进行闭库治理工程安全设施设计审查。专家实地查看尾矿库现状，查验设计材料；尾矿库管理单位、设计单位、安全评价单位、勘查单位汇报工程情况。经审议，3座尾矿库闭库治理工程安全设施设计符合相关法律法规，同意通过安全设施设计审查。

（梁乃顺）

【应急单兵系统应用培训】 3月9日，市应急局会同区应急局组织召开应急单兵系统应用推广培训会。区应急局相关领导及科室工作人员，区镇两级森林消防等部门45人参加培训。培训重点就应急单兵系统的推广应用等工作进行解释说明，明确工作任务、方法和步骤，操作讲解环节。

（夏志田）

【森林消防队伍应急演练】 3月21日，区应急局开展森林消防队伍应急演练，检验全区森林消防队伍的集结快速反应能力和扑救火灾能力。演练采取“四不两直”方式进行，模拟高岭镇放马峪铁矿附近发生山火，区森防指迅速启动应急预案，区应急、园林等部门第一时间调集应急管理部森林消防局机动支队驻密分队，区森林消防大队驻石城镇中队、驻北庄镇中队，高岭镇、北庄镇森林消防中队等8支森林消防队伍。扑火队员在接到指令后，在规定时间内携带扑火机具等装备到达演练现场并按要求开展机具演练等操作。

（夏志田）

【安全生产监督检查计划编制】 3月22日，区应急局制发本局《2021年安全生产监督检查计划》，确定计划监督检查企业238家，其中重点检查216家，并加强日常监督，适时统计分析执法数据完成情况，100%完成监督检查计划。

（张宏伟）

【春季森林防灭火】 3月24日，召开2021年森林防灭火工作电视电话会议，对春季森林防灭火工作进行安排部署。区森防指创新工作机制，提出由区委常委、区人大副主任、区政府副区长以及政协副主席等18位区领导每人包1—2个镇街（地区）的方式，从防灭火责任落实、森防队伍建设备勤、火灾隐患排查、防灭火宣传以及各类巡查检查人员上岗情况等方面逐一进行督导检查，发现问题及时整改并由区政府督查室对整改情况进行督查。

（夏志田）

【自然灾害综合风险普查工作培训会】 3月26日，密云区第一次全国自然灾害综合风险普查领导小组办公室组织召开自然灾害综合风险普查工作培训会。培训以“集中授课＋答疑互动”方式进行。培训会上，市普查专班围绕普查背景解读、普查工作通知、密云区落实方案解读、组织实施流程、普查成果样例展示、下一步重点工作等6个方面对普查工作进行系统讲解，其中，重点对密云区落实方案进行解读。

（窦法荣）

【工业企业在线教育培训】 4月，区应急局组织工业企业安全监管、管理及专业技术人员参加全市安全管理知识在线教育。截至12月，报名参训企业全部完成学习，企业完成率100%。此次培训，通过对安全管理、涉危使用、涉爆粉尘、高温金属熔融等基础及专业内容进行培训，强化企业负责人、安全管理人员、重点岗位人员的安全防范意识，促进形成以建立企业技术和管理团队为重点的规范化安全生产管理制度，达到提升企业本质安全的根本目的。

（梁乃顺）

【宣讲团活动】 4月，按照全市统一部署，组织全区各属地、部门发动优秀宣讲代表、优秀工作者及基层一线工作者、志愿者报名参加宣讲团。密云区推选出12名选手参加市级宣讲团。最终，溪翁庄镇消防救援站一名选手荣获金牌宣讲员证书。

（张宏伟）

【安全社区及综合减灾示范社区创建】 4月，制定印发《关于开展2021年密云区安全社区及综合减灾示范社区创建工作的通知》，确定穆家峪镇、古北口镇启动北京市安全社区和综合减灾示范社区创建；十里堡镇、鼓楼街道和果园街道共有10家北京市综合减灾示范社区开展复评；北庄镇、檀营地区开展北京市安全社区考核评审。最终，穆家峪镇大石岭村、上峪村、辛安庄村和古北口镇北头社区被评为“北京市综合减灾示范社区”；十里堡镇程家庄村社区、鼓楼街道车站路南社区、花园西社区、宾阳北里社区、宾阳西里社区、太扬家园社区和果园街道新北路社区、兴云社区、季庄社区、康居社区通过“北京市综合减灾示范社区”复评；檀营地区被评为“北京市安全社区”。

（张宏伟）

【工矿商贸及仓储物流企业库房使用情况摸排】 4月7日，区应急局对全区工矿商贸及仓储物流企业开展库房使用情况摸底调查工作。对生产经营单位库房使用基本情况，包括库房数量、面积、位置、管理员人数、安全管理制度及应急物资配备等情况进行摸排，着重加强对易燃品和危险化学品贮存库房的排查治理。检查未发现安全隐患。

（梁乃顺）

【危险化学品领域跨部门“双随机”执法检查】 4月8日，区应急局联合市场监管局跨部门开展密云区危险化学品生产经营单位“双随机”执法检查。联合检查组对12家危险化学品经营单位的证照资质、安全管理人员数量和安全资质、监控检测系统运行、安全设备设施维护保养、危险化学品储存管理等情况进行重点检查。检查中未发现安全隐患。5月12日至27日，检查危险化学品经营企业16家，其中加油站5家、危险化学品票据经营企业11家。检查组对企业的证照资质、安全人员设置、日常培训教育、应急救援演练、隐患排查整改等情况进行检查，重点对加油站监控系统运行、应急物资配备、安全设施维护等情况进行现场核查。检查均未发现安全隐患。

（梁乃顺）

【安全文化建设示范企业创建】 4月9日，区应急局制定印发《关于推荐参与2021年北京市安全文化建设示范企业集团及示范企业创建的通知》，对申报和复审企业的范围、条件、数量以及申报程序等进行限定，全区需要参加复评企业2家，分别为北京青岛啤酒三环有限公司和北京张裕爱斐堡国际酒庄有限公司，均已将相关材料上报市局。2家企业通过复评。

（张宏伟）

【“4·15”全民国家安全日主题宣传】 4月15日，区应急局开展“4.15”全民国家安全日主题宣传。一是媒体宣传。通过局微信公众号，发布第六个全民国家安全教育日相关知识，包括国家安全的定义、破坏国家安全的行为、全民国家安全教育日的意义等知识。二是张贴海报。在鼓楼街道社区宣传栏中张贴国家安全专题宣传海报，普及国家安全知识。三是组织知识问答。组织全局人员开展国家安全教育日知识测试，提升全体职工安全意识。

（张宏伟）

【“双随机”安全生产专项检查】 4月，区应急局开展“双随机”执法检查。执法人员通过查阅企业安全生产台账、深入作业场所和生产车间检查、听取企业安全负责人简要汇报等方式，重点检查企业是否建立健全从业人员安全教育培训档案、企业安全生产教育培训情况。本轮“双随机”执法检查共计检查工业企业10家，出动37人次，下达执法文书16份。

（张宏伟）

【旅游行业安全生产保障联合检查】 4月28日，区应急局、区文旅局等部门联合开展旅游行业“五一”节前安全服务保障检查。检查组抽查2家旅游企业，分别是张裕爱斐堡国际会议中心、玫瑰情园旅游景区，区应急局着重对企业应急预案编制演练、隐患排查治理、安全教育培训、应急物资储备等情况进行检查，并结合近期重点工作，对景区内是否设有充电储能设施及充电装置进行核查。此次检查未发现安全隐患。

（梁乃顺）

【特种作业“双随机”专项执法检查】 5月6日，区应急局开展第二轮“双随机”执法检查，重点检查生产经营单位特种作业人员档案建立健全和持证上岗情况。随机抽取10家生产经营单位，针对执法检查发现的问题，执法人员下达责令限期整改指令书，均已整改完毕。本轮双随机执法检查共计出动40人次，下达执法文书15份。

（张宏伟）

【矿山安全检查】 5月10—12日，市应急局联合区应急局对密云区7座尾矿库及首云地下矿山进行安全检查。通过资料分析和实地调研相结合的方式，辨识出尾矿库和地下矿山当前存在的问题隐患，由专家组“把脉会诊”，提出检查意见和改进措施，为尾矿库和地下矿山的安全管理工作提供专业的技术支撑，切实筑牢密云区矿山安全防线，确保运行平稳。

（梁乃顺）

【“5·12”防灾减灾日宣传活动】 5月12日，区应急局联合区教委等部门在北方交通大学附属中学密云分校，组织开展以“防范化解灾害风险，筑牢安全发展基础”为主题的第13个防灾减灾日宣传活动。活动发放各类宣传品20000余份；摆放防火、用电、地震、燃气使用、气象灾害、安全生产等科普知识展板80余块；出动消防车、水炮、云梯、消防宣教车、救护车等车辆5部；展示无人机、野外救援器材、急救器材等装备100余件。参与师生和社会群众约千人。

（张宏伟）

5月12日，区应急局联合区教委等部门在北方交通大学附属中学密云分校，组织开展以“防范化解灾害风险，筑牢安全发展基础”为主题的第13个防灾减灾日宣传活动（叶晓海 摄）

【防汛业务知识培训】 5月12日，区防办联合区气象局、区水务局、区规自分局、区文旅局以视频会议形式开展全区防汛相关业务培训会。参会单位包括20个镇街（地区）、相关委办局及相关水管单位。会上，区应急局副局长就防汛相关业务知识进行培训；区气象局预报员分析研判汛期降雨趋势和“密云气象”微信公众号的使用；技术公司工程师对密云区防汛应急综合管理平台及App使用和无线通讯电台使用进行培训；区水务局就人工雨量观测操作规程，小水库、塘坝管理、巡查相关知识进行培训；区规自分局就地质灾害群测群防相关知识进行培训；区文化和旅游局就汛期景区关闭和恢复开放规定进行培训。

（窦法荣）

【潮白河流域重点部位军地联合查勘】 5月13日，市应急局、市水务局、市消防救援总队组成联合查勘组赴密云水库开展潮白河流域重点部位军地联合查勘工作，区应急局组织区武装部、武警机动第三支队、武警执勤五大队，区水务局、密云水库管理处、潮白河道管理所参加联合查勘。联合查勘组对密云水库白河主坝段、白河调节池泄洪闸、潮河主坝段、第一溢洪道进行实地查勘，现场听取情况介绍，掌握实地情况，并结合2021年春季潮白河生态补水情况，深入掌握潮白河流域重点部位险工险段、现场实况、抢险要素等情况。

（窦法荣）

【危险化学品票据经营企业专项检查】 5月12—21日，区应急局对密云区危险化学品票据经营企业开展全覆盖专项检查。重点检查各企业第一季度经营票据、安全生产教育培训记录、安全检查记录、应急演练记录、隐患排查记录等日常安全管理工作台账，检查危险化学品票据经营企业11家，查出各类问题隐患2项，均已整改，对存在问题的2家企业依法给予行政处罚。

（梁乃顺）

【矿山转型关闭安全生产工作会】 5月14日，区应急局联合区国资委、属地镇政府，召开矿山转型关闭安全生产工作会，做好矿山企业关停转型期间的安全生产工作，相关企业负责人参会。会议要求各单位在统筹推进尾矿库销、闭库治理工作的基础上，健全责任体系，压实安全生产职责，根据实际情况及时修改完善安全生产责任制、安全生产管理制度、事故应急救援预案等制度措施，落实各项安全风险管控措施，遏制生产安全事故的发生。

（梁乃顺）

【“十四五”规划编制】 5月17日，区应急局组织召开《密云区“十四五”应急管理事业发展规划》评审会，邀请国家应急管理部、北京市应急管理局、中国安全生产科学研究院、中国电子信息产业发展研究院等单位专家进行评审。会议指出未来五年是密云开启高质量发展的关键期，开展应急管理局基本思路研究，总结提炼“十三五”以来取得成效和存在问题，分析“十四五”时期面临的形势。

（王海山）

【公路防汛及突发事件应急处置演练】 5月20日，密云公路分局组织开展公路防汛及公路突发事件应急处置演练。此次演练分为山体塌方阻断交通应急处置和下凹式立交桥下积水排险两部分，包括信息传递、指挥调度、现场应急处置等多项演练科目。演练模拟了强降雨导致密关路黑龙潭支线K0＋350处山体塌方阻断交通、密西路K1＋600处下凹式立交桥桥下积水超过警戒水位两处险情，演练中，信息员向公路分局报告险情，公路分局立即启动应急预案，调派公路抢险队伍在规定时间内赶到现场排险，并上报相关部门，同时利用可变情报板发布路况信息，在出险路段摆放警示标志，提醒和引导过往车辆减速慢行，抢险后按规定做好信息报送工作。此次演练中，密云公路分局共出动人员80人，机械车辆39台。通过演练进一步锻炼了应急抢险队伍的快速反应和现场处置能力，梳理强化了各部门职责分工和协同作战机制，优化完善了应急处置流程，为应对汛期做好充足准备。

（刘珊珊）

5月20日，密云公路分局开展公路防汛及突发事件应急处置演练　（区公路分局　摄）

【市政府285号令宣贯】 5月21日，区安办制定印发《关于持续开展〈北京市生产经营单位安全生产主体责任规定〉宣贯工作的通知》，对继续宣传贯彻市政府285号令工作进行部署并提出要求，52个单位通过举办培训班、宣讲会、座谈会等方式，对机关干部职工及生产经营单位进行宣传培训。

（张宏伟）

【长期停用危险化学品装置及设施摸排调查】 5月25日，区应急局完成全区长期停用危险化学品装置及设施摸排调查工作。区应急局于5月初开展此项工作，结合日常安全检查，通过重点调查走访，确定5座加油站、6个储油罐处于长期停用状态，均已清空油品，进行罐体清洗并充装惰性气体保护。

（梁乃顺）

【尾矿库防汛应急演练】 5月，区应急局联合行业主管部门、属地镇政府，组织开展尾矿库防汛应急演练。截至6月1日，7座尾矿库均完成演练，出动抢险人员200余人次，抢险救援车辆20余辆，大型机械设备20余台，专业医疗救护队1支，完成演练任务。

（梁乃顺）

【建筑业汛期应急抢险演练】 6月，区应急局联合区住建委组织全区在施工程开展2021年密云区建筑业汛期应急演练，区应急局、区住建委主要领导出席活动，在监工程参建各方的项目负责人、安全员160余人观摩演练。演练模拟场景为汛期深基坑边坡位移、坍塌，项目部首先启动应急预案，疏散槽底作业人员，同时通过应急值守系统向密云区住建委防汛指挥部请求救援，指挥部立即启动汛期抢险预案，防汛指挥部成员及应急抢险救援大队到达现场开展抢险救援工作，经过紧急抢险救援消除安全隐患。

（夏志田）

6月11日，区应急局联合区住建委组织全区开展“2021年密云区建筑业汛期应急抢险演练”

（区住建委　供图）

【防汛抗旱动员会】 6月1日，全区召开2021年防汛抗旱动员会，会议采用电视电话会议形式对防汛工作进行全面动员部署。会上，区气象局局长汇报2021年汛期天气趋势预测，区防汛抗旱总指挥部执行副总指挥、副区长同志作防汛工作动员部署报告，区城管委主任同志、石城镇镇长同志进行典型发言，区防汛

6月1日，密云区召开2021年防汛抗旱动员会

（吴堃堃　摄）

抗旱总指挥部常务副总指挥、区委常委、组织部长、常务副区长宣布《密云区2021年防汛抗旱指挥部第一号令》。

（窦法荣）

【汛前准备】 年内，制定《密云区2021年防汛工作要点》《密云区2021年防汛工作方案》，安排部署全区防汛工作；完善防汛组织机构，形成统一领导、统一调度的全区“1+7+6+21+51”防汛指挥体系；完成《密云区防汛抗旱应急预案》在内的各项防汛预案编制工作；区防汛办牵头组织完成全区重点部位的防汛隐患排查整改工作；区防汛办、各防汛专项分指、流域分指、各镇街（地区）、各防汛成员单位根据各自防汛抢险实际需要补充防汛物资180余种36万件，组建126支4031人的抢险队伍；加强技防建设，完成雨水情遥测、防汛指挥决策平台、应急单兵、无线通讯电台在内的各项防汛设施设备维护工作，协同相关山区镇选取7处直升机临时紧急降落点，确保断路、通信中断情况下满足开展抢险救灾救援工作需要；各镇街制作完善《一镇一册一村一策一户一卡》，落实“七包、七落实”措施。

（窦法荣）

【安全生产主体责任专题培训】 6月2日，区应急局开展落实企业安全生产主体责任专题培训。此次培训，围绕贯穿落实市政府285号令，明确建立健全全员安全生产责任制、设置安全生产管理机构和配备安全管理人员、强化安全生产教育培训、建立健全并落实安全生产规章制度、保障安全投入、加强场所和设备设施安全管理、加强特种作业和危险作业等日常管理、化风险管控和应急救援等8个方面具体要求。

（张宏伟）

【摸排检查高考考点周边生产经营单位】 6月3—9日，区应急局执法人员对考点周边200米范围内的生产经营单位开展安全生产检查。重点排查各生产经营单位的安全出口、安全通道、货物堆放、电气线路等内容，检查人员在检查过程中对发现的问题和隐患，提出整改要求，要求生产经营单位及时消除隐患并做到举一反三。截至6月10日，检查生产经营单位35家，下达责令改正指令书2份，查处事故隐患4项，并对2家单位进行简易处罚。

（张宏伟）

【防汛应急演练】 6月11日，区森林消防大队与密云镇联合开展防汛应急演练。模拟连日暴雨后导致密云镇白石岭村内部分地区积水严重，危及群众生命财产安全。密云镇立即调度本地抢险队赶赴现场进行处置，协调区森林消防大队进行支援。2支队伍到达现场后，按照现场指挥员的指挥调度，迅速对积水点开展抽水演练，在既定时间内迅速排除险情，区大队和密云镇抢险队现场进行相互交流和学习，演练取得预期效果。

（夏志田）

6月11日，区森林消防大队与密云镇联合开展防汛应急演练 （密云镇 供图）

【组织观看《生命重于泰山》电视专题片】 6月15日，市安委会办公室通过视频会议的形式组织观看《生命重于泰山—学习习近平总书记关于安全生产重要论述》电视专题片，区安委会各成员单位主管领导，各镇街、地区、开发区主管领导、安全科长和检查队长、专职安全员，区应急局科以上领导干部参加。7月20日，组织各属地和区安委会成员单位学习观看《生命重于泰山》专题片。截至年底，28家单位（1000余人）学习观看专题片。

（张宏伟）

【安全宣传咨询日活动】 6月16日，区应急局联合区经济开发区等单位在华润密云万象汇广场组织开展第20个安全宣传咨询日活动。活动现场悬挂咨询日主题条幅；液晶显示屏突出显示活动主题；设置12350宣传咨询台；两侧设置人防、燃气、职业卫生、用电、防汛、突发事件逃生自救等安全知识宣传展板。活动主要分为领导讲话、发放宣传品、参观展板、安全问题咨询、群众代表交流等环节。现场设置展板80余块，发放各类宣传资料5万余份，500余名企业职工参与宣传咨询活动。

（张宏伟）

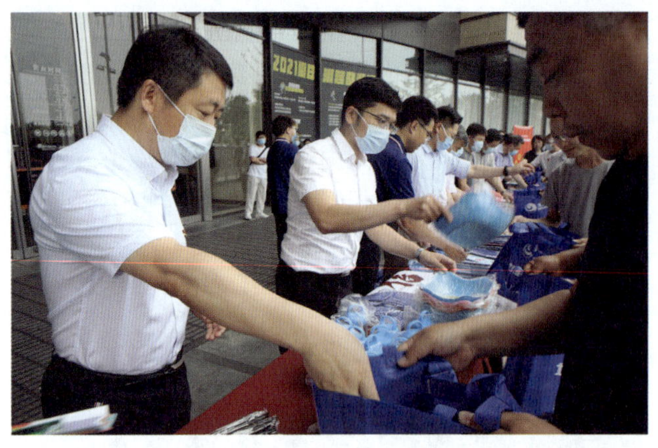

6月16日，区应急局联合区经济开发区等单位在华润密云万象汇广场组织开展第20个安全宣传咨询日活动 （叶晓海 摄）

【"一把手走流程"体验活动】 6月16日和9月29日，区应急局党委书记、局长以企业办事人员身份到区政务服务大厅开展"一把手走流程"体验活动，"线下"体验危险化学品行政许可申报流程，对咨询、取号、排队、提交申请材料等环节进行现场体验，完成一家危险化学品企业延期换证材料申报。

（梁乃顺）

【夏季防雷装置跨部门安全检查】 6月17日，区应急局联合气象局开展密云区危险化学品生产经营企业跨部门双随机抽查工作。联合检查组随机对危险化学品生产经营单位的防雷检测、安全管理人员数量和安全资质、监控监测系统运行、安全设备设施维护保养、危险化学品储存管理等情况进行重点检查。检查中未发现安全隐患。

（梁乃顺）

【路面空洞应急处置演练】 6月18日，密云公路分局在顺潮街组织开展了路面空洞应急处置演练，演练模拟顺潮街K3+100处第三车道出现路面空洞险情，演练中，信息员第一时间向密云公路分局报告险情，公路分局立即启动应急预案，调派公路抢险队伍对涉险车道采取临时封闭措施，规范设置交通导改标志、警示灯等安全防护设施，安排专人现场值守疏导交通，确保过往车辆通行安全。随后按照道路突发事件应急处置流程及作业规范，对路面空洞进行调查和修复，恢复道路正常通行。

（赵 翀）

【医药制造企业危险化学品专项整治验收】 6月21—25日，区应急局组织专家对密云区12家医药制造企业危险化学品专项整治工作进行验收。针对医药制造企业危险化学品使用和存储安全开展专项治理，要求企业按照整治标准，在生产过程中危险化学品各相关环节开展全方位、无死角的隐患自查和整改。

（梁乃顺）

【"两优一先"表彰大会应急疏散处置保障】 6月22日，区应急局制定《北京市密云区"两优一先"表彰大会应急疏散处置方案》，成立应急疏散处置保障组。针对此次大会召开在疫情期间且参会人员较多的特点，6月24日，区应急局出动应急车辆2辆，风机、细水雾设备8台套，应急疏散处置人员26人，成立4个应急疏散处置小组。

（张宏伟）

【化工企业危险化学品安全专项整治验收检查】 6月28—29日，区应急局组织专家开展化工企业危险化学品安全专项整治验收检查。密云区10家企业涉及此次专项整治工作。企业按照《化工企业危险化学品安全专项整治工作指导书》开展隐患自查和整改。检查组对10家企业逐一现场查验，经属地核实，5家企业处于长期停产状态。

（梁乃顺）

【小微企业标准化达标验收】 7月，区应急局制发《北京市密云区2021年小微企业安全生产标准化达标工作方案》，并联合属地政府，地区、街道办事处，通过"政府主导、企业主体、社会参与"的工作方式，由在本区进行工商注册并实际生产经营的小微企业对标自查、达标验收、属地备案，区应急局按照5%的比例进行抽检核查。截至9月，已完成140家小微企业的达标验收工作，超前完成本年度既定工作目标。

（梁乃顺）

【突击检查尾矿库防汛安全生产工作】 7月12日，区应急局按照"四不两直"的要求突击检查尾矿库防汛安全生产工作。检查组由主管领导带队，以不打招呼、直奔基层、直插现场的方式，对尾矿库管理单位领导带班、看管人员巡查、安全运行参数监测等情况进行检查。实地查看尾矿库排洪设施、堆积坝、应急物资等安全设备设施。检查发现，被检查单位值守人员、应急处置人员全部到位，开展隐患排查治理工作，尾矿库无积水、坝体无拉沟管涌现象，应急物资储备充足。

（梁乃顺）

【强降雨应对】 7月12日，本区迎来入汛后最强降雨，区防汛办及时启动防汛Ⅲ级、Ⅱ级直至Ⅰ级应急响应。根据降雨情况和道路交通实际，制定道路管控措施，对密关路、兴阳线采取封路管控措施。对暴雨中心的石城镇、冯家峪镇、不老屯镇，区防指立即指挥部署紧急转移群众1291户2472人，要求各镇对有安全隐患的道路桥梁进行硬隔离封闭、专人管控。7月26日，本区出现强降雨。全区投入各类抢险队伍3180人、防汛物资180余种36万件，转移307户600人，关闭32家景区、2438家乡村旅游经营单位，劝返游客1411人，全区177条山谷沟道全部封闭，有效应对此次强降雨过程。7月29日7时15分区气象台发布暴雨黄色预警信号，9时规自分局和区气象局联合发布地质灾害气象风险黄色预警。区防汛办启动防汛应急Ⅲ级响应，并下发相关部署应对通知。8月8日，本区迎来一次明显强降雨过程。区防汛办启动防汛Ⅳ级、升级启动防汛III级应急响应。9月8日傍晚、9月9日清晨出现雷阵雨天气。区防汛办下发关于做好应对雷雨天气工作的通知，部署相关应对工作，要求各单位加强应急值守，关注天气变化，领导在岗带班，确保通信畅通；重点部位提前布控，做好巡查排险工作，特别是水库一级区内的镇，要密切关注大风对水位的影响，加强防范，确保群众生命安全，发现问题立即处置并上报。

（窦法荣）

【防汛演练】 7月21日，市防汛办、区防汛办、巨各庄镇防汛办、查子沟村委会联合在查子沟村开展村级防汛综合演练。演练模拟环境为查子沟流域前期土壤已接近饱和，预报未来3小时可能出现80毫米降雨，水务局已发布山洪灾害风险预警信号：查子沟河道可能产生洪水，道路可能出现塌陷，河道两岸群众需紧急避险转移安置。演练科目包括市区镇村四级防汛指挥调度协同、群众紧急避险转移安置、道路封闭、现场医疗救助4个科目。

（窦法荣）

【经营性加油站性质隶属关系摸排调查】 7月30日，区应急局完成41家经营加油站摸排工作。其中，国有性质加油站31座、合资性质2座、民营性质8座。分属于6家上级主管单位，分别为中国石化北京石油分公司、中国石油北京销售分公司、北京壳牌石油有限公司、北京市伟氏宏泰石油化工产品有限公司、北京中福石油投资发展有限公司、京油（北京）企业管理有限公司。

（梁乃顺）

【事故控制目标评价工作部署视频会】 8月2日，区安办组织召开事故控制目标评价工作部署视频会。区交通、消防、城市管理、应急、水务、林业、人防、文旅、市场监管等相关部门参会。会议通过市应急会议系统学习市政府制定的《北京市事故控制目标及评价工作实施方案》，参会人员认真学习事故控制目标管理分类方法、事故控制目标、千分制评价细则、月度评价细则和年度评价细则，并结合实际进行讨论。

（梁乃顺）

【市局赴密调研预警信息发布中心工作】 8月4日，市应急局应急事务中心主任带队赴密云调研预警信息发布中心工作。调研在区应急局召开座谈会，预警信息发布中心代管单位区气象局参加座谈。会上，区气象局汇报密云预警信息发布中心人员编制及目前的建设情况，发布的预警信息种类，及发布预警信息的途径等；区防汛办汇报关于防汛期间发布的预警信息和提示信息的流程、覆盖面、使用平台。

（夏志田）

【综合应急演练】 8月5日，区市场监管局联合区应急局、区城管委、十里堡镇政府、北京市密云燃气有限公司组织开展2021年度十里堡镇王各庄CNG供气站综合应急演练。演练模拟生产运行经理接王各庄CNG站运行人员电话报警，发现王各庄CNG供气站内CNG长管拖车后尾箱内有漏气。演练过程中，参演人员严格按照演练方案进行，在发现泄露后、及时启动应急预案，现场成立应急指挥部，各抢险成员、配合单位各司其职，及时关闭气阀、积极疏散站内车辆、群众，利用灭火器、消防设备等进行水雾喷淋，避免燃气向周边扩散，及时有效地解决了此次突发事件。

（夏志田）

【市督导组赴密检查汛期安全风险隐患排查及整改】 8月11日，汛期安全风险隐患排查第五督导检查组由市水务局水旱灾害防御处副处长带队赴密云检查汛期安全风险隐患排查及整改工作情况，区防汛办组织区水务局、区规自分局、区民政局参加检查。检查组在区应急局召开座谈会，并赴潮白河道羊山1号桥、羊山2号桥，辛安庄村幸福晚年驿站、车道峪村幸福晚年驿站，车道峪村地质灾害点开展现场调研。

（窦法荣）

【第一次全国自然灾害综合风险普查工作推进会】 8月18日，区普查办召开密云区第一次全国自然灾害综合风险普查工作推进会议，就密云区普查实施细则

（征求意见稿）、普查工作开展情况及普查队伍人员选聘工作进行研讨。区住建委、区城管委、市规划和自然资源委密云分局、区地震局、区气象局、区水务局、区园林绿化局、北京市交通委密云公路分局普查工作负责人及技术人员参加会议。

（窦法荣）

8月18日，区普查办召开密云区第一次全国自然灾害综合风险普查工作推进会（蔡一延 摄）

【普查工作培训】 8月26日，区普查办通过应急视频会议系统召开应急系统乡镇普查工作培训。各镇街（地区）、开发区管委会普查工作负责同志、社区（村）居委会普查工作负责人参会。会上，区普查办对全区普查工作进展情况进行通报。各参会单位围绕普查调查工作展开讨论，区普查办进行答疑指导。

（窦法荣）

【安全评价机构执业行为专项整治】 8月27日，1家安全评价机构对密云区2座加油站进行安全现状评价，区应急局进行全程监督检查，现场查验该机构专业资质后，对评价各环节工作开展情况进行监督。经查，该机构能够按照评价程序，开展相关检测评估活动，未发现明显问题。

（梁乃顺）

【实验室安全生产专项检查】 9月1—30日，区应急局按照北京市安全生产委员会办公室《关于开展实验室安全生产专项检查的通知》要求，对全区53家实验室类型场所企业单位逐一进行安全检查。排查整改安全隐患54项。检查中，检查组要求企业强化安全管理责任落实，加强执行实验室安全管理制度，实行全员、全过程、全方位、全时制安全管理，全面开展安全隐患排查整治，对发现的安全隐患要立即整改，不留隐患，增强实验室安全风险管控能力，坚决杜绝各类安全事故的发生。

（张宏伟）

【实兵演练】 9月9日，市、区、镇及机动支队驻密中队等各级森林消防救援队伍在密云区东邵渠镇银冶岭村大头岭山区开展“野外化、实战化”实兵演练活动。演练模拟密云区东邵渠镇银冶岭村大头岭山区先后发生多点森林火情，此次实兵演练参演总兵力200人，出动各型车辆37台，各型装备168台（套）。

（夏志田）

【事故控制目标暨安全防范工作视频会】 9月16日，区安办在区应急指挥中心组织应急、公安、消防、住建、城市管理等部门参加8月份全市事故控制目标暨安全防范工作视频会。会议学习全国中秋国庆假期间安全防范工作视频会议精神，贯彻“人民至上、生命至上”的新发展理念，并结合中秋国庆假期特点，着力提升防范化解重大安全风险的能力。

（梁乃顺）

【周末大扫除】 9月18日，区应急局主要领导带队全体机关干部，开展“全面参与、创城有我”周末大扫除活动。活动期间，应急管理局在编人员按计划时间、地点到岗集结，对所承包街面道路，绿化带，灌木丛中的白色垃圾、纸屑、烟头、塑料瓶等垃圾进行地毯式捡拾，对小广告、贴纸等进行清理。提醒群众按要求将电动车、自行车等停放指定区域。

（王海山）

【“法律十进”及“以案释法”主题普法宣传活动】 9月，区安办组织开展“法律十进”及“以案释法”普法宣传活动。活动分为宣传启动、推荐报名、上报材料、评选推荐、开展宣讲5个步骤，全区各镇街（地区）、安委会各成员单位经过层层筛选推荐“法律十进”兼职法宣员50余名，上报演讲稿及PPT50余份，经筛选将5位法制宣讲员推荐到市应急局。最终3人被选入市级宣讲团。组织开展“以案释法”主题普法宣传活动，共征集典型执法案例3个，分别涉及危险化学品、工业企业和建筑业行业领域。

（张宏伟）

【第一次全国自然灾害综合风险普查外业核查】 9月下旬，第一次全国自然灾害综合风险普查进入质检核查阶段，区普查办组建外业核查队伍，系统规划20个镇街（地区）、中关村密云园核查任务，9月22日至10月13日，开展为期3周的公共服务设施、危化品企业、减灾能力等调查数据实地核查，点位、面状空间信息核实、标绘。

（窦法荣）

【查污水管网工程施工现场】 10月1日，区应急局联合区水务局、区住建委对美丽乡村污水配套管网基础设施建设工程开展执法检查，联合检查组先后到西田各庄镇龚庄子村和穆家峪镇碱厂村等施工现场，重点检查施工现场三级配电、基坑防护、警示标志设置、危险作业管理、隐患排查治理和应急值守情况。此次检查共查施工单位3家，下达执法文书2份，发现隐患6项，均已整改完毕。

（张宏伟）

【制作法治橱窗】 10月，区应急局在白河两岸制作安装8个图文并茂的法治宣传橱窗，内容包括《北京市突发事件总体应急预案（2021年修订）》重点修订内容、大风天气防护知识、《北京市生产经营单位安全生产主体责任规定》深度解读、新《安全生产法》修改内容、防汛抗旱基础知识和森林消防预防知识等，发挥公益广告的宣传教育作用，提升居民群众的安全生产意识。

（张宏伟）

【电动车充电专项检查】 10月3日，区应急局联合区消防救援支队、区住建委开展电动车充电专项检查行动，检查重点为：小区是否设置电动自行车集中充电区；楼道内是否存放电动自行车；是否存在飞线充电现象；物业方是否定期开展巡查检查等情况。联合检查组到柏林山水小区，随机抽查3栋住宅楼及3处电动车集中充电区，检查过程中对1名将电动自行车电池拆下在家中充电的居民进行批评教育和安全提示，未发现其他违规行为。

（梁乃顺）

【城市安全风险评估工作动员部署会】 10月20日，区安办组织各镇街（地区）、相关部门及第三方专家共同召开2021年度城市安全风险评估工作动员部署会。会上对2021年风险评估工作进行安排部署、第三方专家对各单位就评估系统和信息上报进行技术培训。

（梁乃顺）

【跨部门“双随机、一公开”联合检查】 10月21日，区应急局完成检查工业企业48家、建材市场门店104家（其中2家主体已经注销），并完成所有《双随机一公开检查记录单》录入和工作平台结果审核工作。通过“双随机、一公开”联合检查。

（张宏伟）

【工业企业疫情防控工作全覆盖检查】 10月22日，区应急局对工业企业疫情防控工作进行“七天一轮次”全覆盖检查。执法人员按照“工业企业疫情防控重点检查项目表”开展检查，并督促要求本辖区工业企业认真做好进口非冷链货品的常态化疫情防控、佩戴口罩、测温验码、限流控距、通风消毒等措施。10月22日至11月14日，区应急局和镇街专职安全员检查队累计出动检查592人次，按照市、区两级对工业企业疫情防控要求，累计对1799家工业企业疫情防控进行现场检查、核实、告知，检查中发现问题20项，已全部立即整改。对2家企业存在的问题进行公示。

（张宏伟）

【家庭减灾能力调查工作培训】 10月22日，区普查办在区应急局组织召开密云区第一次全国自然灾害综合风险普查家庭减灾能力调查工作培训会。鼓楼街道、果园街道等14个镇街（地区）以及相关社区（村）普查工作负责同志参会。会上，区普查专班技术组负责同志对家庭减灾能力调查相关工作进行业务培训，包括对调查目的、范围和内容的解读以及调查工作流程、工作方法、数据指标的讲解。各参会单位围绕调查工作展开讨论，区普查办进行答疑指导。

（窦法荣）

【隐患排查治理信息系统应用培训】 11月1日，区安办在区应急指挥大厅召开隐患排查治理信息系统应用部署培训工作视频会。会议邀请第三方专家对各镇街（地区）隐患排查治理系统应用进行培训，各属地相关负责人在各自分会场参会。此次工作主要涉及全区工矿商贸、道路交通、危险化学品、建筑施工等重点行业领域的1300余家生产经营单位的系统应用，重点对系统登陆、企业风险源排查、系统录入等内容，进行讲解。

（梁乃顺）

【森林灭火联合演练】 11月19日，区森林消防大队北庄中队协同北庄镇森林消防中队开展森林灭火联合演练。模拟北庄镇某地突发森林火情。演习期间，2支队伍针对火情地理信息、火势强度及时进行研判，明确分工和扑救重点，迅速利用所掌握的扑火技战术进行处置，在规定时间内将火情扑灭。

（夏志田）

【危险化学品企业重点岗位排查】 11月28日至12月3日，区应急局开展危险化学品企业重点岗位及作业人员调查工作。主要包括加油站卸油、加油作业岗，气体销售单位装卸作业、库房管理岗，生产单位物料反应看守岗等重点岗位，共统计重点岗位作业人员254人。

（梁乃顺）

【安全生产专题培训】 12月9日，区安办制定印发《北京市密云区安全生产委员会办公室关于举办2021年密云区安全生产专题培训班的通知》，12月13—31日，通过“北京市密云区安全生产培训平台”开展密云区线上安全生产专题培训，此次培训班以线上授课的形式开展，授课内容涵盖《习近平总书记安全生产重要论述》解读一政府版、《生产安全事故应急条例》解读、《国务院关于坚持科学发展安全发展促进安全生产形势持续稳定好转的意见》解读、新冠疫情常态化下的安全管理等，共计40学时，全区59个相关单位分管领导参加培训，59名学员均已完成学习并通过考试。

（张宏伟）

【城市安全风险评估现场检查】 12月16日，市安委会组织有关市级部门、市应急局减灾处、安科院专家对密云区城市安全风险评估工作进行现场检查和服务指导，现场抽查北京京东方真空电器有限责任公司安全风险评估工作开展情况。区应急局、中关村密云园有关负责同志参加现场检查工作。检查组对企业抽查检查情况、资料查阅情况进行打分，密云区获得优秀成绩。

（梁乃顺）

【电动自行车销售领域安全生产执法检查】 12月23日，区应急局联合区城管执法局、区消防救援支队、属地政府开展电动自行车销售领域安全生产执法检查工作。联合检查组随机对密云区11家电动自行车销售经营单位的安全管理主体责任落实情况、消防安全落实情况、是否存在“飞线”充电和违规停放行为、是否加装改装销售车辆、是否占道经营等情况进行重点检查。

（梁乃顺）

【安全生产专项整治三年行动】 年内，本区推进安全生产专项整治三年行动工作。截至年底，全区监督检查单位16702家次，排查隐患2194家次，挂账问题隐患765家次，销账765家次，销账率100%（其中重大隐患2家次，突出问题1家次）。全区完成目标任务256项，完成率为100%。

（梁乃顺）

【企业台账清理】 截至年底，清理无实体、无照经营等企业1778家，新增企业415家，库内存留企业13446家，及时审核率99.47%。

（张宏伟）

【公共安全文化教育基地】 年内，为加强公共安全教育基地、体验式培训场馆规范化建设，提高公众安全意识和自救互救能力，按照全市统一部署，区应急局推荐区科委下属单位科技馆参加全市公共安全教育基地分类分级评估。最终科技馆被评为专项类公共安全教育基地。

（张宏伟）

【有限空间作业安全管理工作】 年内，区应急局做好密云区有限空间作业安全管理工作。组织企业学习落实有限空间作业法律法规，提升有限空间作业人员安全风险防范意识；组织开展专项执法检查，针对有限空间风险辨识、规章制度的建立、教育培训的开展、应急物资配备、应急预案建立与演练等多方面进行检查，做到无遗漏、无盲区，彻底杜绝有限空间作业违法、违规现象；结合安全生产专项整治三年行动工作，采取多样形式开展有限空间作业宣贯培训，强化从业人员“有限空间、无限风险”的安全认知，达到彻底消除有限空间作业生产安全事故发生的根本目的。

（梁乃顺）

【安责险参保情况】 年内，应参保安责险企业1200家。截至8月4日，密云区20个镇街均已开展安责险参保工作，新参保企业共579家，完成全年任务的48.2%。

（梁乃顺）

【暑期溺水事件防范】 年内，区应急办制定印发《关于进一步加强暑期溺水事件防范工作的通知》，要求各单位按照市领导批示精神，加强宣传提示，严防暑期溺水。

（夏志田）

【预警信息发布情况】 年内，区预警中心共发布预警信息238次，制发大风等极端天气应对工作通知及提示130余次。

（夏志田）

【表彰市森林防火先进集体和先进个人】 年内，北京市森林防火指挥、北京市人力资源和社会保障局决定授予2018－2020年度50个“北京市森林防火先进集体”和110名“北京市森林防火先进个人”。其中密云区大城子镇人民政府、冯家峪镇人民政府、太师屯镇人民政府和北京市密云区综合救援中心（北京市专业森林消防总队密云区大队）4家单位荣获“北京市森林防火先进集体”称号，6人获“北京市森林防火先进个人”称号。

（夏志田）

【打击森林违法用火行为专项行动】 年内，区森防办协调指导全区各级森林防灭火机构在2020－2021年度森林防火期，开展打击森林违法用火行为专项行动，打击林区违法用火行为，整治危害防火安全的违法行为。期间经历动员部署、防火期初期、高火险期和防火期后期阶段，成立区级检查组20余个，各镇街（地区）累计成立检查组50余个，每天开展巡逻检查，截至5月24日，全区查处制止违法野外用火20起，罚款3人，罚金2000元，刑事拘留1人，多次劝返野外爬山、驴友穿越等行为。

（夏志田）

【供电应急】 年内，国网北京密云供电公司完成“1＋31”份应急预案的修订、外审工作，增强应急预案可操作性。应急响应流程、处置逐步完善，为应对度夏、度冬大负荷和恶劣天气，全年共启动应急响应77次，提升应急突发处置能力。

（孙佩佳）

【防汛应急】 年内，自来水公司启动防汛应急响应10次，开展防汛专项巡查56次，排查防汛重点部位46处，修订《综合应急预案》《供水调度专项应急预案》等应急预案14项。

（康思明）

【应急物资储备】 年内，区商务局发挥应急物资储备日常管理功能，建立台账、制定应急预案，保障应急物资存的实，管的好，关键时刻调的出；及时增加民用防护物资储备，涉及消杀用品、测控器具、口罩、防护服、84消毒液、护目镜、测温枪、帐篷等16大类防疫物资；保证防疫需要，向云湖、华电隔离点和各个镇街及时配送防疫、防汛所需物资，总计价值约300万元。

（郝　桐）

【清明节公共安全和应急管理】 年内，区应急办印发《关于加强2021年清明节期间全区公共安全和应急管理工作的通知》，加强组织领导，严格落实值班制度；加强信息收集，做好信息报告；加强统筹谋划，部署重点工作；加强应急响应，开展应对处置；加强技术保障，做好应急调度准备。

（夏志田）

【密云生态马拉松安全保障工作】 年内，区应急局成立马拉松赛安全保障工作领导小组，针对赛事是在疫情常态化、参赛人员较多的特点，召开3次分析部署会，开展赛事保障工作。5月14—15日，检查组连续2天对生态马拉松临建设施搭建进行安全检查，整改搭建人员不正确使用安全带、佩戴安全帽和主舞台背景板与主体架体连接不牢固等隐患问题4项，均已按要求整改。

（张宏伟）

消　防

Fire Prevention

【概　况】 北京市密云区消防救援支队（简称区消防救援支队）负责防范化解重大安全风险、应对处置各类灾害事故，设有专门衔级职级序列和队旗、队徽、队训、队服的国家综合性消防救援队伍。

年内，区消防救援支队开展火灾隐患排查，强化队伍管理教育，落实规章制度，完成重要节日和全国“两会”、国庆等消防保卫任务。出动检查力量1.18万余人次，检查单位场所4100余家，督促整改隐患1.08万处，关停、取缔消防隐患单位107家。全年接警1311起，其中火警458起，抢救被困人员86人，疏散被困人员270人，保护财产价值7200余万元。全市防火安全委员会考核名列前茅。

（白　波）

单位名称：北京市密云区消防救援支队
地　　址：北京市密云区水源东路331号院
电　　话：69027887

【消防、宣传技能培训】 1月21日，区消防救援支队邀请央视、北京电视台、密云区摄协的专业人员讲授消防宣传技能和工作方法，通过培训，密云、怀柔、平谷三支队建立了区域消防宣传联训机制，增长了消防宣传业务实操技能。

（白　波）

1月，密、怀、平三支队联训消防宣传
（饶继猛　摄）

【冰潜救援技能训练】 1月25—29日，区消防救援支队针对雨雪冰冻灾害天气组织17名潜水员开展冰潜救援专业技能培训。潜水装备由最初的25千克左右到达120千克左右。训练过程中，队员们克服零下13摄氏度极寒天气，每次潜水时间均在20分钟左右，潜水时间最长36分钟。在全国119宣传中，中央电视台专题报道了以密云支队水域救援队为主体的国家水域救援队北京大队急流训练，时间长达7分38秒。

（白 波）

1月，区消防救援支队开展冰潜救援技能训练

（张庆 摄）

【夜查五类重点场所】 2月16日，区消防救援支队整合在位力量，联合区公安、市场监管、商务、文旅、应急管理及属地镇街组成6个检查组集中夜查密云华润万象汇、博纳国际影城密云店、海底捞朗福店、英伦国际KTV等人员密集场所，对节日期间消防安全工作和灭火应急疏散情况进行实地检查。

（白 波）

【"一警六员"实操实训】 2月30日，区消防救援支队依托区公安分局开展"一警六员"实操实训，针对

2月，"一警六员"集中实操实训（饶继猛 摄）

派出所消防监督、火灾、救援现场安全避险基本知识开展集中授课。全区22个公安派出所的50名副所长、160名社区民警、196名专职流管员、570名分局保安员参加培训。

（白 波）

【消防力量建强】 3月7日，区消防救援支队申请80万元购置消防通信和灭火装备50套配发至街镇，在农村地区发挥消防＋森林扑火队联动机制；在城区依托区园林绿化局、环卫中心、区城管委发挥消防＋环卫的联动机制，使城市建成区一次性增加移动消防应急水源100吨。参加灭火行动305起，灭早、灭小、灭初期能力得到提升。

（白 波）

3月，建强多种形式消防力量（饶继猛 摄）

【夜查城乡结合部出租房屋】 6月9日，区公安、消防及属地十里堡镇市场监管、城管、流管等部门和单位出动80余人到十里堡镇双燕地区开展消防安全隐患排查清理整治行动，摸排单位、场所430家（处），发现隐患826处，下发限期整改通知书31份，临时查封3家，清理违规充电电动自行车165辆，清理室内充电电动车电瓶56块，搬离液化石油气罐36具，清理可燃杂物2吨。

（白 波）

【参观见学党史教育基地】 6月16日，区消防救援支队开展"赓续红色血脉、喜迎建党百年"主题参观见学暨重温入党誓词活动，支队全体党委班子成员、机关全体党员前往密云水库展览馆参观见学。区文化馆馆长与支队政委共同为密云支队党史学习教育基地揭牌。

（白 波）

【排水警情纪实】 7月12日，区消防救援支队接警，辖区石城镇张家坟村内积水严重，救援站指战员利用消

防车和手抬泵抽水，奋战5个小时，共计排水600余吨。

（白 波）

【援豫抗洪抢险指战员凯旋归建】 7月22日至8月4日，区消防救援支队31名指战员转战新乡、卫辉等地，完成救援任务18起，转移营救遇险群众743人，转移物资163.5吨，排水排涝3.72万吨，完成此次跨区域增援任务，于8月4日晚凯旋归来。

（白 波）

【《救援》获人民摄影月赛一等奖】 8月，密云消防支队消防员饶继猛赴豫执行抗洪抢险救援任务时拍摄的《救援》摄影作品获得由人民摄影报社主办2021人民摄影月赛一等奖，被全国网络正能量摄影作品征集活动评为最佳摄影作品，并在《人民摄影报》刊登。

（白 波）

8月，密云消防救援支队消防员在河南执行抗洪抢险救援 （饶继猛 摄）

【综合实战演练】 年内，区消防救援支队全勤指挥部，十里堡、鼓楼、溪翁庄、河南寨4个消防救援站和怀柔支队雁栖消防救援站在北京合纵实科电力科技有限公司举办灭火救援综合实战演练，17部消防车80余名指战员以及属地政府、公安、医疗等联勤联动力量参与演练。

（白 波）

【大练兵比武考核】 年内，区消防救援支队利用3天时间组织应急通信与车辆勤务站和所属8个消防救援站210名指战员开展全员岗位大练兵春季比武考核工作。此次考核设置5000米负重、单杠引体向上、绳索攀爬、5×40米折返搬运重物、400米疏散物质救人5项科目。

（白 波）

【消防宣传】 年内，区消防救援支队成为全市唯一的国家级应急消防科普教育基地，打造密云消防宣传品牌。先后开展"小小消防员"角色体验、致敬"火焰蓝"消防夏令营等主题活动10场次，600余个亲子家庭、800余名社会青少年参加活动，4000余名机关、团体、企业事业单位员工参与互动体验，推树基地创始人郝继超评为全市"火焰蓝"贴心人。策划消防宣传进支队机关、进队史馆、进科普教育基地3场线上活动，直播阅览量40万人次。

（白 波）

【成立重载无人机专业队】 年内，北京市消防救援总队将"驼峰500"重载无人直升机配发到区消防救援支队，区消防救援支队成立重载无人机专业队，派出10名同志到重庆参加重载无人直升机专业培训，在第四季度开展5次深化训练，重载无人机专业队初步具备战斗力。

（白 波）

防震减灾

Earthquake Prevention and Disaster Reduction

【概 况】 北京市密云区地震局（简称区地震局）是密云区人民政府负责防震减灾工作的职能部门。围绕地震监测预报、震害防御、地震应急3大体系建设，内设综合管理办公室、监测预报科、震害防御科3个科室。事业单位参照公务员管理编制12名，行政工勤编制2名。年内，区地震局牢固树立震情第一观念，积极开展辖区内地震监测与震情跟踪、重大活动安保服务、台网运维等工作，2021年获得"北京市区级地震部门优秀单位"称号。

（伊大山）

单位名称：北京市密云区地震局
地　　址：北京市密云区新西路32号
电　　话：69041672

【监测台站改造升级】 1月，密云二中监测站、古北口监测站完成升级改造。在仪器运行过程中，本局与武汉地震研究所联系，做好仪器调式、数据分析及台站的日常维护工作。检查区域范围内17个市属强震台设备运行情况，定期检修仪器，确保仪器安全运转。配合市地震局工作，协调东邵渠、太师屯镇，做好两强震台的供电升级改造工作。

（伊大山）

【我为群众办实事活动】 5月，为践行“我为群众办实事”活动，机关党员向西田各庄镇沿村“两委”班子成员宣传防震减灾基础知识，发放地震宣传图册，让防震减灾小常识走进每家每户。

（张　旭）

【防震减灾科普示范学校建设】 9月，区地震局联合区教委，申请市级防震减灾科普示范学校1所，为区级示范学校北京市密云区新城子中学。

（赵　军）

【编制《密云区推进自然灾害防治重点工程任务分工方案》】 年内，区地震局结合本区地震灾害风险源和地震地质条件特点，与相关业务单位及技术咨询单位沟通，编制《密云区推进自然灾害防治重点工程任务分工方案》，由区级财政支持。

（伊大山）

【房屋设施抗震设防信息采集及动态管理】 年内，区地震局完成2018年10月至2020年12月加固工程和2020年新建、改建、扩建工程的基础信息采集工作。汇总完成相关委办局采集系统填报及动态管理。针对各镇街信息采集数据量较大问题，进行专门指导，由各镇街统计人员完成对统计时间段内工程设施信息采集、系统填报，由区地震局进行动态管理。

（赵　军）

【地震应急响应机制建立健全】 年内，区地震局形成一旦密云及周边有震情发生，立即落实区域内震感范围及是否有人员财产损失的应急信息上报制度。跟踪落实河北唐山、北京顺义地震情况。

（伊大山）

【数据监测】 年内，区地震局坚持24小时应急值守，每天上午8点30分前汇总分析6个微观观测站数据，上传至北京市地震局系统。每周一将6个宏观动物观测站上报信息进行汇总并记录存档。

（段金荣）

【严格执行地震会商制度】 年内，区地震局严格执行地震会商制度，分析各项前兆数据变化，做出震情会商报告。全年完成地震会商50余次，其中春节、全国“两会”等特殊时段加密会商9次。

（段金荣）

【防震减灾宣传活动】 年内，在“5·12”防灾减灾日、“7·28”唐山纪念日、“全国科普日”等重要节日期间，区地震局采取悬挂宣传条幅、摆放防震减灾知识展板、设置咨询台、发放防震减灾宣传品等方式，对全区广大群众进行防震减灾科普知识宣传。

（张海华）

5月，开展防震减灾宣传活动

（区地震局　供图）

交通　邮电

TRANSPORT POSTS TELECOMMUNICATIONS

公路建设与管理

Road Construction and Management

【概　况】北京市交通委员会密云公路分局（简称密云公路分局）是北京市交通委员会的派出机构，是参照《公务员法》管理的事业单位，履行辖区内县级以上公路建设养护计划的编制、实施及乡村公路行业管理等职责。内设办公室、计划科、工程管理科、养护管理科、路网管理科、安全质量监督科、乡村公路管理科、财务科、政工人事科、监察科、宣传科等11个部门，有编制62人，职工52人。

年内，密云区国省干线MQI为91.57，PQI为88.87；县级公路MQI为87.08，PQI为82.05；乡村公路MQI为87.3，PQI为82.38。截至2021年底，辖区内公路总里程2149.54千米，公路密度96.4千米/百平方千米。按行政等级分：高速公路80.65千米，国道164.17千米，省道122.75千米，县道407.40千米，乡道726.95千米，村道557.25千米，专用公路90.37千米。按技术等级分：高速公路80.65千米，一级公路114.774千米，二级公路286.518千米，三级公路459.726千米，四级公路1205.436千米。辖区内普通公路桥梁共617座（24854.13米），按行政等级分：国道桥梁80座（3622.25米）、省道桥梁64座（4508.22米）、县道桥梁151座（7752.54米）、乡道桥梁225座（6582.11米）、村道桥梁97座（2389.01米）；按桥梁跨径分：特大桥1座、大桥47座、中桥131座、小桥438座；按技术状况分：一类桥95座、二类桥474座、三类桥34座、四类桥梁2座、无五类桥梁、未评定12座。辖区内普通公路隧道共21座（4733.2米），按行政等级分：国道隧道10座（1786.7米）、省道隧道2座（1486米）、县道隧道5座（658.8米）、乡道隧道4座（801.7米）；按隧道长度分：中隧道2座、短隧道19座；按技术状况分：二类隧道21座。

年内，实施公路新改建、预防性养护、大中修、旧桥改造、乡村公路大修等工程25项，其中新改建工程5项，8.18千米；大修工程1项，预防性养护工程1项，中修工程5项，小修工程5项，合计46.29千米；地灾防治工程1项，共14处点位；公路生命安全防护工程1项，44.92千米；改造旧桥2座；乡村公路大修3项，合计2.35千米；桥梁大修1座。全年办理涉路行政许可2422件。全年建设养护完成投资3.28亿元。本年度，通怀路（密云段）、顺潮街完工通车，京沈客专相交节点3项工程全面完工；乡村公路“路长制”不断深化；党史学习教育稳步推进。密云公路分局获“北京市安全生产先进单位”“首都全民义务植树先进单位”“密云区2021年度创建全国文明城区工作先进集体”等称号，连续多年保持“首都文明单位标兵”称号，7名同志分获“2017—2020年北京市交通行业先进个人”“2020年度首都城市环境建设管理突出贡献个人”等市级（区级）先进称号。密云水库南线被评为2021年度全国“十大最美农村路”。

（高　原）

单位名称：北京市交通委员会密云公路分局
地　　址：北京市密云区鼓楼东大街5号
电　　话：69042929

公路建设与养护

【概　况】年内，密云公路分局推进公路建设养护，完成通怀路（密云段）建设任务，实现顺潮街完工通车，京沈客专相交节点3项工程全面完工，完善首都东北部交通干线路网，优化科学城东区及密云新城周边路网结构，改善京沈客专密云站出行条件。推进新农村立交桥、密三路、密西路、密云新城南部绕城线等项目前期工作。完成养护巡查27.3万千米，修复病害9.1万平方米，保障交通基础设施经常性完好。

（高　原）

【顺潮街道路工程】5月21日，顺潮街道路工程完工通车。此项目是2020年密云区重点工程，对于完善密云新城路网结构，服务京沈客专密云站交通接驳起到重要作用。工程位于密云区河南寨镇，西起京承

5月21日，顺潮街道路工程完工通车

（密云公路分局　供图）

高速顺密路立交（K0＋000），东至新东路（K3＋540），全长3.54千米，设计标准为一级公路，路基宽50—55米，路面宽30—38米，设双向6—8车道，设计速度50千米/小时，项目总投资2.44亿元，于2020年4月30日开工，由长春市市政工程设计研究院设计，北京鑫旺路桥建设有限公司施工，北京正远监理咨询有限公司监理，历时386天完工。

（刘志杰）

【密兴旧路（K4＋000—K28＋000）中修工程】 8月21日，密兴旧路（K4＋000—K28＋000）中修工程完工。工程西起密云区巨各庄镇前焦家坞村（K4＋000），东至密云区大城子镇柏崖村（K28＋000），全长24千米，路基宽7.8—32米，路面宽6.8—28米，设计等级为二、三级公路，设计速度60千米/小时。施工内容为铣刨旧路、病害处理、重新铺筑沥青混凝土面层，总投资99.77万元，于2021年8月8日开工，由河北华跃工程科技有限公司设计，北京路桥瑞通养护中心有限公司施工，北京中咨路捷工程技术咨询有限公司监理，历时13天完工。

（仇新磊）

【新南路辅路中修工程】 8月29日，新南路辅路中修工程完工。工程西起排山汽车城（K0＋000），东至长城环岛（K6＋600），全长6.6千米，辅路宽7米。施工内容为铣刨路面、病害治理、路缘石更换、雨水口提升、标线复划等，同步完善慢行系统，总投资279.07万元，于2021年7月31日开工，由北京特希达交通勘察设计院有限公司设计，北京路桥瑞通养护中心有限公司施工，北京中咨路捷工程技术咨询有限公司监理，历时29天完工。

（仇新磊）

8月29日，新南路辅路中修工程完工

（密云公路分局 供图）

【公路地质灾害防治工程】 9月10日，本年度密云区公路地质灾害防治工程完工，对国道兴阳线14处地质灾害隐患点进行治理，通过清理山体浮石、安装防护网、砌筑防护墙等措施消除山体安全隐患，总投资1069.86万元。工程由中材地质工程勘察研究院有限公司设计，北京路桥瑞通养护中心有限公司施工，北京中城建建设监理有限公司监理，于2021年7月6日开工，历时66天完工。

（仇新磊）

8月9日，兴阳线公路地质灾害防治工程施工中

（葛凤清 摄）

【密云水库南线预防性养护工程】 10月28日，密云水库南线预防性养护工程完工。工程西起密云区溪翁庄镇溪翁庄路口（K0＋000），东至密云区穆家峪镇九松山副坝执法站（K13＋772），全长13.7千米，路基宽8—23米，路面宽7—15米，设计等级为二、三级公路，设计速度60千米/小时。施工内容为铣刨旧路、病害处理、重新铺筑沥青混凝土面层，同步实施交通、绿化、排水等工程，完善慢行系统，总投资1307.42万元，于2021年8月19日开工，由北京特希达交通勘察设计院有限公司设计，北京路桥瑞通养护中心有限公司施工，北京中咨路捷工程技术咨询有

限公司监理，历时70天完工。

（仇新磊）

【公路安全生命防护工程】 10月31日，本年度密云区公路安全生命防护工程完工，工程涉及密古路、邓达路，里程共计44.92千米，工程内容包括修复护栏、完善标志标线、安装交通防护设施等，总投资220.66万元。工程由北京市七环工程技术咨询有限责任公司设计，北京路桥瑞通养护中心有限公司施工，北京中咨路捷工程技术咨询有限公司监理，于2021年9月18日开工，历时43天完工。

（仇新磊）

【路网外场设备建设工程】 11月10日，本年度密云区普通公路路网外场设备建设工程完工，涉及京沈线、兴阳线、顺密路、密三路、密关路、松曹路、河东路、密西路、密兴旧路、密云水库南线、新南路共计19个点位，完成视频上云系统建设，更新交通量调查、视频采集等设备19套，更换相关指示标志31套，总投资238.91万元，于2021年8月28日开工，由北京国道通公路设计研究院股份有限公司设计，神州交通工程集团有限公司施工，北京中咨路捷工程技术咨询有限公司监理，历时74天完工。

（刘　伟）

【治超非现场执法设备建设工程】 11月13日，本年度密云区普通公路治超非现场执法设备建设工程完工，涉及京沈线、兴阳线、顺密路、密兴路、密三路、西统路、木邵路、密兴旧路共8个点位，新建非现场执法系统设备2套、ETC系统8套，增加补光设施5处，改造白光爆闪灯1处，总投资717.27万元，于2021年8月23日开工，由北京国道通公路设计研究院股份有限公司设计，北京诚达交通科技有限公司和中交一公局海威工程建设有限公司联合体施工，北京中咨路捷工程技术咨询有限公司监理，历时82天完工。

（刘　伟）

【乡村公路“8.09”水毁修复工程】 11月30日，乡村公路“8.09”水毁修复工程完工。工程共2项，分别是石城镇石城路和西田各庄镇西小路，总里程3.1千米，总投资1377.12万元。施工内容为水毁道路修复，随路改建牛盆峪桥、石城桥2座水毁桥梁，于2020年9月30日开工，由北京市七环工程技术咨询有限责任公司和北京逸群工程咨询有限公司联合体公司设计，北京鑫旺路桥建设有限公司和北京西门交通设施工程有限公司联合体、北京路桥瑞通养护中心有限公司施工，北京中咨路捷工程技术咨询有限公司监理，历时426天完工。

（彭玉柱）

【通怀路三期（密云段）道路工程】 12月3日，通怀路三期（密云段）道路工程已完工，为全线贯通创造条件。此项目是2020年北京市政府重点工程，对于完善首都东北部干线路网，打通密云与副中心快速通道具有重要意义。工程位于密云区西田各庄镇，起点为密云区西田各庄镇建新村（K11＋600），终点为怀柔区怀北镇神山村（K16＋000），整体呈南北走向，全长4.4千米，设计标准为一级公路，路基宽27.5米，路面宽24米，设双向4车道，设计速度80千米/小时，项目总投资2.83亿元，于2018年11月20日开工，由北京市市政工程设计研究总院有限公司设计，北京鑫旺路桥建设有限公司施工，北京京博通工程咨询有限公司监理，历时1109天完工。

（刘志杰）

【新西路大修工程】 12月15日，新西路大修工程完工。工程北起密云区密云镇李各庄村北（K0＋000），与京沈线相接，南至密云区密云镇小唐庄村（K1＋550），与新北路相接，全长1.55千米，路基宽34米，路面宽26米，设计等级为一级公路，设计速度60千米/小时。大修内容为铣刨旧路、病害处理、重新铺筑沥青混凝土面层，新建片石砼、钢筋砼挡墙，同步实施交通、绿化等附属工程，总投资3056.75万元，于2021年3月3日开工，由中国华西工程设计建设有限公司设计，北京鑫旺路桥建设有限公司与北京路桥海威园林绿化有限公司联合体施工，北京正远监理咨询有限公司监理，历时287天完工。

（刘志杰）

【乡村公路工程】 12月，本年度密云区乡村公路大修工程全面完工，包括路面大修3项，总长2.5千

12月15日，新西路大修工程完工

（公路分局　供图）

米；旧桥改造1座，长186延米。工程于9月开工，总投资1049.95万元，惠及5个镇8个村，改善了城乡交通出行环境。

（刘星雨）

【三项京沈客专（密云段）与普通公路相交处节点道路工程】 年内，京沈客专（密云段）与密三路、左堤路、城西路相交处节点道路工程完工，为将来三条道路的提级改造奠定基础。三项工程均于2021年4月1日开工，其中左堤路节点位于密云区河南寨镇平头村，桩号K17＋493－K17＋721，长228米，路基宽18.5米，路面宽17.5米，设计等级为一级公路，设计速度60千米/小时，由中交基础设施养护集团有限公司设计，北京鑫旺路桥建设有限公司施工，北京正宏监理咨询有限公司监理，总投资197.91万元，于2021年6月23日完工，历时83天；城西路节点位于密云区河南寨镇荆园村，桩号K1＋291－K1＋309，长18米，路基宽14.5米，路面宽13米，设计等级为一级公路，设计速度60千米/小时，由北京市市政工程设计研究总院有限公司设计，北京鑫实路桥建设有限公司施工，北京正宏监理咨询有限公司监理，总投资89.59万元，于2021年6月23日完工，历时83天；密三路节点位于密云区巨各庄镇金山子村，桩号K0＋000－K0＋130，长130米，路基宽25.5米，路面宽24米，设计等级为一级公路，设计速度80千米/小时，由长春市市政工程设计研究院设计，北京路桥瑞通养护中心有限公司施工，北京正宏监理咨询有限公司监理，总投资347.2万元，于2021年12月9日完工，历时252天。

（刘志杰）

桥梁隧道建设与养护

【概　况】 年内，密云公路分局提升桥隧管护水平，完成西白莲峪桥、兴阳线K69＋430涵洞、大关桥检查平台等桥隧维修改造工程，提升百姓出行服务品质。

（高　原）

【西火路西白莲峪桥改造工程】 10月20日，西火路西白莲峪桥改造工程完工。工程位于密云区冯家峪镇西白莲峪村，县道西火路（X008）K6＋957处，跨白马关河支流，桥长28.1米，宽8.1米，设计荷载为公路-Ⅰ级，于2021年8月3日开工，改造内容为拆除新建，新桥上部结构为3×7米普通钢筋混凝土现浇实心板，下部结构采用薄壁墩台身及扩大基础，总投资211.93万元，由北京国道通公路设计研究院股份有限公司设计，北京路桥瑞通养护中心有限公司施工，北京正宏监理咨询有限公司监理，历时78天完工。

（刘志杰）

【兴阳线K69＋430涵洞中修工程】 10月25日，兴阳线K69＋430涵洞中修工程完工。工程位于密云区高岭镇栗榛寨村南，涵洞长10.5米，原上部结构为2×4米盖板涵，下部结构为圬工墩台，本次改造为拆除旧涵洞，新建钢筋混凝土闭合框架桥，与河道正交，宽11米，总投资135.41万元，于2021年8月31日开工，由中铁城际规划建设有限公司设计，北京路桥瑞通养护中心有限公司施工，北京中咨路捷工程技术咨询有限公司监理，历时55天完工。

（仇新磊）

【兴阳线大关桥检查平台中修工程】 12月31日，兴阳线大关桥检查平台中修工程完工。大关桥位于密云区石城镇黑龙潭景区北，国道兴阳线（G234）K102＋306处，跨白河，桥长265.9米，宽8.5米，设计荷载为公路-Ⅰ级，主桥结构为3孔净跨72米、净高14米的双曲拱，重力式桥墩。本次施工在桥梁两侧引桥下方新建检查平台，在拱顶新建通道联通引桥和主桥下空间，为桥梁日常检查管护提供作业通道，项目总投资92.88万元。工程由中铁城际规划建设有限公司设计，北京鑫旺路桥建设有限公司施工，北京中咨路捷工程技术咨询有限公司监理，于9月28日开工，历时94天完工。

（仇新磊）

服务保障

【概　况】 年内，密云公路分局统筹发展与安全，健全完善突发事件应急处置制度体系，发挥部门协同、扁平高效的应急协作机制作用，结合重大活动服务保障任务，强化应急检查和实战演练，及时处置“3.01”密关路黑龙潭支线山体崩塌、兴阳线北庄1号桥桥台贯通裂缝等突发事件，有效应对强降雨、降雪天气23次，保障百姓出行安全。

（高　原）

【安全检查】 1月4日，密云公路分局针对在施工程项目开展安全生产大检查，重点检查顺潮街道路工程施工现场安全生产情况和疫情防控情况，要求参建单位进一步压实安全生产主体责任，全面加强施工现场安全管理，合理规划工序衔接，优化组织设计；严格落实冬季施工方案要求，加强施工现场防风、防冻、防滑、防火等安全管理，坚决杜绝安全生产事故。同时要求参建单位严格落实疫情防控各项措施，重点做好人员管控，坚决做到“零感染”。

（王明雪）

【路网设施巡检】 2月4日至5日，密云公路分局集中开展路网外场设施巡检工作，重点针对隧道照明设施、通风设施、监控设备、供配电设备、消防设施等路网设施运行情况开展全面排查，对发现的问题及时进行检修，消除安全隐患，确保路网外场设施良好运行。

（王沧海）

【沙尘天气应对】 3月28日，密云地区遭遇沙尘天气，能见度下降明显，空气质量处于严重污染。密云公路分局启动空气重污染天气应对措施，加大管养道路清扫保洁力度，在落实“一冲一洗一扫二保”作业要求的基础上，对建成区一类道路增加保洁频率，加大洒水量，适当降低机械清扫和冲刷作业时的运行速度，从而减少路面尘土残存量，降低扬尘风险。同时加大山区旅游线路、施工工地周边道路等20余条道路洒水降尘和保洁频率，保持路域环境整洁。

（张　雷）

【春季道路养护行动】 4月15日，密云公路分局开展春季道路养护行动。一是坚持“因地制宜、对症下药”，全面摸排管养公路病害情况，科学制定养护修复方案，重点对京沈线、密关路、黄下路等25条道路进行病害治理，共修复病害2.6万平方米，灌缝3万延米，同步清理路侧边沟等排水设施，确保雨季排水通畅；二是加强管养道路清扫保洁，对国省干线城区段增加冲刷频率，对兴阳线、密三路、密兴路等200余千米道路加大洒水降尘力度，营造干净整洁的出行环境；三是加强绿化管护，完成25万株苗木、44万平方米地被浇灌解冻及60.5万株乔灌木病虫害防治工作，对顺密路支线、河东路等道路两侧杨柳树采取冲刷作业，减少飞絮，降低安全隐患。

（张　雷）

4月，密云公路分局开展春季道路养护行动

（区公路分局　供图）

【“两提一美”环境整治行动】 4月27日，密云公路分局对管养道路开展了“两提一美”环境整治行动。一是加大养护巡查力度，对京沈线、密兴路、河北路等25条道路病害进行修复，共修复路面病害2.5万平方米，灌缝3万余延米，提升了行车舒适度；二是对国省干线、重点旅游线路的交通标志、钢板护栏等设施进行集中清洗保洁，对路肩、边坡、边沟进行集中清理，共清洗隔离栅、护栏等186千米，清洗悬臂标志8800平方米、单柱标志3200块，对新南路、果园西路等7条城区道路不清晰标线进行了覆划和补划，改善了路容路貌；三是加强公路绿化管护，完成公路沿线60.5万株乔灌木病虫害防治、2.2万余株路树刷白等工作，对京沈线桧柏绿篱、灌木、地被等进行补植，美化了公路景观。

（刘珊珊）

4月27日，密云公路分局对管养道路开展“两提一美”环境整治行动　（区公路分局　供图）

【密云生态马拉松赛道环境整治】 4月中旬至5月10日，密云公路分局开展了密云生态马拉松赛道环境整治工作，对比赛线路路面病害进行集中修复，对交通标志、钢板护栏、中央护栏等设施进行清洗保洁和重新油饰，对赛道沿线绿化景观进行修剪维护，提升了“密马”赛道整体路域环境。

（刘珊珊）

【安全生产宣传咨询日】 6月21日，密云公路分局组织开展了以“落实安全责任，推动安全发展”为主题的密云公路行业安全生产宣传咨询日活动，通过安全承诺签名、发放安全教育宣传材料、观看安全教育宣传展板等形式，向从业人员宣传安全生产知识，弘扬安全文化，提升安全生产意识。

（王明雪）

【安全检查】 6月29日，密云公路分局结合重大活动安全保障工作安排，对在施工程、重点道路设施、应急物资储备点等部位开展安全检查，重点检查施工工地安全防护、管养设施运行保障、道路清扫保洁、防汛应急物资储备等情况，要求从业单位提高政治站位，压实安全生产主体责任，全面落实各项安全生产规章制度；加大巡查力度和频次，及时排查各类安全隐患并整改到位；强化施工现场交通导改设施维护，增设夜间警示标志；加强施工现场扬尘管控；加强应急值守备勤，确保重大活动期间行业安全稳定，路网运行平稳有序。

（王明雪）

【公路防汛】 7月11日，密云地区遭遇强降雨。降雨前，密云公路分局提前做好应对准备，备勤应急抢险人员120余人、机械设备63台，对河东路、西火路等山区重点路线182处隐患点进行逐一排查。降雨开始后，公路分局立即启动应急预案，加强公路巡查和隐患点值守，实时观测山体情况，遇险情及时上报并采取措施。对密西路、西统路支线等5座下凹式立交桥，以及新南路、水源路等3处易积水点设专人值守，将雨篦子全部打开加快排水，一旦积水超过警戒线，立即会同公安交管等部门采取封路措施，保证车辆行人安全。此轮降雨中，全区路网未发生因汛情导致的人身财产损害，总体运行平稳。

（张　雷）

【应对暴雨红色预警】 7月27日上午8时53分，密云区气象局升级发布暴雨红色预警，密云公路分局立即启动防汛一级预警响应，增加抢险人员、车辆备勤和防汛物资储备，对河东路、西火路等山区重点路线182处隐患点开展不间断巡查，与属地镇政府加强协同联动，强化对山区易发生地质灾害路段的风险管控，利用可变情报板发布地质灾害隐患风险警示信息，提示车辆人员绕行。受连续降雨影响，密云山区山体土壤含水量已近饱和，本轮强降雨导致辖区部分公路出现塌方、落石险情，密云公路分局累计出动抢险人员198人次，车辆设备73台次，清理京沈线、兴阳线等10条道路44处160余立方米塌方，未发生交通阻断情况。

（张　雷）

【处置兴阳线北庄1号桥险情】 8月9日15时许，密云公路分局养护巡查人员发现兴阳线（G234）北庄1号桥（中心桩号K45+293）北侧桥台出现横向贯通裂缝，存在安全隐患。密云公路分局立即启动桥梁突发事件应急预案，对涉险桥梁采取临时封闭措施，设专人值守指挥车辆绕行，在沿线多处路口路段明显位置设置提示标志，通过可变情报板发布绕行信息，并按规定上报险情。险情发生后，市交通委主管领导第一时间赶赴现场指导勘查调查，经调查分析，初步判断此次病害原因是由于连日暴雨致河水暴涨，河道洪水冲刷导致桥台基础和台背局部被掏空，经桥梁检测机构和行业专家初步判断，该桥技术状况为五类危桥。根据市交通委要求，结合专家意见及现场实际情况，决定对该桥实施应急抢通作业，即对北庄1号桥、北庄2号桥桥区范围内河道码放铅丝石笼进行防护，在北庄1号桥上、下游海墁护砌合理位置通过围堰排水方式建立抢修作业区，通过对桥台前墙裂缝、桥台基础及海墁空洞部位进行水泥压力灌浆进行应急处理，从而优先保证周边镇村群众正常出行，后续推进桥梁整体改造。应急抢通于9月15日完成，抢险期间，周边镇村群众生产生活未受到明显影响。

（祁　青）

【路域环境整治】 9月26日，密云公路分局开展了国庆节前路域环境集中整治工作。一是加强养护巡查，严格落实病害修复时限要求，完成重点道路病害修复2.5万平方米；二是针对国省干线、城区路网、主要旅游路线加大清扫保洁频次，完成300千米道路交通设施养护保洁作业，完善重点路线、重点区域标线8900余平方米。通过整治进一步改善了道路出行环境，美化了公路沿线景观。

（刘珊珊）

【创建文明交通示范路口】 10月15日，密云公路分

10月15日，密云公路分局完成鼓楼大街路口文明交通师范路口的慢行系统改造工作

（密云公路分局　供图）

局落实密云区创建全国文明城区工作部署，完成对青少年宫路口、鼓楼大街路口两处文明交通示范路口的慢行系统改造工作，优化了非机动车道彩色铺装，对交通标线进行覆划，增加了礼让行人提示语、引导标志标线等慢行系统元素，强化了行人和非机动车路权，突出了对机动车驾驶员文明驾驶、礼让行人的提示作用，对于改善路口交通组织起到积极效果。

（刘珊珊）

【“我家门口那条路”—北京密云站主题采访活动】 10 月 29 日，由交通运输部主办、市交通委和密云区政府承办的“我家门口那条路”—北京密云站主题采访活动在密云水库南线举行，密云区主管领导亲自为水库南线录制宣传片，人民日报社、新华社、中央电视台、北京电视台等 10 余家媒体来到密云水库南线，全方位、多角度对密云区美丽乡村路的建设成果进行了深入宣传报道，充分展现了交通基础设施在助力区域“软实力”提升，促进经济社会发展，服务百姓出行方面起到的积极作用。此次活动为密云水库南线入选“十大最美农村路——诗情画意旅游路”以及最终获评交通运输部 2021 年度“十大最美农村路”奠定基础。

（赵 翀）

【密云水库南线被交通运输部评为 2021 年度“十大最美农村路”】 年内，根据《交通运输部办公厅关于公布 2021 年度“十大最美农村路”等名单的通知》，密云水库南线被评为 2021 年度全国“十大最美农村路”，成为此项评选活动开展 3 年以来，北京市道路首次入选。

密云水库南线被评为 2021 年度全国“十大最美农村路” （区公路分局 供图）

（高 原）

【出行信息服务】 年内，密云公路推进路网数据平台建设，提升路网外场设施设备覆盖率，增强交通数据调查监测、气象数据监测、出行信息服务、科技治超等功能，依托公路可变情报板发布路况信息、气象服务、施工绕行等服务类信息 2.6 万余条，服务公众便捷顺畅出行。

（刘 伟）

【乡村公路管理机制创新】 年内，密云公路分局落实乡村公路“路长制”，探索创新乡村公路管理新机制，提升管理效能。制定《密云区推行乡村公路路长制实施方案》《乡村公路养护巡查专项管理办法》，建立乡村公路“三级管理”体系。研究开发乡村公路信息管理平台，试点建立项目储备库，提升乡村公路精细化、信息化水平。

（彭玉柱）

【优化营商环境】 年内，密云公路分局落实“放管服”改革要求，坚持简政放权、优化服务，优化营商环境。建立健全多部门协调机制，落实社会投资简易低风险工程审批新规，发挥工程建设项目“多规合一”协同会商平台优势，减轻企业负担。优化审批流程，将所有行政许可事项纳入政务服务中心综合窗口统一受理，依托北京市政务服务中心网上平台实现案件“全市可办、一网通办、一窗通办”，全年办理行政许可 2263 件，收取赔（补）偿费 48.81 万元。压缩审批时限，15 项行政许可办结时限由法定的 20 个工作日压缩至承诺的 0.3 至 6 个工作日，办结时限平均压缩约 80%。落实企业“服务包”机制，以企业诉求为导向“定制”服务措施。依托“一把手”走流程机制，通过企业走访、窗口咨询、模拟业务办理等方式，从企业和市民的角度体验办事流程，消除服务堵点、痛点，打通优化营商环境“最后一公里”。加强政策宣传，深入企业、群众开展 13 场政策宣传活动，使企业和群众第一时间获悉各类利好政策。

（张新征）

【基层执法和批后监管】 年内，密云公路分局落实“管理包含执法、执法是管理的手段”的工作要求，加强与市交通运输综合执法总队十支队密云执法队的配合协作，巩固深化基层执法联席会、执法通报、联合执法检查等工作机制。针对已审批的行政许可事项，做好事中事后监管工作，全年开展批后监管专项检查及联合执法检查 68 次，针对检查中发现的问题适时开展“回头看”，确保问题整改到位。

（张新征）

交通运输管理

Traffic and Transport Management

【概　况】 北京市密云区交通局（简称区交通局）是负责全区交通运输行业管理和交通战备工作的区政府工作部门。内设3个行政管理科室：综合科（安全生产科）、法制宣传及行业监管科（交通战备办公室、行政审批科）、机关党委（党建科）；1个行政执法机构：密云区交通运输执法大队。3个公益一类事业单位：交通综合保障中心、交通行业发展中心、交通行业服务中心。编制146名，其中行政编制98名、行政工勤编制3名、事业编制45名。有公交客运企业3家，营运客车815辆，客运线路63条，线路总里程4099.4千米。全年受理各种申请事项20163件，办结率100%。

（杜　航　肖　强）

单位名称：北京市密云区交通局
地　　址：北京市密云区西大桥路16号
电　　话：69042597

【调整3条公交线路对接京沈高铁】 1月22日，调整密3路、密13路、密58路公交线路，在京沈高铁密云站南侧顺潮街两侧设置公交停靠站，距离高铁进出站口100米以内，实现公交线路与京沈高铁密云站无缝对接。同时，增加公交线路配车数量和发车频次，确保平均每5分钟有1辆公交车经过高铁密云站，减少乘客候车时间。

（杜　航　肖　强）

【“两严两保”治超专项行动】 3月2日至7月10日，为整治各类超限超载违法行为，防范和遏制道路运输交通安全事故，区交通局联合市交通委密云公路分局、市公安局密云分局交通队在全区范围开展“严管控、保畅通、严执法、保安全”治理货车超限超载专项行动。专项行动重点开展检查站治超、流动治超、高速入口治超、非现场执法工作，查处各类违法行为。共开展联合执法36次，出动执法人员200余人次，公安交管部门查处超载车辆800余辆，涉牌违法车辆1600辆次，路政部门处罚车辆26辆，交通运政部门查处私改、无证车辆88辆。

（杜　航　肖　强）

【重型柴油车检测查处】 3月20—21日，为控制货运车辆污染空气，区交通局执法大队加大执法检查力度，采取固定检测与流动执法相结合的方式，在大城子镇实施执法检查。一是依托墙子路综合检查站对进京重型柴油车环保尾气检测，共检测货运车辆266辆次，处罚超标车辆1辆；二是以密三路为重点，在大城子镇实施流动执法检查，共出动执法人员20人次，检查重型货车300余辆次，未发现尾气超标车辆。

（杜　航　肖　强）

【4条公交线路优化调整】 4月30日，优化调整4条公交线路。调整密23路，首站由密云电信调整为密云南门，增设3站，方便市民进出鼓楼南大街商圈；调整密66路，增设8站，满足市民去往中医院、鼓楼北大街乘车需求；将密11路调整为密7路支线和密8路支线，解决线路在城区绕行远、时间长的问题，共增设12站，满足乘客快速进出城区需求；将密22路调整为密2路支线，终点至白河森林公园，全程共42站。

（杜　航　肖　强）

【密云生态马拉松交通运输保障】 5月17日，2021年密云生态马拉松举办，区交通局组织宝城客运公司和公交集团客七公司，安排公交运力分别在7个摆渡站点负责接送运动员、裁判和志愿者，出动工作人员73人参与现场乘车引导。7个摆渡站点为东直门地铁站E口公交站、密云城区1号东线长城环岛、2号西线云光商场家具城、3号北线百合园南门、4号中线密云区大剧院、5号园林路、6号阳光街，赛事期间共出动车辆70辆，发送车次108班次，运送运动员和志愿者4372余人次。

（杜　航　肖　强）

【高考交通环境保障】 6月7日至10日高考期间，区交通局执法人员在密云二中考场东西两侧值守，对过往货车采取严格管理措施，避免车辆干扰，为考生营造安静的考试环境。

（杜　航　肖　强）

【跨区域联合执法】 6月26日，为保障交通运输市场秩序，解决跨区域道路运输问题，提升跨区域联动执法质量，区交通局执法大队出动4名执法人员与平谷区交通执法大队开展联合执法检查，共同查处道路运输违法行为，共检查货运车辆36辆，未发现违法行为。

（杜　航　肖　强）

【共享自行车试运营】 7月15日，开展共享自行车试运营，在北至101国道绕城线，南至河南寨镇政府，西至十里堡镇明珠花园小区，东至密云汽车站范围，首批投放共享自行车500辆，覆盖鼓楼街道27个点位。市民可通过支付宝和哈啰出行APP扫码用车，还车时需停放到指定点位。

（杜 航 肖 强）

7月15日，共享单车试运营 （区交通局 供图）

【治超与治污工作】 年内，以市治超办绩效考核为导向，量化考核指标，坚持24小时值守制度，建立“路政检测移交、交管处罚记分、运政卸载放行”的路警联合工作模式。各综合检查站共检查货运车辆178.2万辆次，检出超载车辆8339辆次，卸载车辆6202辆次，卸载吨数5673吨，区交通局处罚1250辆次，移交交警处罚1761件，较去年增加1500余件。共检测重型柴油货运车辆34.1万辆次（其中氮氧化合物检测4.6万辆次），检出超标车辆4618辆次，劝返“国三”排放标准以下车辆423辆次。

（杜 航 肖 强）

宝 城 公 司

【概 况】 北京市宝城客运有限责任公司（简称宝城公司）是密云公交客运企业，年内公司以“保障市民正常出行、维护社会稳定”为己任，以确保运营为前提，以“党建引领促进企业发展”为核心，完善党组织建设，夯实党建基础，落实党组织推动发展、服务群众、凝聚人心、促进和谐的职责，并在区委组织部和鼓楼街道党工委的帮助下将党支部升级为党委。此外，公司还积极参与社会活动“助力密马接驳”并“带头接打疫苗”严格落实疫情防控措施，筑牢疫情防控堡垒。2021年，公司全年发送车次86.9万次，客运量约2770万人次，运营总里程约2925万千米。3月15日，北京市宝城客运有限责任公司荣获“脱贫攻坚帮扶先进集体”荣誉。11月30日，宝城公司被中国道路运输协会评定为“交通运输企业安全生产标准化一级达标企业”。

（孙继鑫）

单位名称：北京市宝城客运有限责任公司
地　　址：北京市密云区新南路31号
电　　话：61096780

【助力密马】 5月16日，密云举办第三次生态马拉松赛事，宝城公司负责运动员、志愿者、裁判和工作人员的接驳工作，全天共发车105班，运送相关人员4320人次。

（孙继鑫）

【新增公交线路】 7月22日，宝城公司开通密89路公交长途线路，配备新能源纯电动公交车17辆，路长67.4千米。

（孙继鑫）

客七分公司第十车队（980公交总站）

【概 况】 北京公共交通控股（集团）有限公司客七分公司第十车队（简称980公交总站），隶属于北京公共交通控股（集团）有限公司客七分公司，总部设在顺义南彩。坐落于密云区新农村灯岗路北，占地面积2753.3平方米，毗邻京承高速新农村出口。2017年6月25日正式组建。站内同时设有鸿运承物业公司；京武盾、恒昌安盾等2家保安公司；公交保修车间；密云区域智能调度中心，同隶属于北京公交集团。车队职工总数491人，驾驶员403人，售票20人，调度员8人，其他岗位50人，管理管理干部10人。设有运营、票务、工会、行保、技术科信、安全服务、人力、统计等专业办公室。

年内，车队共发放车次28.03万次，完成客运量1191.68万，行驶2009.48万千米，实现实收入3504.39万元。运送老年人、残疾人乘客273.84万，比上年（200.19万）增加73.65万人次，增长36.79%。年内被评选为公交集团级“金方向盘”奖驾驶员26人，“银方向盘”奖驾驶员21人。

（任晓霞）

单位名称：北京公共交通控股（集团）有限公司客七分公司第十车队
地　　址：北京密云区新农村灯岗路北980总站
电　　话：89012698

【车辆运营】 年内，车队有运营车辆201部，为福田LNG燃气车辆，分别是BJ6127C8MTB型95部，BJ6147C8BTD型76部，BJ6147C8BTD-1型30部。公司完成一级保养3029辆次，二级保养1001辆次，保养兑现率100%，年内完成年检验车375车次，尾气检测合格率100%。

（任晓霞）

【线路运营】 年内，车队有运营线路6条。3条平原线路，980普线（密云—东直门枢纽）单程76千米（另发区间一密云—后沙峪单程52千米公里）；868（云佛山滑雪场—于家园汽车站）单程47.5千米；970（密云—俸伯地铁站）单程43.8千米。3条高速线路，980快（密云—东直门枢纽）单程80.4千米；987（云佛山滑雪场—望京）单程95.3千米；970快（密云—望京）单程75千米，日均行驶55054千米。日均收入9.6万元，日均运送乘客人数3.26万。

（任晓霞）

【运营优化】 年内，启用密云区域集中调度模式，由4个调度台缩减为2个调度台，由22名调度员缩减为12名调度员。987、868实现跨线联运行驶。日发车814车次。全面实现6条线路的无人售工作。通过自主申报、理论考核聘任助理技师18人。

（任晓霞）

【安全检查】 年内，车队组织对春运、礼让斑马线、安全月、路口量化标准等安全宣传教育活动，宣传教育面100%。签订各类责任书5219份。设立安全岗点3个，叮嘱测酒9.92万人次。安全检查1.00万车次，车上检查1980车次，3G（GPS）检查2840车次。查出问题47个，纠违率0.67%。批评教育5人，扣分处理29人。共计处理驾驶员201名，扣313分，扣款11400元。

（任晓霞）

【交通事故】 年内，车队发生事故15件，比上年下降4起，其中行车责任事故10起，占总事故66.67%。同等1起，占总事故6.67%。次责事故1起，占总事故6.66%。无责事故3起，占总事故20%。外转违法行为为12件，比上年上升6件。

（任晓霞）

【建议接收】 年内，车队接到原始意见348件。原始建议为：96166热线171件，占原始建议总数49.14%。12345政府服务热线92件，占原始建议总数26.44%。交委25件，占原始建议总数7.18%。网络3件，占原始建议总数0.86%。表扬57件，占原始建议总数16.38%。锦旗4面。

（任晓霞）

中国邮政集团有限公司北京市密云区分公司

【概 况】 中国邮政集团有限公司北京市密云区分公司（区分公司）隶属于中国邮政集团有限公司，担负着全区邮政通信服务工作。主要办理代理金融业务、函件业务、集邮业务、包裹快递业务、电商分销业务、报刊发行业务、机要通信工作。下辖4个支局，28个邮政网点，1个集邮专卖店。邮件处理二分中心1处，共设立投递道段共70条，全区有331个建制村，设立331个村邮站，建制村直接通邮率达到100%。现有员工349人，其中合同用工236人，劳务用工69人，劳务承揽备案人员44人。纳税总额83.3万元。

（宗 然）

单位名称：中国邮政集团有限公司北京市密云区分公司
地 址：北京市密云区鼓楼东大街36号
电 话：69042408

【微邮付结算服务】 年内，区分公司针对微邮付商户、镇政府、学校等个人及机构客户进行走访，为社区、村镇进行"电费充值卡、防诈骗宣传、赏学、赏话"等现场服务。开展活动60余场，覆盖14个乡镇，15个社区。针对商户、民俗户在日常经营中面临收付结算问题，区分公司免费上门提供微邮付结算业务，帮扶民俗户、商户6691户，节省手续费约97万元。

（宗 然）

【邮政送健康】 年内，区分公司整合医疗资源，组织航天微磁项目，开展邮政送健康活动，通过免费体验、定期体检为居民、村民进行免费体检活动。

（宗 然）

【函件业务】 年内，函件业务全年出口12.25万件，进口341.29万件。区分公司加强专业间板块协同，以朋友圈广告、政务公益型明信片、节日主题函件产品为抓手，促进传统函件业务增收。

（宗 然）

【集邮业务】 年内，区分公司累计销售邮票 84648 枚，邮册 62237 册。区分公司做好生肖文化季、赏邮票学党史、建党 100 周年等重点产品的营销工作，通过文创活动培育集邮文化市场，借助古北水镇主题邮局，带动集邮文化创意产业发展，举办 26 场活动，参与人数 1950 余人，预定建党 100 周年邮品 50 余万元。

（宗 然）

【发行业务】 年内，区分公司提高发行服务质量，拓宽政务类图书销售渠道，以“党史学习教育”系列图书为突破点，实现政务图书销售 3.6 万册，销售款额 93 万余元。

（宗 然）

【包裹快递业务】 年内，包裹快递出口 787357 件，进口 3218830 件。区分公司加强包裹快递业务，通过走访区域内农民合作社、电商企业、小商品市场、电商实体店、个人微商客户及经济开发区内企业，了解客户用邮需求，针对不同用邮客户，制定差异化的营销方案。

（宗 然）

【电商分销业务】 年内，区分公司做好渠道平台建设，服务区域地方经济，做好“助农惠农”工作。推广密云名特优产品在邮乐平台和邮政菜单线上销售工作，利用邮政线上和线下渠道宣传密云特色农产品，全年累计销售密云农副产品 400 余万元，其中蔡家洼柴鸡蛋 130 万元、蔡家洼豆制品 10 万元、新城子苹果 200 万元、水库鱼 30 万元、御皇李子 20 万元、蔬菜玉米红薯 10 万元。

（宗 然）

9 月 30 日，邮政售卖并寄递水库鱼

（区邮政分公司 供图）

【乡村振兴】 年内，区分公司走访 1449 户合作社，开发 157 户，有 6 户已引入邮政渠道平台分销系统，有 17 户已签订寄递合作协议，157 户与区分公司开展金融业务合作。区分公司助力合作社销售农副产品 350 余万元，寄递邮件 26.5 万件，实现寄递标快收入 230 余万元，间接带动农副产品销售 5000 余万元。以“邮政菜单”小程序为依托，成功上线“密云专属客户采购专区”。利用同城趟车、区内趟车及协议客户拉运车辆资源，释放客户人财物等各类采购成本，提供五街代取和配送服务。

（宗 然）

【网格化管理】 年内，区分公司落实安全生产责任制管理，将生产、营业场地纳入安全网格化管理，落实网格安全责任人，执行生产作业组织标准。坚持月交通安全生产例会和车辆“三检”制度，强化落实安全员责任制和准驾人员的教育培训工作。

（宗 然）

【疫情防控】 年内，区分公司做好突发事件的防控预案，加强全员轨迹查询、接触人员登记、外来人员测温、体温异常跟踪随访、车辆消毒登记等防疫工作，发放 13 万余个口罩、消毒液 500 千克，购进测温计 44 台、喷壶 100 个、电动喷雾器 4 个、防护服 3 套、手套 500 盒。做好重大政治活动安保工作，加强网点安全、服务检查巡查工作，采取日查和夜查相结合的方式，进行安全生产、安全保卫检查活动，对检查发现的问题及时通报，限期整改，做到闭环管理，保障疫情和重大政治活动期间的安全生产有序进行。

（宗 然）

电 信

Telecommunications

中国移动通信集团北京有限公司密云分公司

【概 况】 中国移动通信集团北京有限公司密云分公司（简称密云移动）隶属于中国移动通信集团北京有限公司，于 2005 年 10 月 11 日成立。密云移动主要经营移动话音、数据、多媒体业务，IP 电话以及互联网接入服务；具有移动通信、IP 电话和互联网网络设计、投资、建设资质，以及设计、制作广告，利用自有媒体发布广告资格。经过多年发展，密云移动现有自有营业厅6家，手机卖场点21家，授权代理店46家，业务代办点74家，泛渠道、带店加盟、专区各1家，广泛分布于20个乡镇、街道，为密云地区40万客户提供综合信息网络服务。年内，密云移动获2021年诚信服务承诺先进单位称号，登榜2022年诚信服务承诺单位。

（杨　楠）

单位名称：中国移动通信集团北京有限公司密云分公司
地　　址：北京市密云区新南路97号
电　　话：69040136

【网络建设】 年内，密云移动网络建设累计投资9791万元，其中基站建设投资近7375万元。新建4G基站36个。新建5G基站433个，覆盖密云区政府、各乡镇政府所在地、城区部分居民区、密云鼓楼商圈、人口热点区域、4A景区等重要场所。扩容432个小区，提升属地网络容量，保证客户的用户感知。为属地19.6万户家庭提供家庭宽带覆盖，其中城区11.6万，农村8万。

（杨　楠）

【产品推广】 年内，密云移动推出5G套餐、畅享套餐、全家享套餐等热销产品；魔百盒、智能组网等数字家庭产品；咪咕视频、和彩云、PLUS会员权益等新兴产品。为政府和企事业单位提供互联网专线、数字传输专线、IDC等基础电信服务，利用大数据、云平台等前沿技术应用，针对不同行业提供个性化的信息化解决方案。

（杨　楠）

【属地合作】 年内，密云移动围绕当地保水、护水、环保、安全的区域特点，为属地政府提供服务；在面对疫情过程中，配合区委、区政府、区经信局进行疫情防控部署，为全区常驻人口发送150余万条短信，为区内疫情防控工作提供服务。在防火、防汛期间，配合区应急局、园林局做好防火、防汛等应急工作，配合区政府做好区级、局级、镇级指挥调度平台运维工作，确保调度平台正常使用。

（杨　楠）

【惠民服务】 年内，密云移动配合区园林局为全区常驻人口及旅游人员发送100万余条护林防火大数据短信。春节期间，配合区环保局进行空气质量保护，为全区发送120万余条禁燃禁放大数据短信。

（杨　楠）

【创城服务】 年内，密云移动与区公安分局紧密合作，为东邵渠、新城子镇建设80余条裸光纤线路的监控点位，解决治安无死角问题。另分公司与区卫生监督所合作，为50余名执法人员配备执法终端，结合公司脉智云产品，为密云区食品、餐饮行业做好卫生安全检查，提供保障。

（杨　楠）

【垃圾分类】 年内，密云移动与区城管委合作生活垃圾分类全流程精细化管理平台项目，平台对垃圾分类管理过程进行全流程从前端垃圾桶和站点、到中间车辆运营、最后末端处理实时监管，优化垃圾分类管控，提升垃圾分类管理质量。

（杨　楠）

【通信保障】 年内，密云移动完成冬奥、全国“两会”等重点活动通信保障，应对本世纪最强降雨年的自然灾害通信抢修，累计派发保障计次工单1000余人时，出动人员80人次、抢修车辆30辆次、架设油机18站次。解决民生类感知问题56个，提升客户满意度。通过基站建设，提升王各庄新建小区、观塘别墅区、弗农小镇别墅区、开发区部分厂房、日光山谷旅游景点、辛安庄、界牌、车道峪沟等不同场景的网络质量。

（杨　楠）

中国电信股份有限公司北京市密云区分公司

【概　况】 中国电信股份有限公司北京市密云区分公司（简称密云电信）隶属于中国电信股份有限公司北京分公司，成立于2008年10月1日。密云电信主要经营移动电话业务，固定本地电话业务，家庭宽带等基础电信业务。同时提供行业应用、物联网、云计算、系统集成等各类电信相关服务。密云区分公司设有综合部、渠道运营部和政企客户营销部3个部门，在职员工85人。年内，密云电信统筹推进疫情防控和生产经营工作。快速发展过程中，以规模发展为主线，以改革创新为动力，以基础管理为基石，加快规模发展，提升管理，强化执行。

（张　影）

单位名称：中国电信股份有限公司北京市密云区分公司
地　　址：北京市密云区水源路万象星座A座
电　　话：56911999

【政务服务】 年内，密云电信为政务服务局开通一号统领项目，助力政务局优化营商环境，提升政务服务效能。

（张　影）

【智慧社区】 年内，密云电信推动智慧社区项目落地，打造智慧社区标杆场景，通过为属地世纪家园、洪泽园、柏林山水、车站路等社区安装人脸门禁、车辆抬杆、单元门禁、安全充电桩及电梯电动车监控等产品，助力社区疫情防控及智慧安全家园建设。

（张　影）

【属地合作】 年内，密云电信联合全区40余家商铺开展属地合作营销涵盖超市、食品、餐饮、水站、快递等各行业，为社区居民提供一站式的宽带业务便民服务站点。

（张　影）

【助力宣传】 年内，密云电信协助园林局发送防火短信10万余条，协助结核病防治所发送防护短信27万条，协助密云经信局发送防疫短信9万余条。

（张　影）

【信息安全】 年内，密云电信按照工信部实名制要求，推进防诈骗工作。根据实名制管控要求，自有营业厅单位用户移动电话入网资质审核严格按照流程核查，高度重视用户信息安全工作，年度内未发生信息安全事件。

（张　影）

中国联合网络通信有限公司北京市密云区分公司

【概　况】 中国联合网络通信有限公司北京市密云区分公司（简称密云联通）隶属中国联通集团北京市分公司，致力于密云区信息化基础设施建设，支撑和服务区域经济发展，为党政机关、企事业单位和家庭客户提供信息化服务和保障。密云联通下设7个部室，正式员工160名，自有营业厅7个。截至2021年底有普通电话8.44万户、宽带客户8.34万户、移动客户18.7万户。年内，密云联通纳税9042.59万元，同比增长36%。

（孙　静）

单位名称：中国联合网络通信有限公司北京市密云区分公司
地　　址：北京市密云区鼓楼东大街33号
电　　话：69043001

【产品推广】 年内，密云联通完善产品种类，推出更适应密云地区家庭客户的全家福远郊优惠资费宽带套餐、提升网络带宽的千兆升级包、千兆宽带产品、提升用户无线网络需求的WiFi服务产品。

（张晨笛）

【乡村振兴】 年内，密云联通贯彻落实“数字惠农、振兴乡村”发展理念，推动数字乡村大发展，签约数字乡村80个，推动乡村治理新平台建设，提供数字应用新服务，实现“三农”合作新生态，推出数字乡村专享产品，以数字乡“村建设”激活乡村振兴新动能。

（张晨笛）

【智慧社区】 年内，密云联通利用物联网、大数据、云计算、移动互联网等新一代信息技术的集成应用，建设智慧平安社区5个、安全网关43个。

（邓　鑫）

【疫情防控】 年内，密云联通推出智能门磁产品，缓解社区管理压力。为云湖度假村、雾灵山庄等地安装门磁1500余台。发挥大数据优势，利用大数据实时精准服务平台，累计发送疫情防控短信192万条。

（邓　鑫）

【通信保障】 年内，密云联通完成密云生态马拉松、建党百年庆祝活动及汛期等重点活动通信保障，完成73次客户重保需求服务。

（李文辉）

【创建文明城区】 年内，密云联通配合密云区创建全国文全国明城区工作，先后派出60余名干部员工完成“背街小巷”环境整治，云光营业厅在测评检查中得到满分，2名同志被评为2021年度密云区创建全国文明城区先进个人。

（孙　静）

科　　技

SCIENCE AND TECHNOLOGY

综　述

Overview

北京市密云区科学技术委员会（简称区科委）内设办公室、工业与社会发展科、农村科技发展科、信息科，下属区科技馆、区生产力促进中心、区科学城建设综合协调中心、区社会发展科技中心。有行政编制12人，行政工勤编制4人，事业编制49人。

年内，区科委落实密云区科技领导小组办公室和推进怀柔科学城东区建设工作领导小组办公室职责，立足区域绿色高质量发展，围绕科学城东区规划建设、国家高新技术企业培育、农业科技创新和科学普及等工作，完成47项工作任务和重点项目。怀柔科学城东区地球系统数值模拟装置项目提前落成启用，4个“十三五”科教基础设施项目主要土建工程完工。科技服务实现新提升，建立首问责任制，确保企业问题“不出科委”。为3家企业解决融资1600万元，拨付支持54家企业的科技创新和人才建设资金777万元，开展科技政策培训17期2200余人次。指导174家科技企业完成国家高新技术企业申报，全区国家高新技术企业发展到570家，技术合同成交额16亿元。密云国家农业科技园区通过科技部评估。推进“十科普”工作，建设“奥金达蜜蜂生态科普馆”等科普展厅。针对不同群体，开展科技周，科技进基地、进社区、进校园等科普活动500余期，惠及群众12万人次。

（焦　扬）

单位名称：北京市密云区科学技术委员会
地　　址：北京市密云区西滨河路2号
电　　话：69042877

科　普

Popular Science Activities

【常见病应急处置科普培训】 3月5日，区科委举办常见病应急处置科普培训。培训邀请全国科普工作先进工作者、密云区医院急诊外科医生高巍讲解脑卒中、心脏骤停、异物卡喉、烫伤、过敏和被狗咬伤等常见病应急处理的相关知识，并对“海姆立克”急救法进行操作和流程演练。

（李大轩）

【科普工作联席会】 4月21日，2021年科普工作联席会暨全民科学素质工作会召开。会议听取密云区“十三五”科普工作总结及2021年科普工作要点、密云区“十三五”全民科学素质工作总结及2021年全民科学素质重点工作汇报。区委副书记、政法委书记、区全民科学素质纲要实施工作办公室主任朱柏成出席会议并讲话。朱柏成要求，要提升科普工作和全民科学素质工作实效，围绕全区中心工作，形成具有密云特色的科普实践。

（李大轩）

【“基地科普行”活动】 5月1日，区科技馆在太师屯镇松鼠谷举办“基地科普行”活动。现场集中展示阿尔法机器人等10余项科普展品，并进行机器人互动表演，200余名游客参加活动。

（许小亮）

【科技周活动】 5月22日，2021年密云科技周活动在区科技馆开幕。科技周为期5天，以“百年回望：中国共产党领导科技发展”为主题，分为科普短剧、科学实验秀场、科学互动体验、科技小制作4个部分，包括科学魔术、机器人群舞、激光碎气球、VR射击体验等近30个项目。接待观众2500余人次。

（许小亮）

5月22日，2021年密云科技周活动在区科技馆开幕　（许小亮　摄）

【科普统计】 6月，区科委组织全区90余家单位开展2020年度科普统计工作。数据显示，全区有科普专职人员176人，比上年增长3.5%；科普经费筹集额1362.6万元，受疫情影响，比上年减少34.3%；组织科普活动、科普讲座1303次，参与群众12万人次；科普旅游收入1085.6万元，比上年增长3.6%；12个科普类微信公众号推送科普文章1928条，阅读量 64 万次，比上年增长 48.6%。

（李大轩）

【“校园科普行”活动】 6 月 11 日，区科技馆在东邵渠镇中心小学举办“校园科普行”活动。活动包括机器人舞蹈、零下 196 摄氏度液氮实验表演、人体钢琴等科普体验，营造学科学、爱科学、用科学氛围。240 余名师生参加活动。

（许小亮）

【“童心向党 爱我中华”系列科普活动】 6 月 26 日，区科技馆举办“童心向党 爱我中华”系列科普活动。活动以一条红船的故事引入，通过听党史故事、动手制作党旗、画心中的祖国、观看红色电影等环节，让儿童和家长了解党的历史，增强爱国意识、民族自豪感。60 余名儿童和家长参加活动。

（许小亮）

【暑期嘉年华活动】 8 月 21 日，为期 1 个月的暑期嘉年华活动在区科技馆结束。活动针对不同年龄段学生群体，开展科学实验秀、科普大讲堂、读书吧、“我爱我家 让垃圾回家”主题临展等活动 42 次，吸引观众 5500 余人次。

（许小亮）

【北京市科普基地申报】 9 月 16 日，区科委召开北京市科普基地申报工作培训会。培训就北京市科普基地申报新政策和申报系统操作流程进行讲解与答疑，区内 20 余家申报单位参加。全年有 24 家单位完成系统注册，其中密云科技馆、蜜蜂大世界等 8 家原有科普基地，中科院大气所、密农人家等 9 家新注册单位通过信息审核。

（李大轩）

科技活动

Science and Technology Activities

【科技政策“线上课堂”】 1 月 20 日，区科委协同专业科技服务机构、产业服务平台开展 2020 年政策环境变化分析与 2021 年预测专题培训会。培训对国家高新技术企业认定、科技成果转化、技术合同等科技政策进行宣讲和解读，解答企业问题。全区 200 余家科技企业参加。

（李　杰）

【解决科技企业融资需求】 3 月 10 日，区科委举办科技企业融资需求对接会。会上，北京银行密云支行负责人为企业解读科技融资产品及审贷流程，区内 12 家国家高新技术企业负责人分别阐述企业发展情况及融资需求。截至年底，解决企业融资需求 1600 万元。

（李　杰）

【“百家实验室进千家企业”专场对接】 3 月 19 日，区科委举办“百家实验室进千家企业”专场对接活动。首都科技条件平台工程师毛振芹就首都科技条件平台及首都科技创新券的使用形式、支持对象、使用和兑现等方面内容进行介绍与阐述，中国医学科学院、北京航空航天大学研发实验服务基地、北京印刷学院、北京农林科学院相关实验室老师就各自服务职能、优势资源及先进科技成果进行介绍。万邦科技股份有限公司与北京航空航天大学研发实验服务基地、北陆药业与中国医学科学院药物研究所、天葡庄园与北京农林科学院研发实验服务基地达成合作意向。区内医药健康、装备制造、现代农业等领域 10 余家企业 32 人参加。

（宋玉美）

【科技政策培训会】 3 月 29 日，区科委举办科技政策培训大会。培训邀请北京技术交易中心、北京技术市场管理办公室、北京云维知识产权代理有限公司等 5 家单位分别就首都科技条件平台及创新券、技术合同登记、国家高新技术企业认定等政策进行讲解。区内 90 余家科技型企业 116 人参加。

（李　杰）

【国家高新技术企业认定专题培训】 5 月 11 日，区科委联合中关村密云园共同举办国家高新技术企业认定政策专题培训会。市科委政策宣讲团成员单位北京顺然天成咨询有限公司有关专家从高新技术企业认定要点、知识产权重要性及如何挖掘高质量知识产权等角度，围绕高新技术企业申报、核查、监管等方面进行讲解，并结合实际案例，分析研判高新技术企业认定过程中常见问题、核心要点。区内 100 家科技型企业参加培训。6 月 10 日，区科委、区税务局、中关村密云园共同举办国家高新技术企业认定及相关政策培训会，市科委创业中心、区税务局专家从国家高新技术企业认定政策背景、认定流程、主要条件、重要指标解释、研发费用加计扣除、风险管理等方面进行宣讲，强调高新技术企业火炬统计、认定事中监管、信用体系建设等工作，并向企业发放便企服务卡和创新需求调查问卷。区内 100 余家科技型企业参加。

（李　杰）

【第四届医药健康产业创新发展研学班】 10月18—19日，区科委联合中国中医药研究所举办第四届医药健康产业创新发展研学班。研学班邀请中国食品药品检定研究院、中国非处方药协会国际合作工作委员会、北京生物技术和新医药产业促进中心等国家、市级医药健康领域专家，围绕政策与产业布局、产业发展趋势、药品器械注册、企业互动交流4大主题，对医药健康领域政策、发展趋势、药品产品注册等内容进行讲解，并邀请密云医药龙头企业康辰药业董事长王锡娟分享办企经验。培训结束后，召开企业代表座谈会，解答企业经营许可变更、老旧厂房改造、项目备案等诉求。区内30余家医药健康领域企业的负责人、研发人员及相关委办局主管领导60人参加。

（宋玉美）

10月18日，第四届医药健康产业创新发展研学班开班 （宋玉美 摄）

科 技 管 理

Technology Management

【科技型企业梯队培养工作会】 3月19日，区科委召开科技型企业梯队培养工作会。会上介绍《密云区国家高新技术企业发展梯队培育方案》，与会单位结合属地企业资源、招商工作、空间资源、服务企业措施等方面分别进行座谈交流，达成加强部门联动，提升企业创新能力，促进国家高新技术企业数量质量"双提升"的共识。中关村密云园、云创谷开发中心、联东U谷、十里堡镇等11家单位负责人参会。

（李 杰）

【环境领域会议开放活动】 6月3日，区科委组织相关班子成员、科室负责人和企业代表开展会议开放活动。共同研究环境领域新型研发机构筹建及密云区发展气候经济相关工作。研讨依托密云生态环境优势和科学城东区生态环境领域科学设施优势资源，筹建环境领域新型研发机构的初步方案。分析利用气候科技发展气候经济可行性，确定《关于在密云区发展气候经济的建议方案》框架。

（冯小丹）

【网红农产品与精准帮扶科技示范项目】 8月17日，北京产"网红绿色优质农产品标准化生产与精准帮扶科技示范"项目通过市科委验收。项目建成31个村20种农产品资源数据库，结合镇村产业发展方向，制定"一村一品"产业布局规划。支持密农人家与北京物资学院开展院企合作，制定农产品流通信息管理技术国家标准，获无人机定位的拣选装置等5项国家实用新型专利。在高岭、河南寨等6个镇建成甘薯、番茄、甘栗标准化生产示范基地53公顷，打造"两河沙田甘薯""流沙番茄""密云甘栗"3个网红品牌，带动200余农户增收。

（赵红霞）

【科技领导小组会议】 9月16日，区科技领导小组召开2021年第一次全体会议。会议听取全区科技工作进展情况及下一步工作计划，安排部署《关于贯彻落实〈促进科技成果 转化条例〉加快推进密云区科技成果转化的工作方案（2021—2023年）》任务分工。区委副书记、区长马新明强调，要提高对科技创新工作的认识，加快集聚高端创新要素、承接科技成果转化、培育高精尖产业，为北京建设国际科技创新中心贡献密云力量。

（焦 扬）

9月16日，区科技领导小组召开2021年第一次全体会议 （焦扬 摄）

【首个气候经济项目启动实施】 10月13日，“基于微气象管理的封闭式碳—氮—水耦合循环农业系统研究示范”项目获市科委立项，项目实施周期为2年，由启迪瑞景能源环境科学研究院（北京）有限公司、清华大学、北京巨海阔种植专业合作社、北京密鑫农业发展有限公司共同承担。项目实施期间，对区内当前农业温室气体（CO_2、N_2O、CH_4）的来源、排放量以及土壤碳储量进行量化评估，并对2030年碳达峰和2060年碳中和目标下农业温室气体排放和土壤碳储量变化趋势进行分析，探索“农田增汇”密云模式，为北京乃至全国提供示范参考。

（王　研）

【第二批优秀科技创新团队】 10月31日，密云区第二批优秀科技创新团队名单公布。全区18个创新团队参选，经过公开征集、单位自荐、专家评审、工作小组审议、公示公开等环节，北陆生物医药、高浓度有机废水治理、超导磁测量传感器、十百千万电商、血管植（介）入器械研发5个创新团队获密云区第二批优秀科技创新团队，享受区人才资金支持。涉及医药健康、节能环保、智能制造、现代农业领域。

（宋玉美）

【密云国家农业科技园区通过科技部评估】 12月6日，经自评价、专家组评估等，北京密云国家农业科技园区通过科技部评估。培育农业国家高新技术企业21家，获授权专利110件，其中发明专利42件。培育国家级星创天地7家，引进、孵化企业27家，带动240余农户增收。建成北京市工程实验室、生物防治研发中心等各类技术研发平台9个，聚焦种业和农业新品种新技术，引进示范优良品种、技术175项，47个农业新品种（配套系）获国家审定。

（赵红霞）

【科技保水座谈会】 12月28日，区科委对接中科院生态环境研究中心，组织召开科技保水座谈会。区生态环境局、水库执法大队、水库管理处等7家单位参加座谈并提出科技保水需求。中科院生态环境研究中心相关负责人表示，利用现有监测数据和成熟技术，持续为密云水库水源地保护与水质提升提供技术支撑。

（李大轩）

【首都科技条件平台】 年内，生物医药领域北京宇航世纪超导技术有限公司、农业领域北京筑梦田园农业科技发展有限公司等21家企业加入首都科技条件平台，解决企业科技需求50项，3家企业申请首都科技创新券23.7万元。

（宋玉美）

【北京市新技术新产品（服务）认定】 年内，北京国环莱茵环保科技股份有限公司的垃圾渗滤液处理系统等30家国家高新技术企业的42项创新成果被认定为北京市新技术新产品（服务）。全区累计171项产品通过认定，涉及医药健康、新一代信息技术、节能环保等高精尖领域。

（李　杰）

【科技型中小企业认定】 年内，区科委以个性化辅导、政策培训、电话咨询等方式指导企业网上申报科技型中小企业，北京艾普希隆生物科技有限公司、北京博识广联科技有限公司等69家企业被科技部认定为科技型中小企业。

（李　杰）

【科技特派队伍建设】 年内，全区有服务重点农业产业的科技特派员396人，其中自然人科技特派员280人、法人科技特派员24人、专家科技特派员92人，涉及蜂、葡萄—红酒、北京油鸡、果蔬等9个领域。

（赵红霞）

【农业优良品种引进示范】 年内，区科委在河南寨、十里堡等镇引进示范番茄、马瑟兰、五彩石竹等果蔬、花卉优良品种和技术41项。

（赵红霞）

【农业实用技术培训】 年内，区科委举办蔬菜栽培管理及病虫害防治、蜂疗专题等农业科技培训7期，全区农业从业人员350余人参加培训。

（赵红霞）

【鲜食玉米新品种获得北京市品种审定证书】 年内，北京中农斯达农业科技开发有限公司、北京龙耘种业有限公司选育的“斯达糯60”和“MC838”获北京市品种审定证书。两个品种平均鲜穗亩产可达966.5千克、763.7千克。全区37个玉米新品种通过国家（地方）审定。

（赵红霞）

【国家高新技术企业】 年内，全区有国家高新技术企业570家。收入亿元以上国家高新技术企业78家，其中收入10亿元以上5家，分别是中铁十六局集团路桥工程有限公司、中航建设集团有限公司、北京金信润天信息技术股份有限公司、金诚信矿业管理股份有限公司、北京科勒有限公司。

（李　杰）

2021年密云区收入亿元以上国家高新技术企业一览表

表16

序号	企业名称
1	中铁十六局集团路桥工程有限公司
2	中航建设集团有限公司
3	北京金信润天信息技术股份有限公司
4	金诚信矿业管理股份有限公司
5	北京科勒有限公司
6	东为（北京）科贸有限公司
7	北京博恩特药业有限公司
8	北京亿万无线信息技术有限公司
9	北京金万众机械科技有限公司
10	北京北陆药业股份有限公司
11	北京贝壳时代网络科技有限公司
12	欧时表廊（北京）贸易有限公司
13	中科鼎实环境工程有限公司
14	北京华源泰盟节能设备有限公司
15	联通智网科技有限公司
16	北京燃气密云有限公司
17	北京倍舒特妇幼用品有限公司
18	北京康辰药业股份有限公司
19	北京大豪工缝智控科技有限公司
20	北京梵客家居科技有限公司
21	北京汇源生物科技有限公司
22	电科北方智能电气有限公司
23	北京北铃专用汽车有限公司
24	睿智合创（北京）科技有限公司
25	高频美特利环境科技（北京）有限公司
26	速美集家科技有限公司
27	北京大觥科技有限公司
28	卡迪诺科技（北京）有限公司
29	北京荣创岩土工程股份有限公司
30	同方威视科技（北京）有限公司
31	北京智想有为通信技术有限公司
32	超同步股份有限公司
33	北京华体体育场馆施工有限责任公司

续表

序号	企业名称
34	北京友宝在线科技股份有限公司
35	北京国环莱茵环保科技股份有限公司
36	北京思享聚合科技有限公司
37	北京紫云腾中药饮片有限公司
38	复星北铃（北京）医疗科技有限公司
39	北京汉典制药有限公司
40	北京春播科技有限公司
41	北京中山消防保安技术有限公司
42	北京瑞福缘动网络科技有限公司
43	北京神指飞扬科技有限公司
44	北京京东方真空电器有限责任公司
45	北京瑞科恒业喷涂技术有限公司
46	北京世纪蓝箭防水材料有限公司
47	康为同创集团有限公司
48	安慕斯科技有限公司
49	北京青鸟环宇消防系统软件服务有限公司
50	联通航美网络有限公司
51	北京永创众信建筑设计有限公司
52	北京杰利阳能源设备制造有限公司
53	北京数字一百信息技术有限公司
54	北京动科瑞利文科技有限公司
55	北京北燃环能科技发展有限公司
56	北京华亿高特技术有限公司
57	北京中防恒立人防设备有限公司
58	北京思诺博信息技术有限公司
59	北京百特莱德工程技术股份有限公司
60	北京北方国兴建设有限公司
61	北京小鹿科技有限公司
62	北京金东高科科技有限公司
63	北京友缘在线网络科技股份有限公司
64	北京易云时代信息技术有限公司
65	北京欧美环境工程有限公司
66	北京兴业源物业管理股份有限公司
67	北京宏微特斯生物科技有限公司

续表

序号	企业名称
68	北京鑫泰绿能科技有限公司
69	北京新源智慧水务科技有限公司
70	北京天和丰空间设计工程有限公司
71	北京中环鑫融科技有限公司
72	搏世因（北京）高压电气有限公司
73	北京中新药业股份有限公司
74	北京鸿锐嘉科技发展有限公司
75	康明克斯（北京）机电设备有限公司
76	北京力标伟业科技股份有限公司
77	北京方鸿智能科技有限公司
78	北京人和创建信息技术有限公司

【市级科技研发机构】 年内，北京市倍舒特妇幼用品有限公司等3家国家高新技术企业被市科委认定为北京市级企业科技研究开发机构。全区有市级以上研发机构18家，其中国家级科技研发机构2家、市级企业科技研发机构14家、市重点实验室1家、市工程技术研究中心1家。

（李　杰）

2021年密云区市级及以上科技研发机构名单

表17

序号	科技研发机构分类	研发机构名称
1	国家重点实验室	仁创集团硅砂资源国家重点实验室
2	国家工程技术研究中心	国家超精密机床工程技术研究中心
3	北京市级企业科技研究开发机构	北京康辰药业有限公司药物研究院
4	北京市级企业科技研究开发机构	北京亨通斯博通讯技术有限公司光电技术研发中心
5	北京市级企业科技研究开发机构	北京荣创岩土工程股份有限公司
6	北京市级企业科技研究开发机构	北京自如信息科技有限公司
7	北京市级企业科技研究开发机构	北京杰利阳能源设备制造有限公司
8	北京市级企业科技研究开发机构	北京市京海换热设备制造有限责任公司
9	北京市级企业科技研究开发机构	北京中环膜材料科技有限公司
10	北京市级企业科技研究开发机构	超同步股份有限公司北京智能装备技术研发中心
11	北京市级企业科技研究开发机构	北京华厚能源科技有限公司
12	北京市级企业科技研究开发机构	北京龙鼎源科技股份有限公司技术开发中心
13	北京市级企业科技研究开发机构	北京麦康医疗器械有限公司
14	北京市级企业科技研究开发机构	北京方鸿智能科技有限公司
15	北京市级企业科技研究开发机构	睿智合创（北京）科技有限公司
16	北京市级企业科技研究开发机构	北京市倍舒特妇幼用品有限公司科学技术分公司
17	市重点实验室	心脏药械技术和循证医学研究北京市重点实验室
18	市工程技术研究中心	北京市光电通信线路工程技术研究中心

知识产权保护

Intellectual Property Protection

【概　况】 区市场监督管理局（知识产权局）加强商标、专利、地理标志的监督管理，促进知识产权创造、运用和保护。履行区打击侵犯知识产权和制售假冒伪劣商品工作领导小组办公室职责，加强对打击侵权假冒工作的统筹推进。

（柴冬冬）

【知识产权创造】 年内，区市场监管局（知识产权局）通过法律宣传、走访辅导、政策宣讲等方式加强指导与服务，提升商标、专利拥有量。全区有注册商标4.26万件，全年新增注册商标5541件。有效发明专利拥有量1259件，全年新增专利授权1563件。国家知识产权局商标业务密云受理窗口运行顺畅，受理商标申请业务435件，其中商标注册申请193件、后续申请业务242件，解答咨询692人次。

（柴冬冬）

【知识产权服务】 年内，区市场监管局（知识产权局）服务蜂产业商标品牌培育。“花彤”“奥金达”“京纯”“蜜蜂大世界”等蜂品牌集群形成。注册蜂产业相关商标26件。指导区农业服务中心进行相关商标转让9件、新申请注册商标7件，为密云水库鱼品牌化运营、提高产品附加值打下基础。

（柴冬冬）

【知识产权管理】 年内，区市场监管局（知识产权局）围绕生物医药、智能制造、节能环保等行业，培育拥有自主知识产权和市场竞争力的优势企业。全年新培育北京市知识产权试点单位3家、知识产权示范单位1家，14家企业通过《企业知识产权管理规范》认证。1家企业投保知识产权保险，保费获市政府全额补贴。

（柴冬冬）

【知识产权保护】 年内，区市场监管局（知识产权局）制发《2022年冬奥会和冬残奥会知识产权保护工作方案》，严查未经授权为商业目的使用奥林匹克标志等违法行为。将北京鑫海韵通商业大楼密云百货店列入知识产权保护规范化市场培育对象。帮助企业完善知识产权保护制度，提升规范化管理水平。全年查办商标侵权类案件9件，罚没款95.76万元，查获侵权商品3397件。

（柴冬冬）

【知识产权宣传】 年内，区市场监管局（知识产权局）通过现场宣传、线上互动、走访服务等方式开展知识产权宣传，重点围绕“4·26”世界知识产权日等时间节点，全年发放宣传资料1万余份，提供各类咨询184件。

（柴冬冬）

怀柔科学城东区建设

Construction of the Eastern District of Huairou District Science City

【怀柔科学城东区项目推进座谈会】 1月15日，中国科学院科技创新发展中心副主任姜晓明、中国科学院大气物理研究所所长曹军骥带领专家到密云区协商怀柔科学城东区项目推进有关工作并召开座谈会。会议听取怀柔科学城东区地球系统数值模拟装置和京津冀大气环境与物理化学前沿交叉研究平台等项目进展情况介绍，就推动项目有关工作进行协商。

（王　研）

【地球系统数值模拟装置外电源工程送电】 1月29日，地球系统数值模拟装置外电源工程正式送电，解决项目永久用电问题。工程实施主体为北京怀柔科学城建设发展有限公司，由水泉110千伏变电站接双路电缆至地球系统数值模拟装置项目新建开关站，途经云西七街、云西四路、云西二街，新建电力管井72座，管井及电力隧道总长4102米。

（王　研）

【“碳中和”工作座谈会】 2月3日，区科委与中国科学院大气物理研究所就“碳中和”工作的全局现状、实现路径、未来合作方面召开座谈会，为密云开展碳中和示范区建设奠定理论基础。

（王　研）

【科学城东区建设专题会】 6月18日，科学城东区建设专题会召开。区委书记潘临珠、区长马新明专题听取科学城东区建设情况汇报。会议要求，要全力推进科学城东区建设，做好配套服务保障工作，发挥创新引领作用，搭建产业孵化平台，促进科技成果落地转化。

（王　研）

【北京大学医学部领导到密云区对接】 6月19日，北京大学党委常委、常务副校长、医学部主任、北京大学第三医院院长乔杰带队到密云区对接怀柔科学城东区北京大学怀密医学中心项目相关工作。到怀密医学中心项目选址地块，听取项目前期工作情况汇报，了解地块整体规划建设情况。10月9日，北京大学常务副校长、医学部主任、北京大学第三医院院长乔杰带队到密云区考察并对接北京大学怀密医学中心项目相关工作。到密云水库白河主坝、密云水库展览馆，学习习近平总书记给建设和守护密云水库的乡亲们重要回信精神，回顾密云水库的建设史、保护史，察看水库蓄水和保水护水情况。座谈会上，区科委汇报科学城东区和怀密医学中心项目区域规划情况。与会人员围绕项目规划、产业功能定位等内容进行交流。

（王　研）

【“地球系统数值模拟装置”落成启用】 6月23日，密云区召开“十二五”国家重大科技基础设施——“地球系统数值模拟装置”落成启用暨装置未来发展和应用研讨会。北京市副市长靳伟、中国科学院副院长张涛、北京市副秘书长刘印春、中国科学院秘书长汪克强等出席。相关管理单位分别讲话、致辞，与会领导共同按下装置落成启动按钮，参观装置科普展厅，并围绕地球系统数值模拟装置未来发展和应用进行交流研讨。

（王　研）

6月23日，“十二五”国家重大科技基础设施“地球系统数值模拟装置”落成启用

（区科委　供图）

【空地一体环境感知与智能响应平台封顶】 6月28日，怀柔科学城东区空地一体环境感知与智能响应研究平台实现主体结构封顶。截至年底，科学城东区“1+5”科学设施项目全部实现主体结构封顶。该项目是北京市第二批院市共建交叉研究平台项目，由清华大学与北京怀柔科学城建设发展有限公司共同建设，规划面积2.74公顷，建筑面积3.3万平方米，包括空地一体环境感知、环境样品与信息中心、环境模拟与智能响应三大系统。

（王　研）

【中国科学院科技创新发展中心领导考察】 7月22日，中国科学院科技创新发展中心党委书记、主任乔均录带队到怀柔科学城东区考察调研。区委副书记、区长马新明，区委副书记、政法委书记、人大常委会主任朱柏成参加座谈交流。乔均录一行参观地球系统数值模拟装置项目展示大厅，了解项目运行情况，到华远达青年公寓、远洋公寓考察科研人员配套住房情况。座谈会上，观看《画境密云》宣传片，区科委介绍怀柔科学城东区规划建设及配套保障情况，中国科学院科技创新发展中心副主任管兵介绍中心基本情况，大气物理所、地质地球所、青藏高原所和生态环境中心分别介绍各自的科研情况及合作需求。中国科学院科技创新发展中心、中国科学院生态环境中心、青藏高原所、大气物理所、地质地球所、密云区相关部门等领导参会。

（王　研）

【景观提升、新场景应用、新型研发机构研讨会】 9月6日，副区长张明智主持召开科学城东区景观提升、新场景应用、新型研发机构方案研讨会。会议听取科学城东区整体景观提升设计、密云首都水源地保护新场景示范区建设和环境领域新型研发机构组建方案汇报，与会人员进行研讨。区科委、区财政局等14家单位主要负责人参加会议。

（王　研）

【科学城东区规划控规编制专题研讨会】 10月19日、11月9日，区委书记余卫国、区长马新明组织召开科学城东区规划控规编制专题研讨会。会议要求，科学城东区控规编制工作要围绕“科学+城”理念，做好配套建设，突出产业发展，并做好空间预留。密云区推进科学城东区建设领导小组成员单位参加。

（王　研）

【10千伏配网工程立项】 10月25日，怀柔科学城东区10千伏配网工程（5个平台项目外电源工程）获区发改委立项。项目建设主体为怀柔科学城公司，总投资6677万元。由水泉变电站出线，沿用地球系统数值模拟装置外电源工程电力管井路由，并在规划的云西二路新建电力管井至5个平台项目新建开关站，同步实施外电源电气、电缆、通讯工程等。

（王　研）

【华远达公寓试运行】 10月26日，怀柔科学城东区首个配套住房项目华远达公寓启动试运行。该项目位于怀柔科学城东区C5—1地块，利用老旧厂房改造建成，总建筑面积5524平方米，有5层，配有4种户型住房111间，是涵盖居住区、餐食区、轰趴区、书吧、酒吧于一体的优质人才公寓，生活设施齐全、一站式拎包入住，可满足科研人员多元化居住需求。

（王　研）

10月26日，怀柔科学城东区首个配套住房项目华远达公寓启动试运行　　（焦扬　摄）

【地球系统数值模拟装置工艺测试】 11月24日，地球系统数值模拟装置5个软硬件系统中地球系统模式数值模拟、区域高精度环境模拟、超级模拟支撑与管理、面向地球科学的高性能计算4个核心软硬件系统完成工艺测试，水平分辨率、空间分辨率、峰值计算能力等重要指标达到初步设计验收指标。

（王　研）

【北京大学怀密医学中心获教育部批复】 12月31日，上报教育部的《关于请求核定北京大学怀密医学中心事业规模和建设规模的请示》获得批复，同意北京大学在怀柔科学城东区征地建设怀密医学中心。

（王　研）

【科技成果转化动态项目库建成】 年内，密云区与怀柔科学城东区科学设施项目建设主体合作，建成科学城东区科技成果动态项目库，储备成果转化项目60项，其中28项相对成熟、具备转化条件。北京中科三清环境技术有限公司、北京中科气研科技发展有限公司、北京北中大富科技有限公司3家企业落户密云。

（王　研）

【全市首家环境领域新型研发机构筹建】 年内，密云区与清华大学、中科院、京津冀国家技术创新中心等单位共同筹建全市首家生态环境领域新型研发机构，编制完成筹建方案，围绕气候科技与气候经济、全球和区域环境治理、环境与健康、绿色发展战略等四大方向，推进科技原始创新的技术成果转化，促进创新链、产业链、供应链深度融合，引领环保产业发展和传统企业绿色转型。

（王　研）

【5个平台项目进展情况】 年内，中科院大气物理研究所承建的京津冀大气环境与物理化学前沿交叉研究完成总工程量的85%，中科院生态环境研究中心承建的环境污染物识别与控制协同创新平台项目完成总工程量的97%，中科院地质地球所承建的深部资源探测技术装备研发平台项目完成总工程量的72%，中科院青藏高原所承建的泛第三极环境综合探测平台项目完成总工程量的78%，清华大学、北京怀柔科学城建设发展有限公司共同承建的空地一体环境感知与智能响应研究平台项目完成总工程量的52%。

（王　研）

教　　育

EDUCATION

北京市密云区教育委员会（简称区教委）辖属教育单位139个，其中幼儿园78所（教育部门办园52所、地方企业办园4所、集体办园2所、民办园20所）、小学26所（教育部门办校26所）、初级中学17所（教育部门办校17所）、完全中学1所（教育部门办校1所）、高级中学3所（教育部门办校3所）、九年一贯制学校3所（教育部门办校3所）、特殊教育学校1所、中等职业学校1所、其他法人单位9个。招生15232人（幼儿园5697人、小学3927人、初中3279人、普通高中2211人、中等职业学校118人）。毕业12384人（幼儿园4083人、小学3315人、初中3378人、普通高中1497人、中等职业学校111人）。在校生55389人（幼儿园15436人、小学23008人、初中10082人、普通高中6357人、中等职业学校400人、特殊教育学校106人）。教职工总数5865人（幼儿园1107人、小学2033人、中学2497人、中等职业学校178人、特殊教育50人），其中正高级职称37人、高级职称1333人、中级职称2359人。北京市特级教师23人、北京市学科教学带头人12人、北京市骨干教师78人。全年教育总投入28.43亿元。中小学固定资产总值17.23亿元。接收小区配套园2所，新建幼儿园分园1所、小学一年级部1所。设立教育集团2个、初中学区4个、小学城乡教育共同体7个、幼儿园学习与发展共同体5个。

推进“双减”工作 坚持校内、校外双向发力，推动“双减”工作取得成效。强化校内主渠道作用，加强作业、手机、睡眠、读物、体质“五项管理”，提高课堂教学质量。开展暑期托管服务，丰富课后服务供给，骨干教师全员参与答疑辅导，课后服务学生参与率达99.8%。深化校外培训机构治理，建立资金监管、三级执法等8项治理模式，学科机构压减率达67.5%，无证机构动态清“零”。

学前教育普惠优质发展 贯彻落实《“十四五”学前教育发展提升行动计划》，全面提高幼儿园保教质量。召开幼儿园学习与发展共同体建设启动大会，完成对32所幼儿园的督导评估，加强镇村园、非教办园教师队伍建设，推动全区幼儿园办园质量整体提升。深化幼小衔接，举办幼儿阅读节、体育节、艺术节，推进数学领域课程实施能力提升项目。强化普惠园补助资金监管，规范办园行为。

中小学教育优质均衡发展 全面培养体系不断完善，研究制定“中小幼一体化德育工作实施方案”，构建要素融通、学段衔接的一体化德育工作格局。深化生态文明教育，教委系统74家单位完成区垃圾分类示范单位创建工作。落实“新时代学校体育工作实施方案”，聚焦“教会、勤练、常赛”，提升学生体质健康水平。举办冰雪嘉年华系列活动，参与学生4万余人次。开展班级合唱素养提升教师培训、杨敏舞蹈工作室培训及下校辅导，艺术教师专业素养不断提升。新增市级金帆书画院1所、阳光少年艺术团1个。推进实践基地建设，劳动教育实效性增强。

教育改革创新 深化与教育强区合作，启动“海·密”一体化教研合作项目，推进“朝·密”跨区研修活动，在教科研、师资培训等方面取得新进展。开展不老屯中学综合改革试点，推进古北口中小学一体化管理改革，促进城乡教育优质均衡发展。北京市密云区外国语学校揭牌。推进“基于教学改革、融合信息技术的新型教与学模式”实验区研究，实施“智慧教育环境建设”“师生信息素养提升”等“六大行动”。完善视导机制，教学视导诊断、服务学校功能增强。以中高考备考、学科研修为抓手，推进“大单元备课”“生动课堂”研究，强化单元整体教学，抓实课堂教学主阵地。

职成教育供需融合发展 整合社会教育资源，推进职成教育改革发展。探索校企合作、职普融通、职社融通办学新途径，10名学生获全国“互联网＋”创新创业大赛二等奖，组织中小学生开展职业技能体验1800余人次，接收河北等合作区域学生访学近500人，面向社会开展电焊特种作业等职业技能培训近1600人次。推进成人学历教育、老年教育和社区培训，举办第17届全民学习周，密云老年大学被认定为首批北京市老年学习示范校（点）。

师资队伍建设 招聘新教师140人，安排教师交流轮岗218人。密云区被确定为全市干部教师轮岗交流试点区。开展师德师风培训、“我的育人故事”主题宣讲、师德表彰活动。推进思政教师专业能力提升、百名教师拜师等项目，师资整体素质不断提高。

改善办学条件 优化资源配置，新增中小学、幼儿园学位1095个。加快推进朝阳滨河学校一期等4项新建改扩建工程，启动征占地等工作。协调北京四中与黄城根小学承办北京第二实验学校。投资1.35

亿元，实施修缮改造、设备配备项目116个，修缮改造操场9块，全区办学条件不断改善。开展绿色学校创建工作，验收申报学校25所。

校园安全稳定 以“建党百年”安保为主线，提升校园安全管理水平及风险防范能力。开展新时代爱国卫生运动，根据疫情形势变化，严格落实疫情防控各项措施，做好涉疫人员信息排查，推进疫苗接种和中小学核酸检测筛查工作，确保师生健康安全。3—11岁学生疫苗第一剂次接种率达96.34%，全程接种率达92.95%。

教育督导 深化新时代教育督导体制机制改革，推进责任督学换届工作。围绕“双减”、疫情防控、学校安全3项重点工作开展专项督导，责任督学下校督导1100余人次。组织参加中小学校内部督导等专题培训，提升督学队伍专业水平。教育工作满意度稳步提高，居全市第二。

（王云阶）

单位名称：北京市密云区教育委员会
地　　址：北京市密云区水源东路358号C座
电　　话：69041752

教育管理

Education Management

【新一届骨干教师认定】 1月，区教委完成新一届骨干教师认定工作，认定市、区骨干教师1031人。区教委制定《关于做好2020年市、区级学科教学带头人、骨干教师、骨干班主任和区级青年骨干教师评选工作的通知》，按照个人申报、学校初审、教委评审认定的程序，认定新一届区级学科教学带头人、骨干教师及青年骨干教师781名，其中幼儿园学科教学带头人12名、骨干教师65名、青年骨干教师26名；小学学科教学带头人53名、骨干教师208名、青年骨干教师52名；中学学科教学带头人59名、骨干教师239名、青年骨干教师67名。认定新一届区级骨干班主任160名，其中幼儿园区级骨干班主任29名、小学区级骨干班主任61名、中学区级骨干班主任70名。经市教委批准，认定市级骨干班主任、学科带头人、骨干教师90名，其中市级中小学骨干班主任11名、市级学科教学带头人12名、市级骨干教师67名。

（杨海芳　李士新）

【新型教与学模式实验区工作启动会】 3月28日，密云区召开“基于教学改革、融合信息技术的新型教与学模式”实验区工作启动会。会议播放密云区教育信息化助推教育教学改革专题片，为密云区2020年教育信息化先进单位颁奖，区第二小学、北师大密云实验中学作信息化工作经验交流。区教委领导解读实验区工作方案，为特聘专家颁发聘书，向参加实验区建设的21所实验校授牌。密云区确定“以信息技术与教育教学深度融合为支点，构建区域教育高质量发展新模式”为主题，实施智慧教育环境建设行动、数字资源共享行动、中小学技术创新课堂行动、提升师生信息素养行动、大数据精准评价实践行动、教育治理能力优化行动，探索农村地区智慧校园新模式、差异化供给和智能化服务新模式、信息技术与课堂教学融合新模式、“互联网+”环境下区域教师协同成长新模式、促进学生个性化全面发展育人新模式，推动教育治理体系和治理能力现代化。教育部、市教委、区政府、区教委、各中小学骨干教师代表等200余人参加。

（张学虎　李士新）

【幼儿数学领域活动质量提升项目启动】 4月28日，区教委召开幼儿数学领域活动质量提升项目启动会。北京师范大学学前教育硕士、项目负责人郑永爱从项目背景、目的意义、实施过程3个方面对项目实施方案进行解读。该项目由北京金普润泽科技发展有限公司和北京金恩润泽科技发展有限公司负责实施，项目周期为4月至12月，从10所幼儿园遴选40名种子教师参加160学时的项目培训；培训采取集中培训学习、观摩、区域游戏活动指导、成果分享展示等方式，以《3—6岁儿童学习与发展指南》解读为重点，围绕4大数学模块8个核心单元“集合与分类”“模式”“数概念”“数运算”“几何图形”“空间方位”“量的比较和测量”等内容，提升幼儿教师数学教育教学的组织与实施能力。区教委学前科全体人员，教师研修学院学前研修室研修员，城区教育部门办园业务干部及教师40余人参加。

（张燕妮　李士新）

【义务教育学校校长会】 6月9日，区教委召开全区义务教育学校校长大会。会议传达中央、北京市关于“双减”、提高学校教育质量、规范教育教学秩序、认真做好课后服务等精神，分学段对密云区落实工作要求进行部署。会议对各校提出，要提高认识，校内减负提质要以课堂为中心，以课堂教学提质增效为核心，丰富课后服务供给，满足学生多样化需求，促进学生全面发展。市教委派驻联络员，区教委相关负责人，义务教育学校校长，镇街教委副主任190余人参加。

（齐飞蜓　李士新）

【书记、校长研究工作室项目总结】 6月11日，区教委召开书记、校（园）长研究工作室项目总结展示会。区教委以《从教育者起步 向教育家成长》为题，从工作室的组织管理、运行机制、推进路径、实施成效等方面对项目进行总结。各工作室分别采取“专题片+主题发言”形式进行汇报展示。区教委于2017年12月启动书记、校（园）长研究工作室，在自主报名、专家评审、组织研究的基础上，遴选出30名书记、校（园）长，成立4个干部研究工作室。分别由纪正新、李志欣、王长华、赵春红担任领衔人，并聘请国内15名著名教育专家、一线知名书记、校（园）长作为工作室导师。4个工作室积极构建专业学习社群，实践智慧共享机制，推进“诊—学—研—展”四进阶研修模式。工作室成员校获教育部温馨校园、北京市文明校园、课程建设先进单位、基础教育科研先进校、校本培训示范学校、科技教育示范校、综合实践活动课程特色校等荣誉称号。入室成员出版《创新学校管理实践》《赋能教育：回眸幸福教育13载》《幼儿绘本故事》等教育专著14本，《党建工具箱》等成果集锦5本，在《人民教育》《中小学管理》《教育家》等期刊发表文章百余篇。北京教育学院、密云区教委相关领导，书记、校（园）长研究工作室导师及成员，基层单位党政正职130余人参加总结会。

（史小强　李士新）

【百名教师拜师项目启动】 6月29日，区教委召开“百名教师拜师”项目（第一批）启动会。区教师研修学院项目负责人解读项目方案。该项目由区教委与首都师范大学合作开展，通过提升优秀教师的业务能力、科研能力，打造一支在北京市乃至全国有影响力的教育教学团队。第一批由小学语文、数学、英语，初中班主任，学前教育5个小组组成，每组包括3—5名学员教师，每小组聘请通识性导师、理论导师、实践导师各1名，项目实施周期为2年。主要采取“1+3”培训方式，即“1名学员+3名导师（由通识、理论、实践导师组成）”，通识内容培训导师每月开展1次集中指导，各研修小组与理论、实践导师协商制定研修小组工作方案和成员培养方案（包括培养目标、培养内容、培养形式、研究专题、考核等），每月至少开展1次研修活动。

（杨海芳　李士新）

【初中教学领导能力提升高级研修项目启动】 9月16日，区教委召开初中教学干部教学领导能力提升高级研修项目启动会。启动会上，北京教育学院副教授沈彩霞从项目的研修背景、目标、内容、方式、成果及项目管理与评价等方面解读项目方案，并作《基于脑的学习与教学》专题讲座。该项目是“十四五”期间，密云区首个以心理学为视角开展的干部培训项目。以脑科学理论为支撑，通过理论认知和实践应用两大模块课程，帮助学员理解大脑的工作机制，掌握促进学生学习投入的方法，指导学员研制和使用课堂观察评价表，提升教学领导能力。项目历时半年，32名初中教学干部完成80学时培训。区教委、区教师研修学院相关负责人、教学干部参加启动会。

（李　娜　李士新）

【“双减”工作政策宣讲】 9月28日，区教委举行落实“双减”工作政策宣讲会。市委教育工委副书记、市教委新闻发言人李奕围绕“以‘双减’工作为核心推动构建高质量教育体系”主题，从“关于‘双减’工作的几点思考，‘双减’工作的北京认识、思考和策略，2021年新学年面临的挑战和任务，关于干部教师队伍建设和轮岗流动”4个方面进行宣讲。政策宣讲会主会场设在北方交通大学附属中学密云分校，各学校设分会场，各单位主任、教研组长、备课组长等近5000人以视频形式参加会议。

（齐飞蜓　李士新）

【中学体育教师专业技能考核】 10月16—19日，区教委组织开展中学体育教师专业技能考核。参加考核人员为本系统1971年1月1日以后出生男教师和1976年1月1日以后出生女教师，共计69名体育任课教师参加。考核内容为口令及队列、课堂教学能力、专业技能水平测试3项内容。参加考核教师随机分组，现场抽取田径、体操、足球、篮球、武术等项目。区教委聘请其他区教研员、高级教师、骨干教师担任评委。69名体育教师考核全部合格。

（陈　辉　李士新）

【北京市密云区外国语学校揭牌】 11月12日，首都师范大学附属密云中学举行加挂北京市密云区外国语学校校牌揭牌仪式。学校加强非通用语教育和非通用语人才培养，开设法语、日语、西班牙语、韩语等多门小语种课程，依托北京市外语院校人才培养优势，推进基础教育多语种师资队伍建设和外语教育教学工作，探索高中多样化特色办学之路。区政府、区教委相关领导出席揭牌仪式。

（李士新）

【中小学校长、骨干教师实验区建设培训】 12月18日，区教委举办中小学校长、骨干教师实验区专题培训。培训以线上方式，朝阳区白家庄小学教育集团校长祖雪媛以《发挥校长领导力作用，促进学生可持续发展》为题，阐述校长增强信息化领导力的有效路径与工作方法；海淀区花园村第二小学副校长许颖以《基于微课程资源建设，促进教与学方式变革》为题，介绍本校变革教学方式的有效探索；北京市朝阳区芳草地国际学校副校长张龙，面向全体骨干教师作《课程展示及分析——圆明园的毁灭随想》讲座，结合生动案例，介绍"双减"背景下运用信息技术手段与语文课堂、语文作业及评价反馈深度融合，培育学生语文核心素养、实现提质增效的经验做法。全区50名中小学校长及734名市区级学科教学带头人、骨干教师、青年骨干教师学员参加培训。

（张树臣　李士新）

【干部教师岗位交流】 年内，区教委继续深化干部教师岗位交流工作，有268名干部教师进行岗位交流，其中正校级干部交流38人、副校级干部交流12人、教师城乡交流118人、区域内交流27人、安排骨干教师到其他学校学科指导73人。

（李士新）

【扶贫助学金】 年内，密云区发放各项扶贫助学资金1636.13万元，惠及学生29611人次。其中义务教育阶段发放生活补助金6566人次、957.18万元，助学金15826人次、237.39万元；免住宿费5265人次、82.24万元；高中阶段发放国家助学金、免学费、免教科书费674人、124.42万元，免住宿费370人次、10.36万元；学前教育阶段免保教费178人次、90.32万元；职业学校发放国家助学金97人次、免学费621人次、政府奖学金14人次，资助金额134.21万元。

（佟志新　李士新）

【绿色学校创建】 年内，区教委推进绿色学校创建工作。制定绿色学校创建实施方案和计划，召开3次全系统绿色学校创建工作推进会、培训会，加强绿色学校创建工作组织领导。以"节能宣传周""城市节水宣传周""低碳日"等为契机，宣传生态文明理念。发挥示范引领作用，对第一批申报的25所学校进行达标验收，全部合格。

（李士新）

【课后服务】 年内，密云区中小学全面落实课后服务工作。区教委全面统计学生课后托管服务需求，安排3200余名干部教师为3.2万名中小学生提供课后服务，学生参与率99.8%，教师参与率89.11%。各校根据课后服务工作计划，设计体育锻炼必修单元和科学实践、劳动、美育活动、课业辅导答疑等选修内容。区教委加大对学校课后服务实施情况检查督导，指导学校完善工作方案，强化家校沟通，帮助学校解决问题。

（齐飞娗　李士新）

【新增学位1095个】 年内，区教委统筹区域资源新增学位1095个。经区政府协调，将区财政局国有企业服务中心改造为密云第三小学一年级部，新增小学学位405个。租赁北京民宇安装工程有限公司房产改造建成第二幼儿园分址，接收密云清水湾、悦欣汇小区配套园建成第十三、十四幼儿园2所公办园，扩增普惠园学位690个，普惠园覆盖率96.4%。

（李士新）

教育科研

Educational Research

【"海淀·密云"一体化教研发展项目启动】 1月29日，密云区教师研修学院与海淀区教师进修学校签订为期3年的教研一体化合作框架协议。依据协议，密云区教师研修学院选派中学研修员和部分骨干教师同步参加海淀区教研活动，提升密云区中学教研水平；密云区初、高三年级学生期中、期末、一模、二模使用海淀试卷同步考试，海淀进修学校为密云区提供分析指导；海淀区教师进修学校基于密云区实际需求对中学研修员、教研组长及教学干部开展相关培训；在条件许可情况下，密云区可参加海淀区教师进修学校组织的教育科研课题研究，破解密云教育发展中的问题，实现教学能力、队伍建设、育人质量等方面的提升。

（李士新）

【首届集智论坛】 4月11日，区教师研修学院在北方交通大学附属中学密云分校举办首届"集智论坛"。论坛聚焦"大单元教学的理论与实践"主题，教师研修学院8名研修员分别结合自身工作，理论联系实际，从单元目标制定、单元整体设计、单元作业设计等方面进行交流。首师大教师教育学院教授蔡可对8

名研修员的发言依次点评，并围绕“大单元教学”进行专题讲座，分析传统教学的弊端及启示，讲述基于单元教学如何去做。区教委相关负责人、中小学各校副校长及主管教学主任、教师研修学院研修员300余人参加。

（祝雪艳　李士新）

【高中英语跨区联合主题研修】 4月16日，密云区与大兴区教师在首师大附属密云中学联合开展单元大观念下视听课教研活动。首师附密云中学路瑞凤和李冉分别执教《Viewing》和欧亨利的短篇小说《The Last Leaf》阅读课。大兴区兴华中学教师尹贤进行视听课的同课异构，与会人员观摩首师附密云中学教师赵文婷组织的文学单元主题下的实践活动——学生排演的英文戏剧《哈姆雷特》，密云区教师研修学院研修员进行总结，梳理单元主题下进行视听课和文学阅读课教学的方法。大兴区高中英语教研员、高中英语教师及密云区高一、高二英语教师40余人参加。

（赵　琳　李士新）

【首届区域联动课堂教学展示活动】 6月22日，北京市小学首届“基于核心素养培育构建课堂教学新常态”区域联动式系列课堂教学展示活动在区第二小学举行。活动举行北京市小学首届“基于核心素养培育构建课堂教学新常态”区域联动课堂教学展示活动启动仪式，来自13个区36名教师进行11个学科29节课堂教学展示和9节说课展示，每个学科均采用同课异构方式，展示区域研究成果、教师教学风采，落实课堂教学到课堂育人的转变，课后市区教研部门专家进行点评。北京教科院基教研中心、朝阳区教育科学研究院各学科专家团队，海淀、东城、西城等13个区教研员及教师代表，区教委相关领导、教师研修学院相关教研员、各小学教学干部和教师代表近600人参加。

（王家彦　李士新）

【小学科学学科教学观摩研讨会】 9月8日，区教委教改实验区办公室与区教师研修学院在区第二小学联合举办“基于教学改革、融合信息技术的新型教与学模式”项目研究课。太师屯镇中心小学教师作六年级《走进植物工厂》展示课，学生利用iPad依托小学科学数字教材，以小组合作方式探究并解决构建“植物工厂”过程中遇到的问题。区教师研修学院小学科学研修员作《基于电子书包的混合式学习在课堂中的应用初探》专题讲座，人民教育出版社综合理科室主任张军霞作《〈中小学数字化教学〉小学科学学科的论文写作探讨》讲座，实验区办公室教师作《区域数字教育资源建设与创新学习方式的研究》讲座，实验区办公室负责人就教师转变观念、变革课堂教与学模式、推进实验区建设、提高课堂教学质量提出努力方向。全区小学教学干部及科学教师90余人参加。

（陈　超　李士新）

【“十四五”科研启动会】 10月12日，区教师研修学院召开密云区“十三五”教育科研总结表彰暨“十四五”科研启动会。会议对密云区“十三五”教育科研工作进行全面总结，对市区“十三五”教育科研优秀成果一等奖获得者、北京市教育科研先进学校进行表彰。育英学校密云分校、果园小学、季庄小学分别作典型发言。教师研修学院教科室主任对密云区“十四五”教育科研规划和课题管理办法进行解读，发布“十四五”市区级立项课题。全区各中小学、幼儿园和直属单位主管科研工作的副校长及科研负责人120余人参加。

（闫　霞　李士新）

教育督导

Educational Supervision

【2021年度素质教育督导评价】 6月7—22日，区教委对全区中小学、幼儿园、职业学校、特教学校开展2021年度素质教育督导评价。区教委督学科组建6个督评小组，依据《密云区学校、幼儿园全面实施素质教育督导评价方案》，采取听取校长汇报、教师座谈、学生访谈、党政正职测评、查阅资料等形式，集中对学校的组织领导、学校治理、教师队伍、教育教学、实践育人、办学成效、特色工作等进行实地检查。督评小组根据信息进行定性、定量分析，形成学校督评报告，反馈给各校，各校根据反馈意见撰写整改报告。

（孙芳莹　李士新）

【中小学校、幼儿园教育满意度调查】 6月，区教委开展2021年中小学校、幼儿园教育满意度调查。区教委委托北京教育科学研究院教育督导与教育质量评价研究中心，调查学校管理、师资队伍、德育工作、教学工作、学校环境、教育效果5个方面，采取线上问卷形式向家长征集意见。经统计，2021年密云区学校工作满意度总体得分95.6分，较上一年度高0.7

分。其中幼儿园得分 98.1 分（教育办幼儿园得分 98.8 分，非教育办幼儿园得分 97.5 分），小学得分 94.8 分，普通中学得分 94.2 分，职业高中得分 98.3 分，特殊教育学校得分 97.4 分，各类教育分别较上年度高出 1.8 分、0.1 分、0.4 分、0.9 分、2.4 分。

（孙芳莹　李士新）

【“双减”工作专项督导】 10 月 11—15 日，区教委开展义务教育“双减”工作专项督导检查。区教育督导室组织责任督学深入学校，采取查阅教学计划方案和课表、随机访谈师生、推门听课、查看学生作业等方式，围绕义务教育学段学校（不含特教学校）规范教育教学秩序、课后服务、“五项管理”等内容进行督导检查。经查，58 所中小学落实区教委“双减”工作要求，管理规范，各项措施扎实有效。

（孙芳莹　李士新）

学前教育

Pre-School Education

【2020 年非教办园年度考核】 1 月 11—19 日，区教委开展 2020 年度非教育部门办园年度考核（年检）工作。区教委联合区卫健委相关科室成立 2 个考核工作组，采取听汇报、查阅资料、实地查看、座谈、进班听课等形式，对全区 26 所非教办幼儿园的人员条件、队伍建设、队伍成效、机构管理、财务与设施设备、卫生保健、安全工作、保育教育等方面进行考核。4 月公布考核结果，26 所非教育部门办幼儿园 2020 年度年检考核全部合格。

（杨　阳　李士新）

【A 级幼儿园开放展示】 4 月 15—16 日，区教委组织区域内部分 A 级幼儿园进行开放展示活动。区第一、第二、第三、第四幼儿园向其他幼儿园干部教师开放，展示半日活动中的集体教育、区域游戏、过渡环节、户外体育等活动的组织与实施。4 所幼儿园园长、干部、教师进行园所管理、课程实施、活动组织、档案整理等经验分享，观摩教师结合督导评估工作与幼儿园进行互动交流。全区各类型幼儿园干部、骨干教师近 150 人参加。

（张燕妮　李士新）

【学前教育宣传月活动】 5 月至 6 月，区教委举办第 10 个学前教育宣传月活动。活动以“砥砺十年 奠基未来”为主题。开展“寻找最美幼儿园”案例征集活动，以“五美”（环境美、课程美、教师美、幼儿美、家长美）为重点，通过“密云教育”微信平台宣传幼儿园 18 所，浏览量达 9980 余次。开展“寻找最美教师”活动，通过微信公众号、美篇、宣传片等形式，面向家长和全社会宣传幼儿园教师爱岗敬业、无私奉献的故事。

（张　丹　李士新）

【业务干部示范课展评】 5 月至 12 月，区教委开展幼儿园业务干部示范课展示活动。业务干部在园内上示范课，以共同体为单位按照“现场观摩—课后反思—教研研讨”3 个环节展示交流，围绕内容选择、目标达成、环节设计、有效指导、幼儿状态、活动效果 6 个方面进行讨论，并将课例上传至密云教育云平台进行线上展评。全区各类型幼儿园 54 名业务干部参加区级评比，评选出一等奖 9 名、二等奖 18 名。

（廖山川　李士新）

【第一届“育苗杯”优秀班主任基本功展评】 11 月 19 日，区教委举办首届“育苗杯”优秀班主任基本功展评活动。展评分为说课展示、班级管理宣讲和情景答辩 3 个环节，由教师研修学院学前研修室研修员、城区部分教办园园长担任评委。全区 29 名区级骨干班主任参加展评，评选出一等奖 9 名、二等奖 12 名。

（杨　阳　李士新）

【新增教育部门办幼儿园】 年内，密云区新增教育部门办幼儿园 2 所，新增区第二幼儿园分址 1 所。区教委通过接收清水湾小区配套幼儿园，办成教育部门办第十三幼儿园，办园规模 9 个教学班；接收悦欣汇小区配套幼儿园，办成教育部门办第十四幼儿园，办园规模 9 个教学班；通过租赁第二幼儿园附近闲置资源，建设成为教育部门办第二幼儿园分址，扩增 5 个教学班。3 所幼儿园于 9 月 1 日开园，新增 23 个教学班，普惠性学前教育学位 690 个，缓解城区局部地区适龄幼儿入园压力。

（张　丹　李士新）

基础教育

Basic Education

【小学课后作业管理工作布置会】 3 月 27 日，区教委召开小学课后作业管理工作布置会。会上，区教委小教科负责人从指导思想、基本原则、工作要求和组织保障 4 个方面解读《北京市密云区教育委员会关于进一步加强小学课后作业管理的意见》，教师研修学院相关负责人从作业设置目的、内容与批改建议 3 个方面解读《密云区小学课后作业设计与实施建议》。会议要求各校要充分认识课后作业管理工作的重要性，严格落实“双减”工作要求，抓好《意见》和《建议》落实。区教委主管副主任，全区各小学副校长、部分研修员 30 余人参会。

（张文华　李士新）

【中小学生运动会】 4 月 17—18 日，区教委在北京师范大学密云实验中学举行中小学生运动会。运动会设 8 个组别 18 项比赛内容，50 支代表队 680 余名运动员参加。运动会产生 86 项奖项，打破 2 项纪录，不老屯镇中心小学、巨各庄镇中心小学分获小学 A 组、B 组团体总分第一名，河南寨中学、不老屯中学分获初中 A 组、B 组团体总分第一名，第二中学获高中团体总分第一名。

（陈　辉　李士新）

【阅读工程展演】 5 月 20 日，区教委举办庆祝中国共产党成立 100 周年暨中学阅读工程展演活动。活动中，10 所中学、200 余名师生表演话剧《茶馆》、舞台剧《承根脉 筑国魂》、诗朗诵《无畏无惧我中华》、情景剧《我和我的时代》等 13 个节目，分享对中国共产党百年征程的感悟，展示各校开展阅读工程成果。区教委领导，各中学教学干部、语文教研组长及参演师生 300 余人参加。

（王家彦　李士新）

【少先队中队会展示观摩活动】 5 月 31 日，密云区少工委在滨河学校举办庆祝“六一”儿童节暨“红领巾心向党”少先队中队会展示观摩活动。活动中，滨河学校辅导员执教《传承红色精神 做优秀少先队员》中队会，滨河学校和大城子学校大队辅导员分别做《建立低年级特色大队 创设品牌中队》和《发挥少先队组织功能 持续推进红色教育》经验介绍。各小学大队辅导员，中队辅导员、少先队员代表近 100 人参加。

5 月 31 日，区少工委举办“红领巾心向党”少先队中队会展示观摩活动　（区教委　供图）

（吕　萌　李士新）

【小学提高课堂教学质量观摩研讨会】 6 月 2 日，区教委在区第三小学举行小学提高课堂教学质量观摩研讨会。与会人员观摩区第三小学 14 节现场课，区第三小学围绕学校育人理念、“三动”课堂研究、构建课堂新常规等方面介绍学校研究实践成果。与会人员围绕“双减”背景下如何提高学校管理水平、改进课堂教学提高教学质量、五育并举促进学生全面发展等问题进行研讨。区教委相关领导，教师研修学院研修员，全区各小学校长、副校长 70 余人参加。

（张文华　李士新）

【《中小学德育工作指南》培训会】 6 月 4 日，区教委组织开展“一校一案”落实《中小学德育工作指南》培训会。北京教育科学研究院班主任研究中心主任、《班主任》杂志社社长、主编赵福江解读《指南》制定的背景和北京市围绕《指南》对各校制定“一校一案”的具体要求，结合密云区部分中小学制定的方案，从背景分析、办学理念、德育工作目标和德育工作实施途径等内容进行讲解，并列举案例，解答部分中小学设计“一校一案”中遇到的困惑。全区各中小学德育干部、教师研修学院德育研修员近 60 人参加。

（张　鑫　李士新）

【小学优秀班主任评选】 6 月 15 日，区教委开展小学“优秀班主任”评选活动。各学校制定校级方案，组织初选，推选出 40 名教师参加区级评选。参评教师以班级实际为依托，从教育情怀、育人智慧、举措成效等方面，现场宣讲带班育人理念。区教委成立由小教科、教师研修学院德育教研室相关人员组成的评委会，从参评教师语言表达、班主任专业知识、育人能力等方面进行评价，评选出 2021 年密云区小学优秀班主任 21 名。各小学德育干部、参评教师 70 余人参加。

（张　鑫　李士新）

【“三全”劳动教育实践探索展示活动】 6 月 29 日，区教委在巨各庄镇中心小学举办新时代“三全”劳动教育实践探索活动。巨各庄镇中心小学展示《劳动开启——葡萄乐园》《劳动进步——葡萄树“科技”管理》3 节劳动教育课程，学校作题为《全内涵、全链条、全层次，新时代‘三全’劳动教育的实践探索》经验介绍，专家团队、区教委小教科负责人、学校副书记、学生及家长代表参与劳动教育主题沙龙活动。区外专家及嘉宾，区教委主要领导，全区中小学校长等150余人参加。

（张　鑫　李士新）

6月29日，区教委举办新时代“三全”劳动教育实践探索展示活动　（区教委　供图）

【中小学生暑期托管服务】 7月19日至8月20日，密云区开展中小学生暑期托管服务。经前期调查、统计，有43名小学生有暑期托管服务需求，区教委安排城内6所小学分两期为学生提供托管服务，安排管理干部48人次、班主任专业教师108人次、安保人员68人次、校医6人、其他人员6人。其中特级教师、骨干教师、骨干班主任、党员教师参与暑期托管志愿服务的比例占50%以上。

（张文华　李士新）

【第五届少先队活动课评优】 9月至11月，区教委举办第五届少先队活动课评优活动。活动课以“童心向党”“‘红领巾’助力冬奥”“文明密云　你我共行”为主题，收到各校上报的活动课39节，由区少工委办公室、区教师研修学院德育研修室研修员组成评委，从少先队活动课的目标、内容、实施过程和教育效果进行评价打分，评选出一等奖16名、二等奖16名。

（吕　萌　李士新）

高等教育

Higher Education

【概　况】 首都经济贸易大学密云分校（简称首经贸密云分校）为公办全日制普通高等专科院校，设有贸易经济系、经济管理系、会计信息系及相关职能处室14个，开设会计、金融与证券、国际经济与贸易、工商企业管理、旅游管理、社会工作、网络新闻与传播、物流管理、市场营销、物业管理、计算机应用等20余个专业。全校有高职在校生1243人、远程教育772人。有教职工207人，其中专业技术岗147人（含双肩挑22人）、管理岗54人、工勤岗6人，高级以上职称34人、中级职称77人，专任教师76人。

年内，首经贸密云分校高职录取222人，远程教育招生128人。2021届毕业生515人，就业率95.34%。组织学生参加市级学科竞赛3项，3个中国职业技术教育学会职业教育教学改革课题通过评审结题，6项校级立项课题结题。学校培训中心被评为“中国高校现代远程教育优秀校外学习中心”。组织师生参与创建全国文明城区、生态马拉松志愿服务、垃圾分类桶前值守、城市志愿服务等活动。开展庆祝建党100周年系列活动，营造党史学习教育氛围。

（王申柏）

【招生就业】 年内，首经贸密云分校自主招生录取71人，专科普通批录取95人，“3+2”转段4人，高职扩招录取52人，共计录取222人。远程教育在校生772人，年内招生128人。2021届毕业生515人，就业率95.34%。

（曹伯妍）

【专升本考试】 年内，2021届参加专升本考试报名81人，录取54人，录取率66.67%。

（佟　玮）

【就业服务】 年内，首经贸密云分校针对学生专业特点和情况，邀请企业参加学校举办的综合招聘会，为学生提供岗位1000余个。加强校企合作，有针对性地推荐学生参加面试。与多家企业签订培养计划，为企业培养输送人才。组建网络直播团队，与区人力资源与社会保障局联合推出就业指导直播课和“直播带岗”网络招聘会，为毕业生提供200余家就业单位100余个热门岗位。

（曹伯妍）

【校企合作】 年内，首经贸密云分校继续与首都机场（中航联盟）合作，在校生人数197人，推荐就业已上岗129人，其中首都机场要客部49人、首都机场航空安保有限公司45人、拉格代尔商业有限公司深圳站24人、北京北站11人，自主就业31人。

（姜　珊）

【创业培训】 年内，首经贸密云分校开展 8 批次 21 个班次的创业培训，培训学员 601 人，合格人数 566 人，合格率为 94.18%。

（曹伯妍）

【取证培训】 年内，首经贸密云分校继续开展职业技能考核鉴定工作，组织银行基本技能、劳动关系协调员、“业财一体化”1+X 初级证书校内技能证考试，243 名学生参加考核，163 人通过，通过率为 67%。

（王申柏）

【志愿服务】 年内，全校师生参与密云区创建全国文明城区工作，175 名党员干部职工下沉到包干路段进行道路值守和交通路口值守，200 余名学生志愿者参与垃圾分类桶前值守、清扫操场等志愿服务活动，开展创建全国文明城区我们在行动等系列主题活动 6 次，团员学生参与垃圾分类“桶前值守”458 人次，累计志愿服务时长 516 小时。435 名志愿者参与首经贸密云分校 2021 年密云生态马拉松志愿服务活动。73 名团员学生参与庆祝建党 100 周年城市志愿服务活动。

（王申柏）

5 月 16 日，首经贸密云分校开展 2021 年密云生态马拉松志愿服务活动　（杨雷　摄）

【社会服务】 年内，首经贸密云分校为党政机关、事业单位、学校、农村等开展 12 场传统文化讲座，受众 2500 人。完成《密云区鼓楼街道社区空巢老人社会工作服务项目》，独立完成 10 个空巢老人个案。跟进《密云区 2021 年度精准帮扶个案服务试点项目》，完成 50 个困境家庭救助个案工作。

（王申柏）

【庆祝建党 100 周年系列活动】 年内，首经贸密云分校开展师生红色歌曲合唱团、党史知识竞赛、“重温红色历史，坚定初心使命”教师红色主题团建活动、“永远跟党走”诗歌朗诵会等红色实践学习活动。通过开展“2021，党在我心中”主题班会、“请党放心强国有我”主题团日、“迎建党百年 展青年风采”纪念建党 100 周年个人才艺大赛、“传承红色精神·共创文明城市”朗诵比赛，“做文明大学生，永远跟党走”主题征文等活动，激发广大青年学生学习党史的热情。组织动员团员学生、青年学生参加“青年大学习”在线主题团课，参与人数 5000 余人次。

（王申柏）

【师资建设】 年内，首经贸密云分校聘请校外专家担任评委，经专业（学科）评议组评议，学术评议委员会复议，2021 年度专业技术职称评审，聘任副教授 9 人、讲师 1 人、助理研究员 2 人。截至年底，认定双师教师 5 人，“双师”占比 71%。

（佟　玮）

【知识技能竞赛获奖】 年内，首经贸密云分校组织学生参加北京市职业院校学生幼儿英语教学技能大赛获二等奖，第六届“科云杯”全国职业院校高职组财会职业能力大赛获二等奖，第八届全国证券投资模拟实训大赛，分别获二等奖和三等奖。

（佟　玮）

职业与成人教育

Vocational and Adult Education

【分段培养转段升学考核和高职考自主招生】 4 月至 7 月，区职业学校完成“3+2”分段培养转段升学考核和高职考自主招生工作。88 名职校学生参加北京汇佳职业学院、北京交通运输职业学院、北京信息职业技术学院、北京市首经贸大学密云分校 4 所高职院校“3+2”转段升学考核，54 名学生参加高职院校自主招生报名，截至 7 月底，142 名学生全部收到高职院校网上录取通知。

（毛　艳　李士新）

【朗诵诗剧《奔腾不息的潮白河》首演】 6 月 28 日，密云区社区教育中心“梦源美丽乡村”原创作品工作室创作的朗诵诗剧《奔腾不息的潮白河》在区大剧院首演。《奔腾不息的潮白河》重点讲述在中国共产党领导下，潮白河两岸人民历经站起来、富起来、强起来的奋斗征程。演员全部来自区社区教育中心“渔阳明珠”话剧团、老年大学、各行各业和社区居民文化志愿者中招募的普通市民。全剧分为远古潮白河、烽火潮白河、沸腾潮白河、奋斗潮白河、星耀潮白河5个篇章。区政府、区教委、区文委等单位领导及观众500余人观看演出。

（高艺文　李士新）

【对口帮扶】 7月2日，密云区职业学校举行对口帮扶86名竹溪县职业学校学生结业仪式。2014年密云区职业学校与湖北省十堰市竹溪县职业技术学校签订对口支援协议，两校在专业建设、师资队伍培训、学生技能培养等方面开展合作。2020年9月，两校签订合作办学协议，来自湖北竹溪县技术学校的86名学生到客户信息服务、数控、旅游服务与管理专业开展为期1年的专业学习，2021年7月合作办学期满，学生结业。区教委、区职业学校领导和竹溪县职业学校86名学生参加结业仪式。

（党大伟　李士新）

【技能大赛获奖】 11月20日，区职业学校组织8名学生参加第三届全国职业院校“华唐杯”呼叫中心客户服务与管理技能竞赛，获一等奖4名、二等奖4名。比赛由北京华唐中科科技集团有限公司主办、洛阳市教育局承办，是“1＋X”呼叫中心客户服务与管理“课、证、赛”相融通技能大赛，代表客户信息服务专业技能大赛最高水平与最高规格。比赛采取线上形式，来自全国23个省级行政区112所院校1268名选手参加。

（赵明凤　李士新）

社会教育

Social Education

【小学融合教育工作经验交流会】 3月26日，区教委组织召开区融合教育工作经验交流会。果园小学融合教育负责人作题为《提升融合教育质量 办人民满意教育》汇报，围绕自闭症儿童小浩的成长经历，班主任、数学、英语、心理教师和小浩的妈妈分别从不同角度介绍特殊学生的发展变化、不同学科的融合教育策略。教师研修学院研修员做《自闭症儿童的特点与融合教育策略》讲座。区教委、各小学主管融合教育的领导、骨干教师、融合教育课题组成员40余人参加。

（张文华　李士新）

【融合教育课堂教学研讨】 6月16日，区教委在区第四小学开展融合教育课堂教学研讨活动。与会人员观摩区第四小学教师执教习作课《故事新编》，课后与会人员结合“融合教育背景下特殊需要学生有效参与课堂教学策略的研究”展开集中研讨、交流。区第二小学教师结合实践和外出学习体会，作《学校情境下特殊需要儿童帮助策略相关理论及实践交流》主题分享。全区各校融合教育负责人、融合教师代表、融合课题组成员30人参加。

（张文华　李士新）

【规范管理校外学科培训机构】 年内，密云区规范校外学科培训机构管理。区教委成立校外学科培训机构治理专班，制定《学科机构分类压减工作方案》，组织机构召开政策解读、“营转非”部署等工作会、培训会13次，贯彻“双减”政策，引导机构转型或退出。截至年底，原有40址学科机构压减至13址，压减率67.5％，13址学科机构完成“营转非”和重新准入审批工作。建立“双模式”资金监管工作机制，制定《学科机构资金监管办法》，实行“20万定额风险保证金”和“教培云平台”双模式资金监管，累计监管资金462.91万元。建立学科机构“三级执法检查”长效工作机制，全年“三级执法”日常检查2070人次，针对违法违规问题通过“案件线索移转”机制向市监局移送立案查处线索13起，全区无证机构实现动态清零。

（廖帝宝　李士新）

校外教育

Extracurricular Education

【概　况】 北京市密云区青少年宫（简称区青少年宫）占地面积20301平方米，建筑面积11947平方米。全年教育经费投入2678.42万元。教职工61人，其中专业技术人员56人，劳务派遣制工人5人。高级职称13人，中级职称13人。大学本科35人，硕士研究生19人。开设美术、书法、舞蹈等兴趣小组60个，有兴趣小组班级333个，注册学员5089人，全年服务学生1万余人次。

（彭秀伶）

【中小学生生态环保主题演讲】 5月9日，区青少年宫举办“助力冬奥，守护绿色家园”密云区中小学生生态环保主题演讲活动。作品内容结合疫情防控、垃圾分类及2022年北京冬奥会等时事热点，联系生活实际，畅谈对环境保护的责任感和对祖国、对家乡密云的热爱。27 所学校 49 名学生参加区级比赛，评选出一等奖 7 名、二等奖 17 名、三等奖 23 名。

（彭秀伶）

【中小学生节水宣传周】 5 月 10—16 日，区教委、区水务局联合举办 2021 年中小学生“践行节水行动 共筑美丽家园”节水宣传周活动。面向全区学校开展节水护水 logo 设计、节水小视频、节水保水方案征集等系列活动。经评委评选，有 458 幅作品获奖，其中一等奖 106 个、二等奖 143 个、三等奖 209 个。

（彭秀伶）

【参加北京市青少年未来工程师博览与竞赛获奖】 5 月 22—23 日，区青少年宫组织学生参加 2021 年北京市青少年未来工程师博览与竞赛活动。活动由市教委主办，大兴区少年宫承办。市级决赛项目分为线上和线下竞赛，线上项目为爱创造和创意花窗项目，线下项目为木梁承重、投石车、过山车、千机变、无人机。密云区选派 37 名学生参加市级比赛，17 名学生获奖，其中一等奖 6 名、二等奖 6 名、三等奖 5 名。

（彭秀伶）

【第二十四届学生艺术节舞蹈展演线上点评会】 11 月 4 日，区教委举办第二十四届学生艺术节舞蹈展演线上点评会。组织、指导 50 个节目 879 名学生参加展演。中央民族大学舞蹈学院副教授、研究生导师李进，对艺术节舞蹈比赛进行整体点评和案例分析，并与教师进行互动交流。40 所中小学 60 余名校外主管和舞蹈教师参加点评。

（彭秀伶）

【第一届中小学生陆地冰壶、旱地冰球比赛】 12 月 10 日，区教委举办第一届中小学生陆地冰壶和旱地冰球比赛。比赛分为中、小学男子、女子组 4 个组别，采用小组单循环排名赛制，全区 20 支代表队，150 名运动员参加比赛。区第六小学、季庄小学获小学陆地冰壶男、女子组冠军，区第六中学和密云水库中学获初中陆地冰壶男、女子组冠军，季庄小学获旱地冰球冠军。

（彭秀伶　李士新）

【参加冰雪嘉年华启动仪式表演】 12 月 30 日，区教委举办 2021 年密云区中小学生冰雪嘉年华启动仪式。活动主题为“情燃冰雪，冬奥有我”。启动仪式上，区青少年宫舞蹈团分别进行雪上和陆地项目表演，分别参加雪上趣味毛毛虫、雪上铜锣喧天、双板直滑降猜时赛、雪上两项水弹枪打靶 4 项冰雪竞赛活动。全区各中小学师生代表近 400 人参加启动仪式。

（彭秀伶　李士新）

【冬奥歌曲舞蹈 MV 录制】 12 月，区青少年宫录制冬奥歌曲《与冰雪共舞》和冬奥舞蹈《一起向未来》。12 月 11—12 日，舞蹈团女童 182 人和合唱团 112 人在密云水库、南山滑雪场、密云高铁站、密云奥林匹克公园进行冬奥歌曲《与冰雪共舞》MV 录制活动。12 月 30 日，区青少年宫舞蹈团 32 人表演舞蹈《一起向未来》，参加“情燃冰雪 冬奥有我”2021 年密云区青少年冰雪运动嘉年华开幕式演出。

（彭秀伶）

特殊教育

Special Education

【首届“星空杯”教学设计基本功大赛】 3 月至 6 月，区特殊教育学校举办首届“星空杯”教学设计基本功大赛。比赛内容为撰写 IEP、教学设计及现场说课。25 位任课教师参与，16 位教师进入现场说课展示环节。由学校教学干部、骨干教师组成评委，经现场打分，评选出一等奖 4 名、二等奖 6 名、三等奖 6 名。

（赵丽娟　李士新）

【第五届水墨童心书画艺术展】 5 月 20 日，区特殊教育学校举办以“520 我爱你 全在画里”为主题的第五届水墨童心书画艺术展。活动展出区特殊教育学校，河南寨、十里堡、新城子镇中心小学等 7 所共建校学生书法、绘画、剪纸、石头画作品 1000 余幅，现场进行拍卖、义卖，收入 2.11 万元，拍卖款项用于为学生购置活动服装。

（赵丽娟　李士新）

【密云区特殊教育中心成立】 12 月 1 日，密云区特殊教育中心成立。设主任 1 人、副主任 1 人、干事 1 人、巡回指导教师 5 人，办公地点设在区特殊教育学校，与区特殊教育学校合署办公，负责全区特殊教育和融合教育工作。

（赵丽娟）

文　化

CULTURE

综 述

Overview

北京市密云区文化和旅游局（简称区文旅局）内设办公室、安全管理和行政审批科、产业发展科、公共服务和宣传科、党建科、机关纪委、工会、文化旅游营销中心、乡村文化旅游发展中心、文化旅游人才发展中心，另设文化市场综合执法大队。下属文化馆、图书馆、文物管理所、博物馆、大剧院。行政编制 37 人，行政工勤编制 6 人，事业编制 163 人。

年内，区文旅局以北京市公共文化服务体系示范区创建工作为抓手，完善三级公共文化服务设施功能，提升“七有”“五性”指标水平，人均公共文化基础设施建筑面积 1.9 平方米，位居生态涵养区第一位。围绕“庆祝建党 100 周年”“贯彻总书记回信精神一周年”和“助力北京 2022 冬奥、冬残奥”主题，开展文艺作品征集创作、文艺演出、艺术培训、原创诗歌诵读等系列群众文化活动。截至年底，全区举办各类文化活动 1152 场，参与群众 70 万人次；开展“星火工程”演出 987 场，惠及群众 10 万人次。加强文物和非物质文化遗产保护，全年出动检查人员 300 余人次、110 车次；加大文化市场执法力度，出动 5568 人次，下发检查单 2598 件，立案 64 件，作出处罚 16 件，罚没款 40.8 万元，结案 65 件。依法受理投诉举报件 326 件，会同市区职能部门开展联合执法 60 次。

（梁司琪）

单位名称：北京市密云区文化和旅游局
地　　址：北京市密云区城后街 20 号
电　　话：69043175

文化设施建设

Cultural Facilities Construction

【文化设施情况】 年内，全区有公共文化设施 894 个，总面积 108.48 万平方米，区、镇街、村社区三级公共文化设施覆盖率达 100%，所有公共文化设施全部实现免费开放。

（张子旭）

【公共文化数字化建设】 年内，区文旅局完成密云区公共文化服务数字综合平台建设，整合数字文化馆、图书馆、博物馆和区文化云功能，形成“三馆一平台”数字综合服务系统。实现北京市“一卡通”图书借阅系统全覆盖，全部图书纳入检索系统，图书借阅实现通借通还，区镇村三级公共文化设施无线网络全覆盖。

（张子旭）

文 化 活 动

Cultural Activities

【小学生书画、剪纸作品展】 1 月 13 日，区博物馆与区第四小学、季庄小学、穆家峪小学、溪翁庄小学、太师屯小学、不老屯小学携手举办《我的山水密云——小学生书画、剪纸作品展》，激发青少年热爱家乡，弘扬密云文化，宣传密云旅游。

（于晓民）

【职工干部脱产培训班】 1 月 14—22 日，区文化馆举办职工干部脱产培训班。培训内容为职工综合素养、业务知识等。参训业务干部 37 名，累计 111 人次，人均 15 小时。

（宋歆鑫）

【迎新春原创书法、美术、摄影作品展】 2 月 2 日至 3 月 31 日，由区文旅局主办、区文化馆承办的“山水映画·视觉密云”——迎新春原创书法、美术、摄影作品展在区文化馆开展，微信平台、数字文化馆平台同步线上展览。展览遴选出 76 幅优秀作品，展现密云区人民在全面建设小康社会和建设、保护密云水库的动人故事，颂扬密云人民奋斗精神。

（宋歆鑫）

【阵地艺术培训班】 3 月 8 日，区文化馆举办阵地艺术培训班。开设艺术门类 10 余种，线上报名学员达 500 余人，根据疫情防控限流要求，实际招收学员 150 余人。

（宋歆鑫）

【冬奥知识分享会】 3 月 5 日，区图书馆组织志愿者参加“志愿服务分队奥运知识分享会”。会上讲解奥林匹克精神、奥运会由来、申请冬奥会和冬残奥会志愿者条件和要求，邀请专业教师开展奥运项目系列课堂讲座，并发放奥运知识宣传册。

（李云龙）

【清明节系列文化活动】 4 月 2 日，“缅怀革命先烈 传承红色精神”清明节系列文化活动在区文化馆举办。活动分为“讲党史 忆先贤、传承红色基因”主题讲座，“清明寄哀思 缅怀忠烈情”主题诗会，“文化让生活更美好——您教我用筷子，我教您用手机”文化志愿服务活动。参与群众600人次。

（宋歆鑫）

【清明诗会活动】 4月5日，由区委宣传部、区文旅局联合区总工会、团区委、区妇联，在邓玉芬主题广场举办“忆满京城·情思华夏”缅怀革命先烈·重温红色历史——2021年清明诗会，活动通过线上平台进行直播，以诗歌诵读方式祭奠先烈、教育后人、歌颂英烈。在线观看10余万人次。

（付旭红）

【“童心向党”诵读活动】 4月20日，区图书馆与青海玉树市连线举办“童心向党”诵读活动。活动前期由区图书馆通过微信公众号向全区人民发起为玉树学生捐赠图书倡议，收集图书1000余册。诵读活动通过线上平台直播，以“两地诵读＋讲党史”相结合方式学习党史、感悟党恩。在线观看160万人次，《人民日报》等40家省市级媒体报道。

（付旭红）

【公益培训展演活动】 4月22—25日，区文化馆在文化馆剧场举办3场“享文化惠民 展艺术之美”2021年公益培训展演活动。同时公益培训学员优秀作品展在二层展厅开展。活动包括节目47个、展览作品70幅，参演学员、演员250余人。邀请在校学生、社区居民、退休职工、文艺爱好者观看，观众1000余人次。

（宋歆鑫）

【书香中国·北京阅读季启动式】 4月22日，由区委宣传部、区文旅局主办，区总工会、团区委、区妇联、区科协支持，区图书馆承办的密云区第十一届书香中国·北京阅读季启动式，在区图书馆召开。启动式以建党百年为主线，开展“颂读百年路·展阅新征程”主题诵读活动，通过线上、线下方式，带领全区人民诵读经典、热爱家乡。在线观看20万人次。

（付旭红）

【曲韵密云戏曲曲艺大赛】 5月15日，“永远跟党走”——曲韵密云2021年戏曲曲艺大赛决赛，在区文化馆剧场落幕。大赛面向全区宣传，有104个节目报名初赛，44个节目进入复赛，23个节目进入决赛，其中戏曲类节目15个、曲艺类8个。评选出曲艺类一等奖1名、二等奖3名、三等奖4名，戏曲类一等奖3名、二等奖5名、三等奖7名。

（宋歆鑫）

5月15日，密云区举办曲韵密云2021年戏曲曲艺大赛决赛颁奖　　（区文旅局　供图）

【博物馆“进社区”共建活动】 5月17日，区博物馆与澜悦社区联合举办博物馆“进社区”共建活动，弘扬文化遗产保护；6月16日，与宾阳北里社区党委开展共建活动，悬挂“最美儿媳展”横幅，发放宣传册和宣传品，摆放21块流动展板，向居民介绍密云地区最美儿媳感人事迹；7月7—9日，分别到果园新里社区党委、绿地社区、果园西里社区，摆放26块流动展板，内容包括“中华人民共和国公共文化服务保障法”“最美儿媳展”“夏季旅游安全知识”，悬挂4条宣传横幅。

（于晓民）

【烙画作品专题展览】 5月19日至6月14日，区文化馆举办烙画作品专题展览。烙画展全部为陈生存先生作品，其中木板烙画133幅、烙画葫芦20幅，观展近600余人次。

（宋歆鑫）

【庆祝建党100周年合唱大赛】 5月23日，“唱响密云”——庆祝中国共产党成立100周年合唱大赛在区文化馆剧场举办。大赛于3月启动，各工委、镇街和企事业单位报名，有41支队伍近2000名优秀合唱队队员参赛。评选出区直机关、企事业单位组一等奖4名、二等奖6名、三等奖9名。镇街、地区办事处组一等奖4名、二等奖8名、三等奖10名。最佳指挥奖2名和最佳伴奏奖2名。

（宋歆鑫）

【庆祝建党100周年民族音乐会和交响音乐会】 5月28—29日，由区文旅局主办的“永远跟党走”——密云区庆祝中国共产党成立100周年大型民族音乐会和交响音乐会在密云大剧院举办。两场演出突出中国共产党成立100周年主题，同时宣传2022年北京冬奥会和冬残奥会，节目内容有经典红色音乐、奥运音乐等，观看人数800人。

（马凤德）

【庆祝建党100周年中小学艺术作品展】 5月29日，区博物馆联合区第三中学、第一小学、第三小学、第五小学、溪翁庄小学、果园小学、北京市朝阳实验小学密云分校携手举办“奋斗百年 依旧少年——党在我心中 庆祝建党100周年中小学艺术作品展”，以庆祝中国共产党百岁生日，展现少年励志，展现百年风华。通过展览内容、红色故事、英雄人物的结合，加强学生及社会公众学习党史。千龙网、北京头条等媒体报道。

（于晓民）

【庆祝建党100周年原创书、影、画精品展】 6月16日，“百年梦 密云情——密云区庆祝建党100周年原创书、影、画精品展”在文化馆开展。展览征集原创书影画作品140余件，经过市级专家评选，61件书影画精品入围展览，展期2个月，观展1500余人次。

（宋歆鑫）

【庆祝建党百年经典诵读活动】 6月22日，区图书馆联合古北口镇，在古北口蟠龙山长城脚下，举办“颂读百年路·长城纪忠魂”——庆祝建党百年经典诵读活动。来自古北口镇、区图书馆和区朗诵基地的诵读爱好者们依次朗诵多篇红色经典作品，描绘中国共产党百年光荣历程和伟大成就。在线观看10余万人次。

（付旭红）

【《奔腾不息的潮白河》演出活动】 6月25日，由区文旅局、区委教工委主办的密云区庆祝中国共产党成立100周年——原创朗诵诗剧《奔腾不息的潮白河》演出活动在密云大剧院举办。400人次观看。

（马凤德）

【庆祝建党100周年文艺节目展演】 7月1日，区鼓楼街道办事处和区文化馆在文化馆剧场联合举办“永远跟党走”庆祝中国共产党成立100周年文艺节目展演。演出以歌舞、戏曲、曲艺等艺术形式开展，观演300余人。

（宋歆鑫）

【“浓情七夕·爱在密云”系列直播活动】 8月13日，由区总工会主办，区委宣传部、区妇联、团区委、区文旅局协办，区图书馆承办的“爱满京城·相约幸福”“携手跟党走·同心助创城”——“浓情七夕·爱在密云”系列直播活动在区图书馆举办。活动分为区政协委员、历史教师陈凤生讲述“七夕”历史由来、“携手跟党走 同心助创城”——“浓情七夕·爱在密云”诗歌诵读、心理专家讲解家庭观和婚恋观3个部分。通过“宜居密云”和密云360网线上平台同步直播，在线观看7万余人。

（付旭红）

【落实总书记重要回信精神一周年展】 8月25日，由区委宣传部、区文旅局主办，区博物馆、区摄影家协会承办，区水务局、区生态环保局等协办的“牢记嘱托 接续奋斗——落实总书记重要回信精神一周年展”在博物馆举办。展览围绕铭记习近平总书记嘱托，传承水库精神，采用图文并茂相结合形式，展示密云水库建设史、奉献史、探索保水和富民的历程。展览被首都之窗、学习强国、光明网刊发报道。

（于晓民）

【落实总书记重要回信精神一周年诵读活动】 8月30日，由区委宣传部主办、区图书馆承办的“不忘初心·牢记使命”“水库回响”——落实习近平总书记重要回信精神一周年主题宣讲活动、主题诵读活动在区图书馆举办，在线观看40万人次。

（付旭红）

【“勿忘国耻·爱我中华”主题活动】 9月3日，由区文旅局主办、区图书馆和北庄镇中心小学承办的中国人民抗日战争胜利76周年“勿忘国耻·爱我中华”主题活动在北庄镇中心小学举行。区图书馆诵读基地的张静老师诵读《致敬我的抗日英雄》、张宇老师宣讲《特等功臣刘东武》，全体师生参加。

（付旭红）

【暑期艺术培训】 9月4日，由区文旅局主办、区文化馆承办的“文化润童心——2021年暑期青少年培训班结业汇报展演”在区文化馆剧场举行。暑期青少年艺术培训为期2个月，开设手工制作、软笔书法、硬笔书法、国画、素描、亲子瑜伽、朗诵与口才、民族舞等15个艺术门类培训30个班次，招收学员277人。

（宋歆鑫）

【博物馆进校园活动】 9月6—13日，区博物馆分别到东智小学、十里堡小学、水杨红小学、密云五小、密云四小和溪翁庄小学，开展“博物馆进校园”活动。活动设置流动展板，宣传博物馆相关知识，提高学生学习兴趣，弘扬爱国主义精神。

（于晓民）

【中秋系列活动】 9月18日，由区委宣传部、区文旅局主办，区图书馆承办，区总工会、团区委、区妇联支持的“月圆京城·情系中华”我们的节日·中秋节群众性主题文化系列活动——中秋诵读大型直播活动举办，在线观看15万人次。区文化馆举办“月圆京城 情系中华”2021年密云区我们的节日·中秋节群众性主题文化系列活动——中秋歌会。活动以独唱、对唱、小合唱、歌与舞等形式展现，观演300余人。

（宋歆鑫　付旭红）

【优秀原创文艺作品展演】 9月24日，市委农工委宣教中心、北京文化艺术活动中心、区文旅局、区委农工委、区农业农村局共同在溪翁庄镇金叵罗村举办第32届北京农民艺术节乡村大舞台密云专场暨“迎国庆”密云区优秀原创文艺作品展演活动。区文旅局在全区范围内开展原创文艺作品征集，征集舞台类艺术作品40余件、书影画类艺术作品140余件，经评委遴选，14个获奖节目在第32届北京农民艺术节乡村大舞台展演。

（宋歆鑫）

9月24日，区文旅局举办密云区优秀原创文艺作品展演　（区文旅局　供图）

【唱响红歌密云歌手大赛】 9月25日，“永远跟党走”——密云区2021年唱响红歌密云歌手大赛决赛在区文化馆剧场开赛。大赛由区委宣传部、区文旅局主办，区文化馆承办，区各工委、各镇街、区音乐家协会协办。分少年组、青年组、中年组和老年组4个组别。全区165名选手报名，32名进入决赛，4个组别评选出一等奖4名、二等奖11名、三等奖17名。

（宋歆鑫）

【“舞动北京”群众广场舞蹈大赛】 9月27日，第十六届“舞动北京”群众广场舞蹈大赛区赛暨密云区2021年群众广场舞展演活动在蔡家洼玫瑰情园开赛。大赛于6月在全市启动，通过网络报名方式。密云区83支团队报名，53支队伍入围展演。经过市级评委现场评定，密云区广场舞展演活动评选出一等奖8名、二等奖14名、三等奖25名，并晋级市级决赛。在“舞动北京”市级决赛中密云区代表队获团体金奖、创作奖、组织奖。

（宋歆鑫）

【“创城手拉手”文艺演出进社区活动】 9月29日，“创城手拉手”文艺演出进社区活动分别在鼓楼街道、花园社区和果园街道文化广场举办。区文化馆在演出现场布置非物质文化遗产知识宣传、文化志愿者活动集锦、冬奥知识宣传展板近20块，宣传密云区非遗、志愿工作、冬奥会知识等，参与活动1000余人。

（宋歆鑫）

【廉洁文化作品展】 10月8日，由区纪委监委、区妇联、区文旅局主办，区博物馆承办的“清风扬正气 廉洁润密云——密云区廉洁文化作品展”在博物馆举办，展览吸引众多机关、企事业单位党员干部和群众观展。展出作品以“我心中的廉洁”为主题，通过书法、绘画、剪纸、篆刻、平面公益广告等形式，诠释对廉洁的理解和追求，体现反腐倡廉价值取向。

（于晓民）

【重阳节群众性主题文化活动】 10月13日，区文化馆组织密云区演艺类文化志愿者20余人到冯家峪镇社会福利中心开展“孝满京城　德润人心”我们的节日·重阳节群众性主题文化活动，为老人们送上节日祝福。14日，由区委宣传部、区文旅局主办，区图书馆承办，区总工会、团区委、区妇联、区作家协会支持的“孝满京城·德润人心”——我们的节日·重阳节群众性主题文化活动在区图书馆举办。活动在文明密云、宜居密云、密云融媒体中心线上平台直播，在线观看30万人次。

（宋歆鑫　付旭红）

【流动博物馆进景区】 10月14日，区博物馆与金叵罗开心农场联合举办“流动博物馆进景区”活动。活动设置流动展板，由工作人员向游客宣讲密云红色故事，让游客了解密云红色文化，实现文旅融合互动。

（于晓民）

【演出活动】 年内，区文旅局落实疫情防控指引，开展“农村文艺演出星火工程”987场，惠及基层群众10万人次。密云大剧院协调北京河北梆子剧团、北京燕赵鹏飞河北梆子剧团等优秀剧团，开展周末场公益惠民演出活动6场。密云大剧院参与北京京剧院

“每周一星”活动，全年演出4场。

（张子旭 唐 勇）

【书画文化展览活动】 年内，密云大剧院举办“庆建党百年华诞 展美育教学风采——密云区中小学美术师生剪纸作品展”“文化献礼建党百年——‘摇风·凉友’张双柱折扇展”，展出作品520余幅。

（唐 勇）

文化市场监管

Cultural Market Supervision

【绿书签进校园宣传活动】 6月2日，区文化市场综合执法大队会同区新闻出版局在密云朝阳实验小学联合开展“护助少年儿童健康成长，抵制有害出版物和信息”绿书签进校园宣传活动。发放绿书签6000张、错题本200本、纸抽100盒、铅笔盒100盒、卡套70套。

（高文满）

【法治宣传活动】 12月2日，区文化市场综合执法大队于“12·4”国家宪法日前夕，会同区文物管理所、鼓楼街道及鼓楼社区居委会开展“迎接冬奥 做讲法治守秩序的好市民”冬奥会法治宣传活动。向群众发放环保布制手提袋、手机架、法律法规宣传折页等2000份。

（高文满）

【文化市场综合执法】 年内，区文化市场综合执法大队聚焦建党百年、创建全国文明城区、疫情防控等重大节点和重点任务，开展专项治理和普法宣传等活动。出动5568人次，下发检查单2598件，立案64件，作出处罚16件，罚没款40.81万元，结案65件。依法受理投诉举报件326件，会同市区职能部门开展联合执法60次。

（高文满）

文化产业

Cultural Industry

【法人治理结构改革】 8月18日，区博物馆成立第一届理事会，完成区博物馆法人治理结构改革，区文化馆、区图书馆、区博物馆全部形成以理事会为主要形式的法人治理结构。

（张子旭）

【文化志愿者服务】 年内，区文化馆逐步健全三级志愿服务体系，举办“送福到家，我家春联我来写”活动，选送密云书法艺术家、书法志愿者优秀作品参加市级评选，录制送福下乡视频，视频在北京数字文化馆页面播放量达83万余人次；开展“文化让生活更美好——您教我用筷子，我教您用手机”文化志愿服务活动，参与文化志愿者60余人次，被服务对象360余人次，提供志愿服务1134小时；开展学雷锋日水库展览展示中心文化志愿服务活动，志愿服务160余人次，被服务对象1300余人，服务时长1116小时；开展党员文化志愿者保水护水志愿服务等；打造“暖心工程”文化志愿者进山区校园项目，加强留守儿童关爱，服务人群900余人次，志愿服务时长144小时。完成文化志愿者报出刊6期，其中庆祝建党100周年特刊1期。

（宋歆鑫）

【总分馆制建设】 年内，发挥文化馆、图书馆总分馆制建设作用，指导镇街分馆和基层服务点开展文化活动、文艺创作、送戏下乡、队伍培训等业务98场，图书与北京市各级公共图书馆数据互联、通借通还，推动优质文化艺术资源向基层下移，促进公共文化均等化发展。

（张子旭）

【北京市公共文化服务体系示范区建设】 年内，完成北京市公共文化服务体系示范区建设自查报告、区领导汇报材料、示范区建设档案整理、拟定验收路线等工作，示范区建设74项指标全部达标，其中70项指标达到优秀标准。12月27日，由区政府向市文旅局行函提出验收申请。

（张子旭）

文学艺术

Literature and Art

【概 况】 北京市密云区文学艺术界联合会（简称区文联）内设办公室、组联部、宣传部，下设北京市密云区文艺事业发展中心。行政编制2人，事业编制6人。下属作家协会、美术家协会、书法家协会、摄影家协会、音乐家协会、舞蹈家协会、戏剧家协会、曲艺家协会、根雕奇石协会、民间文艺家协会、书画院。有会员1225人，其中国家级会员35人，市级会员 201 人。

年内，区文联围绕建党百年主题，举办“奋斗百年路·启航新征程”——庆祝中国共产党成立 100 周年红色密云革命遗址展，接待全区 93 家单位 2300 余名党员参观。开展为在京过节外埠人士送“福”、送年画，“庆祝中国共产党成立 100 周年·密云区根雕奇石崖柏精品展”等活动。围绕密云区创建全国文明城区工作，开展“2021 年密云区书法、美术、戏剧进校园”活动。举办各类展览、展示、展演活动 17 次。编辑、出版作品集 1 种。出版《渔阳文艺》4 期。

（冯晓文）

单位名称：北京市密云区文学艺术界联合会
地　　址：北京市密云区城后街 20 号
电　　话：69044261

【“书画家写春联送祝福”活动】 2 月 7—11 日，区文联以“党建+志愿服务”模式，开展“百年建党诵党恩——为在密过年外埠人士和部分镇街慰问对象写春联送祝福”活动。在区文联文明实践服务基地组织密云书法家题写春联 350 余幅、“福”字 800 余个。

（冯晓文）

2 月 7 日，区文联开展“百年建党诵党恩——写春联送祝福”活动　（赵童　摄）

【庆祝建党 100 周年根雕奇石崖柏精品展】 4 月 30 日，由区文联主办，区根雕奇石协会承办的“庆祝中国共产党成立 100 周年·密云区根雕奇石崖柏精品展”开幕，展出根雕、奇石、崖柏精品 100 件。

（冯晓文）

【庆祝建党 100 周年红色密云革命遗址展】 6 月 25 日，由区委宣传部、区文联主办，区摄影家协会承办的“奋斗百年路·启航新征程——庆祝中国共产党成立 100 周年红色密云革命遗址展”在区文联文明实践服务基地开幕。展出 100 幅作品。展厅分为“密云第一个党支部诞生地”“抗日战争”“解放战争”3 大部分，以摄影视角再现烽火岁月。3 名文联机关党员面向全区各机关、企事业单位讲解红色事迹，接待全区 93 家单位 2300 名党员观展。编印 2000 册作品集，在线上开展 25 期网络展。

（冯晓文）

【庆祝建党 100 周年《渔阳文艺》专刊】 7 月 13 日，“庆祝中国共产党成立 100 周年《渔阳文艺》专刊”完成出版。通过“党旗飘飘”“名家在线”“小说部落”等 9 个版块，刊出以“中国共产党成立 100 周年”为主题创作的纪实、小说、散文、诗歌、曲艺、书法、绘画、篆刻、摄影、楹联等文艺作品 145 篇（幅）。

（冯晓文）

【艺术进校园】 9 月 2—8 日，区文联以课堂教学为主阵地，结合校园文化建设，开展书法、戏曲进校园活动。组织区书法家协会和戏剧家协会主席团成员，到密云一小、四小、果园小学等学校，举办 6 场书法培训和戏剧演出。

（冯晓文）

9 月 6 日，区文联开展书法进校园活动

（赵童　摄）

【密云区文化下乡集中示范活动】 9 月 10 日，“永远跟党走·奋进新征程”2021 年密云区文化科技卫生“三下乡”集中示范活动，在密云镇文体活动中心举行。区文联曲协、书协、美协的文艺家们组成“新时代文明实践文艺志愿服务小分队”，为群众带去快板表演和 200 余幅书法、绘画作品。

（冯晓文）

【书法培训志愿服务活动】 9 月 19 日，区文联在密云区社区教育中心启动2021年密云区文联书法培训志愿服务活动。邀请中国书法家协会书法培训中心崔胜辉教授，开展为期1年的书法培训，区书协16名会员参加。

（冯晓文）

【密云书画院美术培训】 9月25日，2021年密云区文联志愿服务活动——美术培训，在密云书画院开班。区美协主席谷保荣执教，来自区特殊教育学校和区老年大学书画班的30余名学员参加。

（冯晓文）

【重阳节群众性主题文化活动】 10月14日，区文联3位美术家到鼓楼街道世纪家园社区，举办“孝满京城　德润人心”2021年密云区我们的节日·重阳节群众性主题文化活动，现场创作《吉祥图》《健康是福》等国画送给20余位老人。

（冯晓文）

【文化惠民活动】 12月30日，由市文联、区委宣传部主办，市书法家协会、市美术家协会、市民间文艺家协会承办，区文联、古北口镇政府协办的“我们的中国梦”——文化进万家北京市文联2022年“两节”文化惠民活动在古北口镇古北口村举办。文艺家们题写春联300余幅、“福”字500个、美术作品30余幅、民间工艺美术作品1000余件。

（冯晓文）

【集体经济薄弱村文艺帮扶】 年内，区文联在文艺宣传、文艺培训等领域与冯家峪镇司营子、保峪岭村开展文艺帮扶项目联建。帮助两村拓展产业宣传渠道、打造文艺品牌队伍，依托首都美术院校，探索发展写生创作产业，促进农民增收。

（冯晓文）

地方志

Local Chronicles

【概　况】 北京市密云区地方志办公室（简称区地方志办）内设党史（方志）科，与区委党史研究室合署办公，参公编制9人。

年内，区地方志办健全地方志工作体系，推进密云地方志事业发展。完成《北京密云年鉴》编纂出版工作，实现当年编纂当年出版。完成《北京市密云区地名志》编纂工作，完成古北口等3个国家级传统村落志和白马关等6部北京市传统村落志编纂工作。

（孔令佩）

【《北京密云年鉴（2021）》出版】 12月，区地方志办编纂的《北京密云年鉴（2021）》由北京出版社出版。该卷年鉴设有区情概览、特载、专文等35个类目，条目2500余条，收录477幅图片、2幅地图、56张表格，记述2021年度密云区经济社会发展与生态文明建设等情况，展现密云区在打造“践行习近平生态文明思想典范之区”过程中的重大成就。增设信息化类目，城乡规划建设与城乡管理拆分为城乡规划与建设、城乡管理、建筑业·房地产业3个类目。调整动态性条目，增加记述深度。

（孔令佩）

12月，《北京密云年鉴（2021）》出版

（孙旭彤　摄）

【《北京市密云区地名志》编纂完成】 年内，区地方志办完成《北京市密云区地名志》终审稿。全书以密云区行政区划为界，记载密云地名资料，包含地理位置、地名来历、含义演变、历史沿革及自然地理、社会历史和经济文化状况等信息。全书上限至地名发端，下限至2018年底，共8篇24章，另含凡例、概述、大事记、附录、参考资料、索引、后记，文字部分64万字。

（蔡长亮）

【指导村落志书编纂】 年内，区地方志办指导完成《古北口村志》《吉家营村志》《令公村志》3部国家级传统村落志、《白马关村志》《黄峪口村志》《遥桥峪村志》《河西村志》《潮关村志》《小口村志》6部市级传统村落志书和《尖岩村志》的编纂工作。

（孔令佩）

档　案

Archives Work

【概　况】 北京市密云区档案馆（简称区档案馆）是区委直属公益一类事业单位，机构规格正处级，归口区委办公室管理，内设办公室、接收征集科、数字资源科、管理利用科、编研科、展览陈列科、技术保护科、政工科。参公编制36名。

年内，区档案馆聚焦中心大局，提高档案服务能力。为全区庆祝建党100周年系列庆祝活动、经济社会发展、镇村棚改、乡村规划、乡村文化建设及创城调研等重大活动、重要工作提供档案服务。截至年底，馆藏档案数量为档案129806卷93599件、资料26748件、照片档案63100张826G、音视频档案1220分钟595G。

（张珊珊）

单位名称：北京市密云区档案馆
地　　址：北京市密云区西门外大街5号
电　　话：69042588

【区档案馆新馆完成立项】 12月29日，经区发改委批准区档案馆新馆建设工程立项。新馆位于密云区檀营路与新北路交叉口东南侧，总建筑面积1.8万平方米，工程总投资16029.86万元。预计2022年10月开工建设，2025年建成并投入使用。

（张珊珊）

【档案开发利用】 年内，区档案馆参与习近平给建设和守护密云水库乡亲们回信一周年庆祝活动。利用档案资料，讲好密云故事，弘扬密云水库精神，搜集整理诗歌230首、2.1万字，编印资料《品诗词力量 扬水库精神——密云水库建设者诗歌选》。加强与区融媒体中心合作，在“宜居密云”官方微信公众号推出专栏，全年发布诗歌66期344首近2万字。

（张珊珊）

【重大活动、重要工作档案接收】 年内，区档案馆先后接收密云区农村土地承包经营权确权登记颁证档案、2020年密云水库建库60周年纪念活动各类档案83347卷（件），13.95T。机构改革过程中接收撤并机关文书档案3430件。

（张珊珊）

【第六批档案接收】 年内，区档案馆持续推进第六批档案接收工作，严格接收标准，把控档案质量，履行移交手续，完成20家单位34143件约47万页档案接收任务。

（张珊珊）

【档案查阅利用】 年内，区档案馆加强查阅利用窗口标准化建设，打造党员服务示范先锋岗。实行“午间查档”“送档上门”等便民制度。全年接待档案利用者8592人次，出具证明10361份，其中接待午间查档群众147人次，为4名群众提供送档上门服务。

（张珊珊）

【档案数字化】 年内，区档案馆持续优化档案数字化工作，做到新接收档案与数字化同步完成，全年完成新接收档案数字化30万页，馆藏纸质档案数字化率100%。

（张珊珊）

【档案开放鉴定】 年内，区档案馆按照新标准重新修订档案开放鉴定工作手册，馆藏1978—1979年53192件、1990年55713件延期开放档案通过市局审批。

（张珊珊）

【经济社会发展档案服务】 年内，区档案馆为镇村棚改、乡村规划、乡村文化建设、创城调研及经济建设等专项工作提供档案服务，开设“绿色通道”，为各部门提供档案服务306次，查阅各类档案10002卷，出具证明3183份。

（张珊珊）

【农村基层社会治理档案服务】 年内，区档案馆完成古北口村、朱家湾村和尖岩村档案服务农村基层社会治理工作国家级试点工作，累计完成文书档案数字化1352卷、12.18页、著录46211条，村级各门类档案实现计算机检索、利用。制定符合密云区基层社会治理需求的村务管理档案基本目录（清单），6月通过国家档案局和市档案局验收。

（张珊珊）

【声像档案资源积累】 年内，区档案馆主动围绕区级重点会议、重大建设项目、重点工程和为民办实事工程进行专项拍摄，主动积累密云发展变迁影像资料，拍摄照片800余张。

（张珊珊）

【爱国主义教育服务】 年内，区档案馆对“春风拂绿古渔阳——密云区区情展览”整体进行重新改版制作，新增、调整27块展板，增加文字11426字、照片162张。结合疫情防控常态化工作要求，配合做好党史、新中国史、改革开放史宣传教育。

（张珊珊）

12 月，“春风拂绿古渔阳——密云区区情展览”改版制作后，接待群众参观 （杨武群　摄）

文化遗产保护

Protection of Cultural Heritage

【端午节剪纸培训班】 6 月 8 日，区文化馆举办“弘扬民族文化·传承非遗技艺”——端午节剪纸培训班，弘扬端午节文化，促进非物质文化遗产传承与保护，培训学员 30 余人。

（宋歆鑫）

【“文化和自然遗产日”宣传展示展演活动】 6 月 11 日，区文化馆举办以“人民的非遗·人民共享”为主题的“文化和自然遗产日”宣传展示展演活动。举办“密云区非物质文化遗产保护专题展览”，举办密云区 2021 年“文化和自然遗产日”宣传展示展演活动暨“第六批区级非遗代表性项目授牌仪式”，320 余人参加活动。

6 月 11 日，区文化馆举办密云区 2021 年“文化和自然遗产日”宣传展示展演活动

（区文旅局　供图）

（宋歆鑫）

【文物抢险修缮】 年内，开展文物保护抢险项目 8 项，项目主体为属地镇政府。其中国家级文物保护单位保护项目 4 项，包括 2 项长城抢险工程和 2 项长城安装避雷设施项目，4 项区级及以下文物保护单位抢险修缮项目。区文旅局制定 2022 年文物保护计划上报至市文物局，并拨付项目属地政府 2021 年度文物专项资金 2054 万元。

（田　野）

【文物安全检查】 年内，做好文物保护、巡查等工作，全年出动检查人员 300 余人次、110 车次，会同区消防救援支队、文化市场综合执法大队等部门开展联合检查。

（田　野）

【长城巡查】 年内，57 名长城沿线村民组成长城专职保护员队伍，全年开展巡查 8500 余次，上传照片 3 万余张，上报险情 10 余次，劝阻游人 50 余次，有效保护长城本体安全。

（田　野）

【文物法律法规宣传活动】 年内，区文物所利用文化和自然遗产日等活动，重点在长城沿线的 11 个镇 57 个村和 9 个传统村落开展普法宣传，利用村级公开栏、“村村响”大喇叭宣传保护文物的意义和做法，并通过发放宣传品，现场咨询答疑等方式，形成保护文物舆论氛围。对密云区各镇街发放宣传材料 1 万余份。

（田　野）

媒体传播

Media Communication

【概　况】 北京市密云区融媒体中心（简称区融媒体中心）内设办公室、财务部、人力资源部、指挥调度考评部、联合采访部、时政部、要闻部、包装制作部、广播部、纸媒部、新媒体部、专题部、播音主持部、播发部、广告部、通联部、技术部、媒体资源管理部、产品研发部、保障部、“村村响”有线广播节目播出管理部，下属北京七彩空间广告有限公司。事业编制 115 名。

年内，区融媒体中心突出庆祝中国共产党成立 100 周年，围绕区委区政府中心工作，全方位宣传报道密云，加速推进媒体深度融合，做好宣传工作。密云一套高标清、密云二套标清电视节目累计播出

5730小时14分钟，调频广播节目累计播出5700小时5分钟。上载电视剧16部共668集。播出电视剧39部1646集。《宜居密云》微信公众号发布信息3185条，App信息6667条，微博博文945条，北京号信息829条，短视频信息262条，平均阅读量超过20.3万次/条，获赞量1275次/条。密云报出版54期。

（丛　杉）

单位名称：北京市密云区融媒体中心
地　　址：北京市密云区西大桥路18号
联系电话：89096037

【建党100周年宣传报道】 年内，区融媒体中心依托区电视台、广播电台、《密云报》、微信微博公众号、《宜居密云》App媒体平台联动宣传。全媒体平台开设“红色百宝 奋斗百年”“长城脚下红旗飘”“寻访入党介绍人”“党史日历”等栏目，加大对党史、新中国史、改革开放史、社会主义发展史宣传力度，强化国情、市情、区情和形势政策教育宣传，营造共庆百年华诞、共创历史伟业舆论氛围。组织区内新媒体开展“京彩e品·追寻先烈足迹”短视频征集展示活动，组织集中推送12次，发布相关信息76条。组织区级新媒体参与市委网信办主办的“京彩e品·百年初心映党旗”活动，向市级推介区委组织部、区党史办、区融媒体中心等部门在新媒体开设的建党百年特色栏目，扩大“红色密云”知晓度和影响力。

（丛　杉）

【密云水库宣传报道】 年内，区融媒体中心讲好习近平总书记重要回信一周年实践故事。重点围绕“两山”理论，水库保护、森林城市、文化旅游、长城文化带、特色农产品、“网红打卡地”等方面，策划系列专栏突出报道习近平总书记回信重要指示精神的反响。在密云电视台和《宜居密云》微信公众号等平台开设“密云水库这一年”专栏、策划“与密云朋友的一天”微纪录片、制作“密云十大变化”H5作品、刊发《密云报》“习近平总书记重要回信精神一周年”整版专刊、承办“我心中的密云水库精神”短视频征集活动等相关内容100余条，多形式、多角度解读密云区保水保生态、高质量发展成果。专题节目《事事关心》以保水网格员、保水队员视角，记录在“十四五”规划开局之年，密云乘风破浪，护好京城“大水盆”，让绿水青山变成金山银山。图文新闻“潮白河生态补水让北京密云水清岸绿景更美”获2021年第三期评选优秀作品奖。

（丛　杉）

【重大活动民生实事宣传】 年内，区融媒体中心完成区委全会、区“两会”宣传报道，推动接诉即办、脱贫攻坚典型、疫情常态化防控、“疏整促”、森林防火、垃圾分类、创建全国文明城区、2021密云马拉松等重点工作，开展一系列全方位、立体式宣传。播出“密云区政法系统举行学习英模先进典型宣讲报告会”“我区开展政法系统公众“开放日”活动”“密云车管站自助体检机正式上线 市民换证立等可取”“反恐演练进校园 筑牢防线保平安”“教育整顿促民生 法律援助解民忧”等报道。

（丛　杉）

密雲報

MIYUN NEWS

2021年5月17日 星期一
《密云报》第574期（总第834期）
准印证号：京内资准字0707-L0126号

全党同志要做到学史明理、学史增信、学史崇德、学史力行，学党史、悟思想、办实事、开新局，以昂扬姿态奋力开启全面建设社会主义现代化国家新征程，以优异成绩迎接建党一百周年。
——习近平出席党史学习教育动员大会并发表重要讲话

2021密云生态马拉松圆满结束

5月17日，密云生态马拉松专刊出版

（贾华瑞　摄）

【新媒体创新】 年内，区融媒体中心着力策划短视频新闻，强调新媒体视频语言简短叙事，阅读量比上年增长21.42%。尝试规模化发展直播业务，承接直播活动23场，观看人数超586.5万人次。《与密云朋友的一天》密云新年俗慢直播活动，入选市广播电视局2021年第一季度优秀融媒体新闻作品。挖掘地域特色新闻，制作播出新闻500余条，其中28条被中央台采纳播出、100条被北京台采纳播出。图文新闻《罗其花：十年服务不忘初心 甜蜜事业祝蜂农走上致富路》和《潮白河生态补水让北京密云水清岸绿景更美》获“学习强国”学习平台主办的全国县级融媒体中心优秀作品双月赛市级优秀作品奖。

（丛杉）

【技术建设和安全播出】 年内，区融媒体中心完善安全播出、安全维稳、安全发布、安全传输、网络安全制度体系建设。强化技审环节，做好区“两会”、春节等各敏感节点服务保障工作，提前做好节目制作系统、播出系统的检查和维护工作，防止插播。优化软硬件建设，《信息系统等级保护》《电台节目制作、播出系统升级改造》《地面电视数字化改造》三大工程驱动传统媒体加快升级，完成机房改造和各项设备系统的安装和调试，为完成安全播出各项任务提供技术保障和技术支持。

（丛　杉）

北京歌华有线电视网络股份有限公司密云分公司

【概　况】 北京歌华有线电视网络股份有限公司密云分公司（简称歌华有线密云分公司）负责密云区有线广播电视网络的建设开发、经营管理和维护，从事广播电视节目收转传送、视频点播、网络信息服务、基于有线电视网的互联网接入服务、互联网数据传送增值业务、承办（不含发布）外省市卫星电视节目落地频道在北京有线电视台发布的广告业务等。设有网建部、技术部、市场部、集团客户部、财务部、调度网管中心、核查室、维护部、办公室 9 个部门，在职员工 107 人。年内，实现高清交互注册用户数 18.62 万户，个人宽带在线用户数 2.3 万户。开展安全传输、网络传输建设、服务进社区等工作。

（刘艳丽）

单位名称：北京歌华有线电视网络股份有限公司密云分公司

地　　址：北京市密云区果园西路 44 号院内

电　　话：89095863

【经营业务】 年内，歌华有线密云分公司完成密云区金财线路 270 条，数据业务 172 条，公安监控 26 点，森林防火监控联网线路 31 条，维护水务局互联网、开发区管委会互联网、“精品课堂”“人民防空”等其它分公司自有业务 60 点的运维工作。完成教育信息中心互联网出口、“名师课堂”展播、人防办高点空间监控等集客项目。实现高清交互注册用户数 18.62 万户，个人宽带在线用户数 2.3 万户。

（刘艳丽）

【安全传输】 年内，歌华有线密云分公司为保障平移网内模拟节目安全传输，完成模拟节目主、备路信源平台搭建，并对主、备路节目上屏实时监测，实现模拟节目主、备路信源平台“1+1”备份，出现节目故障可一键切换。为加强密云台安全播出保障，完成对密云台主、备光收及切换后节目上屏实时监测，完成回传总公司密云台主备和数字、模拟主备信源优化。为确保汛期网络安全，准备防汛物资及抢修备件，汛期出现 16 起水毁杆路事故，均得到处理。

（刘艳丽）

【网络传输建设】 年内，全区新建楼 FTTH 工程实际开工 4231 户，竣工 4231 户，已全部完成。老旧小区 FTTH 工程计划开工 2290 户，入户 1661 户，完成 72%。农网 FTTH 工程，计划 9852 户，已开工 7077 户，开工率 71.8%。巡查光缆线路 954.74 千米，由密云中心机房至各乡镇巡查 190 次，各乡镇至直属行政村 250 次。电子政务网、灾备中心巡查 42 次。完成抢修 143 次，其中光缆抢修 120 次、电缆网抢修 18 次、管道日常抢修维护 5 次。

（刘艳丽）

【主动服务】 年内，歌华有线密云分公司根据实际情况制定服务质量提升方案并严格执行。调度网管中心接到总公司客服及分公司营业厅派单 12 万余单，比上年减少 6.6%。其中模拟业务 3863 单、数字业务 95783 单、宽带业务 21788 单。客服公司“三率”回访工单 42208 单，反馈率 100%、解决率 99.96%、满意率 99.89%，综合评分 99.95 分。“12345”非紧急救助中心“三率”回访工单 311 单，反馈率 99.11%、解决率 100%、满意率 99.5%，综合评分 99.62 分，在各分公司中排名第一，获 2021 年度歌华有线公司“接诉即办优秀团队”称号。

（刘艳丽）

【疫情防控】 年内，歌华密云分公司针对疫情防控出现的新情况、新变化，持续健全常态化疫情防控机制，配合区政府、经信局等部门，就云湖、云谷疫情隔离点临时开通宽带业务，抽调技术骨干对云湖隔离点进行宽带安装调试，满足政府防疫需求。

（刘艳丽）

【服务进社区】 年内，歌华有线密云分公司开办 34 次服务进社区活动，覆盖用户数量 19255 户，并业务宣传。

（刘艳丽）

卫生健康

HEALTH AND HYGIENE

综 述

Overview

北京市密云区卫生健康委员会（简称区卫健委）内设党建科（办公室）、医政医管科（中医药管理科）、防保和卫生监督科（北京市密云区爱国卫生运动委员会办公室）、妇幼健康家庭发展科、政策法规和公众权益保障科（安全生产科）、财务审计科、人事科 7 个行政科室。下属宣传中心、安保中心、综合服务中心、老龄事业发展中心、党群中心、健康促进中心、人才中心、中医药和医疗社区服务中心 8 个正科级事业单位。行政编制 26 名，行政工勤编制 1 名，事业编制 71 名。

年内，区卫健委全力抓好新冠肺炎防控，“疫情屏障”基本形成。全区设立 20 个临时接种点和 84 个接种台，配备接种、救治、保障人员 400 余人。截至年底，全区全人群底数 47.7 万人，累计接种 44.94 万人 118.54 万剂次。全年接收隔离人员 3256 人。按照应检尽检要求，完成常规核酸检测近 100 万人。推进家庭医生签约服务，全年签约 20 万余人。编制《密云区“十四五”时期卫生健康事业发展规划》。推进全区人口健康信息平台、社区卫生服务综合管理、区域影像远程会诊、疫情防控数据统计等五大平台建设和健康密云、密云家医 App 建设。继续推进北大医院合作共建工作，实现三级综合医院创建目标。区属医疗机构诊疗总量 430.94 万人次，健康检查 13.45 万人次，全年出院 36647 人次，住院病人手术 12834 人次。医疗机构病床使用率 58.67%，平均住院日 7.69 天。辖区户籍人口出生 3603 人，人口出生率 8.18‰、人口自然增长率 0.12‰。户籍人口期望寿命 80.59 岁，其中男性为 77.69 岁、女性为 83.76 岁。区属医疗机构 41 家，其中三级医院 1 家、二级医院（含妇幼保健院、精神疾病专科医院）3 家、一级医疗机构 20 家（含 19 家社区卫生服务中心）。

（邢　颖）

单位名称：北京市密云区卫生健康委员会
地　　址：北京市密云区长城环岛东南侧
电　　话：69041278

医疗改革

Health Care Reform

【区医院通过三级综合医院核定】 4 月 9 日，北京市卫生健康委员会批复，同意密云区医院核定为三级综合医院。北大第一医院接管密云院区后，职能部门、各临床学科与密云院区科室对接，选派专家到密云院区出诊、查房、手术，全面参与医院管理和临床工作，医疗水平显著提升。

（邢　颖）

【区域医共体建设项目启动】 4 月 9 日，密云区在区医院召开密云区紧密型医共体建设暨全科医师综合能力提升项目启动会。项目以北京大学第一医院（简称北大医院中心院区）和原北京市密云区医院深度融合共建为契机，依托中心院区专家资源和指导帮扶，密云院区与 19 家社区卫生服务中心结对组建紧密型医共体，发挥密云院区区域医疗中心引领作用，面向社区全科医生强化综合服务能力提升，逐步形成“基层首诊、双向转诊、急慢分治、上下联动”的分级诊疗模式，增强区全科医师的综合服务能力。项目培训时间 3 年。2021 年中心院区依托全科医学教学优势，以 100 种常见病和多发病、家庭医生基本医疗与公共卫生服务能力为主要内容，通过线上培训、临床实践等方式，对全区全科医生进行全员能力提升培训，经过考核测试后，授予资质证书。会后，北京大学第一医院项目负责人与全区 19 家社区卫生服务中心主任签署慢性呼吸道疾病社区防控战略合作协议。

（邢　颖）

【家庭医生服务提升和社区呼吸慢病管理项目】 4 月 10 日，北大医院中心院区和密云院区在张裕爱斐堡国际会议中心启动家庭医生服务质量提升共建项目和社区卫生机构呼吸慢病管理规范化建设项目。就家医签约政策、糖尿病综合管理及社区共同照护、呼吸慢病规范化建设、优秀示范基地分享与展示等内容进行培训。国家卫健委、市卫健委、市社区卫生服务管理中心等领导出席活动。

（邢　颖）

【国家卫生区复审】 4 月 19 日，密云区召开 2021 年国家卫生区复审工作会议。传达学习 2021 年国家卫生区复审工作方案，对全区卫生健康系统各项迎审工作任务进行细化分解，对工作标准、完成时限等提出明确要求。4月28日，国家卫生区市级复审专家组一行10人，对密云区国家卫生区复审进行市级评估。评估组专家分为爱国卫生组、健康教育组、市容环境卫生组、环境保护组、重点场所和生活饮用水卫生组、食品安全组、公共卫生和医疗服务组、病媒生物防制组，采取查阅资料、实地查看、现场考核、意见反馈等方式，按照国家卫生区标准逐项对照进行现场检查。评估组专家在肯定成绩的同时，就下一步围绕爱国卫生各项工作、国家卫生区创建标准、城乡居民健康素养、细化各项措施等提出指导性意见。检查结束后，密云区按照意见，完善措施，落实整改。

（邢　颖）

【玉树市远程会诊】 7月12—17日，区卫健委与玉树市就对口支援开展对接工作。7月16日，区医院与玉树市八一医院完成远程会诊系统技术测试。通过网络语音视频，玉树市八一医院将病历资料发起申请，图像和相关文字资料传到区医院，双方通过桌面共享方式进行会诊，实现远程疾病分析、病情诊断及确定治疗方案。

（邢　颖）

【信息化建设】 年内，区卫健委推进全区人口健康信息平台、社区卫生服务综合管理、区域影像远程会诊、疫情防控数据统计等五大平台建设和健康密云、密云家医App建设。智慧医疗和数字化医院建设初具规模，4家二级以上医院和19家社区卫生服务中心抽取电子病历317万余条、健康档案41万余份，提供电子病历和健康档案共享查询2.5万余次。区域检验系统为辖区居民提供32830人次39343次转检服务。区域影像系统实现跨机构检查7450人次。健康密云App实现26万余人注册、绑定就诊21万余人、应用预约挂号207万余人次、电子报告51万余人次、诊间处方查询88731人次。“密云家医App”移动端建档7987人次、签约86620人次、体检845人次、慢病随访17780人次。区域影像系统实现以区医院为影像中心辐射19家社区卫生服务中心、结防所和精神卫生防治院区域格局，实现跨机构检查7450人次。

（邢　颖）

医疗服务

Medical Service

【基层医疗机构能力提升培训】 3月31日，区卫健委举办基层医疗机构能力提升培训。培训邀请北京市航天医院永定路社区卫生服务中心主任、市社区卫生协会医疗质量分会主任委员李月，北京大学第一医院密云医院副院长刘亚娟，鼓楼社区卫生服务中心药库主任陈月明，分别围绕《提升社区服务质量做好医疗质量管理》《社区冠心病患者的管理》《活血化瘀类中成药的合理使用》等内容进行讲解，并答疑解惑。19家社区卫生服务中心主任、主管副主任、全科门诊主任、具体工作人员及相关职能科室负责人参加。

（邢　颖）

【医疗服务】 年内，区属医疗机构诊疗总量430.94万人次，健康检查13.45万人次，全年出院36647人次，住院病人手术12834人次。医疗机构病床使用率58.67%，平均住院日7.69天。

（邢　颖）

【医疗资源】 年内，辖区医疗卫生单位595家，其中区属医疗卫生单位45家（含15家社区卫生服务站），民营医院11家，诊所、医务室、门诊部130家，村卫生室409家。卫生技术人员4498人，其中执业（助理）医师2058人、注册护士1273人，床位1899张。平均每千常住人口拥有卫生技术人员8.54人、执业（助理）医师3.91人、注册护士2.42人、床位3.60张。

（邢　颖）

【卫生经费管理】 年内，区卫健委完成对各单位财务工作监督检查，内审率100%。全区卫生系统总收入27亿余元，其中医疗收入20亿余元，财政补助收入6.4亿余元，项目支出补助7805.8万元，总支出27亿余元。

（邢　颖）

【社区卫生】 年内，全区有社区卫生服务中心19家、社区卫生服务站31家，其中政府办36家、社会办14家。卫生人员1159人，其中执业（助理）医师570人、全科医生395人、注册护士304人。截至年底，门急诊总量196.57万人次，家庭卫生服务2474人次，入院5人次，出院5人次。继续以北大第一医院密云院区为依托，开展全科医师能力提升项目，全区19家社区卫生服务中心选派20名全科医师在区医院脱岗培训半年，考试合格可从基层向区医院相关科室收治住院病人。接收上级医院向下转诊50人次，向上级医院转诊40673人次。年末居民健康档案建档43.28万人，其中规范化电子建档人数34.95万人。家庭医生签约20万余人，签约率38.52%，重点人群签约 11 万余人，签约率 94.43%，签约服务满意度 91.73%。

（邢　颖）

【农村卫生】 年内，全区有村卫生室 409 个，其中村办 279 个、私人办 127 个、乡镇卫生院设点 1 个、其他类型 2 个，村卫生室覆盖率 100%。全年诊疗 24.78 万人次。在岗职工 498 人，其中执业（助理）医师 98 人、注册护士 1 人、乡村医生 399 人。开展乡村医生定向培养工作，在 2018 级招录 25 名医学毕业生基础上，2021 年招收录取 20 人到村卫生室。

（邢　颖）

【血液管理】 年内，区属医院临床用血总量 6194（u），其中全血 9（u），红细胞 3655（u），血浆 1963（u），血小板 567（u）。区内设有采血点 3 个，采血车 1 辆。全年采集血液总人数 4841 人次，采血量 5937.3（u）；血小板采集血液总人数 7701 人次，采集量 15065（u）。全年供血量 13686（u），其中全血 12（u），悬红、血浆、血小板等成分血使用 13674（u）。

（邢　颖）

【特殊药品管理】 年内，区卫健委加强麻醉药品、第一类精神药品管理。开展麻精药品专项培训，对全区医疗机构内过期失效麻精药品进行销毁。

（邢　颖）

【医疗设备】 年内，全区万元以上医疗设备 5160 台，总价值 81983 万元。

（邢　颖）

卫生防疫

Health and Epidemic Prevention

【核酸检测信息统一平台使用和采样演练】 1 月 7 日，区卫健委在西田各庄镇社区卫生服务中心实地开展核酸检测信息统一平台使用和采样演练。待检人员按照一米距离逐个通过测温区，体温正常可进入信息登记区，通过手机“北京健康宝”预约成功后到采样区扫码采样，未使用健康宝预约人员，由工作人员通过智能取码终端刷取身份证现场预约生成纸质预约码采样，按照 5 人一组进行信息登记，采样医务人员按照 1∶5 混采方式依次对 5 人进行采样，采样后按规定路线离开采样区。采集样本全部送往疾控中心，使用台式译码机扫码接收样本后检测，经复核，结果将于采样次日发至检测人员健康宝。演练采样 49 人。

（邢　颖）

【支援顺义区核酸采样】 1 月 8 日，密云区接到上级通知，要求组建核酸采样医疗队支援顺义区。区卫健委从二级医院抽调 30 名医务人员，于 1 月 9 日赴顺义区新港家园和李桥、三四营、英各庄采集点，按照顺义区安排开始核酸采样。12 日上午，密云区支援顺义区核酸采样医疗队 30 名医务人员完成支援工作，完成近 3.5 万人核酸采样任务。

（邢　颖）

【新冠肺炎疫情桌面推演】 2 月 2 日，区卫健委开展应对新冠肺炎疫情桌面推演活动。演练采取情景模拟方式，对疫情处置全流程进行推演。演练过程中，主持人根据情景事件提出问题，参演人员现场作答，区公共卫生、医疗专家进行点评，针对重点环节提出改进意见。鼓楼社区卫生服务中心、120 分中心、区医院和区疾控中心参加演练，区卫生健康委、辖区医疗卫生相关人员现场观摩。

（邢　颖）

【手足口病及疱疹性咽峡炎防控工作培训会】 3 月 2 日，区卫健委举办手足口病及疱疹性咽峡炎防控工作培训会。培训采用线上、线下方式，就手足口病及疱疹性咽峡炎相关知识、流行概况、手足口病及疱疹性咽峡炎的疫情处理、监测采样、手足口病诊断标准等进行讲解。区疾控中心专业技术人员及 22 家医疗单位医务人员近 100 人参加。

（邢　颖）

【新冠疫情防控】 年内，按照应检尽检要求，全区完成常规核酸检测近 100 万人次。全区备用入境人员隔离酒店房间 212 间，境内接待隔离点 4 处、房间 362 间。全年接收隔离人员 3256 人。接待入境隔离人员集中医学观察 3 批次 1312 人，其中核酸检测阳性 2

1 月，高岭镇社区卫生服务中心为辖区餐饮人员进行核酸检测采样　　（宗季　摄）

人、流调相关密接 45 人；接待境内隔离人员 1944 人，其中密接 124 人、次级密接 1685 人、高风险 62 人；入境后京外隔离 14 天回京补足 21 天 73 人。

（邢　颖）

【新冠病毒疫苗接种】 年内，全区设立 20 个临时接种点和 84 个接种台。截至年底，累计接种新冠病毒疫苗 44.94 万人 118.54 万剂次，第 1 剂接种率 94.21%，全程接种率 91.77%。其中 3—11 岁人群底数 3.88 万人，接种 3.61 万人 6.94 万剂次，第 1 剂接种率 93.13%，全程接种率 95.95%；12—17 岁人群底数 1.88 万人，接种 2.11 万人 4.2 万剂次，第 1 剂接种率 112.16%，全程接种率 110.88%；60 岁以上老年人群底数 12.21 万人，接种 9.47 万人 26.23 万剂次，第 1 剂接种率 77.56%，全程接种率 75.37%；调度平台第 2 剂脱漏人数 6035 人，脱漏率 1.36%，符合国家不高于 1.8%指导标准；加强免疫参考目标 34.4 万人，完成 30.24 万人，完成率 87.96%。

（邢　颖）

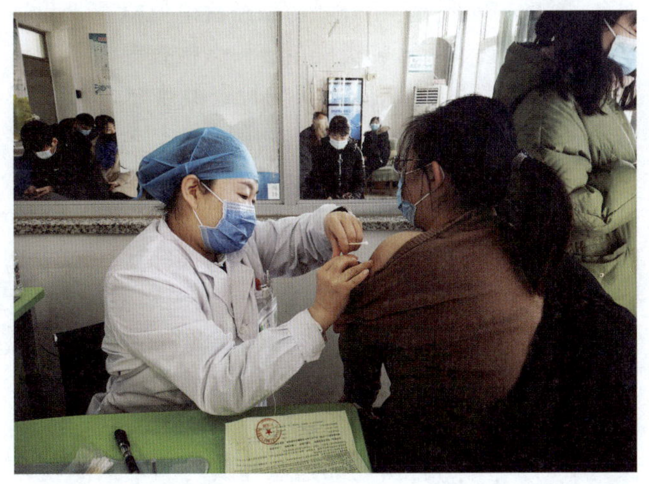

1 月，区卫健委开展重点人群新冠病毒疫苗接种　（宗季　摄）

【传染病防控】 年内，全区无甲类传染病发病与死亡病例报告。乙类传染病发病总数 531 例、死亡人数 3 例（艾滋病 1 例、慢性乙肝 2 例），发病率前三位的疾病为梅毒、肺结核、细菌性痢疾。截至年底，收治肺结核患者 139 人，其中新患者 125 人，无死亡病例；艾滋病患病人数 153 人，其中新发病人数 18 人，死亡人数 1 人。布病发病 2 例、无死亡病例。

（邢　颖）

【呼吸道传染病防控】 年内，区卫健委开展 SARI 病例监测，采集 SARI 病例标本 290 件，流感病毒核酸检测均为阴性。开展呼吸道传染病病原学监测，采集呼吸道传染病病原监测标本 237 件，阳性标本 30 件。完成禽流感高暴露人群主动监测 28 万余人次、动物流感外环境监测 315 件。全区未收到集中发热疫情报告，未监测到中东呼吸综合征冠状病毒病例、不明原因肺炎病例，未收到猩红热、人感染 H7N9 禽流感病例报告。

（邢　颖）

【肠道传染病防控】 年内，全区接诊腹泻病人 3208 人次，悬滴镜检率 100%，便培养率 100%，ORS 使用率 96.85%，抗生素使用率 32.73%，未检出霍乱弧菌。全区接报细菌性痢疾病例 83 例，发病率 16.09/10 万；收到其他感染性腹泻病例 713 例，发病率 138.18/10 万。全区未接报伤寒、副伤寒病例报告；接报 18 起急性胃肠炎疫情，均按要求调查处理。

（邢　颖）

【手足口病防控】 年内，区卫健委开展手足口病防控业务培训、督导检查、病原学监测和宣传等工作，手足口病发病 224 例。病原学监测，手足口病采集 55 件标本，阳性 33 件，阴性 22 件。疱疹性咽峡炎采集 34 件标本，阳性 12 件，阴性 22 件。接报 27 起手足口病和疱疹性咽峡炎疫情，均按要求调查处理。开展手足口病疾病负担调查，调查 111 名病例。

（邢　颖）

【性病、艾滋病防治】 年内，区卫健委开展 VCT 咨询检测、哨点监测、病例监测、PITC 工作以及监管场所艾滋病病毒抗体筛查等工作。报告 4 种性病 129 例，其中淋病 7 例、梅毒 111 例、尖锐湿疣 6 例，生殖道沙眼衣原体感染 5 例。129 例性病病例均符合诊断标准，诊断符合率 100%。艾滋病患病人数 153 人，其中新发病人数 18 人，死亡人数 1 人。

（邢　颖）

【结核病防治】 年内，全区收治肺结核患者 139 人，其中新患者 125 人，无死亡病例。布病发病 2 例、无死亡病例。3 月 24 日，区卫健委在果园小学开展以“终结结核流行，自由健康呼吸”为主题的结核病防治知识进校园宣传活动。组织 1000 余名师生通过现场和腾讯会议观看讲座，普及结核病防治知识、引导个人健康行为、提升全民健康素养。活动发放宣传材料 5 种 3000 余份，解答学生咨询 100 余人。

（邢　颖）

3月24日，区卫健委在果园小学开展结核病知识进校园活动 （宗季 摄）

【慢性非传染性疾病防治】 年内，区卫健委制定《2021年密云区自我管理小组工作方案》发至各相关社区卫生服务中心，成立高血压自我管理小组21个、糖尿病同伴支持小组21个。制定《密云区2021年全民健康生活方式行动工作方案》，创建2个健康社区，对全区117个健康支持性环境进行督导。开展心血管病高危人群早期筛查与综合干预项目和中国居民心血管病及其危险因素监测。拓展卫生防病知识宣传渠道，开展"互联网＋健康教育＋X"健康教育工作。开展健康知识讲座43场，受益1841人次。

（邢 颖）

【地方病控制】 年内，区卫健委加强地方病管理，对北庄等5个镇街开展学生及孕妇家中食用盐碘含量监测，抽查食盐样品300份。分别对历史饮水型氟中毒病区改水后的3个镇4个自然村饮用水进行枯水期和丰水期水氟含量监测，监测水样7件，结果全部小于1.2毫克/升。

（邢 颖）

【计划免疫】 年内，全区22家免疫预防接种门诊均达到北京市免疫预防接种门诊规范建设标准。1月至9月，完成77480剂次接种任务，其中常规免疫规划疫苗接种72100剂次、第二类苗接种54371剂次、应急接种9剂次。开展常规查漏补种情况，1月至6月，全区22家免疫预防门诊调查村数478个，村覆盖率100%；实查户数38万余户，户覆盖率97.56%，调查本市儿童24097名，外省市儿童5323名，未发现无卡、无证及漏种儿童。开展强化查漏补种情况，调查儿童4672名，未发现无证儿童，无卡儿童6名，补卡率100%，漏种儿童14人次，补种9人次，补种或预约补种率64.29%，未补种5人次为同一名儿童，其拒绝补种疫苗；为鼓楼街道、果园街道、十里堡镇3个评估点的9个行政村（居委会）调查符合强免评估对象要求的目标儿童135名，儿童建卡、建证率及疫苗接种率均达到北京市指标要求，经过与《北京市免疫规划信息管理系统》核对，135名儿童均卡证相符。

（邢 颖）

药品监督管理

Supervision and Administration of Pharmaceuticals

【概 况】 北京市密云区市场监督管理局围绕涉及人民身体健康的药品安全性指标，聚焦高风险药品品种、项目和区域，统筹开展抽检工作，实现对常用药品、医疗器械和化妆品等与群众生活密切相关的药品抽检监测全覆盖。全年开展药品经营单位检查、药品使用单位检查、新冠肺炎疫苗接种点检查等，零售药店检查覆盖率100%，医疗机构检查覆盖率89%。完成药品抽检，合格率100%。开展"安全用药月""药品科技活动周"等宣传活动。

（柴冬冬）

【药品安全监管】 年内，区市场监管局开展药品经营单位检查1225家次，零售药店检查覆盖率100%，完成全覆盖检查任务。药品使用单位检查900家次，新冠肺炎疫苗接种点检查139家次，医疗机构检查覆盖率89%，完成检查覆盖率50%任务。全区药品领域案件24件，有力打击药品违法违规行为，保障辖区药品市场的稳定。

（柴冬冬）

【医疗器械监管】 年内，全区有医疗器械经营企业972家，医疗机构557家，一类医疗器械生产企业9家，备案产品数量42个，医疗器械网络销售备案企业32家。全年检查一类医疗器械生产企业13家次、医疗器械经营企业1102家次、医疗器械使用单位372家次、网络销售医疗器械企业43家次，检查覆盖率115%。全年开展医疗器械类行政处罚22件，罚没款合计29.96万元。

（柴冬冬）

【疫情防控类医疗器械的监督检查】 年内，区市场监管局对辖区内测温枪、测温仪、“冷敷凝胶”“冷敷贴”“退热贴”“口罩”“防护服”等涉及疫情防控产品的医疗器械经营企业开展综合检查，对检查中发现的问题，责令整改。要求各企业强化疫情防控意识，坚守医疗器械产品安全底线，严格落实疫情防控要求，保证器械质量安全。

（柴冬冬）

【化妆品监管】 年内，全区有化妆品监管主体 1138 家。全年检查化妆品经营主体 1248 家次，出动执法人员 2488 人次，立案 6 件，罚没款金额 5.6 万元。

（柴冬冬）

【不良反应监测】 年内，区市场监管局督促指导辖区医疗机构加强药品、医疗器械不良反应监测，完善药品不良反应组织机构、上报流程及相关制度，累计上报药品不良反应 358 份、医疗器械不良事件 191 份。推进落实化妆品不良反应监测机制，在哨点医院、部分化妆品经营点建立化妆品不良反应监测系统账号，收集、上报化妆品不良反应 38 例。

（柴冬冬）

【药品、医疗器械、化妆品安全监测】 年内，区市场监管局完成国家级药品抽检 4 件、医疗器械抽检 1 批次、化妆品抽检 42 批次；完成区级药品抽检 75 件、医疗器械抽检 7 批次、化妆品抽检 20 批次，合格率均 100%。

（柴冬冬）

【药品安全宣传】 年内，区市场监管局通过网络宣传、社区宣传、培训会议等形式，开展“安全用药月”“药品科技活动周”“安全用械，创新发展”“爱肤日”等宣传活动 50 余场，发放宣传品 3000 余份，提升辖区群众药品安全科学素养。

（柴冬冬）

卫生保健

Health Care

【心血管病及其危险因素监测】 4 月 23 日，区卫健委组织召开全区中国居民心血管病及其危险因素监测项目工作协调会。会议传达、解读《北京市卫生健康委员会关于印发 2020 年国家公共卫生专项慢性病防治项目管理方案的通知》《北京市密云区中国居民心血管病及其危险因素监测工作方案》，介绍监测工作主要内容、方法和工作要求，强调注意事项。相关单位结合自身工作实际就如何加强全区心血管病及其危险因素监测工作提出意见。截至年底，监测 1200 人。

（邢　颖）

【精神卫生工作会】 4 月 30 日，区卫健委召开 2021 年精神卫生工作会。会议对 2020 年全区精神卫生工作进行总结，并从巩固严重精神障碍综合管理、有效推动惠民政策落实、强化居家严重精神障碍管理服务、加强精防队伍建设、开展心理健康促进、继续加强督导考评 6 个方面对《北京市密云区 2021 年精神卫生工作要点》进行解读。邀请对口支援单位——朝阳三院副院长马良就朝阳区精神障碍医院社区一体化管理进行交流分享。

（邢　颖）

【母婴安全工作会】 5 月 20 日，区卫健委召开 2021 年母婴安全工作会。会上通报北京市 2021 年孕产妇死亡情况，反馈 2020 年产科质量控制指标上报数据，分析当前妇幼健康工作面临的新形势和问题，对 2021 年母婴安全重点工作进行安排部署。

（邢　颖）

【精神卫生】 年内，全区在册严重精神障碍患者 2473 人，在管 2405 人，失访 25 人，拒访 43 人。按照要求对患者进行随访、分类干预、家属教育等服务。全年通过见面、电话等形式访视 9559 人次，参加健康体检 1027 人次。截至年底，全区实际享受免费服药 1802 人，新增办理免费服药患者 45 人，免费服药费用 251.77 万元。全区有 2191 人申领监护人补贴，申领率 91.67%，发放补贴 504.8 万元。

（邢　颖）

【妇幼保健】 年内，区卫健委加强孕产妇系统保健管理，提高孕产妇系统管理率和保健质量。严格执行先建册后建档，将产检、分娩和出院信息录入妇幼信息系统，及时将产妇转给地段保健人员，提高产检率和产后访视率。辖区孕产妇建档 3357 人，未发生孕产妇死亡情况，剖宫产率 46.51%，活产数 3641 人。

（邢　颖）

【儿童保健】 年内，区卫健委推进 3 岁以下婴幼儿照护工作。拟定《密云区关于促进 3 岁以下婴幼儿照护服务发展的实施方案》，截至年底，完成 5 家机构备案，23 人通过市托育机构卫生保健人员考试并持证上岗。完成 1 家示范托育机构创建，已挂牌服务。全区 0—6 岁儿童 26705 人。新生儿死亡 4 人、死亡率 1.22‰，婴儿死亡 5 人、死亡率 1.52‰，5 岁以下儿童死亡 8 人、死亡率 2.43‰。围产期出生缺陷发生率

28.69%，新生儿出生主要缺陷病种第一位为先心病，第二位为耳部畸形，第三位为肢体畸形、肾积水及其他肾脏畸形。

（邢　颖）

计 生 服 务

Family Planning Service

【计划生育奖励与扶助工作培训会】 1月29日，区卫健委组织全区各镇街计生专职人员，召开2021年计划生育奖励与扶助工作培训会。培训会围绕奖特扶对象的申报条件、申报途径和奖扶标准、审核办法及申报过程中容易出现的问题等方面进行讲解，强调要严把政策关，熟练掌握奖特扶对象申报条件，确保审核质量。利用报刊、电视、网络、微信公众号、横幅、宣传栏等形式宣传奖特扶申报条件，提升群众知晓率。

（邢　颖）

【婚前保健】 年内，区卫健委严格落实婚前保健各项制度常规，婚检2629人，婚检率78.24%。孕前优生检查2316人，覆盖率95.05%。

（邢　颖）

【生育统计】 年内，密云区户籍一孩生育登记1942例，户籍二孩生育登记1026例，户籍三孩生育登记30例；流动一孩生育登记191例，流动二孩生育登记174例，流动三孩生育登记13例。全年户籍出生上报3603人，其中一孩出生1984人，占比55.07%；二孩及以上出生1619人，占比44.93%，当年出生3004人，出生上报率100%。

（邢　颖）

【三孩生育政策宣传】 年内，区卫健委贯彻落实三孩生育政策，组织各镇、街学习传达落实《中共中央国务院关于优化生育政策促进人口长期均衡发展的决定》、新修订的《中华人民共和国人口与计划生育法》《北京市人口与计划生育条例》，做好政策宣传解释衔接工作。

（邢　颖）

公 共 卫 生

Public Health

【爱国卫生月宣传活动】 4月29日，区爱卫办联合区委宣传部、鼓楼街道等单位在密云大剧院广场开展以“文明健康、绿色环保”为主题的第33个爱国卫生月宣传活动。活动现场，工作人员向过往群众发放健康知识、春季灭鼠、夏季灭蚊蝇、《北京市文明行为促进条例》等宣传折页以及围裙、扇子等宣传品1万余份。号召公众参与爱国卫生月“绿色出行”“光盘行动”“垃圾分类”等主题活动，倡导科学、健康、文明新风尚。

（邢　颖）

【卫生监督】 年内，辖区内有各类公共场所1299户。其中理发店、美容店813户，旅店业356户，商场、书店64户，公共浴室26户，文化娱乐场所22户，游泳场馆17户，其他1户。全年监督检查3254户次，有效监督2878户次，合格2386户次，合格率82.90%，监督覆盖率100%。给予警告253起，罚款38起，执行处罚金额7.75万元。公共场所完成量化分级1184户，其中A级88户、B级1096户、C级0户、不予评级0户、无等级0户。

（邢　颖）

【卫生行政许可】 年内，区卫健委接收、受理各类卫生行政许可材料688份。发放各类许可证件679件，不予许可9件。其中发放公共场所卫生许可证420件（新办286件、延续105件、变更29件）、生活饮用水卫生许可证48件（新办31件、延续0件、变更17件）、放射诊疗许可113件（新办6件、变更39件、校验46件、卫生审查10件、竣工验收12件），注销卫生许可证98件，办结率100%，无超时或越权审批现象。

（邢　颖）

【卫生行政处罚】 年内，区卫健委实施卫生行政处罚711起，其中警告624起，罚款87起，罚没金额61.76万元，没收违法所得7860元。其中公共场所警告253起，罚款38起，罚没金额7.75万元；生活饮用水警告203起，罚款9起，罚没金额5.3万元；职业卫生警告64起，罚款5起，罚没金额15.5万元；传染病与消毒警告101起，罚款9起，罚没金额1.6万元；放射卫生罚款6起，罚没金额7.1万元；医疗机构警告3起，罚款20起（含无证行医），罚没金额25.19万元。

（邢　颖）

【职业卫生】 年内，全区有存在职业危害因素企业262家，监督检查216户次；有职业卫生服务机构2家，监督检查2户次，合格率100%。给予警告64

起，罚款5起，处罚金额15.5万元。区卫健委开展职业卫生工作相关专项检查6项。依据2020年职业病危害因素检测和调查报告反馈情况，对辖区内120余家问题单位进行监督检查，提出整改意见，按时间节点督促企业落实整改。

（邢　颖）

【重点行业职业病危害专项治理】 年内，区卫健委开展医药、电子、化工等重点行业职业病危害专项治理工作。全区医药、化工、电子等行业领域企业16家，其中医药行业12家，已申报4家，化工行业2家。监督检查18户次，检查中发现医药行业存在工作场所未检测、劳动者未进行职业健康体检和培训、未申报等问题。对存在问题企业，依法给予行政处罚，警告5起。

（邢　颖）

【放射卫生】 年内，区卫健委对辖区内53家放射单位监督检查117户次，有效监督108户次，合格108户次，合格率100%。给予罚款6起，罚款7.1万元。对1家未取得放射诊疗许可证从事放射诊疗活动的医疗机构和1家使用未进行岗前健康体检人员从事放射诊疗活动的医疗机构，依法分别给予罚款3000元和5万元的行政处罚。

（邢　颖）

区属重点医院

District Key Hospital

北京市密云区医院（北京大学第一医院密云院区）

【概　况】 北京市密云区医院（简称区医院）是密云地区唯一一所集医疗、教学、科研、康复、预防保健为一体的三级综合医院，是北京大学第一医院密云院区、首都医科大学密云教学医院、北京市120急救中心密云分中心、密云区危重孕产妇抢救中心及新生儿救治中心、北京市全科医师规范化培训基地、国家药物临床试验机构、北京市A类定点医院。有在岗职工1042人，有卫生技术人员970人，其中执业（助理）医师466人，注册护士385人。编制床位940张，实际开放床位854张。

年内，北大第一医院接管密云院区以来，职能部门、各临床学科与密云院区科室对接，选派专家来密云院区出诊、查房、手术，全面参与医院管理和临床工作，推动医院高质量发展，于4月9日实现三级综合医院创建目标。全年门急诊诊治患者120.71万人次，其中门诊96.81万人次、急诊23.9万人次，急诊抢救1.54万人次，抢救成功率96.62%，120出车6246次，比上年增长2.36%。出院病人28405人次，病床使用率68.78%，床位周转率33.26次/床，平均住院日7.52天。完成住院手术10466人次，其中三四级手术量7131人次。门诊患者次均费用399.71元，住院患者例均费用13968.66元。

（邢　颖）

【北大医院、密云院区深度融合】 年内，区医院按照“深度融合，统筹共建”目标，强化密云院区领导班子建设与管理，制定医院“十四五”发展规划、科室发展规划和中青年骨干培养计划。中心院区来院专家2011人次，诊疗门急诊患者15424人次，查房2320人次，开展病例讨论1117例次，会诊1030例次，培训医务人员2479人次，开展手术2500台，其中三四级手术2198例，开展心脏射频消融、上尿路手术3D成像技术、经尿道输尿管镜下球囊扩张术等新技术、新项目55项。中心院区选派儿科新生儿团队、全科团队驻扎密云院区；派驻中心院区原大外科护士长担任院长助理兼护理部主任，派驻医务处、感控处各1名专家常驻密云院区工作。两院区职能科室每周例行召开联席会，推进同质化管理措施。建立远程会诊平台，通过远程会诊平台完成鹦鹉热聚集病例急会诊。畅通两院间双向转诊绿色通道，密云院区上转中心院区急危重症患者488人，中心院区下转密云院区患者476人。

（邢　颖）

【疫情防控】 年内，区医院按照“外防输入、内防反弹”总体策略，科学有序开展疫情应对工作。修订医院感染管理委员会工作制度，调整工作组成员，明确工作职责，组建“横到边，纵到底”的院感防控网络。完善医院感染控制及疫情防控相关制度、流程、应急预案35项，做好防控物资与防控设备的储存建设，改扩建方舱CT室及快速检测PCR实验室，加强门诊三级预检分诊及病区封闭管理。发热门诊接诊30138人次；组织核酸采样小分队2个，全员核酸采集后备人员532人，完成核酸检测33.77万人次，接种新冠疫苗26.47万人次。落实全院核酸检测和健康监测，持续做好中高风险地区返京人员的排查工作。承担密接、次密接、居家观察人员的新冠肺炎排查与诊疗救治工作，完成支援顺义、昌平新冠病毒核酸样本采集任务。加强医院感染各项监测工作，医院感染率 0.57%。

（邢　颖）

【医疗服务】 年内，区医院加强医疗质量管理。按照临床科室医疗质量评价体系与考核标准，每月开展医疗质量督导检查。组织产科、肿瘤科、外科等多学科会诊 10 余次。加强产、儿科合作，确保母婴安全。严格孕产妇分级管理，高危孕产妇转会诊、抢救管理，加强高危孕产妇抢救中心和新生儿救治中心建设。加强病历书写质控，邀请中心院区专家对病案首页信息填写质量进行检查，举办 DRG 付费病案首页填写规范培训，改进病历书写质量。落实手术分级管理及各级医师医疗技术准入管理制度，制订《北大医院中心院区医疗技术密云院区实施方案》，优化新技术申请准入审批流程，加快中心院区医疗技术在密云院区开展应用。加强急诊医疗服务管理，严格急诊预检分诊分级管理，建立会商制度，收治急诊科患者，缓解急诊诊疗压力。启动胸痛中心建设，加强卒中中心、创伤中心建设，优先保障急危重症患者得到及时救治，急诊科获“密云区卫生健康系统急诊急救工作先进集体”荣誉。推进临床路径管理，实施 DRG 付费，确保合理诊疗。临床路径管理病种达 121 个，管理率 80.52%。开展 CHS－DRG 冠脉支架置入病组实际付费工作，加入北京市 CHS－DRG 付费模拟运行试点医院。

（邢　颖）

【护理服务】 年内，区医院强化护理管理，完善护理质控体系与标准，建立层级质控，实施闭环管理，深化责任制整体护理，开展护理培养计划，护理质量持续改进。完成危重患者床旁血滤技术 1982 小时，开展超声引导下 PICC 置管 167 例，伤口造口护理及危重患者二级访视 232 人次，出院患者电话随访率 100%，优质护理覆盖率 100%，患者满意度 99.4%。

（邢　颖）

【医技科室建设】 年内，区医院增强医技科室运行能力，满足临床服务需求。检验科开展新项目 11 项，放射科开展核磁 SWI（磁敏感加权成像）扫描技术，病理科 PCR 实验室通过北京市卫生健康委员会的验收，超声科坚持开展 ICU 床旁超声，各医技科室优化流程，缩短预约检查时间。

（邢　颖）

【预防保健】 年内，区医院加强预防保健工作，传染病报告率、及时率 100%，辖区内无甲类传染病发生，报告结核病人 161 例，预防接种 17979 人次。完成对辖区 10 所中小学、托幼机构传染病防控、新冠防控的督导检查。做好诺如病毒感染性腹泻防控监测、妇幼保健、院内控烟等工作。2 人在“密云区第十四届健康素养师资比赛”中分别获一、二等奖。

（邢　颖）

【人才队伍建设】 年内，区医院选派骨干医师 15 人、护士 10 人到中心院区进修学习，组织各类人员参加中心院区短期培训。落实“青年医师培养”计划，组建密云区青年医师成长沙龙，促进青年医师交流与发展。完成专业技术任职资格报考及评审工作，44 人通过高级职称答辩。加强人才梯队建设，外送住院医师规范化培训人员 17 人。完成教师职务评聘工作，2 人通过副教授资格审核，42 人通过讲师资格审核。在中华医学会等学术团体中任职 87 人次。

（邢　颖）

【教学管理】 年内，区医院充实教学管理组织，加强教学质量监控，组织院内外师资培训。2018 级乡医班、2016 级本科班分别获首医毕业生临床技能会考团体一、二等奖。举行密云教学医院 2021 届学生毕业典礼，完成第一届临床本科教学任务。完成北京市“3＋2”助理全科医师规范化培训结业考核、实践技能考核及补考，参与学员 153 人次。加强全科住院医师规范化培训基地建设，通过 2021 年北京市住院医师规范化培训基地评审。

（邢　颖）

【医学科研】 年内，区医院建立健全《科研项目结余经费管理办法（试行）》等科研管理制度 7 项，落实科研监管机制，加强科研诚信建设，提高成果产出的质量和数量。首都全科医学研究专项立项 3 项，获资助 9 万元；院级科研立项 12 项，医院提供资助 19 万元；与北大等医院合作项目 4 项，获资助 13 万元；发表论文 57 篇。通过北京市药监局伦理评估检查，实现医学伦理项目网上备案。药物临床试验在研项目 6 项，其中新启动项目 2 项。

（邢　颖）

北京市密云区中医医院

【概　况】 北京市密云区中医医院（简称区中医医院）是二级甲等综合性中医医院，设有内科、外科、骨科等 6 个病区，1 个手术室，开放床位 220 张。有在岗职工 778 人，有卫生技术人员 632 人，其中执业

（助理）医师227人，注册护士255人。

年内，区中医医院接诊患者83.18万人次，出院患者5572人次，病床使用率69.87%，平均住院日10.2天。门急诊次均费用437.72元，住院次均费用16914.57元。

（邢　颖）

【科室建设】 年内，区中医医院药剂科通过市卫健委麻精药品专项检查。实现麻精药处方电子化、三级基数管理和相关表格规范化。确定抗菌药物皮试品种，保障患者用药安全。细化住院患者中药饮片处方点评、出院带药用药指导等内容，加强中药药事管理。与第三方公司签订共建协议，投入400余万元对制剂室进行改造，于11月竣工。完成制剂许可证验收及21个制剂品种批准文号再注册。老年病科利用中医治疗室，开展三伏灸、三九灸、三九贴等中医适宜技术；承接北京市老年医养结合项目，举办培训19场，173人次参加；完成19家社区卫生服务中心老年健康与医养结合服务规范化建设的验收工作，指导2家社区老年友善医疗机构的创建工作；推广智能化老年综合评估软件，采集200例数据。麻醉科运用超声引导及麻醉深度监测技术，使术中麻醉更加平稳，有效减少并发症发生；全年开展超声引导下神经阻滞100例，麻醉深度监测61例；通过术中使用保温毯、输血输液加温设备来预防患者低体温，有效降低切口感染；11月，开设麻醉评估门诊，完成无痛胃镜的患者麻醉术前评估100余人次。脑超室TCCD检测可准确评估脑血管狭窄、闭塞等，为颅内外血管病变提供精准诊断，全年检测1.1万人次，B超室掌握肩关节超声检查技术完成360例。

（邢　颖）

【疫情防控】 年内，区中医医院为做好疫情防控工作，开展门诊大厅入口改造工程，作为唯一入院预检分诊通道。引进“五合一流调码”，确保入院人员流调信息采集完整。根据门诊量适时采取限流措施，增派志愿者维持大厅、诊室秩序，确保“一米线”和“一医一患一诊室”等防控措施落实到位。成立核酸检测门诊，实现挂号、开单、收费“一站式”办理，提供24小时服务。全年完成核酸采集28.4万人次。完成对外核酸采集任务3.2万次。组成17人的新冠疫苗接种队伍，完成区级接种任务17.1万剂。

（邢　颖）

【医疗服务】 年内，区中医医院急诊科开展床旁心梗三项血气分析，为筛查高危胸痛、呼吸衰竭等患者提供快速便捷的检测手段。内分泌科开设腹针疗法门诊，开展ABI及免散瞳眼底检查；4月，内分泌科增开中医治疗室，2个中医治疗室全年诊疗患者4.6万人次，比上年增长27.8%；加强与上级医院联动，参与广安门医院“1+X+N”及内分泌专科联盟线上培训8次，开展远程会诊7例。内二科针对阳虚便秘人群，新增温阳通便膏摩，2个月治疗患者302人次。举办市级中医药继续教育项目《经方系列讲座》第4期，邀请经方名家来院授课，75人次参加。建立密云区“脉证经方”传承基地，提倡运用“中医经方”进行治疗。

（邢　颖）

【护理服务】 年内，区中医医院强化护理人员培养，提高护理队伍整体素质。全年完成护理理论考核427人次，中西医技能操作考核381人次，护士长理论考核22人次，合格率均为100%。每季度对中医护理方案实施病例的前2位病种进行汇总、分析、优化。全年完成中医护理适宜技术操作29万余人次，比上年增长45%。完成随访7512人次，患者满意度100%。创建4个“一证一品”专科护理示范病房，建立“中医医护一体化”服务模式，突出中医护理特色和优势，形成具有科室特点的护理临床路径，提升服务质量。

（邢　颖）

北京市密云区妇幼保健院

【概　况】 北京市密云区妇幼保健院（简称区妇幼保健院）是一所集保健、预防、医疗、教学、科研于一体的非盈利性二级甲等妇幼保健机构。肩负全区妇女保健、儿童保健、生殖保健、健康教育、牙病防治及密云镇辖区人口医疗、预防、保健等工作任务。是全区婚前保健、优生优育、女职工健康检查及妇女病普查、普治、计划生育技术指导、服务中心。在岗职工323人，有卫生技术人员291人，其中执业（助理）医师162人，注册护士96人，设置床位100张。

年内，区妇幼保健院门急诊量343445人次，日均门诊量940.954人。健康体检28888人次。入院2536人，出院2544人，床位使用率26.35%，病床周转率25.44次/床，平均住院日3.67天。住院分娩878人，剖宫产353人，剖宫产率40.2%。

（邢　颖）

【孕产妇管理】 年内，区妇幼保健院严格执行国家母婴安全制度，制定、落实《密云区落实〈北京市区域母婴安全保障筑基行动方案〉实施方案》。加强孕产妇系统保健管理，提高孕产妇系统管理率和保健质量。严格执行先建册后建档，及时将产妇转给地段保健人员，提高产检率和产后访视率。

（邢　颖）

【出生缺陷预防】 年内，区妇幼保健院落实三级预防，确保出生人口素质。继续开展婚前保健工作，全年婚检 2629 人，婚检率 78.24%。孕前优生检查 2316 人，覆盖率 95.05%。推进增补叶酸预防神经管缺陷项目工作。落实“北京市产前诊断和产前筛查技术管理工作规范”和北京市出生缺陷监测登记报告管理制度，做好产前筛查工作和出生缺陷监测工作。

（邢　颖）

【儿童保健】 年内，区妇幼保健院严格控制 5 岁以下儿童死亡，制定死亡干预措施，做好生命监测。5 岁以下儿童死亡率 2.25‰，婴儿死亡率 1.68‰。加强新生儿访视管理，做好新生儿疾病筛查工作和新生儿听力筛查工作。

（邢　颖）

【口腔保健】 年内，区妇幼保健院完成 0—3 岁就诊儿童口腔健康检查和干预项目，结合项目开展和“9.20 爱牙日”做好口腔健康保健知识宣教。与北京市渔阳口腔医院一起实施“窝沟封闭”工作和“氟化泡沫”预防龋齿服务项目。“窝沟封闭”实际服务 22179 人，封闭 932 人，封闭牙数 2237 颗，“氟化泡沫”21574 人。

（邢　颖）

【预防保健】 年内，区妇幼保健院做好计划免疫工作，保证接种安全。为新生儿建卡建账 16 张，管理 0—6 岁儿童 532 人。全年接种疫苗 55025 针次，其中新冠疫苗 53242 针次。查漏补种工作，其中为学龄前外来流动儿童查漏补种查验接种本 180 人次，在辖区内 0—6 岁儿童中开展查漏补种工作，实调查 59306 户，调查 0—6 岁儿童 1806 人，调查率 99.5%，对调查中发现的流动儿童及时建账、建卡，对漏种儿童及时进行补种。为外来务工人员流脑、麻疹共接种 27 家单位，接种疫苗 161 针次。

（邢　颖）

【疫情防控】 年内，区妇幼保健院落实完善疫情防控各项方案，加强预检分诊管理。做好新冠肺炎疫情期间筛查、分诊以及疑似患者诊断和转诊工作。配合护理部、院感科加强疫情防控常态化管理，做到定期检查，对存在的问题及时反馈，督促整改；按时间节点做好全院职工的核酸检测工作。年内新冠肺炎环境采样 880 个点位，对中高风险地区返密人员核酸采集鼻咽拭子 93 人份，环境采样 115 个点位，对辖区企业新冠肺炎社区防控督导 92 家。

（邢　颖）

【医疗服务】 年内，区妇幼保健院落实首诊负责、三级医师查房、疑难病例讨论、转会诊等核心制度，保障医疗质量和医疗安全。加强科室质量管理，指导科室完成自查和技能演练。规范处方病历书写，每月进行处方病历点评。加强抗菌药物临床使用、临床用血、病案及病历质量管理，发现问题及时反馈和整改。加强临床路径管理，规范临床诊疗行为。临床路径例数 1582 例，入径率 62.18%。

（邢　颖）

【护理服务】 年内，区妇幼保健院修订完善护理制度、规范 19 项，制定核酸咽拭子采集及穿脱防护服操作规程，规范护理操作流程。在护理队伍中开展成人心肺复苏、核酸采集等培训；开展“妊娠期高血压/子痫前期”“水银泄漏”“异位妊娠破裂”“消防安全”演练，提升护理人员的应急处置能力。年内一级护理合格率 98%，基础护理合格率 98.3%，护理技术操作合格率 99.5%。

（邢　颖）

体　　育

SPORTS

综 述

Overview

北京市密云区体育局（简称区体育局）内设办公室、群体科、体育产业发展中心、体育设施服务中心、体育竞赛中心综合服务中心、人才服务中心、信息宣传中心、工会、密云棋院、党建工作中心、体育总会、资产服务中心、青少年业余体校。编制124名。

年内，区体育局制定《密云区体育局疫情防控常态化工作方案》，加大对体育经营场所监督检查力度。完成密云生态马拉松、冰雪嘉年华等区级以上体育赛事活动12项次。开展第九套广播操、马拉松10公里热身赛、“名副实杯”羽毛球邀请赛、太极交流赛、广播体操展示大赛等全民健身活动。全区注册运动员745人，其中参加国家级比赛获2枚金牌，参加北京市级比赛获金牌63枚、银牌67枚、铜牌72枚。建设篮球场、冰场等运动场地3块，建设2.7千米健身步道，安装1256件健身器材。全区建有篮球场地235块、乒乓球场地400块，足球场107块，健身器材4600件，人均体育场地面积达4.3平方米。对体育产业开展200余次全面排查，出动执法人员500余人次，发现隐患14起，整改14起。起草《密云区体育事业和体育产业专项规划》。

（胡思洋）

单位名称：北京市密云区体育局
地　　址：北京市密云区河南寨镇宁村河东路8号院
电　　话：69072309

体育设施

Sports Facilities

【场地建设】 年内，区体育局完成体育中心冰场、冶仙塔公园冰场、白河东岸健身长廊、白河西岸健身长廊、滨河公园广场、法制公园健身广场、溪翁庄镇尖岩村文化广场、溪翁庄镇乒乓球广场、密虹公园乒乓球广场9处场地建设。在全区建有篮球场地235块、乒乓球场地400块，足球场107块，健身器材4600件，全区人均体育场地面积达4.3平方米。

（胡思洋）

【健身步道建设】 年内，区体育局完成巨各庄镇蔡家洼村健身步道0.785千米和西田各庄镇西智村健身步道0.98千米建设。

（胡思洋）

【健身器材建设】 年内，区体育局对全民健身园内篮球场、网球场和门球场等场地进行维修、维护、翻建，在全区范围内安装健身器材1256件。

（胡思洋）

【体育设施专项规划】 年内，区体育局制定密云区体育设施专项规划，将公共体育设施建设纳入国土空间规划。建立密云区“地区级”“街区级”“社区级”体育设施配置层级体系，在公共体育用地方面涉及体育设施30余处，涵盖科学城东区及各个镇街。截至年底，对项目概述、相关要求、实施方案、规划目标和策略、总体布局等相关情况进行讨论研究，确定设施专项规划和体育设施现状调研报告初稿。

（胡思洋）

体育产业

Sports Industry

【行政执法】 年内，区体育局制定安全检查工作方案。对人员密集、地下空间等重点场所进行重点检查，及时消除隐患。对体育运动经营单位未制定应急预案、疏散通道堵塞、无证上岗等重点行为进行严格执法，遏制安全生产违法行为，防止事故发生。截至年底，开展200余次全面排查，出动执法人员500余人次，发现隐患14起，整改14起。

（胡思洋）

【疫苗接种】 年内，区体育局为加强企业疫情防控意识，实现全民预防工作目标，每日督促体育运动经营单位从业人员进行疫苗接种。截至年底，全区各类体育运动场所从业人员接种率达99.6%。

（胡思洋）

【体育产业专项规划】 年内，区体育局加强对全区体育事业和体育产业宏观指导和统筹协调，落实陈吉宁市长调研究云区提出的任务要求，结合实际，深入调研，起草《密云区体育事业和体育产业专项规划》。截至年底，与区“十四五”规划专家组完成讨论，并向部分镇街和委办局征求工作意见。

（胡思洋）

竞技体育

Competitive Sports

【2021 密云生态马拉松赛】 5月16日，2021密云生态马拉松赛事由中国田径协会认证，密云区政府主办，区体育局、区体育总会承办。赛事规模为1万人，参加全程马拉松2434人、半程马拉松3410人、迷你马拉松4156人。张振龙获男子马拉松冠军，陈林明获女子马拉松冠军。

（胡思洋）

5月16日，2021密云生态马拉松赛开赛

（区体育局　供图）

【北京市青少年举重锦标赛获12金】 6月9日，北京市青少年举重锦标赛在房山区燕山体育馆举行，赛事由北京市体育局主办，北京市体育竞赛管理中心、北京市举重运动协会、北京市房山区燕山体育运动中心承办。设有男子和女子甲、乙、丙组3个竞赛组别。来自朝阳、丰台、顺义等10个区135名运动员报名参赛。密云区选派21名青少年举重运动员参赛，获金牌12枚、银牌14枚、铜牌5枚。

（胡思洋）

【北京市青少年国际式摔跤锦标赛获2金】 8月2日，由北京市体育局主办，北京市体育竞赛管理中心、北京市摔跤协会、房山区燕山体育运动中心协办的2021年北京市青少年国际式摔跤锦标赛在燕山体育馆举行。密云区选派11名运动员参加赛事，区代表队在6个组别中获金牌2枚、铜牌4枚。其中蔡鑫在男子自由甲组41—45公斤级别比赛中获金牌，胡宇欣在女子甲组43公斤级别比赛中获金牌。

（胡思洋）

【北京市青少年公路自行车锦标赛获20金】 8月16日，由北京市体育局主办，北京市体育竞赛管理中心、延庆区体育局、北京市自行车运动协会联合承办的2021年北京市青少年公路自行车锦标赛在延庆世纪公园举行。密云区选派25名运动员参加赛事，区代表队获奖牌65枚，其中金牌20枚、银牌21枚、铜牌24枚。团体总分653分，获比赛团体总分和金牌总数第一。

（胡思洋）

【第十四届全运会获2金】 9月，密云籍选手代表北京市参加第十四届全运会，获金牌2枚、银牌2枚。9月11日，薛超华、吴乐平等人在场地自行车4公里男子团体追逐赛中获银牌，其中薛超华、吴乐平在资格赛和半决赛中，分别以3分57秒和3分56秒49的成绩破全国纪录。12日，薛超华在场地自行车个人全能赛中获男子全能赛冠军。13日，薛超华在场地自行车麦迪逊赛中获银牌。24日，艾雨南在举重男子109公斤以上级决赛中获金牌。

（胡思洋）

【北京市青少年U系列自行车冠军赛获15金】 10月16—17日，由北京市体育局、北京市教育委员会主办，北京市自行车运动协会承办的中国体育彩票杯2021年北京市青少年U系列自行车冠军赛在北京世园公园举行。密云区选派28名运动员参加，区代表队获金牌15枚、银牌17枚、铜牌18枚，团体总分541分，金牌总数和团体总分分别获北京市第一名。

（胡思洋）

【北京市青少年U系列举重冠军赛获13金】 12月4—5日，北京市青少年U系列举重冠军赛在朝阳区第二少儿业余体校举行。密云区青少年业余体校选派19名举重运动员参加，获金牌13枚、银牌8枚、铜牌12枚。

（胡思洋）

群众体育

Mass Sports

【第七届“助力冬奥·冰雪嘉年华”活动】 2月11日至3月8日，密云区举办以“生态密云·助力冬奥——再燃冰雪激情”为主题的第七届“助力冬奥·冰雪嘉年华”系列活动。开展冰雪运动体验活动，通过抢票和线上预约方式，在春节期间面向社会免费发放1000张滑雪门票和500张室内专业滑冰体验券。开展冰雪运动大课堂，通过宜居密云微信公众号、南山滑雪场官网等媒体，以线上教学方式宣传普及冰雪运动和冬奥科普知识，包括线上90分钟单板、双板滑雪视频教学和30分钟冬奥知识视频讲解，各相关单位组织人员进行视频观看和学习，普及冰雪知识。

（胡思洋）

【北京市首届社区杯八人制足球赛密云区预赛】 3月28日，北京市首届社区杯八人制足球赛密云区预赛暨2021年密云区八人制足球比赛在冶仙塔旅游风景区足球场开赛。足球赛由市体育局、区政府主办，区体育局、区体育总会承办，来自全区13支足球队280名足球爱好者参加。经过23场小组循环赛角逐，鼓楼街道社区足球队获青年组第一名，果园街道绿地足球队获中年组第一名，十里堡镇足球队等4支球队获赛事精神文明奖，冯家峪、东邵渠等7个镇街获赛事优秀组织奖。鼓楼街道社区足球队和果园街道绿地足球队代表密云区参加北京市八人制足球赛决赛。

（胡思洋）

【生态密马热身赛】 5月12日，以“助力生态密马激情开赛，创建文明城区你我同行”为主题的2021密云生态马拉松10千米热身赛暨马拉松训练营活动在白河城市森林公园举办。来自全区400余名马拉松爱好者参加，参赛选手年龄最小4岁，最大56岁，按照年龄组分为“幸福密马”“激情开赛”“助力密马”“超越自我”4个组别，分别进行4.2千米和10千米不同里程热身赛活动。

（胡思洋）

【“名副实杯”羽毛球邀请赛】 6月5—6日，密云区第六届“名副实杯”羽毛球邀请赛在名副实羽毛球健身馆举办，有26支羽毛球代表队近200名羽毛球爱好者参加。比赛由区羽毛球运动协会主办，北京名副实体育文化发展中心承办。设团体赛和单项赛，分为混合团体、男女双打、男女混合双打等9个组别。宝海精羽会获混合团体第一名，宋佳明、肖宽分别获甲乙组男子单打第一名，苏云鹏和黄柏翰、封涛和黄志强分别获甲乙组男子双打第一名，王梓彤和崔峥、张海云和谢军分别获甲乙组女子双打第一名，谷春利和廖芳瑶、张萧萧和杨爱武分别获甲乙组混合双打第一名。

（胡思洋）

【全民健身太极文化交流赛】 6月13日，密云区第二届全民健身太极文化交流赛在密云四中体育馆举办，来自全区17支代表队近200名武术爱好者参加。比赛由区体育局、区体育总会指导，区武术运动协会主办。设个人项目和集体项目，其中个人项目有太极拳、太极器械、健身气功、八段锦等，集体项目有太极拳、太极器械等。比赛产生金牌30枚、银牌53枚、铜牌79枚，表彰为基层武术工作作出贡献的优秀组织单位10个、先进个人8个。

（胡思洋）

【第九套广播体操展示大赛】 6月23日，密云区第十三届全民健身体育节暨2021年第九套广播体操展示大赛在蔡家洼玫瑰情园举行，由区总工会和区体育局联合举办。全区15支参赛队伍240名运动员参赛。鼓楼街道、区教委、密云城市建设投资开发有限公司3支代表队获大赛一等奖。果园街道、十里堡镇、大城子镇等8家单位获优秀组织奖。

（胡思洋）

【围棋交流赛】 7月16日，密云区第十四届围棋交流赛在区总工会举办，来自全区100名围棋爱好者参加。比赛由区总工会和区体育局共同主办。比赛分为领导干部组、社会组和学生组3个组别，学生组尹航获一等奖，社会组李树新获一等奖。

（胡思洋）

【“和谐杯”乒乓球比赛】 9月15—16日，北京市第十五届“和谐杯”乒乓球比赛在通州弘赫国际体育运动中心举行。来自全市的135支代表队600余名乒乓球爱好者参赛。密云区选派2支代表队参加，均获“和谐杯”乒乓球比赛郊区组一等奖。25日，密云区第十五届“和谐杯”乒乓球决赛在区体育中心气膜馆举行，来自全区27支代表队260余名乒乓球爱好者参加。赛事由区体育局、区体育总会、各镇街及机关企事业单位共同主办，区乒乓球运动协会承办。竞赛设男女混合团体和男女单打比赛。区教委代表队、沿湖社区1队、石城镇代表队分别获机关企事业单位组、街道地区组、乡镇组第一名，张浩、季新苗分别获男、女个人单打组第一名。

（胡思洋）

【象棋交流赛】 10月23—24日，密云区第五届象棋交流赛在区总工会举行，全区100余名象棋爱好者参加。比赛由区总工会和区体育局共同主办，分为社会组和青少年组，马江南、冯保力、张春耕获社会组一等奖，张志博、马彤轩、韩罂轩获青少年组一等奖。

（胡思洋）

社会生活

SOCIAL LIFE

居民生活

Resident Life

【居民人均可支配收入 42634 元】 年内，全区居民人均可支配收入 42634 元，比上年增长 8.5%，增速高于全市平均水平 0.5 个百分点。与 2019 年相比，两年平均增长 5.9%。其中城镇居民人均可支配收入 52875 元，比上年增长 8.2%，两年平均增长 5.8%。密云区居民人均可支配收入增速在北京市 5 个生态涵养区中排在第一位。

（闫志坚）

【居民人均工资性收入 33690 元】 年内，全区居民人均工资性收入 33690 元，比上年增长 21.2%，其中城镇居民人均工资性收入 45743 元，比上年增长 22.1%。

（闫志坚）

【居民人均转移净收入 3856 元】 年内，全区居民人均转移净收入 3856 元，比上年下降 32.4%，其中城镇居民人均转移净收入 1581 元，比上年下降 74.9%。

（闫志坚）

【居民人均生活消费支出 27288 元】 年内，全区居民人均生活消费支出 27288 元，比上年增长 12.5%，与 2019 年相比，两年平均增长 8.2 个百分点。其中城镇居民人均生活消费支出 32665 元，比上年增长 12.5%，两年平均增长 8.8 个百分点。密云区人均生活消费支出增速在北京市 5 个生态涵养区中排在第一位。

（闫志坚）

【居民人均食品烟酒支出 6819 元】 年内，全区居民人均食品烟酒支出 6819 元，比上年增长 9.4%，其中城镇居民人均食品烟酒支出 7889 元，比上年增长 12.9%。

（闫志坚）

【居民人均衣着支出 1478 元】 年内，全区居民人均衣着支出 1478 元，比上年增长 12.8%，其中城镇居民人均衣着支出 2006 元，比上年增长 13.4%。

（闫志坚）

【居民人均居住支出 8339 元】 年内，全区居民人均居住支出 8339 元，比上年增长 4.8%，其中城镇居民人均居住支出 9232 元，比上年增长 4.3%。

（闫志坚）

【居民人均生活用品及服务支出 1595 元】 年内，全区居民人均生活用品及服务支出 1595 元，比上年增长 11%，其中城镇居民人均生活用品及服务支出 2067 元，比上年增长 14.2%。

（闫志坚）

【居民人均交通通信支出 3956 元】 年内，全区居民人均交通通信支出 3956 元，比上年增长 29.2%，其中城镇居民人均交通通信支出 4697 元，比上年增长 13.7%。

（闫志坚）

【居民人均教育文化娱乐支出 1979 元】 年内，全区居民人均教育文化娱乐支出 1979 元，比上年增长 49.3%，其中城镇居民人均教育文化娱乐支出 2832 元，比上年增长 64.7%。

（闫志坚）

【居民人均医疗保健支出 2522 元】 年内，全区居民人均医疗保健支出 2522 元，比上年增长 0.8%，其中城镇居民人均医疗保健支出 3020 元，比上年下降 2.5%。

（闫志坚）

【居民人均其他用品及服务支出 601 元】 年内，全区居民人均其他用品及服务支出 601 元，比上年增长 38%，其中城镇居民人均其他用品及服务支出 922 元，比上年增长 34.2%。

（闫志坚）

社会建设

Social Construction

【概 况】 中共北京市密云区委社会工作委员会（简称区委社会工委）与北京市密云区民政局（简称区民政局）合署办公。内设机构：办公室（安全生产科、行政审批科）、基层政权和社区建设科、社会组织和社会动员科、慈善工作科、社会救助和社会事务科（社会福利科）、财务审计科、机关党委（党建科）、机关纪委、工会。事业单位：北京市密云区社会建设与民政事业研究中心、北京市密云区社会建设协调中心、北京市密云区社区工作者事务中心、北京市密云区社会工作人才服务中心、北京市密云区困难群众救助服务指导中心（北京市密云区居民经济状况核对中心）、北京市密云区接受捐赠和见义勇为服务中心（北京市密云区征地超转人员管理中心)、北京市密云区社会儿童福利与养老服务中心、北京市密云区婚姻服务中心、北京市密云区城市流浪乞讨人员救助站、中共北京市密云区委社会工作委员会、北京市密云区民政局综合服务中心、北京市密云区殡仪馆。行政编制31人，事业编制80人，社区工作者32人。

年内，区委社会工委组织理论中心组学习、参观密云水库纪念馆、走访调研幸福晚年驿站等多种形式的党史学习教育活动。开展“我为群众办实事”活动，梳理完成实事项目14项。开展创建全国文明城区工作，140余名干部参加创城志愿清扫。全区社区工作者编制1015人，实有958人。组织社区工作者培训，应急安全进社区、垃圾分类等志愿服务。选定果园街道和溪翁庄镇作为试点，建成2个镇街社会工作服务中心和3个村(居)社工站。

(刘方媛)

单位名称：中共北京市密云区委社会工作委员会
地　　址：北京市密云区新西路32号
电　　话：69042485

【社区工作者培训】 年内，区委社会工委组织167名社区工作者参加北京市社会工作者初级、中级继续教育培训班。开展2021年北京市社会工作者职业水平证书再登记、补登记和补证工作。对全区各单位700余名社区工作者开展分类指导培训。以果园街道为试点开展“优才计划”，选拔5名优秀社区社会专业人才参加市区举办的培训学习，通过脱产训练、岗位实训等增强专业能力。

(刘方媛)

【社区工作者管理】 年内，区委社会工委联合区委组织部、区委编办制定《密云区社区工作者离职、调动管理办法》，规范社区工作者离职、调动的条件和程序。依托社区工作者人事管理系统，实现人员岗位备案、工资管理、部门调动等事项网上办理。建立社区工作者档案管理信息库，录入、更新电子档案等60余卷。全区大专以上学历社区工作者，占总人数97.4%。取得职业水平证书社区工作者总人数33.6%。

(刘方媛)

【社会工作服务中心试点建设】 年内，区委社会工委制定《密云区街道(乡镇)社会工作服务中心试点建设实施方案》，选定果园街道和溪翁庄镇作为试点，建成2个镇街社会工作服务中心和3个村(居)社工站。委托6家社会组织承接社会工作服务项目，开展空巢、残疾人特殊群体为老志愿服务，应急安全进社区、垃圾分类等专业社会工作服务。

(刘方媛)

【志愿服务机制创新】 年内，区委社会工委建设“社工+志工”协作机制，在扶老助残等民生保障重点领域开展志愿服务活动。选取溪翁庄镇石马峪村作为试点村，启动“银龄伙伴”为老志愿服务关爱行动，选取30名优秀志愿者到大栅栏街道参加“银鹤零距离，养老驿站”活动，交流学习为老志愿服务和时间储蓄等工作模式。在“学雷锋纪念日”“国际志愿者日”等节日，开展“志愿在我心，共筑中国梦”“助力冬奥，清洁社区”等专题志愿服务活动。

(刘方媛)

【党史学习教育】 年内，区委社会工委成立党史学习教育领导小组，制定党史学习教育实施方案及理论学习中心组学习计划，完成21次学习，组织4次集中研讨、2天封闭学习、4次专题学习。组织领导干部、党员参观密云水库纪念馆、京西第一党支部纪念馆。到苏家峪村和大石门村幸福晚年驿站走访调研，解决基层实际困难。开展“我为群众办实事”活动，围绕困难群众帮扶、养老服务、窗口单位便民服务等方面，梳理完成实事项目14项。

(刘方媛)

【创建全国文明城区】 年内，区委社会工委成立“创城”工作机构，制定“创城”工作实施方案。开展“创城”工作培训和宣传报道。对实地点位发现的问题，督促相关部门完成整改，完成材料网上申报工作。制定《开展“全民参与、创城有我”周末大扫除活动方案》，140余名干部参加创城志愿清扫工作，参与活动达500余人次。

(刘方媛)

9月18日，区委社会工委、区民政局开展创城文明清扫活动　(李思杰　摄)

民　政

Civil Affairs

【概　况】北京市密云区民政局（简称区民政局）发放城乡低保、低收入、特困、临时救助等基本生活救助资金2.21亿余元，惠及9482户15528人。实施临时救助支出救助资金88.38万元，救助171户。针对困难群众发放采暖补贴1341.5万元、电价补贴78.1万元、教育救助金28.89万元，报销医疗费用254.9万元。开展精准救助服务项目，项目资金27.2万元。慰问留守儿童、发放困境儿童基本生活费168万元。落实残疾人救助政策，发放残疾人两项补贴8863.55万元。落实养老优待政策，发放老年人补贴、津贴10088.38万元。完成94个社区、325个村委会同步换届选举工作。建成邻里互助点100家。新建6个基层社会心理服务中心。完成行政执法695件。

（刘方媛）

单位名称：北京市密云区民政局
地　　址：北京市密云区新西路32号
电　　话：69042485

基层自治

【密云区第三届“社区邻里节”活动】10月16—24日，区民政局举办“同心向党，和睦邻里，喜迎冬奥，和谐社会”为主题的密云区第三届“社区邻里节”活动。在鼓楼街道、果园街道和檀营地区分别设立了以居民互动、科普宣传、满蒙文化汇演为主题的3个主会场，50个社区组织2个及以上的活动，举办活动100余场，打造具有密云特色、群众乐于参与的“社区邻里节”活动品牌。

（刘方媛）

【社区治理创新】年内，区民政局确定果园街道学府花园社区和东邵渠镇西邵渠村为社区协商议事厅示范点，开展“月月有协商”歌唱比赛、书法比赛、亲子运动会等多项活动。确定果园街道石桥小区南院、果园西里中区为“三无”小区服务管理示范点，区少年宫为“社区之家”示范建设点，果园街道向阳西社区为社区服务空间开放式建设试点。确定宾阳西里社区、御东园社区、不老屯镇大窝铺村等7个社区（村）作为楼门院（村组）示范点，开展“敲门行动”、制定楼门院（村组）居民公约、“周末大扫除”等活动，进一步激发社区发展活力。

（刘方媛）

【街道社区管理体制改革】年内，区民政局成立密云区街道工作专班，负责统筹推进街道工作重点任务的落实，印发《密云区街道工作专班工作制度》和《2021年度下半年街道工作要点》。梳理鼓楼、果园街道和檀营地区办事处及28家区级相关单位3年来落实街道工作的成果、数据情况，上报评估工作报告。印发《密云区城市协管员队伍管理体制改革实施方案》，建立协管员队伍规范化管理改革联席会议制度，选取果园街道和太师屯镇作为改革试点，探索协管员岗位整合方案。

（刘方媛）

【村和社区“两委”换届选举】年内，区民政局指导密云区第十一届居民委员会、第十二届村民委员会换届选举工作。全区参选社区94个、参选村325个，选举产生社区居委会成员640名、村委会成员1308名。同时完成村、居务监督委员会、各村和社区下属委员会的推选工作。

（刘方媛）

社会救济

【精准救助服务试点项目】8月1日起，区民政局实施2021年度精准帮扶个案服务试点项目，选取困难群众占比较多的大城子镇作为试点，针对170个困难家庭开展包括技能培训、心理疏导、子女课业辅导等个案帮扶。投入资金27.2万元。

（刘方媛）

【社会救助】年内，区民政局为低保、特困等困难家庭发放“两节”慰问金620.6万元。全区发放城乡低保、特困、低收入等基本生活救助资金2.21亿余元。实施教育救助65人28.89万元，临时救助171户311人，支出救助资金88.38万元。采暖救助9112户1341.5万元。报销特困人员住院陪护和个人医疗费用514人次，救助资金254.9万元。针对低保、特困家庭发放电价补贴78.1万元。全年累计发放各类救助资金2.45亿余元。完成新申请、复审社会救助类和社会福利类居民家庭经济状况核对7123户。

（刘方媛）

【最低生活保障政策】年内，区民政局按照市级政策要求，7月起城乡低保认定标准由家庭月人均1170元调整至1245元。8月起城乡低收入家庭认定标准由家庭月人均2200元调整为2320元。特困人员救助供养覆盖的未成年人年龄从16周岁延长到18周岁。在原有救助待遇的基础上，增加对低收入家庭中的重病人员，按照低保标准的35%发放生活补贴。截至年底，全区新增基本生活救助对象985户、1962人，现有基本生活救助对象9482户、15528人。

（刘方媛）

【社会救助专项治理和执法检查】 年内，区民政局印发《北京市密云区民政局2021年社会救助专项治理巩固提升行动实施方案》通知，成立3个专项检查组，围绕清理整治政策规定执行不到位、资金使用不合规、日常管理不规范等5个方面10项内容对各镇街进行检查督导。完成社会救助类行政执法检查303例。

（刘方媛）

【残疾人补贴】 年内，区民政局发放残疾人两项补贴8863.55万元，其中残疾人生活补贴16.7万人次7949.9万元，重度残疾人护理补贴7.1万人次913.65万元。发放严重精神障碍患者监护人看护管理补贴502.88万元。

（刘方媛）

【残疾人福利机构管理】 年内，区民政局加强对残疾人福利机构的管理，对汇康康复福利中心进行整顿，截至年底，该机构正常营业，收住非急症治疗期的精神、智力类残疾服务对象18人。建立假肢和矫形器（辅助器具）生产装配企业事中事后监管机制，及时获取辅具企业登记、变更信息，依法依规做好事中事后监督管理工作。

（刘方媛）

【流浪乞讨人员救助管理】 年内，区民政局充分发挥生活无着流浪乞讨人员救助管理工作联席会综合协调作用，围绕寻亲服务、街面巡查、长期滞留人员照料等6方面开展救助管理服务质量大提升专项行动。救助站救助55人，其中男37人，女18人。为21人提供返乡车票、6人提供核酸检测，亲属或单位接回8人，护送6人返回原籍，接回外流流浪乞讨人员2人。为16名长期滞留人员接种新冠疫苗。接收安置下沉长期滞留精神病流浪乞讨人员9人。针对重大节日、重大活动、极端天气等开展集中救助，出动车辆197车次、参加巡视人员492人次，街面劝导5人次，发放口罩、棉衣、食物等救助物资30份。

（刘方媛）

社会福利

【见义勇为宣传日】 6月22日，区民政局联合20个镇街集中开展见义勇为宣传日活动，以“弘扬见义勇为精神，创建全国文明城区”为号召，通过发放宣传材料、现场解答咨询等形式，深入群众普及见义勇为知识。

（刘方媛）

【慈善救助宣传】 6月，区民政局举办“慈善北京”成果展及“北京公益慈善汇展”活动，通过“扶贫”“战疫”“助残”等7大主题，展示慈善成果图片及典型107个，组织镇街民政干部、慈善工作人员及慈善组织全员参与线上观摩。9月14日，在果园街道文化活动中心广场组织以“汇聚慈善力量，助力乡村振兴”为主题的“中华慈善日”宣传活动，发放《中华人民共和国慈善法》普法问答折页、布袋等宣传材料1500余份。

（刘方媛）

【见义勇为行为确认】 8月20日，区民政局确认程红军勇救落水老人的行为为见义勇为行为。11月25日，见义勇为权益保护办公室举行“见义勇为确认颁证仪式”，为其颁发证书、奖章及奖金。

（刘方媛）

【见义勇为人员权益保护】 年内，区民政局为55名见义勇为人员、伤残人员、遗属发放两节慰问金5.5万元。为6名见义勇为人员发放定期抚恤金、伤残护理费25.7万元。组织14名见义勇为人员分别参加全市疗养、修养活动。

（刘方媛）

【社会捐赠】 年内，区民政局开展“首善有我”主题社会捐助活动，接收175家单位捐助衣物1.38万余件、捐助资金58.88万元。组织“共产党员献爱心”捐献活动，接收191家企事业单位及私营企业共产党员和群众捐款217万余元。向大城子镇下栅子村拨付企业精准帮扶捐赠30万元。

（刘方媛）

【儿童权益保护】 年内，区民政局为享受困境儿童生活费待遇的84名儿童发放生活费168.27万元。实施“福彩圆梦”孤儿助学及事实无人抚养儿童助学工程，为7名孤儿发放助学金5.5万元。规范开展儿童收养登记及成年孤儿安置工作，完善收养、安置程序，规范收养行为，保障被收养儿童和成年孤儿的合法权益。全年共办理收养登记7名，安置成年孤儿1名。协助、配合区妇联建设儿童之家24个，其中基础型15个、示范型9个，给儿童创造良好的学习、娱乐环境。

（刘方媛）

【公益慈善试点建设】 年内，区民政局会同区慈善协会在冯家峪和新城子 2 个镇的 7 个行政村建立公益慈善试点，7 个公益慈善试点全部开始运营，救助 54 人，发放救助金 8 万余元。

（刘方媛）

【慈善救助】 年内，区民政局对 11 个慈善组织进行执法监督检查。开展大病救助 502 户，救助金额 268 万元。“五老”精准帮扶 129 人，救助金额 64.5 万元。

（刘方媛）

社会事务管理

【社会心理服务中心（站点）建设】 年内，区民政局选取密云镇、十里堡镇、河南寨镇、穆家峪镇、溪翁庄镇、高岭镇作为社会心理服务中心（站点）建设对象，建设 6 个镇级社会心理服务中心（站点），面积 453 平方米，覆盖村（社区）124 个。截至年底，6 个心理服务站点完成进驻。全区 12 个心理服务站开展专业心理服务活动 930 场，服务居民 9.13 万人次。

（刘方媛）

【社会组织服务管理】 年内，全区共有社会组织 384 个，其中社会团体 122 个、民办非企业 262 个，办理行政许可事项 109 个。完成 9 家培训机构营改非登记工作。备案社区社会组织 3799 家，涉及服务福利、医疗计生、文体科教等诸多领域。通过分类指导、延长办公时间、优化年检流程等方式，对应参检的社会组织提供服务，完成年度检查 334 家，年检率 99.7%，成为全市唯一一个如期完成年检的区。

（刘方媛）

【社会组织专项行动和行政检查】 年内，区民政局开展打击整治非法社会组织专项行动，依法取缔“东望志愿者北京密云美祥和课堂”等 6 个未经登记的非法社会组织。清理整治“僵尸型”社会组织 22 家。对 135 家社会组织开展行政检查。

（刘方媛）

【社会组织参与东西部支援合作】 年内，区民政局积极引导社会组织参与东西部支援合作，动员 7 家社会组织先后与青海玉树、内蒙古库伦对接村签署协议，援助济困、助学资金 20 万元。

（刘方媛）

【征地超转人员管理】 年内，全区征地超转人员 1795 名，其中市管 68 人、区管 1727 人。为 21922 人次发放生活补助 6466 万元。两节期间，走访慰问特困超转人员 25 户，发放慰问金 2.5 万元。对市管病残 11 人发放慰问金 5500 元。切实解决超转人员定点医院变更问题，超转人员可以在就近的社保所办理变更手续。

（刘方媛）

【行政区划】 年内，区民政局对檀营地区办事处撤销民族乡建制、建立街道办事处工作进行摸底调查，明确撤销程序和建立标准。对现有 96 个社区进行摸底，确定对果园西里和果园新里北区 2 个大型社区在“十四五”期间进行拆分。对全区 330 个村进行摸底，拟在“十四五”期间撤销太师屯镇的光明队、太师屯和葡萄园 3 个村的建制。

（刘方媛）

殡葬管理

【殡仪服务】 年内，区殡仪馆接运遗体 3197 具，火化遗体 3184 具。举行遗体告别仪式 261 场，接待家属 5.2 万余人次。为符合条件的人群提供免费骨灰盒 7 个。全年为城乡 164 人无丧葬补助居民发放丧葬补贴 82 万元。

（刘方媛）

【清明祭扫服务】 年内，全区接待清明节祭扫群众 23.6 万人，疏导机动车 3.8 万辆，出动工作人员 4.2 万人次，发放殡葬服务指南折页 7000 张、“理性追思文明祭扫”倡议书 14.2 万份，张贴文明祭扫宣传海报 1800 张。联合多部门在全域内开展殡葬专项执法活动，出动人员 2123 人次、车辆 628 车次，实现了“安全无事故、服务零投诉”。

（刘方媛）

【执法检查】 年内，区民政局会同市场监督管理局对区域内殡葬用品生产机构进行“双随机、一公开”联合抽查检查。对区殡仪馆及殡葬服务企业开展行政执法检查 50 次，检查中发现制造、销售封建迷信用品的企业，要求现场整改并全部销毁，提升殡葬服务市场的规范化运行。

（刘方媛）

婚姻家庭

【婚姻登记政策宣传】 年内，区民政局通过各级媒体平台，及时宣传《民法典·婚姻家庭编》关于离婚冷静期等法律规定，印制发放相关规定和工作程序的宣传手册，让群众知悉新的婚姻登记工作流程和要求。

（刘方媛）

【婚姻登记服务】 年内，区民政局开通“午间不间断、早晚弹性办、周六不休息”的延时服务，满足群众婚姻登记需求。采取网上预约方式，办理婚姻登记7323对（件），其中结婚登记3122对、离婚登记1719对、补发结婚登记证2286对，补发离婚登记证196对，出具证明1件。完成“2.14”“5.20”“5.21”等登记高峰任务。依法、依规做好小客车线下核验工作，为2014名当事人核验了婚姻状况。为行动不便的残疾人、危重病人或者高龄老年人提供预约上门补领结婚证服务5次。

（刘方媛）

人力资源

Human Resource

【概　况】 北京市密云区人力资源和社会保障局（简称区人力资源社会保障局）内设办公室、法制科（行政审批科）、事业单位人事管理科（专业技术人员管理科）、工资福利与退休科、就业促进科、职业能力建设科、社会养老保险科（工资保险科）、调解仲裁科、劳动关系科、密云区引导和鼓励高校毕业生到农村工作管理办公室、内审科、财务科、机关党委（党建科、人事科）。下属区社会保险事业管理中心、区人力资源和社会保障综合执法队、区劳动服务管理中心、区劳动能力鉴定管理中心、区劳动人事争议仲裁院、区人力资源公共服务中心、区人事考试中心、区职业技能服务中心、区社会保险基金服务中心、区职业技能提升服务站、区人力资源和社会保障局综合服务中心、区人力资源和社会保障局接访中心、区人力资源和社会保障局公众服务中心。行政编制31名，参公编制128名，行政工勤编制4名，事业编制82名。

年内，全区城镇登记失业率3.32%，就业率70.69%，全年解决城乡劳动力就业14045人。招聘事业单位工作人员294人、高级职称236人、乡村振兴协理员36人。北京市积分落户办理工作中46人取得落户资格、工作居住证办理470人。

（曹贵锋）

单位名称：北京市密云区人力资源和社会保障局
地　　址：北京市密云区经济开发区康宝路15号
电　　话：69043551

【就业再就业】 年内，区人力资源社会保障局创建充分就业镇（街）4个，占镇（街）总数20%，创建充分就业社区（村）280个，占社区（村）总数69%。全区城镇登记失业率3.32%，比上年下降0.06%。就业率70.69%，比上年增长11.8%。解决城乡劳动力就业14045人（其中城镇户籍8013人、农村户籍6032人），较上年增加2023人，农村劳动力就业人数完成年度指标总数的118.3%。举办各类求职招聘会209场，参会单位869家，参会个人73262人，提供就业岗位20927个。搭建人力资源微信公众平台，微信平台推荐用工企业231家，各类招聘信息阅读人数50余万人次，采集空岗信息11791个。认定“零就业家庭”6户，涉及劳动力7人，年内减少6户，保持“零就业家庭”动态为零。全年召开城市服务类岗位专场招聘会4场，城市公共服务类岗位输出农村地区劳动力1076人，完成年度指标任务600人的163%。申请市区两级各项促进就业资金77147.94万元，其中为57757人次城乡劳动力申请市级岗位补贴和社会保险补贴52539.66万元；为11306名密云户籍劳动力申请区级岗位补贴4342.01万元；为12489家用人单位拨付失业保险返还资金692.82万元，涉及人员124793人；为2924名灵活就业人员申请灵活就业社会保险补贴资金4061.7万元；为62047人次到城市公共服务岗位工作的密云户籍农村地区劳动力申请岗位补贴15511.75万元。21家社会公益性就业组织在劳动保障、城管协管、社区保安、公共设施维护、水源生态保护等岗位安置就业困难人员3500人，年度申请市级补贴1.29亿余元，区级补贴1286万元。为68家申请创业担保贷款的小微企业进行资格认定，发放贷款25笔2510万元。新增创业参保单位2306户，带动就业岗位8829个。

（曹贵锋）

5月11日，区人力社保局举办退役军人专场招聘会　（崔笑辰　摄）

【事业单位人事管理】 年内，区人力资源社会保障局组织事业单位公开招聘11次，为41家事业单位招聘工作人员294人，其中教育141人、卫生53人、其他事业单位100人。2月，根据《北京市深化事业单位改革人员管理和安置措施的通知》（京人社事业发〔2020〕40号），部署密云区深化事业单位改革工作，按照“科学合理、设置匹配、人岗相适”原则，做好机构改革中人员安置工作，确保涉改单位完成岗位设置、人员聘用、聘用合同签订等工作。

（曹贵锋）

【职称制度改革】 年内，经密云区中小学教师系列高级评审委员会评审，534人通过职称评审，其中高级教师96人、一级教师141人、二级教师243人、三级教师38人。经区级审核，推荐卫生系统38人参评主任医师、144人参评副主任医师、1人参评卫生管理系列研究员。

（曹贵锋）

【考核与奖励】 年内，区人力资源社会保障局完成2020年度考核工作，全区事业单位、纳入规范管理事业单位及机关工勤人员14529人参加考核，40人未参加考核。其中考核优秀等次2947人、合格等次11296人、基本合格等次1人、不合格3人、未定等次282人。组织普通事业单位、纳入规范管理事业单位及机关工勤人员开展2020年度奖励工作，3465人获得奖励，其中嘉奖3082人、记功382人。

（曹贵锋）

【人才队伍建设】 年内，区人力资源社会保障局引进外埠高校优秀毕业生156人。全区新聘正高级人才32人，副高级人才204人。年内推荐6人参加中关村高端领军人才正高级直通车评审工作。提升博士后工作站研修环境，给予北京康辰药业股份有限公司等博士后设站经费资助及博士后人员在站生活补贴共计104.8万元。

（曹贵锋）

【北京市积分落户办理】 年内，全区547家单位注册积分落户账号，981人提交积分落户申请，其中46人取得落户资格，44人通过审核取得落户批件。

（曹贵锋）

【北京市工作居住证办理】 年内，全区工作居住证新办470个，其中通过学士以上学位办理415人、中级职称及相当资格办理34人、创新创业团队股东办理3人，延迟落户高校毕业生办理15人，达到上年度北京市全口径工资3倍办理2人，大创板企业办理1人。办理工作居住证续签136个，个人变更业务206项，为67家用人单位开通工作居住证系统，为38家单位办理跨区转移业务。

（曹贵锋）

【高校毕业生支农】 年内，区人力资源社会保障局开展高校毕业生到农村从事支农工作。招聘乡村振兴协理员36人，全部通过试用期考核。完成合同期满大学生村官（选调生）流动发展工作，2021年合同期满大学生村官（选调生）27人，转岗就业率96.29%。其中录用密云区公务员26人、考研1人。

（曹贵锋）

【人事代理和档案管理】 年内，区人力资源社会保障局接收档案3996份，转出档案1966份，归档材料3519件，接待各机关企事业单位查（借）阅档案服务614人次。对符合存档要求的存档人员接档率达100%，对区内生源毕业生无正式工作单位要求在密云区存档接档率达100%。全年接收毕业生档案1899份。档案库有人事档案49296份。

（曹贵锋）

【工资福利与退休管理】 年内，区人力资源社会保障局根据2020年度考核结果，为1965名执行公务员工资制度的工作人员调整级别工资、工作性津贴，为13428名事业单位工作人员调整薪级工资。为完成2020年度社会治安综合治理（平安建设）工作任务单位19732名工作人员兑现一次性奖金、核增事业单位一次性绩效工资。为执行公务员工资制度单位和事业单位19604名工作人员分别兑现2020年度政府绩效管理考核奖、核增事业单位一次性绩效工资。为4570名公务员兑现年终一次性奖金和工作性津贴年度绩效。为4347名其他事业单位人员兑现年终奖金。为区教委所属84家完成教育事业学年教学任务的事业单位6251名教职工核定发放学年奖金，为44所义务教育学校教师兑现课后服务绩效。经区政府117次常务会议批准，联合区财政局、区教委，推动密云区不老屯中学与北京十一学校开展合作，进行教育综合改革实验，对不老屯中学工资实行绩效总额管理。按照《国家综合性消防救援队伍工资政策方案》，完成区消防救援队消防员工资套改工作。协助区委组织部完成2021年度规范公务员奖励性补贴基层倾斜工作。为48名离休干部调整提高生活补贴（加发2至4个月生活补贴），春节慰问困难职工125人。按照市、区事业单位机构改革要求，完成452名事业单位纳入规范收入管理人员工资套转工作。

（曹贵锋）

【专业技术人员继续教育】 年内，全区390家事业单位、14356名工作人员全部完成北京继续教育必修课程学习。由区人力资源社会保障局申报、北京京纯养蜂专业合作社承办的《蜂产业科技高级研修班》获批市级高研班项目，该班以提高养蜂技术水平，保证蜂产品质量，促进农民增收、提高农作物产量和维护生态平衡为目标，覆盖全区养蜂人员50余人，获得良好效果。区人力资源社会保障局与区农业服务中心合作开展《生态优先绿色发展高级研修班》，覆盖全区农业领域各类专业技术人员、管理人员70人。对口支援地区高级专业技术人员、管理人员10人。

（曹贵锋）

【职业技能培训】 年内，区人力资源社会保障局通过在线直播、视频录播、实时互动、课中答题、课后考核等形式开展线上技能培训。全年审核发放3818家次企业19200名职工职业技能提升补贴资金5295.46万元。

（曹贵锋）

精神文明建设

Construction of Spiritual Civilization

【概　况】 密云区精神文明建设以创建全国文明城区为抓手，对标《全国文明城区测评体系》，深化精神文明创建。树立“全域、全员、全业、全时”创建思路，开展文明城区创建工作，参与率达98.67%。结合新时代文明实践推动日、“我为群众办实事”、迎冬奥等重点工作开展新时代文明实践活动12000余场次，服务群众120万余人次。开展道德模范、身边好人、北京榜样等先进选树，弘扬崇德向善主旋律。加强新时代文明实践阵地建设，开展垃圾分类等文明实践活动，打造“密云先锋”志愿品牌，提升城市文明程度和市民文明素质。

（董孟启）

【学雷锋志愿服务】 3月，区委宣传部印发《关于组织开展“爱满京城”学雷锋志愿服务宣传实践活动的通知》，部署庆祝建党100周年志愿服务保障工作。围绕迎冬奥、垃圾分类、爱国卫生运动等开展志愿服务活动，结合密云特色开展保水护水、文明交通等文明行为引导活动。对2020年度“五个100”先进典型进行宣传报道，发放证书和激励品。参与首都“五个100”推选活动，选出“最美志愿者”2人、“最佳志愿服务组织”3个、“最佳志愿服务社区”8个、“最佳志愿服务家庭”3个。

（董孟启）

【首都“文明街巷”“文明商户”评选】 11月，区委宣传部组织开展“文明街巷”“文明商户”评选推荐。经过推荐、筛选，向首都文明办推荐“文明街巷”4条、“文明商户”5家。

（董孟启）

【文明城区创建】 年内，密云区被中央文明委确定为“2021—2023年全国文明城区提名城区”，参加第七届全国文明城区创建。区委宣传部牵头全国文明城区创建工作，制定下发《关于成立密云区创建全国文明城区工作指挥部的通知》《密云区创建全国文明城区三年行动计划（2021－2023年）》。3月15日，成立密云区创城工作指挥部，区委书记、区长任总指挥，建立“一办九组”，加强总体领导和统筹协调；建立区级调度和专题调度、区领导包保、干部下沉、问题通报、组织发动、专项督查等机制，确保任务有分工，责任有主体，考核有标准。设计专属创城logo，布设公益广告6600余处，公益宣传全域覆盖；印制宣传折页、海报、桌贴17万张，开展入户、入校、入商场、入营业网点、入七小门店宣讲教育，创城宣传全业覆盖；开展多轮次“敲门行动”，群众创建活动参与率达98.67%。在中央文明办测评中，密云区在30个全国文明城区提名中排名第九，在北京市7个提名城区中排名第五。

（董孟启）

【新时代文明实践中心建设】 年内，区委宣传部制定《2021年密云区新时代文明实践工作指导意见》，结合新时代文明实践推动日、“我为群众办实事”、迎冬奥、创新案例等重点工作开展新时代文明实践活动，并结合密云区特色开展“五个一”活动。全区开展新时代文明实践活动1.2万余场次，服务群众120万余人次。

（董孟启）

【未成年人思想道德建设】 年内，区委宣传部结合全国未成年人思想道德建设工作测评体系，开展“童心向党”教育实践活动2135场、“扣好人生第一粒扣子”教育实践活动7800场。设立密云区校外未成年人心理健康辅导站，开展面询辅导145人次、主题讲座15期、电话答疑180次、网络咨询1.6万人次。开展全国文明校园创建工作，推荐首都师范大学附属密云中学为创建全国文明校园先进学校。开展“学习和争做新时代好少年”活动，评选出20名区级“新时代好少年”，密云区第五中学刘垚鑫获2021年首都“新时代好少年”称号。未成年人思想道德建设工作在中央文明办创城测评中，全国排名第二，北京市排名第一。

（董孟启）

【乡情村史陈列室建设】 年内，区委宣传部对全区37个乡情村史陈列室和29个农村精神文明宣传视屏进行普查，开展现场督查推动陈列室及宣传视屏规范化使用。完成2021年10个乡情村史陈列室、10个精神文明宣传视屏建设工作。古北口镇河西村、大城子镇墙子路村乡情村史陈列室被评为优秀，东邵渠镇西邵渠村、巨各庄镇豆各庄村乡情村史陈列室被评为良好，溪翁庄镇黑寺村、古北口镇北甸子村、十里堡镇双井村精神文明宣传视屏被评为优秀，古北口镇河西村、冯家峪镇冯家峪村、古北口镇北台村、古北口镇古北口村精神文明宣传视屏被评为良好。

（董孟启）

6月，大城子镇墙子路村乡情村史陈列室

（区委宣传部　供图）

【文化培育】 年内，区委宣传部加大培育和践行社会主义核心价值观力度，利用新时代文明实践所站、爱国主义教育基地、民族团结教育基地等阵地开展社会主义核心价值观教育活动。线上、线下开展村规民约进乡村、服务行业文明礼仪专题讲座、文明交通进校园等教育引导活动。倡导文明健康绿色环保生活方式，刊播主题公益广告100余块，组织进社区、进校园、进企业宣传活动。加强垃圾分类宣传，制定《密云区装修垃圾实施宣传工作方案》《密云区生活垃圾分类精准入户宣传行动方案》，利用电视、网络等媒体加大垃圾分类宣传。

（丁红玲）

【典型评选】 年内，密云区参加“我学楷模争做榜样”全国短视频征集大赛获二等奖。全区获首都文明养犬家庭1个、文明养犬示范社区1个、文明养犬宣传员1人。获首都优秀环保公益组织6个，绿色生活好市民20人。5支队伍代表密云区参加第四届“礼让斑马线”广场舞比赛，其中青少年舞蹈团获一等奖。

（丁红玲）

【榜样选树】 年内，各单位、各镇街推荐榜样好人114人，向首都文明办推荐道德模范、北京榜样、身边好人40人次，3人荣登中国好人榜，3人荣登北京榜样周榜、1人荣登月榜。组织模范好人先进事迹宣讲活动，模范好人代表张博研、高巍走进学校、乡村、社区开展宣讲；组织“学习道德模范 争做身边好人”“最美儿媳”先进事迹专题展览；通过密云电视台、文明密云以及光明日报等市级媒体对田琴、罗其花、高巍等事迹进行宣传报道。

（丁红玲）

社会保障

Social Security

【概　况】 北京市密云区人力资源和社会保障局（简称区人力资源社会保障局）收缴基本养老、失业、工伤保险基金30亿余元，比上年增加111.28%；支出各项基金27亿余元，比上年增加8.21%。基本养老保险参保单位20882家。密云区人力资源和社会保障综合执法队受理各类投诉举报案件1785件，下达66份责令改正通知书，处罚13家企业，罚款金额40.82万元，为1077名劳动者解决拖欠工资1067.15万元。区劳动人事争议仲裁院共受理各类劳动人事争议案件2133件，比上年下降15.12%，结案率100%。

（曹贵锋）

【社会保险扩面】 年内，全区基本养老保险参保单位20882家，比上年增加2460家，增幅13.35%；参保人数24.38万人，比上年增加1.06万人，增幅4.55%。失业保险参保单位20651家，比上年增加2198家，增幅11.91%；参保人数20.02万人，比上年增加0.91万人，增幅4.76%。工伤保险参保单位20919家，比上年增加2343家，增幅12.61%；参保人数21.19万人，比上年增加0.63万人，增幅3.06%。全区制作社会保障卡15652张，办理社保卡补换卡和二次申领业务及社保卡领卡5200人次。

（曹贵锋）

【社保基金收支】 年内，区人力资源社会保障局基本养老、失业、工伤保险基金30亿余元，比上年增加111.28%；支出各项基金27亿余元，比上年增加8.21%。其中养老、失业、工伤等保险基金分别收缴28亿余元、13948.4万元、6854.28万元，比上年同期分别增加109.65%、129.10%、152.50%；养老、失业、工伤等保险基金分别支付17亿余元、9.9亿余元、9888.53万元，比上年同期分别增长2.94%、15.59%、42.30%。开展养老、失业、工伤保险等政策宣传。

（曹贵锋）

10月26日，区人力社保局到建筑工地宣传工伤保险政策 （崔笑辰 摄）

【城乡居民养老保险】 年内，城乡居民养老保险累计参保人数68981人，续保率达99%。收缴基金6717万元，支出基金7亿余元。当年领取养老金人数63705人，比上年同期增长3698人，增幅6.1%。

（曹贵锋）

【福利养老金】 年内，城乡无社会保障老人享受福利养老金人数29210人，比上年减少5.90%。累计发放福利养老金2.7亿余元，同比减支1437.08万元，减幅4.91%。

（曹贵锋）

【社保稽核】 年内，社保稽核接待投诉334件，立案处理292件。因管辖权问题未立案7件，已告知投诉人。投诉人撤诉35件。对348家用人单位下达整改意见，完成各类补缴1649.03万元，通过邮局特快专递发送《社会保险限期缴纳通知书》3429份，追回欠缴1307.52万元。

（曹贵锋）

【内控监督】 年内，基金监督部门处理四险监督系统问题单188条，处理率100%。

（曹贵锋）

【劳动关系】 年内，区人力资源和社会保障综合执法队受理各类投诉举报案件1785件，下达66份责令改正通知书，处罚13家企业，处罚金额40.82万元。为1077名劳动者解决拖欠工资1067.15万元，召开保障农民工工资支付工作部署会。区劳动人事争议仲裁院受理各类劳动人事争议案件2133件，比上年下降15.12%。结案率100%，审理期限内结案率99.34%，调解成功率75.50%，案件终结率76.84%。接访中心接待群众来访2992件，涉及人数7124人，接待群众来电3420人次，办理信访件107件。

（曹贵锋）

医疗保障

【概　况】 北京市密云区医疗保障局（简称区医保局）内设医疗综合保障科，下属医疗保障事务管理中心。编制38名。

年内，区医保局完成22.54万城乡居民集中参保工作，实施社会救助对象医疗救助15.23万人次，开展打击欺诈骗取医疗保障基金专项治理行动、药品阳光采购和集中采购监管。完成333家医保定点医疗机构三大目录库贯标切换工作。全覆盖完成354家定点医药机构基本医疗保险服务协议续签工作。

（从　林）

单位名称：北京市密云区医疗保障局
地　　址：北京市密云区经济开发区康宝路15号
电　　话：89037807

【城乡居民基本医疗保险参保】 年内，区医保局完成22.54万城乡居民集中参保工作，其中学生儿童7.42万人、老年人10.86万人、劳动年龄内居民3.95万人、中央和市属高校0.31万人。享受个人免缴3.7万人。

（从　林）

【医疗救助】 年内，区医保局实施社会救助对象医疗救助15.23万人次，救助金额4041.93万元。其中医疗救助15.03万人次，救助金额3342.21万元；住院押金减免1999人次，救助金额699.72万元。实施因病致贫救助83人，救助金额64.98万元。实施城乡居民大病保险救助1482人次，救助金额1785.07万元；城镇职工大病保险救助270人次，救助金额309.52万元。

（从　林）

【补充医疗保障】 年内，区医保局完成2020年度补充医疗保障1580人次，补偿金额788.94万元。其中低保、低收入400人，补偿金额129.83万元；普通城乡居民999人，补偿金额591.95万元；可选保障

181人，补偿金额67.16万元。可选保障投保5246人，比上年增长158%。政策知晓率、满意率均达90%以上。

（从　林）

【打击欺诈骗取医保基金】 年内，区医保局开展打击欺诈骗取医疗保障基金专项治理行动。完成全区定点医药机构现场检查及自查、自纠，追回不合理费用支出123万余元。

（从　林）

【定点医药机构管理】 年内，区医保局全覆盖完成354家定点医药机构基本医疗保险服务协议续签工作。实施14家新增定点医疗机构初审工作。完成定点村卫生室医保信息系统改造、二级以上定点医疗机构门诊直接结算业务开通、11家医疗机构异地门诊直接结算信息系统改造验收工作，保证医疗机构正常提供相关服务。

（从　林）

【DRGs付费改革】 年内，区医保局完成3家定点医疗机构（区医院、区妇幼保健院、区精神卫生保健院）DRGs付费试点运行工作。通过统一的疾病诊断分类定额支付标准的制定，达到医疗资源利用标准化，有利于费用控制。将医院在试运行工作遇到的问题，进行整理、收集，上报市医保局17条反馈意见。

（从　林）

【医疗保险报销】 年内，区医保局完成城镇职工基本医疗保险报销9.5亿余元，比上年下降1.14%；城乡居民医疗保险报销5.1亿余元，比上年下降0.76%；超转人员医疗保险报销2429.16万元，比上年下降9.68%；生育保险报销2947.01万元，比上年下降5.25%；工伤保险报销2238.22万元，比上年增长17.9%；离休人员医疗保险报销423.02万元，比上年下降39.15%；跨省异地就医直接结算报销941.41万元，比上年增长102.16%。办理视同缴费年限认定业务1508笔。办理国家异地备案审核92人。实施85名新入职医生医保处方权考核工作。

（从　林）

退役军人事务

Veterans Affairs

【概　况】 北京市密云区退役军人事务局（简称区退役军人局）内设退役军人管理科，下属优抚安置中心、退役军人服务中心、综合事务中心、古北口长城抗战纪念园管理所、军队离休退休干部管理服务所。行政编制8名、事业编制43名。

年内，区退役军人局开展党史学习教育主题活动，组织开展“红色坐标在我心中——‘宣、讲、唱、颂、悟’系列主题党日活动”。全面落实退役士兵安置就业、优待抚恤各项政策，支出各类优抚安置政策资金6500余万元。完成符合政府安排工作条件的退役士兵、自主就业退役士兵的接收安置任务。军休干部“两个待遇”得到落实。推动区、镇街（地区）、村（社区）服务保障体系建设，打造3家标杆型退役军人服务站、8家红色退役军人服务站和43家村（社区）示范型退役军人服务站。开展烈士纪念褒扬，完成“9·30”烈士纪念日公祭活动组织保障。

（王　帅）

单位名称：北京市密云区退役军人事务局
地　　址：北京市密云区康居路9号院
电　　话：69072581

【“两节”走访慰问】 1月，区退役军人局开展元旦、春节期间走访慰问退役军人活动。走访慰问优抚对象（含持证烈属）3500余人，支出慰问资金359万余元。

（陈丽方）

【清明节英烈祭扫服务】 4月，区退役军人局开展“守护·2021清明祭英烈”主题宣传教育活动。节日期间，烈士陵园代为祭扫烈士墓50座，代为祭扫烈士651位。

（李昕欣）

【退役军人服务保障体系建设推进会】 6月8日，区委退役军人事务工作领导小组在鼓楼街道召开“密云区退役军人服务保障体系建设暨，‘1+1+5+X’工作法推进会”，区委书记，北京市退役军人局党组书记、局长出席会议并讲话。各镇街（地区）、村（社区）退役军人服务站代表、首届红五星退役军人、首都老兵志愿服务队代表和区退役军人局工作人员等130余人参加。会议对党建引领、移交接收、退役安置、就业创业、抚恤优待、营造尊崇氛围、权益维护、服务场所建设等十大类87项退役军人“1+1+5+X”工作内容进行解读，并就退役军人服务保障体系建设工作进行部署。

（马路明）

【“七一”走访慰问】 7月，区退役军人局开展“七一”走访慰问活动。走访慰问抗日时期烈士遗属186

人，支出慰问资金 18.60 万元。

（陈丽方）

【烈士纪念日公祭活动】 9 月 30 日，密云区组织社会各界代表人士到区烈士陵园开展烈士纪念日公祭活动，为烈士敬献花篮，缅怀先烈。党政军领导干部同部分行业代表、群众代表、教师学生代表、军休干部、军烈属代表、驻密官兵代表等 400 余人参加。

（陈丽方）

9 月 30 日，密云区举行烈士纪念日公祭活动

（王帅　摄）

【退役士兵欢迎仪式暨适应性培训】 12 月 18—19 日，区退役军人局组织开展 2021 年退役士兵欢迎仪式暨适应性培训，培训对象为 2021 年自主就业退役士兵和转业士官。培训采取线下观礼和线上直播形式开展。设置迎新仪式、适应性培训、就业直通车等，为退役士兵了解地方环境、完成角色转换、开展职业道路设计规划、融入职场提供帮助。参加培训的退役士兵、士官及社会群众可以通过网络直播方式观看，累计观看 3093 人次。

（马路明）

【英雄烈士纪念设施集中整修】 区退役军人局开展县级以下（含县级）英雄烈士纪念设施集中整修工作。整修工程涉及国家级抗战纪念设施 2 处、县级烈士纪念设施 4 处、零散烈士纪念设施 18 处、烈士墓 60 座。

（李昕欣）

【密云烈士英名录编撰】 年内，区退役军人局完成密云烈士英名录编撰工作。查阅烈士档案 1564 卷，录入 1564 名烈士生平事迹 12 万余字。

（李昕欣）

【退役军人移交安置】 年内，区退役军人局支出退役士兵一次性经济补助、报销继续教育学费、退役军人补缴保险等政策性资金 1016 万余元。完成 2021 年符合政府安排工作条件的退役士兵、自主就业退役士兵的接收工作。

（张　静）

【退役军人创业就业】 年内，区退役军人局举办专场招聘会 1 次、推荐线上招聘 7 次，提供就业岗位 100 余个，70 余名退役军人达成就业意向。在区职业技术学校挂牌成立密云区退役军人就业创业园，为近 160 名退役军人提供主食面点制作、果木养护、营养配餐、计算机文字录入处理等 30 余种培训项目。聘请退役军人就业创业导师 10 名，为退役军人就业创业提供指导和培训。

（王　帅）

【优待抚恤政策落实】 年内，区退役军人局全面落实优待抚恤政策，支出定期抚恤补助资金、医疗减免、大病救助、临时救助、供暖补助、丧葬补助等各类优抚资金 5560.91 万元。

（陈丽方）

【烈士纪念设施接待服务】 年内，区退役军人局做好区烈士陵园、古北口长城抗战纪念园、白乙化烈士陵园等烈士纪念设施的接待服务，为开展烈士纪念活动和学习党史教育活动的团体和个人提供必要保障。全年接待来访人员 2000 余批次，9 万余人次。

（李昕欣）

【军休干部“两个待遇”落实】 年内，区退役军人局落实军休干部政治待遇和生活待遇，坚持常态化走访慰问、推进军休干部持卡就医、定期开展军休干部、无军籍职工春游踏青、钓鱼比赛等活动，丰富军休干部晚年精神文化生活。引入社会化服务项目，为军休干部提供便捷服务，方便军休干部日常生活。

（卢　娟）

【退役军人服务站建设】 年内，区退役军人局在 20 个镇街（地区）打造 3 家标杆型退役军人服务站、8 家红色退役军人服务站和 43 家村（社区）示范型退役军人服务站。

（马路明）

【退役军人合法权益维护】 年内，区退役军人局妥善开展退役军人矛盾隐患排查、信访接待及办理、“12345”市民服务热线办理等事项，有效处理“接诉即办”工单 118 件，平均响应率 100%、解决率 88.43%、满意率 97.87%。接待来访 173 批次 201 人次，办理信访39件。接办“12397”退役军人事务专线工单86件。

（马路明）

【社会组织服务退役军人】 年内，区退役军人局通过政府购买服务方式，开展退役军人个案帮扶101例，服务541次，全年开展小组活动83节，社区活动24场。提供心理和法律咨询驻岗服务共100班次，接待200余人次，开展法律和心理讲座57场，参与人数2027人，法律和心理讲座等方式下乡送政策30场，发放宣传手册1.8万余份。

（马路明）

【退役军人教育激励】 年内，区退役军人局依托心理社会组织开展人文关怀“心”文化主题活动45场。组织开展“红五星”退役军人争创活动，共选树修身文明星、诚实守信星、岗位建功星、志愿服务星、建言献策星43人。全区有“兵支书”211人，其中村（社区）党组织书记41人，占19.43%，“两委”成员173人，占81.99%。

（马路明）

【退役军人工作信息化建设】 年内，区退役军人局建立密云区退役军人及其他优抚对象信息管理系统，采集数据信息从30余项增加到108项。依托“微信小程序+公众号”，打造密云退役军人之家服务平台，为退役军人提供教育培训、服务保障、政策诉求、咨询、困难帮扶等服务。

（马路明）

【“首都老兵”志愿服务队】 年内，区退役军人局成立“首都老兵”志愿服务队436支，志愿者4851人。各类志愿服务活动参与人员10万余人次。

（马路明）

【党史学习教育特色活动】 年内，区退役军人局组织开展“红色坐标在我心中——‘宣、讲、唱、颂、悟’系列主题党日活动”。通过“宣”入党誓言、“讲”红色故事、“唱”红色歌曲、“颂”革命诗歌、“悟”初心使命，教育引导广大党员干部做到学史明理、学史增信、学史崇德、学史力行。

（王　帅）

双　拥

Double Support

【概　况】 年内，北京市密云区双拥工作领导小组发挥议事协调机构职能，调整区双拥工作领导小组成员单位，完善成员单位职责任务。开展创建全国双拥模范城活动，做好拥军优属、拥政爱民工作。

（赵东方）

【双拥工作领导小组全体会议】 8月，区双拥工作领导小组全体会议暨新一届全国双拥模范城创建活动动员部署会召开。会议由区委副书记、区长马新明主持，传达北京市双拥工作领导小组全体会议精神，总结上一届创建全国双拥模范城活动主要工作，部署和安排新一届全国双拥模范城（县）创建活动。

（赵东方）

【驻密部队走访慰问】 8月，区委、区政府、区人大、区政协等主要负责同志对7支驻密部队和3支消防救援部队开展走访慰问，送去慰问金和慰问品，支出慰问金150万元。

（赵东方）

【双拥文化大课堂活动】 11月，区退役军人局发挥区双拥教育基地宣传教育主阵地作用，增设宣传教育展板，安排讲解员讲授双拥文化，融入军地红色教育活动，打造双拥文化大课堂，营造双拥工作氛围。

（赵东方）

【双拥服务】 年内，区退役军人局落实“需求清单”转“责任清单”制度，为部队官兵提供心理、写作、法律、科技等22类技能文化知识培训。开展百名退役军人回军营、百名现役军人游密云活动。

（赵东方）

【立功受奖】 年内，区退役军人局为1户荣立二等功、17户荣立三等功的军人家庭送喜报，发放慰问金2万元。

（赵东方）

【双拥政策宣传】 年内，区退役军人局在区双拥教育基地、溪翁庄镇、果园街道等地开展双拥政策宣传活动，发放宣传资料和纪念品2000余份，政策解答1000余人次。

（赵东方）

10月11日，区退役军人局在双拥教育基地开展双拥政策宣传活动　　（王帅　摄）

【随军家属安置】 年内，区退役军人局安置随军家属5人，解决军人子女教育入学入园9人。

（赵东方）

民族宗教事务

Ethnic and Religious Affairs

【概　况】 北京市密云区民族宗教侨务办公室（简称区民宗侨办）负责全区民族宗教事务，密云区有满、回、蒙古、壮、土家、苗、朝鲜、彝、布依、侗、瑶、白、么佬、锡伯、傈僳、达翰尔、维吾尔、藏、土、仡佬、毛南、黎、羌、鄂伦春、裕固、佤、傣、哈萨克、纳西、东乡、畲、水、哈尼等41个少数民族，人口4.2万人，占全区常住人口的8.1%。区域内民族学校4所，分别为檀营满族蒙古族中心小学、提辖庄满族小学、古北口中心小学、密云区第五小学。区域内宗教活动场所8个，其中佛教场所4个、伊斯兰教场所2个、基督教聚会点1个、道教场所1个。宗教教职(已备案）人员13个，其中佛教8人、伊斯兰教4人、道教1人。

（王　瑜）

单位名称：北京市密云区民族宗教侨务办公室
地　　址：北京市密云区鼓楼西大街1号
电　　话：69042820

【宗教场所安全检查】 1月14日，区委常委、统战部部长带队到密云区清真寺和普照寺等宗教活动场所开展安全检查。实地查看场所“双暂停”落实情况，听取宗教活动场所疫情防控、安全工作、场所管理等情况汇报。2月3日，区民宗侨办开展对全区8处宗教活动场所节前安全指导工作并慰问教职人员。实地查看各宗教活动场所防火器材，检验教职人员应急处置能力，提出各宗教活动场所要做好疫情工作，严格执行疫情防控四方责任，保障教职人员和信教群众的生命财产安全。

（王　瑜）

【古北口镇民族宗教调研】 3月17日，区民宗侨办到古北口镇调研民族宗教工作并召开部署会。会上传达北京市民族宗教重点工作，指出在疫情防控常态化下，要深挖民族传统特色，结合古北口镇红色基因，开发定位准、覆盖面广的精品旅游项目。实地查看河西村整体提升改造项目，并提出项目要具有本土化、特色化，保留少数民族特色。

（王　瑜）

【宗教活动场所解除“双暂停”会议】 3月18日，区民宗侨办召开全区宗教活动场所有序恢复开放和解除“双暂停”会议。会议传达《关于进一步做好宗教活动场所有序恢复开放和解除“双暂停”工作的指导意见》，对《北京市宗教活动场所疫情防控指南》进行解读。对提出恢复开放申请的宗教活动场所进行可行性评估，经区民宗侨办、属地政府双重批准后方可开放。区民宗侨办及全区8处宗教活动场所负责人参加会议。

（王　瑜）

【党史学习教育主题活动】 4月26日，区民宗侨办开展“学党史、知党情、颂党恩、跟党走”主题教育活动。组织全区30余名宗教教职人员及主要管理人员到古北口镇参观长城抗战古北口战役阵亡将士公墓、古北口长城抗战纪念馆等，学习英烈事迹。

（王　瑜）

4月26日，区民宗侨办组织宗教教职人员到古北口长城抗战纪念馆参观　　（王瑜　摄）

【中国伊斯兰教协会到密云清真寺调研】 4月28日，中国伊斯兰教协会副会长金汝彬带队到密云清真寺调研。与密云伊斯兰教协会负责人及4位阿訇进行座谈，重点询问斋月期间各清真寺斋饭安排、斋月安全工作及清真寺教职人员专升本情况，对密云区伊斯兰教工作给予肯定。要求各位教职人员要做好本职工作，履行社会责任，加强安全意识，坚决抵制破坏国家安全和分裂国家的言行。

（王 瑜）

【民族团结进步创建和乡村振兴调研】 6月1日，市政协民族和宗教委员会主任池维生带队到密云区开展“民族团结进步创建和民族乡村振兴”工作专题调研。实地察看古北口镇河西村、太师屯镇太师庄2个少数民族村的党群服务中心、农业设施园等情况，并提出要发挥民族乡村人文、历史、自然优势，理清发展方向与思路，走出民族乡村振兴高质量发展新路子。

（王 瑜）

【“民族大家庭 浓情过端午”活动】 6月11日，区民宗侨办承办的“民族大家庭 浓情过端午”活动在古北口镇古北口村举办。活动以参观爱国主义教育基地、调研民族乡村建设和各民族代表、群众一起包粽子的形式开展，活动中追思先贤、祈福平安，共品传统文化，共庆端午佳节。市委统战部、市民族宗教委、密云区相关单位、各民族代表、群众等100余人参加活动。

（王 瑜）

老龄事业

Career for the Elderly

【养老服务机构规范化管理】 年内，区民政局制定并下发《北京市密云区民政局2021年度养老机构综合安全监督检查工作方案》，从常态化疫情防控、隐患问题整改、消防及食品安全管理等6方面，对养老机构进行全方位监督管理，开展各类检查工作7轮200余次。完成2家建设单位新建住宅小区配套设施移交工作。指导世济医院、博众医院按照养老机构标准进行改造提升。组织实施2021年养老行业协会换届。对27家符合补贴条件的养老机构，发放运营资助补贴960.2万元。

（刘方媛）

【老年友好型社会建设】 年内，区卫健委坚持以老年人健康为中心，完善居家社区机构相协调、医养康养相结合的老年健康服务，构建具有密云特色的社会保障、健康服务、养老服务三大体系。制定印发《密云区推进老年友好型社会建设行动方案（2021－2023)》。各医疗机构为老年人提供挂号、就医等便利服务，二级以上医院增设老年患者“无健康码”绿色通道。

（邢 颖）

【邻里互助点建设】 年内，区民政局选取十里堡、河南寨2个镇13个村建立邻里互助点100个，确定邻里互助员为周边1000名独居、与重残子女居住的老年人开展服务。区卫健委依托巡访机构组建邻里互助队，为独居老年人提供电话问候、上门巡视、居家养老服务。全区200个邻里互助点为2000名老年人提供入户探视服务13.2万次，电话问候15.6万次，基本居家养老服务16.6万次，转介服务220余次。区卫健委为2208位有需求的残疾老年人配置助听器、助行器、拐杖等康复辅助器具。区民政局制定邻里互助点管理手册和服务手册，对服务对象确认、互助员条件、服务内容、服务标准、服务流程、服务礼仪等进行细化、量化，形成可复制、可推广的管理模式。“邻里互助点”养老服务模式入选12月农业农村部、国家发改委联合发布的21个第三批全国农村公共服务典型案例，被《中国社会报》《昨日市情》等刊登报道此项工作获全国老龄优秀工作第12名。

（刘方媛 邢 颖）

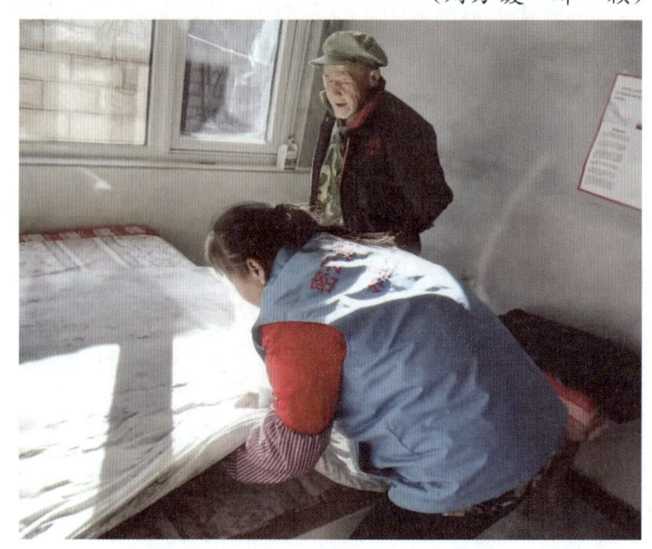

3月31日，邻里互助员帮助服务对象做被褥

（李思杰 摄）

【养老机构改革】 年内，区民政局实施公办养老机构管理体制改革。全区有19家公办养老机构，床位2943张，其中12家养老机构实施公办民营，床位1840张，占公办床位62.5%。指导镇街社会福利中心实施公办民营改革，加大对未开展公办民营镇街的宣传、引导力度，对有意向开展公办民营改革的2个镇街进行政策、流程指导，为其对接密云区优质养老服务资源。

（刘方媛）

【养老机构医疗服务】 年内，区卫健委通过备案管理方式审批养老机构内设医疗机构并纳入医保定点。3家养老机构完成内设医疗机构，有总床位644张、养老护理人员106人、医师17人、护士5人，入住415名老人，1家机构纳入医保定点。全区38家养老机构、100家幸福晚年驿站与医疗机构签订《养老机构与医疗机构医疗服务协议》，实现“养”“医”对接和“病有所医”。

（邢 颖）

【幸福晚年驿站星级评定】 年内，区民政局联合区养老行业协会，对全区符合条件的57家幸福晚年驿站，从运营管理、服务质量、服务流量、各项规章制度制定等方面进行星级评审认定，评选出一星驿站35家、二星驿站22家。

（刘方媛）

【失能评估整顿检查】 年内，区民政局开展全区失能评估机构检查及享受重度失能护理补贴人员抽检复评工作。抽检评估享受重度失能护理补贴人员739人，超额完成任务指标。5家评估机构按照检查出的问题完成整改，复评出不符合条件人员102人。

（刘方媛）

【老年人优待政策】 年内，区民政局发放老年人补贴津贴10088.38万元，其中困难老年人养老服务补贴4.76万人次1321.33万元，80周岁及以上高龄老年人津贴17.24万人次2578.35万元，失能老年人护理补贴13.02万人次6188.7万元。

（刘方媛）

【困境服务对象入住养老机构补助】 年内，区民政局按照低保家庭每人每月3600元、低收入家庭每人每月2800元、城乡特困人员每人每月2000元、计划生育特殊家庭每人每月2800元、重度残疾人每人每月1200元的补助标准，对已入住养老机构困境服务对象给予补助。发放补助7656人次，补助金额1342.41万元。

（刘方媛）

残疾人事业

Disabled Persons Cause

【概　况】 北京市密云区残疾人联合会（简称区残联）内设办公室，下属区残疾人职业康复中心和区残疾人社会保障和就业服务中心。行政编制4人，事业编制13人。

年内，全区持证残疾人29073人，新申请办理残疾人证2396个，残疾类别等级变更545个，残损换新残疾人证666个，注销残疾人证1004个。接待残疾人及亲属来电来访874次，残疾人提出诉求帮助类咨询5件。春节期间慰问7832名困难残疾人，发放慰问金472.8万元。审批完成符合申请居家助残服务补贴（助残券）条件的残疾人4199名，发放补贴资金511.88万元。为5190名符合条件享受城乡居民养老保险缴费补贴的残疾人发放补贴资金441.2万元。为121名残疾儿童发放康复补贴234.88万元，为150名残疾人申请成人康复服务补贴60.95万元，为3581位残疾人申购辅具4983件。有245名残疾人实现新就业，为243名残疾人发放自主创业就业社会保险补贴280.69万元，为申请一次性补贴的10名残疾人拨付社会保险补贴46万元，减轻残疾人经济压力，解决残疾人后顾之忧。

（谷婵娟）

单位名称：北京市密云区残疾人联合会
地　　址：北京市密云区新东路128—2号
电　　话：69062379

【参加“助力冬奥·冰雪嘉年华”活动】 2月24日至26日，区残联组织残疾人代表和残疾人工作者参加密云区第七届“助力冬奥·冰雪嘉年华”活动，到滑向巅峰冰上运动中心开展滑冰体验。在区残联举办冰雪运动大讲堂活动，宣传普及冰雪和冬奥知识。

（谷婵娟）

【爱耳日宣传活动】 3月3日，是第22次全国“爱耳日”，密云区区级温馨家园在清水潭村开展“人人享有听力健康”为主题的爱耳日活动。通过温馨家园服务群推送全国爱耳日活动海报、2021年爱耳日“春之声”云上音乐会、科普听力保健知识。组织残疾人参与爱耳护耳知识讲座、康复政策解读、听力测试助听器调试、护耳操游戏互动等主题活动。

（谷婵娟）

【志愿者工作线上培训活动】 3月26日，区残联在区级温馨家园举办主题为“爱心献社会 真情暖人间”的志愿者工作线上培训活动。活动以腾讯会议形式开展，讲解志愿者的定义、特征、分类和作用等知识，宣传普及中国青年志愿者服务日和学雷锋日，重点介绍北京2022年冬奥会和冬残奥会赛会志愿者的服务类别、招募来源、服务项目和报名方式等，并对参训人员进行志愿者知识线上测试。辖区内80名温馨家园志愿者、管理工作人员参加。

（谷婵娟）

【密云区残联第一届主席团第三次全体会议】 4月9日，密云区残疾人联合会第一届主席团第三次全体会议在区残联召开。区政府副区长、区残联第一届主席团主席马春秀出席会议并讲话，区残联主席团委员41人参加会议，各科室负责人列席会议。会议对区残联第一届主席团主席、副主席、委员进行调整，审议通过相关决议；听取曾永东理事长代表密云区残联第一届执行理事会所作的工作报告，总结2020年工作，部署2021年重点工作；通过区残联第一届执行理事会工作报告的决议。

（谷婵娟）

【剪纸活动】 4月23日，区残联依托区级温馨家园在十里堡镇岭东村温馨家园开展以剪纸艺术为主题的示范活动。邀请手工老师讲解剪纸艺术起源与发展，并现场演示、指导残疾人完成剪纸作品。10月22日，区残联开展2021年剪纸体验活动。邀请密云区非物质文化剪纸传承人普及剪纸相关知识，教授剪纸对边折剪法、三角折剪法、四角折剪法、五角折剪法等方法，现场指导剪纸，展示《清明上河图》《高山流水》《虎啸山河》等成品。23名残疾人及基层残疾人工作者参加。

（谷婵娟）

10月22日，区残联开展2021年剪纸体验活动
（区残联 供图）

【残疾人心理健康知识讲座】 5月12日，区级温馨家园开展以“塑阳光心态 做情绪主人”为主题的残疾人心理健康知识讲座。邀请心理老师讲解情绪管理的重要性，介绍情绪的表现、分类、影响等基础知识，情绪管理的方法，情商的含义、内容、重要性和方法。辖区内40余名基层残疾人和残疾人工作者代表参加。

（谷婵娟）

【残疾人专场招聘会】 5月13日，区残联在区职康中心举办以“巩固残疾人脱贫成果 提高残疾人生活质量”为主题的残疾人专场招聘会活动。9家企业和81名残疾人参加。北京外企人力资源服务有限公司、北京古北水镇旅游有限公司、北京物美鼓楼商贸有限责任公司等9家企业、社会组织，为残疾人提供招聘岗位184个，涉及生态环境管护员、厨师、社会工作者、理疗师、收银员等32个工种，达成初步就业意向102人次。

（谷婵娟）

【《中华人民共和国残疾人保障法》讲座】 5月14日，区残联在职康中心举办《中华人民共和国残疾人保障法》知识讲座。邀请专业律师解读《中华人民共和国残疾人保障法》和《中华人民共和国民法典》中与残疾人联系比较密切的内容，对相关侵害残疾人权益应承担的法律责任以案例形式进行说明，现场解答残疾人在法律援助申请等方面问题，并以《中华人民共和国残疾人保障法》为重点设置有奖竞猜环节。辖区内近50名残疾人和残疾人工作者参加。

（谷婵娟）

【全国助残日宣传活动】 5月16日，区残联与辖区内康复机构在法制公园，联合开展“扶残助残 有你有我”助残日宣传活动。活动现场，围绕“巩固残疾人脱贫成果，提高残疾人生活质量”的主题，为过往群众发放残疾人优惠政策折页、公益宣传袋等材料1400余份。

（谷婵娟）

【残疾人茶艺培训】 5月24日至6月2日，区残联委托北京市密云区金诺邦祺职业技能培训学校开展残疾人茶艺培训。培训以理论知识学习和实操作训练相结合的方式进行，介绍各类茶叶，学习茶艺冲泡步骤和技巧，掌握茶艺中相关基础理论知识和实操技能。开展茶艺表演和手语表演《感恩的心》。辖区内31名劳动年龄段残疾人参加并通过考核，获得结业证书。

（谷婵娟）

【主题绘画培训活动】 6月18日，区残联在区级温馨家园举办“为建党100周年献礼”主题绘画培训活动。邀请专业绘画老师讲解党旗和党徽的意义、其颜色组成、色彩调剂与搭配、画笔和毛笔应用方法等基础知识，强调相关注意事项，指导学员们以建党100周年为主题完成作品。辖区内15名残疾人美术爱好者参加。

（谷婵娟）

【庆祝建党100周年残疾人美术作品展】 6月23日至7月2日，“红心向党·丹青缘梦”——庆祝中国共产党成立100周年密云区残疾人美术作品展在区图书馆举办。密云区副区长马春秀，区残联理事长、区文联主席，区美术家协会、基层残疾人和残疾人工作者代表60余人参加美术作品展开幕式。作品展以庆祝中国共产党成立100周年为主题，由区残联、区文联主办，区美术家协会、区书画院、区图书馆承办，展出100幅残疾人美术作品。

（谷婵娟）

【中式面点培训】 7月19—24日，区残联在北京市密云区华宇发职业技能培训学校举办中式面点培训班，培训10人次。通过理论知识学习和实操训练，使学员掌握与中式面点相关的职业道德及相关法律知识，掌握5—7种中式面点基础理论知识和实际操作技能。使学员能够适应中式面点工作需求，达到独立制作操作水平。

（谷婵娟）

【对口支援】 7月22日，区残联到库伦旗残联开展对口支援工作，实地走访慰问5户建档立卡贫困残疾人家庭，向库伦旗残联捐赠价值20万元物资，援建20万元资金用于温馨家园建设。为巩固拓展脱贫攻坚成果、实现同乡村振兴有效衔接，区残联汇同库伦旗残联围绕“对口帮扶、优势互补、共同发展”的目标，坚持“四个不摘”，持续加大帮扶力度，经友好协商，双方就“十四五”时期支援帮扶合作签订对口帮扶框架协议。

（谷婵娟）

【“教育即是爱，爱即是教育”品牌活动】 9月6日，区残联开展“教育即是爱，爱即是教育”品牌活动，制定《未成年残疾人思想道德建设工作的实施方案》，形成各部门分工协作的工作机制，扩大品牌影响力。举行未成年残疾人思想教育知识及法律服务知识普及讲座4场，参与人数200余人次，各街镇举办思想道德教育讲座66场次，发放宣传页2000册。

（谷婵娟）

【“冬奥进社区”流动大讲堂】 10月19—20日，区残联在十里堡镇庄禾屯村开展主题为“走进冬残奥，体悟冬残奥”的流动大讲堂培训。培训宣传冬残奥知识、残奥冬季两项、轮椅冰壶、残奥冰球、残奥高山滑雪、残奥越野滑雪、残奥单板滑雪等内容，现场组织体验旱地冰壶项目。66名残疾人代表参加。

（谷婵娟）

【无障碍环境建设整治】 年内，密云区完成无障碍环境建设整治、整改点位1195处，其中区专班（精品示范街区）完成整治、整改点位294处；区城管委完成整治、整改点位300处；区住建委完成整治、整改点位320处；区政务服务管理局完成整治、整改点位27处；区卫健委完成整治、整改点位20处；区商务局完成整治、整改点位23处；区市场监管局完成完成整治、整改点位26处；区文旅局完成整治、整改点位32处；区国资委、区发改委、区经信局、区交通局、区园林绿化服务中心均完成整治、整改点位15处；果园街道完成整治、整改点位37处；檀营地区完成整治、整改点位69处；白乙化烈士纪念馆、北庄镇、古北口镇、河南寨镇、溪翁庄镇、十里堡镇均完成整治、整改点位32处。

（谷婵娟）

红十字事业

Activities of Red Cross Society

【概　况】 北京市密云区红十字会（简称区红十字会）内设办公室、业务部，下属应急工作部（加挂中国造血干细胞捐献者资料库北京管理中心密云工作站牌子）。行政编制6名，事业编制4名，劳务派遣7名。

年内，区红十字会以募捐救助为工作重点，关注贫困弱势群体，加强疫情防控和募捐款物接收工作。截至年底，接收捐款255.08万元。接收捐赠物资12批次110.06万件，价值707.16万元。开展人道救助、应急救护培训、志愿服务、对口支援等工作。

（宋丽丽）

单位名称：北京市密云区红十字会
地　　址：北京市密云区长城环岛东口路南
电　　话：69029126

【人道救助】 年内，区红十字会开展“两节”送温暖活动，对全区20个镇街443户贫困家庭进行救助。救助因患白血病、恶性肿瘤、尿毒症、血友病、再生障碍性贫血5种大病和因意外事故造成家庭贫困群体284人次。救助患大病儿童4人。救助社区矫正和刑释解教人员39人次。开展救灾和定向救助工作、艾滋病“四免一关怀”慰问活动，慰问艾滋病患者2人。开展定向助学活动，救助5名困难学生。全年用于区内贫困弱势群体救助款144.04万元。

（宋丽丽）

【应急救护培训】 年内，区红十字会对机关、企事业单位、学校、乡镇和村居重点人员开展应急救护培训。全区4886人参训，超额完成全年培训计划的163%。在全部参训学员中有1420人通过理论和实际操作技能考试，取得由北京市红十字会颁发的救护员证。

（宋丽丽）

【对口支援】 年内，区红十字会到青海省玉树藏族自治州玉树市开展对口支援工作，捐赠应急救护培训物资17.5万元，筹集定向救助资金39万元，专门用于玉树市先心病儿童救助计划，帮助当地贫困先心病儿童家庭缓解经济压力。

（宋丽丽）

【志愿服务】 年内，区红十字会组织志愿者参与主要交通路口执勤、全国文明城区创建、生活垃圾分类、社区疫情防控、密云马拉松赛事等活动。开展“乐享夕阳红”——福利院孤残儿童和老人关爱、“爱心向日葵”——关爱库北水源地山区儿童、“携手护源”密云水库水源地周边环境宣传和保护、“红十字救助”——宣传红十字精神、救助贫困地区儿童项目、志愿服务走基层等志愿服务活动。全年组织活动50余次，参与志愿者2000人次，服务时长37528小时。

（宋丽丽）

8月10日，区红十字会在区公安局开展应急救护技能培训（区红十字会 供图）

消费者权益保护

Consumers' Rights Protecting

【概 况】 年内，区市场监管局坚持疫情防控和维护消费者合法权益两手抓，以维护消费者合法权益为主线，结合疫情防控，凝聚社会各方力量。发挥消费维权协同共治平台作用，推进构建新时代消费维权共建、共治、共享新格局，推进消费者权益保护能力和水平提升。结合“消费季”行动，发挥消费者监督力量，推进消费者参与监督的广度和深度。围绕“凝聚你我力量”主题，通过“线上”“线下”方式，开展“3·15”宣传和专项整治活动。组织开展消费教育大讲堂工作。

（柴冬冬）

【侵害消费者权益专项整治】 年内，区市场监管局开展“守护安全，畅通消费”“3·15”宣传活动。通过线上宣传，推送发布《密云区消费者权益保护状况报告》白皮书。组织开展非法电动三四轮车、网络消费纠纷、违法违规商业营销、预付费校外培训机构等专项整治工作，营造安全、放心的消费环境。

（柴冬冬）

【消费者权益保护宣传】 年内，区市场监督局优化消费环境，倡导理性消费。结合粮食节约、垃圾分类、预付费消费和热点时段消费特点等发挥消费者协会社会组织作用，在节假日、“双十一”网购消费等特殊时点，通过公众号、各类微信群等方式向社会发布食品安全、杜绝餐饮浪费等《消费警示》12期、《消协快讯》10期，宣传并引导消费行为。

（柴冬冬）

【社会信用体系建设】 年内，区市场监督局深化“诚信服务承诺单位”活动。通过召开“诚信服务承诺单位”座谈研讨会、制作专题新闻等形式对承诺事项和企业特色进行宣传。发挥行业自律力量，推进落实经营者第一主体责任，引导经营者倾听消费者诉求。通过区消协的培育、推荐、考评，密云区10家企业被北京市消协命名为2021年“诚信服务承诺单位”，3家企业评为“诚信服务承诺先进单位”。

（柴冬冬）

街道　乡镇

SUB-DISTRICT AND TOWNSHIPS

鼓楼街道

Gulou Sub-District

概　况　鼓楼街道位于密云区城中心地带，东至新东路以东和檀东路以东，与檀营地区和穆家峪镇接壤；南至潮河中心线，与河南寨镇接壤；西至白河中心线，与果园街道接壤；北至京承铁路中心线，与檀营地区和密云镇接壤，辖区总面积13.06平方千米，占城区的2/3。辖白檀、北源里、宾阳、宾阳北里、宾阳里、宾阳西里、长安东区、长安西区、车站路、车站路南区、东菜园、鼓楼、鼓楼南区、花园东区、花园西区、石桥、檀城东区、檀城西区、太扬家园、檀州家园、行宫、行宫南区、向阳西、阳光、沿湖、云秀花园、亚澜湾、云北、御东园29个社区。管辖居民楼房980栋、别墅274栋、平房830户2302间、街巷102条；总人口约18万人、流动人口约2万人。街道共有社团43家、民办非企业54家、基金会1家、社区社会组织345家、行政事业法人单位140家，中小学及幼儿园31所。

生态建设　履行保水首要政治责任。始终把学习宣传贯彻习近平总书记重要讲话和重要回信精神作为首要政治任务，组织学习、宣传，提高基层干部群众的保水意识、生态意识。开展雨污合流整治工作，对太扬家园小区雨水管线进行改造提升。落实“河长制”，加强对潮白河段的日常巡查，建立健全工作机制，做好潮白河生态补水期间安全保障工作，提升辖区水环境质量。

打好蓝天保卫战。开展$PM_{2.5}$监测，对重点小区开展环境清理和降尘作业，加强工地监管，健全考核体系，严肃查处无证运输、泄露遗撒和乱倒渣土等不法行为，压实大气治理责任。推进“事前布控、非现场执法、联合执法”工作模式，打击大排档、露天烧烤等行为。对辖区504家上账“散乱污”单位进行日常巡查，建立动态监控机制，确保辖区“散乱污”和造成污染的经营商户清理整治动态为零。研究制定平房区冬季清洁取暖工作方案，推进7个社区517户居民煤改电工作，提升空气质量。

城市建设与管理　推进创建全国文明城区工作。坚持党建统领，强化统筹调度，建立“日检查、周调度、月排名”工作机制，对涉及街道工作的26大类107项402条检查指标进行分解。将创城宣传与群团活动结合，利用“线上＋线下”形式开展宣传动员，开展周末大扫除等活动。对长安东区南口存在28年的老旧修车摊进行清理，对清真寺南侧私搭乱建进行拆除。完成首都文明办实地检查问题整改12批次195个点位，全区自查普测1734项问题。施划机动车停车位23504个、非机动车停车位21059个，清理楼道6017个，粉刷外墙2万余平方米，修补路面近8000平方米，拆除私搭乱建307处，清理老旧车棚354处、废弃自行车6813辆，清理乱堆乱放5000余处，规范公共晾衣区725处，治理飞线3576条，劝阻不文明养犬行为1765起，设置公益广告3216处。

抓好垃圾分类和物业管理2个“关键小事”。建设31个生活垃圾分类驿站，号召299个党组织、6606名社区党员开展“学、守、做”活动，实行劝阻、警告、罚款“三步走”执法行动，提升厨余垃圾分出率、源头减量率和桶前值守率。创建垃圾分类市级示范小区21个、区级示范小区21个、镇街级示范小区32个、示范楼宇4个。推行物业费收缴“六步法”，开展星级物业评比，出台《物业服务企业星级考核办法》，完成9个业委会的换届工作，辖区人居环境、物业服务管理水平实现新提升，物业收费率达80%以上，居民满意率85%以上。

加强城市精细化管理。坚持新生违法建设“零增长”、违法建设“零挂账”和环境卫生“无死角”工作目标，推进拆违打非工作。创新街巷长制管理模式，按照“无差别、无例外、无死角、全时空、全覆盖”要求，重点解决群众关心、社会关注的街面环境问题。开展爱国卫生运动，组织开展“爱国卫生月”“周末卫生日”等活动，动员3.2万余人次清理堆积杂物、无主建筑垃圾等400余吨。强化环境整治，整改回复市级台账108处，区级台账3157处。开展背街小巷环境整治提升三年行动，按照“十无一创建”工作目标，推进建工路等6条背街小巷环境整治提升工作，将城市精细化管理向街巷胡同延伸。

经济建设　落实贯彻新发展理念、融入新发展格局、推进高质量发展的要求，树立全区“一盘棋”思想，吸引更多绿色高效优质投资企业，突出组收实效，促进区域经济发展。全年引进企业9家，注册资金4250万元，代征缴个人出租房屋税756万余元，实现财政收入3890万元。

文化建设　加强品牌队伍建设。通过整合社区资源、挖掘人才、扩大队伍、促成规模等方法，巩固已创建品牌队伍，不断扩大社区品牌队伍规模。街道级品牌文体队伍有民乐、舞蹈、合唱、模特、篮球、乒乓球、羽毛球、太极8支团队，固定队员310人。社区级文体队伍156支，规模品牌队伍58支，队员7000余人。

开展群众性文化活动。大力弘扬社会主义核心价值观，围绕党史学习教育、创城创卫、疫情防控、垃圾分类、文明条例、传统节日等多个主题，利用街道党群服务中心、新时代文明实践所站阵地，开展文明实践活动1500余场。全面开展群众文化活动，街道组织开展喜迎建党100周年职工健步走活动，开展“庆祝建党百年华诞”“社区邻里节”等各类文体活动380余场，参与居民近5万人次。街道品牌文艺、体育队伍荣获市、区级比赛奖项21个。街道总工会推选20名职工参加全国“2021年第九套广播体操工间操大赛”，获得一等奖、优秀组织奖，全国总工会赛区第二名。

7月3日，东莱园社区举行庆祝建党百年演出
（鼓楼街道 供图）

履行文化综治职责。强化属地监管工作，对辖区28家文化娱乐场所、40家体育健身场所、40家旅馆酒店类住宿场所及71家文化培训机构，开展检查7000余次，出动检查人员2万余人，协调解决相关事项200余件。

社会建设 坚持常态化疫情防控。抓好宣传发动和舆情监测，通过建立“掌上楼门群”等形式，确保各项疫情防控规定传递到“最终端、最末梢”。开展“敲门行动”，对辖区居民开展滚动式“敲门行动”8轮次，做好从疫情中高风险地区来返密人员摸排、信息收集等工作。对辖区4000余家“七小场所”和大型商超开展日常检查1.9万余人次，发现整改问题2300余处。建立健全《疫情小区封控应急预案》《大规模核酸检测工作方案》等制度，开展应急演练和实战封控。筹建115个核酸集中采样点。落实社区管控工作，在原来328个卡口基础上优化为189个，对430名居家隔离人员管控措施落实情况进行督导检查。推进疫苗接种工作，印发宣传海报1200张，张贴楼门通知8000张，开展逐户走访，疫苗接种知晓率达100%，年内共接种新冠疫苗243849剂次。实现辖区“零感染”。

强化接诉即办。建立健全工作机制，创新提出“1135”工作机制和“三个见面、六个到一线”工作要求，坚持主管领导每日分析研判，包社区领导和干部及时与诉求人见面沟通，提升接诉即办工作水平。受理热线工单9726件，解决率90.3%，满意率92.9%。强化协调多方联动，针对疑难跨界问题，用好“吹哨报到”机制，社区向科室吹常规哨12次，街道向各上级部门吹重点哨34次、应急哨4次，形成条块结合、上下协同的工作合力。坚持主动治理，未诉先办，对8个社区33幢住宅楼5.43万平方米房屋漏雨进行改造提升。

提升政务服务水平。按照“1+2+N”基层政务服务功能布局，实现就近办理、一次办理，进“一门”、找“一窗”办成事。年内受理业务18754件，即办类6761件，承办类11993件，办结率100%。全年促进城乡劳动力就业2733人，服务率达100%。城镇居民医疗保险药费报销272万元，发放失业金3815人次750万元，更换社保卡9223张，办理退休人员手续561人，接收各类转入退休关系9401人。做好退役军人服务工作，采集退役军人信息3600人，悬挂光荣牌3394人，29个社区分别成立了“首都老兵”志愿服务队，人数达360人。

保障和改善民生。夯实养老院服务体系建设，推进晚年驿站建设，提供日间照料、短期照料、助餐服务、精神关怀等基础功能，惠及周边6000余名老人。为辖区80周岁以上高龄老人发放补贴22327人次322.42万元，发放养老津贴补贴1458人次22.85万元，为120名60周岁以上特殊老年人参加了意外保险。走访慰问困难残疾人258户，发放慰问金18.55万元，为119名残疾人发放养老助残券14.28万元。为辖区1832名失能老年人、残疾人、重症精神看护患者发放市区失能补贴共计833.68万元。聘请专业三方公司开展社会组织孵化基地管理与服务工作，全年新增社区社会组织145个，重点发展具有影响力的社会组织10个以上。

维护辖区安全稳定。推进安全生产整治三年行动，开展“三合一”整治，做好液化石油气安全、群租房专项整治和建筑施工领域安全隐患排查治理工作。开展电动自行车排查治理行动，清理违规停放充电电动自行车80辆，批评教育违法停放充电当事人132人。统筹推进防汛工作，备齐备好防汛物资，开展防汛演练，制定防汛方案及应急预案，2021年平安度汛。持续推动扫黑除恶专项斗争工作常态化，结合接诉即办工作摸排治乱线索，聚焦重点行业领域，开展133次联合执法检查，处罚违规停车1339起。做好社会面安保维稳工作，防范打击非法集资宣传，促进经济发展和社会和谐稳定。完成元旦、春节、全国“两会”、建党100周年庆祝活动、服贸会期间的防控工作。

党的建设 开展党史学习教育。组织开展“学党史我来讲”“学党史书心得”“学党史长才干”以及“追忆先辈学党史 建设家园做贡献”主题参观研讨活动。购买发放学习书籍5500套，其中送学上门1289人，邮寄学习资料89份。开展“学党史、强信念、跟党走”“建党百年正青春 跟党奋进新时代”等主题团日活动。融入网络技术，街道拍摄制作“鼓楼在线”短视频10期、向阳西社区录制“小威讲党史”抖音直播15期、非公企业华宇集团制作“百名华宇人讲百个红色故事”小视频，在党员微信群转发，组织党员在线学党史。以街道党群服务中心和新时代文明实践所为阵地，接待党员群众参观学习420批次，1.4万人。积极谋划推进“我为群众办实事”活动，创新“列出问题清单+督促整改”办实事，确定的32项重点民生项目全部完成。

3月19日，鼓楼街道党史学习教育动员部署大会 （鼓楼街道 供图）

加强基层党组织建设。贯彻落实《关于深入推进党支部规范化建设的指导意见》，推进“三会一课”、组织生活会、党员活动日等制度落实，利用基层党建全程记实系统，运用微信群、北京长城网等媒介保障党员学习、活动参与率，严肃党内政治生活，夯实党建基础。组织开展基层党组织书记抓党建工作述职评议考核，党工委班子成员、包社区科室站办所负责人、部分两代表一委员、基层群众代表等百余人参加评议考核，压实党建工作责任。深化“微心愿”“便民服务大集”活动，全年完成“微心愿”575件、组织开展“便民服务大集”282场，受惠居民达万余人。持续提升“两新”组织“两个覆盖”质量，建设“密小哥”加油站，引领快递、外卖、互联网行业人员向党组织靠拢。

加强党组织阵地建设。把街道党群服务中心打造成“传播红色基因的教育基地、多元融合的实训基地、寓教于乐的活动基地、便民利民的服务基地”，让党员有学习培训新平台、让群众在家门口享受好服务、让各项事务在党群服务体系中得到高效办理。通过开展沉浸式红色教育释放党群服务新活力，实现党的组织、党的工作和党群服务全覆盖。

加强干部队伍建设。培养优秀年轻干部，创新“一带一”“一带多”的传帮带方式，数十名优秀年轻干部入围年轻干部成长行动计划。完成街道公务员职级晋升，细化完善干部考核的方式流程和结果反馈机制，抓好选调生、引进人才培养管理工作，夯实干部队伍建设“根基”。圆满完成社区“两委”换届，29个社区“两委”换届选举工作任务全部完成，一次选举成功率100%。从严加强干部管理监督，严肃查处和纠正选人用人上的违规违纪问题。

推进人大换届选举。加强组织领导，强化统筹协调。成立换届选举机构和领导小组，并制定相关文件。深入宣传发动，营造良好氛围。加强换届选举动员宣传力度，做到家喻户晓，积极参与。深入落实，有序开展。合理划分选区、分配代表名额，依法有序组织选民登记、推荐代表候选人等工作，确保换届选举成功。鼓楼街道1至15选区共录入选民51249人，一次性成功选举出新一届区人大代表34人。

加强党风廉政建设。组织机关、社区干部参加纪律教育巡展、观看警示教育片、学习区纪委通报、采用电子大屏宣传《监察法》、通过“廉政警示教育小屋”开展体验式廉政警示教育等形式，大力开展廉政教育活动。强化对权力运行的制约和监督，巩固提升社区微权力监督“五个一”体系建设成果，强化“社区监督一键通”群众对社区干部的实时监督，对权力清单和流程图进行动态更新，实现社区权力清单明晰、运行规则明确、监督队伍明责、监督举报明快、警示教育严明的“五明”效果，确保压力传导到基层。

（刘　洋）

单位名称：北京市密云区鼓楼街道办事处
地　　址：北京市密云区新南路110号
电　　话：69042737

果园街道

Guoyuan Sub-District

概　况　果园街道位于密云城区白河以西，东以白河为界，西到兴云社区，与十里堡镇双井村、密云镇季庄村、唐庄村接壤，南至白河北岸、西大桥村，与区经济开发区相连，北到上河湾地区铁路桥为限，与密云镇接壤。辖区总面积8.62平方公里，下辖18个社区，分别是康居、果园新里、果园西里、果园新里北区、兴云、密西花园、新北路、康馨雅苑、季庄、瑞和园、学府花园、绿地、福荣、嘉益、上河湾、澜悦、清水湾、润博园社区。辖区共有户籍人口14096户36079人，常住人口85482人。楼房632栋，单元门2315个，平房4143间（含西大桥村）。中小学5个，公立幼儿园4个，高校1个。

生态建设　大气污染防治。建立辖区内14类污染源台账，聘用专业机构天羽路通环境工程有限公司全天候对辖区内道路进行机械化冲洗，雾化降尘。加大对扬尘污染、道路遗撒、施工工地苫盖不到位的执法和处罚力度，提升污染源防控治理能力。加强“散乱污”企业整治，保持监管高压态势，关停取缔“散乱污”企业11家，做到“两断三清”。落实整改到位工业、汽修等企业2家。

环境卫生建设。共收到区级环境台账1902处，市级台账40处，已全部按要求整改完毕。紧紧围绕爱国卫生综合整治工作，圆满完成国家卫生区复审及北京市卫生街道创建工作，持续巩固控烟示范单位创建成果。开展“周末卫生大扫除”主题活动，清除卫生死角1840处，清理垃圾510吨。

城市建设与管理　推进西大桥地区和十六局棚改工作。办理完成西大桥棚改项目前期手续，确定实施主体为北京祥能置业有限公司，项目实施方案通过区政府第111次常务会审议，取得区规自分局《项目用地及规划审核意见函》及市发展改革委《项目核准的批复》。扎实做好征拆准备工作，收集、整理、核实相关住宅、地块审批材料和历史资料并加强分析研判，依法依规选定拆、评、测等服务机构，做细做实征收认定基础工作。正式启动房屋征收工作，由班子成员分组带队，顺利完成房屋入户调查，入户率100%。协调推进新北路29号院棚改项目，配合十六局开展环评、交评、地勘等相关工作，快速完成前期各项手续，项目东侧地块已于2021年5月份进入基础开挖阶段，12月4栋回迁楼已完成正负零以下所有工程建设。深入开展拔钉子工作，会同区征收办督促拆迁公司加大力度，促进签约，通过工作，5个“钉子户”已经全部签约。

10月11日，果园街道西大桥棚户区改造项目房屋征收工作动员大会召开　（冯欣蕾　摄）

开展垃圾分类工作。研究出台“1+4”垃圾分类制度，压实各级职责，推动党员、物业、社区、垃圾分类指导员、桶站长五位一体，共同开展生活垃圾分类工作。完成华远澜悦、上河湾南北区等10个市级示范小区，兴云乙区、滨河丽舍等15个区级示范小区创建。着力完善分类设施、强化宣传引导，已建成驿站18座，全部完成验收。定期对垃圾分类问题较多的后进小区进行拉练检查，促进整改工作落实。建立生活垃圾分类不准确重点人员台账，开展精准入户宣传，提高家庭投放准确率。创新形式，开展集中桶前执法活动，在劝导居民正确投放的同时，加强对垃圾分类违规行为的处罚力度，提升辖区居民垃圾分类意识、自主投放率、投放准确率。

2月5日，果园街道生活垃圾分类"桶前执法"工作部署会召开 （冯欣蕾 摄）

开展疏解整治促提升工作。巩固无违建街道创建成果，拆除违法建筑744.3平方米，确保新生违法建设动态"零增长"。做好"开墙打洞"治理工作，累计封堵开墙打洞20处，实现动态清零。深入推进背街小巷环境精细化整治，做实"街巷长"制工作，完成康居路、党校路等8条街巷环境整治工作。充分发挥综合行政执法职能，发现、制止、纠正店外经营和违章建设等各种违法违规行为4万余起，累计处罚652起，罚款22万余元。

强化物业管理。认真组织学习贯彻落实新修订的《北京市物业管理条例》，推动辖区物管水平迈上新台阶。协调推动果园西里南区，新里中区、北区八栋区属国企自管住宅楼物业管理市场化。继续加强物业企业党组织建设，加快发展党员，选派党建指导员，强化党建引领。指导果园西里南区、富帛家属院、学府花园、密西花园一期等小区签订物业合同并完成备案。加强物业企业管理，定期召开物业企业负责人工作例会，持续提升服务水平。有序推动业委会组建、换届，把好人选关口，综合考虑人员组成，引导在职、社区党员参与社区治理，为社区治理打下基础。

抓实全国文明城区创建工作。成立果园街道创建全国文明城区工作指挥部，明确组织机构及职责分工，统筹协调开展工作。对辖区新时代文明实践所、站和学雷锋志愿服务站点进行提升改造，确保硬件建设到位，软件补充到位。集中人员力量，对康居、季庄等老旧小区1200余个楼门进行全面治理，清除楼道乱堆乱放，铲除小广告，粉刷墙面3万余平方米。地毯式清理小区内乱堆乱放杂物和卫生死角，清运废弃物600余车次。按照应划尽划原则，施划机动车停车位6300余个，非机动车停车位3800余处，车辆停放秩序明显好转。开展"创城有我，万人签名践承诺"活动21场，制作创城知识车贴500条，新建、更换创城内容宣传栏、公益广告600余面，做好文明创城宣传动员工作。

经济建设 优化辖区营商环境。加强集中办公区的服务与管理，当好企业的信息员、联络员、服务员。盘活辖区内闲置资源，加大招商引资力度，2021年引进企业42家。落实52条惠企促发展措施，累计兑付企业支持资金243.93万元。建立企业外迁预警机制，有效防止税源流失。加强财政组收力度，完成财政收入1535万元。

文化建设 推进北京市公共文化服务体系示范区创建工作。按照"建机制、出政策、搭平台、树品牌、育人才"的总体思路，突出重点、突破难点、凸显特点，各项创建指标有序推进，形成政府主导、部门协调、社会参与、街道社区共创共建的良好氛围。推动文化服务供给提档升级，组织完成舞蹈、合唱、民乐等14个项目培训300余次。文化活动蓬勃开展，以庆祝中国共产党成立100周年等重大活动为契机，开展各类文体演出活动132场，云声艺术团舞蹈队的《云水花溪》分别获得北京第八届广场舞大赛和密云区优秀群众舞蹈团队广场舞展演两个一等奖。完善公共资源配送机制，完成各社区配送3000册图书的公共图书馆资源配送服务建设，举办"大爱北京——聚焦北京扶贫支援"画册基层图片巡展活动。推动公共文化创新，开展原创作品编排征集，原创节目果园华夏鼓曲艺术团京东大鼓《战洪图》获得全区曲艺大赛一等奖。以创建北京冬奥示范街道为契机，不断拓展体育服务领域，建立街区晨晚练站点16个，发展骨干力量300余人，打造品牌队伍51支，实现了"街区体育活动有人组织，街区活动有好去处"的工作目标。

社会建设 做好帮扶和社会保障工作。为119户城乡低保对象、特困家庭，11户低收入家庭发放低保金、家庭救助金共计311.15万元。对低保低收入患病家庭给予医疗救助152人次，发放救助金额24.69万元。为114户低保低收入家庭申请采暖救助17.91万元。认真做好为老服务工作，为老人发放高龄老年人津贴、困难老年人养老服务补贴、失能老年人护理补贴12463人次298.58万元。做好困难残疾人生活补助工作，为困难残疾人发放生活补贴188人次115.61万元，为重度残疾人发放护理补贴211人次 33.8 万元，为严重精神障碍患者监护人发放看护管理补贴金 419 人次 24.89 万元。推进保障性住房工作，受理申请公租房资格 35 户，市场租房补贴资格 44 户，公租房补贴资格 1 户。完成公租房资格复核 89 户，廉租房补贴复核 9 户，公租房补贴复核 29 户，市场租房补贴复核 46 户。入户检查经济适用房 10 户，市场租房补贴 15 户。核查违规线索 6 户，大数据核查 36 户，追缴补贴 5 户。为低收入家庭大学生发放困难救助金 9000 元。办理社保卡补、换、照片更换等业务共 4700 余人次，定点医疗机构修改 2500 余人次，同步信息变更 130 余人次，退休人员药费报销 74 人次，共计 17.7 万元。城乡居民医疗保险新参保 637 人（共计参保 9236 人），药费报销 388 人次，共计 103.2 万元；城乡居民养老保险参保续保 382 人，清算 11 人。

就业服务保障。对有求职意向的失业人员进行精细化信息采集，了解基本情况及求职意向，录入职业介绍系统，匹配推荐，促进失业人员再就业。通过系统筛查、居委会推荐，解决辖区失业人员就业 1374 人次。办理退休和离职手续 38 人，工资比对 12 次。申请市、区两级公益性岗位补贴共 1427 万元。

强化退役军人服务工作。严格落实密云区红色精品型和标杆型退役军人服务站创建要求，2021 年 10 月完成红色精品型和标杆型服务站创建工作。为 43 名优抚对象办理供暖补差手续，申请补助资金 5.9 万元。为 10 名优抚对象报销药费 8 万元。为 7 人申请退役军人临时救助，救助金 25000 元。为 43 名伤残军人、伤残警察、伤残国家工作人员更换伤残证。为 1 人办理农籍老兵待遇申领。

坚持主动治理未诉先办。不断完善群众诉求快速反应机制，做好市民服务热线接诉即办工作，实行日通报、周研判、月挂账制度，坚持以制度促响应，2021 年共接到群众诉求 3923 件，平均解决率 90.72%、满意率 93.88%，综合得分 93.42 分。分别在 2021 年 1 月和 12 月成绩进入全市前 100 名，获得区级奖励资金 20 万元。推行主动治理，利用“民情恳谈日”“摆桌子听意见”等形式，倾听群众需求和意见，将群众诉求解决在源头，变“接诉即办”为“未诉先办”。网格系统共接收网格事件 67209 件，办结 67199 件，办结率为 99.8%，区网格中心下派 18769 件，其中环境卫生和建筑垃圾共 18218 件，游商占道和店外经营 350 件，居民咨询和投诉类 1 件，社区共上报事件 48439 件，及时解决率 100%。

做好社会治安综合治理工作。坚持“抓早、抓小、抓实”的工作原则，组团队、强宣传、深摸排，多方联动、重点整治、综合治理，坚决推进扫黑除恶专项斗争。强化扫黄打非，联合西滨河派出所不定期对果园西里 1 至 7 号楼门店开展整治，有效解决按摩、足疗类门店涉黄问题，减少涉黄警情。强化法律帮扶，发挥“一居一警一律师”作用，共协助社区解决矛盾纠纷 18 起。强化信访受理，完成北京市网上信访信息系统来件 33 件，来访 24 件，纸信 7 件，及时受理率 100%（5 分），按期答复率 100%（15 分），纳入信访满意度评价 80%（12 分），重复信访治理成绩显著，做到了“六个坚决防止发生”。强化重点时期安全稳定，壮大群防群治力量，在反恐防恐、治安维稳、矛盾调解等 11 个领域发挥积极作用，完成全国“两会”、“服贸会”、“建党 100 周年”等安保任务。

落实安全生产责任制。坚持“党政同责、一岗双责”，强化排查、值守、防控，实行辖区内生产经营单位“一户一档”管理，采取“三个覆盖”模式严格检查，共检查单位 16258 家次，消除隐患 598 处，共组织联合执法检查 36 次，涉及安全生产、交通安全、消防安全、燃气整治、摊贩整治、无照经营等多个方面，排除安全隐患 48 处。落实防汛工作精神，完善防汛物资储备，街道和社区抽调精干力量组建 19 支共 380 人的抢险队伍，保障辖区汛期安全。

解决居民痛点难点问题。建立重点工作定期调度研判工作机制，以着力解决人民群众的操心事、烦心事、揪心事为出发点，积极推进重点难点及历史遗留问题解决。加入“密云区不动产历史遗留问题专班”，协助解决购房人办证难问题，2021 年，唐源云居小区已办理房本 153 户、桃源公馆小区已办理房本 104 户。协调区农业农村局、区水务局、西田各庄镇，加快推进新北路社区化工建材家属院供水工程前期相关手续办理，推动尽快开工实施，解决居民用水问题。召开“街乡吹哨 部门报到”工作推进会，联合区级职能部门，积极协调通用博园小区开发企业及停车管理公司，尽快就车位回购取得一致意见，推进解决小区停车问题。协调区级行政部门，落实嘉益园小区物业行政处罚决定，加强监督检查力度，推动群众不满意物业企业尽快撤出。

党的建设 深化党史学习教育。党史学习教育开展以来，果园街道先后组织领导班子成员带头领学、专家辅导讲学、支部集中深学、外出参观学、个人自学等学习活动，利用学习强国、青年大学习、微信群等平台，发动广大党员干部在工作间隙、周末、晚上等“碎片化”时间，参与线上学习活动。组织开展机关年轻干部党史学习教育读书交流活动、“学党史、庆五四”年轻干部座谈会、“学党史、话心得”微党课文化沙龙，以多样形式，促进学习教育走深走实、见行见效。持续开展“我为群众办实事”活动，聚焦居民反映突出的问题、居民诉求量大的问题，完成35项重点民生实事，着力打通服务群众“最后一公里”，促进学习教育在果园街道取得实效。

7月9日，果园街道党史学习教育专题党课召开　（冯欣蕾　摄）

推进宣传思想工作。开展“扫黄打非”工作，推进“正道”、“新风”集中行动，坚决维护意识形态安全和政治安全。深入学习习近平新时代中国特色社会主义思想和习近平总书记讲话精神，巩固壮大思想引导。严格落实中心组学习制度，组织理论中心组学习17次。同时加大居民需求、诉求分析研判和网络媒体监测，及时了解居民思想意识动态，判断意识形态领域形势，形成《意识形态及网络舆情风险分析及建议》2期。加强宣传阵地建设，充分利用街道党群服务中心和新时代文明实践所，为居民提供集党建阵地、思想教育、党群活动、文化传播等功能于一体全方位服务，开展各类宣教活动70余场次。做好社区宣传阵地服务与指导，全年开展各类活动500余场次，弘扬时代主旋律，传播正能量。

推进基层民主政治建设。按照区选举办工作要求，完成第十一届社区居委会换届选举工作，18个社区居委会共选举出包括主任、副主任、委员在内的150名成员，健全了各社区居委会及下属委员会领导班子，进一步明确了工作任务和职责分工。完成社区自治章程和居民公约修改。划分居民小组544个，选举产生764名居民代表。选举工作结束后，对新一届社区居委会基本情况在便民服务频道公开栏进行公示公开。

2月8日，果园街道第十一届社区居委会选举工作部署会召开　（冯欣蕾　摄）

推进党建工作。深化“不忘初心、牢记使命”主题教育成果，坚持运用班子成员述职报告、社区党组织书记月度点评、党建专题例会等形式，压实管党治党政治责任。深入推进基层党支部规范化建设，完成基层党组织换届，一次性选举成功率100%。扎实推进干部队伍建设，明确“五看一优先”导向，实施年轻干部成长行动计划，凝聚干事创业、担当作为的浓厚氛围。强化党建引领，对垃圾分类、物业管理、基层治理等重点工作中基层党组织发挥战斗堡垒作用，党员领导干部发挥先锋模范作用做出明确规定。充分发挥街道党工委总揽全局、协调各方的职能，加强与驻区单位、共建单位的日常联系沟通，拓展共建领域，挖掘共建资源，形成多维度、全覆盖的区域化党建联合体。修订《果园街道社区党组织服务群众经费管理办法》，着力解决城市管理滞后、物业服务不到位等困扰基层党建工作的难点问题和群众反映强烈的突出问题，做好基层党建保障工作。

强化党风廉政建设。深入开展“以案为鉴、以案促改”警示教育，通过召开警示教育大会、观看警示教育片、学习典型案例通报、参观警示教育展板等方式，深刻汲取违纪违法案件教训。围绕中心工作，加强对接诉即办、疫情防控、垃圾分类、西大桥棚改、全国文明城区创建等工作的督查，以铁的纪律保障了各项工作顺利推进。加大执纪审查力度，坚持严管厚爱结合、激励约束并重，年内开展主动约谈提醒68

人次，办理问题线索13件，其中初核了结6件、对6名党员给予党内警告处分、对1名党员给予开除党籍处分，配合京外纪检监察系统调查取证1次，使党员干部习惯在受监督和约束的环境中工作生活。

（王瑞雪）

单位名称：北京市密云区果园街道办事处
地　　址：北京市密云区新西路2号
电　　话：69041079

檀营地区（檀营满族蒙古族乡）

Tanying Area (Tanying Manchu and Mongolian Nationality Township)

概　况　檀营地区办事处位于密云新城东部1.5千米处，属于密云新城核心区，区域面积2.87平方千米。截至年底，辖区有常驻人口7733户，15466人，流动人口7747人，辖区内有幼儿园2所、民族小学1所。

生态建设　对辖区56栋楼房杂物集中清理12次，在北京市城乡环境治理“月检查、月曝光、月排名”综合考核中城区组排名第一；创卫巡查102次，整改台账3916处，通过国家卫生区市级复审；认真落实《北京市生活垃圾管理条例》，在3个社区建立垃圾分类驿站，为垃圾桶站安装监控系统，组织开展“垃圾分类我先行”等主题宣传活动12次。

强化对拆迁区和工地监督执法，管控施工扬尘、建筑垃圾、运输车辆道路遗撒和违规夜间施工等违法行为，开展执法检查3102次，纠正违法行为1400余起，行政处罚420起，劝阻游商820起，规范店外经营51次，罚款11.8465万元。

成立“创城专班”，建立以机关、社区干部、公共文明引导员为主体的巡查组，随时随地抓拍问题，督促科室、社区认领整改，确保每天问题清零；开展社区生活环境百日攻坚专项整治行动，强化环境治理和市场监管，推进城市精细化管理；落实市、区两级问题反馈，对楼道乱堆乱放、张贴小广告、游商占道、乱停车现象及时整改。

镇村建设与管理　实施老旧小区改造提升工程，筹措资金28万，完成檀营小区雨水管线改造工程，解决雨水排水难题。积极协调为久润东区、久润西区、檀营小区、檀府家园施划停车位546个，规范车辆停放秩序，提升通行质量。投入25万元，为檀营小区、檀府家园、石桥西区安装智能监控，提升小区安全性。10月完成2330套房屋的登记收件工作，有2021套房屋完成网签工作，其中1882套房屋成功办理了不动产权证书。碧桂园·琅辉项目46户115套回迁房项目建设完成，回迁居民喜迁新居；全市首批、密云首个1409套共有产权房“首创·悦欣汇”项目步入尾声，解决群众住房需求，惠及居民4000人。

经济建设　完成财政收入3007.2万元，同比增长75.6%，占年度总任务86%，在全区财源建设综合评价中名列前茅。引进规模企业14家，注册资金8.9亿元。

文化建设　开展群众性文化活动，组织开展“永远跟党走”——庆祝中国共产党成立100周年文艺演出、夏日文化广场、星火演出等系列文化活动，唱好“四季歌”，举办文艺演出16场次，举办舞蹈、曲艺、合唱等各类培训班2000余人次参加；打造文化阵地建设，为生态城南北区、檀府家园硬化地面300余平方米，为檀营小区新建1处健身广场，安装健身器材14件，方便群众健身；推进北京市公共文化服务体系示范区建设，打造集图书借阅、上网浏览、文化活动、电影放映、棋牌娱乐于一体的综合文化中心，满足群众文化需求。

6月21日，檀营地区办事处在满蒙公园举办建党百年文艺演出　（檀营地区办事处　供图）

社会建设　深化“平安檀营”建设，完成春节期间烟花禁放、清明防火、全国“两会”维稳等任务。认真贯彻落实《北京市党政领导干部安全生产责任制实施细则》，落实安全生产责任，强化日常监管；建立领导干部接访制度，按照“三公开”“四到位”“五必须”工作要求，全年接待来访35批，133人次。地区主要领导牵头研判，现场接待碧桂园·朗辉回迁居民集体信访，解决“回迁房交付日期、周转金、物业缴费、车库收费”等10项集中反映问题；开展“七五”普法工作，发挥公益律师作用，接待法律咨询68人次；坚持“民有所呼，我有所应”，以“接诉即办推进年”为抓手，开展社区群众大走访活动，机关干部开启全员办单模式，走出去、沉下来、动起来，提绿降红，源头减量，推动主动治理，未诉先办，解决群众操心事、忧心事。1－10月接收工单2831件，解决率94.22%、满意率95.63%，综合成绩在全区前茅；始终坚持疫情防控不松懈，守住安全第一线的原则底线，时刻关注疫情动态，传达上级疫情防控精神，通过成立社区疫情防控临时党支部、迅速开展“敲门行动”、做好居民心理疏导等方式，抓好地区疫情防控工作。

3月18日，檀营地区办事处举办《民法典》讲座（檀营地区办事处 供图）

党的建设 深化“不忘初心、牢记使命”主题教育成果，抓好区委巡察反馈意见整改，对标对表查找差距；推进基层党支部规范化建设，严格标准程序，完成社区“两委”换届工作，选出精神饱满、团结干事的社区班子；深化作风建设，召开党代会、领导班子民主生活会、基层党支部书记抓党建述职评议考核会，达到批评、团结、鼓劲的目的；强化党员干部教育管理，执行“三会一课”制度，每月开展主题党日活动，通过远程教育网、E党建、微信群等方式加强学习教育，提高党员干部素质；坚持人岗相宜、人尽其才，合理安排人员岗位，强化平时考核，激励党员干部担当作为；发挥党建协调委员会作用，“双报到”活动扎实开展，15个基层党支部、678名报到党员积极参与垃圾分类桶前指导、社区环境治理等志愿服务活动。

深入学习贯彻习近平新时代中国特色社会主义思想和党的十九届历次全会精神，坚持用党的创新理论武装头脑，指导实践。理论中心组集中学习12次，组织机关、社区干部学习24次；夯实阵地建设，发挥新时代文明实践所、站作用，檀韵舞蹈队、惠泽华龄等骨干力量长期活跃社区，深入群众开展文化服务、心理疏导、义务理发等实践活动，推动志愿服务常态化、制度化、精准化；牢牢把握正确的舆论导向，围绕中心，服务大局，紧紧抓住网络、电视台、报刊等宣传主阵地，提高宣传质量，凝聚人心，宣传檀营。

地区领导班子带头作表率，通过集中学习、观看专题片、外出参观、一把手讲党课、开展交流研讨等方式，示范引导党员干部“学党史不忘初心，践使命砥砺前行”；融入红色教育，组建地区、社区级宣讲团，通过进社区、学校、机关、企业以及到党建主题公园长廊开展宣讲，在“美丽檀营”微信群和各党支部微信群推送党史慕课，利用健步走契机，创新车轮上宣讲等形式，把学习成效转化为工作动力；聚焦“七有”“五性”，将党史学习教育同总结经验、“我为群众办实事”大走访活动结合起来，主动梳理高发问题，集中力量攻坚，强化为民服务解难题。

强化日常教育监管，运用监督执纪四种形态，利用短信、微信、全程纪实、专项检查等方式，加强财务公开督察，对苗头性问题及时约谈提醒，推进党风廉政建设主体责任全程纪实常态化制度化。工作约谈、提醒831人次，对3个社区党组织委员和社区居委会成员33名候选资格情况说明进行联审，对职级变动人员和参与建党百年等148人撰写廉洁自律情况意见。强化监督和案件处理，紧紧围绕生态建设、绿色发展、垃圾分类、防汛防火等中心工作，跟进监督、全程监督。不定期监督检查重点中心工作百余次，发现垃圾分类不纯等共性问题23个，提醒物业管理部门立行立改12次，完成案件审查调查1件，立案1件，党内警告处分1人，开除党籍1人。

（王京华）

单位名称：北京市密云区檀营地区办事处
北京市密云区檀营满族蒙古族乡人民政府
地　　址：北京市密云区檀西大街城管执法局院内
电　　话：69091389

密 云 镇

Miyun Township

概　况　密云镇辖区位于密云区域西南部的平原地带，东至白石岭东山脊，与穆家峪镇接壤；南至新北路和季庄村西南，与果园街道和十里堡镇接壤；西至小唐庄村西，与西田各庄镇接壤；北至李各庄村和西户部庄村北，与溪翁庄镇和西田各庄镇接壤。镇域面积为13平方千米，距北京市区65千米，首都国际机场40千米，天津塘沽港160千米，是北京至承德以及东北各省的重要通道。全镇辖李各庄、季庄、大唐庄、小唐庄、王家楼、西户部庄6个建制村。辖区内流动人口6918人，户籍人口3774户、8441人，其中农业户籍人口7464人。

生态建设　人居环境治理。研究制定并实施“时时打扫、处处干净、村村美丽”人居环境治理行动，坚持检查整改机制，每周对各村人居环境进行检查，限期整改销账，累计治理环境顽疾500余处；实施考核激励机制，制定农村人居环境治理考核奖励办法，每季度进行考核排名，年内发放奖金44万元；实施偷倒、乱倒垃圾专项治理机制，组建工作专班，采取日间巡查、夜间蹲守等方式，加大执法力度，全年查处相关问题31起，罚款11.2万元；实施技防联动机制，安装环境卫生监控探头73个，对重点环境点位24小时监控，联动处置；实施周末大扫除机制，镇党政班子带头，开展周末大扫除活动，带动党员、群众、志愿者等各类力量参与环境治理4000余人次，全镇人居环境治理成效明显。

6月2日，密云镇召开“时时打扫、处处干净、村村美丽”人居环境整治行动誓师大会

（马梦兰　摄）

巩固“基本无违建镇”创建和生活垃圾分类工作成果。实施网格化动态巡查，对新生违法建设保持零容忍，清理私搭乱建、违法建设26处、5000余平方米。在李各庄小区、大唐庄小区和万利花园小区建成3个标准化垃圾分类驿站，全部投入使用，并安排专人值守，垃圾吞吐量较普通垃圾桶站多出一倍。构建“户分类、村收集、镇转运、区处理”垃圾分类工作格局，大唐庄小区成为全区第一批、全市第二批垃圾分类示范小区。

坚决履行保水政治责任。落实河长制工作，加强河道周边环境管护，镇村两级河长巡河率保持100%。加快推行林长制、田长制，推动“三长”联动、一巡三查。

打好蓝天保卫战。深化“一微克”行动，综合运用减煤控车、治污减排、清洁降尘等精细化治理措施，提升空气质量。做好空气重污染过程应急应对，建立施工工地扬尘管控清单。加大执法检查力度，查处涉气类违法行为12起，罚款13万元。

镇村建设与管理　美丽乡村建设。完成季庄东村“三水”改造和美丽乡村地上工程建设，启动实施李各庄、西户部庄村“三水”改造和美丽乡村地上工程，积极争取大唐庄、季庄西村美丽乡村建设项目，实施管网改造、街坊路建设、绿化美化等各项工程，提升城中村基础设施建设水平。

推进创建全国文明城区工作。制定实施方案、任务责任分解方案、三年行动计划，优化完善创城工作组织领导体系，健全工作调度、督导检查、问题整改等常态化工作机制，形成全镇上下共抓创城的整体合力。

疫情防控。落实“外防输入、内防反弹”要求，压紧压实“四方责任”，统筹做好卡口管控、人员排查、疫苗接种、核酸检测、物资保障等各项工作。深入开展敲门行动，做好涉风险地区人员摸排管控。加强疫情防控执法检查，对辖区内224个市场主体和70余家餐饮单位，开展多轮次、全覆盖检查。率先开展疫苗加强免疫接种，接种率排名全区第一，筑牢疫情防控安全屏障。

完成农村集体产权制度改革。盘活集体资产，发展壮大集体经济，在摸清村集体资产存量、结构、分布等情况后，把村集体资产全部折股量化，释放农村集体产权制度改革红利。剩余5个建制村完成清产核资、成员身份界定、股权设置与量化、股份经济合作社赋码登记等工作，确定集体成员身份8271人，设置股权353.5万股，量化资产总额3537.5万元。

经济建设 全镇完成财政收入 7384.64 万元，超额完成目标任务，实现农村经济总收入 3.9 亿元，农民人均所得 2.1 万元，各项指标稳定增长。

优化营商环境。以“互联网＋政务服务”为突破，76 项优改任务全部落实，制定密云镇支持企业发展管理办法，率先组织召开重点企业座谈会，强化工业园区和集中办公区财源管理，提升为企服务水平。引进新注册企业 50 家、变更注册地址的企业 58 家，其中注册资金在 1000 万—3000 万元的企业 21 家；3000 万元以上的企业 8 家。

发展生态农业。利用惠农政策，争取国家专项资金，对王家楼村老旧棚室进行新棚改建。争取市、区项目支持资金 1200 余万元，新建李各庄村节能型日光温室 68 栋，建设面积 85.22 亩，生鲜农产品线上线下年销售额突破 3000 万元。

推进重点项目。长安新村及南菜园新村棚户区改造项目征收工作顺利推进，回迁安置房初步具备入住条件；水源路北侧住宅项目已完成结构施工，进入装修阶段；大小王棚户区改造项目正式列入市级棚改项目册，正在积极推动项目启动；生态商务区 B、C-1 地块征收项目拆迁工作接近尾声；长安小区东地块定向安置房项目恢复启动；大唐庄大北地土地一级开发项目稳步推进；推进聚缘湖项目整改。

11 月 12 日，密云镇长安新村及南菜园新村棚户区改造项目回迁安置房建设完毕，具备入住条件（李敬 摄）

落实对口协作帮扶工作。密云镇和内蒙古自治区通辽市库伦旗库伦镇、密云镇季庄村和库伦镇团结村、密云镇大唐庄村和库伦镇瓦房牧场村分别签订《对口协作结对框架协议》，捐赠总额 25 万元的帮扶资金，用于支持库伦镇各项民生改善工作。

密云镇召开与库伦旗对口协作帮扶座谈会（马梦兰 摄）

文化建设 加强基层文化基础设施建设。投资 40 余万元，完成大唐庄村、季庄村、李各庄村文化活动中心舞台改造提升工程，基层公共文化服务供给能力和服务水平得到提高。

完成 2021 年度示范区创建工作任务。制定《密云镇建设北京市公共文化服务体系示范区实施方案》，成立领导小组，组织召开镇、村文化工作人员专题会议。加强对镇村两级文化体育等工作的指导和检查，合理规划财政预算，做到专款专用，为各项文化活动开展提供资金保障。

落实农村数字电影放映和星火工程演出。精选“英雄无悔”“密战”“战狼”“建设密云水库”等一批优秀影片为村民放映，全年在固定影厅放映 111 场，流动影厅放映 31 场，完成 18 场星火工程演出。

开展各项文化活动。举办“永远跟党走”——密云镇庆祝中国共产党成立 100 周年主题群众文化活动，开展指挥、乐理知识、舞蹈、形体等内容的培

6 月 28 日，密云镇在李各庄文体中心成功举办“永远跟党走”——密云镇庆祝中国共产党成立 100 周年主题群众文化活动（马梦兰 摄）

训。参加区级曲艺、合唱、广场舞等各项赛事，均取得较好成绩。

社会建设 接诉即办。建立落实镇村干部“135”见面机制，对重点工单和高频诉求进行专题研判，调集资源、综合施策，推动群众合理诉求解决到位。聚焦群众“七有”“五性”需求，推动未诉先办、主动治理，结合推动落实重点工作，各级干部常态化进村入户，收集掌握群众诉求，一批事关群众切身利益的急难愁盼问题得到有效解决。

提升民生保障能力。落实就业政策，开展农村富余劳动力技能培训，累计解决城乡劳动力就业655人，“零就业家庭”保持动态为零。深化便民服务体系建设，建立“窗口统一受理、后台分类审批、窗口统一出件”的审批服务模式，提供“全时服务”及“特需服务”，提升为民服务水平，全年累计为群众办结各项便民服务事项4000余件、办结率100%。关心关爱特殊群体，保障困难群体，为残疾、民政等救助对象发放社会救助资金500余万元，城乡居民养老保险参保率100%。

落实安全发展理念。落实安全生产责任制，开展安全生产隐患大排查大清理大整治，深化扫黑除恶专项斗争、政法队伍教育整顿。推进平安建设，综合运用人防、物防、技防措施，发挥网格员和治安志愿者作用，加强社会治安综合治理。坚持信访联席会制度，实施信访代理制、信访接待日和信访风险评估制度，加大对征地拆迁、棚户区改造、转制等历史遗留问题和重点信访案件排查力度，化解1件历史积案。

党的建设 加强党委自身建设。完成中国共产党北京市密云区密云镇第二次党员代表大会，选优配强新一届镇领导班子。制定《2021年中共北京市密云区密云镇委员会深化落实全面从严治党主体责任清单》，完成全面从严治党（党建）工作考核反馈问题及月度点评会整改任务，组织理论中心组集中学习24次、集中研讨5次。制定《关于在全镇开展党史学习教育的实施方案》，深入开展党史学习教育，积极落实“我为群众办实事”实践活动，10项重点民生实事全部完成。党政班子共完成2021年民主生活会整改14项，班子成员完成整改120条。圆满完成乡镇机构改革任务，形成五室一队五中心机构格局。

加强干部队伍建设。坚持党管干部原则，严格执行《党政领导干部选拔任用工作条例》，严把选人用人政治关、品行关、能力关、作风关、廉洁关。构建干部综合考核评价体系，制定《密云镇公务员平时考核实施方案（试行）》，严格落实公务员职务与职级并行制度。认真贯彻实施“年轻干部成长行动计划”，激发机关干部干事创业的激情和活力。

加强基层组织建设。完成6个建制村“两委”换届选举，完成5个转制单位党组织换届，村级班子结构进一步优化。村级党员活动阵地规范化、标准化程度显著提升。云梦园党支部被区委组织部确定为“区级两新组织”党建示范点，非公企业和社会组织党建工作实现有效覆盖。全年共发展党员12名，开展党员公开承诺和积分管理。

加强舆论宣传引导。签订意识形态责任书，利用宜居密云、密云360微信公众号等网络媒体及区委、区政府内部刊物展示发展新成效，区委主要领导对“时时打扫、处处干净、村村美丽”人居环境治理交流信息专门作出重要批示。围绕党史学习教育、创建全国文明城区、人居环境整治、接诉即办、生活垃圾分类等重点工作，印发《密云镇工作简报》58期，组织开展新时代文明实践活动210余次。

加强党风廉政建设。全年，累计协助党委与相关单位、主要责任人签订《党风廉政建设责任书》54份，党风廉政意见复函2人次，以严明的纪律和优良的作风，保障了全镇大局政治稳定和风清气正的干事创业环境。开展各类警示教育19次，全面引导党员干部强化责任担当。组织开展密云镇纪委专题组织生活会和民主生活会，用身边事警示身边人，持续净化全镇政治生态。结合中心工作、重点项目，通过听取汇报、现场检查和同党政主要负责人、镇人大代表联合检查等方式进行监督，共开展各项监督检查600余次，下达《纪律检查建议书》1次，累计下发《提醒函》7份，对相关责任人开展工作约谈58人次，有效推动各项工作落实。

（马梦兰）

单位名称：北京市密云区密云镇人民政府
地　　址：北京市密云区党校路9号3号楼
电　　话：69057551

河南寨镇

Henanzhai Township

概　况 河南寨镇地处密云新城南部，东依黍谷山、北临潮白河，南接顺义、西邻怀柔，是密云的南大门，京承高速路、顺密公路和京沈高铁纵横穿境而过；镇域面积 66.7 平方千米，辖前金沟、平头、金沟、沙坞、两河、赶河厂、新兴、莲花瓣、钓鱼台、南单家庄、下屯、南金沟屯、河南寨、北单家庄、宁村、圣水头、陈各庄、提辖庄、山口庄、东套里、东鱼家台等 28 个行政村（13 个水库移民村，3 个泥石流搬迁村）和新西区、新中区、新北区 3 个社区，辖区内户籍人口 12522 户，常住人口 24782 人，其中农业人口 18600 人，非农业人口 6182 人。

生态建设 落实保水保生态政治责任。开展河湖生态环境综合专项行动，完成潮白河生态补水和水库泄洪任务，河长制考核排名全区前列。$PM_{2.5}$降幅从去年全区最后跃升所在考核区第一。

完善垃圾分类和人居环境长效机制，建成垃圾分类驿站 2 处，实现建筑垃圾及大件垃圾存放点全覆盖，完成垃圾分类示范片区和示范商务楼宇创建工作。采取逐村推进、每月拉练、现场讲评、标兵授牌等方式强化人居环境常态化管理，打造标兵村 15 个，有 2 个村获得垃圾分类市级示范村荣誉称号、5 个村获得区级示范村荣誉称号。全镇 42 座公厕全部完成提升改造。

巩固深化“基本无违建”创建成果。完成拆违面积 2835.12 平方米，腾退土地 3617.23 平方米，配合国土部门处置到位各类卫片 7 处。落实耕地保护责任，完成全部复耕潜力地块内业核图、外业摸排，并完成复耕地块审核确认工作，复垦工作有序推进。落实“创森”工作要求，完成平原、荒山造林工程 362 亩，林木绿化率、森林覆盖率均超过 55.4%，生态林管护全区第一。

镇村建设与管理 换届选举。28 个村 3 个社区“两委”一次性选举成功；区、镇两级代表顺利产生，镇党代会、人代会顺利召开，区委批复人选全部满票当选。

强化国家卫生镇创建。对标对表卫生镇创建标准，成立创卫专班加强工作统筹，完成居民生活区、食品安全、公共场所环境整治、病媒生物防制等创建工作并通过区级部门检查。

实现宅基地过程管理。采取 GPS 打点定位，实现宅基地全过程管理，自 7 月份以来，审批宅基地 182 户，无信访纠纷。

加快美丽乡村建设。28 个村的美丽乡村村庄规划获得区政府审批，台上、钓鱼台村 2 个村美丽乡村地上工程完工。赶河厂、南金沟屯等村雨排水工程、钓鱼台村污水工程完工并投入使用。

重点工程项目有序推进，完成顺潮街、通怀路、塘峪 220 千伏输变电等工程，保障通怀路道路工程顺利通车和高铁密云站开通运营。

经济建设 全镇实现农村经济总收入 10.66 亿元，同比增长 12.5%。实现年度财政收入 6260 万元，同比增长 29.7%；农村居民人均纯收入 23065 元，同比增长 8.1%。以冰雪运动助推文旅发展，南山滑雪场旅游接待 588 万人次，实现收入 1.73 亿元。因地制宜新建 1 个窑洞特色精品酒店和 5 个精品民宿，形成 22 家精品民宿集群。用好优势资源，守好 5000 亩三优农田，蔬菜播面和产量突破全区 40%。绿色食品认证达全区 81%，农业电商销售 1.6 亿元。

文化建设 推进创城工作，投入 300 余万元集中攻坚难题，发放 2 万余份宣传材料，开展 2 次全要素实战演练确保机制高效，前金沟、圣水头村 2 个村庄完成中央文明委创城测评迎检工作。助力创城工作，在主要街道场所设立公益广告、村规民约、核心价值观等 40 余处，开展“讲移民故事、话幸福生活、谈创城责任”系列活动，制定“和谐和美河南寨，同心同德同争创”三年创城公民道德教育行动计划。

做好公共文化服务体系示范区创建工作，完成镇图书馆分馆改造提升，投入 50 万元改善村级公共文化基础设施。围绕贯彻落实习近平总书记重要回信精神、庆祝建党 100 周年等活动，组织各类文艺演出培训等 135 场，在密云区“唱响密云”合唱大赛中荣获二等奖。文化品牌队伍 2 次登上《星光大道》。

社会建设 建立长效疫情防控机制。镇 28 个村设立卡口 51 个，卡口执勤人员 322 人，群防群治力量上岗 538 人。滨河工业园区设立卡点 2 个，卡点执勤人员 12 人。全镇 141 名包片领导、包村干部全部下沉，对村级防控措施落实情况进行督导检查。精准

8 月 8 日，北单家庄疫情卡口管理

（张翰林 摄）

防控，压实责任，建立“清单式”动态管理，对镇域内村、企业、景区、商超、冷库等部位进行滚动式全覆盖检查。完成加强针疫苗接种16259人。

落实惠民政策。发布空岗及求职信息，推动劳动力就业1138人，解决低保、特困、低收入户医疗费1185人次168万元。发放临时救助款、失能补贴等补助868.47万元。创新推进村级卫生室、40家邻里互助养老服务点等民生工程，套里村获评全国乡村治理示范村。

11月27日，河南寨镇套里村育苗大棚

（张翰林　摄）

推进平安建设。处理网格事件1.14万件，办结率99.6%。受理便民事件6907件，办结率99.5%，其中村级代办率89.2%。落实安全责任制，监督检查经营单位632家次，检查覆盖率60.92%，查处整改隐患266项，隐患整改率100%。

坚持镇领导“双接访”制度。开展机关干部进农户大走访活动，414名镇村干部走访5329户，汇集意见建议50余条，及时解决群众反映强烈的问题。

党的建设　强化党建引领。推动党史学习教育走深走实，完成党员办实事15项，村级完成办实事269件。打造8个“两新”组织示范点。54名机关青年干部进村、入园区一线锻炼。1500余名党员争当“密云先锋”。

落实意识形态工作责任制，以学习宣传习近平新时代中国特色社会主义思想为重点，在市、区媒体平台刊登、播出稿件250余篇。明确“学习党史悟真理，为民办事见真情”工作思路，开展“一名党员一件事，一个支部一清单”等系列举措，推动党史学习活动走向深入。

落实“接诉即办”工作条例，实施未诉先办控源头、接诉即办快反应、有诉必办担实责机制。深化网格化管理服务工作，处理网格事件1.14万件，办结率99.6%。

落实从严治党主体责任，处置问题线索63件，为干部澄清53人次，组织处理7人次，立案审查12人次，化解了一批历史遗留问题，立案数量全区第一。

（王子乔）

单位名称：北京市密云区河南寨镇人民政府
地　　址：北京市密云区河南寨镇河南寨村
电　　话：61086001

十里堡镇

Shilipu Township

概　况　十里堡镇位于密云区西南部，东与密云城区相连，西与怀柔区接壤，南与河南寨镇为邻，北与西田各庄镇交界，京承高速、京承铁路、101国道贯穿东西，京承高速联络线、密云区环城线纵贯南北。全镇总面积26平方千米。辖清水潭、统军庄、程家庄、庄禾屯、河漕、十里堡、靳各寨、岭东、双井、水泉、杨新庄、红光12个行政村和王各庄、燕落寨、明珠、博世庄园、海怡庄园5个社区。户籍人口10108户21947人，其中农业人口5508户12149人，非农业人口4600户9798人。

生态建设　践行“两山”理念，落实“五保水”要求，构建镇、村联动的保水责任体系，落实河长制，实现全镇河道沟渠监管全覆盖。开展“清四乱行动”，注重水污染源头治理，发现问题立行立改，动态清零。完善污水管网建设，推动重点村、企业污水全部纳入污水管网集中处理。

落实大气污染防治攻坚行动，深化“一微克”攻坚行动，实施秸秆粉碎还田266.67公顷；强化扬尘管控，加强洒水降尘、裸地苫盖，实现$PM_{2.5}$浓度下降。

深入落实林长制，完成百万亩造林任务24.47公顷，管护林木增至466.67公顷，成立十里长青集体林场。推进征地手续工作，完成土地复垦17.87公顷。保障粮食安全，完成复耕40公顷。

健全镇村环境长效管护机制，巩固人居环境和创建“国家卫生镇”成果。抓好两个“关键小事”，统军庄村和清水潭村获得北京市垃圾分类示范村称号。

镇村建设与管理 美丽乡村建设步伐加快，投资3137万元的水泉、红光、杨新庄地下污水及供水工程基本完工，“水杨红”硬化和亮化工程已完工；靳各寨、岭东、双井3个村污水、供水工程设计已完成。

王各庄棚改后期工作持续推进，完成4处住宅拆除工作，累计“拔钉子”17户。268亩棚改复垦通过市、区级验收，统筹全镇资源，解决了120亩城乡建设用地指标和建筑规模减量问题，满足了项目拆占比及拆建比要求，加快推进征地转置收尾和平衡资金地块上市。

基础设施更加夯实。提升改造镇域公交站亭，方便百姓公共出行。开展噪音监测和夜间巡查，噪音治理成效明显。巡查维护镇域路灯3056盏，保障居民夜间出行安全。镇文化活动中心及机关实现无线网络全覆盖。定期巡查全镇10个村647栋设施农业，防止“大棚房”死灰复燃，巩固设施农业清理整治成果。“散乱污”企业、非法砂石料厂动态清零。

经济建设 全镇财政收入实现8181万元，农林牧渔总产值实现1.37亿元，规上工业产值达到4.8亿元，完成全社会固定资产投资4619万元，农民人均所得实现29835元。

编制十里堡镇“十四五”规划，确立“两心两轴三组团”战略布局，明确发展思路、定位、路径。实施“两着重一兑现”惠企服务，引进企业75家，3家总部、2家外埠、12家实体企业顺利落地，培育规上企业14家。营商环境持续优化升级，充分发挥“服务包”制度在建设服务型政府中的示范引领作用，为企业量身定制“服务包”，安排专人全程跟进对接。全年对接走访重点企业77家，成功挽留外迁企业11家，减少税款流失700余万元。全镇纳税企业形成税收4.2亿元，实现财政收入4425万元。

文化建设 开展北京市公共文化服务体系示范区建设工作。制定《实施方案》，成立创建工作组，积极开展各类文体活动81场，内容形式包含文艺汇演、志愿服务、电影展播、体育健身、知识竞赛、法律宣传等，抓住中国共产党建党一百周年及2022年北京冬奥会的重要节点，重点开展红色主题活动和冬奥主题活动，在三八节、八一建军节等特殊节日，开展针对特殊群体的文体活动。公益培训14次，受众2万余人次，收集整理档案资料，完善电子屏、培训桌椅、文体中心户外广场改造等硬件设施，深入推进示范区创建工作。培育特色文艺品牌队伍。组建成立镇级、村级业余文艺队伍56支，区级认定的镇级品牌队伍3支。各支队伍在区级比赛中多次荣获奖项。

6月22日，十里堡镇建党百年文艺汇演

（十里堡镇 供图）

以创建全国文明城区为引领，以奖惩考评机制为抓手，全面推进垃圾分类、物业管理、人居环境整治各方面工作取得良好成效。开展痛点攻坚行动，完成18个新时代文明实践所、站的规范化建设。开展“卷街行动”，保证创城宣传全覆盖、问题整治无死角，发挥党员先锋模范作用和包保机制作用，1300名“密云先锋”持续开展周末大扫除。选派“两委”干部带头担任物业服务质量监督员，构建政府、物业、业主共治共管的“红色物业”。获2021年度密云区创城工作先进集体。

社会建设 坚持精准扶贫帮困，196户低收入户全部脱低，累计投入自有资金20余万元，为困难家庭纾困解难。公益性岗位安置就业困难人员20名。建成100个邻里互助点，支持民办养老企业发展，推进社会养老服务体系建设。河漕、统军庄退役军人标准化服务站、镇心理服务站建成并投入使用。扎牢社会救济托底保护网，规范有序发放各类补助资金，镇政府匹配资金200余万元。投资5026万元的博世庄园老旧小区改造加紧施工。红光幼儿园前期手续完成。投资400万元完成程家庄幸福晚年驿站建设，投资420万元完成镇社会福利中心全面升级改造。完成投资400万元的明珠、博世漏雨维修工程。“双燕”地区合理施划车位281个、非机动车位494个，规划面积2484平方米，缓解群众停车难问题。整合利用拆后空间，用好小微果园、设施农业、百万亩造林3项政策，建设渔阳古郡等6个主题、口袋公园。

推动“接诉即办”向“主动治理、未诉先办”转变，全年平均响应率97.6%、解决率93.4%、满意率95.5%，综合得分95.1，年度排名全区第4位。获北京市接诉即办工作先进集体。严格落实“吹哨报到”机制，实现区、镇、村三级联动，打通基层治理“最后一公里”。镇村便民服务升级，群众办事实现“一网通办”。认真落实信访工作，持续推动重点信访积案化解攻坚。严格落实安全生产“一岗双责”，圆满完成全国“两会”、建党100周年庆祝活动期间维稳安保工作。落实防汛、防火责任，更新完善村级微型消防站设备设施，认真做好各项应急安全工作。

抓牢疫情防控，17个片区、65个网格、40个卡口，落实“三班倒、四件套、五个一”防控措施，执行“查证、测温、登记”程序，全体包村干部下沉督导检查。办理市级大数据派单232件，累计管控194人。巡查管控全镇174家经营企业、660家“七小门店”。设立各村（居）检测点和镇级集中隔离点，推进疫苗接种工作，设立统军庄、燕落寨2个接种点，疫苗全程接种率97%，加强针接种率84.3%。加强公共卫生应急演练实操，推进疫情防控常态化工作。

党的建设　学习贯彻落实党的十九大以来重要会议精神、习近平总书记关于守好密云水库的重要指示、重要回信和“七一”重要讲话精神，弘扬伟大建党精神，凝聚奋进力量。扎实推进“两学一做”，深入开展党史学习教育，推动理论学习转化为服务群众能力，31件民生实事取得实效，创新“三服务”工作做法在区级刊登。

带头落实党的各项制度规范，严格落实民主集中制、“三重一大”事项决策制度，全年共召开党委会、党委扩大会议43次，及时学习传达习近平总书记重要讲话和市委、区委最新决策部署，通过集体研究、充分酝酿，对我镇重大事项决策、重要干部任免、重要项目安排、大额资金使用作出决定。

组织召开镇第二次党代会和二届一次人代会，班子成员全部满票当选。落实“十严禁”“四个不准”纪律要求，完成村和社区“两委”干部换届选举，人选吻合度100%，“两委”交叉任职比例达到67.5%。

强化意识形态管控，开展理论学习中心组学习，党委会进行6次专题研究。严把出版安全，督导印刷企业高标准印制党史学习书目逾200万册。

以“优秀”等级顺利通过全国第三批农村综合改革标准化试点验收，党建引领基层治理标准体系层次分明，科学运用，体现密云乡村治理工作特色，获得专家组“工作扎实、内容丰富、卓有成效”的高度评价。参与《村务管理基础术语与分类》《村务管理事项运行流程编制指南》《村务管理村务流程化管理实施指南》3项国家标准的起草和《乡村治理标准化实践与探索》的编写。深化“开放党支部”建设。按照“开放党支部”建设要求推进“四个开放”，促进村民代表充分发挥作用，持续提升乡村治理水平，提升群众的满意度、幸福感。向区委组织部推荐优秀支部工作法2项。全国工商联宣教部党支部与十里堡镇统军庄村党支部结对共建。探索新业态、新就业群体党建工作，成立外卖行业党支部。

12月25日，全国工商联宣教部党支部与统军庄村党支部结对共建　（十里堡镇　供图）

落实全面从严治党主体责任，坚持拉练调研、月度例会、定期约谈，督促班子成员加强对分管领域、所包村（居）党建工作的指导、督促和检查，带头严肃规范党内组织生活，组织开好民主生活会。严肃换届纪律，加强换届风气监督。狠抓正风肃纪，召开“以案为鉴、以案促改”警示教育大会。镇党委总揽全局、协调各方，人大、统战、武装、工会、妇联、共青团充分发挥作用。

（张利娟）

单位名称：北京市密云区十里堡镇人民政府
地　　址：北京市密云区西大桥路67号
电　　话：89022193

西田各庄镇

Xitiangezhuang Township

概　况　西田各庄镇位于密云西南部，距离密云城区5千米，紧邻101国道，西与怀柔区接壤，南与十里堡镇相连，北依云蒙山南麓。镇域面积129.64平方千米。全镇辖西田各庄、河北庄、董各庄、仓头、渤海寨、水洼屯、西恒河、疃里、沿村、大辛庄、西智、太子务、东户部庄、韩各庄、于家台、西山、建新、朝阳、卸甲山、马营、西康各庄、西庄户、西沙地、小水峪、兴盛、牛盆峪、白道峪、小石尖、署地、新王庄、青甸、黄坨子、坟庄、龚庄子34个建制村和西田各庄、大辛庄、沿村3个社区。截至年底，镇内有19555户39674人，其中农业人口13632户30452人，非农业人口5923户9222人；常住人口3.37万人。镇级卫生院1所，下设2个社区卫生服务站。镇级社会福利中心1所。特产有“原味西红柿”、核桃等。

生态建设 全镇34个村村庄规划编制完成，全部获批。完成西山、于家台、新王庄、署地、青甸、西智等村美丽乡村建设，推进董各庄、韩各庄、龚庄子、疃里、朝阳等村工程建设，完成白道峪、西沙地、朝阳村供水工程。开展人居环境综合整治行动，治理区级环境问题台账2423处、市级问题台账9处，落实“日巡查、周检查、月考核”机制，建立“周末卫生大扫除活动”机制，党员干部、志愿者广泛参与，清理垃圾2045吨，推动垃圾分类成为农村新风尚，垃圾分类工作全区排名前列。完成“基本无违建镇创建，”共拆除违法建设27.57万平方米，腾退土地面积47.57公顷，超额完成区委区政府下达的任务指标，拆除违建和腾退土地任务总量、完成总量均位列全区第一。

镇村建设与管理 做好常态化疫情防控。落实中高风险地区来京人员报备制度，执行“四方责任”“四早”以及“三个连夜”要求。利用“村村响”广播、“敲门行动”等多途径进行宣传动员，遏制国内输入、境外输入和福建、黑龙江等地多因素散发疫情，为密云区和首都抗疫斗争作出了应有贡献。同时做好新冠病毒疫苗接种工作，培训和储备医疗救治人员、救助物资。投资30余万元，落实疫苗接种规范化服务，合理布局接种场所，启动镇级临时接种点1处，规划应急核酸检测点41处。

消除卫生室“空白村”。完成“空白村”卫生室建设任务，补上卫生室的“空白村”，共计新建“空白村”卫生室4处，全镇34个行政村实现卫生室全覆盖，解决群众看病难、看病远问题；完善乡村医生管理机制，加强乡村医生队伍建设，稳定和优化乡村医生队伍，确保群众身边随时有村医，真正实现基层医疗服务全覆盖。

平安建设工作。完成庆祝中国共产党成立100周年等重大活动安保维稳工作任务。开展政法队伍教育整顿和“扫黑除恶”专项斗争，化解信访积案，做好12345接诉即办工作。落实安全生产责任制，开展安全生产专项整治三年行动，完成仓头村、卸甲山村、西田各庄村农贸市场升级改造。抓实抓细防火防汛工作，成立自然灾害综合风险普查领导小组，加强应急宣传力度，实现无火情火警、平安度汛，提升人民群众安全感。

经济建设 实施西统路北延、通怀路、美丽乡村建设、环境整治提升、平原造林等重点工程，完善全镇基础设施建设。挖掘民俗文化，完善产业配套设施，精心打造和园知青公社、白道峪奇石文化园、新王庄精品民宿等特色文旅品牌，文旅产业收入年均增长10%以上。推进小水峪观光旅游示范区、卸甲山综合田园示范区建设，改造设施农业园区“日光温室”558栋，提升现代农业规模化、产业化、市场化水平。建立机制，组建队伍，累计投入近千万元，科学城东区服务保障工作卓有成效，为其后续发展提供了充足空间和资源保障。

文化建设 开展群众喜闻乐见的文体活动，打造“云蒙山下”党建品牌，开展“正家风、淳民风、转作风”主题教育活动；组建区、镇两级文化品牌队伍，举办建党100周年文艺巡演，引领人民群众生活方式向好向善。截至目前，全镇改造提升体育活动场地70余处，完成西智、新王庄、卸甲山3个村文化广场改造建设，全镇人民综合素养不断提升，新时代西田各庄镇精神风貌得到充分展现。

社会建设 带领全镇广大党员干部群众打好疫情防控阻击战，做好常态化疫情防控和疫苗接种，确保全镇疫情感染零发生。坚决打赢脱贫攻坚战，全镇2016年核查审定的1507户低收入户3111人全部实现脱低，2个低收入村脱贫摘帽。做好接诉即办工作，共计回访工单1.44万件，累计“吹哨”60余次，解决一批涉及群众切身利益的历史遗留问题，全镇“接诉即办”工作持续向好，全区排名显著提升。完成政务服务中心升级改造，在全区率先实现前台综合受理、后台分类审批、窗口统一出件的服务新模式。做好就业工作，输送2000余名农村劳动力到市、区企事业单位就业。关心关爱老人，为65岁以上4604名老人免费体检，上站体检率达到70%，全镇居民养老保险参保率达98%。

7月，西田各庄镇召开"接诉即办"工作推进会

（西田各庄镇　供图）

党的建设　推进政治建设。开展党史学习教育，深入学习贯彻落实习近平总书记重要回信精神，守好密云水库，护好绿水青山。

思想文化建设取得进展。落实中央、市委、区委关于意识形态工作责任制要求，强化意识形态工作责任，管好队伍、守好阵地，做到"守土有责、守土负责、守土尽责"。以纯正风气强引领、以先进事迹树榜样，打造"云蒙山下"党建品牌，开展"正家风、淳民风、转作风"主题教育活动，缅怀247位西田各庄籍英烈模范，表彰127名先进典型和个人，凝聚起全镇上下的爱国热情和奋进精神，弘扬社会主义核心价值观和优秀传统文化，开展群众性精神文明创建活动。

11月，西田各庄镇召开党委理论学习中心组学习扩大会议，专题学习贯彻党的十九届六中全会精神

（西田各庄镇 供图）

基层党组织建设更加坚实。完成村和社区"两委"换届选举工作，实现书记、主任"一肩挑"，比例达100%。压实基层党建责任，规范"三会一课"、组织生活会等制度，举办党支部标准化规范化建设模拟实训。推进基层党建创新，成立新王庄、青甸、署地党总支，探索农村管理"联村共建"新模式。落实发展党员"两报两审"制度。

深化党风廉政建设。贯彻落实主体责任和监督责任，强化廉政警示教育，开展经常性约谈和督促检查，增强党员领导干部纪律意识和规矩意识。推动"群众身边的不正之风和腐败问题"专项整治行动，巩固中央八项规定精神成果，改进镇村两级作风，提升全镇党风廉政建设水平。

推进武装和群团工作。坚持党管武装，完成征兵任务，全镇兵役登记率达100%。建设退役军人服务站，做好退役军人服务保障工作。坚持党建带团建，推进工会、共青团、妇联等群团组织向纵深发展，广大职工、青年团员、妇女同志在全镇环境保护、产业发展、乡风建设、"基本无违建镇"创建等重点工作中作出贡献。

（郭　悦）

单位名称：北京市密云区西田各庄镇人民政府
地　　址：北京市密云区西田各庄镇
电　　话：61018021

溪 翁 庄 镇
Xiwengzhuang Township

概　况　溪翁庄镇位于密云区北部，是南水北调终点、密云水库主坝所在地。东接穆家峪镇，西连西田各庄镇，南与密云镇相接，北濒密云水库，是密云水库的主要保护地，距密云城区12千米。镇域面积62.45平方千米，下辖第一、第二、第三、第四、云溪、澜茵山、润溪7个社区和溪翁庄、石马峪、金叵罗、北白岩、走马庄、东智东、东智西、东智北、尖岩、黑山寺、东营子、白草洼、石墙沟、立新庄14个行政村（26个自然村）。全镇总人口2.2万余人，其中农业人口1.4万人，居民和流动人口8531人，全镇共有36个基层党支部，2个党委，其中村级党支部14个，党员1538人。

生态建设　保水工作。保水保生态作为全镇首要责任、发展之基，按照"5＋2"保水工作要求，人防、物防、技防相结合推动保水工作常态化、长效化，充分发挥400名保水网格员作用，加强105公里水岸线（含一级区防护网54.5公里）巡查管控，在重点地段安装监控探头16个，设置11个固定岗卡和25个流动巡查岗，保护水源安全。采取措施应对水库水位上涨，租用船只为果农收秋，加固水井井房，及时抽运污水，改造升级用电设施，配备消毒设备，确保群众用水安全。

专项整治。加强门前三包、占道经营的管理，安排专人日常巡查及盯守。建立燃气检查管理台账，结合“三类场所”等相关防疫检查，对辖区内燃气用户进行全面检查。开展生活垃圾分类执法及检查工作，对镇域内各企事业机关单位、酒店、施工现场、餐饮企业等进行垃圾分类执法与检查。强化大气污染类执法管理力度，加大对施工工地现场环境、运输车辆、随意倾倒建筑垃圾行为的整治力度，建立施工工地日常检查台账及重污染天气巡查台账，遇特殊情况及各类预警加大检查力度。

人居环境。结合机构改革，调整镇生态环境保护中心力量。结合各村（居）实际，以治理农村生活垃圾、生活污水和提升村容村貌为主攻方向，组织镇村干部、党员群众对村庄道路、垃圾堆放点、房屋内外、卫生死角进行彻底清扫，解决村庄内垃圾乱扔、杂物乱堆乱放等问题，推动乡村风貌提升工作提质增效。修改完善村规民约，建立健全环境维护长效机制，出台人居环境考核奖励办法，实现周巡查、月排名、月通报，持续推进环境整治工作常态化制度化。

美丽乡村建设。溪翁庄镇13个行政村（除溪翁庄村）美丽乡村村庄规划全部通过区政府审批。黑山寺、东智北等5个村地上工程全部竣工，尖岩、石马峪等4个村污水处理站及湿地建设基本完成。金叵罗村污水、供水工程开工建设，走马庄等第二批以及白草洼等第三批美丽乡村的地上部分实施方案全部完成，并通过区级审核和实地核验。经过几年努力，初步形成了以尖岩村为代表的生态富民水库移民新村样板和以金叵罗村为代表的产业振兴乡村样板。

镇村建设与管理 重点工程。溪翁庄村棚户区改造工作取得阶段性进展，经过集中攻坚，完成预签约工作。市级重点工程西统路北延二期施工基本收尾，西智35千伏变电站升压工程进入地上物清理阶段，万科云溪花园、阳光城溪山悦等地产项目进展顺利。先后完成土地复垦项目、人民公园提升项目的验收工作。万科云溪花园、观唐云鼎、首创澜茵山等地产项目进展顺利，城镇化步伐明显加快。

8月13日，溪翁庄镇溪翁庄村棚户区改造项目启动大会 （李姜媛 摄）

12345市民服务热线。发挥12345市民热线指挥调度作用，及时解决群众合理诉求。主动治理、未诉先办，加强对群众反映问题的梳理和预判。截至目前，我镇共接电单6733件，月均接单641件。受理“12345”工单6409件，已办结6701件，成功回访6157件。其中双满3951件、单满454件、单解8件、双否1744件。整体满意率71.54%，解决率64.30%。

4月20日，溪翁庄镇召开“接诉即办”工作专题培训会 （溪翁庄镇 供图）

乡村振兴。围绕产业、人才、文化、生态、组织五个振兴工作目标，结合全镇发展实际和各村工作实际，以发展壮大村集体经济为重要抓手，持续巩固脱低成果，不断探索农村闲置资源盘活利用、精品民宿提升改造等壮大村集体经济有效路径，大力发展高端、精品农业，着力提高农业现代化水平。在尖岩村重点进行文化旅游示范村建设，目前8个精品民宿院落正在施工中，积极推进渔民渔业合作社建设。金叵罗村重点打造提升村庄环境以及产业项目，打造乡村旅游田园综合体，促进农旅深度融合、产业富民。

安全检查。对镇域内机械加工企业、民（宿）俗饭店、商场超市、市场、学校幼儿园、养老机构、加油站、建筑施工等各单位开展安全检查701家次。检查中主要针对生产经营单位安全组织机构、生产安全、消防安全、交通安全进行检查，共发现各类隐患150余处，主要为组织机构不健全、警示宣传标识缺失、安全管理规章制度存在漏洞、电线电路老化、消防设施不完善等问题。隐患整改率达到90%以上。开展企业安全教育培训和对特种作业人员持证情况进行专项执法检查、对涉及有限空间的5家生产经营企业开展宣传教育工作、开展危险化学品安全专项执法检查工作、集中开展电动车安全整治工作、加强交通安全管理工作、开展消防安全和《新安法》宣传培训工作。

经济建设 招商引资。落实优化营商环境各项举措，努力培育新增税源，相继引进北京云溪房地产开发有限公司等企业，全年完成财政收入7000万元，同比增长32.4%。全年完成工业规上收入2.1116亿元；完成规上工业产值2.0201亿元，全年计划数为1.2亿元，完成年计划的168%。固定资产投入任务为5000万元，完成3205万元，完成年任务的64%。全年共引进企业19家，注册资金3.06亿元，重点引进注册资本100－500万元以下的企业15家，500－100万元以下的企业2家，亿元以上的企业1家：北京毅鹰国际保安有限公司。

民宿旅游。以“一村一品”为抓手，巩固荞麦宴、栗子宴等民俗特色，全镇注册民俗户720户，打造精品民宿17家共58个院落。培育金叵罗小米、石墙沟核桃、东智东香椿等农产品品牌，发展金叵罗村田园综合体，形成了以民俗旅游为主导产业、以精品种植为重要补充，以农旅、文旅融合为重要方向的产业发展格局。2021年全镇乡村旅游收入达到1.25亿元，同比增长91.6%。飞鸟与鸣虫农场入选北京市休闲农业星级园区，金叵罗村成为全国首个“科创中国、乡村振兴实践基地”。经过几年努力，形成了以尖岩村为代表的生态富民水库移民新村样板和以金叵罗村为代表的产业振兴乡村样板。

民生保障。协调电商平台，采用网上直播等形式，帮助东智东村香椿、金叵罗村樱桃种植户线上销售。通过密云360、密云旅游网等平台宣传旅游资源，吸引游客，引导民俗户加大推介力度，提高镇域旅游知名度，促进增收。

文化建设 文化活动。聘请区文化馆专业老师举办广场舞、语言类节目、合唱等培训班5期。全镇200余名文化骨干参与培训。全镇文化队伍达到70余支，品牌队伍28支，文化志愿者3000余人。先后组织文化骨干参加了区文化馆举办的业务培训班4期。先后参与区级文化活动6场，举办镇级文化活动60场，村级98场。

新时代文明实镇践活动。成立镇新时代文明实践志愿服务队，由镇党委书记担任队长，镇长担任副队长。并下设5支志愿服务队，面向全镇开展文明实践志愿服务，如理论政策宣讲、文化活动服务、科学知识科普、市民教育、体育健身等活动。全镇已组建志愿服务队75支，镇村两级拥有固定志愿者450余人，共开展活动450余次。

6月4日，溪翁庄镇开展2021年全民科学素质培训会（李姜媛 摄）

社会建设 “全国文明城区”创建。成立以镇党委书记、镇长为总指挥，党政班子成员全员参与的创城指挥部，指挥部下设一办九组，细化相关副职领

5月28日，溪翁庄镇召开创建全国文明城区工作推进会（李姜媛 摄）

导、科室和各村（居）的任务职责。召开溪翁庄镇创城工作推进会，通过各部门、各村（居）张贴宣传海报、利用各村村响广播、倡议书等形式，动员群众自觉参与其中，将各项中心工作与创城工作紧密联系，已完成两轮、120余个问题整改。

全员就业。把就业作为群众增收最直接、最有效的途径，积极挖掘绿色岗位，通过保水、环卫等公益性岗位实现稳定就业372人。2021年，共发布人力资源市场招聘信息22次，提供就业岗位1199个，新增就业767人。

疫情防控。根据市委、区委关于疫情应急响应调整的相关要求，统筹调度人、财、物各方面资源，落实常态化疫情防控各项措施，做好疫情期间的人员流动管理工作，抓好云佛山滑雪场等人员密集场所疫情防控工作，完成近2000人次大数据派单人员摸排管控。

党的建设 镇村两级换届选举工作。产生“两委”干部131名，其中村“两委”干部96名、社区“两委”干部35名，实现年龄学历“一降一升”、人员结构整体优化的总目标。村级交叉任职比例48.48%，社区交叉任职比例100%。圆满完成各项选举指标任务。召开镇党代会、人代会，党委、人大、政府班子成员全部满票或高票当选。

机构改革工作。统筹“六室、一队、五中心”职责任务、职数设置、人员安排，完成机关机构改革工作。落实年轻干部成长行动计划，51名年轻干部参与“三学”活动，4名年轻干部获区级评选表彰，向区委推荐优秀年轻干部13名。加强基层组织建设。落实《中国共产党支部工作条例》等要求，落实“三会一课”制度，打造尖岩村党员街长制、非公党建“三向”工作法等特色，激发基层党组织工作活力。严格第一书记管理，建立健全考勤、例会等工作制度，确保第一书记驻村、履职。

党风廉政建设。加强党员干部监督，加大线索处置和立案审查工作力度。查处利用政策制定、行政审批、资金分配、检查督办等职权谋取个人利益问题，加强对要害部门、重点领域和关键岗位的监管。开展经常性警示教育，抓住重点行业、重点领域典型案件，深化以案为鉴、以案促改。强化对权力运行的制约和监督，加大对同一部门、同一岗位任职时间较长干部交流轮岗力度。全年接到线索23件，比去年减少16件。其中完成线索核查34件（含往年结转），初核了结4件，调查核实纪内访22件，立案审查4人，给予党内严重警告3人，党内警告1人。

（付子昂）

单位名称：北京市密云区溪翁庄镇人民政府
地　　址：北京市密云区溪翁庄镇溪翁庄村
电　　话：69012529

穆家峪镇

Mujiayu Township

概　况 穆家峪镇位于密云区东部，北依密云水库，西与密云区相邻，东南部与巨各庄镇接壤。1965年设穆家峪公社，1983年改区，1987年置乡，1993年建镇。镇域总面积102平方千米，辖刘林池、新农村、后栗园、前栗园、达峪沟、水漳、沙峪沟、大石岭、荆稍坟、南穆家峪、阁老峪、西穆家峪、北穆家峪、羊山、娄子峪、九松山、辛安庄、达岩、庄头峪、碱厂、荆子峪、上峪22个行政村（49个自然村）和穆家峪、新农村、前栗园3个居委会，常住人口3.1万人。年内，实现规上工业总产值19303万元；建筑业总产值20687万元；旅游业综合收入8382.9万元；财政收入7627.12万元；全社会固定资产投资3147万元；农民人均纯收入32152元。

生态建设 保水工作。加大保水保生态力度，完善“人防＋物防＋技防”并用的保水体系，镇域4条河道分级分段设立河长，把保水责任落实到岗、落实到人，形成责任清晰、覆盖全镇、重点突出的保水格局。严格库区管控，按照网格划分片区，保水网格员全覆盖。加强上下联动，强化重点时期特别是潮河生态补水期间的保水巡河责任，严厉打击各类涉水违法行为。2021年共计出动车辆745车次，出动人员5060人次，清理垂钓、游玩等人员4687人次，立案28起，维护了密云水库周边和潮河河道穆家峪段的生态环境。

生态文明建设。加大空气污染防治力度，发布污染天气预警2次，苫盖裸露地面200余处。加快砂石料厂清理整治步伐，制定并出台了《穆家峪镇违法用地违法建设和矿产资源巡查办法》《穆家峪镇进一步清理整治违法违规砂石料、渣土、建筑垃圾堆放场（点）工作方案》，多次采取“街乡吹哨，部门报到”的形式，召集相关成员单位商讨砂石料点清理整治工作，完成清理整治砂石料堆放点9处，极大改善镇域环境质量。截至年末，穆家峪镇$PM_{2.5}$平均浓度为29

微克/立方米，在城边乡镇排名前列。推进绿化造林工程，完成152.28公顷平原生态林管护、70公顷纪念林养护、8万株义务植树工作。新一轮百万亩造林工程已完成13.05公顷整地、造林栽植。持续做好林木古树保护工作，加大病虫害防治。加强野生动物管理，严防禽流感。在密云马拉松穆家峪段栽种小麦0.867公顷，栽植各类树木4500余株。

人居环境。以创城为契机，强化人居环境长效管护机制落实。开展扫边清角专项行动，清理背街小巷3200余处，完成乱堆乱放、店外经营等问题整改523处。以“月检查、月排名、月曝光”为抓手，累计整治脏乱点1980余个。开展“大扫除”专项活动，逐点位、分时段、划区域对村周边区域、河塘沟渠等进行整治。大力推动“厕所革命”，完成23座公厕改造。垃圾分类工作有序开展，共投入122万元，购置各类分类垃圾桶12309个，其中10490个户用分类垃圾桶已全部发放到位。通过加强桶前值守、张贴海报、入户宣传等形式，大幅提高了村民自主投放准确率。穆家峪镇荣获“北京市卫生乡镇”称号，北穆家峪村被评为“2021年第一批北京市生活垃圾分类示范村”。

美丽乡村工程建设。按照美丽乡村工程推进要求，第一批7个美丽乡村建设村中，上峪村完成了街坊路工程，庄头峪、达峪沟、水漳进行了部分绿化，后栗园、碱厂正在进行地下供排水工程施工。北穆家峪、达岩、娄子峪完成招投标，前栗园、大石岭、西穆家峪完成财评，沙峪沟、荆稍坟、南穆家峪、羊山、荆子峪实施方案待批复。后栗园村“三起来”供排水项目的管线建设全部完工，场站进入设备正常运行阶段。碱厂、阁老峪村供排水工程已基本完成。

镇村建设与管理　新刘棚改。镇政府在区委区政府的带领下，全力推进新刘棚改项目。一是积极推进签约拆除工作，截至12月份已签约拆除2043户，住宅签约拆除率达99.85%，新丰市场片区正在有序开展签约拆除工作，其余区域已基本完成。二是快速推进回迁房建设，8个回迁安置房地块、78万平方米回迁安置房全面开工建设，截至12月份已全部封顶，其他市政配套设施同步推进。三是积极推进上市平衡资金地块开发建设，提前谋划村集体经济发展，改善新刘两村群众居住条件。

12月，新刘棚改项目完成封顶工作

（闫京　摄）

12345市民服务热线。坚持未诉先办、接诉即办、马上就办，进一步完善工作制度，实行“日通报、周研判、月分析”，形成难点问题督办、领导约谈督办的督办机制。严格实行“红黄绿”三级预警、“一线工作法”、“三包三转三上门”等工作法。严格按照“六个严禁”“五个督办”“八项措施”工作要求落实各项工作机制，将“接诉即办”工作进一步做细、做透、做实。全年接单7918件，平均综合成绩92.61分，解决率、满意率稳步提升。

民生保障。紧盯2021年重要民生实事，把就业当做民生之本，坚持就业优先，建立较为完善的就业信息平台，多渠道开发就业岗位。城乡居民医疗保险、养老保险工作顺利开展，办理新参保、续保人员共计23308人，发放大病医疗补偿金148人次、180余万元，“病有所医，老有所养”政策保障作用得到充分发挥。对符合条件的1850余名困难残疾人家庭办理一卡通服务，发放慰问金43.5万元。镇计划生育及公共卫生工作有序开展，为1331人办理了计划生育奖扶、特扶相关政策补贴。控烟工作得到区政府通报表扬。妇女儿童、残疾人、双拥、征兵、民族宗教等各项工作稳步推进。

做好疫情防控各项工作，严格执行“外防输入、内防反弹”疫情防控要求，压紧压实四方责任，有序开展核酸检测、疫苗接种、社会面管控等工作，完成核酸采集10240人次，疫苗接种21915人次，筑牢群防群控的安全防线。从消除安全隐患、维护人民群众生命财产安全出发，开展各类安全生产检查1076家次，发现问题隐患233项，已全部整改完毕。集中开展液化石油气专项整治行动，加大电动自行车消防安全检查和宣传，提高群众消防安全意识。加大普法宣传力度，加强信访矛盾化解，维护社会稳定。面对极端天气，筑牢防汛责任堤坝，降低灾害损失，保障群众生命财产安全。

经济建设　文旅产业发展。打造“全域旅游”，依托京承高速、环湖路、101国道等交通优势，密云水库、浅山区、潮河、红门川河的区位优势和密云机场、极星农业、日光山谷等产业优势，持续实施乡村旅游“十百千”工程。推进精品酒店建设，日光山谷项目取得多规合一初审意见及发改委立项，德懋堂山场租赁方案已通过审核。“通航小镇”“枫叶山谷”“阁老峪乡村网球俱乐部”等文化产业项目规划方案编制初步完成。支持民俗业态发展，指导水漳村、羊山村、碱厂等村20家星级民俗院落、2家业态评定办理。

农业发展。推进果园公园化建设，实施前栗园无公害基地建设，庄头峪梨园有机基地建设工作。推动碱厂桃园、达岩板栗、庄头峪杏园、南穆家峪刘力果园的绿色认证，全镇林果业竞争力持续增强。极星农业科技园发展势头良好，年产值1500万元，解决劳动力人数60人，每人每年增收4万元。发展蜂蜜产业，加强政策、资金、技术支持，依托独具优势的自然资源，培育养蜂60户4350群，北京神农之乡养蜂专业合作社刘金良应用“多箱体养蜂”模式，带动蜂农提高产品质量，增加经济收入30%以上。

财源建设。完善《穆家峪镇招商引资管理办法》，增强企业发展后劲和引税积极性。强化财源建设项目管理，挖掘重点纳税潜力企业，完成新注册公司30家，其中引进京外企业2家。优化营商环境，充分发挥属地人文、环境优势，以商招商、情怀招商，主动走访企业15家，积极协调相关部门，解决企业用地、纳税等问题，企业生产经营更加安心，发展更加顺畅。

文化建设 庆祝建党100周年宣传文化活动。组织开展好庆祝中国共产党成立100周年系列宣传文化活动。做好庆祝建党100周年等重大活动宣传环境布置，加强对宣传标语横幅的统筹管理。组织全镇干部群众百余人拍摄传唱《歌唱祖国》视频快闪，展现全镇党员群众凝心聚力共筑中国梦的良好形象和磅礴力量，视频点击量超40万。开展“永远跟党走”群众性主题宣传教育活动，参加“牢记嘱托跟党走·接续奋斗新征程”主题百姓宣讲、“建党百年——红色密云革命遗址展”、中国共产党密云区历史主题展览等活动，在全镇掀起庆祝中国共产党成立100周年的浓厚氛围。

新时代文明实践活动。理顺和完善志愿服务组织体系和工作机制，加强对志愿者和志愿者队伍的管理激励，推动志愿服务制度化常态化开展。充分发挥新时代文明实践所、站等各支志愿服务队伍作用，开展形式多样的新时代文明实践志愿服务活动，提升群众获得感。

6月23日，穆家峪镇组织全镇干部群众百余人拍摄传唱《歌唱祖国》视频快闪 （王缤钰 摄）

社会建设 社会保障。办理城乡居民医疗保险1.45万人，城乡居民养老保险0.85万人，对符合条件的2269余名困难残疾人家庭办理一卡通服务，为698人发放慰问金44.9万元。为提高临时救助精准性，加大社会力量参与度，发挥社会救助的兜底性作用，穆家峪镇成立北京市密云区穆家峪镇爱心救助协会，共计救助74人次，救助款物累计41万余元。镇计划生育及公共卫生工作有序开展，为1624人办理计划生育奖扶、特扶相关政策补贴，大龄独生子女死亡镇级每户政策补贴2000元。

社会管理。深化12345市民服务热线接诉即办工作，继续完善精准派单、首问负责、周研判月分析，定期通报、约谈、奖惩等机制体制，实行“红黄绿”三级预警工作制度，着力提高镇村干部思想认识和解决诉求能力。

党的建设 提升党建工作水平。推动党史学习教育开展，全年开展中心组理论学习19次，推动学习习近平新时代中国特色社会主义思想走深走实。乡镇领导班子换届工作严把人选政治关、品行关、能力关、作风关、廉洁关，优化领导班子配备，着力选拔党的好干部，配出结构优、功能强的好班子。推进四议一审两公开制度落实，构建党组织统一领导、群众广泛参与的基层治理体系。召开季度党组织书记党建工作专题例会。加强村级后备人才建设，破解基层后备人才不足难题。提前谋划、统筹推进村“两委”换届选举工作，换出好班子、换出新气象。正风肃纪、反腐高压态势持续不减。做实做细日常监督，严格落实中央八项规定精神和警示教育大会精神，运用“四种形态”，强化监督执纪，处置问题线索94件，立案审查13人，镇村干部约谈提醒共21次涉及73人，全镇上下形成了风清气正的政治生态。

（闫 京）

6月7日，开展新一届村、社区“两委”干部培训 （闫京 摄）

单位名称：北京市密云区穆家峪镇人民政府
地　　址：北京市密云区穆家峪镇荆稍坟村
电　　话：61051168

巨各庄镇

Jugezhuang Township

概　况　巨各庄镇位于密云区东南部，距城区6千米，地处燕山余脉浅丘地带，是密云山区与平原的交界处，东邻大城子镇，南与东邵渠镇和河南寨镇相连，北隔潮河与穆家峪镇相邻。京承高速紧邻蔡家洼村和沙厂村，分别设有出口，在前焦家坞村设有高速服务区，密三路、密兴路纵贯全镇，京承铁路、京沈高铁穿境而过。镇内交通便利，地理位置优越，是全区6个重点小城镇之一。镇域总面积107.8平方千米，境内有总容量2120万立方米的沙厂水库，北部山地铁矿、页岩等矿产资源丰富。镇内生态环境优美，旅游资源丰富，是北京市休闲农业与乡村旅游示范镇，镇内建有北京张裕爱斐堡国际酒庄、玫瑰情园等景点和一条以精品葡萄和葡萄酒庄园为主的“酒乡之路”特色沟域经济产业带，密云区国家现代农业产业园坐落于蔡家洼村。全镇辖蔡家洼、东白岩、丰各庄、后焦家坞、塘峪、黄各庄、前焦家坞、水峪、霍各庄、张家庄、金山子、八家庄、巨各庄、豆各庄、赵家庄、塘子、久远庄、海子、康各庄、牛角峪、前厂、沙厂、水树峪、楼峪、达峪、查子沟26个行政村56个自然村和新生、沙厂、铁矿、豆各庄4个社区。截至年底，镇内有12175户23626人，其中农业人口8651户18473人、非农业人口3524户5135人，非京籍人口1224人。镇内有卫生服务中心1处、精神卫生保健院1处、中医院1处、社会福利中心2处、中学1所、小学2所、幼儿园3所。

生态建设　水环境质量向好。履行保水首要政治责任，持续做好沙厂水库周边水源保护工作和密云水库二级圈下游河流水域安全。完成河长制工作部署，对本镇所有河道沟渠做到有效巡河，实现监管全覆盖。落实镇级水源保护工作，常态化开展清理工作，确保河道行洪畅通。提高河长巡河实效，对新出现的问题立行立改，动态清零，各项巡河指标排名全区前列。整改河道环境问题台账109处。清理河道10余千米，垃圾、淤泥、漂浮物等6000余立方米。潮河生态补水期间与相关部门开展联合执法，出动300余人次，劝离不文明行为100余人次。

土壤环境质量净化。开展土地污染状况详查和化肥减量工程，实施农用地分类管理，推进土壤详查和检测，土壤污染防治效果稳定达标，土壤污染源头管控持续加强。在霍各庄村和水峪村推广测土配方施肥面积共27.7公顷，农作物秸秆综合利用全覆盖。

推行“林长制”“田长制”工作。本镇林木绿化率78.98%，森林覆盖率达73.12%，人均公园绿地面积15平方米，完成2021年新一轮百万亩造林任务指标，林木覆盖率稳步提升。获得“首都森林小城镇”“首都环境建设样板单位”等荣誉称号。

镇村建设与管理　人居环境整治工作加强。形成日常巡查、各村互查、周末大扫除、定期大拉练等长效管护机制。构建镇、村、保洁员“三位一体”环境管护体系，城乡环境区级考核成绩名列乡镇前茅。“厕所革命”成效显著，30个公厕提升改造项目全部完成。

推进爱卫运动。落实“爱国卫生三年行动实施计划”工作，巩固创卫成果。结合疫情防控全面做好爱国卫生月、病媒防治、健康教育、控烟行动、光盘行动、垃圾分类、宣传健康教育、卫生大扫除等活动，引导村民养成文明健康生活方式和文明卫生习惯。

垃圾分类精细化管理。本镇26个村全部设置垃圾分类驿站和大件垃圾、建筑垃圾围挡，硬件设施达标，垃圾分类效果提升。蔡家洼村、沙厂村通过市级垃圾分类示范区验收，张家庄村、塘峪村通过区级示范村验收。出台《巨各庄镇环境建设员（生活垃圾分类指导员）管理办法》。完善工作机制，整改各村垃圾分类点位 1200 余处。2021 年本镇产生生活垃圾 5394 吨，比 2020 年下降了 34%，比 2019 年未实行垃圾分类之前下降 50% 。构建镇、村、保洁员“三位一体”环境管护体系。固化周末大扫除、拉练大检查等体制机制。城乡环境走在全区前列，被评为“2020 年度首都城市环境建设管理突出贡献单位”。23 个村荣获市、区级“绿色村庄”“花园单位”称号。

4 月 30 日，巨各庄镇开展《北京市垃圾分类条例》实施一周年主题活动　　（苏晓颖　摄）

巩固大气治理成果。制定《巨各庄镇大气污染防治 2021 年行动计划任务分解表》，巩固改善空气质量。2021 年年均 $PM_{2.5}$ 浓度 31，密云区排名第七。严厉打击砂石料非法囤积和二次装载点，保持高压态势对堆放场点和运输车辆进行检查和处罚，多部门联动实施“回头看”专项督导，出动执法检查人员 400 余人次，执法车辆 100 余车次，累计查扣非法砂石料运输车 30 余辆，查处非法砂石料堆放场点 3 处，取缔二次装载点 5 处。对 5 家空气重污染应急企业逐一制定了《空气重污染黄色以上预警应急工作预案》，签订停限产承诺书。在“七一”重大活动期间，督促企业开展停限产工作，“日检查”落实督导责任。对园区 VOCs 企业实施动态监控，按照疏解一批、关闭一批、整治提升一批的原则实施分类整治。严格落实扬尘管控，治理散装货物运输车辆和大车泄漏遗撒现象，加强施工工地扬尘执法检查，立案处罚 8 起。精细化裸地治理。全面摸排镇域 161 处 89.19 万平方米裸地，苫盖裸地 1.25 万平方米。利用“村村响”广播每周定时播放《密云区人民政府关于行政区域内禁止燃放烟花爆竹的通告》，烟花爆竹禁放工作有效开展。

提升农村宅基地管理水平，持续完善农宅房屋审批和建房管理制度，完成房屋翻建申请审批 147 户，房屋抗震节能改造竣工 133 户，危房改造项目竣工 16 户。水树峪移民搬迁有序推进，郝家庄新村进入竣工验收阶段。

耕地保护空间复耕工作有序推进。统筹谋划耕地保护工作，复耕土地摸排工作基本完成，率先启动塘子砖厂复垦工作，打造复耕工作样板。完成复耕潜力地块内前焦家坞等 14 个村 2000 余户村民土地流转协议签订和伐移手续办理工作。完成沙厂、豆各庄等 5 个村复垦项目地块测绘及方案编制工作。

疫情防控施行常态化工作机制。紧盯国内散发病例动态，加强对重点单位、场所以及重点人群的防护管控措施，实现“零感染”目标任务。疫情多发时期，构建统一指挥、全面部署、立体防控的工作格局。加强摸底排查，落实防控责任，落细各项举措，严格排查大数据派单、京外来密、外地返京人员信息共计 1811 人次，按照管控建议分别落实管控。新冠病毒疫苗接种工作扎实开展，两针脱漏率持续走低。10 月 21 日启动新冠病毒疫苗加强针接种工作。妥善有序开展 3—12 周岁人群新冠病毒疫苗接种工作。加强核酸检测能力建设，健全工作机制，设置村级核酸检测点，完善村级核酸检测应急处置工作。为因疫情管控居家隔离的学生制定并落实学习、生活、心理健康等方面方案，确保学生跟上学习进度。

创建全国文明城区工作扎实开展。对标对表发现问题，自查自纠全面完善，创城问题点位全部整改完成。本镇 1 个新时代文明实践所和 26 个新时代文明实践站全部建成。对各村创建联络员进行培训，规范编写各类软件材料。组织创建文明实践志愿服务队伍，开展党史学习、垃圾分类、环境整治、文明家风等各类文明实践活动。多次组织机关干部开展创城知识学习测试。利用“村村响”广播开设创城专栏，每周定期播报创城节目。结合疫情防控敲门行动开展“创城我知道”宣传，实现创城工作人人知晓、人人参与。蔡家洼村获评“全国文明村”“首都文明村”，豆各庄、康各庄、水树峪、达峪获评“首都文明村”。

经济建设　农业总产值 1.4 亿元。规模以上工业总收入 6.6 亿元。接待游客 48.4 万人次，旅游综合收入 1.7 亿元。全社会固定资产投入 340 万元。财政收入 1.6 亿元，完成年度任务目标，位居全区镇街首位。农民人均可支配收入 33060 元。

深化财源建设工作。研究起草《巨各庄镇招商引资工作方案》，开展招商引资工作，护航财源建设。拓宽招商引资思路，招优引强，引进储备一批优质税源。迁入、注册企业 37 家，注册资金 5.4 亿元。助力发展规模以上企业及重点培育企业。主动服务企业，营商环境持续优化。加强政策宣传力度，服务和支持企业发展。全年累计走访企业 200 余次，帮助企业解答政策、解决问题 50 余项。针对企业运行中遇到的难题精准施策、精准服务，助推企业高质量发展，及时兑付企业奖励扶持资金。

激活产业转型动力。借助巨隆农民就业基地纳入全区高精尖产业承载支点，实现与区级高精尖产业创新联动、协同发展。在市区产业大局下寻找突破点，围绕高端制造医药、芯片（集成电路）等环节允许落地产业谋划新方向。综合利用矿山废弃砂石和建筑固废等再生资源进行绿色加工生产，推动绿色创新企业落地，檀城慧鑫、公铁绿链等绿色环保企业发展势头强劲。

全域文旅新格局逐步形成。紧扣本区创建国家全域旅游示范区工作部署，召开本镇旅游发展大会，制定巨各庄镇加快推进文旅产业发展“1＋3”政策文件，构建巨各庄镇“1＋3＋5＋N”全域文旅生态产业链。蔡家洼“伟大芒果小镇”、水树峪“密云文驿”项目前景广阔。张裕爱斐堡国际酒庄 2 款葡萄酒荣获德国柏林葡萄酒大赛金奖。天葡庄园第十届葡萄文化艺术节精彩呈现，实现产业＋旅游＋文化的有机跨界融合。日光域集团聚焦传统农业产业升级，创新发展模式，打造日光庄园项目，营造轻奢法式庄园，为传统葡萄种植产业发展指明新方向。

都市型现代农业持续发展。加快将生态优势转化为发展优势，依托蔡家洼农业产业园核心区，进一步优化产业结构，全力打造一二三产融合发展的现代农业产业体系。国家现代农业产业园核心区一期厂房硬件建设基本完成。围绕特色产业做足文章，蔡家洼“一村一品”月季花卉产业，在北京市月季文化节上与大兴区世界月季主题公园签署共建协议，以月季产业为纽带，共同推动月季产业蓬勃发展。后焦家坞村设施农业发展动力十足，“原味一号”西红柿品牌持续做大做强，借助九三学社在种源、技术、设备等方面的优质资源，依托潼玉华硕农产品产销合作社等村级电商平台，设施大棚农产品销售火爆。

紧抓重点工程蓄力地区经济社会发展。持续开展京沈客专项目和塘峪 220 千伏输变电项目征拆工作及补偿款发放工作。推进京沈客专安置房项目建设审批手续办理。塘峪 220 千伏输变电工程正式投产使用，优化区域电网结构，供电能力提升。完成 110 千伏配套送出工程塔基 16 基征拆工作，其中 10 基已完成地上物清理工作具备交地条件，剩余 6 基正在进行地上物清理工作。密云门站天然气工程建设作为区级重点工程，历时 18 天完成 13 户村民土地地上物清登、补偿协议签订工作，再创拆迁“新速度”。作为密云区首批规划编制试点镇，年内完成国土空间规划编制和提交工作。

文化建设　北京市公共文化服务体系示范区创建工作稳步推进，公共文化服务设施不断完善，指标完成情况位居镇街首位。镇村两级公共文化设施网络健全完善，26 个行政村公共文化设施设置率达到 100％。镇级公共图书馆建筑面积 120 平方米、坐席 30 个、电子阅览席 16 个。图书馆总藏书量 54101 册，其中年内新增图书 18534 册。镇村两级文化志愿者积极开展文化志愿服务，累计服务活动 240 余场次，受众人次达 10000 余人。积极筹备各类体育赛事，圆满完成“荧光夜跑”、密云生态马拉松巨各庄段的环境整治及赛事服务保障工作，成功举办第四届拔河比赛、趣味运动会。举办“永远跟党走、共创新时代”庆祝中国共产党成立 100 周年群众主题文化活动。本镇合唱团荣获“唱响密云”纪念建党 100 周年合唱大赛镇街组第一名。

社会建设　民生保障普惠共享。城乡社会救助政策进一步落实。特困人员供养、超转家庭日常管理、城镇医疗救助、残疾人生活补贴护理等工作进一步开展。开展稳就业服务，失业人员网格化管理，社会保障等工作稳步推进。完成水峪村和八家庄村退役军人服务站创建工作并已通过区级验收。完成蔡家洼村和豆各庄村便民服务站建设和验收工作。3 家医养结合养老驿站建设完成。年内对 6 家村级温馨家园进行改革。新建 1 家康各庄村温馨家园。2021 年 12 月，巨各庄镇温馨家园荣获北京市残疾人之家荣誉称号，是密云区唯一一家获此殊荣的单位。

梳理整治促提升工作全面落实。年内拆除违法建设 3467.72 平方米，腾退土地 3550.98 平方米。利用“疏整促”专项资金和后焦家坞张家大院腾退土地，顺利完成了巨各庄镇休闲健身公园建设任务，满足周边群众的健身娱乐需求。

6 月 10 日，知行文化讲师团走进沙厂村开展“培育乡风文明，助力乡村振兴”专题培训和义诊活动 （余江波 摄）

换届选举圆满完成。顺利完成镇、村（社区）“两委”换届选举、人民代表大会换届选举、妇联换届选举和残协换届选举工作。

基层治理能力不断提升。圆满完成全国“两会”、建党 100 周年庆祝活动、“五一”、“十一”等重要时间节点的安保维稳任务。严格落实安全生产责任，开展液化石油气、电动自行车违规充电、消防安全等专项检查。政法队伍教育整顿扎实推进，民主法治创建工作取得实效，豆各庄村获“全国民主法治示范村”荣誉称号。

“接诉即办”成绩显著。不断深化“街乡吹哨、部门报到”改革，制定《巨各庄镇“接诉即办”工作机制》《“接诉即办”工作月度考评奖励办法》，建立群众诉求日常收集处理、诉求快速处置、诉求协同办理等 10 个方面工作机制，打通基层治理“最后一公里”。主要领导统筹谋划，领导包片、干部包村，主动认领、直奔问题、下沉一线，部分多年信访案件基本解决，实现由“接诉即办”向“未诉先办”的转变。

查危救险安全度汛。年内降水量累计突破 1100 毫米，沙厂水库蓄水量最高达 1868 万立方米，创建库以来新高。为有效应对“7·12”“7·27”等强降雨极端天气，镇、村两级干部人员到岗无遗漏、隐患排查无死角、处置险情无时差、责任监督无盲区，提前着手汛前、汛中的各项准备工作，全力保障群众生命财产安全。排查险户共涉及 15 个村、121 户、306 人，与本镇 26 个村分别签订了《防汛责任制》，部署防汛工作。镇领导带队督导检查防汛工作落实情况及防汛重点部位，确保实现安全度汛。

年内，巨各庄镇与库伦旗水泉乡人民政府签订共建帮扶协议书。巨各庄镇向库伦旗水泉乡捐助帮扶资金 20 万元。霍各庄村与水泉村签订共建帮扶协议，捐助帮扶资金 5 万元。豆各庄村与平台子村签订共建帮扶协议，捐助帮扶资金 5 万元。10 月 20 日，库伦旗党政班子到巨各庄镇潼玉华硕农产品产销合作社、公铁绿链等企业参观调研。

党的建设 全面从严治党。坚定政治方向，把党的政治建设摆在首要位置。始终坚持以习近平新时代中国特色社会主义思想为指导，全面贯彻党的十九届六中全会精神，认真学习习近平总书记“七一”重要讲话精神。扎实开展党史学习教育，坚持“学史明理、学史增信、学史崇德、学史力行”，全面锤炼党员干部忠诚干净担当的政治品格，党政班子成员率先垂范，开展集中交流研讨和讲党课活动，结合“我为群众办实事”实践活动，形成 146 件重点诉求清单，坚持领导包案，精准发力，有效解决一批群众急难愁盼的问题。党员干部全员参与，按照《党史学习教育学习安排表》，每周开展集中学习和自主学习，党员队伍整体素质不断提升。坚持党管武装和以党建带群团建设，武装、工会、妇联、共青团作用得到有效发挥。

强化内生动力，将党的思想建设贯穿发展始终。落实意识形态工作责任制，牢牢掌握意识形态工作的领导权、管理权和话语权。年内镇党委理论学习中心组开展学习 31 次。围绕中心、服务大局、多点发力，强化对疫情防控、村（社区）“两委”换届、创建全国文明城区、人居环境整治、重点工程项目等舆论引导和意识形态管控，在北京头条、宜居密云微信公众号等市、区媒体刊发稿件 60 余篇，播报“村村响”广播信息 400 余条，编发微信公众号文章 80 余篇，抖音视频 40 余条，全面宣传展示了党建和经济社会发展取得的丰硕成果。

坚持强本固基，让党的组织建设规范过硬。圆满完成村（社区）“两委”换届选举，成功选举产生村“两委”干部 160 名，社区“两委”干部 24 名，顺利完成各项目标任务。此次换届选举，按照“五好”“十不能”要求，严把人选标准，实现“两委”干部年龄、学历结构“一降一升”，基层组织活力不断增强。按照科级干部选拔任用条例，严格选拔流程，年内选拔任用科级干部 3 人。严把发展党员“入口关”，年内共新发展党员 13 名。

涵养政治生态，全面从严治党实现纵深推进。落实全面从严治党主体责任，明确镇党政班子成员差异化责任清单，与村党支部书记、纪检委员签订履责清单，层层传导压力、压实责任。村级“微权力”监督体系进一步健全完善，蔡家洼、东白岩、水峪、沙厂4个试点工作运行良好。深刻汲取反面案件教训，召开本镇警示教育大会和专题民主生活会，教育引导党员干部明底线、知敬畏。

（席 媛）

单位名称：北京市密云区巨各庄镇人民政府
地　　址：北京市密云区巨各庄镇水峪村西
电　　话：61032752

东邵渠镇
Dongshaoqu Township

概　况　东邵渠镇位于密云区东南部，距城区25千米，北邻巨各庄镇，西北毗邻河南寨镇，东与平谷区大华山、刘店镇接壤，西南与顺义相连，具有“一镇连三区”特殊地理位置。全镇面积109.9平方千米，有耕地1580公顷、山场7733.33公顷，四面环山，土地资源、浅山资源丰富，林木绿化率达80.02%，环境优美、空气清新，具有发展休闲旅游经济和绿色生态农业的先天条件。全镇辖14个建制村（22个自然村）：界牌、石峨、史长峪、太保庄、高各庄、东邵渠、大石门、南达峪、西邵渠、东葫芦峪、西葫芦峪、大岭、小岭、银冶岭和东升、东进2个社区。全镇有6096户12241人，其中农户4567户10134人，非农户1529户2107人 。主导产业是都市型现代农业、休闲旅游产业，有“御皇李子”“西葫贡米”“贡枣”、御赐铁蝈蝈等农产品。

生态建设　提高生态涵养能力。开展山林生态改善，落实生态公益林管护机制，2021年完成森林健康经营项目666.67公顷、荒山造林283.91公顷、新一轮百万亩造林71.35公顷。打好蓝天碧水净土保卫战。履行保水责任，贯彻落实习近平总书记重要回信精神，细化保水网格化管理，压实镇村河长责任，组织开展日常巡河88次，巡河里程157.93千米；打好蓝天保卫战，深化“一微克”行动，加大对施工扬尘、施工工地“六个百分百”管理。加强对重点路段道路清扫力度，抓好重型柴油车污染管控，改善我镇环境质量。空气质量稳中向好，细颗粒物平均浓度31微克/立方米，比上年下降3.1%，TSP平均浓度82微克/立方米。

镇村建设与管理　推进美丽乡村建设，14个村规划编制工作全部完成，开展5个村美丽乡村建设。抓好“厕所革命”，完成18座公厕改造任务，强化公厕日常管护，完成577户户厕改造任务。推进西邵渠“城市型”户厕改造。持续开展生活垃圾分类工作。完善农村垃圾分类标准和管理制度，优化分类投放、收集和转运站点布局，完成垃圾分类示范片区验收，成功创建市级示范村2个。设立26处“红黄白榜”公示牌，将党员干部、居民分类投放情况与信用管理挂钩，依托积分机制，发挥激励惩戒作用。

经济建设　坚持招优引强，提振财源建设。召开财源组收工作专题调度会，广辟新税源。全镇实现财政收入4878.48万元，比上年增长0.5%。实现农民人均所得24691元，比上年增长14.3%。引进企业50家，其中落地实体企业7家、集中办公区43家。汇源九龙沟、生物科技、芝参堂等规上企业完成营业收入5.24亿元，比上年增长88.6%。

落实生猪养殖农业项目。配合市区部门，在娘子水新建养猪场，项目用地面积20.09公顷。将生物有机肥与“御皇李子”“密植苹果园”等农业、林业等方面对接合作。与华都猪场一起，实现生猪年出栏量2.8万头，占全区生猪年出栏量的41%，完成市区交

8月，石峨村御皇李子电商平台直播卖货
（东邵渠镇　供图）

办的猪肉保供政治任务。

打造特色产业。以规划为引领，制定《东邵渠镇域国土空间规划》，统筹产业发展、村庄建设、重点项目用地等。实施分区规划，坚持村地区管、农地农用、地尽其用，为集体资产增值及农村集体经济发展蓄力储能；以特色项目为主抓手，推动“一三”产业融合发展，发挥皇李御道辐射带动作用，探索“御皇李子”“西葫贡米”“界牌西瓜红”品牌推广模式，提升镇域农产品品牌知名度，辐射带动石峨、小岭等村红薯种植26.67余公顷。联合区邮储公司开展“御皇邮李”直播销售活动，拓宽农产品销售渠道。

推进文旅发展。深挖闲置设施民俗改造项目潜力，盘活闲置农宅，打造特色化民宿。推动文旅产业发展。推进南达峪云尚26套高端民宿项目建设，探索“村农宅合作社＋公司”的运营模式，推动乡村旅游提档升级。引导“亿亩地”、密植苹果园等新业态发展，打造田园观光、农事体验、休闲娱乐、亲子互动的“田园综合体”，实现“旅游＋农业”融合发展。

培育界牌村“党建＋经济合作社”试点。按照“党建引领农村集体经济发展”这一工作思路，确立以薯类、谷物种植为突破口的规模产业发展方向。带动大岭、小岭、石峨等村近26公顷种植，为发展村集体经济奠定基础。

文化建设 举办庆祝建党100周年宣传文化活动。突出政治性、思想性、实效性，组织开展“永远跟党走”群众性主题宣传教育活动。培育和发展广场舞、合唱等文化品牌队伍，东邵渠村广场舞比赛获镇街组一等奖。统筹区、镇、村三级公共文化设施、体育设施、旅游设施等资源，提升公共文化服务设施建设水平。开展“书香五进”活动，提升公益演出、公益电影放映等服务效能。

7月，东邵渠镇开展庆祝建党100周年文化活动

（王星　摄）

社会建设 做好“12345”接诉即办事项办理。建立主要领导审批签派，副职领导督促办理制度，完善工作机制和方案，实现压力层层传导。提高一线办理力度，与各村签订“12345”工作责任书，村级“三率”与绩效奖金挂钩。结合党史学习教育“我为群众办实事”实践活动，提升接诉即办工作水平和质量，2021年总成绩全区排名第七名。

保障民生。搭建就业平台，完成农村劳动力就业409人，非农户就业56人。规范政务服务平台建设，优化服务供给方式，镇政务服务中心受理事项办结率达93%，村政务服务中心共办理事项5万余件。落实低保户、残疾人救助、专项救助等保障制度，发放低保金726.6万元，发放五保金及照料费94.6万元。推进优质教育发展，中考升学率达100%。创建镇级全国示范型退役军人服务站。组织群众文体活动，以建党100周年为主题，开展群众性文化演出活动，广场舞比赛获镇街组一等奖。

平安建设。开展“七五普法”，法治宣传、服务推向农村基层。率先在全区建立镇、村综治工作中心，实现可视化对接，提升社会面整体防控水平。开展信访矛盾化解，依托全程记实、网格治理和便民服务3大系统优势，构建齐抓共管的防范风险新格局，全力保障“两会”、国庆、建党100周年等保障任务。坚持党建引领，社会疫情防控秩序平稳。

党的建设 全面落实党建责任。提高政治站位，把牢第一责任人职责，召开党委会42次、理论学习中心组学习18次，交流研讨4次，讲党课1次，专题研究意识形态和全面从严治党工作各2次。落实“包村入户”机制，在创城、疫情防控、防火防汛等工作中，全过程督导。

年内，围绕“三会一课”“村村响”、我为群众办实事清单，开展党史学习教育，20项民生项目高质量完成。制定《机关作风建设年实施方案》，实现“转作风、重规范、提效能”目标。完成各项换届选举关键指标。以庆祝建党100周年为契机，召开“光荣在党50年”纪念章颁发仪式，向全镇113名党龄50年以上老党员发放纪念章和慰问金。通过培训、传帮带等举措，新任职8名村书记党建责任落实“无缝衔接”。调整8名“80后”任科室负责人。

7月1日，东邵渠镇召开“光荣在党50年”奖章颁发仪式　（贺腾飞　摄）

年内，结合“我为群众办实事”实践活动，调研征求意见，建立《2021年东邵渠镇重点民生项目清单》，涵盖基础设施建设、民生工程改造、便民服务等重点项目20项，其中完成17项。建立《基层党支部办实事清单》，27个党支部计划拟办实事项目87项。加强对创建全国文明城区工作调度，推进基础设施提升。

年内，创新“村企共建”新模式助力党建水平提升。以提升党的组织和工作“两个覆盖”质量为主线，指导全镇农村党支部、“两新”组织党支部结合区域实际、行业特点，积极培育党建特色品牌，制定农村党建和非公党建联建方案，打造区域划片党建联建模式，推动“两新”组织党建工作规范运行、提质增效。

（王　彤）

单位名称：北京市密云区东邵渠镇人民政府
地　　址：北京市密云区东邵渠镇高各庄村
电　　话：61061051

大城子镇

Dachengzi Township

概　况　大城子镇位于密云区东部。东临河北省兴隆县，西毗邻巨各庄镇，南与平谷区接壤，北连太师屯镇和北庄镇。镇域面积141.76平方千米，辖22个行政村86个自然村和1个社区，户籍人口7924户15598人，是密云区红肖梨主产区。全镇东西长26千米，南北宽12千米，全部为浅山区，森林覆盖率84.65%，林木覆盖率89.21%。镇域主要河流有清水河、红门川河，均自河北省兴隆县入境，贯穿全镇，是密云区重要饮用水源。清水河流经本镇17.4千米，经过北庄镇、太师屯镇入密云水库；红门川河境内长20.1千米，流入沙厂水库。全镇拥有华北地区最大的原始次生侧柏林、万棵百年梨树、常年喷涌而出的大龙门“龙泉”和北沟“清泉”、地质学上罕见的“子母石”一条沟、庄户峪桃花水母等优质资源；拥有全国独有的“V”字型明代古长城、“墙子雄关”古战场遗址，形成了独具历史文化底蕴的古村落。镇域内各项基础设施齐全，地理位置优越，是京津冀协同发展战略中重要潜力节点。地处首都一小时经济圈，是密云东线旅游线路中的重要节点。京承高速、京承铁路密兴路、京沈客专穿境而过；以区为中心，以镇为节点，乡村公路交通网络完善，交通便利。

生态建设　履行“保水”首要政治责任，实现河清岸净。以习近平总书记重要回信精神为指引，落实市委“五保水”要求，保护水资源。制定出台《关于河长制工作考核及资金管理暂行办法》，强化保水意识，完善奖励机制，村级河长积极性显著提升。加大巡河APP使用督导，镇村两级24名河长巡河率和问题上报率保持100%，巡河实效明显增强。发挥“六护”、环卫、保水员、网格员的作用，形成责任清晰、重点突出的保水体系。打击各类涉水违法行为，开展巡查行动，出动车辆150车次，出动人员450人次，清理垂钓、游玩等人员1800人次，罚款3万余元。年内，河长制工作考核综合成绩在全区水库上游地区组排名靠前，水环境跨界断面考核成绩突出。深化“一微克”治理行动，大气质量改善。开展清洁空气、蓝天保卫战，坚定不移治理大气污染。加大扬尘治理力度，整治农村秸秆焚烧，发挥空气重污染应急指挥体系作用，开展联合督查检查，加强对施工工地、堆料场、重点道路和重点区域的巡查，强化洒水降尘等措施，扬尘问题得到治理。发挥“街乡吹哨、部门报到”机制优势，配合区直执法部门，加强对过境重型柴油车的检查，严控重型柴油车超标排放。提高空气污染源实时监控能力，新建22个监测站点，实现所有行政村$PM_{2.5}$监测全覆盖。$PM_{2.5}$平均浓度下降至29微克，比上年下降25.6%。推进造林工程，生态涵养能力提升。以“林长制”为抓手，组建大城兴业集体林场，保护林木资源。完成下栅子、碰河寺2个市级绿色村庄，南沟、张庄子、庄头3个区级绿色村庄创建工作，绿化美化园林小城镇顺利通过验收，村庄环境得到优化。京津风沙源治理项目、百万亩造林工程、封山育林工程、森林健康经营林木抚育等10余个工程项目竣工，累计造林3800公顷。清水河与红门川河流域水源涵养林、荒山造林、新农村绿化项目，碰河寺泥石流地质灾害治理等项目实施完成，沟域生态得到改善。调整生态公益林面积，落实生态林补偿政策，让农民从护林中得到实惠，增强保护生态的自觉性和主动性，确保森林资源安全。

镇村建设与管理 美丽乡村建设呈现新面貌。坚持规划引领，高标准完成村庄规划编制工作。建立“五个一”工作机制，各包片领导、包村组长及时进村督导，各村干部认识到位、主动负责、担当作为，近2万个创建图斑分类成果清晰，处置到位。推进“厕所革命”，完成10个村17座在账公厕的改造提升，新增改造户厕300个，完成任务指标，上账农村厕所均达到卫生标准。苍术会、张泉、墙子路3个村通过市级美丽乡村建设及乡村振兴示范村创建考核验收，其中苍术会村被评为“市级乡村振兴创建示范村”。改善群众身边小环境，打造“口袋花园”12处，完成“六小门店”提升整治，保持镇域“散乱污”企业、“无证无照”经营和开墙打洞动态清零。

提升镇域基础设施。35千伏变电站、镇中心区污水处理厂站建成投入使用，用电不稳定和中水外溢问题得到缓解。密兴路二期、京沈客专相继贯通，老密兴路提级改造完工，区域交通条件改善。王达路、大张路、苍墙路和梯墙路等乡村道路改建完成，22个行政村全部实现公交通车，群众基本出行和农副产品外运得到保障。完善水电路网基础设施建设，先后完成下栅子、张庄子等5个行政村9个自然村的供排水工程，完成全镇范围内的集中供水井和应急供水点饮水井水质检测工作，对全镇范围内灌溉井完成隐患排查并安装围栏。

治理城乡环境。以建设美丽宜居村庄为导向，以农村垃圾分类、污水治理为主攻方向，完善村集体+公司的环境治理模式，启动“时时打扫、处处干净、村村美丽”人居环境整治行动，推进人居环境稳步提升。制定《大城子镇农村人居环境考核奖惩办法》《大城子镇推进生活垃圾分类工作方案》，实行考核通报评比；将人居环境整治工作纳入村规民约，以“红黄白”榜助推各村建立完善长效管护机制；动员发挥妇联、共青团、工会等人民团体作用，开展垃圾分类志愿活动，干部、党员、村民代表主动带头，形成全民参与的氛围。城乡环境建设成效明显，河下村入选市级垃圾分类示范村，全镇通过市级垃圾分类示范片区、首批“国家卫生镇”创建检查验收。

“煤改电”建设。以建立长效管护机制为重点，保障“煤改电”设备在冬季取暖过程中正常运行。完成全镇“煤改电”主干线路架设，为各村进行“煤改电”工作提供电力保障。根据市区两级“煤改电”文件精神，结合实施村实际，制定年度“煤改电”实施方案。听取群众对各品牌产品使用体验，结合全区其他乡镇整体评价和各村意见，优中选优。坚决淘汰劣质燃煤，为未实施“煤改电”村集中采购优质燃煤，保障群众温暖过冬。全年完成6个村煤改电2152户，累计完成16个村煤改电4905户。

办理群众诉求。创新“一单五派、部门联动”机制，坚持“周分析、月报告、随时调度”，推动各承办主体履职尽责。落实“三上门”和“四个到一线”要求，接诉即办综合平均成绩94.85分，综合排名全区第六名。学习贯彻习近平新时代中国特色社会主义思想，深化党史学习教育。接受人大监督，办好人大代表议案建议205件，办结率80%以上，落实“为民办实事”清单。

法治政府建设。坚持镇长办公会会前学法，落实《重大行政决策程序暂行条例》，推行重大行政决策目录制度。完善规范性文件合法性审核机制，实行风险管理制度，加强规范性文件备案工作。发挥法律顾问在重大决策、规范性文件合法合规性审查等工作中重要作用。落实行政执法“三项制度”，确保行政执法基本信息和动态信息主动、完整、规范公示。坚持以案为鉴、以案促改，召开镇政府廉政工作会议，推动政府依法行政。

经济建设 “消薄”工作启动。依托7家市属国企帮扶，启动“消薄”工作。18个集体经济薄弱村与首发集团、地铁公司、城建集团、北汽集团、环卫集团、国管中心、祥龙集团分别建立“一村一策”帮扶制度。河下、梯子峪、程各庄等10个村通过销售核桃、板栗、蜂蜜产品，完成10万元集体经济收入任务，实现集体经营性收入零的突破。祥龙集团全额出资援建北沟村安装户用光伏项目。国管中心、北汽集团在聂家峪、后甸、王各庄、杨各庄等村发展户用光伏、设施农业、精品民宿。镇级经济合作联合社选举产生新管理班子，村经济合作社完成法定代表人和理事变更，为壮大镇村集体经济提供组织保障。

经济发展保障。多方筹措资金，加大对农业基础设施、农村环境治理资金支持，落实各项惠民政策，提高农民生活福祉，投入资金支持农村公益事业发展，强化基层政权组织建设。创新思路开展招商引资工作，优化服务事项，提高业务办理效率和服务质量，协调相关部门，解决企业增加经营范围、手续办理、人才保障、税务迁移等问题。落实企业扶持政策，兑现企业扶持资金，助力企业发展。开展全民招商，动员机关干部、村“两委”干部，为大城子镇吸引优质纳税企业，引进优秀企业奖励机制。

巩固农业基础。实施“田长制”工作方案，落实耕地保护制度，坚持村级“田长”月巡查制度，及时上报巡查结果。分类分区域开展耕地保护空间土地复耕前期准备工作，完成粮食、蔬菜生产指标，制止耕地“非农化”“非粮化”行为。推进农村集体产权制度改革工作，完善新型收益分配制度。7 个村建成 133.33 公顷高标准农田，推进 240 公顷优质果品生产基地建设。完成苍术会、北沟、后甸、下栅子 4 个村滨河食用菌配套设施项目建设，年产干木耳超 6 万斤。打造“大城聂家峪”蜂蜜品牌，辐射带动 132 户养蜂户，养蜂 4400 余群，年产值达 400 余万元。开发鲜榨果汁产品，销售红肖梨汁 21200 余箱，销售收入 210 余万元。完成北京隆盛现代化养殖场达标投产工作，年出栏生猪达 3000 头。

文化建设 加大村级文体设施建设，村级图书室配套设施配置到位，藏书 17000 余册的镇图书馆对外开放，完成南沟、庄户峪等村文化设施提升建设项目。以创建北京市公共文化服务体系示范区、北京市体育特色镇为契机，开展文化娱乐、体育健身活动，组建文化队伍 14 支，组织群众参与“庆祝建党 100 周年”等各类文艺演出 280 余场，播放数字电影 970 场次。加大非物质文化遗产和文物保护力度，北沟村“关上 2 号”古堡工程完成主体修复，苍术会村四十八烈士墓红色遗址修缮工程进入招投标阶段。开展“扫黄打非”专项行动，净化文化市场环境。

落实区“十百千”休闲文旅产业发展目标，构建“以高端项目为引领、以精品民宿为主体、以个体特色民宿为补充”的发展格局。制定《大城子镇推进民宿旅游产业发展的扶持奖励办法》，形成“创客＋农户”“民企＋农户”“帮扶国企＋农户”三类精品民宿发展路径，全镇普通民宿基本退出，精品民宿兴起。有 8 个村 40 个精品民宿院落建成投入运营，推进碰河寺村“大城山谷”、苍术会村“大城享筑”等项目。乡村旅游收入指标完成率排名全区靠前，个体民宿经营户增长至 184 户。

7 月，大城子镇开展“永远跟党走”庆祝建党 100 周年文艺汇演 （赵雨晴 摄）

社会建设 提升医疗卫生水平。完成大城子镇卫生院新院改造工作，配全相关医疗设备。推进“新农合”工作，解决山区困难群众基本医疗保障问题。加大防病健康教育宣传力度，提高疾病防控、卫生监督服务水平，增强突发公共卫生事件应急处理能力。推进医疗卫生信息化建设，完善公共卫生服务体系，无医疗机构的“空白村”全部消除。强化核酸检测能力建设，开展队伍培训、设备购买。强化食品药品安全检查，按期完成食品和药品抽检，合格率 100%，保证辖区饮食用药安全。

民生保障。城乡居民医疗保险参保率 100%，实现城乡居民养老保险全覆盖；完成全镇 922 个低保户 1504 人的复审工作，确保应保尽保；完成救助患病人员 17 余人次，救助资金 3.1 万元；完成全镇 622 人低保、高龄老人、残疾人补贴资金津贴发放工作。成立退役军人服务站 23 个，采集退役军人信息 592 人，其中已挂牌 568 人，党员身份 233 人。

维护社会稳定。镇、村两级应急管理体系初步建立，落实安全责任制，提高检查质量和隐患整改力度，实现安全事故零发生。完成“两会”和重大活动安保维稳任务。规范信访办理程序，落实信访代理制。完善领导干部接访制度，班子成员轮流坐班。领导干部带头开展矛盾纠纷排查化解工作，推动解决高庄子村和柏崖村京承高速三期补偿款发放、聂家峪村京沈客专补偿款纠纷、王各庄与河下村土地权属纠纷等遗留问题。加强在账社区矫正、刑满释放等重点人员管理。苍术会村、杨各庄村获评“市级民主法治示范村”，大城子镇获评“北京市‘七五’普法先进集体”。

人民安全保障。7月至8月，大城子镇面临严峻防汛形势，河流水位上涨，全镇出现400余处塌方、水毁点位，群众生命财产安全面临严重威胁。全镇转移险户700余人次。落实“见烟就查、见火就抓”要求，开展森林防火宣传，加大巡查力度，强化人防技防，排查、及时整改隐患，防火期内未发生森林火情。

疫情防控。坚持“快”字当先，落实“三班倒”“四件套”防控措施，守住疫情防线；及时获取相关疫情流调信息，锁定高风险人员，筛查潜在风险人员，落实管控措施；组织核酸检测5641人次，环境检测682份，确保应检尽检。制定疫情防控工作方案，落实“四方”责任，设立卡口48个，封堵路口78个，组织动员机关干部、党员以及专业执法力量、志愿者等群防群治力量4050人次进入防疫第一线。开展七轮“扫街行动”、八次“敲门行动”，对重点人群、重点区域开展地毯式全面排查，敲门任务完成100%。完成13人居家观察，64人居家健康监测。对镇域内113家七小门店、17家精品民宿和3个集贸市场开展巡查。全面开展疫苗接种工作，全镇未发生1例确诊或疑似病例。

党的建设 加强思想政治建设。完善党委会议事规则和“三重一大”决策规则。完成村“两委”换届工作，一次性成功选举产生139名村“两委”干部，党员占“两委”干部总数的83.7%。推进软弱涣散党组织整顿，先后完成碰河寺村、聂家峪村转化整顿。完成镇级党群服务中心建设，协调投入资金950万元完成19个村党员活动阵地改造提升。成立全区首家农村党员“城市支部”，加强对112名农村流动党员日常联系，党员教育管理实现全覆盖。全镇33个党支部落实“三会一课”、组织生活会、民主评议党员、谈心谈话等制度。加强党风廉政建设。履行全面从严治党主体责任，加强对“三重一大”决策监督检查，制定领导班子和班子成员差异化从严治党主体责任清单，落实班子成员全面从严治党责任向党委报告制度。召开党风廉政建设专题会议，开展“以案为鉴、以案促改”警示教育，强化党员干部纪律意识。加强村干部教育管理监督，推进村级“五个一”微权力监督体系建设，坚持日常监督与专项监督并重，形成预防“小官贪腐”有效防线。全年处理违纪党员4名。

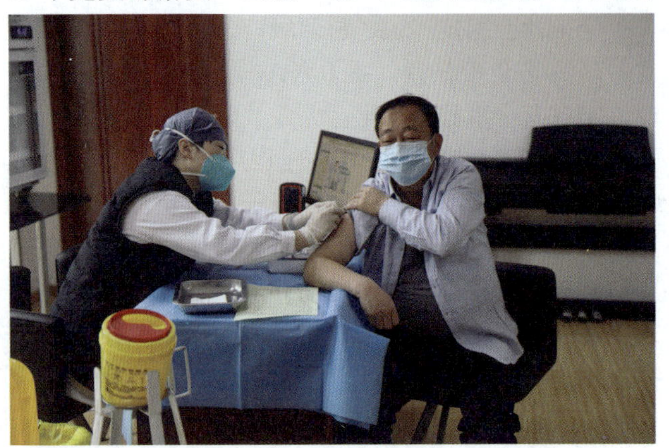

4月，大城子镇开展疫苗接种 （赵雨晴 摄）

（赵雨晴）

单位名称：北京市密云区大城子镇人民政府
地　　址：北京市密云区大城子镇大城子村
电　　话：61071034

太师屯镇

Taishitun Township

概　况 太师屯镇位于密云区东北部，东接北庄镇，东北与新城子镇相连，西邻密云水库潮河东岸，南部与穆家峪镇、巨各庄镇、大城子镇接壤，北接古北口镇，是北京市42个重点镇之一，也是密云库北6镇的中心和枢纽。全镇先后获全国环境优美镇、国家卫生镇、首都文明乡镇、国家森林蜜蜂特色小镇、美丽中国·深呼吸小镇等多项荣誉。全镇公路总长138千米，辖区面积202.5平方千米，全镇辖黄各庄、许庄子、流河峪、前八家庄、后八家庄、龙潭沟、上庄子、东田各庄、流河沟、太师庄、上金山、大漕村、小漕村、城子、松树峪、二道河、东学各庄、松树掌、桑园、黑古沿、前南台、后南台、头道岭、车道峪、沙峪、令公、南沟、石岩井、东庄禾、马场、落洼、葡萄园、太师屯、光明队34个行政村和太师屯、光明、正阳、永安、北山5个社区。全镇户籍人口31664人，其中农业户籍人口22019人；常住人口25508人，流动人口2686人。

生态建设 加强全域保水。成立太师屯镇生态环境保护大队和34支村级生态环境保护中队，进行“五员”融合，通过整合、下沉、赋权，形成生态环境综合治理合力。深化3条流域8条河流78条沟道的河长制工作，实行河长制巡查制度，河长办成绩位居库北乡镇第一。开展密云水库安全执法行动，修复库区围网126处，劝离非法涉水人员80余人次，完成立案45起，处理45人，清除建筑垃圾56处，整治乱堆乱放120处，打通防火道3千米。

太师屯镇清水河中天鹅　（高生池　摄）

开展植树造林。全镇林地面积1.46万公顷，生态林面积1.1万公顷，林木覆盖率77.25%，林木绿化率77.38%。年内，完成新一轮百万亩造林103.33公顷，其中台地17.01公顷、荒山86.34公顷。

大气污染防治。实施“一微克”行动，开展联合执法、夜查和洒水降尘等多种措施，提升空气质量。开展裸地覆盖工作，整改点位382处，整改率达99.5%。$PM_{2.5}$平均浓度27微克/立方米，全区排名第四。

镇村建设与管理　加快基础设施建设。落实一级区污水处理提质改造项目，工程总投资1.1亿元，新建污水管网9985米、供水管网4500米、湿地工程5591.8平方米，新建三格化粪池404座、污水检查井707座、水表井4344座、污水处理站22座、蓄水池9座、一体化提升泵站8座，安装水表650块、CWT设备22台，路面恢复2万平方米，新建入户收集池600户，年内完成工程总量的97%。初步完成车道峪、头道岭矿山生态修复工程及44座公厕提升改造工程。完成太师屯镇应急水毁恢复工程，涉及葡萄园村、许庄子村、流河峪村、东学各庄村、大漕村，总投资21万元。完成乡村公路翻浆补坑修复工程3200平方米，总投资25万元。完成全镇34个行政村的宅基地新建、翻建审批工作及2020年农民住宅抗震节能44户和农宅节能保温改造工程148户的验收工作。经现场核实、丈量、登记，审批翻建农宅基地186户。完成土地复耕219.08公顷。完成6个村3412户的煤改电工程，解决头道岭通车、上庄子村吃水难等问题。

疫情防控。完善疫情防控指挥部组织架构，夯实疫情防控工作指挥体系，明确各方职责。制定《太师屯镇新冠肺炎应急处置方案》《太师屯镇村（居）委会重点区域封闭、解除管控全流程指引》等防控制度。推进辖区内新冠疫苗接种工作，确保“应接尽接、愿接尽接”，完成全程疫苗接种1.58万人，筑牢安全防线。

城乡治理。巩固全国卫生镇创建成果，推进城镇精细化管理，引导群众养成健康文明生活习惯。完善人居环境管护机制，建立日巡查、周考核、月排名机制，与年底责任制考核挂钩，人居环境工作位居全区第二名。依托镇生态环境保护大队和34支村级生态环境保护中队力量，统筹开展保环境、垃圾分类等工作，创建3个市级垃圾分类示范村，垃圾分类工作位居全区农村组第一名。

全国文明城区创建。创建全国文明城区工作指挥部，制定《太师屯镇创建全国文明城区工作方案》，明确职责分工。组建环境巡查队伍，开展街道两侧环境卫生整治、占道经营、门前三包、乱停乱放等日常管理工作。组建交通文明指引志愿服务队，在镇区主要路口和车站引导行人文明出行。印发《致全镇人民的一封信》1万余张，张贴创城公益海报100余份，制作广告宣传展板700余块，开展新时代文明实践志愿服务活动100余次。开展“周末大扫除”活动100余次，治理背街小巷卫生211条，清扫垃圾6.2吨。施划机动车停车位260个、非机动车停车位80个。开展交通安全“百日整治”行动、个人生活垃圾分类专项执法，立案处罚81起。

经济建设　年内，农业产值达1.35亿元，乡村旅游业实现综合收入6700.3万元，工业企业实现主营业务收入2.42亿元。完成社会固定资产投资6071万元。注册联合社2家、农民专业合作社154家（其中种养植专业合作社98家、民俗旅游合作社23家、农宅专业合作社7家、产销合作社24家、手工艺品合作社1家、农机服务合作社1家），登记入社社员7024户。

优化营商环境。利用集中办公区，严格把关引进标准，确保引进优质企业。盘活闲置厂房，培育更多企业落地。年内，引进企业66家，数量和质量显著提升。

做精做强“甜蜜产业”。加快蜂产品品牌建设，构建蜂蜜“可追溯”体系，培育新特蜜源植物，打造太师屯版“麦卢卡”成熟蜜。坚持创新驱动，加大科技投入，推动蜜蜂产学研中心建设，发展“多箱体”养殖技术。延长蜂产业链，形成集蜂产品加工、科普、蜂疗于一体的休闲集聚区。挖掘葡萄酒文化，以现代农业产业园建设为抓手，打造集葡萄酒文化探寻、品鉴、采摘、康养旅居为一体的乡村生态旅游产业链，促进镇域一二三产业融合发展。

结对帮扶。落实“东西部帮扶协作”相关政策。为内蒙古库伦旗额勒顺镇、十堰市竹溪县龙坝镇分别捐赠扶贫资金 20 万元、10 万元。与三元集团、石景山区对接，探讨发展方向，拓宽发展路径，联系各方专家，找到适合的发展项目。

文化建设 推动文旅业发展。结合“十百千万”工程，对落洼村、马场村 10 户民俗经营户进行升级改造，用先建后补、以奖代补形式，对验收合格的民俗户给予奖励支持。评定精品民宿 13 家、三星级民俗户 16 家、乡村旅游特色业态 4 家。利用上庄子村、流河峪村闲置民宅，结合自然资源、景区资源优势，打造精品民宿。首次推出欢乐松鼠谷景区、人间花海景区冬季冰雪项目打造冰雪主题乐园。投资 11.49 万元，对仙居谷、松鼠谷、蜜蜂大世界、邑仕庄园景区公共基础设施提升改造。

创建北京市公共文化服务体系示范区。推进光明队等 7 个村文化活动场所设备购置项目，对上庄子村、东田各庄村文化室进行改造提升。为镇域内各村（居）分馆配置图书 3.2 万册。开展“文化下乡、送影下乡”等专业演出 34 场、非专业演出 66 场，电影放映 1163 场。打造 60 余支村级文化品牌队伍，新增 1 支区级文化品牌队伍，增加文化能人 41 人。举办建党 100 周年文艺演出活动。参加各类文化评比大赛，获 2021 年“唱响密云”合唱大赛二等奖、“舞动北京”群众广场舞展演三等奖、“和谐杯”乒乓球大赛乡镇组团体第三名。

6 月 25 日，太师屯镇举办建党 100 周年文艺演出 （张远 摄）

社会建设 民生保障。全年发放低保金、特困金、临时救助、教育救助、慈善救助、残疾人两残补贴等救助金约 3666 万元。为 80 岁以上老人发放高龄津贴、失能老人护理补贴及困难老年人养老服务补贴等资金约 887 万元。全年城乡居民养老保险新参保、续保 9517 人，完成 15984 人城乡居民基本医疗保险调查、摸底、统计、发卡、缴费等工作。

就业服务。为 51 人申报城镇灵活就业，为 100 人申办农村灵活就业，为 129 名失业人员办理失业金领取手续。实现城乡劳动力就业 1119 人，空岗信息采集 1468 条，走访跟踪用工单位 45 家，回访 135 次。走访慰问退役军人及其他优抚对象 234 人。完成优抚对象医疗减免 85 人次，共计 18.75 万元。完成“兵支书”建档立卡 19 人。普查登记零散烈士墓 24 座、烈士纪念碑 1 座，完成 336 名优抚对象和农籍老兵身份确认工作。

“接诉即办”。建立“党委统筹、政府牵头、部门联动、村级主体”工作机制，定期会商研判，坚持“一单三派”，实行领导包案制，完善考评机制，确保责任落实。全年受理各类工单 8807 件，响应率 96%，解决率和满意率稳步提升。年度最好成绩为全市第 134 名，全区第 5 名。全年平均成绩位居全区第 15 名。

平安建设。完成全国“两会”、党的十九届六中全会、建党 100 周年等安全保卫工作。全镇启动一级超常社会面防控等级 19 天，累计投入群防群治防控力量 1 万余人次。

森林防火。全镇生态林管护员 430 人，镇党委、政府与各村签订森林防火责任书 495 份，发放各类宣传材料 3 万份，张贴标语 2000 张，封山封沟 12 处，清理防火道 21 万延米，清理林地可燃物 1 万余亩，有效维护森林资源安全。落实防汛抗旱工作，完善水库、塘坝、景区各类防汛预案，核实水库、塘坝的技术负责人和直接责任人，防汛抗旱工作万无一失。

安全生产。分别与 34 个行政村、24 个职能科室、615 家生产经营单位签订生产、消防、交通安全责任制。召开全镇安全会议 13 次。检查生产经营单位 1264 家次，排查整改安全隐患 253 处。完成辖区内 8 座电动自行车充电棚建设。发挥 74 名村（居）兼职安全生产巡查员队伍职能，组织宣传活动 9 场，发放安全宣传资料 1.63 万份。消防安全“一警六员”实战演练培训人数 1000 余人，指导企业开展安全生产应急演练 12 次。为各村居弱势群体家中安装独立感烟报警器211个。

党的建设　完成各项换届选举任务。在区委、区政府领导下，太师屯镇31个村、5个社区全部一次性选举成功，市级难点村小漕村“两委”干部全部高票当选。区镇人大代表一次性选举成功，党政班子成员全票当选，100%实现组织意图。

基层组织建设。新发展党员42名，轮训党员干部2000余人。做好庆祝建党100周年有关工作。完成北京市“三优一先”市级表彰推荐评选上报工作，其中京纯党支部获“北京市先进基层党组织”荣誉称号。

严把选人用人政治关。实行干部选拔任用节点把关和过程监督，全年选拔正科级干部3名、副科级干部5名、公务员职级晋升33人，新录用公务员3名，事业编4名。建立“五个一”监督体系，围绕重点工作开展监督检查135次，党员干部纪律意识增强。

党建工作创新。完善联村党总支建设，以基层党组织联建、党员教育联办、产业发展联促、和谐稳定联抓、工作成效联评为主要措施，推动农村基层党建工作均衡发展。创新建立释法评理工作机制，在原有说事评理平台基础上，成立镇村两级释法评理工作机构，有效化解宅基地纠纷、人居环境整治、垃圾分类等190余件矛盾纠纷，维护农村和谐稳定。

推进宣传思想工作。开展党史学习教育，建立班子成员领学机制，带头宣讲十九届六中全会精神，依托联村党总支开展专题学习、道德讲堂100余次，为群众办实事27件。落实镇党委理论学习中心组巡听旁听制度，开展理论学习18次。分别与党政班子成员、各村党支部书记签订意识形态责任书，定期分析研判意识形态领域存在风险。结合中心工作、重点工程发布刊登各类信息340余条。发挥新时代文明实践所、站等志愿服务队伍作用，开展理论宣讲、市民教育、科普宣传等志愿服务活动1000余次，加强农村基层宣传思想文化工作和精神文明建设。

党风廉政建设。开展“以案为鉴、以案促改”警示教育，落实中央八项规定精神，加大查处问责和通报曝光力度，持续“纠四风”、树新风。针对监督检查中发现的问题，责令相关部门、各村（居）进行立行立改。运用监督执纪“第一种形态”处置党员干部45人次，开展工作约谈64人次，出具廉政意见函12份。全镇19人次党员干部被立案审查。按照新时代全面从严治党工作要求，加强对村（居）党组织和全体党员的教育、管理和监督。

（郭文博）

5月10日，太师屯镇召开党史学习教育密云区委宣传团宣讲报告会　（太师屯镇　供图）

单位名称：北京市密云区太师屯镇人民政府
地　　址：北京市密云区太师屯镇永安大街143号
电　　话：69032646

北　庄　镇

Beizhuang Township

概　况　北庄镇地处密云区东北部，密云水库上游，北至河北省承德市兴隆县雾灵山镇苗耳洞村，南至大城子镇苍术会村，东至河北省承德市兴隆县上石洞乡山神庙村，西至太师屯镇陡子峪村。镇域面积84.25平方千米，距密云城区42千米，镇政府所在地为北庄村，现辖暖泉会、朱家湾、抗峪、大岭、北庄、苇子峪、土门、东庄、干峪沟、营房、杨家堡11个行政村。户籍人口4355户8569人，常住人口6017人。

生态建设　履行保水责任。落实习近平总书记给建设和守护密云水库乡亲们的重要回信精神，探索并建立因地制宜的生态环境保护机制，加强生态涵养力度，实施清水河湿地建设保护工程，在提升生态环境治理水平、巩固治理成果方面发挥作用。以“河长制”为重要手段，开展河道日常巡查、河流水域监控、河道专项整治工作。加强科技保水力度，打造河道实时监控和管理平台，完善人防、物防、技防“三位一体”保水体系，实现网络巡查与快速处理无缝衔接，确保“清水下山，净水入库”。

2 月，北庄镇清水河天鹅　　（北庄镇　供图）

推动污染防治。推进蓝天保卫战，强化落实大气污染防控措施，强化日常巡查，确保空气质量持续保持全区前列。加强土壤污染源头管控，开展用地土壤污染状况详查和化肥减量工程。强化湿地生态资源的恢复与建设，推进 92.53 公顷浅山荒山造林工程、533 公顷国家级公益林管护工程、166 公顷京津风沙源治理二期工程等林业建设项目，生态涵养水平实现新提升。

整治人居环境。推进“基本无违建镇”创建工作，逐点位落实拆除腾退。成立北京清水小镇环境公司，整合镇域保洁、垃圾分类、公厕管理、路灯管理等公共事项，有效节约政府资金。推进美丽乡村建设，完成 11 个村规划编制，实施道路、绿化、亮化等工程。以“治脏、治乱、治破、治污”为重点，开展人居环境整治，获“首都环境建设示范镇”称号。

镇村建设与管理　改善镇村环境。制定《北庄镇生态环境管护工作方案（试行）》，建立完善长效管护机制，做到“水清、岸绿、安全、宜人”。推进镇村环境建设，完成 1813 处整改任务。加强生活垃圾分类工作，投资建设垃圾分类驿站 2 座，各村建筑垃圾临时存放点和大件垃圾投放点设置率 100%。开展人居环境整治，解决突出问题，完成 400 余处整改任务。开展违法建设整治工作，消除违法建设 28 处、3385 平方米，完成全年任务的 113%。推进美丽乡村建设，完成北庄村道路硬化、绿化工程，暖泉会村地下污水和饮用水改造工程基本完工。

完善基础设施。高度重视农村宅基地审批工作，规范村民新建、翻建房屋审批程序。开展房屋安全隐患排查工作，排查房屋 3080 处。完成 2020 年新建翻建抗震节能 85 户验收工作、2021 年外墙保温 84 户验收工作。推进道路设施建设，对镇域内的乡村两级公路、桥梁进行检查，完成北黄路全线修补 2000 余平方米。完成镇域国土空间规划对接工作。完成抗峪、营房、杨家堡 3 个村煤改电任务。

经济建设　坚持绿色创新发展。落实市、区营商政策，高质量扩大财源，引进税源。围绕财源建设重点任务，倾听企业呼声，走访企业 68 家，解决企业诉求，加大企业服务力度。持续招大引强，制定《北庄镇招商工作办法》，引进企业 307 家，其中注册在集中办公区企业 61 家、政府其他地址 26 家、协调税务主管部门 220 家，引进 1 家央企三级子公司（北京诚通智云投资咨询公司）。实施预算绩效管理，推进全成本预算绩效改革，构建全面规范、公开透明、标准科学、约束有力的现代预算管理制度。2021 年完成财政收入 2102 万元。出台《关于进一步加强财源建设的工作方案》，成立北庄镇财源建设工作专班，统筹推进镇域内财源建设工作，实现财源建设工作在北庄镇全覆盖。

优化发展旅游产业。围绕密云区创建国家全域旅游示范区目标要求，落实区级“1＋4”旅游产业政策，推动镇域旅游高质量发展。推进 4 个星级民俗村、2 个乡村酒店等特色业态建设，10 个星级精品民俗院落实现提档升级。支持民俗户发展，为 13 家民俗户申请贴息贷款。加强旅游行业规范化管理，开展从业人员教育培训，宣传解读文件政策，进行常态化监督检查，促进全镇旅游行业健康发展。

推动农业生产工作。抓实撂荒耕地复种、闲置棚室复种、优质农产品引种等工作。截至年底，完成粮食生产 203.26 公顷 1472.11 吨，蔬菜生产 56.42 公顷 2351.7 吨。规范惠农补贴资金发放管理，发放各

4 月，蜜蜂养殖　　（北庄镇　供图）

项惠农补贴36.36万元。建立完善镇村两级“田长制”，强化村级耕地和设施农业园区巡查监管，核实83公顷永久基本农田现状调查评估，推进农业领域“留白增绿”项目，规范农田管理，推动实施土地复耕工作，遏制耕地“非农化”“非粮化”。鼓励发展特色农业，发展蜜蜂养殖技术，打造绿色种养循环农业模式，扶持培育4家市级示范家庭农场。

文化建设 丰富群众文体生活。了解群众文化活动动态，结合群众喜好，举办“永远跟党走”庆祝中国共产党成立100周年等以群众为主题的文化活动。建设体育特色乡镇。响应全民健身号召，贯彻落实《全民健身计划》。获得北京市授予的“北京市体育特色乡镇”称号。

社会建设 完善群众诉求快速反应机制。聚焦热点、难点问题，完善“接诉即办”机制，成立工作专班，建立24小时值守队伍，出台月考核办法，将“接诉即办”落实情况纳入村级年终绩效考核，坚持“日研判、周汇总、月点评”，运用“钉钉”软件实现“双向派单”快速办理，是全区唯一进入全市前30名的单位。

社会治安综合治理。推行信访代理、班子成员大接访、领导干部包案、挂号销号等信访制度，信访问题化解率100%，解决拖欠农民工工资、农民饮用水等问题。开展扫黑除恶专项斗争，加强社会治安综合治理，群众安全指数提升。完成全国“两会”、建党100周年等重大安保任务。坚持“党政同责、一岗双责”，落实安全生产责任制，做好防火、防汛等工作，辖区重大安全生产事故“零发生”。

社会服务保障。围绕“七有”“五性”，不断完善就业体系，全镇登记失业率降低。养老、医疗、教育、文化、体育等社会保障能力提升，基本做到村村通快递，5G网络全覆盖，完成清洁能源全面建设。落实农村医疗、养老保障工作，城乡医保参保率100%。率先建立镇级公办养老机构，成立北庄镇社会福利中心及2个村级幸福晚年驿站，机构养老床位数131床。建立困难群众救助服务所（站）13个，退役军人服务站12个，助残机构2处。

疫情防控。完善镇村两级指挥体系，压实“四方责任”，坚持“外防输入、内防反弹”，完善“及时发现、快速处置、精准管控、有效救治”的应急机制，毫不放松抓好常态化疫情防控。包村领导、包村干部、村干部靠前指挥、主动担当，督促落实疫情防控行业指引，对46家七小门店、9家设施园区开展多轮检查排查，加大公共场所规范管理。规范卡口“三班倒”“四件套”等防疫措施，守好镇域大门。开展“敲门”行动，全镇3028户7058人全部排查到位。发动机关干部、广大党员进村入户，宣讲疫苗接种相关注意事项，动员引导群众有序开展新冠疫苗接种工作，做到“应接尽接”。截至年底，镇域范围内全程接种率97.08%，全面构筑免疫屏障。

党的建设 加强党的政治建设。教育引导全镇党员干部增强“四个意识”、坚定“四个自信”、做到“两个维护”，在思想上政治上行动上始终同以习近平同志为核心的党中央保持高度一致。制定并落实好党建主体责任清单，将管党治党责任落实在最基层，把中央和市委、区委各项决策部署落实到位。

推进宣传思想工作。以庆祝建党100周年为核心，开展党史学习教育，做好集中学习和交流研讨等环节，开展“我为群众办实事”实践活动，2021年重点民生项目清单15项全部完成，做到学党史、悟思想、办实事、开新局。强化对内、对外宣传，发挥新闻宣传主阵地优势，利用央视新闻、宜居密云、“两刊信息”等媒体平台，树立北庄形象。制定理论学习中心组学习计划，创新方式方法，坚持问题导向。

深化基层组织建设。发挥基层党组织政治引领作用，教育和引导党员学习习近平总书记重要讲话精神，提高基层党组织服务能力和水平。严格执行“三会一课”“三务”公开等制度，落实村级重大事项民主决策“八步法”和票决制，基层党建工作规范化水平提升。推进软弱涣散党组织整顿，东庄村顺利转化。打造全区首个乡镇党群活动服务中心，投入资金240余万元，完成11个村阵地提升工程。用好党组织服务群众经费，实施视频监控、街道硬化、村民饮水、农田水利等项目150余个，解决村民生产生活难题。

加强干部队伍建设。重视干部培养，加强思想政治教育，强化党性观念。实行党员积分管理，开展党员先锋岗、党员示范户、党员责任区活动，党员在拆违、人居环境整治、垃圾分类等工作中，发挥先锋模范作用。

加强党建创新。探索建立党建引领农村环境治理机制，细化“四包四落实”职责内容，有效调动了村民参与环境治理的主动性、自觉性。强化政治引领，提高党性修养，定期组织党员学习先进思想，推进党史教育、实践教学、文体娱乐、实训教室等公共资源向群众开放。深入推进“三会一课”“主题党日”等活动，与工作实际相结合，确保党建活动有内容、有主题、有成效。

加强纪律建设。发挥党员干部先锋模范作用，做到带头学习、带头遵守纪律，形成上行下效良好环境。加强和规范党内政治生活，做好党内监督，破除形式主义、官僚主义，严肃查处弄虚作假行为。实现监督工作向基层延伸，强化对村务监督委员会工作的指导、督查。

压实全面从严治党主体责任。加强对党员思想教育，教育党员始终保持坚定的政治决心和政治原则，保持高度的政治清醒和政治自觉，把严格的标准和措施贯彻到管党治党的方方面面。构建不敢腐、不能腐、不想腐工作环境，制定“十严禁”清单。组织开展党支部书记抓基层党建工作述职评议。

（高笑盈）

单位名称：北京市密云区北庄镇人民政府
地　　址：北京市密云区北庄镇华盛路 142 号
电　　话：81001793

高岭镇

Gaoling Township

概　况　高岭镇坐落在燕山脚下，潮河水畔，位于密云城区的东北部，北临河北省滦平县，南频密云水库，距城区 45 千米。东与太师屯镇相接，东北与古北口镇毗邻，西接不老屯镇。镇域总面积 111.4 平方千米，林地面积 8165.52 公顷，林木绿化率 81.8%，土地面积 12909.70 公顷。京通铁路、琉辛公路过境。辖区有高岭村、高岭屯村、白河涧村、瑶亭村、大屯村、东关村、芹菜岭村、小开岭村、大开岭村、四合村、栗榛寨村、石匣村、界牌峪村、郝家台村、田庄村、放马峪村、上甸子村、下甸子村、下会村、下河村、辛庄村 21 个行政村 52 个自然村和上甸子、高岭 2 个社区。有户籍人口 17585 人。

生态建设　履行保水政治责任。细化保水网格化管理机制，与 250 名网格员签订责任制，落实河长制工作，实现北京河长 App 全覆盖，村级河长巡河率 100%。推进“清四乱”行动常态化、规范化，推进“清河行动”向纵深发展。对河湖进行专项整治，治理河道 20 千米，清理河底 930 方，清理垃圾 523 次 3410 方，封堵污水口 3 处。日常巡查发现各类问题 147 起，其中河道游玩 10 起，清理各类垃圾 243 方，修复围网 119 处。投资 3228.73 万元建设的瑶亭、芹菜岭、东关、栗榛寨、大屯 5 个行政村一级区污水处理设施提质改造项目（一期）基本完工。投资 1013.31 万元建设的石匣村（三期）污水处理设施改造工程项目，主要工程完工。

大气污染防治。加大对施工扬尘、渣土车泄露遗撒、露天烧烤、露天焚烧的执法检查、执法处罚力度。出动洒水车、清扫车 180 余次。实时监测砂石料偷运、盗采现象，以“零容忍”高压态势，打击和遏制非法砂石料二次转运点“死灰复燃”。完成密云区新一轮百万亩造林绿化工程 2021 年浅山荒山造林 34.67 公顷建设工作，涉及上甸子、下甸子 2 个村；完成 2021 年森林健康林木抚育工程 533.33 公顷建设工作，涉及上甸子、下甸子、下会、放马峪、界牌峪村。

美丽乡村建设及人居环境整治。界牌峪村、大开岭村、上甸子村完成招投标工作。高岭屯村和白河涧道路工程完工，下会村道路工程完成 60%，石匣村美丽乡村地上工程完工。推动公厕改造工程。28 座公厕外立面及内部整修完成。推进污水处理建设工程，污水处理设施及支管网建设项目完成 48%、放马峪村等 15 个村污水配套管网基础设施建设工程完成 83%、供水及污水前端收集系统建设工程完成 78%。组建人居环境整治工作专班，组织人居环境拉练检查。采取“周检查、月评比、年汇总”形式，发现并整改，严禁垃圾乱堆乱放，保证垃圾日产、日清。制定《高岭镇人居环境考核办法》和《高岭镇各村保洁人员管理办法》。商户签订“门前三包”协议。协同城管、市场所等部门检查商户门外卫生和店外摆放情况。坚持示范带动，聚焦重点村重点领域，加大清脏治乱力度。采用村村响广播、组织文化活动、开展主题教育，加大宣传。

镇村建设与管理　推进高岭镇“无违建镇”扫尾工作。严控新生违建，完成 39 个图斑核查处置工作。推进乱占耕地建房工作，纳入摸排阶段的 82 处图斑按照区工作专班要求完成举证，除 1 处养蜂图斑需进行备案，81 处均通过。

生活垃圾分类。推进示范村建设。先后选定石匣、东关、界牌峪等 4 个村作为市、区两级示范村，发挥引领作用。制定《高岭镇垃圾分类示范村创建工作方案》，在市区两级基础上，评出 6 个行政村开展镇级创建工作，形成市、区、镇三级示范村引领的工作局面。推动投放点规范建设。投入约 30 万元用于建设大件垃圾投放点 21 个，装修垃圾投放点 22 个；投入 17 万元用于建设防雨棚 21 个，提升垃圾分类环境。建立长效监督考核机制，强化对各村垃圾分类工作监督、考核、排名，促进生活垃圾分类管理责任落实。高岭镇政府被市城市管理委员会评为“北京市生活垃圾推进工作先进集体”。

保障生产安全。做好安全生产专项整治三年行动。专职安全员及村级兼职巡查员开展宣传检查 800 余家次。落实安全生产责任制，采取“四不两直”形式，对全镇 133 家生产经营单位宣传检查 1000 余次，发现和排除各类安全隐患，筑牢安全防线。

森林防火。坚持“见烟就查、见火必抓”，突出森林防火高压态势。坚持值班领导夜查制度，压实防火责任。召开高岭镇 2021 年度森林防灭火警示暨动员部署会，与 21 个村的党支部书记和包村领导签订高岭镇 2021 年度森林防灭火工作责任书。全镇通过“村村响”广播、流动宣传车宣传，订制 200 条横幅，完成高火险期防火工作。

防汛安全保障。开展防汛检查，对辖区 4 座小水库、3 座塘坝等隐患点和危房险户进行排查。汛期前全员开展防汛演习，明确转移路线、避险地点、避险负责人等相关信息。强化安全意识，关注天气异常情况，确保人民群众生命安全。汛期转移险户 352 户，668 人。

疫情防控。抓好日常健康监测、防疫物资储备等常态化防控措施落实。制定《高岭镇进一步做好新冠病毒疫苗接种的实施方案》，细化责任分工。建立工作台账，实行销账式管理，力争“应接尽接”。发挥基层党组织战斗堡垒作用，实施网格化、地毯式管理，严格涉中高风险地区人员管控，做好辖区居民和流动人口的排查登记、信息上报等工作。各村卡口严格执行 24 小时值守，做好重点人员信息登记、体温检测。在镇域重点部位和各村路口悬挂疫情防控宣传标语 60 余条，借助街面巡查、处理投诉、值勤固守等机会开展对群众防控宣传工作 200 余次。开展卫生乡镇创建工作，建立爱国卫生工作长效机制，开展新时代爱国卫生专项行动，动员干部群众开展爱国卫生运动。

经济建设　坚持规划引领，组织编制“十四五”规划，明确“十四五”时期全镇经济社会发展总体思路、发展目标、主要任务和工作重点，指导全镇“十四五”时期经济社会发展。结合镇域实际，开展高岭镇镇域国土空间规划编制工作。

打造产业特色，培育农业发展新优势。坚持以特色项目推动“一三”产业融合发展。投资 94 万元完成高岭镇 2021 年果品安全基地建设项目，投资 65.35 万元完成 2021 年密云区高岭镇高岭村樱桃园建设项目，投资 64.64 万元完成高岭镇有机板栗加工及品牌建设示范项目，投资 17.73 万元完成高岭镇精品果园建设项目。加强品牌培育力度，提升竞争实力。发挥“花彤”蜂蜜生态原产地认证，“祥和源”樱桃、“金地达源”水杏等有机农产品和石匣甘薯无公害农产品等品牌效应，培育“高岭农业”品牌。参与“蜂盛蜜匀”建设，为打造“中国生态高端成熟蜂蜜主产区”贡献高岭力量。

文旅融合发展。完成 555 户农村宅基地院落及闲置农房数量统计工作，推进小开岭“田蜜漫村”及白河涧精品民宿开发工作，推动镇域小型水库及文旅休闲产业发展。盘活放马峪铁矿闲置资源，吸引高质量投资项目，提高土地增值收益。高岭镇蜜蜂生态主题公园改造项目竣工，小开岭村“田蜜漫村”精品民宿项目一期 4 户完工并试营业。

文化建设　培育和发展高岭文化品牌队伍，组织群众参加区级戏曲曲艺大赛、合唱大赛等活动，其中合唱大赛获镇街组二等奖。2021 年百姓宣讲获一等奖 1 名、三等奖 2 名。“听党话、感党恩、跟党走”密云区我的乡村更美丽演讲竞赛获团体二等奖。推进首都公共文化服务体系示范区创建工作。做好东关、郝家台等 6 个村的数字影院维修改造项目，改造、设计放马峪、大屯文化室，完成上甸子村史馆设计。推

3 月 28 日，高岭镇开展“情高谊远 引领新风”新时代公民道德建设系列教育实践活动

（郑何硕　摄）

进创建全国文明城区工作。创建全国文明城区高岭镇指挥部。开展“情高谊远 引领新风”高岭镇新时代公民道德建设系列教育实践活动。重点围绕以大屯村、上甸子村为首的10个沿路特色村庄开展61场活动。

社会建设 搭建就业平台，开展技能培训，完成120人次培训工作。公共服务类岗位实现就业769人，办理转移证且招工手续人员698人。推进政务服务窗口工作。规范镇级政务服务平台建设，优化服务供给方式，推动服务企业群众常态化、机制化。完成社保业务683件、民政业务1310件，接待现场咨询业务2630件。落实低保户、残疾人救助、专项救助等保障制度，提高社会救助能力。建设8家温馨家园，位居全区第一，2021年全镇1个示范级温馨家园和7个村级温馨家园完成三方托管服务。

社会事业协调发展。坚持民生发展优先地位，全镇教育、文化等工作稳步发展。加大教育支持力度，提高教育教学质量，促进学生综合素质提高。2021年中考升学率达100%，幼儿入园率达98.6%，0—3岁婴幼儿监、看护人教育指导率达94.3%。提高卫生计生工作水平，完善医疗卫生服务机制，提高镇域群众健康水平。申报并完成建设向日葵亲子小屋。暖心家园被评为国家级项目试点。

党的建设 强化政治建设，发挥镇级党群服务中心镇级党校主阵地作用，落实“三会一课”制度，利用主题党日活动、借助学习强国平台等方式加强全镇党员干部理论知识学习。开展党史学习教育，全体党员干部开展13次专题集中学习，17次专题交流研讨，30余场专题党课，引导广大党员干部学史明理、学史增信、学史崇德、学史力行。

开展多元活动，庆祝建党活动。镇党委组织30个党支部开展“两优一先”评选活动，选出4个先进基层党支部、9名优秀党务工作者和50名优秀共产党员。开展“永远跟党走”党史学习教育知识竞赛活动。组织全镇1024名党员开展“共产党员献爱心”活动，捐款41434.10元。

党风廉政建设。制定全面从严治党责任清单，细化党风廉政建设工作职责和任务，层层签订责任书。开展“以案为鉴、以案促改”警示教育活动，通报典型案例，汲取经验教训。对疫情防控、防火、“12345”、垃圾分类、村级微权力运行等党委政府重点工作进行监督检查。针对村级廉政风险隐患，对村级新建翻建房屋、村级工程、村级党组织服务群众经费使用、村级零用工大额支出等工作开展重点监督。发现问题，进行反馈，并提出意见建议。查核问题线索19件，初核19件，其中了结17件，初步核实11件，函询1件，立案7件。

（张艳朋）

单位名称：北京市密云区高岭镇人民政府
地　　址：北京市密云区高岭镇高岭村政府路8号
电　　话：81081090

古北口镇

Gubeikou Township

概　况 古北口镇位于北京市密云区东北部，与河北省滦平县相邻，自古就是北部地区进入中原的战略咽喉要道，素有“燕京门户、京师锁钥”之称。全镇总面积86.41平方千米，辖古北口村、河西村、潮关村、龙洋村、杨庄子村、北甸子村、汤河村、北台村、司马台村9个行政村和古北口、东山、南菜园、北头4个社区。户籍人口4513户9443人，其中农业人口2872户6600人，非农业人口1701户2890人。全镇农用地面积7542.90公顷，林地面积7150.13公顷。

生态建设 履行保水政治责任。落实“五保水”要求，承担密云水库上游潮河流域水源涵养区保水重任。落实“河长制”要求，实施“一河一策”精细管理，全镇46.1千米河道实现无缝隙、全覆盖管护。持续开展“清河行动”及生态清洁小流域治理，清理河道杂草杂物4.6万立方米，确保清水下山、净水入库。加大涉水检查力度，劝阻涉水违法行为1000余起，保持严管高压态势。

污染防治。落实大气污染防治攻坚行动，推动减煤降尘，改造燃煤锅炉160.5蒸吨，全镇完成“煤改电”任务，成为库北地区首个实现煤改电全覆盖的乡镇。新建大气质量监测点13个，$PM_{2.5}$平均浓度由42微克/立方米降至27微克/立方米，达到国家良好标准。完成河西、北台、司马台村污水处理站建设，实现供水、排水、污水处理“全链条”管理。

筑牢生态安全屏障。推动区“创建国家森林城市”任务全面落实，成立镇级集体林场，统一开展全域林业养护，实施3866公顷造林工程，森林覆盖率达77.06%，林木绿化率达76.94%。

镇村建设与管理　推进美丽乡村建设。全镇9个村庄规划全部获批。完成北甸子村美丽乡村建设地上绿化工程，推进汤河村、司马台村美丽乡村建设，北台村和镇区4个居委会道路、绿化、亮化及公厕改造工程完工。

基础设施建设。完成市郊铁路S5线公交接驳重要通道、河火路建设、京通铁路围网、马北路改建、潮河大桥维修、杨庄子大桥建设等重点道路工程。投资160万元实施河道综合治理，推进河西村“三起来”污水及供水工程建设。

人居环境整治。开展村级人居环境整治，实施拆违清乱行动，健全管护长效机制，村级人居环境得到提升。推动“厕所革命”，完成16座公厕运行维护，通过“国家卫生镇”创建验收。规范镇域垃圾投放、收集、运输、处理全过程管理，实现农村生活垃圾“减量化、无害化、资源化”治理。司马台、北甸子村获“市级垃圾分类示范村”称号，古北口镇获“北京市生活垃圾分类推进工作先进集体”称号。

绿色生态农业发展。发展“一村一品”特色农业，推动潮关、汤河、北甸子村甘薯，杨庄子村木耳，北台村“厨房三宝”种植，打造欧李、木耳、黑土豆等示范种植基地，为乡村生态振兴、产业振兴打下基础。

8月5日，潮关村试种欧李丰收　（王硕　摄）

经济建设　全年完成财政收入4240万元，比2016年增长23%；农民人均纯收入24378元，比2016年增长16.05%；社会固定资产投资累计实现9425万元。

规划发展。紧抓长城国家文化公园建设保护规划和密云区创建“国家全域旅游示范区”建设机遇，结合镇域独特的长城历史文化元素及首批中国特色小镇和中国历史文化名镇产业基础，完成古北口中国特色小镇规划、“十四五”规划编制和村庄规划提质升级，编制镇域国土空间规划，制定全域旅游实施方案。完成古北口镇红色长城文化体验园验收。

项目建设。围绕农业、生态、社会事业和基础设施等领域，实施重点工程项目60余个，完成北线旅游基础设施二期、河道支流治理、村级医养结合等项目，实施S5线周边环境提升、潮河古北口段治理、百万亩造林等生态修复工程。

招商引资。优化营商环境，加强财源建设，制定全员招商工作管理办法，发挥财政政策导向作用，加大企业支持和走访力度，5年累计引进企业1327家，注册资金72亿元。

文化建设　完成北京市公共文化服务体系示范区建设工作。根据北京市公共文化服务体系示范区创建指标要求，制定《实施方案》，创建工作组，开展各类文体活动61场、公益培训37人，受众1万余人次，收集整理档案资料，完善电子屏、培训桌椅、文体中心户外广场改造等硬件设施，完成2021年度北京市乡镇综合文化中心服务效能评估工作和北京市公共文化服务体系示范区创建工作任务。

培育特色文艺品牌队伍。组建村级各类文艺团队33支，区级认定镇级品牌队伍5支。在区级比赛中获区戏曲曲艺大赛三等奖、合唱大赛三等奖、原创文艺作品大赛书画类三等奖、曲艺类一等奖，在第十六届“舞动北京”群众广场舞大赛中6支队伍进入决赛，获二等奖1名、三等奖3名。获市第十五届“和谐杯”乒乓球比赛优秀组织奖。

挖掘历史文化。梳理古北口长城、御道、古镇、庙宇、红色、民俗等文化脉络，修建胜利广场、日军受降地旧址，打造红色旅游新地标、新路线。完成清真寺、吕祖庙、财神庙等区级文物修缮维护，推进古北口长城抗战纪念馆改扩建，打造古北口、河西、潮关等国家级、市级传统古村落。结合镇域抗战史迹及红色资源，推出5条红色旅游探访线路。

古北水镇辐射效应明显。作为古北口镇旅游支柱项目，古北水镇2021年旅游接待152万人次，实现旅游收入7.68亿元，形成镇级财政收入1446.77万元，带动周边村落改造民俗院落和民宿200余家。

文化旅游产业深度融合。促进文旅产业融合工作机制，成立全区首家镇级旅游产业协会，实现文旅资源互融互通、共享增值。实施乡村旅游“十百千”工程，注重古镇建筑风貌协调统一，融入长城、民俗文化元素，引导200家民俗户提档升级，打造星级民俗户418家，精品民宿18家、特色业态9家。以旅游活动为载体展示文化、传播文化、发展文化，依托扇缘街、丰收节、传统庙会等节庆活动，将文化“韵”与旅游“乐”相结合，实现“以文促旅，以旅彰文”，古北口镇被评为“中国民间文化艺术之乡”。

12月18日，古北口镇红色长城文化体验园验收 （王硕 摄）

社会建设 加强“接诉即办”。建立群众诉求响应机制，办理答复市民服务热线反映5749件，公交出行困难、农产品滞销等问题得到解决。

民生保障。促进城乡劳动力就业1600余人，利用公益岗转移安置农村地区劳动力190人，2021年被评为“北京市充分就业镇”。城乡居民养老保险参保率100%。落实扶弱帮困政策，慰问困难群众1000余人次。运营“幸福晚年驿站”5家、温馨家园8家。实施37户抗震节能农宅新建翻建和29户危房改造，群众居住条件改善。推动篮球场、图书馆、文体活动中心等公共文化设施开放，实现资源共享。规范龙湖社区管理，成立筹备组，组建物管会，社区服务功能完善。

疫情防控。建立镇、村、队三级防疫责任体系和管控机制，制定镇疫情防控封控管理应急预案（全流程指引），全员核酸检测组织实施能力得到提升。在龙湖一期二期建立“政府+物业”联动机制，以超常规举措排查管控3879家住户。与相邻的滦平县巴克什营镇建立联防联控机制，检查排查进京人员近20万人次，保障首都东北大门绝对安全。全镇疫苗全程接种率保持全区前列。

社会面秩序和谐稳定。开展“扫黑除恶”专项斗争，净化镇域发展环境。推行信访代理制，群众上访信件全部按期办结。落实安全生产责任制，开展安全生产督导检查，各类安全隐患问题整改率100%。完成建党100周年等重大活动安保和服务保障任务。

党的建设 抓好党委班子建设。开展党史学习教育，学习中国共产党百年奋斗重大成就和历史经验，找差距、促整改，转化为为民服务的生动实践。坚持民主集中制，落实“三重一大”事项集体决策制度，组织召开党委会33次，坚持班子成员分工负责，领导集体研究议事，保证权力的正确行使。

加强组织建设。推进支部规范化建设，落实“三会一课”、党建工作专题例会等工作机制，基层抓党建的意识和能力不断提升。建立一支由24人组成的“素质优良、结构合理”的村级后备干部队伍。

党建引领发展。投入基层党组织服务群众经费267余万元，用于环境美化、村级道路修缮、公共设施改造等工程，直接服务全体村民。发挥“红色引擎”作用，改造北甸子村党群活动服务中心，建设司马台村群众文体休闲设施，党支部政治功能和组织力不断增强。汤河村、龙洋村党支部获得2021年区级先进基层党组织称号。实施年轻干部成长行动计划，为年轻干部成长搭建平台，选派优秀年轻干部到村担任包村副组长、党建联络员参与村级各项工作。注重在疫情防控、垃圾分类、安保服务等工作中发挥党员干部的模范作用。新发展党员20名。

推进全面从严治党。建立党风廉政建设差异化责任清单，构建起一级抓一级、层层抓落实的责任体系。执行村级重大事项民主决策“八步法”，“民主日”全程记实，加强基层民主政治建设。对重点工程逐一制定廉政风险防控责任清单，保证重大项目、民心工程运行廉洁高效。开展案例警示教育，确保党的纪律深入人心。抓好巡视巡察反馈问题整改，深化结果运用，为人民群众带来获得感和幸福感。

党建引领，唱响文化主旋律。挖掘古北口历史文化内涵，做大“古北口”文化品牌。为庆祝建党100周年，修建胜利广场、侵华日军投降地，打造古北口红色旅游新地标、新线路。古北口村获国家级“红色美丽村庄”称号。修建古北口历史文化馆、各村村情展室，开展扇缘街、丰收节、传统庙会、花会等活动，传承古北口的悠久历史及民俗文化。开播“魅力古北口”抖音号、设立“历史文化名镇古北口”小程序加大宣传，与央视频、“北京发布”等新媒体合作推出“云直播”活动，在《北京日报》、光明网等市、区媒体发布视频及稿件，扩大古北口旅游影响力。培育和践行社会主义核心价值观，开展“最美家庭”评选、志愿服务活动，树立先进典型，营造文明和谐、崇德向善的良好社会风气。古北口镇获“全国文明镇”荣誉称号，古北口村、河西村、龙洋村分别获“首都文明村”荣誉称号。

（王　硕）

单位名称：北京市密云区古北口镇人民政府
地　　址：北京市密云区古北口镇古北口大街
电　　话：81051087

新城子镇

Xinchengzi Township

概　况　新城子镇位于密云区东北部，坐落在燕山山脉主峰雾灵山（海拔2118米）北麓，距密云城区65千米，与河北省滦平、兴隆、承德3县接壤，明代长城环抱全镇。全镇山水资源丰富，安达木河贯穿全镇长达30千米，森林覆盖率73.9%，负氧离子含量是正常人需求量的3.5倍，有“华北物种基因库”称号。镇域面积157.02平方千米，辖花园、大角峪、曹家路、蔡家甸、东沟、崔家峪、二道沟、头道沟、小口、遥桥峪、新城子、巴各庄、太古石、吉家营、苏家峪、坡头、大树洼、塔沟18个行政村、74个自然村，户籍人口11527人，其中农业人口9978人，非农业人口1549人；常住人口7241人，流动人口192人。

生态建设　坚持生态立镇，落实保水保生态政治责任。开展河湖整治行动，实行河道网格化管理，实现“清水下山、净水入库”。推行林长制工作方案，设立林长制办公室，成立镇级国有林场管护公司，形成专业化、网格化管理模式。投资630万元在崔家峪、头道沟、新城子、巴各庄、太古石、吉家营、苏家峪等村实施森林健康经营抚育工程933.33公顷。推进百万亩浅山台地及荒山造林工程，投资2718万元在崔家峪、曹家路、花园、坡头、吉家营、蔡家甸、巴各庄、新城子等村造林246.67公顷。打赢蓝天保卫战，开展“一微克”行动，推进清洁能源改造，完成崔家峪、巴各庄、曹家路、蔡家甸等4个村2200户“煤改电”工程，抓好空气重污染防治和扬尘管控，全镇$PM_{2.5}$平均浓度为25微克/立方米，空气质量保持全市最优。

镇村建设与管理　完善镇域规划体系。谋划全镇建设布局和风貌管控，编制国土空间规划，开展领域专项整治，巩固“基本无违建镇”创建成果，拆违面积累计4400余平方米，超额完成区级指标。投资1300余万元完成新城子镇主街改造，形成古朴典雅的整体风貌。投资2600万元实施遥桥峪传统村落道路恢复、安达木沟域环境治理等工程。推进巴各庄、头道沟、花园等13个村美丽乡村建设，实行街巷长制，将266条街巷环境整治责任落实到人，全镇人居环境位居全区前列。新建2个村级生活垃圾分类驿站，18个垃圾分类投放站点，餐厨垃圾分类率位居全区前列，太古石村、吉家营村、苏家峪村被评为市级垃圾分类示范村。推进“厕所革命”，改造、新建公厕41座，完成户厕改造1585户，确保如厕环境干净卫生。加大店外经营、占道经营监管力度，镇域环境干净整洁。2021年新城子镇被市农业农村局评为“全市人居环境整治最好的乡镇”。

经济建设　全镇实现农村经济总收入31418万元，比上年增长9%，全镇农村居民人均纯收入30091元，比上年增长6.5%，财政收入3895.99万元，固定资产投资1201万元。全镇实现接待游客36.8万人次，旅游综合收入5922万元。

推动项目建设，做强文旅和林果两大富民产业。落实市委主要领导到新城子调研指示精神，实施“九搂十八杈”等古树名木保护方案，投资1800余万元打造占地20余公顷的北京“古柏王”主题公园，松曹路改道基本完工，开展古树复壮、公园建设等。加大苏家峪村百年流苏树宣传推广，打造流苏公园，盛花期流苏树成为“网红打卡地”，吸引游客10万人次。鼓励民俗村和民俗户改造提升，为全镇民俗户争取各类贴息贷款、补贴、奖励资金170万元。开展旅游、民俗管理工作培训。推进苹果产业发展，巴各庄示范精品园规模达8000株，曹家路村建设种苗繁育基地4余公顷，投入126万元建设大角峪、东沟、苏家峪等食品安全基地11个，提升苹果品质。应对冰雹灾害，协调保险公司为全镇266.67公顷受灾果树赔付保险金1300万元，确保全镇果农减产不减收，全镇苹果总产量350万千克，实现收入1400万元。

优化营商环境，推进政务服务事项标准化、规范化。实现一窗受理、一次办结，打通企业和群众办事“最后一公里”。加大招商引资力度。引进北京典伦建筑劳务分包有限公司、北京玖翼云能新能源科贸有限公司等5家跨省企业，企业质量和财税贡献明显提

4 月 27 日，新城子镇召开旅游、民俗管理工作培训会　　（王译涵　摄）

升。壮大村集体经济，争取各类帮扶政策，盘活村集体资源资产。发展养蜂、农旅体验、精品民宿等产业。新城子、小口、太古石、苏家峪、崔家峪、蔡家甸、花园、大树洼、塔沟、巴各庄等 10 个村完成“消薄”任务，实现集体经营性收入超 10 万元。对接外部资源，与京粮集团、工美集团等 6 大国企以及朝阳区十八里店乡结对帮扶，拓宽帮扶渠道，销售农产品数额超 20 万元。

文化建设　组织党员干部、群众参加区级戏曲、曲艺、歌手大赛、党史知识竞赛，举办全镇“永远跟党走”红歌展演、干部群众拔河比赛等一系列文体活动，在全镇上下营造祥和、热烈氛围，以实际工作迎接、庆祝中国共产党建党 100 周年。

6 月 22 日，新城子镇开展“永远跟党走”红歌展演活动　　（王译涵　摄）

社会建设　开展“我为群众办实事”活动，制定为群众办好事等具体任务 3 大类 69 项，包括深化群众痛点攻坚行动任务 37 项、政府年度民心工程 13 项、政法系统教育整顿 19 项。落实城乡居民最低生活保障制度，实行动态管理，确保应保尽保，为低保特困人员发放补贴 738 万元。织密慈善救助网络，成立镇慈善协会，慰问困难群众 638 名。推进养老服务体系建设，开展村级为老服务活动，营造尊老敬老良好氛围。支持群众改善住房条件，执行《密云区关于落实户有所居加强农村宅基地及房屋建设管理办法》，梳理全镇宅基地情况，依法审批农户房屋翻建，确保新生违建零增长。推进退役军人工作，完善服务保障，落实优抚措施，维护退役军人合法权益。开展残疾人工作，加强温馨家园建设，发放残疾人补贴 655 万元。争取资金 32 万元，建设无障碍设施，在全区率先实现 18 个村无障碍设施全覆盖。

做好接诉即办工作，突出党建引领，落实“双重考核”等工作机制。强化主动治理，对违法建设等问题集中解决，接到群众诉求 2752 件，满意率达 93.61%，12 月排名全区第一，进入全市前 30 名，为民服务成效稳步提升。推进平安建设，深化社会治安综合治理，完善技防、人防相结合的防控措施。落实信访代理制，完成重大活动安保工作。组建创城工作“一办九组”，明确 60 项具体任务，营造全域创城、全民创城氛围。在镇村主街增设公益宣传栏 24 处，精神文明宣传栏、健康卫生宣传栏、村规民约宣传展示栏各 19 处。加强镇村新时代文明实践站建设，开展 18 个村无障碍坡道建设。活跃群众文化生活，开展歌咏比赛、红歌展演等文化活动。投资 480 余万元完成吉家营、崔家峪、东沟 3 个村文化场地维修改造。

落实疫情防控常态化措施。及时修订完善处置预案，严格管理，严密检查、检测，加强针基本实现应接尽接。高度重视森林防火，健全机制、规范程序、压实责任，动员各方力量严防死守。应对强降雨和雨雪冰冻天气，及时排除隐患、转移险户、消除险情，崔四路山体滑坡等地质灾害得到有效处置，维护群众正常生产生活秩序。落实安全生产责任制。开展消防、旅游、道路交通、食品药品、燃气安全等领域安全检查，实现辖区生产经营单位安全检查全覆盖。提升镇村两级和重点区域防灾减灾救灾能力，加强应急救援队伍建设，强化应急物资配备，增强森林防灭火、防汛抗旱等应急处置和保障能力，全力保障镇域安全。

党的建设　做好理论学习中心组学习、镇村干部定期集中学习、周末大讲堂等形式的党员干部日常学习教育计划与安排。开展专题学习、党史宣讲、重走古北口长城抗战路、观看红色影片等学习活动，推动党史学习教育走深走实。以习近平总书记关于保护密云水库重要指示和重要回信精神为统领，坚持读原著、学原文、悟原理，自觉用习近平新时代中国特色社会主义思想武装头脑、指导实践、推动工作。“七一”前后，组织开展颁发“在党50周年”纪念章、召开“两优一先”表彰大会等庆祝活动。健全新城子镇意识形态会商研判、情况通报、风险防控、督查考核等工作机制，落实意识形态责任制，加强监督检查。

完成村、社区“两委”换届选举。各村、社区实现一次性选举成功、实际人选与预测人选吻合度、35岁以下年轻干部进班子3个“100%”的目标。推进镇领导班子换届工作，推选区级党代表8人、镇级党代表101人、区级人大代表6人、镇级人大代表53人。召开镇党代会、人代会，落实“五个一”工作机制，选派经验丰富处级干部到村任职第一书记。把好党员发展入口关，完成年度党员发展任务指标。推进党支部阵地建设提升，开展花园村、曹家路村、崔家峪村等党群服务站建设。实施年轻干部成长行动计划，完成公务员职级晋升、公务员事业编制人员和乡村振兴协理员招聘录用工作。

将全面从严治党、党风廉政建设总体任务、目标分解并落实到党政班子成员、各科室负责人。抓好领导干部个人有关事项报告工作，做好机关干部日常管理。深化“以案为鉴、以案促改”警示教育成果，用身边的人和事教育提醒党员干部和公职人员心存戒尺、守住底线。紧盯元旦、春节、中秋等重要时间节点，落实中央八项规定及实施细则精神。加强村和社区“两委”换届选举，区、镇人大换届选举过程的正风肃纪工作。强化对疫情防控、防火防汛、“接诉即办”等工作的监督检查。要求村级纪检干部履行监督、检查、报告的工作职能，确保各项工作部署在村级落实。实施村级微权力“五个一”监督体系建设工作，推进基层治理体系和治理能力现代化，完善权力运行制度规范。坚持正风肃纪，全年镇纪委处分党员干部5人，开展各类约谈33次。

6月28日，新城子镇召开“两优一先”表彰大会　（王译涵　摄）

（赵　童）

单位名称：北京市密云区新城子镇人民政府
地　　址：北京市密云区新城子镇新城子村
电　　话：81022305

不老屯镇

Bulaotun Township

概　况　不老屯镇位于密云区正北部，北邻河北省承德市滦平县，南濒密云水库，东与高岭镇接壤，西与冯家峪镇交界。镇域面积（含水库面积）226.41平方千米，辖不老屯、燕落、黄土坎、兵马营、沙峪里、学艺厂、转山子、杨各庄、董各庄、丑山子、白土沟、边庄子、大窝铺、柳树沟、永乐、学各庄、车道岭、南香峪、北香峪、香水峪、半城子、史庄子、古石峪、陈家峪、阳坡地、西坨古26个行政村83个自然村和不老屯、燕落2个居委会。户籍人口12114户、23761人，其中农业人口9229户、19852人，非农业人口2885户、3909人。

生态建设　开展“保水百日整治行动”，印发宣传手册3000余份，查处各类违法涉水事件40余起。分批次对310名保水网格员进行培训，利用村村响广播对全镇保水保生态进行宣传动员。在库区周边制作永久性宣传牌50余块。增设库区管护站点4个，15个管护站点24小时值守。修复破损围网200余处。推进9个村污水提质改造管网工程，完成学艺厂等10个村污水治理项目施工招标工作。落实河长制，村级河长完成巡河任务624次，54人专业巡河队伍发现问题及清理垃圾点位120余处。成立由30人组成的生态环境巡查队，全天候在水库沿线巡查。完善生态巡查管护机制，加强对水环境跨界断面的监管。实施新一轮百万亩造林，推进公益林抚育工程，开展义务植树12.2万株。落实护林防火工作，提高防火队员工资待遇，加强对林务员、管护员和防火队的管理，强化可燃物清理，依法打击盗采盗运等违法行为。

污染防治。落实“清洁空气行动计划”。开展联合执法 50 余次，完成空气重污染期间洒水降尘 70 余次，路面保洁 300 余次，完成裸地苫盖、揭网见绿 400 余处，落实“疏整促”行动 21 项任务，实现“散乱污”企业动态摸排为零。煤改电工作完成 10 个村 2300 户，推广优质燃煤 5800 吨。全镇 26 个行政村全部纳入美丽乡村地上建设计划，完成学艺厂、大窝铺村道路及亮化工程，白土沟等 15 个村进行招投标工作。43 座公厕提升改造并投入使用。

镇村建设与管理 人居环境整治。制定农村人居环境整治工作奖惩办法，建立村级垃圾分类奖惩机制，并纳入村规民约。坚持常态化开展周末大扫除，包片、包村干部、各村党员干部带头清理环境卫生，保持环境整治效果。全年清理乱堆乱放点位 5000 余处，中转生活垃圾 3000 吨。集中组织开展相关灭蚊蝇工作 4 次，出动志愿者 970 人次，清理卫生死角 239 处，清理蚊蝇滋生地 405 处，使用灭蚊蝇药品 1410 千克。在各村开展《北京市生活垃圾分类管理条例》宣传教育活动，通过宣传广播、红黄蓝榜方式提升群众垃圾分类意识，实现“户分类、村收集、镇运输”运行模式。史庄子获评“北京市生活垃圾示范村”。

年内，完成 310 户农村民宅翻建审批、144 户农宅抗震节能改造验收工作。推进耕地保护空间复耕工作，成立镇土地复耕工作专班，采用“一斑一档”形式整理归档村镇材料，开工复耕面积 160 公顷，占总任务 94.1%，完成复耕面积 149.4 公顷，占总任务 87.87%。因密云水库水位上涨至 155 米，全镇涉及 56 户 111 名（涉及大窝铺、学各庄、燕落、董各庄及杨各庄村 5 个行政村）村民房屋受损受困。转移受威胁较大的 9 户群众（原搬迁村山安口 1 户、董各庄 6 户和学各庄 2 户）。

疫情防控。建立农村疫情防控工作体系和疫情防控工作专班，制定新冠肺炎疫情防控工作方案、全流程指引、全员核酸检测工作方案，细化分工，落实到人。强化四方责任，开展新冠疫苗接种，完成重点人群新冠疫苗接种工作，推进新冠疫苗加强剂次接种。

全国文明城区创建。成立创城工作指挥部，下设“一办九组”。制作创城展板、公益广告等近 220 块。建立工作台账，实行销账管理制。针对每月点位检查情况，明确整改责任人和整改标准、时限，及时上报整改情况。发挥镇新时代文明实践所、26 个实践站、2 个实践基地及多支志愿服务队作用，开展“文明祭扫”“周末大扫除”“保水护水护环境人人有责”等文明实践活动 50 余场。

11 月 29 日，不老屯镇半城子村开展土地复耕
（不老屯镇　供图）

经济建设 全年财政收入 3386 万元，全社会固定资产投资 6047 万元，大农业总产值 8963.5 万元，乡村旅游收入 2115.3 万元，工业总产值 524 万元，农村经济总收入 81533.9 万元，人均劳动所得 24390 元。

年内，加大招商引资力度。制定《招商工作办法》《招商引资服务协议书》等政策规定。鼓励全员招商，引进 72 家实力企业。优化营商环境，建立联系企业台账，形成“一企一册一台账”，年报率排名镇街前列。

年内，集中供水厂项目竣工，解决不老屯、燕落等 5 个村集中饮用水问题。完成密云区 2020 年铁路沿线环境提升工程（一期）S5 不老屯镇域段提升工程，通过拆除违法建设、清洗粉饰和改造建筑立面、规范牌匾标识、完善照明设施、公园绿地等，提升琉辛路两侧镇域环境面貌。京通铁路兵马营牵引站 110 千伏外部供电工程拆除、测绘、实施工作完成。实施不老屯集贸市场改造提升项目。

年内，发展林下经济。支持大窝铺、北香峪等村发展林下木耳、赤松茸等特色农产品，壮大集体经济，推动农民增收致富。注册“不老农业”品牌、“半城有礼——雪茄伴侣”等农产品商标，培育农业品牌化。成立渔业产销专业合作社，规范渔业管理，提高渔民收入。争取资金 205 万元，扶持史庄子、丑山子、大窝铺 3 个村集体自流蜜蜂场建设，推进蜂产业发展。全镇有养蜂户 87 户（蜂群 8289 群），已全部加入北京奥金达养蜂合作社。筹办“农民丰收节”，对黄土坎鸭梨、燕山板栗、大窝铺松茸酱、水库鱼等特色农产品进行宣传。以创建全域旅游示范区为抓手，宣传文旅“1+4”奖励政策，发挥北京云峰山景区和史庄子民俗村的带动作用，发展以蔓湾小筑、半山舍、福院为代表的精品民宿。北香峪32套精品民宿项目目前一期14个院落已经启动建设。

9月29日，不老屯镇在黄土坎村举办农民丰收节开幕式　（石培娟　摄）

文化建设　开展创建北京市公共文化服务体系示范区工作，完成全部任务量，初检位列全区第六名。全镇有图书29331册，其中新增8000册。实名制注册文化志愿者45人，发布志愿者服务项目11项。放映电影1080场、星火工程演出78场。在建党百年华诞来临之际，组织26个村文化志愿者开展“永远跟党走”庆祝建党100周年主题群众文化活动。推荐优秀节目参加区级竞赛获曲艺竞赛二等奖、合唱竞赛三等奖、舞蹈竞赛三等奖。推选的三支舞蹈队获“永远跟党走”——第十六届“舞动北京”群众广场舞蹈大赛三等奖。

6月27日，不老屯镇开展“永远跟党走”庆祝建党100周年主题群众文化活动　（石培娟　摄）

社会建设　完成村（居）委会换届选举工作，26个村委会、2个居委会换届选举一次性成功，100%村实现书记、主任“一肩挑”，100%村实现35岁以下年轻干部进班子任职。镇村两级服务窗口升级改革，涉及民政、社保等11个科室197项事项全部入驻，实现前台收件、后台办理流程。向民政对象和残疾群体发放各类政策性资金800余万元。开展劳动保障、医疗保障和养老保险工作，失业登记人员就业率实现100%，大病救助10人次。各村、机关干部捐款43963元，组织献血3.66万毫升，超额完成献血任务。国家级卫生镇创建工作通过区级初审。

年内，推动教育事业发展。不老屯小学获北京市校园篮球冠军、U12女篮密云赛区亚军、北京市第3名，在区体育运动会上获得团体总分第1名。不老屯中学引入北京十一中学办学理念，初三61名学生参加中考，50人被普通高中录取，其中13人考入重点高中。

年内，完善领导接访制度，实施工作日领导坐班接访。办案解决信访积案，9件积案全部化解。做好市民服务热线办理工作，制定《不老屯镇村级接诉即办工作月考核奖惩办法》，实行“月度考核+年终考核”相结合，执行“1135”工作法，建立诉求台账，不断提高“三率”水平。推进朝密协作，通过与朝阳区双井街道协作，助销农产品实现收入22万元。针对密云水库水位上涨后导致部分群众房屋被淹、饮水井受损、道路中断、生产生活受到影响的情况，提前研判，未诉先办，转移安置受灾群众9户，打井8

6月3日，不老屯镇组织安全员开展消防实训演练　（石培娟　摄）

眼，铺设临时管线 200 米，租赁送水车为村民送水，修葺简易山路方便秋收和出行。

年内，完成中国共产党成立 100 周年庆祝活动服务保障工作及“两会”等重要节点安保工作。落实安全生产专项整治三年行动计划，开展各类安全检查、隐患排查和宣传教育工作，落实安全责任制。完成防火、防汛任务，组织实训演练，320 名民兵应急队伍在综合保障、应急处突方面发挥作用。汛期强降雨后无人员伤亡，全镇平稳度汛。

党的建设 开展党史学习教育。40 个支部 1500 余名党员学习党史、习近平总书记关于党史工作的重要论述等内容。配发指定学习材料 2000 余册。镇广播站开办党史学习教育广播专栏，推送党史知识、党史故事。以“重温红色历史 坚守初心使命”为主题，组织参观密云水库展览馆、古北口抗战纪念馆等红色教育基地，聆听英雄故事、重温入党誓词。开展“我为群众办实事”活动，结合镇域实际研究制定 27 项重点民生项目，全年完成 20 项，剩余 7 项按照项目建设进度实施。

基层党组织规范化建设。做好入党积极分子培训工作，严把党员发展入口关，全年发展党员 37 名。严格执行“三会一课”“党员活动日”“组织生活会”、民主评议党员、党支部星级评定和党员积分等制度。完成新任“两委”干部集体谈话和新一届村和社区“两委”干部集中培训工作。做好基层党组织服务群众经费落实工作，严格审核各村申报的党建项目，22 个党支部申报群众服务经费项目。

党风廉政建设。强化财政资金绩效管理，加强公务用车、办公用房和政府采购管理。规范资金审批流程，合同签订和资金支出等“三重一大”事项管理，履行一岗双责，加强政府班子履职。落实《镇长办公会议事规则》，全年主动公开事项 83 项，办理依申请公开事项 73 个。

（石培娟）

单位名称：北京市密云区不老屯镇人民政府
地　　址：北京市密云区不老屯镇不老屯村
电　　话：81091560

冯 家 峪 镇

Fengjiayu Township

概　况 冯家峪镇位于密云区西北部，西北与怀柔接壤，东北毗邻河北省滦平县，东与不老屯交界，南邻密云水库北岸，距密云城区 41 千米，白马关河流经全镇，镇域面积 214.71 平方千米，2002 年由冯家峪乡和番字牌乡合并而成。镇域地貌山多地少，耕地面积 9.06 平方千米，山场面积 183.76 平方千米，镇域森林覆盖率达 88.82%，林木绿化率达 93.44%。辖保峪岭、西庄子、石洞子、冯家峪、西口外、西白莲峪、三岔口、朱家峪、下营、白马关、番字牌、黄梁根、西苍峪、司营子、前火岭、石湖根、南台子、北栅子 18 个行政村。全镇有 4718 户 9026 人，其中农业户籍 3796 户 7828 人，劳动力 4315 人。全镇常住人口 4074 人，占全镇人口 45.14%。

生态建设 优化生态文明建设。推进西庄子、保峪岭水库一级区污水改造工程，3 座厂站主体建设完工。“三起来”污水工程完成 2 座厂站主体建设，污水管网建设完成 85%。“一微克”行动持续深化，实施煤改电工程，完成番字牌村、黄梁根村、前火岭村 478 户煤改电工程，改善冬季空气质量。加大大气污染防控力度，发布污染天气预警 35 次，苫盖渣土、裸露地面 390 余处，清理道路两侧渣土 550 余处，300 余方，强化施工工地扬尘管控，全镇 $PM_{2.5}$ 平均浓度 22 微克/立方米，排名全区第一。森林防火力度加强，落实“见烟就查，见火就抓”要求，清理林下可燃物 733 公顷，设置防火隔离带 6 万余米，确保春节和清明节等重要节点安全。开展病虫害治理，防治美国白蛾等病虫害，有效杜绝病虫害发生，镇域生态环境质量提升。

提高生态经济效益。推进以中华蜜蜂小镇建设为核心的“1+4”农业体系，发展中蜂产业，建成白马关低收入集体蜂场。中国养蜂学会在 5 月 20 日（世界蜜蜂日）授予冯家峪镇“中华蜜蜂小镇”称号，成为中国养蜂学会在“十四五”期间挂牌的首个产业型特色小镇。10 月 16 日，冯家峪镇举办第四届割蜜节，央视《走进乡村看小康》栏目、新华网、人民网等媒体专题报道，打造“蜂盛蜜匀”品牌效力。

镇村建设与管理 改善乡村环境。开展扫边清角专项行动，清理背街小巷 400 余处，完成乱堆乱放、店外经营等环境问题 702 处。投资 150 余万元，实施上峪古堡及周边环境改造工程，冯家峪村整体环境面貌改善。加大生活垃圾分类宣传，9 月、10 月生活垃圾分类综合排名均位居全区农村组第一，石洞子村、保峪岭村获区级垃圾分类示范村称号，西白莲峪村获市级垃圾分类示范村称号。完成主街改造，新安装路灯273盏，硬化街道11472平方米，更换门头牌匾24处，粉刷外立面10649平方米，主街环境卫生得到改善。推进白马关河道及其支沟“7·16”水毁修复工程。三岔口村和冯家峪村地灾治理工程完工并通过区级验收，地质灾害防御能力提升。镇域内35座公厕完成改造，新建2座二类公厕、16座公共浴室和3300余盏路灯全部正常使用。推进文明城区创建。成立创城专班，制定《冯家峪镇创建全国文明城区工作方案》，完成146个问题点位整改提升，营造创城氛围。常态化开展周末大扫除行动，集中对镇域内主次街道、公共区域开展清扫保洁，消除卫生死角和垃圾堆积问题，形成共建共治的乡村治理新格局。

经济建设　完成财政收入5268.9万元，完成全年责任制任务的105%，比上年增长11%；农村居民人均可支配收入实现27127元，比上年增长2%；固定资产（建安投资）完成1647万元，完成全年任务1500万元的109.8%。

优化营商环境。成立镇优化营商环境专班，定期组织召开专题会，主动联系服务企业，走访企业30余家。协调相关部门，解决企业员工困难。

推进旅游发展。开发西白莲峪村和朱家峪村屾林密境精品民宿项目，其中“曲院”获亚太设计精英大赛金奖、“拱院”获银奖。完成旅游接待10.8万人次，实现综合收入1161.5万元。北控集团帮扶精品酒店选址完成。“五谷蜂登”休闲农业项目完成招投标手续；西口外“悬蜂谷”项目一期完成70%，二期完成方案设计；投资1400余万元，打造西庄子、保峪岭“休闲谷”，完成财政审批。引进北京华熙昕宇投资有限公司等企业29家，清除不良企业12家。

6月21日，密境精品民宿——拱院

（张广民　摄）

文化建设　组织机关干部先后参观南湾子战斗遗址、密云水库展览馆、古北口长城抗战纪念馆、北庄镇承兴密联合政府旧址。由党员志愿者、防火队员、青年团员、少先队员组成快闪队伍，传唱红歌《映山红》，用歌声表达对党和祖国的热爱。围绕庆祝中国共产党成立100周年主题，开展“学党史，不忘来时路，悟思想，启航新征程”主题活动。开展“永远跟党走”——庆祝中国共产党成立100周年群众文化活动。

6月23日，冯家峪镇开展“永远跟党走”——庆祝中国共产党成立100周年群众文化活动

（曾嘉　摄）

社会建设　落实“接诉即办”工作。坚持周分析、月研判，形成主要领导牵头、班子成员主抓、各科室、各部门和各村齐上阵的工作机制。累计受理热线3129件，综合成绩97.09，“三率”水平提高。跟进农民就业，发布就业信息45条，推荐外出就业30余人，新增公益岗位4人，鼓励工程项目本地用工，推进劳动力就近就业。城乡居民医保参保5961人，参保率100%。开展社会救助和特殊人群关爱工作；发放低保户和特困户各类补贴442万元、残疾人两项补贴115万元。镇爱心救助协会支出39万元救助困难群众860余户。推进山区搬迁工程建设，前火岭村、司营子村续建工程开工；冯家峪村25个院落、黄梁根村7个院落完工；下营村完成地灾评估工作；朱家峪村完成调查摸底和征地前期准备工作，群众居住条件改善。开展北京市公共文化服务体系示范区创建工作，为村级图书室配送图书1200册。推进养老服务发展，发放农村“三老”人员生活补助271万元；镇社会福利中心及3个村级幸福晚年驿站运行平稳。组织开展爱国卫生、禁烟等活动，创建市级卫生镇。开展退役军人服务工作，完善退役军人信息，发布退役军人专场招聘信息，助力退役军人就业创业；

开展退役军人走访慰问 20 户，发放优抚补贴。

党的建设　深化信访代理制，化解矛盾纠纷，采取“线上+线下”相结合方式，办结信访 40 余件。落实安全生产责任制，开展安全生产和消防安全隐患排查，未发生安全生产事故。开展政法队伍教育整顿工作，加强法制宣传，人民群众法律意识增强。推进禁毒工作，铲毒 4 处。整合群防群治力量，加强反恐防恐、防灾减灾、预防煤气中毒、食品药品安全等工作。推进常态化疫情防控，保持零感染，推进加强剂次疫苗接种 2844 人次，接种率 80%。入汛以来，累计转移险村险户 2619 人次，强降雨灾害无人员伤亡，人民群众生命财产安全得到保障。

深入作风建设。学习贯彻习近平新时代中国特色社会主义思想，落实党中央、国务院、市委市政府、区委区政府和镇党委的决策部署。开展党史学习教育，通过入户走访、“四不两直”检查、民意征集等形式，完成群众民生实事 80 余件。落实《“三重一大”事项决策规则》，召开镇长办公会 8 次、专题会 22 次。接受人大代表对政府工作的监督，办理人大代表意见建议。强化党风廉政建设。学习习近平总书记“七一”重要讲话精神，推动党史学习教育走深、走实。落实从严治党责任，围绕中心工作，深化党风廉政建设和反腐败体制机制建设。加强警示教育，以案为鉴、以案促改，引导干部严守政治纪律。

（赵梦雪）

单位名称：北京市密云区冯家峪镇人民政府
地　　址：北京市密云区冯家峪镇冯家峪村
电　　话：81060135

概　况　石城镇位于密云区西北部，距密云城区 22 千米，交通便利。东北与冯家峪镇接壤，西北与怀柔区交界，南接溪翁庄镇，东临密云水库，西倚云蒙山。全镇入库河流 9 条，是首都饮用水源保护区，是重要的首都生态涵养区。全镇区域总面积 252.8 平方千米，森林覆盖率 69%，林木绿化率 91%。镇区占地面积 150 公顷，其中城区面积 18 公顷；全镇辖石城镇社区和梨树沟、水堡子、王庄、石城、石塘路、河北、西湾子、黄峪口、捧河岩、张家坟、二平台、贾峪、四合堂、红星、黄土梁 15 个行政村。户籍户数 3348 户，户籍人口 5858 人，其中农业户籍人口 4931 人。常住人口 5148 人。

生态建设　开展清洁空气行动计划。落实“一微克”攻坚行动，开展扬尘、重污染天气管控、餐饮业油烟和秸秆禁烧等整治活动。深入宣传、巡查和执法，解决秸秆焚烧、露天烧烤、烟花爆竹燃放等污染空气问题。加大对渣土运输车辆的检查力度，处罚违规渣土运输车辆 8 辆，处罚金 8500 元。建立环保工作巡查、检查机制及相应工作台账。出动检查车辆 159 车次，检查人员 460 余人次。加强对在施工地和裸地的检查，镇域 165 起裸地、料堆苫盖不严问题整改到位。$PM_{2.5}$平均浓度 26 微克/立方米，全区排名第二名。TSP 平均浓度 74 微克/立方米，全区排名第五名。王庄、西湾子、张家坟、捧河岩、四合堂 5 个液化石油气配送点为 2766 户提供服务。15 个行政村 2528 户煤改电设备运行平稳。1949 盏路灯维修管护正常，太阳能阳光浴室正常运转。

镇村建设与管理　完善基础设施建设。投资 2134 万元完成捧河岩村和红星村泥石流、不稳定斜坡地质灾害治理工程。投资 3100 万元完成北线旅游基础设施一期项目，亲水综合体验区、绿化节点等投入使用。投资 181 万元完成黄峪口低收入村旅游服务设施改造工程。推动民俗户提档升级，打造精品院落 21 家。完成密关路黑龙潭支线路、兴阳线塌方山石清理处置工作，完成水库水位上涨后石塘路被淹没道路修复工程，完成乡村公路翻浆补坑 660 平方米。完成 2020 年度抗震节能新建翻建 16 户验收工作。一级区“三起来”和管网工程涉及西湾子等 7 个村 9 个场站（西湾子 2 个站因泥石流易发区和生存条件恶劣地区搬迁工程调整暂停实施），总体完成 99%。其中梨树沟村、水堡子村、王庄村、石城村、河北村、石塘路村处理站正常运行。美丽乡村地上部分工程中王庄、石城、黄峪口、捧河岩基本完工。完成固定投资 2170 万元，包括密云水库一级区污水设施改造工程（石城镇）、密云区石城镇农村环境建设“三起来”污水和供水工程、密云水库一级区（石城镇）污水改造管网工程等项目。

经济建设　全年实现财政收入 7202 万元，农村经济总收入 21824.1 万元，实现人均可支配收入 30858 元，乡村旅游接待 42.1 万人次，实现乡村旅游收入 5088.7 万元。引进企业 21 家，其中新引进注册企业 14 家，迁入企业 7 家，新引进企业税收 102.5 万元。

旅游发展。镇旅游中心联合疫情防控专班、市场所、平安建设办等部门对旅游景区、重点民俗接待场所开展检查工作，严格落实扫码测温、消杀、一米线、戴口罩等防控措施。实现镇域内民宿经营单位（户）新冠病毒疫苗“应接尽接”。复工景区及民俗户疫苗接种率均达95%以上。提升旅游环境。打造梨花铺满进村路、梨花渡口、天上鱼群、金色麦田等景观，结合“梨树下的美丽乡村”主题，打造网红打卡地，通过夜游主题，带动民俗产业提档升级。加大基础设施建设，结合道路沿线及乡村实地情况，通过土地治理、苗木栽植及花草种植等方式完成捧河岩村村庄提升工程。流转闲置房屋，完成梨树沟、捧河岩骑行驿站装饰改造工程，在梨树沟村、捧河岩村村口分别建成骑行驿站。完成评选三星级民俗户8个、特色业态3个，精品民宿3家。上报审批乡村旅游贷款9家，发放北京江南驿精品民宿2020年精品民宿评定奖励资金10万元。完成对天门山、清凉谷、云蒙峡、精灵谷4个景区及捧河岩民俗村旅游服务设施提升，改造卫生间2座，增加生态卫生间3个，添置分类垃圾桶90个，休闲座椅15套。开展“红色故事讲解”“网络直播人才培训”“导游员培训”“京郊旅游百千万工程线上提升”等培训，完成培训400余人次，增强旅游景区和民俗户服务意识及营销知识。

4月25日，石城镇执法人员对旅游接待场所开展检查 （杨少澜 摄）

文化建设 在元旦、春节、五一、七一、国庆节等节日期间和农闲时举办文体活动；参加密云区戏曲曲艺、百姓歌手、群众广场舞蹈和百支优秀群众品牌队伍相关赛事和展演活动；举办“永远跟党走”庆祝建党百年石城镇分会场群众主题文化活动；举办“水库回响”贯彻落实总书记回信一周年石城镇分会场群众主题文化活动；协助区文旅局完成庆祝中国共产党成立100周年群众主题文化活动视频录制拍摄；利用基层文化馆分馆和图书馆分馆开展各类文体活动、艺术培训和图书借阅、电子阅览、诵读等活动；完善镇村文化室、文化大院、文化广场等设施设备；完成密云区建设北京市公共文化服务体系示范区——石城镇、村创建材料9个部分31项74个指标任务；完成综合文化服务中心效能评估8个部分13项39个指标任务；成立镇、村级文化品牌队伍40支；加强镇域内文物遗址和长城文化带的宣传保护工作；完成密云区543敌台和石塘路城堡南门文物遗址修缮工程。组织参加市、区举办的全民体育健身节、密云生态马拉松、全民健身日、冰雪嘉年华等活动；开展乒乓球、篮球、羽毛球等体育赛事和太极拳、太极剑等活动；加强镇村健身园、健身广场和晨、晚练辅导站的健身指导管理。

6月22日，石城镇开展“永远跟党走”——庆祝建党100周年群众主题文化活动

（杨少澜 摄）

社会建设 开展城乡低保工作。完成困难家庭的申请、录入、调整变更40户。救助患病的城乡困难群众625人次，救助金额108万余元。为农村“五保”户61户62人发放保障金。完成新鉴定残疾人16人，为296人次残疾人年发放生活补贴165万余元，为89人次残疾人年发放护理补贴12万余元。全镇有优抚对象59人，全年药费报销27人次27万余元。全年市场租金补贴复核1户，保障性住房复核9户，新申请4户。城乡居民医疗保险参保2990人，变更定点医疗机构655人次，发放首制医保卡68张，补

换卡 81 张。报销医疗保险住院、门急诊手工报销单据 45 份，医疗保险大病补偿 17 人，激活电子医保卡 1668 人。城乡居民养老保险参保缴费 1881 人。实现农村劳动力转移就业 24 人，镇公益解决辖区就业困难人员公益性岗位就业 15 人。办理农村劳动力转移就业登记 206 人，办理单位招工 187 人，申领办理灵活就业人员社会保险补贴 25 人。在就业系统登录采集企业空岗信息 236 个。

优化政务服务环境。加强镇村政务服务规范化、标准化建设，优化政务服务环境。建设村级政务服务示范站 8 个，新增镇村政务服务桌牌 21 块，安装政务中心多功能查询触摸屏、高拍仪等硬件设施，设置电话留言功能，为群众提供免费 wifi，规范人员管理，实行工作日“午间不休息”全日全时服务、周六日“不断岗”特需服务，镇村政务服务全部进驻，镇村窗口工作人员配备到位。

卫生计生服务。兑现 298 人独生子女父母奖励费 17195 元，兑现 42 人独生子女父母一次性奖励费 42000 元。办理一孩生育登记 15 人、二孩生育登记 21 人、三孩及以上生育登记 2 人。全年参加 2021 年度密云区计划生育家庭意外保险 663 户，覆盖 2106 人。婚前检查 33 对，全区排名第一名；孕前检查 22 对，全区排名第三名。完成无偿献血 39 袋。做好红十字会大病救助、慰问和募捐工作，全年救助 7 人，补助金额 2.64 万元。元旦、春节慰问 12 户，慰问金 9600 元。完成红十字会募捐 3.5 万元。解决村民就医难问题，黄土梁、二平台 2 个村新建临时医务室投入使用，消除卫生室空白村。

坚持党管武装。全镇兵役登记率 100%，组建 30 人应急分队，发挥民兵队伍作用。全年受理人民来信来访 84 件次 105 人次，化解信访积案 2 件，获 2016—2020 年度“北京市信访工作先进集体”称号。开展铁路安全保护区清理整治活动，石城镇铁路辖区内“零”事故。推进法治石城建设，开展各类专题讲座 52 次，宣传活动 20 次，发放宣传材料 2 万余份。开展矛盾纠纷排查 1600 余次，签订调解协议 40 件。教育走访“两类”人员 260 余人次，未出现脱管、漏管和重新违法犯罪事件。完成 2021 年度“安全生产专项整治三年行动”，并对辖区内生产经营单位液化石油气非居民用户基础台账建账和全覆盖检查，检查覆盖率 100%，发现隐患 69 项，隐患核销率 100%，责改文书下达率 23.81%。有生产经营单位 191 家，无工业企业，无危险化学品企业，无金属、非金属矿山企业。开展反恐、禁毒等宣传活动 6 次，发放手册 900 余份，受益人群 1800 余人。

疏解整治促提升。制定《石城镇违法用地违法建设和矿产资源三级巡查办法》。加强监管、遏制新生违法用地违法建设，拆除违法建设 8 处，建筑面积 1120.81 平方米，完成任务的 140%，腾退土地 4764.24 平方米，完成任务的 596%。采取“往复式”检查方式，对石城镇镇域范围内 15 个行政村及 29 个餐饮公司、单位进行垃圾分类投放环节检查。截至年底，检查垃圾分类投放情况 964 次，出动车辆 150 余辆次，出动人员 300 余人次，立案处罚 20 起，处罚金 3200 元。开展“垃圾分类”进校园、志愿服务等活动。

5 月 28 日，石城镇开展“垃圾分类 从我做起”巾帼志愿进小学活动 （杨少澜 摄）

防火防汛。通过路边条幅、森防明白卡、致市民的一封信、广播、巡查车等宣传、营造防火氛围。建立村管护队、三方公司、扑火队等相关单位参加森防月例会制。完成生态林管护员上岗工作，428 名生态林管护员无违规情况。扑火队 25 名队员防火期间全员在岗，开展体能训练和器械操练。采取有效措施，全年无火情发生。年平均降雨 1036.1 毫米，最大梨树沟站 1333 毫米，最小黄峪口 824.5 毫米。“7·12”期间转移安置 928 人，制定防汛抗旱工作预案、山洪泥石流灾害防御预案、塘坝防洪预案、景区防汛预案；组建防汛抢险队 16 支抢险力量 379 人。防汛物资储备充足，开展汛前检查、排险清障等。调查摸排险户 197 户 478 人 780 间房。组织 15 个村、8 个营业景区开展防汛演习 23 次。防汛期间转移群众 9 次，累计转移 1797 户 3839 人次。

创建全国文明城区。成立由书记、镇长任总指挥的创城工作指挥部，细化指标、分解任务，压实班子成员、相关职能科室及各村责任。完善新时代文明实践所、站硬件建设，以梨树沟村文明实践站为试点，以点带面，规范建设镇级文明实践所和15个村文明实践站，健全上墙各项管理制度与公示内容，配齐消防设施和雨具、轮椅、急救药箱、老花镜等学雷锋志愿服务项目与内容。组建理论政策宣传、市民教育等5支志愿服务品牌队伍，围绕保水保生态、理论政策、法律法规、人居环境整治、垃圾分类、疫情防控、周末卫生大扫除等开展志愿服务活动。全年参与志愿服务人数达950余人，服务时长3600余小时。

接诉即办。将“接诉即办”工作纳入党支部日常工作，带动村“两委”干部、党员等主动靠前，积极作为。坚持“日分析、周调度、月总结”，实行7×24小时值守，与各村签订《石城镇“12345”市民服务热线工作村级责任制》，修订《石城镇2021年度党建统领综合考核办法》。全年接收工单3637件，全年平均解决率96.9%、满意率98.4%、综合得分97.93，保持市级排名前100，最优排名为全市第17名，综合成绩稳居密云区第1名。

对口帮扶。加强产业共建和社会帮扶，拓展产业合作领域。镇政府向竹溪县向坝乡捐赠帮扶资金10万元，向玉树市安冲乡捐赠帮扶资金15万元，用于开发农副产品深加工业；石城镇二平台村向安冲乡结拉村捐赠帮扶资金5万元，用于发展村集体经济。朝阳区三里屯街道与石城镇开展结对协作，结合各自资源优势、发展情况、产业定位等，在党建引领、城乡管理、人才交流、产业合作、消费帮扶和农民增收等方面形成合作，共同发展。

疫情防控。出台《北京市密云区石城镇应对突发新冠肺炎疫情处置指引》《石城镇全员核酸采样检测工作方案》等措施。成立一办16组，明确责任分工，保护辖区人民群众生命健康安全。规范卡口管理，全镇15个行政村设立31个卡口，343人24小时轮班值守，筑起外防输入的第一道防线。建立包村干部督查、“两委”干部包片、党员村民代表包户工作机制，投入群防群控力量1121人。开展“扫街行动”“敲门行动”，摸排重点地区返京人员，落实居家隔离观察管控措施，实现零感染。严格执行上级疫情管控工作要求。对中高风险地区返京人员全部进行核酸检测，做到“应检尽检”。第一剂次累计接种4610人次，接种率99.2%，第二剂次累计接种4365人次，全程接种率93.95%。加强针接种3990剂次。建立三类场所疫情防控检查台账33家，检查“三类场所”699家次，出动车辆130余辆次、人员350余人次。

党的建设 扎实开展党史学习教育。成立党委书记、镇长任组长的党史学习教育领导小组。全年开展班子成员专题党史学习教育10次，开展理论学习中心组成员针对性集中学习18次，专题集中交流研讨4次。全镇党员干部围绕十九届五中全会精神、党史学习教育、习近平总书记“七一”重要讲话精神、十九届六中全会精神等撰写心得体会100余篇，调研报告12篇。聚焦“七有”要求和“五性”需要，切实办好群众实事。收集汇总群众意见建议75条，解决重点民生项目18类36项。依托本镇红色资源，组织全镇党员干部到英雄母亲邓玉芬雕塑主题广场、白乙化烈士纪念馆开展“学党史、感党恩，永远跟党走”主题教育活动，进一步做到学史明理、学史增信、学史崇德、学史力行。

11月，石城镇召开学习贯彻党的十九届六中全会精神交流研讨专题会 （石城镇 供图）

推进全面从严治党。制定《石城镇2021年组织工作要点》。完善基层党建工作责任体系，制定镇村两级2021年落实全面从严治党主体责任清单和党建工作提示清单，明确镇村两级党建工作职责，压实工作责任，推动从严治党责任落实。召开党建工作专题例会，增强党建第一责任人责任意识。

完成镇村换届选举。完成镇级班子换届选举有关工作，做好区镇党代表、人大代表推选工作，严格人选资格条件，加强组织审核把关。严格换届政策和制度规定执行情况监督，加强换届风气问题风险排查，查处违反换届纪律行为。完成村和社区“两委”换届工作。根据换届前调查摸底情况和“十不能”限制条件，就“一肩挑”、“两委”交叉兼职、白点村、女委员比例等目标统筹考虑，建立工作台账。换届后全镇有村“两委”干部75人，交叉任职25名，交叉任职比例49%。两委平均年龄45岁，比上届降低3岁。其中35岁（含35岁）以下年轻干部18人，占24%，比上届提高10.7%。组织为期3天的村“两委”任职培训班和村书记专题培训班，提高村干部履职能力。完成石城镇第二届人大代表换届选举工作。按照区委、区人大和区选举委员会统一部署，组织辖区第三届区人大代表选举和石城镇第二届人大代表换届选举工作。11月5日，经选民投票选举产生区人大代表3名，镇人大代表49名。

党支部规范化建设。开展党支部标准化规范化建设，突出问题整改，落实“三会一课”、党员活动日等制度，规范组织生活。验收通过2020年党组织服务群众项目，规范经费使用程序。利用2021年度经费，实施视频监控、自来水等项目22个，涉及资金490万元，开展“我为群众办实事”实践活动。推进党建阵地提升工作，河北村党群服务中心、镇级党群服务中心基本完工，完善梨树沟村党群服务中心功能。成立北京清凉谷景区党支部，实施“红色党建进景区”项目，打造镇域特色党建品牌。加强党员教育管理。组织庆祝建党一百周年系列活动，组织各支部开展“两优一先”评选活动，表彰优秀共产党员30名、优秀党务工作者13名、先进党组织4个，颁发“光荣在党50年”奖章70枚。开展“纪念建党100周年”重温入党誓词暨新党员宣誓大会活动，录制“七一”专题党课视频到学习强国等平台展播。严把党员“入口关”，针对27名发展对象和入党积极分子走访考察，组织140余名“两委”干部、党员和群众代表了解谈话，确保发展党员质量。慰问困难党员62名，发放慰问金12.9万元。慰问建国前老党员2次，发放补助金17.83万元。春节期间走访慰问疫情防控一线工作，以党费方式捐款8万元。

（杨少澜）

单位名称：北京市密云区石城镇人民政府
地　　址：北京市密云区石城镇石城村
电　　话：61025241

人物　荣誉

CHARACTER　HONOR

组织机构负责人名录

一、区委机关

中国共产党北京市密云区委员会

书　记　潘临珠（9月免）
余卫国（9月任）
副书记　马新明（彝）
朱柏成（9月免）
任武军（9月任）
常　委　蒋学甫（12月免）
王永浩
葛俊凯
刘永强
王维民（6月免）
朱锡才
于德泉（9月任）
闫　琪（9月任）
季荣旺（12月任）
耿晓婧（女，12月任）

区委工作机构及相关部门

区委办公室主任　季荣旺（1月免）
刘长礼（1月任，12月免）
季荣旺（12月任）
区委组织部部长　王永浩（6月免）
葛俊凯（6月任）
区委组织部分管日常工作的副部长　刘长礼（1月免）
杨行辉（1月任）
区委宣传部部长　葛俊凯（12月免）
耿晓婧（女，12月任）
区委宣传部分管日常工作的副部长　陈祥庶（2月任）
区委统战部部长　蒋学甫（12月免）
朱锡才（12月任）
区委统战部常务副部长　李海林
区委研究室主任　周荪文
区委老干部局局长　赵登武（2月免）
李　斌（2月任）
区委区直机关工委书记　王作兴
区委巡察办主任　李广文（2月免）
杨建军（2月任）
区委编办主任　陶晓明（满）
区委党校校长　朱柏成（9月免）
任武军（9月任）
区委党校分管日常工作的副校长　赵金祥（9月免）
刘卫东（9月任）
区委党史研究室主任　郭生河
区委网信办主任　郭生海

二、纪委机关

中国共产党北京市密云区纪律检查委员会

书　记　刘永强
副书记　万　强
张小林（6月任）
李春梅（女，12月任）
常　委　王献华（女，满，3月免）
李洪波（6月免）
赵普红（6月任）
朱　琳（女，6月任）
祝立忠（6月任）
杨建军（12月任）
卢　刚（12月任）

三、人大机关

北京市密云区人民代表大会常务委员会

主　任　王玉江（1月免）
朱柏成（1月任，9月免）
杨　珊（女，12月任）
副主任　孔令昌（1月免）
赵秦岭（女）
李洪山（4月免）
张天杰（1月任）
周广明（1月任，12月免）
何继玲（女，12月免）
耿智慧（12月任）
刘长礼（12月任）
刘彦红（女，无党派，12月任）
办公室主任　单维良（3月免）
王　红（女，9月任）
财政经济办公室（预算审查办公室）主任
王建国（9月免）

孙明朝（9月任）
城建环保办公室主任　郑中朝（10月免）
于庭满（10月任）
代表联络室（市人大代表联络处）主任（处长）
田玉环（女，满，9月免）
单德玲（9月任）
教科文卫体办公室主任　郝加瑞（2月免）
孙明朝（2月任，9月免）
段嗣博（9月任）
法制办公室（备案审查办公室）主任
张艳生（9月免）
范英奇（9月任）
农村办公室主任　于庭满（10月免）
田立文（10月任）
研究室主任　李国锋（9月免）
方铁洪（10月任）

四、政府机关

密云区人民政府

区　长　马新明（彝，1月任）
副区长　马新明（彝，1月免）
杨　珊（女，2月免）
王永浩（2月任）
朱锡才（12月免）
刘　滨（9月免）
张明智（9月免）
马春秀（女，民建）
季荣旺（1月任，12月免）
于德泉（9月任）
刘传虹（9月任）
陈伟航（9月任）
马　超（12月任）
林　立（12月任）

区政府工作机构及相关部门

区政府办公室党组书记、主任　吴显生（1月免）
林　立（1月任）
区信访办党组书记、主任　李国良
区城市管理委党组书记、主任　李长全（1月免）
王东利（1月任）
区发展改革委党组书记、主任　李東方
区科委党组书记、主任　杨光辉（女，1月免）
彭根明（10月任）
区委教育工委书记　张文亮
区教委主任　杨福军（满）
区卫生健康委党委书记、主任　王文平
区体育局党组书记、局长　许宝生
区委社会工委书记、区民政局局长　张志华（1月免）
孙绍志（1月任）
区退役军人局党组书记、局长　付全利
区司法局党组书记　周庆国（满，4月免）
张连福（5月任）
区司法局局长　张连福
区委农工委书记、区农业农村局局长
张天杰（1月免）
吴显生（1月任）
区园林绿化局党组书记、局长　田立文
区水务局党组书记、局长　耿智慧
区交通局党组书记、局长　周忠明（3月任）
区人防办党组书记、主任　张　涛
区经济和信息化局党组书记、局长　祝　刚
区国资委党委书记、主任　孙全春（1月免）
李长全（1月任）
区财政局党组书记、局长　吴成刚（满）
区统计局党组书记、局长　付小平
区审计局党组书记、局长　孙绍志（1月免）
孙红军（满，2月任）
区人力资源社会保障局党组副书记、局长　晁怀国
区医保局党组书记、局长　段起良
区城管执法局党组书记、局长　王东利（3月免）
区住房城乡建设委党组书记、主任　宋印双
区生态环境局党组书记、局长　兰　天
区市场监管局党组书记、局长　常艳军（女）
区文化和旅游局党组书记、局长　赵志政
区应急局党委书记、局长　王如新
区商务局党组书记、局长　王　东
区政务服务局党组书记、局长　彭兴宝（满，1月免）
杨光辉（女，1月任）
区委经济开发区工委书记　赵　宏（满，1月免）
马　超（1月任，8月免）
北京密云经济开发区管委会主任
赵　宏（满，1月免）
马　超（1月任，8月免）
区委中关村密云园工委书记、中关村密云园管委会主任
马　超（8月任）
北京密云生态商务区管委会主任　马小晶（3月免）
王武军（民革，3月任）

区司马台雾灵山管委会党组书记
高英杰（女，3月任，11月免）
区司马台雾灵山管委会主任 田树权（11月任）
区机关事务管理服务中心党组书记、主任
刘作义（1月免）
张洪娟（女，6月任）
区地震局党组书记、局长 孙立军
区档案馆馆长 吕志儒
区投资促进服务中心党组书记、主任
陈启兵（8月免）
杨　杰（10月任）
区融媒体中心党组书记、主任 孙明朝（2月免）
郭生海（2月任）
区园林绿化服务中心党组书记、主任 何立新
区经管站党组书记、站长 董向东
区农业服务中心党组书记、主任 翟家明（2月免）
马士强（2月任）
区农民专业合作社服务中心党组书记、主任
马士强（8月免）
首都经贸大学密云分校党委书记 肖淑敏（女）
首都经贸大学密云分校校长 赵维刚（满，11月免）
肖淑敏（女，11月任）
区城市管理指挥中心党组书记、主任
蔡全新（10月任）
密云水库综合执法大队党组书记、大队长 宇兴评

五、政协机关

中国人民政治协商会议北京市密云区委员会

主　席 杨　珊（女，1月任，12月免）
席成坡（12月任）
副主席 李长春（12月免）
孙　奇（民建，12月免）
何丽娟（女，12月免）
相远方（12月免）
王森林（回，民革，12月免）
杨伟兰（女，民进）
蒋学甫（12月任）
晁怀国（12月任）
宋印双（12月任）
王武军（民革，12月任）
王若民（女，九三，12月任）
秘书长兼办公室主任 李丛荣（女，满）
副秘书长、综合室主任 齐治福
专委会工作一室主任 张承武（2月免）
付宝东（3月任，10月免）
王立文（女，10月任）
专委会工作二室主任 曹启儒（9月免）
赵金祥（9月任）
专委会工作三室主任 贾海江（2月免）
孙明舜（10月任）
专委会工作四室主任 宋英雷（9月免）
陈术建（9月任）
专委会工作五室主任 任小凤（女）

六、区监察委员会

主　任 刘永强
副主任 万　强
张小林（7月任）
委　员 李洪波（6月免）
张小林（5月免）
赵普红

七、群团组织

区总工会党组书记、主席 何丽娟（女）
区总工会常务副主席 晁怀新
团区委书记 李友宁
区妇联党组书记、主席 王大捷（女）
区工商联党组书记、常务副主席 关佩君（女，满）
区残联党组书记、理事长 聂卫东（1月免）
曾永东（1月任）
区科协主席 杨伟兰（女，民进）
区科协党组书记 王树生
区红十字会常务副会长 任建华
区文联主席 孙明舜

八、政法、军事

区委政法委书记 朱柏成（10月免）
任武军（10月任）
区委政法委分管日常工作的副书记 赵双武
区公安分局党委书记、局长 刘　滨（9月免）
刘传虹（9月任）
区法院党组书记 刘玉民
区法院院长 刘玉民（1月任）
区检察院党组书记 张京文（9月免）
熊　正（9月任）
区检察院检察长 张京文（9月免）
熊　正（12月任）
区人民武装部部长 王维民（5月免）
王新礼（9月任）
区人民武装部政委 闫　琪

九、乡镇、街道办事处

鼓楼街道党工委书记　周广明
鼓楼街道办事处主任　王德强（8月免）
穆　静（女，回，9月任）
鼓楼街道人大工委主任　周广明
果园街道党工委书记　耿晓婧（女）
果园街道办事处主任　李　斌（2月免）
王德强（8月任）
果园街道人大工委主任　耿晓婧（女）
檀营乡（地区）党（工）委书记　张　波
檀营地区办事处主任　韩月红（女，满，3月任）
檀营地区人大工委主任　单德玲（9月免）
孙　岳（9月任）
密云镇党委书记　王国良
密云镇人民政府镇长　张广军
密云镇人大主席　崔　雪
河南寨镇党委书记　马　超（3月免）
任玉文（女，3月任）
河南寨镇人民政府镇长　杨行辉（1月免）
刘铁军（3月任）
河南寨镇人大主席　魏魁超（9月免）
李国锋（9月任）
十里堡镇党委书记　齐　超
十里堡镇人民政府镇长　王　珂
十里堡镇人大主席　李艳书（女）
西田各庄镇党委书记　刘振江
西田各庄镇人民政府镇长　张卫星（9月免）
刁英武（11月任）
西田各庄镇人大主席　任合英（女）
溪翁庄镇党委书记　王　红（女，9月免）
刘继雄（9月任）
溪翁庄镇人民政府镇长　杨建军（2月免）
毛久刚（3月任）
溪翁庄镇人大主席　付维江
穆家峪镇党委书记　郭保林
穆家峪镇人民政府镇长　李海生（满）
穆家峪镇人大主席　陈术建（9月免）
白庆杰（回，11月任）
巨各庄镇党委书记　李阔林
巨各庄镇人民政府镇长　周粮源
巨各庄镇人大主席　范英奇（9月免）
王献华（女，满，9月任）
太师屯镇党委书记　胡　勇
太师屯镇人民政府镇长　赵　军
太师屯镇人大主席　段嗣博（9月免）
彭木华（女，11月任）
古北口镇党委书记　高英杰（女）
古北口镇人民政府镇长　田树权
古北口镇人大主席　门果林（5月任）
高岭镇党委书记　侯东武
高岭镇人民政府镇长　宗晓宇
高岭镇人大主席　张维海
不老屯镇党委书记　付宝东（3月免）
刘卫东（3月任，9月免）
张卫星（9月任）
不老屯镇人民政府镇长　刘卫东（3月免）
马爱国（女，4月任）
不老屯镇人大主席 王献华（女，满，4月任，9月免）
曹　圣（11月任）
冯家峪镇党委书记　陈祥庶（2月免）
林桂彬（3月任）
冯家峪镇人民政府镇长　林桂彬（3月免）
来　健（11月任）
冯家峪镇人大主席　付新华（女，蒙古族，8月免）
赵爱军（11月任）
大城子镇党委书记　任玉文（女，3月免）
魏志刚（3月任）
大城子镇人民政府镇长　魏志刚（3月免）
单维良（3月任）
大城子镇人大主席　钱书苹（女）
太师渠镇党委书记　赵　勇
太师渠镇人民政府镇长　杨海军（9月免）
王晓勇（11月任）
太师渠镇人大主席　王力华（女）
北庄镇党委书记　林　立（1月免）
刘作义（1月任）
北庄镇人民政府镇长　郑艳华（女，9月免）
杨海军（11月任）
北庄镇人大主席　马德强
新城子镇党委书记　刘继雄（9月免）
郑艳华（女，9月任）
新城子镇人民政府镇长　曾永东（1月免）
王江波（4月任）
新城子镇人大主席　李朝晖
石城镇党委书记　何立军（女，1月免）
李　冬（满，1月任）

石城镇人民政府镇长 李　冬（满，2月免）

冯　波（3月任）

石城镇人大主席 冯　波（3月免）

周宗福（4月任）

十、市属机构

国家税务总局北京市密云区税务局党委书记、局长

姜学东（1月免）

张之乐（1月任）

北京市交通委员会密云公路分局党委书记、局长

郭朝辉

北京市规划和自然资源委员会密云分局党组书记、局长 李　燕（女）

北京市密云区气象局党组书记、局长 孟燕军（女）

北京市密云水库管理处党委书记、主任

刘大根（3月免）

李春喜（3月任）

北京住房公积金管理中心密云管理部主任 宋桂顺

北京市密云区烟草专卖局（公司）党组书记、局长、经理 李　强（12月免）

高云发（12月任）

中国邮政集团有限公司北京市密云区分公司党委书记、总经理 侯继革（12月免）

杨　川（12月任）

国网北京密云供电公司经理 朴天高

北京檀州自来水有限责任公司经理 陈海卫

北京燃气密云有限公司董事长 王建伟

中国移动北京密云分公司经理 石　然（1月免）

哈　毅（1月任）

中国联通北京密云分公司经理 贺有林（5月免）

郗　博（5月任）

中国电信北京密云分公司经理 朴振宇

北京歌华有线电视网络股份有限公司密云分公司经理

郭国林（5月免）

刘夫涛（5月任）

全国（系统、部门）先进单位

表 18

序号	荣誉名称	单位名称
1	中国天然氧吧	密云区
2	中国高质量发展典范城市	
3	中国新发展理念十大践行典范	
4	生态自然旅游优选目的地	
5	世界乡村旅游 RL 杯（乡村之光）创新品牌项目	
6	全国美丽河湖优秀案例	密云水库
7	全国十大最美农村路	密云水库南线
8	全国巾帼文明示范岗	密云区市场监督管理局登记注册科
9		北京我爱浩然农业科技发展研究有限公司
10	第七届全国文明单位	国网北京密云供电公司
11	全国民主法治示范村（社区）	密云区巨各庄镇豆各庄村
12	全国乡村治理示范村	密云区河南寨镇套里村
13	全国脱贫攻坚先进集体	密云区鼓楼社区卫生服务中心
14	中国民间文化艺术之乡	密云区古北口镇
15	履行联合国森林公约示范单位	密云区雾灵山自然保护区
16	全国地方志系统先进集体	密云区委党史研究室（区地方志办公室）
17	中国人民警察节表彰奖励——集体二等功	密云区反恐怖和特巡警支队特警中队
18	中国人民警察节表彰奖励——集体二等功	密云区看守所
19	银行业文明规范服务千佳示范单位	北京银行股份有限公司
20	全国价格监测工作先进单位	密云区发展和改革委员会
21	全国“五好”县级工商联	密云区工商业联合会
22	全国最美暖心驿站	密云区玫瑰情园旅游开发有限公司工会
23	全国邮政系统先进集体	中国邮政集团有限公司北京市密云区分公司
24	全国人力资源社会保障系统优质服务窗口	密云区社会保险事业管理中心
25	全国依法治理创建活动先进单位	国家税务总局北京市密云区税务局

全国（系统、部门）先进个人

表 19

序号	荣誉名称	姓名	职务
1	全国优秀共产党员	段小龙	密云水库综合执法大队溪翁庄分队队长
2	全国三八红旗手	罗其花	密云区园林绿化局蜂业管理站站长
3	全国五一劳动奖章		
4	平安中国建设先进个人	王艳菊	密云区法院审判管理办公室（研究室）负责人
5	全国残疾人工作先进个人	张晓昆	密云区残疾人职业康复中心保留正科职待遇
6	援疆先进个人	王东岳	密云区反恐怖和特巡警支队民警
7	全国维护妇女儿童权益先进个人	吴瑞霞	密云区检察院未检办检察官
8	民进全国社会服务暨脱贫攻坚工作先进个人	杨　苗	密云区医院中医科主任
9	全国水旱灾害防御工作先进个人	郭玉平	密云区潮白河道管理所所长
10	全国价格监测先进个人	贾昆鹏	密云区发展和改革委员会价格认证中心主任
11	第七次全国人口普查先进个人	刘海燕	密云区溪翁庄镇统计所所长
12		张秀文	密云区统计局人口社会科科长、一级主任科员
13	中国人民警察节表彰奖励——个人二等功	张京生	密云区河南寨派出所副所长
14	全国优秀人民警察	付小磊	密云区司马台检查站站长
15	全国最美家庭	王连山	密云区大城子镇王各庄村居民
16	中国好人榜	高　巍	密云区医院急诊科医生

北京市（系统、部门）先进单位

表 20

序号	获奖名称	单位名称
1	北京市先进基层党组织	密云区古北口镇古北口村党支部
2		密云区鼓楼街道宾阳西里社区党委
3		密云水库综合执法大队党支部
4		密云区区纪委区监委机关第三党支部
5		北京京纯养蜂专业合作社党支部
6		北京倍舒特妇幼用品有限公司党支部
7	北京市先进社区党组织	密云区鼓楼街道东菜园社区党委
8		密云区果园街道澜悦社区党支部
9		密云区果园街道果园新里北区社区党委
10	首都文明单位标兵	密云区财政局
11		国网北京密云供电公司
12		密云区气象局
13	首都文明单位	密云区区直机关工委
14		密云水库综合执法大队
15		密云区城市管理综合行政执法局
16		密云区城市管理委员会
17		密云区果园街道果园新里北区社区
18		密云区人民武装部
19		密云区果园街道密西花园
20		密云区果园街道上河湾社区
21		密云区科学技术委员会
22		密云区司法局
23		北京市密云区卫生健康委员会
24		北京市密云区中心血站
25		北京市密云区疾病预防控制中心
26		北京市密云区妇幼保健院
27	2016—2020 北京市法治宣传教育先进集体	北京市密云区财政局
28		密云区鼓楼街道办事处
29		密云区税务局
30		密云区人民法院

续表

序号	获奖名称	单位名称
31	首都文明镇	密云区穆家峪镇
32		密云区北庄镇
33		密云区冯家峪镇
34		密云区古北口镇
35	首都文明村	密云区东邵渠镇、界牌村、西邵渠村、史长峪村
36		密云区穆家峪镇庄头峪村、大石岭村、南穆家峪村、阁老峪村、沙峪沟村
37		密云区古北口镇古北口村、河西村、龙洋村
38		密云区河南寨镇赶河厂村、新兴村、山口庄村
39	北京市生活垃圾分类示范村	密云区古北口镇北甸子村、司马台村
40		密云区河南寨镇下屯村
41		密云区新城子镇苏家峪村、太古石村、吉家营村
42		密云区穆家峪镇北穆家峪村、大石岭村、阁老峪村、上峪村
43		密云区东邵渠镇大岭村、南达峪村
44		密云区十里堡镇统军庄村、清水潭村
45	北京市生活垃圾分类示范小区	保利花园B小区、银河湾小区、云北小区、檀州家园西区、长安西区社区长安小区（南院）、长安东区社区长安小区南院
46		密云区果园街道康馨雅苑社区
47		密云区果园街道嘉益社区
48	北京市生活垃圾分类推进工作先进集体	密云区城市管理委员会
49		密云区农业农村局
50		密云区高岭镇
51		密云区果园街道澜悦社区
52	北京市综合减灾示范社区	密云区穆家峪镇大石岭村
53		密云区鼓楼街道东菜园社区、太扬家园社区、沿湖社区、车站路南社区
54		密云区果园街道澜悦社区
55	2020年度首都城市环境建设管理突出贡献单位	密云区巨各庄镇
56		密云区檀营地区办事处
57	首都生态文明建设先进集体	密云区太师屯镇
58		密云区区生态环境局
59	北京市妇女儿童工作先进集体	密云区教育委员会
60		国家税务总局北京市密云区税务局

续表

序号	获奖名称	单位名称
61	北京市妇女儿童工作先进集体	密云区鼓楼街道沿湖社区妇联
62		密云区溪翁庄镇尖岩村妇联
63	首都绿色村庄	密云区古北口镇北台村
64		密云区新城子镇塔沟村、苏家峪村
65	首都学雷锋志愿服务最佳志愿服务组织	密云区鼓楼街道花园东区社区
66		密云区城市管理委员会
67		密云区果园街道康馨雅苑社区
68	北京市交通安全管理先进单位	密云区区委社会工委、区民政局
69		密云区城市管理委员会
70	首都全民义务植树先进单位	密云区石城镇人民政府农业农村服务中心
71		北京云末文化传播有限公司（云末文化园艺驿站）
72		密云区职业学校
73		密云区城市管理综合行政执法局
74	首都绿化美化先进单位	密云区太师屯镇人民政府农业农村服务中心
75		密云区雾灵山林场
76		密云区密云镇人民政府农业农村服务中心
77		密云区鼓楼街道车站路社区
78	首都最佳志愿服务组织	密云区文化志愿者服务分中心
79		密云区大城子青年志愿者服务队
80	首都最美志愿服务社区	密云区果园街道福荣社区
81		密云区果园街道果园西里社区
82		密云区果园街道瑞和园社区
83		密云区果园街道新里社区
84		密云区鼓楼街道白檀社区
85		密云区鼓楼街道车站路南区社区
86		密云区鼓楼街道鼓楼社区
87		密云区鼓楼街道长安东区社区
88	首都文明街巷	密云区绿地南环路（果园）
89		密云区绿地北环路（果园）
90		密云区马道胡同（鼓楼）
91	首都文明商户	膳雍云品荟餐馆
92		平顺餐饮有限公司密云第二分公司

续表

序号	获奖名称	单位名称
93	北京市五四红旗团委	密云区果园街道团工委
94		首都经济贸易大学密云分校团委
95		国家税务总局北京市密云区税务局团委
96	北京市五四红旗团支部	北京师范大学密云实验中学 2018 级高一 1 团支部
97		密云区人民检察院团支部
98		北京密水农家农产品产销专业合作社团支部
99		密云区 360 网站团支部
100	2020—2021 北京市青年文明号	密云区农产品质量安全综合质检站
101		密云区果园街道澜悦社区居委会
102		北京市公安局密云分局反恐怖肯特巡警支队特警中队
103		密云区医院感染疾病科
104	北京市基本医疗卫生制度建设工作先进集体	密云区鼓楼社区卫生服务中心
105		密云区太师屯镇社区卫生服务中心
106	北京市民主法治示范社区	密云区鼓楼街道东菜园社区
107	北京市民主法治示范村	密云区穆家峪镇大石岭村
108	首都绿化美化花园式社区	密云区鼓楼街道车站路社区
109	首都劳动奖状	密云区蓝天救援队
110	北京市最美暖心驿站	密云区环境卫生服务中心工会
111	北京市脱贫攻坚先进集体	密云区经济和信息化局
112	优秀环保公益组织	密云老兵骑行团
113	首都文明先进集体	密云区冯家峪镇
114	正规化建设先进单位	密云区人民武装部
115	2020—2021 年度北京市青年文明号集体	密云区医院
116	征兵工作先进单位	密云区医院
117	北京市工人先锋号	密云区医院感染疾病科
118	北京市先进村委会	密云区古北口镇河西村
119	北京法院人民法庭工作先进集体	密云区人民法院太师屯人民法庭
120	北京法院立案审判工作先进集体	密云区人民法院立案庭（诉讼服务中心）
121	北京市医疗器械不良事件日常监测工作先进单位	密云区医院
122	北京市药品不良反应日常监测工作先进单位	
123	北京市农村工作（2017－2021 年）先进集体	密云区冯家峪镇
124	北京市扫黑除恶专项斗争先进集体	密云区扫黑除恶专项斗争领导小组办公室
125	中国邮政集团有限公司北京市分公司先进单位	中国邮政集团有限公司北京市密云区分公司
126	北京市交通安全先进单位	
127	北京市诚信服务承诺单位	

北京市（系统、部门）先进个人

表 21

序号	获奖名称	姓名	职务
1	北京市优秀共产党员	罗其花	密云区园林绿化局蜂业管理站站长
2		王淑平	密云区溪翁庄镇尖岩村党支部第一书记
3		戴君国	密云区鼓楼街道社区卫生服务中心党总支书记、主任
4		赵青山	密云区东邵渠镇西邵渠村党支部第一书记、村委会主任
5		兰春艳	北京市密云区第二中学副校长
6		李爱阳	密云区医院党委书记
7		王宗鹏	密云区河南寨镇派出所所长
8		宗学良	密云区鼓楼街道向阳西社区党总支书记、居委会主任
9	北京市优秀党务工作者	代秋菊	密云区区卫生健康委党群活动指导中心副主任
10		曹建波	密云区区委教育工委党建科科长
11		刘　畅	密云区区委区直机关工委组织科科长
12	北京市优秀基层党组织书记	赵夫奎	密云区果园街道上河湾社区党总支书记、居委会主任
13		宋宝君	密云区高岭镇石匣村党支部书记、村委会主任
14	北京市优秀社区党务工作者	王立兰	密云区鼓楼街道云北社区党总支书记、居委会主任
15		冯朝军	密云区果园新里社区党委书记、居委会主任
16	首都绿化美化先进个人	孙　航	密云区财政局惠农服务中心副主任
17		王秀娟	密云区高岭镇栗榛寨村妇联主席
18	首都生态文明建设先进个人	刘媛媛	密云区财政局公用事业科科长
19		王明朝	密云水库综合执法大队水上执法分队副队长
20		卜自珍	密云区水库移民事务中心主任
21		王凤兰	密云区区纪委区监委四级调研员、首都水源保护监察专员办公室主任
22		罗其花	密云区园林绿化局蜂业管理站站长
23	北京市扫黑除恶专项斗争先进个人	赵晓辉	密云区区纪委区监委党风政风监督室副主任
24		娄恒康	密云区区纪委区监委四级主任科员
25		王建国	密云区区法院刑事审判庭副庭长
26	北京市信访工作先进个人	赵德华	密云区区纪委区监委信访室主任
27		商　波	密云区区信访办公室综合科科长
28		孙　勇	密云区人力资源和社会保障局接访中心主任
29	接诉即办改革工作先进个人	张玺云	密云区穆家峪镇接诉即办专班负责人
30		韩月红	中共北京市委全面深化改革委员会“接诉即办”改革小组副组长

续表

序号	获奖名称	姓名	职务
31	北京市接诉即办先进个人	刘宝生	密云区农业农村局综合调处服务中心副科长
32		何金龙	密云区穆家峪镇后栗园村党支部书记、村委会主任
33		冯光伟	密云区高岭镇党委委员、副镇长
34	北京市脱贫攻坚先进个人	张　磊	密云区发展和改革委员会正处职（北京青海玉树指挥部项目部部长，玉树州发展改革委副主任）
35		卢子寅	密云区京津冀协同发展研究中心主任（通辽市库伦旗扶贫办副主任）
36		王新会	密云区市场监督管理局高岭镇所所长，一级主任科员
37		李　毅	密云区动物疫病预防控制中心副主任
38	北京市法制宣传教育先进个人	李春雨	密云区妇女联合会权益部部长
39		王江红	密云水库综合执法大队法制科科长
40		刘　颖	密云区区税务局办公室（党委办公室）副主任
41	北京市妇女儿童工作先进个人	张秀文	密云区统计局人口社会科科长
42		贾立娟	密云区卫生健康委员会妇幼家庭科科长
43		李　娜	密云区人民法院刑事审判庭副庭长、四级高级法官
44		王　颖	密云区妇女联合会综合部部长
45		李春雨	密云区妇女联合会权益部部长
46		王小红	密云区东邵渠镇人民政府妇联专职副主席
47		李桂文	密云区古北口镇人民政府妇联专职副主席
48		王　宏	密云区果园街道果园西里社区妇联专职主席
49		赵海珍	密云区密云镇大唐庄村委会妇联专职主席
50	北京市就业工作先进个人	王圣龙	密云区鼓楼街道便民服务中心职员
51		张　帆	首都经济贸易大学密云分校招生就业处职员
52	北京市征兵工作先进个人	丁　伟	密云区医院体检科主任
53		欧立司	首都经济贸易大学密云分校学生处职员
54		刘中亮	密云区医院消化内科主任
55	生活垃圾分类推进工作先进个人	崔木珍	密云区鼓楼街道鼓楼社区居委会主任
56		王　松	密云区区城管委垃圾分类专班副主任
57		张书军	密云区果园街道嘉益社区党委书记、居委会主任
58		张书军	密云区果园街道嘉益社区党委书记、居委会主任
59	首都绿化美化先进个人	罗　丹	密云区园林绿化服务中心政工人事科科长
60		王　威	北京市公安局密云分局森林公安大队库东派出所森林公安大队民警
61		赵香君	密云区高岭镇人民政府农业农村服务中心职员
62		王　华	北京密溪集体林场林业施工队队长

续表

序号	获奖名称	姓名	职务
63	首都绿化美化先进个人	罗卫国	密云区融媒体中心办公室主任
64		宋保义	密云区西田各庄镇人民政府林业站站长
65		果长城	密云北庄镇人民政府农业农村服务中心职员
66		周铁军	密云区园林绿化局林业站站长
67		孙　航	密云区财政局农业科（惠农服务中心）
68		孙凤校	密云区大城子镇人民政府农业农村服务中心职员
69		李光英	北京穆林益农集体林场场长
70		张春满	密云区东邵渠镇林业站科员
71		胡德芳	密云区巨各庄镇林业站站长
72		高未来	首都绿化委员会党委书记（已退休）
73		张申寿	首都绿化委员会副局长（已退休）
74		赵清泉	首都绿化委员会纪检书记（已退休）
75		张如泉	首都绿化委员会党委书记（已退休）
76	首都城市环境建设管理突出贡献个人	王怀龙	密云区区环境卫生服务中心主任
77		刘晓龙	密云区城市管理综合行政执法局副局长
78		席婷婷	区城管委垃圾渣土事务中心主任
79		王东江	区城管委环境建设管理科科长
80	北京市节约用水先进个人	耿智慧	密云区水务局党组书记、局长
81		孔令鑫	密云区农业农村局种植业管理科职员
82	北京市艾滋病防治工作先进个人	翟艳春	密云区疾病预防控制中心性病艾滋病控制科职员
83	北京市基本医疗卫生制度建设工作先进个人	赵春义	密云区西田各庄镇社区卫生服务中心主任
84		谢晓猛	密云区西田各庄镇社区卫生服务中心主任（时任）
85	北京市医疗器械不良事件监测工作优秀个人	何林青	密云区医院设备科科员
86	北京市药品不良反应监测工作优秀个人	李颖慧	密云区医院药剂科科员
87	九三学社北京市委抗击新冠肺炎疫情先进个人	王　冰	密云区医院泌尿外科医生
88	北京市卫健委2020年度优质护理先进个人	魏娜	密云区医院心血管内科护士长
89	北京市扶残助残先进个人	张建国	密云区医院骨科二病区主任
90	2017—2020年度平安北京建设工作先进个人	裴雪菲	密云区城市管理综合行政执法局区委政法委综治服务中心七级职员
91	应急值守工作先进个人	肖秋杰	密云区新城子镇农业农村服务中心副主任
92	应急值守先进个人	侯树楷	密云区应急管理局防汛办四级主任科员
93	庆祝建党100周年安保工作——个人一等功	王永成	密云区太师屯派出所民警
94	庆祝建党100周年安保工作——个人二等功	谭　龙	北京市公安局密云分局分局副局长
95		吕志国	北京市公安局密云分局指挥处副主任
96		佟加永	北京市公安局密云分局警务保障处处长

续表

序号	获奖名称	姓名	职务
97	庆祝建党100周年安保工作——个人二等功	张维东	北京市公安局密云分局刑事侦查支队支队长
98		高文永	北京市公安局密云分局西滨河派出所所长
99		李国福	北京市公安局密云分局城关派出所民警
100	庆祝建党100周年安保工作——个人三等功	马旭毅	北京市公安局密云分局分局副局长
101		王洪伟	北京市公安局密云分局分局副局长
102	扫黑除恶专项斗争——个人二等功	陈长实	密云区巨各庄镇派出所所长
103	北京市公安局优秀女民警	朱立云	密云区看守所副所长
104	首都最美巾帼奋斗者	王锡娟	北京康辰药业股份有限公司董事长
105		陈　光	密云区中医医院副院长
106	北京市优秀城乡社区工作者	许　颖	密云区鼓楼街道行宫社区党委书记、居委会主任
107		吴海涛	密云区果园新里北区社区党委书记、居委会主任
108	贴心服务标兵	文　宇	密云区区政务服务局管理协调科科长
109		刘　蕊	密云区区政务服务中心综合窗口职员
110		杨玉伶	密云区卫生健康监督所卫生许可受理办证科科长
111	首都最美志愿者	刘　斌	密云红十字爱心志愿服务队志愿者
112		杨明霞	上河湾社区志愿服务队志愿者
113	北京市优秀共青团员	李明宇	密云区第二中学学生
114		任美桐	密云区医院护士
115		王涵琪	密云区市场监督管理局网监科一级科员
116	北京市优秀共青团干部	李　莹	密云团区委城乡部部长
117		葛哲江	密云区卫生健康委团委书记
118		郝子鸣	北京市公安局密云分局团委书记
119		魏　微	密云区穆家峪镇青少年事务社工
120	首都劳动奖章	周丙中	密云区农业农村局能源办公室主任
121		冯　龙	北京隆盛环境工程有限公司运营中心技术主管
122		刁荣春	密云区太师屯镇中心小学教师
123		周丙中	密云区农业农村局畜牧渔业管理科科长
124	北京市优秀工会工作者	柴玉来	北京心连心城市服务有限公司工会委员会
125		张长伍	北京亨通智能科技有限公司工会委员会
126		程丙武	密云城市建设投资开发有限公司工会委员会
127		姜青树	北京当代神韵企业管理服务有限公司工会委员会
128	第八批五星志愿者	曹金龙	密云区白檀社区居委会
129		郭静钰	密云区鼓楼街道花园西区居委会
130		李　静	密云区鼓楼街道花园西区居委会
131		赵馨怡	密云区润博园社区志愿服务队

统 计 资 料

STATISTICS DATA

北京市密云区2021年国民经济和社会发展统计公报

2021年是党和国家历史上具有里程碑意义的一年。面对复杂严峻的内外部环境和疫情散发等多重考验，全区坚持以习近平新时代中国特色社会主义思想为指导，深入贯彻习近平总书记关于保护密云水库的重要指示和重要回信精神，坚持稳中求进工作总基调，科学统筹疫情防控和经济社会发展，经济实现持续恢复，民生福祉持续改善，实现了“十四五”良好开局。

一、综合

经济增长：初步核算，全年实现地区生产总值360.3亿元，按可比价格计算，比上年增长7.5%。其中，第一产业增加值14.0亿元，增长10.8%；第二产业增加值93.4亿元，增长2.8%；第三产业增加值252.9亿元，增长9.1%。三次产业构成为3.9∶25.9∶70.2。按常住人口计算，全区人均地区生产总值为68306元。

2021年地区生产总值

表22

指标	绝对数（万元）	比重（%）	增长（%）
地区生产总值	3603131	7.5	100
按产业分			
第一产业	140288	10.8	3.9
第二产业	933544	2.8	25.9
第三产业	2529299	9.1	70.2
按行业分			
农、林、牧、渔业	142459	11.1	4.0
工业	511554	−4.2	14.2
建筑业	423543	12.3	11.8
批发和零售业	187475	11.4	5.2
交通运输、仓储和邮政业	68181	18.4	1.9
住宿和餐饮业	40233	14.2	1.1
信息传输、软件和信息技术服务业	70810	54.0	2.0
金融业	206507	6.9	5.7

续表

指标	绝对数（万元）	比重（%）	增长（%）
房地产业	759189	13.2	21.1
租赁和商务服务业	79928	2.6	2.2
科学研究和技术服务业	82038	−2.6	2.3
水利、环境和公共设施管理业	204432	6.7	5.7
居民服务、修理和其他服务业	41638	2.5	1.2
教育	269975	3.2	7.5
卫生和社会工作	161014	10.7	4.5
文化、体育和娱乐业	24217	13.2	0.7
公共管理、社会保障和社会组织	329938	3.0	9.2

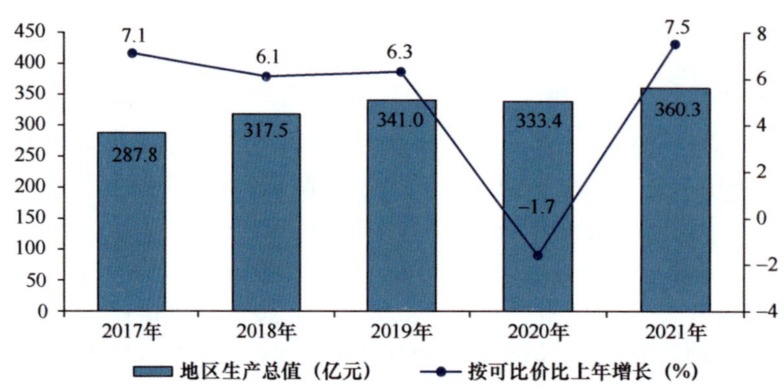

图 1　2017—2021 年地区生产总值及增长速度

人口与就业：年末全区常住人口 52.7 万人，比上年末减少 0.1 万人。其中，城镇人口 35.0 万人，占常住人口的比重为 66.4%；常住外来人口 11.1 万人，占常住人口的比重为 21.1%。常住人口出生率为 7.39‰，死亡率为 7.17‰，自然增长率为 0.22‰。全年城镇新增就业 1.32 万人，比上年增长 32.7%。

2021 年末常住人口及构成

表 23

指标	年末人数（万人）	比重（%）
常住人口	52.7	100.0
按城乡分：城镇	35.0	66.4
乡村	17.7	33.6
按性别分：男性	26.9	51.0
女性	25.8	49.0
按年龄组分：0—14 岁	6.7	12.7
15—64 岁	37.6	71.4
65 岁及以上	8.4	15.9

2021 年末，全区户籍人口 44.1 万人，与上年末基本持平。按户籍属性分，农业人口 24.0 万人，非农业人口 20.1 万人。按性别分，男性人口 21.9 万人，女性人口 22.2 万人。

2021 年末分地区户籍人口

表 24

地区	户数（户）			人数（人）	户口性质（人）		性别（人）	
	合计	非农业	农业		非农业	农业	男	女
合计	206980	96820	110160	440722	200729	239993	218639	222083
鼓楼街道	31393	31374	19	81393	81365	28	40549	40844
果园街道	15100	15100		37287	37287		19126	18161
檀营地区	2493	2493		5443	5443		2716	2727
密云镇	3252		3252	7464		7464	3485	3979
溪翁庄镇	10163	3948	6215	21202	7756	13446	10364	10838
西田各庄镇	19555	5923	13632	39674	9222	30452	19479	20195
十里堡镇	10120	4606	5514	21951	9798	12153	10738	11213
河南寨镇	12367	4163	8204	24714	6281	18433	12138	12576
巨各庄镇	12175	3524	8651	23625	5152	18473	11617	12008
穆家峪镇	16635	5829	10806	32693	9264	23429	15976	16717
太师屯镇	15979	5755	10224	31670	9666	22004	15660	16010
高岭镇	8870	2183	6687	17586	2943	14643	8801	8785
不老屯镇	12119	2889	9230	23762	3911	19851	11826	11936
冯家峪镇	4718	922	3796	9021	1196	7825	4571	4450
古北口镇	4515	1643	2872	9437	2837	6600	4638	4799
大城子镇	7925	1905	6020	15600	2526	13074	7790	7810
东邵渠镇	6104	1533	4571	12249	2120	10129	6229	6020
北庄镇	4354	1145	3209	8567	1487	7080	4299	4268
新城子镇	5795	1212	4583	11527	1549	9978	5782	5745
石城镇	3348	673	2675	5857	926	4931	2855	3002

财政收支：全年完成一般公共预算收入 41.0 亿元，比上年增长 4.3%。其中，增值税 10.7 亿元，增长 13.4%；企业所得税 4.9 亿元，增长 3.8%。

全区一般公共预算支出 154.1 亿元，比上年下降 10.0%。其中，用于农林水事务、教育比上年分别增长 0.2%、1.7%，用于社会保障和就业、节能环保和卫生健康的支出比上年分别下降 10.3%、14.0%和 14.7%。

存贷款：年末全区金融机构人民币存款余额 732.3 亿元，比上年末增加 24.2 亿元，增长 3.4%；金融机构人民币贷款余额 374.8 亿元，比上年末增加 40.7 亿元，增长 12.2%。

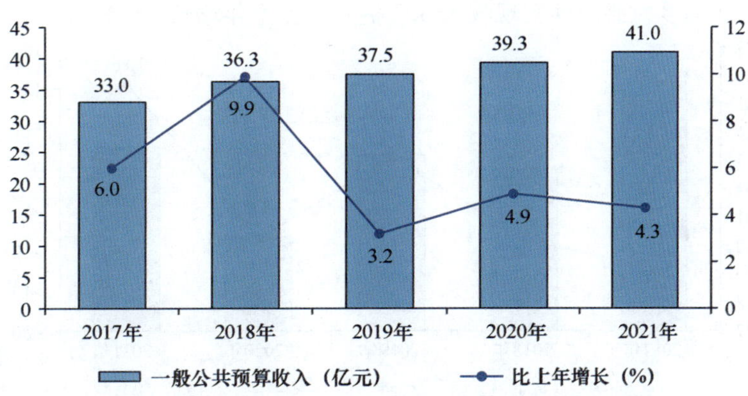

图 2　2017—2021 年一般公共预算收入及增长速度

2021 年金融机构人民币存贷款余额

表 25

指标	本年末数（亿元）	比上年末增长（%）
金融机构存款	732.3	3.4
单位存款	215.2	−8.8
储蓄存款	517.0	9.5
活期	161.3	2.3
定期	355.7	13.2
金融机构贷款	374.8	12.2
按贷款对象分		
单位贷款	223.6	16.6
个人消费贷款	123.8	6.2
其中：住房贷款	109.7	7.2
个人经营性贷款	27.5	6.2
按偿还期限分		
短期贷款	116.3	40.2
中长期贷款	258.6	2.9

二、农业

全年实现农林牧渔业总产值 33.5 亿元，比上年增长 10.6%。其中，农业（种植业）产值 15.6 亿元，增长 10.9%；林业产值 10.5 亿元，增长 4.3%；牧业产值 5.9 亿元，增长 21.7%；渔业产值 0.7 亿元，与上年基本持平。

全年粮食总产量 5.4 万吨，比上年增长 5.9%；蔬菜及食用菌产量 16 万吨，增长 7.1%；生猪出栏 5.2 万头，增长 1.5 倍。设施农业实现产值 4.4 亿元，增长 0.4%。实际经营的农业观光园 113 个、乡村旅游单位（农户）2017 户，全年休闲农业与乡村旅游共实现收入 8.7 亿元，比上年增长 36.2%。

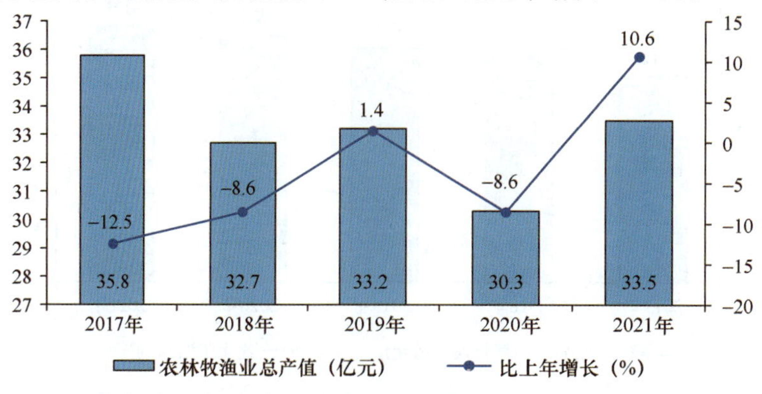

图 3 2017—2021 年农林牧渔业总产值及增长速度

2021 年主要农牧产品产量

表 26

产品名称	单位	产量	比上年增长（%）
粮食	万吨	5.4	5.9
蔬菜（含食用菌）	万吨	16.0	7.1
干鲜果品	万吨	4.0	−6.1
出栏生猪	万头	5.2	153.2
出栏家禽	万只	61.2	37.2
出栏羊	万只	1.6	−9.3
出栏牛	万头	0.4	46.1
禽蛋	万吨	0.7	−7.5
生牛奶	万吨	5.6	15.8
蜂蜜	吨	684.4	−4.3
水产品	吨	2652	4.

三、工业和建筑业

工业：全年实现规模以上工业总产值 227.9 亿元，比上年增长 0.6%。分行业看，汽车制造业产值 55.9 亿元，增长 4.6%；医药制造业产值 35.7 亿元，下降 1.0%；酒、饮料和精制茶制造业产值 32.1 亿元，增长 11.0%。规模以上工业实现销售产值 228.6 亿元，比上年增长 2.3%，其中出口交货值 14.4 亿元，下降 9.2%。

建筑业：全年具有资质等级的总承包和专业承包建筑业企业完成建筑业总产值 230.0 亿元，比上年增长 32.2%。从行业类别看，房屋建筑业产值 87.4 亿元，增长 7.7%；土木工程建筑业产值 73.9 亿元，增长 2.3%；建筑安装业产值 51.3 亿元，增长 6.0 倍。

四、固定资产投资和房地产开发

固定资产投资：全年固定资产投资（不含农户）比上年增长 7.9%。分产业看，第一产业投资比上年下降 16.1%；第二产业投资增长 48.8%，其中工业投资增长 48.8%；第三产业投资增长 4.6%。

房地产开发：全年房地产开发投资比上年增长 23.3%。全区房屋施工面积 326.9 万平方米，比上年下降 5.4%；房屋竣工面积 27.3 万平方米，比上年下降 41.3%；商品房销售面积 26.9 万平方米，比上年增长 45.2%。

2021 年房地产开发和销售主要指标

表 27

指标	绝对数（万平方米）	比上年增长（%）
房屋施工面积	326.9	−5.4
其中：住宅	205.6	−8.3
其中：本年新开工面积	34.4	−78.6
其中：住宅	23.5	−76.1
房屋竣工面积	27.3	−41.3
其中：住宅	15.6	−52.9
商品房待售面积	55.2	−13.7

续表

指标	绝对数（万平方米）	比上年增长（%）
其中：住宅	27.2	－13.8
商品房销售面积	26.9	45.2
其中：住宅	23.9	43.0

五、市场消费

全年实现社会消费品零售总额169.4亿元，比上年增长5.3%。在限额以上批发和零售业中，汽车类实现零售额10.3亿元，下降8.9%；成品油实现零售额9.7亿元，增长26.9%；计算机、软件及其辅助设备类实现零售额16.8亿元，增长98.2%；家用电器类实现零售额4.4亿元，增长29.1%。

全年商品交易市场实现成交额14.7亿元，比上年增长4%。其中，吃类商品成交额8亿元，比上年增长13.2%，用类商品成交额6亿元，比上年下降4.2%。

2021年社会消费品零售总额

表28

指标	社会消费品零售总额（万元）	比上年增长（%）
社会消费品零售总额	1693683	5.3
按限额标准分		
限额以上	1097076	5.5
限额以下	596606	4.9
按行业分		
批发业	174328	17.6
零售业	1394662	2.7
住宿业	20641	20.4
餐饮业	104052	22.0

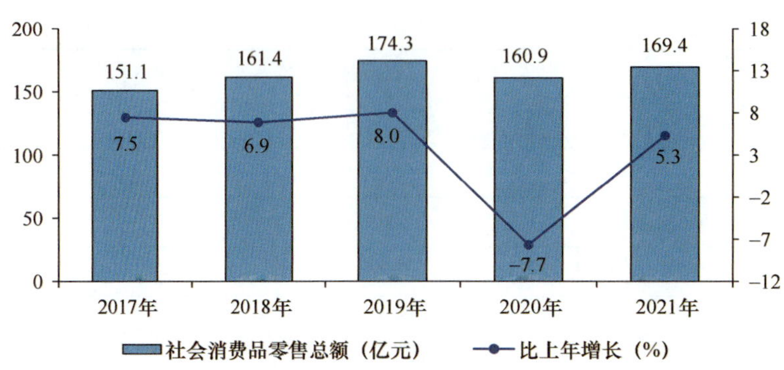

图4 2017—2021年社会消费品零售总额及增长速度

六、交通运输和邮政电信

交通运输：年末全区客运线路 57 条，全年客运量 9.7 亿人次，比上年增长 9.8%；货物周转量 9.0 亿吨公里，比上年增长 10.3%。年末全区机动车保有量 14.9 万辆，比上年末增加 2.28 万辆，增长 18.1%。

邮政电信：全年邮政函件业务交换量 328.7 万件，比上年增加 100.7 万件；全区邮路日行全长 3712 公里，投递道段 72 条。年末全区固定电话用户 8.6 万户，移动电话用户 60.6 万户，互联网宽带接入用户数 18.3 万户。

七、公用事业和安全生产

公用事业：全年全社会用电量 22.7 亿千瓦时，比上年增长 4.5%。其中，工业用电 5.5 亿千瓦时，下降 12.5%；农业用电 0.5 亿千瓦时，增长 1.1%；农村居民生活用电 5.3 亿千瓦时，增长 6.6%；城镇居民生活用电 3.8 亿千瓦时，与上年基本持平。全区日最大供电量为 1400.2 万千瓦时，比上年增长 19.4%。

全年总用水量 6950.2 万立方米，与上年基本持平，其中生产用水 1457.3 万立方米，生活用水 3544.9 万立方米，生态环境用水 1948.1 万立方米。中心城区生活污水集中处理率为 98.6%；农村安全饮水达标率为 100%。

安全生产：全年共发生生产安全事故 3 起，与上年持平；生产安全事故伤亡人数为 3 人，与上年持平。

八、人民生活和社会保障

人民生活：全年全区居民人均可支配收入 42634 元，比上年增长 8.5%，其中人均工资性收入 33690 元，人均经营净收入 2479 元，人均财产净收入 2610 元，人均转移净收入 3856 元。全区居民人均消费支出 27288 元，比上年增长 12.5%。

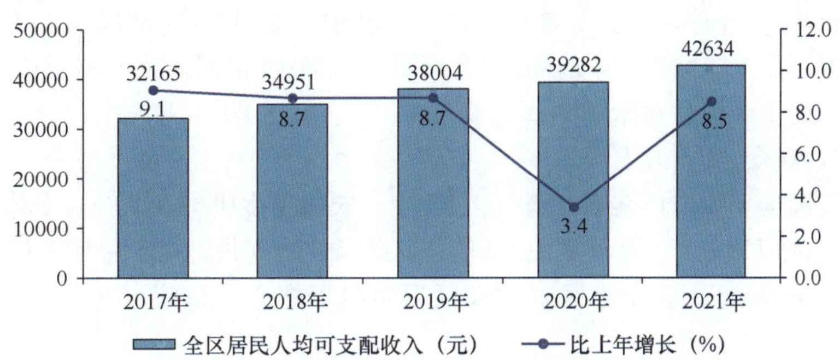

图 5　2017—2021 年全区居民人均可支配收入及增长速度

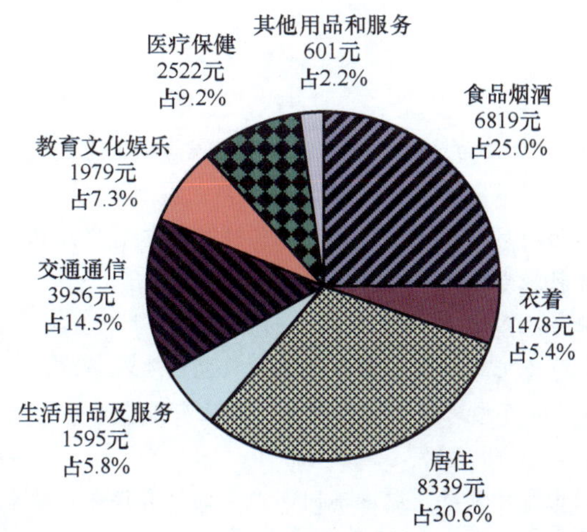

图 6　2021 年全区居民人均消费支出及其构成

社会保障：年末参加基本养老、工伤和失业保险人数分别为 24.4 万人、21.2 万人和 20.0 万人，分别比上年末增加 1.1 万人、0.5 万人和 0.9 万人。全年人均养老金水平为 3599 元，比上年增长 4.8%。

年末福利中心 37 个，收养性单位床位数 5224 张，各种收养性单位年末在院人数 2545 人。全年社会救助 1.5 万人，享受城市最低生活保障的人数为 1328 人，享受农村最低生活保障的人数为 11414 人。

九、资源和环境

能源消耗：全年能源消费总量 117.7 万吨标准煤，比上年增长 0.9%；不变价单位 GDP 能耗比上年下降 6.2%。

水资源：全年降水量 1235.2 毫米，比上年增长 1.1 倍；年末平原地区地下水埋深为 15.09 米，比上年末减少 10.08 米；全年水土流失治理面积 16 千公顷，比上年增加 4 千公顷。

环境：全区细颗粒物（$PM_{2.5}$）和可吸入颗粒物（PM_{10}）年均浓度值分别为 30 微克/立方米和 49 微克/立方米，分别比上年增长 3.4%和 2.1%；二氧化硫年均浓度值为 3 微克/立方米，与上年持平；二氧化氮年均浓度值为 20 微克/立方米，比上年增长 5.3%。日城市道路清扫保洁面积 267.8 万平方米；全区生活垃圾无害化处理率为 100%。

全年完成造林绿化面积 2.1 万亩，比上年增长 81.3%；年末全区森林覆盖率 70.13%，比上年提高 1.67 个百分点；人均公园绿地面积 15.19 平方米，比上年增加 0.21 平方米。

十、教育、科技、文化、卫生和体育

教育：年末高中阶段教育在校学生 6011 人，毕业生 1536 人，高中升学率为 97.7%；初级中学（不含九年一贯制学校）在校学生 9490 人，毕业生 2905 人，初中升学率为 99.9%；小学阶段教育在校学生 22051 人，毕业生 3452 人；特殊教育在校学生 106 人；幼儿园在园幼儿 15436 人。

科技：全年专利授权量 1744 件，比上年增长 33.0%。其中，发明专利授权量 169 件，比上年增长 32.0%。全年技术合同成交 151 项，比上年减少 55 项；技术合同成交总额 16 亿元，比上年增长 3.9%。

文化：年末共有图书馆 1 个，总藏量 107.4 万册（件），总流通 20.1 万人次；全区文化馆（中心）21 个，组织文化演出 1578 场次，观众 27.8 万人次。

卫生：年末共有卫生机构 595 个，其中区属机构 45 个，农村卫生机构 409 个，个体机构 141 个；卫生技术人员 4498 人，其中执业医师 1746 人；每千常住人口医院床位数 3.60 张，每千常住人口执业（助理）医师 3.91 人，每千常住人口注册护士 2.42 人。全年医院和社区卫生服务中心总诊疗 479.8 万人次，健康检查 14.2 万人次。

体育：年末共有体育场馆 30 个，全年共举办全民健身活动 11 次，参加活动人数 7.3 万人次。参加全国性比赛获得奖牌 4 枚，其中获得金牌 2 枚、银牌 2 枚；参加市级比赛获得奖牌 149 枚，其中获得金牌 48 枚、银牌 48 枚、铜牌 53 枚。

公报注释：

1. 2021 年数据均为初步统计数。

2. 三次产业划分依据国家统计局 2018 年修订的《三次产业划分规定》（国统字〔2012〕108 号），行业划分执行《国民经济行业分类》（GB/T4754—2017）。

3. 地区生产总值及其中各行业增加值绝对数按现价计算，增长速度按不变价计算。

4. 农、林、牧、渔业增加值含农林牧渔专业及辅助性活动增加值。

5. 规模以上工业企业是指年主营业务收入 2000 万元及以上的全部工业法人企业；限额以上批发和零售业单位是指年主营业务收入 2000 万元及以上的批发业、500 万元及以上的零售业单位（包括法人单位、产业活动单位和个体经营户），限额以上住宿和餐饮业单位是指年主营业务收入 200 万元及以上的住宿业、年主营业务收入 200 万元及以上的餐饮业单位（包括法人单位、产业活动单位和个体经营户）。

6. 公报中部分数据合计数或相对数由于计量单位取舍不同而产生的计算误差，均未作机械调整。

附　录

APPENDIX

2021 年区委文件目录

表 29

序号	文号	标题
1	京密发〔2021〕1 号	中国共产党北京市密云区第二届委员会第十三次全体会议决议
2	京密发〔2021〕2 号	中共北京市密云区委关于制定密云区国民经济和社会发展第十四个五年规划和二〇三五年远景目标的建议
3	京密发〔2021〕3 号	中共北京市密云区委印发《关于实施“强基工程”进一步压实村党组织全面从严治党主体责任的若干措施》的通知
4	京密发〔2021〕5 号	中共北京市密云区委关于印发《区委常委会 2021 年工作要点》的通知
5	京密发〔2021〕7 号	中共北京市密云区委北京市密云区人民政府关于印发《北京市密云区生态环境保护工作职责分工规定》的通知
6	京密发〔2021〕8 号	中共北京市密云区委关于印发《深刻汲取案件教训修复净化政治生态的若干措施》的通知
7	京密发〔2021〕9 号	中共北京市密云区委北京市密云区人民政府关于印发《2022 年冬奥会和冬残奥会密云区服务保障工作领导小组工作方案》的通知
8	京密发〔2021〕11 号	中共北京市密云区委北京市密云区人民政府印发《密云区关于实施乡村振兴战略的指导意见》的通知
9	京密发〔2021〕12 号	中共北京市密云区委北京市密云区人民政府印发《密云区关于全面推进乡村振兴加快农业农村现代化的工作方案》的通知
10	京密发〔2021〕14 号	中共北京市密云区委印发《密云区 2021 年全面从严治党（党建）工作考核暨政治生态分析研判工作的实施方案》的通知
11	京密发〔2021〕15 号	中共北京市密云区委北京市密云区人民政府关于印发《密云区全面梳理闲置用地工作方案》的通知
12	京密发〔2021〕16 号	中共北京市密云区委关于表彰优秀共产党员优秀党务工作者和先进基层党组织的决定
13	京密发〔2021〕17 号	中共北京市密云区委转发《中共北京市密云区人大常委会党组做好区、镇两级人民代表大会换届选举工作的意见》的通知
14	京密发〔2021〕18 号	中国共产党北京市密云区第二届委员会第十四次全体会议关于召开中国共产党北京市密云区第三次代表大会的决议

续表

序号	文号	标题
15	京密发〔2021〕19 号	中国共产党北京市密云区第二届委员会第十四次全体会议决议
16	京密发〔2021〕20 号	中共北京市密云区委关于中国共产党北京市密云区第三次代表大会代表选举工作的通知
17	京密发〔2021〕21 号	中共北京市密云区委北京市密云区人民政府关于印发《北京市密云区贯彻落实第二轮中央生态环境保护督察报告反馈问题整改方案》的通知
18	京密发〔2021〕23 号	中共北京市密云区委关于印发《北京市密云区党务公开实施办法（试行）》的通知
19	京密发〔2021〕24 号	中国共产党北京市密云区第三次代表大会关于中共北京市密云区第二届委员会工作报告的决议
20	京密发〔2021〕25 号	中国共产党北京市密云区第三次代表大会关于中共北京市密云区第二届纪律检查委员会工作报告的决议
21	京密发〔2021〕26 号	中共北京市密云区委关于印发《中国共产党北京市密云区委员会工作规则》的通知
22	京密发〔2021〕27 号	中共北京市密云区委关于印发《中国共产党北京市密云区第三届委员会常务委员会工作规则》的通知
23	京密发〔2021〕28 号	中共北京市密云区委印发《中共北京市密云区委常委会关于带头落实全面从严治党主体责任加强区委常委会自身建设的意见》的通知

注：4 号文、6 号文、10 号文、13 号文、22 号文为涉密文件。

2021年区委办公室文件目录

表30

序号	文号	标题
1	京密办发〔2021〕1号	区委办公室　区政府办公室关于印发《密云区2021年重要民生实事》的通知
2	京密办发〔2021〕2号	区委办公室关于印发《2021年区委常委会会议议题计划》的通知
3	京密办发〔2021〕3号	区委办公室关于印发《北京市密云区城市协管员队伍管理体制改革实施方案》的通知
4	京密办发〔2021〕4号	区委办公室　区政府办公室关于印发《深入贯彻习近平总书记重要回信精神一周年工作方案》的通知
5	京密办发〔2021〕5号	区委办公室转发《关于进一步规范新闻发布工作的指导意见》的通知
6	京密办发〔2021〕6号	区委办公室　区政府办公室关于印发《北京市密云区建设国家服务业扩大开放综合示范区工作方案》的通知
7	京密办发〔2021〕7号	区委办公室关于印发《密云区政协2021年协商工作计划》的通知
8	京密办发〔2021〕9号	区委办公室关于印发《密云区2021年政党协商计划》的通知
9	京密办发〔2021〕11号	区委办公室　区政府办公室关于印发《北京市密云区全面推行林长制工作方案》的通知
10	京密办发〔2021〕12号	区委办公室　区政府办公室关于印发《北京市密云区创建国家全域旅游示范区工作方案》的通知
11	京密办发〔2021〕14号	区委办公室关于印发《密云区进一步加强防止领导干部干预司法活动、插手具体案件处理的工作措施》的通知
12	京密办发〔2021〕15号	区委办公室印发《关于习近平总书记重要回信一周年重点工作安排》的通知
13	京密办发〔2021〕16号	区委办公室　区政府办公室关于印发《“十四五”时期密云区绿色高质量发展工作方案》的通知
14	京密办发〔2021〕17号	区委办公室印发《关于全面加强新时代密云区少先队工作的实施方案》的通知
15	京密办发〔2021〕18号	区委办公室印发《关于推进新时代区委巡察工作高质量发展的实施意见》的通知
16	京密办发〔2021〕19号	区委办公室关于印发《北京市密云区2021年度党建统领综合考核评价办法》的通知
17	京密办发〔2021〕20号	区委办公室　区政府办公室关于切实做好2021年中秋节、国庆节期间安全稳定工作的通知
18	京密办发〔2021〕21号	区委办公室　区政府办公室关于切实做好2022年元旦、春节期间安全稳定工作的通知
19	京密办发〔2021〕22号	区委办公室　区政府办公室关于印发《密云区深化应急管理综合行政执法改革实施方案》的通知

注：8号文、10号文、13号文为涉密文件。

2021 年区政府文件目录

表 31

序号	文号	标题
1	密政发〔2021〕1 号	印发《政府工作报告》的通知
2	密政发〔2021〕2 号	关于印发《北京市密云区水环境跨界断面考核补偿办法（2020 年修订版）》的通知
3	密政发〔2021〕3 号	关于人事任免职事项的通知
4	密政发〔2021〕4 号	关于人事任免职事项的通知
5	密政发〔2021〕5 号	关于印发《北京市密云区国有建设用地使用权出让地价评审规定（试行）》的通知
6	密政发〔2021〕6 号	关于印发《区政府工作报告 2021 年重点工作分解方案》的通知
7	密政发〔2021〕7 号	关于人事任免职事项的通知
8	密政发〔2021〕8 号	关于印发《北京市密云区关于加强 2021 年财源建设工作的若干措施》的通知
9	密政发〔2021〕9 号	关于人事任免职事项的通知
10	密政发〔2021〕10 号	关于印发《密云区 2021 年国民经济和社会发展计划》的通知
11	密政发〔2021〕11 号	关于印发《密云区 2021 年固定资产投资工作要点》的通知
12	密政发〔2021〕12 号	关于印发《2021 年密云区市区两级重点工程计划》《2021 年密云区重点推前期工程计划》的通知
13	密政发〔2021〕13 号	关于印发《密云区关于落实户有所居加强农村宅基地及房屋建设管理办法（试行）》的通知
14	密政发〔2021〕14 号	转发国家统计局密云调查队《开展密云区月度劳动力调查工作方案》的通知
15	密政发〔2021〕15 号	关于印发《密云新城密东广场北侧宾阳旧村改造项目 2017 年 10 月前周转金结算方案》的通知
16	密政发〔2021〕16 号	关于印发《密云区公共公益类违法用地违法建设专项整治行动工作方案》的通知
17	密政发〔2021〕17 号	关于人事任免职事项的通知
18	密政发〔2021〕18 号	关于行政区域内禁止燃放烟花爆竹的通告
19	密政发〔2021〕19 号	关于印发《北京市密云区国民经济和社会发展第十四个五年规划和二〇三五年远景目标纲要》的通知
20	密政发〔2021〕20 号	关于划定森林防火区和规定森林防火期的通告
21	密政发〔2021〕21 号	关于人事任免职事项的通知
22	密政发〔2021〕23 号	关于废止相关货车禁限行通告的通知
23	密政发〔2021〕24 号	关于印发《密云水库“渔业净水、生物保水、净水渔业、生态富民”工作方案》的通知
24	密政发〔2021〕25 号	关于印发《行政执法案件指定管辖工作规定（试行）》的通知
25	密政发〔2021〕26 号	关于人事任免职事项的通知
26	密政发〔2021〕27 号	关于印发《北京市密云区政务服务中心管理办法（暂行）》的通知
27	密政发〔2021〕28 号	关于印发《北京市密云区创建“中国天然氧吧”工作方案》的通知
28	密政发〔2021〕29 号	关于印发《密云区集体经营性建设用地权益指标统筹利用实施意见（试行）》的通知
29	密政发〔2021〕30 号	关于人事任免职事项的通知
30	密政发〔2021〕31 号	关于印发《密云区支持企业发展办法（试行）》的通知
31	密政发〔2021〕32 号	关于印发促进农业电子商务发展资金支持办法（试行）的通知

续表

序号	文号	标题
32	密政发〔2021〕33号	关于印发《密云区2021年加强互联网上网服务营业场所管理工作方案》的通知
33	密政发〔2021〕34号	关于印发《密云区2020年度自然资源督察问题整改工作方案》的通知
34	密政发〔2021〕35号	关于公布征收农用地区片综合地价比例的通知
35	密政发〔2021〕36号	关于印发《密云区耕地保护空间任务土地复耕工作方案》的通知
36	密政发〔2021〕37号	关于印发《密云区“十四五”时期高精尖产业发展规划》的通知
37	密政发〔2021〕38号	关于印发《密云区“马上就办”工作方案》的通知
38	密政发〔2021〕39号	关于印发《密云区“十四五”时期城市管理规划》的通知
39	密政发〔2021〕40号	关于人事任免职事项的通知
40	密政发〔2021〕41号	关于印发《北京市密云区“十四五”时期水务发展规划》的通知
41	密政发〔2021〕42号	关于印发《京通铁路兵马营牵引站110千伏外部供电工程腾退补偿方案》的通知
42	密政发〔2021〕43号	关于印发《北京市密云区2021年未成年人保护工作方案》的通知
43	密政发〔2021〕44号	关于人事任免职事项的通知
44	密政发〔2021〕45号	关于人事任免职事项的通知
45	密政发〔2021〕46号	关于印发《北京市密云区“十四五”时期卫生健康事业发展规划》的通知
46	密政发〔2021〕47号	关于印发《密云区城乡建设用地减量拆除腾退地块后续管控利用机制工作方案》的通知
47	密政发〔2021〕48号	关于人事任免职事项的通知
48	密政发〔2021〕49号	关于印发《密云区“十四五”时期乡村振兴战略实施规划（2021—2025年）》的通知

注：22号文为涉密文件。

2021 年区政府办公室文件目录

表 32

序号	文号	标题
1	密政办字〔2021〕1 号	印发《关于开展第一次全国自然灾害综合风险普查》的通知
2	密政办字〔2021〕2 号	关于印发《密云区电动三四轮车综合治理工作方案》的通知
3	密政办字〔2021〕3 号	空号
4	密政办字〔2021〕4 号	关于印发《北京市密云区深入打好污染防治攻坚战 2021 年系列行动计划》的通知
5	密政办字〔2021〕5 号	关于印发《密云区 2021 年国家卫生区复审工作方案》的通知
6	密政办字〔2021〕6 号	关于印发《北京市密云区坚决制止耕地“非农化”行为工作方案》的通知
7	密政办字〔2021〕7 号	关于印发《密云区美丽乡村建设实施方案》的通知
8	密政办字〔2021〕8 号	关于印发《北京市密云区进一步优化营商环境更好服务市场主体工作方案》的通知
9	密政办字〔2021〕9 号	关于印发《深化落实河长制工作考核办法》的通知
10	密政办字〔2021〕10 号	关于印发《北京市密云区关于加强财政运行综合成本管控的若干措施》的通知
11	密政办字〔2021〕11 号	关于印发《密云区推行乡村公路路长制实施方案》的通知
12	密政办字〔2021〕12 号	关于印发《密云区 2021 年交通综合治理行动计划》的通知
13	密政办字〔2021〕13 号	关于印发《北京市密云区征收拆迁领域专项整治管理办法》的通知
14	密政办字〔2021〕14 号	印发《密云区城区生活垃圾分类指导员管理指导意见（试行）》的通知
15	密政办字〔2021〕15 号	关于印发《北京市密云区关于进一步加强内部审计工作意见》的通知
16	密政办字〔2021〕16 号	关于印发《“疏解整治促提升”专项行动 2021 年工作计划》的通知
17	密政办字〔2021〕17 号	关于印发《北京市密云区 2021 年政务公开工作要点》的通知
18	密政办字〔2021〕18 号	关于落实《北京市中小学校幼儿园安全管理规定（试行）》的实施意见
19	密政办字〔2021〕19 号	关于印发《密云区整治中小学校周边环境工作方案》的通知
20	密政办字〔2021〕20 号	关于印发区长副区长工作分工的通知
21	密政办字〔2021〕21 号	关于印发《2021 年度密云区政府序列行政机关、事业单位及镇街、经济功能区全面履职绩效考评工作方案》的通知
22	密政办字〔2021〕22 号	关于印发《北京培育建设国际消费中心城市密云区配套实施方案》的通知
23	密政办字〔2021〕23 号	关于印发区政府工作分工的通知
24	密政办字〔2021〕24 号	关于印发《北京市密云区城市积水内涝防治及溢流污控制实施方案（2021 年—2025 年）》的通知